Beiträge zur Erforschung des Odenwaldes und seiner Randlandschaften · VII

Beiträge zur Erforschung des Odenwaldes und seiner Randlandschaften · VII

Herausgegeben
von
Winfried Wackerfuß

Breuberg-Neustadt 2005

64747 Breuberg-Neustadt
2005

Gesamtherstellung: Lokay-Druck, 64354 Reinheim/Odw.
Layout und Gestaltung: W. Wackerfuß

Printed in Germany ISNBN 3-922903-09-6
Für den Inhalt der Beiträge sind jeweils die Verfasser verantwortlich.

Das Einbandbild zeigt das Holzapfelfest zu Dossenheim an der badischen Bergstraße, Gouache auf Papier, um 1830 (Repro: Klaus Claasen), die Ruine der Burg Windeck bei Weinheim (Aquarell von Philibert de Graimberg) und „Odenwälder Gäulchen" aus der Sammlung im Museum Schloß Lichtenberg.

VORWORT DES HERAUSGEBERS

Nach einer mehrjährigen Vorbereitungszeit kann hiermit der Band VII der Reihe „Beiträge zur Erforschung des Odenwaldes und seiner Randlandschaften" vorgelegt werden. Er vereinigt wieder ein breites Spektrum von Beiträgen zur Landeskunde des Odenwaldes und seinen Randgebieten und beinhaltet grundlegende Arbeiten aus den Fachbereichen der Archäologie, Geschichte, Volkskunde, Kunst- und Kulturgeschichte des Odenwaldes, der Bergstraße, des Neckartales und des Baulandes. Es handelt sich dabei um neue Forschungsergebnisse zu den unterschiedlichsten Themen, die inhaltlich zwar in einem nur losen Zusammenhang stehen, aber letztlich durch die Absicht verbunden sind, mittels einer großen Palette von Einzelarbeiten immer mehr ein Gesamtbild zu entwickeln, das Vergangenes, Gegenwärtiges und teilweise auch Zukünftiges in sich vereint.

Für einzelne Sachgebiete geben die vielfältigen Arbeiten erstmals Gesamtdarstellungen, Quellenmaterialien sowie Inventare. Sie eröffnen somit für den an dieser historisch so reichen Landschaft Interessierten vollkommen neue Aspekte und vermögen der wissenschaftlichen Forschung auf den verschiedensten Gebieten neue Impulse zu geben.

Der Band erscheint weitgehend in der gleichen Aufmachung und Ausstattung wie die seit 1972 erschienenen Bände dieser Reihe. Der Text folgt den Regeln der traditionellen Rechtschreibung. Das Register verzeichnet die Namen der Orte so, wie sie in den einzelnen Beiträgen bezeichnet sind.

Dank sagen möchte ich an dieser Stelle den Autoren für die gute Zusammenarbeit, vor allem aber für ihre uneigennützige Mitarbeit.

Der Vorstand des Breuberg-Bundes wünscht dieser Veröffentlichung eine weite Verbreitung im Sinne seiner Bestrebungen.

Winfried Wackerfuß — Groß-Bieberau, im November 2005

INHALT

Heinrich Wagner

Poppo von Henneberg, Vogt von Lorsch, Graf von Lindenfels

I. Einführung

Die Vögte des Reichsklosters Lorsch im hohen Mittelalter haben schon des öfteren das Interesse der Forschung gefunden[1]. Jedoch ist es bisher nicht gelungen, die Herkunft des Vogtes Burkhard zu ermitteln, der nur einmal in einer undatierten Lorscher Notiz von vor 1067 als Vogt bezeugt ist. Er wird darin als fünfter von zehn Männern – an ihrer Spitze Graf Adalbert von Calw – genannt, welche die Freiheit des Klosters Lorsch – nämlich gegen Erzbischof Adalbert von Bremen, dem der noch unmündige König Heinrich IV. das Kloster 1065 verliehen hatte[2] – „mannhaft verteidigten"[3]. Während aber über die Identität Burkhards nach wie vor nur mehr oder minder begründete Vermutungen möglich sind, hat bereits Helfrich Bernhard Wenck 1783 in seiner „Hessischen Landesgeschichte" den seit 1094 bezeugten Lorscher Vogt Bertolf/Bertold d. Ä. (senior)[4] mit dem Stifter des Klosters Gottesaue [Stadt Karlsruhe] identifiziert[5], ihn aber irrig als einen Grafen von Henneberg betrachtet.

Verwunderlich ist das freilich nicht, denn zum einen bezeichnet die im 14. Jahrhundert entstandene Grabplatte des Klostergründers, die Späteren als authentisch gegolten haben muß, diesen als *comes de hen[n]eb(er)g*[6]. Zum anderen kannte Wenck offenbar Heiratsverbindungen der Henneberger, welche diese im Laufe der Jahrhunderte mehrfach mit Hochadelsfamilien des südwestlichen Deutschlands eingegangen waren. Von daher ist es auch verständlich, daß der hennebergische Geschichtsschreiber Cyriacus Spangenberg schon Ende des 16. Jahrhunderts versucht hat, diesen Grafen Bertold, seinen gleichnamigen Sohn sowie seine Vorfahren in seiner Genealogie der Grafen von Henneberg unterzubringen[7]. Danach soll Bertolds d. Ä. Vater ein angeblicher Henneberger namens Poppo gewesen sein, wobei Spangenberg möglicherweise auf die o.g. Urkunde Heinrichs IV. von 1065 rekurrierte, in welcher dieser die Abtei Lorsch im Lobdengau *in comitatu Popponis comitis* an Eb. Adalbert von Bremen übertragen hatte. Dieser Poppo wiederum sollte von seinem Vater Hermann die Herrschaft Durlach [!] und Neuenburg ererbt haben[8]. Bertolds d. Ä. engere Familie wird dann (offenbar nach dem Privileg Heinrichs V. von 1110) richtig und vollständig aufgezählt, während die Urkunde selbst von Spangenberg aber zu 1010 [!] und damit um ganze 100 Jahre zu früh angesetzt wird[9].

Dieselbe Urkunde führt er bei Bertolds gleichnamigem Sohn nochmals, diesmal zum Jahr 1060 [!] an, übrigens mit der richtigen Einordnung des bei ihm *Hiegelingowe* genannten Gottesauer Ausstattungsortes *Hithelinhowa* vor *Nurieth*[10]. Spangenbergs „Fortsetzer" Johann Ludwig Heim hat u.a. auch „[Nathanaelis] Caroli Anmerkungen über den Spangenberg" abgedruckt[11]. Caroli weiß anzuführen, daß das Kloster Gottesaue 1063 [!] „durch Brand jämmerlich verderbt" worden sei und Bertold d. J. [!] es 1064 [!] „verneuert" und die Kirche erweitert habe[12]. Diese Nachricht mag - trotz der sicher unrichtigen Jahresangaben[13] - durch die von Günther Haselier in seiner Bearbeitung des Klosters Gottesaue im fünften Band der Germania Benedictina erwähnte Verlegung des Gründungsklosters „aus dem noch heute starke Nebelbildungen aufweisenden Gebiet der Kinzig-Murg-Rinne nach Westen hin (...) auf die sandige, daher weniger feuchte Hardplatte" beeinflußt sein[14]. Die „verneuerte" Klosterkirche sei, so Caroli weiter, „ao. 1082 quarto non. Novembr. auf den Mitwochen aller Seelen Tag" durch Bischof Gebhard III. von Konstanz „zu Abt Burkhards Zeiten" geweiht worden[15].

Carolis Quelle zu den Schicksalen von Gottesaue war ein „Durchlachischer Canzleibericht", den er „ao. 1590 von dem Hrn. Embricio daselbst bekommen" hatte[16]. Die Weihenachricht wirft vor allem deshalb Probleme auf, weil der Zähringersproß Gebhard [III.] bekanntlich erst Ende 1084 Bischof von Konstanz wurde[17]. Merkwürdigerweise war aber der angegebene Weihetag Allerseelen im Jahr 1082 tatsächlich ein Mittwoch, und eine nachträglich richtige Berechnung des Wochentags [!] durch einen Fälscher kann wohl ausgeschlossen werden. Das bedeutet, daß dieser Nachricht mit hoher Wahrscheinlichkeit eine annalistische Notiz über eine Weihe der ersten Klosterkirche zugrunde lag, die aber keine Angaben zum Konsekrator machte. Damit dürfte diese [erste] Weihe tatsächlich ins Jahr 1082 fallen, während man später – in Ermangelung einer entsprechenden Information zu diesem Jahr – den [für 1082 anachronistischen] Bischofsnamen der Nachricht über die [zweite] Weihe zum Jahr 1103 entnahm.

Damit ist es aber sehr die Frage, ob Bertold d. Ä. seiner Stiftung tatsächlich „von Anfang an den Status eines Reformklosters nach Hirsauer Vorbild gewährte"[18], oder ob Gottesaue nicht vielmehr zunächst als „klassisches" adliges Eigenkloster gegründet, von dem zuständigen Speyerer Diözesan Huzmann geweiht und erst später – vermutlich nach seiner Verlegung und zweiten Gründung – zum Reformkloster nach Hirsauer Muster wurde. Dies würde auch nicht den verlorenen Gottesauer Annalen widersprechen, die der verdienstvolle Jesuitenpater Johannes Gamans für seine Genealogie des badischen Fürstenhauses noch benutzen konnte. Diesen Annalen zufolge war das Jahr der [zweiten] Gründung 1094, der angeblich erste Abt hieß Gebhard und das Kloster wurde im Jahr 1103 von Bischof Gebhard III. von Konstanz geweiht[19]. Der Weihetag ist m.W. unbekannt, doch fiel Allerseelen in diesem Jahr auf einen Montag, weshalb eine Verwechslung mit der Weihe von 1082 jedenfalls ausscheidet.

II. Die Grafen „von Hohenberg"

Gamans bzw. den von ihm in Auszügen überlieferten, verschollenen Gottesauer Annalen ist es offenbar zuzuschreiben, daß sich für den Lorscher Klostervogt Bertold d. Ä., seine Frau und seine Kinder der Beiname „von Hohenberg" eingebürgert hat[20]. Doch verdient festgehalten zu werden, daß weder der ältere noch der jüngere Bertold sich jemals so zubenennen bzw. urkundlich zubenannt werden, von den weiblichen Mitgliedern der Familie ganz zu schweigen. Zwar lag Kloster Gottesaue zu Füßen des schon im 8. Jahrhundert genannten *Hohenberc*[21], identisch mit dem nachmals so genannten Turmberg bei Durlach, so daß die Bezeichnung eine gewisse Berechtigung haben mag; jedoch ist sie für die in der Literatur stets so genannten Grafen nicht urkundlich beglaubigt. Bertold d. Ä. soll, so wird aus dem 1110 bezeugten Besitz am Hohenberg geschlossen, gegen Ende des 11. Jahrhunderts Graf im Pfinzgau gewesen sein[22]. Während über die Herkunft des Stifters von Gottesaue nichts Sicheres bekannt ist, geht aus der fast wörtlich nach dem „Hirsauer Formular" von angeblich 1075 abgefaßten Bestätigungsurkunde für das Kloster Gottesaue aus dem Jahr 1110 immerhin hervor, daß Graf Bertolf/ Bertold [d. Ä.] mit einer Liutgard verheiratet war und aus dieser Ehe einen Sohn Bertolf/Bertold [d. J.] sowie die Töchter Liutgard und Mathilde/Mechthild hatte[23]. Über Bertolds Frau ist außer dem Namen nichts bekannt, doch hält eine Lorscher Urkunde von 1095 fest, daß Vogt Bertold [d. Ä.] und seine Frau Liutgard – zu einem unbekannten Zeitpunkt – zwei Huben in *Winemundesdale* an die 1072 gegründete Lorscher Propstei [Steinbach-]Michelstadt schenkten[24]. Daraus schloß Wolfgang Hartmann, daß Liutgards Herkunft und Erbe nicht im Albgau, sondern im Odenwald zu suchen sein müßten, während Bertold landschaftsfremd gewesen sei[25]. In seiner Frau vermutet er eine Tochter Diemars von Trifels-Niedernburg und Schwester Reginbodos von Malsch[26]. Ungeklärt bleibt jedoch, wie Bertold d. Ä. in den Besitz der Lorscher Klostervogtei kam. Wenn es sich nicht um eine Neuverleihung durch Heinrich IV. handelt – was in den Wirren des sog. Investiturstreits allerdings recht gut denkbar wäre –, dann mag die ältere Liutgard eine Tochter des Vogtes Burkhard von vor 1067 gewesen und die Lorscher Vogtei über sie als Erbin an Bertold d. Ä. gelangt sein.

Zu einem unbekannten Zeitpunkt nach der Schenkung Bertolds d. Ä. und seiner Frau Liutgard an Steinbach-Michelstadt kam es zu einem Streit zwischen dem Lorscher Abt Anshelm (1088-1101) und dem „tyrannischen" Klostervogt, der so eskalierte, daß Bertold den Abt in der *cella* Michelstadt kurzerhand ergriff und mit Zustimmung seines Verwandten (cognatus), eines Grafen Egino, in dem die Forschung einen Grafen von Urach sieht[27], in der Burg Vaihingen (a. d. Enz) gefangenhielt[28]. Auf kaiserliche Weisung mußte der Abt aus der Haft entlassen werden und die „Anstifter des Verbrechens" wurden angeblich – unbekannt auf welche Weise – bestraft (auctoribus sceleris [...] multatis). Abt Anshelm starb am 25. Juni 1101 „nur wenig später" (nec multo post)[29]. Sein Gegner Bertold d. Ä. überlebte ihn um mindestens ein Jahrzehnt; er starb in einem unbekannten Jahr nach 1110; dem Lorscher Totenbuch zufolge an einem 3. März[30]. Das Jahr post quem ergibt sich daraus, daß Bertold zusammen mit seiner Frau Liutgard und seinen Kindern noch am 16. August 1110 eine Bestätigung Heinrichs V. über die Gründung und den Besitz des Klosters Gottesaue erhielt (s.o.). Als Bertolds Todestag überlieferte das verschollene Nekrolog des Klosters ebenfalls den 3. März[31] und gab außerdem an, dieser habe im Jahr 1122 als Mönch in dem von ihm gegründeten Kloster das Zeitliche gesegnet[32]. Das wäre nicht ohne Beispiel und dann gut möglich, wenn er vor 1117 Mönch wurde, denn der jüngere Bertold ist ab ca. 1117 als Vogt von Lorsch bezeugt[33], muß das Erbe seines Vaters damals also bereits angetreten haben.

1123 ist Bertold d. J. erstmals „Graf von Lindenfels"[34] zubenannt[35]. Er starb dem Lorscher Nekrolog zufolge an einem 17. April[36]. Das Jahr ist nicht bekannt, muß aber nach 1130 liegen, da er letztmals im Jahr 1131 (jedoch ohne Grafentitel) als *Bertolfus de Lindevelse* in einer Urkunde Erzbischof Adalberts I. von Mainz bezeugt ist[37]. Er wird also in diesem oder einem der folgenden Jahre verstorben sein. Daß er zu diesem Zeitpunkt noch die Vogtei über Lorsch innehatte, ist allerdings wenig wahrscheinlich. Offenbar war sie ihm damals bereits entzogen worden, denn 1130 ist ein Graf Konrad als Vogt nachgewiesen[38]. Dies paßt zu den im Rahmen der von dem Lorscher Chronisten geschilderten schrecklichen, aber wegen ihrer Bedrückung des Klosters verdienten Schicksalen, die er für mehrere Feinde des Klosters anzuführen weiß. Von Bertold [d. J.] berichtet er, daß dieser im Krieg schmählich besiegt (bello turpiter victus) und seiner Burgen beraubt (castris exutus) worden sei, so daß er vor Trauer darüber starb[39].

Bei dem Lorscher Klostervogt Konrad von 1130 kann es sich um kaum jemand anderen als den Sohn aus der Ehe von Bertolds d. J. und Liutgards (jüngerer) Schwester Mathilde mit Graf Poppo von Lauffen handeln. Dafür spricht vor allem, daß er in einem Diplom Kaiser Heinrichs V. von 1123 – hier jedoch ohne Beinamen – als Neffe (nepos) des Grafen Bertolfus von Lindenfels [= Bertold d. J.] bezeichnet wird[40]. 1127 war er von Bischof Buggo von Worms mit dem Lehen seines [Konrads] Vaters, des Grafen Poppo von Lauffen belehnt worden[41].

Da Bertold d. J. noch 1131 unter den Lebenden weilte, steht zu vermuten, daß er und Konrad (als Onkel und Neffe) zwar eng verwandt, aber Kandidaten zweier rivalisierender Parteiungen waren. Wenn Bertold die Vogtei von Lorsch nicht freiwillig resigniert und seinem Neffen überlassen hat, wofür es aber gar keine Anzeichen gibt, dann mußte er wohl zwangsweise – und das kann nur heißen, auf Befehl Lothars III. – darauf verzichten. Das wiederum läßt darauf schließen, daß Bertold ein Parteigänger des letzten Saliers und konsequenterweise auch von dessen staufischen Erben war. Das ist um so wahrscheinlicher, als die Bertolde im Lehnsbesitz zahlreicher Güter der Reichsabtei Weißenburg waren, deren Vogtei von den Saliern auf die Staufer übergegangen war[42]. Bertolds letzte Nennung als Vogt von Lorsch dürfte nicht zufällig eine Fehde mit dem Speyerer Bischof Siegfried von Wolfsölden betreffen, der nach dem Tod Bischof Arnolds 1126, vermutlich im Juni[43] – doch wohl auf Intervention Lothars III., der damals in Speyer weilte – zum Bischof befördert worden war. Der Lorscher Chronist berichtet, daß die Fehde zwischen dem Klostervogt *Bertolfus* und Bischof Siegfried (1126-46) wütete und das Kloster schwer mitnahm. Im Verlauf dieser Auseinandersetzung gestattete Abt Diemo (1125-39) seinem Vogt zwar, drei kostbare Bücher und ein goldenes Kreuz des Klosters zu verpfänden[44], doch ist anzunehmen, daß Bertold diese Fehde nicht im engeren Interesse des Klosters, sondern als staufischer Parteigänger führte. Sie wird vom Lorscher Chronisten zeitlich nicht näher eingeordnet, dürfte aber zwischen dem Amtsantritt Bischof Siegfrieds 1126 und dem Erscheinen des neuen Vogtes Konrad 1130 anzusiedeln sein. Damit wird es sehr wahrscheinlich, daß diese Fehde in den größeren Zusammenhang der Kämpfe um die Macht im Reich zwischen Lothar III. und den Staufern gehört. Da die staufische Partei in diesem Kampf bekanntlich unterlag, wobei die fünfmonatige Belagerung des staufisch gesinnten Speyer und dessen Eroberung Ende 1129 durch Lothar III. eine entscheidende Rolle spielte, mußte Bertold d. J. damals wohl die Lorscher Vogtei samt den damit verbundenen Lehen resignieren, konnte sein mutmaßliches Eigengut Lindenfels[45] aber behalten. Von dem [Kloster-]Lehen des Vogtes „B.“, das Abt Diemo – durch Absetzung des Vogtes – eröffnet war, konnte der Abt jedoch nur die *curia* Leutershausen (n. Weinheim) für das Kloster zurückbehalten[46].

Wann der als Nachfolger Bertolds in der Lorscher Vogtei nur 1130 genannte Konrad starb, ist nicht bekannt. Wahrscheinlich ist aber auf ihn der Eintrag eines Grafen Konrad im Lorscher Nekrolog zum 15. Februar[47] zu beziehen. Sein mutmaßlicher Sohn Poppo erscheint als Graf von Lauffen bereits 1139 in einem Diplom König Konrads III. unter den Zeugen[48].

III. Die Grafen von Henneberg

Die in der älteren Literatur gewöhnlich an die älteren Babenberger-Popponen angeschlossenen Grafen von Henneberg entstammen in Wahrheit einem Kreis von Edelfreien um die Reichsabtei Fulda. Ihre frühesten Vertreter erscheinen in den Urkunden zwar mehrfach an herausragender Stelle unter den Edelfreien[49], aber den Grafentitel führen sie offenbar erst seit der Belehnung mit der Würzburger Burggrafschaft[50]. Poppo I. „der Starke“ fiel während des sog. Investiturstreits im Jahr 1078 in der Schlacht bei [Ober-]Streu und Mellrichstadt auf der Seite König Heinrichs IV. kämpfend[51], weshalb sich die Forschung darüber einig ist, daß die – damals noch nicht so genannten – Henneberger zum Dank für ihre Königstreue das Würzburger Burggrafenamt verliehen erhielten. Poppo I. war mit einer Tochter Graf Ludwigs d. Bärtigen verheiratet, bei dessen Familie es sich aber nicht um ein genuin thüringisches, sondern um ein mainfränkisches Geschlecht handelt, auch wenn die Ludowinger durch die Heirat Ludwigs mit Cäcilie von Sangerhausen sehr schnell in Thüringen Fuß faßten. Am wahrscheinlichsten ist eine Abstammung von bzw. mindestens enge Verwandtschaft mit den späteren Grafen von Rieneck. Auch die Ludowinger scheinen aus einer Schicht unterhalb der höchsten Adelsschicht der sog. Reichsaristokratie zu kommen, doch ist bei ihnen der Aufstieg schneller vonstatten gegangen und hat auch höher hinaufgeführt als bei den Hennebergern. Die Wartburg bei Eisenach ist schon im Jahr 1080 sicher bezeugt, die Ludowinger gründen auch sehr früh ein Kloster, nämlich Reinhardsbrunn (1085), und sie sind 1131 erstmals als Landgrafen von Thüringen genannt[52]. Von der Heiratsverbindung mit dieser Familie haben die Henneberger stark profitiert. Leider ist die Geschichtsschreibung des Klosters Reinhardsbrunn, der wir die früheste Genealogie der Henneberger verdanken, nicht so mitteilsam, wie man sich das wünschen würde. Die Lebensdaten aller Vertreter der Familie werden verschwiegen, ebenso wie die Namen aller Ehefrauen mit Ausnahme Hildegards, der Tochter Ludwigs d. Bärtigen, die den „Henneberger“ Poppo „den Starken“ heiratete[53]. Eine ungefähre zeitliche Einordnung einzelner Personen ist daher nur durch die Kombination demographischer Erfahrungswerte mit den wenigen aus dieser Zeit bekannten Urkunden zu gewinnen. Das erst zu Beginn des 16. Jahrhunderts von einem Veßraer Mönch aus verschollenen Veßraer Annalen sowie einem gleichfalls verlorenen Totenbuch zusammengestellte „Chronicon

Hennebergense"[54] kann zwar bis zu einem gewissen Grade als Ersatz dienen, ist aber wegen zahlreicher irriger Angaben nur mit Vorsicht zu benutzen.

Ihm verdanken wir aber die Mitteilung, daß Poppos I. „des Starken" Sohn Gotebold II. Liutgard, eine *comitissa in Schönberg*[55] heiratete, die nach der Reihenfolge der Aufzählung in der Urkunde von 1110 offenbar ältere der beiden Schwestern Bertolds d. Jüngeren. Entgegen einer früheren Vermutung, daß damit die (heutige Ruine) Schauenburg nordwestlich des badischen Oberkirch (Ortenaukreis) gemeint sein könnte[56], neige ich heute der Ansicht von Hartmann zu, wonach es sich dabei um „die (später pfalzgräflich-erbachische) Burg Schönberg bei Bensheim an der Bergstraße" handelt, die zwar erst später genannt ist, aber zeitlich wohl vor der 1123 erstmals genannten, mitten im Odenwald gelegenen Burg Lindenfels angelegt wurde[57]. Wie, warum und wann die Heirat Gotebolds II. mit Liutgard zustandekam, ist unbekannt. Aus dieser Ehe entsprangen fünf Kinder: Die Söhne Poppo (IV.) und Bertold (I.), die weltlich blieben, sowie zwei weitere Söhne, Gebhard und Gunther, welche Bischöfe (von Würzburg bzw. von Speyer) wurden. Die einzige Tochter Hildegard (wohl benannt nach Hildegard von Thüringen, ihrer Großmutter väterlicherseits) wurde mit Graf Heinrich II. von Katzenelnbogen vermählt[58], eine Enkelin (Irmingard) heiratete Pfalzgraf Konrad von Staufen, einen Stiefbruder Kaiser Friedrichs I. Barbarossa[59].

Graf Gotebold II. scheint erst kurz vor dem Schlachtentod seines Vaters 1078 geboren und seine Ehe mit Liutgard daher erst gegen Ende des 12. Jahrhunderts geschlossen worden zu sein, denn er hatte noch 1122 einen jugendlichen Sohn (adolescens) Gebhard, der sich damals um den Würzburger Bischofsstuhl bemühte[60]. Gebhard war sicher einer der jüngeren, nachgeborenen Söhne Gotebolds II., der, wie in Adelsfamilien häufig, geistlich werden mußte, einerseits, um die Substanz des Familienbesitzes und damit die soziale Stellung des Geschlechts nicht durch dauernde Erbteilungen zu gefährden, andererseits, um das Ansehen der Familie durch die Bekleidung des reichsfürstlichen Bischofsamtes zu steigern, gegebenenfalls auch ganz konkret deren Machtstellung durch hochstiftische Lehen zu festigen. Mit der Herkunft der Mutter dürfte es auch zusammenhängen, daß Gunther, der zweite der geistlich gewordenen Söhne, Bischof von Speyer werden konnte.

Gotebold II. starb am 6. Februar 1144[61]. Das bedeutet, wenn man nicht ein längeres, schweres Siechtum Gotebolds II. annehmen will – wofür es aber keinen Hinweis gibt –, daß Poppos IV. Vater nicht mit dem zum 18. April eingetragenen Grafen Gotebold identisch sein kann. Daß Gotebold II. für seine Zeit recht alt geworden sein muß, sieht man daran, daß seine vier Söhne den Vater nur um 12 - 17 Jahre überlebten: Poppo IV. starb 1156 (12 J.), Bertold I. wahrscheinlich und Bischof Gebhard sicher 1159 (je 15 J.), Bischof Gunther von Speyer 1161 (17 J.)[62].

Angeblich auf Bitten seiner Frau Liutgard, aber wohl auch, um nach dem Beispiel der „hohenbergischen" (Gottesaue) und der ludowingischen Verwandtschaft (Reinhardsbrunn) wie auch zahlreicher anderer hochadliger Familien seinem Geschlecht ein Hauskloster zu schaffen, gründete Gotebold II. seit Beginn der 30er

Jahre des 12. Jahrhunderts das Prämonstratenserkloster Veßra [Lk. Hildburghausen], das er 1135 an Bischof Otto I. von Bamberg übertrug[63]. Liutgard ist nur anläßlich der Gründungsvorgänge um das gemeinsam mit ihrem Mann und mit Hilfe des bambergischen Bischofs Otto I. d. Hl. gestiftete hennebergische Hauskloster Veßra mehrfach, letztmals 1138 urkundlich bezeugt[64]. Nach Spangenberg starb sie in dem auf Gotebolds II. Tod folgenden Jahr[65], das hieße 1145. Eine gewisse Stütze erhält diese Annahme dadurch, daß die gänzlich unmögliche Angabe des Chronicon Hennebergense, sie habe bereits 1135 das Zeitliche gesegnet[66], auf ein versehentlich ausgefallenes -X- (MCXXXV statt richtig [?] MCXXXXV) zurückgehen mag.

Wegen der Verbindungen ihrer Familie zu Lorsch wird der Eintrag des Lorscher Nekrologs zum 3. Juni[67] auf sie zu beziehen sein, da auch Vater, Bruder, Gatte und Schwiegervater (und Neffe ?) dort verzeichnet sind und sowohl Poppo (IV.) als auch Bertold (I.) Lorscher Vögte waren, die den Eintrag ihrer Eltern und ihres Großonkels veranlaßt haben werden. Allerdings käme für diesen Eintrag auch Liutgards gleichnamige Mutter in Frage[68], so daß in diesem Fall vielleicht der bei Spangenberg für die jüngere Liutgard angegebene 31. März[69] das Richtige trifft. Letzte Gewißheit läßt sich hier wohl nicht erlangen.

Gotebolds II. und seiner Frau Liutgard offenbar ältester Sohn Poppo IV. ist zusammen mit seinem Vater – jedoch ohne Beinamen – im Jahr 1128 erstmals urkundlich nachgewiesen[70]. 1130 wird er ausdrücklich als Sohn Gotebolds von Henneberg bezeichnet[71]. In demselben Jahr bezeugen Poppo und Bertold [ohne Beinamen] eine Urkunde Abt Heinrichs von Fulda[72]; bei den engen Beziehungen zwischen den Hennebergern und der Reichsabtei dürfte es sich bei diesen um Poppo IV. und seinen jüngeren Bruder Bertold I. handeln. Noch zu Lebzeiten des Vaters ist Poppo – erstmals 1140 – als Vogt von Lorsch bezeugt[73]. In diesem Amt ist er letztmals 1148 nachgewiesen[74].

Poppo IV. starb im Jahr 1156. Das Jahr ergibt sich aus seinen und seines Bruders und Nachfolgers Bertold (I.) urkundlichen Nennungen in diesem Jahr[75]. Abweichend nennt das Chronicon Hennebergense (wohl auf Grund einer irrig datierten Urkunde, in der Poppo als verstorben genannt wird[76], das Jahr 1155, verwechselt dort außerdem noch diesen mit dem gleichnamigen Neffen Poppo (VI.), der angeblich auf dem Kreuzzug des Königs [!] Friedrich im Jahr 1155 [!] starb[77]. Der Todestag ist nicht überliefert, doch wird er vor dem 8. März zu suchen sein, da eine 1156 ausgestellte Urkunde noch das vierte Königsjahr Friedrichs I. hat, das bis zum 8. März 1156 reichte, aber schon Poppos jüngeren Bruder Bertold (I.) als würzburgischen Burggrafen nennt[78]. Da er zu Lebzeiten seines Bruders Gebhard, Bischofs von Würzburg starb, wurde er sicher – ebenso wie beider Vater – in das älteste, in den ersten drei Monaten des Jahres aber nur lückenhaft erhaltene würzburgische Domnekrolog[79] eingetragen. In dem Bestand dieses Nekrologs sind beide Namen nicht verzeichnet, weshalb beider Todestage in einer der Lücken (1.-22.1., 27.1.-8.2., 14.2.-5.3.) zu suchen sind. Für Gotebold II., der am 6.2. starb, trifft dies nachweislich zu; für Poppo IV. ist dies mit entsprechend großer Sicherheit anzunehmen.

Poppo IV. war mit Irmingard aus dem Haus der Grafen von Stade verheiratet, die 1178 oder 1179 starb[80]. Aus chronologischen/biologischen Gründen kann Irmingard kaum jemand anders sein als die in den Annales Stadenses nicht mit Namen genannte Tochter Markgraf Udos III., die einen Poppo von Henneberg – eben Poppo IV. – heiratete[81]. Die Ehe blieb aber entweder kinderlos, oder etwaige Kinder starben noch vor den Eltern, denn der Lorscher Mönch bemerkt gehässig zum Tod des offensichtlich ungeliebten Klostervogtes: *Bobbo liberis et rebus omnibus exheredatus*[82].

Nach dem Tod seines Vaters Gotebold II. 1144 ist Poppo IV. noch in demselben Jahr sowohl als Burggraf von Würzburg wie auch als Würzburger Hochstiftsvogt bezeugt[83]. Auf die Übernahme der wichtigen Würzburger Ämter seines Vaters wird es zurückzuführen sein, daß Poppo sich hinfort nicht mehr nach Lindenfels benennt, sondern ein wohl von ihm damit belehnter Edelfreier namens Billung, der die treibende Kraft bei der Gründung und Ausstattung des Zisterzienserklosters Bronnbach war[84]. Die Vogtei des Klosters Lorsch war von dieser Belehnung aber nicht berührt; Poppo ist noch 1148 – in derselben Urkunde, in der *Billungus, Magenes de Lindenueles* als letzte von acht *nobiles*-Zeugen erscheinen – als Graf und Vogt zusammen mit seinem Bruder Bertold bezeugt[85] und scheint der oben erwähnten gehässigen Bemerkung des Lorscher Chronisten zufolge dieses Amt bis zu seinem Tod (1156) wahrgenommen zu haben. Die Schenkung eines Billung (ohne Beinamen), die nur durch eine undatierte Notiz überliefert ist, bezeugen die *nobiles* Graf Poppo, sein Bruder Bertold, Magenes und Konrad[86].

Bertold d. J. ist 1131 letztmals in einer Urkunde Erzbischof Adalberts I. von Mainz nach der Burg Lindenfels im Odenwald benannt, erscheint hier allerdings ohne den Grafentitel[87]. Der nächste Inhaber von Lindenfels war ein Poppo, der erstmals in einer Urkunde von 1136, ebenfalls ohne Grafentitel bezeugt ist. Darin bekundete Bischof Embricho von Würzburg, er habe eine Kirche geweiht, die der Freie Hartmann und seine Frau Seburga in Sechselbach [Lk. Mergentheim] auf ihrem Besitz erbaut hatten. In der Reihe der [edelfreien] Zeugen erscheint Poppo v. Lindenfels erst an sechster Stelle nach Konrad v. Thüngen, Konrad v. Pfitzingen, den Gebrüdern Friedrich und Adalbert v. Truhendingen [= (Hohen-)Trüdingen] und Ramwold v. Waldmannshofen, aber vor Gerung v. Enkersberg und weiteren 13 Zeugen[88]. Dafür, daß es der älteste Sohn Graf Gotebolds II. von Henneberg war, der damals bereits Verantwortung für die Burg sowie die damit verbundene Herrschaft Lindenfels trug und wohl auch die Vogtei über Kloster Lorsch wahrnahm, weshalb er zeitweise nicht als Zeuge für hennebergische Belange zur Verfügung stand, spricht der Umstand, daß sein Vater und seine jüngeren Brüder Gunther und Bertold I. in demselben Jahr die Zeugenreihe einer Urkunde Abt Konrads von Fulda anführen[89].

Nachdem der Lorscher Abt Diemo am 2. Mai 1139 gestorben war[90], blieb die Leitung der Abtei anderthalb Jahre lang vakant, bis König Konrad III. (1139-52) sie im November 1140 an den Bleidenstadter Abt Baldemar übertrug. Dieser entstammte derselben mächtigen Mainzer Ministerialenfamilie wie der spätere Mainzer Eb. Arnold v. Selenhofen (1153-1160)[91]. Der Lorscher Chronist bezeichnet Baldemar als *magontiensis tam moribus quam genere*[92], also als „einen Mainzer den Sitten und der Herkunft nach", was offenbar das Gegenteil einer wohlwollenden Beurteilung sein soll. In einem Diplom Konrads III. vom 15. November 1140, ausgestellt während der Belagerung von Weinsberg, ist Baldemar zum ersten und einzigen Mal urkundlich als Abt von Lorsch bezeugt[93]. Die Lorscher Chronik beschuldigt den ungeliebten neuen Abt der Simonie[94], was in dieser Zeit freilich ein recht wohlfeiler Vorwurf ist. Baldemar machte sich in Lorsch jedoch offenbar in kürzester Zeit nicht nur bei seinen Mönchen, seinen Ministerialen und dem Vogt Poppo unbeliebt, sondern er beging vor allem den Fehler, seine dem König gegebenen Versprechen – wohl über die Vergabe von Lorscher Kirchenlehen – nur zum Teil einzuhalten, weshalb man ihm unter dem Vorsitz des Kardinals und päpstlichen Legaten Theotwin in Abwesenheit den Prozeß machte und ihn nach nicht einmal einem Jahr (1141) seines Amtes in Lorsch enthob[95]. Bei dieser Gelegenheit wird Poppo zum ersten Mal als Graf sowie als Vogt des Klosters Lorsch, jedoch ohne Beinamen genannt.

IV. Die Urkunde von 1142

Die im Folgenden vorzustellende, ohne Tagesdatierung überlieferte Urkunde von 1142 entstammt dem in der Niedersächsischen Landesbibliothek Hannover lagernden „Chartularium sive diplomatarium Wormatiense", einem von dem zwischen 1140 und 1161 nachweisbaren Magister Hermann geschriebenen Kopialbuch des Hochstifts Worms[96]. Sie erhält ihre Bedeutung zum einen dadurch, daß sie zu den wenigen Urkunden dieses Kopiars gehört, die offenbar bisher noch nicht veröffentlicht wurden, zum anderen aber und vor allem durch ihren Inhalt, die Schenkung von Gut und Burg Obrigheim (Neckar-Odenwald-Kreis) an das Hochstift Worms. Für die Odenwälder und Lorscher ebenso wie für die hennebergische Geschichte ist sie insofern bedeutungsvoll, als der damalige Lorscher Stiftsvogt, der älteste Sohn Graf Gotebolds II. von Henneberg, Poppo IV., darin zum ersten und einzigen Mal als „Graf von Lindenfels" betitelt wird.

Eine ganz äußerliche Besonderheit der Urkundenabschrift besteht darin, daß von den insgesamt 22 Textzeilen die ersten sechseinhalb Zeilen von der Invokation bis einschließlich des Wortes *pascuis* gelöscht wurden. Durch das überaus freundliche Entgegenkommen der Mitarbeiter der Abteilung „Handschriften und Sonderbestände" der Niedersächsischen Landesbibliothek Hannover, für das an dieser Stelle nochmals herzlich gedankt sei, konnte dieser Teil unter der Quarzlampe sichtbar gemacht und fotografiert werden (s. Abb.). Da der gelöschte Teil des Stücks die Schenkung von *predium* und *castrum* Obrigheim an das Hochstift Worms enthält, die zweifellos davon genommene Abschrift von Johann Daniel Gruber (1686-1748) aus dem 18. Jahrhundert[97] aber noch den kompletten Text hat[98], kann die Löschung erst vorgenommen worden sein, nachdem Gruber die Urkunde kopiert hatte. Ein mögliches Motiv für die Löschung des Schenkungspassus wäre daher, daß so versucht werden sollte, die Übergabe auch von Obrigheim an einen Fürsten zu verhindern, der im Rahmen der Säkularisation 1802/03 mit diesem Teil des Hochstifts Worms entschädigt werden sollte; doch kann die Lösung dieses Problems der lokalen Forschung überlassen bleiben.

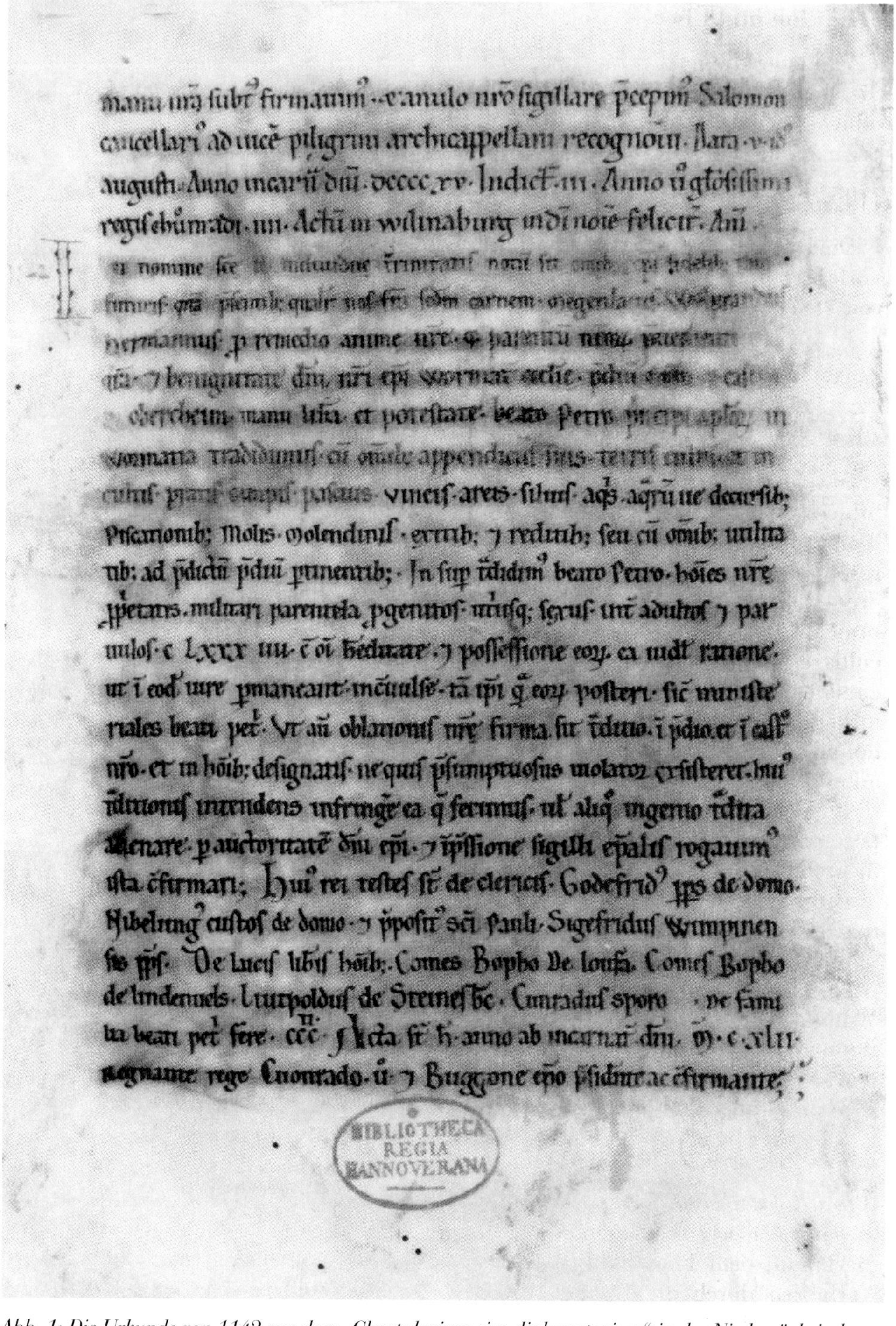

Abb. 1: Die Urkunde von 1142 aus dem „Chartularium sive diplomatarium" in der Niedersächsischen Landesbibliothek Hannover. *Repro: Niedersächsische Landesbibliothek Hannover*

V. Edition und Übersetzung

Vorbemerkung: Der hier vorgelegte Text ist buchstabengetreu transkribiert. Die durchwegs geläufigen Kürzungen wurden ohne Kommentar aufgelöst, um ein ruhiges Schriftbild zu erzielen, können aber an der Abbildung kontrolliert werden. Ergänzungen des Herausgebers stehen in eckigen Klammern.

1142 o.T.

Die Brüder Megenlach, Wolprand und Hermann übertragen zu ihrem und ihrer Vorfahren Seelenheil ihr Gut und ihre Burg Obrigheim mit Erlaubnis des Bischofs von Worms an die [Dom-]Kirche des hl. Petrus zu Worms.

Niedersächsische Landesbibliothek Hannover, Handschriften und Sonderbestände, Ms. XVIII, 1020 fol. 48 verso.

Text

In nomine sancte et indiuidue trinitatis. notum sit omnibus xpi. fidelibus tam futuris quam presentibus, qualiter nos fratres secundum carnem Megenlacus, Wolprandus [et] Hermannus pro remedio anime nostre atque parentum nostrorum preueniente gratia et benignitate domini nostri episcopi wormatiensis ecclesie predium nostrum et castrum [in] obercheim manu libera et potestate beato Petro principi apostolorum in Wormatia tradidimus cum omnibus appendiciis suis: terris cultis et incultis, pratis, campis, pascuis, vineis, areis, siluis, aquis aquarumue decursibus, piscationibus, molis, molendinis, exitibus et reditibus seu cum omnibus utilitatibus ad predictum predium pertinentibus. Insuper tradidimus beato Petro homines nostre proprietatis militari parentela progenitos utriusque sexus inter adultos et paruulos CLXXXIIII cum omni hereditate et possessione eorum, ea uidelicet ratione, ut in eodem iure permaneant inconuulse; tam ipsi quam eorum posteri sint ministeriales beati petri. Vt autem oblationis nostre firma sit traditio in predio et in castro nostro et in hominibus designatis, ne quis presumptuosus uiolator exsisteret huius traditionis intendens infringere ea que fecimus uel aliquo ingenio tradita alienare, per auctoritatem domini episcopi et impressione sigilli episcopalis rogauimus ista confirmari. Huius rei testes sunt de clericis Godefridus prepositus de domo, Nibelungus custos de domo et prepositus sancti Pauli, Sigefridus Wimpinensis prepositus. De laicis liberis hominibus Comes Bopbo De loufa, Comes Bopbo de lindenuels, liutpoldus de Steinesberc, Cunradus sporo. De familia beati petri fere CCCti. - Acta sunt hec anno ab incarnatione domini M.C.XLII, Regnante rege Cuonrado II° [!] et Buggone episcopo presidente ac confirmante.

Übersetzung

Im Namen der heiligen und unteilbaren Dreifaltigkeit. Allen zukünftigen und gegenwärtigen Christgläubigen sei kund, daß wir, Megenlach, Wolprand und Hermann, dem Fleisch nach Brüder, zu unserem Seelenheil und dem unserer Vorfahren durch die Gnade und das Wohlwollen unseres Herrn Bischofs der Wormser Kirche unser Gut und unsere Burg Obrigheim mit freier Hand und Macht dem seligen Apostelfürsten Petrus in Worms übertragen haben mit allen ihren Zugehörungen: bebautem und unbebautem Land, Wiesen, Feldern, Weiden, Weinbergen, Grundstücken, Wäldern, stehenden und fließenden Gewässern, Fischereien, Schrot- und Mahlmühlen, Aus- und Eingängen und mit allen Nutzungen, die zu dem genannten Gut gehören. Außerdem haben wir dem hl. Petrus übertragen 184 Eigenleute ritterlicher Herkunft beiderlei Geschlechts, Erwachsene und Kinder, mit deren gesamtem Erbe und Besitz, und zwar so, daß sie selbst und ihre Nachkommen in dieser ihrer Rechtsstellung unbeeinträchtigt bleiben und Dienstleute des hl. Petrus sein mögen. Damit aber die Übertragung dieser unserer Gabe betreffend Gut, Burg und die bezeichneten [Dienst-]Leute fest sei und damit es nicht irgendeinen möglichen Verletzer dieser unserer Übertragung gebe, der das, was wir gemacht haben, verletzen oder durch irgendeine Machenschaft die geschenkten Güter entfremden kann, haben wir gebeten, dies durch die Urkunde des Herrn Bischofs und durch Aufdrücken des bischöflichen Siegels bestätigen zu lassen. – Dieser Sache sind Zeugen von den Klerikern Propst Gottfried vom Dom, Küster Nibelung vom Dom und Propst von St. Paul, Siegfried der Wimpfener Propst. Von freien Laien Graf Poppo von Lauffen, Graf Poppo von Lindenfels, Liutpold von Steinsberg, Konrad Sporo. Von der *familia* des hl. Petrus ungefähr 300. - Verhandelt wurde dies im Jahr seit der Fleischwerdung des Herrn 1142, als König Konrad II. regierte und Bischof Buggo vorsaß und bekräftigte.

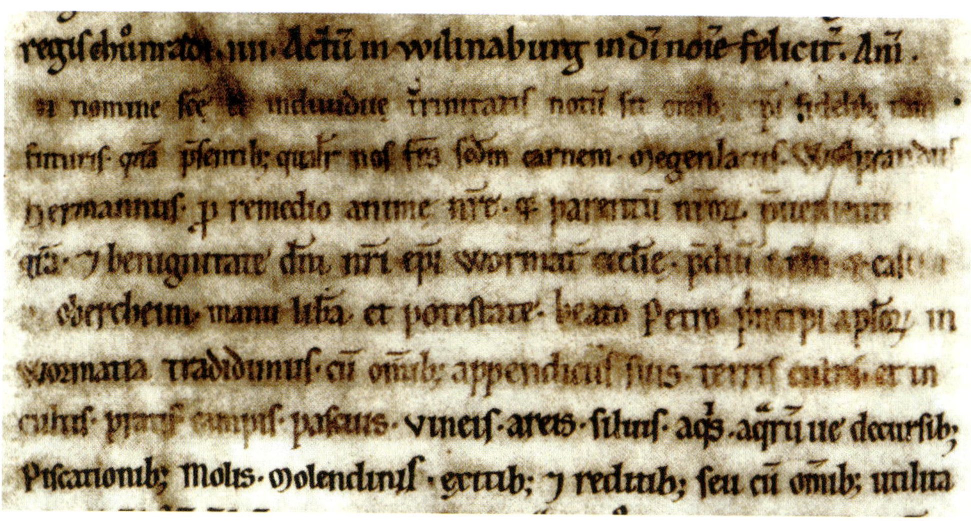

Abb. 2: Ausschnitt mit dem unter der Quarzlampe sichtbar gemachten Textabschnitt der Urkunde von 1142.
Repro: Niedersächsische Landesbibliothek Hannover

Anmerkungen

1. Vgl. u.a. **Hans Werle**, Die Vögte der Reichsabtei Lorsch im 11. und 12. Jahrhundert (Bll.f.pfälz.KG 23) 1956; 52-58; Nachdr. in: Beiträge zur Geschichte des Klosters Lorsch (= Geschichtsblätter Kreis Bergstraße, Sonderband 4), 2. verb. Aufl. Lorsch 1980, 351-357.
2. 1065 Sep 8 Worms: DH IV 169.
3. **Karl Glöckner** (Hg.), Codex Laureshamensis (Arbeiten der Historischen Kommission für den Volksstaat Hessen) 3 Bde. Darmstadt 1929-36; Nachdr. Darmstadt 1975; hier 1, 397. – Die Datierung ergibt sich aus dem Text, welcher dem DH IV 191 von 1067 o.T. vorangeht.
4. 1094 o.T.: Ebd. 407 ff. n.134.
5. **Helfrich Bernhard Wenck,** Hessische Landesgeschichte, 3 Bde., Darmstadt und Gießen 1783, Frankfurt und Leipzig 1789, 1803; hier 1, 204.
6. Abb. bei **Hansmartin Schwarzmaier,** Die Anfänge des Klosters Gottesaue (Gottesaue. Kloster und Schloß, hg. **Peter Rückert**) Karlsruhe 1995, 8-15; hier 9.
7. **Cyriacus Spangenberg,** Hennebergische Chronica. Der Vralten Loblichen Grauen vnd Fursten zu Henneberg Genealogia, Stammenbaum vnd Historia (...), Straßburg 1599 (nach dieser Aufl. wird zitiert); 2. verb. und m. Anmm. versehene Aufl. von **Christoph Albrecht Erck,** Meiningen 1755.
8. Ebd. 74 f. (Poppo) und 66 (Hermann).
9. Ebd. 75.
10. Ebd. 76. - Wie aus der Skizze bei **Schwarzmaier** (wie Anm. 6) 12 hervorgeht, ist diesem (wie anderen) entgangen, daß der Ort *Hithelinhowa* in der Urkunde von 1110 durch ein Kreuz als Verweiszeichen auf *Novale* bezogen ist; *Hithelinhowa* war also der Name des Neubruchs vor dem Kloster (ante ipsam cellam).
11. **Johann Ludwig Heim,** Fortgeführte Hennebergische Chronica C. Spangenbergs, 3 Teile Meiningen 1767-76; hier 3, 215-296.
12. Caroli bei **Heim** 3, 223.
13. Bei den ursprünglich doch wohl in römischen Ziffern geschriebenen Zahlen scheint jeweils ein L = 50 ausgefallen zu sein.
14. Vgl. **Günther Haselier,** Gottesaue (Germania Benedictina Bd. 5: Baden-Württemberg, hg. **Franz Quarthal**) Augsburg 1975; Nachdr. St. Ottilien 1987; 253-260; hier 255.
15. Caroli bei **Heim** (wie Anm. 11) 3, 223 f.
16. Ebd. 224.
17. **Helmut Maurer**, Gebhard III. (Lexikon des Mittelalters, München 1977 ff.; künftig LdM); hier 4 (1989) Sp. 1162.
18. **Alfons Schäfer,** Staufische Reichslandpolitik und hochadlige Herrschaftsbildung im Uf- und Pfinzgau und im Nordwestschwarzwald vom 11. bis 13. Jahrhundert (Oberrheinische Studien 1) Karlsruhe 1970, 179-244; hier 194.
19. Vgl. **Haselier** (wie Anm. 14) 254.
20. Ebd.
21. **Glöckner** (wie Anm. 3) 3, 144 n.3516, 3518. – Im 12. Jahrhundert erhob sich auf dem Hohenberg die Burg Grötzingen: **Schäfer** (wie Anm. 18) 191.
22. Ebd. 191 f.
23. 1110 Aug 16 Speyer: GLA Karlsruhe (Or.); Foto bei **Schwarzmaier** (wie Anm. 6) 11. – Dr.: **Martin Gerbert,** Historia Silvae Nigrae 3, Cod. dipl. [o.O., o.J.] 43 ff. n.30 (Thomas Zotz, Freiburg, bin ich für die Übersendung einer Kopie dieses Drucks zu großem Dank verpflichtet); **Stefan Schipperges,** Die Stiftungsurkunde für das Kloster Gottesaue von 1110: Ein Beitrag zur Regionalgeschichte des Karlsruher Raumes, Stuttgart 1996. – Reg.: **Stumpf** (wie Anm. 35) 2, 257 n.3041.
24. 1095 Okt 27: **Glöckner** (wie Anm. 3) 1, 415 f. – Der heute wüste Ort soll der Reihenfolge der Aufzählung nach zwischen Zell, Stockheim-Neustadt und Mömlingen (alter Lk. Erbach) gelegen haben: Ebd. 416 Anm. 6.

25. **Wolfgang Hartmann,** Vom Main zur Burg Trifels vom Kloster Hirsau zum Naumburger Dom (Veröffentlichungen des Geschichts- und Kunstvereins Aschaffenburg 52) Aschaffenburg 2004; hier 24 (rechnet Bertold d. Ä. den Grafen von Staufenberg in der Ortenau zu).

26. Ebd. 26.

27. **Schäfer** (wie Anm. 18) 195 f.

28. **Glöckner** (wie Anm. 3) 1, 416.

29. Der Todestag ebd.; zum Todesjahr ebd. Anm. 2.

30. Tag: Würzburg, Universitätsbibliothek, Handschriftenabteilung M.p.th.f. 132 (Lorscher Nekrolog) f.68' = **Johann Friedrich Böhmer** (Hg.), Fontes rerum Germanicarum. Geschichtsquellen Deutschlands, 4 Bde. Stuttgart 1843-68; Nachdr. Aalen 1969; hier 3, 145: „Bertolfi comitis".

31. **Franz Joseph Mone,** Aus den Annalen und dem Necrologium von Gottesaue (Quellensammlung der badischen Landesgeschichte 2) 1854, 153 (abgedruckt b. Schäfer (wie Anm. 18) 197 Anm. 69: „III. Martii obiit Bertholdus monachus ex comite Hohenberg, fundator huius coenobii Gotzowe 1110.").

32. **Haselier** (wie Anm. 14) 254.

33. **Glöckner** (wie Anm. 3) 1, 423 n.143a.

34. Burg im Odenwald, hoch über dem Schlierbachtal; zum besitzgeschichtlichen Hintergrund sowie über die spätere Entwicklung vgl. **Winfried Wackerfuß**, Die Billunge von Schlierbach/Lindenfels – Ein Beitrag zur Geschichte der Herren von Crumbach/Rodenstein (Beiträge zur Erforschung des Odenwaldes und seiner Randlandschaften I) Breuberg-Neustadt 1972, 303-321.

35. 1123 März 25 Speyer: Monumenta Boica (hg. Bayer. Akad. d. Wiss.) München 1763 ff. (zit. MB) hier 29a, 244 f. n.447; **Karl Friedrich Stumpf-Brentano**, Die Kaiserurkunden des 10., 11. und 12. Jahrhunderts, chronologisch verzeichnet als Beitrag zu den Regesten und zur Kritik derselben. Mit Nachträgen von **Julius Ficker** (1883) (= Die Reichskanzler vornehmlich des X., XI. und XII. Jahrhunderts Bd. 2) Innsbruck 1865; 2. Aufl. 1883; 2. Neudr. Aalen 1964; hier 271 n.3190.

36. M.p.th.f. 132 f.74' = **Böhmer** (wie Anm. 30) 3, 146: *Bertholdi comitis iunioris.*

37. 1131 o.T.: **Manfred Stimming** (Bearb.), Mainzer Urkundenbuch Bd. 1: Die Urkunden bis zum Tode Erzbischof Adalberts I. (1137) (Arbeiten d. Hist. Komm. f. d. Volksstaat Hessen) Darmstadt 1932; Nachdr. Darmstadt 1972; hier 487 f. n.571.

38. 1130 o.T.: **Glöckner** (wie Anm. 3) 1, 425 f. n.143.

39. Ebd. 1, 437 n.155a.

40. 1123 März 25 Speyer: MB (wie Anm. 35) 29a, 244 f. n.447; **Stumpf** (wie Anm. 35) 2, 271 n.3190.

41. 1127 Mai 18 Worms: Königliches Staatsarchiv Stuttgart (Hg.), Wirtembergisches Urkundenbuch, 11 Bde. Stuttgart 1849-1913; Nachdruck Aalen 1972-78; hier 1, 374 f. n.291.

42. **Schäfer** (wie Anm. 18) 191 f.

43. **Wilhelm Bernhardi** (Bearb.), Lothar von Supplinburg (1125-1137) (Jbb. d. Dt. Gesch. 15) Berlin 1879; Neudr. Berlin 1975; hier 86. Vgl. dazu auch: **Christian Burkhart**, Einige Gedanken zu der „unerbittlichen Fehde" zwischen dem [Lorscher] Klostervogt Berthold [von Hohenberg-Lindenfels] und dem Speyrer Bischof Siegfried [von Wolfsölden], in: Der Odenwald, Jg. 41 (1994). S. 154 ff.

44. **Glöckner** (wie Anm. 3) 1, 426 n.144.

45. Wohl eine Schenkung Abt Winthers († 1088) an seinen Vater Bertold d. Ä.; vgl. **Wackerfuß** (wie Anm. 34) 306.

46. **Glöckner** (wie Anm. 3) 1, 426 n.144.

47. M.p.th.f. 132 f.66' = **Böhmer** (wie Anm. 30) 3, 145: *Cunradi comitis.*

48. 1139 Okt 14: DKo III 35.

49. **Heinrich Wagner,** Zur Genealogie der Grafen von Henneberg (MJb 32) 1980, 70-104; hier 70-78.

50. **Heinrich Wagner,** Entwurf zu einer Genealogie der Grafen von Henneberg (Jb. 1996 d. Hennebergisch-Fränkischen Geschichtsvereins) Bd. 11, 33-152 [mit 1 genealogischen Tafel in Kartentasche]; hier 37-40.

51. **Gerold Meyer v. Knonau** (Bearb.), Jahrbücher des Deutschen Reiches unter Heinrich IV. und Heinrich V. (1056-1125), 7 Bde. 1890-1909; Nachdr. Berlin 1964/66; hier 3, 137 ff.; zum Datum bes. 138 Anm. 61.

52. Vgl. **Karlheinz Blaschke**, Ludowinger (LdM 5, 1991) Sp. 2169.

53. **Wagner**, Genealogie (wie Anm. 49) 81 (m. Belegen).

54. **Karl Eichhorn** (Hg.), Chronicon Hennebergense (Einladungsschrift zur Feier des Henfling'schen Gedächtnistages) Meiningen 1900.

55. Ebd. 35.

56. **Wagner**, Entwurf (wie Anm. 50) 41.

57. **Hartmann** (wie Anm. 25) 24 mit 25 Abb. 6.

58. Im Lorscher Nekrolog zum 24. Februar als *Hildegardis comitissa de kazzenhelbogen* eingetragen: M.p.th.f. 132 f.67' = **Böhmer** (wie Anm. 30) 3, 145.

59. **Wagner**, Entwurf (wie Anm. 50) 15-17, 47 f. (Bischöfe) und 52 f. (Irmingard).

60. **Alfred Wendehorst**, Das Bistum Würzburg 1. Die Bischofsreihe bis 1254 (Germania Sacra N.F. 1) Berlin 1962, 132 ff.

61. Tag: M.p.th.f. 132 f.65': *Godeboldi comitis Iuniori. Hic dedit vineam I in bensheim* = **Böhmer** (wie Anm. 30) 3, 145. – Jahr: 1144 o.T.: **Franz Josef Bendel** (Bearb.), Urkundenbuch der Benediktiner-Abtei St. Stephan in Würzburg (VGFG III) Bd. 1, neu bearb. v. **Franz Heidingsfelder – Max Kaufmann**, Leipzig 1912; 128 f. n.122. Der betreffende Eintrag des Lorscher Totenbuchs wird auf ihn zu beziehen sein (bestritten von **Hartmann** (wie Anm. 25) 128), da sein ältester Sohn Poppo IV. schon 1144 März 25 in dem zu Würzburg ausgestellten, im Original erhaltenen DKo III 98 für Paulinzelle als Zeuge erscheint.

62. Vgl. **Wagner**, Entwurf (wie Anm. 50) 45-48 (mit Belegen).

63. 1135 o.T.: StA Magdeburg U 19 C 5 n.2; **Otto Dobenecker** (Bearb.), Regesta diplomatica necnon epistolaria Historiae Thuringiae, 4 Bde., Jena 1896-1939; hier 1, 273 f. n.1308.

64. 1138 o.T.: Ebd. 285 n.1364.

65. **Spangenberg** (wie Anm. 7) 88.

66. **Eichhorn** (wie Anm. 54) 35.

67. M.p.th.f. 132 f.80': *Lucgardis comitisse* = **Böhmer** (wie Anm. 30) 3, 147.

68. Nicht aber Liutgard v. Heimbach, Mutter des Pfalzgrafen Hermann v. Höchstadt-Stahleck, die an einem 31.8. starb: **Johannes Nospickel** (Hg.), Das Necrolog des Klosters Michelsberg in Bamberg (MG Libri Memoriales et Necrologia N.S. 6) Hannover 2004; hier 261.

69. **Spangenberg** (wie Anm. 7) 88: „den letzten Martii".

70. 1128 o.T.: StA Würzburg, Standbuch 184 f.13; Dr.: **Hermann Hoffmann** (Hg.), Würzburger Polizeisätze. Gebote und Ordnungen des Mittelalters (1125-1495) (VGFG X/5) Würzburg 1955; 27 f. n.1. – 1128 o.T.: MB (wie Anm. 35) 45, 6 f. n.3 (hier Zeuge nach Gotebold, aber nicht als dessen Sohn bezeichnet).

71. 1130 April 3: StA Bamberg, Bamberger Hochstiftsurkunde (künftig BBU) 183; **Marie-Luise Laudage**, Die Urkunden Bischof Ottos I. von Bamberg (1102-1139) mit einer Edition ausgewählter Stücke (FS Dietrich Kurze) Köln-Wien-Weimar 1993, 457-493; hier 482 f. n.12; **Dobenecker** (wie Anm. 63) 1, 260 n.1235.

72. 1130 Aug 7 Fulda: StA Meiningen, Hennebergica aus Gotha n.1285; Dr.: **Karl Erb**, Ortsgeschichte des Dorfes Schwallungen a.d. Werra, Meiningen 1938, 17; Reg.: **Eilhard Zickgraf**, Beiträge zur Geschichte der Abtei Herrenbreitungen (ZHG 61) 1936, 1-18, hier 14 f. (nach unzuverlässiger Abschr.).

73. 1140 (Nov): **Glöckner** (wie Anm. 3) 1, 426 f.

74. 1148 o.T.: Ebd. 434 n.153.

75. 1156 o.T.: **Bendel** (wie Anm. 61) 151 f. n.144 (or.). – 1156 o.T.: MB (wie Anm. 35) 37, 72 f. n.99 (kop.).

76. 115[6] o.T.: **Dobenecker** (wie Anm. 63) 2, 18 n.97 zu „1155 nach Juni 18".

77. **Eichhorn** (wie Anm. 54) 14: *qui in profectione Friderici regis Romanorum obiit in terra sancta anno millesimo quinquagesimo quinto.* Ebenso Caroli bei **Heim** (wie Anm. 11) 3, 230, der außerdem – sicher zutreffend – von seinem Begräbnis in Veßra berichtet.

78. 1156 o.T.: MB (wie Anm. 35) 45, 18 ff. n.10. – Sicher irrig N. Caroli b. **Heim** (wie Anm. 11) 3, 230: „den 3ten Adventsonntag" (= 11.12. 1155).

79. **Franz Xaver Wegele** (Hg.), Corpus Regulae seu Kalendarium Domus Sancti Kiliani Wirceburgensis saecula IX-XIV amplectens (AbhBAdW, Hist. Classe XIII/3) München 1877.

80. Vgl. **Wagner,** Entwurf (wie Anm. 50) 46 (m. Belegen).

81. SS 16, 326: *Habuit etiam Udo filiam, quam duxit Poppo de Hinneberchc.* **Spangenberg** (wie Anm. 7) 89 bzw. 84 bezieht diese Angabe irrig sowohl auf Poppo IV. wie auf dessen Vetter Poppo III. von Irmelshausen.

82. **Glöckner** (wie Anm. 3) 1, 437.

83. 1144 Okt 18: MB (wie Anm. 35) 45, 13 ff. n.6. – 1144 o.T.: StA Würzburg, Würzburger Hochstiftsurkunde (künftig WWU) 4063. – 1144 o.T.: WWU 5642; RB 1, 175 (Burggraf). – 1144 o.T.: BBU (wie Anm. 71) 229. – 1144 o.T.: MB (wie Anm. 35) 37, 60 f. n.92 (Vogt).

84. Vgl. **Leonhard Scherg,** Die Zisterzienserabtei Bronnbach im Mittelalter, phil. Diss. Würzburg 1974 (= Mainfränkische Studien 14) Würzburg 1976; hier 229 u.ö. – Vgl. auch **Wackerfuß** (wie Anm. 34).

85. 1148 [vor März 13] Lorsch: Glöckner (wie Anm. 3) 1, 434 f. n.153. – Die Tagesdatierung nach dem 10. Regierungsjahr König Konrads III. – Vgl. auch **Wackerfuß** (wie Anm. 34).

86. Undatiert [1142/1148]: Ebd. 436 n.154. – Die Datierung ergibt sich aus dem Amtsantritt Eb. Heinrichs von Mainz (1142) und dem Todesjahr Abt Folknands (1148). – Vgl. auch **Wackerfuß** (wie Anm. 34).

87. 1131 o.T.: **Stimming** (wie Anm. 37) 487 f. n.571.

88. 1136 o.T.: MB (wie Anm. 35) 37, 44 f. n.81.

89. 1136 o.T.: **Elke Goez** (Bearb.), Codex diplomaticus Ebracensis I. Die Urkunden der Zisterze Ebrach 1127-1306 (VGFG III/7) 2 Teilbände, Neustadt/A. 2001; hier 1/1, 4 ff. n.2.

90. **Glöckner** (wie Anm. 3) 1, 426 c.144 m. Anm. 3.

91. Das Nähere bei **Reinhard Schmid,** Die Abtei St. Alban vor Mainz im hohen und späten Mittelalter. Geschichte, Verfassung und Besitz eines Klosters im Spannungsfeld zwischen Erzbischof, Stadt, Kurie und Reich (Beiträge zur Geschichte der Stadt Mainz 30) Mainz 1996; hier 70.

92. **Glöckner** (wie Anm. 3) CL 1, 427 c.144b.

93. 1140 Nov 15: DKo III 52.

94. **Glöckner** (wie Anm. 3) 1, 426 f.

95. Ebd. 427.

96. Niedersächsische Landesbibliothek Hannover, Handschriften und Sonderbestände Ms. XVIII, 1020. – Den Mitarbeitern der Niedersächsischen Landesbibliothek Hannover, insbesondere Frau Anke Hölzer, bin ich für ihr Entgegenkommen bei der Lösung der im Zusammenhang mit dieser Urkunde entstandenen Probleme zu größtem Dank verpflichtet.

97. Ebd. Ms. XVIII, 1020a. – Weitere Abschriften befinden sich in der Bibliothek des Gymnasiums zu Wetzlar und in der Bayerischen Staatsbibliothek München (Clm 10448).

98. Eine Xerokopie der Gruberschen Abschrift verdanke ich Thomas Zotz, Freiburg, dem an dieser Stelle für seine freundliche Mithilfe sehr herzlich gedankt sei. – Die Grubersche Abschrift ist zwar komplett, doch wurde an der Zeugenreihe in mißverständlicher Form (durch Nachträge am Rand und mehrfache Verweiszeichen) gebessert.

Rüdiger Lenz

Entstehung der Ratsverfassung und Ausbildung der Stadtrechte in Städten beiderseits des unteren Neckars

I. Einleitung und Problemstellung

Schon jeher hat die Geschichtsschreibung die Grundbedeutung der zeitgenössischen, oft parallel oder abfolgend verwendeten Formulierungen „oppidum" [im Sinne von „ummauertes Gemeinwesen"] und „civitas" [im Sinne von „Bürgerschaft"] in ihrer Wirkung auf den ‚Prozeß der Stadtwerdung' hinterfragt[1]. In unserem Raum werden die schon im 13. Jahrhundert erwähnten Städte Amorbach[2] oder Buchen[3] in den älteren lateinischsprachigen Urkunden als „oppida" bezeichnet, ja im Falle Eberbachs war die singuläre Form „oppidum" sogar im 14. Jahrhundert noch üblich[4]. Selbst bei der jüngeren Gründung Dilsberg hielt sich diese relativierend erscheinende Bezeichnung in der Siegelumschrift[5]. Andererseits wird bei den vergleichbaren Städten Hirschhorn und Neckarsteinach etwa zur gleichen Zeit bereits die *civitas* in der Umschrift des Siegels erwähnt[6].

Territorialherren setzten bewußt das Mittel der Städtegründung zur Sicherung und zum Ausbau ihrer Herrschaft ein. Städte übernahmen die ihnen günstig erscheinenden Teile des Rechts einer anderen Stadt. Die im mittelalterlichen Deutschen Reich sich bildenden Stadtrechtslandschaften, also Gruppierungen von Städten mit gleichen oder doch ähnlichen Rechten mit Bezug auf eine gemeinsame ‚Mutterstadt', waren von unterschiedlicher Größe, Ausgestaltung und Bedeutung. Die größten Stadtrechtslandschaften finden sich im deutschen Kolonialgebiet östlich der alten Siedlungsgrenze an Elbe und Saale. Wir kennen beispielsweise das lübische oder das Magdeburger Recht, das sich bis nach Ostpreußen im Osten Deutschlands erstreckte, ja darüber hinaus in nichtdeutsche Gebiete - aber mit deutscher kultureller Beeinflussung, wie etwa im Baltikum oder in Polen[7]. Auch im kleinräumigen Südwesten bildeten sich Stadtrechtsfamilien heraus. Eine regional bedeutende Mutterstadt am unteren Neckar war beispielsweise die Reichsstadt Wimpfen, jedenfalls für Waibstadt, Eberbach und andere Orte[8]. Eberbach wiederum galt als Vorbild für das 1328 privilegierte Beerfelden[9]. Weitere Stadtrechtsfamilien bildeten sich in Miltenberg für Buchen und andere Städte, in Walldürn für Amorbach, in Mosbach bzw. später in Heidelberg für Neckargemünd heraus[10].

Der folgende Beitrag skizziert die verfassungsrechtliche Entwicklung von Städten beiderseits des unteren Neckars und ihrer Privilegien und Rechte. Neben einigen staufischen Gründungen zwischen Mosbach und Neckargemünd werden die niederadligen Städte Neckarsteinach und Hirschhorn, der Sonderfall der Bergstadt Dilsberg, daneben Städte aus dem Bereich des Dürner und Mainzer Territoriums wie etwa Amorbach, Buchen und Walldürn, ferner Beerfelden, Erbach und Michelstadt aus dem Herrschaftsraum der Schenken von Erbach herangezogen. Die ehemals pfalzgräfliche Residenz Heidelberg bleibt wegen ihres besonderen Charakters ausgeklammert.

II. Äußere Merkmale und topographische Bedingungen einer Stadt

Zu den schon äußerlich prägenden Merkmalen, die eine Stadt auch sichtbar von den Dörfern auf dem Lande abhob, zählten neben der Stadtmauer die Türme und die Stadttore, die an wichtigen Straßenausgängen standen und nach Nachbarorten oder nach ihrer Lage benannt waren. Die Neckarsteinacher Tortürme trugen die Namen der angrenzenden Orte Neckargemünd, Hirschhorn und Schönau[11]. In Buchen, Mosbach, Eberbach, Hirschhorn, Neckargemünd und Michelstadt standen ein oberes bzw. unteres Tor[12]. Trotz solcher Ähnlichkeiten gab es bei der Gründung von Städten keine gleich geartete Handlungsanweisung, die man überall anwendete. Jede aus dem Mittelalter stammende Stadt hat ihren besonderen Grundriß. Ihr Aussehen, ihre Lage und ihr Umfang waren immer abhängig von den topographischen Bedingungen, ja von einer Vorgängersiedlung, die je nach Situation eingebunden oder ausgeklammert wurde. Nicht immer ging ein bereits vorhandenes Dorf in der neuen Stadt auf. Oft befand sich dieses, ja sogar eine bereits bestehende Pfarrkirche, außerhalb der neuen Stadtmauern. In Eberbach blieben die ältere weilerartige Siedlung und die dazu gehörige Pfarrkirche, die noch aus der Zeit der Herrschaft des Bistums Worms bzw. seiner Vögte, der Grafen von Lauffen, stammten, außerhalb der planmäßig angelegten neuen Stadt. Der ältere Weiler wie die Pfarrkirche lagen auf einem angrenzenden hochwasserfreien Hügel, der identisch erscheint mit jenem, sich an die [Alt-) Stadt anschließenden kleinwinklig gegliederten Ortsteil[13]. In Neckargemünd dagegen wurde die ältere Siedlung mit der Pfarrkirche in die Ummauerung integriert[14]. Der Burgweiler Neckarsteinach hatte bereits eine Pfarrkirche und – wegen seiner Lage am Neckar – eine Zollstelle, beide gingen vermutlich in der neuen Stadt auf[15]. Eine ähnliche Situation läßt sich bei Buchen, einer Gründung der Edelfreien von Dürn, beobachten. Das ältere Dorf mit der Peterskirche wurde Teil der neuen Stadt[16]. Mosbach entstand um einen älteren Siedlungskern, den Kloster- oder Stiftsbezirk, und um eine kleine Marktsiedlung[17]. In Erbach blieb die eigentliche Vorgängersiedlung, das gleichnamige Dorf, außerhalb des nicht allzu großen ‚Städtels', das als Wohnsitz für Burgmannen und Beamte der Schenken von Erbach gedacht war[18].

Die topographischen Bedingungen erlaubten den Städten am Neckar ein klar gegliedertes Straßennetz. Eberbach hatte Längsstraßen zum Fluß und zum nördlichen Ausgang in den Odenwald[19]. Neckargemünd liegt zwar auf einem abfallenden Sporn des Hollmuthrückens im Mündungswinkel der Elsenz in den Neckar, besitzt aber genauso Längs- und Querstraßen in einer fächerartigen Anordnung[20]. Neckarsteinach erstreckte sich auf einer Fläche zwischen der Steinach und dem Neckar und hatte wie Eberbach zwei Parallelstraßen[21]. Dem Hirschhorner Stadtgrundriß liegt ebenfalls eine planmäßige Anlage zugrunde, dominierend ist die in Flußrichtung verlaufende Hauptstraße. Die Altstadt wird *Hinterstädtel* genannt, das zunächst am unteren Tor an der Straße nach Neckarsteinach endete. Hirschhorn ist eine der wenigen Städte, die schon wenige Jahre nach der Gründung eine bauliche Erweiterung flußabwärts erhielt, die sog. Vorstadt. Diese wird 1413

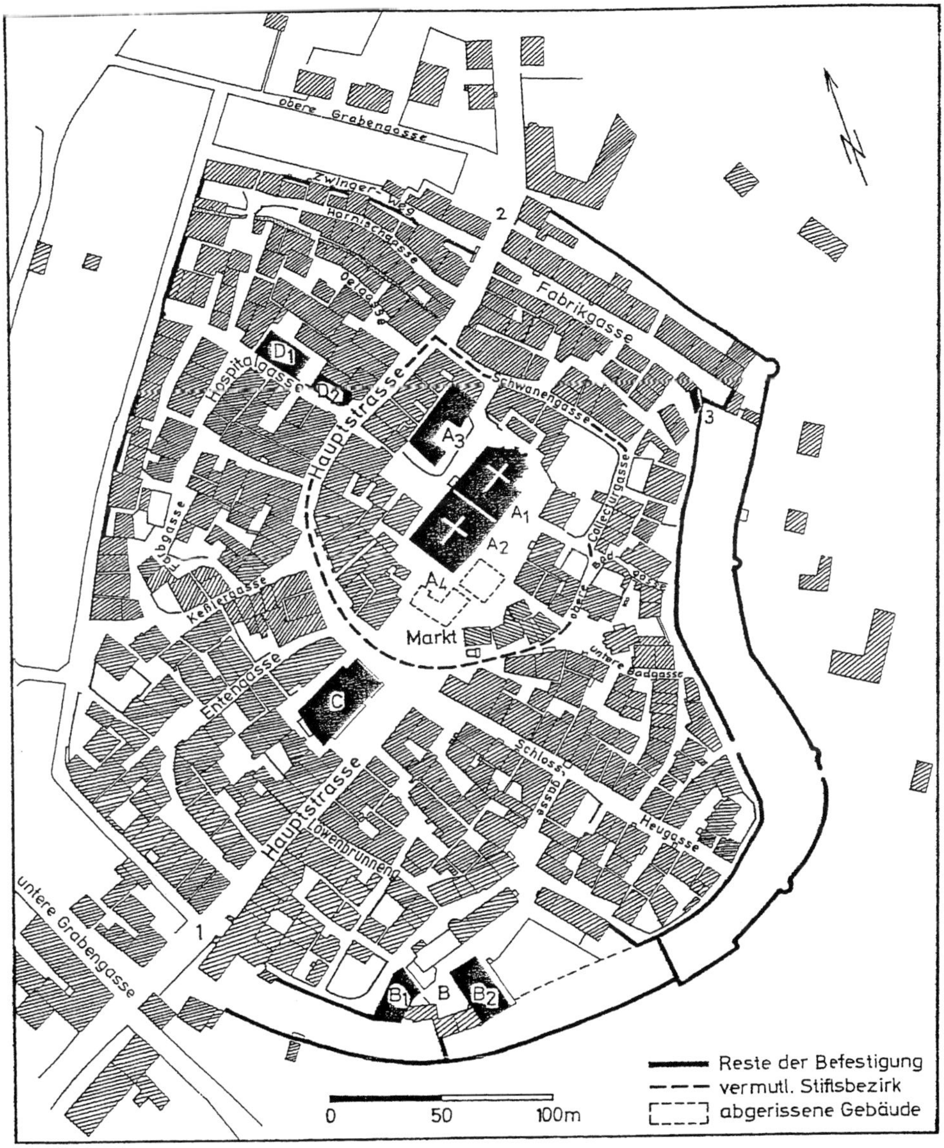

Abb. 1: Grundriß der Stadt Mosbach (Vorlage: Scheuerbrandt, Südwestdeutsche Stadttypen und Städtegruppen (wie Anm. 2), Fig. 26)

erstmals erwähnt. Deshalb steht das frühere untere Tor, heute der „Mitteltorturm" genannt, inmitten der Altstadt von Hirschhorn[22]. Manche Städte lehnten sich mit ihrem Mauerwerk an vorhandene Burgen an wie etwa Neckargemünd, das Flankensicherung von der heute fast verschwundenen Burg Reichenstein erhielt[23]. Neckarsteinach war schon von Anfang an mit der Vorderburg auf dem anstoßenden Bergrücken, dem heutigen Riegelsberg, verbunden[24], ebenso Hirschhorn mit der gleichnamigen Burg des Stadtherrn. Der Hauptort Erbach der Schenken von Erbach entstand als Wohnsitz der Burgmannen im engen Anschluß an eine Wasserburg[25].

Ein unübersehbares Zeichen städtischer Autonomie wird heute im Rathaus gesehen, mit Sitzungszimmer für den Rat, mit Räumen für die Bürgerschaft, für die Verwaltung [d.h. für den Stadtschreiber] und für das Archiv[26]. Die beiden adligen Spätgründungen Hirschhorn wie Neckarsteinach verfügten anscheinend von Anfang an über Rathäuser, diese werden bereits 1426 erwähnt[27]. Das Rathaus der wesentlich älteren Stadt Eberbach läßt sich dagegen erst seit 1442 nachweisen[28]. Als nächste sind die Rathäuser von Walldürn (1448) und Michelstadt (1484)[29] belegt. Wenig später, 1502 bzw. 1545, folgten die Rathäuser zu Buchen und Erbach[30]. Doch hatten Rathäuser offenbar ursprünglich nicht jene Funktion, die ihnen heute unterstellt wird. Zunächst überwog ihre Stellung als Symbol der Herrschaft und die Nutzung als herrschaftliches ‚Gerichtshaus'. So hielt das Zentgericht der Meckesheimer Zent seine Sitzungen im ältesten Rathaus der Stadt Neckargemünd ab, und in Eberbach ist die Zinspflichtigkeit mancher Häuser oder Hofstätten an das Rathaus ausdrücklich belegt[31]. Das Bild rundet sich am Falle der Stadt Buchen, die ihr Rathaus 1502 als Geschenk des Stadtherrn erhielt, und in Erbach errichtete sogar der Landesherr Graf Eberhard II. von Erbach den Bürgern ein Rathaus[32]. Rathaus und Marktplatz mußten nicht unbedingt die zentralen Standorte einer Stadt markieren. In Eberbach befand sich das Rathaus zunächst nicht am Marktplatz, sondern am Straßenausgang in den Odenwald vor dem oberen Tor[33]. Erst ein Neubau, der zwischen 1480 bis 1483 errichtet wurde, setzte das Rathaus an den heutigen Alten Markt um[34].

III. Gründungsvoraussetzungen von Städten

Am unteren Neckar gab es zur Stauferzeit eine Welle von Städtegründungen. In Eberbach gilt zwar die Ersterwähnung der Burg von 1227 als Gründungsdatum[35], doch erst um 1240 ist Eberbach als eine werdende Stadt bezeugt[36]. Gebäude wie die Stadtmauer waren noch im Aufbau begriffen. Allerdings können nur Teilstücke der erhaltenen Stadtmauer und ein Turm in der Südostecke, heute Rosenturm genannt, in die Gründungsphase datiert werden[37]. Die gleichen Voraussetzungen wie Eberbach hatte Neckargemünd. Beide Städte durften die an den König schuldige Steuer zum Bau ihrer Stadtmauern verwenden. Neben den staufischen Städten am unteren Neckar zählt die beim Kloster Amorbach gelegene gleichnamige Besitzung, die vor 1253 von Konrad I. von Dürn zur Stadt erhoben wurde, zu den ältesten Städten - mit einem sogar näher faßbaren Gründungsakt. Neben dem Marktrecht, das ein konstitutives Element war, hatten die Bürger eine zeitlich begrenzte persönliche Freiheit erhalten. Um die offenbar tangierten Rechte des Klosters Amorbach auszugleichen, wurde 1253 Amorbach, das schon eine Stadtmauer hatte, zwar ein ständiges freieres Recht gewährt, als es die unter Feudalstrukuren lebenden Landbewohner der Herrschaft hatten, allerdings unter Beachtung der Rechte des Klosters in der Stadt[38].

Seit dem späten 13. Jahrhundert sind auch die Schenken von Erbach als Stadtgründer faßbar. Im Gegensatz zu den Städten am unteren Neckar, die schon zur

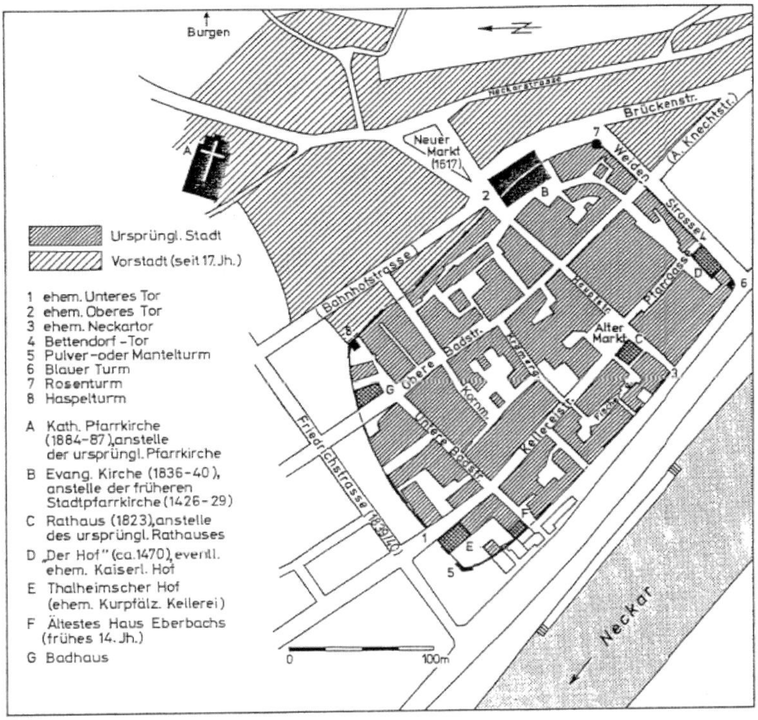

Abb. 2: Grundriß der Stadt Eberbach (Vorlage: Scheuerbrandt, Südwestdeutsche Stadttypen und Städtegruppen (wie Anm. 2), Fig. 40)

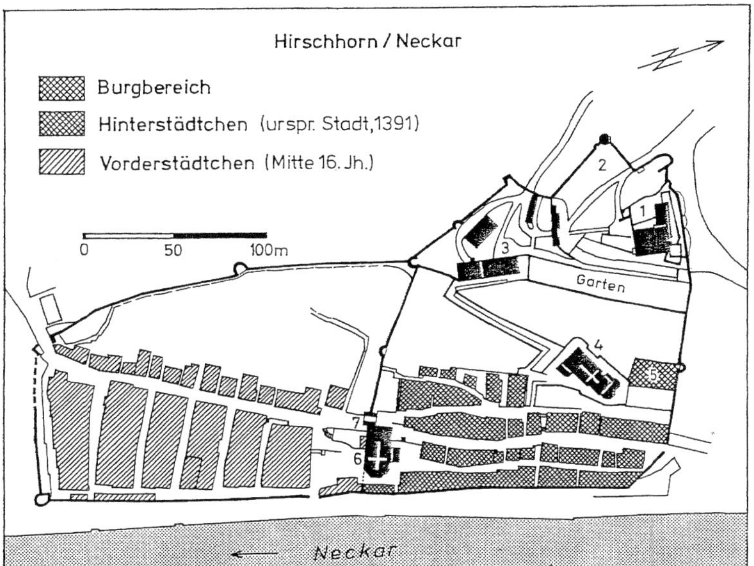

Abb. 3: Grundriß der Stadt Hirschhorn (Vorlage: Scheuerbrandt, Südwestdeutsche Stadttypen und Städtegruppen (wie Anm. 2), Fig. 40)

Stauferzeit frühzeitig Subventionen und Förderungen erhielten, behandelten die Schenken von Erbach ihre Städte wesentlich restriktiver. Sie übten über diese eine starke herrschaftliche Kontrolle aus. Ihr Hauptort Michelstadt hatte seit 1139 Marktrechte und ist 1307 als ‚oppidum' bezeugt. Er wurde vom Pfalzgrafen bei seinen territorialen Ausdehnungsbestrebungen in den zentralen Odenwald in einer Fehde zerstört[39]. Die Stadt durfte erst nach 1390 mit der Ummauerung beginnen, die wohl um 1400 vollendet war[40]. Die südlich von Michelstadt gelegene Stadt Erbach und Residenz des gleichnamigen Territoriums wird erstmals 1321 als *stad* erwähnt, hatte aber wegen ihrer starken herrschaftlichen Anbindung an den Herrensitz erst seit der Wende zur frühen Neuzeit gewisse Freiheiten[41]. Für Beerfelden erwirkte Schenk Konrad III. 1328 ein kaiserliches Privileg für einen Wochenmarkt nach Eberbacher Recht[42]. Ob eine (ältere) Pfarrkirche mit ihren Rechten die Ausbildung Beerfeldens zur Stadt behinderte, wird in der Literatur als offene Frage angesprochen[43]. Ungeklärt sind bisher auch die Intentionen des Stadtherren, denn Beerfelden erhielt nie eine Ummauerung, ist nur als „Dorf" bezeugt und verblieb auf dem Stand eines „Marktfleckens" - trotz der Funktionen als Amts- und Gerichtsmittelpunkt der Erbacher Oberzent[44].

Ebenfalls in diese Reihe mit nicht voll ausgebildeten Rechten zählen die gegen Ende des 14. Jahrhunderts angelegten Städte Dilsberg, Hirschhorn und Neckarsteinach. Vor der alten Gipfelburg Dilsberg, ehemals ein Besitztum der Grafen von Lauffen, errichtete Pfalzgraf Ruprecht I. eine Stadt und stattete sie mit gewissen Rechten aus. Durch die zwangsweise Aufnahme der beiden im Tal des Neckars gelegenen Weiler Rainbach und Reidenberg entstand ein städtisches Gemeinwesen, allerdings in topographisch schlechter Lage auf einem verkehrstechnisch nur schwer erreichbaren Berggipfel, abseits von jeglichen Handelswegen[45]. Zur gleichen Gruppe gehören die beiden von Niederadligen gegründeten Städte Hirschhorn und Neckarsteinach, die auf dem nördlichen Neckarufer liegen. Über die Beweggründe der Stadtherren kann nur spekuliert werden, vermutlich ging es in beiden Fällen primär um die Bildung eines herrschaftlichen Zentrums für die Dörfer im Einzugsbereich ihrer Burgen am Neckar, vielleicht bot gerade das Beispiel des benachbarten Dilsbergs genügend Anreiz. Für Neckarsteinach fehlt eine königliche Bestätigung des Gründungsvorgangs völlig. Im Falle Hirschhorns können wir den Zeitpunkt der Verleihung der Stadtrechte dagegen exakt definieren. Die Grundlage bildete ein königliches Privileg vom September 1391 an die Herren vom Hirschhorn, ein *stetlein* direkt unterhalb ihrer Stammburg zu gründen und es zu ummauern. Es sollte die gleichen Rechte und Freiheiten wie andere ähnliche Städte der Umgebung erhalten. Das städtische Siegel ist seit 1406 belegt[46].

Die Gründung der Stadt Neckarsteinach war allein den Landschaden von Steinach zu verdanken, die auf der [Wormser Hälfte der] Vorderburg saßen. Diese umgingen vielleicht bewußt die Rechte der unweit entfernten Hinterburg über die ältere Siedlung Steinach, deren Inhaber sich am Gründungsakt nicht beteiligten[47]. Der Zeitpunkt der Stadterhebung läßt sich fast genau bestimmen: Noch 1364 wird der Ort als „villa", also als Dorf, bezeichnet[48], 1377 ist die Stadt erstmals erwähnt[49].

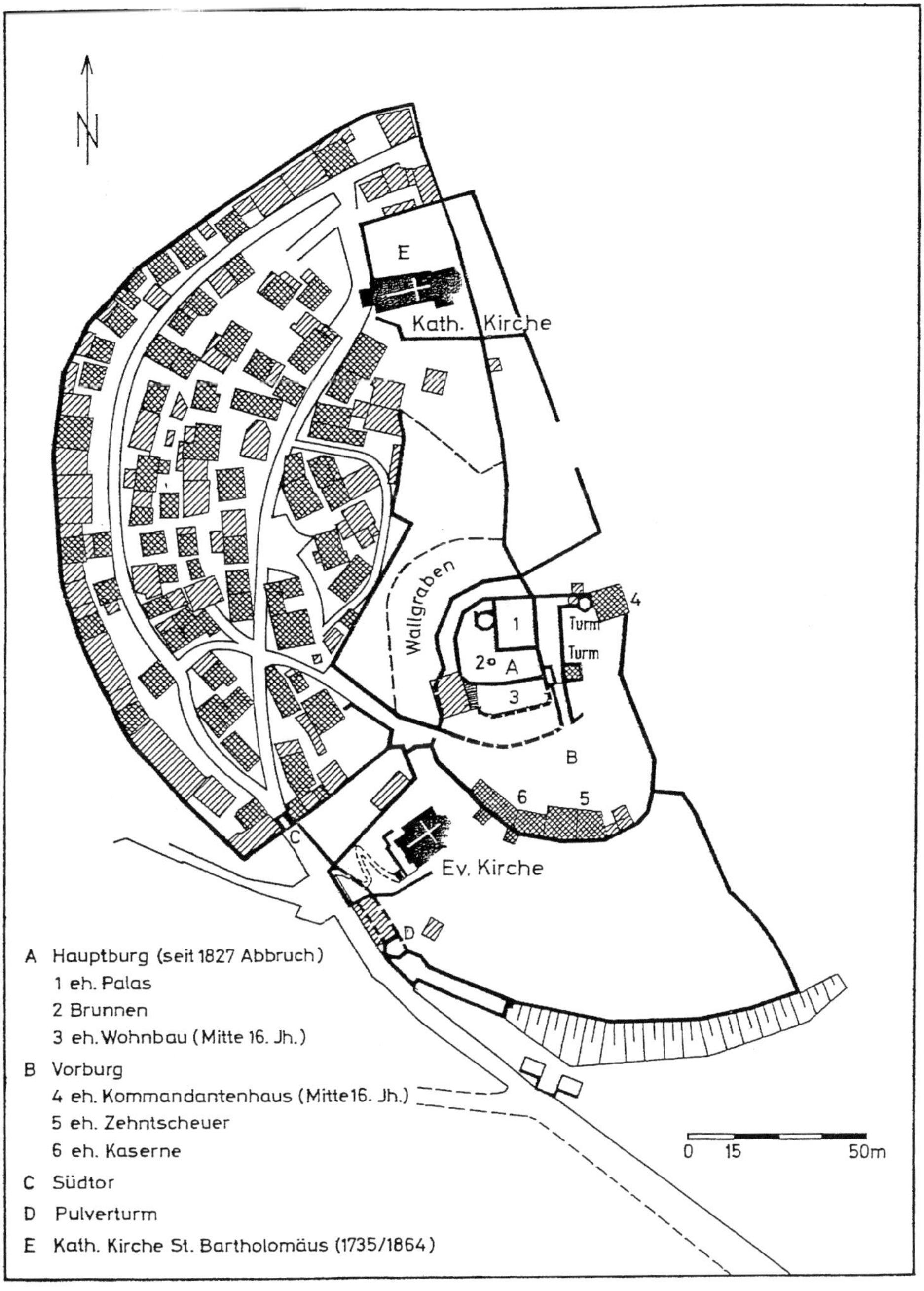

Abb. 4: Grundriß der Städtleins Dilsberg (Vorlage: Scheuerbrandt, Südwestdeutsche Stadttypen und Städtegruppen (wie Anm. 2), Fig. 35)

IV. Von der Gerichts- zur Ratsherrschaft

Neben dem äußeren Bild, das Stadtmauer und Stadttürme vermitteln, ist die Frage nach der Organisation und den erteilten bzw. ausgeübten Rechten eine grundlegende Voraussetzung für den inneren Reifeprozeß der Städte. Es ist zu untersuchen, wie Stadtrechte beschaffen sind und welche Rechte die Bürger erhielten. Gerade die im 14. Jahrhundert anschwellende Zahl von Privilegien und Verleihungen von Rechten, die selbst innerhalb eines, aus vielen herrschaftlichen und rechtlichen Wurzeln zusammenwachsenden Territoriums nicht gleichartig oder in gleichem Umfang erteilt wurden, sprechen für die Vermutung, daß Stadtrechte schrittweise „erworben" und situationsbedingt erteilt bzw. beurkundet wurden.

Ob die Staufer ihren Städten am unteren Neckar jemals Privilegien erteilt haben, ist eine offene, bisher noch nicht annähernd geklärte Frage[50]. Bis auf den Steuernachlaß zum Bau der Stadtmauern von Eberbach und Neckargemünd ist keinerlei Vergünstigung bekannt. Sicherlich waren die Reichsstädte am unteren Neckar nicht „frei" oder unabhängig, sondern weiterhin Glieder des Machtbereichs der Könige. Erst in den Wirren des Thronstreits, nach dem Untergang der Staufer seit 1250, lockerten sich in einer unsicheren politischen Situation vermutlich notgedrungen und schrittweise die Bindungen an den bisherigen Herrscher, dessen Beamte, etwa der Schultheiß, in der Stadt präsent blieben. Als Rechtspersönlichkeit müssen Städte über Organe verfügen. Etwa 50 Jahre nach dem Untergang der Staufer sind bei allen Reichsstädten am unteren Neckar die ersten Vertreter bezeugt, zuerst die herrschaftlichen Beamten und Institutionen. In Mosbach sind der Schultheiß und das Stadtgericht seit 1289/1290 nachgewiesen, kurz darauf, seit 1309, auch Bürgermeister und Rat[51]. Nicht viel anders lagen die Verhältnisse in Eberbach: Die Stadt besiegelte 1305 eine Schönauer Urkunde, womit die städtischen Organe indirekt gesichert sind[52]. Zusammen mit dem Rat, der mit dem Stadtgericht personengleich war, verkörpern die Ämter der Bürgermeister die städtische Selbstverwaltung. Die „Verselbständigung" der Städte durch eigene Organe ist zur gleichen Zeit auch in anderen Territorien zu beobachten. In der ursprünglich bischöflich speyrischen Stadt Sinsheim sind im Jahr 1316 neben dem Schultheißen der Rat bezeugt[53]. Für Amorbach ist das Stadtsiegel im Jahr 1290 erstmals erwähnt[54]. Im Dürner Territorium, das von Kurmainz beerbt wurde, blieb dagegen auf den Städten und ihren Organen ein starker herrschaftlicher Druck. Das Buchener Stadtrecht, das in das späte 13. Jahrhundert datiert wird, kannte zwar bereits die Institution des Stadtgerichts, aber noch keine kommunalen Organe wie die Bürgermeister. Bei Bedarf durften die Bürger der Herrschaft jedoch zwei oder drei Personen aus ihren Reihen zur Auswahl eines geeigneten Amtsträgers vorschlagen[55]. Die gleichen rechtlichen Verhältnisse wie in Buchen herrschten anscheinend in Walldürn. Nur das Schöffenkolleg – und etwas später die Bürgermeister – waren nachweisbar, nicht aber ein Ratsgremium[56]. 1292 sind erstmals für Buchen und Walldürn zwei Schöffen namentlich bezeugt[57]. Im Erbacher Territorium besaß Erbach noch im 16. Jahrhundert keine ausgebildeten Organe wie die anderen Städte. Erst 1560 wurde Erbach ein Wappen zugestanden[58], etwa zeitgleich, 1541, auch Michelstadt[59]. Die Organisation in den jüngeren Neugründungen Hirschhorn und Neckarsteinach ähnelte wiederum den ehemals staufischen Städten in der unmittelbaren Nachbarschaft. Herrschaftliches Führungsorgan in Hirschhorn war der Schultheiß. An der Spitze der Bürger standen zwei Bürgermeister sowie der Rat, der mit dem Schöffengericht identisch war[60].

Noch völlig ungeklärt ist die Frage der Ausbildung des herrschaftlicher Wurzel entstammenden Gerichtskollegs zum Rat der Stadt. Zu dieser Frage gibt es kaum direkte Quellenbelege. Doch läßt sich die rechtliche und funktionale Stellung zumindest mittelbar erschließen, da der Rat seine Machtbefugnisse sowohl der Herrschaft abtrotzen wie gegenüber der Gemeinde abgrenzen mußte. Als Rechtsorgan ist er in den älteren Gründungsstädten seit dem 14. Jahrhundert nachzuweisen – mit überlieferungsbedingten zeitlichen Abstufungen. Die ersten Belege sind Mosbach (1309) und Sinsheim (1316), zur Mitte des Jahrhunderts folgen Eberbach (1346) und Amorbach (1359), 1382 ist erstmals der Rat zu Neckargemünd bezeugt[61]. Nur im Falle Buchens ist die Bezeichnung „Rat" in den herrschaftlichen Urkunden nicht faßbar. Zeugendienste leisten Schöffen und Gemeinde[62], als Adressaten werden seit etwa 1358 „Schöffen und Bürger" sowie das Amt des „Bürgermeisters" erwähnt[63]. Die Entstehung der Ratsverfassung wird für Buchen jedoch spätestens für das 15. Jahrhundert angenommen[64]. 1373 wird erstmals von „Bürgermeistern" gesprochen – ein untrügliches Zeichen für die Existenz zweier Bürgermeister, des Rats- und des Gemeindebürgermeisters[65]. Auf das starke herrschaftliche Gewicht des Stadtherrn deutet auch die erst 1502 vollzogene Schenkung des Rathauses an die Stadt[66].

Der Sprung in die städtische Freiheit deutete sich ebenfalls auf dem Dilsberg an. Als Stadt ist der Dilsberg zwischen 1368 und 1412 bezeugt, als sogar ein Rat erwähnt wird[67]. Doch blieb es von Anfang an das Bestreben der Pfalzgrafen, den Dilsberg als Bergstädtlein mit Festungscharakter und Sitz eines pfälzischen Unteramtes unter ihrer Kontrolle zu behalten. Eine Weiterentwicklung zu einer Stadt mit größeren autonomen Rechten war unerwünscht und trat nicht ein.

Der Ausbau der Ratsverfassung schob den Schultheißen, der weiterhin Vorsitzender des Schöffenkollegs blieb, aus dem städtischen Rechtskreis. Ein eindeutiges Indiz sind die Adressaten in den ausgestellten Urkunden. Bei Eberbach werden zunächst Schultheiß, Bürgermeister und Rat gemeinsam erwähnt, daneben fast ausschließlich Bürgermeister und Rat[68]. Diese beiden Organe treten im ausgehenden 14. Jahrhundert auch ohne den Schultheißen auf[69]. Allerdings werden noch im April 1387 *scholtheiße, burgermeistere, schoͤppen, rate und die bürgere* nebeneinander bezeugt[70]. Eberbach scheint die gleiche Entwicklung wie das Vorbild Wimpfen genommen zu haben, schon frühzeitig etablierten sich Bürgermeister und Rat als städtische Vertretungsorgane, ohne den Schultheißen[71]. Sicher fiel es in die Kompetenz von Bürgermeister und Rat, Vermögensrechte für die Stadt zu erwerben[72], doch auch hier ist keine Ausschließlichkeit zu erkennen[73]. Die Adressaten der Urkunden wechselten nach der Frage der Zuständigkeiten. Die Verminderung der Funktionen des Schultheißen im städtischen Rechtsgefüge ist in einem schleichenden Prozeß erfolgt. Berührte ein zu regelnder Tatbestand ein hoheitliches Recht, wurden Schultheiß und Schöffen intituliert, ging es in den Bereich der bürgerlichen Selbstverwaltung (Schuldwesen), waren Bürgermeister, Rat und Gemeinde die Ansprechpartner. Die Mosbacher Quellenlage läßt weitere Beobachtungen zu.

Aus ihnen ist erkennbar, daß kein abrupter, scharf abgrenzbarer Wechsel vorliegt. Noch jahrelang sind Formulierungen mit und ohne den Schultheißen üblich und entsprachen wohl auch der gesellschaftlichen Wirklichkeit. So sind sowohl Urkunden vom Schultheißen und den Richtern (Schöffen) oder von Bürgermeister und Rat ausgestellt oder an diese gerichtet[74], bzw. es nehmen Bürgermeister und Rat diese Stelle allein ein[75]. Ähnlich scheint es in den Mainzer Städten Buchen und Amorbach gewesen zu sein. Anfänglich werden nur Schultheiß, Bürgermeister und Schöffen, dann kurz darauf auch der Rat genannt[76]. Nur wenige Jahre später handelte der Schultheiß nicht mehr in städtischen Angelegenheiten. Die älteren Verhältnisse in Neckarsteinach sind schwer zu überblicken. Ratspersonen und Schöffen des Stadtgerichts lassen sich seit 1426 belegen[77]. Die Stadt hatte mit dem Schultheißen das sonst übliche herrschaftliche Führungs- und Kontrollamt, daneben Rats- und Gemeindebürgermeister[78]. 1537 werden neben dem Schultheißen allerdings nur sieben Mitglieder des Rats bezeugt[79]. Sonst gibt es hinsichtlich der Zahl der Ratsmitglieder eindeutige Parallelen zwischen den Städten. In Mosbach, Eberbach, Neckargemünd, Buchen, Michelstadt und Erbach umfaßte der Rat 12 Mitglieder[80].

Wahrscheinlich ist er als Institution aus der schrittweise zugewachsenen Zuständigkeit für nichthoheitliche, das Leben der Bürger bestimmende Angelegenheiten heraus entstanden. Aus bisher wenig beachteten Hinweisen kann man seine Wurzeln aus dem Gerichtskolleg signifikant offenlegen. Anscheinend überwog zunächst die Stellung des Rathauses als herrschaftliches ‚Gerichtshaus'. Als Beispiel ist das städtische Rathaus von Neckargemünd zu nennen, das vom Zentgericht der Meckesheimer Zent schon vor 1430 als *Gerichtshus* genutzt wurde. Noch im 14. Jahrhundert hatte das Zentgericht seine Sitzungen im Freien, auf den Wiesen bei der Burg Reichenstein abgehalten.[81]. In Eberbach läßt sich am 1442 erstmals erwähnten *radthueß* eine herrschaftliche Funktion nachweisen, denn es bezog Bodenzinsen von einem Haus und einer dazugehörigen Hofreite, welche dem Niederadligen Simon von Utzlingen gehörten[82].

Die Herausbildung des in sich geschlossenen Ratskollegs mußte die Gegenwehr der Stadtgemeinde hervorrufen, die im Rat nicht „ihr" Organ, sondern die Vertretung des Stadtherrn sah. Die wechselseitigen Zuständigkeiten zwischen Rat und Gemeindevertreter sind noch kaum untersucht. Dabei ging es nicht nur um das Prinzip der sozialen Gerechtigkeit, d.h. um die gleiche Belastung von Armen und Reichen etwa mit Fron-, Wacht- und Kriegsdiensten. Das Neckargemünder Stadtrecht umschreibt den Dissens zum Rat mit der typischen Formulierung, *daz die gemein von der stadt zue Neckargemündte etwas stritten und zweiung hetten mit dem rhat*[83]. Die Forderungen waren viel weiter gespannt: Aufmüpfige Bevölkerungskreise drangen auf Mitbestimmung, die sich schließlich in funktionalen Organen manifestierte. Über diese spannenden sozialen Prozesse fehlen fast überall eindeutige Quellenbelege.

Das Buchener Beispiel zeigt, daß die Herrschaft den Bürgern nur bei Bedarf das Recht einräumte, einen Bürgermeister zu bestimmen. Über die Art der Wahl gab es schon genaue Modalitäten: Zwei oder drei geeignete Kandidaten sollten ‚auserwählt', dem herrschaftlichen Vertreter aber die Auswahl überlassen werden[84]. In

Mosbach ist der gesellschaftliche Emanzipierungsprozeß anhand der Quellenlage besser zu beobachten. Mosbach hatte zunächst nur einen Bürgermeister[85]. 1337 einigten sich die Schöffen und die Vertreter der Stadtgemeinde über die Befugnisse von jetzt zwei Bürgermeistern, die von beiden Parteien jedes Jahr aus ihrer Mitte erwählt wurden[86]. Dort stellte die Stadtgemeinde seit 1337 die gleiche Anzahl Vertreter wie das Stadtgericht, so daß der gesamte Rat auf das Doppelte anschwoll. Aus dieser Vereinbarung wird deutlich, daß der Rat dem Stadtgericht entsprungen und in personeller Hinsicht mit ihm deckungsgleich war. Deshalb bemühte sich die Gemeinde um Teilhabe am Stadtregiment.

Von ständigen Reibereien geprägt war die institutionelle Verankerung der Gemeindeinteressen im Rat. In Mosbach wurde dafür 1383 der Gemeindebürgermeister bestimmt, ersatzweise konnte ein Ratsmitglied aus der Gemeinde herangezogen werden. Falls allerdings keine Einigung zustande kam, fiel die Entscheidung dem herrschaftlichen Vogt zu[87]. Aufgrund von Streitigkeiten, die offensichtlich in den hoheitlichen Bereich der Gerichtsherrschaft übergriffen, mußten in Mosbach nach einer landesherrlichen ‚Schlichtung' die Gemeindevertreter 1435 wieder aus dem Rat ausscheiden. Die Stadtgemeinde hatte sich fortan mit dem Gemeindebürgermeister als einzigem Vertretungsorgan zu begnügen. Sowohl der Rats- wie der Gemeindebürgermeister waren für die kommunale Rechnungsführung gemeinsam verantwortlich, besonders *by allen anslegen der buwe* [= Befestigung und Stadtmauer]. Als mehr plakatives Minimalrecht der Mitsprache blieb anscheinend nur noch die Rechnungslegung, die durch zwei hinzugezogene Abgeordnete aus der Gemeinde zu überwachen war – in ähnlicher Weise wie in Neckargemünd[88]. Diese Form der Gegenkontrolle durch die Gemeinde bzw. die Bürger findet sich in vielfältigen Formen auch in anderen Städten. Als Neckargemünd 1382 mit pfalzgräflicher Billigung eine Gülte gegen ein Kapital von 120 Gulden verschrieb, stellten der Rat und die Gemeinde je zwei Bürgen[89]. Schon die Art der Teilhabe, auch und wahrscheinlich besonders bei schuldrechtlichen Verpflichtungen, spricht für die Sonderrolle des Rats gegenüber den Bürgern. Vereinfacht ausgedrückt war die aus gerichtsherrlichen Funktionen erwachsene Ratsverfassung die Herrschaft einer privilegierten Schicht in der Stadt gegenüber der Mehrheit der Stadtbevölkerung, wohl verbunden mit der Abweisung der wirtschaftlichen Interessen aufstrebender Handwerkerverbindungen (Zünfte). In diesen Kämpfen dürfte auch der verfassungsrechtliche Ursprung des „Bürgermeisters der Gemeinde" liegen[90]. Ob dieses Amt nun als Konzession gegenüber aufmüpfigen Zünften geschaffen oder von diesen gegen den Willen des Rats durchgesetzt wurde, ist wegen der Armut an schriftlichen Zeugnissen nicht eindeutig bestimmbar. Jedenfalls kam es in den Städten zu verfassungsrechtlich verankerten Mitwirkungsrechten der Bürgerschaft. Die Stadt Neckargemünd besaß neben dem zwölfköpfigen Rat, der gleichzeitig Gerichtskolleg war, die Institution des sog. „Sechsters", dessen Spitze der Gemeindebürgermeister bildete, quasi das Kontrollorgan der Gemeinde. Bei Bedarf ließ sich der Sechster durch Zuwahl auf gleichfalls 12 Personen wie der Rat erweitern, so daß sich zu bestimmten Anlässen die Gesamtzahl auf insgesamt 24 Mitglieder erhöhen konnte. Schwerpunkte der Kompetenzen des Gemeindebürgermeisters lagen in der städtischen Rechnungslegung und in der Kontrolle von Maß und Gewicht, worin sich deutlich die Eigeninteressen der Stadtgemeinde symbolisierten. Da sich der

Gemeindebürgermeister auch um die Instandhaltung der Brunnen kümmern mußte, war er in dieser Beziehung mit dem städtischen Baumeister in Eberbach vergleichbar[91]. Als Vertretung bürgerschaftlicher Interessen diente in Neckarsteinach – allerdings erst wesentlich später bezeugt – der *Siebender*, der vom Rat herangezogen werden konnte. Hinsichtlich seiner Funktionen war er vermutlich mit dem sog. Sechster in Neckargemünd vergleichbar. Doch handelte und urteilte der *Stadtrath* Neckarsteinachs immer ohne die Mitwirkung des *Siebender* im herrschaftlichen Bereich, etwa bei Klagen über kleine Schuldforderungen und bei *Policey-Sachen* [92].

In Eberbach nahm die verfassungsrechtliche Entwicklung partiell eine andere Richtung. Bei der Ersterwähnung der städtischen Organe besaß die Stadt anscheinend nur einen Bürgermeister, 1351 werden zwei Bürgermeister erwähnt[93]. Danach scheint eine Verschärfung der Situation eingetreten zu sein. Vermutlich als Folge sozialer Spannungen und der damit zusammenhängenden Beteiligung „aufmüpfiger" Bevölkerungskreise (Zünfte ?) wuchs die Anzahl der Bürgermeister. Bis 1361 hatte Eberbach vier (!) Bürgermeister, dann griff der Stadtherr, Pfalzgraf Ruprecht I., aufgrund von Auseinandersetzungen ein und verkürzte ihre Zahl – wie in anderen Städten üblich – auf zwei Amtsträger. Ausdrücklich ernannte er zwei Bürger, Wickel Becker und den Sohn von Gerung Hetzel, zu neuen Bürgermeistern und befahl der Stadt, ihnen gehorsam zu sein[94]. Seitdem hatte Eberbach den „Bürgermeister des Rats" und den „Bürgermeister der Gemeinde", der wie in Mosbach für das fortifikatorische „Bauwesen" zuständig war[95]. Im Ratsbürgermeister verkörperte sich der prinzipielle Anspruch der Führung durch den Rat. Der Gemeindebürgermeister saß auch im Rat, galt aber als Vertreter der Stadtgemeinde. Doch wurde er nicht von dieser gewählt, sondern beide Ämter bestimmte das Ratsgremium jedes Jahr aus seiner Mitte. In Eberbach hielt sich die Zwölfer-Zahl für den Rat. Indizien für eine erweiterte Institution sind trotz relativ guter Quellenlage nicht zu finden[96]. Die doppelköpfige Spitze, Rats- und Gemeindebürgermeister, wurde auch in Michelstadt aus dem Kreis der Ratspersonen ‚erwählt', welche die Stadtrechnungen führten. Dem Rat stand der herrschaftliche Schultheiß vor[97].

In den Ratsgremien herrschte das Prinzip der kontrollierten Zuwahl. Schied ein Rat wegen Krankheit oder im Todesfall aus, wählten die restlichen Mitglieder des Kollegs aus dem Kreis der Bürger einen ‚würdigen' Nachfolger. Nach dem Buchener Stadtrecht suchten die Schöffen zwei oder drei aus dem Kreis ‚würdiger Bürger' (*cives pociores*) aus, die Herrschaft bestimmte daraus den Ersatzmann[98]. Das Neckargemünder Stadtrecht kannte eine ähnliche Art der Kooption, wobei die Kandidaten sogar aus der Stadtgemeinde oder aus dem Kontrollorgan des Sechsters genommen werden durften: *So mögen sie* [d.h. der Rat] *einen andern wöhlen auß der gemein oder auß den sechstern, der sie am taugligsten dunkht*[99]. Die Hirschhorner Schöffen ergänzten sich in vergleichbarer Weise: War ein Kandidat...*frumme und v[er]nu[n]fftig, daz die scheppfen czum Hirtzhorn beduchte, daz er gut, nutz und redlich dartzu w[er]e, so koren sie yne czu einem scheppfen*[100]. In Neckarsteinach und in Michelstadt wurde ein Ratsmitglied auf Vorschlag des Rats von der Herrschaft bestimmt und angenommen[101].

Die Mitglieder des Schöffenkollegs besaßen bestimmte Vorrechte gegenüber den Bürgern: Fügte in Eberbach ein Bürger einem Schöffen ein *Unrecht* zu, so mußte er dieses nicht nur gegenüber dem Betroffenen, sondern auch gegenüber dem gesamten Schöffenkollegium abbüßen. Jeder Schöffe besaß außerdem „Immunität", konnte also von keinem Bürger vor ein Gericht geladen werden und war von feudal geprägten Lasten (Wacht- und Frondiensten) befreit. Die Schöffen bezogen Anteile an den großen und kleinen Bußen und Gebühren bei Veräußerung von Grundbesitz[102]. Die Neckargemünder Ratspersonen und ihre Angehörigen mußten sich einer Klage nicht wie alle Bürger beim ordentlichen Gerichtstermin (Ruggericht) stellen, sondern erst am Tag darauf. Wie in Eberbach erhielten sie Anteile an den Geldbußen[103]. In Buchen wurde jeder Bürger mit der kleinen Buße belegt, der sich vor dem [Stadt-] Gericht nicht verantwortete. Diese stand dem Schultheißen zu. Weder Schöffen noch Bürger waren zentpflichtig, sofern sie nicht selbst der Tötung beschuldigt wurden. Bei Totschlag innerhalb der Stadtmauern waren die Schöffen allein zuständig[104].

Im Rat der kleinen Städte am Neckar saßen allerdings nicht die Reichen, welche die Masse der Stadtbevölkerung regierten. Trotz der dünnen Quellenlage und fehlender entsprechende Vergleichsmöglichkeiten läßt sich festhalten: Im Eberbacher Rat saß ein breiter Durchschnitt der Mittelschicht, Gastwirte, Kaufleute und Handwerker, ja selbst städtische Bedienstete wie etwa der Stadtschreiber und anfänglich sogar Niederadlige. Nicht im Rat vertreten waren Ortsarme und Landwirte oder Ackerbürger, die es in Städten ursprünglich noch gab[105]. Der Mosbacher Rat hatte 1337 neben Adligen auch Handwerker in seinen Reihen[106], um 1422 war der Stadtschreiber gleichzeitig Ratsherr[107]. In Buchen werden unter den Schöffen ebenfalls Angehörige führender Kaufmanns- und Handwerkerfamilien vermutet[108].

Eine nicht unerhebliche Klammer der kommunalen Verwaltungstätigkeit bildete der Stadtschreiber, der zunächst anscheinend keine Vorbildung besaß, sondern sein Amt nebenamtlich verwaltete. Erst seit dem späten 16. Jahrhundert sind - wie überall in der Verwaltung - Juristen im Amt nachweisbar, die auch die Stellung eines öffentlichen Notars besaßen. Die Aufgaben des Stadtschreibers sind regional noch nicht hinreichend erforscht. In Eberbach ist 1429 zum ersten Mal ein Stadtschreiber bezeugt, der auch für das Stadtgericht tätig war[109]. Ihm oblagen die Schreibarbeiten für die Bürgermeister und den Rat, die Führung der städtischen Register und Protokolle, die Überwachung der eingehenden Zinsen, die Ausfertigung von Urkunden und die Führung des Archivs[110]. Die gleiche Aufgabenstellung hatte der Stadtschreiber zu Michelstadt[111].

Dem nach innen gerichteten Ausbau der Ratsbefugnisse mußte der Abgleich mit konkurrierenden Hoheitsrechten der Zenten, den Hochgerichtsbezirken, folgen, die sich in Händen des Landesherren befanden[112]. Wieder trat der Rat als Vertragspartner auf, die Interessen der Bürger in wirtschaftlichen und schuldrechtlichen Fragen erzeugten Handlungsbedarf. In zwei gleichlautenden Erklärungen erkannten der Eberbacher Rat und die Landrichter der Zent ihre gegenseitige Zuständigkeit bei schuldrechtlichen Forderungen zwischen den Bürgern und den Zentuntertanen innerhalb ihres räumlichen Zuständigkeitsbereichs an. Damit war die Zuständigkeit des Rats in seiner Eigenschaft als Stadtgericht bei solchen

Auseinandersetzungen innerhalb der Mark festgelegt, das Zentgericht schied als Instanz aus[113]. In Neckargemünd verlief eine zwar andere, im Ergebnis den Bürgern aber entgegenkommende Entwicklung: Das Zentgericht tagte zunächst vor der Stadt, im 15. Jahrhundert dagegen schon im städtischen Rathaus. Im Gegensatz zu Wimpfen, das für seinen Bereich gleichzeitig das Hochgericht ausübte, blieben sowohl Eberbach, Neckargemünd wie Mosbach in personeller und in sachlicher Hinsicht mit den zuständigen Zentgerichten verbunden[114]. Immerhin wurde in Neckargemünd der Schultheiß als Instanz gestärkt, der von den Ratspersonen nicht gerügt werden durfte. Er konnte gleichzeitig Ratsherr sein, nur das Amt des Bürgermeisters war ihm in Personalunion verwehrt[115].

Das Verhältnis des Rats als städtisches Führungsorgan gegenüber den herrschaftlichen Vertretern wie Vogt und Schultheiß läßt sich wegen der spärlich vorhandenen Quellen nur schwer eruieren. In Mosbach erwählten die Gerichtsschöffen den Schultheißen, der allerdings herrschaftlich bestätigt werden mußte. Der Schultheiß führte den Vorsitz im Stadtgericht. Er hatte Kompetenzen in der Sühnegerichtsbarkeit und erhielt Anteile an den Rügen, Freveln und Sühnen. Fehlte ein von ihm bestimmter Vertreter, so nahm einer der Bürgermeister diese Aufgabe wahr. Der übergeordnete Vogt erhielt einen Anteil an der hohen Buße und bei Bruch des Stadtfriedens[116]. Nimmt man die jüngere Überlieferung als Maßstab hinzu, übermittelte der Vogt durch die örtlichen herrschaftlichen Vertreter (Keller, Schultheiß) Anordnungen oder Befehle. Am Beispiel der Stadt Eberbach lassen sich einige Beobachtungen verallgemeinern: Der Rat der Stadt erhielt Anweisungen[117], der Vogt hörte sowohl die Rechnung des Kellers wie die der Stadt ab[118]. Der Keller wohnte sicherlich der städtischen Rechnungslegung bei[119]. Bei Bedarf gingen die Bürgermeister oder Beauftragte des Rats nach Mosbach, um ein Urteil des Vogtes einzuholen. Doch kam der Vogt zu bestimmten Terminen nach Eberbach, um Entscheidungen zu treffen[120]. Ähnliche, durchaus vergleichbare Befugnisse hatten die herrschaftlichen Beamten – Schultheiß, Keller und Amtmann – in Michelstadt[121].

Auffällig bleibt die Besetzung untergeordneter herrschaftlicher Führungspositionen wie die des Kellers oder des Schultheißen durch Niederadlige. Teilweise waren die Ämter auch schon in Personalunion miteinander verbunden. Ein besonders typisches Beispiel ist Eberbach: Abgesehen von der Stelle des Vogtes, das Vertretern adliger Geschlechter vorbehalten blieb[122], versah der Junker Volk Utzlingen noch in der zweiten Hälfte des 15. Jahrhunderts die Aufgaben des herrschaftlichen Kellers[123]. Weitere in der Stadt ansässige Adlige wie Heinrich von Schweinheim oder Konrad Knebel von Utzlingen bekleideten das Amt des Stadtschultheißen[124]. Auch in anderen Städten hatten Adlige zeitweise das Amt des Stadtschultheißen inne, wie in Buchen der Edelknecht Endris von Hettingen[125] und in Mosbach Kunz bzw. Wilhelm von Neudeck[126].

V. Inhalte städtischer Privilegien und Rechte

„Stadtrechte" mußten sich nach dem Untergang der staufischen Herrschaft in Deutschland aus einer Vielzahl von Quellen entwickeln, die nach heutigem Rechtsempfinden sowohl dem privatem wie dem öffentlichen Bereich zugeschrieben werden. Vergleicht man die im 15. Jahrhundert entstandenen Rechtsaufzeichnungen von Neckargemünd mit denen von Eberbach, so ergibt sich folgendes Bild: Während die Neckargemünder Quellen dem Austrag grundsätzlicher Streitfragen und Abgrenzungen dienen, erscheint die Eberbacher handschriftliche Überlieferung eher als Sammlung „willkürlich" getroffener Einzelfallregelungen[127]. Besaßen die Städte am unteren Neckar von Anfang an entsprechende Rechte, unverwechselbare Stadtrechte? Trotz des Quellenmangels läßt sich festhalten: Es müssen schon Rechte vorhanden gewesen sein. In Eberbach sind Stadtrechte seit dem 14. Jahrhundert bekannt, denn seit 1328 ist ein Marktrecht (*forum*) belegt. Die Bürger besaßen bereits bestimmte, aber nicht näher beschriebene Freiheiten (*libertates*) und Rechte, die natürlich ebenfalls für [Markt-] Besucher galten[128]. Im frühen 14. Jahrhundert überboten sich die beiden gleichzeitig amtierenden deutschen Könige, der Wittelsbacher Ludwig der Bayer und der Habsburger Friedrich der Schöne, um die Gefolgschaft der Städte aus früher staufischem Besitz. König Friedrich verlieh Mosbach 1321 das Heilbronner Recht, um sich der Neutralität der Stadt zu versichern. Er begrenzte allerdings dessen Wirkung auf drei Jahre. Eine Bindung gegenüber einem allgemein anerkannten deutschen König war sogar ausgeschlossen[129]. Eberbach dagegen schien zu den Anhängern König Ludwigs zu zählen, obwohl die Stadt noch in Pfandschaft der Herren von Weinsberg stand. König Ludwig bezeichnete sie 1328 als *oppidum regalis*, als königliche Stadt[130]. Erst nach dem Tode König Friedrichs konnte König Ludwig unangefochten über die Reichsstädte verfügen. Seit 1330 überließ er fast den gesamten Besitz des Reiches am unteren Neckar von Neckargemünd über Eberbach bis nach Mosbach als Pfand seinen Verwandten und politischen Verbündeten, den Pfalzgrafen aus Heidelberg.

Die Städte versuchten, ihre Rechte beim Besitzwechsel zu wahren oder sogar auszubauen. Sie bemühten sich, ihre bisherige Rechtsstellung, wie Steuerverpflichtungen und Marktrechte, zumindest zu wahren, vor allem ihre Steuerschulden gegenüber dem Stadtherren zu begrenzen – in der Zeit der ständigen Verpfändungen an fremde Territorialherren eine unverzichtbare Voraussetzung für die Entwicklung eines städtischen Gemeinwesens. Selbst der Kaiser mußte „seinen" Städten versichern, ihre Rechte durch Verpfändungen nicht zu beeinträchtigen[131]. Daher privilegierten die Pfalzgrafen die ihnen zugefallenen Reichsstädte, um diese für das entstehende größere Territorium auch innerlich zu gewinnen.

Bei der Herausbildung der Stadtrechte bilden die Sicherung von Handel und Gewerbe den ältesten Kern, ihre freie Entwicklung lag ebenso im Interesse des Stadtherrn wie der führenden städtischen Schicht. Dazu zählte die Einrichtung von Märkten, die für jedermann, d.h. für die Bürger wie für Auswärtige, frei zugänglich waren und den Städten Wohlstand verhießen. Das Marktrecht mußte verliehen werden, es war ursprünglich keine selbstverständliche Norm. Das wesentlich ältere Sinsheimer Marktrecht von 1067 beruhte auf einem königlichen Privileg[132]. In Eberbach ist das Marktrecht (*forum*) seit 1328 belegt und entsprang vermutlich der gleichen Wurzel[133]. Buchen hatte schon im ausgehenden 13. Jahrhundert einen Wochen- und Jahrmarkt[134].

Nach dem Verlust der territorialen Zugehörigkeit zum Reich bemühte sich Eberbach um Anerkennung seiner Stadtrechte nach dem Vorbild der Reichsstadt Wimpfen, vor allem um die Festschreibung seiner hergebrachten Steuerschuld, wozu alle, also auch Adlige, beitragen sollten. Mehr Steuern als bisher wollte sich Eberbach keinesfalls aufbürden lassen[135]. Da Wimpfen außer dem Kaiser keine Landesherrschaft kannte, bot es wohl den Eberbachern einen entsprechenden Anreiz, zumal Eberbach sich noch 1346 seine Rechte bestätigen ließ und Wimpfen vom Kaiser offenbar als Garant für die Rechte der Städte am unteren Neckar angesehen wurde – ja selbst sogar für das Stift Mosbach[136]. Andererseits erhöhten sich durch die Eingemeindung von Dörfern die Steuerlasten von Städten. Mosbach erhielt die Weiler Hasbach und Butersheim, die in seiner Mark untergingen, dafür wurde seine Steuerlast angehoben[137]. Auch Neckargemünd ließ sich 1346 seine Stadtrechte vom Kaiser bestätigen. Um neue Bürger anzuziehen, sollten diese nur Steuern für ihre Güter und für ihre Person zahlen, womit das bisher übliche System der kollektiv auf die gesamten Bürger umgewälzten Steuern durchlöchert wurde[138].

In den Reichsstädten am Neckar verfügte der Stadtherr über großen Grundbesitz, meist war es ein herrschaftlicher Hof mit viel Ackerland und Wiesen. Von den Bürgern konnte ihn niemand kontrollieren, wenn er auch noch über einen separaten Stadteingang wie im Falle Eberbachs verfügte[139]. Die Städte lagen auf herrschaftlichem Boden, deshalb waren die Bürger nicht von Grundzinsen befreit. In Buchen war jedes Haus zu Wach- und Schoßdiensten sowie Bede und *ander recht* verpflichtet[140]. Auch in den adligen Spätgründungen wie in Hirschhorn zahlte jede Hofstätte Bodenzinsen an die Herrschaft. Die Bürger unterstanden nur der herrschaftlichen Vogtei und hatten keine feudalen Abgaben zu leisten. Von Frondiensten waren sie entbunden, nicht jedoch von den Verteidigungspflichten für Burg und Stadt[141].

Wenn aber der in den Städten begüterte Niederadel mit seinem Grundbesitz steuerfrei blieb, ergab sich für die Bürger eine Mehrbelastung. Die komplexe Situation führte dazu, daß ein Teil der adligen Immobilien (Häuser, Hofreiten, Grundbesitz), der herrschaftlichen Ursprungs war, unbesteuert blieb, während sonst von Bürgern erworbener Grundbesitz zur allgemeinen Steuerlast hinzugezogen wurde. Diese grundsätzliche Frage wird am Beispiel Eberbachs besonders deutlich. Das sog. Thalheim'sche Haus und weiterer Grundbesitz in der Mark, den Simon von Talheim, genannt *von Eberbach*, hatte, war aufgrund eines Privilegs von 1408 von allen Steuern befreit, der Adlige durfte trotzdem wie ein Bürger *wasser, weyde* und *welde* in der Gemarkung nutzen[142]. Dagegen waren andere Häuser und Hofstätten, die sich in adliger Hand befanden, an die Stadt steuerpflichtig. Die Junker Folck Utzlinger, Matthis von Thalheim und Hans von Zwingenberg zahlten für ihre Häuser Bodenzinsen oder Bede an die Stadt[143]. Deshalb gehörte die Einbeziehung adligen Besitzes in die gesamte Steuerschuld zu den wichtigsten Bestrebungen einer Stadt. Auch in dieser Frage stützte sich Eberbach auf das Wimpfener Recht, das schrittweise seit 1351 „übernommen" wurde. Selbst Adlige, die das Bürgerrecht hatten, mußten Bede und Steuer zahlen[144]. Mosbach konnte eine ähnliche Versicherung verbuchen: Kaiser Ludwig erlaubte 1346 der Stadt, alle bisher herangezogenen Güter in Stadt und Mark auch weiterhin zu besteu-

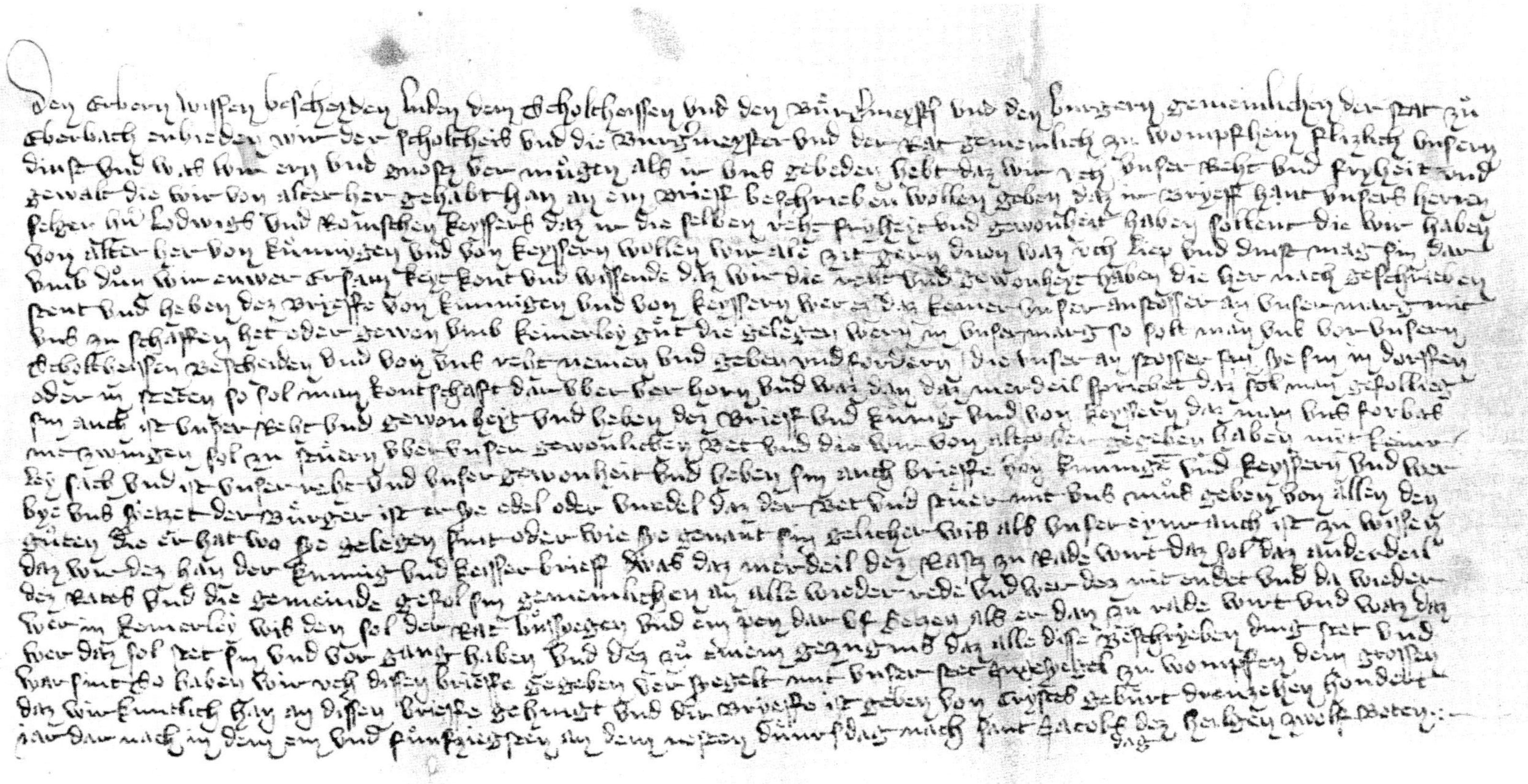

Abb. 5: Urkunde 1351 VII 28
Schultheiß, Bürgermeister und Rat zu Wimpfen teilen dem Schultheißen, den Bürgermeistern und den Bürgern der Stadt Eberbach den Inhalt ihrer kaiserlichen Privilegien mit.
(Vorlage: Stadtarchiv Eberbach Urkunden I nr. 3)

ern[145]. Trotzdem blieb die Befreiung adliger Güter durch königliche Privilegien ein Problem für die Stadt[146]. In Mosbach bildeten zudem die privilegierten, vor allem steuerbefreiten Höfe des gleichnamigen Stifts in der Stadt und ihre Güter eine ständige Quelle der Reibereien. Zudem besaß der Rat über den geistlichen Besitz keine Gerichtsbarkeit, die Angehörigen des Stifts waren im Gegensatz zu den Bürgern von allen Dienstleistungen befreit[147]. Ähnliche Probleme wie in Mosbach bestimmten in Amorbach das Verhältnis zwischen der Stadt und der Abtei. Bei den Auseinandersetzungen ging es um die Kompetenzen der Abtei und ihre grundherrlichen Rechte gegenüber den Bürgern wie auch um die Abgrenzung von Wald- und Weidenutzung[148].

Im Kurmainzer Gebiet boten die ständigen Kämpfe um den erzbischöflichen Stuhl den Bürgern die Chance, ihre Selbstverwaltungsrechte auszubauen. Dem Mainzer Bistumsstreit, der zwischen dem kaisertreuen Erzbischof Heinrich III. aus dem Geschlecht der Grafen von Virneburg und seinem, vom Papst favorisierten Gegenspieler Gerlach von Nassau herrschte, verdankten sie ein vorteilhaftes Steuerprivileg. Erzbischof Heinrich stattete Ende November 1346 Amorbach, Buchen, Walldürn und andere Städte des später sog. Oberstifts mit einem Privileg aus, das den Bürgern einen freien Zug gestattete und verschiedene steuerliche Standards festschrieb. Die Schöffen erhielten ein Mitwirkungsrecht bei Schatzungen, die bisherige Bedehöhe durfte nur bei Notzeiten überschritten, und die Hälfte des Ungelds konnte zum Ausbau der Stadtbefestigungen verwendet werden. Die Städte, und nicht mehr einzelne Bürger, waren nun gegenüber der Herrschaft die Steuerschuldner[149]. Erzbischof Heinrich von Virneburg beauftragte um 1347 sogar seinen Amtmann Wiprecht von Dürn, in Buchen ein „Kaufhaus" zu bauen, in der alle Waren außer Wein und Vieh angeboten werden sollen - ein bemerkenswertes Beispiel wirtschaftlicher Förderung durch den Stadtherrn[150]. In den folgenden Jahren erhielt Buchen noch mehrfach steuerliche Privilegien[151].

Die Dilsberger Bürger bekamen 1347 die Steuerfreiheit, einen eigenen Gerichtsstand und – für Städter ganz wichtig – die persönliche Freiheit zugebilligt. Allerdings mußten sie neben militärischen Diensten die Verpflichtung übernehmen, den kurfürstlichen Hof bei Kriegsgefahr oder bei sonstigem Bedarf zu beherbergen[152]. In dieser „Hypothek" lag eine entscheidende Hemmschwelle zur Weiterentwicklung zur vollwertigen Stadt. Auch die niederadligen Herrschaften Hirschhorn und Landschaden von Steinach förderten ihre Städte. Beide Geschlechter überließen ihren Bürgern zum Bau der Stadtmauern das sog. Ungeld, eine Verbrauchssteuer[153]. Allerdings erkannte der Besitzer der Hinterburg, Wiprecht von Helmstatt, erst 1427 den alleinigen Anspruch der Stadt auf diese Steuer an[154]. Immerhin war die Ummauerung eine längerfristige Angelegenheit, die immense Summen verschlang. Hirschhorn hatte zunächst kein Marktrecht. Im Mai 1404 verlieh König Ruprecht den Brüdern Hans V. – seinem Hofmeister – und Eberhart II. vom Hirschhorn das Recht, jeden Samstag einen Wochenmarkt im *stedteln under Hirßhorn* abzuhalten, wozu auch freies Geleit für alle Marktbesucher gehörte. 1417 wurde das Privileg von König Sigismund auf zwei Jahrmärkte erweitert[155]. Den Abschluß des planmäßigen Prozesses zur Bildung einer Stadt bildete ein Freiheitsbrief der Herren vom Hirschhorn für ihre gleichnamige Stadt. Das bewilligte Ungeld sollte von zwei Steuereinnehmern, die das Gericht bestimmte, eingezogen werden. In diesen beiden Amtspersonen liegen im Falle Hirschhorns die Ursprünge der städtischen Organe[156]. In Neckarsteinach einigten sich die Inhaber der Vorder- und Hinterburg 1427 über die gemeinsame, wenn auch nicht spannungsfreie Ausübung der Herrschaft[157]. Die Marktrechte von Neckarsteinach sind erst seit dem 16. Jahrhundert bezeugt, dürften aber in die Gründungszeit zurückreichen. Die Märkte fanden zweimal jährlich, vor Ostern (Montag nach Oculi) und Mitte Oktober, statt. An die Stadt flossen das Ungeld, außerdem Strafgebühren bei Verstößen gegen Maß und Gewicht oder im Bannwald, ferner bei Beschädigungen gemeiner Einrichtungen (Bannzäune), bei der Auslösung gepfändeten Viehs sowie bei Übertretungen der Metzler, Wirte oder Bäcker bzw. bei (widerrechtlichem) Kauf von Brot[158]. Sonst waren die Bürger als ehemals Hörige gegenüber der Vorderburg zinspflichtig und der ausgefeilten Gerichtsherrschaft von Vorder- und Hinterburg untergeben. Angesichts dieser komplexen Situation und des örtlich vorgesetzten herrschaftlichen Vogtes oder Amtmanns konnte keine Entwicklung einsetzen, die zu einer freieren städtischen Entwicklung geführt hätte. Neckarsteinach verblieb daher - ähnlich wie der Dilsberg - unter starker herrschaftlicher Kontrolle.

Neben der Festschreibung der bisher üblichen Steuerhöhe zählte die Ausübung der Gerichtsbarkeit zu den originären Interessen der Städte. Kaiser Ludwig hatte 1336 der Stadt Mosbach das Recht zugebilligt, Waldfrevel im Wald Michelhard nach selbst gesetzter Einung und Ermessen zu bestrafen[159]. Der neue Stadtherr, Pfalzgraf Rudolf, gab 1338 den Bürgern das wichtige Privileg, ihre Schuldner nicht vor einem fremden, sondern vor dem eigenen städtischen Gericht zu verklagen[160]. Welche Wege und Kosten ersparten sich damit die Mosbacher Bürger ! 1344 erweiterte Kaiser Ludwig ihre Befugnisse um das Recht, alle Angreifer ihrer Stadt auch selbst bestrafen zu dürfen, ohne sich deswegen vor oder bei einer anderen Institution verantworten zu müssen[161]. Nicht mehr ein kaiserliches Gericht war zuständig, nein Mosbachs führende Bürgerschaft entschied nun selbst über die Strafe. Mosbach hatte damit wichtige Selbstverwaltungsrechte erhalten.

Dem Eberbacher Rat war die Anerkennung seines Gerichtsstandes gegenüber den Bürgern nicht minder wichtig, woran sich auch die örtliche Geistlichkeit halten sollte. Diese mußte sich in weltlichen Streitigkeiten fortan wie andere Bürger an das Stadtgericht wenden[162]. Zur ungestörten Ratsherrschaft in Eberbach zählte die allgemeine Anerkennung mehrheitlich gefaßter Beschlüsse des Rats sowohl durch die unterlegene Minderheit im Rat wie durch die Stadtgemeinde selbst. Daneben stand dessen Kompetenz, Frieden zu gebieten, indem Störenfriede unter den Bürgern eine Zeitlang aus der Stadt gewiesen wurden[163]. Aufmüpfige Bürger ließen sich dadurch „zähmen“, wobei auch die Stadtgemeinde selbst an der vorübergehenden Ausweisung ein Interesse haben mochte[164]. Nach dem Neckargemünder Stadtrecht konnten selbst Ratsherrn kurzfristig aus der Stadt verwiesen werden[165]. Das Mehrheitsprinzip im Rat war in Mosbach bereits 1337 vereinbart[166]. Nun konnte auch eine [lautstarke] Minderheit und besonders die Stadtgemeinde Beschlüsse des Rats nicht mehr in Frage stellen. Gerade diese Übereinkunft führte in der Praxis zur Stärkung der Ratsherrschaft.

Neckargemünd ließ sich die Stadtrechte vom Kaiser 1346 bestätigen, ja sogar durch den neuen Stadtherrn Pfalzgraf Ruprecht I. erweitern. Zugunsten der

Bürger wurde der Gerichtsstand des übergeordneten Zentgerichts vor die Tore der Stadt verlegt, unterhalb der Reichsburg Reichenstein. Zivilrechtliche Ansprüche Dritter gegen die Bürger sollten fortan nicht mehr ortsfremd, sondern vor dem städtischen Schultheißen verhandelt werden[167], so wie es auch Eberbach aus dem Wimpfener Recht ableitete. Nur wenige Jahrzehnte nach ihrer Verpfändung hatten sich die ehemaligen Reichsstädte an die pfälzische Herrschaft gewöhnt, beim Herrscherwechsel interessierten sie sich vor allem für Bestätigung ihrer Rechte. Anders als die Schenken von Erbach gegenüber ihren Städten verhielten sich die beiden Landesherren Pfalz und Mainz bürgerfreundlich. Erwachsen aus herrschaftlichen Wurzeln, konnte sich der Rat in den Städten als Führungsorgan sowohl nach außen, den Nachbarn, wie nach innen, gegenüber den Bürgern und der Gemeinde, etablieren, die sich allerdings gewisse Formen der Mitbeteiligung erstritten. Mit den Privilegierungen der Städte bildeten sich im feudalen Umfeld kleine kapitalistische Zentren heraus, die sich als Vorboten einer neuen, der bürgerlichen Gesellschaftsordnung formierten - allerdings noch mit der Rats- und Gerichtsherrschaft Strukturen der alten Ordnung in sich trugen.

Anmerkungen

1. Zum Problem vgl. **Georg von Below**: Der Ursprung der deutschen Stadtverfassung, Düsseldorf 1892 (Nachdruck Leipzig 1970), S. 20f. und **Hans Patze**: Stadtgründung und Stadtrecht, in: Recht und Schrift im Mittelalter, hg. von **Peter Classen** (= Vorträge und Forschungen Band XXIII), Sigmaringen 1977, S. 163-196, hier: S. 163-164.
2. Oberrheinische Stadtrechte (künftig: OrhStR), hg. von der Badischen Historischen Kommission. Erste Abteilung: Fränkische Rechte. Drittes Heft: Mergentheim, Lauda, Ballenberg und Krautheim. Amorbach, Walldürn, Buchen, Külsheim und Tauberbischofsheim, bearb. von **Richard Schröder**, Heidelberg 1897, S. 214-215 (Amorbach 1272); **Arnold Scheuerbrandt**: Südwestdeutsche Stadttypen und Städtegruppen bis zum frühen 19. Jahrhundert. Ein Beitrag zur Kulturlandschaftsgeschichte und zur kulturräumlichen Gliederung des nördlichen Baden-Württemberg und seiner Nachbargebiete (= Heidelberger Geographische Arbeiten Heft 32), Heidelberg 1972, S. 277.
3. OrhStR I,3, S. 277-278 (Buchen 1280 VI 26); **Helmut Neumaier**: Zwischen den Edelherren von Dürn und Kurmainz - 700 Jahre Stadt Buchen, in: 700 Jahre Stadt Buchen. Beiträge zur Stadtgeschichte, hg. im Auftrag der Stadt Buchen/Odenwald von **Rainer Trunk, Helmut Brosch** und **Karl Lehrer**, Buchen/Odenwald 2. Auflage 1984, S. 23-50, hier: S. 43-44.
4. Druck der Urkunde 1328 VI 25, in: **Daniel Schneider**: Vollständige Hoch-Gräflich-Erbachische Stamm-Tafel nebst deren Erklär- und Bewährungen oder Hoch-Gräflich-Erbachische Historie [mit Urkundenbuch], Frankfurt / M. 1736, Urk. Zum Zweyten Satz S. 63 Num. XIV.5; Übersetzung in: Festschrift zur 650-Jahr-Feier der Stadt Beerfelden, hg. vom Magistrat der Stadt Beerfelden, Beerfelden [1978], S. 11; StadtA Eberbach I-f nr. 1a (1328 VI 25) (Handschriftlicher Auszug des Archivrats Dr. Morneweg vom 10.05.1920); **John Gustav Weiss**: Die Verleihung des Eberbacher Stadtrechts an Beerfelden 1328, in: Eberbacher Geschichtsblatt (künftig: EG) 20 (1921), S. 6-7; **Scheuerbrandt**, Südwestdeutsche Stadttypen (wie Anm. 2), S. 171.
5. Generallandesarchiv (künftig: GLA) Karlsruhe 43/1439 (1412 IX 19), Druck: **Franz Joseph Mone**: Das Neckarthal von Heidelberg bis Wimpfen vom 13. bis 17. Jahrhundert, in: Zeitschrift für die Geschichte des Oberrheins (künftig: ZGO) 11 (1860), S. 39-82, 138-177, hier: S. 69-70 nr. 39 (mit Beschreibung des Siegels).
6. **Albrecht Eckhardt**: Mittelalterliche Stadtsiegel zwischen Main und Neckar - Ein Beitrag zur städtischen Entwicklungsgeschichte im südhessischen Raum, in: Beiträge zur Erforschung des Odenwaldes und seiner Randlandschaften II. Festschrift für Hans H. Weber, hg. im Auftrag des Breuberg-Bundes von **Winfried Wackerfuß**, Breuberg-Neustadt 1977, S. 407-434, hier: S. 424-426. Vgl. Urkunde 1426 VI 17, in: Die Weistümer und Dorfordnungen der Herrschaft

Hirschhorn, hg. von **Eberhard Lohmann**, Darmstadt 2001, S. 283-288 (= Arbeiten der Hessischen Historischen Kommission, Neue Folge Band 19: Kurmainzische Weistümer und Dorfordnungen Band II); StaatsA Darmstadt Abt. A 1 (Neckarhausen) (Urkunde 1426 VI 17); Druck: Weistümer und Dorfordnungen der Herrschaft Hirschhorn (wie oben), S. 280-283.

7. **Hermann Aubin**: Die deutschen Stadtrechtslandschaften des Ostens, neu abgedruckt in: Die Stadt des Mittelalters. Drei Bände, hg. von **Carl Haase**. Zweiter Band: Recht und Verfassung, Darmstadt 1976, S. 226-254 (= Wege der Forschung Band CCXLIV).

8. OrhStR. Erste Abteilung: Fränkische Rechte. Zweites Heft: Der Oberhof Wimpfen mit seinen Tochterrechten Eberbach, Waibstadt, Oberschefflenz, Bönnigheim und Mergentheim, bearb. von **Richard Schröder**, Heidelberg 1895, S. 59-60.

9. **Schneider**, Hoch-Gräflich-Erbachische Historie (wie Anm. 4), S. 63 Num. XIV.5 (1328 VI 25).

10. OrhStR. Erste Abteilung: Fränkische Rechte. Fünftes Heft: Heidelberg, Mosbach, Neckargemünd, Adelsheim, bearb. von **Carl Koehne**, Heidelberg 1900, S. 470; I,3, S. 171.

11. **Rüdiger Lenz**: Ausbildung von Stadtrechten in Städten am unteren Neckar, in: Geschichtsblätter Kreis Bergstraße 35 (2002), S. 27-49, hier: S. 29-33.

12. **Wilhelm Engel**: Würzburger Urkundenregesten vor dem Jahre 1400, Volkach 1958 (Sonderveröffentlichung der Freunde Mainfränkischer Kunst und Geschichte e.V. Würzburg), S. 198-199 nr. 246 (Urkunde 1399 IV 28: oberes Tor in Buchen); **Ernst Brüche / Dorothee Brüche**: Das Mosbach-Buch. Studie über die Entwicklung der Freien Reichsstadt und Pfalzgrafenresidenz am Rande des Odenwalds zur Großen Kreisstadt unter Bevorzugung der Renaissance- und Barockzeit, Elztal-Dallau 1983, S. 151-163; **Rüdiger Lenz**: Stadtmauer und Stadttürme in Eberbach - Symbole der kommunalen Eigenständigkeit und des bürgerlichen Schutzbedürfnisses, in: EG 92 (1993), S. 186-207, hier: S. 196-197; **Albrecht Eckhardt**: Hirschhorn - Anfänge und Stadtwerdung (8. bis 15. Jahrhundert, in: Hirschhorn/Neckar 773-1973, hg. vom Magistrat der Stadt Hirschhorn, [Eberbach/Neckar] 1973, S. 17-36, hier: S. 27-29, 32; **Günther Wüst**: Tausend Jahre Neckargemünd 988-1988. Beiträge zur Geschichte einer Neckartalgemeinde, hg. vom Bürgermeisteramt Neckargemünd, [Neckargemünd/Heidelberg] 1988, S. 92-95; **Falk Krebs**: Das Rathaus der Stadt Michelstadt aus dem Jahr 1484. Gedanken zur 500jahrigen Baugeschichte, Michelstadt 1984 (= Rathaus- und Museumsreihe Band 1), S. 11.

13. **Wolfram Becher**: Mittelalterliche Städtegründungen im und am Odenwald, in: Breuberg-Bund. Sonderveröffentlichung 1972. Beiträge zur Erforschung des Odenwaldes und seiner Randlandschaften, hg. vom Vorstand des Breuberg-Bundes, Reinheim 1972, S. 285-302, hier: S. 293-294; **Hansmartin Schwarzmaier**: Geschichte der Stadt Eberbach am Neckar bis zur Einführung der Reformation 1556 (= Geschichte der Stadt Eberbach am Neckar, hg. von der Stadt Eberbach am Neckar Band 1), Sigmaringen 1986, S. 71; **Lenz**, Stadtmauer und Stadttürme in Eberbach (wie Anm. 12), S. 186-187.

14. **Wüst**, Neckargemünd (wie Anm. 12), S. 93.

15. Urkunde 1142 XII 25, in: GLA Karlsruhe 67/1302 fol. 8r-8v; Übersetzung mit Faksimile in: **Elisabeth Hinz**: Neckarsteinach gestern und heute, Hg. Heimat- und Verkehrsverein Neckarsteinach, Heidelberg 1992, S. 9-10.

16. **Scheuerbrandt**, Südwestdeutsche Stadttypen und Städtegruppen (wie Anm. 2), S. 157, 284;

17. **Scheuerbrandt**, Südwestdeutsche Stadttypen und Städtegruppen (wie Anm. 2), S. 140, 316; **Albrecht Ernst**: Mosbach, in: Der Neckar-Odenwald-Kreis (künftig: NOK) Band II, bearb. von der Abteilung Landesbeschreibung des Generallandesarchivs Karlsruhe, hg. von der Landesarchivdirektion Baden Württemberg in Verbindung mit dem Neckar- Odenwald-Kreis (= Kreisbeschreibungen des Landes Baden-Württemberg), Sigmaringen 1992, S. 168-194, **Franz Meszmer**: Stadtentwicklung und Einwohner-Ganglinie von Mosbach im Mittelalter, in: Mosbacher Museumshefte 6 (1986) S. 3-42; **Marko Grasberger**: Rechts- und Verfassungsgeschichte der Stadt Mosbach. Eine Untersuchung der verfassungsrechtlichen Entwicklung von den Anfängen bis zum Ende des alten Reiches (Südwestdeutsche Schriften 31), Mannheim (Institut für Landeskunde und Regionalforschung der Universität Mannheim) 2002, S. 12-20.

18. **Scheuerbrandt**, Südwestdeutsche Stadttypen und Städtegruppen (wie Anm. 2), S. 289; **Becher**, Mittelalterliche Städtegründungen im und am Odenwald (wie Anm. 13), S. 298; **Thomas**

Steinmetz: Die Schenken von Erbach. Zur Herrschaftsbildung eines Reichsministerialengeschlechts (Sonderheft 3 der Zeitschrift „Der Odenwald" des Breuberg-Bundes, Breuberg-Neustadt 2000, S. 95-98); **G[ustav] Simon**: Die Geschichte der Dynasten und Grafen zu Erbach und ihres Landes. Mit 2 Karten, 2 Holzschnitten, 3 Stammtafeln und dem Erbachischen Urkundenbuche, Frankfurt am Main 1858 (Nachdruck Frankfurt am Main 1983), S. 93; Hessisches Ortsnamenbuch. Erster Band: Starkenburg, bearb. von **Wilhelm Müller**, Darmstadt 1937 (= Arbeiten der Historischen Kommission für den Volksstaat Hessen), Neudruck Darmstadt (Historischer Verein für Hessen) o.J., S. 162.

19. Skizze des Grundrisses der Stadt Eberbach, in: **Schwarzmaier**, Eberbach (wie Anm. 13), S. 72, nach: **Scheuerbrandt**, Südwestdeutsche Stadttypen und Städtegruppen (wie Anm.2), Taf. 40.
20. **Wüst**, Neckargemünd (wie Anm. 12), S. 93.
21. **Walther Möller / Karl Krauß**: Neckarsteinach, seine Herren, die Stadt und die Burgen (mit 19 Tafeln Abbildungen und 3 Stammtafeln) (= Starkenburg in seiner Vergangenheit. Eine Reihe heimatkundlicher Schriften hg. von **F. Behn**, Mainz, Band 4: Neckarsteinach), Mainz 1928, S. 30.
22. **Eckhardt**, Hirschhorn (wie Anm. 12), S. 27-29, 32.
23. **Wüst**, Neckargemünd (wie Anm. 12), S. 94.
24. **Möller / Krauß**, Neckarsteinach (wie Anm. 21), S. 33 Tafel 4.
25. **Scheuerbrandt**, Südwestdeutsche Stadttypen und Städtegruppen (wie Anm. 2), S. 289; Becher, Mittelalterliche Städtegründungen im und am Odenwald (wie Anm. 13), S. 298; **Simon**, Geschichte der Dynasten...zu Erbach (wie Anm. 18), S. 93; Hessisches Ortsnamenbuch (wie Anm. 18), S. 162.
26. Vgl. **Rüdiger Lenz**: Sinnbild kommunaler Selbstverwaltung. Die Rathäuser der Stadt Eberbach, in: EG 91 (1992), S. 8-33.
27. Weistümer und Dorfordnungen der Herrschaft Hirschhorn (wie Anm. 6), S. 280 (Neckarsteinach), S. 283 (Hirschhorn).
28. GLA Karlsruhe 43/1518 (Urkunde 1442 IV 22).
29. **Krebs**, Rathaus der Stadt Michelstadt (wie Anm. 12), S. 13, 41.
30. OrhStR Erste Abteilung: Fränkische Rechte. Neuntes Heft: Ergänzungen, Berichtigungen und Register, bearb. von **Carl Koehne**, Heidelberg 1922, S. 1089-1090 (Urkunde 1502 VIII 31); **Paul Wagenknecht**: Erbach Burg und Stadt - 900 Jahre, [Michelstadt 1995], S. 73, 82-83.
31. Die Weistümer der Zent Schriesheim. Badische Weistümer und Dorfordnungen 2. Band (= BWD II), bearb. von **Karl Kollnig** (=Veröffentlichungen der Kommission für geschichtliche Landeskunde in Baden-Württemberg, Reihe A Quellen 16. Band), Stuttgart 1968, nr. 168; GLA Karlsruhe 43/1518 (1442 IV 22).
32. OrhStR I,9, S. 1089-1090 (Urkunde 1502 VIII 31); **Wagenknecht**, Erbach (wie Anm. 30), S. 73, 82-83.
33. StadtA Eberbach IIIa nr. 1-3 fol. 8v (BüR von 1484).
34. **Lenz**, Rathäuser der Stadt Eberbach (wie Anm. 26), S. 9-12.
35. Original fehlt, handschriftliche Überlieferung in: Hessisches StaatsA Darmstadt C 1 A nr. 156 fol. 307 (Urkunde 1227 IV 29) (Liber Privilegiorum Wormaciensis) (kop. Abschrift 15. Jh.); Text nach **Johann Friedrich Schannat**: Historia Episcopatus Wormatiensis. Pontificum Romanorum bullis, regum, imperatorum diplomatibus, episcoporum ac principum chartis, aliisque pluribus documentis authenticis asserta ac illustrata, Tomus secundus (= Codex probationum), Francofurti ad Moenum 1734, nr. 117 p. 107 (*ex autographo* !); Druck zuletzt bei: **Schwarzmaier**, Geschichte der Stadt Eberbach (wie Anm. 13), S. 211-212; zur Begründung des Datums vgl. **John Gustav Weiss**: Zum Eberbacher Stadtjubiläum, in: EG 26 (1927), S. 1-4.
36. StaatsA Augsburg Vorderösterreich Urkunden 1; Druck: Monumenta Germaniae Historica Constitutiones III, pp. 1-5.
37. **Lenz**, Stadtmauer und Stadttürme in Eberbach (wie Anm. 12), S. 186-207.
38. Urkunde 1253 o.D., Druck in: OrhStR I,3, S. 213-214; **Wilhelm Engel**: Zur mittelalterlichen Rechts- und Verfassungsgeschichte der Stadt Amorbach, in: 700 Jahre Stadt Amorbach 1253

– 1953. Beiträge zu Kultur und Geschichte von Abtei und Stadt, Miltenberg/Amorbach 1953, S. 47-65, hier: S. 47-49; **Scheuerbrandt**, Südwestdeutsche Stadttypen und Städtegruppen (wie Anm. 2), S. 157, 277.

39. Ausgewählte Urkunden zur Territorialgeschichte der Kurpfalz 1156-1505, hg. von **Meinrad Schaab**, bearb. von **Rüdiger Lenz** (= Veröffentlichungen der Kommission für geschichtliche Landeskunde in Baden-Württemberg, Reihe A: Quellen 41. Band), Stuttgart 1998, S. 46 nr. 39 (Urkunde 1307 VI 6); **Scheuerbrandt**, Südwestdeutsche Stadttypen (wie Anm. 2), S. 170-171; **Becher**, Mittelalterliche Städtegründungen im und am Odenwald (wie Anm. 13), S. 298.

40. **Simon**, Geschichte der Dynasten...zu Erbach Urkundenbuch (wie Anm. 18), S. 119-120 (Urkunde 1390 III 27); **Krebs**, Rathaus der Stadt Michelstadt (wie Anm. 12), S. 11.

41. **Simon**, Geschichte der Dynasten...zu Erbach Urkundenbuch (wie Anm. 18), S. 23 (Urkunde 1321 VIII 10); **Scheuerbrandt**, Südwestdeutsche Stadttypen (wie Anm. 2), S. 171; **Becher**, Mittelalterliche Städtegründungen im und am Odenwald (wie Anm. 13), S. 298.

42. **Schneider**, Hoch Gräflich Erbachische Historie (wie Anm. 4), S. 63 Num. XIV.5 (1328 VI 25).

43. **Becher**, Mittelalterliche Städtegründungen im und am Odenwald (wie Anm. 13), S. 290.

44. **Scheuerbrandt**, Südwestdeutsche Stadttypen (wie Anm. 2), S. 171, 280; Hessisches Ortsnamenbuch (wie Anm. 18), S. 42-44; Festschrift zur 650-Jahr-Feier der Stadt Beerfelden (wie Anm. 4), S. 12.

45. Urkunde 1347 VIII 23, in: Ausgewählte Urkunden zur Territorialgeschichte der Kurpfalz (wie Anm. 39), S. 83-84 nr. 57; zur Problematik vgl. **Meinrad Schaab**: Der Dilsberg und seine Freiheiten, in: ZGO 113 (1965), S. 442-448 und besonders ders.: Städtlein, Burg-, Amts- und Marktflecken Südwestdeutschlands in Spätmittelalter und früher Neuzeit, in: Zentralität als Problem der mittelalterlichen Stadtgeschichtsforschung, herausgegeben von **Emil Meynen**, Köln/Wien 1979, S. 219-271 (Städteforschung. Veröffentlichungen des Instituts für vergleichende Städtegeschichte in Münster, herausgegeben von **Heinz Stoob**, Reihe A: Darstellungen Band 8); **Scheuerbrandt**, Südwestdeutsche Stadttypen (wie Anm. 2), S. 32, 176, 194.

46. OrhStR. Erste Abteilung: Fränkische Rechte. Viertes Heft: Miltenberg, Obernburg, Hirschhorn, Neckarsteinach, Weinheim, Sinsheim und Hilsbach, bearb. von **Richard Schröder** und Karl Köhne, Heidelberg 1898, S. 367; StadtA Hirschhorn II/1/6 (1392 IV 23); Druck: Weistümer und Dorfordnungen der Herrschaft Hirschhorn (wie Anm. 6), S. 125-126; **Eckhardt**, Mittelalterliche Stadtsiegel zwischen Main und Neckar (wie Anm. 6), S. 424.

47. **Mone**, Das Neckarthal (wie Anm. 5), S. 65-67 nr. 37 (1393 VII 2). Die andere Hälfte der Vorderburg, ein speyrisches Lehen, hatten die Trigel von Daudenzell als speyrische Amtleute inne. Auf der Hinterburg gingen die Besitzrechte um diese Zeit von Peter von Mauer auf Conz Mönch von Rosenberg über, der sich offenbar an der Stadtgründung nicht beteiligte (**Johannes Schneider**: Gerechtigkeiten und Einkünfte der Hinterburg in Neckarsteinach, in: ZGO 88 (1936), S. 525-546).

48. StaatsA Darmstadt Abt. 1 (Neckarsteinach) (Urkunde 1364 IV 3).

49. Kop. Abschrift der Urkunde von 1377 IX 28, in: GLA Karlsruhe 67/876, fol. 270r; Druck: **Eckhart G. Franz**: Die Stadt mit dem Harfenwappen. 600 Jahre Stadt Neckarsteinach, in: Geschichtsblätter Kreis Bergstrasse 10 (1977), S. 59-75, hier: S. 74-75; Regest in: Regesten der Pfalzgrafen am Rhein 1214-1400, hg. von der Badischen Historischen Commission. Unter Leitung von **Eduard Winkelmann** bearb. von **Adolf Koch** und **Jakob Wille** (= Regesten der Pfalzgrafen am Rhein 1214-1508, hg. von der Badischen Historischen Commission, Erster Band 1214-1400), Innsbruck 1894, nr. 4190.

50. Vgl. **Volker Rödel**: Die Städtegründungen zur Stauferzeit und die Stadtwerdung Mosbachs, in: Mosbacher Jahresheft 1992, S. 23-39.

51. Mosbacher Urkundenbuch (künftig: MUB). Stadt und Stift im Mittelalter, bearb. von **Konrad Krimm** und **Hans Schadek** (= Veröffentlichung der Kommission für geschichtliche Landeskunde in Baden Württemberg), Elztal-Dallau 1986, S. 13-14, 35 nr. 20, 23 + 47; Wirtembergisches Urkundenbuch, hg. von dem Königlichen Staatsarchiv in Stuttgart, Neunter Band, Stuttgart 1907 (Neudruck Aalen 1978), p. 284 nr. 3865 (1289 VI 12).

52. GLA Karlsruhe 67/1303, f. 318r; vgl. **Volker Steck**: Das Siegelwesen der südwestdeutschen

Reichsstädte im Mittelalter, Esslingen 1994 (= Esslinger Studien. Schriftenreihe, hg. vom Stadtarchiv Esslingen am Neckar Band 12), S. 102.

53. OrhStR I,4, S. 409-411.

54. OrhStR I,3, S. 214-215; **Scheuerbrandt**, Südwestdeutsche Stadttypen und Städtegruppen (wie Anm. 2), S. 277.

55. OrhStR I,3, S. 278-280; **Neumaier**, Zwischen den Edelherren von Dürn und Kurmainz (wie Anm. 3), S. 44-45.

56. OrhStR I,3, S. 212-213 (1346 XI 28).

57. **Neumaier**, Zwischen den Edelherren von Dürn und Kurmainz (wie Anm. 3), S. 43.

58. **Eckhardt**, Mittelalterliche Stadtsiegel zwischen Main und Neckar (wie Anm. 6), S. 410.

59. **Eckhardt**, Mittelalterliche Stadtsiegel zwischen Main und Neckar (wie Anm. 6), S. 410.

60. **Eckhardt**, Mittelalterliche Stadtsiegel zwischen Main und Neckar (wie Anm. 6), S. 424; StadtA Hirschhorn XV/8/1 (Ratsprotokolle 1724-1742).

61. Mosbach 1309 V 17 (MUB S. 35); Sinsheim 1316 IX 14 (OrhStR I,4, S. 409-411); Eberbach 1346 II 18 (**Schwarzmaier**, Eberbach (wie Anm. 13), S. 215-217); Amorbach 1359 IX 25 (OrhStR I,3, S. 217-220, hier: S. 219); Neckargemünd 1382 III 21 (GLA Karlsruhe 67/807,35v).

62. Regesten der Erzbischöfe von Mainz (künftig: REM) von 1289-1396. Erste Abteilung, bearb. von **Ernst Vogt**. 1289-1353: Zweiter Band: 1328-1353, bearb. von **Heinrich Otto**, Darmstadt 1932-1935, Neudruck 1976 (zusammengestellt von **Friedrich Knöpp**) nr. 4619 (1340 XII 5).

63. REM Zweite Abteilung (1354-1396), bearbeitet von **Fritz Vigener**, Erster Band (1354-1371), Leipzig 1913, Nachdruck 1970, nr. 1533 (1362 VIII 7); nr. 2738 ([1358]).

64. **Rainer Trunk**: Die Buchener Stadtordnung von 1528, in: Museum und Geschichte. Regionalforschung zwischen Neckar und Main. Festschrift für Helmut Brosch, hg. vom Verein Bezirksmuseum e.V. Buchen und der Stadt Buchen (Odenwald) (= Zwischen Neckar und Main. Schriftenreihe des Vereins Bezirksmuseum e.V. Buchen Heft 31), Buchen-Walldürn 2003, S. 115-132, hier: S. 116-117; ders.: Geschichte von Buchen, in: NOK. Band I: A. Allgemeiner Teil. B. Gemeindebeschreibungen Adelsheim bis Höpfingen, bearb. von der Abteilung Landesbeschreibung des Generallandesarchivs Karlsruhe, hg. von der Landesarchivdirektion Baden-Württemberg in Verbindung mit dem Neckar-Odenwald-Kreis (= Kreisbeschreibungen des Landes Baden-Württemberg), Sigmaringen 1992, S. 679.

65. REM II,1 nr. 3067 (1373 IV 29).

66. OrhStR I, 9, S. 1089-1090 (Urkunde 1502 VIII 31).

67. Ausgewählte Urkunden zur Territorialgeschichte der Kurpfalz (wie Anm. 39), S. 107-108 nr. 70 (1368 VIII 26); GLA Karlsruhe 43/1439 (1412 IX 19), Druck: **Mone**, Das Neckarthal (wie Anm. 5), S. 69-70 nr. 39.

68. **Schwarzmaier**, Eberbach (wie Anm. 13), S. 215-217 (Urkunden 1346 II 18, 1351 VII 28) und OrhStR I, 2, S. 96-99 (darin: Urkunde 1394 VII 28).

69. StadtA Eberbach I nr. 4 (1382 XI 14), VI-2 fol. 26-28 nr. 7 (1382 I 16), fol. 71-74 nr. 12 (1389 XI 10).

70. Or. im StaatsA Würzburg: Mz. Urk. Weltl. Schrank L 53/29 ½ (Urkunde 1387 IV 23); Gegenurkunde der Herren vom Hirschhorn in: StadtA Eberbach VI-2 fol. 28-33 nr. 8 (Abschrift 18. Jahrhundert nach einem *Bergamentins Brifflein* [sic !]).

71. OrhStR I, 2, S. 66-76 (Urkunden 1332 I 22, 1342 IX 16, 1346 II 2, 1373 III 13, 1377 III 18, 1404 VI 26). Nur bei der Bewilligung von herrschaftlichen Rechten, wie etwa beim Geleitsrecht, wird noch der Bürgermeister erwähnt (ibid. S. 67-68, Urkunde 1346 I 25).

72. StadtA Eberbach I nr. 14 (1382 XI 14): Erwerb eines Fischwehrs aus adliger Hand.

73. MUB S. 139-140 nr. 216 (1391 VIII 29): Erwerb einer Mühle durch die Stadt Mosbach.

74. MUB S. 39-40, 50, 62-64, 66-67, 77-78, 90, 92-94, 98-100, 116-117, 127-128, 139-140 (Urkunden 1321 X 20, 1330 III 28, 1336 V 6, 1337 II 17, 1338 IV 3, 1346 I 29, 1363 X 2, 1365 V 29, 1368 I 29, 1376III 28, 1382 IX 23, 1391 VIII 29).

75. MUB S. 48, 74-76, 78, 126, 143-146, 149-150 (Urkunden 1330 III 27, 1344 X 10, 1345 III 6, 1346 VI 28, 1381 X 27, 1397 V 5, 1398 VIII 27, 1400 XI 4).

76. OrhStR I,3, S. 212-213, 215-216, 217-220 (Urkunden 1346 XI 28, 1344 VII 9, 1359 XI 25); **Norbert Höbelheinrich**: Die neun Städte des Mainzer Oberstifts. Ihre verfassungsmäßige Entwicklung und ihre Beteiligung am Bauernkrieg 1346-1527, Wiesbaden 1939 (= Heimatblätter des Bezirksmuseums Buchen e.V. 18. Heft), Nachdruck Hildesheim, Zürich, New York 1994, S. 20-21.

77. StaatsA Darmstadt Abt. A 1 (Neckarhausen) (Urkunde 1426 VI 17); Druck: Weistümer und Dorfordnungen der Herrschaft Hirschhorn (wie Anm. 6), S. 280-283.

78. StadtA Neckarsteinach XV/49/3 (Ungeldrechnung 1571/72 fol. 9v); XV/1/1 (1749); XV/6/1 (1754); XV/6/2 (1759).

79. **Schneider**, Gerechtigkeiten und Einkünfte der Hinterburg (wie Anm. 46), S. 530; StadtA Neckarsteinach XV/1/1 (1749); XV/6/1 (1754).

80. Mosbach (MUB S. 63-64 (1337 II 17), S. 210-212 (1435 XII 2)); Neckargemünd (OrhStR I,5, S. 608); Michelstadt (**Krebs**, Rathaus der Stadt Michelstadt (wie Anm. 12), S. 13). In Eberbach sind im 15. Jh. zwar nur maximal 11 Personen als Ratsmitglieder bezeugt (GLA Karlsruhe 67/811, 150v-151r ; Druck: John **Gustav Weiss**: Geschichte der Stadt Eberbach 1. Aufl., Eberbach 1900, S. 363-364), doch dürfte an der Zwölfer-Zahl kein Zweifel bestehen, die seit der Mitte des 16. Jh. kontinuierlich belegt ist; **Karl Kollnig**: Ein Huldigungsprotokoll der Eberbacher Zent vom Jahr 1556, in: EG 81 (1982), S. 7-16, hier: S. 10-11; **Friedrich Battenberg**: Gericht und Verwaltung der Stadt Michelstadt in der frühen Neuzeit, in: Michelstadt – vom Mittelalter zur Neuzeit, mit Beiträgen von Klaus Friedrich u.a., Michelstadt 1986 (= Rathaus- und Museumsreihe Band 6), S. 75-98, hier: S. 91.

81. BWD II nr. 168.

82. GLA Karlsruhe 43/1518 (1442 IV 22).

83. OrhStR I,5, S. 606.

84. OrhStR I,3, S. 219.

85. MUB S. 50 + 62 nr. 76 (Urkunden 1330 III 28 + 1336 V 6).

86. MUB S. 63-64 nr. 92 (Urkunde 1337 II 17).

87. MUB S. 129-130 nr. 192 (1383 o.T.).

88. MUB S. 210-212 nr. 327 (1435 XII 2); OrhStR I,5, S. 608.

89. GLA Karlsruhe 67/807,35v (1382 III 21).

90. So für Wimpfen vermutet von **Klaus-Peter Schroeder**: Wimpfen. Verfassungsgeschichte einer Stadt und ihres Verhältnisses zum Reich von den Anfängen bis zum Ende des 15. Jahrhunderts (= Veröffentlichungen der Kommission für geschichtliche Landeskunde in Baden-Württemberg, Reihe B: Forschungen, 78. Band, Stuttgart 1973, S. 99; vgl. auch **Horst Rabe**: Der Rat der niederschwäbischen Reichsstädte. Rechtsgeschichtliche Untersuchungen über die Ratsverfassung der Reichsstädte Niederschwabens bis zum Ausgang der Zunftbewegungen im Rahmen der oberdeutschen Reichs- und Bischofsstädte, Köln/Graz 1966 (= Forschungen zur Deutschen Rechtsgeschichte, hg. von **H. E. Feine (†)**, **H. Krause** und **H. Schultze- v. Lasaulx** 4. Band), S. 234 Anm. 189.

91. OrhStR I,5, S. 608; besonders **Ernst Waag**: Neckargemünd im 16. und 17. Jahrhundert. Ein Beitrag an Hand der örtlichen Urkunden, in: Badische Heimat. Zeitschrift für Volkskunde, Heimat-, Natur- und Denkmalschutz. Heidelberg und das Neckartal, hg. von **Hermann Eris Busse** 26 (1939), S. 417-443, hier: S. 420-422; **Wüst**, Neckargemünd (wie Anm. 12), S. 322.

92. StadtA Neckarsteinach XV/1/1 (1749); XV/6/1 (1754); XV/2/9 (1770); XV/2/12 (1788); vgl. **Möller / Krauß**, Neckarsteinach (wie Anm. 21), S. 54.

93. **Schwarzmaier**, Eberbach (wie Anm. 13), S. 215-217 nr. 5-6 (Urkunden 1346 II 18 + 1351 VII 28). Ähnlich verlief die Entwicklung offenbar in Wimpfen, vgl. **Schroeder**, Wimpfen (wie Anm. 90), S. 98-100.

94. **Schwarzmaier**, Eberbach (wie Anm. 13), S. 217-218 nr. 7 (Urkunde 1361 IV 7).

95. StadtA Eberbach IIIa (Rechnungsüberlieferung der Bürgermeister); VI-3 (für frühes 15. Jh.).

96. Im 15. Jh. sind zwar nur maximal 11 Personen als Ratsmitglieder bezeugt (GLA Karlsruhe 67/811, 150v-151r ; Druck: **Weiss**, Geschichte der Stadt Eberbach 1. Aufl. (wie Anm. 80), S. 363-364), doch dürfte an der Zwölfer-Zahl kein Zweifel bestehen, die seit der Mitte des 16. Jh. kontinuierlich belegt ist; **Karl Kollnig**: Ein Huldigungsprotokoll der Eberbacher Zent vom Jahr 1556, in: EG 81 (1982), S. 7-16, hier: S. 10-11.

97. **Battenberg**, Gericht und Verwaltung der Stadt Michelstadt (wie Anm. 80), S. 93-94; **Krebs**, Rathaus der Stadt Michelstadt (wie Anm. 12), S. 13.

98. OrhStR I,3, S. 278; zur überzeugenden Datierung des Buchener Stadtrechts vgl. **Neumaier**, Zwischen den Edelherren von Dürn und Kurmainz (wie Anm. 3), S. 45-46.

99. OrhStR I,5, S. 608.

100. Weistümer und Dorfordnungen der Herrschaft Hirschhorn (wie Anm. 6), S. 290 (1426 VI 17).

101. StadtA Neckarsteinach XV/2/10 (1770); vgl. OrhStR I,4, S. 379; **Battenberg**, Gericht und Verwaltung der Stadt Michelstadt (wie Anm. 80), S. 91.

102. StadtA Eberbach VI-2 fol. 229-232 (1488).

103. OrhStR I,5, S. 606-609; **Waag**, Neckargemünd im 16. und 17. Jahrhundert (wie Anm. 91), S. 418.

104. OrhStR I,3, S. 278-279.

105. Auswertung der Rechnungs- und Amtsbücherüberlieferung der Stadt Eberbach aus dem 15. Jahrhundert (StadtA Eberbach IIIa-1-1 (1480); IIIa-1-2 (1482); IIIa-1-4 (1487); IIIb 1-2 (1475); IIIq-5 [1504]; VI-3; IVa-1 (Gerichtsprotokoll [1433)].

106. MUB S. 63-64 nr. 92.

107. MUB S. 295-296 nr. 295 (1422 IV 19).

108. **Neumaier**, Zwischen den Edelherren von Dürn und Kurmainz (wie Anm. 3), S. 47.

109. Zum Eberbacher Stadtschreiber vgl. **Rüdiger Lenz**: Der Stadtschreiber von Eberbach – Genese, Aufgaben und soziale Bedeutung eines städtischen „Beamten", in: EG 103 (2004), S. 93-102; StadtA Eberbach IIIq-1 fol. 4r (1429 XII 31).

110. **Lenz**, Stadtschreiber (wie oben), S. 98-101; StadtA Eberbach IIIa-1-3 fol. 14r (1484) IIIa-1-4 fol. 12v (1487); Dienerbestallung des 16. Jahrhunderts in: VI-6 fol. 6v-7v).

111. **Battenberg**, Gericht und Verwaltung der Stadt Michelstadt (wie Anm. 80), S. 94-95.

112. **Karl Kollnig**: Die Zenten Eberbach und Mosbach, in: EG 85 (1986) S. 8-15.

113. StadtA Eberbach VI-1 Fragment 15. Jh. [um 1430] (Einträge nr. 7 und 8); Druck: Die Weistümer der Zenten Eberbach und Mosbach. Badische Weistümer und Dorfordnungen 4. Band (= BWD IV), bearb. von **Karl Kollnig** (= Veröffentlichungen der Kommission für geschichtliche Landeskunde in Baden-Württemberg, Reihe A Quellen 38. Band, Stuttgart 1985, S. 15.

114. MUB S. 101-102 nr. 155 [1369].

115. OrhStR I,5, S. 606-609.

116. MUB S. 147-148 nr. 233 [um 1400].

117. StadtA Eberbach VI-5 f. 45-46, 48, 55-63.

118. StadtA Eberbach IIIa nr. 1-1 fol. 7r [Bürgermeisterrechnung 1480]; nr. 1-4 fol. 9r [Bürgermeisterrechnung 1487]; nr. 1-5 fol. 10r [Bürgermeisterrechnung 1488]; nr. 1-9 fol. 8r (Bürgermeisterrechnung 1502).

119. StadtA Eberbach IIIa nr. 1 (1482, 1488, 1548/49, 1551/52, 1554/55); IIIb nr. 3 (1521, 1525); VI-1; zum Neubau von 1480/83 vgl. **Lenz**, Sinnbild kommunaler Selbstverwaltung (wie Anm. 26), S. 9-17.

120. StadtA Eberbach IIIa nr. 1 (1482, 1496, 1548/49); IIIa nr. 1 (1489).

121. **Battenberg**, Gericht und Verwaltung der Stadt Michelstadt (wie Anm. 80), S. 89-90.

122. **Rüdiger Lenz**: Entstehung, Entwicklung und Funktionen der pfälzischen Kellerei Eberbach, in: ZGO 147 (1999) (= Festschrift für Meinrad Schaab zum 70. Geburtstag), S. 405-422.

123. StadtA Eberbach VI-3 fol. 85-93; VI-2 fol. 225.

124. StadtA Eberbach I nr. 44 [nr. 42] (1403 II 18); IVa-1 [um 1433]; GLA Karlsruhe 67/821,274r (1418 II).

125. MUB S. 170 nr. 277 (1416 III 12).

126. MUB S. 204 nr. 319 (1432 VIII 14); S. 307 nr. 451 (1466 X 30).

127. StadtA Eberbach VI-1 (Teil-Druck in: BWD IV, S. 15); OrhStR I,5, S. 606-609.

128. **Schneider**, Vollständige Hoch-Gräflich-Erbachische Stamm-Tafel...Urk. Zum Zweyten Satz (wie Anm. 4), S. 63 Num. XIV.5 (Urkunde 1328 VI 25).

129. MUB S. 39-40 nr. 58 (1321 X 20).

130. **Schneider**, Vollständige Hoch-Gräflich-Erbachische Stamm-Tafel...Urk. Zum Zweyten Satz (wie Anm. 4), S. 63 Num. XIV.5 (Urkunde 1328 VI 25).

131. MUB S. 48-49 nr. 74-75 (Mosbach 1330 III 28).

132. OrhStR I,4, S. 407.

133. **Schneider**, Vollständige Hoch-Gräflich-Erbachische Stamm-Tafel...Urk. Zum Zweyten Satz (wie Anm. 4), S. 63 Num. XIV.5 (Urkunde 1328 VI 25).

134. OrhStR I,3, S. 279.

135. **Schwarzmaier**, Eberbach (wie Anm. 13), S. 215-217 nr. 5 (Urkunde 1346 II 18); zur Steuerhoheit von Wimpfen vgl. **Schroeder**, Wimpfen (wie Anm. 90), S. 80.

136. MUB S. 52 nr. 81, 60-62 nr. 89 (1331 II 20/ 1335 VII 14).

137. MUB S. 87-90 nr. 142-143 (1363 III 5 / 1363 IV 13).

138. OrhStR I,5, S. 604-605.

139. GLA Karlsruhe 66/3480, fol. 132v-133v (pfälz. Urbar von [1370]).

140. REM II,1 nr. 1029 (1358 VI 15).

141. Urkunde von 1425 II 26, Drucke: OrhStR I,4, S. 370-373; Hessische Urkunden (künftig: HU). Aus dem Großherzoglich Hessischen Haus- und Staatsarchive zum Erstenmale hg. von **Ludwig Baur**, Vierter Band und Register (Die Urkunden von 1400 bis 1500 enthaltend), Darmstadt 1866, p. 88-90 nr. 95; Weistümer und Dorfordnungen der Herrschaft Hirschhorn (wie Anm. 6), S. 134-137.

142. GLA Karlsruhe 67/801, 327r-327v (1408 IX 13).

143. StadtA Eberbach IIIs-1 f. 3 (Steinsatzregister von 1459); IIIq-2 fol. 5-6 (Frühmeßzinsregister).

144. StadtA Eberbach I nr. 3 (1351 VII 28); Druck: **Schwarzmaier**, Eberbach (wie Anm. 13), S. 216-217.

145. MUB S. 77-78 nr. 114 (1346 I 29).

146. MUB S. 161 nr. 262 (1408 V 9).

147. MUB S. 60-62 nr. 89 (1335 VII 14).

148. OrhStR I,3, S. 215-228; Engel, Rechts- und Verfassungsgeschichte der Stadt Amorbach (wie Anm. 38), S. 52-65.

149. OrhStR I,3, S. 212-213 (1346 XI 28); **Höbelheinrich**, Städte des Mainzer Oberstifts (wie Anm. 76), S. 8-9, **Engel**, Rechts- und Verfassungsgeschichte der Stadt Amorbach (wie Anm. 38), S. 50-51.

150. REM I,2 nr. 6092 [um 1347].

151. REM II,1 nr. 379 (1355 VIII 25 = Kapitalienaufnahme gegen zweijährige Steuerbefreiung);

152. Urkunde 1347 VIII 23, in: Ausgewählte Urkunden zur Territorialgeschichte der Kurpfalz (wie Anm. 39), S. 83-84 nr. 57; zur Problematik vgl. **Schaab**, Dilsberg (wie Anm. 45), S. 442-448; **Scheuerbrandt**, Südwestdeutsche Stadttypen (wie Anm. 2), S. 32, 176, 194.

153. OrhStR I,4, S. 367; StadtA Hirschhorn II/1/6 (1392 IV 23); Druck: Weistümer und Dorfordnungen der Herrschaft Hirschhorn (wie Anm. 6), S. 125-126.

154. Druck: **Friedrich Ritsert**: Urkunden zur Geschichte der Landschaden von Steinach, in: Archiv für Hessische Geschichte und Alterthumskunde (künftig: AHG) 14 (1875-1879), S. 289-372,

hier: S. 293 und **Franz**, Die Stadt mit dem Harfenwappen (wie Anm. 49), S. 75 (Urkunde 1381 II 22); **Schneider**, Gerechtigkeiten und Einkünfte der Hinterburg (wie Anm. 47), S. 525-526.

155. OrhStR I,4, S. 368-370 (Urkunden 1404 V 25, 1417 V 2).

156. Urkunde von 1425 II 26, Drucke: OrhStR I,4, S. 370-373; HU IV p. 88-90 nr. 95; Weistümer und Dorfordnungen der Herrschaft Hirschhorn (wie Anm. 6), S. 134-137.

157. GLA 67/289, fol. 281-282; Druck: OrhStR I,4, S. 375-377; **Robert Irschlinger**: Zur Geschichte der Herren von Steinach und der Landschaden von Steinach, in: ZGO 86 (1934), S.421-508, hier: S. 479; **Schneider**, Gerechtigkeiten und Einkünfte der Hinterburg (wie Anm. 47), S. 525-529; **Walther Möller**: Untersuchungen über den Besitzwechsel der Burgen zu Neckarsteinach, in: AHG NF. 14 (1925), S. 667-674, hier: S. 667-668; **Franz**, Die Stadt mit dem Harfenwappen (wie Anm. 49), S. 63-64.

158. StaatsA Darmstadt C 2 Starkenburg Nr. 68; Druck: OrhStR I,4, S. 377-384; auch in: **Möller / Krauß**, Neckarsteinach (wie Anm. 21), S. 48-53.

159. MUB S. 62 n-r. 91 (1336 V 6); vgl dazu S. 145-146 nr. 228 (1398 VIII 27).

160. MUB S. 67-68 nr. 97 (Urkunde 1338 V 19).

161. MUB S. 74 nr. 107 (Urkunde 1344 X 10).

162. StadtA Eberbach VI-2 fol. 26-28 nr. 7 (1382 I 16).

163. **Schwarzmaier**, Eberbach (wie Anm. 13), S. 216-217, 219 nr. 6 (Urkunde 1351 VII 28; undatierte Rechtsmitteilung), zum Mehrheitsgrundsatz in Wimpfen vgl. **Schroeder**, Wimpfen (wie Anm. 90), S. 69-70.

164. MUB S. 111-112 nr. 165 (1373 VI 18).

165. OrhStR I,5, S. 606-609.

166. MUB S. 63-64 nr. 92 (1337 II 17).

167. OrhStR I,5, S. 604-605.

Thomas Steinmetz

Groß-Zimmern – eine gescheiterte Stadtgründung des 13. Jahrhunderts?

Die 700-Jahrfeier der Ersterwähnung einer *villa Zymmern* veranlaßte die Gemeinde Groß-Zimmern 1976 zur Herausgabe eines Heimatbuches mit verschiedenen Beiträgen zur Geschichte der heute politisch vereinten Dörfer Groß- und Klein-Zimmern[1]. Nach Ablauf von mehr als 25 Jahren ist es berechtigt, sich erneut mit der mittelalterlichen Geschichte der beiden Zimmern-Dörfer zu beschäftigen, wobei die Ursprünge der weitaus bedeutenderen Siedlung Groß-Zimmern im Brennpunkt stehen sollen.

1. Siedlungsanlage und Straßengitter von Groß-Zimmern

Entscheidenden Anstoß für die hier publizierten Forschungen gab der extrem auffällige rasterförmige Grundriß des Dorfes mit konsequent rechtwinklig aufeinander stoßenden Straßenzügen. Max Herchenröder schrieb: „Der Grundriß des Ortes ist regelmäßig und dem Quadrat angenähert. Die Straßen kreuzen sich rechtwinklig. Von einer Befestigung ist nichts mehr erkennbar“[2]. Ein solcher Siedlungsgrundriß ist, um Herchenröder zu ergänzen, zweifelsfrei auf dem „Reißbrett“ konstruiert und charakteristisch für eine Stadt - siehe Dieburg oder Groß-Umstadt. Es stellt sich deshalb die Frage, ob Groß-Zimmern im Gegensatz zu seinen Nachbardörfern im Altsiedelland erst eine Gründung des späteren Mittelalters sein könnte und ein *oppidum* werden sollte? Bereits eine in zweifacher Ausfertigung erhaltene Karte[3] aus dem Jahre 1724 stellt das Dorf mit nahezu quadratischen Umrissen dar, an allen vier Seiten klar gegen die umliegenden Felder abgegrenzt. Der Verlauf der Dorfgassen wird realistisch wiedergegeben, im Norden und Süden scheint eine Hecke o.ä. das Dorf zu schützen. Auffällig sind viele unbebaute Freiflächen innerhalb des Siedlungsareales, besonders im Südosten. Im heutigen Ortsbild sind ungeachtet der städtebaulichen Verwüstungen des 20. Jahrhunderts die Konturen des ursprünglichen Dorfes noch gut auszumachen. Klar ist, daß im Westen die Landstraße Dieburg - Spachbrücken (heutiger Name: Wilhelm-Leuschner-Straße) das Dorf begrenzte. Im Norden waren dies die Häuser und Höfe nördlich der heute so genannten Angelstraße. Im Osten, wo die Gersprenz ein natürliches Hindernis war und ist, begrenzte der im Jahre 1920 zugeschüttete und darauf durch die Leberechtstraße überbaute Pfuhlgraben die Siedlung. Im Süden zeichnet heute offenbar die Beinestraße die alte Umgrenzung des Dorfes nach. Die seltsame Ausbeulung im Südosten ist kein zwingendes Argument gegen diesen Schluß, zumal auch sie auf der Karte von 1724 angedeutet ist. Von einer Ummauerung Groß-Zimmern fehlte bereits 1724 jede Spur, weshalb es eine solche zweifellos niemals gegeben hat.

Die Ortsstraßen sind ganz unterschiedlich breit. Die mit Abstand breiteste Straße ist die in Nord-Süd-Richtung fluchtende Bachgasse. Deren Breite beträgt bereits an ihrem südlichen Ende knapp 11 m und steigt Richtung Norden bis auf annähernd 19 m an. Die extreme Breite dieser Dorfstraße kann angesichts des Alters ihrer Randbebauung nicht das Werk einer modernen Straßenverbreiterung sein, wofür auch der Name der nördlich anschließenden „Enggasse" (als Gegensatz zu einer „Breitgasse" zu verstehen) spricht. Im Süden des Dorfes fallen zudem mehrere sehr schmale, für Fuhrwerke unzugängliche Gassen auf. Die so markant verlaufenden Straßen Groß-Zimmerns sind jedoch nicht alle in voller Länge ursprünglich. Die in West-Ost-Richtung den alten Ortskern querende Angelstraße wurde erst 1899 bis zur Landstraße Dieburg - Spachbrücken durchgebrochen[4] und hatte bis dahin am Haus Angelstraße 5 stumpf geendet. Auch ihre heute Kirchstraße genannte südliche Paralellstraße führte anscheinend ursprünglich nicht bis zur Landstraße, sofern die Karte von 1724 in diesem Detail zutreffend ist. Allein die zwischen Angelstraße und Kirchstraße gelegene, heute so genannte Jahnstraße mündete bereits 1724 in die Landstraße. Im Osten endete die Jahnstraße dagegen als Sackgasse; erst Ende des 19. Jahrhunderts schuf man dort den Durchbruch zur Petersgasse[5]. Daß Angelstraße und Kirchstraße ursprünglich kurz vor der Landstraße stumpf endeten, widerspricht der letztlich jeder Dorfstraße zugrunde liegenden Erschließungsfunktion und ist deshalb genauso auffällig wie erklärungsbedürftig.

2. Groß- und Klein-Zimmern in der urkundlichen Überlieferung

Bis weit ins 14. Jahrhundert ist in den Urkunden überwiegend nur abstrakt von „Zimmern" die Rede, ohne daß zwischen Groß- und Klein- bzw. Ober- und Nieder-Zimmern differenziert wird. So spricht in der als Ersterwähnung beanspruchten Urkunde von 1276 Herr Gottfried von Hohenlohe-Brauneck nur von den Lehen der Ritter Groschlag von Dieburg und Heinrich von Heusenstamm *apud villa Zymmern*[6]. Ab Ende des 14. Jahrhunderts wird der abstrakte Name „Zimmern" allmählich seltener, um letztlich völlig zu verschwinden. Zunehmend ist stattdessen nun von Groß- oder Klein-Zimmern die Rede, wobei letzterer Ort bis ins 19. Jahrhundert auch unter dem Namen „Ober-Zimmern" in den Archivalien zu finden ist. Die mit Anbruch des 14. Jahrhunderts reichhaltiger werdende schriftliche Überlieferung nennt erstmals im Dreieicher Weistum von 1338 *cleyn tzymern* und zwar als Sitz von zwei oder gar drei Wildhuben. Das Vorhandensein dieser Wildhuben ist als Indiz für ein relativ hohes Alter von Klein-Zimmern zu bewerten, der Ort wird nämlich älter als die Einrichtung der Wildhuben sein. Die Ersterwähnung von **Groß**-Zimmern datiert auf den 12. Mai 1316: Ritter Heinrich Groschlag von Dieburg verkauft in seiner Eigenschaft als Prokurator des Guardians des Minoritenklosters zu Dieburg dem Aschaffenburger Stift St. Peter und Alexander die Hälfte eines Hofes, gelegen *in Cymmeren Inferiori*, mit allem Zubehör[7]. Diese Hofhälfte hatte zuvor die verstorbene Adelheid Auerhahn von Dieburg den dortigen Minoriten vermacht. Aus einer zweiten Urkunde des Aschaffenburger Stiftes geht überdies hervor, daß dieses die zweite Hälfte des Auerhahn-Hofes 1316 bereits besessen hatte[8]. Dieser Hof des Stiftes St. Peter und Alexander in Groß-Zimmern ist bis zum Ende des 14. Jahrhunderts in dessen schriftlicher Überlieferung zu verfolgen[9]. Im Jahre 1344 verlieh das Stift *vnsin hoff gelegen in dem dorff zu Zhymmern mid alle dem daz dar zugehorit* an Woltze Gartysen und dessen Ehefrau Gude. Die Pacht betrug jährlich sechs Malter Korn und sechs Malter Weizen, die zwischen Mariae Himmelfahrt (15. August) und Mariae Geburt (8. September) im Aschaffenburger Kornhaus des Stiftes abzuliefern waren[10].

Abb. 1: Die Karte von 1724 ist die älteste Darstellung von Groß- und Klein-Zimmern; die Karte ist nicht nach Norden, sondern nach Westen ausgerichtet. Auch hier ist die unvorteilhafte Lage Groß-Zimmerns am Rande der feuchten Gersprenz-Niederung klar zu erkennen. Links unten ist Klein-Zimmern dargestellt. *Signatur der Karte: StA Würzburg, Mainzer Risse Nr. 113.g*

Der in der Urkunde von 1316 singulär verwendete Ortsname *Cymmeren Inferior* („Nieder-Zimmern") ist als Gegensatz zu Ober-, d.h. Klein-Zimmern zu verstehen. Tod und Vermächtnis der Adelheid Auerhahnin von Dieburg datieren unbestimmte Zeit **vor** 1316, die Existenz Groß-Zimmerns als selbständige Siedlung wird somit zweifelsfrei ins 13. Jahrhundert zurückprojeziert. Der Ritter (Heinrich) Auerhahn von Dieburg, es gab offenbar nur eine einzige Person dieses kuriosen Namens, ist zuerst 1245 als Angehöriger der Dieburger Ministerialität belegt[11]. Er muß jener *quondam Urehanen de Dippurgk* sein, dessen heimgefallene Lehen *apud villa Zymmern* Gottfried von Hohenlohe-Brauneck vor dem 23. August 1276 neu vergeben hatte. Da der Tod des Ritters Auerhahn vor dem 23. August 1276 anzusetzen ist, ist das Jahr 1276 zugleich der terminus ante für die Existenz des zur Hälfte von seiner mutmaßlichen Tochter Adelheid später den Dieburger Minoriten vermachten Hofes in Groß-Zimmern. Groß-Zimmern bestand demnach spätestens 1276 als selbständige Siedlung[12]!

Die mittelalterlichen Herrschaftsverhältnisse in Groß- und Klein-Zimmern waren durch extreme Zersplitterung von Grundbesitz und Hoheitsrechten gekennzeichnet[13], wie bereits W. Wackerfuß vor 29 Jahren ausführlich darlegte[14]. Die Entwicklung von Grundbesitz und Hoheitsrechten muß deshalb hier nur grob skizziert werden. Rechtstitel in beiden Dörfern waren von ihren Inhabern schon frühzeitig an niederadlige Vasallen vergeben worden; ob dies die politische Zersplitterung bewirkte, oder umgekehrt ihre Folge war, ist nicht zu beurteilen. Aus der frühesten Nennung des Namens Zimmern im Jahre 1250 ist zu erkennen, daß die Zimmern-Orte ursprünglich zum Grundbesitz des Reichsklosters Fulda mit dem Vorort Umstadt (sogenannte „Mark Umstadt") gehörten: Abt Heinrich IV. von Fulda belehnte die Grafen Diether V. und Eberhard I. von Katzenelnbogen nämlich im genannten Jahr mit den heimgefallenen Lehen des sonst nicht bekannten Georg von Zimmern. Die an sich erbberechtigten fuldischen Ministerialen Hertwig Zeisisch und Wambold erhielten diese nunmehr lediglich als katzenelnbogische Afterlehen[15]. Dieses Eindringen des Hauses Katzenelnbogen in den fuldischen Grundbesitz wird uns später noch ausführlich beschäftigen. Die Oberlehenshoheit des Reichsklosters Fulda über Grundbesitz in Groß- und Klein-Zimmern ist auch später wiederholt belegt. Auch die edelfreien Herren von Bickenbach waren als fuldische Lehensträger bereits frühzeitig Grundherren in „Zimmern", wie erstmals 1313 bezeugt ist. In jenem Jahr veräußerten Gottfried II. und sein Neffe Konrad III. von Bickenbach nämlich alles zuvor von Ritter Vorholz ledig gewordene Gut mitsamt der Vogtei, d.h. Niedergerichtsbarkeit, *in deme dorf zv Zymmirin* an ihren „lieben Vettern" Ulrich I. von Bickenbach[16]. Angesichts des Verkaufes durch Onkel und Neffen müssen die Rechtstitel des Hauses Bickenbach zumindest auf den Vater Gottfrieds II., den vor 1272 verstorbenen Konrad II. von Bickenbach zurückgehen[17]. Vermutlich besaß angesichts seines Kaufinteresses auch Ulrich von Bickenbach bereits vor 1313 Grundbesitz in „Zimmern", womit wir sogar noch eine Generation weiter zurückkämen. 1323 belehnte Abt Heinrich von Fulda diesen Ulrich I. von Bickenbach mit *Habitzheim die burg und das dorffe darvor gelegen, manschafft vnd alle ir zugehorunge, item Zymern, Spachbrucken, Zylhart, Obern Wybelspach die dorffer mit allen iren zugehorenden*[18]. Obwohl *Zymern* hier nicht ausdrücklich als Zubehör der Burg Habitzheim bezeichnet wird,

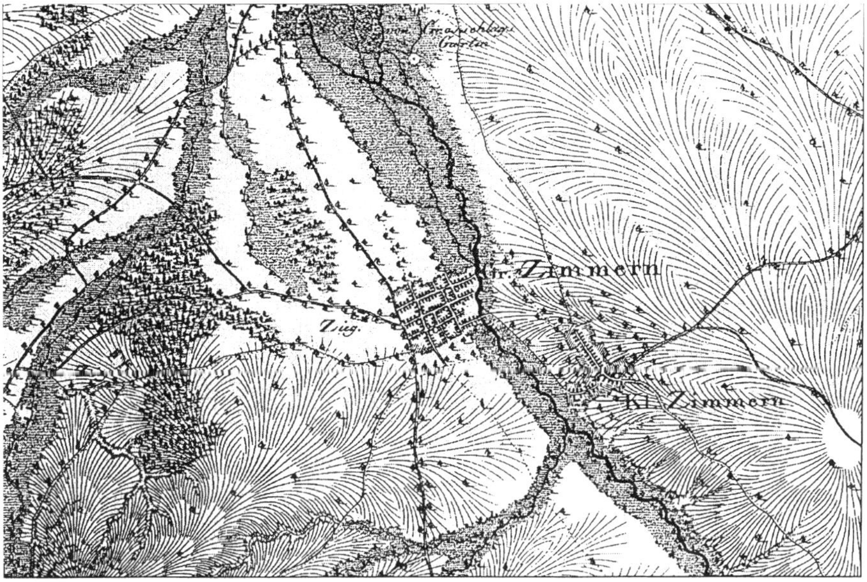

Abb. 2: Die bekannte Karte des Artillerie-Leutnants Haas aus dem Jahre 1804 zeigt sehr deutlich die Lage Groß-Zimmerns in der Niederung der Gersprenz sowie die Lage von Klein-Zimmern auf hochwassergeschütztem Gelände. Das rechtwinklige Straßengitter von Groß-Zimmern ist auf dieser Karte realistisch wiedergegeben.

Abb. 3: In der ersten Hälfte des 20. Jahrhunderts war der ursprüngliche Ortskern von Groß-Zimmern noch klar erkennbar bzv. unverbaut. Die auf Herchenröders Plan (vgl. Anmerkung 2) angedeutete Ummauerung dürfte es in Wirklichkeit jedoch nie gegeben haben. Im Ortskern unten links ist die Bachgasse aufgrund ihrer ernormen Breite gut zu erkennen.

werden die so aufgelisteten fuldischen Lehen doch alle zusammenhängend von den Bickenbachern erworben worden sein und deren „Herrschaft Habitzheim" gebildet haben. Der Zeitpunkt der Erstbelehnung ist jedoch nicht zu klären. Aus den Jahren 1419, 1429 und 1462 datieren Belehnungen Konrads VI. und Konrads VII. von Bickenbach, nun jedoch durch Pfalzgraf Otto I. bzw. Otto II. von Pfalz-Mosbach[19]. Kurpfalz war ja 1390 mittels Erwerb des fuldischen Restbesitzes um Umstadt in die Lehenshoheit eingetreten. Lehensobjekt war nun lediglich ein Sechstel (*sehstick deyle*) der *gerichte der tzweyer dorffer Ziemmern vnd Spachbrucken*. In der Belehnung von 1419 heißt es ausdrücklich, Konrad VI. von Bickenbach, Burggraf von Miltenberg, habe dieses Lehen kurz zuvor von seinem „Vetter" Dietrich von Bickenbach erhalten. Mit dem geistesschwachen Konrad VIII. erloschen die Herren von Bickenbach im Jahre 1486. Dem Verbleib ihrer Lehen zu „Zimmern" und Spachbrücken wäre bei anderer Gelegenheit nachzugehen.

Aus bickenbachischer Wurzel wird auch der nicht unbeträchtliche Besitz der Schenken von Erbach (konkret: der 1503 erloschenen Hauptlinie zu Erbach) *zu Zummern in der marke* herrühren, der ab 1372 greifbar ist[20]. Am 7. Mai 1441 beurkundete Schenk Konrad VIII., Philipp Groschlag einen Hof und Hofstadt zu Groß-Zimmern verliehen zu haben, wie dies schon zu Zeiten beider Voreltern der Fall gewesen sei. Dieser Hof, der auch später immer wieder als Lehensobjekt greifbar ist, lag „hinter der Kirche"[21]. Keineswegs kann diese Position der Schenken erst durch die 1407 erfolgte Verpfändung des pfälzischen Anteiles an der Herrschaft Habitzheim begründet worden sein[22]. Einen *Hoff zu Zymmern gelegen, den ich kaufft han umb Henchin Dauben von Dyppurg, der vogtbar ist ... gein Habitzheim* trug im Jahre 1376 Engelhard von Frankenstein dem Pfalzgrafen Ruprecht d.Ä. auf[23]. Noch im ältesten pfalzgräflichen Lehensbuch von 1401 taucht dieser Hof als Lehensobjekt auf[24], wird aber bald darauf veräußert worden sein. Aufgrund der Zugehörigkeit zu Habitzheim muß dieser Hof in Groß-Zimmern gelegen haben. Warum ihn Engelhard von Frankenstein bis 1376 als Allod besitzen konnte, kann hier nicht geklärt werden. Die Zimmern-Orte hatten also, wie hier nochmals veranschaulicht werden konnte, viele Herren.

3. Interpretation - die Siedlungsgründung

Der Ortskern von Groß-Zimmern besitzt, wie schon erwähnt, rechteckige, fast quadratische Umrisse mit ursprünglichen Seitenlängen von 320 bis 350 m. Die Konstruktion dieser Siedlung auf dem „Reißbrett" - das es im 13. Jahrhundert noch nicht gab - offenbart sich zudem in der sichtlichen Ausrichtung ihrer Flanken nach den Himmelsrichtungen. Theoretisch denkbar wäre ein Wiederaufbau des Dorfes auf regelmäßigem Grundriß nach den nachweislich erfolgten Zerstörungen des pfälzisch-bayerischen Erbfolgekrieges[25] von 1504, oder des Dreißigjährigen Krieges. Indizien für diese Möglichkeit gibt es hierfür jedoch nicht, im Gegenteil: die in den beiden genannten Kriegen eingeäscherten bzw. entvölkerten Dörfer wurden ohne Änderung von Straßengitter und Parzellierung wiederaufgebaut. Gerade in Groß-Zimmern mit seiner zersplitterten Grundherrschaft hätte eine Neuparzellierung des Dorfes erhebliche politische Wellen geschlagen und deshalb auch archivalischen Niederschlag gefunden. Die Bestandsaufnahme einiger Groß-Zimmerner Bauerngüter aus dem Jahre 1643 läßt in der Tat erkennen, daß man an den überkommenen landwirtschaftlichen Produktionsstrukturen festhalten wollte, obwohl das Dorf damals mehr oder weniger unbewohnbar war[26]. Eine ähnliche Quelle von 1649 weist in die gleiche Richtung[27]. Der aktuelle Häuserbestand des Dorfes reicht nicht vor das 17. Jahrhundert zurück, was jedoch die Folge der besagten Kriegszerstörungen sein mag und deshalb kein stringentes Argument ist. Lediglich der Chor der Dorfkirche wurde laut Inschrift 1475 erbaut bzw. an ein älteres Langhaus angefügt[28]. Die Kirche, deren Ostung sich im übrigen exakt in die Ausrichtung des Straßengitters einfügt, stand demnach schon immer an dieser Stelle. Es sprechen also sämtliche Indizien dafür, den regelmäßigen Grundriß Groß-Zimmerns in die Zeit der Entstehung dieses Dorfes, für die das Jahr 1276 als terminus ante gelten darf, zurückzuprojezieren. Damit darf es als nahezu sicher gelten, daß Groß-Zimmern eine relativ späte Siedlungsgründung, vermutlich des 13. Jahrhunderts ist. Klein-Zimmern muß folglich das ältere und ursprüngliche Zimmern sein!

Mit dieser Feststellung können Hinweise auf eine ursprüngliche Zusammengehörigkeit der Dorfgemarkungen von Groß- und Klein-Zimmern nicht überraschen, wie sie bereits aus kürzlich von Hans Dörr präsentierten Archivalien des Staatsarchivs Darmstadt aus dem Jahre 1619 durchschimmern. Im besagten Jahr nahmen beide Dörfer nämlich eine *gemeine Koppelweydt deren von Großen- und Kleinen-Zimmern* als Teil der jeweils eigenen Gemarkung in Anspruch. Konsequenterweise war auch die Landeshoheit über die fragliche Weide zwischen den Landesherren Kurmainz und dem pfälzisch-hessischen Amt Umstadt umstritten[29]. Die in dieser Angelegenheit bisher unbeachteten Archivbestände Habitzheimer Provenienz des Staatsarchives Wertheim überliefern endlose Grenzstreitigkeiten zwischen Groß- und Klein-Zimmern bis ins 17. Jahrhundert. In

Abb. 4: Blick in die Bachgasse, der aufgrund ihrer Breite (am Auto erkennbar) vermutlich die Funktion eines Straßenmarktes zugedacht war. Ob dort tatsächlich jemals Märkte stattfanden, ist klärungsbedürftig. Historische Aufnahme aus den Jahren nach dem 2. Weltkrieg (aus M. Göbel u. Lilo Obmann, Die Reihe Archivbilder - Groß-Zimmern, S. 16).

Habitzheim hatte man sich genötigt gesehen, die in diesen Auseinandersetzungen entstandenen Akten in einer eigenen Registratur zu verwahren[30]. Bereits für die zweite Hälfte des 16. Jahrhunderts sind Auseinandersetzungen um die Weiderechte auf der zwischen beiden Dörfern gelegenen Allmende überliefert, speziell um den Austrieb der Groß-Zimmerner auf die oberhalb der Allmende gelegenen Klein-Zimmerner Wiesen „Steinmali“ und „Breitwiese“[31]. Derartige Streitigkeiten um Liegenschaften und Nutzungsrechte, selbst wenn sie nicht die hier vorliegende Intensität erreichten, sind immer ein Hinweis auf vormals gemeinschaftliche Nutzung und Zusammengehörigkeit. Auf eine frühe und deshalb in dieser Frage besonders wichtige Quelle verwies Albrecht Eckhardt, nämlich einen Vertrag aus dem Jahre 1534 zwischen dem Grafen von Löwenstein und der Gemeinde Klein-Zimmern. Die darin[32] überlieferte Regelung ist folgende:

Die *heimpurger und die ganze gemeinde zu Kleinen Zymmern* verpflichten sich, zukünftig nicht mehr ihren *vietrieps* durch Groß-Zimmern zu leiten, wie sie das bisher unter Berufung auf alte Gewohnheiten getan hatten. Die Klein-Zimmerner verzichten auf *unßere bißhere gehapten unnd angemaßten forderung vermeintlicher rechten und gerechtigkeiten, die wir des bemelten viehtriebs halber an seine gnaden und ire underthanen gehapt* hatten für alle Zeiten. Im Gegenzug sagt der Graf von Löwenstein ihnen zu, *von der Alltpach und der dorfsprucken doselbst zwischen dem garten und dem dorfsgraben bis an die brunnen* einen Weg zum Austreiben der Tiere einzurichten. Dieser Weg solle vom *dorfshag ... bis uf die straßen, da das Steinin Kreutz ist, und ein wegscheiden ist* reichen. Er solle den Klein-Zimmernern *zu ewigen tagen offen* sein und *zu unserer notdurft und unserem schweinweid, auch sonst zu unseren guetern, unserem gebrauch und gerechtigkeit nach, in die margt darüber* genutzt werden können. Klein-Zimmern verpflichtete sich weiterhin, den Weg zum Schutz der Fluren Groß-Zimmerns mit einem Zaun zu umgeben und als Entgelt für das Wegerecht dem Grafen von Löwenstein jährlich zum St.Martins-Tag vier Malter Getreidegült nach Habitzheim zu liefern. Die Bewohner Klein-Zimmerns besaßen also noch 1534 ausgedehnte Liegenschaften im unmittelbaren Umfeld von Groß-Zimmern, deren Nutzung durch Beweidung den Groß-Zimmerern unerträglich erschien.

Eine Generation später mußte sich sogar das Reichskammergericht mit Groß- und Klein-Zimmern beschäftigen[33]. Erzbischof Daniel von Mainz klagte 1558 gegen Graf Wolfgang von Löwenstein und dessen Keller zu Habitzheim um die Erhebung der Türkensteuer in Groß-Zimmern sowie die Weiderechte der Klein-Zimmerner im Bereich der Herrschaft Habitzheim. Sechs Jahre später reichte der Löwensteiner eine umfangreiche Gegenklage ein, in der das Recht der Klein-Zimmerner auf Viehtrieb oder *waidt gerechtigkeit* auf der Gemarkung Groß-Zimmern bestritten wird. In der Klageerwiderung begründet der kurmainzische Advokat den Anspruch Klein-Zimmerns *auf gemeiner Vyhwaydt vnd vralten herbrachten Gerechtigkeit, die sie bey vnnd vber die Gersprenntz haben.* Eine Beilegung der Streitigkeiten konnte auch das Reichskammergericht nicht erreichen, wie der archivalische Niederschlag von deren Fortgang beweist. Der Umstand, daß Klein-Zimmern seine Rechte gegenüber dem viel bevölkerungsreicheren und von seiner Ortsherrschaft unterstützten Groß-Zimmern über Jahrhunderte hinweg behaupten konnte, beweist letztlich die Stichhaltigkeit von Klein-Zimmerns *vralten herbrachten Gerechtigkeit* gegenüber dem nicht nur dem Namen nach größeren Nachbarort. Dennoch werden sich beide Dörfer und ihre Dorfherrschaften bei allen Gegensätzlichkeiten in Einzelfällen immer wieder arrangiert haben; eine undatierte Abschrift überliefert nämlich einen Vergleich über die Weiderechte in der „Schellhecke" und der „Laue"[34].

Die zitierten Auseinandersetzungen zwischen Klein- und Groß-Zimmern sind zweifellos keine späte Entwicklung des 16. Jahrhunderts, sondern werden ihre Vorgeschichte in früheren Jahrhunderten gehabt haben. Lediglich aufgrund der zuvor noch geringer ausgeprägten Schriftlichkeit fehlen uns ältere Belege. Der endlose Streit um Liegenschaften und Nutzungsrechte kann im Grunde einzig damit erklärt werden, daß Groß- und Klein-Zimmern ursprünglich eine einzige, gemeinsame Gemarkung gebildet hatten, die zu unbekannter Zeit aufgeteilt wurde. 1564 und 1619 ist bereits ausdrücklich von der Gemarkung Groß-Zimmern die Rede, weshalb die Teilung schon früh erfolgt sein muß. Die Gemarkung Groß-Zimmern umfaßt heute 1.789,60 ha., während Klein-Zimmern auf gerade 379,40 ha. kommt[35]. Daß eine neuzeitliche Gemarkungsteilung kein völlig ungewöhnlicher Vorgang ist, zeigt das Beispiel des unweiten Ober- und Nieder-Klingen, wo die gemeinschaftliche Dorfgemarkung erst 1855 aufgeteilt worden sein soll[36]; bei anderen „Ober"- und „Nieder"- Orten mag es genauso gewesen sein[37]. Es wird damit klar, warum bis ins 14./15. Jahrhundert gewöhnlich nur abstrakt von „Zimmern" gesprochen wird: die Separierung in zwei Dörfer und zwei Gemarkungen war noch im Flusse, „Zimmern" wurde noch als ein Ort empfunden; eine präzisere Sprache erschien nicht erforderlich.

Eine weitere Eigentümlichkeit Groß-Zimmerns ist die Lage des Ortes unmittelbar an der Gersprenz. Die Dörfer am Unterlauf dieses Flusses halten wegen der Hochwassergefahr nämlich ausnahmslos Abstand zu seinen Ufern. So liegt der Ortskern von Klein-Zimmern sichtlich höher als Groß-Zimmern auf einer Bodenwelle und ist dadurch auch vor schweren Hochwassern geschützt. Eine markante Nähe zur Gersprenz ist dagegen bei Reinheim, Dieburg und Babenhausen zu konstatieren, was durchaus erklärlich ist: Diese Orte waren ummauerte Städte, deren Befestigungen im Nebeneffekt auch Schutz vor Hochwasser boten. Die Möglichkeit zur Bewässerung der Stadt- und Burggräben durch die Gersprenz – in Dieburg und Babenhausen sehr geschickt verwirklicht – begünstigte letztlich sogar den Standort am Fluß. Mit der unmittelbaren Lage am Fluß besitzt Groß-Zimmern somit neben seinem „urbanen" Grundriß ein weiteres städtisches Merkmal. Der Verdacht, in diesem Ort eine erst im 13. Jahrhundert als *oppidum* konzipierte Siedlung vorzufinden, erhärtet sich. Doch konnte Groß-Zimmern niemals den entscheidenden Schritt vom Dorf zur Stadt vollziehen, denn von städtischen Vorrechten ist nichts bekannt und auch eine Ummauerung hat es in völliger Ermangelung baulicher Überreste zweifellos nie gegeben. Allenfalls der Flurname „Galgenfeld" südöstlich des Dorfes ist auffällig, denn eine Richtstätte hätte es in Groß-Zimmern theoretisch nicht geben dürfen. Aber warum soll Groß-Zimmern nicht der Fall einer mißglückten Stadtgründung sein? Nicht alle der zahlreichen Stadtgründungen des 13. Jahrhunderts waren von Erfolg gekrönt. Bekanntestes Beispiel einer Fehlgründung ist die vor 1229 von Pfalzgraf Ludwig I. („dem Kelheimer") am südwestlichen Mainknie gegründete *civitas* Wallhausen, die der

Konkurrenz des benachbarten Miltenberg unterlag und nach wenigen Jahrzehnten wieder verlassen wurde[38]. Ein anderer Fall ist Wald-Michelbach, das Pfalzgraf Ludwig II. um 1264 zum *oppidum* ausbauen wollte, was jedoch aus unbekannten Gründen nicht zustande kam und uns somit nur durch den 1264 abgeschlossenen Vertrag von Hemsbach bekannt ist[39]. Fast alle diese planmäßig angelegten Städte des ausgehenden Mittelalters entstanden auf geometrischem Grundriß, häufig neben älteren dörflichen Siedlungskernen. So lag das alte Dorf Weinheim mit seiner Peterskirche am Ufer der Weschnitz, während Pfalzgraf Ludwig II. das 1264 im Vertrag von Hemsbach ersterwähnte *novum oppidum ibidem* weiter südlich begründete. Die Stadt Reinheim, die im Grunde faktisch nur eine große Burg war, wurde von dem 1276 verstorbenen Grafen Diether V. von Katzenelnbogen in der Gersprenzniederung gegründet[40]. Der ältere Siedlungskern lag südwestlich davon auf einer hochwassersicheren Anhöhe und beherbergte bis ins 17. Jahrhundert die alte Kirche St. Nikolaus.

Und eine solche „junge" Siedlung muß auch Groß-Zimmern sein, das inmitten der Gersprenzniederung neben dem nur wenige hundert Meter entfernten Dorf (Klein-)Zimmern gegründet wurde. Anders als im Fall von Weinheim und Reinheim wuchsen hier beide Siedlungskerne niemals zusammen, sondern entwickelten sich zu zwei voneinander unabhängigen Gemeinden. Ursache werden nicht allein die zersplitterten Herrschaftsverhältnisse gewesen sein; bereits das trennende Überflutungsgebiet der Gersprenz (vgl. dazu 3.) war ein unüberwindbareres Hindernis.

Schließlich stellt sich die Frage, ob nicht gerade die zahlreichen Rechtstitel von Niederadligen in Groß-Zimmern aus dem Versuch der Stadtgründung resultieren. Zu den frühesten Belegen gehören jene für die aus der Dieburger Ministerialität stammenden Ritter Auerhahn und Vorholz. Ein spezieller „Auerhahnzehnt" war noch 1493 Lehensobjekt. Die umfänglichen katzenelnbogischen Lehen der Herren Wambolt werden zwar erst ab der zweiten Hälfte des 14. Jahrhunderts deutlicher erkennbar, dürften aber bereits im Jahre 1250 (s.o.) erstmals vergeben worden sein. Ein besonders ungewöhnliches Lehensobjekt sind *Zol und Geleide zu Grossen Zimmern*, die ein gewisser Heinrich von Ramstadt in der zweiten Hälfte des 14. Jahrhunderts zu Lehen von Dieter von Bickenbach trug[41]. Was sich faktisch dahinter verbarg, ist hier nicht zu klären. Während ein nicht näher definierter Zoll zu *Zymmern* nochmals 1491 als erbachisches Lehen (aus bickenbachischer Vorbesitzerschaft) des Hans von Wallbrunn genannt wird[42], hören wir von Geleitrechten ebendort nie mehr etwas. Es erscheint plausibel, daß Ministerialen bzw. Niederadlige im Zuge der Siedlungsgründung gezielt in Groß-Zimmern angesetzt wurden, da sie die Burgmannen des *oppidum* Groß-Zimmern werden sollten[43]. Inwieweit dieser Personenkreis zumindest im 13. und 14. Jahrhundert seinen tatsächlichen Wohnsitz in Groß-Zimmern hatte, ist mangels aussagefähiger Quellen nicht zu beantworten.

4. Zur Person des Gründers von Groß-Zimmern

Der Versuch zur Identifizierung des Urhebers dieser gescheiterten Stadtgründung erscheint mangels aussagefähiger schriftlicher Quellen zunächst zweifellos sehr gewagt. Doch deuten die Quellen bei genauer Analyse in Richtung einer ganz bestimmten Person, nämlich in die des Grafen Diether V. von Katzenelnbogen, der zusammen mit seinem Bruder Eberhard im Jahre 1250 vom Abt von Fulda die Belehnung mit den (im einzelnen nicht genannten) Lehen des zuvor verstorbenen Georg von Zimmern erzwang (s.o.). Die Bedeutung Diethers V. für die Herausbildung der sog. Obergrafschaft Katzenelnbogen wurde von der Forschung längst erkannt und gewürdigt[44]. Am Mittelrhein ließ Diether zwischen 1245 und 1251 auf dem Grundbesitz des Klosters Prüm die Burg Rheinfels erbauen, an der Bergstraße das 1258 als *oppidum* erwähnte Zwingenberg, zuvor bereits die Burg Auerberg anlegen. Nördlich des Odenwaldes geht auf ihn die erstmals 1276/77 (s.o.) als *municio* genannte Stadt Reinheim zurück.[45] Nach dem Aussterben der Reichsministerialen von Münzenberg (1255) und Dornberg (1257) konnte Diether die im Ried gelegene Burg Dornberg mit Zubehör an sich bringen; sein Zugriff auf das münzenbergische Erbe scheiterte dagegen am Widerstand der Erben der Münzenberger. 1257 belehnte der Abt von Fulda den Katzenelnbogener dennoch mit der Hälfte der „Vogtei Umstadt“, die offenbar zuvor münzenbergischer Besitz war[46]. Was sich hinter dem Begriff der „Vogtei Umstadt“ konkret verbarg, ist bisher noch ungeklärt. Die zitierten Nachrichten genügen zur Veranschaulichung der systematischen Expansionspolitik Diethers V. und rücken auch die 1250 erfolgte Belehnung mit dem Nachlaß des Georg von Zimmern in genau diesen Zusammenhang. Könnte nicht dieser Graf Diether auf dem so erworbenen Nachlaß Georgs von Zimmern die heute Groß-Zimmern genannte Siedlung begründet haben?

Der Grundbesitz der 1479 von den Landgrafen von Hessen beerbten Grafen von Katzenelnbogen in Groß-Zimmern muß in der Tat sehr umfangreich gewesen sein. Ein Verzeichnis *Hessische(r) und Wambolttische(r) Underthanen und Hofreithen zu Großenzimmern* von 1649 nennt fast 50 Häuser in mehreren Straßen[47]. Das Auftreten auch der Herren Wambolt (von Umstadt) als katzenelnbogische Vasallen in Groß-Zimmern ist mittelbar oder unmittelbar eine Folge der Belehnung von 1250. Dagegen ist bisher kein Grundbesitz oder Hoheitsrecht des Hauses Katzenelnbogen in **Klein**-Zimmern bekannt. Dort dominierte vielmehr der vollständig als Lehen vergebene Besitz der Herren von Hohenlohe-Brauneck, allem voran das Lehen der Groschlag von Dieburg und der im Jahre 1451 immerhin 98 Morgen umfassende Hof der Herren Geiling von Altheim[48]. Auch die in der Urkunde von 1276 als Vasallen des Herrn von Hohenlohe-Brauneck genannten Herren von Heusenstamm sind bezeichnenderweise nur in **Klein**-Zimmern als Grundbesitzer nachweisbar. Die konsequent die jeweils andere Partei ausschließende Verteilung des Grundbesitzes in den beiden Zimmern-Orten erhärtet unsere Vermutung, daß Groß-Zimmern eine relativ junge „Tochtersiedlung“ Klein-Zimmerns auf dem Grund und Boden des katzenelnbogischen Teiles ist. Zu einem nicht mehr zu bestimmenden Zeitpunkt wird man den katzenelnbogischen und bickenbachischen (s.u.) Grundbesitz zur Gemarkung Groß-Zimmern zusammengefaßt haben, jener der Hohenlohe-Brauneck verblieb als (Rest)gemarkung Klein-Zimmern. Mit dem Verkauf des brauneckischen Anteils an Dieburg an das Erzstift Mainz im Jahre 1310 kam Klein-Zimmern schließlich unter mainzische Landeshoheit. Mit dem Hinweis auf die Person Graf Diethers V. soll nicht behauptet werden, das Haus Katzenelnbogen sei im 13. Jahrhundert alleiniger Grundherr in der Siedlung Groß-Zimmern gewesen. Dies waren ja genauso die Herren von Bickenbach. Daß sich 1254 Konrad und Otto von Bickenbach mit Graf Diether V. von Katzenelnbogen verbündeten und ihn bei dieser Gelegenheit sogar als „ihren Herrn" bezeichneten[49], paßt allerdings in das politische Gesamtbild. Die edelfreien Herren von Bickenbach waren demnach im mittleren 13. Jahrhundert Parteigänger Diethers V. von Katzenelnbogen. Doch gelang es dem Grafen von Katzenelnbogen nicht, aus Groß-Zimmern eine befestigte Stadt wie Zwingenberg zu machen. Welche Gründe sein Vorhaben letztlich scheitern ließen, werden wir wohl nie erfahren. Vielleicht ist die Gründung der *munitio* Reinheim in wenigen Kilometern Entfernung als Ersatz zu verstehen. Immerhin aber erreichte Groß-Zimmern, das nach unseren Ausführungen in den 26 Jahren zwischen 1250 und 1276 gegründet worden sein muß, im Gegensatz zu Wallhausen am Main dauerhaften Bestand.

5. Hintergründe - Territorienbildung im 13. Jahrhundert

Die bisherigen Ausführungen zeigen, wie sehr das heutige Südhessen im 13. Jahrhundert politischen Veränderungsprozessen unterworfen war. Der dortige Grundbesitz des Reichsklosters bzw. Hochstiftes Fulda mit dem Vorort Groß-Umstadt muß bis Anfang jenes Jahrhunderts von Entfremdungen weitgehend verschont geblieben sein. Um 1220 wurden dessen Odenwaldteile als Lehen an die späteren Herren von Breuberg vergeben,[50] Fulda allmählich auf eine formelle Lehenshoheit reduziert. Gleichzeitig wurden an die Schenken von Erbach fuldische Lehen im Gersprenztal (Huppelnheim, Klingen, Brensbach, Kainsbach) ausgegeben, die ebenfalls nie zurückfallen sollten. In dieser Zeit - zumindest zwischen 1230 und 1247 - wurden die Hoheitsrechte Fuldas durch den Erzbischof von Mainz wahrgenommen. Erzbischof Siegfried II. gründete vermutlich kurz vor 1230 auf dem landschaftsbeherrschenden Basaltkegel des „Herings" die fuldische Amtsburg Otzberg[51]. Die treuhänderische Wahrnehmung der politischen Rechte Fuldas durch den Mainzer Kirchenfürsten und die Gründung des Otzbergs sind vermutlich als Maßnahmen zur Abwehr weiterer Entfremdung des fuldischen Grundbesitzes zu verstehen. Das 1255 erfolgte Aussterben der Münzenberger, die zuvor eine in ihrem konkreten Umfang noch unerforschte Vogtei über den fuldischen Grundbesitz im heutigen Südhessen ausgeübt haben müssen, wird weitere Destabilisierung bewirkt haben. Letztlich muß auch der Niedergang des Königtums nach 1235 bzw. 1250 im Rhein-Main-Gebiet ein gewisses politisches Vakuum hinterlassen haben. Für Diether V. und seinen Bruder Eberhard I. von Katzenelnbogen war in dieser Situation der Weg frei zur Okkupation des Grundbesitzes des Hochstiftes Fulda. Vermutlich ist der Erwerb des Nachlasses des Georg von Zimmern durch die beiden Katzenelnbogener als Etappe genau dieser Strategie zu verstehen. Den nächsten Schritt werden wir in der 1257 erfolgten Belehnung des Grafen Diether mit der halben „Vogtei Umstadt" erkennen dürfen, die wie jene von 1250 direkt durch den Fuldaer Abt erfolgte. Doch muß das Vordringen des Hauses Katzenelnbogen in das Territorium des Hochstiftes wenig später zum Erliegen gekommen sein. Der Verzicht auf die Ummauerung von Groß-Zimmern mag die Einsicht Diethers V. von Katzenelnbogen in die wenig aussichtsreiche eigene Position widerspiegeln.

Es ist als Nebenergebnis dieser Abhandlung festzuhalten, daß im mittleren 13. Jahrhundert sich bereits die Gründung von „Städten" als dominierendes Instrument der Herrschaftsbildung bzw. des Landesausbaues herausgebildet hatte. Wallhausen war als früher Vorläufer vorangegangen, Umstadt, Reinheim sowie die unvollendeten Beispiele Groß-Zimmern und Wald-Michelbach folgen im Abstand von einigen Jahrzehnten. Dagegen reißt die Errichtung landesherrlicher „Burgen“, wie Otzberg, Miltenberg oder Lichtenberg nach dem ersten Viertel des 13. Jahrhunderts allmählich ab. Welche Hintergründe dieser Zäsur zugrunde liegen, ist gegenwärtig noch völlig unerforscht. Es sei aber darauf verwiesen, daß die Entwicklung des „klassischen“ Burgenbaues seit der Mitte des 12. Jahrhunderts zum stetigen Rückgang der Grundfläche der Höhenburgen geführt hatte. Burgmannensitze und die erforderliche Anzahl von „Zivilisten“ konnten von den immer kleinräumigeren Neubauten des 13. Jahrhunderts nicht mehr beherbergt werden. So mußte fast zwangsläufig ein neuer Typ des befestigten Vorortes entstehen, nämlich das unter landesherrlicher Hoheit stehende und nicht von einer verfaßten Bürgerschaft beherrschte *oppidum*. Wenn wir heute von „Burg“ versus „Stadt“ als Gegensätze sprechen, ist dies der Sprachgebrauch der Moderne. Im Grunde stehen die hier diskutierten *oppida* nämlich in der Tradition der bis ins 12. Jahrhundert sehr großflächigen Burgen. Infolgedessen sind die *oppida* nicht als wirklich neues architektonisches Phänomen zu verstehen, sondern als Fortführung älterer Prinzipien des Wehrbaues. Die Titulierung Reinheims als *castrum* und *municio* deutet denn auch folgerichtig an, daß die Kanzleien des späten 13. Jahrhunderts die Termini *castrum* und *oppidum* noch keineswegs als unvereinbare Gegensätze empfanden.

Anmerkungen:

1. (1276 „Zymmern“ 1976) - Groß-Zimmern, Klein-Zimmern, Beiträge zur Entwicklung in Vergangenheit und Gegenwart, herausgegeben vom Gemeindevorstand der Gemeinde Groß-Zimmern anläßlich der 700-Jahrfeier 1976, Schriftleitung **Hans H. Weber**, Groß-Zimmern 1976.
2. Die Kunstdenkmäler in Hessen, Landkreis Dieburg, bearbeitet von **Max Herchenröder**, Darmstadt 1940, S. 144.
3. StA Würzburg, Mainzer Risse Nr. 113; abgedruckt in „Zymmern“ auf Umschlag und zwischen S. 248 und 249, ebenso in „Der Odenwald“ 2000/1, S. 41 (siehe Abbildung 1).
4. **Heinz Reitz**: Die räumliche Entwicklung Groß- und Klein-Zimmerns, in: „Zymmern“ (wie Anm. 1), S. 252 ff.
5. **Reitz**, räumliche Entwicklung (wie Anm.4), S. 288.
6. Abdruck der Urkunde von 1276 in „Zymmern“ (wie Anm. 1) S. 41, auch mit Übersetzungsversuch sowie bei **Gudenus**, Codex Diplomaticus V, S. 996.
7. Urkundenbuch des Stifts St. Peter und Alexander zu Aschaffenburg, bearbeitet von **Matthias Thiel**, Band 1, Aschaffenburg 1986, Nr. 237. Der Bearbeiter des Urkundenbuches identifiziert den besagten Ort fälschlich mit Klein-Zimmern; dieses Dorf war jedoch „Ober-Zimmern“, so daß Zimmern *inferior* nur Groß-Zimmern sein kann.
8. Aschaffenburger Urkundenbuch (wie Anm.7), Nr. 240.
9. **Wiltrud Fischer-Pache**: Wirtschafts- und Besitzgeschichte des ehemaligen Kollegiatstifts St. Peter und Alexander zu Aschaffenburg bis zum Ausgang des 14. Jahrhunderts, Aschaffenburg 1993, S. 244 f.; auch Fischer-Pache lokalisiert den fraglichen Hof in Anlehnung an das Aschaffenburger Urkundenbuch fälschlich in Klein-Zimmern.
10. Stadt- und Stiftsarchiv Aschaffenburg, Urkunden Nr. 2195 und 3197 vom 23. und 24. Juni 1344, Originale, eingesehen in Form von Fotografien.
11. **Karl Rossel**: Urkundenbuch der Abtei Eberbach im Rheingau, Wiesbaden 1862, Nr. 222; dazu: **Thomas Steinmetz**: Dieburg in der Reichslandpolitik Kaiser Friedrich Barbarossas, in: Der Odenwald 1997/3, S. 105 ff.
12. Es ist nicht möglich, in der *curia* zu Groß-Zimmern eines der brauneckischen Lehen des Ritters Auerhahn zu erkennen, da die *curia* eben nicht an die Ritter Groschlag und von Heusenstamm überging, sondern bei Auerhahns Tochter verblieb.
13. Daraus resultieren zahllose Fehlinterpretationen in der Literatur, u.a. bei **Wilhelm Müller**: Hessisches Ortsnamenbuch, Starkenburg, Darmstadt 1937, Rubriken Groß- und Klein-Zimmern; besonders irreführend sind die Angaben zur Ortsgeschichte bei **Herchenröder**, Kunstdenkmäler Landkreis Dieburg (wie Anm. 2), S. 143 und 183.
14. **Winfried Wackerfuß**: Adel in „Zimmern“, in: „Zymmern“ (wie Anm. 1), S. 49 ff.
15. Regesten der Grafen von Katzenelnbogen 1060 - 1486, bearbeitet von **Karl E. Demandt**, Wiesbaden 1953 ff., Nr. 104.
16. **Baur**, Hessische Urkunden I, Nr. 352.
17. Zur Genealogie der Herren von Bickenbach siehe **Walther Möller**: Stammtafeln westdeutscher Adelsgeschlechter im Mittelalter, Band I, Darmstadt 1922, S. 4 ff.

18. StA Darmstadt, A1, Nr. 21/20; die Urkunde ist durch Vidimus in einer jüngeren Urkunde von 1408 überliefert, diese wiederum in kopialer Überlieferung.
19. StA Darmstadt, A1, Nr. 21/20.
20. **Gustav Simon**: Die Geschichte der Dynasten und Grafen zu Erbach und ihres Landes, Frankfurt/Main 1858 (Neudruck ebendort 1983), Urkundenbuch Nr. LXXXV, XC, CCXL, CCCVII, CCCXII.
21. StA Darmstadt, Urkunden-Repertorium der Groschlag von Dieburg, verzeichnet von H. Gensicke, Darmstadt 1954, Nr. 28, 67, 68, 72 und 78.
22. Diesen falschen Eindruck erwecken die in diesem Punkt etwas mißverständlichen Formulierungen Albrecht Eckhardts (**Albrecht Eckhardt**: Groß-Zimmern in seiner geschichtlichen Entwicklung, in: Der Odenwald 1976/3, S. 75 ff., hier S. 76 f.
23. Universitätsbibliothek Heidelberg, Handschrift 432, Nr. 878 (Abschrift, ca. 18. Jahrhundert).
24. **Karl-Heinz Spies**: Das älteste Lehnsbuch der Pfalzgrafen bei Rhein vom Jahr 1401 (Veröffentlichungen der Kommission für geschichtliche Landeskunde in Baden-Württemberg A, Band 30), Stuttgart 1981, Nr. 410.
25. **Albrecht Eckhardt** (wie Anm. 22), S. 78, verweist auf eine Urkunde von 1530 (Stadt- und Stiftsarchiv Aschaffenburg, U 3199), welche die Zerstörung des Pfarrhauses zu Groß-Zimmern bei einem Heerzug erwähnt.
26. **Wolfgang Martin**: Pachthöfe in den Ämtern Umstadt, Otzberg und Habitzheim Anno 1643, in: Der Odenwald 1980/3, S. 75 ff.
27. Edition bei **Eckhardt** (wie Anm. 22), Anhang 2, S. 89 ff.
28. **Herchenröder**, Kunstdenkmäler Landkreis Dieburg (wie Anm. 2), S. 144.
29. **Hans Dörr**: Umstrittene Musterung auf der „Viehweide“ zwischen Groß- und Klein-Zimmern im Jahre 1619, in: Der Odenwald 2000/1, S. 40 ff.
30. StA Wertheim, H 09, Nr. 134 (1680 - 1782); enthält u.a. Designation der beim Vogteiamt Habitzheim befindlichen Dokumente über die Grenzstreitigkeiten.
31. StA Wertheim, J 10, Nr. 5.
32. StA Wertheim, Rosenberg US, 1534, Dez. 19 (Original).
33. StA Wertheim, Rosenberg, J10 Nr. 10 und Nr. 17.
34. StA Wertheim, Rosenberg, H091, Bestellnummer 32.
35. **Friedrich Sauerwein**: Die Landschaft, in: „Zymmern“ (wie Anm.1), S. 11 ff., hier S. 13.
36. Hessisches Ortsnamenbuch, Starkenburg, bearbeitet von **Wilhelm Müller**, Darmstadt 1937 (Neudruck ebendort o.J.), S. 505.
37. Als anschauliches Beispiel seien Ober- und Nieder-Kainsbach genannt; die Entwicklung dieser langgezogenen Siedlung zu zwei Dörfern dürfte die Folge der unterschiedlichen Zentzugehörigkeit (Umstadt bzw. Kirch-Brombach) und der Zersplitterung von Grundbesitz und Niedergerichtsbarkeit speziell in Ober-Kainsbach sein. Zu nennen ist auch noch Mossau, das in allen frühen Quellen als *Mosa(ha)* erscheint, aber heute aus Ober- und Unter-Mossau besteht.
38. **Meinrad Schaab** (Hrsgb.)/**Rüdiger Lenz** (Bearb.): Ausgewählte Urkunden zur Territorialgeschichte der Kurpfalz 1156 - 1505, Stuttgart 1998, Nr. 14 und 18.
39. **Schaab/Lenz** (wie Anm. 38), Nr. 21; **Wolfram Becher**: Der Schiedsspruch von Hemsbach aus dem Jahre 1264, in: Der Odenwald 1980/1, S. 3 ff.; den Editionen von Lenz bzw. Becher liegen offenbar unterschiedliche Überlieferungen zugrunde.
40. **Winfried Wackerfuß**: Die Grafen von Katzenelnbogen und die Gründung ihrer Stadt Reinheim, in: Reinheimer Beiträge 6, Reinheim 1994, S. 4 ff.
41. **Wackerfuß**, Adel in Zimmern (wie Anm. 14), S. 53.
42. **Simon** (wie Anm.20), Urkundenbuch, Nr. CCCXIII.
43. Im späten Mittelalter sind häufig auch in Städten Burgmannen nachweisbar, wofür die Nachbarorte Groß-Umstadt und Reinheim als Beleg gelten dürfen.
44. **Karl E. Demandt**: Die Anfänge des Katzenelnbogener Grafenhauses und die reichsgeschichtlichen Grundlagen seines Aufstiegs, in: Nassauische Annalen 63 (1952), S. 17 ff.; **Wackerfuß**: Die Grafen von Katzenelnbogen und die Gründung ihrer Stadt Reinheim (wie Anm.40).
45. **Demandt**, Regesten Katzenelnbogen (wie Anm.15), Nr. 132, 100 und 216; zu Reinheim **Wackerfuß**, Die Grafen von Katzenelnbogen und die Gründung ihrer Stadt Reinheim (wie Anm.40).
46. **Demandt**, Regesten Katzenelnbogen (wie Anm.15), Nr. 123.
47. **Eckhardt** (wie Anm. 22), Anhang 2.
48. **Winfried Wackerfuß**: Der Hof der Geilinge von Altheim zu Klein-Zimmern als Streitobjekt, in: „Zymmern“ (wie Anm. 1), S. 54 ff.; weitere Nachweise über brauneckische Lehen in Hessisches Ortsnamenbuch (wie Anm. 36), Rubrik Klein-Zimmern.
49. **Demandt**, Regesten Katzenelnbogen (wie Anm.15), Nr. 114.
50. **Thomas Steinmetz**: Eine Urkunde zur Frühgeschichte der Herrschaft Breuberg, in: Der Odenwald 2000/Heft 1, S. 3 ff.
51. **Thomas Steinmetz**: Ein Beitrag zur Frühgeschichte der Burg Otzberg, in: Der Odenwald 2004/Heft 2, S. 3 ff.

Hermann Ehmer

Regesten der Urkunden des Frauenklosters Höchst im Odenwald 1244-1567

Einleitung

Geschichte des Klosters Höchst[1]

Über die Gründung des Frauenklosters Höchst ist nichts bekannt, es gibt keine Stiftungsurkunde, auch keine päpstliche Bestätigungsurkunde oder dergleichen. Eine Papsturkunde für Höchst hat es auch nie gegeben; dies wird bereits 1306 anläßlich eines Streites mit dem Propst in Aschaffenburg deutlich. Für seine Exemtion von der bischöflichen Jurisdiktion berief sich das Kloster Höchst auf die schon früh vom Papst dem Kloster Fulda[2] gewährte Befreiung, wobei Abschriften der fuldischen Privilegien vorgelegt wurden. Diese Befreiung wurde damals auch für Höchst anerkannt, das somit die ihm zustehenden Pfarrbesetzungsrechte ohne Zuziehung des Diözesanbischofs ausüben konnte.

Vom Anfang seiner dokumentierten Geschichte an stand das Kloster Höchst in Verbindung mit Fulda[3]. Das 744 gegründete Reichskloster Fulda hatte Besitz im nördlichen Odenwaldvorland sowie im nördlichen Odenwald und stand damit in Konkurrenz mit dem Kloster Lorsch (gegründet 764) und dem Erzstift Mainz, das vom Aschaffenburger Oberstift her nach Besitz im Odenwald strebte. Die Mark Umstadt blieb fuldisch, die Vogtei darüber hatten seit der zweiten Hälfte des 12. Jahrhunderts die Pfalzgrafen bei Rhein inne. Die Pfalzgrafen kauften 1390 die fuldische Hälfte des Amtes Umstadt und das Amt Otzberg. Die südliche Hälfte der Mark Umstadt mit dem Zentrum Höchst blieb fuldisch. Aus diesem letzteren Besitzkomplex entwickelte sich die Herrschaft Breuberg, die aber Lehen von Fulda blieb.

Der Einfluß von Fulda und der Pfalzgrafschaft ist auch in den hier dargebotenen Höchster Urkunden festzustellen, die von der Vogtei über das Kloster und dessen Besitzungen handeln[4]. Es wird deutlich, daß Fulda bemüht war, seine Rechte an dem Kloster Höchst auszubauen und daher solche von der Pfalzgrafschaft erworben hat. In der zweiten Hälfte des 14. Jahrhunderts erscheinen jedoch die Grafen von Wertheim als dritte Kraft. Von der Kurpfalz erhielt Graf Johann I. von Wertheim 1373 schließlich die Vogtei über das Kloster Höchst, das fortan als Bestandteil der Herrschaft Breuberg erscheint[5]. So nennt Magdalene von Rosenbach, die Meisterin von Höchst, 1453 den Grafen Wilhelm I. von Wertheim *ein schützer und schirmer unssers closters und unsser vogt*[6]. Zwei Jahre später gründen beide, der Graf und die Meisterin, in Neustadt unter dem Breuberg eine geistliche Bruderschaft zu St. Georg[7]. Die erhaltenen mittelalterlichen Rechnungen der Herrschaft Breuberg belegen einen nachbarschaftlichen Verkehr zwischen dem Kloster Höchst und dem auf der Burg Breuberg residierenden Grafen[8].

Die Entstehung der Herrschaft Breuberg ist somit ein Beispiel für die spätmittelalterliche Territorienbildung auf der Grundlage der Vogtei über Kirchengut. Das Kloster Höchst spielte hier ebenfalls eine Rolle, doch blieben die Verbindungen zwischen Höchst und Fulda einigermaßen lebendiger als das Lehensband zwischen den jeweiligen Herren der Herrschaft Breuberg und dem Kloster Fulda. Es soll daher im folgenden auf die Gründung und weitere Geschichte des Klosters Höchst eingegangen werden.

Die Gründung des 1244 erstmals urkundlich genannten Höchster Klosters wird man wohl nach 1200 ansetzen müssen, in eine Zeit, die durch einen spirituellen Aufbruch unter den Frauen gekennzeichnet war, und der zur Bildung einer ganzen Anzahl von Frauenkonventen führte[9]. Die Höchster Klosterfrauen, so weit wir sie namentlich kennen, entstammen dem Kreis der fuldischen Ministerialen, die Lehensleute der Herrschaft Breuberg wurden. In diesem Personenkreis sind wohl auch die Gründer des Frauenklosters Höchst zu suchen. Für einen solchen Konvent stellte sich die Frage der institutionellen Absicherung und der dauerhaften geistlichen Versorgung. Für den Höchster Konvent lag eine Verbindung mit Fulda nahe, das durch den Propst und die Gestellung von Priestermönchen die geistliche Versorgung des Konvents gewährleisten konnte. Dieser Bindung an Fulda widerspricht die Tatsache, daß Höchst 1303 als Augustinerinnenkonvent (*ordinis beati Augustini*) bezeichnet wird, keineswegs. Dies besagt nämlich nur, daß der Höchster Konvent die Augustinusregel[10] zum Maßstab seines klösterlichen Lebens gemacht hatte. Diese wird auf den Kirchenvater Augustin zurückgeführt und wurde im Mittelalter von vielen Stiften und klösterlichen Gemeinschaften übernommen[11]. Es handelt sich hier um eine Ordnung, die zwar Armut und Gütergemeinschaft, ebenso auch Gehorsam gegenüber den Oberen vorsah, aber eine durchaus offene Form darstellte, die den jeweiligen Umständen angepaßt werden konnte. Damit war auch die Unterstellung des Höchster Konvents unter das Benediktinerkloster Fulda problemlos zu vereinbaren. Diese Verbindung mit Fulda ist auch gemeint, wenn 1306 das Höchster Kloster als dem Benediktinerorden angehörig bezeichnet wird. Hier ging es um die Unterstellung von Höchst unter Fulda und die aus dieser Unterstellung folgende Exemtion von der bischöflichen Jurisdiktion. Deshalb kann Höchst später wieder – so etwa 1421 und 1448 – ohne weiteres dem Augustinerorden zugezählt werden.

Die Geltung der durchaus wandlungsfähigen Augustinusregel stellt das Kloster Höchst in die Nähe zu einem Stift[12], doch wird es nie als solches bezeichnet und hat sich auch nicht als solches verstanden. Gleichwohl sind die Unterschiede nicht gerade bedeutend. Es handelte sich in Höchst um einen adligen Konvent, das Kloster diente somit zur standesgemäßen Unterbringung von Töchtern des Adels, die nicht verheiratet wurden. 1290 wurde die Größe des Konvents auf 32 begrenzt. Zweifellos handelte es sich hier um einen Zeitpunkt, zu dem der Konvent wohl seinen größten Umfang erreicht hatte. Merkwürdig ist, daß in diesem Zusammenhang von 32 Pfründen die Rede ist, wie sie gerade bei Stiften üblich waren. Dies deutet wohl darauf hin, daß die klösterliche Gütergemeinschaft nicht streng gehandhabt wurde. Vielmehr erforderte es der Aspekt der standesgemäßen Unterbringung, daß die Klosterfrauen frei über ihren Besitz verfügen konnten, also kein Armutsgelübde ablegten. Darauf deutet zumindest das Testament der Höchster Klosterfrau Anne von Büches aus dem Jahre 1393[13], zu dessen Beurkundung auch kein Vertreter des Klosters Höchst zugezogen wurde.

Die von Abt Heinrich 1290 erlassene Ordnung sah ferner vor, daß keine leibliche Schwestern aufgenommen werden sollten, offenbar um familiäre Gruppenbildungen innerhalb des Konvents zu vermeiden. Dieses Gebot wurde teilweise auch befolgt, wie das Testament des Ritters Starkerad von Breuberg von 1345 zeigt, der vier Töchter in vier verschiedenen Klöstern untergebracht hatte. Andererseits sind unter den namentlich bekannten Höchster Klosterfrauen mindestens zwei Schwesternpaare und dazu auch noch Basen zu finden.

Eine andere Bestimmung der Ordnung von 1290 war das Verbot der Aufnahme „weltlicher Mädchen", also solcher, die lediglich zu Ausbildungszwecken ins Kloster kamen und keine Gelübde ablegten. Dies unterscheidet das Kloster Höchst wiederum von einem Damenstift, denn für ein solches war diese Ausbildungsfunktion durchaus üblich. Die Aufnahme aber mindestens einer weltlichen Frau ins Kloster Höchst ist urkundlich belegt für Walpurga von Reinstein, Witwe des Dieterich von Amorbach, die 1457 unter genau ausgehandelten Bedingungen als Laienkonventsschwester aufgenommen wurde[14]. Laienschwestern hatten in dergleichen Konventen üblicherweise eine dienende Funktion, hier geht es jedoch um die Altersversorgung einer Frau, die offensichtlich der Meisterin Magdalena von Rosenbach nahe stand, da sie im Bedarfsfall deren Stüblein bewohnen durfte. Walpurga versprach dem Kloster dafür einen jährlichen Betrag und vermachte ihm auch bestimmte Güter und Einkünfte. Die Aufnahme der Walpurga von Reinstein zeigt das Kloster als soziale Einrichtung. Als solche besaß es auch ein Siechenhaus, das schon 1345 genannt wird, desgleichen auch bei der Neuordnung 1499.

An der Spitze des Konvents stand eine Meisterin (*magistra*), die 1287 erstmals erwähnt wird. Gelegentlich, so 1403[15], 1408[16] und 1448, wird auch eine Priorin (*priorissa*) genannt. Seit der nach 1506 vorgenommenen Reform des Klosters Höchst stand diesem eine Äbtissin vor. Neben der Meisterin und dann der Äbtissin gab es einen Propst, der bereits 1244, also schon in der ersten erhaltenen Urkunde erscheint. Meisterin und Äbtissin sind als die Häupter des Konvents anzusehen, der vom Abt von Fulda eingesetzte Propst hatte hingegen die Vertretung des Klosters nach außen. Bemerkenswert ist, daß sich im Laufe der Zeit die Gewichte zugunsten der Meisterin verschoben. Nach der Mitte des 14. Jahrhunderts erscheinen in den Urkunden Meisterin und Konvent als allein handelnde Subjekte, so daß der Propst immer weniger in Erscheinung tritt. Es scheint dann das Propstamt im 15. Jahrhundert jahrzehntelang nicht besetzt gewesen zu sein. Dies dürfte auch als ein Zeichen der wachsenden Anlehnung des Klosters an die Breuberger Herrschaft und ein Zurücktreten des fuldischen Einflusses zu werten sein.

Neben der sozialen oder gesellschaftlichen Funktion der mittelalterlichen Klöster darf der religiöse Zweck, die Feier des Gottesdienstes, keinesfalls vergessen werden. Natürlich ist es im Ergebnis als Geburtenregelung zu verstehen, wenn die Mehrzahl der Söhne und Töchter des Adels nicht zur Ehe gelangte, sondern in kirchlichen Institutionen versorgt wurde[17]. In den Stiften und Klöstern oblag diesen aber die wichtige Aufgabe, durch die dort gefeierten Gottesdienste für das Seelenheil der Stifter und ihrer Familien besorgt zu sein. Überhaupt wurde dies als der Hauptzweck eines solchen Klosters angesehen. Das Verbot der Aufnahme weltlicher Mädchen in das Kloster Höchst wurde 1290 damit begründet, daß die Klosterfrauen den Psalter lernen, also ihrer gottesdienstlichen Pflicht genügen mußten, was von weltlichen Mädchen nicht zu erwarten war.

Auf den Gottesdienst als Hauptzweck des Klosters deutet auch, daß in den Höchster Urkunden gelegentlich, so 1448, 1458 und 1493, wo vom Stiftungsgut des Klosters die Rede ist, dieses als „Seelgerät" bezeichnet wird, als Vermächtnis, das dem gottesdienstlichen Gedächtnis bestimmter Personen gilt[18]. Die gottesdienstliche Aufgabe des Klosters und des Konvents wird auch deutlich in der Urkunde von 1303, mit der eine Pitanz genehmigt wird, die Verbesserung der Mahlzeit für jeden Tag, an dem nach der Messe eine Antiphon gesungen wurde. Von besonderer Bedeutung ist in diesem Zusammenhang das Kloster als Begräbnisort, dem Jahrtagsstiftungen und sonstige Meßstiftungen zugewendet wurden, für deren Erträge besondere Gottesdienste zum Gedächtnis der Verstorbenen zu feiern waren. Besonders eindrücklich ist dies im Testament des Ritters Starkerad von Breuberg von 1345 dargelegt. Aus einem Vermächtnis von 1376 wird ersichtlich, daß die sich aus den verschiedenen testamentarischen Zuwendungen ergebenden gottesdienstlichen Pflichten in einem Seelbuch festgehalten wurden.

Lediglich ein Ablaßbrief für das Kloster Höchst ist erhalten, ausgestellt 1421 von Patriarch Ludwig von Aquileja. Diese Urkunde ist jedoch dem Umstand zu verdanken, daß der Patriarch alsbald nach Antritt seines Amtes 1412 Streitigkeiten mit der benachbarten Republik Venedig bekam, die sein Gebiet besetzte. Patriarch Ludwig, ein Herzog von Teck, sah sich deshalb genötigt, sich außer Landes zu begeben. Als Flüchtling hielt er sich 1421 bei seinem Neffen, dem Grafen Michael I. von Wertheim, auf dem Breuberg auf[19]. Er hat in dieser Zeit nicht nur den Ablaßbrief für die Kirche des Klosters Höchst ausgestellt, sondern auch die Burgkapelle zu St. Pankratius auf dem Breuberg[20], ebenso die Kirche von Neustadt[21] mit Ablaßbriefen bedacht. Die Ablaßurkunde für Höchst läßt einen Blick in die Klosterkirche tun, die zwei Altäre hatte, wobei genau angegeben wird, wem diese geweiht waren. 1452 wurde von der Meisterin Ida von Erbach ein Altar in der Ehre der Jungfrau Maria neu errichtet, 1543 wird noch ein Leonhardsaltar genannt.

Das 15. Jahrhundert war eine Zeit, die nach einer Reform der Kirche verlangte, die vor allem bei den Klöstern ansetzen sollte. In Fulda war man gewillt, die von dort abhängigen Klöster wieder enger an das Mutterkloster anzubinden, weshalb das Propstamt 1475 nach einer längeren Vakanz wieder besetzt wurde. Die Reformbemühungen der Zeit werden ferner in der 1499 erlassenen Ordnung faßbar, die sich vor allem mit der Ernährung der Klosterfrauen und der Beheizung des Klosters befaßt. Die damit getroffenen Maßnahmen konnten freilich den Niedergang nicht aufhalten, der sich besonders in der schwindenden Zahl der Klosterfrauen zeigte. Im Jahre 1503 war mit Anna Geyling nur noch eine Nonne im Kloster, mit der – vertreten durch ihre beiden Brüder – Abmachungen hinsichtlich ihres Lebensunterhalts getroffen wurden[22]. Es wurde ihr sogar freigestellt, in Höchst zu bleiben oder in ein anderes, Fulda untergebenes Nonnenkloster zu ziehen. Der bei diesem Anlaß ausgesprochene Vorsatz des Abts von Fulda, in Höchst wieder *ein geistliches Wesen anzustellen*, konnte jedoch nicht durchgeführt werden, da sich Anna Geyling der „Reformation" widersetzte. Ihre Familie vermittelte wiederum und erreichte, daß sie verleibdingt und aus dem Gehorsam entlassen wurde. Sie wurde also von ihrem klösterlichen Gelübde freigesprochen und erhielt zu ihrer Versorgung eine Leibrente.

Damit war der Weg frei zu einer Neuordnung des Klosters Höchst, die nun aber doch einige Zeit in Anspruch nahm, da sie erst 1511 faßbar wird. Das Kloster wurde mit Benediktinerinnen neu besetzt, die 1511 erwähnte Äbtissin Margarete Reusner war bürgerlichen Standes. Doch scheinen immer noch adlige Frauen dem Konvent angehört zu haben. Als 1543 der Leonhardsaltar mit einem Priester neu besetzt wurde, war von den Grafen von Wertheim bereits die Reformation in der Herrschaft Breuberg eingeführt worden. Doch hatten sie keinen Einfluß auf die Höchster Pfarrstelle, die von einem der Klosterkapläne versehen wurde, weshalb in Höchst vorläufig noch keine Reformation stattfand. Nach dem Aussterben der Grafen von Wertheim 1556 wurde die Herrschaft Breuberg zwischen Erbach und Stolberg geteilt, um so die erbachischen Ansprüche an das wertheimische Erbe abzufinden[23].

Die Äbtissin Margarete Reusner starb im Januar 1557. Die letzte Konventualin war Anna Gans von Otzberg, die wohl schon evangelisch war, aber gleichwohl von Fulda zur Äbtissin ernannt wurde. Hierbei blieb der Einfluß der Schutz- und Schirmherren des Klosters, der Häuser Erbach und Stolberg gewahrt durch den Schultheißen von Höchst, der die Verwaltung des Klosters führte. Als Anna Gans 1562 heiraten wollte, wurde dies von Erbach und Stolberg erfolgreich verhindert. Der Bräutigam, ein Sigmund Buchemer von Hartenstein, wurde mit 200 fl. abgefunden. Anna Geyling starb im März 1567, worauf Graf Ludwig von Stolberg anfänglich eine katholische Klosterfrau auftreiben wollte, damit Fulda das Kloster nicht gänzlich an sich nahm. Man entschloß sich seitens der Breuberger Herrschaften dann aber doch zur Aufhebung des Klosters, wofür man sich auf den Augsburger Religionsfrieden von 1555 berufen konnte. Da Fulda aber Lehensherr der Herrschaft Breuberg war, ging man vorsichtig zu Werke. Das Kloster wurde nicht säkularisiert, vielmehr wurden dessen Besitz und Einkünfte im Klosterfonds zusammengefaßt, um deren stiftungsmäßige Verwendung für kirchliche Zwecke sicherzustellen. Damit waren nicht nur gottesdienstliche, sondern auch schulische und soziale Zwecke gemeint. Diesen Zwecken kommt der Höchster Klosterfonds bis zum heutigen Tag nach. In Fulda wurden jedoch weiterhin, bis in die zweite Hälfte des 17. Jahrhunderts, zur Aufrechterhaltung der Ansprüche an das Kloster Höchst Pröpste für Höchst ernannt. Eine Wiederbesiedlung des Klosters schien im Dreißigjährigen Krieg aufgrund des kaiserlichen Restitutionsedikt von 1629 möglich, konnte aber nicht verwirklicht werden.

Das Archiv des Klosters Höchst

Das Archiv des Klosters wird erstmals 1503 erwähnt, als Anna Geyling aufgegeben wurde, sämtliche Klosterurkunden dem Propst auszufolgen[24]. Nach dem Neubeginn, den das Kloster hierauf erlebte, sind die Urkunden wieder in dessen Gewahrsam gekommen, denn nach dem Tod der Anna Gans im März 1567 wurde das Klosterarchiv auf den Breuberg geschafft[25] und kam von dort zu einem unbekannten Zeitpunkt in das Löwenstein-Wertheim-Rosenbergsche Archiv nach Wertheim. Johann Friedrich Schannat (1683-1739)[26], der Geschichtsschreiber des Klosters Fulda, hatte Gelegenheit, die Höchster Urkunden zu benutzen, wahrscheinlich wurden ihm aus dem Breuberger Archiv Abschriften mitgeteilt. Ein eindeutiger Beleg dafür ist sein Abdruck der Urkunde von 1290. Von dieser Urkunde ist heute nur noch ein Rest vorhanden, das übrige ist durch Moder verlorengegangen. Am Anfang des 18. Jahrhunderts war die Urkunde bereits beschädigt, doch war noch ein größerer Teil des Textes lesbar, den uns Schannat durch seinen Abdruck überliefert hat[27].

Im Löwenstein-Wertheim-Rosenbergschen Archiv vereinigte man im 19. Jahrhundert sämtliche vorhandenen Urkunden in einem großen chronologisch geordneten Urkundenbestand. Dadurch wurde jedoch die Provenienz, die Herkunft der einzelnen Urkunde, verwischt. Immerhin wurden Zettelregesten angefertigt, die nach den einzelnen Provenienzen geordnet wurden, so daß das Urkundenarchiv des Klosters Höchst wenigstens auf dem Papier erhalten blieben ist. Aufgabe der vorliegenden Veröffentlichung ist es, dieses Höchster Urkundenarchiv für die Orts- und Landesgeschichte in Regesten, die alle in den Urkunden enthaltenen Informationen wiedergeben, zur Verfügung zu stellen. Dieses Urkundenarchiv soll deshalb auch hinsichtlich seines Inhalts vorgestellt werden.

Die älteste erhaltene Urkunde des Klosters Höchst stammt aus dem Jahre 1244. Es geht hier um eine Auseinandersetzung um die Kirche in Lengfeld, die zusammen mit Äckern und Weinbergen daselbst offensichtlich zum Gründungsgut des Klosters gehörte. Ähnlich geht es bei den weiteren Urkunden des Klosters in erster Linie um dessen Besitz, da Urkunden im Mittelalter wegen ihrer Beweiskraft die wichtigsten Mittel der Rechtssicherung darstellten. Inhaltlich geht es hier zum einen um Erwerbungen, die das Kloster Höchst in der zweiten Hälfte des 13. Jahrhunderts, aber auch in der zweiten Hälfte des 14. Jahrhunderts tätigen konnte. Zum wichtigsten Besitz des Klosters Höchst zählten die Klosterpfarreien, zu denen Lengfeld, ferner die Pfarrkirchen in König und Höchst zählten, wobei die letztere sowohl Klosterkirche wie Dorfkirche war. Weitere Urkunden betreffen Geldaufnahmen, sogenannte Gültverkäufe, die vor allem in der zweiten Hälfte des 14. Jahrhunderts erfolgten. Neben diesen Kreditaufnahmen gab es auch Verkäufe. Doch erhielt das Kloster Höchst nach wie vor Schenkungen, zumeist als Aussteuer für neu eintretende Klosterfrauen oder in Form von Vermächtnissen. Es zeigt sich also, daß die Urkunden im wesentlichen besitzrechtlicher Natur sind, doch wird daneben, wie oben dargestellt, doch auch einiges über das innere Leben des Klosters deutlich.

Zur Edition der Regesten

Die bislang umfangreichsten Publikationen Höchster Urkunden haben nach der Veröffentlichung von Schannat von 1728 Gustav Simon 1858 und Georg Wilhelm Justin Wagner 1873 vorgelegt. Simon bietet 74 „Breubergische und Kloster Höchster Urkunden-Auszüge", das heißt also, daß eine Anzahl dieser Nummern nicht hierher gehört, weil sie die Herrschaft Breuberg betreffen. Wagner hingegen konzentriert sich auf das Kloster Höchst und übernimmt die von Simon gebotenen Auszüge, die er um einige weitere vermehrte, welche er der Literatur entnommen hatte. So kann er den Inhalt von knapp 60, das Kloster Höchst betreffenden Urkunden angeben.

Mit den nachfolgenden Regesten wird ein anderer Weg beschritten, der sich inzwischen für dergleichen Publikationen durchgesetzt hat. Es wird hier das Provenienzprinzip befolgt, das heißt, daß hier nur solche Urkunden wiedergegeben werden, die dem Archiv des Klosters Höchst, das heute im Staatsarchiv Wertheim verwahrt wird, angehörten. Deshalb werden hier – anders als bei Simon und Wagner – solche Urkunden, in denen das Kloster Höchst zwar erwähnt wird, die aber zweifelsfrei einem anderen Archiv entstammen, nicht berücksichtigt. Es finden sich daher unter den hier dargebotenen Regesten auch Urkunden, die weder Simon noch Wagner erwähnen, da beide den Wertheimer Bestand offensichtlich nicht gekannt haben.

Zusätzlich zu den vorliegenden Pergamenturkunden wurden auch die Breuberger Akten im Staatsarchiv Wertheim durchgesehen, wo sich einige wenige Urkundenabschriften, aber auch Übersetzungen lateinischer Urkundentexte fanden. Diese Urkunden sind in die vorliegende Veröffentlichung aufgenommen worden, womit hier insgesamt 67 Regesten geboten werden können. Es handelt sich also um einen verhältnismäßig kleinen Bestand, doch ist dieser der Bedeutung und den Verhältnissen des Klosters Höchst durchaus angemessen, so daß keine größeren Archivverluste angenommen werden müssen.

Die hier gebotenen Regesten wurden nach der üblichen Regestentechnik bearbeitet, wonach alle Namen und Sachverhalte der Urkunde wiedergegeben werden. Bei Namen, deren heutige Schreibweise von der der Urkunde abweicht, wird in Klammer und kursiv die Schreibweise der Urkunde angegeben. Das Datum, das im Kopf des Regests in aufgelöster Form erscheint, wird am Schluß des Regests in der Schreibung der Urkunde angegeben[28]. Dem Text des Regests folgt die Beschreibung der Vorlage, wobei angegeben wird, ob es sich um eine Ausfertigung oder eine Kopie, um eine Pergament- oder Papierurkunde handelt, und deren Besiegelung angegeben wird. Außerdem werden die Rückvermerke wiedergegeben. Die Urkunden des vorliegenden Bestands tragen unterschiedliche Rückvermerke. Zwei Arten von Rückvermerken werden angegeben, nämlich die älteren aus der Zeit um 1500, dann die Numerierung, die wohl vor 1800 angebracht wurde. Die übrigen Rückvermerke, die meistens dem 16. und dem 17. Jahrhundert angehören und kurze Inhaltsangaben bieten, werden hier nicht wiedergegeben.

Unter den durch Veröffentlichungen bekannten Urkunden finden sich einzelne, bei denen es sich dem Inhalt nach um Höchster Provenienz handeln könnte. Doch war es üblich, bei Verkäufen solche Urkunden, die sich auf das verkaufte Objekt bezogen, dem Käufer auszuhändigen. Im Einzelfall ist jedoch nicht nachzuweisen, ob und gegebenenfalls wann dies geschah. Regesten von sechs weiteren Urkunden, die dem Archiv des Klosters entstammen könnten, werden deshalb hier in einem Anhang dargeboten. Hierbei ist jedoch zu bemerken, daß diese Regesten aufgrund der jeweils genannten Veröffentlichungen entstanden sind, nicht durch Benützung der Ausfertigung oder einer Abschrift, wie bei den vorhergehenden 67 Urkundenregesten.

Quellen und Literatur

Joseph Aschbach, Geschichte der Grafen von Wertheim von den ältesten Zeiten bis zu ihrem Erlöschen im Mannsstamme im Jahre 1556. Teil 2: Wertheimisches Urkundenbuch, Frankfurt am Main 1843.

Ludwig Baur, Hessische Urkunden. Aus dem Großherzoglich Hessischen Haus- und Staatsarchive. Bd. 1: Starkenburg und Oberhessen 1016-1399, Darmstadt 1860.

Wilhelm Engel, Urkundenregesten zur Geschichte der kirchlichen Verwaltung der Grafschaft Wertheim 1276-1499 (Sonderveröffentlichung des Historischen Vereins Wertheim) Wertheim 1959.

Friedrich Hefele, Freiherrlich von Gaylingsches Archiv im Schlosse zu Ebnet bei Freiburg. Mitteilungen der Badischen Historischen Kommission 40 (1921), S. 5-30.

Inventare der Gemeindearchive des Kreises Dieburg. Bearb. von Wilhelm Martin Becker, [Darmstadt] 1931.

Inventare der nichtstaatlichen Archive im Volksstaat Hessen. Bd. II, Darmstadt 1926.

Wilhelm Müller, Hessisches Ortsnamenbuch, Bd. 1: Starkenburg, Darmstadt 1937.

Heinrich Reimer, Hessisches Urkundenbuch. 2. Abt.: Urkundenbuch zur Geschichte der Herren von Hanau und der ehemaligen Provinz Hanau. Bd. 3: 1350-1375, Leipzig 1894; Bd. 4: 1376-1400, Leipzig 1897; Neudruck Osnabrück 1965.

Regesten der Erzbischöfe von Mainz von 1289-1396, 1. Abt., Bd. 2: 1328-1353, Darmstadt 1932-1935; Neudruck mit Berichtigungen und Ergänzungen zusammengestellt von Friedrich Knöpp, Aalen 1976.

Regesten der Pfalzgrafen am Rhein 1214-1400. Hrsg. von der Badischen Historischen Kommission. Innsbruck 1894; Bd. 2, Innsbruck 1913.

Johann Friederich Conrad Retter, Hessische Nachrichten, Bd. 2, Frankfurt am Main 1770.

Salbücher, Weistümer und Dorfordnungen (Abt. C 2 und C 3). Bd. 1: Beschreibungen Nr. 1-1811. Bearb. von Friedrich Battenberg (Repertorien des Hessischen Staatsarchivs Darmstadt 23/1).

Georg Schäfer, Kunstdenkmäler im Großherzogtum Hessen. A. Provinz Starkenburg, Kreis Erbach, Darmstadt 1891.

Johann Friedrich Schannat, Diocesis Fuldensis Hierarchia, Frankfurt a.M 1727.

Heinrich Eduard Scriba, Regesten der bis jetzt gedruckten Urkunden zur Landes- und Orts-Geschichte des Großherzogthums Hessen. 1. Abt.: Provinz Starkenburg, Darmstadt 1847; 4. Abt. 1. Heft: Supplemente der Provinz Starkenburg, Darmstadt 1853.

Gustav Simon, Die Geschichte der Dynasten und Grafen zu Erbach und ihres Landes, Frankfurt 1858; Unveränderter Nachdruck Frankfurt a.M. 1983.

Johann Wilhelm Christian Steiner, Alterthümer und Geschichte des Bachgaus im alten Maingau, 1. Teil, Aschaffenburg 1821; 3. Teil, Darmstadt 1829.

Stolberger Urkunden. Regesten zu den Urkundenbeständen und Kopiaren der Fürsten und Grafen zu Stolberg in Ortenberg, im Hess. Staatsarchiv Darmstadt und Staatsarchiv Magdeburg 1191-1840. Bearb. von Friedrich Battenberg (Repertorien des Hessischen Staatsarchivs Darmstadt 21) Darmstadt 1985.

Winfried Wackerfuß, Kultur-, Wirtschafts- und Sozialgeschichte des Odenwaldes im 15. Jahrhundert. Die ältesten Rechnungen für die Grafen von Wertheim in der Herrschaft Breuberg (1409-1484), Breuberg-Neustadt 1991.

Georg Wilhelm Justin Wagner, Die vormaligen geistlichen Stifte im Großherzogthum Hessen. Bd. 1: Provinz Starkenburg und Oberhessen, Darmstadt 1873.

Während der Drucklegung erschien:
Die benediktinischen Mönchs- und Nonnenklöster in Hessen. In Verbindung mit Regina Elisabeth Schwerdtfeger bearb. von Friedhelm Jürgensmeier und Franziskus Büll (Germania Benedictina 7) St. Ottilien 2004. – Zu Kloster Höchst: S. 641-652 (Johannes Burkardt).

Abkürzungen

abg.	abgegangen	Pap.	Papier
abh.	abhängend	Perg.	Pergament
Abschr.	Abschrift	Reg.	Regest
anh.	anhängend	REM	Regesten der Erzbischöfe von Mainz
Ausf.	Ausfertigung	RPR	Regesten der Pfalzgrafen am Rhein
Dr.	Druck	Sg.	Siegel
dt.	deutsch	Sr.	Siegler
Jh.	Jahrhundert	StAWt	Staatsarchiv Wertheim
lat.	lateinisch		

Pröpste, Priester, Meisterinnen, Äbtissinnen und Klosterfrauen des Klosters Höchst[29]

Pröpste

Konrad (1244)
Johannes I. (1246, 1249)
Diether (1282)
Heinrich (1303)
Berthold (1305)
Bern(o) (1312, 1313, 1314, 1316, 1317, 1320, 1336, 1340[30])
Johannes II.[31] (1347, 1349)
Groschlag von Dieburg (1353, 1356, 1357, 1367[32], 1370, 1371)
Erwin Lewe von Steinfurt[33] (1375)
Johannes von Rohrbach (1384[34], 1390[35], 1391)
Simon von Weldenstein (Wolkenstein[36]) (1408[37], 1410, 1424)
Johannes von Hutten (1475[38], 1476[39], 1498[40])
Balthasar von Hune (1492[41])
Johannes Louer[42] (1508)
Paulus (1511[43])
Johannes von Hundelshausen (1528, 1529, † 1538[44])
Eustachius Buttlar[45] (1541[46], 1543)
Kaspar Lang[47] (1544[48])
Philipp Schad von Ostheim[49] (1572[50])
Georg von Hatzfeld[51] (1609, zugleich Propst des Andreasbergs bei Fulda)
Johannes Friedrich von Kerpen (1624, zugleich Propst in Holzkirchen)
Philipp Christoph von Rosenbach (1642-1660)

Priester

Friedrich (1244)
Frater Berthogus (1249)
M. Otto Hüßgin, Altarist (1458)
Friedrich Kern, Priester am Leonhardsaltar (bis 1543)
Johannes Nelsperger, Priester am Leonhardsaltar (ab 1543)

Meisterinnen und Äbtissinnen

Irmengart (1320, 1321[52], 1340[53])
Ida Schenkin von Erbach (1321[54]) † 4. Mai 1345[55]
Elisabetha (1353, 1356[56])
Sybille[57] (*Stille*, *Byel*) (1370, 1371, 1378)
Mechtild von Rohrbach (1384[58])

Irmela Waltmann (1391, 1397[59])
Sophie Kreis von Bürgstadt (1402, 1403[60])
Agnes Wambold (1403[61])
Kunigunde (*Cuntzel*) von Aulenbach (*Ulnbach*) (1404, 1408[62], 1424)
Ida Schenkin von Erbach (1448, 1452
Magdalene von Rosenbach (1453[63], 1455[64], 1457, 1458, 1462[65], 1477)
Margarete Schad[66] (1475[67], 1493, 1494[68])
Margarete von Angeloch[69] (1498)
Margarete Reysner, Äbtissin (1511, 1528, 1529, 1530[70], 1541[71], 1543, 1544[72]) † Januar 1557[73]
Anna Gans von Otzberg, Äbtissin (1566[74], 1567) † März 1567[75]

Priorinnen
Agnes Wambolt (1403[76], 1408[77])
Gertrud von Morle (1538[78])

Klosterfrauen
Christine und Hedwig, Töchter von Rudolf, Vogt von Dieburg (1306, 1321[79])
Agnes, T.d. Hemming (1320)
Jutte, T.d. Starkerad von Breuberg (1345)
Heylke und ihre Basen Kunigunde (*Kuse*) und Agnes (*Nese*) (1356)
Mechtild von Raibach (1377)
Euphemia (*Femel*) von Raibach (1377)
Lise von Vockenhofen (1377)
Irmela Groschlag (1377, 1391)
Heilecke von Weiler (1377)
Irmel von Werberg (1377)
Ottilie Stumpf (1391)
Anne von Büches (1393[80])
Else Schenkin von Erbach (1408[81])
Irmel von Bodenstein (1408)
Jutte von Brensbach (1408)
Emma von Rosenbach (1472 wohl schon †)
Sophie (*Pel*), Tochter des Heinrich Kuche von Dornberg (1477)
Gutta (*Gutgin*), Tochter des Heinrich Kuche von Dornberg (1477 †)
Margarete von Brubach von Angelloch (1479[82])
Anna Geyling (nach 1498[83], 1503[84], 1506)
Anna von Weiler (nach 1498[85])
Maria von Rüdt (vor 1525)[86]
Anna Gans von Otzberg (1557[87])

1 1244 Juni 23

Da zwischen dem Konvent zu Höchst (*Hoste*) und den Burgmannen zu Otzberg (*Odesberch*) namens der Pfarrangehörigen (*nomine parochialium*) zu Lengfeld (*Lengevelt*) wegen einiger Äcker ein Streit war, wird zwischen den beiden Teilen folgende Einigung hergestellt, daß von der Kirche zu Höchst, wenn der Propst nicht persönlich in Lengfeld residieren will, ein geeigneter Priester bestellt werden soll. Dazu soll genügend Wein für die zu Ostern kommunizierenden Menschen gestellt werden, sowie Öl für das Licht in der Kirche, jährlich 10 Malter Korn und ebensoviel Hafer zur Ausbesserung der genannten Kirche in Lengfeld nach dem Rat und der Übereinkunft des genannten Propstes und vier bewährter Richter in Lengfeld, wofür die Kirche in Höchst gewisse Äcker und Weinberge in Lengfeld besitzen soll. - Sr.: Konrad, Abt zu Fulda, Bertold, Dekan des Stifts, zugleich Vermittler. - Zeugen: Berthold, Dekan, Heinrich, Kämmerer der Stiftskirche zu Fulda, Konrad, Propst zu Höchst, und Friedrich, Priester daselbst, Konrad, Leutpriester in Flieden (*Fliden*), Konrad, Vikar in Lengfeld, Kleriker, Rucker genannt *Mickel*, Hertwich Calvus, Gerlach Hailstein, Hertwich Zisichen, Ritter; Bertold, Confessor zu Höchst, Konrad Caupo und andere. - *Acta sunt hec* 1244, *xxx° kalendas Julii.*

Ausf., Perg., lat.: StAWt-R US 1244 Juni 23 - 2 Sg. anh.: 1-2 Reste - *Num.1 lit.a*
Abschr. (15. Jh.), mit dt. Übersetzung, Pap.: StAWt-G 24/192
Dr.: Schannat, Nr.57, S.276f.
Reg.: Simon Nr. 2, S. 292; Scriba 1, Nr.356, S. 34f.

2 1246 März 19

Die Brüder Arnold, Hertwic und Albert, Laien, genannt von Wackenbrunn (*Wackenburne*), urkunden, daß sie mit dem Propst des Nonnenklosters Höchst (*Hoste*) namens des Klosters vor den Richtern des Mainzer Stuhls wegen der Zehnten in dem Dorf, die strittig und ihnen zugesprochen worden waren, und auf Fürsprache von Eberhard, Konrad und Sibodo, Herren von Breuberg (*Bruberg*) die genannten Zehnten und alle Rechte dem genannten Kloster abtreten unter Verzicht auf alle Ansprüche. Die Bestreitung dieser Schenkung soll den Verlust ihrer Lehen von den genannten Herren von Breuberg nach sich ziehen, desgleichen eine Strafe von 40 Mark an die genannten Herren und das Kloster. - Sr.: die Herren von Breuberg. - Zeugen: Johannes, Propst, und der Konvent zu Höchst, Antonius von Mosbach (*Mospach*), Friedrich, Konrad, Konrad Sune, Frater Gernod von Mosbach, Kleriker; Eberhard, Konrad, Sibodo, Herren von Breuberg, Brüder, Hertwic von Otzberg (*Otesberg*), Wigand, Konrad Clebiz, Albero, Hermann Gans, Manegolt, Heimo, Almero, Friedrich, Sohn des Heimo, Manegold, Sohn des Manegold, Bertold, Hediminc, Meilacus und sein Bruder Wicnand, Heinrich, Sohn des Vogts (*advocati*) und sein Sohn Herbord, Laien. - *Actum Hoste* 1246 *octavo kalendas Martii. Datum anno et mense predictis quartodecimo kalendas Aprilis.*

Ausf., Perg., lat.: StAWt-R US 1246 März 19 - 2 Sg. abg. - *Ober Wackenborn;*

No.1 lit.b
Dr.: Schannat, Nr. 58, S. 277
Reg.: Simon, Nr. 3, S. 292f.

3 1249 September 3

W[ortwinus], Custos, Richter und Vizepropst zu Aschaffenburg (*Ascaphinburgensis*) urkundet, daß vor ihm erschienen sind Propst J[ohannes] in Höchst (*Hoste*) und Ritter Ulrich von Lengfeld (*Lengenvelt*) wegen eines Hofs in Lengfeld, den Ulrich inne hat, und sich unter Androhung einer Strafe von 10 Pfund seinem Spruch unterworfen haben. Dieser geht dahin, daß Ulrich den Hof mit der Hälfte, die zuvor dem Kloster Höchst gehörte, besitzen soll, und dem Kloster als Ersatz ein Joch Land, das zum Einsäen geeignet ist, geben soll. Das übrige Zubehör des Hofes an Äckern, Weinbergen, Wiesen und Wäldern soll zwischen dem Kloster und dem Ritter geteilt werden. - Sr.: A. - Zeugen: R., Dekan zu Aschaffenburg, G., Scholastikus, H., Cellerarius, G., Archipresbyter, Friedrich genannt Ineps von Seligenstadt (*Seliginstat*). Laien: Hartmud de Lapide, Frater Berthogus von Höchst und andere. - *Actum* 1249 *iiio nonas Septembris.*

Ausf., Perg., lat.: StAWt-R US 1249 Sept.3 - 2 Sg. abg. - *Num.1 lit.c*
Reg.: Simon, Nr. 4, S. 293

4 1273 Februar 10

Markward von Rosenbach verkauft mit Zustimmung seiner Kinder, die er von seiner vorigen † Ehefrau Lugard hat, die Güter in Roden (*Rode*), die er von Lugard geerbt hat, wovon Albert gen. *Morunc* ein Drittel behält, mit 80 Joch Acker und zwei Joch Weinberg und vier Joch Weinberg in Mosbach (*Masbach*) dem Propst und Konvent der Nonnen in Höchst (*Hoste*) für 60 Pfd. Heller. Außerdem übergibt er zwei Güter, eines in Wiebelsbach (*Wibelsbach*) und eines in Breitenbrunn (*Breydenbrunnen*) dem Propst und den Nonnen für seine Tochter, die sie in ihren Konvent als Schwester aufnehmen wollen. - Sr.: Eberhard gen. Reiz von Breuberg (Bruberg), Konrad von Frankenstein. - Zeugen: Phaffo gen. Gans, Ulrich gen. Loswinckel, Wortwin von Raibach (*Reibach*), Ritter, Herr Friedrich, Kaplan in Breuberg, Albert gen. *Morunc* von Mosbach, Sifrid von Höchst, Manegolgus von Rimhorn (*Riemhurne*) und viele andere. - *Acta sunt hec* 1273, *iiii idus Februarii.*

Ausf., Perg., lat.: StAWt-R US 1273 Febr.10 - 2 Sg. abg. - *Ober Webelspach und uber guter zu Rode in dy probsty; Num.1 lit.d*
Dr.: Schannat, Nr. 76, S. 287f.
Reg.: Simon, Nr. 5, S. 293; Scriba I, Nr.52, S.5

5 1282 Mai 18

Ulrich von Rosenbach und seine Frau Irmengard verkaufen mit Zustimmung ihrer Kinder und seines Vaters Marquard und seines Bruders Almer ihre Güter in Breitenbrunn (*Breydenburnen*) mit allem Zubehör und den Gerichtsrechten an Diether, Propst, und den Konvent der Nonnen zu Höchst (*Hosthe*) für 49 Pfund Heller. - Sr.: Eberhard gen. Reiz von Breuberg (*Bruberch*), Konrad Schenk von Erbach d.Ä. - Zeugen: Marquard, Vater des A., Hermann von Eicholzheim (*Eicholfesheim*), Wernher gen. *Mauchenger*, Volkenand gen. Echter, Wortwin und Bertold, Brüder von Raibach (*Reibach*), Albert und Johannes Brüder gen. *Hurneze*, Ulrich und Sifrid, Brüder von Höchst (*Hosthe*) und viele andere. - *Datum et actum* 1282 *xv° kalendas Junii.*

Ausf., Perg., lat.: StAWt-R US 1282 Mai 18 - 2 Sg., anh.: 1-2 Reste - *Ober Breydenborn; Num.1 lit.e*
Reg.: Simon, Nr.6, S.293

6 1287 August 29

Udelhild, Witwe des † Ritters Dietrich gen. von Rimhorn verkauft mit Zustimmung ihrer Kinder ihre ererbten Güter in Groß-Umstadt (*in villa Umestad*) an Propst, Meisterin und den Konvent der Nonnen zu Höchst (*Hoste*) für 60 Pfd. Heller. Sie verspricht Währschaft (*warandiam*) nach Landesbrauch und stellt als Bürgen Friedrich Münzmeister, Johann gen. Bedel und Konrad von Laufach (*Laufahe*), Bürger zu Aschaffenburg (*Ascaffinburgenses*), mit der Verpflichtung zum Einlager in ein öffentliches Wirtshaus in Aschaffenburg. Sie verspricht, bei Abgang eines Bürgen binnen eines Monats einen anderen gleichwertigen zu stellen, widrigenfalls die beiden anderen Bürgen zum Einlager verpflichtet sind, solange, bis die Anzahl der Bürgen wieder vollständig ist. - Sr.: Richter der Aschaffenburger Kirche, Stadt Aschaffenburg. - *Datum et actum* 1287 *iiii Kalendas Septembris.*

Ausf., Perg., Mäusefraß mit geringem Textverlust, lat.: StAWt-R US 1287 Aug. 29 - 1 Sg. abh. Rest - *Num.1 lit.f*
Reg.: Simon, Nr.7, S. 293f.

7 1290 Juli 21

H[einrich], Abt zu Fulda, setzt mit Rat des Dekans und der Prälaten nach Untersuchung des Klosters Höchst eine bestimmte Anzahl von Pfründen, nämlich 32 fest, damit die zerstörten Gebäude wiederhergestellt werden und sie darin wohnen können. Propst und Meisterin werden streng ermahnt, die Zahl der Pfründen nicht zu erhöhen, keine leiblichen Schwestern (*sorores germanae*) und wegen des Erlernens des Psalters auch keine weltlichen Mädchen (*puellae saeculares*) aufzunehmen. – Sr.: A., Konvent zu Höchst - 1290 *in die Praxedis virginis et martyris.*

Ausf., Perg., Bruchstück (Ergänzungen nach Schannat), lat.: StAWt-R US 1290 Juli 21 - 2 Sg. abg. - *Inhybicio ne plures virgines recipiant quod xxxii due.*
Dr.: Schannat, Nr. 90, S. 295 (mit Fehlstellen)
Reg.: Simon, Nr.8, S.294

8 1303 Januar 18

Wolzo gen. Hilderich von Heubach (*Heypach*) und seine Ehefrau ... verkaufen mit Zustimmung ihrer Erben an Propst Heinrich und den Konvent der Kirche zu Höchst (*Hosthe*) acht Joch Acker, die dem Herrn von Fulda (*Wldensis*) abgabepflichtig sind, gelegen in Heubach (*Heipach*), im Feld gegen Wiebelsbach (*Wubelsbach*) vier Joch, wovon zwei gelegen sind zwischen den Äckern des *Mor* und denen des Johannes gen. Herolt, die anderen beiden zwischen den Äckern des Schultheißen Hilderich und der Söhne des Konrad gen. von Brensbach. Im Feld gegen die Kirche zwei Joch zwischen den Äckern des Konrad gen. von Brensbach und den Äckern des Propstes, im Feld gegen Groß-Umstadt (*versus civitatem Omestat*) zwei Joch, wovon eines bei den Äckern des Wortwin und des Herold liegen, das andere bei den Äckern des Propstes und denen der Söhne des vorgenannten Konrad gen. von Brensbach, für neun Pfd. Heller, von allen Zinsen und Abgaben frei. - Sr.: Hermann gen. von Steckelberg (*Stekelberg*), Amtmann in Otzberg (*Otsberg*), Stadt Umstadt (*Omestat*). - Zeugen: Wernher, Pleban in Lengfeld (*Lengevelt*), Hertericus, Kaplan in Ober-Klingen (*Clingen*), Wernher gen. *Auman*, Ruker gen. *Halstein*, Hartmann gen. *Waltman*, Edelleute, Rudolf gen. *Crumpein*, Johannes gen. *Hufnal*, Johannes gen. *Herolt*, Albert gen. *Steinere*. - *Datum et actum* 1303 *xv*[o] *kalendas Februarii.*

Ausf., Perg., lat.: StAWt-R US 1303 Jan.8 - 2 Sg. abg. - *Uber acht morgen acker zu Heupach; Num.3 lit.a*
Reg.: Simon, Nr. 9, S.294

9 Fulda, 1303 November 24

Heinrich, Abt, Marquard, Dekan, und der ganze Konvent der Kirche zu Fulda (*Fuldensis*) anerkennen die von Propst Heinrich, der Meisterin und dem Nonnenkonvent des Klosters in Höchst (Hŏste), Augustiner Ordens, getroffene Ordnung, nämlich daß die Güter in den Dörfern Wald-Amorbach (*Amerbach*) und Mömlingen (*Mimmelingen*), die Ritter Senand von Breuberg (*Bruberg*) einst dem Kloster geschenkt hat, Einkünfte von zehn Malter Weizen in dem Dorf Mörfelden (*Mersevelt*), die Ritter Konrad von Dorfelden (*Dorvelden*) dem Kloster geschenkt hat, zusammen mit 13 Schilling Heller Einkünften, die Propst, Meisterin und Konvent von Konrad von Lengfeld (*Lengefelt*) gekauft haben, als Pitanz und zur Verbesserung ihrer Mahlzeit bestimmt sind. Diese sollen von der jeweiligen Kellerin der Meisterin und dem Konvent zur Ehre Gottes und der Jungfrau an jedem Tag gewährt werden, an dem sie nach der Messe eine Antiphon ihrer Wahl von der heiligen Jungfrau mit der Kollekte gesungen haben, auch soll die Kellerin jährlich an Karfreitag von den genannten Einkünften fünf Kerzen von fünf Pfd. Wachs machen lassen, die am Grab unseres Herrn Jesu Christi zu Ehren seiner fünf Wunden gebrannt werden sollen. - Sr.: AA. - *Datum Fulde* 1303 *viii*[o] *kalendas Decembris.*

Ausf., Perg., lat.: StAWt-R US 1303 Nov.24 - 2 Sg. abg. - *Num.3 lit.b*
Dr.: Schannat, Nr. 101, S. 301
Reg.: Simon, Nr.10, S. 294

10 1305 September 29

Otto von Crumbach (*Crůmpbach*) und seine Söhne Heinrich und Arreis verkaufen den Rittern Gerhard gen. *Kerkastein*, Synand von Breuberg (*Bruberg*) und Konrad gen. Hohelin die Vogtei im Dorf Höchst (*Hoste*) und in allen Dörfern, die in diese Vogtei gehören, mit allem Zubehör, seien es Wald oder Ackerland, Äcker oder Felder, Wiesen oder Gewässer, für 300 Pfd. Heller und 60 Malter Weizen unter der Bedingung, daß sie dies von den Verkäufern als Lehen besitzen sollen, mit dem Recht der Wiederlösung. - Zeugen: Bertold, Propst, Hermann gen. Dubhorn, Synand von Breuberg, Ritter, und ... genannt Rufus, Burgmannen der Herren von Breuberg, und andere. - Sr.: A. - *Datum* 1305 *in die sancti Michahelis.*

Ausf., Perg., lat.: StAWt-R US 1305 Sept.29 - 1 Sg. anh. Rest - *Ober die faudye; Num.2 lit.a*
Dr.: Schannat, Nr. 102, S. 301
Reg.: Simon, Nr.11, S.294; Scriba I, Nr.732, S.68

11 1306 Febr. 6

Die Richter der Aschaffenburger Kirche urkunden wegen des Streits zwischen dem Propst zu Aschaffenburg und Propst und Konvent des Klosters zu Höchst (*cenobii in Hoest*), Benediktiner Ordens im Mainzer Bistum, wegen der Exemtion des letzteren. In dieser Sache hat der Propst gültige, unbeschädigte und glaubwürdige Urkunden des Apostolischen Stuhls vorgelegt, des Inhalts, daß das Kloster Fulda (*monasterium Fuld*[ense]), dem das Kloster Höchst zusteht, für sich und die anderen ihm zustehenden Klöster eximiert ist. Hieraus haben sie sich unterrichtet und wollen die Freiheit des genannten Propstes und seines Klosters nicht beeinträchtigen. Sie erklären hiermit den Propst und das Kloster als gefreit und so oft eine Pfarrei, deren Patronat ihnen zusteht, ledig wird, sollen diese ihnen einen tauglichen Priester (*ydoneu*[m] *sacerdotem*) stellen, den sie einsetzen und investieren wollen. - Sr.: A. - *Datum et actum anno domini* 1306 *viii ydus marcii.*

Abschr. (15. Jh.), lat. mit dt. Übersetzung, Pap.: StAWt-G 24/192,

12 1306 Dezember 5

Rudolf, Vogt zu Dieburg (*Dytburg*) und Gerdrud, seine Ehefrau, urkunden, daß sie zu ihrem und dem Seelenheil ihrer Vorfahren, ihren Töchtern Christine und Hedwig, Nonnen im Kloster Höchst (*Hoste*), zwei Fleischbänke auf dem Markte der Stadt Dieburg geschenkt haben, mit der Bedingung, daß ihre Töchter ihr Leben lang die Einkünfte von diesen Fleischbänken erhalten sollen. Danach sollen sie davon ihren Jahrtag begehen. - Zeugen: Anshelm, Ritter, *Grasloc*, Edelknecht (*servus militaris*), R., Sohn des A., Gernod, H. Frolich, H. Clemme, Heileman, Hoplaman, ... , H. Harteroth, Wortwin, Schöffen, und andere geschworene Schöffen, Bürger und Zeugen. - Sr.: Stadt Dieburg, A. - *Datum* 1306 *in vigilia sancti Nycolai.*

Ausf., Perg., lat.: StAWt-R US 1306 Dez.5 - 2 Sg. abg. - *P; Num. 3 lit. c.*
Reg.: Simon, Nr.12, S. 294f.

13 1310 [vor März 14]

Pfalzgraf Rudolf (I.) übergibt aus Verehrung für Abt Heinrich von Fulda und dessen Kirche zu Ehren Gottes und des hl. Märtyrers Bonifatius die Vogtei über das Nonnenklosters Höchst (Hŏste), in Mümling-Grumbach (*Crumpach*), im Dorf Höchst und in anderen umliegenden Dörfern, die dazu gehören, und die er und seine Vorfahren vom Abt inne hatten, mit allen Rechten und Zubehör, mit Zustimmung seiner Gemahlin Mechthild dem Abt und seiner Kirche. - Sr.: A., Pfalzgräfin Mechthild. - Datum [] 1310

Ausf., Perg., Beschädigung mit Textverlust, lat.: StAWt-R US 1310 (vor März 14) - Sg. abg. - *Wie der phaltzgrave die fauty dem closter wider geben hat; Num.2 lit.b*
Reg.: RPR Nr.1631; Simon, Nr. 13, S.295; Scriba I Nr.758, S. 70

14 1312 März 17

Arros, Herr zu Breuberg (*Bruberg*) urkundet, daß Berno, Propst der Nonnen in Höchst (*Hoste*), auf sein Bitten den Berthold von Crumbach in freiem Besitz des Hofes beläßt, den er bewohnt, bis zum nächsten Tag Petri Kathedra [Febr.22], mit der Bedingung, daß Berthold 14 Tage vor oder nach diesem Tag drei Pfund Heller für die Bauunterhaltung des Hofes entrichtet werden. - Sr.: A. - *Datum* 1312 *xvi^o^ Kalendas Aprilis*.

Ausf., Perg., lat.: StAWt-R US 1312 März 17 - 1 Sg. abh. abg. - *Ober den hoff zu Crumppach; Num.3 lit.d*
Reg.: Simon, Nr. 14, S. 295

15 Fulda, 1313 November 20

Eberhard, Abt der Kirche von Fulda, urkundet, daß die Brüder Heinrich und Arroys von Crumbach (*Crumpach*), seine Verwandten, ihre Vogtei Höchst (Hŏste) mit allem Zubehör und Rechten, mit Äckern, Wiesen, Feldern, Weilern, Weiden, Wäldern, Hainen, Gewässern und Wasserläufen, die von ihm zu Lehen geht und auf die sie vor ihm verzichtet haben, dem Propst Berno und dem Konvent der Nonnen in Höchst um 250 Pfd. Heller verkauft haben, wobei ihnen das Recht des Wiederkaufs auf sechs Jahre eingeräumt wird. Von der Kaufsumme haben Propst und Konvent an Heinrich und Arroys 150 Pfd. Heller bezahlt, nachdem ihnen Währschaft geleistet wurde. Innerhalb von sechs Jahren sind den Verkäufern oder Hermann und Konrad von Bornsheim die restlichen 100 Pfd. Heller zu bezahlen, womit das Wiederkaufsrecht erlischt. Während der Sechsjahresfrist soll der Verkauf um die genannten 250 Pfd. Heller rückgängig gemacht werden können. Falls der Wiederkauf getätigt wird, versprechen die genannten Adligen für den Fall, daß sie die Vogtei verpfänden oder verkaufen wollen, diese dem Kloster vor allen anderen anzubieten. - Sr.: A., Heinrich und Arreys von Crumbach. - *Datum et actum Fulde* 1313 *xii Kalendas Decembris*.

Ausf., Perg., lat.: StAWt-R US 1313 Nov.20 - 3 Sg. anh. abg. - *Num.2 lit.c*
Reg.: Simon, Nr.15, S. 295

16 1314 Januar 3

Arreus und Heinrich, Brüder von Crumbach (*Crumpach*) verkaufen die Vogtei in Höchst (*Hoeste*) mit allen Rechten und Zugehörungen an Äckern, Wiesen, Feldern, Wäldern, Weiden, Hainen, Weilern, Gewässern und Wasserläufen, Fischereien und allen anderen Rechten dem Propst Berno und dem Konvent des Klosters Höchst um 250 Pfund Heller, mit Zustimmung des Abts Eberhard von Fulda, von dessen Abtei die Vogtei zu Lehen geht. Sie quittieren über den Kaufpreis, leisten Währschaft und verzichten auf alle Rechtsbehelfe. - Sr.: AA., Abt Eberhard von Fulda. - Actum 1314 in nonas Januarii. - Zeugen: Philipp, Dekan, Reinhard, Kantor der Kirche in Frankfurt (*Frankenfordensis*), Konrad von Steckelberg (*Stekelnberg*), Kanonikus der Mainzer Kirche, und Magister Johannes de Polonia, Advokat des Mainzer Stuhls, Ritter Eberhard gen. Moffil, Hermann gen. Halbier, Edelknecht, und andere.

Ausf., Perg., lat.: StAWt-R US 1314 Jan.3 - 3 Sg. anh. abg. - *Num.2 lit.d*
Transumpt in: StAWt-R US 1332 Aug. 9
Reg.: Simon, Nr. 16, S. 295

17 1314 März 11

Heinrich und Arroys, Brüder von Crumbach (Crumpbach) urkunden, daß sie dem Propst und dem Konvent des Nonnenklosters in Höchst (*Hoeste*) bei Breuberg (*Bruberk*) ihre Vogtei im Dorf Höchst, in Crumbach, Ober-Höchst (*Hoeste superior*), Dusenbach (*Dusinbach*), Pfirschbach (*Phirdisbach*), Annelsbach (*Onoldisbach*), Hummetroth (*Humbrechterode*) und anderen Dörfern mit allen Rechten und Zugehörungen verkauft haben. Sie verzichten ausdrücklich auf alle Rechte, leisten Währschaft und versprechen in eigener Person auf Anforderung Einlager in Dieburg (*Dyppurk*) in einem Wirtshaus zu halten mit ihren Pferden und angemessener Begleitung. - Sr.: AA. - Actum et datum anno 1314 v^{to} idus Martii. - Zeugen: Dekan und Kantor der Kirche in Frankfurt (*Frankenfordensis*), Konrad von Steckelberg (*Stekelnberk*), Kanonikus der Mainzer Kirche, und Magister Johannes de Polonia, Notar und Advokat zu Frankfurt, Heinrich von Heusenstamm (*Husinstam*), Wilhelm von Kronberg (*Croninberk*), Edelknecht, und andere.

2 Ausf., Perg., lat.: StAWt-R US 1314 März 11. - 1. Ausf.: 2 Sg. anh.: 1 besch., 2 besch. - *E; Ad Nrum.2 lit.d.* 2. Ausf.: 2 S.: 1 Rest, 2 abg. - *C; Num.2 lit.e*
Reg.: Simon, Nr. 17, S. 295f.

18 1316 März 17

Caecilia (*Cylia*), Witwe des † Ritters gen. Groschlag (*Graislåg*) verkauft ihre Vogtei in Nieder-Traisa (*inferior Treyse*), gen. an der Trostbrücke (*trusbruckin*) mit allem Zubehör, nämlich Besitzungen, Zehnten, Äckern, Wiesen, Feldern, Weiden, Gewässern und Wasserläufen an Propst Berno und den Nonnenkonvent des Klosters Höchst (*Hoiste*) bei Breuberg (*Bruberg*) für 36 Pfd. Heller, die sie von ihnen empfangen hat. Sie verzichtet auf alle Rechte und verspricht, daß ihr

Sohn und Erbe gen. Graslog (*Graislog*), wenn er zu seinen Jahren kommt, seine Zustimmung zu diesem Verkauf geben wird und verspricht Währschaft auf Jahr und Tag. - Sr.: Ritter Culmann von *Lortwilre*, ihr Vater, Ritter Jakob von *Růhe*, ihr Onkel. - Bürgen: die Sr., Ritter Heinrich gen. *Růhe*, Bruder des Jakob, und Ritter Konrad gen. von Urberg. Sie versprechen, auf Anforderung innerhalb eines Monats Einlager zu leisten mit ihren Knechten in der Stadt Dieburg (*Dypurg*) auf ihre Kosten in einem öffentlichen Wirtshaus. Sie leisten Währschaft auf Jahr und Tag. Falls einer der Bürgen abgeht, soll er durch einen anderen, gleichwertigen ersetzt werden. - *Datum et actum* 1316 *xvi°* *Kalendas Aprilis*.

Ausf., Perg., lat.: StAWt-R US 1316 März 17 - 2 S.: 1 abg., 2 besch. - *Z; Ober dreyse ain dorfe das dem foytin ist gekaufft worden; Num. 3 lit. e.*
Reg.: Simon Nr. 18, S. 296

19 1316 Juli 19

Die Richter der Aschaffenburger Kirche beurkunden, daß an Arnold, *Spisarius* des Erzbischofs von Mainz, der Weinberg des † Rudeger, Kustos der Aschaffenburger Kirche, gelegen *an der Clingenbach*, verpachtet ist von Propst, Meisterin und Konvent des Klosters Höchst (*Hoste*) auf Zeit seines Lebens für ein Drittel des Ertrags, das jährlich im Herbst zu reichen ist. Wenn Arnold stirbt, soll der Weinberg an Propst, Meisterin und Konvent zu Höchst zurückfallen. - Sr.: AA. - *Datum* 1317 *feria secunda ante die beate Marie Magdalene*.

Ausf., Perg., lat.: StAWt-R US 1316 Juli 19 - 1 Sg. abh. abg. - *Num.3 lit.f*
Reg.: Simon, Nr. 19, S. 296

20 1317 Juni 21

Friedrich gen. Klebiz (*Clebiz*) von Nalsbach verkauft von dem Viertel des Dorfs und der Vogtei zu Wiebelsbach (*Wibelsbach*), das ihm in der Teilung mit seinen Brüdern Konrad, Gerhard und Heilmann zugefallen ist, mit allen Rechten und Zubehör, nämlich Äckern, Wiesen, Feldern, Wäldern, Weiden, Gewässern und Wasserläufen, eine ewige Gült von sechs Malter Weizen, Aschaffenburger (*Asscaffinburgensis*) Maßes an Propst Berno und den Konvent der Nonnen des Klosters in Höchst (*Hosthe*) für 24 Pfd. Heller, die er von ihnen erhalten hat, mit Zustimmung seiner Brüder. Die sechs Malter sind jährlich auf seine Kosten in Höchst zwischen Himmelfahrt und Geburt Mariens zu liefern. Hierfür verpfändet er seinen Besitz in dem genannten Dorf als *underpant*. Wenn die Lieferung der Gült versäumt wird, soll sein Anteil an Dorf und Vogtei an Propst und Konvent fallen. - Sr.: Konrad, Heilmann, Hermann gen. Auman, Vogt in Otzberg (*Hotsberg*). Gerhard und Friedrich haben keine Siegel. - Zeugen: Rudolf, Pleban in Groß-Umstadt (*Omestat maiori*), Heilmann gen. von Ostheim (*Hosteim*), Renne von Habitzheim (*Habotsheim*) d.Ä., Gerlach, Schultheiß in *Unnestat* und andere. - Datum et actum 1317 xi° kalendas Julii.

Ausf., Perg., lat.: StAWt-R US 1317 Juni 21; 3 Sg. anh.: 1 besch., 2 besch., 3 Rest - *M; Ober Webelspach von Clebyß gut; Num.3 lit. g*
Reg.: Simon, Nr. 20, S. 296

21 1320 Februar 21

Bern, Propst, Irmengart, Meisterin, und der Konvent zu Höchst (*Hostin*) urkunden, daß Schwester Agnes, Herrn Hemmings Tochter, ihnen 36 Pfd. Heller geliehen hat, womit der Kinder von Lengfeld (*Lengevelt*) Gut gekauft wurde. Hierfür vermachen sie der Agnes acht Malter Korn von dem Hof, den *Wikenant* von Ober-Höchst (*Åbirn Hoiste*) besitzt. Falls es kein Korn gibt, soll man Agnes zwei Malter Hafer für ein Malter Korn geben. Sie kann dieses Korn dem Propst oder dem Konvent nach ihrem Ableben zu einem Seelgerät vermachen, andernfalls fällt es an den Propst. Sie hat drei Malter ihrer Schwester Angelune gegeben, unter der Bedingung, daß diese nach ihrem Ableben dahin gehen, wohin sie die übrigen fünf Malter vermacht hat. - Sr.: Einhart, Pfarrer zu Sandbach. - Datum 1320 in vigilia kathedra sancti Petri apostoli.

Ausf., Perg., dt.: StAWt-R US 1320 Febr.21; 1 Sg. abh., Rest - *27; Num. 3. lit. h*
Reg.: Simon, Nr. 21, S. 296

22 1324 November 29

Ar[nold] *Spiser* und Cunzele, seine Ehefrau, urkunden, daß sie den Klosterfrauen von Höchst (*Höste*) jährlich einen Schilling Heller von den vier Morgen Weingarten zu Aschaffenburg, genannt *an der Clingenbach*, geben, auf Martini [November 11]. Wenn er den Weinberg verkaufen will, soll das Kloster das Vorkaufsrecht haben. - Sr.: Stadt Aschaffenburg. - *Do man zalte von gotes gebůrth* 1324 *an sanct Andres abende.*

Ausf., Perg., dt.: StAWt-R US 1324 Nov.29; 1 Sg. abh., abg. - *Ostheym uber iiii morgen wingart; Num. 3 lit. i*
Reg.: Simon, Nr. 22, S. 296f.

23 1332 August 9

Die Richter der Kirche zu Aschaffenburg transumieren die Urkunde der Brüder Arreus und Heinrich von Crumbach (*Crůmpach*) über den Verkauf der Vogtei in Höchst (*Hoeste*) von 1314 Januar 3. - Sr.: A. - *anno domini millesimo* 1332 *die dominica, que fuit vigilia sancti Laurentii martiris*

Ausf., Perg., lat.: StAWt-R US 1332 Aug. 9; 1 Sg. abg. *ad Num. 2. lit. d.*

24 Nürnberg, 1332 August 20

Rudolf (II.) und Rupert (I.), Pfalzgrafen, urkunden, daß sie die Vogtei und Gerichtsbarkeit in Dorf und Gemarkung Höchst (*Hőste*) mit allen Rechten und Zubehörden, wie sie der Propst und der Konvent der Nonnen in Höchst von denen von Crumbach (*Crumpach*) gekauft und bisher besessen haben, auf Bitten von Heinrich, Abt zu Fulda, von dem sie und ihre Vorfahren diese Vogtei und Gerichtsbarkeit zu Lehen haben, zu ihrem und ihrer Eltern Seelenheil geschenkt haben. - Sr.: AA. - *Datum in Nüremberg* 1332 *feria quinta post assumptionis beate virginis Marie.*

Ausf., Perg., lat.: StAWt-R US 1332 Aug.20 - 1 Sg. abg. - *Ober dy faudye; D; Num. 2 lit. f*
Dr.: Simon, Nr. 23, S. 296f.
Reg.: Scriba 901; RPR 2135

25 1336 Juni 25

Die Richter der Aschaffenburger Kirche urkunden in der Sache des Klerikers Syffrid gen. *Meckescuz*, Notar des Grafen Rudolf (III.) von Wertheim (*Wertheym*), der durch Berno, Propst des Nonnenklosters Höchst (*Hoste*) bei Breuberg (*Bruberg*) auf die Pfarrkirche in König *(Kuntiche)*, die durch den Tod des Pfarrrektors Craftho vakant wurde, präsentiert worden ist, einerseits, und dem Subdiakon Heinrich von *Eycherdingen*, der auf diese Kirche durch Ulrich gen. Pavey und Heinrich gen. von *Hyrtzberg*, Edelknechte, ebenfalls präsentiert wurde, andererseits. Der vor das Gericht gebrachte Fall soll bis Dienstag nach Johannes des Täufers Geburt [Juni 25 ?] entschieden werden, wobei beide Teile versprochen haben, sich dem Spruch des Gerichts zu beugen, unter Androhung einer Strafe von 40 Mark Silber. Nach Einsicht der Akten und Erwägung der Umstände wird entschieden, daß Syffrid investiert und dem Heinrich Stillschweigen geboten, ihm aber von Syffrid als Ersatz seiner Unkosten zwölf Pfd. Heller bezahlt werden soll, und zwar sechs an Bartholomaei [August 24] und sechs an Martini [November 11]. - Sr.: AA. - *Datum* 1336 *in crastino sancti Johannis Baptiste superius annotato.*
Ausf., Perg., lat.: StAWt-R US 1336 Juni 25 - 1 Sg. abg. - *K; Num. 6 lit. b*
Reg.: Simon, Nr. 24, S. 297

26 ca. 1340

Syfrid (*Syferid*) Pavey (*Pavei*), Ritter, und Adelheid (*Adilheid*), seine Ehefrau, geben zu einem Seelgerät (*selgerete*) dem Kloster Höchst (*Hoste*) 10 Schilling Heller Einkünfte an Martini zu König (*Kůntiche*) von ihrem Eigen, dem Hof, genannt *Paveiges hof*, für die Seele seines † Vaters *Syfrid* und seiner Brüder Albrecht und Eberhard, damit deren Jahrzeit begangen wird, wie es in Klöstern und Stiften üblich ist. Von diesem Seelgerät soll man an Pauli Bekehrung [Juni 30] jeder Klosterfrau vier Heller geben. Zeugen: Herr Konrad von Babenhausen (*Babinhůsin*), Herr Konrad *der scribere*, *Baleiz*, sein Eidam, und Heinrich Pavey (*Pavei*). - Sr.: der A. - ohne Datum.

Ausf., Perg., lat.: StAWt-R US ca. 1340 - 1 Sg. abg.; Moderflecken und -löcher. *- Paueys hoff zu kunthe, x ß hal. - Num 3. lt. w.*
Reg.: Simon, Nr. 38, S. 299f.

27 1345 Januar 10

Ritter Starkerad von Breuberg (*Bruberg*) setzt zu seinen Testamentsvollstreckern (*getruwenhenderen*) seinen Bruder Hermann und seine Kinder Albrecht, Heinrich und Jutte ein und bestimmt, daß er zu Höchst (*Hoeste*) begraben sein will, wo seine † Ehefrau Mechtild begraben ist. Dem Kloster vermacht er seinen Zelter (*zeldin pfert*) und seinen Harnisch, deren Gegenwert für eine ewige Gült angelegt werden soll, zugunsten seiner Jahrzeit in dem Konvent. Ferner setzt er seiner Tochter Jutte in dem Kloster eine Korngült von zwei Maltern aus, von Mendewins Gut zu König (*Kuntyche*) auf ihre Lebzeit, danach soll sie den Siechen im Siechenhaus zugute kommen. Die Urkunde über sein Testament (*selgerede*) soll im Kloster aufbewahrt werden. Für 16 Kirchen im Umkreis stiftet er für jede Kirche fünf Schilling Heller zum Bau und jedem Priester dieser Kirchen ebenfalls fünf Schilling Heller, damit sie für sein Seelenheil beten. Dem Konvent zu Himmelthal (*Hẏ̊meltail*) vermacht er zwei Pfd. Heller und seiner Tochter daselbst zwei Malter Korngült von seinem Teil des Zehnten zu Mömlingen (*Mymmelingen*), die sie ihr Lebtag nutzen und die danach an seine Erben fallen sollen. Dem Konvent zu *Nyroldes* (Meerholz) vermacht er zwei Pfd. Heller und seiner Tochter Metze daselbst zwei Malter Korngült, ebenfalls von seinem Teil an dem Zehnten zu Mömlingen, die sie ihr Lebtag nutzen und die danach ebenfalls an seine Erben fallen sollen. Dem Konvent zu Steinbach vermacht er ebenfalls zwei Pfd. Heller und seiner Tochter Grete daselbst zwei Malter Korngült, wovon das eine Gerung Karge von Langen-Brombach (*Langenbrambach*), das andere von Karges Hof daselbst gereicht werden soll. Diese soll sie ihr Lebtag nutzen und sie sollen danach an seine Erben fallen. Er bestätigt auch mit diesem Testament seine Stiftung von zwei Malter Korngült zu Rimhorn (*Rymhorn*), eines für die Lichter von dem Acker gen. *Fetderwi̊hs* zu Fürstengrund, das andere für den Priester, der daselbst singt, von seinem Hof gen. Drachenhof. Dafür soll man seiner und der Seele seiner † Ehefrau Mechtild gedenken. Dazu vermacht er dem Priester, der bei seinem Tod zu Rimhorn wohnt, seine bunten Kleider, damit er für seine Seele bete. - Sr.: A., Albrecht und Heinrich, seine Söhne. - *Daz geschehin ist* 1345 *an dem Mandage nach dem Zwelften.*

Ausf., Perg., dt.: StAWt-R US 1345 Jan.10 - 3 Sg. anh.: 1 abg.; 2 besch., 3 abg. - *15; Ein brieff von herrn starkarts selgen von Bruberg uber zwey malter korns zu Kunche; Num.3 lit.k*
Reg.: Simon, Nr.26, S. 297f.

28 1353 November 18

Graslog, Propst zu Höchst (*Hoeste*), Elisabeth, Meisterin, und der Konvent urkunden, daß Albert Duborn, Mechtild, seine Ehefrau, und ihre Erben eine ewige Korngült von vier Maltern und ein Malter Hafergült von ihren Äckern zu Obernhöchst, die Konrad Karge inne hat, wovon zwei Malter für ein ewiges Licht in der Kirche zu Höchst, ein Malter auf den ersten Montag im Advent und das andere Malter auf den ersten Montag in der Fastenzeit und auf jeden Montag ein halbes Malter Hafer oder Geld nach dem jeweiligen Wert für den Kaplan des Konvents zu Höchst gereicht werden soll. Propst, Meisterin und Konvent versprechen, Messe oder Vigil zu singen oder zu lesen an den vorgenannten Tagen. Falls dies nicht geschieht, können Albert Duborn, seine Ehefrau Mechtild oder ihre Erben die Gült wieder an sich nehmen. - Sr.: AA. - *Datum et actum* 1353 *feria secunda post festum sancti Martini episcopi.*

Ausf., Perg., dt.: StAWt-R US 1353 Nov.18 - 2 Sg. anh.: 1, 2 besch. - *29; Num.3 lit.l*
Reg.: Simon Nr. 27, S. 298

29 — 1356 Februar 27

Ůlyn von dem Werde und *Bynzel*, seine Ehefrau, verkaufen der Meisterin Elisabeth zu Höchst (*Ho^e ste*) und dem Konvent daselbst das Gut, auf dem Heylmann *Slůrle* sitzt, um 18 Pfd. Heller, die sie empfangen haben. Sie verkaufen damit auch alle Rechte, insbesondere einen Zins von zehn Schilling Heller und ein Fasnachtshuhn mit seinen Rechten, ihre Gewalt und die Herberge und ein Brot zu Weihnachten oder zwei Schilling Heller dafür. Heylmann Slůrle und Gutte, seine Ehefrau, anerkennen die vorgeschriebenen Bedingungen, insbesondere, daß es ein Laßgut (*laz gůde*) sein soll, das 14 Tage vor oder nach dem Peterstag gegen Ersatz der Baukosten nach Landesgewohnheit gekündigt werden kann. - Zeugen: Albrecht Starkerad und Arnold von Freienstein (*Friensteyn*), Edelknechte, Herburt und Eberhard von Crumbach (*Crumpach*) und Heylmann *Slurle*. - Sr.: A. - *Daz geschach dů man zalte* 1356 *an deme samezdage noch sente Matyas dage des heyligen aposteln.*

Ausf., Perg., dt.: StAWt-R US 1356 Febr.27 - 1 Sg. abh. Rest - *Die Slorn zu Webelsbach; Num.3 lit.n*
Reg.: Simon Nr. 28, S. 298

30 — 1356 September 16

Groschlag (*Grasloc*), Propst, Elisabeth, Meisterin, und der Konvent zu Höchst (*Hoeste*) bekennen, daß der Konvent, die Kustorei (*kusterie*), Jungfrau *Heylke* und ihre Basen (*niftel*) Kunigunde (*Kuse*) und Agnes (*Nese*) eine Gült von 10 Pfd. von *Daubes* Erben für 100 lb. Heller gekauft haben. Die Gült soll ihnen jährlich auf Michaelis gereicht werden von dem großen Hof zu Lengfeld (*Lengefelt*). Die Hälfte dieses Hofs soll ihnen als Pfand dienen, für den Fall, daß die Zahlung der Gült versäumt oder verspätet würde, so daß sie dann den halben Hof genießen sollen, bis man sie ohne Abzug bezahlt. Sie können die Gült innerhalb des Klosters verwenden, wie sie wollen, auch soll der Propst jederzeit das Wiederlösungsrecht wahrnehmen können. - Sr.: A., Konvent. - ...*da man zalte* 1356 *an dem fritage nach des heyligen cruzes dage.*

Ausf., Perg., dt.: StAWt-R US 1356 Sept.16 - 2 Sg. abg. - *Das convent zu Hoest kaufft oder loest ahn sich 10 lb. heller jahrlich ziens, hat der probst die wiederlosung. 36; Num.3 lit.m*

31 1357 Juni 16

Arnold von Freienstein (*Frienstein*), Albrecht Starkrat und Hennchin von Raibach (*Reybach*), Edelknechte, entscheiden in dem Streit zwischen der Herrschaft Breuberg (*Bruberg*), nämlich Eberhard (I.), Grafen zu Wertheim, Luckard, Frau zu Eppstein, Konrad, Herrn zu Weinsberg (*Winsperg*) einerseits und Groschlag (*Graslok*), Propst zu Höchst (*Hôhste*) andererseits, wegen der Bestätigung und Entsetzung des Centgrafen in dem Landgericht zu Höchst. Nach Einziehung der Kundschaft bei Edlen und Unedlen auf ihren Eid, hat der Propst zu Höchst nicht mehr Recht wie ein anderer Märker bei Einsetzung und Entsetzung des Centgrafen. Wenn die Schöffen und das Landvolk im Landgericht zu Höchst einen Centgrafen gewählt haben, so sollen sie das der Herrschaft Breuberg oder ihren Amtleuten verkünden und diese sollen den Centgrafen bestätigen von des Landes wegen. Wäre aber einmal keine Herrschaft von Breuberg da, oder wären keine Amtleute da, die das täten, so kann ein vom Landvolk dazu gewählter *bůreman* von Breuberg oder der Propst oder sonst ein Landmann im Landgericht den Centgrafen bestätigen von des Landes wegen. Deshalb soll aber der Betreffende nicht mehr Rechte haben wie ein anderer Märker. - Sr.: AA. - *Geben* 1357 *uff den nehsten fritag nach sant Vits tag des heiligen Martirers.*

Ausf., Perg., dt.: StAWt-G XIII, 183 - 3 Sg. anh.: 1-3 - *Ein richtunge zuschen gr. Eberhart von Wertheim, frauwen Luckart von Eppinstein und des von Winsperg uff ein und eins probsten zu Hoeste uff die ander seite von eins zentgrafen wegen; 1357; Nro.28*

32 1368 November 29

Heinz Klur von Nauses (*Hônsnůsezze*) verkauft der Meisterin und dem Konvent des Klosters Höchst (*Hoiste*) mit Ausnahme eines Baumgartens und eines Hauses alles sein Gut in dem Dorf Nauses, nämlich zehn Morgen Acker um zehn Pfd. alter Heller, die er von ihnen schon vor längerer Zeit erhalten hat. Er leistet Währschaft auf Jahr und Tag nach Landesrecht. - Sr. auf Bitten des A.: Dietrich, Pfarrer zu Sandbach (*Sampach*) - ... *der geben wart* 1368 *uf den nehsten mitwochen vor sant Andreas tage des heiligen zwolfboten.*

Ausf., Perg., besch., dt.: StAWt-R US 1368 Nov.29 - 1 Sg. abg. - *Num.3 lit. o*
Reg.: Simon, Nr.29, S. 298

33 1370 November 26

Eberhard Schelm und Metza, seine Ehefrau, geben Groschlag (*Graslog*), Propst zu Höchst, und Sibylle (*Stille*), Meisterin, und dem Konvent zu Höchst (*Hoeste*) 100 fl. auf den Zehnten zu Huppelnheim (*Hopphilnheym*), wie sie ihn bisher besessen haben und weiterhin nutzen sollen. Das Darlehen kann vom Kloster 14 Tage vor oder nach Petri Kathedra [Februar 22] mit 100 fl. in Gold oder für einen fl. mit 24 Schilling Heller Frankfurter Währung abgelöst werden, worauf dem Kloster die Urkunde zurückgegeben und der Zehnte unbelastet sein soll. - Sr.: A. - *Datum* 1370 *in crastino beate Katherine virginis.*

Ausf., Perg., dt.: StAWt-R US 1370 Nov.26 - 1 Sg. abh., Rest - *Der zehende zu Hoppelnheym stelt Eberhart Schelmen hundert gulden uf der probsty; Bb; Num.3 lit.p*
Abschr. (16. Jh.), Pap.: StAWt-G 24/192
Reg.: Simon, Nr.31, S. 298

34 — 1371 Februar 5

Heinrich Ring (*Ryng*) von Armsheim, Edelknecht, und *Gůdel*, seine Ehefrau, urkunden wegen der Gült von 40 Pfd. Heller Frankfurter (*Frankenforder*) Währung und 40 Malter Korn Dieburger (*Dyppurgir*) Maß, die sie gekauft haben von Groschlag (*Graslog*), Propst des Klosters zu Höchst (*Hőste*), Sybille (*Byel*), Meisterin, und dem Konvent daselbst, daß sie ihnen diese wieder für 800 Pfd. Heller verkaufen wollen, 14 Tage vor oder nach Petri Kathedra [Februar 22]. - Sr.: A., auch für seine Ehefrau, weil diese kein Siegel hat - *Datum* 1371 *ipso die beate Agathe virginis.*

Ausf., Perg., dt.: StAWt-R US 1371 Febr.5 - 1 Sg. abh., abg. - *Num.3 lit.q*
Reg.: Simon, Nr. 32, S. 298f.

35 — 1372 Juni 15

Schenk Johann von Erbach, Domherr zu Würzburg, und Schenk Konrad, sein Bruder, gen. Schenk Rauch, bestätigen, daß Meisterin und Konvent zu Höchst (*Hoste*) jährlich mit 350 fl. ihr Dorf Traisa (*Dreyse*) von ihnen auslösen können, das sie ihnen versetzt haben, gemäß der Urkunde, die das Kloster von ihnen hat. - Sr.: Schenk Konrad, auch für seinen Bruder. - ...*gebin 1372 uff sant Vites dag.*

Ausf., Perg., dt.: StAWt-R US 1372 Juni 15 - 1 Sg. abh. abg. - *Uber das dorff Dreyse versaczung den schencken; Num.3 lit.r*
Dr.: Simon, Nr.86, S.89

36 — Mergentheim, 1373 August 12

Kurfürst Ruprecht (I.) d.Ä. von der Pfalz überträgt Graf Johann (I.) von Wertheim die Vogtei über Kloster und Dorf Höchst (*Hoeste*) und verpflichtet sich, darin dessen Rechte zu wahren, allenfalls später aufgefundene Urkunden nicht zu seinem Schaden auszunutzen, vorteilhafte aber ihm auszuliefern. - Sr.: A., Pfalzgraf Ruprecht (II.) d.J., sein Brudersohn. - ...*zu Mergetheim uff den neysten frytag nach sandt Laurentzien dage* 1373.

Transumpt im Vidimus des Abts von Bronnbach 1427 Dez.22: StAWt-G V C 6 - 1 Sg. anh. - *T; Ubergebung der fogthey zu Host etc.*
Abschr. (um 1600): StAWt-G 24/187

37 1376 November 24

Gernolt Bache, Edelknecht, und Grete (*Gred*), seine Ehefrau, geben eine jährliche Gült von ½ Malter Korn zu Heubach (*Heippach*) auf ihrem Gut, gen. das *Wurmynn* Gut, und zwar von dem Teil, der ihnen frei eigen zugehört, den Klosterfrauen zu Höchst (*Host*) zu einem Seelgerät, wofür ihnen die Gült jährlich zwischen Mariä Himmelfahrt und Geburt von dem, der das Gut inne hat, frei gereicht werden soll. Dafür sollen die Klosterfrauen die AA. und ihre Erben in ihr Seelbuch schreiben und ihrer gedenken, wie bei ihnen gebräuchlich ist. Geschieht dies nicht, können die AA. oder ihre Erben die Gült wieder an sich nehmen. - Sr.: Gernolt Bache, auch für seine Ehefrau, die kein Siegel hat, Heinrich Bache, sein Bruder. - 1376 *an sante Katharinen obent der heiligen juncfrauwen.*

Ausf., Perg., dt.: StAWt-R US 1376 Nov.24 - 2 Sg. anh.: 1 besch., 2 Rest - *Litera uber ½ malter korn zu Heyppach; I; Num.3 lit.s*
Reg.: Simon, Nr. 33, S. 299

38 1377 April 22

Engelhart von Frankenstein (*Franckenstein*), Ritter, Jutta seine Ehefrau, und alle ihre Erben urkunden, daß sie als Pfand die Mühle zwischen Lengfeld (*Lenngfelt*) und Habitzheim (*Habetshein*) vom Propst und dem Konvent zu Höchst (*Höest gelegen bey Brewberg*) inne haben. Diese können sie von ihnen mit 60 Gulden *Franckfurter werung* jederzeit auslösen und die Bauunterhaltung ersetzen, nach Erkenntnis von drei Müllern. Engelhart urkundet ferner, daß er aus der Mühle 5 Morgen Acker *gelegen uff dem mulen berg gein Lenngfelt* verliehen hat, die wieder zurückgegeben werden sollen, wenn der Propst oder der Konvent die Mühle auslösen. - Sr.: Engelhart von Frankenstein. - 1377 *crastino Georgii martiris.*

Abschr. (16. Jh.), Pap.: StAWt-G 24/192

39 1377 Mai 11

Heinrich Groschlag (*Graslog*) von Dieburg *(Diepurg*), Ritter, urkundet wegen der 18 Malter Korngült, Aschaffenburger Maßes, die *Mechtild* und Euphemia (*Femel*) von Raibach (*Reubach), Lise* von Vockenhofen (*Vockinhofin*), *Irmele Graslockin, Heilecke* von Weiler (*Wiler) und Irmel von Werberg*, Konventfrauen zu Höchst (*Hőste*), Benediktiner Ordens, bei Breuberg (*Bruberg*) gelegen, von Elheyde *Etslean*, Witwe Sibolds von Weiler (*Wiler*), Gerhard, Eppechin, Sibold und Henne, ihren Söhnen, Anne und Christine ihren Töchtern, *Cunen von* Rodenhausen (*Rodinhusin*) ihrem Eidam, Heilickin dessen Ehefrau und Fritz von Breitenbach *(Breydinbach*), der vorgenannten Elheyde Eidam, gekauft haben. Hierfür haben sie ihnen ihren Hof zum Unterpfand gesetzt, gelegen zu Klein-Umstadt (*Umstad in dem dorffe*), den die *Clemmen* besitzt, und ihren Hof zu Straßbessenbach *(Nydern Bessinbach*), genannt der alte Hof, mit allem was dazu gehört. Wenn die vorgenannten Verkäufer die genannte Gült nicht jährlich zwischen Mariä Himmelfahrt und Geburt reichen, sollen die genannten Unterpfänder ihm oder seinen Erben nach Ausweis der von den Verkäufern den Klosterfrauen gegebenen Urkunden verfallen sein. Heinrich *Graslog* gelobt für den Fall, daß die Unterpfänder in seine Hand kommen, daß er den genannten Klosterfrauen die jährliche Gült reichen wird, widrigenfalls diese die Unterpfänder zur Hand nehmen können, um sie zu versetzen, zu verkaufen oder selber zu behalten. - Sr.: A. - *Datum* 1377 *feria secunda ante festum Penthecoste.*

Ausf., Perg., dt.: StAWt-R US 1377 Mai 11 - 1 Sg. abh. Rest - *Den Clemmen hoff in umstad; Heinrich Graschlog verschreibung über 18 viertel Korngülde uff dem Clemmen Hof zu Umstadt; Num.3 lit.t*
Reg.: Simon, Nr.34, S. 299

40 1378 Juni 5

Bern und Engelhart von *Usselbach*, Edelknechte, urkunden über die Äcker, die ihnen Johann von Rohrbach, Propst zu Höchst (*Hoste*), und Sybille (*Stille*), Meisterin, und der Konvent daselbst geliehen haben, gelegen auf der Hohenhart (*Hohinhart*) bei Otzberg für drei Malter Korn, Umstädter Maß, die jährlich zwischen Mariä Himmelfahrt und Geburt nach Otzberg in ein Haus, wohin sie wollen, geliefert werden sollen. Wird die Korngült nicht gereicht, sollen die genannten Äcker dem Kloster verfallen sein, das darüber frei verfügen kann. - Sr.: Engelhart von Usselbach, auch für seinen Bruder Bern, der kein Siegel hat. - *Datum* 1378 *in die sancti Bonifacii martiris.*

Ausf., Perg., dt.: StAWt-R US 1378 Juni 5 - 1 Sg. abg. - *Der brieff uber die Hohenhart [?] iii malter korn sol die probsty daruff haben; Num.3 lit.u*
Reg.: Simon, Nr. 35, S. 299

41 1391 Juni 29

Johann von Rohrbach, Propst zu Höchst (*Hoste*), urkundet: nachdem er dem Edelknecht Albrecht von Eicholsheim (*Rychelsheim*) den der Propstei gehörigen Zehnten zu Wald-Amorbach (*Wüsten Ammerbach*) für 40 fl. versetzt hat, haben ihn Meisterin und Konvent mit seiner Zustimmung ausgelöst, so daß sie ihn nutzen und nießen sollen zu einem Seelgerät ohne Einrede eines Propstes. Jedoch ist ausbedungen, daß dieser mit 40 fl. in Gold in einer Summe 14 Tage vor oder nach Petri Kathedra [Februar 22) für die Propstei ausgelöst werden kann. - Sr.: A. - *Datum* 1391 *in die beatorum Petri et Pauli appostolorum.*

Ausf., Perg., dt.: StAWt-R US 1391 Juni 29 - 1 Sg. abg. - *Num.3 lit.v*
Reg.: Simon, Nr. 36, S. 299

42 1391 November 29

Friedrich, Abt zu Fulda, Karl, Dechant, und der Konvent des Stifts, urkunden, daß Yrmel Waltmann, Meisterin, Yrmel Groschlag (*Graßlogk*) und Ottilie Stumpf, Klosterfrauen zu Höchst (*Hoheste*), ihnen vorgebracht haben, daß es in ihrem Kloster an einem Priester mangle, der Messe lese, weshalb sie mit Hilfe ihrer Verwandten und Beiträgen anderer Leute eine ewige Frühmesse stiften wollen, auf dem Nikolaus-Altar in der Klosterkirche zu Höchst, und haben darum gebeten, die Zustimmung dazu zu erteilen. Da das Kloster Höchst dem Stift Fulda zugehört, geben sie ihre Zustimmung zu der Meßstiftung, mit der Bestimmung, daß diese von der Meisterin des Klosters verliehen werden soll, und zwar an einen Weltpriester (*leyen phaffen*), der bereits Priester ist oder binnen Jahresfrist wird. Der Frühmesser soll sich dem Propst zu Gehorsam verpflichten und seine Messe ohne Nachteil des Propstes oder Konvents halten, und soll das, was bei der Frühmesse geopfert wird, dem Propst ausfolgen. Er soll nichts ohne Zustimmung des Propstes unternehmen und sich so verhalten, wie es einem Priester gebührt. - Sr.: Abt Friedrich (mit dem großen Siegel), Dekan Karl und der Konvent (mit dem Konventssiegel). - *Geben* 1391 *an sente Andreaß abunde.*

Ausf., Perg., dt.: StAWt-R US 1391 Nov.29 - 2 Sg. anh.: 1 Rest, 2 abg. - *Uber die frumeß; Num.6 lit.c*
Reg.: Schannat, S. 182; Simon, Nr.37, S. 299; Scriba I, 121 Nr.1302; Inventare der nichtstaatlichen Archive im Volksstaat Hessen, S. 365.

43 1402 Juni 6

Sophie Kreis (*Fyhe gen. Kreyßen*) von Bürgstadt (*Burgestad*), Meisterin, und der Konvent des Klosters Höchst (*Hohste obewendig Bruberg gelegen*), urkunden wegen der Gült, die sie bisher jährlich eingenommen haben zu Mömlingen (*Momelingen*) von dem Gut genannt Fritzchens (*Fritzechins*) Gut, das jetzt Konrad gen. *Schencke* inne hat, nämlich ein Malter schönes Korn, ein Malter guten Hafer, jährlich zwischen Mariä Himmelfahrt und Geburt, sieben Schillinge weniger vier Heller an Martini und ein Fastnachtshuhn mit allen seinen Rechten. Sie haben diese Gült verkauft nach Herkommen des Gerichts zu Mömlingen (*Momelingen*), in welches das genannte Gut dingpflichtig ist, an Heinrich gen. Mömlinger (*Momelinger*), Bürger zu Obernburg (*Obirburg*), und Else, dessen Ehefrau, um 25 gute Gulden, die sie erhalten haben. - Zeugen: Herr Johann, Pfarrer (*perner*) zu Mömlingen (*Momelingen*), Konz Hildebrant, Schultheiß und Schaffner zu Höchst (*Hohste*), Henne zu der Brucken, Henne gen. Walde, Henne Gůgerich, Schöffen und Landsiedel zu Mömlingen (*Momelingen*) und andere ehrbare Leute. - Sr.: Meisterin und Konvent mit dem Konvents- und Klostersiegel. - *Datum anno domini* 1402 *feria tertia proxima post diem sancti Bonifatii martiris gloriosi.*

Ausf., Perg., dt.: StAWt-R US 1402 Juni 6 - 1 Sg. abh. - *Momlingen; E II; Ein brieff fyhe Creysinn einer meisterine zu Hoeste, als sie etlich korn und habergulte zu Momlingen Heinrich Momlinger uff ainem gut genant Frizechins gut zu Momlingen.*

44 1404 Juni 24

Konrad Herr zu Bickenbach, Burggraf zu Miltenberg, urkundet wegen des Zehnten zu Mümling-Grumbach (*Crumpach*), den er von Kunigunde (*Contzel*) [von Aulenbach], Meisterin zu Höchst (*Hoest*) und dem Konvent daselbst um 300 fl. rh. gekauft hat, daß sie den Zehnten um die genannte Summe jederzeit zurückkaufen können, wie dies der Kaufbrief, den sie ihm gegeben haben, ausweist. - Sr.: A. - *Datum* 1404 *ipsa die beati Johannis Baptiste in messe.*

Ausf., Perg., dt.: StAWt-R US 1404 Juni 24 - 1 S., Rest - *Der zehen zu Crumpach ist verphant. Disen brief sal man wol behalten bei der mentzschen quittanz; Num.4 lit.a*

Abschr. (gleichzeitig): StAWt-G 24/188, eingelegt in die Rechnung des Klosters Höchst von 1472/73
Reg.: Simon, Nr. 41, S. 300

45 Breuberg, 1421 August 8

Ludwig, Patriarch von Aquileja (*Sancte sedis Aquilegiensis patriarcha*) gewährt dafür, daß die Altäre des Nonnenklosters Höchst (*Høste*), Augustiner Ordens, nämlich einer auf der linken Seite des Chors, geweiht dem Herrn, als er am Tag des Mahls sprach: ‚Vater laß diesen Kelch an mir vorübergehen', sodann der Jungfrau Maria, den hl. drei Königen, den Zehntausend Märtyrern, den Hll. Erasmus, Michael, Martin und Anna, und ein weiterer auf der rechten Seite, geweiht dem hl. Kreuz, den Hll. Valentin, Jodocus, Barbara, Dorothea und Ottilia, um so regelmäßiger und lieber von den Gläubigen zur Verehrung aufgesucht werden, wenn diese sich durch die Gewährung himmlischer Gnade reichlich belohnt sehen, allen Bußfertigen, welche die genannten Altäre an den betreffenden Festtagen, ferner an den Tagen der Geburt, Beschneidung, Epiphanie, Auferstehung und Himmelfahrt unsers Herrn, an Pfingsten und Fronleichnam, sodann an den Festen Mariä Geburt, Lichtmeß, Verkündigung, Heimsuchung, Himmelfahrt und Empfängnis, weiterhin an den Festen der Zwölf Apostel und an Allerheiligen aufsuchen und zu deren Unterhaltung und Schmuck bereitwillig beitragen, sowie auf allerlei Weise vom Erbarmen des allmächtigen Herrn und seiner Gebärerin Maria und von den Verdiensten und der Vermittlung der Apostel Petrus und Paulus und der Märtyrer Hermagor und Fortunatus - der Patrone des Ausstellers - sowie aller Heiligen Bekenntnis ablegen, einen Ablaß von 40 Tagen. - Sr.: A. - *Datum in Bruberg* 1421 *die octava mensis Augusti quartadecima inditione.*

Ausf., Perg., Beschädigung mit geringem Textverlust: StAWt-R US 1421 Aug.8 - 1 Sg. abg. - Auf dem Umbug: *Ge de Reysnicz*; Rv.: *Indulgentiae dem Closter Hoest von Ludovico Patriarcha Aquilegiensis geben; Num.6 lit.d*
Dr.: Schannat, Nr.132, S. 324.
Reg.: Simon, Nr. 48, S. 301; Scriba I, S. 142, Nr. 1537

46 1424 Oktober 22

Kunigunde von Aulenbach (*Contzeln von Ulbach*), Meisterin des Frauenklosters zu Höchst (*Hoeste*) unter Breuberg (*Bruberg*), und der Konvent daselbst, urkunden, daß ihnen Konrad d.Ä. Schenk zu Erbach 20 fl. gegeben hat, damit sie das

Gedächtnis seines Vaters und seiner Mutter und seiner † Ehefrau Margarete Landschad, Schenkin zu Erbach, und seiner Schwester Anna Schenkin, Gräfin zu Löwenstein, und das seinige nach ihrer aller Tod mit einer gesungenen Vigilie und einer gesungenen Seelmesse am Montag nach Oculi begehen. Für den Fall, daß sie im Interdikt wären, soll dieser Gottesdienst am darauffolgenden Montag, nachdem sie aus dem Interdikt gekommen sind, gehalten werden. Sie setzen ihm ihre Mühle zu Mümling-Grumbach (*Crompach an der Momgelinge*) zu Pfand, für den Fall, daß sie dieses Begängnis versäumen, so daß er die Gült, die in diesem Jahr von der Mühle fällt, einnehmen kann. - Sr.: AA. (mit dem Konventssiegel), Propst Simon von Weldenstein. - *Datum* 1424 *dominica die post festum Luce Evangeliste*.

Ausf., Perg., dt.: StAWt-R US 1424 Okt.22 - 2 Sg. anh. abg. - *der Schencken briff uber die begengkniß; Num.4 lit.b*
Dr.: Simon Nr. 202, S. 201f.

47 1448 November 24

Reinhart *Omsteter* zu Nieder-Klingen (*Nyderclingen*) und seine Ehefrau Else urkunden, daß sie von Ida Schenkin von Erbach, Meisterin, und dem Konvent des Klosters zu Höchst (*Hoest*) unter Breuberg (*Bruberg*) eine Urkunde mit folgendem Wortlaut haben:

Ida Schenkin zu Erbach, Meisterin, und der Konvent des Klosters Höchst (*Hoeste*) verleihen Reinhart Omsteter und seiner Ehefrau Else ihren Hof zu Nieder-Klingen, der zu ihrem Stiftungsgut (*selgerethe*) gehört, mit allem Zubehör an Äckern oder Wiesen, wie sie ihn seither besessen haben, zu Erblehen, wofür sie ihnen jährlich zwischen Mariä Himmelfahrt und Geburt elf Malter Korn und elf Malter Hafer und ein Malter Knechtkorn, alles Dieburger Maß geben sollen, und sollen diese nach Dieburg (*Dippurg*), Umstadt (*Omstat*) oder Höchst (*Hoeste*) oder sonst eine Meile Wegs auf ihre Kosten fahren auf ein Kornhaus, wohin sie vom Konvent gewiesen werden. Ferner soll er dem Konvent zu Weihnachten ein Weihnachtsgeschenk geben und an Ostern ein halbes Kalb und alle Jahre ein Fastnachtshuhn geben, wie es von einem Hof üblich ist. Dafür hat er als Unterpfand eingesetzt zwei Morgen Acker *in der Halden* oberhalb Nieder-Klingen, die Weingarten waren und an der *Rabennolt* Äcker stoßen, wo auch Weingarten waren. Wenn Omsteter und seine Ehefrau die Gültzahlung versäumen, kann der Konvent den Hof zu Nieder-Klingen und die genannten Äcker an sich nehmen und weiter verleihen oder selbst behalten und damit tun, wie mit eigenen Gütern, die in ihr Stiftungsgut gehören. Omsteter und seine Ehefrau sollen den Hof in Bau halten und bessern, nämlich mit einer Scheuer und einem Haus, wie er sie von seinem Vater bekommen hat und vom Konvent verliehen wurde. Wenn er Stroh wegfährt, soll er ebensoviel Mist darauf fahren, wie es sich gebührt. Omsteter und seine Ehefrau versprechen, dies alles einzuhalten. - Erbetener Sr.: Johannes Schrott, Keller zu Otzberg (*Otzbergk*) - *Geben uff sontag vor sant Katherin tag* 1448.

Ausf., Perg., dt.: StAWt-R US 1448 Nov.24 - 1 Sg. abg. - *Num.4 lit.c*
Reg.: Simon, Nr. 55, S. 302f.

48 Aschaffenburg, 1448 Dezember 22

Erzbischof Dietrich (*Theodericus*) von Mainz (*Maguntinensis*) urkundet auf Bitten von Meisterin (*magistra*) und Konvent des Klosters Höchst (*Hoest*), Augustiner Ordens, Mainzer Diözese, zur Reformation und Erhaltung des klösterlichen Standes und des Gottesdienstes, daß sich die Einkünfte, die vor alters zur Erhaltung der Klosterpersonen gestiftet worden sind, durch Kriege (*guerras*), Einquartierungen (*hospitalitates*) und andere Belastungen so verringert haben, daß sich Priorin (*priorissa*) und Konvent von den Einkünften nicht mehr erhalten können, wenn ihnen nicht anderweitig Hilfe zuteil wird, weshalb sie darum gebeten hatten, ihrem Kloster die Kapelle zu St. Peter in Ober-Klingen (*Clingen*), Mainzer Diözese, deren Patronatsrecht (*collacio, presentacio*) Meisterin und Konvent seit alters zusteht, zu inkorporieren. Er inkorporiert dem Kloster daher die genannte Kapelle mit allen Einkünften und Zugehörungen, so daß Meisterin und Konvent nach Abgang des gegenwärtigen Priesters (*rector*) ohne weiteres von dieser Besitz ergreifen und deren Einkünfte in ihren Nutzen wenden können, doch so, daß die Kapelle nicht ihres Gottesdienstes beraubt wird. - Sr.: A. - *Datum Aschaffemburg die vicesima secunda mensis Decembris* 1448.

Ausf., Perg., lat.: StAWt-R US 1448 Dez.22 - 1 Sg. abh. besch. - *N.; Num. 6 lit.g.*
Reg.: Inventare der nichtstaatlichen Archive im Volksstaat Hessen, S. 365

49 1452 November 26

Ida Schenkin von Erbach, Meisterin des Klosters Höchst (*Hoeste*) unter Breuberg (*Brubergk*) urkundet, daß sie den Altar Unserer lieben Frau in der Kirche zu Höchst neu errichtet und dazu drei ewige Messen, jede Woche darauf zu lesen, gestiftet und dazu die nachstehenden Zehnten und Güter gegeben hat, nämlich den großen Fruchtzehnten zu Kirch-Brombach (*Kirchbrambach*), den sie auf Wiederlösung um 400 fl. gekauft hat, und den großen und kleinen Zehnten zu Höchst (*Großen Hoest*) mit Ausnahme des Flachszehnten, ferner etliche Güter in dem Dorf Dusenbach für 160 fl. Diese Zehnten und Güter sollen dem Kaplan zustehen, der den obengenannten Altar besitzt, nach Ausweis des darüber ausgefertigten Hauptbriefs. Dieser Priester soll die Messen halten nach Ausweis der Dotation und Konfirmation. Für den Fall, daß die genannten Zehnten und Güter zurückgekauft werden, sollen Meisterin und Konvent mit Zustimmung des Kaplans das Geld zum Nutzen des Altars wieder anlegen. - Sr.: A. - *Datum* 1442 *uff sontag noch sant Elizabeth tag der helgen witwen.*

Ausf., Perg., dt.: StAWt-R US 1452 Nov.26 - 1 Sg. anh. - *Num.6 lit. f.*
Reg.: Schannat, S. 183; Scriba I, Nr.1756, S. 161; Simon, Nr. 267, S. 267; Inventare der nichtstaatlichen Archive im Volksstaat Hessen, S. 365

50 1457 Februar 10

Peter Clenck, Clemmes Eidam zu Umstadt (*Umstat*), und Elchin seine Ehefrau, urkunden wegen eines Morgens Weingarten *an der Hellen*, den sie im Erbbestand von Magdalena von Rosenbach und dem Konvent des Klosters Höchst (*Hoest*) haben, für sieben Schilling Landeswährung, zu reichen an Martini (Nov.11). Für den Fall, daß sie den genannten Zins nicht entrichten, kann das Kloster den Weingarten an sich nehmen, gerichtlich oder außergerichtlich, und damit nach Gutdünken verfahren. Für den Fall, daß sie das Gut verkaufen wollen, sollen sie es zuvor dem Konvent anzeigen, um sich über einen Kauf einig werden zu können. - Erbetener Sr.: Eberhart Wambolt. - *Datum quinta post Dorothee virginis* 1457.

Ausf., Perg., dt.: StAWt-R US 1457 Febr.10 - 1 Sg. abg. - *Num.4 lit.d*
Reg.: Simon, Nr. 57, S.303

51 | 1457 Februar 15

Hen Klobelauch zu Richen *(Rechen)* und ... seine Ehefrau, urkunden wegen eines halben Morgens Weingarten *an der Hellen*, den sie in Pacht von Magdalena von Rosenbach und dem Konvent des Klosters Höchst (*Hoest*) haben, für zwölf Pfennig Landeswährung, zu reichen an Martini (Nov.11). Für den Fall, daß sie den genannten Zins nicht entrichten, kann das Kloster den Weingarten an sich nehmen, gerichtlich oder außergerichtlich, und damit nach Gutdünken verfahren. Für den Fall, daß sie das Gut verkaufen wollen, sollen sie es zuvor dem Konvent anzeigen, um sich über einen Kauf einig werden zu können. - Erbetener Sr.: Eberhart Wambolt d.J. - *Geben uff d*[ienstag na]*ch Valentini* 1457.

Ausf., Perg., Beschädigung durch Mäusefraß mit Textverlust, dt.: StAWt-R US 1457 Febr.15 - 1 Sg. abg. - *Hen Klobelauch; Num.4 lit.e.*
Reg.: Simon, Nr. 58, S. 303

52 | 1458 Februar 16

Magdalena von Rosenbach, Meisterin, und der Konvent des Klosters Höchst (*Hoeste*) bei Breuberg (*Bruberg*), Augustiner Ordens, verkaufen an Meister Otto Hüßgin, Altaristen des neuen Altars Unserer lieben Frau in ihrem Kloster, eine jährliche Gült von 24 fl., die ihm oder seinen Nachfolgern gereicht werden soll auf zwei Termine, nämlich an Martini [Nov.11] und Petri Kathedra [Febr.22], 14 Tage zuvor oder danach, je zwölf fl., wofür ihnen Meister Otto 400 fl. rh. Frankfurter Währung bezahlt hat, welche die † Meisterin Ida Schenkin von Erbach für diesen Altar gestiftet hat. Zur Sicherheit setzen sie als Unterpfand ihren großen Zehnten zu Lengfeld (*Lengefelt*) und ihren Hof Heubach (*Heipach*), ihren Hof zu Nieder-Klingen (*Nydern Clingen*) und ihren Hof zu Groß-Umstadt, die alle zu ihrem Seelgerät gehören, mit allen ihren Rechten und Zubehör. Für den Fall, daß sie in der Gültzahlung säumig werden, haben Meister Otto oder seine Nachfolger das Recht, die Unterpfänder an sich zu nehmen und sie zu nutzen, bis ihm die Gült bezahlt wird, zusammen mit dem von ihm nachweislich erlittenen Schaden. Es ist auch ausbedungen, daß die Gült jährlich an Petri Kathedra [Februar 22], vierzehn Tage zuvor oder danach, mit 400 fl. und den fälligen Gülten zurückgekauft werden kann, worauf der Kaufbrief wieder herausgegeben und das Pfand wieder ledig wird. Der Wiederkauf soll ein Vierteljahr vor Petri Kathedra angekündigt werden mit einem versiegelten offenen Brief, worauf Meister Otto oder sein Nachfolger den Wiederkauf gestatten wird, zu Höchst, zu Groß-Umstadt (*Omstat*) oder zu Dieburg (*Dippurg*), wo er will. Es wird auch bestätigt, daß die Unterpfänder nicht versetzt oder sonst belastet sind. Sie sollen auch nicht versetzt oder verkauft werden, solange der Wiederkauf nicht erfolgt ist. - Sr.: AA. (mit dem Konventssiegel), Reinhard von Weilnau (*Wyllenauw*), Abt des Stifts zu Fulda (als erbetener Sr.). - ... *geben* 1458 *uff dorstag noch sant Vellentins tag*.

Ausf., Perg., dt.: StAWt-R US 1458 Febr.16 - 2 Sg. anh.: 1 (Abt Reinhard von Weilnau) besch., 2 (Konventssiegel) besch. - *Num.4 lit.f*
Reg.: Simon, Nr. 59, S. 303

53 1472 November 4

Johann Rucker, Pfarrer zu Sandbach (*Sampach*), verhört im Auftrag des Grafen Wilhelm (I.) von Wertheim dessen Keller Franz Ritter zu Breuberg über die Zinsen und Gülten auf dem Lehenhof zu Rosenbach, welche vorher Emma von Rosenbach, Klosterfrau zu Höchst (*Hoest*), inne hatte und welche nunmehr Junker Philipp Synolt beansprucht.

Ausf., Pap., dt.: StAWt R-US 1472 Nov. 4 – 1 Sg. Rest

54 1474 August 15

In dem Streit zwischen Äbtissin und Konvent des Klosters Höchst (*Hoest*) einesteils und Diether Schelle von Amorbach (*Amerbach*) andernteils über etliche Güter, von denen Diether meint, daß sie ihm zustehen und die Lehen vom Pfalzgrafen sind, welche die genannten Klosterfrauen inne haben, hat Symont von Balshofen (*Balßhoven*), Ritter, Faut zu Heidelberg, mit Bewilligung des Pfalzgrafen und im Beisein von Eberhart von Heusenstamm (*Hüsenstein*), Ritter, den er mit Wissen beider Parteien zugezogen hat, die Sache angehört und entschieden: 1. Diether soll auf die *Schare* verzichten, welche die Klosterfrauen bis zum Datum dieses Briefes von den genannten Gütern eingenommen haben, danach sollen die Klosterfrauen kein Recht oder Forderung an die Güter mehr haben, sondern sie sollen Diether und seinen Erben verbleiben. 2. Da in Diethers Lehenbrief der kleine Zehnt zu Wald-Amorbach (*Wostenamerbach*) genannt ist, wurde festgestellt, daß dieser aufgrund ihres Vorbringens und langen Besitzes den Klosterfrauen zusteht. 3. Wird entschieden, daß die Klosterfrauen dem Diether alle Güter, die ihm von Walpurga von Reinstein, des † Diether Schelm von Amorbach Witwe, zugekommen und in seinem Lehenbrief enthalten sind, mit Ausnahme des genannten Zehnten lassen sollen. - Sr.: Symont von Balshofen und Eberhard von Heusenstamm als Taidingsleute. - Jede Partei erhält eine Ausfertigung. - *Datum uf mondag nach sant Lorentzen tag* 1474.

Ausf., Perg., dt.: StAWt-R US 1474 Aug.15 - 2 Sg. abh.: 1-2 Reste - *Verdragk wustenambarbach; Num.4 lit.g*
Reg.: Simon, Nr. 61, S. 304

55 1477 Juli 16

Heinrich Kuche von Dornberg (*Dornburg*) urkundet, daß er zwei seiner Töchter in das Kloster Höchst (*Hoest*) unter Breuberg (*Bruburg*) getan hat, nämlich Sophie (*Pel*) und die † Gutta (*Gutgin*), die er mit seiner † Ehefrau Magdalena von Rosenbach gehabt hat. Zu der Zeit war die Schenkin [Ida zu Erbach] Meisterin zu Höchst, mit der er einig geworden ist, und der er zu ihren Lebzeiten die Pfründe für seine Kinder bezahlt hat. Nachdem sie verstorben ist, hat er seinen Kindern etliche Jahre zehn Malter Korn zu Gült gegeben. Er war jährlich der Magdalena von Rosenbach, die nach der Schenkin Meisterin wurde, acht fl. Leibgeding auf Lebzeit schuldig. Nun hat er von dem Ahnherrn seiner Ehefrau Magdalena, dem alten *Prising* von Rosenbach, 500 fl., die *Prising* dem Propst zu Höchst auf den Zehnten zu Sandbach (*Sambach*) vor langer Zeit geliehen hat. Die Meisterin Magdalena von Rosenbach, seine Schwägerin, hat ihn nun gebeten, den Zehnten dem Kloster (*an ire selegerede*) zu vermachen, weshalb er mit ihr und dem Konvent vereinbart hat, daß man seinen genannten Kindern und ihr ein Leibgeding von 20 fl. davon geben soll, nämlich der noch lebenden Tochter *Pel* auf ihr Lebtag sechs fl. Hierauf haben ihn Meisterin und Konvent für die 500 fl. entschädigt, die er auf dem Zehnten zu Sandbach gehabt hat, doch unbeschadet des Lösungsrechts des Propstes. Er nimmt auf seinen Eid, den er als Lehensmann dem Grafen Wilhelm von Wertheim geschworen hat, daß er zu Lebzeiten der Schenkin die Pfründe seiner Tochter bezahlt hat. - Sr.: A., Karlin Schelm und Ebert Wambolt (*Wamolt*) (als erbetene Sr.). - *Datum* 1477 *uff mitwochen noch Margarethe virginis.*

Ausf., Perg., dt.: StAWt-R US 1477 Juli 16 - 3 S.: 1 abg., 2-3 Reste - *Uber zehenden zu Sampach; Num.4 lit.h*
Reg.: Simon, Nr. 62, S. 304

56 1493 März 17

Hamman Walken, Ewalt Cratz, Ewalt Bluel, Peter Bungler, Otto Mönche, Niclas Knelle, Peter Junge, Michel Klenck, Hen Storck, Hans Omsteter, Veltin Lidelen, Peter Hußgen, Heinrich Monche, Eberhart Hußgen, Peter Brüschler und *Herworts Hans*, alle wohnhaft zu Klein-Umstadt (*Cleyn Unstat*), urkunden, daß ihnen Margaretha Schad (*Schedin*), Meisterin, und der Konvent zu Höchst (*Hoeste*) unter Breuberg (*Brubergk*) die Hecken zu Dorndiel (*Dorndille*), die in ihr Stiftungsgut (*selgerede*) gehören, in Erbbestand verliehen haben, wofür sie ihnen jährlich an Weihnachten im Kloster 2 fl. geben sollen. Wenn sie die Hecken aufgeben wollen, sollen sie die zwei fl. mit sechs fl., die sie zu Unterpfand gegeben haben, ablösen. - Erbetener Sr.: Nikolaus Beßler, Pfarrer (*pferer*) zu Klein-Umstadt. - *Geben uff sontag Letare in der vasten* 1493

Ausf., Perg., dt.: StAWt-R US 1493 März 17 - Sg. ab - *Uber die hecken by Dorntille die han die buern zu Cleyn Unstadt, geben davon 2 fl.; 21; Num.4 lit.i.*
1 Sg. ab -
Reg.: Simon, Nr. 65, S. 305

57 1506 März 19

Abt Johann von Fulda urkundet: nachdem sein Kloster Höchst unter Breuberg in Unordnung ist und nur noch Anna Geyling allein darin ist, die seit einigen Jahren den Besitz des Konvents unter sich hat, weshalb er plant, das Kloster wieder zu besetzen, zu reformieren und zu beschließen, damit darin wieder ein ordentliches geistliches Wesen herrsche, worüber sich die Geyling beschwert und durch ihre Verwandtschaft hat bitten lassen, sie ihr Leben lang zu versehen, hat er mit ihr in Beisein von Philipp Gans von Otzberg, Cort von Rheinberg (*Rinberg*), Berlt von Schwalbach (*Swalbach*), Johann von Rückingen (*Ruckingen*), Bechtolt von Rüdigheim (*Rudickein*) und Ludewig von Büches (*Buches*), ihrer Verwandten, folgendes vereinbaren lassen. Propst und der Konvent sollen ihr in ein Kloster, in das sie sich begeben will, 22 Malter Frucht, halb Korn, halb Hafer, Aschaffenburger Maß, jährlich auf Michaelis [September 29] reichen und 7 fl. in Gold oder Geld, Frankfurter Währung, auf Weihnachten, alles von den Einkünften des Klosters, auf eine Meile Wegs um das Kloster Höchst zu einem jeden Termin, ob sie nun in einem Kloster ist oder nicht. Doch soll sie sich bemühen, in ein Kloster zu kommen und mit den genannten Einkünften zufrieden sein und ihren Abschied haben. Damit sie sich in ein Kloster begeben kann, will er ihr einen Entlassungsbrief geben und sie aus dem Gehorsam entlassen. Wenn sie stirbt, sollen die obengenannten Leistungen wieder dem Kloster Höchst heimfallen und diese Urkunde ungültig sein. Wenn sie vom Kloster abzieht, soll sie Kleinodien und Hausrat und was ihr gehört mitnehmen. Schulden, die sie selbst gemacht hat, soll sie zurückzahlen. Mit Schulden des Konvents, die mit Bewilligung des Abts oder des Propstes aufgenommen wurden, soll sie nichts zu tun haben. Wenn sie den Vertrag und ihren Entlassungsbrief in Händen hat, soll sie vor dem nächsten Walpurgistag (Mai 1) das Kloster räumen und dem Propst zu Höchst alle Urkunden, Register, Schlüssel und Hausrat aushändigen und über alles, auch die fälligen Schulden, Auskunft geben. - Sr.: A. (Sekretsiegel), Propst zu Höchst (Propst- und Konventssiegel). - *Geben uf donnerstag nach dem sontag Oculi* 1506.

Insert in: StAWt-R US 1506 März 19
Reg.: Simon, Nr. 66, S. 305; Inventare der nichtstaatlichen Archive im Volksstaat Hessen, S. 365

58 1506 März 19

Anna Geyling, Klosterjungfrau zu Höchst (*Hoest*) bestätigt die in ihren Händen befindliche, inserierte Urkunde Abt Johanns von Fulda vom selben Tag und verspricht, deren Bestimmungen zu halten. - Erbetene Sr.: Philipp Gans von Otzberg, Cort von Rheinberg (*Reynberg*), ihre Vettern. - *Geben in jare und tag, wie obstehet.*

Ausf., Perg., dt.: StAWt-R US 1506 März 19 - 2 S.: 1 besch., 2 Rest - *Nota der non abscheit zu Hoest, der Geylingin; H iii Hoest; Num.5 lit.a*
Reg.: Simon, Nr. 66, S. 305

59 Aschaffenburg, 1511 Juni 24

Erzbischof Uriel von Mainz (*Mentze*), Kurfürst, urkundet: nachdem sein Vorgänger Erzbischof Bertold Bickenbachsche Rechte an Schloß und Stadt Klingenberg mit Zubehör für das Erzstift erworben und darin auch die Zehnten zu Mümling-Grumbach (*Crumpach im Branbecher daile*) inbegriffen sind, wurde festgestellt, daß Kunigunde (*Cuntzel*) von Aulenbach (*Aulnbach*), Meisterin, und der Konvent des Klosters Höchst (*Hoest*) unter Breuberg (*Brauberg*) diesen Zehnten einst an Herrn Konrad von Bickenbach, Burggraf zu Miltenberg, für 300 fl. auf Wiederkauf verkauft haben, laut der Urkunde, die sie damals dem von Bickenbach gegeben haben. Nun hat Äbtissin Margarete [Reusner] von Höchst für sich und das Kloster diesen Zehnten wieder mit 300 fl. gekauft, weshalb er ihr zugestellt wurde. Er bescheinigt den Empfang der Kaufsumme. Für den Fall, daß der Kaufbrief, der seinerzeit dem von Bickenbach ausgehändigt wurde, wieder gefunden wird, soll er ungültig sein. - Sr.: A. (Sekretsiegel). - ... *der geben ist zu Aschaffenburgk dienstags sant Johans baptisten tag* 1511.

Ausf., Perg., dt.: StAWt-R US 1511 Juni 24 - 1 Sg. besch. - *Mentzische quitanz uber iii*[c] *gulden damit das convent den zehend zu Crumpach auß des bischoffs henden gelost hat. Anno 1511; Num.5, lit.b*
Reg.: Simon, Nr. 67, S. 305

60 1512 Aug. 19

In den Irrungen zwischen Lorenz Bauer (*Buwer*), Pfarrer zu Lengfeld *Lengfelt)* wegen seiner Pfarrei einerseits und Paul Riese (*Pauls Rysen*), Vertreter des Klosters und Konvents zu Höchst (*Höeste*) als Lehenherren dieser Pfarrei andererseits, wird durch Otto von Zwist, Amtmann zu Otzberg und Johann Groß, Schreiber zu Breuberg (*Brwberg*), die von Graf Michael (II.) von Wertheim dazu verordnet worden sind, entschieden, daß der Pfarrer seine Scheuer selbst bauen soll, wofür ihm Kloster und Konvent 6 Malter Hafer, Dieburger Maß (*Diepperger maß*) beisteuern sollen. Nachdem er durch Hagel und Ungewitter zu Lengfeld Schaden erlitten hat, wurde verabredet, daß die vier Hofmänner zu Lengfeld, bei denen der Pfarrer vormals seine Besoldung (*corpus*) erhoben hat, dem Pfarrer in diesem Jahr 1 Malter Gerste und 1 Malter Hafer nach vorgenanntem Maß geben sollen. Alle anderen Verträge, die wegen der Kompetenz und anderer Streitigkeiten gemacht worden sind, sollen davon unberührt sein, auch sollen alle Streitigkeiten abgetan sein, worüber sie sich binnen 14 Tagen äußern sollen. *Actum dornstags nach assump*[ti]*onis marie anno* 1512.

2 Abschr. Pap. (gleichzeitig): StAWt-G 24/192

61 1522 September 15

Wilhelm Weiß von Fauerbach (*Fauwerbach*) urkundet: nachdem er vor Zeiten den kleinen Hof zu Klein-Umstadt (*Klein Umbstat*) von Margarete von *Brubach* gen. von Angeloch, Anna Geyling von Hauenstein (*Huwenstein*), Barbara von Weiler (*Wyler*), dem damaligen ganzen Konvent, gekauft hat, worüber Brief und

Siegel ausgestellt wurden, und wobei allerhand Kosten wegen der Bestätigung aufliefen, ist der Kauf jedoch vom Abt zu Fulda aufgehoben worden, wobei ausbedungen wurde, daß kein Teil Forderungen an den andern haben soll. - Sr.: A. - *Geben uff montag des heiligen crutz erhebung tag* 1522.

Ausf., Perg., dt.: StAWt-R US 1522 Sept.15 - 1 Sg. anh. - *Num.5 lit.c*
Reg.: Simon, Nr. 68, S. 305

62 1528 Mai 5

Da ein Streit war zwischen Johann von Hundelshausen und Margarete *Reus*[n]*er*, Propst und Äbtissin des Klosters und Konvents Höchst (*Höst*) einerseits, und Adam von Droy (*Droe*) andererseits, wegen Maria, Tochter des Valentin von *Rydt*, die im Kindesalter mit 100 fl. ins Kloster gegeben, im Bauernkrieg aber zu ihrer Mutter heimgeschickt wurde und sich inzwischen mit Adam von Droy verheiratet hat, weshalb Adam die 100 fl., die mit seiner Frau ins Kloster gegeben wurden, zurückforderte, samt Zinsen und Unkosten, wurden mit Zustimmung beider Parteien als Unterhändler eingesetzt Adam *Weyß* von Fauerbach d.A. und Jörg von Bellersheim seitens des Adam von Droy (*Droy*), und Erhart von Ratzenberg und Konrad Beuchiner seitens des Konvents, die den Streit folgendermaßen geschlichtet haben. Das Kloster soll demnach Adam von Droy (*Trohe*) 90 fl. für seine Forderung geben, über die er eine Verschreibung erhält, und die ihm mit 4½ fl. von Martini (November 11) nächsten Jahres an verzinst werden sollen. Dieser Vertrag soll auf Pergament geschrieben und von beiden Teilen besiegelt werden. - Sr.: Propst, Konvent, Adam von Droy. - *Datum auff dinstag nach des heilligen creutz tag sundag* 1528.

Ausf., Pap., dt.: StAWt-R US 1528 Mai 5 - 3 Pap.s.: 1-2, 3 abg.; ebd.: Kop., Pap. mit Vermerk: *Die versicherung sal geschehen im ampt Otzbergk* und Zusatz: Wenn Adam von Droy die 90 fl. bezahlt werden, soll der Hof wieder dem Konvent übergeben und ihm auch die Verschreibung zugestellt werden. - *Num.5 lit.d*
Reg.: Simon, Nr. 69, S. 305

63 1529 März 11

Johann von Hundelshausen und Margarete Reus[n]er, Propst und Äbtissin des Klosters und Konvents Höchst (*Höst*) unter Breuberg urkunden: Nachdem ein Streit entstanden war zwischen dem Konvent und Adam von Droy (*Droe*) wegen Maria, Tochter des Valentin von *Ryedt*, die im Kindesalter mit 100 fl. kurfürstlicher Währung, ins Kloster gegeben wurde, ist durch Adam Weyß von Fauerbach d.A. und Jörg von Bellersheim, Erhart von Ratzenberg und Konrad Beuchiger der Streit geschlichtet worden, laut eines Vertrags, von dem jede Seite eine Ausfertigung erhalten hat. Hiernach sollen Äbtissin und Konvent dem Adam von Droy (*Droy*) 90 fl. obiger Währung geben, oder hinlängliche Sicherheit dafür, und diese mit jährlich an Martini (November 11) 4½ fl. verzinsen. Sie versetzen deshalb dem Adam von Trohe und seiner Ehefrau ihren Hof zu Lengfeld (*Lengfelt*), der jährlich zu Pacht gibt 6 Malter Korn, 6 Malter Hafer und 1 Malter Erbsen oder Weizen, Dieburger Maß, und 1 Lammsbauch und ein Weihnachtsgeschenk, ein Fasnachtshuhn mit seinen Rechten. Diesen Hof besitzen Hans Heydbach und Leonhard Karen, Sohn des Kunz. Diese sollen ihnen die Gült von 4½ fl. jährlich auf Martini nach Otzberg bezahlen, 14 Tage zuvor oder danach. Der Konvent wird den Hof nicht weiter belasten oder versetzen. Wird die Gültzahlung versäumt, hat Adam von Droy oder der Inhaber dieser Urkunde das Recht, den Hof an sich zu nehmen, und damit wie mit ihrem Eigentum zu verfahren. Adam von Droy hat zugesagt, daß er ihnen, wenn sie ihm die 90 fl. mit der Gült bezahlen, die Urkunde zurückgibt, worüber er einen Revers ausgestellt hat. - Sr.: AA. (Kloster- und Propsteisiegel), Wolf von Bettendorf, Amtmann zu Otzberg (erbetener Sr.). - *Datum uff donerstag nach Letare* 1529.

Ausf., Perg., dt.: StAWt-R US 1529 März 11 - 3 Sg. anh.: 1-2 abg., 3 Rest - *Num. 5 lit.dd*
Reg.: Simon, Nr. 70, S. 305f.

64 | 1543 Dezember 7

Eustachius Buttlar (*Buttler*), Propst, und Margarethe Reussner, Äbtissin (*eytdyssyn*) des Klosters Höchst (*Hoegste*), verkaufen dem Friedrich von Ratzenberg (*Ratzenburck*), Amtmann zu Breuberg (*Brewburck*), ihren Fruchtzehnten zu Dusenbach um 40 Gulden. Diesen soll er vier 4 Jahre gebrauchen, erstmals 1544. Sie quittieren über die Summe. - Zeugen: Wolf von Bettendorf, Amtmann zu Otzberg (*Otzburck*), Otto von Boineburg (*Beymburck*), Amtmann zu Umstadt (*Umstatt*). - Sr.: AA., Friedrich von Ratzenberg. - *...freydags noch Nicolay 1543*

Kerbzettel, Pap., dt., StAWt-R US 1543 Dez.7 - 3 Pap.sg. - *Num.5 lit.e.*
Reg.: Simon, Nr. 72, S. 306

65 | 1543 Dezember 14

Die Richter der Aschaffenburger Stiftskirche an den Pleban in Umstadt (*Umstat*): Eustachius Buttlar (*Butler*), Propst des Klosters Höchst (*Hoest*), Mainzer Diözese, hat als Patron ihnen den Johannes Nelsperger, Kleriker der Mainzer Diözese, zur Einsetzung an dem Leonhardsaltar im Kloster Höchst, der durch freien Verzicht des Friedrich Kern vakant ist, präsentiert. Sie beauftragen ihn damit, die Einsetzung dieses Priesters vorzunehmen. - Sr.: AA. - *Datum* 1543 *feria sexta post Lucie virginis.*

Ausf., Perg., lat.: StAWt-R US 1543 Dez.14 - 1 Sg. anh. abg. - *Num.6 lit.h*
Reg.: Simon, Nr. 73, S. 306; Inventare der nichtstaatlichen Archive im Volksstaat Hessen, S. 365

66 | 1567 Februar 25

Anna Gans (*Gensin*) von Otzberg, Äbtissin (*abatissin*) des Klosters Höchst (*Hoegst*), verkauft mit Zustimmung des Grafen Ludwig zu Stolberg, Königstein,

Rochefort (*Rutschforth*) und Wertheim und der beiden Grafen Georg d.Ä. und Georg d.J. zu Erbach, allesamt Herren zu Breuberg als des Klosters Kastenvögte, Schutz- und Schirmherren an Balthasar Breunle zu Umstadt (*Umbstat*) und Philipp Freundt, königsteinschen Amtmann zu Breuberg, ihre und des Klosters Gefälle und Zehntanteile zu Dorndiel und Wald-Amorbach (*Wusten Amorbach*) mit allen Rechten und Zugehörungen, die jährlich ungefähr 9 fl., 15 Albus, 1 Pfennig, 1 Heller an Geld, 14 Malter, 2 Dreiling Korn, 11 Malter, 1 Simer, 2 Dreiling Hafer, 17 Fastnachtshühner mit ihren Rechten, 4 Sommerhähne, 11 Frontage, 1 Ohm Wein und 2 Geißen betragen, laut eines besonderen Registers, mit ihrem Siegel bekräftigt, das den Käufern zugestellt wurde, und wie sie seither vom Kloster bezogen worden sind, um 650 fl. Frankfurter Währung, nämlich 15 Batzen oder 27 Albus für 1 fl. gerechnet, welche die Käufer bereits entrichtet haben, und die sie zur Wiedererrichtung der verfallenen Kirche zu Höchst verwenden will. Sie quittiert daher über den Kaufpreis und weist die Zinsleute, auch die Gemeinden beider Dörfer Dorndiel und Wald-Amorbach mit den genannten Zinsen und Teilzehnten an die Käufer. Sie leistet Währschaft. - Sr.: A., Graf Ludwig zu Stolberg, Graf Georg d.Ä. zu Erbach (auch für seinen Vetter Graf Georg d.J.) mit ihren Sekretsiegeln. - ... *der geben ist uf dinstag nach cathedra Petri, den funf und zwantzigsten Februarii* 1567.

Ausf., Perg., dt., dabei Abschr. des 18.Jahrhunderts: StAWt-R US 1567 Febr.25 - Sg.[?] - *D; Kaufbrief uber die gefell, inkommen unnd zehenden zu Dorndiel unnd Wusten Ammerbach etc.*

67 1567 April 4

Philipp Freundt, Amtmann zu Breuberg (*Breuburgk*), und Balthasar Breunlin, alter Keller zu Umstadt (*Umbstat*), die zusammen vom Kloster Höchst (*Hochst*) mit Bewilligung der Grafen zu Königstein und Erbach als des Klosters Schutz- und Schirmherren laut eines Kaufbriefs der Äbtissin Anna Gans von Otzberg von 1567 Februar 25 Gefälle, Nutzungen und Rechte zu Wald-Amorbach (*Wusten Ammerbach*) und Dorndiel (*Dhorndill*) gekauft haben, treffen folgende Vereinbarung: 1. Sie wollen diese zu gleichen Teilen nutzen. 2. Hinsichtlich des Einzugs der Gefälle und der Verwaltung der Obrigkeit soll es so gehalten werden, daß jährlich abwechselnd jeweils einer die Gefälle einziehen und dem anderen seinen Anteil aushändigen soll. 3. Mit der Verleihung des Zehnten und der Einsammlung des Weinzehnten soll es ebenso gehalten werden, wobei es dem anderen Teil unbenommen ist, dabeizusein. 4. Falls die erkauften Gefälle und Rechte strittig würden, sollen sie von beiden zu gleichen Teilen vertreten und jeder dem anderen Hilfe zuteil werden lassen. 5. Falls einer seinen Anteil verkaufen will, soll er dem anderen um eine angemessene Summe den Vorkauf lassen, doch soll keiner daran verhindert sein, auf seinen Anteil einen Kredit aufzunehmen. 6. Sollte einer an den beiden Orten weitere Nutzungen oder Rechte erwerben, soll der andere gegen Erlegung seines Anteils zu diesem Kauf zugelassen werden. 7. Beide Teile haben sich eidesstattlich versprochen, die vorstehende Abmachung einzuhalten. Jeder Teil erhält eine Ausfertigung der Urkunde. - Sr.: AA. - ... *der geben ist freyttags nach Ostern den vierten monats Aprilis nach Christi geburt* 1567.

Ausf., Perg., dt.; dabei Abschr. des 18.Jahrhunderts: StAWt-R US 1567 April 4 - Sg.[?] - *H.; Vergleichung Philips Freundts und Balthasar Breunlins der gefell halben zu Dorndiel und Wusten Amerbach.*

Regestenanhang

A 1 1291 Jan. 21

Rudolf von Dieburg gen. *Grasloc* und seine Gattin Hedwig schenken 204 Pfd. Heller jährlicher Einkünfte von ihrem Eigentum zu Sickenhofen an das Kloster Höchst im Odenwald. *Actum die Agnetis*

Reg.: Steiner, Bachgau II, S. 252 Anm. 1; Scriba I, Nr. 637, S. 59

A 2 1356

Der Konvent des Kloster Fulda urkundet, daß er schuldig sei, eine ewige Lampe auf dem Chor des Grabes *Bonifacii* vor dem Sanctuarium aus ihrer Büchse so lange zu unterhalten, bis es die von dem Propst in Höchst (*Hoeste*), Groschlag (*Grasloch*) genannt, angefangenen 24 Turonenser Schillinge zu diesem Zwecke angelegt hat.

Staatsarchiv Marburg, Fuldaer Kopiar VIII, 197

A 3 1457 April 3

Walpurga von Reinstein, Witwe des Dieterich von Amorbach, ist mit Magdalene von Rosenbach, Meisterin, und dem Konvent zu Höchst (*Hoeste*) übereingekommen, daß diese sie ihr Lebtag in ihrer Kost halten wollen. Sie soll eine Laienkonventsschwester sein und eine eigene abgeschlossene Kammer haben, nämlich auf dem Sommerhaus beim neuen Gemach der Meisterin. In dieser Kammer soll sie schlafen und ihr Bettzeug und Hausgerät bei ihr haben. Die Meisterin soll ihr eine Magd (*meyt*) zuordnen, die ihr Bett macht und ihr Hausgerät in Ordnung hält und notfalls für sie wäscht. Wenn der Konvent sie nicht in der Konventsstube haben will, soll man das gemalte Stüblein (*gemalt stubgin*) der Meisterin einheizen, und wenn sie krank oder bettlägerig wird, soll man sie pflegen wie eine der Klosterfrauen. Dafür soll sie jährlich an Martini (Nov. 11) 14 fl. zahlen, die sie als Leibgeding hat, nämlich acht fl. zu Wörth (*Werde*) von *Qups (Rups?) erben* und sechs fl. von Eberhard von Eisenbach (*Ysenbach*). Was sie sonst an eigenem Gut, das nicht Lehen ist, in der Grafschaft (*grofschafft*) und dem Landgericht zu Ostheim hat, soll sie behalten und für Kleidung und anderes gebrauchen. Doch soll sie diese Güter der Meisterin und dem Konvent beim Landgericht zu Ostheim verschreiben, so daß diese sie nach ihrem Tod als Seelgerät zu ihrem Gedächtnis, dem ihres Ehemannes und ihrer Kinder besitzen sollen. Dazu gehört alles, was sie an Barschaft oder Fahrhabe hinterläßt, mit Ausnahme ihres guten Daunenbetts (*pfleumenbeth*), den gewirkten Teppich, das seidene Kissen (*pfulbe*), die beiden größten seidenen Kissen (*kuszen*) und die Leintücher (*lylachen*) dazu, die man ihrem Sohn Hans geben soll, wenn er noch lebt und ins Land käme. Wenn dies jedoch nicht der Fall ist, soll dies alles dem Konvent verbleiben.

Es folgen die Güter:

Henne Stetze und Emmerichs Erben in Wald-Amorbach (*Wusten Ammorbach*) haben Äcker gepachtet, unter dem Ortenberg in der Grafschaft (*grofschafft*) für 20 Jahre und geben davon jährlich drei Somer Korn und drei Somer Hafer. *Heksuchpuyts* Erben in Wenigumstadt (*Wingen Omstad*) geben an jedem Martinstag (Nov. 11) einen fl. von der Hecke am Ortenberg und den Klosterfrauen in Himmelthal jährlich drei Somer Korn und von dem fl. gibt sie ihnen als Steuer zwölf Schillinge.

Drei Turnosen gibt *Hengen Diethmar*, ihr Hofmann zu Mosbach ale Jahre von einer Hecke auf dem Ortenberg. Außerdem gibt er ihr jährlich als Pacht (*pfachtt*) von ihrem Hof in Mosbach vier Malter Korn und vier Malter Hafer. Davon sind drei Malter Korn den Herren zu Aschaffenburg an die Präsenz verschrieben und sind mit 30 fl. abzulösen.

Eine Wiese unter Amorbach an der Straße unter dem Bruch, gibt alle Jahre am Martinstag (Nov. 11) fünf Pfund Heller. Davon fallen zwei Pfund an das Spital in Aschaffenburg und können mit 20 fl. abgelöst werden. Diese kann der Konvent nach ihrem Tod oder auch jetzt nach Maßgabe der darüber ausgestellten Urkunden ablösen. -

Sr.: A. und Diether Gans von Otzberg als erbetener Siegler. – *Geben* 1457 *uff Sontag Iudica in der Vasten.*

Druck: Retter, Hessische Nachrichten, 2. Bd., 4. Sammlung, Nr. III, S. 235-239.

A 4 1462 Aug. 2

Peter Drach, Altarist, und Heinrich Scheuer, Keller zu Breuberg, vergleichen den Komtur Eckhard von Gonsrod zu Mosbach und Magdalena von Rosenbach, Meisterin des Klosters Höchst in dem bei dem geistlichen Gericht zu Aschaffenburg zwischen beiden anhängigen Rechtsstreit, wegen des Zehnten von den dem Kloster Höchst von Walpurga von Reinstein auf dem Ortenberg geschenkten Güter. *Geben uf dienstag Laurentii.*

Reg.: Steiner, Bachgau III, Nr. 35, S. 157; Scriba I, Nr. 1809, S. 166

A 5 1494 März 10

Benannte Einwohner in dem Dorfe zu Klein-Umstadt (*Cleyn Unstatt*) bekennen, daß ihnen Frau Margarethe Schadin, Meisterin und der Konvent zu Höchst (*Hoeste*) ihre Hecken zu Dorndiel (*Dorndille*) in Bestand gegeben für jährliche 2 Gulden Währung.

Reg.: Simon, Nr. 65, S. 305

A 6 1499 November 19

1. Der Propst zu Höchst hat an folgenden Festtagen den Klosterfrauen zu Höchst jeder ein Achtelmaß und der Meisterin ein Viertelmaß Wein zu geben, nämlich an Ostern, Christi Himmelfahrt, Pfingsten, Fronleichnam, Bonifatiustag, Mariae Himmelfahrt, Kirchweihe, Mariae Geburt, Allerheiligen, Weihnachten, Mariae Reinigung, Mariae Verkündigung, Palmsonntag und Gründonnerstag.

2. Der Propst soll jeder Klosterfrau alle Vierteljahre (*quatember*) drei Pfund Fleisch, der Meisterin 4 Pfund geben. Hinsichtlich des Gemüses sollen die Klosterfrauen der Meisterin gleich gehalten werden. Der Propst soll jeder alle Quatember 2 Sechter (*schichter*) Erbsen und ein Sechter Gerste, jährlich im Herbst jeder 150 Häupter Kraut und 2 Simmern Rüben geben. Am Aschermittwoch soll jede ½ Maß Öl und Hafermehl von zwei Malter Hafer erhalten. Der Propst soll dem Konvent während des ganzen Jahres Salz für das gemeinsame Essen geben.

3. Der Propst soll jeder Klosterfrau am Samstag sieben Pfund Brot, der Meisterin acht Pfund geben, an Allermannsfastnacht [Dienstag vor Invokavit] soll der Propst drei Hühner geben.

4. Im Winter soll der Propst dem Konvent alle Wochen zwei Wagen Holz bringen lassen und in das Siechenhaus einen Wagen, nach Kathedra Petri [Februar 22] nur einen Wagen, solange, bis es warm wird.

5. Wenn eine Klosterfrau stirbt, soll der Propst die Pfründe der Verstorbenen noch vier Wochen reichen, welche die Klosterfrauen den Armen geben sollen.

6. Die Klosterfrauen und der Konvent sollen den Propst nicht daran hindern, Korn und Frucht zu verkaufen, sondern ihn damit nach seinem Willen handeln lassen.

Die vorstehende Ordnung ist mit Zustimmung von Propst und Konvent aufgestellt worden durch die Verordneten des Abts zu Fulda, nämlich Dr. Hartmann Burggraf von Kirchberg, Domherrn zu Mainz und Ludwig von Mansbach, Propst zu Holzkirchen, in Anwesenheit der Räte und Gesandten des Grafen Michael (II.) von Wertheim und von Otto von Erbach, Amtmann zu Michelstadt. - *Gescheen* 1499. *Uf Dinstag Sant Elisabeths Tag.*

Dr.: Schannat, Nr. 145, S. 332.

A 7 1511 Juli 21

Abt Johann zu Fulda urkundet, nachdem er kürzlich seines Stifts Kloster Höchst mit einem Propst, Äbtissin und Konvent besetzt, reformiert und verschlossen hat, aber feststellen muß, daß allerhand geschieht, das den Einkünften, Freiheiten und Herkommen dieses Klosters in geistlichen und weltlichen Dingen nachteilig ist, so hat er, um diesem im geistlichen oder weltlichen Recht oder außerhalb Rechts zu begegnen, den Propst oder dessen Vertreter damit beauftragt, das Kloster in diesen Angelegenheiten an allen Gerichten, geistlich oder weltlich, und bei Verhandlungen zu vertreten. - *Datum uff Montag nach Divisionis Apostolorum Anno* 1511.

Dr.: Schannat, Nr. 150, S. 339

Register

(Die Zahlen bezeichnen die Nummer des jeweiligen Regests)

Personen und Orte

Sachen

Anmerkungen

1. Die nachstehend genannten Jahreszahlen beziehen sich – falls nichts anderes angemerkt – auf die folgenden Regesten.
2. Vgl. dazu **W. Ehbrecht**, Art. Fulda, in: Lexikon des Mittelalters, Bd. 4, Sp. 1020-1023.
3. Zum folgenden vgl. **Elisabeth Kleberger**, Territorialgeschichte des hinteren Odenwalds (Quellen und Forschungen zur hessischen Geschichte 19) Darmstadt 1958, hier S. 41-47.
4. Dazu **Kleberger**, S. 93f.
5. Vgl. dazu **Hans H. Weber**, Die Grafen von Wertheim und die Herrschaft Breuberg im 14. Jahrhundert. In: Wertheimer Jahrbuch 1956, S. 30-48.
6. **Aschbach**, Wertheimisches Urkundenbuch, Nr. 178, S. 275.
7. **Engel**, Urkundenregesten, Nr. 289f., S. 143f.
8. Vgl. **Wackerfuß**, S. 361, 366.
9. Vgl. dazu **Hermann Grundmann**, Religiöse Bewegungen im Mittelalter, Hildesheim 21961, S. 170-198, 203-208; **Edith Ennen**, Frauen im Mittelalter, München 1984, S. 110-123.
10. Vgl. **Adolar Zumkeller**, Art. Augustinusregel, in: Theologische Realenzyklopädie Bd. 4, 1979, S. 745-748.
11. Die Geltung der schon in der Karolingerzeit für Frauengemeinschaften vorgeschriebenen Augustinusregel kann also nicht, wie **E. Kleberger**, S. 44f., meint, für die Datierung der Gründung des Klosters Höchst herangezogen werden.
12. Mit einem gewissen Recht kann daher **E. Kleberger**, etwa S. 147, vom Kloster oder Stift Höchst sprechen.
13. **Baur**, Hessische Urkunden, Nr. 718, S. 497.
14. A 3.
15. **Steiner**, Bachgau III, Nr. 29, S. 156; **Scriba** I, Nr. 1384, S. 128,
16. **Hefele**, S. 28.
17. Vgl. dazu **Karl-Heinz Spiess**, Familie und Verwandtschaft im deutschen Hochadel des Spätmittelalters. 13. bis Anfang des 16. Jahrhunderts (Vierteljahrschrift für Sozial- und Wirtschaftsgeschichte, Beiheft 111) Stuttgart 1993.
18. Vgl. **K. Kroeschell**, Art. Seelgerät, in: Lexikon des Mittelalters, Bd. 7, Sp. 1680.
19. Vgl. **Hermann Ehmer**, Die Stifter der Wertheimer Stiftskirche. In: Wertheimer Jahrbuch 1984/85, S. 13-29, hier S. 26.
20. StAWt-G 24/186.
21. **Engel**, Urkundenregesten, Nr. 149, S. 80.
22. **Schannat**, Nr. 146, S. 335; **Scriba** I, Nr. 2061, S. 188.
23. Die folgende Darstellung beruht auf StAWt-G 24/195, einem Bericht über die Aktenlage, der 1628 anläßlich des kaiserlichen Restitutionsedikts angefertigt wurde.
24. **Schannat**, Nr. 97, S. 334.
25. StAWt G 24/195.
26. **Johannes Madey**, Art. Schannat, Johann Friedrich, in: Biographisch-Bibliographisches Kirchenlexikon, Bd. 8, 1994, Sp. 1588f.
27. **Schannat**, Nr. 90, S. 295.

28. Es ist somit die Möglichkeit gegeben, die Auflösung der Datierungen nach dem mittelalterlichen Heiligenkalender zu überprüfen. Dies ist auch deswegen notwendig, weil die Veröffentlichung von Simon unverhältnismäßig viele Fehler bei den Datierungen enthält, die hier nicht im Einzelnen nachgewiesen werden.

29. Listen der Pröpste und Meisterinnen/Äbtissinnen bietet **Schannat**, S. 178-182, desgleichen **Simon**, S. 210-215, die hier kritisch überarbeitet wurden. Die Jahreszahlen beziehen sich auf die Regesten, in denen die betreffende Person genannt wird. Weitere Belege sind in den Fußnoten nachgewiesen.

30. Stolberger Urkunden Nr. 71 (1340 Februar 10).

31. Nach **Schannat**, S. 179, erscheint Propst Johannes II. 1347 bei einem Gütertausch zwischen dem Ritter Starkerad Duborn und dessen Söhnen Albrecht und Heinrich mit dem Kloster Höchst. Daß Johannes noch 1349 im Amt gewesen sein soll, wird von Schannat nicht weiter belegt.

32. **Hefele**, S. 27.

33. Nach **Schannat**, S. 179, hat er 1375 urkundlich Güter des Klosters Höchst gegen einen jährlichen Zins verpachtet.

34. Nach **Schannat**, S. 179f., verschrieb er 1384 Laurentii (August 10) dem Konvent zu Höchst eine jährlich Gült von 10 fl.

35. **Reimer**, Bd. 4, Nr. 537, S. 484-486.

36. **Schannat**, S. 180, hat die Namensform Wolkenstein, in der Urkunde von 1424 heißt es jedoch eindeutig Weldenstein. Schannat kennt von ihm ausgestellte Pachtbriefe aus der Zeit zwischen 1410 und 1424. Nach ihm blieb laut Schannat das Propstamt bis 1492 unbesetzt.

37. **Hefele**, S. 28.

38. **Simon**, Nr. 60 S., 303f.

39. Inventare der Gemeindearchive des Kreises Dieburg, S. 358.

40. **Schannat**, S. 180.

41. **Schannat**, S. 180.

42. Dekan des Petersbergs bei Fulda, von Abt Johann als Administrator der Propstei in Höchst und anderen Frauenklöstern ernannt; **Schannat**, S. 180.

43. Erwähnt in einer Urkunde über den Verkauf einer Gült von jährlich 15 fl. an das Aschaffenburger Stiftskapitel; **Schannat**, S. 180.

44. 1538 bittet die Äbtissin Margarete Reusner zusammen mit der Priorin Gertrud von Morle und dem ganzen Konvent den Abt von Fulda um Einsetzung eines neuen Propstes anstelle des jüngst verstorbenen Johannes von Hundelshausen; **Schannat**, S. 183.

45. Nicht bei **Schannat**.

46. **Hefele**, S. 28.

47. Nicht bei **Schannat**.

48. **Scriba** I, Nr. 2205, S. 201.

49. Nicht bei **Schannat**.

50. StAWt-G 24/195.

51. Dieser und die folgenden Pröpste nach **Schannat**, S. 180f.

52. Nach **Schannat**, S. 182, stiftete Irmengart 1321 eine Jahrzeit für sich, wobei Pfarrer Einhart (Emhart) von Sandbach, ihr Beichtvater, die Urkunde besiegelte.

53. Stolberger Urkunden Nr. 71 (1340 Februar 10).

54. Nach **Schannat**, S. 181, vergab Meisterin Ida 1321 Güter des Klosters in Erbpacht.

55. Schon **Schannat**, S. 181, gibt die Inschrift des noch erhaltenen Epitaphs an: Anno Domini MCCCXLV, quarto nonas Maji Obiit Domina Yda de Erpach. Requiescat in pace. Vgl. dazu **Schäfer**, Kunstdenkmäler, S. 136.

56. **Schannat**, S. 182, gibt hier irrtümlich 1358 an, da er sich auf die Urkunde von 1356 September 16 bezieht.

57. **Schannat**, S. 182, nennt sie Ursula, weil er den Namen von einem nicht belegten „Urscillen" ableiten möchte, doch ist dies wohl unbegründet. Da die Meisterin in der Urkunde von 1371 eindeutig *Byel* genannt wird, handelt es sich offenbar um Kurzformen von Sibylle.

58. Sie wird in der von **Schannat** S. 179f. zitierten Urkunde des Propstes Johann von Rohrbach von 1384 August 10 erwähnt.

59. **Scriba** I, Nr. 1331, S. 123.

60. **Scriba** I, Nr. 1384, S. 128.

61. **Schannat**, S. 182; **Scriba** I, Nr. 1395, S. 129.

62. **Hefele**, S. 28.

63. **Aschbach**, Grafen von Wertheim, Urkundenbuch Nr. 178, S. 275.

64. **Engel**, Urkundenregesten, Nr. 289f., S. 143f.

65. Ferner: **Scriba** I, Nr. 1809, S. 166.

66. Nicht bei **Schannat**.

67. **Simon**, Nr. 60, S. 303f.

68. Ferner: **Simon** Nr. 65, S. 303.

69. Nach **Schannat**, S. 183, wurde sie am 18. April 1498 vom Abt von Fulda als Meisterin zu Höchst bestätigt. Erwähnt wird sie 1522 als Margarete von Brubach, gen. von Angelloch.

70. Inventare der nichtstaatlichen Archive II, S. 363.

71. **Hefele**, S. 28.

72. **Scriba** I, Nr. 2205, S. 201.

73. StAWt-G 24/195.

74. **Simon**, Nr. 74, S. 306.

75. StAWt-G 24/195.

76. **Scriba** I, Nr. 1384, S. 128.

77. **Hefele**, S. 28.

78. **Schannat**, S. 183.

79. Nach der von **Schannat**, S. 182, zitierten Jahrzeitstiftung der Meisterin Irmengart von 1321.

80. **Baur**, Nr. 718, S. 497.

81. Erscheint mit den beiden folgenden in einer Urkunde von 1408; **Hefele**, S. 28.

82. Beschreibung des Oberamts Künzelsau. Hrsg. von dem K. statistisch-topographischen Bureau, Stuttgart 1883, S. 362.

83. Als Konventualin zur Zeit der Margarethe von Angelloch erwähnt in der Urkunde von 1522.

84. **Scriba** I, Nr. 2061, S. 188.

85. Als Konventualin zur Zeit der Margarethe von Angelloch erwähnt in der Urkunde von 1522.

86. Erwähnt 1528.

87. Nach dem Tod der Äbtissin Margarete Reusner als letzte Klosterfrau erwähnt; StAWt-G 24/195.

Uli Steiger

„Hie ljgt begraben der wohlgeborn Her Eberhart Gravf zv Erpach...“

Die Grablegen des Hauses Erbach bis zum Tode Graf Eberhards († 1539)

Die folgende Darstellung fußt auf der gekürzten und überarbeiteten Fassung meiner Magisterarbeit, die im Sommersemester 2000 von der philosophisch-historischen Fakultät der Universität Heidelberg unter dem Titel „Die Schenken von Erbach und ihre Grablegen: Eine Familie im Aufstieg zum fürstlichen Adel (1148-1532)“ angenommen wurde.

Auf die Darstellung der Entwicklung des Hauses Erbach bis zur Grafenerhebung wird an dieser Stelle verzichtet; sie wird anderweitig nachgeholt werden[1]. Die hier vorliegende Arbeit bietet eine Übersicht der Hauptgrablegen des Hauses Erbach während des Mittelalters: Steinbach, Schönau und Michelstadt. Als Grundlage dienen die noch vorhandenen sowie die kopial überlieferten Grabmäler der Schenken und ihrer Frauen aus den Grablegen; ergänzt um einige leicht greifbare Stücke der Umgegend, die v. a. von geistlichen Angehörigen der Schenkenfamilie stammen.

1 Die Grablegen im historischen Überblick

1.1 Die Einhardsbasilika zu Steinbach

Die Entwicklung des Odenwaldes seit der zweiten Hälfte des 8. Jahrhunderts war vor allem durch die Klöster Lorsch, Fulda und Amorbach geprägt[2]. Die „planmäßige“ Durchdringung und Besiedelung des hinteren Odenwaldes setzte dann in der Karolingerzeit ein; zu einer Zeit, als die Mark Michelstadt noch Königsgut war. 815 schenkte Ludwig der Fromme die Mark Michelstadt an Einhard[3] und dessen Frau Imma; die Grenzen der Mark lagen zu diesem Zeitpunkt im großen und ganzen fest[4]. Schon vier Jahre später übertrugen die beiden die Michelstädter Mark an das Kloster Lorsch unter dem ausdrücklichen Vorbehalt des Nutzungsrechtes bis zu ihrem Tode. Im Falle männlicher Nachkommen sollten diese als Erbberechtigte in die Nutzungsrechte eintreten[5].

Nachdem Einhard 815 die Mark Michelstadt geschenkt bekommen hatte, wählte er als Bauplatz für eine Basilika einen vermutlich schon länger gerodeten Hügelrücken westlich der Mümling, wo möglicherweise schon einige Gebäude bestanden haben[6]. Nach heutigen Erkenntnissen ist davon auszugehen, daß der Bau der Basilika vermutlich im Sommer 823 begonnen wurde und etwa im Herbst 826 beendet war[7]. Im Jahr 828 verließen Einhard und seine Frau Michelstadt und siedelten nach Seligenstadt über, wo er in dem von ihm gegründeten Eigenkloster 840 begraben wurde. Nach dem Weggang Einhards und seiner Frau versank die Gegend um Michelstadt zunächst für geraume Zeit im Dunkel; eine Überlieferung ist kaum greifbar[8].

Für die Basilika setzt die Überlieferung erst wieder mit der Gründung der Propstei Steinbach 1073 durch den Lorscher Abt Udalrich (1056-1075) ein. Als Gründungsdatum wird der Karfreitag 1073 überliefert[9]. Bereits 1072 hatte Udalrich Mönche aus Lorsch nach Steinbach in die Einhard'sche Gründung geschickt, um diese neu zu beleben, und er stattete sie mit dem nötigen Grundbesitz aus[10]. In der Folgezeit erhielt die Propstei zahlreiche Schenkungen und die Lorscher Äbte waren um das Wohlergehen der Steinbacher Zelle stets besorgt. Eine Urkunde von 1095[11], die den Besitzstand und die -entwicklung der Propstei auflistete, zeigt einerseits, wie großzügig die Lorscher Ausstattungen waren, aber auch die Bereitschaft von Gläubigen der Umgebung, Schenkungen zu machen[12]. In dieser Urkunde wurde Einhard erstmals explizit als Schwiegersohn Karls des Großen bezeichnet, womit der Ansatzpunkt für die Tradition über die Abstammung der Erbacher von Karl gelegt worden ist[13]. Eine weitere Besitzbestätigung erfolgte 1113 durch Kaiser Heinrich V.[14]; wiederum wird ersichtlich, daß auch in dieser kurzen Zeit seit 1095 eine Vergrößerung des Besitzes erfolgt war.

Bis in die Mitte des 12. Jahrhunderts kam es immer wieder zu Streitigkeiten um die Propstei Steinbach: So versuchte der Obervogt des Klosters Lorsch, Bertold von Calw, um 1100 Abt Anselm in der Kirche von Steinbach nach Auseinandersetzungen zu überfallen[15]. Ein neuerlicher Streit zwischen dem Abt von Lorsch und Propst Libelinus entstand um die auf Propsteigrund errichtete Lorscher Burg Windeck über Weinheim[16]. Die Nachwirkungen des Streites um die Weinheimer Besitzungen wurden endgültig unter Abt Diemo (1125-1139) beseitigt. Er entschädigte die Propstei mit Mumbach und einer Hube in Kirschhausen[17]. Jener Abt Diemo war es auch, der um 1130 den Zoll und den größten Teil des Zehnten zu Michelstadt als Lehen veräußerte. Die Begleitumstände dieser Lehensübertragung können im Aufstieg der um 1150 (?) ersterwähnten Herren von Erbach gesehen werden[18]. Eberhard von Erbach zählte in dieser Zeit zu den Bedrückern des Klosters Lorsch, und die ganze Schärfe der Gegensätze zu Erbach wird deutlich, wenn man die Beschreibung des Todes Eberhards betrachtet: Er ist plötzlich ohne Stimme und unbußfertig gestorben[19]. Als Parteigänger und Untervogt des Pfalzgrafen bei Rhein, dem Vogt des Klosters Lorsch, stand er vermutlich unter dessen Schutz und machte sich Klostergut unrechtmäßig zu eigen. Zweifellos konnte Eberhard somit auch klösterliche Rechte an sich bringen, die er dem Kloster zuvor entfremdet hatte. Die näheren Begleitumstände bleiben aber unbekannt[20].

1232 wurde in einer Urkunde für das Kloster Steinbach durch Papst Gregor IX. der Klosterbesitz allgemein bestätigt[21]. Der Papst wendete sich in seinem Schreiben dabei schon an die Äbtissin des Klosters; der erste Hinweis darauf, daß Steinbach 1232 bereits ein Nonnenkloster geworden war. Wann der Übergang stattgefunden hatte, ist nicht mit Sicherheit feststellbar; jedoch wohl nicht erst mit der Übergabe der Abtei Lorsch an das Erzstift Mainz 1232[22]. Womöglich fand die Umwandlung in ein Benediktinerinnenkloster parallel zu der des Klosters Neuburg bei Heidelberg statt, das 1195 auf Drängen des Pfalzgrafen Konrad, des dortigen Stiftsvogtes, in ein Frauenkloster umgewandelt worden war[23]. In Steinbach mag es ähnlich gelaufen sein. Ein solcher Gedanke liegt nahe, da die Erbacher als Untervögte der pfälzischen Vögte in deren Tradition standen und, dadurch angeregt, möglicherweise damit auch eine Absicherungsmöglichkeit für nachgeborene Töchter suchten. Neben Kloster Schönau im Steinachtal scheint Steinbach in der Folgezeit zu einem Hauskloster der Erbacher geworden zu sein, was sich darin zeigte, daß seit der Mitte des 13. Jahrhunderts die Stiftungen der Familie an das Kloster zunahmen[24]; vor allem aber in der Tatsache, daß das Kloster den Schenken von Erbach aus allen drei Linien als Grablege diente. 1279 waren dort mit Schenk Konrad und seiner Frau Gräfin Gertrud von Ziegenhain die bislang ältesten nachweisbaren Bestattungen erfolgt (Kat.-Nr. 2). 1404 wurde Johannes von Erbach als letzter des Hauses in Steinbach begraben (Kat.-Nr. 25). Die Lage der Gräber ist heute nicht mehr genau zu ermitteln[25]. Neben Schönau[26] ist Steinbach damit nachweislich die älteste Grablege der Herren von Erbach[27].

Was aber die Schenken von Erbach schließlich veranlaßte, an der Wende vom 14. zum 15. Jahrhundert Steinbach als Grablege aufzugeben, ist bislang nicht genau nachzuvollziehen. Es können nur Vermutungen geäußert werden. Vielleicht spielte der Vogteiwechsel eine Rolle, denn das Kloster Steinbach war seit Beginn des 15. Jahrhunderts unter die Vogtei der Grafen von Wertheim gelangt. Wie die Schirmvogtei des Klosters an Wertheim gekommen ist, wissen wir nicht[28]. Nichtsdestoweniger fanden seit dem Ende des 14. Jahrhunderts Begräbnisse der Familie in der Kirche zu Michelstadt statt: Schenk Heinrich II. († 1387) wurde dort als erstes Mitglied der Schenkenfamilie begraben (Kat.-Nr. 20), wie er es ausdrücklich in seinem Testament bestimmt hatte. Bei zwei Erbacher Linien fand also um die Wende vom 14. zum 15. Jahrhundert ein Wechsel der Grablege von Steinbach nach Michelstadt statt; während die dritte Linie, die alte Erbacher Linie, bis zu ihrem Aussterben 1503 die Grablege in Schönau beibehielt.

Mit Beginn der Reformation in der Grafschaft Erbach, die in ersten Ansätzen bereits von Graf Eberhard I. († 1539) geduldet wurde, ist das Kloster Steinbach säkularisiert worden. Der Graf richtete 1535 ein Hospital dort ein. Nonnen, die den neuen Glauben annahmen, durften bleiben und erhielten einen lebenslangen Unterhalt[29]. In späteren Zeiten diente die Basilika vorübergehend auch als Jagd- und Zeughaus; die Klostergebäude wurden zum Verkauf freigegeben[30].

1760 und 1785 wurden die Grabplatten der in Steinach begrabenen Mitglieder der Schenkenfamilie auf Veranlassung des Grafen Franz I. zu Erbach-Erbach gehoben und den gräflichen Sammlungen im Erbacher Schloß zugeschlagen. Dort errichtete Graf Franz in der Einhardskapelle einen „Gedächtnisraum für die Gründer der Dynastie". Die in den Gräbern befindlichen Gebeine wurden nach Michelstadt in die Gemeinschaftsgruft der Familie überführt und dort in zwei kleinen Särgen beigesetzt[31].

1.2 Das Kloster Schönau im Steinachtal

1142 wurde das Zisterzienserkloster Schönau von Bischof Burkhard II. von Worms auf dem Eigenbesitz der Wormser Kirche gegründet. Zwei Jahre später war das Kloster mit Zisterziensermönchen aus Eberbach im Rheingau besetzt. Mit der Entstehung Schönaus dürfte auch die allmähliche Besiedelung der Gegend verbunden gewesen sein sowie die Urbarmachung des Steinachtals[32]. Der Grund und

Boden gehörte seit Bischof Burkhard I. von Worms (um 965-1025) zum Besitz der Wormser Kirche. 1012 war dies durch Kaiser Heinrich II. bestätigt worden[33]. Die an die Herren von Steinach vergebene Talsohle konnte 1142 von Bischof Burkhard II. zurückerworben werden; zusätzliche Erweiterungen der Klostergemarkung gelangen 1174 und noch vor 1200[34].

Mit der Gründung wurde das Kloster von Bischof Burkhard von allen weltlichen Herrschaften und Gewalten befreit, wie es für Zisterzienserklöster üblich war, die als bischöfliche Eigenklöster bestehen sollten. Erst der Schutz und die Fürsorge des Wormser Bischofs ermöglichten dann die erwähnten ersten frühen wichtigen Erwerbungen. Die einfache Unterstellung unter den Diözesanbischof und die Vermeidung einer Vogteiregelung führten vor allem bei den süddeutschen Zisterzen dazu, daß sie der König als Schirmer der römischen Kirche in seinen Schutz nahm, was besonders in der Zeit Kaiser Friedrichs I. einsetzte: So kam Schönau vermutlich 1169 unter die Schutzherrschaft des Kaisers[35]. Die königliche Schutzherrschaft blieb für das Kloster nur eine Episode, die zu Beginn des 13. Jahrhunderts bereits beendet war. Eine der Hauptursachen hierfür ist wohl im Machtzuwachs der Pfalzgrafschaft unter Pfalzgraf Konrad von Staufen und seinen Nachfolgern zu sehen: 1208 wird die pfalzgräfliche Schutzherrschaft erstmals ausdrücklich erwähnt, und seit Kaiser Otto IV. ist die Schirmherrschaft Pfalzgraf Heinrichs unbestritten[36]. Die Wittelsbacher Pfalzgrafen waren seit ihren Anfängen in der Pfalzgrafschaft 1214[37] Schutzherren des Klosters und traten wohl schon zu Lebzeiten der Schönauer (Gebets-)Bruderschaft (*fraternitas*) bei[38]. Dadurch ist Schönau endgültig zum Hauskloster der Pfalzgrafen geworden, wie es sich unter den staufischen und welfischen Pfalzgrafen bereits angedeutet hatte. Im 13. Jahrhundert bildete das Kloster den östlichen Vorposten der pfalzgräflichen Herrschaft im südlichen Odenwald.

Die Schutzherrschaft brachte der Pfalz keine fiskalischen Zugewinne, dennoch mußten vom Kloster verschiedene Dienste geleistet werden. Regelmäßig hatte Schönau für die Beherbergung und Verköstigung der Pfalzgrafen zu sorgen, es war Absteigequartier bei Jagdzügen und mußte Beiträge zu Landesverteidigung entrichten[39]. Darüber hinaus fielen auch außerplanmäßige Leistungen an, wie etwa Unterstützungen des Landesherrn bei finanziellen Engpässen sowie finanzielle Hilfen für die Heidelberger Universität[40].

In erster Linie zeigten sich Schutz und Schirm in der regen Fürsorge, die die Pfalzgrafen ihrem Haus- und Lieblingskloster während des gesamten Spätmittelalters zuteil werden ließen. Es diente wiederholt als Grablege zunächst der welfischen und dann der wittelsbachischen Pfalzgrafen. Als ein besonderer Förderer des Klosters wurde bereits Pfalzgraf Konrad von Staufen 1195 im Kloster bestattet[41]. Huffschmid vermutet, daß die hochgestellten Personen im Kapitelsaal des Klosters beigesetzt wurden, wie es auch in der Schönauer Tochtergründung Bebenhausen für die Pfalzgrafen von Tübingen und ihre Familie der Fall war[42]. Gestützt wird diese Vermutung durch eine Urkunde Pfalzgraf Konrads von Staufen, in der er Schönau als letzte Ruhestätte für sich und seine Ehefrau wählte und den Bau eines Kapitelsaales durch eine Stiftung förderte. Dieser sollte zum *locus sepulture* werden[43].

Neben den Pfalzgrafen und ihren Familien fanden auch hohe geistliche Würdenträger ihre letzte Ruhe in Schönau. 1149 wurde Bischof Burkhard II. von Worms, der Gründer Schönaus, dort begraben[44]. Einhundert Jahre später ist im Kloster Bischof Konrad II. von Hildesheim beigesetzt worden, der ein Mitglied der Erbacher Schenkenfamilie war[45]. Seine Grabplatte wurde 1930 im Chor der ehemaligen Klosterkirche bei Grabungen gefunden. Bischof Eberhard II. von Worms wurde 1293 als ein weiterer Bischof in Schönau bestattet[46].

Mit Bischof Konrad II. von Hildesheim war erstmals ein Mitglied der Schenkenfamilie in Schönau begraben worden. Das Kloster erfreute sich ohnehin der besonderen Gunst der Erbacher. Bereits um 1220 (?) wird ein Franco de Erpach als *frater* des Klosters erwähnt, der zusammen mit Schenk Gerhard, dem Ministerialen des Pfalzgrafen, den Konsens Pfalzgraf Ludwigs zu einer Schenkung mitbezeugte[47]. 1251 ließen die Schenken Eberhard und Konrad von Erbach um das Seelenheil ihres Bruders Gerhard willen alle Rechtshändel gegen Schönau fallen. Stiftungen an das Kloster erfolgten nachweislich seit 1290, als Schenk Konrad in seinem Testament dem Kloster Gefälle zu Beerfelden, Lauerbach, Schönnen und Zotzenbach vermachte[48]. Die Verbundenheit mit dem Kloster muß schließlich so groß gewesen sein, daß es der alten Linie zu Erbach, die durch Schenk Konrad I. um 1250 begründet worden war, ab der dritten Generation mit Schenk Konrad († 1363, Kat.-Nr. 11) bis zu ihrem Erlöschen im Jahr 1503 mit Schenk Erasmus (Kat.-Nr. 48) als Grablege diente. Ein Begräbnis in Schönau bedeutete vor allem die Aufnahme in die Schönauer (Gebets-)Bruderschaft; wer also in Schönau begraben worden war, wurde so der für ihn erbetenen göttlichen Gnade in besonderer Weise teilhaftig[49]. Im Kloster wurden mindestens 15 Mitglieder der alten Erbacher Linie begraben[50]. Ihre Gräber befanden sich mutmaßlich im nördlichen Querhaus der Klosterkirche, wie die Funde der Grabplatten, die bis 1992 gemacht wurden, zeigen.

Im Zuge der Reformation wurde das Kloster 1558 durch Kurfürst Ottheinrich aufgehoben[51].

1.3 Die Stadtkirche zu Michelstadt

Bereits in der Schenkungsurkunde[52] der Mark Michelstadt an Einhard 815 wird in Michelstadt ein Kirchenbau erwähnt. Es ist dabei die Rede von einer *modica basilica lignea constructa*. Der Standort dieser ersten Holzkirche dürfte schon die Stelle der heutigen spätgotischen Stadtkirche gewesen sein. Denn als 1967 Ausschachtungsarbeiten für eine neue Heizungsanlage durchgeführt wurden, stieß man auf Pfostenspuren des erwähnten Gründungsbaues. Darüber hinaus nennen die Fuldaer Annalen für das Jahr 821 die Weihe einer Marienkiche – eines zweiten Baues? – an dieser Stelle[53]. Der Bau der Steinkirche 821 dürfte vermutlich auf Veranlassung Einhards geschehen sein, bevor er im benachbarten Steinbach die nach ihm benannte Klosterkirche errichten ließ (geweiht 827).

Bis um das Jahr 1000 scheinen, nach den Befunden zu urteilen, keine Veränderungen an der Kirche vorgenommen worden zu sein[54]. Erst nachdem 951 durch den Lorscher Abt Gerbodo in der Nähe der Kirche ein steinernes Haus für die

Mönche errichtet worden war[55], die in Michelstadt Gottesdienste abhielten, wurden im späten 10. Jahrhundert an der Ost- und Westseite der Kirche Erweiterungen unter Wahrung der Grundsubstanz vorgenommen[56]. Um 1000 haben wir dann ein Bauwerk vor uns, das eine Länge von mehr als 30 Metern hatte und dessen Wände farbig verputzt waren. Dieser Kirchenbau ist danach anscheinend bis in die zweite Hälfte des 14. Jahrhunderts nicht mehr erweitert worden. Erst in diese Zeit ist der Anbau an der Nordostecke des Gebäudes zu datieren, der seit 1678 als Gruftkapelle der Grafen zu Erbach in Benutzung ist. Der Schlußstein des Kapellengewölbes zeigt ein Allianzwappen von Erbach und Bickenbach, das auf die Ehe Schenk Eberhards XI. und Maria von Bickenbach hinweist, die 1390 geschlossen wurde[57].

Tiefgreifende bauliche Veränderungen begannen erst mit dem spätgotischen Kirchenbau, der in mehreren Abschnitten zwischen 1461 und 1507/37 vollendet wurde. Wie eine Inschrift am nordöstlichen Strebepfeiler des Chores zeigt, begann Schenk Adolarius mit dem Neubau der Kirche:

> anno · d(omi)ni · m° · cccc° ·/ lxi° · den · ersten · stei(n) / diesz · chors · hat · ge=/leit · Schenck · ado=/larius · herre · von / Erpach.

Dieser groß angelegte Neubau sollte in den kommenden siebzig Jahren den karolingischen Bau vollständig ersetzen. Schenk Adolarius vertrat bei der Grundsteinlegung seinen kurz zuvor verstorbenen Vater, Schenk Philipp († 1461). Das Kirchenschiff ist über eine längere Zeit von verschiedenen Meistern errichtet worden: Das südliche Seitenschiff ist vermutlich um 1470 begonnen worden, worauf die Wappen Erbach und Eppstein hindeuten[58]. Auch für das nördliche Seitenschiff bieten zwei Allianzwappen einen Datierungshinweis. So zeigen die Gewölberippen die Wappen Erbach und Fraunberg zum Haag sowie Erbach und Stöffeln[59]. Aufgrund der beiden Eheschließungen 1472 bzw. 1469 darf man annehmen, daß das Seitenschiff ab 1472 eingewölbt wurde. Um 1475 waren die Arbeiten an beiden Seitenschiffen wohl soweit abgeschlossen, daß man daran denken konnte, die Westfassade zu errichten.

Es zeigte sich bereits hier, daß an der Baulast zwei Zweige der Familie Erbach beteiligt waren, vertreten durch Schenk Georg I. aus der Linie Erbach-Reichenberg zu Fürstenau, einen Bruder Adolars, sowie Johannes IV. aus der Linie Erbach-Reichenberg zu Michelstadt. Als im Jahr 1475 das Westwerk und der Treppenturm an der Südwestecke begonnen wurden, trat ein Mitglied der dritten Linie als ein weiterer Bauherr auf. Wie die Inschrift am Treppenturm zeigt, beteiligte sich nun auch Schenk Philipp II. aus der alten Erbacher Linie an der Baulast:

> Anno · d(omi)ni · 1 · 4 · 7 · 5 · Ince-/pta · est · hec · renovatio · toti(us) / corporis · h(uius) · eccle(siae) · Sub · pincer-/nis · philippo · jeorio · et · jo-/hanne · d(omi)nis · terre · in · et ·/ de · Erppach · et · Joh(ann)e · pistor(is) ·/ pl(e)b(a)no :[60]

Als Weihejahr der Kirche gilt jedoch 1490, wie die Jahreszahlen am Portalsturz und in der Giebelspitze der Westwand andeuten. Schon bald nach 1475 muß der Bau auf Höhe der Inschrifttafel unterbrochen worden sein, wie eine Baufuge an dieser Stelle zeigt. Möglicherweise ist der Baustopp darauf zurückzuführen, daß innerhalb von sieben Jahren alle Bauherren verstarben.[61] Während der nun folgenden mehrjährigen Bauunterbrechung wanderten auch die Steinmetze ab.

Erst Ende der 1480er Jahre (?) wurde unter Leitung des Baumeisters Konrad von Mosbach der Kirchenbau fortgesetzt. Konrad gab den Plan, einen Turm an der Südwestecke zu bauen, auf und sah zunächst seine Hauptaufgabe in der Gestaltung der Westfassade und des Portals.[62] Mit der Errichtung des Dachstuhls 1490 war der Kirchenbau zunächst einmal abgeschlossen, und „es war eine dreischiffige Pseudohallenkirche [...] mit einem großen Chorraum" entstanden[63]. In ihrem Inneren erhielt die Kirche großzügige farbige Ausgestaltung und Wandmalereien. Reste einer Malerei von 1497 (?) finden sich an der westlichen Seitenschiffwand; in der unzugänglichen Cruftkapelle ist eine Wandfassung mit 1506 datiert[64].

Erst im Jahr 1507 wurde mit dem Bau eines Glockenturmes an der Südostecke der Kirche begonnen; wiederum teilten sich die Baulasten auf das „Gesamthaus" Erbach auf – nach dem Aussterben der alten Erbacher Linie 1503 vertreten durch die Schenken Eberhard XIII. (Fürstenauer Linie) und Valentin (Michelstädter Linie). Die ausführliche Grundsteinlegungsinschrift an der Südwand des Turms ist ein Hinweis darauf, wie sehr das Fehlen eines Glockenturmes gestört haben muß und wie wichtig der Bau war:

> Deo · maxi(m)o · excellentissi(m)o · Mag(n)o · michaeli · archa(n)g(e)lo · Et · Divo · kilia(n)o · / Edificij · h(vivs) · basis · posita · est · svb · Jvlio p(a)pa ij° · Maximiliano · romanor(vm) / rege · Jacobo lib(e)nstein · archiep(iscop)o mogv(n)tin(o) · Eberhardo et Valentino baro/nibvs · ac pincernis et d(omi)nis in Erppach et bicknbach agnatis · / Theodrico ribeysen pastore Anno salvtis 1507 12 k(a)l(endas) app(ri)lis[65]

Im Erdgeschoß des Turms wurde die Sakristei eingerichtet. Es sollte jedoch noch bis 1537 dauern, bis die Bauarbeiten abgeschlossen waren, doch dürfte das Mauerwerk bis zur Glockenstube bereits früher aufgeführt gewesen sein, denn 1535 wurden Glocken für die Kirche gegossen[66].

Einen weiteren Bauabschnitt markierte die Errichtung der Eberhardskapelle am südlichen Seitenschiff im Anschluß an den Turm. Der Bau wurde nach dem Tode Graf Eberhards 1539 durch seine Witwe veranlaßt. 1542 waren die Arbeiten abgeschlossen[67]. Die Kapelle dient als Grabkapelle für das Ehepaar Graf Eberhard von Erbach und Gräfin Maria von Wertheim. Die Grabplatten, die vor dem noch erhaltenen Epitaph über den Gräbern der beiden lagen, hängen heute an der Nordwand des Chores (Kat.-Nr. 51, Anh. 1).

Mit dem Anbau der Eberhardskapelle waren die äußeren Bauarbeiten zum Abschluß gebracht worden; und die Kirche präsentiert sich seither in dem uns heute noch bekannten Bild.

2 Die Entwicklung der Erbacher Grabmäler

Bevor die Entwicklung der sepulkralen Inschriftenträger besprochen werden soll, sind eingangs noch einige Anmerkungen zur Terminologie der verschiedenen

Grabmaltypen zu machen: Die Ausdrücke Grabmal, Grabdenkmal und Grabmonument werden gleichbedeutend verwendet und charakterisieren als übergeordnete Begriffe alle Arten der Sepulkralkunst, „ohne etwas über die spezifische Form oder Funktion auszusagen“[68]. Es lassen sich jedoch bei den Grabmalarten folgende Haupttypen unterscheiden:

Die **Grabplatte** bezeichnet die hochrechteckige Platte, die in den Kirchenboden eingelassen ist und das Grab abdeckt. Sie ist charakterisiert durch körpergleiche Maße und eine in der Regel von innen, im Uhrzeigersinn zu lesende Umschrift, die auf dem Rand verläuft. Die Grabplatte kann auch als Deckplatte einer Tumba oder eines Sarkophages dienen; dann sind die Seiten meist abgeschrägt und haben eine gegen den Uhrzeigersinn verlaufende Umschrift, die beim Umschreiten gelesen werden kann (vgl. Kat.-Nr. 43).

Das **Epitaph** ist ein von vornherein für die Aufstellung oder die Anbringung an der Wand vorgesehenes Denkmal, das sehr verschieden gestaltet sein kann, so daß manche Epitaphien zum Teil kaum von Grab- oder Tumbenplatten zu unterscheiden sind. Gegenüber der Grabplatte markiert ein Epitaph nicht die eigentliche Grabstelle, obwohl es oftmals in deren Nähe angebracht wurde.

Der **Grabstein** bezeichnet das auf einem Friedhof senkrecht am Begräbnisplatz stehende Grabmal. Durch die unterschiedlichen Gestaltungsmöglichkeiten wird eine Abgrenzung gegenüber den anderen Grabmaltypen oftmals erschwert; vor allem, wenn der ursprüngliche Aufstellungsort unbekannt ist.

Ein **Totenschild** bezeichnet den aus Holz gefertigten Schild eines Verstorbenen, der mit seinem Wappen und einer Inschrift versehen ist. Er ist normalerweise an der Wand aufgehängt und kann weit entfernt von der Grabstelle angebracht sein.

Die beiden letztgenannten Grabmalformen kommen für die Schenken von Erbach im Mittelalter und bis zur Grafenerhebung nicht vor. Unter den 53 im Katalog genannten Grabmälern sind nur vier Epitaphien vorhanden; bei allen anderen handelt es sich um Grabplatten. Für das 13. Jahrhundert sind vier Grabplatten erhalten; für das 14. Jahrhundert sind 18 Grabplatten überliefert, von denen drei nur kopial nachgewiesen werden konnten. 21 Platten sind für das 15. Jahrhundert ermittelt worden, davon sind acht Stück nurmehr durch die kopiale Überlieferung bekannt. Von 1500 bis zum Jahr 1539, dem Grenzjahr dieser Arbeit, sind sechs Grabplatten bezeugt.

Über die Jahrhunderte hinweg erfuhren die Grabplatten in ihrer Gestaltung und dem Formular der Inschrift einige Veränderungen, die mit den sich ändernden Memoriavorstellungen zusammenhingen[69]. Für die Grabmäler der Schenken von Erbach zeigt sich folgende Entwicklung:

Bereits die ersten erhaltenen Grabplatten aus der Einhardsbasilika zu Steinbach sind Figurengrabmäler, bei denen die Figur des Verstorbenen in einem kastenartig vertieften Feld steht (vgl. Kat.-Nrr. 2-4). Sie sind dargestellt in einem langen fließenden Gewand, über das ein Mantel gezogen ist. Beigefügt sind Schwert und Wappen, wobei auf der ältesten Platte, der Schenk Konrads († 1279), das Wappen in Form einer Mantelschließe am Hals erscheint (Kat.-Nr 2), wohingegen auf den zwei vergleichbaren jüngeren Grabplatten für die Schenken Johannes und Eberhard beider Wappen auf ihren (Kampf-)Schilden angebracht sind (Kat.-Nrr. 3, 4). Diese Grabmalform, mit der stehenden Figur im kastenartig vertieften Feld, wurde auch für die Grabplatte der Agnes von Breuberg, der Frau Schenk Eberhards († 1296 ?), gewählt (Kat.-Nr. 5). Die Erbacher Platten sind frühe Figurengrabplatten, die in der Odenwaldgegend keine Entsprechungen haben. Eine vergleichbare Grabplatte ist die des Grafen Diether von Katzenelnbogen († 1276), die sich heute im Landesmuseum Wiesbaden befindet[70]. Bei dieser Art Grabplatten sind darstellungswürdig: geistliche und weltliche Würdenträger wie Erzbischöfe, Bischöfe, Äbte, Kaiser, Könige, Herzöge oder Grafen sowie der große Kreis der Stifter und Gründer. An Hand der genannten Personengruppen läßt sich das Selbstverständnis der Schenken von Erbach am Ende des 13. Jahrhunderts ablesen: Die Familie reihte sich unter die sozial hochstehenden Personenkreise ein.

Die nächsten noch erhaltenen Grabmäler sind dagegen reine Wappengrabplatten, die außer der am Rand umlaufenden Inschrift nur das Wappen Erbach als Vollwappen im Mittelfeld zeigen. Dazu gehören die Stücke für Schenk Eberhard († 1327) und Schenk Heinrich († 1334) sowie für den in Schönau bestatteten Schenken Konrad (Kat.-Nrr. 6, 8, 11). 1404 wurde noch einmal dieser Typus der Wappengrabplatte für den jung verstorbenen Schenken Johannes gewählt (Kat.-Nr. 25), der als letztes Mitglied der Familie in Steinbach begraben wurde.

Seit der Mitte des 14. Jahrhunderts sind alle noch erhaltenen Platten Figurengrabplatten, die sich in die allgemeine Entwicklung der Platten einreihen: Die männlichen Figuren ändern ihr Äußeres entsprechend der zeittypischen Veränderung der Rüstungen; die weiblichen Verstorbenen zeigen in ihrem Gewand kaum Unterschiede, lediglich die Kopfbedeckung variiert der Zeit entsprechend[71]. Die Erbacher Grabplatten haben neben den Figuren meist nur ein oder die zwei elterlichen Wappen. Erst seit dem letzten Viertel des 14. Jahrhunderts treten vereinzelt vier Ahnenwappen in den Ecken der Platten auf (Kat.-Nr. 18). Doch bleiben bis zum Ende des Bearbeitungszeitraums die „Zweier-Ahnenproben“ bzw. das einzelne Wappen vorherrschend[72]. Davon abweichende Darstellungen der Ahnenwappen finden sich auf der Grabplatte von Margarete von Erbach (Kat.-Nr. 24). Die zwei Wappen links und rechts des Kopfes zeigen eine Kombination von Ahnen- und Ehewappen: Das heraldisch rechte Wappen vereint in einem gevierten Schild die Ahnenwappen aus der Großelterngeneration[73] (Erbach/Henneberg/Bruck/Rodenstein); das heraldisch linke Wappen dokumentiert im gevierten Schild die Wappen der zwei Ehemänner der Schenkin (Erbach/Bickenbach). Die Ahnenwappen auf der Grabplatte der Elisabeth von Kronberg, der Frau Schenk Eberhards († 1425) aus der Erbacher Linie, fallen dagegen durch die unkonventionelle Anordnung von fünf Wappen auf (Kat.-Nr. 26). Neben den vier Ahnenwappen Elisabeths ist noch das Wappen des Ehemannes angebracht worden. Dies führte dazu, daß die Wappen der beiden Großmütter heraldisch rechts unten in einem gespaltenen Schild vereint, das Wappen Erbach heraldisch links oben angebracht wurden. Diese Darstellungsweise führte vielfach zu Fehlern bei der Wappenbestimmung. Für die Grabplatten des Ehepaares Graf Eberhard I. und Gräfin Maria von Wertheim kehrte man wieder zu dem Typus der einfachen Wappengrabplatte zurück (vgl. Kat.-Nr. 51, Anh. 1). Dabei ist die Sterbeinschrift jedoch nicht mehr als Umschrift, sondern in einem eingetieften Inschriftfeld zeilenweise angebracht.

Bis in das zweite Drittel des 14. Jahrhunderts ist die gotische Majuskel als Monumentalschrift für die Ausführung der Sterbeinschriften charakteristisch. Daß die früheste, noch erhaltene Grabplatte des Bischofs Konrad von Hildesheim (Kat.-Nr. 1) jedoch keine gotische Majuskel zeigt, ist darauf zurückzuführen, daß es sich bei dem heute erhaltenen Stück um eine nachträglich gefertigte Platte handelt. In der zweiten Hälfte des 15. Jahrhunderts wurde sie neu geschaffen. Dagegen zeigt die Grabplatte der Anna von Bickenbach aus dem Jahr 1451 (Kat.-Nr. 32) noch eine gotische Majuskel, obwohl sich bereits seit dem Ende des 14. Jahrhunderts die gotische Minuskel durchgesetzt hatte. Auch die 1467 entstandene Sterbeinschrift für Abt Philipp von Weißenburg (Kat.-Nr. 37) ist noch in einer gotischen Majuskel abgefaßt. Beide Male scheint es sich um eine bewußte Rückbesinnung gehandelt zu haben. Besonders deutlich wird dies bei der Weißenburger Abtsgrabplatte, die sich an den Platten der Vorgängeräbte sowohl in der schlichten Darstellung als auch in Formular und Schrift orientiert; selbst die Platte von Philipps Nachfolger, des Abtes Jakob von Bruck, steht noch in dieser Tradition.

Die erste Sterbeinschrift, die in einer gotischen Minuskel abgefaßt wurde, ist die der Anna von Bruck, der Ehefrau Schenk Konrads († 1393 ?), von 1370 (Kat.-Nr. 13). Daß es sich für diese Zeit noch um eine neue und moderne Schrift handelte, zeigt besonders deutlich die Doppelgrabplatte für Schenk Eberhard und seine Frau Elisabeth von Katzenelnbogen aus dem Jahr 1373 (Kat.-Nr. 14). Denn hier liegt der seltene Fall vor, daß an ein und derselben Platte zwei Schriftarten benutzt wurden. Nach der ursprünglichen Planung sollte die Platte mit einer gotischen Majuskel auf dem abgeschrägten Rand beschriftet und über Bodenniveau verlegt werden[74]. Dieses Vorhaben wurde aber zu Gunsten der „modernen" Schrift, der gotischen Minuskel, aufgegeben. Am Formular kann es nicht gelegen haben, da beide Sterbeinschriften textgleich sind. Nach 1390 war die gotische Minuskel in der Odenwaldgegend soweit etabliert, daß die gotische Majuskel in der Regel verdrängt war.

Die ersten Grabplatten, die mit einer ausgeprägten Kapitalis beschriftet wurden, sind die Platten in der Michelstädter Stadtkirche für den 1539 verstorbenen Grafen Eberhard von Erbach (Kat.-Nr. 51) und für seine Frau, Gräfin Marie von Wertheim (Anh. 1), die 1553 starb. Das Epitaph für die Eheleute (Anh. 2) reiht sich mit seiner Schrift in diese Entwicklung ein: Neben der Kapitalis ist dort erstmals eine Fraktur für das Bibelzitat verwendet worden. Im Bereich der Herrschaft Erbach erschien die Kapitalis in einer äußerst frühen Verwendung erstmals 1500: Die erhaltene Grundsteinlegungsinschrift für die 1810 abgebrannte Martinskirche zu Beerfelden ist in einer erhabenen Kapitalis ausgeführt worden, was vermutlich darin begründet lag, daß der damalige Beerfeldener Pfarrer, Magister Andreas Pfot, Rektor der Heidelberger Universität war und allen Neuerungen, die er aus Heidelberg kannte (?), offen gegenüberstand, so daß er die Benutzung der „modernen" Schrift angeordnet haben mag[75]. Das Epitaph für den Mainzer Erzbischof Dietrich von Erbach in Aschaffenburg scheint eine weitere Ausnahme zu bilden, weil dort augenscheinlich schon 1459 eine Kapitalis und eine Fraktur verwendet wurden (vgl. Kat.-Nr. 34). Das Grabdenkmal ist jedoch nicht zeitgenössisch; es handelt sich um eine Neugestaltung von Johannes Juncker aus den Jahren 1607/08, nachdem die ursprünglich vorhandene Tumba im Markgräfler Krieg 1552 beschädigt worden war. Damit erklärt sich auch die große Ahnenprobe mit sechzehn Wappen, die in der Mitte des 15. Jahrhunderts noch gänzlich unüblich war.

Im gesamten scheinen die Formulare der Grabschriften, wie sie im Hause Erbach vorkommen, in der Verwendung des *Anno domini*-Formulars recht stereotyp zu sein. Doch bei genauerem Hinsehen zeigen sich Unterschiede in der Entwicklung: Die Sterbeinschriften für die hohen geistlichen Würdenträger des Hauses sind ausführlicher und weichen von dem knappen *Anno domini*-Formular ab. Bei der Grabplatte Bischof Konrads (Kat.-Nr. 1) ist die lange Sterbeinschrift und die Häufung der Epitheta allerdings darauf zurückzuführen, daß sie nicht zeitgenössisch ist. Denn 1249 durfte man ein *Anno domini*-Formular erwarten. Das Epitaph des Erzbischofs Dietrich von Mainz (vgl. Kat.-Nr. 34) ist ebenfalls eine Zweitanfertigung (1607/08), die eine recht ausführliche Inschrift zeigt. Auf der ursprünglichen Tumba war vermutlich nur eine knappe Sterbeinschrift angebracht, die mit *Anno domini* begann. Abt Philipp von Weißenburg (Kat.-Nr. 37) hat neben der üblichen Grabschrift, die mit *Anno domini* beginnt, eine ausführlichere Versinschrift (?), die auf die Dauer seines Abbatiates und seine Herkunft eingeht. Das Epitaph für Graf Eberhard und seine Frau Maria von Wertheim (Anhang 2) nennt neben den Sterbedaten die Regierungsjahre Eberhards, die Ehejahre und die Anzahl der Kinder. Darüber hinaus ist der Leichentext angegeben. Es reiht sich damit in die zeitliche Entwicklung ein, die zu ausführlicheren Grabschriften führte. Für die Mehrzahl der Grabplatten gilt das *Anno domini*-Formular, das nur geringfügig abgewandelt wurde: So ist seit 1393 bzw. 1423 der Zusatz *cuius anima requiescat in sancta pace* (Kat.-Nr. 22) und *quorum anima requiescant in pace* (Kat.-Nr. 27) zu beobachten. Mit dem Aufkommen von deutschsprachigen Inschriften wird seit 1444 die entsprechende deutsche Fürbitte *der got gnad* gebraucht (Kat.-Nr. 31). Bei geistlichen Vertretern des Hauses trat die Wendung *cuius anima requiescat in pace* schon nach 1332 auf (vgl. Kat.-Nrr. 7, 10). Die Gedenkinschrift von 1612 für den Würzburger Kanoniker Schenk Johann hat als Fürbitte *cuius anima Deo uiuat* (Kat.-Nr. 17); sie stammt aber aus dem 17. Jahrhundert.

Abweichend von dem *Anno domini*-Formular verwenden die Grabplatten für Schenk Konrad († 1393 ?) und für Schenkin Anna, verheiratete Gräfin von Löwenstein, ausführlichere Formulare (vgl. Kat.-Nrr. 22, 31): Die Sterbeinschrift für Schenk Konrad beginnt mit *hic iacet dominvs conraddus pincerna senior dominvs de erpach dictvs ravch qvi obiit* und fährt dann nach einem zweiten „Invokationskreuz" mit *anno domini* fort. Annas Grabschrift ist deutschsprachig und beginnt mit *Als man zahlt von christus geburt*.

Die Grabschriften, die bis zur Mitte des 14. Jahrhunderts überliefert sind, verwenden ausschließlich die Bezeichnung *N. N. pincerna de erpach*; nach der Jahrhundertmitte ist die Hinzufügung des Titels *dominvs* unter Beibehaltung des Schenkentitels üblich geworden (vgl. Kat.-Nr. 11)[76]. Zeitgleich tritt auch bei den weiblichen Mitgliedern des Hauses die Bezeichnung *domina* auf. In der Zeit zuvor wurde der Stand der Ehefrauen auf den Grabplatten durch die Nennung ihres „Geburtstitels" wiedergegeben (vgl. Kat.-Nr. 2: Gräfin von Ziegenhain). Für Angehörige der Erbacher Familie im geistlichen Stand ist die Bezeichnung *dominvs* oder *domina* bereits vor der Mitte des 14. Jahrhunderts anzutreffen (vgl. Kat.-Nrr. 1 (unter Vorbehalt der späteren Entstehung), 7, 9).

Eine bedeutsame Ausnahme bildet das Formular der Grabplatten der Erbacher Schenken hinsichtlich der Verwendung der standesspezifischen Epitheta *nobilis* beziehungsweise *nobilis uir*. Letzteres wurde bei Schenk Konrad, der 1363 starb, verwendet (Kat.-Nr. 11). Für Schenk Heinrich (Kat.-Nr. 20) wird 1387 erstmals das Epitheton *nobilis* gebraucht, das ab 1411 durchgängig benutzt wurde. Entsprechend taucht in den deutschsprachigen Sterbeinschriften seit 1468 *edel vnd wolgebor(n)* auf (vgl. Kat.-Nr. 38). Die Epitheta *nobilis* und *nobilis uir* werden in Urkunden seit dem 13. Jahrhundert zur Charakterisierung von Edelfreien verwendet und kommen in Sterbeinschriften erst gegen Ende des 15. Jahrhunderts häufiger und dann regelmäßig vor. Werden sie bereits vorher verwendet, so kommen sie bis auf wenige Ausnahmen dem Hochadel zu[77]. Für die Schenken von Erbach werden diese Epitheta bereits 1363 bzw. 1387 und seit 1411 regelmäßig verwendet, womit eine deutliche Darstellung des eigenen Standes in Abgrenzung gegenüber dem Ritteradel festzustellen ist. Obwohl die Schenken von Erbach dem Ministerialenstand entstammten, letztlich also „Unfreie" waren, reihten sie sich damit faktisch in den Stand der freien Herren ein und rangierten auf einer Ebene mit den Herren von Bickenbach und den Herren von Weinsberg, bei denen etwa zeitgleich das Epitheton *nobilis* auf Grabplatten auftrat[78].

Geistliche Mitglieder erhalten die Epitheta *reverendus ac nobilis* (Kat.-Nr. 17), *uenerabilis* (Kat.-Nr. 37) oder *generosus* (Kat.-Nr. 41).

Bis 1363 kommt fast ausschließlich die Datierung nach dem römischen Kalender mit seinen Fixdaten Kalenden, Nonen und Iden zur Anwendung. Die Grabinschrift des 1327 verstorbenen Schenken Eberhard (Kat.-Nr. 6) fällt aus der Reihe, da dort das Sterbedatum bereits nach dem Festkalender angegeben wurde. Eine parallele Verwendung von römischem und Festkalender setzte ab 1369 ein. Seither werden beide Datierungsarten nebeneinander gebraucht. Auf der Grabplatte von Schenk Konrad in Michelstadt werden bei ein und derselben Sterbeinschrift beide Formen verwendet (vgl. Kat.-Nr. 15). Erstmals nach Monatstagen datiert die ehemals in Bensheim befindliche, heute verschollene Doppelgrabplatte für Schenk Johannes und seine Frau (Kat.-Nr. 33). Bei der Sterbeinschrift der Magdalena von Stöffeln zu Justingen 1487 fanden zum ersten Mal arabische Ziffern für die Jahreszahl Verwendung (Kat.-Nr. 45).[79] Weitere Grabplatten mit arabischen Ziffern sind die für: Kordula Fraunberg zum Haag (Kat.-Nr. 47), Schenk Erasmus (Kat.-Nr. 48) sowie Graf Eberhard und seine Frau (vgl. Kat.-Nr. 51, Anhang 1). Die beiden letztgenannten Grabplatten weisen eine Doppeldatierung nach Festtag und Monatstag auf.

An dieser Stelle mag noch ein kleiner Exkurs zum Wappen Erbach angefügt sein: Das Stammwappen der Familie war von Anfang an ein (in rot und silber) geteilter Schild mit 3 (2:1) Sternen (in verwechselten Farben)[80]. Die Anzahl der Strahlen scheint zu Beginn noch nicht festgelegt. Auf den Siegeln finden sich in der Frühzeit fünf- bis achtstrahlige Sterne; erst seit dem zweiten Viertel des 14. Jahrhunderts etablieren sich drei sechsstrahlige Sterne. Die Helmzier zeigt, sofern sie bereits bei den frühen Siegeln aufscheint, zwei geteilte Büffelhörner (rot-silber; später auch rot-silber über Eck geteilt)[81].

Bei den Wappendarstellungen auf den Grabplatten ist eine ähnliche Entwicklung zu beobachten: Auch dort ist erst ab der zweiten Hälfte des 14. Jahrhunderts die Zahl der Strahlen der Sterne auf sechs festgelegt. Eine Ausnahme bildet dabei eine Werkgruppe, deren zugehörige Stücke sich in Schönau und Hirschhorn befinden (Kat.-Nr. 14-16, 21). Bei diesen Grabplatten sind die Sterne durchgängig fünfstrahlig dargestellt, was möglicherweise eine Wappendifferenzierung gegenüber den anderen Linien des Hauses Erbach andeuten könnte. Die Grabplatte für die Brüder Konrad und Eberhard von Erbach (Kat.-Nr. 21) aus dieser Serie zeigt eine von der üblichen Erbacher Helmzier – den rot-silber geteilten Büffelhörnern – abweichende: Es ist ein Flug mit aufgelegten Sternen dargestellt. Vielleicht ist auch hier an eine Wappendifferenzierung zu denken. Denn die Söhne Konrads IV. († 1363), Konrad V. und Eberhard VIII., hatten beide männliche Nachkommen, so daß man hier an eine Unterscheidung zwischen den beiden neu entstandenen Linien denken könnte, die man jedoch aufgab, als nach zwei Generationen die gerade durch Konrad V. begründete Linie mit Konrad († 1407) wieder erlosch[82].

Als das alleinige Wappen wurde noch von Schenk Erasmus († 1503) das Stammwappen geführt. Als dieser jedoch 1488 die gesamte Herrschaft Bickenbach erwerben konnte, nahm er Namen und Wappen der Herren von Bickenbach an. Er führte nun ein Wappen geviert von Erbach und Bickenbach[83]. Eberhard XIII. († 1539) führte das Wappen in derselben Form, legte das Bickenbacher Wappen aber ab, als er im Landshuter Erbfolgekrieg 1504 das Schloß Bickenbach verlor[84]. Erst 1556 erfolgte mit dem Erwerb der halben Herrschaft Breuberg eine dauerhafte Wappenvermehrung: Neben dem Stammwappen wird seither das Wappen Breuberg und die zugehörige Helmzier geführt (in Silber zwei rote Balken; ein silbernes Schirmbrett mit zwei roten Balken bzw. zwei gekreuzte, goldene Lanzen mit Fähnlein wie das Schildbild).

Anmerkungen

1. Zur Geschichte der Familie ist nach wie vor heranzuziehen: SCHNEIDER, Vollständige Hochgräflich Erbachische Historie..., Frankfurt 1736; SIMON, Die Geschichte der Dynasten und Grafen zu Erbach und ihres Landes, Frankfurt 1858 (ND ebd. 1983); KLEBERGER, Territorialgeschichte des hinteren Odenwalds (Quellen und Forschungen zur hessischen Geschichte 19), Darmstadt ²1987; DEMANDT, Geschichte des Landes Hessen, Kassel/Basel ²1972.

2. Vgl. KLEBERGER, Territorialgeschichte, 41-52.

3. Zur Biographie und Bedeutung Einhards vgl. SCHEFERS, Einhard. Ein Lebensbild aus karolingischer Zeit, in: Geschichtsbll. f. d. Kreis Bergstraße 26, 1993, 25-92; LUDWIG, Vor dem Bau der Basilika, in: Die Einhardsbasilika, Mainz 1996, 17-23.

4. Zur Grenzbschreibung vgl. Codex Laureshamensis (CL) I c. 21; ausführlich kommentiert und erläutert bei LUDWIG, Basilika, 8-11. Zur Entwicklung des Lorscher Besitzes in vor-erbachischer Zeit vgl. SELZER, Lorsch und der Odenwald, in: Breuberg-Bund Sonderveröffentlichungen 1972. Beiträge zur Erforschung des Odenwaldes und seiner Randlandschaften, Reinheim 1972, 231-247.

Die Einwohnerzahl von Michelstadt dürfte um 820, als Einhard den Nachfolgebau der Michelstädter Holzkirche errichtete, vermutlich 100 Leute betragen haben und setzte sich aus 14 Familien der *servi nostri* und 40 *mancipia* zusammen.

5. CL I c. 20.
6. Ludwig, Basilika, 12-14; aufgrund von vorgefundenen Pflasterwegen und Grubenhäusern geht Ludwig von einer früheren Besiedelung dieser Stelle aus.
7. Ebd., 16f.
8. Erst am Anfang des 10. Jahrhunderts erhalten wir durch eine Lorscher Hubenliste einen schlaglichtartigen Blick auf Michelstadt und seine Entwicklung: Darin wurden für die damalige Zeit acht Herren- und 46 Hörigenhuben erwähnt (CL III, Uk 3663; Knöpp, Entstehung der Basilika und die Klosterzeit, in: Die Einhards-Basilika, Mainz 1996, 26). Eine weitere Entwicklung der Mark Michelstadt als Teil der Lorscher Grundherrschaft läßt sich aus dem Bau eines steinernen Hauses für Lorscher Mönche in der Burg Michelstadt unter Abt Gerbodo (951-972) ableiten, das nach der allgemeinen Vermutung im Bereich der heutigen Kellerei lag (CL I c. 70).
9. CL I c. 141; 29. März 1073. Zwischen 828 und 1073 soll die Basilika als „Gemeindekirche" gedient haben – was darunter verstanden werden soll, ist nicht näher erläutert (Ludwig, Basilika, 63f). Eine Klerikergemeinschaft ist vor 1073 nicht auszuschließen, da Steinbach schon 819 von Einhard an das Kloster Lorsch übertragen wurde.
10. CL I c. 131.
11. CL I c. 141.
12. Knöpp, Basilika und Klosterzeit, 27.
13. Vgl. Simon, Geschichte Erbach, 261-265; Wolfert, Die Abstammung der Grafen zu Erbach von Karl dem Großen, in: W. Wackerfuss (Hrsg.), Beiträge zur Erforschung des Odenwaldes und seiner Randlandschaften III, Breuberg-Neustadt 1980, 53-78.
14. Simon, Geschichte Erbach, Uk I; Stumpf-Brentano, Die Reichskanzler vornehmlich des X., XI. und XII. Jahrhunderts. Band 2: Verzeichnis der Kaiserurkunden (919-1197), Innsbruck 1865/83, ND Aalen 1964, Nr. 3094 (1113.III.20, Worms).
15. CL I c. 142 a ; Knöpp, Basilika und Klosterzeit, 28.
16. CL I c 143 a; ebd.
17. CL I c. 143 b; Dörfer bei Heppenheim.
18. Vgl. CL I c. 144; auf diese Übertragung des Zolls und der Geleitrechte berief sich das Haus Erbach stets, um seine Reichsunmittelbarkeit zu dokumentieren (Deduktion von 1754 § 26, Nr. 71, GEFA Tit. II, Vol. 3 Fasz. 27).
19. CL I c. 155 a.
20. Zur Entstehung des Erbacher Allods, das dem Kloster Lorsch entfremdet wurde, s. Kleberger, Territorialgeschichte, 60-65.
21. Schneider, Historie, Uk XXXII.
22. Vgl. dazu jetzt auch Weinfurter, Der Untergang des alten Lorsch in spätstaufischer Zeit, in: AmrhKG 55, 2003, 25-52.
23. Knöpp, Basilika und Klosterzeit, 29; Schaab, Neue Urkunden zur Geschichte des Klosters Neuburg bei Heidelberg, in: ZGO 108, 1960, 235, I.2.
24. Vgl. Knöpp, ebd., 29f.
25. Möglicherweise ist an einen Begräbnisort im Westbereich in Eingangsnähe der Kirche zu denken; vgl. dazu den Fund der Grabplatte von Schenk Konrad († 1279) im Westteil der Basilika. Vielleicht diente auch die Krypta als Gruftraum des erbachischen Erbbegräbnisses.
26. Vgl. Kat.-Nr. 1: Bischof Konrad II. von Hildesheim, Schenk von Erbach († 1249).
27. Vermutungen, daß bereits die Kirche von Rehbach (bei Michelstadt) vor Steinbach als Erbacher Grablege gedient haben könnte, sind bislang nicht zu beweisen. Dortige Steinsargfunde erbrachten keine weiteren Anhaltspunkte.
28. Vgl. Kleberger, Territorialgeschichte, 123f; Hartmann, Vom Kloster Steinbach zu den Freiherren von Schneidt – Untersuchungen zur Besitzgeschichte eines Mömlinger Adelshofs und Betrachtungen zu den Vogteiverhältnissen des Klosters Steinbach, in: DO 32, 1985, sieht dagegen nur die

Herren von Bickenbach als Vögte des Klosters. – Zu möglichen Gründen des Wechsels der Sepultur vgl. Spiess, Liturgische Memoria und Herrschaftsrepräsentation im nichtfürstlichen Hochadel des Spätmittelalters, in: Rösener, Adelige und bürgerliche Erinnerungskulturen des Spätmittelalters und der Frühen Neuzeit, Göttingen 2000, 97-121.

29. Vgl. Knöpp, Basilika und Klosterzeit, 31.

30. Vgl. dazu allgemein bei Müller, Nachklösterliche Verhältnisse, in: Die Einhards-Basilika, Mainz 1996, 32-37.

31. Beeh-Lustenberger, Grabdenkmäler, in: ebd., 271. – Noch in der Mitte des 19. Jahrhunderts gab es um die Verbringung der Grabplatten in das Schloß Erbach Auseinandersetzungen zwischen den Familienzweigen Erbach-Erbach und Erbach-Fürstenau, den Besitzern der Basilika (vgl. Briefwechsel im GEFA). Eine Beschreibung der Särge hat sich aus dem Jahr 1823 erhalten, als man aus Anlaß des Todes von Graf Franz I. die Michelstädter Gruft renovierte (GEFA, Tit. I, B.1 i, Vol. 133, Fasz. 2).

32. Schaab, Die Zisterzienserabtei Schönau im Odenwald, Heidelberg [2]1990, 21f.

33. Zur Person Bischof Burkhards I. s. Kaiser/Kerner, Burchard I., Bf. v. Worms, in: LexMA II, 1983, Sp. 946-951. Vgl. Schaab, Schönau, 22. – Bestätigungsurkunde Kaiser Heinrichs s. MGH D H II. 247 (18. Sept. 1012).

34. Ausführlich bei Schaab, Schönau, 22-25; dort auch mit einer Kartenskizze, die die Gebietszuwächse verzeichnet.

35. Eine Urkunde über diesen Vorgang ist nicht erhalten; nur ein undadierter Auszug des 16. Jahrhunderts aus einer Kaiserurkunde berichtet davon: *Fridericus dei gratia Romanorum imperator augustus notum facimus: Ihro Maiestät nemen das Kloster Schönaw im Bischtumb Worms gelegen mit allen seinen Zugehörigen güetern in dero kaiserlichen schutz und schirm Vmb dero und Ihrer eltern und vorfahren seelen heill willen...* (GLA 67/1304, fol. 71).

36. Schaab, Schönau, 27f.

37. Zum Übergang der Pfalzgrafschaft bei Rhein an die Wittelsbacher vgl. ders., Kurpfalz I, 62f.

38. Vgl. Schaab, Schönau, 56; Gudenus, Sylloge I..., Frankfurti 1728, 85.

39. Schaab, ebd., 28-30.

40. Schaab, ebd., 30f.

41. Zu den Bestattungen vgl. allg. Huffschmid, Beiträge zur Geschichte der Cisterzienserabtei Schönau bei Heidelberg, in: ZGO 46, 1892, 69-103.

42. Vgl. zum folgenden ebd., 81f.

43. Vgl. ebd., 82.

44. Ebd., 70f, Nr. 1.

45. Vgl. Kat.-Nr. 1. Zur Vita des Bischofs s. dort und Crusius, Bischof Konrad, 431-468; Huffschmid, Schönau, 71f, Nr. 2.

46. Huffschmid, Schönau, 72f, Nr. 3.

47. Martin, Zur Genealogie und Geschichte des Hauses Erbach im 13. Jahrhundert – Korrekturen und Ergänzungen, in: DO 41, 1994, 76-79; Gudenus, Sylloge I, 121.

48. Schaab, Schönau, 57; Schneider, Historie, Uk VII.

49. Schaab, Schönau, 56f. Seit 1256 hatte Schönau das päpstliche Privileg, jedermann das Begräbnis im Kloster zu gewähren, wenn er kein öffentlicher Wucherer oder Exkommunizierter war.

50. Vgl. die Kat.-Nrr. 11, 14, 15, 21, 26, 36, 39 und 48 (erhalten) sowie 29 (kopial überliefert).

51. Zum weiteren Schicksal des ehemaligen Klosters vgl. Schaab, Schönau, 122-128; Huffschmid, Schönau, 90-96.

52. CL I c. 19 (Reg.-Nr. 3082).

53. Sommer, Der Einhardsbau von 821 in der Stadtkirche, in: Michelstadt – 500 Jahre Stadtkirche, Michelstadt 1991, 19.

54. Ebd., 26.

55. CL I c. 70: *Domum lapideam in castello Michlenstat edificavit.*

56. Vgl. Sommer, Einhardsbau, 26, 30.

57. Vgl. Sommer, Einhardsbau, 28; Krebs, Zur Baugeschichte der Stadtkirche Michelstadt, in: Michelstadt – 500 Jahre Stadtkirche Michelstadt, Michelstadt 1991, 31-33: Eine zweite Zuweisungsmöglichkeit des Allianzwappens an Konrad IX. und seine Frau Anna von Bickenbach, die in die Zeit zwischen 1416 und 1451 fiele, lehnt Krebs aufgrund der Bauformen ab. Nach seiner Meinung deuten diese noch auf eine Entstehung des Kapellenanbaus in den letzten Jahren des 14. Jahrhunderts hin. – Seit dem beginnenden 15. Jahrhundert sind (Allianz-)Wappen an Schluß- oder Konsolsteinen in Kirchen keine Ausnahme mehr. Sie symbolisieren Herrschafts- und Patronatsverhältnisse; bald wurden die Wappen um die der Schwiegereltern des Paares, später dann meist zu einer vollständigen Ahnenprobe erweitert. Dieses Phänomen ist auch im Chor der Stadtkirche von Michelstadt zu beobachten, wo die Ahnenprobe von Graf Georg I. und seiner Frau Elisabeth von der Pfalz an den Gewölbekonsolsteinen angebracht wurde.

58. Vgl. Krebs, Baugeschichte, 37-39. Das Wappen Erbach/Eppstein am östlichen Joch des Seitenschiffs dürfte auf die Witwe Schenk Philipps († 1461), Lukhardis von Eppstein, hinweisen, die damit ihre Funktion als „Bauherrin" dokumentierte.

59. Vgl. ebd., 40: 1472 heiratete Schenk Georg Kordula von Fraunberg zum Haag; bereits seit 1469 war sein Vetter Johannes aus der Michelstädter Linie mit Magdalena von Stöffeln-Justingen verheiratet.

60. Übersetzung: Im Jahre des Herrn 1475 ist die Erneuerung des Hauptbaus dieser Kirche begonnen worden unter den Schenken Philipp, Georg und Johannes Landesherren zu und von Erbach und unter dem Pfarrer Johannes Pistor. – Die Lesung *terre* ist unsicher, ergibt jedoch noch einen Sinn; die mögliche Lesung *et cetera* (gekürzt) ergibt keinen rechten Sinn an dieser Stelle.

61. Schenk Georg starb 1481, Schenk Johann 1484, und Schenk Philipp war bereits 1477 gestorben (vgl. Morneweg, Stammtafel 2, Nrr. 88, 93, 96).

62. Zur Person Konrads, der aus der Baumeisterfamilie der Eseler stammte, vgl. Hotz, Spätgotik im Odenwald, in: Michelstadt – vom Mittelalter zur Neuzeit, Michelstadt 1986, 49-74; Krebs/Nikitsch, Bildhauer, Steinmetzen, Glockengießer und Handwerksmeister der Stadtkirche Michelstadt, in: Michelstadt – 500 Jahre Stadtkirche, Michelstadt 1991, 85, 93, 96; Krebs, Baugeschichte, 44.

63. Krebs, ebd., 47.

64. Ebd.

65. Übersetzung: Dem größten und besten Gott, dem großen Erzengel Michael und dem heiligen Kilian geweiht. Der Grundstein dieses Bauwerks wurde gelegt unter [der Herrschaft] des Papstes Julius II., des Römischen Königs Maximilian, des Mainzer Erzbischofs Jakob von Liebenstein, Eberhards und Valentins, Freiherren und Schenken und Herren zu Erbach und Bickenbach, Vettern, und des Pfarrers Theodor Ribeisen im Jahre des Heils 1507 am 12. Tag vor den Kalenden des April. – Das Datum ist aufzulösen als 21. März 1507. Bislang wurde die Datumsangabe immer wieder verlesen, und alle Publikationen seit Schneider (1736) und Simon (1858) gehen von den *kal(endis) app(ri)lis* aus (1. April 1507). 1507 fiel der 1. April jedoch in die Karwoche, so daß man eine Turmweihe in dieser Zeit kaum annehmen möchte. Der 21. März war dagegegen Sonntag Judica, der sich für eine Weihe eher anbot (vgl. Grotefend, Taschenbuch der Zeitrechnung des deutschen Mittelalters und der Neuzeit, Hannover [13]1991, 170f).

66. Vgl. Krebs, Baugeschichte, 48f; möglicherweise war das Mauerwerk sogar schon 1517 fertig, worauf ein Steinmetzzeichen hindeutet, das zu gleicher Zeit an der Kellerei verwendet wurde (ebd., 49).

67. Krebs, ebd., 50f.

68. DI 38 (Bergstraße), Einl. XXIII; dort auch zum weiteren.

69. Zur Memoriavorstellung und deren Wandel vgl. knapp zusammenfassend Oexle, Memoria, Memorialüberlieferung, in: LexMA VI, 1993, Sp. 510-513 (mit Lit.); eine ausführlichere Übersicht in DI 38 (Bergstraße), Einl. XXIV-XXXIII (mit Lit.), dort von Scholz mit der Darstellung der Funktion der Grabmäler verbunden.

70. Vgl. DI 2 (Mainz), Nr. 673.

71. Vgl. Valentinitsch, Die Aussage des spätmittelalterlichen Grabmals für die adelige Sachkultur, in: Adelige Sachkultur des Spätmittelalters (Veröff. d. Inst. f. mittelalterl. Realienkunde Österreichs 5), Wien 1982, 273-292.

72. Zur Entwicklung der Wappendarstellung auf Grabplatten vgl. jetzt Drös, Zur Heraldik fränkischer Adelsgrabmäler, in: Zum ewigen Gedächtnis (Forschungen aus Württembergisch Franken 50), hg. v. Schiffer, Stuttgart 2003, 63-85.

73. Die gleiche Darstellungsform für die Kombination von vier Ahnenwappen ist bei einem Schlußstein im Würzburger Domkreuzgang gewählt worden, der die Ahnenwappen des 1437 verstorbenen Domkanonikers Dietrich von Erbach zeigt (vgl. Kat.-Nr. 30).

74. Ein ähnliches Phänomen ist dargestellt in DI 2 (Mainz), Nr. 50.

75. Vgl. zur Entwicklung der Schrift an der Wende zur Neuzeit: Neumüllers-Klauser, Epigraphische Schriften zwischen Mittelalter und Neuzeit, in: Epigraphik 1988, Wien 1990, 315-328.

76. Die Verwendung des *dominus*-Titels ist zeitgleich auch bei den (edelfreien) Herren von Bickenbach zu beobachten (vgl. Berninger, Steinerne Zeugen mittelalterlicher Geschichte. Die Grabdenkmäler der Edelherren von Bickenbach und ihrer Frauen, in: DO 40, 1993, 3-9).

77. Vgl. Spiess, Ständische Abgrenzung und soziale Differenzierung zwischen Hochadel und Ritteradel im Spätmittelalter, in: Rhein. VjBll. 56, 1992, 181-205; DI 49 (Darmstadt), Einl. XXXI.

78. Siehe Berninger, Grabdenkmäler, 14; bereits seit der Mitte des 14. Jahrhunderts wird der Titel *dominus* verwendet (ebd., 4). DI 49 (Darmstadt), Nr. 10.

79. Frühere Angaben über die Verwendung von arabischen Ziffern (z. B. bereits 1461 bei Schenk Philipp) sind unsicher, da diese Sterbeinschriften nur noch kopial erhalten sind, so daß möglicherweise der Schreiber von sich aus arabische Zahlen verwendete (wie beispielsweise Gabelkover bei seinen Abschriften der Grabplatten der Einhardsbasilika).

80. Bereits 1255 zeigt das Siegel Schenk Konrads († 1290) die drei Sterne im geteilten Feld; das schildförmige Siegel zeigt oben zwei acht- und unten einen sechzehnstrahligen (!) Stern; seine Umschrift lautet: + *SIGIL(LUM) CVNRADI PINCERNE [DE ERT]BA(CH)*; vgl. dazu allgemein auch Siebmacher, Hoher Adel, 4f, Taf. 9-14.

81. Vgl. dazu die Siegelabbildungen bei Schneider, Historie, Tab. II-XI; Simon, Geschichte Erbach, 282f.

82. Vgl. Morneweg, Stammtafeln 1, Nrr. 25, 36, 37, 78.

83. Simon, Geschichte Erbach, 338.

84. Ebd., 346; aber Eberhard führte immer noch den Titel eines Herrn von Bickenbach, wie verschiedene Inschriften zeigen. – Den Töchtern von Schenk Erasmus wurde dagegen weiterhin das Wappen geviert aus Erbach und Bickenbach zugeschrieben, wie Darstellungen in der Zimmerischen Chronik bzw. auf Burg Wildenstein zeigen.

3 Katalog der Grabmäler und deren Inschriften

3.1 Vorbemerkungen zur Edition

Der Katalog enthält die mittelalterlichen Grabmäler der Schenken von Erbach und ihrer Ehefrauen, die aus den drei Hauptgrablegen des Hauses heute noch erhalten bzw. kopial überliefert sind. Bei der Kopialüberlieferung sind nur Stücke herangezogen worden, die eindeutig als Grabmäler zu identifizieren waren.

Die Inschriften werden im Katalog chronologisch (nach den Sterbedaten) und nach einem einheitlichen Schema ediert, das sich an den Richtlinien des Editionswerkes der „Deutschen Inschriften" (DI) orientiert:

In der Kopfzeile links steht die laufende Nummer. Durch ein Sterbekreuz hinter der Zahl wird deutlich, daß die Grabplatte/das Epitaph verloren ist. In der Mitte der Zeile steht der derzeitige oder der zuletzt ermittelbare Standort des Grabmals. Rechts in der Kopfzeile findet sich die Datierung, die in der Regel der Inschrift entnommen ist; eine Jahreszahl in Klammer ist aus einer nicht-epigraphischen

Quelle übernommen. Ist jedoch zu vermuten, daß bei mehreren Inschriften auf ein und demselben Inschriftenträger die Herstellung zeitlich differiert, so sind die verschiedenen Datierungen angegeben, wobei die früheste Inschrift die Einordnung bestimmt. Unsichere Datierungen sind mit einem Fragezeichen versehen.

Im ersten Abschnitt der Katalognummer finden sich die Nennung des Inschriftenträgers, der (wichtigsten) in der Inschrift genannten Personen sowie eine genaue Standortangabe (sofern nachvollziehbar, werden dort auch Standortwechsel und Verlustumstände aufgeführt). Verbunden sind damit die Beschreibung des Inschriftenträgers, die Benennung des Materials und Anmerkungen zum Erhaltungszustand. Im Normalfall wird der Inschriftenträger vom Betrachter aus beschrieben; nur die Wappen werden nach den Regeln der Heraldik umgekehrt blasoniert. Sind mehrere Inschriften auf einem Stück vorhanden, so werden diese mit A, B, C usw. unterschieden; in Sammelnummern sind die verschiedenen Grabmäler durch römische Ziffern gekennzeichnet.

Bei Grabmälern, die nur noch kopial überliefert sind, ist die dafür maßgebliche Vorlage angegeben.

Danach folgen die Maßangaben (in cm) von Inschriftenträger, Buchstaben bzw. Ziffern sowie die Bestimmung der Schriftart. Erhebliche Schwankungen der Schriftgröße werden durch die Extremwerte dargestellt. Die Abbildungsnummer verweist auf die Abbildung im Tafelteil.

Zur Textwiedergabe:

Die Inschriftentexte sind eingerückt; sie werden fortlaufend wiedergegeben, nur metrische Inschriften sind versweise aufgeführt.

Ein Schrägstrich kennzeichnet das Zeilenende auf dem Inschriftenträger; der doppelte Schrägstrich signalisiert den Übergang auf eine andere Beschriftungsfläche, oder er zeigt die Unterbrechung der Inschrift in der Zeile an (z. B. durch eine Darstellung, ein Wappen o. ä.).

Worttrennstriche am Zeilenanfang oder -ende sind durch Doppelstriche (=) oder Einfachstriche (–) dargestellt.

Striche unter den Zeilen bezeichnen Buchstabenligaturen bzw. -verbindungen.

Abkürzungen sind unter Wegfall der Kürzungszeichen in runden Klammern aufgelöst.

In eckigen Klammern sind erschlossene Textstellen verzeichnet. Ist der Textverlust nicht zu ergänzen, werden leere eckige Klammern gesetzt. Die Lücke wird dann durch eine der vermuteten Anzahl der Buchstaben entsprechenden Zahl von Punkten ersetzt. Ist die Länge der Fehlstelle ungewiß, so werden drei, durch Spatien getrennte Punkte gesetzt (am Beginn und am Ende der Inschrift bleiben die Klammern offen).

Erhaltene Buchstaben oder Textpassagen, deren Lesung aber unsicher ist, werden unterpunktet.

Ausgesparte Sterbedaten und andere ursprünglich freie Stellen der Inschrift sowie ihre nachträgliche Ausfüllung werden in spitzen Klammern wiedergegeben.

Die lateinischen Inschriften werden übersetzt; bei den metrischen Inschriften ist das Versmaß vermerkt. Die Datierungen nach dem römischen Kalender und nach dem Festkalender werden aufgelöst. Alle auf dem Inschriftenträger dargestellten Wappen werden benannt und gegebenenfalls blasoniert, wenn sie unbekannt bzw. nur an entlegener Stelle publiziert sind. Bei den Ahnenproben gibt das Druckbild die Anordnung auf dem Grabmal wieder.

Im anschließenden Kommentar werden Bemerkungen zum paläographischen Befund, zu Sprache und Formular, zum historischen Umfeld und vor allem zur genealogischen Einordnung der Personen usw. gemacht.

Der Anmerkungsapparat gliedert sich in Buchstaben- und Ziffernanmerkungen. Die Buchstabenanmerkungen befassen sich mit textkritischen Fragen; die Ziffernanmerkungen weisen Zitate und Literatur nach oder geben zusätzliche Erläuterungen zu Beschreibung und Kommentar.

Alle Zitate, die in irgendeiner Weise aus Inschriften entnommen wurden, sind kursiv gesetzt.

Abkürzungsverzeichnis:

Abb.	Abbildung	ADB	Allgemeine Deutsche Biographie
AF	Alte Folge	B.	Breite
Bu.	Buchstabe	c.	capitulum
CL	Codex Laureshamensis	ders.	derselbe
DI	Die Deutschen Inschriften	dies.	dieselbe
ebd.	ebenda	Einl.	Einleitung
ev.	evangelisch	f.	folgende(r)
Fü/U	Fürstenauer Urkundenbuch	GEFA	Gräfl. Erbach-Fürstenauisches Archiv
H.	Höhe	Kat.-Nr(r).	Katalognummer(n)
LexMA	Lexikon des Mittelalters	LKr.	Landkreis
NF	Neue Folge	Nr(r).	Nummer(n)
Reg.-Nr(r)	Regestennummer(n)	s./S.	siehe/Seite
Sp.	Spalte	Tab.	Tabula
Taf.	Tafel	Uk(k)	Urkunde(n)
vgl.	vergleiche	ZGO	Zeitschrift für die Geschichte des Oberrheins

1	Schönau (Rhein-Neckar-Kreis), ev. Kirche	(1249), um 1470 ?

Grabplatte Bischof Konrads II. von Hildesheim, Schenk von Erbach. Der Stein wurde 1930 bei Grabungen im Klosterbereich (Chor der ehemaligen Klosterkirche) aufgefunden. Die schmale Platte aus rotem Sandstein steht heute in der Eingangshalle zum ehemaligen Herrenrefektorium (ev. Kirche). Die Inschrift läuft zwischen zwei Ritzlinien im Uhrzeigersinn um. Auf dem Mittelfeld der Platte ist ein Krummstab dargestellt, der von einer Hand gehalten wird. Die Platte ist gut erhalten; lediglich die rechte untere Ecke ist leicht verwittert, und die rechte Leiste weist an einer Stelle einen geringen Schriftverlust auf.

H. 216, B. 70, Bu. 9 cm. – Gotische Minuskel. Abb. 1

> +[a] 1248 · 19 · k(a)l(endas) · jun(ii) ·/ o(biit) · d(omi)n(u)s · Conrad(us) · quo(n)da(m) · decan(us) spi[ren(sis)][b] eccl(esie) · postea scolastic[(us)][c] ·/ moguntinens(is) · / ta(n)de(m) ep(iscopu)s hilde(n)sheme(n)s(is) · doctor (et)[d] p(re)dicator · uir tot(us) cleme(n)s ac pius[e]

1248 am 19. Tag vor den Kalenden des Juni (14. Mai) starb Herr Konrad, einstmals Dekan der Kirche von Speyer, später Scholasticus zu Mainz, schließlich Bischof von Hildesheim, Doktor und Prediger, ein ganz milder und frommer Mann.

Die Grabplatte ist nicht mehr die ursprüngliche Platte; es ist eine Neuanfertigung eines älteren, zerstörten Steins, die sich wohl in der langgestreckten Form und in der Darstellung (einfacher Krummstab, von einer Hand gehalten) am älteren Vorbild orientiert, nicht jedoch in Schriftform und Wortlaut. Denn die Minuskelschrift und die arabischen Ziffern wurden in dieser frühen Zeit noch nicht verwendet. Die gotische Minuskel scheint im Neckargebiet und im Odenwald erst ab 1330 bzw. 1340 auf und wird seit dem Ende des 14. Jahrhunderts regelmäßig verwendet[1]. Arabische Zahlen tauchen erst seit dem Anfang des 15. Jahrhunderts zunehmend auch in Inschriften auf.[2] Bei der Neuschaffung der Platte wurde das Sterbedatum verlesen und falsch wiedergegeben; korrekt müßte es lauten *15 kl ian* und 1249[3]. Auch das Formular ist eher ungewöhnlich für die Zeit Mitte des 13. Jahrhunderts. Ursprünglich dürfte der Text mit *Anno domini* begonnen haben und in einer gotischen Majuskel ausgeführt gewesen sein. Daneben ist die Bezeichnung *doctor* unüblich. Zu Lebzeiten Konrads ist der Begriff „magister“ in Gebrauch (so wurde er auch immer bezeichnet). Erstmals taucht die Bezeichnung *doctor* in der Sterbeinschrift des in Schönau bestatteten Heidelberger Universitätsrektors Konrad von Gomaringen († 1474) auf.[4]
Konrad II. war seit 1221 Bischof von Hildesheim, resignierte 1246 und zog sich daraufhin in das Kloster Schönau zurück.[5] Die Wahl von Schönau wird verständlich, wenn man die Herkunft des bislang unbekannten Bischofs bedenkt. Irene Crusius macht wahrscheinlich, daß er aus der Familie der Schenken von Erbach stammte[6]. Nachdem Konrad sein Amt aufgegeben hatte, zog er sich daher in das Kloster zurück, für das seine Familie „immer wieder [...] als Wohltäter“ hervorgetreten ist[7], und wo er 1249 starb und begraben wurde. Konrad ist vermutlich als ein Bruder von Schenk Gerhard († vor dem 13. Mai 1223), dessen unmündige Kinder 1223 in die Obhut des Pfalzgrafen Ludwigs I. von Wittelsbach übergingen[8], in die Stammtafel einzuordnen.

Vater der beiden war Eberhard II. von Erbach, der 1184 als Zeuge in einer Schönauer Urkunde auftauchte.[9]

Die Grabplatte ist in ihrer Neuanfertigung in den Zeitraum zwischen 1460 und 1475 einzuordnen.[10] Diese Datierung ergibt sich im Vergleich mit dem Neufund der Grabplatte des Konrad von Gomaringen († 1474) im Jahr 1992 in Schönau sowie im Vergleich mit der Platte Schenk Konrads von Erbach († 1464)[11]. Bereits Crusius hat in ihrem Aufsatz, in dem sie mit plausiblen Gründen Bischof Konrad als Angehörigen des Hauses Erbach benennt, auf die Ähnlichkeit der Schrift der Bischofsgrabplatte mit der Grabplatte Konrads aufmerksam gemacht (hier wie dort finden sich die rechteckigen Bogenbrechungen und das markante Invokationskreuz, die auch bei der Gomaringen-Grabplatte zu beobachten sind).[12] Alle drei genannten Grabplatten stammen daher mit großer Sicherheit von demselben Steinmetzen.

a) Invokationskreuz in Form von fünf kreuzweise gestellten Quadrangeln.

b) Hier ist *spiren(sis)* zu ergänzen; das Wort war aber gekürzt, weil der Platz sonst nicht reichte, und am Rand der Platte ist noch der Kürzungsstrich zu erkennen.

c) Am Wortende ist eine us-Kürzung zu ergänzen, die auf älteren Abbildungen noch zu erkennen ist (DI 12 [Heidelberg], Nr. 9 mit Abb.).

d) *et* ist als tironische Note in Form einer Sieben dargestellt.

e) Bei *cleme(n)s* und *pius* sind die *s* erhöht über die Zeile gesetzt.

1) Vgl. dazu die DI-Bände 1 (Taubergrund), 9; 2 (Mainz), Nrr. 33, 37; 8 (Mosbach, Buchen und Miltenberg), XII; 12 (Heidelberg), XXI; 16 (Rhein-Neckar-Kreis II), XXf; 20 (Karlsruhe), XXX; 23 (Oppenheim), XLIV-XLVI; 29 (Worms), LXIX-LXXI; 38 (Bergstraße), XLIV-XLVI; 49 (Darmstadt), XXXIX-XLII. Allgemein dazu Neumüllers, Schrift, 63-66.

2) Vgl. Terminologie zur Schriftbeschreibung, 84; Wehking/Wulf, Leitfaden, 66f. Arabische Ziffern in Inschriften tauchen am unteren Neckar erstmals 1484 auf (vgl. DI 12 [Heidelberg], Nr. 136); für Neckarsteinach und Hirschhorn sind seit dem dritten Drittel des 15. Jahrhunderts arabische Jahreszahlen nachweisbar (vgl. DI 38 [Bergstraße], Nrr. 58, 61, 64, 65, 68, 69, 70, 76). Der von Crusius, Bischof Konrad, 454, angegebene Erstbeleg von 1444 (DI 12 [Heidelberg], Nr. 93) geht auf eine Kopialüberlieferung zurück; möglicherweise ist dabei davon auszugehen, daß der Kopist arabische Ziffern anstelle von (vorhandenen ?) römischen Zahlzeichen verwendet hat.

3) Konrad von Hildesheim starb am 18. Dezember 1249; der Steinmetz muß also auch in der Jahreszahl eine falsche oder verderbte Vorlage gehabt haben, da bei korrekter Datierung stehen müßte *1249 15 kl ian* (s. Chronicon Hildesheimense, ed. Pertz, in: MGH SS 7, Hannover 1846, ND Stuttgart 1995, 845-873 (hier: 860f)); vgl. dazu auch Huffschmid, Schönau, 71f. Vgl. DI 12 (Heidelberg), Nr. 9.

4) Crusius, Bischof Konrad, 454f.

5) Zur Wahl und der Vita Bischof Konrads vgl. ebd., 431-444.

6) Zur Herkunft und zur Person Konrads s. skizzenhaft Chronicon Hildesheimense, 860f; Faust, Konrad († 1249), in: Die Bischöfe des Heiligen Römischen Reiches 1198-1448. Ein biographisches Lexikon, Berlin 2001, 242f (mit Lit.); ausführlich bei Crusius, Bischof Konrad, 444-460 (hier bes. 456-460).

7) Schaab, Schönau, 57.

8) Kleberger schildert die Situation des Jahres 1223 ausführlich und druckt die Urkunde vom 13. Mai 1223 ab (Kleberger, Territorialgeschichte, 53-55, 177).

9) Morneweg, Stammtafel 1, Nrr. 2, 6; Urkunde in Gudenus, Sylloge, 34. Steinmetz sieht den Vater des Brüderpaares in einem Konrad Schenk von Erbach, der 1218 in einer Urkunde des Erzbischofs Siegfried von Mainz als einer der Zeugen erscheint und bislang nicht bekannt war (Steinmetz, Schenken von Erbach, 14).

10) Drös, Sechs neu aufgefundene mittelalterliche Grabplatten in der Kirche der ehemaligen Zisterzienserabtei Schönau, in: Fundberichte aus Baden-Württemberg 23, 1999, 629-652; dort auch zum folgenden.

11) Zur Grabplatte Konrads vgl. Kat.-Nr. 36; die Platte befindet sich heute im Hess. Landesmuseum, Darmstadt.

12) Crusius, Bischof Konrad, 456.

Grabplatte des Schenken Konrad von Erbach und seiner Ehefrau Gertrud Gräfin von Ziegenhain. Die aus der Einhardsbasilika in Steinbach stammende Platte aus rotem Sandstein steht heute in der Einhardskapelle des Erbacher Schlosses. Die Inschrift beginnt links oben und läuft am Rand um; in den Ecken der Platte ist die Schrift jeweils durch einen Stern unterbrochen. Die Figur Konrads steht in einem kastenartig vertieften Feld, der Kopf ruht auf einem Kissen. Schenk Konrad trägt ein locker und lose fallendes Obergewand; am Halsausschnitt liegt ein kleiner Schild mit dem Wappen Erbach auf. Die rechte Hand hält das Schwert vor dem Körper an der Parierstange fest. Auf der Linken saß ein Falke, der jedoch nur noch schemenhaft erkennbar ist und in die Inschrift ragt.
Die Platte ist am Rand bestoßen und abgetreten, wodurch Schriftverlust entstanden ist; die Lesung ist ergänzt nach Simon und Beeh-Lustenberger.[1)]

H. 219, B. 91, Bu. 7,2 cm. – Gotische Majuskel. Abb. 2

> + AN(N)O · d(OMI)NI · MCC / L · X · X · I · X[a)] · X · V · I · I · // K(ALENDAS) JUNII · O(BIIT) · CONRA[DVS I]VNIOR · PINC/ERNA · DE · ERBACH / ET · VXSOR · [S]VA · FILIA COMITIS DE · CIGENHAIN GERTRUdIS · [Q(VAE)][b)] O(BIIT) · IdVS IANVARII

Im Jahre des Herrn 1279 am 17. Tag vor den Kalenden des Juni (16. Mai) starb Konrad Schenk von Erbach und seine Frau Gertrud, Tochter des Grafen von Ziegenhain, die an den Iden des Januar (13. Januar) starb.

Wappen: Erbach

Die Grabplatte stellt das älteste, noch original vorhandene sepulkrale Zeugnis des Hauses Erbach dar. Der Stein wurde 1773 vor dem Haupteingang der Einhardsbasilika aus der Erde geborgen und in das Schloß nach Erbach gebracht. Aber die Platte muß zuvor noch offen zugänglich vor Ort gelegen haben, denn Gabelkover hat sie bei seiner Reise Ende des 16. Jahrhunderts nach Steinbach im Original gesehen und die Inschrift abgeschrieben.[2)]
Die Schrift ist eine teilweise unregelmäßige gotische Majuskel, die alle *S* seitenverkehrt schreibt. Das *D* erscheint in runder und in einer Minuskelform. Beim *A* sind ein deutlich überstehender Deckbalken und ein geknickter Mittelbalken zu erkennen. Das *M* ist ein linksgeschlossenes unziales *M*. Soweit bei den Beschädigungen der Platte erkennbar, sind die runden Worttrenner regelmäßig gesetzt. Das *Q* in *Q(VAE)* erscheint als ein unziales *Q*.
Konrad war ein Sohn Schenk Eberhards, der 1273 bereits gestorben war.[3)] Seine Ehefrau war eine Gräfin Gertrud von Ziegenhain, wie die Inschrift ausweist; sie war die Tochter Graf Bertolds I. und seiner Ehefrau Eilika von Tecklenburg und vermutlich seit 1269 (?) mit Schenk Konrad verheiratet.[4)]
Nachdem die Platte 1773 entdeckt und ausgegraben worden war, wurden die Gebeine Konrads und seiner Ehefrau in der Stadtkirche zu Michelstadt in der Familiengruft der Erbacher bestattet. Die Grabplatte wurde durch Graf Franz I. von Erbach den gräflichen Sammlungen in der Einhardskapelle des Schlosses Erbach zugeschlagen.[5)]

a) Gabelkover: *1479*.
b) Gabelkover hat: *vxor sua fuerat comitissa de Cigenhain gertrudt o(biit)*; Beeh-Lustenberger,

Abb. 1: GR Bischof Konrad von Hildesheim (Kat.-Nr. 1)

Abb. 2: GR Schenk Konrad und Ehefrau (Kat.-Nr. 2)

Abb. 3: GR Schenk Johannes (Kat.-Nr. 3)

Grabdenkmäler, in: Die Einhardsbasilika, Mainz 1996, liest: *GERTRVDIS O(BIIT)*. Die Lesung *Q(VAE)* ist unsicher, da an der Stelle nur noch eine Haste zu erkennen ist, die auf ein unziales *Q* hindeutet. Aber es müßte an dieser Stelle das Relativpronomen stehen, so daß die Ergänzung zu *Q(VAE)* als gerechtfertigt erscheint. Die Skizze, die nach der Hebung der Platte angefertigt wurde (?), zeigt jedoch keine Buchstabenreste an dieser Stelle (GEFA, Tit. I, A.2, Vol. 26, Fasz. 4). Die Umzeichnung der Platte auf dem Frontispiz bei Simon, Geschichte Erbach, hat eindeutig ein unziales *Q*.

1) Text bei Simon, Geschichte Erbach, 276 (eine Abb. der Platte ist als Frontispiz beigegeben); Beeh-Lustenberger, Grabdenkmäler, 274f (Abb. im Abb.-Band, Taf. 121, II.3). Vgl. auch die Skizze der Grabplatte nach der Ausgrabung 1773 (?) (GEFA, Tit. I, A.2, Vol. 26, Fasz. 4).
2) Zu Gabelkover s. Stälin, in: Allgemeine Deutsche Biographie 8, 1878, 290f; Zur Sammlung der Altertümer und den Handschriften Gabelkovers vgl. Klein, Die Sammlung der Handschriften der Sammlung J 1 im Hauptstaatsarchiv Stuttgart, Wiesbaden 1980, 38 (passim).
3) Morneweg, Stammtafel 1, Nr. 7.
4) Europäische Stammtafeln XVII, Taf. 30.
5) 1823 wurde anläßlich des Todes von Graf Franz I. die Gruft in Michelstadt renoviert, und es wurden neue Gerüste für die Särge eingebaut. Bei dieser Gelegenheit wurden alle vorhandenen Särge beschrieben und chronologisch aufgestellt; die Gebeine aus einigen nahezu vermoderten Särgen wurden entnommen und im Chor der Kirche bestattet. In der Gruft ist unter anderen auch eine kleine Holzkiste vorhanden, die in schwarzen Samt eingeschlagen ist, mit der Aufschrift: *Hic jacent ossa Conradi junioris Pincerna de Erbach, et uxoris suae Gertrudis filia, Comitis de Cigenhein quorum alter XVII Kal. Jun. MCCLXXIX altera Idib. Januar. obiit. In eorum sepulcro in Coenobio Steinbachensi anno MDCCLXXIII. reperta et Michelstadii in Requetorio communi reposita a Francisco Comiti Erbaco Erbacensia anno MDCCLXXXV.* (GEFA, Tit. I, B.1 i, Vol. 133, Fasz. 2).

3 Erbach (Odenwaldkreis), Schloß 1296

Grabplatte des Schenken Johannes von Erbach. Die Platte aus rotem Sandstein befindet sich heute in der Einhardskapelle des Erbacher Schlosses; ursprünglich lag sie in der Einhardsbasilika zu Steinbach. Die Inschrift läuft, links oben beginnend, im Uhrzeigersinn zwischen zwei Ritzlinien um. Die Figur selbst steht in einem kastenförmig eingetieften Mittelfeld mit dem Kopf auf einem Kissen. Sie trägt ein loses Gewand, darüber einen Rückmantel, der über der Brust mit einer sternförmigen Fibel und einer Kordel zusammengehalten wird. Die rechte Hand liegt hinter dem Schild auf dem Schwertgriff; die linke Hand hält den auf den Beinen liegenden Wappenschild.

H. 219, B. 95, Bu. 7,9 cm. – Gotische Majuskel. Abb. 3

+ ANNO · DOMINI + / MILLESIMO · CC · XC · SEXTO · QVINT/O · IDVS · IVNII / · O(BIIT) · IOHANNES · PI[N]CERNA · DE · ERBACH

Im Jahre des Herrn 1296 am 5. Tag vor den Iden des Juni (9. Juni) starb Johannes Schenk von Erbach.

Wappen: Erbach (achtstrahlige Sterne)

Die Inschrift ist in einer gotischen Majuskel ausgeführt, bei der die Bogenschwellungen ausgeprägt sind und die deutliche Sporen zeigt (sowohl Dreiecksporen als auch schwalbenschwanzförmige Enden). Teilweise weisen *I* und *N* Nodi an den Hasten auf; *C* und *E* haben zum Teil rechte Abschlußstriche. Verschiedene Buchstaben kommen in unterschiedlichen Formen vor: das *N* erscheint rund und eckig; das *M* kommt neben der kapitalen Form auch unzial vor, ebenso das *E*. Das *A* weist einen deutlich überstehenden Deckbalken und einen eingeknickten Mittelbalken auf. Das *T* ist rund und besteht aus einem Deckbalken, an dem ein eingerollter Bogen ansetzt. Als Worttrenner dienen traubenförmig ausgeführte Punkte.

Johannes war ein Sohn Schenk Eberhards III., und er war 1273 der Stifter der Linie Erbach-Reichenberg zu Fürstenau.[1] Verheiratet war Johannes mit Gräfin Anna von Rieneck.[2] Er selbst nannte sich „nobilis pincerna dictus de Erpach“[3].

1) Morneweg, Stammtafel 1, Nrr. 7, 12; vgl. Kleberger, Territorialgeschichte, 65, 185.
2) Beeh-Lustenberger, Grabdenkmäler, 275. Bei Morneweg fehlt die Ehefrau Eberhards (vgl. Stammtafel 1, Nr. 7); dort ist nur eine Jahreszahl genannt, die auf eine Ehe hindeutet.
3) Simon, Geschichte Erbach, 275. Simon erwähnt dabei auch die Grabplatte und nennt das Sterbedatum Johannes'.

4 Erbach (Odenwaldkreis), Schloß 1296 ?

Grabplatte Schenk Eberhards von Erbach. Die Platte aus rotem Sandstein stammt aus der Einhardsbasilika zu Steinbach; heute befindet sie sich in den gräflichen Sammlungen im Erbacher Schloß. Die Inschrift beginnt links oben mit einem Invokationskreuz und läuft im Uhrzeigersinn auf dem Rand um. Im kastenartig eingetieften Feld steht die Gestalt des Toten. Der Kopf ruht auf einem Kissen; die Füße stehen auf einer Art Konsole. Eberhard trägt ein lose fallendes Untergewand, das um den Bauch mit einem schmalen Gürtel zusammengehalten wird; darüber einen Mantel, der am Hals mit einer schildförmigen Fibel geschlossen ist. Um den Hals trägt er eine Kette. Auf den Beinen ruht der Schild, den Eberhard mit der linken Hand hält. Dahinter hält er mit der Rechten sein Schwert. Die Platte ist derart abgetreten, daß die Inschrift kaum mehr lesbar ist; Worttrenner sind nicht mehr zu erkennen.

H. 221, B. 97, Bu. 9,1 cm. – Gotische Majuskel.

> + ANNO DOMINI / [MILLE]SIMO DUOC[ENTESIMO] LXXXX [. . . / . . .] /
> APRILIS O(BIIT) EBERHARDVS PINCERNA [. . .[a]

Im Jahre des Herrn 12.. ... des April starb Eberhard Schenk...

Wappen: Erbach (achtstrahlige Sterne)

Eine Schriftbeschreibung ist auf Grund des schlechten Erhaltungszustandes nicht mehr zu leisten. Die Platte gleicht von ihrem Aussehen am ehesten der des Schenken Johannes († 1296), so daß man eine Entstehung der Platte im selben Zeitraum vermuten könnte.[1]

Schenk Eberhard war ein Sohn von Konrad I., dem Stifter der Linie zu Erbach[2]; verheiratet war er mit der Agnes (Reiz) von Breuberg.[3]

Über das Todesdatum Schenk Eberhards sowie über die Zuordnung der Grabplatte besteht Unsicherheit: So gibt Morneweg „1296 ?“ an; Möller erwähnt ihn 1303 bereits als verstorben, ebenso wie die Europäischen Stammtafeln.[4] Die Angaben von Schneider mit dem Todesjahr 1322 sind sicher ein Versehen, denn die Umzeichnung stimmt mit den noch erkennbaren Teilen der Inschrift nicht überein. Das Formular dürfte wohl mit dem der Sterbeinschrift Schenk Johannes' vergleichbar sein.[5] Beeh-Lustenberger erwägt in ihrer Darstellung die Möglichkeit, daß es sich um die Grabplatte für Schenk Eberhard aus der Linie Erbach, dem oben genannten, oder für Schenk Eberhard aus der Linie Michelstadt handeln könnte. Nach ihren Angaben ist ersterer 1303 gestorben, der andere 1312.[6] Wenn man jedoch die Transkription der Inschrift betrachtet, die Beeh-Lustenberger liefert, so können die angegebenen Todesdaten nicht stimmen und somit die Zuordnung nicht. Denn sie bringt eine Jahreszahl, bei der die Minderzahl mit *LXXXX* beginnt, was m. E. auf ein Sterbejahr noch vor der Jahrhundertwende, also in den 1290er Jahren, hinweist. Ebenso liegt bei Beeh-Lustenberger ein Lesefehler vor: Schenk Eberhard aus der Linie zu Erbach war 1303 bereits gestorben, wie Möller und die Europäischen Stammtafeln zeigen[7], so daß für ihn 1296, wie oben angegeben, als Sterbedatum realistisch erscheint. Die Grabplatte kann daher für ihn angefertigt worden sein, was aber wegen des miserablen Erhaltungszustandes nicht letztgültig bestätigt werden kann.

a) Schneider, Historie, Tab. I, 5/1: *ANNO DOMINI MILLESIMO CCC.XXII. IN VIGILIA: S: GEORGII O(BIIT) EBERHARDVS PINCERNA*; Beeh-Lustenberger, Grabdenkmäler, 275: *ANNO DOM(INI) (MILLE)S(I)MO[. .]LXXXX (?) . . VIIII (?) K(ALENDAS) APRIL(IS) O(BIIT) EBERHARDVS PINCERNA*. Gabelkover hat: *A(nno) d(omi)ni 1291 o(biit) Eberhardus pincerna de Erpach*.

1) Vgl. Kat.-Nr. 3; da kein Schriftvergleich möglich ist, kann eine Zusammengehörigkeit (?) der Platten nur wegen ihres Aussehens vermutet werden.
2) Morneweg, Stammtafel 1, Nrr. 9, 17.
3) Ebd., Nr. 17. Vgl. Kat.-Nr. 5.
4) Ebd., Stammtafel 1, Nr. 17; Möller, Stamm-Tafeln NF 1, Taf. XIV; Europäische Stammtafeln V, Taf. 2.
5) Schneider, Historie, Tab. I, 5/1. Zu Schenk Johannes vgl. Kat.-Nr. 3.
6) Vgl. Beeh-Lustenberger, Grabdenkmäler, 275; dort diskutiert sie auch die von Schneider vertretene Auffassung, Schenk Eberhard sei 1322 gestorben, und lehnt sie ab.
7) Vgl. Anm. 4.

5 Erbach (Odenwaldkreis), Schloß 1307 ?

Grabplatte der Agnes (Reiz) von Breuberg, der Ehefrau Schenk Eberhards († 1296 ?). Die lange, schmale Platte aus rotem Sandstein steht heute in den gräflichen Sammlungen in der Einhardskapelle des Schlosses Erbach; sie stammt aus der Einhardsbasilika (Steinbach). Die Frauenfigur steht in Halbrelief im kastenartig eingetieften Mittelfeld. Der von einem weiten Schleier umgebene Kopf ruht auf einem breiten Kissen. Über dem Kleid trägt die Frau einen weiten, faltenreichen Mantel, der durch eine Kordel zusammengehalten wird, in die der Daumen der rechten Hand eingehakt ist. Die linke Hand faßt den Mantel über der Hüfte zusammen. Als Schmuck am Halsausschnitt dient ein rosettenförmiger Stern. Über dem Kopf der Frauenfigur sind auf einem breiten Rand als Schmuckelemente ein Dreipaß, eine Rose und ein Vierpaß beigegeben. Die Inschrift läuft oben links beginnend im Uhrzeigersinn auf der Platte um. Der Rand der Platte ist bestoßen und teilweise ausgebrochen, so daß erheblicher Schriftverlust eingetreten ist (die Ergänzungen der Lesung erfolgen nach Schneider und Gabelkover[1]).

H. 216, B. 70, Bu 5,3 cm. – Gotische Majuskel. Abb. 4

> + ANNO · DOMI/NI · MILLESIMO · C · C · C · [V][a] · I · I · QUATA[b] · IDVS · IVNII · / O(BIIT) · AGNET[IS · / CONIUNX · EBERHARDI · PIN]CERNI[c] · DE · ER[P]ACH

Im Jahr des Herrn 1307 (?) am 4. Tag vor den Iden des Juni (10. Juni) starb Agnes, die Ehefrau des Schenken Eberhard von Erbach.

Bei der Schrift handelt es sich um eine (unregelmäßige) gotische Majuskel, die kaum Bogenschwellungen aufweist; sie zeigt jedoch an *C* und *E* Abschlußstriche. Teilweise sind an den Schäften der *I* Nodi angedeutet.

Agnes war die Tochter von Eberhard Reiz von Breuberg und seiner Frau Mechthild, der Erbtochter Gerlachs von Büdingen.[2]

a) Die Ergänzung folgt hier GABELKOVER, der *1307* liest. Nach BEEH-LUSTENBERGER, Grabdenkmäler, 275f. wäre hier *II* einzufügen; so auch bei MÖLLER, Stammtafeln AF I, Taf. S. 73.

b) Sic!

c) Sic! Das *I* ist später ergänzt; es scheint aus einem *A* „korrigiert". Der hier richtige Genitiv lautet jedoch „pincernae".

1) SCHNEIDER, Historie, Tab. I, 5/2, 26f; er bezeichnet sie jedoch als Gräfin von Helfenstein.

2) MÖLLER, Stammtafeln AF I, Taf. S. 73. Der Bruder der Agnes, Gerlach (Reiz) von Breuberg, legte 1274 mit der Übernahme des Balkenwappens für Breuberg den Namen Reiz ab und nannte sich nur noch „de Bruberc".

6 Erbach (Odenwaldkreis), Schloß 1327

Grabplatte des Schenken Eberhard von Erbach. Die Platte aus rotem Sandstein kommt ursprünglich aus der Einhardsbasilika in Steinbach und steht heute in der Einhardskapelle des Erbacher Schlosses. Die Platte zeigt im Mittelfeld in leichtem Relief das Vollwappen Eberhards im gelehnten Schild. Die Umschrift läuft zwischen zwei Ritzlinien um; als Worttrenner dienen Tatzenkreuze. Unterhalb des Wappens ist die Platte gebrochen.

H. 235, B. 86, Bu. 7,4 cm. – Gotische Majuskel.

> + A(NNO) DOMINI / + MILLESIMO + CCC + XXVII + IN / WIGILLIA[a)] / + SANCTI GREGORIGI[b)] O(BIIT) EBERHARD(VS) PI(NCE)R(NA) DE ER[PACH]

Im Jahre des Herrn 1327 am Tag vor dem heiligen Gregor (11. März) starb Eberhard Schenk von Erbach.

Wappen: Erbach (siebenstrahlige Sterne)

Bei der Schrift handelt es sich um eine gotische Majuskel, bei der vor allem die Hasten meist sehr breit ausgehauen sind. Bogenschwellungen sind kaum angedeutet; C und E haben nur teilweise rechts Abschlußstriche, ebenso hat das M nicht durchgängig unten Abschlußstriche. Im gesamten wirken die Schrift wie auch die Wappendarstellung wenig gekonnt, so daß man davon ausgehen kann, dem Werk eines kaum geübten Steinmetzen gegenüberzustehen.

Schenk Eberhard war ein Sohn Schenk Eberhards und seiner Frau Anna von Bickenbach; verheiratet war er mit Jutta von Weinsberg, der Tochter Konrads und der Irmgard von Münzenberg.[1] Auf diese Ehe weisen die Wittumsverschreibungen hin, die Schenk Eberhard seiner Frau auf Schönberg anwies.[2] Schenk Eberhard unternahm nach 1311 erste Anstrengungen, sein Haus aus der mißlichen Lage, in die es durch die Übernahme in die Pfälzer Lehenshoheit gekommen war, herauszuführen. Dies gelang ihm dadurch, daß er sich auf die Seite des Pfalzgrafen Ludwig stellte, der 1314 Verbündete suchte, die ihn bei der Königswahl gegen Friedrich von Österreich unterstützten. In erster Linie mußte er dabei das Erzbistum Mainz auf seine Seite ziehen; diese Annäherung wußte Schenk Eberhard geschickt auszunutzen.

a) Sic!

b) Sic!

1) MÖLLER, Stamm-Tafeln NF 1, Taf. XV; MORNEWEG, Stammtafel 1, Nrr. 7, 13, scheint wohl Eberhard IV. mit Eberhard VII. bezüglich ihrer Ehefrauen zu verwechseln, wie MÖLLER, Stamm-Tafeln

NF 1, 24f, zeigt. (Ggf. muß die Wittumsverschreibung, die unter Anm. 2 genannt ist, dann auch auf Eberhard VII. bezogen werden.)

2) Vgl. SCHNEIDER, Historie, 40, Uk XXIII.

7 † Worms, Dom 1332

Grabplatte (?) des Bischofs Gerlach Schenk von Erbach; sie lag wohl im nördlichen Querhaus vor dem ehemaligen Martinsaltar. Vermutlich war es eine Platte im Boden mit Wappen und Umschrift.
Der Text ist zitiert nach Helwich.[1]

> Anno D(omi)ni m ccc xxxii xv kalendas Januarii obiit dominus Gerlacus de Erbach electus[a] episcopus et confirmatus Wormatiensis cuius anima requiescat in pace

Im Jahre des Herrn 1332 am 15. Tag vor den Kalenden des Januar (18. Dezember) starb Herr Gerlach von Erbach, erwählter und bestätigter Bischof von Worms, dessen Seele möge in Frieden ruhen.

Wappen: Bistum Worms (?), Erbach

Die Überlieferungssituation der Inschrift stellt sich als sehr uneinheitlich da. So ist davon die Rede, daß auf der Platte ein Reimvers gestanden haben soll, während eine andere Darstellung „nichts denn sein Wappen“ erwähnt. Es ist jedoch an Helwichs Überlieferung, auf der alle weiteren beruhen, nicht zu zweifeln.[2]
Gerlach war ein Sohn Schenk Eberhards V. aus der Erbacher Linie und der Agnes (Reiz) von Breuberg.[3] Vor seiner Wahl zum Bischof von Worms war er Kanoniker in Speyer; seit 1324 war Gerlach Propst des Kollegiatstiftes zur Heiligen Dreifaltigkeit in Speyer.[4] Nach seiner Wahl zum Bischof von Worms folgte ihm sein Bruder Engelhard in der Speyerer Propstei nach.[5] Propst Gerlach war 1329 der Kandidat Kaiser Ludwigs des Bayern, der Stadt und auch der Mehrheit des Klerus. Papst Johannes XXII. setzte ihm jedoch seinen eigenen Kandidaten, den Mainzer Salman Klemann († 1359), entgegen. Aus dem sich daraus entwickelnden Streit resultierte durch die Verhängung mehrerer Interdikte bis weit in die vierziger Jahre hinein großer Schaden für die Stadt und den Wormser Klerus.[6] Gerlach soll 1332 ermordet worden sein.[7]
Bischof Gerlach wird in der Wormser Bischofschronistik nur teils als ordentlich erwählter und bestätigter Bischof, der aber nicht ordiniert worden war, geführt und anerkannt. Vielleicht geht daher die „disparate Überlieferungssituation zur Inschrift“ auf eine (teilweise) Kaschierung durch die Chronistik zurück.[8]

a) Nach HELWICH, Prodromus; DERS., Syntagma, hat nur *espiscopus Wormatiensis*, SCHANNAT liest: *electus et confirmatus Wormatiensis episcopus*. (vgl. dazu DI 29 [Worms], Nr. 116).

1) Vgl. DI 29 (Worms), Nr. 116; dort ist die verschwommene Überlieferung genauer skizziert.
2) Vgl. ebd.
3) Bei MORNEWEG, Stammtafel 1, Nrr. 17, 26.
4) Vgl. LUCK, Historische Genealogie des Reichsgräflichen Hauses Erbach..., Frankfurt am Mayn 1786, 9; zur Person s. auch BUSCH/GLASSCHRÖDER, Chorregel und jüngeres Seelbuch des alten Speierer Domkapitels I, Speier a. Rh. 1923, 666f (mit reichen biographischen Angaben); neuerdings KEILMANN, Gerlach Schenk von Erbach († 1332), in: Die Bischöfe des Heiligen Römischen Reiches 1198 bis 1448. Ein biographisches Lexikon, Berlin 2001, 872f (mit Lit.).
5) LUCK, Historische Genealogie, 9.
6) Zu den Auseinandersetzungen s. DI 29 (Worms), Nr. 116; ausführlich und mit weiterer Literatur bei KEILMANN, Das Bistum vom Hochmittelalter bis zur Frühen Neuzeit, in: Das Bistum Worms. Von der Römerzeit bis zur Auflösung 1801, hg. v. JÜRGENSMEIER, 44-193 (hier: 92-103).

7) Vgl. Schaab, Hochstift Worms, in: Handbuch der baden-württembergischen Geschichte 2, 509. Schaab folgte bei seiner Darstellung einer schriftlichen Nachricht der Stadt Mainz an den Rat der Stadt Worms, daß sich Bischof Salman in Mainz niederlassen wolle. Dort heißt es: „... wann er [Bischof Salman] im [Schenk Konrad von Erbach] solchen schaden und leit getan habe an seinem bruder seilgen, den er im mortlich gedotet habe, daz er nimerme vergetzzen konne". Diesen Anschuldigungen traten die Anhänger Salmans jedoch entgegen, die „von solcher missedat nie gehort" hätten. Die zeitliche Einordnung des Schriftstücks durch den Herausgeber des Wormser Urkundenbuchs zu 1330 ist nicht nachvollziehbar, weil Bischof Gerlach am 18. Dez. 1332 gestorben ist (vgl. dazu Urkundenbuch der Stadt Worms, hg. v. Boos, II. Band 1301-1400, Berlin 1890, 169f, nr. 242).

8) Vgl. DI 29 (Worms), Nr. 116; die jüngere Bischofschronik hat: „electus et confirmatus, non ordinatus".

8 Erbach (Odenwaldkreis), Schloß 1334

Grabplatte des Heinrich Schenk von Erbach. Die aus der Einhardsbasilika zu Steinbach stammende Platte befindet sich heute in den gräflichen Sammlungen in der Einhardskapelle des Erbacher Schlosses. Die Platte aus rotem Sandstein stellt unter den anderen Steinen eine gewisse Besonderheit dar, da sie giebelförmig abschließt. Die Inschrift beginnt im Scheitel des Giebels und läuft im Uhrzeigersinn um. Im Mittelfeld der Platte ist das Erbacher Vollwappen zu sehen; der Topfhelm sitzt auf der linken Ecke des gelehnten Schildes auf. Im oberen Drittel ist der Stein gebrochen.

H. 261, B. 99, Bu. 8,8 cm. – Gotische Majuskel. Abb. 5

+ ANNO DO/MINI · M · CCC · QVARTO · XVI[a] · YDVS · OCTOBR(IS) / · O(BIIT) · HEINRICVS · / PINCERNA · DE ERPACH · D(I)C(TV)S RAVCH · BONE · M/EMORIE

Im Jahre des Herrn 1334 am 16. Tag vor den Iden des Oktober (1. Oktober?) starb Heinrich Schenk von Erbach genannt Rauch seligen Angedenkens.

Wappen: Erbach (mit sieben- und achtstrahligen Sternen)

Die Inschrift ist in einer ausgeprägten gotischen Majuskel eingehauen; *C* und *E* sind nach rechts mit einem Abschlußstrich abgeschlossen.

Heinrich war ein Sohn Schenk Johannes' I., der 1296 gestorben war, und der Anna von Rieneck.[1] Schneider sieht in ihm einen Sohn des Philipp Schenken von Erbach († 1299) und seiner Ehefrau Agnes von Rau. Sie soll die Tochter eines gewissen Ritters Dieter von Rau gewesen sein. Ein Bruder Heinrichs war Eberhard genannt Rauch.[2] Simon sieht in Schenk Heinrich den Sohn Schenk Eberhards genannt Rauch und seiner Frau Uda von Rodenstein.[3] Demzufolge wären Eberhard und Heinrich keine Geschwister, sondern Vater und Sohn.

Bei der Inschrift macht die Tagesdatierung Probleme: Die Angabe *XVI YDVS OCTOBR(IS)* ist so nicht nachvollziehbar; es ergäbe sich ein „0. Oktober" bei der Umrechnung, vermutlich ist aber der 1. Oktober gemeint. Dann bleibt jedoch fraglich, warum man nicht nach den Kalenden datiert hat.[4]

a) Sic! Eindeutig ist *XVI* zu lesen; *X* ist wohl auch kein späterer Nachtrag, denn die Buchstabenabstände sind gleichmäßig. Auch Gabelkover hat *16 idus octobris*.

1) Möller, Stamm-Tafeln NF 1, Taf. XV und die Europäischen Stammtafeln V, Taf. 1 führen Schenk Heinrich; er ist bei Morneweg, Stammtafel 1, nicht erwähnt. Zu Schenk Johannes vgl. Kat.-Nr. 3.

2) Schneider, Historie, Stammtafel A, Nrr. 9, 22.

3) Simon, Geschichte Erbach, 312.

4) Vielleicht wurde das *X* auch als falsch gekennzeichnet und die *VI YDVS* sind gemeint (10. Okt.).

9 † Höchst (Odenwaldkreis), Kloster 1345

Grabplatte (?) der Meisterin Ida Schenkin von Erbach. Von der Grabplatte ist nur die Inschrift bei Luck überliefert.[1]

> Anno Domini M CCC XLV. quarto Nonas Maji obiit Domina Yda de Erpach, requiescat in Pace

Im Jahre des Herrn 1345 an dem 4. Tag vor den Nonen des Mai (2. Mai) starb die Frau Ida von Erbach, sie möge in Frieden ruhen.

Ida von Erbach war eine Tochter von Schenk Konrad († 1363) und seiner Frau Ida von Steinach.[2] Ida folgte um 1331 einer Irmingardis als Meisterin des Klosters Höchst nach.

1) Luck, Historische Genealogie, 13, Nr. 52.
2) Morneweg, Stammtafel 1, Nrr. 25, 41 (Ida ist dort im Stammbaum mit Fragezeichen geführt).

10 Erbach (Odenwaldkreis), Schloß 1357

Grabplatte der Kunigunde von Bruck, Ehefrau des Schenken Konrad († 1380). Die hohe schmale Sandsteinplatte steht heute in der Einhardskapelle des Erbacher Schlosses; ursprünglich stammt sie aus der Einhardsbasilika in Steinbach.[1] Die Inschrift beginnt auf der rechten Seite oben, auf der unteren Schriftleiste steht lediglich *DE*, und sie läuft auf der linken Seite weiter. Die Kürzungszeichen sind außerhalb der Ritzlinie übergeschrieben. Unter einer gotischen Baldachinarchitektur steht eine schlanke Frauengestalt in Flachrelief auf einem Hund. Über dem Kleid trägt sie einen faltenreichen Nuschenmantel mit einem breiten Pelzbesatz. Als Kopfputz dient ein Kruseler; die Hände sind vor der Brust zum Gebet zusammengelegt. Zwischen den Fialenspitzen und der Kreuzblume sind zwei Wappen ausgehauen.

H. 265, B. 100, Bu. 8,5 cm. – Gotische Majuskel. Abb. 6

> + ANNO · D(OMI)NI · M° · CCC° · LVII° · YD(IBVS) · SEPTE(M)B(RIS) · O(BIIT) · D(OMI)NA · KVNEGVNDIS · / DE · / BRVCKE · LEGITTIMA · C(ONIVNX) · PINCERNE · DE · ERPPACH ·

Im Jahre des Herrn 1357 an den Iden des September (13. September) starb die Frau Kunigunde von Bruck, die rechtmäßige Ehefrau des Schenken von Erbach

Wappen: Erbach Bruck

Die Schrift ist eine gleichmäßige gotische Majuskel, die den zur Verfügung stehenden Platz gut ausnutzt. Als Worttrenner sind regelmäßig kreisrunde Ringe gesetzt.
Kunigunde von Bruck war die Tochter des Ritters Johann IV. von Bruck und seiner ersten Frau, einer Gräfin von Hohen-Limburg.[2] Sie war die erste Ehefrau Schenk Konrads († 1380); dieser heiratete in zweiter Ehe Margarete von Erbach aus der Linie Reichenberg zu Fürstenau.[3]
Bei dem Wappen Erbach ist wohl versucht worden, die Tingierung anzudeuten, indem der Steinmetz die Sterne oben erhaben und unten eingetieft gearbeitet hat.

1) Laut den Angaben bei Luck, Historische Genealogie, 12, wurde die Platte „unter dem Altar der Kirche zu Höchst entdeckt“; diese Angabe ist so jedoch nicht nachvollziehbar.

Abb. 4: GR Agnes (Reiz) von Breuberg (Kat.-Nr. 5)

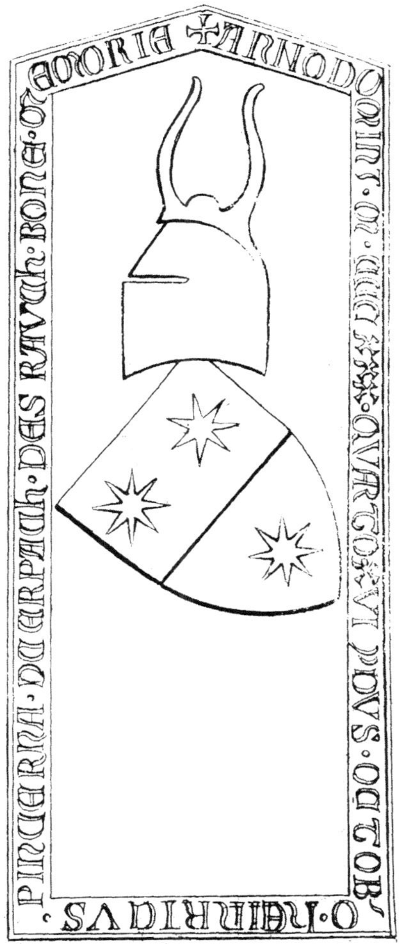

Abb. 5: GR Schenk Heinrich (Kat.-Nr. 8)

Abb. 6: GR Kunigunde von Bruck (Kat.-Nr. 10)

2) Die von Bruck sind nach Möller, Stamm-Tafeln NF 2, 72, Taf. XLVI, eine ursprünglich edelfreie Familie, die aus der Nähe von Bliesbrücken (heute: Bliesbruck, Dep. Moselle) stammte und seit dem 14. Jahrhundert auch Ehen mit dem Dienstadel schloß. – Der Vorname der Gräfin ist nicht bekannt; Becher/Wolfert, Die Ahnenwappen des Mainzer Erzbischofs Dietrich Schenk von Erbach..., in: Aschaffenburger Jahrbuch 5, 1972, 311, vermuten, es müßte eine Tochter Graf Dietrichs in Hohen-Limburg (an der Lenne) und seiner Frau Bertradis von Götterswick sein; dagegen bringen die Europäischen Stammtafeln, NF XVIII, Taf. 3, für Limburg keine Tochter, die eine Verbindung mit Johann von Bruck einging.

3) Vgl. Morneweg, Stammtafel 1, Nrr. 36, 45; s. Kat.-Nrr. 15, 24.

---

11 Darmstadt, Hess. Landesmuseum 1363

Grabplatte Konrads Schenk von Erbach. Die Platte aus rotem Sandstein wurde 1876 in der Dunggrube des Waldhüters Daniel Kuhn in Schönau gefunden und nach Erbach gebracht. 1943 kam die Platte im Tausch in das Hessische Landesmuseum nach Darmstadt. Die Inschrift läuft zwischen zwei Ritzlinien um; im Feld ist das erbachische Wappen in Relief dargestellt. Heute sind nur noch drei Bruchstücke vorhanden, wobei der Anfang und das Ende der Inschrift fehlen. Eine Abbildung der noch kompletten Grabplatte ist im Kunstdenkmälerinventar des Amtsbezirks Heidelberg abgedruckt; danach erfolgt auch die Lesung.[1]

H. 222, B. 81, Bu. 10 cm. – Gotische Majuskel. Abb. 7

+ <u>AN</u>(N)O · D(OMI)NI · MIL(LESIMO) / · CCC · LXIII · [III] NON(AS) · JVNII · OBIIT · NO/BIL(IS) · UIR · / D(OMI)N(V)S · CO(N)RAD(VS) · PI(N)C(ER)NA · D(E) · E[R]PACH ·

Im Jahre des Herrn 1363 am 3. Tag vor den Nonen des Juni (3. Juni) starb der edle Mann Herr Konrad Schenk von Erbach.

Wappen: Erbach (achtstrahlige Sterne)

Konrad war ein Sohn von Schenk Eberhard V. und seiner Ehefrau Agnes (Reiz) von Breuberg, die beide in der Einhardsbasilika begraben wurden.[2] Verheiratet war er mit Ida von Steinach, der Tochter Boppos von Steinach.[3] Sie wurde wie ihr Ehemann auch in Schönau bestattet; ihre Grabplatte ist jedoch nicht mehr vorhanden.
Unter der Herrschaft Konrads gelang es, die in der Auseinandersetzung mit der Kurpfalz zu Beginn des 14. Jahrhunderts verlorenen Erbacher Gebiete zurückzugewinnen und die erneute Herrschaftsfestigung zu erreichen.[4]

1) Kunstdenkmäler Baden VIII/2, 639f (Nr. 24 mit Abb.); die Beschreibung der Platte in dem Katalog des Hess. Landesmuseums ist kaum brauchbar, weil sie recht fehlerhaft gemacht wurde – vor allem treten in der genealogischen Zuordnung gravierende Mißverständnisse auf (s. Beeh, Grabsteine, 132, Nr. 13). Vgl. auch DI 12 (Heidelberg), Nr. 52, wo der Stein noch als „verschollen" bezeichnet wird.

2) Morneweg, Stammtafel 1, Nrr. 17, 25.

3) Ebd., Nr. 25.

4) Vgl. dazu ausführlich Simon, Geschichte Erbach, 288f, 292-294; Kleberger, Territorialgeschichte, 68-72.

---

12 Saint Louis (USA), National Art Museum 1369

Grabplatte der Geschwister Elisabeth und Ulrich von Erbach. Die Platte aus rotem Sandstein war ursprünglich in der Einhardsbasilika, von wo sie in die gräflichen

Sammlungen nach Erbach kam. Anfang der 1930er Jahre wurde sie über den Schweizer Kunsthandel nach Saint Louis (USA) verkauft.[1] Die Grabplatte zeigt in zwei eingetieften, durch breite Leisten eingefaßten Feldern das Geschwisterpaar in flachem Relief: Elisabeth trägt ein langes, am Oberkörper eng anliegendes Kleid, das an den Oberarmen bodenlange, gezaddelte Gehänge zeigt. Das Haar trägt sie offen, lediglich durch einen Reif (Schapel) aus dem Gesicht gehalten. Sie steht auf einem Hund. Ihr Bruder Ulrich trägt einen kurzen, geknöpften Rock (eine sog. Schecke), dazu einen breiten Gürtel; eng anliegende Beinlinge und Halbschuhe ergänzen den Anzug. Von den Oberarmen herabfallen gezaddelte Gehänge bis auf den Boden. Das schulterlange Haar wird durch ein Schapel gehalten. Der Jüngling steht auf einem Löwen. Zu ihren Häupten sind jeweils zwei Wappenschilde zu sehen mit den Wappen der Eltern.
Die Sterbeinschriften der Geschwister laufen in einem stilisierten Schriftband um. Elisabeths Sterbeinschrift (A) beginnt auf der mittleren Leiste auf Höhe ihres Gürtels und läuft im Uhrzeigersinn um; sie endet auf der oberen Leiste. Die Sterbeinschrift (B) für Ulrich beginnt auf der mittleren Leiste auf Höhe seines Ellbogens und läuft ebenfalls im Uhrzeigersinn um; sie endet auf der unteren Leiste. Nach außen sind die Inschriften durch eine Ritzlinie begrenzt. Die rechte Leiste ist leicht ausgebrochen, so daß ein geringfügiger Schriftverlust entstanden ist.

H. 175, B. 102, Bu. 5,5 cm. – Gotische Majuskel. Abb. 8

A · ANNO · D(OMI)NI · M° · CCC° · LXV[a] / III° · IN · DIE · / B(EA)TI · IACOBI · AP(OSTO)LI · O(BIIT)[b] · ELISABET · PI(N)C(ER)NA · DE · ERPA/CH · PVER[c] ·

B ANNO · D(OMI)NI · M° · CCC° · / LXIX[°][d] · I(N) · DIE / · SCE(N)SIO(N)IS · D(OMI)NI · O(BIIT) · ULRICVS[e] · PINCE[RNA ·] DE · ERPA/CH · PUER[c] ·

Im Jahre des Herrn 1368 am Tag des seligen Apostels Jakob (25. Juli) starb Elisabeth Schenkin von Erbach, Mädchen. – Im Jahre des Herrn 1369 am Tag der Himmelfahrt des Herrn (10. Mai) starb Ulrich Schenk von Erbach, Junge.

Wappen: Erbach Katzenelnbogen

Die Inschriften sind in einer unregelmäßigen gotischen Majuskel gehauen, die ausgeprägte Sporen und Bogenschwellungen aufweist. *C*, *E* und das runde *U* haben einen Abschlußstrich. *I* hat sämtlich einen Nodus in der Mitte des Schaftes. Das *A* weist einen senkrechten rechten Schaft auf, der linke ist s-förmig geschwungen und hat eine tropfenförmige Bogenschwellung; der Deckbalken steht links und rechts deutlich über; der Mittelbalken setzt waagrecht an der Bogenschwellung an. Das *L* ist aus einem Schaft und einem keilförmigen Balkensporn zusammengesetzt. Das *M* ist ein symmetrisches unziales *M* mit beidseitig leicht nach außen umgebogenen Bogenenden, der Mittelschaft reicht leicht unter die Grundlinie. Als Worttrenner dienen tief eingehauene Quadrangeln, die am Anfang und in den Ecken der Inschrift (B) paragraphzeichenförmig ausgestaltet sind.
Elisabeth und Ulrich waren Kinder von Schenk Eberhard VIII. und seiner Frau Elisabeth von Katzenelnbogen. Darauf weisen auch die Wappen hin, die sich auf der Grabplatte befinden.[2] Die Hauptlinie Erbach wird durch Schenk Eberhard († 1425), den Bruder der beiden, fortgesetzt.[3]

a) *XV* ist von anderer Hand nachgetragen; vielleicht war hier die Platte beschädigt.
b) Gabelkover: *A(nno) d(omi)ni 1365 in die b(ea)ti Jacobi o(biit)*

c) Sic! So verschrieben für *PVELLA*? *PUER* kann aber auch mit „Kind" übersetzt werden (jedoch eher selten); nachklassisch bedeutet es jedoch „Junge".
d) Gabelkover: *1361*.
e) Rundes *U* mit Abschlußstrich oben.

1) Mündliche Mitteilung des gräflichen Archivars P. Wagenknecht, Erbach.
2) Morneweg, Stammtafel 1, Nrr. 37, 60, 61; die elterliche Grabplatte wurde 1992 bei Grabungen im Kloster Schönau geborgen, s. Kat.-Nr. 14.
3) Morneweg, Stammtafel 1, Nr. 57. Zu den Grabplatten Eberhards und seiner Ehefrau vgl. Kat.-Nrr. 21, 26.

13 Steinbach (Odenwaldkreis), Einhardsbasilika 1370

Grabplatte der Anna von Bruck, Ehefrau Schenk Konrads genannt Rauch. Die Platte aus rotem Sandstein steht heute im Langhaus der Einhardsbasilika an der Nordwand. Sie ist stark beschädigt; die rechte obere Ecke ist bis zur Figur hin weggebrochen, ebenso die linke untere Ecke; rechts unten fehlt ein Stück der Schriftleiste. Die Beschreibung und Lesung erfolgt deshalb nach der Umzeichnung bei Schneider bzw. der Transkription bei Luck.[1]
Die Inschrift läuft links oben beginnend im Uhrzeigersinn auf drei Seiten der Platte um; die linke Leiste war wohl nicht beschriftet. Die Inschrift ist nach außen durch eine Ritzlinie begrenzt; nach innen durch das leicht eingetiefte Feld. In den vier Ecken der Platte sind auf dem Rand die Evangelistensymbole eingehauen. Die Frauengestalt im Mittelfeld ist in einen schweren Mantel gehüllt, darunter trägt sie ein Kleid. Zur Kopfbedeckung dient ein Kruseler, der bis auf die Schultern reicht. Die eine Hand greift unsichtbar in die Falten des Mantels; die linke Hand ist unter einem kleinen Wappenschild vor die Brust gelegt. Oben in den Ecken des Mittelfeldes sind zwei erhaben gehauene Wappenschilde gegeneinander gelehnt.

H. 194, B. 88, Bu. 4,5 cm. – Gotische Minuskel.

> \+ anno · d(omi)ni · m [· ccc · lxx · / in · vigilia · asce(n)sioni]s · d(omi)ni · obiit · anna · pincern[a · d(omi)na · /] · de · erpach ·[a]

Im Jahre des Herrn 1370 am Tag vor der Himmelfahrt des Herrn (22. Mai) starb Anna Schenkin Frau von Erbach.

Wappen: Bruck — Henneberg
Erbach

Aufgrund des schlechten Erhaltungszustandes der Platte ist eine detaillierte Schriftbeschreibung nicht mehr möglich; wegen des Aufbaus und der Darstellung ist die Platte vielleicht in eine Reihe mit den Grabplatten von Schenk Heinrich († 1387) und Schenk Konrad († 1393?), dem Ehemann Annas, zu stellen.[2]
Anna von Bruck war eine Tochter des Ritters Johann IV. von Bruck aus seiner zweiten Ehe mit Anna Gräfin von Henneberg und ist daher als Stiefschwester Kunigundes anzusprechen.[3] Auf der Platte waren oben in den Ecken des Feldes die Wappen ihrer Eltern erhaben gehauen: Das Wappen Bruck ist noch vorhanden; das Wappen Henneberg ist jedoch mit der Ecke der Platte abgebrochen und nach Schneider ergänzt.

a) Gabelkover: *A. dni 1361 · ..... de Erpach*. Und er schreibt weiter: „Reliquia legi non potuere. Ain frawenbild hat vff der brust das schiltlin Erpach"; offensichtlich war auch schon damals die Inschrift weitestgehend zerstört bzw. verderbt. Es folgen die Wappenbenennungen durch Gabelkover.

1) Schneider, Historie, Tab. III, 48; Luck, Historische Genealogie, 12, Nr. 51.
2) S. Kat.-Nrr. 20, 22.
3) Möller, Stamm-Tafeln NF 2, Taf. XLVI; zu Kunigundes Grabplatte s. Kat.-Nr. 10.

14 Schönau (Rhein-Neckar-Kreis), ev. Kirche 1373

Grabplatte des Ehepaares Eberhard Schenk von Erbach und Elisabeth Gräfin von Katzenelnbogen. Die Platte aus rotem Sandstein wurde 1992 bei Grabungen im Bereich des nördlichen Querhauses der ehemaligen Klosterkirche aufgedeckt; seit 1998 steht die restaurierte Platte innen an der Nordwand der evangelischen Pfarrkirche, dem ehemaligen Herrenrefektorium. Es ist eine breite Platte mit abgefasten Kanten, deren Rand ursprünglich wohl höher war. Eine auf der Fase eingehauene Inschrift (A), die auf der linken Plattenhälfte im Gegenuhrzeigersinn umläuft (beginnend oben in der Mitte, endend unten in der Mitte), wurde durch die Abarbeitung des Randes derart verstümmelt, daß die nach außen gerichtete Schrift nur noch zur Hälfte erkennbar ist. Die neuen Inschriften wurden auf den, durch die Abarbeitung entstandenen breiten Randleisten angebracht, die nach außen durch eine Ritzlinie und nach innen durch das gekehlte, eingetiefte Feld abgegrenzt sind.
Die neue Beschriftung ist nach innen gerichtet und läuft im Uhrzeigersinn um die Platte. Die erste Inschrift (B) beginnt in der linken unteren Ecke mit einem Tatzenkreuz und verläuft auf der linken und oberen Leiste; Inschrift (C) ist nachgetragen. Sie beginnt in der rechten oberen Ecke der Platte und läuft auf der rechten und unteren Leiste um. Die Kürzungszeichen sind außerhalb der Ritzlinie zu erkennen.

In Relief sind die Figuren des verstorbenen Ehepaares unter einem krabbenbesetzten und mit einer Kreuzblume gekrönten Kielbogen, in den zwei Spitzbogen eingestellt sind, dargestellt. Seitlich sind zwei Fialen aufgestellt. Der Baldachin faßt zwei Wappenschilde ein. Der Ritter trägt eine volle Rüstung; seine Rechte liegt angewinkelt auf seiner Brust, die linke Hand umfaßt den Schwertgriff an der Parierstange. Der Kopf ruht auf dem querliegenden Kübelhelm des Ritters; zu seinen Füßen kauert ein rückwärts blickender Löwe. Die Frau trägt unter einem faltenreichen, mit einer blumenartigen Fibel zusammengehaltenen Mantel ein langes, glatt-fallendes Kleid; Kopfbedeckung ist ein Kruseler. Die Hände sind über ihrer Brust zum Gebet zusammengelegt. Zu ihren Füßen liegt ein aufwärts blickender Hund. Die Grabplatte ist im oberen Drittel auf Kopfhöhe der Figuren gebrochen, was bei Inschrift (C) einen minimalen Schriftverlust herbeiführte.

H. 284, B. 153, Bu. ca. 10 (A), 6,5 (B), 5,7 (C) cm. – Gotische Majuskel (A), Gotische Minuskel (B, C). Abb. 9

A + AN(N)O [·] D(OMI)NI [·] MCCC / LXXIII IN VIGILIA [·] NAT(IVITATIS) · B(EA)TE · MAR(IE) · VIRG(INIS) · O(BIIT) · D(OMI)N(V)S [·] EBERHARDVS · / PI(N)C(ER)NA · D(E) · ERPACH ·

B +[a] anno · d(omi)ni · m° · ccc · lxxiii · in · vigilia · nat(ivitatis) · b(ea)te · marie · virg(inis) · o(biit) · d(omi)n(v)s · eberh/ardvs · pincerna · d(e) · erpach ·

C ⟨+[b] / anno · d(omi)ni · m° · ccc° · xcj° · iii[i ·[c]] id(vs) · feb(rvarii) · o(biit) · d(omi)na · elizabet · de · kaczenelnboge(n) · conthoral(is) · / d(omi)ni · eberha(r)di[d] · pinc(er)ne · de · erpach ·⟩

Im Jahre des Herrn 1373 am Tag vor der seligen Jungfrau Mariae Geburt (7. September) starb Herr Eberhard Schenk von Erbach. – Im Jahr des Herrn 1391 am 4. Tag vor den Iden des Februar (10. Februar) starb Frau Elisabeth von Katzenelnbogen, Ehefrau des Herrn Eberhard Schenken von Erbach.

Wappen: Erbach Katzenelnbogen.

Die Platte ist „inschriftenpaläographisch besonders interessant"[1], denn noch während der Arbeit scheint die Konzeption der Platte geändert worden zu sein: Der ursprüngliche Plan, die Inschrift in gotischer Majuskel auf der Fase anzubringen, ist zu Gunsten einer Minuskelinschrift auf dem abgearbeiteten Rand aufgegeben worden. Ursprünglich sollte die Platte wohl mit der Fase über Bodenniveau ragen; der erhöhte, jetzt abgetragene Rand hatte vermutlich die Funktion eines Rahmens, um eine hölzerne Schutzplatte aufzunehmen – so vermutet Drös.[2] Die Inschrift bliebe bei dieser Konstruktion aber stets sichtbar. Durch die Abänderung des Plans war es möglich, die Platte auf Bodenniveau eben zu verlegen. Was aber die Änderung des Plans auslöste, ist nicht mehr sicher nachzuvollziehen. Da die Inschrift (A) wortgleich zur Inschrift (B) ist, kann es sich nicht um den Wunsch einer Textänderung gehandelt haben. Gegebenenfalls muß man den Wunsch der Auftraggeber nach einer „modernen" Schrift, der gotischen Minuskel, in Betracht ziehen: „Somit hätten wir hier den seltenen Fall, daß die Verdrängung der älteren durch die jüngere Schrift auf ein- und demselben Inschriftenträger erfolgt und damit zeitlich fixiert werden kann"[3]. Nach den vorhandenen Resten zu urteilen, ist die Majuskel in sorgfältiger, tiefer Dreieckkerbe eingehauen.

Die Platte wurde 1373 hergestellt[4]; sie läßt sich stilistisch und motivisch vergleichen mit zwei in derselben Werkstatt hergestellten Grabplatten für Philipp von Wunneberg († 1362) in Oppenheim und für Odila von Montfort († 1365) aus Kloster Weidas bei Alzey, die in der Umschrift noch eine gotische Majuskel haben. In diese Werkgruppe ist auch das Doppelgrabmal von Henel Landschad von Steinach und seiner Ehefrau Mia von Sickingen von 1377 in Neckarsteinach einzuordnen, das eine gotische Minuskel aufweist; bis ins Detail richtet sich die Gestaltung und Schriftanordnung der Schönauer Platte danach. Der Schriftbefund differiert dagegen deutlich. Die Minuskelinschriften des Schönauer Steins wurden von zwei verschiedenen Leuten ausgeführt. Während die Sterbeinschrift Eberhards direkt nach seinem Tode 1373 eingehauen wurde, erfolgte die Anbringung der regelmäßiger und enger gesetzten Inschrift für Elisabeth erst nach ihrem Tode 1391. Ihre Sterbeinschrift läßt sich aufgrund von Schriftvergleich in eine Gruppe von drei weiteren Grabplatten einreihen. Dazu gehören: die Grabplatte Schenk Konrads († 1380)[5]; die Tumbenplatte für Margareta von Erbach († 1383), der Frau Engelhards II. von Hirschhorn[6]; die Doppelgrabplatte für die Schenken Konrad († 1387?) und Eberhard († 1425).[7]

Schenk Eberhard war der Sohn von Schenk Konrad und dessen Frau Ida von Steinach.[8] Seit etwa 1347 war er mit Gräfin Elisabeth von Katzenelnbogen, der Tochter Eberhards III. und dessen Frau Agnes von Bickenbach, verheiratet; sie brachte ein reiches Erbe an das Haus Erbach.[9] Mit Elisabeth läßt sich neben Schenk Johann († 1383)[10], einem Domherrn zu Würzburg, erstmals ein Interesse für Literatur nachweisen. Denn ihr ist die erste deutsche Übersetzung der „Historia trium regum" des Johannes von Hildesheim gewidmet.[11]

Eberhard schien sich meist um die inneren Belange seines Hauses gekümmert zu haben; nach außen trat er wohl nur einmal in Erscheinung, als König Karl IV. 1349 den Schenken gegen Günther von Schwarzburg in Dienst nahm.[12] Das Ehepaar ließ 1370 in der Burgmannensiedlung Erbach eine Kapelle errichten und begabte sie mit einem Hof in Schönnen, mit zwei Dritteln des dortigen großen und kleinen Zehnten, einer

Abb. 7: GR Schenk Konrad (Kat.-Nr. 11)

Abb. 8: GR Elisabeth und Ulrich von Erbach (Kat.-Nr. 12)

Abb. 9: Gk Schenk Eberhard und Ehefrau (Kat.-Nr. 14)

Gülte von sieben Ohm Wein von Auerbach (Bergstraße) sowie mit einem Haus und Baumgarten vor der Burg Erbach. 1498 erwirkte Schenk Erasmus die Erhebung dieser Kapelle zur Pfarrkirche.[13)]

a) Tatzenkreuz.
b) Quadrangelendiges Kreuz.
c) Aufgrund der Regelmäßigkeit der Buchstabenabstände ist hier noch eine vierte Haste einzufügen.
d) Übergeschriebenes, aus zwei Quadrangeln geformtes, offenes *a*.

1) Vgl. Drös, Grabplatten Schönau, 636-639.
2) Ebd., 637f; gestützt wird diese Vermutung durch ein Beispiel aus dem Mainzer Dom. Für die Grabplatte des Rorich von Sternberg († 1380) ist der Hinweis überliefert, daß die Inschrift so auf dem abgeschrägten Rand angebracht worden war, daß man sie jederzeit lesen konnte, auch wenn die Grabplatte zum Schutz mit Holzbrettern abgedeckt war (vgl. DI 2 [Mainz], Nr. 50).
3) Drös, ebd., 638.
4) Zum Folgenden vgl. ebd.
5) Vgl. Kat.-Nr. 15.
6) Vgl. Kat.-Nr. 16.
7) Vgl. Kat.-Nr. 21.
8) Morneweg, Stammtafel 1, Nrr. 25, 37. Zur Grabplatte des Vaters vgl. Kat.-Nr. 11; die Platte für die Mutter Schenk Eberhards ist nicht mehr vorhanden.
9) Morneweg, Stammtafel 1, Nr. 37, der fälschlich eine Agnes zu Dietz als Mutter Elisabeths angibt; Möller, Stammtafeln AF I, 4f, Taf. II, und Simon stellen die Verwandtschaft richtig; vgl. auch Simon, Geschichte Erbach, 299, Ukk XLVII, XLVIII. In der zweiten Urkunde wird die Anwartschaft auf die Schlösser Habitzheim und Bickenbach begründet, die Gräfin Elisabeth über ihre Mutter, eine Erbtochter Ulrichs von Bickenbach, mit in die Ehe brachte (vgl. Möller, Stammtafeln AF I, Taf. II). Zu dem beanspruchten Erbe an den Schlössern Homburg v. d. Höhe und Steinheim, die an Eppstein verpfändet waren, vgl. Simon, Geschichte Erbach, 301.
10) Vgl. Kat.-Nr. 17.
11) Zur „Historia trium regum" und zu Johannes von Hildesheim im allgemeinen s. Worstbrock/Harris, Johannes von Hildesheim, in: Verfasserlexikon Bd. 4 (^{2}1983), Sp. 642-647. Die älteste bekannte Verdeutschung entstand 1389 im hessisch-rheinfränkischen Raum und war Elisabeth gewidmet (vgl. Verfasserlexikon, Sp. 645); sie enthielt die Widmung: „Diß buchlin ist von latine zu dutschen bracht [...] zu dinste der erbirn frauwen Elsen von Katzeneylnbogen frauwen zu Erpach" (Steiger, Johann von Mandeville, in: Aus der Geschichte von Stadt und Grafschaft Erbach IV, Erbach 1993, 207, Anm. 18).
12) Vgl. Simon, Geschichte Erbach, 300, Uk LI: Neben Eberhard wurden auch die Schenken Konrad gen. Rauch aus der Fürstenauer Linie und Heinrich aus der Michelstädter Linie in Dienst genommen. Zusammen hatten sie acht Reiter und 12 Fußsoldaten zu stellen.
13) Simon, Geschichte, Erbach, 95, 338, Uk LXXXII a.

15 Schönau (Rhein-Neckar-Kreis), ev. Kirche 1380

Grabplatte des Konrad Schenken von Erbach. Die Platte aus rotem Sandstein wurde 1992 im Bereich des nördlichen Querhauses der ehemaligen Klosterkirche aufgefunden und gehoben. Nach ihrer Restaurierung wurde sie im Herbst 1998 innen an der Nordwand der evangelischen Pfarrkirche aufgestellt. Die Inschrift läuft auf den Schmalseiten und der rechten Längsleiste um. Nach außen ist sie durch eine Ritzlinie begrenzt, nach innen durch das mit einer Kehle eingetiefte Mittelfeld. Im Feld ist in Halbrelief die Figur des Ritters dargestellt. Der barhäuptige Ritter liegt mit dem Kopf auf einem Kissen und trägt über der Rüstung ein eng geschlossenes Lederwams. Die rechte Hand liegt auf der Parierstange seines Schwertes; die linke Hand hält den Wappenschild. Zwei Engel halten den Kübelhelm mit der Helmzier über seinem Kopf; die Helmzier ragt in die Inschrift. Zu den Füßen des Ritters liegt ein Löwe. Die Platte ist im oberen

Drittel gebrochen und auch sonst stellenweise beschädigt und abgestoßen (besonders sind der rechte Engel und der Löwe in Mitleidenschaft gezogen); Schriftverlust ist jedoch nicht aufgetreten.

H. 276, B. 136, Bu. 8 cm. – Gotische Minuskel mit Versal. Abb. 10

+[a] anno · d(omi)ni · // · M · ccc · lxx/x · ix · kalendas · junij · o(biit) · d(omi)n(v)s · // · conradvs · pin/cerna · de [·] erpach ·

Im Jahre des Herrn 1380 am 9. Tag vor den Kalenden des Juni (24. Mai) starb Herr Konrad Schenk von Erbach.

Wappen: Erbach (fünfstrahlige Sterne).

Die gotische Minuskel ist ziemlich gleichmäßig gehauen und weist keine Besonderheiten auf. Die Unterlängen sind kaum ausgeprägt, und die Oberlängen sind kurz. Allein der obere Bogen des *a* ragt in den Oberlängenbereich. Das *M*-Versal ist ein links geschlossenes unziales *M*, das durch seine Bogenbrechung in die Formen der Textura eingepaßt wurde.[1]
Im Vergleich ergibt sich, daß die Grabplatte Konrads aus derselben Werkstatt stammt wie die Doppelgrabplatte für die Brüder Konrad und Eberhard Schenken von Erbach.[2] Allein schon die Darstellung der beiden Rittergestalten weist Übereinstimmung auf; ebenso sind die Schriftformen der Sterbeinschriften für die beiden namensgleichen Schenken identisch. Hier reiht sich auch die nachgetragene Sterbeinschrift für Elisabeth von Katzenelnbogen ein.[3] Gleichartig in Schrift und Darstellung ist auch die Tumbenplatte der Ehefrau Engelhards II. von Hirschhorn, Margareta von Erbach.[4] Bei ihr ergibt sich eine Übereinstimmung vor allem auch in der Motivik, denn so wie die zwei Engel den Kübelhelm hinter dem Kopf Schenk Konrads halten, so halten bei der Hochgrabdeckplatte der Hirschhornerin zwei Engel ein Kopfkissen.
Konrad war der Sohn Schenk Konrads († 1363) und seiner Frau Ida von Steinach[5]; er war in erster Ehe mit Kunigunde von Bruck († 1357), der er 1339 das Wittum auf ein Viertel der Burg Schönberg und der umliegenden Dörfer verschrieb[6], in zweiter Ehe mit Margareta von Erbach verheiratet. Ihr wurde als Wittum 1366 ein Viertel der Burg Freienstein und der dazugehörigen Güter angewiesen.[7] 1353 verkaufte Konrad „das Schloß Lindenberg, jetzt der Hof Lindenbolle bei Bergzabern in der Rheinpfalz, mit den dazu gehörigen Dörfern und Gütern" an seinen Schwager Engelhard von Hirschhorn.[8] Dieser war mit Schenkin Margarete verheiratet.[9] Zusammen mit seinem Bruder Eberhard VIII. gelang es Konrad 1364, das eppsteinische Viertel an der Burg Erbach zurückzuerwerben; 1371 konnte Schenk Eberhard das noch fehlende wertheimische Viertel für das Haus Erbach zurückgewinnen.[10] Es handelte sich dabei um die 1303 in Folge eines Vergleichs an Breuberg abgetretene Hälfte der Burg Erbach, die 1323 nach dem Aussterben der Herren von Breuberg zu gleichen Teilen an deren Erben, Eppstein und Wertheim, gefallen war.[11]

a) Tatzenkreuz.

1) Vgl. Drös, Grabplatten Schönau, 629-652.
2) Vgl. Kat.-Nr. 21.
3) Vgl. Kat.-Nr. 14.
4) Vgl. Kat.-Nr. 16.
5) Morneweg, Stammtafel 1, Nrr. 25, 36. Grabplatte des Vaters vgl. Kat.-Nr. 11.
6) Morneweg, Stammtafel 1, Nr. 36; ihre Grabplatte s. unter Kat.-Nr. 10. Vgl. Simon, Geschichte Erbach, 296, Uk XXXI (lehnsherrlicher Konsens Pfalzgraf Rudolfs II.).

7) MORNEWEG, Stammtafel 1, Nr. 36; die Grabplatte der Margarete ist heute in den gräflichen Sammlungen im Schloß zu Erbach (vgl. Kat.-Nr. 24). SIMON, Geschichte Erbach, 298, Uk LXXVIII a.
8) Vgl. EBD., 296, Ukk LV, LVI. – Schenk Konrad erlangte die Herrschaft Lindenberg durch die Heirat mit Kunigunde von Bruck. Die Bruck kamen durch Heirat bzw. Erbgang in den Besitz der ursprünglich frankensteinischen Herrschaft: Eine Schwester der Kunigunde war mit Eberhard von Frankenstein (in der Pfalz) verheiratet; ihr wurde die halbe Herrschaft Lindenberg als Wittum zugewiesen. Eberhards Mutter war eine Frau von Lindenberg; mit ihm starben die pfälzischen Frankenstein in männlicher Linie um 1345? aus (vgl. dazu LOHMANN, Die Herrschaft Hirschhorn. Studien zur Herrschaftsbildung eines Rittergeschlechts, Darmstadt/Marburg 1986 56, 105f, 255; MÖLLER, Stamm-Tafeln NF 2, 72-74, Taf. XLVI).
9) S. Kat.-Nr. 16.
10) Vgl. SIMON, Geschichte Erbach, 297, Uk LXXIV; SCHNEIDER, Historie, Uk XLIV.
11) Vgl. KLEBERGER, Territorialgeschichte, 69f.

16 Hirschhorn (Kreis Bergstraße), Ersheimer Kapelle 1382

Tumbenplatte der Margareta Schenkin von Erbach. Die große Platte aus rotem Sandstein ist heute an der Nordwand des Chores der Ersheimer Kapelle aufgestellt. Die Inschrift beginnt rechts auf der oberen Leiste und läuft entgegen dem Uhrzeigersinn auf dem nach außen abgefasten Rand um. In der oberen Leiste ist ein Stück des Steins ausgebrochen, so daß die Angabe des Todesjahres nicht eindeutig lesbar ist. Das Feld ist zum Rand hin durch ein kräftiges Rundstabprofil und eine Auskehlung abgegrenzt. Im Feld selbst befindet sich die Figur Margaretas in Halbrelief; sie steht auf einem Hund. Ihr Kopf liegt auf einem Kissen, das von zwei schwebenden Engeln gehalten wird. Die Hände sind über der Brust zum Gebet zusammengelegt. Margareta trägt einen weiten, faltenreichen, mit einer runden, perlenbesetzten Fibel verschlossenen Mantel, darunter ein im Oberteil eng anliegendes Kleid mit geknöpften Ärmeln, die bis über die Handgelenke reichen. Als Kopfbedeckung dient ein Kruseler. In den beiden oberen Ecken der Platte ist je ein Wappen angebracht.

H. 270, B. 132, Bu. 8-8,5 cm. – Gotische Minuskel.

> + anno · d(omi)ni · m · ccc · lxxx[ii][a] / · feria · qvi(n)ta[b] · an(te)[c] · penthec(osten) · o(biit) · d(omi)na · margareta · schengkin · de · / ertbach · uxor / · engelhardi · de · hirzhorn · militis · ivnioris[d]

Im Jahre des Herrn 1382 am Donnerstag vor Pfingsten (22. Mai) starb Frau Margareta Schenkin von Erbach, Ehefrau Engelhards des Jüngeren von Hirschhorn, Ritter.

Wappen: Hirschhorn Erbach (fünfstrahlige Sterne)

Die Platte gehört zu einer ganzen Gruppe von Grabmälern, die vor allem in Schönau zu finden sind.[1] In Schrift- und Stilvergleich ergeben sich Übereinstimmungen bei: der Grabplatte für Schenk Konrad († 1380), hier ist die gleiche Motivik der helm- bzw. kissenhaltenden Engel auffällig[2]; der Doppelgrabplatte der Schenken Konrad und Eberhard von Erbach[3]; der Sterbeinschrift für Elisabeth von Katzenelnbogen, der Frau Schenk Eberhards († 1373)[4]. Darüber hinaus ist auffällig, daß bei allen Grabplatten, die in dieser Werkgruppe gefertigt wurden, die drei Sterne im Erbacher Wappen nur fünfstrahlig sind.[5]
Margareta war eine Tochter Schenk Konrads († 1363) und seiner Ehefrau Ida von Steinach.[6] Seit 1347 war sie mit Engelhard II. von Hirschhorn verheiratet. Aus dieser Heirat resultierte 1353 der Erwerb der Erbacher Herrschaft Lindenberg in der Pfalz durch Engelhard I. von Hirschhorn.[7] Über Engelhard II. wurde 1364/65 wegen

der Unterstützung der Herren von Zwingenberg (Neckar-Odenwald-Kreis) bei ihren Kämpfen gegen den Schwäbischen Städtebund die Reichsacht verhängt. Die Vollstrekkung der Acht erfolgte erst im Zusammenhang mit der Gefangenschaft Engelhards bei Johann von Isenburg, Herrn zu Büdingen bzw. bei Engelhards Schwager Eberhard von Erbach, in der er bis zur Lösung der Acht am 15. Oktober 1383 verblieb.[8]
Ein Sohn aus dieser Ehe war Hans V. von Hirschhorn, der „als der hervorragendste Rat (König) Ruprechts aus dem territorialen Bereich" galt.[9]

a) Ergänzt nach dem Ersheimer Seelbuch; dort heißt es auf fol. 10r unter den XI kal. iunii: „obiit nobilis Margareta de erpach ... anno d(omi)ni m ccc l xxxii°." Vgl. dazu DI 38 (Bergstraße), Nr. 35.
b) *quarta* bei Schaum-Benedum (zit. nach DI 38).
c) Fälschlich bislang nicht gelesen worden, so daß der Todestag Margaretas nicht feststand; trotz falscher Lesung bleibt Möllers Angabe „3.6.1383" unverständlich (Stammtafeln AF II, Taf. LXIV).
d) *maioris* bei Ritsert und Klump (nach DI 38 [Bergstraße], Nr. 35).

1) Vgl. Drös, Grabplatten Schönau, 629-652.
2) Vgl. Kat.-Nr. 15.
3) Vgl. Kat.-Nr. 21.
4) Vgl. Kat.-Nr. 14.
5) Eine Ausnahme macht dabei die Doppelgrabplatte für die Eheleute Schenk Eberhard († 1373) und Elisabeth von Katzenelnbogen († 1391), weil hier die Platte selbst nicht von derselben Werkstatt angefertigt wurde, sondern nur die Sterbeinschrift der Elisabeth nachgetragen wurde.
6) Morneweg, Stammtafel 1, Nrr. 25, 38. Zur Genealogie vgl. auch Lohmann, Herrschaft Hirschhorn, Taf. 1.
7) Vgl. ebd., 56.
8) Zum genauen Hergang der Vorfälle vgl. ebd., 33-35; die Überstellung des gefangenen Engelhard in die Obhut des Erbachers erfolgte am 29. Sept. 1371 (Pfälzer Urkunden, Faszikel III, Lage 2, Urkunde 839 [Heid. Hs. 432, Univ.-Bibliothek Heidelberg]).
9) Lohmann, ebd., 152; kürzlich erschien zur Person Hans' V. eine übersichtliche Zusammenschau seines Lebens und Wirkens (Kimmel, Hans V. von Hirschhorn im Dienst der Kurpfalz, Ubstadt-Weiher 1999).

17 † Würzburg, Domsepultur 1383

Grabplatte des Domkanonikers Johann Schenk von Erbach. Das Original ging verloren, als in dem Grab 1612 der Domkanoniker Johann Dietrich von Ehrenberg bestattet wurde. Auf dessen Grabplatte war eine Gedenkinschrift für Johann Schenk von Erbach angebracht. Diese ging jedoch ebenfalls verloren, als 1719 der Domherr Friedrich Johann von Sickingen dort begraben wurde; eine Gedenkinschrift war danach nicht mehr angebracht worden.
Die Gedenkinschrift von 1612 wird zitiert nach dem Inschriftenband Würzburg.[1]

> Anno 1383 obijt reverendus ac Nobilis Dominus Ioannes Pincerna de Erbach, huius Ecclesiae Canonicus, cuius anima Deo uiuat.

Im Jahre 1383 starb der ehrwürdige und edle Herr Johann Schenk von Erbach, Kanoniker dieser Kirche, dessen Seele in Gott leben möge.

Johann, ein Sohn Eberhards VI. Schenk von Erbach und seiner Frau Uda von Rodenstein[2], wurde in Würzburg wahrscheinlich 1319 Domherr (als Nachfolger seines 1318 verstorbenen Bruders Engelhard) sowie Offizial und Archidiakon (seit 1352); außerdem war er 1330 bis 1372 auch Domherr im Mainz.[3] Schenk Johann war 1323 an der Universität Bologna immatrikuliert. 1335 ging er als „procurator" der deutschen Studenten wiederum nach Bologna.[4] Johann wird von Olt mit dem „König vom

Odenwald" identifiziert, einem Dichter, der vornehmlich parodistische Gedichte und anspielungsreiche Tierfabeln verfaßte, am Würzburger Bischofshof lebte und dort gute Kontakte zu Michael de Leone, einem Advokaten und Prokuratoren der geistlichen Gerichte, hatte.[5] Schenk Johann starb am 24. Januar 1383; seine Teilobleien wurden schon am 23. Januar 1383 neu vergeben.[6]

1) Vgl. DI 27 (Würzburg), Nr. 107.
2) Vgl. Morneweg, Stammtafel 1, Nrr. 19, 31.
3) Ebd., Nr. 31.
4) Olt, Die Gedichte des Königs vom Odenwald, in: Wackerfuss (Hrsg.), Beiträge zur Erforschung des Odenwaldes und seiner Randlandschaften IV, Breuberg-Neustadt 1986, 9; Knod, Deutsche Studenten in Bologna, Berlin 1899, 116, Nr. 802.
5) Olt, König vom Odenwald, 4-14, wo er die Herkunft des Dichters entwickelt und auch die bisherige Forschung kurz skizziert. Zum Werk des „Königs vom Odenwald" vgl. Kornrumpf, Der König vom Odenwald, in: Verfasserlexikon 5, ²1985, Sp. 78-82. Zu den literarischen Interessen in der Familie Erbach vgl. auch Kat.-Nr. 14 (Elisabeth von Katzenelnbogen).
6) DI 27 (Würzburg), Nr. 107.

18 Würzburg, Kloster Himmelspforten 1383

Grabplatte der Elisabeth Schenkin von Erbach, Ehefrau des Ritters Konrad von Hutten. Die Platte aus rotem Sandstein liegt im Boden des Kreuzgangostflügels. Die Inschrift läuft auf dem Rand zwischen zwei Ritzlinien um. Das Mittelfeld ist leer; in den Ecken der Platte sind vier Ahnenwappen angebracht.

H. 114, B. 95, Bu. 7 cm. – Gotische Majuskel.

> ·[a] ANNO · D(OMI)NJ · / M · CCC · LXXXIII · II · NON(AS) · OCTOB(RI)S · OBIJT · / ELISABET · VXOR / · D(OMI)NI · CV[NR]A[DI · MI]L[ITI]S · DE · HVTEN

Im Jahre des Herrn 1383 am 2. Tag vor den Nonen des Oktober (6. Oktober) starb Elisabeth, Ehefrau des Herrn Ritters Konrad von Hutten

Wappen:	Hutten	Erbach
	Ronneburg ?	? (Balken)

Elisabeth war die zweite Ehefrau des Ritters Konrad von Hutten, der die fränkische Linie der Hutten begründete. Die Wappen zeigen seine und ihre Ahnen an: Konrads Eltern waren Friedrich von Hutten (Wappen: zwei goldene Schrägbalken in Rot) und Hedwig von der Ronneburg (Wappen: pfahlweise gerautet, Tingierung nicht bekannt)[1]; Elisabeths Eltern sind bisher nicht bekannt.[2] Für Elisabeth ist noch ein Epitaph erhalten.[3]

a) Beginn mit einer Rosette.

1) Vgl. Möller, Stamm-Tafeln NF 2, Taf. LXXVIII. Dort ist jedoch nur die erste Frau Konrads genannt; Elisabeth als seine zweite Ehefrau fehlt.
2) Luck bezeichnet in seiner Historischen Genealogie einen Konrad von Erbach, der 1340 und 1350 erwähnt wurde, und dessen Frau Eva von Kronberg als die Eltern von Elisabeth; Konrad soll ein Bruder von Ida von Erbach († 1345), der Meisterin von Höchst, gewesen sein (Luck, Historische Genealogie, Tabula I, Nr. 53). Dies ist jedoch der einzige Hinweis auf diesen Konrad, so daß seine Einordnung in die Erbacher Stammtafel recht willkürlich wirkt. Darüber hinaus stimmten dann die Wappen, die auf der Platte angegeben sind, nicht mit den benannten Familien überein. Biedermann, Grafenhäuser, Tab. LXIII, gibt für Konrad zwei Ehefrauen an: 1. Magdalena von Breuberg und 2. Eva von Kronberg; auch er benennt als Eltern Elisabeths Schenk Konrad und seine zweite Frau Eva von Kronberg, was mit den Ahnenwappen nicht übereinstimmt. Vgl. auch DI 27 (Würzburg), Nr. 108.
3) S. dazu die folgende Kat.-Nr.

Grabdenkmal der Elisabeth Schenkin von Erbach, Ehefrau des Ritters Konrad von Hutten. Das Sandsteinepitaph steht heute im Südflügel des Kreuzganges. Die Inschrift beginnt links oben und läuft zwischen zwei Ritzlinien um. Im Mittelfeld ist die Ganzfigur der Verstorbenen als ein Hochrelief in einer modischen Tracht zu sehen; in den gefalteten Händen hält sie einen Rosenkranz. Zu ihren Füßen kauert ein Hündchen. Vier Ahnenwappen sind vorhanden: oben in den Ecken des Mittelfeldes, unten das Schriftband an den Längsseiten unterbrechend.

H. 200, B. 89, Bu. 5 cm. – Gotische Minuskel.

> ·[a] anno · d(omi)ni · m° ccc / lxxxiii · an sant · michels athen · tag[b] · vm / vesperzit · starp · elsbet / hern cu(n)rats · fraue · uon · hvten ·[c]

Datum: 6. Oktober 1383.

Wappen: Erbach — Hutten

? (Balken) — Ronneburg ?

Zum Kommentar vergleiche Kat.-Nr. 18.

Im Stil und in der Motivik der Darstellung entspricht der Stein den Grabdenkmälern von Margareta von Hutten († 1400), der Tochter Elisabeths, und von Katharina von Hutten († 1415) und stammt daher vermutlich aus derselben Werkstatt[1]. Möglicherweise wurden die drei Epitaphien gemeinsam erst einige Jahre nach Elisabeths Tod angefertigt.[2]

a) Inschrift beginnt mit einer Rose.
b) Sic! So für *achten · tag*, das heißt die Oktav des Michaeltags (29. September).
c) Am Ende eine Rose mit einer Ranke.

1) S. DI 27 (Würzburg), Nrr. 135, 170.
2) Vgl. DI 27 (Würzburg), Nr. 109

Grabplatte Heinrichs Schenk von Erbach. Große Platte aus rotem Sandstein mit einer, nur zur Hälfte (?) ausgeführten Umschrift zwischen Ritzlinien; sie steht heute an der Ostwand des nördlichen Seitenschiffes neben dem Eingang zur Gruft. In den vier Ecken der Platte sind Evangelistensymbole dargestellt. Die Figur des Verstorbenen steht in voller Rüstung auf einem Löwen unter einem gotischen Dreipaßbaldachin; die rechte Hand hält das Stammwappen an der Helmzier, die Linke faßt an die Parierstange des Schwertes. Im oberen Drittel der Platte zwei kleine Reliefs mit einer biblischen Kernszene: Mariae Verkündigung.

H. 231, B. 91, Bu. 4,5 cm. – Gotische Minuskel. Abb. 11

> + anno · d(omi)ni · millesimo · / · c°c°c° · lxxx · vii · obiit · nobilis · d(omi)n(u)s · heinricus · pi[n]cerna · de · erpach · ip(s)e · die · iuliane · v · k(a)l(endas) · /· marcii ·[a]

Im Jahre des Herrn 1387 starb der edle Herr Heinrich Schenk von Erbach am Tag Juliane (16. Februar), am 5. Tag vor den Kalenden des März (25. Februar).

Wappen: Erbach

Heinrich war der Sohn Eberhards und seiner Ehefrau Imagina von Sponheim.[1] Die Figur scheint portraitähnlich gearbeitet zu sein; auffallend ist dabei der ungewöhnliche Scheitel.[2]

Probleme bereitet die Doppeldatierung und ihre Diskrepanz: Das Fest der heiligen Jungfrau Juliane wird am 16. Februar gefeiert, der 5. Tag vor den Kalenden des März fällt dagegen auf den 25. Februar. Eine befriedigende Erklärung für die fehlerhafte Datierung läßt sich nicht finden. Ebenfalls bleibt fraglich, warum die Inschrift nicht vollständig ausgeführt wurde; eventuell war geplant, die Inschrift für seine 1375 gestorbene Frau Anna von Erbach anzufügen, für die jedoch eine eigene Grabplatte angefertigt wurde. Diese Platte ist heute nicht mehr erhalten; sie wird jedoch bei Simon beschrieben[3]: Anna war am Andreastag 1375, am 30. November, gestorben.

Auffällige Übereinstimmung in der Ausführung zeigt die Grabplatte des Schenken Konrad († 1393?) aus der Einhardsbasilika in Steinbach, die heute verschollen und nur in einer Zeichnung bei Schneider überliefert ist.[4] Daher ist ein genauer Schriftvergleich nicht mehr möglich; dennoch kann aufgrund der Konzeption und Darstellung der Platten derselbe Steinmetz für die Herstellung vermutet werden.

a) Die Inschrift endet hier; evtl. sollte sie noch fortgesetzt oder um die Sterbeinschrift der Ehefrau ergänzt werden.

1) Morneweg, Stammtafel 1, Nrr. 21, 35.
2) Vgl. Nikitsch, Die Stadtkirche Michelstadt als Begräbnisstätte, in: Michelstadt – 500 Jahre Stadtkirche, Michelstadt 1991, 111.
3) Simon, Geschichte Erbach, 324; er gibt das Datum nach der Sterbeinschrift an (30. November 1375) und benennt als Ahnenwappen Annas Bruck und Henneberg. Simon verwechselte offensichtlich bei der Beschreibung der Wappen die Grabplatte mit der der Anna von Bruck († 1370, Kat.-Nr. 13), die mit Schenk Konrad gen. Rauch († 1393 ?, Kat.-Nr. 22) verheiratet war. Ihre Eltern waren Johann IV. von Bruck und seine zweite Frau Gräfin Anna von Henneberg, deren Wappen auf der Platte dargestellt sind. Anna von Erbach († 1375) war eine Tochter Schenk Konrads († 1380, Kat.-Nr. 15) und der Kunigunde von Bruck († 1357, Kat.-Nr. 10), deren Eltern Johann IV. von Bruck und seine erste Frau, eine Gräfin von Hohen-Limburg, waren. Annas Ahnenwappen wären demnach: Erbach und Bruck.
4) Vgl. Kat.-Nr. 22. Bei Schneider, Historie, Tab. II, 32/1, 51; auch bei Beeh-Lustenberger, Grabdenkmäler, 278 (Abb.-Band, Taf. 124, Nr. III.1). – Eine gewisse Übereinstimmung im Aufbau weist auch die Platte der Anna von Bruck, der Ehefrau Schenk Konrads, auf (Kat.-Nr. 13).

21 Schönau (Rhein-Neckar-Kreis), ev. Kirche 1387 ?

Grabplatte der Brüder Konrad und Eberhard Schenken von Erbach. Die große Platte aus rotem Sandstein wurde 1911 in Schönau gefunden und steht heute in der Eingangshalle zum ehemaligen Herrenrefektorium (ev. Kirche). Die Inschriften laufen zwischen Ritzlinien auf einer erhöhten Randleiste um; die obere Leiste ist zweizeilig beschriftet. Die Sterbeinschrift für den Domkustos Konrad (A) beginnt oben links mit einem Invokationskreuz und endet im ersten Drittel der unteren Leiste. Dort setzt die Sterbeinschrift Schenk Eberhards an (B). Sie endet in einer zweiten Zeile auf dem oberen Rand. Im eingetieften Mittelfeld steht das Brüderpaar in Halbrelief unter zwei krabbenbesetzten, mit Kreuzblumen verzierten gotischen Kielbögen. Die Ritterfigur links steht auf einem Hund. Über seiner Rüstung trägt der Ritter einen Lendner mit einem breiten Gürtel. Der Geistliche rechts steht auf einer Art Podest und wird durch seine Kleidung sowie durch das Buch, das er in der linken Hand hält, als solcher ausgewiesen. Zwischen den beiden Figuren auf Höhe ihrer Köpfe ist der Helm mit der

Abb. 10: GR Schenk Konrad (Kat.-Nr. 15)

Abb. 11: GR Schenk Heinrich (Kat.-Nr. 20)

Abb. 12: GR Schenken Konrad und Eberhard (Kat.-Nr. 21)

Helmzier zu sehen. Beide halten gemeinsam den Wappenschild. Die Platte ist am Rand mehrfach bestoßen; an der rechten oberen Ecke ist ein größeres Stück des Steins ausgebrochen, so daß einiger Schriftverlust entstanden ist.

H. 297, B. 138, Bu. 8 cm. – Gotische Minuskel. Abb. 12

A +[a] anno · d(omi)ni · // · M · ccc · l[.... / ......] · o(biit) · d(omi)n(v)s · con[ra]d(vs) · // · pincerna · custos · maioris · ecc(lesi)e[b] · wormac(iensis) ·

B ⟨Item · M · cccc · xxv · ip(s)o · die · georij · m(arty)ris · o(biit) · d(omi)n(v)s · eberhard(vs) · senior · pincer/na · de · erpac[h]⟩

Im Jahre des Herrn 13.. ... starb Herr Konrad Schenk (von Erbach), Kustos des Doms zu Worms. – Auch starb 1425 am Tag des Märtyrers Georg (23. April) Herr Eberhard der Ältere Schenk von Erbach.

Wappen: Erbach (fünfstrahlige Sterne)

Die Inschriften sind beide in einer gotischen Minuskel ausgeführt. Die Sterbeinschrift (A) für den Domkustos Konrad wurde direkt nach seinem Tode bei der Herstellung der Platte eingehauen (vermutlich um 1387). Sie ist eine recht gleichmäßig und ordentlich gehauene Minuskel und ist identisch mit den Schriftformen der Grabplatte von Schenk Konrad († 1380)[1], dem Onkel der Brüder, der Hochgrabdeckplatte für Margareta von Erbach († 1382)[2], einer Schwester Schenk Konrads, sowie mit der nachgetragenen Sterbeinschrift für Elisabeth von Katzenelnbogen († 1391), der Frau Schenk Eberhards († 1373).[3]

Die beiden Angehörigen des Hauses Erbach waren Brüder; ihre Eltern waren Schenk Eberhard VIII. († 1373) und Elisabeth von Katzenelnbogen, die beide auch in Schönau begraben wurden.[4] Konrad ist Domkustos in Worms gewesen. Eberhard heiratete Elisabeth von Kronberg aus dem Kronenstamm. Ihre Grabplatte wurde 1992 bei Grabungsarbeiten im Bereich des Querhauses der ehemaligen Klosterkirche gefunden.[5] Eberhard war Rat am Hof König Ruprechts und erhielt bereits 1395 von Kurfürst Ruprecht II. ein Burglehen zu Oppenheim, was durch König Wenzel bestätigt wurde.[6] 1389 wurde Eberhard durch die Fürsten und Stände zum Landvogt und Hauptmann des „Landfriedens am Rhein und in der Wetterau" um 1200 Gulden jährlich bestellt.[7] 1404 stiftete er ein Seelgerät für sich und seine Ehefrau sowie für seine Eltern, den bereits verstorbenen Vater Schenk Eberhard († 1373) und seine Mutter Elisabeth von Katzenelnbogen, bei der Johanniterkommende Mossau.[8]

Das Todesdatum Konrads ist nicht genau zu bestimmen, da an dieser Stelle der Stein ausgebrochen ist. Morneweg erwähnt ihn 1387 bereits als tot[9]; nach Möller wäre Konrad 1427 gestorben, was jedoch eindeutig dem Schriftbefund auf der Grabplatte widerspricht.[10]

Das Erbacher Wappen zeigt in seinem Schildbild fünfstrahlige Sterne für das Stammwappen, wie alle Wappendarstellungen auf den zur selben Werkgruppe gehörenden Grabplatten. Jedoch ist die Helmzier ein Flug mit aufgelegten Sternen und unterscheidet sich somit von dem Zimier, das die Schenken von Erbach für gewöhnlich führten (zwei rot-silber geteilte Büffelhörner).[11] Die abweichende Helmzier läßt möglicherweise den Schluß zu, daß eine Unterscheidung zwischen zwei Linien angestrebt war. Denn die Söhne Konrads IV. († 1363), Konrad V. († 1380) und Eberhard VIII. († 1373), hatten beide männliche Nachkommen, so daß man hier an eine Wappendifferenzierung zwischen den neu entstehenden Linien denken könnte, die man jedoch aufgab, nachdem zwei Generationen später mit Konrad († 1407) die gerade begründete Linie wieder erlosch.[12]

a) Kreuz mit rautenförmigen Enden.
b) Die Kürzung könnte auch *eccl* oder *eccs* gelesen werden und wäre dann entsprechend aufzulösen.

1) Vgl. Kat.-Nr. 15.
2) Vgl. Kat.-Nr. 16.
3) Vgl. Kat.-Nr. 14.
4) Morneweg, Stammtafel 1, Nrr. 37, 56, 57. Die Grabplatte der Eltern s. Kat.-Nr. 14.
5) Zu ihrer Grabplatte s. Kat.-Nr. 26.
6) Vgl. Luck, Historische Genealogie, 14; die Urkunde der Bestätigung wurde 1395 in Prag ausgestellt.
7) Ebd.; 1391 erschien Eberhard erneut in der Funktion eines Landvogtes des Landfriedens am Rhein (Simon, Geschichte Erbach, 304, Uk CXXVIII, wo Schenk Eberhard als solcher erwähnt ist).
8) Schneider, Historie, Uk LXXIII; Luck, Historische Genealogie, 14.
9) Morneweg, Stammtafel 1, Nr. 56; in DI 12 (Heidelberg), Nr. 84, heißt es, daß Konrad 1387 gestorben sei – „wie bei Morneweg angegeben". Dieser kennzeichnet ihn jedoch 1387 als bereits verstorben. Von dem angesprochenen Todestag ist dort nichts erwähnt.
10) Möller, Stamm-Tafeln NF 1, Taf. XIV. An der Stelle ist eindeutig *M · ccc ·* zu lesen, so daß danach nur noch die Minderzahl folgen kann; das heißt, Konrad ist vermutlich kurz nach der Mitte der 1380er Jahre gestorben, wenn man die Aussage von Morneweg berücksichtigt.
11) Vgl. Simon, Geschichte Erbach, der nach Seite 283 ein paar frühe Siegel abdruckt, die die Erbacher Helmzier zeigen; vor allem jedoch Schneider, Historie, Tab. II-X (Siegel), der eine Fülle von Siegelumzeichnungen bringt, an denen sich die Entwicklung der Erbacher Helmzier ablesen läßt.
12) Vgl. zu der Aufspaltung der Linie Erbach mit den Brüdern Konrad († 1380) und Eberhard († 1373) Morneweg, Stammtafel 1, Nrr. 36, 37. Bei Biedermann, Grafenhäuser, Tab. LXIII, heißt es, daß Konrad eine Nebenlinie stiftete, die jedoch mit seinem Enkel bereits wieder erlosch.

22† Steinbach (Odenwaldkreis), Einhardsbasilika 1393 ?

Grabplatte des Konrad Schenken von Erbach gen. Rauch. Die Platte aus rotem Sandstein, die sich ursprünglich in der Einhardsbasilika befand, ist seit der Mitte des 19. Jahrhunderts verschollen. Die Beschreibung und Lesung folgen der Abbildung bei Schneider.[1] Die zwischen Linien umlaufende Inschrift beginnt links oben mit einem Invokationskreuz; in den vier Ecken Darstellung der Evangelistensymbole. Im eingetieften Mittelfeld steht der Ritter unter einem gotischen Dreipaßbaldachin in voller Rüstung auf einem Löwen; die Hände sind über der Brust zum Gebet zusammengelegt. Im oberen Drittel der Platte ist in zwei kleinen Reliefs die Verkündigung Mariens dargestellt. Das Wappen Konrads befindet sich als Vollwappen neben dem rechten Bein des Ritters.

Gotische Minuskel. Abb. 13

> + hic · // · iacet · / d(omi)n(v)s · conraddus · pincerna · senior · d(omi)n(v)s · de · erpach · dict(vs) · ravch · qvi · obiit · / +[a] · anno · d(omi)ni · m · cccxc · iii[b] · f(e)ria · sexta · an(te) / g(re)grorii[c] · pape · a(n)i(m)a · ei(vs) · reqvie(scat) · in · Sancta · pace · amen

Hier liegt Herr Konrad Schenk der Ältere, Herr von Erbach genannt Rauch, der im Jahre des Herrn 1393 am Freitag vor dem Fest des Papstes Gregor (7. März) starb; seine Seele möge in heiligem Frieden ruhen. Amen.

Wappen: Erbach

Da von der Platte nur noch eine kopial überlieferte Umzeichnung existiert, ist eine genaue Schriftbeschreibung nicht mehr möglich. Eventuell ist die Schrift ähnlich der der Platte Heinrichs II. in Michelstadt bzw. der seiner Ehefrau Kunigunde von Bruck[2].

Denn vom Aufbau und der Ausführung gleichen die Platten einander, so daß an eine Herstellung durch denselben Steinmetzen zu denken ist. Inwieweit die Schrift jedoch identisch ist, läßt sich allein aufgrund der vagen Umzeichnung von Schneider nicht mehr klären.

Auffällig ist jedoch auch hier, daß die Datumsangabe Probleme bereitet: Laut der Inschrift ist Konrad am 7. März 1393 gestorben. Simon hält dem entgegen, daß Konrad in einer Urkunde von 1390 bereits als tot erwähnt ist.[3] Diese Urkunde weist jedoch keine Tagesdatierung auf. Eine weitere Urkunde vom Palmsonntag 1390 (27. März) weist Konrad noch als lebend aus.[4] Dabei ergibt sich jedoch das Problem, daß bei vorausgesetzter Richtigkeit des Todesjahres 1390 die Tagesdatierung falsch wäre. Denn 1390 ist der Freitag vor dem Fest des Papstes Gregor der 11. März, so daß es eigentlich nicht möglich sein kann, daß Konrad noch am 27. März geurkundet haben soll. Eine Klärung der Datumsfrage ist bislang noch nicht befriedigend gelungen[5].
Für das Haus Erbach erlangte Schenk Konrad große Bedeutung, da er 1355 das Schloß Fürstenau sowie die Hälfte des Dorfes König von Erzbischof Gerlach von Mainz erwerben konnte[6]; Fürstenau wurde in der Folge zum Stammsitz der Linie Erbach-Reichenberg, die sich fortan nach Schloß Fürstenau nannte. Konrad „sey ein Mann gewesen, der Recht und Gleich, Friede und Billigkeit geliebet habe, und dem man demnach ein so grosses und schweres Werk als der Landfriede war, nebst anderen, ja vor anderen vortragen könne". So urteilte Kaiser Wenzel, als er ihm die Würde eines „Aufsehers des Landfriedens" übertrug.[7] Nach dem Tode Konrads aus der Erbacher Linie 1380 wurde Schenk Konrad (aus der Linie Erbach-Reichenberg zu Fürstenau) offensichtlich „Senior" des Gesamthauses, womit die Ausübung des Erbschenkenamtes der Kurpfalz verbunden war.[8]
Schenk Konrad war ein Sohn Eberhards VI. genannt Rauch und seiner Ehefrau Uda von Rodenstein.[9]

a) Sic! Hier folgt erneut ein „Invokationskreuz" vor der Jahreszahl.
b) Gabelkover liest: *1393*; laut Simon war Konrad aber schon 1390 gestorben (vgl. Anm. 3). Vielleicht ist an der Stelle auch *in feria* zu lesen. Für diese Formulierung ist aber bislang keine Parallele bekannt. Denn eine Tagesdatierung schließt in der Regel *feria* und die entsprechende Zahl direkt ohne *in* an die Jahreszahl an. Dagegen hat Luck, Historische Genealogie, 12: *anno d(omi)ni M CCC. XC. III. in* [!] *feria sexta St. Gregorii Papae*, jedoch ist bei ihm dann die Tagesdatierung unvollständig.
c) Sic! Beeh-Lustenberger: *s(ancti) · gr(eg)orii · pape*; das vermeintliche *s* gleicht jedoch eher einem *g*, so daß die Lesung *g(re)grorii pape* vorzuziehen ist. Gabelkover liest: *Gregorij Papae*.

1) Schneider, Historie, 51, Tab. II, 32/1. Vgl. Beeh-Lustenberger, Grabdenkmäler, 278.
2) Vgl. Kat.-Nr. 20; zu Kunigundes Grabplatte s. Kat.-Nr. 13.
3) Vgl. Simon, Geschichte Erbach, Uk CXIX, wo es heißt: „mins vatter selgen, schenke Conrat des eltern".
4) Vgl. ebd., Uk CXVIII.
5) Auffälligerweise treten bei der von demselben Steinmetzen hergestellten Platte Schenk Heinrichs († 1387) ebenfalls Probleme bei der Datierung auf: Dort ist eine Doppeldatierung nach römischem Kalender und nach einem Festtag angegeben, die sich nicht zur Deckung bringen läßt (Kat.-Nr. 20).
6) Simon, Geschichte Erbach, 312f, Uk LX; Krebs, Schloß Fürstenau..., Michelstadt 1982, 17f, 125 (Reg.-Nr. Fü/U 21).
7) Vgl. Luck, Historische Genealogie, 11.
8) Simon, Geschichte Erbach, 312f, Uk CV. Kurfürst Ruprecht I. von der Pfalz legte mit dieser Urkunde fest, daß der Älteste aus dem Haus Erbach im Normalfall das Schenkenamt zu verwalten hatte: „dornach allezyt, welcher vnder den obgenanten schencken [...] der eldiste ist, sal daz obgenante schencke ampt verdienen vnd verwesen". Ausnahmen davon sind vertretungsweise erlaubt.
9) Morneweg, Stammtafel 1, Nr. 19.

Grabdenkmal für Graf Wilhelm von Eberstein und seine Ehefrau Margareta Schenkin von Erbach. 1553 war das Denkmal an seinem Standort hinter dem Hochgrab des Grafen Wilhelms III. von Eberstein († 1431) noch vorhanden. Seine Beschreibung läßt für das Ehepaar ein Figurengrabmal erwarten. Die Inschrift – vermutlich in einer gotischen Majuskel ausgeführt – war jedoch schon 1553 am Anfang und am Ende zerstört.

Inschrift nach Krieg von Hochfelden.[1)]

> [ANNO DOMINI M CCC LX]XXV SEPTIMO[a)] IDVS MARTII OBIIT COMES WILHELMVS DE EBERSTEIN ITEM ANNO LXXXXV OBIIT[b)] MAR[GARETHA . . .

Im Jahre des Herrn 1385 am 7. Tag vor den Iden des März (9. März) starb Graf Wilhelm von Eberstein; ebenso starb im Jahr 1395 (Frau) Margaretha...

Wappen: Eberstein Erbach

Margareta war eine Tochter des Eberhard Schenken von Erbach und seiner Frau Elisabeth Gräfin von Katzenelnbogen[2)]. In der ersten Ehe war sie mit Konrad von Weinsberg verheiratet; 1377 heiratete sie den Grafen Wilhelm von Eberstein.[3)]

a) Gabelkover liest *6*.
b) Bei Gabelkover folgt *D(OMI)NA*.

1) Zit. nach DI 30 (Calw), Nr. 53.
2) Morneweg, Stammtafel 1, Nrr. 37, 59. Vgl. Kat.-Nr. 14.
3) Morneweg, ebd., Nr. 59.

Grabplatte der Margarete Schenkin von Erbach. Die Platte aus rotem Sandstein „stand" ursprünglich in der Einhardsbasilika zu Steinbach[1)]; heute befindet sie sich in der Einhardskapelle des Erbacher Schlosses. Die Inschrift läuft, beginnend in der linken unteren Ecke, auf einem stilisierten Schriftband auf den Längsseiten und der oberen Leiste um; außen begrenzt durch eine Ritzlinie, nach innen durch ein eingetieftes Mittelfeld, in dem die Frauenfigur steht. Die Kürzungszeichen sind außerhalb der Ritzlinie übergeschrieben. Die Frau trägt einen langen, faltenreichen Mantel, den sie mit den zum Gebet gefalteten Händen über der Brust zusammenrafft und der mit einer Nusche geschlossen ist. Darunter trägt sie ein eng anliegendes Kleid, dessen Ärmel über die Handgelenke reichen. Als Kopfbedeckung dient ein Kruseler, worüber noch ein doppelt gelegter Schleier getragen wird, der auf den Rücken fällt. In den Händen hält sie einen Rosenkranz. Links und rechts des Kopfes sind zwei, jeweils quadrierte Wappenschilde angebracht, die die Ahnen- und Ehewappen der Margarete zeigen.

H. 200, B. 86, Bu. 5,5 cm. – Gotische Minuskel. Abb. 14

> ·[a)] anno · d(omi)ni · m° · ccclxxxxvi[°] · sabato · an(te) · festu(m) · b(ea)ti · / bartholomee · / ap(osto)li · o(biit) ·[b)] margreta · pinc(er)ne · de · erpach · d(omi)na · i(n) · bicki(n)bach

Im Jahre des Herrn 1396 am Samstag vor dem Festtag des seligen Apostels Bartholomäus (19. August) starb Margareta Schenkin von Erbach, Frau zu Bickenbach.

Wappen: Erbach/Henneberg/Bruck/Rodenstein Erbach/Bickenbach

Die Inschrift ist in einer gotischen Minuskel gehauen, deren Oberlängen zum Teil deutlich über das Mittelband hinausragen, dagegen reichen die Unterlängen nicht unter die Grundlinie.

Margarete war eine Tochter Schenk Konrads VI. genannt Rauch und seiner Ehefrau Anna von Bruck. In erster Ehe war Margarete mit Schenk Konrad aus der Erbacher Linie verheiratet[2]; 1383 (?) heiratete sie Konrad VI. von Bickenbach auf Hohenberg[3]. Aus ihrer ersten Ehe hatte sie zwei Kinder: Schenk Konrad († 1427), der die Linie Erbach fortsetzte[4], und Anna, die 1407 den Grafen Heinrich von Löwenstein heiratete und 1444 in Heilbronn starb[5]. Aus der zweiten Ehe mit Konrad von Bickenbach entstammten – soweit wir wissen – keine Kinder[6].

Das Wappen heraldisch rechts vereint in einem quadrierten Schild die Ahnenwappen der Margarete: Erbach und Bruck (die Wappen der Großväter); Henneberg und Rodenstein (die Wappen der Großmütter)[7]. Der heraldisch linke Schild zeigt quadriert in Feld 1 und 4 Erbach sowie in Feld 2 und 3 Bickenbach, die Wappen ihrer Ehemänner.

Das Grabmal war wohl von Anfang an liegend geplant – auch wenn auf den ersten Blick die stehende Lösung bevorzugt scheint –, denn der Hund liegt mit dem Bauch auf der Platte und reckt den Rücken nach oben; die Figur steht auf seiner Flanke.

a) Blüte als Beginn der Inschrift.
b) Gabelkover: *sabbatho an(te) festu(m) s(ancti) Bartholomaei o(biit)*.
1) Schneider, Historie, 55, Tab. II, 32/2.
2) Morneweg, Stammtafel 1, Nrr. 36, 45; die zweite Ehe der Margarete fehlt dort. Vgl. Kat.-Nr. 15 (Grabplatte ihres ersten Ehemannes).
3) Berninger, Grabdenkmäler, 18, 23.
4) Vgl. Kat.-Nr. 29.
5) Ihre Grabplatte befindet sich heute auf dem Alten Friedhof zu Heilbronn; vgl. Kat.-Nr. 31.
6) Möller, Stammtafeln AF I, Taf. II.
7) Vgl. Morneweg, Stammtafel 1, Nr. 19; Möller, Stamm-Tafeln NF 2, Taf. XLVI.

25 Erbach (Odenwaldkreis), Schloß 1404

Grabplatte des Junkers Johannes Schenk von Erbach. Die ursprünglich aus Steinbach stammende Platte aus rotem Sandstein befindet sich heute in den gräflichen Sammlungen in der Einhardskapelle des Erbacher Schlosses. Die Inschrift läuft auf den Leisten zwischen zwei Ritzlinien um, oben links beginnend mit einem Invokationskreuz. In der oberen Hälfte des geglätteten Mittelfeldes ist das Vollwappen Erbach in einem gelehnten Schild angebracht; die Helmdecke ragt in die rechte Leiste und unterbricht die Inschrift. Die Platte ist mehrfach gebrochen; von der linken Leiste ist ein Stück ausgebrochen, wodurch jedoch kein Schriftverlust eingetreten zu sein scheint.[1]

H. 185, B. 73, Bu. 6,5 cm. – Gotische Minuskel.

> +[a] anno · d(omi)ni · m · / cccc · iiii[b] // feria · se(cun)da · ante · lucie · virg(in)is · o(biit) · / do(m)icell(us) · ioh(ann)es · / fili(us) · d(omi)ni · eberh(ardi) · pinc(er)ne · ·[c] in · erpach

Im Jahre des Herrn 1404 am Montag vor dem Festtag der Jungfrau Lucia (8. Dezember) starb Junker Johannes, Sohn des Herrn Eberhard Schenken zu Erbach.

Wappen: Erbach

Die Inschrift ist in einer ungleichmäßigen, teilweise gedrängten Minuskel gehauen; die Buchstaben stehen nicht ordentlich auf der Grundlinie; sie sind nach rechts und links gekippt. Die Ober- und Unterlängen sind kaum betont bzw. selbst Buchstaben mit Unterlängen sind in das Mittelband gepreßt (so *p* und *g*). Als Worttrenner dienen Quadrangeln. Im gesamten macht die Inschrift einen eher unbeholfenen und derben Eindruck, so daß man wohl davon ausgehen muß, dem Werk eines ungeübten Steinmetzen gegenüberzustehen.

Johannes war ein Sohn Schenk Eberhards XI. aus der Reichenberg-Michelstädter Linie und seiner Ehefrau Maria von Bickenbach.[2] Er muß als Jugendlicher gestorben sein, da er in der Inschrift als *do(m)icell(us)* bezeichnet wird.

a) Tatzenkreuz.

b) Gabelkover liest: *1406*; bei ihm fehlt die Tagesangabe. Luck, Historische Genealogie, 15, Nr. 63 : *M. CCCC III. feria s(e)c(un)da an(te) lucie.*

c) An dieser Stelle ist ein Stück der Leiste ausgebrochen; Schriftverlust ist wohl nicht entstanden, da das Formular vollständig erscheint. Schon in der (mangelhaften?) Umzeichnung der Platte bei Schneider ist deutlich eine größere Lücke ohne Buchstabenbestand zwischen den beiden Worttrennern zu erkennen.

1) Vgl. Schneider, Historie, 69, Tab. III, 47.

2) Morneweg, Stammtafel 1, Nrr. 47, 76; bei ihm fälschlich Margareta (vgl. Möller, Stamm-Tafeln NF 1, Taf. XV).

26 Schönau (Rhein-Neckar-Kreis), Fabrikgebäude 1411

Grabplatte der Elisabeth von Kronberg, Ehefrau Schenk Eberhards von Erbach. 1992 wurde die Platte aus rotem Sandstein bei Grabungen im Bereich des nördlichen Querhauses der ehemaligen Klosterkirche gefunden. Zur Zeit lagert sie in einem Fabrikgebäude in Schönau; über die endgültige Aufstellung ist noch nicht entschieden. Am Beginn des 20. Jahrhunderts war die Platte im Innern eines Hauses teilweise sichtbar gewesen[1]. Die eingehauene Umschrift beginnt links oben und läuft nur auf der oberen und den Längsleisten um. Am Ende der Inschrift steht ein Steinmetzzeichen. Im wenig eingetieften Feld, das von einer gotischen Architekturrahmung eingefaßt wird, steht in Flachrelief die Figur der Verstorbenen auf einem Hund. Sie trägt ein langes, faltenreiches Gewand; als Kopfbedeckung dient ein Kruseler, der ein breites Halsteil hat. Die Frauenfigur hat die Hände zum Gebet zusammengelegt. Der Baldachin besteht aus einem krabbenbesetzten, mit einer Kreuzblume geschmückten Kielbogen mit einer Maßwerkfüllung. Darüber befinden sich, von zwei seitlich eingestellten Fialen eingefaßt, zwei Wappen. Zwei weitere Wappenschilde sind in den unteren beiden Ecken der Platte angebracht; der (heraldisch) rechte dieser Schilde ist gespalten und zeigt zwei Wappen. Auf Halshöhe der Figur ist die Platte quer gebrochen; auf Höhe der rechten Schulter ist ein rechteckiges Stück Stein ausgeschnitten und ersetzt worden. Die Ränder der Grabplatte sind bestoßen und mehrfach ausgebrochen.

H. 205, B. 97, Bu. 5,6-7,2 cm. – Gotische Minuskel mit Versalien. Abb. 15

+ anno · d(omi)ni · M° · cccc° · xi[°] · in · / die · s(an)c(t)i · luce · ewan(gelis)te[a)]
· o(biit) [·] nobil(is) · d(omi)na · Elizab(eta) · de · crone(n)b(er)g[b)] / Conthoralis
· d(omi)ni · eberhardi [·] pincerne · de · erpach · [c)]

Im Jahre des Herrn 1411 am Tag des heiligen Evangelisten Lukas (18. Oktober) starb die edle Frau Elisabeth von Kronberg, Ehefrau Herrn Eberhards Schenken von Erbach.

Wappen:	Kronberg (Kronenstamm)	Erbach
	Westerburg/Weinsberg	Nassau

Die gotische Minuskel weist in ihrer recht regelmäßigen Ausführung kaum Besonderheiten auf.[2] Der *E*-Versal ist aus dem Bereich der gotischen Majuskel entnommen, das *C* ist der Gruppe der in der Buchschrift entwickelten Textura-Versalien entlehnt; das *M* ist eine in Texturaform gebrochene Unziale.

Wie durch das Beizeichen im Wappen angedeutet, entstammte Elisabeth dem Kronenstamm der mittelrheinischen Familie von Kronberg. Die durch die Ahnenwappen als scheinbar eindeutig dargestellten genealogischen Zusammenhänge erweisen sich bei näherer Betrachtung als nur schwer nachvollziehbar. Aufgrund der widersprüchlichen Quellen- und Literaturlage sind sie auch nicht plausibel und schlüssig darstellbar.[3] Elisabeth gilt heute als eine Tochter von Hartmut d. Ä. von Kronberg und seiner zweiten Ehefrau Willeburg von Isenburg, die er vor 1346 geheiratet haben soll.[4] Demnach wären Elisabeths Großeltern Hartmut von Kronberg und seine erste Frau Margareta von Starkenburg sowie Luther von Isenburg und Büdingen und dessen Ehefrau Isengard von Falkenstein.[5] Diese Ahnen lassen sich jedoch mit den Wappen der Grabplatte nicht zur Deckung bringen. Darüber hinaus gibt es bislang keinen urkundlichen Beleg dafür, daß Elisabeth die Tochter Hartmuts d. Ä. von Kronberg war[6].

Nähme man jedoch den Stiefbruder Hartmuts d. Ä. aus zweiter Ehe, Hartmut d. J., der ein Sohn der Else von Weinsberg war[7], als Vater von Elisabeth an, so paßte die Ahnenprobe. Denn Hartmut d. J. war in erster Ehe mit Adelheid Gräfin von Nassau-Beilstein verheiratet, deren Eltern Graf Heinrich und Imagina von Westerburg waren.[8] Bislang galt diese Ehe als kinderlos, jedoch sprechen die vier Ahnenwappen Kronberg, Nassau, Weinsberg und Westerburg auf Elisabeths Grabplatte dafür, daß sie eine Tochter aus der ersten Ehe Hartmuts d. J. war.[9] Damit ergäbe sich eine fehlerfreie und plausible Zuordnung der, sowohl in der Reihenfolge als auch in der Vereinigung der beiden großmütterlichen Wappen in einem gespaltenen Schild, doch recht unorthodoxen Wappenanordnung.[10]

Um 1388 heiratete Elisabeth von Kronberg Schenk Eberhard von Erbach.[11] Er wurde auch in Schönau begraben, nachdem er seine Frau um vierzehn Jahre überlebt hatte. Eberhard hatte vermutlich um 1387 für sich und seinen vor 1387 (?) gestorbenen Bruder Konrad, einen Wormser Domkustos, eine Doppelgrabplatte anfertigen lassen, auf der später seine Sterbeinschrift eingehauen werden sollte.[12] Dies würde auch erklären, warum für Elisabeth nur eine Einzelgrabplatte in Auftrag gegeben wurde.

a) *te* als Endung klein über das Mittelband geschrieben.
b) Bei allen bisherigen Lesungen steht *cromb(er)g*; jedoch spricht der relativ große Abstand vor dem *b* eher für ein *e* als für den dritten Schaft eines *m*.
c) Hier folgt das Steinmetzzeichen: 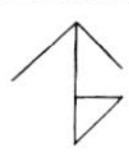

1) Vgl. DI 12 (Heidelberg), Nr. 77.
2) Drös, Grabplatten Schönau, 643.
3) Lehsten, Grabsteine im Kloster Schönau im Steinachtal, in: DO 44, 1997, 28, ordnete das Wappen heraldisch rechts unten falsch zu („Hohenberg ob der Wern"); vgl. dazu Steiger, Elisabeth von Kronberg und ihre Ahnen, in: DO 44, 1997, 177-179.
4) So bei Ronner, Die von Kronberg und ihre Frauen, Neustadt a. d. Aisch 1992, 29, Stammtaf. I, und Gensicke, Die von Kronberg, in: Nassauische Annalen 98, 1987, 303. Beide geben übereinstimmend als erste Ehefrau Hartmuts Elisabeth von Strahlenberg († 1338) an, die im Kloster Lorsch bestattet war (DI 38 [Bergstraße], Nr. 22). Bei Möller, Stammtafel AF III, Taf. CVIII, fehlt die erste Ehe.
5) Vgl. Gensicke, Kronberg, 302f.
6) Drös, Grabplatten Schönau, 644.
7) Gensicke, Kronberg, 303f; Ronner, Kronberg, Stammtaf. I.

Abb. 13: GR Schenk Konrad (Kat.-Nr. 22)

Abb. 14: GR Schenkin von Margarete (Kat.-Nr. 24)

Abb. 15: GR Elisabeth von Kronberg (Kat.-Nr. 26)

8) GENSICKE, ebd., 304.
9) DRÖS, Grabplatten Schönau, 644f.
10) DRÖS, ebd., 645-647, Anm. 53, führt allerdings eine Urkunde von 1355 an, in der Hartmut d. Ä. mit Zustimmung seines Stiefbruders Hartmuts d. J. seiner Frau Gräfin Adelheid von Nassau ein Wittum verschreibt. Demnach müßte also Adelheid die dritte Frau Hartmuts d. Ä. gewesen sein und nicht die erste Frau Hartmuts d. J. Aber die Grabmäler der beiden Brüder sprechen dagegen: Denn das Epitaph Hartmuts d. Ä. zeigt nur die Wappen Isenburg und Strahlenberg (?), auf eine dritte Ehe fehlt jeder Hinweis (vgl. GENSICKE, Kronberg, 303, Anm. 106; Abb. bei RONNER, Kronberg, 25). Die Grabplatte von Hartmut d. J. zeigt dagegen unter dem Kronberger Wappen die Wappen von Nassau sowie der Kämmerer von Worms gen. von Dalberg (Abb. bei RONNER, ebd., 26). Dabei handelt es sich der Anordnung gemäß wohl um die Wappen der Ehefrauen, so daß die Anbringung des Wappens Nassau auf der Grabplatte nicht zu erklären wäre, wenn Adelheid von Nassau nicht die Frau Hartmuts d. J. gewesen wäre.
11) Vgl. SIMON, Geschichte Erbach, Uk. CXVI: landesherrliche Bestätigung der Wittumsvergabe durch Pfalzgraf Ruprecht I.
12) Vgl. Kat.-Nr. 21.

27 Michelstadt (Odenwaldkreis), ev. Stadtkirche 1423

Grabplatte des Konrad Schenken von Erbach und seiner Ehefrau Agnes von Erbach aus der Linie Reichenberg zu Michelstadt (?). Die Platte aus rotem Sandstein steht heute im Chorraum am südlichen Triumphbogenpfeiler. Sie trägt eine Umschrift, die unregelmäßig auf den Leisten angeordnet und verteilt ist; nach außen begrenzt durch eine Ritzlinie. Im eingetieften Mittelfeld ist das Ehepaar unter zwei krabbenbesetzten, mit Kreuzblumen geschmückten Kielbögen dargestellt. Oben in den Ecken zwei Wappen; zwischen den Kreuzblumen der Helm des Ritters. Die Figur des barhäuptigen Ritters steht auf einem Löwen. Der Ritter trägt über einem Kettenhemd eine Rüstung; seine linke Hand liegt auf dem Schwertgriff, die Rechte liegt auf der Hüfte. Beide Arme sind unnatürlich abgewinkelt und ragen mit den Ellbogen in die Randleisten. Die Frau trägt unter einem faltenreichen Mantel ein langes Gewand; ihre Kopfbedeckung ist ein Schleier. Die Hände sind über der Brust zum Gebet zusammengelegt. Zu ihren Füßen kauert ein Hund.

H. 230,5, B. 130,5, Bu. 4,5 cm. – Gotische Minuskel mit Versalien. Abb. 16

+[a] anno // d(omi)ni · m // cccc // xx iii · i(n) vi(gili)a[b] / Joh(ann)is · bap(tis)te[c] · o(biit) · nobil(is) · Cunrad(us) · schenck · senior · d(omi)n(u)s · de · erp/ pach · et · vxor sua // agnes · q(uorum) · a(n)i(m)e · r(e)q(uiescant) in pace · ame(n)

Im Jahre des Herrn 1423 am Tag vor dem Fest Johannes des Täufers (23. Juni) starb der edle Konrad Schenk der Ältere Herr von Erbach und seine Frau Agnes, deren Seelen mögen in Frieden ruhen. Amen.

Wappen: Erbach Erbach/Bickenbach (?)

Im gesamten ist die Platte recht unbeholfen ausgeführt, was sich nicht zuletzt in der unorthodoxen Verteilung der Umschrift und der mangelnden Symmetrie der Platte zeigt. Die Wappen scheinen wohl von unterschiedlicher Hand gemacht.

Die Inschrift ist in ihrer Gänze recht ungleichmäßig gehauen (oft rutschen die Buchstaben unter die Grundlinie), was auf einen wenig geübten Steinmetzen schließen läßt. Die Oberlängen der Minuskel ragen kaum über den Mittelbandbereich hinaus. Der Buchstabe *a* scheint, soweit man das bei der Ausführung der Schrift beurteilen kann, in zwei Formen vorzukommen: als doppelstöckiges *a* sowie einstöckig. Das *J* in *Joh(ann)is*

ist als *I* longa, bestehend aus einem unten nach links gebogenen Schaft und einem nach links überstehenden Deckbalken, ausgeführt. Bei *Cunrad(us)* ist das *C* von gleichmäßiger Strichstärke und hat einen rechten Abschlußstrich mit ausgeprägten Sporen.
Konrad war der Sohn von Schenk Konrad genannt Rauch († 1393?) und seiner Ehefrau Anna von Bruck.[1] 1366/67 war er als Student der Rechte an der Universität Bologna immatrikuliert.[2] Bis zu seiner Resignation und anschließender Heirat 1412 (?) war er Domherr in Würzburg und Mainz.[3]
Konrads Frau Agnes war nach Morneweg eine Tochter Eberhards XI. von Erbach aus der Linie Reichenberg zu Michelstadt und dessen Frau Maria von Bickenbach.[4] Schneider erwähnt in seiner Urkundensammlung den Ehevertrag von Konrad und Agnes, worin sie als Tochter Schenk Eberhards „d. J." genannt wird.[5] Die genealogische Einordnung Agnes' bereitet also Probleme. Nikitsch weist darauf hin, daß der gespaltene Schild Erbach und „fünf (2:3) schrägrechts gestellte Rauten (nicht Bickenbach), das Wappen ihrer Mutter"[6] zeigt. Das wiederum würde bedeuten, daß Agnes die Tochter eines Schenken von Erbach und seiner nicht näher identifizierbaren Ehefrau war. Eventuell wäre bei dem unbekannten Wappen an das Wappen der Ministerialenfamilie Montfort zu denken; sie führte einen in zwei Reihen geschachten Schrägbalken.[7] Aber in der entsprechenden Zeit ist eine Verbindung Erbach-Montfort nicht nachweisbar.
Aufgrund der mangelnden Qualität der Grabplatte ist es durchaus nachvollziehbar, daß der Steinmetz Schwierigkeiten bei der Darstellung des Bickenbacher Wappens hatte und es derart entstellte, daß es kaum als solches zu erkennen ist. Die Vermutung, daß es sich bei dem Wappen doch um Bickenbach handelt, wird gestützt, wenn man die Erbacher Stammtafel eingehender betrachtet: Nach den Angaben bei Morneweg ist Agnes die Tochter Schenk Eberhards XI.; dies kann m. E. so nicht möglich sein. Denn dann hätte in der nächsten Generation Schenkin Margarete, eine Tochter der Agnes, den Bruder ihrer Mutter, also ihren Onkel, geheiratet.[8] Vielmehr ist mit Möller und den Europäischen Stammtafeln anzunehmen, daß Agnes eine Tochter Schenk Eberhards VIII. aus der Erbacher Hauptlinie und seiner Frau Elisabeth von Katzenelnbogen war.[9] Deren Mutter war Agnes von Bickenbach, eine Erbtochter Ulrichs von Bickenbach.[10] Die Wappenkombination wäre dann womöglich als Wappen des Großvaters väterlicherseits und der Großmutter mütterlicherseits zu deuten (?), und Agnes hätte den Namen ihrer Großmutter erhalten.
Eine ähnliche Darstellung des Wappens von Bickenbach findet sich auf der zimmerischen Burg Wildenstein (Gde. Leibertingen, LKr. Sigmaringen); dort ist ein Wappen quadriert von Erbach und Bickenbach in der Ahnenreihe des Freiherrn von Zimmern aufgeführt[11].

a) Invokationskreuz in Form eines Tatzenkreuzes.
b) Übergeschriebenes offenes *a*, dessen Bögen zu zwei Quadrangeln reduziert sind.
c) *te* außerhalb der Ritzlinie übergeschrieben.

1) Morneweg, Stammtafel 1, Nrr. 33, 44. Vgl. Kat.-Nrr. 13, 22.
2) Knod, Deutsche Studenten, 117, Nr. 804.
3) Vgl. auch Kat.-Nr. 30.
4) Morneweg, Stammtafel 1, Nrr. 47, 69; er hat fälschlich Margareta anstelle von Maria von Bickenbach.
5) Schneider, Historie, Uk LXXXVII. Dort ist jedoch nicht die Mutter der Agnes genannt, daher kann mit Schenk Eberhard d. J. durchaus Schenk Eberhard VIII. aus der Erbacher Linie gemeint sein; nach der Stammtafel bei Schneider ist es aber Schenk Eberhard, der mit Maria von Bickenbach verheiratet war. Vgl. Spiess, Familie und Verwandtschaft im deutschen Hochadel des Spätmittelalters, Stuttgart 1993, 89, der sie als Tochter Eberhards XI. aus der Michelstädter Linie bezeichnet.
6) Nikitsch, Grabstätte, 116f.

7) Vgl. Drös, Heidelberger Wappenbuch (Buchreihe der Stadt Heidelberg II), Heidelberg 1991, Nr. 155 (dort auch weitere Literatur). Die Familie hatte ihren Stammsitz südlich der Nahe bei Odernheim (LKr. Bad Kreuznach). Die Montforts waren wie die Schenken von Erbach pfälzische Vasallen; somit wäre eine Verbindung der beiden Familien durchaus denkbar. Vgl. auch dazu das Handbuch der Historischen Stätten V (Rheinland-Pfalz/Saarland), 241.

8) Vgl. Morneweg, Stammtafel 1, Nrr. 65, 68. Vgl. dazu auch Kat.-Nr. 33 (Grabplatte Schenk Johannes' und seiner Frau Margareta).

9) Möller, Stamm-Tafeln NF 1, Taf. XIV; Europäische Stammtafeln V, Taf. 2.

10) Vgl. Möller, Stammtafeln AF I, Taf. II. Hier nennt Morneweg fälschlich eine Agnes von Dietz als Mutter Elisabeths (vgl. Morneweg, Stammtafel 1, Nr. 37).

11) S. Trugenberger, Wappen auf der zimmerischen Burg Wildenstein..., in: ZGO 147, 1999, 345, 358 (mit Abb.).

28 Schönau (Rhein-Neckar-Kreis), ev. Kirche 1426

Grabplatte des Eberhard Schenken von Erbach siehe Kat.-Nr. 21.

29 † Schönau (Rhein-Neckar-Kreis) 1427

Grabplatte Konrads Schenk von Erbach. Die große Platte aus rotem Sandstein ist heute verschollen, nachdem sie vermutlich zwischen 1891 und 1911 von Schönau nach Erbach gebracht worden war. Die Inschrift beginnt links oben mit einem Invokationskreuz, überspringt die untere Leiste und läuft auf der rechten Längsseite weiter. Nach außen ist die Inschrift von einer Ritzlinie, nach innen durch ein eingetieftes Mittelfeld begrenzt. Die Figur des Ritters steht im Mittelfeld auf einem Hund unter einem gotischen Dreipaßbaldachin, den eine Kreuzblume schmückt, die in die obere Schriftleiste ragt. Der Ritter trägt eine Rüstung, über die er einen Lendner gezogen hat. Er trägt eine Beckenhaube, darunter die Halsbrünne. Die linke Hand ruht angewinkelt auf dem Schwertgriff; die Rechte hält das Vollwappen am Helm fest.

Die Beschreibung und Lesung erfolgen nach der Abbildung im Kunstdenkmälerinventar Heidelberg.[1]

Gotische Minuskel mit Versalien.

> +[a] Anno · d(omini) [·] // · M · cccc · / [xx]vij · f(e)ria · sexta · // ante · purificac(io)ne · o(biit) · nobilis · /domicellus · Conradus · pinc(er)na · d(omi)n(u)s · in · er[p]ach ·

Im Jahre des Herrn 1427 am Freitag vor Maria Lichtmeß (31. Januar) starb der edle Junker Konrad Schenk Herr zu Erbach.

Wappen: Erbach (fünfstrahlige Sterne).

Konrad war der Sohn von Schenk Konrad († 1380) und seiner zweiten Ehefrau Margarethe von Erbach; verheiratet war er mit Margarete Landschad von Steinach.[2]

a) Invokationskreuz mit Kleebattenden.

1) KdmBaden VIII/2, 639f (Abb. 420). Vgl. dazu auch DI 12 (Heidelberg), Nr. 86; dort ist jedoch die Datumsangabe falsch aufgelöst: anstelle des 31. Januar steht 27. Januar.

2) Morneweg, Stammtafel 1, Nrr. 36, 55. Zu den Grabmälern der Eltern s. Kat.-Nrr. 15, 24.

Grabplatte des Domkanonikers Dietrich Schenk von Erbach. Ehemals war die Platte in der Domsepultur; sie wurde jedoch 1576/77 in die Stiftskirche St. Peter und Alexander nach Aschaffenburg gebracht, nachdem der Domkanoniker Albrecht Schenk von Limpurg in dem Grab beigesetzt worden war. In der Domsepultur wurden für Schenk Dietrich Gedenkinschriften angebracht, die heute alle verschollen bzw. seit 1945 zerstört sind.

Die Inschrift wird zitiert nach dem Würzburger Inschriftenband.[1]

> D(OMI)N(U)S THEODORICUS / PINCERNA DE ERBACH / CANONI(C)US HERB(IPOLE)N(SIS)

Herr Dietrich Schenk von Erbach Domkanoniker in Würzburg.

Bei dieser Inschrift handelt es sich um die Gedenkinschrift, die 1576 angebracht wurde, als man den Kanoniker Albrecht Schenk von Limpurg im Grab Schenk Dietrichs bestattete. Dem Schriftbild nach zu urteilen, war die Gedenkinschrift vermutlich in einer Kapitalis abgefaßt. Sie war zusammen mit dem Wappen Dietrichs auf der Grabplatte Albrechts angebracht.[2]

Dietrich war ein Sohn Schenk Eberhards von Erbach aus der Reichenberger Linie zu Michelstadt und seiner Frau Maria von Bickenbach.[3] Dietrich ist nicht zu verwechseln mit seinem gleichnamigen Bruder, der von 1434 bis 1459 Erzbischof von Mainz war. Dieser wurde in der Aschaffenburger Stiftskirche begraben, wohin 1576 die Grabplatte des Kanonikers Dietrich gebracht wurde.[4]

Dietrich wurde wohl 1411/12 Domherr in Würzburg, nachdem sein Vetter Konrad aus der Reichenberger Linie zu Fürstenau resignierte, um in den weltlichen Stand zurückzukehren.[5] Belegt ist er jedoch erst 1432; daneben war er Archidiakon in Würzburg, Domkanoniker in Mainz und seit Februar 1437 Stiftskanoniker von St. Peter und Alexander zu Aschaffenburg.[6] Er starb „an St. Nicolaus Abend", das heißt am 5. Dezember 1437.[7]

1) DI 27 (Würzburg), Nr. 212.
2) Ebd.
3) Morneweg, Stammtafel 1, Nrr. 47, 71. Seine Großeltern waren väterlicherseits Heinrich von Erbach aus der Reichenberger Linie zu Michelstadt und Anna von Erbach aus der Erbacher Linie sowie mütterlicherseits Dietrich von Bickenbach und Agnes von Isenburg-Büdingen (vgl. Morneweg, ebd.). Ein Schlußstein im Domkreuzgang zu Würzburg zeigt in einem gevierten Schild die vier Ahnenwappen Dietrichs: Bickenbach/Erbach/Erbach/Isenburg. Das Wappen Isenburg ist jedoch falsch tingiert; es zeigt zwei rote Balken in Silber (Herrschaft Breuberg) anstelle von zwei schwarzen Balken in Silber. Eine Verwechselung, die vermutlich aus der Kombination der Wappen Erbach und Breuberg im Hause Erbach (jedoch erst seit dem Anfall der halben Herrschaft Breuberg 1556) resultiert. Dem Schlußstein ist die Inschrift · *diether(us)* · *schenck* / · *d(omi)n(u)s* · *de erpach* · / · *Canonicus* · beigefügt (s. DI 27 [Würzburg], Nr. 202 L).
4) Zu Erzbischof Dietrich vgl. Kat.-Nr. 34.
5) Zu Schenk Konrad vgl. Kat.-Nr. 27.
6) DI 27 (Würzburg), Nr. 212.
7) Vgl. Luck, Historische Genealogie, 18.

31 Heilbronn, Alter Friedhof 1444

Grabplatte der Anna Schenkin von Erbach, Ehefrau des Grafen Heinrich von Löwenstein. Die Platte befand sich ursprünglich in der Franziskanerkirche; heute steht sie auf dem Alten Friedhof, dort wurde sie an der östlichen Mauer im Juni 1954 aufgestellt.[1] Die Inschrift auf der Sandsteinplatte beginnt links oben und läuft zwischen Ritzlinien um; im Mittelfeld ist das Vollwappen der Anna von Erbach in gelehntem Schild dargestellt. Die Platte ist im gesamten stark verwittert, so daß die Inschrift großteils nicht mehr lesbar ist; das Wappen ist nur noch schemenhaft zu erkennen.

H. 220, B. 106, Bu. 7 cm. – Gotische Minuskel mit Versal.

> Als · man · zalt · von · chr(istu)s[a] · / gebu[rt] · [m cc]cc · xliiii · vff · [. . .] · fraw / fraw · anna · greffin [von löwenstein / . . .]· schenckin · v[on erpach . . . beg]rabe(n) · der · got · gnad ·

Wappen: Erbach

Anna von Erbach war eine Tochter von Schenk Konrad († 1380) und seiner zweiten Ehefrau Margarete von Erbach. Sie heiratete um das Jahr 1407 Graf Heinrich von Löwenstein; die Bestätigung der Wittumsverschreibung durch König Ruprecht datiert vom 8. Februar 1408.[2]

Annas Todestag ist nicht genau zu ermitteln: An der entsprechenden Stelle ist die Inschrift nicht mehr lesbar. Das Jahr steht jedoch fest: 1444. Anna muß noch im letzten Viertel des angegebenen Jahres verstorben sein und zwar nach dem 14. Oktober. Denn an diesem Tag stellte sie noch als Witwe Graf Heinrichs eine Urkunde aus, in der sie einem Ludwig Hellmunder ein Erblehen verschrieb.[3] In einer Urkunde vom 15. Juni 1445 tauchte sie nicht mehr auf, als Graf Georg seine Versorgung durch den Pfalzgrafen neu regeln ließ[4].

Graf Heinrich von Löwenstein, Annas Mann, starb gegen Ende des Jahres 1443 (im Oktober/November?) und wurde in der Franziskanerkirche beigesetzt; die Trümmer seiner Grabplatte waren 1865 noch zu sehen.[5] Anna wurde wie ihr Mann ebenfalls in der Franziskanerkirche bestattet.

a) Nomen-sacrum-Kürzung: *xps*.

1) Vgl. Literaturzettel der Inschriftenkommission der Heidelberger Akademie der Wissenschaften; Schwaben & Franken, Heimatgeschichtliche Beilage zur Heilbronner Stimme, 39. Jahrgang, Nr. 9/Sept. 1993, 2, Nr. 26 X.

2) Fritz, Die Geschichte der Grafschaft Löwenstein (Forschungen aus Württembergisch Franken 29), Sigmaringen 1986, 314 (Reg.-Nr. 343). Zur Person Annas und ihrer Bedeutung für die Grafschaft Löwenstein im allgemeinen vgl. ebd., 209-212 (hier: 211f).

3) Ebd., 345 (Reg.-Nr. 499).

4) Vgl. ebd., 212, 345 (Reg.-Nr. 500).

5) Vgl. ebd., 211; Schwaben & Franken, ebd., 1, Nr. 16 X; heute aufgestellt an der östlichen Mauer.

---

32 Erbach (Odenwaldkreis), Schloß 1451

Grabplatte der Anna von Bickenbach, Ehefrau Schenk Konrads († 1464). Die Platte aus rotem Sandstein wurde 1876 in Schönau gefunden und 1878 nach Erbach gebracht. Dort war sie zunächst am Schloßturm aufgestellt. Heute befindet sich die Platte in der Einhardskapelle des gräflichen Schlosses Erbach. Die Inschrift läuft – links oben mit einem Invokationskreuz beginnend – im Uhrzeigersinn zwischen zwei Ritzlinien um. Im Mittelfeld ist eine Frauengestalt in Ritzzeichnung dargestellt. Sie trägt einen langen faltenreichen Mantel, darunter ein Kleid. Als Kopfbedeckung dient ein Schleier. Ihre Hände hat sie über der Brust zum Gebet zusammengelegt. In den oberen Ecken des Feldes links und rechts des Kopfes sind zwei Wappen in Relief ausgehauen.

H. 196, B. 98, Bu. 7 cm. – Gotische Majuskel.

+[a] ANNO · D(OMI)NI · M · CCCC / · LI · IIII · K(A)L(ENDAS) · MAII · O(BIIT) · D(OMI)NA · ANNA · DE · BICKE(N)BACH · / CONTORALIS · D(OMI)NI · CO(N)RADI · PINCERNE · DE · ERPBACH · +

Im Jahre des Herrn 1451 am 4. Tag vor den Kalenden des Mai (28. April) starb Frau Anna von Bickenbach, Ehefrau des Herrn Konrad Schenken von Erbach.

Wappen: Bickenbach Erbach

Die Inschrift ist in einer breiten gotischen Majuskel gehauen, die deutliche Bogenschwellungen und Abschlußstriche aufweist. Das *N* tritt in den Ligaturen in kapitaler und runder Form auf. Die Ausführung der Grabschrift in einer Majuskel fällt auf, denn bereits zu Ende des 14. Jahrhunderts wurde in Schönau die gotische Minuskel verwendet[1]. Die Grabplatte ihres Ehemanns, des Schenken Konrad († 1464), ist mit einer gotischen Minuskel beschriftet worden.[2]

Anna von Bickenbach war die Tochter von Konrad von Bickenbach († 1429) und seiner zweiten Ehefrau Jutta von Runkel († nach 1413?)[3]. Anna war mit Schenk Konrad von Erbach verheiratet, der 1438 seinem Schwiegervater als Burggraf von Miltenberg nachfolgte. Sie urkundete am 23. April 1451 zum letzten Mal.[4].

a) Lilienendiges Invokationskreuz.

1) Vgl. DI 12 (Heidelberg), Nrr. 59, 62.
2) Zu Schenk Konrad s. Kat.-Nr. 36. Vgl. dazu auch Crusius, Bischof Konrad, 449f, 454f, die Vermutungen anstellt, warum Mitte des 15. Jahrhunderts noch einmal eine Grabplatte mit einer gotischen Majuskel beschriftet wurde; die Verwendung der gotischen Majuskel ist im Zusammenhang mit der Zweitanfertigung der Grabplatte des Bischofs Konrads II. von Hildesheim († 1249) zu sehen (vgl. Kat.-Nr. 1).
3) Möller, Stammtafeln AF I, Taf. II; Berninger, Grabdenkmäler, 19-21, 23 (mit einer Abb. der Grabplatte Annas).
4) Berninger, Grabdenkmäler, 21; dort auch noch weitere Angaben zur Biographie des Schenken Konrad.

33 † Bensheim (Kreis Bergstraße) 1458

Grabplatte des Johannes Schenken von Erbach und seiner Ehefrau Margarete von Erbach. Die Sandsteinplatte ist heute verloren; ihr ehemaliger Standort war nicht mehr zu ermitteln. Schneider hat sie jedoch abgebildet, wonach Beschreibung und Lesung erfolgen.[1] Die Inschriften laufen auf dem Rand der Platte im Uhrzeigersinn um; die Sterbeinschrift Schenk Johannes' (A) beginnt unten in der Mitte und endet oben in der Mitte des Steins; die Sterbeinschrift seiner Frau (B) beginnt oben und verläuft über die rechte Leiste bis unten zur Mitte der Grabplatte. Der Umzeichnung von Schneider folgend, war die Inschrift in einer gotischen Minuskel ausgeführt. Die Figuren der Verstorbenen stehen einander zugewendet im Feld der Platte. Im linken Teil steht Schenk Johannes, der mit einem lose fallenden, faltenreichen Mantel bekleidet ist; darunter trägt er ein fließendes Unterkleid. Als Kopfbedeckung trägt er ein Barett mit Federn (?). In den gefalteten Händen hält er einen Rosenkranz. Seine Ehefrau steht in der rechten Feldhälfte. Sie trägt über einem Kleid einen weiten, faltenreichen Mantel, den sie mit den gefalteten Händen über der Brust zusammenrafft. Sie hält in ihren Händen ebenso wie ihr Mann einen Rosenkranz. Als Kopfbedeckung dient ihr ein Schleier mit Kinnbinde. Zu Füßen der beiden ist je ein Vollwappen zu sehen; die beiden Wappen sind in gelehnten Schilden in Courtoisie einander zugewendet.

Gotische Minuskel.

A Anno · d(omi)ni · M · cccc · / lviii · die · viii · mensis · febrvarii · Obiit · Schenck · hans / de · Erpach · c(vivs) · a(n)i(m)a · r(eqviescat) ·

B Anno · d(omi)ni · M · cccc · / xlviii · die xx mensis maii Obiit · margareta Sche(n)ck / vxor · c(vivs) · a(n)i(m)a · r(e)q(viescat)

Im Jahre des Herrn 1458 am 8. Tag des Monats Februar starb Schenk Hans von Erbach, dessen Seele möge ruhen. – Im Jahre des Herrn 1448 am 20. Tag des Monats Mai starb Schenkin Margareta, Ehefrau, deren Seele möge ruhen.

Wappen: Erbach Erbach

Johannes war ein Sohn Schenk Eberhards († 1397) und der Maria von Bickenbach.[2] Er war seit 1435 Amtmann zu Heppenheim, Bensheim und Starkenburg; 1454 wurde er Amtmann zu Fürstenau.[3] Die Ämter hatte er durch seinen Bruder Dietrich, den Erzbischof von Mainz, erhalten.[4]
Seine zweite Ehefrau Margarete war eine Tochter Schenk Konrads aus der Linie Reichenberg zu Fürstenau und dessen Ehefrau Agnes von Erbach. Diese Zuordnung ist jedoch fragwürdig, denn Johannes hätte demzufolge die Tochter seiner Schwester – seine Nichte – geheiratet.[5] Margarete war die zweite Frau Johannes'. In seiner ersten Ehe hatte er Agnes von Erbach geheiratet. Sie war nach Schneider eine Tochter von Konrad Schenk von Erbach und seiner Gemahlin Margarete Landschad von Steinach.[6]

1) Schneider, Historie, Tab. VII, 84.
2) Morneweg, Stammtafel 1, Nrr. 47, 68.
3) Schneider, Historie, 84.
4) Vgl. Simon, Geschichte Erbach, 362; Krebs, Fürstenau, Reg.-Nr. Fü/U 34.
5) Morneweg, Stammtafel 1, Nrr. 44, 65, 69. Möller weist bereits auf diese Probleme hin; er nennt Agnes von Erbach als eine Tochter Schenk Eberhards VIII. und seiner Frau Elisabeth von Katzenelnbogen (Möller, Stamm-Tafeln NF 1, Taf. XIV). Luck, Historische Genealogie, Tabula II, 17, Nr. 88, führt Margareta, aber ohne Abkunftsnachweis. Bei Schneider fehlt diese zweite Ehe. Vgl. zu dieser Problematik die Anmerkungen zu Schenk Konrad († 1423) und seiner Frau bei Kat.-Nr. 27.
6) Schneider, Historie, Stammtaf. A, Nrr. 39, 67. Schneider bemerkt bereits die verschiedenen Vornamen der Ehefrau Johannes in der Stammtafel und auf der Grabplatte; jedoch erst Luck weist Margareta als die zweite Frau Schenk Johannes' nach (Luck, Historische Genealogie, Tabula II, Nr. 88). Bei Morneweg, Stammtafel 1, Nr. 68, fehlt die erste Ehe Johannes'.

34 Aschaffenburg, Stiftskirche St. Peter und Alexander (1459), 1607/08

Epitaph des Mainzer Erzbischofs Dietrich Schenk von Erbach. Das farbig gefaßte Grabdenkmal für Erzbischof Dietrich befindet sich im Chor an der Südwand über der Tür zur Sakristei. Die Figur des Erzbischofs steht im Mittelfeld des Epitaphs auf einem kleinen Podest, unter dem eine ovale Tafel angebracht ist, die die Inschrift trägt (A). Der Erzbischof ist in vollem Ornat dargestellt; er trägt die Mitra, das Pallium und hält in der rechten Hand das Vortragekreuz und in der Linken den Bischofsstab. Die seitlichen Randleisten sind mit je acht Ahnenwappen geschmückt; über jedem Wappen ist in kleinen Schriftbändern der Name des Wappenführers beigegeben (B). Das Feld wird bekrönt von einer ovalen Wappenkartusche, die das Vollwappen Schenk Dietrichs zeigt; darüber befinden sich drei Helme. Als Wappenhalter dienen zwei Putten. Das Epitaph ist gut erhalten, jedoch scheint das Vortragekreuz ergänzt worden zu sein. Die Inschriften sind farbig nachgezogen.

Abb. 16: Epitaph Erzbischof Dietrich von Mainz (Kat.-Nr. 34)

H. ca. 380, B. ca. 150, Bu. ca. 3 (A), ca. 3,5 (B) cm. – Kapitalis (A), Fraktur (B). Abb. 17

A THEODORICO[a] PINCERNA AB ERBACH ARCHI=/EP(ISCOPV)S · MOGVNTI(NVS) · S(ACRI) R(OMANI) I(MPERII) PER GERMA(NIAM) · ARCHICANCEL(LARIVS) · ET / PRIN(CEPS) · ELECTOR ·[b] ARCIEPISCOPATV(M)[c] INIIT A(NN)O 1434 / PRID(IE) · NO(NAS) IVLII ADMINISTRAVIT AN(NO) 24 MENS(ES) 10 RELIQ(VI)T / BEATA IMMORTALITATE FRVITVRVS A(NN)O 1459 PRID(IE) NO(NAS) MAII / REQ(VI)ESCIT IN HOC S(ANCTI) PETRI ET ALEXANDRI COLLEGIO / QVOD IMPENSE COLVIT SEMPER ET DOTAVIT INTER PI/ISSIMOS FVNDATORES TVMVLATVS

B

Erpach[1]	Bickenbach
Spanheim	Ysenburg
Winsperg	Zigenhein
Boland	Rineck
Erpach	Hoenberg
Brück	Castel
Steinach	Hanaw
Lymburg	Wertheym

Dem Dietrich Schenk von Erbach (gewidmet): Erzbischof von Mainz, des Heiligen Römischen Reichs Erzkanzler für Deutschland und Kurfürst: Er trat das Erzbischofsamt im Jahre 1434 am Tag vor den Nonen des Juli (6. Juli) an, er regierte 24 Jahre und 10 Monate, er erfreute sich der glückseligen Unsterblichkeit (= er starb) im Jahr 1459 am Tag vor den Nonen des Mai (6. Mai). Er ruht im Stift St. Peter und Alexander, für das er stets eifrig Sorge getragen und das er ausgestattet hat; begraben wurde er zwischen den frömmsten Gründern.

Da die Inschriften farbig nachgezogen wurden, ist eine eingehende Schriftbeschreibung nicht möglich. Die Kapitalis ist gleichmäßig ausgeführt. Beim Namen ist das *T* als eine Art Versal hervorgehoben. Die Fraktur der Wappenbeischriften wirkt ungleichmäßig und wenig geübt; eventuell ist dies auch auf die Übermalung der Buchstaben zurückzuführen. Sie weist bei jeder Beischrift wenig verzierte Versalien auf.

Das Epitaph wurde in den Jahren 1607/08 von Johannes Juncker errichtet. Es ersetzte die Tumba, die im Chor stand und im Markgräflerkrieg 1552 beschädigt worden war. Dietrich selbst wurde im Chor in der Nähe des Hochaltars bestattet; ein Vorrecht, das neben den Stiftern der Kirche nur gelegentlich einige wenige Erzbischöfe von Mainz in Anspruch nahmen, darunter eben auch Dietrich Schenk von Erbach.[2]

Dietrich war ein Sohn Eberhards XI. und seiner Frau Maria von Bickenbach; er wurde um 1390 geboren.[3] Im Winter 1408/09 war er an der Universität Heidelberg immatrikuliert. Zunächst war er Domherr in Mainz, ein Amt, in dem er schon 1413 erscheint. 1429 wurde er Mainzer Domkantor. Nach dem Tode des Erzbischofs Konrad von Dhaun wurde Dietrich am 6. Juli 1434 in Bingen durch das Kapitel zum Erzbischof gewählt; am 5. Dezember empfing er von Papst Eugen die Bestätigung und das Pallium. Den Eid legte Dietrich am 10. Januar 1435 in Heppenheim ab.[4]

Erzbischof Dietrich wird als kluger Fürst beschrieben, der stets auf Ausgleich bedacht war und „der Zerrüttung im Deutschen Reich [...] nach Kräften entgegenwirkte“. Seine Politik war bestimmt von der Tradition des Hauses Erbach, mit der Pfalzgrafschaft gutnachbarschaftliche Beziehungen zu pflegen sowie von der Kooperation mit den beiden rheinischen Erzbistümern Köln und Trier sowie der Landgrafschaft Hessen, mit der 1443 Frieden geschlossen worden war.[5] Dagegen war aber das Verhältnis zur

Stadt Mainz immer gespannt, vor allem nach der Fehde von 1441 bis 1449; Dietrich lebte daher auch meist in Aschaffenburg. Humanistischen Anliegen sowie Fragen der Kirchenreform stand er stets offen gegenüber. Aber er wußte auch seinem Amt die notwendige Würde und Autorität zu verleihen, und er kehrte die kurfürstliche Stellung des Mainzer Erzbischofs wirkungsvoll hervor.[6] Als Dekan des Kurkollegs begründete er durch sein bestimmendes Auftreten bei den Königswahlen von 1438 (Albrecht II.) und 1440 (Friedrich III.) die Rückkehr der Habsburger auf den römisch-deutschen Thron.[7] Zu Beginn des Episkopates von Dietrich fand das Baseler Konzil statt. Für die deutsche Kirche verfolgte er dabei maßgeblich eine Neutralitätspolitik, die sich 1439 in der Mainzer Akzeptation manifestierte. Mehrere Provinzial- und Diözesansynoden wurden von Konzilsdekreten beeinflußt, wodurch Erzbischof Dietrich in den Gegensatz zu Papst und Kaiser geriet.[8] 1455 wurden auf der Aschaffenburger Provinzialsynode und den Kurfürstentagen die Gravamina Nationis Germanicae aufgestellt, denen im weiteren eine große Bedeutung zukommen sollte.[9]

„Mit seiner Familie stand er fortwährend in einem freundlichen Verhältnisse. Seine Brüder Otto und Hans begabte er mit Ehrenstellen und mancherlei Gnadenbeweisen. Seine Vetter Conrad IX. von Erbach und Philipp III. von Fürstenau gebrauchte er mehrmals zu wichtigen Geschäften. Doch kann man nicht sagen, daß er seine Verwandten auf ungerechte Weise und auf Kosten des Erzstiftes bereichert habe."[10] Der heute noch in Erbach vorhandene prunkvolle Doppelpokal („Schenkenbecher") war ein Geschenk Dietrichs an sein Haus.[11]

Die auf dem Grabdenkmal dargestellten Wappen sind die Ahnenwappen Schenk Dietrichs; die 16 Wappen sind neben den Schriftarten ein weiteres Indiz dafür, daß das Epitaph nicht im Todesjahr des Erzbischof angefertigt wurde. Denn in der Mitte des 15. Jahrhunderts war eine so umfangreiche Ahnenprobe noch nicht üblich. Zieht man andere Hochgräber aus dieser Zeit zum Vergleich heran, so ist auf der ursprünglichen Tumbenplatte ein Wappenschmuck von vier Ahnenwappen, in den Ecken des Feldes, anzunehmen.[12] Bei den Wappen der Vaterseite herrscht keine Unsicherheit; sie sind eindeutig zuweisbar, wenn auch gelegentlich die Tingierungen falsch sind: Erbach, Sponheim (Linie Kreuznach-Tannenfels: blau-gold geschacht), Weinsberg, Bolanden (richtige Farben: in Gold ein rotes Rad), Erbach, Bruck, Steinach (hier das ältere Wappen der Herren von Steinach: von blau und silber gespalten) und Hohen-Limburg an der Lenne (richtige Farben: in Silber ein roter Löwe). Die Zusammenstellung der Wappen ist ungewöhnlich; wenn man die Stammfolge berücksichtigt, wird sie jedoch nachvollziehbar: Es werden hier die acht Ahnen von Dietrichs Großeltern getrennt in der üblichen Form von je vier Ahnen betrachtet, nämlich die Heinrichs II. von Erbach-Reichenberg zu Michelstadt (Wappen 1-4) sowie die Annas von Erbach zu Erbach (Wappen 5-8).[13] Die Ahnenwappen der Mutterseite bereiten in ihrer Zuordnung einige Probleme: So ist das Wappen Ziegenhain in der Ahnenprobe nicht verständlich. An seiner Stelle müßte das Wappen der Bommersheim gen. Zenichin stehen.[14] Darüber hinaus trat bei der Bestimmung der Großmütter der Großmutter Dietrichs, Agnes von Isenburg, Verwirrung auf: Anstelle von Rieneck müßte Falkenstein und anstelle von Wertheim müßte Hohenlohe stehen.[15] Diese Unsicherheiten bei den Ahnen der Mutter Dietrichs werden verständlich, wenn man bedenkt, daß das Epitaph erst 150 Jahre nach dem Tod des Erzbischofs angefertigt wurde, und die Familie der Mutter – nämlich Bickenbach – bereits 1486 erloschen war. Es wurde daher schwierig, die genaue Ahnenfolge für Maria von Bickenbach zu ermitteln, zumal die oberste Ahnenreihe bis in das 13. Jahrhundert zurückreicht, wo die Überlieferungen nur äußerst spärlich fließen oder oft schon ganz aufhören.[16] Die richtige Ahnenprobe lautet also: Bickenbach,

Isenburg, Bommersheim gen. Zenichin, Falkenstein, Hohenberg ob der Wern, Castell, Hanau, Hohenlohe.[17] Das Vollwappen über dem Kopf des Erzbischofs ist quadriert aus Mainz (Erzbistum) und Erbach; die drei Helme gehören zum Erzbistum, Erzbischof (mit Schwert und Bischofsstab) und zu Erbach.

a) Das *T* ist als „Versal" größer hervorgehoben; das *O* ist klein in das *C* eingestellt.
b) Et-cetera-Kürzung ?
c) Sic!

1) Zu den Wappen und ihren Erklärungen siehe den fortlaufenden Kommentar.
2) Vgl. Röhrig, Basilika Minor. Die Stiftskirche St. Peter und Alexander Aschaffenburg, Regensburg 1999, 16; Becher/Wolfert, Ahnenwappen, 305.
3) Morneweg, Stammtafel 1, Nrr. 47, 67. Zur Ermittlung des Geburtsjahres vgl. Simon, Geschichte Erbach, 357. – Zur Person Dietrichs s. jetzt auch Jürgensmeier, Schenk von Erbach, Dietrich (Theoderich), in: Die Bischöfe des Heiligen Römischen Reiches 1448 bis 1648. Ein biographisches Lexikon, Berlin 1996, 630f (mit Lit.).
4) Matrikel Heidelberg I, 110; Simon, Geschichte Erbach, 357f.
5) Gerlich, Dietrich von Erbach, in: LexMA III, 1986, Sp. 1029.
6) Simon, Geschichte Erbach, 362; Gerlich, ebd., Sp. 1030.
7) Gerlich, ebd., Sp. 1030.
8) Ebd.
9) Ebd.; zu den Gravamina Nationis Germanicae vgl. Raab, in: LexMA IV (1989), Sp. 1659f.
10) Simon, Geschichte Erbach, 362. Zu den Ämtern, die Erzbischof Dietrich an Mitglieder seiner Familie vergeben hat, vgl. auch Ringel, Personal der Kanzlei, passim.
11) Um 1450 schenkte Erzbischof Dietrich den Doppelpokal seiner Familie (Dehio, Hessen [²1982], 208).
12) Vgl. Becher/Wolfert, Ahnenwappen, 305.
13) Vgl. dazu ebd., 306, 308.
14) Ebd., 311.
15) Zu der genauen Darstellung vgl. ebd., 312-314.
16) Ebd., 309.
17) Vgl. dazu ebd., 307, 311-314; hilfreich für den Gesamtüberblick sind die von Wolfert beigegebenen Ahnenreihen des Vaters und der Mutter Dietrichs (ebd., 307), an Hand derer sich die Wappenfolge leicht nachvollziehen läßt.

35 (†) Michelstadt (Odenwaldkreis), ev. Stadtkirche 1461

Grabplatten des Philipp Schenken von Erbach. Für Schenk Philipp hatten zwei Grabplatten (möglicherweise auch Grabplatte und Epitaph) existiert, die heute aber verloren sind (?). Schneider beschreibt sie und gibt ihre Inschriften wieder. Beide Platten befanden sich in Michelstadt. Die eine wird von Schneider als ein mit lateinischer Inschrift versehener „Leichen-Stein" beschrieben, der „vor dem Herrschaftlichen Stuhle" im Boden lag und ein Wappen trug (I); die andere Platte war ein „flach in Stein gehauenes Bild" mit Umschrift und lag „unter dem Würtzberger Gebähne" (II).[1]

Die Lesung der Inschriften erfolgt nach Schneider.

I Anno D(omi)ni M CCCC LXI. Die Fabiani & Sebastiani obiit nobilis Philippus Pincerna & Dominus de Erbach, cujus anima requiescat in Pace, Amen

II Anno Domini 1461 auf S. Sebastian Tag ist gestorben der edle und wolgeborne Schenck Philipps, Herr von Erpach, dem Gott gnad

Im Jahre des Herrn 1461 am Tag Fabian und Stephan (20. Januar) starb der edle Philipp Schenk und Herr von Erbach, dessen Seele in Frieden ruhen möge, Amen.

Datum: 20. Januar 1461.

Schenk Philipp war ein Sohn von Schenk Konrad († 1423) und dessen Frau Agnes von Erbach.[2] Er war seit 1432 verheiratet mit Luckhardis von Eppstein, einer Tochter Eberhards II. von Eppstein und dessen Frau Anna von Kronberg.[3] Das Ehepaar erbat bei Papst Pius einen Tragealtar für die Burg Fürstenau; 1460 richteten sie dort dann eine Kapelle ein. Bereits 1454 stifteten sie der Kirche zu Michelstadt einen Altar und machten verschiedene Stiftungen für Franziskaner und Clarissinnen.[4]
1441 verpfändete Eberhard von Eppstein an Schenk Philipp und seine Ehefrau den eppsteinischen (Nutzungs-)Anteil der Herrschaft Breuberg.[5] Ein erster Schritt zum Erwerb Breubergs schien getan; doch bereits 1496/97 wurde der Anteil der Herrschaft Breuberg wieder an den Grafen Michael von Wertheim veräußert. Die Schenken Eberhard und Georg behielten sich jedoch das eppsteinische Lösungsrecht für Erbach vor.[6] Aber erst 1556 sollte es gelingen, die Hälfte der Herrschaft Breuberg dauerhaft an das Haus Erbach zu bringen.[7]

1) Schneider, Historie, 80.
2) Morneweg, Stammtafel 1, Nr. 44, 64.
3) Morneweg, Stammtafel 1, Nr. 64.
4) Vgl. Schneider, Historie, 82f, Uk CXIII.
5) Ebd., 82, Uk CXI.
6) Simon, Geschichte Erbach, Uk CCCXX.
7) Zur Entwicklung der Territorialpolitik des Hauses Erbach die Herrschaft Breuberg betreffend vgl. Kleberger, Territorialgeschichte, 74-76, 89-93.

36 Darmstadt, Hess. Landesmuseum 1464

Grabplatte des Konrad Schenken von Erbach. Die Platte aus rotem Sandstein wurde 1876 in der Dunggrube des Waldhüters Daniel Kuhn in Schönau gefunden und kam 1878 nach Erbach. Dort wurde sie zunächst zusammen mit der Grabplatte Annas von Bickenbach[1] am Schloßturm aufgestellt, bevor sie 1943 im Tausch an das Hessische Landesmuseum nach Darmstadt gelangte. Die Inschrift läuft auf einer breiten Randleiste zwischen zwei Ritzlinien im Uhrzeigersinn um; die linke Leiste ist nicht beschriftet. Im eingetieften Mittelfeld steht die Figur des Ritters auf einem kleinen Hund. Der Ritter trägt eine zeittypische Rüstung und hält mit der Rechten eine Lanze mit Wimpel, auf dem das Wappen Konrads zu sehen ist. Die linke Hand hält das Vollwappen an der Helmzier fest. In der rechten oberen Ecke des Feldes neben dem Kopf des Ritters ist eine Tartsche mit dem Erbacher Wappen angebracht. Die Platte ist teilweise verwittert und mehrfach gebrochen, wodurch einiger Schriftverlust aufgetreten ist und Ergänzungen an der Platte vorgenommen wurden; vor allem die Beine des Ritters sind ergänzt.

H. 208, B. 110, Bu. 7,2 cm. – Gotische Minuskel.

> +[a] Anno · d(omi)ni · m · cccc · lxiiii · / [. . . i]unij[b] · o(biit) ·
> d(omi)n(u)s · conrad[us] · pincerna · de · /erpach · m[il]es · [c]

Im Jahre des Herrn 1464 ... des Juni starb Herr Konrad Schenk von Erbach, Ritter

Wappen: Erbach

Die Inschrift ist in einer gotischen Minuskel mit eckigen Brechungen abgefaßt, wie sie auch schon bei den Grabplatten des Bischofs von Hildesheim († 1249) und der 1992 in Schönau gefundenen Gomaringen-Platte auftreten.[2] Ebenso zeigt das Invokationskreuz die auffallende Form von fünf kreuzweise gestellten Quadrangeln. Die Platte für Schenk Konrad reiht sich daher auch in diese Gruppe ein. Soweit sich beim schlechten

Zustand der Platte beurteilen läßt, sind Quadrangeln als Worttrenner regelmäßig gesetzt.
Schenk Konrad war der Sohn von Schenk Eberhard († 1425) und der Elisabeth von Kronberg, die beide in Schönau begraben waren.[3] Verheiratet war er mit Anna von Bickenbach.[4] Konrad wurde seit 1417 erwähnt und kam 1425 zur Regierung, die er 1457 niederlegte, woraufhin er sich in das Kloster Schönau zurückzog. Er wird auch als Mönch in Schönau bezeichnet.[5]
Das Wappen auf dem Rennfähnlein der Lanze Konrads zeigt das Wappenbild in falscher Anordnung; anstelle der 2:1-gestellten Sterne sind diese 1:2 gestellt.

a) Fünf kreuzweise gestellte Quadrangeln.
b) Neumüllers ergänzt hier *nonas iunii* (handschriftlicher Nachtrag in DI 12 [Heidelberg], Nr. 108): demnach wäre Konrad am 5. Juni 1464 gestorben.
c) Ob die Inschrift hier abbricht oder wirklich beendet ist, wird unterschiedlich gedeutet. Neumüllers in DI 12 (Heidelberg), Nr. 108, beendet hier die Inschrift; Beeh, Grabmäler, 133, Nr. 14, schreibt: „Die Buchstaben auf der linken Seite ganz abgearbeitet.“

1) Vgl. Kat.-Nr. 32.
2) Vgl. den Kommentar zu Kat.-Nr. 1. Vgl. auch Drös, Grabplatten Schönau; Crusius, Bischof Konrad, 456f.
3) Morneweg, Stammtafel 1, Nrr. 57, 79. Zu den Grabplatten der Eltern vgl. Kat.-Nrr. 21, 26.
4) Morneweg, ebd., Nr. 79. Zur Grabplatte Annas vgl. Anm. 1.
5) Berninger, Grabdenkmäler, 21.

37 Weißenburg (Elsaß/Frankreich), ehem. Kloster 1467

Grabplatte des Abtes Philipp Schenk von Erbach. Die Platte aus rotem Sandstein steht heute im Ostflügel des Klosterkreuzganges. Die Sterbeinschrift (A) läuft zwischen zwei Ritzlinien auf einer breiten Leiste im Uhrzeigersinn um; die vierzeilige Versinschrift (B), die eine Leseranrede und eine Anrufung beinhaltet, ist im Feld zu je zwei Zeilen, parallel zu beiden Seiten des Abtsstabes eingehauen. Im leicht eingetieften Mittelfeld ist unter einem Rundstab-Dreipaß ein schlichter Abtsstab in Relief dargestellt. Die Platte ist an den Rändern leicht bestoßen; Schriftverlust ist jedoch nicht zu beobachten.

H. 289, B. 130, Bu. 7-10 cm. – Gotische Majuskel. Abb. 18

A ·[a] ANNO D(OMI)NI · M · CCC/C · LXVII · IN · DIE · LVCIE · VIRGINIS · O(BIIT) · UENE/RABILIS · DO(MI)N(V)S[b] · PHI/LIPP(VS) · SCHENCK · DE · ERPACH · ABBAS · H(VIVS) · MON(ASTER)Y[c]

B ·[a] INGENVV(M) · TERRE · PHILIPPV(M) · DI(RI)GIT · ECCE ·[a] /
·[a] LETV(M) · DE · ERPACH · FVLTV(M) · DIC · IBI · SEPVLTV(M) //
ABBAS · IS · TRIGI(N)TA · CV(M) · MEDIO · TRIB(VS) · A(N)NIS · /
·[a] REXERAT · IN · CHR(IST)I[d] · REGNV(M) · FER · (CON)DITOR[e] · ILLVM ·

Im Jahre des Herrn 1467 am Tag der Jungfrau Lucia (13. Dezember) starb der ehrwürdige Herr Philipp Schenk von Erbach, Abt dieses Klosters. – Siehe, der Tod leitet Philipp, entsprossen aus der Erde von Erbach; sage von dem, der dort begraben wurde, er sei gesegnet; dieser hatte als Abt dreiunddreißigeinhalb Jahre regiert; Schöpfer, führe ihn in das Reich Christi.

Die Inschrift ist in einer altertümlich wirkenden gotischen Majuskel gehauen, die sich in der Tradition an den Grabplatten der Vorgängeräbte orientierte; so auch in der Darstellung des einfachen Abtsstabes bzw. der einfachen Motivik der Platten.[1] Die zweite Inschrift ist eine Versinschrift, bestehend aus vier Hexametern, wobei der dritte Vers holprig ist.

Abb. 17: GR Schenk Konrad und Ehefrau (Kat.-Nr. 27)

Abb. 18: GR Abt Philipp von Weißenburg (Kat.-Nr. 37)

Philipp war ein Sohn Schenk Eberhards aus der Linie Reichenberg zu Michelstadt und seiner Frau Maria von Bickenbach.[2] Von seinen Brüdern ist vor allen Erzbischof Dietrich von Mainz zu nennen.[3] Für diesen war er auch als Rat und vor allem als Beisitzer in Schiedsverfahren tätig.[4] Das Abbatiat Philipps fiel in eine Zeit, in der die Sitten in den Klöstern zusehends zu verkommen drohten. Für das Kloster Weißenburg ist überliefert, daß gerade die Amtszeit von Abt Philipp von Erbach ein Höhepunkt im negativen Sinn gewesen sein muß. Von ihm wird berichtet, daß er „ein frauwenmann" gewesen sei, und er „verfellet jungfrauwen, hatt vil kinder und verthut dem Stifft mehr dann 30000 gulden".[5] Daraufhin unternahm Kurfürst Friedrich von der Pfalz, der als kaiserlicher Landvogt im Elsaß die Schirmvogtei über das Kloster besaß, nach dem Tode Philipps jede Anstrengung, um unter dessen Nachfolger Jakob von Bruck das Kloster zu reformieren. Kurfürst Friedrich ließ 1469 das Kloster besetzen und verlangte die Unterwerfung unter die Bursfelder Kongregation. Sein harsches Vorgehen gab jedoch Anlaß zu einem mehrjährigen Krieg, der schließlich mit einer Einigung zwischen dem Kurfürsten und der Stadt Weißenburg beendet wurde.[6]

a) Paragraphförmige Quadrangeln.
b) Das *O* ist klein hinter dem *D* hochgestellt.
c) *Y* ist hinter dem Wort klein hochgestellt.
d) Kürzung als Nomen sacrum: *XPI*.
e) Kürzung durch con-Kürzel.

1) Vgl. dazu die Reihe der (erhaltenen) Abtsgrabplatten von Abt Johannes von Frankenstein († 1337) bis zu Johann von Veldenz († 1434); auch der Nachfolger Abt Philipps, Jakob von Bruck († 1472), schließt sich der Tradition an (Photos in der Inschriftenkommission der Akademie der Wissenschaften, Heidelberg). Entsprechend der Schriftentwicklung wäre eigentlich schon eine Minuskelschrift zu erwarten; vgl. Neumüllers, Schrift, passim. Zur Darstellung des einfachen Abtsstabes vgl. auch Kat.-Nr. 1.
2) Morneweg, Stammtafel 1, Nr. 47, 73.
3) Luck, Historische Genealogie, 18, erwähnt einen Tagebucheintrag der Benediktiner auf dem Petersberg zu Erfurt von 1440, in dem es heißt: „Dass der Abt von Weissenburg, ein leiblicher Bruder des Churfürsten nebst andern mit dem Theodoricus nach Erfurt gekommen sey".
4) Ringel, Studien zum Personal der Kanzlei des Mainzer Erzbischofs Dietrich von Erbach, Mainz 1980, 138f.
5) Weißenburger Chronik, zitiert nach Lossen, Staat und Kirche in der Pfalz im Ausgang des Mittelalters, Münster 1907, 174.
6) Lossen, ebd., 174f; vgl. auch allgemein zum Weißenburger Krieg Schaab, Geschichte der Kurpfalz I: Mittelalter, Stuttgart 1988, 182f.

38 Michelstadt (Odenwaldkreis), ev. Stadtkirche 1468

Grabplatte des Otto Schenken von Erbach. Die Platte aus rotem Sandstein steht heute am nördlichen Triumphbogenpfeiler. Die Inschrift läuft auf der erhöhten Leiste um. Im eingetieften Feld steht die Figur Ottos in einer zeittypischen Rüstung mit Schallerhelm auf einem Löwen, der aufwärts blickend die Zunge herausstreckt. Die rechte Hand hält das seitlich vor ihm stehende Schwert an Griff und Parierstange fest; die Linke hält den wappenlosen, skulpierten Schild. In den oberen Ecken des Mittelfeldes sind zwei tartschenförmige, gelehnte Wappenschilde angebracht, die in die Schriftleiste ragen.

H. 212, B. 85,5, Bu. 6 cm. – Gotische Minuskel mit Versalien. Abb. 19

> Anno d(omi)ni M cccc / lviij vff montag noch mitfasten starb der /edel vnd wolgebor[a] / schenck[b] Ott here von erpach de(m) got gnod

Datum: 28. März 1468.

Wappen: Erbach Bickenbach

Die Schrift ist eine regelmäßige, tief eingehauene gotische Minuskel, die kaum Versalien aufweist. Sie zeigt deutliche Ober- und Unterlängen, hat ihren Schwerpunkt jedoch im Mittelband.

Otto war der Sohn von Schenk Eberhard († 1397) und der Maria von Bickenbach. Seit 1440 war er verheiratet mit Amalie von Wertheim, der Witwe Wielands von Freiberg.[1] Bereits 1339 ernannte ihn sein Bruder Dietrich, der Erzbischof von Mainz, zum Amtmann und Burggrafen zu Miltenberg, wo er dann die meiste Zeit seines weiteren Lebens verbrachte. 1437 wurde Schenk Otto in einem mainzischen Schreiben auch als „schencke Otte der hofemeister" genannt.[2] Im Jahr 1452 erschien er als Vorsitzender eines Schiedsgerichts zu Heidelberg, um einen Streitfall zwischen Kurfürst Friedrich und Jakob von Lichtenberg zu schlichten.[3]

In seine Zeit fiel auch der Neu- bzw. Umbau des Südflügels der Michelstädter Burg („Kellerei"), wie eine vor geraumer Zeit entdeckte Inschrift beweist[4].

a) Sic! Eine Kürzung zu *wolgebor(n)* ist nicht zu erkennen.

b) Möglicherweise könnte das *s* auch als Versal aufgefaßt werden, weil es als rundes *s* geschrieben wurde, was für den Wortanfang in dieser Zeit noch ungewöhnlich war. Man schrieb eigentlich ein langes *s* (vgl. *starb* in der Inschrift).

1) Morneweg, Stammtafel 1, Nrr. 47, 66. Wieland von Freiberg war der uneheliche Sohn des Herzogs Ludwig von Bayern-Ingoldstadt (s. Spiess, Familie und Verwandtschaft, 38).

2) Ringel, Personal der Kanzlei, 117 (Anm. 23), 180.

3) Zur Biographie Schenk Ottos vgl. Simon, Geschichte Erbach, 364f.

4) Bei der Renovierung der Fassade des Südflügels im Sommer 1999 wurde eine Bauinschrift im Schlußstein eines Tores aufgedeckt: *an(n)o · d(omi)ni · m° · cccc° / · xlv · Joh(ann)is · baptiste / · s(chenk) · ott · h(e)re · vo(n) · erpach.*

39 Erbach (Odenwaldkreis), Schloß um 1470 ?, 1477

Doppelgrabplatte für Philipp Schenk von Erbach und seine Ehefrau Margarete Gräfin von Hohenlohe. Die große Platte aus rotem Sandstein steht heute am Schloßturm des Erbacher Schlosses. Zwischen zwei Ritzlinien laufen die eingehauenen Inschriften im Uhrzeigersinn um; außerhalb der Ritzlinie sind die Kürzungszeichen übergeschrieben. Die Sterbeinschrift der Margarete (A) beginnt oben in der Mitte der Platte und endet auf der unteren Leiste; dort beginnt die Sterbeinschrift des Ehemannes (B) und endet in der Mitte der oberen Leiste. Im eingetieften Mittelfeld, das zu den Schriftleisten hin mit Rundstäben abgegrenzt ist, steht das Ehepaar in Halbrelief unter zwei krabbenbesetzten Kielbögen, die mit drei Kreuzblumen geschmückt sind. Zwischen den Kreuzblumen sind zwei Wappen in tartschenförmigen, reliefierten Schilden angebracht.[1] In den zwei oberen Ecken sind ranken- und blattförmige Verzierungen in Halbrelief ausgehauen. Links steht die überschlanke Rittergestalt in einer zeittypischen Rüstung mit Schallerhelm auf einem Hund (?); in der linken Hand hält er das Schwert. Die Figur ist der Ehefrau zugewendet. Auf der rechten Seite steht die Ehefrau auf einem Kissen (?). Sie trägt ein weites, faltenreiches Gewand; als Kopfbedeckung dient ein Schleier mit Kinnbinde. Ihre Hände sind zum Gebet zusammengelegt. Die Platte ist mehrmals gebrochen und an den Schriftleisten sind Stücke des Steins ausgebrochen, so daß vielfach Schriftverlust aufgetreten ist.

Die Lesung erfolgt nach dem Kunstdenkmälerinventarband Heidelberg sowie nach dem Inschriftenband Heidelberg.[2]

H. 241, B. 141, Bu. 8 cm. – Gotische Minuskel mit Versalien.

A An(n)o · do(min)i · M · c[c]cc· lxix · xi / · k(a)l(endas) · Marcii · o(biit) · gene(r)osa · d(omi)n[a · mar]g(a)retha · [de hoen]loh(e) · Co(n)thoral(is) · [d(omi)n(i)] · philippi · / pincerne · de · erpach ·

B ⟨A[n]no · d(omi)ni · M · cccc / lxxvii · xi · k(a)l(endas) · Maij · O(biit) · i(n) · Civi(ta)te[a)] · [a]mbvrg · nobil[is · d(omi)]n(u)s · Philipp(us) · Pinc(er)na · i(n) / Erpach c(uius) a(n)i(m)a R(equiescat) · i(n) · P(ace)⟩

Im Jahre des Herrn 1469 am 11. Tag vor den Kalenden des März (19. Februar) starb die wohlgeborne Frau Margareta von Hohenlohe, Ehefrau des Herrn Philipp Schenken von Erbach. – Im Jahre des Herrn 1477 am 11. Tag vor den Kalenden des Mai (21. April) starb in der Stadt Amberg der edle Herr Philipp Schenk zu Erbach, dessen Seele möge in Frieden ruhen.

Wappen:	Erbach	Hohenlohe
	(Bickenbach)	(Oettingen)

Die Schrift ist eine qualitätvolle, gleichmäßig gehauene gotische Minuskel mit Versalien. Man hat jedoch den Eindruck, daß die beiden Sterbeinschriften nicht gleichzeitig entstanden sind. Denn vor allem die unterschiedlichen Versalien sind auffällig (z. B. die *C*-Versalien in *Conthoralis* und *Civi(ta)te*); überhaupt weist die Sterbeinschrift (B) weitaus üppigere Versalienformen auf. Darüber hinaus unterscheiden sich die *a* der beiden Inschriften deutlich voneinander: Bei der Sterbeinschrift Margaretas (A) ist das *a* deutlich doppelstöckig eingehauen; die Sterbeinschrift Philipps (B) zeigt jedoch ein kastenförmiges, unten offenes *a*. Im gesamten erscheint die Inschrift (A) in schlankeren Buchstabenformen, wohingegen die Buchstaben der Inschrift (B) gedrungener wirken. Diese Befunde lassen vermuten, daß die Grabplatte möglicherweise bereits vor dem Tod des Schenken Philipp angefertigt wurde; vielleicht um das Jahr 1470, nachdem 1469 seine Frau Margareta gestorben war. Der Platz für seine Sterbeinschrift blieb zunächst frei. Sie wurde ergänzt, nachdem Schenk Philipp 1477 in Amberg verstorben war.

Schenk Philipp war ein Sohn von Konrad IX. († 1464) und seiner Ehefrau Anna von Bickenbach († 1451); er wurde um 1430 geboren und war seit 1451 mit Gräfin Margareta von Hohenlohe in Weikersheim verheiratet.[3)] Sie war die Tochter von Graf Kraft V. und der Gräfin Margareta von Oettingen-Wallerstein.[4)]

Philipp starb am 21. April 1477 in Amberg in der Oberpfalz, wo er in Diensten des Pfalzgrafen Philipp, des Neffen Kurfürst Friedrichs I., stand. Pfalzgraf Philipp war dort seit 1474 Statthalter.[5)] Schenk Philipp wurde nach Schönau überführt und dort am 11. Mai 1477 beigesetzt.[6)]

1462 war Schenk Philipp mit seinen Vetter Georg von Erbach-Reichenberg zu Fürstenau auf pfälzischer Seite an der Schlacht von Seckenheim beteiligt. Philipp trat öfter am Hofe in Heidelberg auf; 1476 versah er dort das Erbschenkenamt. 1463 wurde die, sich teilweise im Erbacher Besitz befindliche Burg Bickenbach durch Frankfurter Soldaten zerstört. Philipp wandte sich vergeblich an den Rat der Stadt Frankfurt, um den Schaden abzuwenden, so daß er sich schließlich unter den Schutz von Kurfürst Friedrich I. stellte.[7)]

1474 ließ er mit Bewilligung des Erzbischofs Adolf von Mainz in Schöllenbach eine Kapelle errichten, nachdem dort schon seit geraumer Zeit eine Wallfahrt zu einem wundertätigen Marienbild stattfand.[8)] Diese Wallfahrt nahm durch den Kirchenneubau und den gewährten Ablaß noch weiter zu.

a) Die Endung *te* ist hochgestellt übergeschrieben.

1) Ob in den unteren Ecken noch zwei Wappen vorhanden waren, wie NEUMÜLLERS schreibt (DI 12 [Heidelberg], Nr. 122), läßt sich nicht eindeutig nachvollziehen, da die Platte im unteren Drittel verdeckt war; wenn ja, dann müßten dort die Wappen Bickenbach und Oettingen stehen.

2) Vgl. Kunstdenkmäler Baden VIII/2, 641, Nr. 28; DI 12 (Heidelberg), Nr. 122.

3) MORNEWEG, Stammtafel 2, Nrr. 79, 96. Die Eheabredung zwischen Schenk Konrad und Kraft von Hohenlohe stammte von 1441, aber erst zehn Jahre später wurde die Ehe vollzogen (SIMON, Geschichte Erbach, 334-337, Ukk CCXLIV, CCLX, CCLXI). Vgl. die Grabplatten der Eltern unter den Kat.-Nrr. 32, 36.

4) MORNEWEG, Stammtafel 2, Nr. 96; Europäische Stammtafeln XVII, Taff. 3, 4: Kraft V. Herr von Hohenlohe wurde am 14. Mai 1450 durch Kaiser Friedrich III. in den Grafenstand erhoben.

5) Vgl. SCHAAB, Kurpfalz I, 183; nach dem Tode Friedrichs I. 1476 wurde Philipp, der 1474 Margarete von Bayern-Landshut geheiratet hatte, Kurfürst von der Pfalz.

6) Vgl. HUFFSCHMID, Schönau II, 86f.

7) Vgl. SIMON, Geschichte Erbach, 335f; dort auch genauer zum Hintergrund der Zerstörung des Schlosses Bickenbach.

8) SIMON, Geschichte Erbach, 336; SCHNEIDER, Historie, 540.

40 (†) Erbach (Odenwaldkreis), Schloß 1477

Grabplatte der Lukhardis von Eppstein, Ehefrau Schenk Philipps († 1461). Die Sandsteinplatte befindet sich heute in den gräflichen Sammlungen; ursprünglich lag die Platte in der Kirche in Michelstadt neben der Grabplatte ihres Mannes „unter dem Würtzberger Gebähne". Schneider hat eine Beschreibung und eine Umzeichnung der Platte angefertigt; danach erfolgt die Lesung.[1]

Die Inschrift beginnt links oben auf der Platte und läuft im Uhrzeigersinn auf dem Rand um; auf der linken Seite wird die Inschrift in einer zweiten Zeile im Feld parallel zur Schriftleiste fortgesetzt. Im eingetieften Mittelfeld steht die Verstorbene in einem langen, faltenreichen Mantel, worunter sie ein Kleid trägt. Die Kopfbedeckung ist ein Schleier mit Kinnbinde. Ihre Hände sind gefaltet und halten einen Rosenkranz. Auf der schleppenartigen Verlängerung des Mantels sitzt rechts ein kleiner Hund (?). In den oberen Ecken des Feldes sind zwei gelehnte Wappenschilde dargestellt.

Gotische Minuskel.

> A(nno) chr(ist)i[a] nativitate 1477 k(a)l(endis) / iunas[b] [o(biit)][c] Gene(r)osa d(omi)na lucharda ex fa(m)ilia eppe(n)stey(n) relitta[d] / quo(n)d(am) Schenck philippi baro[(nis)][e] / de e(r)pach [. . .][f] // Cui(us) a(n)i(m)a celestib(us) sedib(us) congaudeat[g] amen.

Im Jahre nach der Geburt Christi 1477 an den Kalenden des Juni (1. Juni) starb die wohlgeborne Frau Lukhardis aus der Familie Eppstein, Witwe des seligen Schenken Philipp Freiherrn von Erbach [. . .], deren Seele möge sich im Himmel (er)freuen. Amen.

Wappen: Erbach Eppstein

Wenn die Darstellung der Schrift in der Umzeichnung Schneiders Rückschlüsse auf die Qualität des Originals zuläßt, so muß es sich um eine mindere Arbeit gehandelt haben; denn die Schrift wirkt unbeholfen und ist nur schwer lesbar. Möglicherweise war die Schrift aber bereits so abgetreten und verderbt, daß eine genaue Umzeichnung nicht mehr angefertigt werden konnte.

Lukhardis war eine Tochter von Eberhard II. von Eppstein und seiner Ehefrau Anna von Kronberg; sie heiratete 1432 Schenk Philipp († 1461).[2] Ihr Vater verpfändete

1441 das eppsteinische Viertel der Herrschaft Breuberg an seinen Schwiegersohn Schenk Philipp auf Wiederkauf, womit die Mitgift von 4000 Gulden verbunden war.[3]

a) Kürzung als Nomen sacrum: *xpi*.

b) Sic! So für *iunias*. Eigentlich wäre der Genitiv zu erwarten (vgl. Grotefend, Zeitrechnung, 16f).

c) An dieser Stelle ist *obiit* zu ergänzen (vermutlich mit Kürzung), das in der Umzeichnung der Grabplatte bei Schneider fehlt.

d) Sic! So für *relicta*.

e) Eine Kürzung für den Genitiv war in der Umzeichnung nicht zu erkennen; sie ist jedoch aus grammatikalischen Gründen zu ergänzen.

f) Der Rest der Inschrift auf der linken Leiste ist so verderbt bzw. in der Umzeichnung so mangelhaft wiedergegeben, daß eine sinnvolle Transkription nicht mehr möglich ist; evtl. lautet der Schluß der Zeile: . . . *di(vin)a r(e)ligio(n)is obs(er)uan(ti)ssi(m)a*.

g) Möglicherweise könnte man hier auch *congeleat* lesen, was aber in der Übersetzung „gefrieren, erstarren, untätig werden" keinen rechten Sinn ergibt.

1) Schneider, Historie, 80-83, Nr. 65, Tab. IIII.

2) Morneweg, Stammtafel 2, Nr. 64.

3) Vgl. Kleberger, Territorialgeschichte, 75.

41 † Worms, Dom 1480

Grabinschrift der Grabplatte (?) des Domkanonikers Johannes Schenk von Erbach; mit vier Wappen. Ursprünglich hat die Platte wohl im Boden des Domkreuzgangs gelegen.

Inschrift nach Helwich.[1]

> Anno 1480 [.....] Septembris obiit generosus dominus Joannes Comes[a)]
> de Erbach canonicus Wormatiensis

Im Jahre 1480 ... des September starb der edle Herr Johannes Graf von Erbach, Kanoniker in Worms.

Wappen:	Erbach	Bickenbach
	Nassau ? (Löwe)[2]	Runckel

Schenk Johannes war der Sohn von Schenk Konrad aus der Erbacher Linie († 1464) und seiner Ehefrau Anna von Bickenbach[3]; er war 1460 erstmals in Worms bepfründet[4]. Die Angabe „Domherr in Speier" bei Morneweg in der Stammtafel beruht wohl auf einer Verwechselung. Darüber hinaus war Johannes noch Stiftsherr in St. Gereon zu Köln und hatte die Pfarrei Hofheim (nördlich von Lampertheim, LKr. Bergstraße) inne.[5] Als sein Todesjahr wird auch 1470 genannt.[6]

a) Sic! Fuchs vermutet, daß es von Helwich im verkürzten Formular interpretierend hinzugesetzt wurde (DI 29 [Worms], Nr. 286); aber bereits seit 1422 werden die Schenken von Erbach in den Reichsmatrikeln stets unter den „Grafen und Herren" genannt (vgl. Deutsche Reichstagsakten, A. Ältere Reihe (1376-1486), Bd. 8ff, B. Mittlere Reihe (1486-1518), Bd. 1ff).

1) Vgl. DI 29 (Worms), Nr. 286.

2) Eigentlich müßte an dieser Stelle das Wappen Kronberg stehen (s. Morneweg, Stammtafel 1, Nr. 57); das Wappen Nassau ist das der Urgroßmutter väterlicherseits.

3) Morneweg, Stammtafel 2, Nrr. 79, 95.

4) DI 29 (Worms), Nr. 286.

5) Vgl. Simon, Geschichte Erbach, 331-333, und Fouquet, Das Speyerer Domkapitel im späten Mittelalter (ca. 1340-1540)..., 2 Bände, Mainz 1987, hier: II, 775.

6) Fouquet, ebd.

42 † Michelstadt (Odenwaldkreis), ev. Stadtkirche 1481

Grabplatte des Schenken Georg von Erbach. Die Platte aus rotem Sandstein lag ursprünglich „unter der Würtzberger Bühne platt auf Stein gehauen“. Sie ist heute verloren; Schneiders Angaben sind der einzige vage Hinweis auf das Aussehen der Platte, deren Inschrift bei Luck zitiert ist.[1] Als Schrift dürfen wir eine gotische Minuskel vermuten. Vermutlich war auf der Platte wenigstens das Stammwappen dargestellt; eventuell auch noch Georgs Ahnenwappen.

Gotische Minuskel ?

> Anno Domini 1481 uf St. Gertrauden tag starb der edel und wolgeborn
> Schenk Jorg von Erbach dem Gott gnad

Datum: 17. März 1481.
Wappen: Erbach ?

Georg war ein Sohn Schenk Philipps I. zu Reichenberg und seiner Frau Lukhardis von Eppstein.[2] Seit 1472 war er mit Kordula von Fraunberg zum Haag verheiratet, die in zweiter Ehe Hans vom Habern heiratete[3].

1) Schneider, Historie, 143; Luck, Historische Genealogie, 19.
2) Morneweg, Stammtafel 2, Nrr. 64, 88. Zu ihren Grabplatten s. Kat.-Nrr. 35, 40; vgl. auch das gemeinsame Epitaph für Vater und Sohn (Kat.-Nr. 43).
3) Morneweg, Stammtafel 2, Nr. 88, vgl. Kat.-Nr. 47†.

43 Michelstadt (Odenwaldkreis), ev. Stadtkirche nach 1481

Epitaph für Philipp und Georg Schenken von Erbach. Das sandsteinerne Grabdenkmal für Vater und Sohn steht seit 1906 am südlichen Triumphbogenpfeiler; ursprünglich war das Epitaph „an der letzten Säulen, wenn man zur grossen Thür hinein geht, zur rechten Hand, dem Altar gegen über“ plaziert[1]. Das große, polygonal gebrochene Denkmal zeigt unter gotischen Baldachinen mit Kreuzblumen- und Fialenschmuck die Standfiguren zweier Ritter in Relief. Beide tragen zeittypische Rüstungen des ausgehenden 15. Jahrhunderts mit Schallerhelmen. Die zwei Rittergestalten legen ihre rechten Hände auf die Parierstangen der Schwerter; mit den Linken halten sie jeweils ihr Wappen an der Helmzier fest. Beide stehen auf Löwen, die einander anblicken. Die Sterbeinschrift für Philipp (A) beginnt oben in der Mitte des Epitaphs; sie ist auswärts gewendet, läuft im Gegenuhrzeigersinn um und endet unten in der Mitte. Die Sterbeinschrift Georgs (B) beginnt oben in der Mitte und läuft einwärts gewendet im Uhrzeigersinn um und endet unten in der Mitte.

H. ca. 330, B. ca. 210, Bu. 6,5 cm. – Gotische Minuskel mit Frakturversalien. Abb. 20

A Anno · d(omi)ni · M · cccc · lxi · / vff · sant sebastian tag ist gestorben der edel vnd wolgeborn schenck philips / her von erpach de(m) got gnod

B An(n)o · d(omi)ni · M · cccc · lxxxi · / vff sant gerdravten tag starb der edel und wolgeborn schenck Jorg her von erpach de(m) got gnod

Datum: 20. Januar 1461; 17. März 1481.

Aufgrund der ungewöhnlichen Anbringung der Inschriften äußert Nikitsch die Vermutung, daß das Grabmal von dem Bildhauer Hans Eseler von Amorbach zunächst liegend als Tumba geplant war. Denn nur so ist es erklärlich, warum in etwa drei Metern

Höhe die Inschrift für Philipp auf dem Kopf stehend beginnt und nach außen gerichtet ist; während die zweite Inschrift „regulär“ verläuft, dann aber auf der unteren Leiste auf dem Kopf steht.[2] Eine Kopie des Epitaphs wird heute im Germanischen Nationalmuseum in Nürnberg aufbewahrt.[3]
Für Michelstadt erlangte Schenk Georg eine besondere Bedeutung, weil er zusammen mit den Schenken Johann aus der Linie Reichenberg zu Michelstadt und Philipp aus der Erbacher Linie Stifter der spätgotischen Stadtkirche war.[4]
Schenk Philipp erhielt zwei Grabplatten, bzw. Platte und Epitaph; sein Sohn Georg eine. Alle drei Stücke scheinen heute jedoch verloren, werden aber bei Schneider mit ihren Inschriften und ihrer Lage erwähnt.[5]

1) Schneider, Historie, 143f; das Epitaph ist abgebildet Tab. V.
2) Nikitsch, Begräbnisstätte, 117. Er geht dort auch noch schlaglichtartig auf die Problematik der Schriftabfolge ein, die erst in der Folgezeit gelöst werden konnte, als man bei den Renaissancegrabmälern zeilenweise beschriftete Tafeln verwendete (vgl. Kat.-Nr. Anh.2).
3) Vgl. Nikitsch, ebd.
4) Am Treppenturm der Westfassade ist eine Inschrift angebracht, die einen Bauabschnitt bei der Errichtung des Langhauses markiert und die drei Schenken benennt (Krebs, Baugeschichte, 41). Nikitsch verwechselt dabei jedoch Schenk Philipp († 1461), den Vater Georgs, mit Schenk Philipp aus der Erbacher Linie († 1477), wenn er schreibt: „Vater und Sohn genossen in Michelstadt besondere Beachtung, da sie als Stifter der spätgotischen Pfarrkirche gelten“, und auf die Inschrift von 1475 verweist (Nikitsch, Begräbnisstätte, 117). Der Kirchenbau in Michelstadt war somit ein Ereignis, das die Gesamtfamilie betraf.
5) Vgl. Schneider, Historie, 80, 143. S. Kat.-Nrr. 35, 42.

44 Michelstadt (Odenwaldkreis), ev. Stadtkirche 1484

Grabplatte des Johannes Schenken von Erbach. Die Platte aus rotem Sandstein ist heute an der Ostwand des südlichen Seitenschiffes aufgestellt. Die Inschrift läuft, links oben beginnend, auf einer breiten Leiste gleichmäßig um. Im eingetieften Mittelfeld steht die Figur des Ritters in Relief. Der Ritter trägt eine zeittypische Rüstung mit einem Schallerhelm. Die rechte Hand liegt angewinkelt auf der Brust und umfaßt einen Rosenkranz (?); die Linke liegt auf der Parierstange des Schwertes. Zu Füßen der Figur kauert ein Löwe, der die Zunge herausstreckt. In den oberen Ecken links und rechts des Kopfes sind zwei gelehnte Wappenschilde angebracht.

H. 219,5, B. 94,5, Bu. 6,5 cm. – Gotische Minuskel mit Versalien. Abb. 21

> Anno d(omi)ni M cccc / lxxxiiij vff sant katherina tag starb der edel / vnd wolgeborn / Schenck hansz here von e[rp]ach desz[a] sele got genod

Datum: 25. November 1484

Wappen: Erbach Erbach

Im gesamten eine gut und gleichmäßig gearbeitete gotische Minuskel, die deutliche Ober- und Unterlängen aufweist. Die Grabplatte wird dem Steinmetzen Hans Eseler aus Amorbach zugeschrieben.[1]
Schenk Johannes war der einzige Sohn von Schenk Johannes aus der Linie Reichenberg zu Michelstadt und seiner zweiten Ehefrau Margareta von Erbach, die beide in Bensheim bestattet wurden.[2] Um 1469 heiratete Johannes Magdalena von Stöffeln zu Justingen.[3] Schenk Valentin, der einzige Sohn aus der Ehe, starb 1531 unverheiratet und kinderlos, so daß mit ihm die Linie Erbach-Reichenberg zu Michelstadt im Mannesstamm erlosch.[4]

Abb. 19: GR Schenk Otto (Kat.-Nr. 38)

Abb. 20: Epitaph Schenken Philipp und Georg (Kat.-Nr. 43)

Abb. 21: GR Schenk Johann (Kat.-Nr. 44)

a) So für den Genitiv: dessen.

1) Vgl. NIKITSCH, Begräbnisstätte, 119; KREBS/NIKITSCH, Bildhauer, 85.
2) Vgl. MORNEWEG, Stammtafel 2, Nr. 68, 93. Morneweg hat nur die zweite Ehe Johannes' mit Margareta aufgeführt. Vgl. Kat.-Nr. 33.
3) MORNEWEG, Stammtafel 2, Nr. 93. Ihre Grabplatte ist in der Stadtkirche Michelstadt an der Südwand der Eberhardskapelle angebracht (s. Kat.-Nr. 45).
4) Vgl. MORNEWEG, Stammtafel 2, Nr. 104. Zu seiner Grabplatte s. Kat.-Nr. 50; dort auch weitere biographische Angaben. Valentins Schwester starb 1548 ebenfalls unverheiratet und kinderlos; damit war die Linie zu Michelstadt ausgestorben.

45 Michelstadt (Odenwaldkreis), ev. Stadtkirche 1487

Grabplatte der Magdalena von Stöffeln zu Justingen, Ehefrau Schenk Johannes' († 1484). Die Platte aus rotem Sandstein steht heute in der Eberhardskapelle an der Südwand. Die Inschrift läuft, links oben beginnend, auf einer Randleiste um; Kürzungszeichen sind übergeschrieben. Im eingetieften Mittelfeld ist die Verstorbene in Halbrelief abgebildet. Sie trägt einen faltenreichen Mantel, der über dem Bauch zusammengerafft ist; darunter ist ein Kleid mit Ausschnitt zu erkennen. Als Kopfbedeckung dient ein Schleier mit Kinnbinde. In den gefalteten Händen hält sie einen Rosenkranz. In den oberen beiden Ecken des Feldes sind zwei gelehnte Wappenschilde angebracht.

H. 216,5, B. 95,5, Bu. 6,5 cm. – Gotische Minuskel. Abb. 22

> An(no) d(omi)ni 1487 vff dinstag / nach co(n)cepc(i)o(n)i(s) m(a)rie[a] starb die wolgeborn frawe magdale(n)a / gebor(n) vo(n) stoffel schenck /hansen selige(n) hern vo(n) erpachs [eh]elich gemahel d(er) g(ott) g(nad)

Datum: 10. Dezember 1487.

Wappen: Erbach Stöffeln

Magdalena war die Tochter des Simon von Stöffeln zu Justingen und seiner Frau Magdalena von Fürstenberg.[1)]
Die Platte soll, wie die ihres Mannes Schenk Johannes auch, aus der Werkstatt des Hans Eseler von Amorbach stammen.[2)]

a) In der Umzeichnung von Schneider ist das *a* zu zwei Quadrangeln reduziert übergeschrieben.

1) MORNEWEG, Stammtafel 2, Nr. 93. Zu Justingen vgl. das Handbuch der Historischen Stätten VI (Baden-Württemberg), 383f.
2) Vgl. KREBS/NIKITSCH, Bildhauer, 85. Vgl. Kat.-Nr. 44.

46 Darmstadt, Hess. Landesmuseum 1491

Grabplatte der Jutta Schenkin von Erbach, Ehefrau des Engelhard von Rodenstein. Die hochrechteckige Sandsteinplatte aus der Fränkisch-Crumbacher Kirche befindet sich seit 1899 im Hessischen Landesmuseum (Darmstadt), zusammen mit der ihres Mannes.[1)] Die Inschrift läuft zwischen zwei Ritzlinien links oben beginnend um. Im oberen Drittel des geglätteten Mittelfeldes ist das Wappen der Jutta untergebracht. Durch Verwitterung und mehrfache Brüche ist die Platte stark in Mitleidenschaft gezogen, so daß teilweise Schriftverlust entstand und die Inschrift verstümmelt ist.

H. 203, B. 81, Bu. 8 cm. – Gotische Minuskel mit Versalien.

·[a] Anno · d(omi)ni · M° ·[b] / ccccxci° · sabatho p(ost) sebastiani obiit nobil(is) d(omi)na / iutta pi(n)cer(na) i(n) erpach / vidua [engelhard]i i(n) rod[ensteyn c(uius) a(n)i(m)a req]uiescat in s(an)cta pace[c] ame(n) ·[d]

Im Jahre des Herrn 1491 am Samstag nach dem Sebastianstag (22. Januar) starb die edle Frau Jutta Schenkin zu Erbach, Witwe des Engelhard zu Rodenstein, deren Seele möge in heiligem Frieden ruhen. Amen.

Wappen: Rodenstein/Erbach (quadriert).

Die Inschrift ist eine recht regelmäßig gehauene gotische Minuskel, die kaum ausgeprägte Ober- und Unterlängen zeigt. Der Schwerpunkt der Schrift liegt im Mittelband; selbst die Versalien bleiben auf den Mittelbandbereich beschränkt. Als Worttrenner sind nur zu Beginn der Inschrift paragraphförmige Quadrangeln gesetzt.
Jutta war eine Tochter Schenk Konrads aus der Linie zu Erbach und seiner Frau Anna von Bickenbach.[2] Seit 1456 war sie mit Engelhard von Rodenstein-Lißberg verheiratet; nach dessen Tod am 24. September 1470 lebte sie bis zu ihrem eigenen Tod auf ihrem Witwensitz, der Burg Rodenstein.[3]

a) Die Inschrift beginnt mit einem Herz.
b) Andreaskreuz mit Schwalbenschwanzenden.
c) Über das *e* von *pace* ist ein Kürzungsstrich geschrieben, der hier keinen Sinn macht; zu lesen wäre demnach *pace(m)*.
d) Drei Quadrangeln übereinander.

1) Vgl. Beeh, Grabsteine, 126, Nr. 6.
2) Morneweg, Stammtafel 2, Nrr. 79, 99 (die Familienzusammenhänge so auch bei Möller, Stamm-Tafel NF 1, Taf. XIV und Europäische Stammtafeln V, Taf. 2). Bei Beeh treten bei der genealogischen Einordnung Mißverständnisse auf. Er bezeichnet Jutta als Tochter des Schenken Philipp von Erbach († 1477), der jedoch ihr Bruder war (s. Morneweg, Stammtafel 2, Nr. 96); ihr Vater, Schenk Konrad, wird durch diesen Fehler zu ihrem Großvater. Dazu auch Simon, Geschichte Erbach, Uk CCLXXVI, der in Regestenform den Ehevertrag referiert und dabei die Familienzusammenhänge eindeutig darlegt: Konrad von Erbach ist der Vater, Philipp der Bruder Juttas.
3) Zum Sterbedatum s. seine Grabplatte (bei Beeh, Grabsteine, 126, Nr. 6): *m° · cccc° · lxx° · feria · secunda · post · mathei · ap(o)stoli* (24. Sept. 1470). Das Wittum wurde Jutta im Ehevertrag vom 24. Juni 1456 bzw. in einer Urkunde vom 12. August 1456 angewiesen (Simon, Geschichte Erbach, Uk CCLXXVI).

47 † Michelstadt (Odenwaldkreis), ev. Stadtkirche 1501

Grabplatte der Kordula von Fraunberg zum Haag, Ehefrau des Schenken Georg († 1481). Die Sandsteinplatte ist heute nicht mehr vorhanden; ursprünglich lag sie neben der Grabplatte ihrer Schwiegermutter Lukhardis von Eppstein „unter dem Würtzberger Gebähne“. Die Platte wurde von Schneider abgebildet und beschrieben.[1] Danach erfolgt auch die Lesung der Inschrift. Die Inschrift beginnt oben links und läuft auf dem Rand der Platte um. Im eingetieften Feld steht eine Frauengestalt mit einem weiten, faltenreichen Mantel; darunter trägt sie ein Kleid. Der Kopf ist durch einen Schleier mit Kinnbinde eingehüllt. Die zusammengelegten Hände halten einen Rosenkranz. Zu Füßen der Frauengestalt sitzt links auf dem Mantelsaum ein aufblickender Hund. In den beiden oberen Ecken des Feldes sind zwei gelehnte, tartschenförmige Wappenschilde zu sehen.

Gotische Minuskel.

An(n)o 1501 vf sontag nach / sant mertil starb die edel vnd wolgeborn fraw Cordula / von frauenberch gebor(n) zum hage d(e)sz edln schenck jorg selge(n) hern von erpach hausfraw[a]

Datum: (28. März 1501?)[2]

Wappen: Fraunberg zum Haag Erbach

Kordula von Fraunberg war die Tochter Johanns von Fraunberg zum Haag und seiner Frau Anna Marschallin von Pappenheim; seit 1472 war sie mit Schenk Georg verheiratet.[3] Zusammen mit ihm stiftete sie für die Michelstädter Kirche einen Altar.[4] Etwa ein Jahr nach dem Tod ihres ersten Mannes heiratete sie 1482 Hans vom Habern, wodurch ein Streit mit ihren Kindern aus der ersten Ehe entstand.[5]

a) Im Text der Beschreibung der Person Kordulas hat SCHNEIDER aber folgende Inschrift (SCHNEIDER, Historie, 143): *Anno 1501. vf. Sonntag nach Annunciationis .. .. Frau Cordula von Frauenberg, Johann zum Hag Tochter Schenk Gorg seelgen Hausfrau*; ein ähnliches Formular bei LUCK, Historische Genealogie, 19, Nr. 103, das er nach ihrem Grabmal in Michelstadt las: *Anno 1501 vf Sontag nach Annunc. Frau Cordula von Frauenberg, Jo. zum Haag Tochter, Schenk Georg sel. Haußfrau.*

1) Vgl. SCHNEIDER, Historie, Tab. III, Nr. 79, 143f.

2) Wie diese Datumsangabe genau aufzulösen ist, ist fraglich: Denn der Mertil-Tag könnte der Martinstag (11. November) sein, so daß sich der 14. November 1501 ergäbe. Berücksichtigt man jedoch die zweite Inschrift bei SCHNEIDER (vgl. Anm. a), die auch LUCK hat, so kommt als Todesdatum nur der 28. März 1501 in Frage. Eventuell ist bei *sant mertil* auch an den 10000-Ritter-Tag zu denken, der auch „mertelerdag" genannt wird. Dieser fällt jedoch auf den 22. Juni, so daß sich bei dieser Auflösung der 27. Juni 1501 ergibt. Vgl. dazu GROTEFEND, Zeitrechnung, 80, 110.

3) MORNEWEG, Stammtafel 2, Nr. 88; Europäische Stammtafeln XVI, Taf. 59: Johann von Fraunberg wurde am 20. März 1465 gefreit; die Fraunberg zum Haag stammen von Haag (LKr. Mühldorf a. Inn/Obb.) und waren seit dem 13. Jh. Ministerialen der Wittelsbacher.

4) SCHNEIDER, Historie, 143.

5) MORNEWEG, Stammtafel 2, Nr. 88; SCHNEIDER, Historie, 144.

48 Schönau (Rhein-Neckar-Kreis), Steindepot 1503

Fragment der Grabplatte des Erasmus Schenk von Erbach (?). Das Fragment der Platte aus rotem Sandstein wurde 1910 gefunden; erhalten blieb die obere Leiste mit einem geringen Teil des Feldes. Das Fragment liegt heute in einem Steindepot der Stadt Schönau. Die Grabschrift (A) läuft im Uhrzeigersinn auf dem Rand um. Im Feld sind noch zwei Wappen mit Beischriften (B) zu erkennen (ursprünglich wohl vier). Zwischen den Wappen ist der Überrest eines Helms zu sehen.

H. 36,5, B. 96, Bu. 7,1 (A), 4,6 (B) cm. – Gotische Minuskel mit Versalien. Abb. 23

A [· A]nno · Dom(in)i · 1503 · vff · den · 8 / dag · des [. . .]

B Erpach // Werdenberg

Wappen: Erbach Werdenberg

Die Reste der Inschrift zeigen eine qualitätvolle, tief eingehauene gotische Minuskel mit Versalien, die mit deutlichen Ober- und Unterlängen versehen ist. Das *D* ist ein offenes kapitales *D*, dessen Schaft verdoppelt und einseitig gezackt ist. Die Jahreszahl ist mit arabischen, spätgotischen Ziffern geschrieben. Gegebenenfalls ist die Platte nach einer Vorlage gearbeitet. Einzig die Beischrift *Werdenberg* wirkt gedrängt und leicht unregelmäßig. Als Worttrenner dienen tief eingehauene Dreiecke (zwischen *Anno · Dom(in)i* nicht ausgeführt, nur eingeritzt).

Die Platte soll für Schenk Erasmus gemacht worden sein, jedoch bereiten die beiden noch erhaltenen Wappenbeischriften bei der Zuordnung Probleme. Denn Erasmus' Eltern waren Schenk Philipp von Erbach und Gräfin Margarete von Hohenlohe.[1] Sollte eine vierfache Ahnenprobe auf dem Stein gewesen sein, wären in den oberen Ecken eigentlich die Wappen Erbach und Hohenlohe zu erwarten; die Wappen Bickenbach und Oettingen in den unteren Ecken. Außerdem ist das Sterbedatum unklar; gemäß der Angabe bei Morneweg starb Schenk Erasmus am 1. September 1503; Möller gibt als Todestag den 1. Dezember an[2]; auf der Platte selbst steht: *8 dag*.
Verheiratet war Erasmus seit dem 30. September 1485 mit Gräfin Elisabeth von Werdenberg zum Heiligenberg.[3] Daher vermutet Neumüllers, daß die Platte von Anfang an als Grabplatte für die Eheleute geplant war.[4] Dem widerspricht jedoch die Darstellung, denn es ist keine figürliche Doppelgrabplatte, wie man es erwarten würde.[5] Darüber hinaus ist Elisabeth 1504 eine zweite Ehe mit Philipp Echter von Mespelbrunn eingegangen. Am 20. Dezember 1536 starb sie im Schloß Mespelbrunn und wurde in Hessenthal (Gde. Mespelbrunn, LKr. Aschaffenburg) in der Grablege der Echter bestattet.[6] Ob die Grabplatte für den als Kleinkind verstorbenen Sohn Philipp dienen sollte, ist aufgrund der noch erkennbaren Darstellung eines Helmes ebenso fraglich.
Erasmus war ein Sohn Schenk Philipps und dessen Frau Margarete von Hohenlohe.[7] Er war im Sommersemester 1476 an der Universität Heidelberg immatrikuliert.[8] Durch Kauf gelang es Erasmus 1488, die Herrschaft Bickenbach ganz an das Haus Erbach zu bringen. Die Bedeutung für Erbach wird dadurch deutlich, daß Erasmus fortan den Namen und das Wappen eines Herren von Bickenbach führte.[9] 1496 wurde auf Schenk Erasmus' Initiative die Kapelle in Erbach durch Papst Alexander VI. mit verminderten Pfarrechten ausgestattet; damit war das Ende der jahrhundertelangen Zugehörigkeit Erbachs zur Michelstädter Pfarrei eingeleitet, und Erbach bildete seit 1498 eine eigene, von Michelstadt unabhängige Pfarrei.[10]
Da Erasmus nur zwei Töchter hatte – ein Sohn war vermutlich bereits im Säuglingsalter gestorben –, starb mit Erasmus die alte Hauptlinie zu Erbach im Mannesstamm aus. Der Herrschaftsanteil der ausgestorbenen älteren Linie fiel nun in Gänze aufgrund einer „Quasi-Senioratsordnung" des Hauses Erbach an Schenk Eberhard aus der weiteren, noch bestehenden Hauptlinie Reichenberg zu Fürstenau; die Linie zu Michelstadt ging leer aus.[11]

a) *i* mit i-Punkt.

1) Morneweg, Stammtafel 2, Nrr. 96, 106; s. zur der Eltern Grabplatte Kat.-Nr. 39.
2) Morneweg, ebd., Nr. 106; Möller, Stamm-Tafeln NF 1, Taf. XIV.
3) Morneweg, ebd., Nr. 106.
4) Vgl. DI 12 (Heidelberg), Nr. 84.
5) Vgl. dazu die Grabplatte seiner Eltern Philipp von Erbach und Margarete von Hohenlohe (Kat.-Nr. 39) oder die für Schenk Johannes und seine Ehefrau Margarete von Erbach (Kat.-Nr. 33).
6) Vgl. Morneweg, Stammtafel 2, Nr. 106. Dehio, Handbuch der Kunstdenkmäler: Bayern I: Franken, München ^{2}1999, 458f; Elisabeths Grabmal ist in der Wallfahrtskirche U. L. Frau in Hessenthal noch erhalten.
7) S. Anm. 1.
8) Matrikel Heidelberg I, 350.
9) S. Simon, Geschichte Erbach, 338; vgl. dazu auch die Inschrift und das Allianzwappen, die den Bau des Turmhelms des Erbacher Schloßturms durch Erasmus im Jahr 1497 dokumentieren.
10) Vgl. ebd., 338; Schneider, Historie, 500; Luck, Historische Genealogie, 20.
11) Vgl. Simon, Geschichte Erbach, 339. Laut Simon wird dieser Vorgang nur verständlich, wenn man annimmt, daß Schenk Eberhard zu dieser Zeit „Senior" des Hauses Erbach war. Denn urkundliche Überlieferungen zu diesem Vorgang existieren nicht (dazu aber die pfälzischen Lehenbriefe für Schenk Eberhard 1504, GLA 67/1008, fol.145r-150r, wo er die Lehen des verstorbenen Erasmus erhielt).

Grabplatte der Magdalena Schenkin von Erbach. Auf der Platte – vermutlich aus Sandstein – waren vier Ahnenwappen angebracht.

Die Lesung des Textes erfolgt nach Helwich.[1]

> Anno d(omi)ni mccccсx. Jahr[a] vff Dienstag nach sant Lucien Tag ist verschieden die edele vnd wohlgeborne Jungfraw Magdalena geborne Schenckin zu Erbach

Datum: 17. Dezember 1510.

Wappen:	Erbach	Hohenlohe
	Bickenbach	Oettingen[2]

Magdalena war die Oberhofmeisterin der Kurfürstin Sibylle, der Ehefrau Kurfürst Ludwigs V. von der Pfalz. Ihre Eltern waren Philipp II. Schenk von Erbach (aus der Erbacher Linie) und Margarete Gräfin von Hohenlohe.[3] Bereits 1489 verzichtete Magdalena auf ihr väterliches und mütterliches Erbe an der Herrschaft Erbach, um „der mannigfaltigen Freundschaft und Gutthat ihres Bruders und ihrem Stamme zum Aufgang und Gut" zu dienen.[4] Sie blieb unverheiratet, wie es in der Inschrift angedeutet ist.

a) Sic!

1) Vgl. dazu DI 29 (Worms), Nr. 381.

2) Bei Helwich ist nach dem Wappenbild Hanau dargestellt, das aus Eppstein korrigiert wurde. Nach der Ahnentafel muß aber Oettingen stehen (Morneweg, Stammtafel 2, Nr. 96).

3) Simon, Geschichte Erbach, 331-334; Morneweg, Stammtafel 2, Nrr. 96, 107; das elterliche Grabmal befand sich im Kloster Schönau und ist heute am Bergfried des Schlosses in Erbach aufgestellt (vgl. Kat.-Nr. 39).

4) Simon, Geschichte Erbach, 337. – Streitigkeiten zwischen den Geschwistern blieben aber nicht aus, so daß Kurfürst Philipp 1498 eine Gerichtsentscheidung herbeiführte und dem Streit damit ein Ende setzte (GLA 67/820, fol. 195r-197r; 67/824, fol. 269r-271v).

50 Michelstadt (Odenwaldkreis), ev. Stadtkirche 1531

Grabplatte des Valentin Schenken von Erbach. Die Platte aus rotem Sandstein steht heute in der Eberhardskapelle an der Südwand. Die Inschrift ist umlaufend zwischen zwei Ritzlinien auf einem breiten Rand eingehauen. Im eingetieften Mittelfeld steht die Figur des Ritters in Halbrelief. Sein Kopf ragt in die obere Schriftleiste und unterbricht den Verlauf der Inschrift, ebenso wie der rechte Ellbogen, der in die linke Leiste ragt. Der Ritter trägt eine Rüstung und umfaßt mit der rechten Hand den Griff seines Dolches, die Linke liegt auf dem Schwertgriff. Links und rechts des Kopfes sind zwei Wappen angebracht. Am Rand ist die Platte etwas bestoßen; es ist jedoch kaum Schriftverlust aufgetreten.

H.178, B. 80,5, Bu. 5,5 cm. – Gotische Minuskel mit Frakturversalien. Abb. 24

> Im iar // Tausent / Funfhundert Dreisigeins vff Montag nach des heyligen Cruce / Erhoung tag starb der wol / geborn her Schenck Valtin her zu Erpach // dem got gnad

Datum: 18. September 1531

Wappen: Erbach Stöffeln

Abb. 22: GR Magdalena von Stöffeln zu Justingen (Kat.-Nr. 45)

Abb. 23: GR Schenk Erasmus (Kat.-Nr. 48)

Abb. 24: GR Schenk Valentin (Kat.-Nr. 50)

Die Schrift ist eine dicht gedrängte gotische Minuskel mit üppigen, fadenförmigen Frakturversalien, wodurch die Lesbarkeit der Inschrift teilweise eingeschränkt wird. Schenk Valentin war der Sohn von Johannes Schenk von Erbach und dessen Ehefrau Magdalena von Stöffeln zu Justingen.[1] Er war 1504 am Landshuter Erbfolgekrieg beteiligt und kämpfte 1525 im Bauernkrieg[2]; er blieb unverheiratet und verstarb 1531 kinderlos. Mit ihm starb die Linie zu Reichenberg-Michelstadt aus. Seine Besitzungen fielen an Schenk Eberhard aus der Linie zu Reichenberg-Fürstenau, der die schon 1503 im Mannesstamm ausgestorbene Linie zu Erbach beerbt hatte.[3] Walpurgis, die Schwester Valentins, starb 1548 ebenfalls kinderlos und soll in Erbach beigesetzt worden sein.[4]

Damit waren die seit ungefähr 1250 bzw. 1270 getrennten erbachischen Teilherrschaften wieder in einer Hand bei Schenk Eberhard aus der Fürstenauer Linie zusammengefallen; ein Umstand, der vermutlich u. a. die Erhebung in den Grafenstand motiviert hat.[5]

1) Morneweg, Stammtafeln 2, Nr. 104. Zur Person Valentins und zum folgenden siehe ausführlich Simon, Geschichte Erbach, 370-373. – Zu den Grabplatten der Eltern Valentins s. Kat.-Nrr. 44, 45.

2) Luck gibt den Hinweis, daß Schenk Valentin vom Pfalzgrafen „ins Württembergische" geschickt wurde, „um die Bauern zum Gehorsam zu bringen" (Luck, Historische Genealogie, 21).

3) Vgl. dazu Kat.-Nr. 48 (Schenk Erasmus); Simon, Geschichte Erbach, 339, 373.

4) Vgl. Morneweg, Stammtafel 2, Nr. 105. Ob Walpurgis tatsächlich in Erbach beigesetzt wurde, wie Morneweg behauptet, erscheint jedoch zweifelhaft, denn in Erbach wurden erst im ausgehenden 19. Jahrhundert Mitglieder des Grafenhauses auf dem dortigen Friedhof begraben. Nikitsch zählt unter den Grabdenkmälern, die aus dem Bereich der Michelstädter Pfarrkirche stammen und heute dort nicht mehr vorhanden sind, auch eine Grabplatte für Walpurgis († 1548) auf; das heißt, Walpurgis wurde wohl doch in Michelstadt begraben (vgl. Nikitsch, Begräbnisstätte, 125, Nr. 77). Ebenso bei Luck, Historische Genealogie, 22: „Hier [in der Michelstädter Stadtkirche] liegt begraben die wolgeborne Walpurgis Frau zu Erbach, seine [Schenk Valentins] Schwester".

5) S. die folgende Kat.-Nr.

51 Michelstadt (Odenwaldkreis), ev. Stadtkirche 1539

Grabplatte des Grafen Eberhard von Erbach. Die Platte aus rotem Sandstein hängt heute im Chor an der Nordwand. Ursprünglich lag sie über dem Grab Eberhards vor seinem Epitaph in der Eberhardskapelle. Die Inschrift ist in der oberen Hälfte der Platte in einem eingetieften Feld untergebracht, das durch eine gekehlte Rahmenleiste eingefaßt ist. Darunter befindet sich von zwei reich verzierten Renaissancesäulen flankiert das Erbacher Vollwappen in Relief.

H. ca. 215, B. ca. 85, Bu. ca. 4,5 cm. – Kapitalis. Abb. 25

HIE · LJGT · BEGRABEN · DER · / WOLGEBORN · HER · EBER/HART · GRAVF · ZV · ERPACH · / DER · STARB · JM · JOR 1539[a] / VF · FREJTAG · NOCH · MAR/TJNI DEN · 14[a] · NOVEMBRJS[b] ·

Wappen: Erbach

Eberhard war ein Sohn Schenk Georgs und seiner Frau Kordula von Fraunberg zum Haag; als er sieben Jahre alt war, starb sein Vater, so daß er unter der Vormundschaft seines Onkels, des Schenken Adolarius, und Ottos von Erlenbach erzogen wurde.[1] 1503 heiratete er mit päpstlichem Dispens Maria Gräfin von Wertheim.[2] Mit dieser

Heirat fixierte er die Anwartschaft auf die halbe Herrschaft Breuberg im Falle des Aussterbens des Hauses Wertheim.[3] 1504 war er zusammen mit seinem Vetter Schenk Valentin auf pfälzischer Seite in den Landshuter Erbfolgekrieg verwickelt, was für die Herrschaft Erbach in der Niederlage eine erhebliche Gefährdung nach sich zog. 1521 erschien er „mit und nebst der Churpfalz" auf dem großen Wormser Reichstag Karls V., auf dem die Reichsmatrikel letztgültig festgelegt wurden, in denen die Herrschaft Erbach als Reichsstandschaft eingeschrieben war.[4] Danach erschien Eberhard immer wieder in Diensten der Kurpfalz. So nahm er als pfälzischer Hauptmann an der Sikkingen-Fehde und am Bauernkrieg teil. Am 20. Januar 1531 erreichte er gemeinsam mit Schenk Valentin für das Haus Erbach die Gerichtsexemption, der am 15. August 1532 die Erhebung in den Grafenstand folgen sollte, nachdem mit dem Aussterben der Michelstädter Linie im September 1531 die Gesamtherrschaft in Schenk Eberhards Händen lag (1503 war bereits die alte Linie zu Erbach erloschen)[5].

a) *I* in Form eines *J*.
b) Alle *I* und *J* mit Punkten.

1) Morneweg, Stammtafel 2, Nrr. 88, 100. Schneider, Historie, 152.
2) Schneider, Historie, 153f, Ukk CLX/1, CLXIII. Mit der zweiten Urkunde wies Schenk Eberhard mit dem Einverständnis des Erzbistums Mainz seiner Frau Burg Fürstenau zum Wittum an.
3) Vgl. dazu auch die folgende Kat.-Nr.; Schneider, Historie, 152.
4) Vgl. Schneider, Historie, 154; Deduktion von 1754, §§ 8-10, Nrr. 8-10; seit 1422 schienen die Herren von Erbach in den Reichsmatrikeln auf und wurden bereits 1422 zu den „Grafen und Herren" gerechnet (Nr. 8), ebenso in den neu aufgestellten Matrikeln von 1521, die die Reichsstandschaft der darin aufgeführten Familien feststellten (Nr. 10).
5) Zur Gerichtsexemption vgl. Deduktion von 1754, § 20, Nr. 38: Die Schenken Eberhard und Valentin erwirkten die Befreiung vom Rottweiler Hofgericht und von den „Westfälischen heimlichen Gerichten" für sich und ihre Herrschaft. – Die Urkunde zur Grafenerhebung ist abgedruckt bei Schneider, Historie, Uk CLXIV. Sie beinhaltet jedoch ein Insert, in dem ausdrücklich die Lehnshoheit der Kurpfalz über die Herrschaft bzw. Grafschaft Erbach festgehalten wird. Bei Schneider (155) heißt es dann: „[...] damit sich das reich nicht etwa die eigenschaft über das Erpachische anmassen möchte, dem sonst die grafen, als stände desselbigen, nach wie vor verbunden bleiben, mit stellung ihrer alt-zugetheilten reichs-mannschaft und matricular-abgabe, daß sie mehrers nicht erhielten als höhern titel, indem sie vorhin stände des reichs waren". Die Grafenerhebung stellte also das äußerliche Zeichen der bereits seit längerem erreichten Position der Erbacher dar (vgl. Simon, Geschichte Erbach, 375f).

Anhang 1	Michelstadt (Odenwaldkreis), ev. Stadtkirche	1553

Grabplatte für Maria Gräfin von Wertheim, Ehefrau Graf Eberhards von Erbach. Die Platte aus rotem Sandstein hängt heute an der nördlichen Chorwand; ursprünglich lag sie über dem Grab Marias neben der ihres Mannes in der Eberhardskapelle vor dem Epitaph der beiden. Die Inschrift ist in der oberen Hälfte der Platte in einem leicht eingetieften und gekehlten Feld angebracht. Im Schriftfeld sind für die einzelnen Zeilen Linien vorgezogen. Darunter ist in Relief das Vollwappen Wertheim-Breuberg ausgehauen. Im Aufbau und der Motivik gleicht die Grabplatte Marias der ihres Ehemannes.

H. ca. 215, B. ca. 85, Bu. ca. 6 – Kapitalis.

> DIE · WOLLGEBORN / FRAW · MARIA · GREVIN · / ZV[a] · ERPACH · GEBORNE · / GREVIN · ZV[a] · WERTHEIM · / STARB · VF · SANCT · MICH=/ELS · ABENT · DEN · 28[b] · SEP=/TEMBRIS · IM · 1553 · IAR · / IRES · ALTERS · IM · 68 · IAR · 7[c] · MONAT VND · 5 · TAG

Wappen: Wertheim/Breuberg (quadriert).

Maria war eine Tochter Graf Michaels II. von Wertheim-Breuberg und seiner Frau Gräfin Barbara von Eberstein; 1503 heiratete sie Schenk Eberhard von Erbach aus der Fürstenauer Linie.[1] Bedeutsam für das Haus Erbach wurde sie deshalb, weil durch sie die Anwartschaft auf die Hälfte der Herrschaft Breuberg begründet wurde. Denn Maria verzichtete entgegen den wertheimischen Gewohnheiten nicht auf ihr Erbteil. 1549 entschied das Reichskammergericht zu Gunsten der Gräfin Maria, so daß nach der Einigung im Reichenberger Vertrag (1551) mit dem Erlöschen des Hauses Wertheim im Mannesstamm durch den Tod Graf Michaels III. 1556 die halbe Herrschaft Breuberg dauerhaft an Erbach fiel.[2]

a) *Z* in Form einer Drei.
b) *2* ist in Form eines Z dargestellt.
c) Lambdaförmige *7*.

1) Morneweg, Stammtafel 2, Nr. 100; Schneider, Historie, 152.
2) Vgl. dazu Schneider, ebd., 152f, 156f.

Anhang 2 — Michelstadt (Odenwaldkreis), ev. Stadtkirche — 1553 ?

Epitaph für den 1539 verstorbenen Grafen Eberhard von Erbach und seine Frau Maria Gräfin von Wertheim, die 1553 starb. Das Epitaph steht noch heute an seinem ursprünglichen Standort an der Ostwand der Eberhardskapelle. Unter einer flachen Muschelnische befindet sich ein querrechteckiges Arabeskenfeld mit vier figürlichen Wappenhaltern, die neben den Wappenschilden reich verzierte Säulen mit der freien Hand umfassen. Darunter sind in zwei, durch eine Säule getrennten Muschelnischen zwei schieferne Inschrifttafeln angebracht mit den Sterbeinschriften (A) und dem Leichentext (B). Ein mit Muscheln und Blumen verziertes Postament dient als Basis. Auf der Kehlung des untersten Gesimses findet sich nochmals die Angabe der Bibelstelle des Leichentextes (C).

H. ca. 381, B. 216, Bu. 2,4 (A), 2,1 (B), 4,2 (C) cm. – Kapitalis (A, C), Fraktur (B). Abb. 26

A DER WOLGEBORN HER EBER:/:HART, GRAVE ZV ERPACH, / STARB IM IHAR CHR(IST)I M. D. / XXXVIIII DEN XIIII TAG NOVEM:/:BRIS, SEINES ALTERS, LXIIII. IHAR / VII MONAT, XXII TAG, SEINER / REGIERVNG, IM. XXXX. IHAR, // VND IST MIT DER WOLGEBORNEN / FRAWE(N) MARIA GEBORNE GREVIN / ZV WERTHEI(M) XXXVI. IHAR, II. MONAT / VII TAG IN DER EHE GEWESE(N) VND XVI / KI(N)DER BEKOM(M)EN VII SHON VND VIIII / DOCHTER. STARB IM IHAR CHR(IST)I. M. D. / LIII. DE(N) XXVIII SEPTE(M)B(RIS) IHRES ALTERS, / LXVIII IHAR, VII MONAT V TAG

B .i. Chor. am xv. Wie sie in Ada(m) alle sterbe(n), Also // werde(n) sie in Christo alle lebendig gemacht werde(n).[1]

C · I · COR · XV[2]

Wappen: Erbach — Wertheim
Fraunberg zum Haag — Eberstein

Zum Kommentar und zur Beschreibung der Personen vgl. die Kat.-Nr. 51, Anh. 1.

Das Epitaph wird Moritz Lechler zugeschrieben, was jedoch zweifelhaft bleiben muß.[3)]

1) Text: 1 Ko 15,22.
2) Wiederholung der Angabe der Bibelstelle (1 Ko 15,22).
3) Ein unter der linken Inschrifttafel eingehauenes *L* verweist möglicherweise auf Moritz Lechler. Vgl. NIKITSCH, Begräbnisstätte, 119; KREBS/NIKITSCH, Bildhauer, 85. SEELIGER-ZEISS, Lorenz Lechler von Heidelberg und sein Umkreis... (Heidelberger Kunstgeschichtliche Abhandlungen NF 10), Heidelberg 1967, 160f. diskutiert dort die eventuelle Zuweisung zu Moritz Lechler.

4 Fazit: ... *mehrers nicht* [...] *als höhern titel, indem sie vorhin stände des reichs waren*

Am 15. August 1532 wurde Schenk Eberhard XIII. von Erbach in den erblichen Grafenstand erhoben. Kaiser Karl V. trug damit einer Entwicklung Rechnung, die sich de facto schon seit mehr als einem Jahrhundert vollzogen hatte: Erbach war als Reichsstandschaft bereits seit 1422 etabliert, und so stellte die Grafenerhebung nur das äußerlich sichtbare Zeichen der erlangten sozialen und politischen Stellung dar. Denn die Schenken erhielten *mehrers nicht* [...] *als höhern titel, indem sie vorhin stände des reichs waren*[1]. Eine lange Entwicklung von der Ministerialität zur Reichsunmittelbarkeit war damit abgeschlossen, die schon um 1220 mit ersten Emanzipationsversuchen gegenüber der Pfalzgrafschaft bei Rhein begonnen hatte, die jedoch im Ansatz stecken blieben.

Die dennoch erlangte soziale Stellung der Schenken von Erbach zeigt das hochstehende Konnubium, das die Familie noch in der zweiten Hälfte des 13. Jahrhunderts einging. Neben edelfreien Herrengeschlechtern traten auch schon erste Grafenfamilien in Erscheinung. Das Konnubium blieb stets auf dem vergleichsweise hohen Niveau. Wenn im 14. und 15. Jahrhundert aber Ehen mit ritteradeligen Geschlechtern vorkamen, so hatte dies vermutlich weniger mit einer möglichen Minderung der sozialen Stellung als mit der finanziellen und wirtschaftlichen Lage des Hauses Erbach zu tun. Denn die bereits seit dem ausgehenden 13. Jahrhundert in drei Linien gespaltene Schenkenfamilie war auf Dauer schlichtweg nicht in der Lage, die im Hochadel üblichen Mitgiften zu entrichten und mußte darauf bedacht sein, ihren Besitzstand zu erhalten, nach Möglichkeit zu vermehren. Daher fanden sich vor allem bei der Vergabe von Töchtern ritteradelige Familien im Kreis der bevorzugten Heiratskandidaten wieder. Aufgrund dieser durch „äußere Zwänge" veranlaßten Ehen mit in ihrer Schicht hochstehenden ritteradeligen Geschlechtern gerieten die Schenken von Erbach jedoch zeitweise in eine soziale „Zwitterstellung" und sie stagnierten in ihrer Entwicklung im 15. Jahrhundert an der Grenze zum fürstlichen Adel. Darüber hinaus wirkte ihre „unfreie" Herkunft aus der Ministerialität stets nach: So verweigerte das Straßburger Domkapitel Schenk Eberhard 1429 die Aufnahme aus Gründen dieser „ständischen Malaise"[2].

Die frühzeitige Integration der Schenken von Erbach in die Schicht der alten edelfreien Familien dokumentierte sich nicht nur in ihrem hochstehenden Konnubium, sondern auch in den ihnen beigelegten Epitheta. Seit der Zeit Kaiser Ludwigs des Bayern (reg. 1314-1347) werden die Erbacher in Urkunden als *nobiles viri* und in der deutschen Entsprechung als *edele herren* oder *freyherren* bezeichnet. Mitte des 14. Jahrhunderts treten diese Attribute dann auch in den Formularen der Grabschriften auf – in einer Zeit bereits, als diese Epitheta ausschließlich dem Hochadel oder den alten edelfreien Familien vorbehalten waren[3].

Auch die Grabmäler selbst zeugen von der bedeutenden Stellung, die die Schenken bereits in ihrer Frühzeit erreicht hatten: Denn für die ältesten erhaltenen Grabplatten aus der Einhardsbasilika in Steinbach, die schon Figurengrabplatten waren[4], gibt es in der Odenwaldgegend keine Vergleichsbeispiele. Im Rhein-Main-Gebiet ist aus derselben Zeit nur für Graf Diether von Katzenelnbogen ein gleich konzipiertes Stück aus Mainz überliefert[5].

Die Stellung der Erbacher Schenken wird gleichfalls deutlich, wenn man die Begräbnisorte und Mitbestattungen betrachtet: In besonderem Maße ragt dabei Schönau hervor, das als pfalzgräfliche Grablege diente und daher prominente Begräbnisse vorzuweisen hat. Dort waren die Schenken von Erbach vermutlich an bevorzugter Stelle im nördlichen Querhaus bestattet worden. In den beiden anderen Grablegen, Steinbach und Michelstadt, fallen die Mitbestattungen weniger hochstehend aus. Es zeigte sich hier vor allem in Michelstadt der umgekehrte Fall: Beamte der Schenken und Michelstädter Bürger orientierten sich an der Familie, und sie diente ihnen als Vorbild, so daß sie daher einen Begräbnisplatz in oder nahe bei der Kirche suchten.

Am Ende eines mühevollen Weges, der in der Ministerialität begonnen hatte, stand die Erhebung in den Reichsgrafenstand und die Aufnahme in den Hochadel. Erbach war dabei eine „verspätete Reichsstandschaft", die im 15. Jahrhundert zwischen Ritteradel und Hochadel stagnierte. Denn wegen der Realteilungen im letzten Drittel des 13. Jahrhunderts wurde die Herrschaft Erbach in drei Teilherrschaften von „ungeschickter Größe" aufgeteilt, was sie immer wieder in die Abhängigkeit der größeren Nachbarn brachte. Erst als Schenk Eberhard XIII. nach dem Aussterben der alten Erbacher und der Michelstädter Linie die Herrschaften in seiner Hand wiedervereinigen konnte, war durch diesen Territorialgewinn und Machtzuwachs die Basis für die Grafung geschaffen. Erbach hatte damit nachgeholt, was die „territoriale Zersplitterung der Herrschaft Erbach jahrzehntelang [offensichtlich] nicht möglich gemacht hatte"[6].

Anmerkungen

1. Vgl. Schneider, Historie, 155, Uk CLXIV; Simon, Geschichte Erbach, 375f.
2. Fouquet, Speyerer Domkapitel II, 772. Außerdem war seine Mutter eine von Kronberg, stammte also aus einer Familie, die zum Ritteradel gezählt wurde.
3. Spiess, Ständische Abgrenzung, 181-205; zu den Epitheta auf den Grabmälern vgl. DI 38 (Bergstraße) und DI 49 (Darmstadt).
4. Vgl. Kat.-Nrr. 2-5.
5. DI 2 (Mainz), Nr. 673; auch hier ist in einem kastenförmig eingetieften Feld die Figur in einem langen fließenden Mantel zu sehen.
6. Battenberg, Gericht und Verwaltung der Stadt Michelstadt in der frühen Neuzeit, in: Michelstadt – vom Mittelalter zur Neuzeit, Michelstadt 1986, 76.

Hinweis:

Das Editionsvorhaben für die Inschriften des Mittelalters und der Neuzeit bis 1650 erscheint seit 1942 unter: Die Deutschen Inschriften (DI), hg. von den Akademien der Wissenschaften in Berlin, Düsseldorf, Göttingen, Heidelberg, Leipzig, Mainz, München und der Österreichischen Akademie der Wissenschaften in Wien, Bd. 1-5, 8-10, 12, Stuttgart 1942-1970; Bd. 6, 7, 9, 11, Berlin/Stuttgart 1959-1968; Bd. 13-22, München 1972-1983; Bd. 23ff, Wiesbaden 1984ff.

Die Bände dieses Corpuswerks werden in der Arbeit nur in ihrer Kurzform zitiert: DI Bandnummer (Landkreis/Stadt), Nr.

Stammtafeln ⟶

1. Stammtafel.

Eberhard I. von Erbach (Ertbach), um 1148. (1)

Eberhard II. von Erbach (Ertbach), 1184. (2)

? **Gernod von Erbach**, Burgmann zu Erbach (?) 1206. (3)

? **Friedrich von Erbach**, 1214. (4)

? **Franko von Erbach**, Mönch im Kloster Schönau bei Heidelberg um 1220. (5)

Gerhard I. von Erbach, Schenk König Heinrichs VII. (des Sohnes Kaiser Friedrichs II.), 1220, 13. Mai 1223 †. (6)

Stifter der ersten, erloschenen Linie zu Erbach

Eberhard III., Schenk von Erbach 1251—1269, 1273 †. Gem.: . . . 1267. (7)

N. (Tochter), 1223, Gem.: Werner Truchsess von Alzey. (8)

Konrad I., Schenk von Erbach 1251—1290. (9)

Gerhard II., Schenk von Erbach 1251, 1255 †. (10)

N. (Tochter), 1223. (11)

Stifter der blühenden Linie zu Reichenberg (Fürstenau)

Stifter der erloschenen Linie zu Michelstadt

Johannes I., 1273—1280, † 9. Juni 1296, im Kloster Steinbach (Einhard-Basilika) bei Michelstadt beigesetzt. (12)

Eberhard IV., 1269, † 11. März 1327, Gem.: Gräfin Mene, Tochter des Grafen Heinrich I. von Sponheim, Herrn zu Bolanden und Tannenfels, und der Agnes, Herrin von Westerburg, † 25. Juli 1341, beide im Kloster Steinbach beigesetzt, seit 1760 ruhen die Gebeine in der Familiengruft der Stadtkirche zu Michelstadt. (13)

Konrad III., 1277, † 16. Mai 1279, Gem.: Getrudis, Gräfin v. Ziegenhain, † 13. Januar, beide sind im Kloster Steinbach beigesetzt, seit 1785 ruhen die Gebeine in der Familiengruft der Stadtkirche zu Michelstadt. (14)

? **H.**, Mönch in Schönau 1278. (15)

Konrad II., 1269—1280, 1282 †. (16)

Eberhard V., 1277—1290, † 1296 (?), Gem.: Agnes, Tochter Eberhards I. von Breuberg, † 10. Juni 1302, im Kloster Steinbach beigesetzt; die Gebeine ruhen seit 1760 in der Familiengruft der Stadtkirche zu Michelstadt. (17)

Engelhard, Kanonikus zu Speier 1278—1291, † 1318 (?). (18)

Eberhard VI., gen. Rauch, 1307, 1348 †, Gem.: Ude von Rodenstein. (19)

Jutta, Aebtissin zu Seligenthal, † 1340. (20)

Eberhard VII., 1333—1336, 1349 †, Gem.: N. von Weinsberg (?). (21)

Heinrich, Magister, Kanonikus zu Worms 1321 bis 1333, 1339 Pastor zu Dürkheim a. d. H., † 1359. (22)

N. (Tochter), † 29. Nov. 1375, im Kloster Steinbach beigesetzt, seit 1760 in der Familiengruft der Stadtkirche zu Michelstadt. (23)

Gerhard III., 1280—1292, 1303 †. (24)

Konrad IV., 1303—1359, † 5. Juni 1363, im Kloster Schönau bei Heidelberg beigesetzt, Gem.: Yde, Tochter Boppos v. Steinach, 1316—1341. (25)

Gerlach, Bischof von Worms seit 1329, † 18. Dezember 1332. (26)

Engelhard, Kanonikus zu Würzburg 1293 und Speier 1305—1343, † 1346 (?). (27)

Luckardis, 1312—1339, Gem.: Gerhard von (Burg-)Joss, 19. Juni 1335 †. (28)

Eberhard, 1303, † 1312 (?). (29)

Eberhard, Domizellar zu Würzburg, † 17. November 1319. (30)

Johannes, geb. 1309, wird 1319 Domizellar, 1340 Kapitular und 1352 Archidiakon zu Würzburg; 1330—1372 Domkapitular zu Mainz, † 24. Jan. 1383, im Dom zu Würzburg beigesetzt. (31)

Rudolf, 1351 Domherr zu Würzburg und Mainz, 1349 Pfarrer zu Pfungstadt, † 22. Februar 1384. (32)

Konrad VI., gen. Rauch, 1348, 1390 †, Gem.: Anna von Brucke. (33)

Eberhard IX., 1349—1359, 1363 †. (34)

Heinrich I., 1349, † 16. Febr. 1387, in der Stadtkirche zu Michelstadt beigesetzt, I. Gem.: Anna, Tochter Konrads V. von Erbach und der Kunigunde von Brucke 1363, † 30. November 1375. II. Gem.: Gräfin Klara, Tochter Johanns, Grafen von Löwenstein. (35)

Konrad V., 1333, 1381 †, I. Gem.: Kunigunde von Brucke, † 13. September 1357, im Kloster Steinbach beigesetzt, II. Gem.: Grete von Erbach, Tochter Konrads VI., † nach 1. Juli 1380. (36)

Eberhard VIII., 1341, † 3. Sept. 1373, Gem.: Gräfin Elisabeth, Tochter Eberhards III., Grafen v. Katzenellenbogen, und der Gräfin Agnes zu Dietz, 1347—1390. (37)

Margarete, 1347, † 15. Mai 1383, Gem.: Engelhard III vom Hirschhorn, 1347, † 1383, beide in der Ersheimer Kapelle beigesetzt. (38)

N. (Tochter) Gem.: Engelhard von Weinsberg, 1336—1345. (39)

Magdalena, 1330, Gem.: Konrad V. v. Frankenstein, 1366. (40)

? **Ida,** Meisterin des Klosters Höchst zwischen 1331 und 1345. (41)

Gertrud, I. Gem.: Heinrich, Wildgraf zu Schmittburg, † 1329, II. Gem.: Konrad, Herr von Bickenbach. (42)

Johannes II. (Hans), 1382, 1418 †, Gem.: Schonette Raugräfin, 1384, 1390. (43)

Konrad VII., Kanonikus zu Würzburg 1383, Archidiakon daselbst von 1391 bis 1412, Domherr zu Mainz von 1386 bis 1411, vermählt sich dann mit Agnese von Erbach, Tochter Eberhards XI., 1415, † 1423. Konrad † 23. Juni 1423, in der Stadtkirche zu Michelstadt beigesetzt. (44)

Margarete, † nach dem 1. Juli 1380, Gem.: Konrad V. von Erbach, 1381 †. (45)

1 **Philipp,** Geistlicher, resignierte, † nach 1390. (46)

Eberhard XI., 1388—1415, 1390—1394 Landvogt des Landfriedens am Rhein, Gem.: Margarete, Tochter Dietrichs I. von Bickenbach, und der Agnes von Isenburg-Büdingen, verm. 1390, 19. Aug. 1397 im Kloster Steinbach beigesetzt. (47)

2 **Barbara,** im Kloster Gotteszell beigesetzt, Gem.: Albrecht I. v. Rechberg zu Hohenrechberg u. Stauffeneck, † 24. März 1403. (48)

? **Heinrich,** Domherr zu Würzburg, † 30. Aug. 1403. (49)

1 **Agnes,** Gem.: Konrad V. von Bickenbach, 1339, 1379 †. (50)

Anna, † 30. Nov. 1375, Gem.: Heinrich I. von Erbach, † 16. Febr. 1387. (51)

1 **N.** (Tochter), † 1375. (52)

Elisabeth, Priorin zu Liebenau bei Worms, 1380—1411. (53)

2 **Anna,** † 1444, Gem.: Heinrich, Graf von Löwenstein, verm. 1408, † 12. März 1442, beide in der Franziskanerkirche zu Heilbronn beigesetzt. (54)

Konrad VIII., der alte zu Erbach, 1381, † 31. Jan. 1427, im Kloster Schönau beigesetzt, Gem.: Margarete, Tochter Ulrichs Landschad von Steinach, † 1416. (55)

Konrad, 1377, Domkustos zu Worms, 1387 †. (56)

Eberhard X. senior, 1378, 1426 †, Gem.: Elisabeth, Tochter Hartmuds von Cronberg, 1388—1407. (57)

Ida, I. Gem.: Konrad von Hohenfels, Herr von Reipoltzkirchen, † 1369, II. Gem.: Nikolaus, Vogt und Herr zu Hunolstein, verm. 27. März 1401. (58)

Margarete, I. Gem.: Konrad von Weinsberg, † 1367, II. Gem.: Wilhelm II., Graf von Eberstein, verm. 1377, † 9. März 1385. (59)

Ulrich, † 10. Mai 1369, im Kloster Steinbach beigesetzt. (60)

Elisabeth, † 25. Juli 1368, im Kloster Steinbach beigesetzt. (61)

Walpurga, geb. 1382, † 1434, Gem.: Hadamar, Herr zu Laber, verm. 1408. (62)

Dorothea, geb. 1384, † 1452, Gem.: Konrad Marschall von Pappenheim, verm. 1409. (63)

Philipp I. zu Reichenberg, 1425 unmündig, 1432 belehnt, 1456, † 20. Jan. 1461, in der Stadtkirche zu Michelstadt beigesetzt. Gem.: Luckarte, Tochter Eberhards II. v. Eppstein-Königstein und der Anna von Cronberg, verm. 1432, 1450, † 1477. (64)

Margarete, † 20. Mai 1448, Gem.: Hans III. von Erbach, † 8. Febr. 1458. (65)

Otto, 1422, † 28. März 1468, beigesetzt zu Michelstadt, Gem.: Gräfin Amalie, Tochter Michaels I., Grafen v. Wertheim, und der Gräfin Sophie von Henneberg, Witwe des 1439 † Wieland von Freiberg, verm. 10. Mai 1440. (66)

Dieterich, geb. um 1390, 1415 Domherr zu Mainz, wird 6. Juli 1434 Kurfürst-Erzbischof von Mainz, † 6. Mai 1459 zu Aschaffenburg, in der Stiftskirche daselbst beigesetzt. (67)

Johannes III. (Hans), † 8. Februar 1458, Gem.: Margarete von Erbach, Tochter Konrads VII. und der Agnese von Erbach, † 20. Mai 1448, beide in Bensheim beigesetzt. (68)

Agnes, 1415, † 1423, Gem.: Konrad VII. von Erbach, † 1423. (69)

Gerhard, Domherr und Erzpriester zu Mainz, † 1451. (70)

Dieter, Domherr und Erzpriester zu Mainz, Würzburg und Aschaffenburg, † 5. Dez. 1437 in Würzburg, daselbst beigesetzt, später in die Stiftskirche zu Aschaffenburg überführt. (71)

Heinrich, Deutsch-Ordens-Komtur zu Prozelten 1418. (72)

Philipp, Abt zu Weissenburg seit 1435, † 13. Dez. 1467, das. beigesetzt. (73)

Konstanze, † 1442 zu Mainz. (74)

Margarete, Aebtissin zu Kitzingen 1439, † 1461. (75)

Johannes, † jung 1404, i. Kloster Steinbach beigesetzt. (76)

Adelheid, † 18. Sept. 1457, in der Stiftskirche zu Aschaffenburg beigesetzt. (77)

Konrad, † 1407. (78)

Konrad IX., 1417, kommt 1425 zur Regierung, legt sie 1457 nieder und zieht sich in das Kloster Schönau zurück, † daselbst 5. Juni 1464, Gem.: Anna, Tochter Konrads IX. von Bickenbach, verm. vor 1416, † 28. April 1451, beide im Kloster Schönau beigesetzt. (79)

Eberhard XII., 1407, 11. Dezbr. 1414 †, Gem.: Luckarte, Tochter Johanns II. Truchsess, Herr zu Waldburg, verm. 1407, wiederverm. mit Ritter Heinrich von Sulmendingen, 1416. Luckarte † nach 1449. (80)

Johannes, Johanniter 1404—1408. (81)

Ludwig, Domherr zu Worms, Speier, Weissenburg 1414—1438. (82)

Engelhard, Johanniter 1414—1446. (83)

Eberhard, Domherr und Kämmerer zu Mainz 1424—1427, † 14. Oktbr. 1441. (84)

Adelheid, verm. 1405. Gem.: Philipp III. von Cronberg der Aeltere, 1440, † 1453. (85)

Ida, Meisterin zu Höchst, 1447. (86)

2. Stammtafel.

Philipp I. zu Reichenberg, 1425 unmündig, 1432 belehnt, † 20. Januar 1461, in der Stadtkirche zu Michelstadt beigesetzt. Gem.: Luckarte, Tochter Eberhards II. von Eppstein-Königstein und der Anna von Cronberg, verm. 1432, † 1477. (64)

Otto, 1422, † 28. März 1468, beigesetzt zu Michelstadt, Gem.: Gräfin Amalie, Tochter Michaels I., Grafen v. Wertheim, und der Gräfin Sophie von Henneberg, Witwe des 1439 † Wieland von Freiberg, verm. 10. Mai 1440. (66)

Johannes III. (Hans), † 8. Februar 1458, Gem.: Margarete, Tochter Konrads VII. von Erbach und der Agnese von Erbach, † 20. Mai 1448, beide in Bensheim beigesetzt. (68)

Konrad IX., 1417, kommt 1425 zur Regierung, legt sie 1457 nieder und zieht sich in das Kloster Schönau zurück, † daselbst 5. Juni 1464, Gem.: Anna, Tochter Konrads IX. von Bickenbach, verm. vor 1416, † 28. April 1451, beide im Kloster Schönau beigesetzt. (79)

Kinder Philipps I. (64):

? Eberhard, Kanonikus zu Aschaffenburg 1451, † 5. Juni 1454, in der Stiftskirche zu Aschaffenburg beigesetzt. (87)

Georg I., nahm 1462 Anteil an der Schlacht bei Seckenheim und machte 1467 die Eroberung v. Wachenheim mit, † 17. März 1481, zu Michelstadt beigesetzt. Gem.: Freiin Kordula, Tochter Johanns Freiherrn v. Frauenberg zum Hag, verm. 1472, wiedervermählt mit Ritter Hans von Habern 1482, † 28. März 1501. (88)

Elisabeth, Aebtissin des Stifts Borghorst in Westfalen von 1452—1495. (89)

Konrad, Kanoniker zu Aschaffenburg 1452, 1466 zu Mainz, Domkustos zu Worms, † 22. Juni 1482, in der Stiftskirche zu Aschaffenburg beigesetzt. (90)

Adolar, Domherr zu Worms 1451—1497, legt 1469 den Grundstein zum Chor der heutigen Stadtkirche zu Michelstadt. (91)

Kind Ottos (66):

Eva, † 11. Januar 1489, Gem.: Siegmund, Freiherr zu Schwarzenberg und Hohenlandsberg, Mitglied des Brandenburgischen Schwanenordens, geb. 1430, verm. 1461, † 3. Juli 1502, zu Astheim beigesetzt. (92)

Kinder Johannes' III. (68):

Johann IV. (Hans), geb. um 1445, † 25. Novbr. 1484, Gem.: Freiin Magdalena, Tochter des Freiherrn Simon Stöffeln v. Justingen und der Gräfin Magdalene von Fürstenberg, verm. um 1469, † 10. Dezember 1487, beide in der Stadtkirche zu Michelstadt beigesetzt. (93)

Agnes, † 1472, Gem.: Wilhelm, Herr zu Finstingen, verm. um 1453, † 1472. (94)

Kinder Konrads IX. (79):

Hans, Domherr zu Speier, Pfarrer zu Hofheim, † 1480. (95)

Philipp II., geb. um 1430, kam 1457 zur Regierung der oberen Herrschaft Erbach mit Schönberg, Freienstein und Bickenbach, Senior des Erbachschen Hauses, † 21. April 1477 in Amberg, Gem.: Gräfin Margarete, Tochter des Grafen Kraft V. von Hohenlohe und der Gräfin Margarete von Oettingen, 1402, † 19. Februar 1469, beide im Kloster Schönau beigesetzt. (96)

Elisabeth, Gem.: Wilhelm, Graf von Kirchberg, verm. 1476, † 22. März 1488. (97)

Amalie, Gem.: Hermann von Rennenberg, Herr zu Winterberg, verm. 1454. (98)

Jutta, 1456, † 1491, Gem.: Engelhard I. von Rodenstein und Lissberg, 1421—1470, verm. 1456. (99)

Kinder Georgs I. (88):

Eberhard XIII., geb. 22. April 1475, kam zur Regierung 1499, nahm 1504 Anteil an der bair. Fehde, 1523 an der Sickingen'schen Fehde, 1525 am Krieg gegen die aufständischen Bauern, wird 1531 Alleinherr in der ganzen Herrschaft, am 15. August 1532 wird die Herrschaft Erbach von Kaiser Karl V. zur **Reichsgrafschaft** erhoben; † 14. November 1539 zu Fürstenau, Gem.: Gräfin Marie, Tochter des Grafen Michael II. zu Wertheim und der Gräfin Barbara von Eberstein, geb. 23. Februar 1485, verm. 7. August 1503, † 28. September 1553, beide sind in der für sie erbauten Eberhardskapelle der Stadtkirche zu Michelstadt beigesetzt. Gräfin Marie bringt die Hälfte der Herrschaft Brenberg dem Hause zu, in dessen Besitz es 1556 gelangt.

Georg, geb. 1476, Domherr zu Speier, Pfarrer zu Beerfelden und Pfungstadt, † 16. Februar 1509, in Speier beigesetzt.

Magdalena, Konventualin, später Priorin im Kloster Clarenthal, 1525. (102)

Maria, Aebtissin im Kloster Schwerlebach, † 2. Dezember 1541.

Kinder Johanns IV. (93):

Valentin I., geb. um 1482, nahm 1504 Anteil an der bair. Fehde, 1525 am Krieg gegen die aufständischen Bauern, † 1531 unvermählt, in Michelstadt beigesetzt.

Mit ihm stirbt die Linie zu Michelstadt aus.

† (104)

Walpurgis, † 1548, in Erbach beigesetzt.

Kinder Philipps II. (96):

Erasmus, geb. um 1466, kommt 1480 zur Regierung, nennt sich Herr zu Erbach und Bickenbach, † 1. September 1503 zu Erbach, im Kloster Schönau als letzter seiner Linie mit Helm und Schild beigesetzt, Gem.: Gräfin Elisabeth, Tochter des Grafen Georg I. von Werdenberg und zum Heiligenberg und der Markgräfin Katharina von Baden, verm. 30. Septbr. 1485, wiederverm. mit Philipp Echter von Mespelbrunn 1504, † 20. Dezember 1536 zu Mespelbrunn, in der Kirche zu Hessenthal beigesetzt.

Mit Erasmus erlischt die erste Linie zu Erbach.

†

Magdalena, Oberhofmeisterin der Kurfürstin von der Pfalz, † 17. Dezember 1510, in Worms beigesetzt.

Philipp,
† im 1. Jahr seines Lebens.
(124)

Katharina,
geb. um 1486,
† 13. Februar 1549,
Gem.: Johann Werner, Freiherr, dann Graf von Zimmern,
geb. 1480,
verm. 1509,
† 1548.
(125)

Anna,
† 1551,
I. Gem.: Heinrich Onagrius von Stöffeln, Freiherr von Justingen,
verm. 1512,
† 1515,
II. Gem.: Georg, Graf von Lupfen, Landgraf von Stühlingen,
geb. 13. Juli 1494,
verm. 1516,
† 1546.
(126)

Grabplatte(n) erhalten

Überlieferung kopial

Überlieferung/Zuschreibung unsicher

Anmerkungen zur Stammtafel

Stammtafel des mediatisierten Hauses Erbach (Stammtafeln der mediatisierten Häuser 4), bearb. von Karl Mornrweg, Stuttgart [2]1908.
Es wurde bewußt die Stammtafel nach Morneweg verwendet, weil er zu jeder Person neben den Daten noch weitere prosopographische Angaben bietet. Der Autor ist sich über die Problematik der Morneweg'schen Stammtafel im klaren. Gerade bis in die Mitte des 13. Jahrhunderts sind die Schwächen deutlich: Hier fehlt eine ganze Generation (Morneweg nennt Eberhard III., Konrad I. und Gerhard II. als Söhne des Königsschenken Gerhard; nach den neueren genealogischen Ansätzen sind sie jedoch als seine Enkel anzusprechen).
In die Stammtafel muß als Bruder Schenk Eberhards VI. gen. Rauch (Nr. 19) noch Schenk Heinrich († 1334, Kat.-Nr. 8) eingefügt werden. Die Ehefrau Schenk Eberhards XI. (Nr. 47) ist der Forschung auch als Maria von Bickenbach bekannt.
Alle weiteren Korrekturen und Ergänzungen sind den einzelnen Katalognummern zu entnehmen.

Abbildungsnachweis:

Suzanne Beeh-Lustenberger, Grabdenkmäler, in: Die Einhardsbasilika in Steinbach bei Michelstadt im Odenwald, hg. von Thomas Ludwig u.a., Mainz 1996, II.13, Taf. 124: Abb. 8; Adolf von Oechelhaeuser, Die Kunstdenkmäler des Amtsbezirks Heidelberg (Die Kunstdenkmäler des Großherzogtums Baden VIII/2), Tübingen 1913, S. 640, Fig. 419: Abb. 7; Edgar Röhrig, Basilika Minor. Die Stiftskirche St. Peter und Alexander Aschaffenburg, Regensburg 1999, Bild 74: Abb. 17; Daniel Schneider, Vollständige Hoch-Gräflich-Erbachische Stamm-Tafel..., Frankfurt 1736, Taf. II: Abb. 13; Elke Schneider, Heidelberger Akademie der Wissenschaften, Forschungsstelle Deutsche Inschriften: Abb. 1, 9, 10, 12, 15, 18, 23; Gustav Simon, Die Geschichte der Dynasten und Grafen zu Erbach und ihres Landes, Frankfurt 1858, ND ebd. 1983, Frontispiz: Abb.; Thomas G. Tempel, Akademie der Wissenschaften und der Literatur, Mainz, Inschriften-Kommission: Abb. 2, 3, 4, 5, 6, 11, 14, 16, 19, 20, 21, 22, 24, 25, 26.

Rainer Gutjahr

Die Grafen Wiser als Inhaber des Hirschberger Lehens 1700 bis 1864 – Orts- und Grundherren in Leutershausen an der Bergstraße und Ursenbach

1. Einleitung

Unter dem Datum „Heidelberg, den 3. Monathstag Novembris im Jahr nach Christi, Unsers lieben Herrn und Seligmachers Geburt eintausendsiebenhundert" verlieh Kurfürst Johann Wilhelm von der Pfalz das Hirschberger Lehen an seinen Geheimen Rat und Hofkanzler, den Freiherrn Franz Melchior von Wiser.

Mit diesem Rechtsakt verbanden sich vor nunmehr 300 Jahren die Geschicke der Familie von Wiser mit denen der dörflichen Gemeinwesen von Leutershausen und Ursenbach. Franz Melchior von Wiser gewann neue Untertanen in den beiden Orten, die hier lebenden Menschen einen neuen Herren. Das so entstandene Herrschaftsgefüge wurde im 18. Jahrhundert immer wieder als „Grafschaft Leutershausen" bezeichnet. Dies war freilich eine etwas hochgestochene und nicht korrekte Bezeichnung für die Herrschaftsrechte über Leutershausen und Ursenbach, wie sie das althergebrachte Hirschberger Lehen umfaßte.

Der nachfolgende Aufsatz ist als ein Nebenprodukt der Arbeit an der Ortsgeschichte von Hirschberg an der Bergstraße zu verstehen. Um gesicherte Grundlagen zur Darstellung der Orts- und Grundherrschaft über Leutershausen (seit 1975 Ortsteil von Hirschberg a. d. Bergstraße) im 18. und 19. Jahrhundert zu gewinnen, erwies es sich als unumgänglich, den Lehnsträgern aus der Familie von Wiser einen größeren Raum zu widmen, als dies in der vorhandenen Literatur bislang geschehen war. Es galt, viele vorhandene Erkenntnislücken zu schließen. Möglich war dies vor allem dank der bislang nur partiell genutzten umfangreichen Quellenbasis, die das gräfliche Archiv zu Leutershausen bietet. Der Dank des Verfassers gilt an dieser Stelle Herrn Adalbert Graf Wiser, der großzügigen Zugang zu den Archivbeständen des gräflichen Archivs gewährte und in vielen Gesprächen Fragen zur Familientradition der Grafen von Wiser klären half. Zu danken ist ferner Herrn Oberamtsrat i. R. Erich Dallinger, dem früheren Hauptamtsleiter der Gemeinde Hirschberg, für seine organisatorische und inhaltliche Unterstützung der Arbeit im gräflichen Archiv und im Gemeindearchiv Hirschberg. Weiterer Dank für Unterstützung und Auskünfte aus den jeweiligen Archiven gilt Frau Dr. Elisabeth Scheeben vom Stadtarchiv Düsseldorf, Frau Hildegard Kneis vom Stadtarchiv Ladenburg, Frau Dr. Barbara Zeitelhack vom Stadtarchiv Neuburg a. d. Donau, Frau Ursula Abele vom Stadtarchiv Schriesheim und Frau Andrea Rößler vom Stadtarchiv Weinheim.

2. Die Familie von Wiser bis 1700

2.1 Vermutete Anfänge

Die in Neuburg an der Donau ansässige Familie Wiser erfuhr im 17. Jahrhundert einen steilen Aufstieg bis hin in den Reichsgrafenstand im Jahre 1702. Grundlage für diesen Aufstieg war das juristische Studium der männlichen Angehörigen der Familie. Der Rahmen, in dem sich der Aufstieg vollzog, war vor allem der Dienst für die Pfalzgrafen von Pfalz-Neuburg. Ab den 1620er Jahren läßt sich die Familiengeschichte mit gesicherten Daten und Fakten zur Darstellung bringen. Der Beitrag im „Zedler" und verschiedene Stücke im gräflichen Archiv belegen indessen, daß die Wiser sich darum bemühten, ihrem Adelsprädikat ältere Fundamente zuzuschreiben.

Im Jahr 1450 wird ein mit der Familie von Vellendorf oder von Völderndorf versippter Eustachius Wiser als Inhaber von Lehen bei Melk an der Donau erwähnt. Er gilt in der Familientradition sozusagen als der Stammvater derer von Wiser. Im Jahre 1500 verlieh Kaiser Maximilian I. einem Christoph Wiser Adelsstand samt Wappen „umb seiner unserm löblichen Haus Österreich in Kriegsleuffen und am Weeg gelaisteten unterthenigsten Dienst willen" [1]. Sein Wappen, der sechsstrahlige Stern in gewechselten Farben im von Gold und Blau gespaltenen Schild, ziert als Herzschild das vor 1702 mehrfach gebesserte Wappen der Familie von Wiser.

Wurde Christoph Wiser für seine Verdienste um Kaiser und Reich sowie das Haus Österreich ausgezeichnet, so erhob mit gleichlautender Begründung Kaiser Rudolf II. durch Adels- und Wappenbrief unter dem Datum Breslau, 1. Juni 1577 einen Wolf oder Wolfgang Wiser „in den Stand und Grad" des Adels"[2]. Die beiden Enkel des Christoph Wiser, Lorenz und Christoph Wiser, ersuchten 1598 nach einer „unversehenen, leidigen Feuersbrunst" Kaiser Rudolf II. um eine Bestätigung ihrer „Adelsfreiheiten". Mit dem Urkundendatum Prag, 5. Februar 1598 verfügte der Kaiser, daß Lorenz und Christoph wie auch ihre Nachfahren „rechtgeborn Lehens-Turniersgenoß und rittermäßige Edelleuth sein, gehaissen und von menniglich [...] also gehalten, geehrt, genennt und geschrieben werden" sollten[3]. Ob ein Jakob Wiser, dem Kaiser Matthias 1612 einen Wappenbrief verlieh[4], „unserer" Familie Wiser zuzurechnen ist, bleibt zu klären. Da das Wappenbild ein völlig anderes ist, wird vermutet, daß er allenfalls, wenn überhaupt, einer Seitenlinie angehört haben könnte.

Der Tradition zufolge hätten sich die Wiser der Reformation angeschlossen und seien schließlich unter dem Druck der Gegenreformation aus dem habsburgischen Herrschaftsbereich Donau aufwärts ausgewichen, um schließlich Dienste zu finden bei den Pfalzgrafen von Pfalz-Neuburg.

2.2 Gesicherte Geschichte

Die Pfalz-Neuburger selbst waren ein Zweig der in München als Herzöge von Bayern und in Heidelberg als Kurfürsten von der Pfalz residierenden Fürsten aus dem Hause Wittelsbach. Sie regierten über ein 1505 geschaffenes Fürstentum, die „Junge Pfalz" – später Pfalz-Neuburg genannt. Unter den Herrschern von Pfalz-

Abb. 1: Das wisersche Wappen im Grafenbrief von 1702

Neuburg muß hier Wolfgang Wilhelm (reg. 1614-1653) erwähnt werden. Dies aus zwei Gründen: Ihm fielen als Erbteil nach einem langen Konflikt, dem Jülich-Klevischen Erbfolgestreit, durch den Vertrag von Xanten 1614 die niederrheinischen Herzogtümer Jülich und Berg zu. Außerdem trat er 1613 im Zusammenhang mit der Werbung um seine spätere Frau, Magdalena von Bayern, zunächst insgeheim zum Katholizismus über.

Beides hatte für die Wiser Folgen. Einerseits kehrten sie als pfalz-neuburgische Diener wieder in den Schoß der katholischen Kirche zurück, andererseits führte sie ihr Weg in Begleitung ihrer Dienstherren zumindest zeitweilig nach Düsseldorf als der Residenzstadt der Herzogtümer Jülich und Berg. Ihr Lebensmittelpunkt, wie wir heute sagen würden, blieb jedoch Neuburg an der Donau.

Ungewiß bleibt, ob ein ab 1608 in Neuburg nachweisbarer Lorenz Wiser in den Familienzusammenhang einzuordnen ist; er war ab 1612 pfalz-neuburgischer Kirchenratssekretär. 1614 heißt es über ihn, er sei „vor Jahren zu München aus dem Kloster gesprungen“ [5].

Zweifelsfrei „unserer“ Familie zuzuordnen ist zunächst ein Johann Georg Wiser, der 1625 als Logicus an der Universität Ingolstadt immatrikuliert wurde. Mit dem Magistergrad ausgestattet, erscheint er als neuburgischer Hofratssekretär, später als Stadtschreiber in Lauingen. Hier wurde er in den Wirren des Krieges 1635 von einem Offizierssekretär getötet.

Vermutlich ein Bruder dieses Johann Georg war Gottfried von Wiser; mit der Unterstützung des Pfalzgrafen Wolfgang Wilhelm bezog er ebenfalls 1625 die katholische Universität Ingolstadt. Als Doktor beider Rechte durchlief er schließlich eine bemerkenswerte Karriere. 1643 wurde er kurbayerischer Hofrat in München. Zwei Jahre später bat der Neuburger Pfalzgraf Philipp Wilhelm, der spätere Pfälzer Kurfürst, den Kurfürsten Maximilian von Bayern, ihm den Wiser „gleichsamb in gnaden zu schencken“, da er ihn für seine italienische Korrespondenz benötige. Der Dienstwechsel kam 1645 tatsächlich zustande; Hofrat in Neuburg, Hofratsdirektor, neuburgischer Gesandter am Reichstag in Regensburg, Landschaftskanzler, Hofratsvizekanzler und schließlich Hofkanzler sind die Stationen seiner Karriere bis etwa 1670.

1685 bahnte sich für die Wiser eine neue Entwicklung an. Mit Kurfürst Karl war die protestantische pfälzische Kurlinie Pfalz-Simmern im Mannesstamm ausgestorben. Das Kurpfälzer Erbe samt der Kurwürde fiel an die katholischen Pfalz-Neuburger, genauer gesagt an Philipp Wilhelm, den Sohn des konvertierten Wolfgang Wilhelm. Philipp Wilhelm selbst regierte nur fünf Jahre über die Kurpfalz. 1690 folgte ihm sein Sohn Johann Wilhelm. Als Diener beider Kurfürsten tritt Gottfried von Wiser in Erscheinung, dem nun noch der Titel eines kurpfälzischen Geheimen Rates beigelegt wurde. Seine hohe Stellung unter den pfalz-neuburgischen und kurpfälzischen Würdenträgern wird auch dadurch unterstrichen, daß Kaiser Leopold ihn mit Urkunde vom 6. Januar 1690 mit dem Prädikat „Edler Herr von Wiesenthal“ in den „Heiligen Reichs Ritter- oder Edlen-Herrn-Stand“ erhob und eine Wappenverbesserung gewährte: u. a. erhielt das silberne Wiesel im Wappen eine goldene Krone. 1692 begabte ihn Kurfürst Johann Wilhelm mit einem sogenannten Kammerlehen von 1 500 Gulden jährlich aus den Gefällen des Fürstentums Neuburg. Er verstarb 1693 und wurde zu St. Peter in Neuburg beigesetzt.

3. Franz Melchior von Wiser

3.1 Die Karriere des Franz Melchior von Wiser

Zu dieser Zeit war bereits sein Sohn Franz Melchior auf der Karriereleiter kräftig emporgestiegen. 1651 in Neuburg an der Donau geboren, hatte auch er die Juristerei studiert[6]. Im Februar 1667 wurde er als „physices et institutionum studiosus“ an der Universität Ingolstadt immatrikuliert[7]. 1676 verlieh ihm die Universität Ingolstadt den Grad eines Lizentiaten beider Rechte[8]. Nach Reisen in Italien und Frankreich diente er bereits ab 1673 den Pfalzgrafen zunächst als Diplomat, ab 1674 auch als Hofrat zu Neuburg. Er diente anschließend den Pfalzgrafen und Kurfürsten als Beamter und in diplomatischen Missionen an hervorgehobener Stelle unter anderem in der spanischen Erbfolgeauseinandersetzung. 1693 erlangte er die Würde eines kaiserlichen wirklichen Reichshofrates. Er trat diese Stelle jedoch

Abb. 2: Franz Melchior von Wiser

nie an, da er nach dem Tod seines Vaters in dessen Nachfolge von Kurfürst Johann Wilhelm zum Hofkanzler und Landschaftskanzler der Neuburgischen Landschaft ernannt wurde. 1694 wurden Franz Melchior, seine Brüder und Schwestern sowie ihre Nachkommen durch den Kurfürsten in den Freiherrenstand erhoben[9]. Franz Melchiors weitere Titel und Ämter waren die eines kurpfälzischen Geheimen- und Kriegsrates, ferner eines Amtmannes des kurpfälzischen Oberamtes Mosbach. Wie kurfürstliche Handschreiben im wiserschen Archiv zeigen, war er sozusagen die rechte Hand des Kurfürsten[10]. Er vertrat diesen in der Kurpfalz, da der Kurfürst angesichts der Zerstörungen, die der Pfälzische Erbfolgekrieg hinterlassen hatte, lieber im heimischen Düsseldorf residierte – abgesehen von dem Zwischenspiel seiner Hofhaltung in Weinheim von 1698 bis 1700. 1702 erhob der Kaiser Franz Melchior von Wiser in den Reichsfreiherrenstand mit der Anrede „Wohlgeboren", und noch im gleichen Jahr erfolgte seine Erhöhung in den Reichsgrafenstand ebenfalls durch Kaiser Leopold[11]. Begründet wurde diese Standeserhöhung mit Franz Melchiors Verdiensten als Diplomat in der Wahrung pfälzischer Interessen in der spanischen Erbfolgeauseinandersetzung. Von Bedeutung war ferner die Tatsache, daß sein Sohn Ferdinand Andreas sich mit Charlotte Amalia aus dem reichsunmittelbaren Grafengeschlecht von Leiningen-Westerburg verheiratet hatte. Eine Tochter Franz Melchiors wiederum hatte in das ebenfalls reichsunmittelbare Grafenhaus Wittgenstein geheiratet. Franz Melchior starb am 23. November 1702 „im Durchmarsche zu Düsseldorf an einem hitzigen Fieber" und wurde in der dortigen Pfarrkirche beigesetzt. Unter den Kondolenzschreiben an seine Familie befindet sich auch ein Schreiben des preußischen Königs Friedrich I.[12]. Franz Melchiors gleichaltrige Frau Maria Walburga, geboren in Neuburg an der Donau am 7. Juli 1651 als Tochter des pfalz-neuburgischen Hofkammerdirektors und Pfennigmeisters Niclas Müller von Gnadenegg, überlebte ihn um einige Jahre. Ihr Grab fand sie in Neuburg.

Franz Melchior war, wie wir bereits wissen, der erste wisersche Lehnsträger des Hirschberger Lehens. Er gehörte in die Reihe von katholischen Adeligen, welche die Kurfürsten aus ihren neuburgischen oder niederrheinischen Ländereien in die protestantische Kurpfalz verpflanzten und mit offen gewordenen Lehen versorgten. Genannt seien hier die von Hundheim, die in ehemals den Landschaden von Steinach gehörende Lehen einrückten, wie Ilvesheim und Lützelsachsen. Zu nennen wären hier ferner die von Yrsch, die mit Lehnanteilen in Ober- und Untergimpern begabt wurden.

Die hervorgehobene Position Franz Melchiors äußerte sich in der umfangreichen Ausstattung von Lehnsgütern, mit der ihn Kurfürst Johann Wilhelm begabte: 1696 erhielt Franz Melchior von Wiser das einstige Hirschhorner Lehen Zwingenberg am Neckar, zu dem auch die Ortsherrschaft über Strümpfelbrunn und Anteile an Ober- und Untergimpern gehörten. Dazu kam die Ortsherrschaft über das halbe Dorf Fahrenbach bei Mosbach. Ebenfalls ehemals pfälzisches Lehen für die Hirschhorn waren 12 Morgen Wingert und 12 Morgen Wiesen auf den Gemarkungen von Hemsbach und Laudenbach an der Bergstraße; diese Lehnsstücke wurden am 9. Juli 1696 an Franz Melchior von Wiser vergeben[13]. 1698 folgte die Belehnung mit den Orten Siegelsbach im Kraichgau und Friedelsheim im linksrheinischen kurpfälzischen Oberamt Neustadt[14]. 1700 kam das Hirschberger Lehen mit seinem Schwerpunkt Leutershausen hinzu. Weitere Belehnungen mit Rechten in Heidelberg, Neuenheim und Handschuhsheim seien hier der Vollständigkeit halber erwähnt.

Die Wertschätzung, die Franz Melchior und seine Familie genossen, geht deutlich aus einem Handschreiben des Kurfürsten Johann Wilhelm de dato Düsseldorf, 3. November 1703 hervor. Johann Wilhelm sicherte in diesem Schreiben dem Sohn und Erben Ferdinand Andreas von Wiser die Anwartschaft auf die Hofkanzlerwürde zu. Das Schreiben beginnt mit den Worten: „Lieber Hoffvicecantzler Wieser, es ist gahr lang, das ich Euch unndt den Ewrigen mein danckbahres Gemüth zue erzeigen verlangt wegen der vihlen unnd importanten Diensten, so Ewer Vatter sehlig, sowohl als Ihr, mir unnd meinem Churhaus so ersprießlich geleistet..."[15].

Der schnelle Aufstieg der Familie, das Einnehmen hoher Positionen und die Förderung des Wiedereinzugs der katholischen Lehre in die reformierte Kurpfalz durch Franz Melchior von Wiser und seine Söhne und Erben, all dies fand nicht nur Zustimmung. Zeugin hierfür ist keine Geringere als die wohlbekannte Liselotte von der Pfalz. Die Schwester des Kurfürsten Karl und Schwägerin Ludwigs XIV., die ja nie ein Blatt vor den Mund nahm, spießte auch die Wiser mit ihrer spitzen Feder auf. Dies in zwei Briefen aus St. Cloud an ihre Halbschwester, die Raugräfin Louise, vom 3. November 1718 und vom 6. August 1719[16].

3. 2 Bedeutung der Lehnsvergabe für Leutershausen

Die Belehnung des Franz Melchior von Wiser mit dem Hirschberger Lehen bedeutete einen markanten Wendepunkt in der Geschichte des Ortes Leutershausen. Mit dieser Belehnung ging für Leutershausen das Jahrhundert der Kriege zu Ende, das den Ort in vielfacher Hinsicht stark betroffen hatte[17]. Die Zeit der Unruhe begann 1611 mit dem Tod des Hans Ludwig von Hirschberg. Er war der Letzte des Geschlechtes, das seit etwa 400 Jahren die Ortsherrschaft über Leutershausen ausgeübt hatte. Nach seinem Tod gab die Kurpfälzer Landesherrschaft das Hirschberger Lehen nicht mehr aus, womit die Leutershausener für einige Jahre unter der unmittelbaren Herrschaft von Kurpfalz standen. Dies änderte sich 1628: in diesem Jahre vergab Herzog Maximilian von Bayern das Hirschberger Lehen auf kaiserlichen Wunsch hin an den kurmainzischen Kanzler Nikolaus Gereon. Grundlage für diese Belehnung war die militärische Inbesitznahme der rechtsrheinischen Kurpfalz durch die Bayern. Der Wechsel im Kriegsglück vertrieb Gereon jedoch schon bald aus seinem Lehensbesitz. Unter den Vorzeichen der schwedischen Herrschaft gelangte das Lehen 1633 in die Hand des Mitgliedes der kurpfälzischen „Exilregierung", des Geheimen Rates Ludwig Camerarius, der erfolgreich für den Kriegseintritt Schwedens geworben hatte und dafür mit dem Hirschberger Lehen belohnt wurde. Auch er konnte sich seines Lehens nicht lange erfreuen. 1634/35, mit dem erneuten Festsetzen der Bayern in der Unteren Pfalz, kam das Lehen zurück an Nikolaus Gereon. Nach seinem Tod, 1637, wurde sein Vetter Nikolaus Botzheim von Gereon mit dem Lehen begabt. Der Westfälische Friede von 1648 gab die Kurpfalz der angestammten Herrscherfamilie zurück. Damit gelangte Ludwig Camerarius wieder in seine Rechte, in die schließlich sein Sohn Joachim Camerarius eintrat. Die ihm angelastete Mißwirtschaft: er lasse den Hirschberger Lehnshof [Ober- oder Wasserhof] verfallen, kam dem Bestreben des Kurfürsten Karl Ludwig entgegen, das Hirschberger Lehen einzuziehen, um dessen Einkünfte für den Wiederaufbau des verwüsteten Landes einzusetzen. Dies geschah 1659, womit der Kurfürst erneut unmittelbarer Herr über Leutershausen wurde. Sein Sohn allerdings, Kurfürst Karl, belehnte 1684 seinen Hofprediger und Geheimen Kirchenrat Johann Ludwig Langhans mit Teilen des Hirschberger Lehens. Langhans war die graue Eminenz hinter dem schwachen Kurfürsten Karl. Dessen Ehe war kinderlos geblieben und so stand zu befürchten, daß die katholische Linie Pfalz-Neuburg das Kurpfälzer Erbe antreten würde. Um dies zu verhindern, soll Langhans versucht haben, dem Kurfürsten ein adeliges Hoffräulein ins Bett zu legen, um somit für einen protestantischen Erben zu sorgen. Daraus wurde indessen nichts und so waren nach dem frühen Tod des Kurfürsten 1685 Erbfall und Übergang der Kurpfalz an den katholischen Philipp Wilhelm von Pfalz-Neuburg nicht zu verhindern. Langhans fiel in Ungnade, eine entsprechende Intrige der Kurfürsten-Witwe führte zu seiner Festsetzung zunächst auf dem Dilsberg, dann auf dem Schloß zu Zwingenberg, bis eine Intervention Frankreichs bewirkte, daß er ins Exil in die Schweiz abziehen konnte. Das derart ledig gewordene Hirschberger Lehen vergab Kurfürst Philipp Wilhelm 1686 an seinen Oberstallmeister, Geheimen Rat und Landschaftskommissar, den Grafen Jakob oder James von Hamilton[18]. Wegen der darauf folgenden schweren Kriegszeit des Orléansschen Erbfolgekrieges kam er nicht in den wirklichen Genuß seines Lehens, das ihm 1694 deshalb erneut verliehen wurde[19]. Damit schien nach all den hier beschriebenen Wechselfällen endlich ein stabilerer Zustand erreicht zu sein. Die Leutershausener, die in der Zeit zwischen 1618 und 1648 viermal ihre Konfession hatten wechseln müssen, sahen dem neuen katholischen Ortsherrn jedoch offenbar nur mit gemischten Gefühlen entgegen. Um sich gegen zu befürchtende Neuerungen abzusichern, legten sie ein Notatum vor, in welchem sie in 31 Punkten ihre wohlhergebrachten Rechte und Gerechtigkeiten ausführlich beschrieben. Gleich im ersten Punkt äußerten sie ihre „einfältige Meinung“ und „untertänigste Hoffnung“, daß an dem „exercitio religionis“ nichts geändert würde, sie also in ihrem protestantischen Bekenntnis nicht beeinträchtigt würden[20].

Daß die ständigen Wechsel in der Ortsherrschaft dem Dorf und den hier lebenden Menschen nicht gerade vorteilhaft waren, läßt sich denken. Daneben und nicht zuletzt hatten die Kriegsereignisse den Leutershausenern heftig zugesetzt. Dies läßt sich einmal ablesen an der Entwicklung der Bevölkerungszahl. Erscheinen in der Reichssteuerliste von 1577 in Leutershausen 83 „Hausgesäß“ [Haushaltungen], so sind es 1671, 20 Jahre nach dem Ende des Dreißigjährigen Krieges, nur 57. Die allmähliche Erholung wurde beeinträchtigt durch die Kriegsereignisse der 1670er Jahre. 1673, während des sogenannten Holländischen Krieges, lag zeitweilig eine sehr starke französische Besatzung im Ort; um sich vor deren Schikanen zu schützen, flüchteten die Leutershausener in die Wälder, wo sie aber mit Hunden aufgespürt, ausgeplündert und „ganz nackend ausgezogen“ worden seien; mit den „Weibsbildern“ aber seien die Soldaten „unmenschlich umgezogen“. Pfarrer Werdtmüller, dem wir diesen Bericht verdanken, ging schließlich selbst 1675 wieder in seine sichere Schweizer Heimat zurück, wohin er Frau und Kinder schon zwei Jahre zuvor gerettet hatte[21]. 1693, während des Orléansschen Erbfolgekrieges, ereignete sich die nächste Katastrophe: während rings im Land die Dörfer brannten, suchten die Leutershausener erneut ihr Heil in der Flucht.

Als sie wiederkamen, fanden sie verwüstete Äcker, ruinierte Weinberge, umgehauene Obstbäume, geplünderte Wein- und Fruchtvorräte sowie ausgeplünderte und zerstörte Hauseinrichtungen vor[22]. Im Jahr darauf kamen die Franzosen wieder, und alles ging von vorne los. Wenn wir die Zahlen richtig deuten, erlebte der Ort in diesen Jahren einen Verlust von wenigstens fünf Haushaltungen, wahrscheinlich aber mehr. 1701, im ersten Jahr der wiserschen Herrschaft, entrichteten 55 „Gemeindsmänner" ihre Leibsbede. Wenn wir die drei jüdischen Haushaltungen dieses Jahres und die auf dem frankensteinschen Gut lebenden Menschen mit einrechnen, so war die Bevölkerungszahl auf den Stand von 1671 zurückgefallen.

Im Dorf aber lagen einige Hofstätten zerfallen; der alte Hirschberger Lehnhof, der Obere oder Wasserhof, erstand nicht wieder, an seine Stelle war der „Wassergarten" getreten, auf dessen Gelände sich seit 1907 die katholische Kirche erhebt. Auch der Untere oder Bettendorfer Hof lag in Trümmern; auf seinem Grund sollte dann ab 1710 das Schloß der Grafen Wiser entstehen. Auf der Flur lagen Weinberge und Äcker brach, wie Teile der Weide waren sie von Dornen, Gestrüpp oder gar Gehölz überwachsen. Manche dieser Flurstücke wurden erst um das Jahr 1720 wieder in Bau genommen[23].

Als Inhaber des Hirschberger Lehens bemühte sich Graf James Hamilton ab 1694 um einen Neuanfang oder eine Neuordnung der Verhältnisse in Leutershausen[24]. Davon zeugen die Neujahrsgerichtsprotokolle, deren Serie wohl nicht zufällig mit dem Jahr 1699 beginnt; es spiegelt sich hierin der Wiederbeginn einer geregelten Gemeindeverwaltung. Die Bemühungen um einen Neuanfang, aber auch die damit verbundenen Schwierigkeiten, treten expressis verbis in der von Graf Hamilton 1696 angeordneten Renovation der zum Frankensteiner Hof gehörenden Gerechtsamen zutage[25]. Vertreten ließ sich der Graf in Leutershausen durch seinen Amtmann Kaltenbach, dessen Aufgabe u. a. darin bestand, die Einkünfte seines Herrn wieder ins Fließen zu bringen. Mit der Aufnahme von jüdischen Familien begann Graf Hamilton die Bevölkerungsverluste auszugleichen. Ehe diese Maßnahmen sich so richtig auswirken konnten, ging das Lehen auf Franz Melchior von Wiser über; er zahlte dem Grafen Hamilton für dessen Verzicht auf das Lehen die beachtliche Summe von 25 000 Gulden. Dafür konnte er an das Neubegonnene anknüpfen; nützlich war hier wohl vor allem die Übernahme des Amtmannes Kaltenbach in die wiserschen Dienste.

Über die Zustände in Ursenbach berichtet ein Vermerk des wiserschen Amtmannes zum Jahr 1700: bezüglich des Weinschanks zu Ursenbach heißt es hier, die Wirtschaft des Ortes sei „sehr schlecht, weilen keine Straß darbey und der Orth nur in 6 Hauß oder Einwohner besteht" [26].

4. Die wisersche Orts- und Grundherrschaft über Leutershausen im 18. Jahrhundert

4.1 Die erste Belehnung

Die Grundlage der wiserschen Herrschaft über Leutershausen war, wie ausgeführt, die Verleihung des Hirschberger Lehens an Melchior von Wiser am 3. November 1700. Aus diesem Grund soll der Umfang des Lehens kurz umrissen werden.

Franz Melchior von Wiser erwarb im Jahre 1700 mit lehnsherrlicher Genehmigung das Hirschberger Lehen von dem Vorbesitzer Graf Hamilton. Als Kaufsumme werden 25 000 Gulden genannt. Hofkammerdirektor Heinrich von Violath, der Besitzer des frankensteinischen Hofgutes, soll als Mittelsmann in diesem Geschäft gedient haben. Der Lehnsbrief des Kurfürsten und der Lehnsrevers des neuen Lehnsmannes datieren vom 3. November 1700[27]. In einer „Vollmacht" würdigte Franz Melchior von Wiser die ihm zuteil gewordene „churfürstliche Gnade"; da er aber sowohl „obhabender herrschaftlicher Geschäffte als anderer Verhindernussen halber" zur Entgegennahme des Lehens an dem festgesetzten Termin [dem 4. November 1700?] nicht erscheinen konnte, benannte er den Freiherrn von Hundheim zu seinem Bevollmächtigten. Hundheim, so lesen wir, solle vor dem kurfürstlichen Hof erscheinen, um die wirkliche Belehnung gebührend ansuchen, den gewöhnlichen Lehnseid in Wisers „Seele" schwören, die praestanda praestieren [den Pflichten Genüge tun] und alles das in Wisers Namen verrichten, was dieser in Person zu verrichten schuldig wäre. Franz Melchior von Wiser verpflichtete sich ferner, alles, was sein „Gewalthaber also handlen undt verrichten" werde, für bekannt anzunehmen und ihn schadlos zu halten. Mit eigenhändiger Unterschrift und Beidrückung des gewöhnlichen „Pittschaffts" beglaubigte er seine Vollmacht unter dem Datum „Heydelberg, den 3. Novembris 1700"[28].

4.2 Der Umfang des Lehens

Der Umfang des Lehens soll hier kurz umrissen werden; der vollständige Inhalt des Lehnsbriefes findet sich im Anhang mitgeteilt.

An erster Stelle steht die „vogteiliche Obrigkeit": das Recht auf Einsetzung von Schultheiß und Gericht, das Recht zur Verhängung von Gebot und Verbot, d. h. die Ausübung der Polizeigewalt im weiteren Sinne: die Regelung des täglichen Lebens im Dorf und seiner Gemarkung, das Erlassen von Ordnungen und die Ahndung von dagegen gerichteten Verstößen; dazu gehört ferner die Handhabung der örtlichen Friedens- und Rechtspflege samt dem Recht auf die Einkünfte aus der niederen Gerichtsbarkeit, was mit „Strafe, Bußen und Frevel" umschrieben wird; die sogenannte Malefizgerichtsbarkeit dagegen über Mord, Raub, Brandstiftung und schwerem Diebstahl oblag der Zent Schriesheim.

An zweiter Stelle erscheinen Steuern und Abgaben, welche die Untertanen zu Leutershausen ihrem Orts-, Grund- und Leibherren zu entrichten hatten. Bemerkenswert ist hier die Tatsache, daß mit der sogenannten Schatzung, einer kombinierten Vermögens- und Gewerbesteuer, und mit dem Umgeld, dem Akzis und dem Kreuzergeld Verbrauchssteuern auf Wein, Fleisch, Mehl usw. der wiserschen Herrschaft Steuern zufielen, die sonst der Landesherrschaft vorbehalten waren.

Aus dieser besonderen Steuerhoheit ergaben sich 1712, über ein Jahrzehnt nach der Übertragung des Lehens an die Wiser, Probleme mit dem landesherrschaftlichen „Licentamt", das für den Einzug des Licents, einer Verbrauchssteuer, zuständig war. Der hochgräflich wisersche Amtmann Jakob Diel erhob in diesem Jahr beim Heidelberger Kriegskommissariat Einspruch dagegen, daß das Licentamt den Ort Leutershausen als vermeintlich „ausländisch" einstufte. Dieser „Unfug", so der Amtmann, drohe den ganzen Ort zu ruinieren, da der Leutershausener Wein beim Verkauf in kurpfälzische Orte neben dem gewöhnlichen Licent noch mit einem Einfuhrlicent belegt wurde, folglich mit doppeltem Licent belastet war. Das Kriegskommissariat half dem Einspruch des wiserschen Amtmannes tatsächlich ab; in ihrer Verfügung an den Obereinnehmer Bauer stellte die Behörde fest, daß die Herrschaft Leutershausen ein kurpfälzisches Lehen darstelle, „worauff Ihro Churfürstliche Durchlaucht sich die landesfürstliche hohe Obrigkeit reservirt" habe, daß die Herrschaft Leutershausen ferner alle militärischen Beiträge zur Kriegskasse leiste, demnach nicht als ausländisch betrachtet werden könne. Damit seien aber auch „die von Leutershausen in Churpfaltz verführende oder verkauffende Wein nicht vor [für] auß-, sondern vielmehr inländisch zu achten, mithin des doppelten Licents zu übersehen" [29].

Wohl auch vor dem Hintergrund dieses Falles ließ sich die Herrschaft zur Sicherung ihrer Rechtsansprüche 1713 sieben Stücke, darunter eine Renovation von 1680 und den „großen Pergamentbrief von Pfalzgraf Ludwig", aus dem Archiv der Gemeinde nach Heidelberg liefern[30]. Dieser Akt zog Folgen nach sich. Im Rahmen ihrer unten noch weiter anzureißenden Auseinandersetzung mit den Grafen Karl und Philipp von Wiser brachten die Leutershausener Beschwerdeführer 1755 vor, die Herrschaft habe der Gemeinde 1713 sämtliche Dokumente weggenommen und bislang nicht wieder zurückerstattet. Gerichtsschreiber Steffen Förster vielmehr sei seinerzeit, als er die Rückgabe angemahnt habe, „auff Zwingenberg gefänglich hineingesetzet und erst lange Zeit hernach in Anno 1714, da er in der Gefängnuß seinen Verstand verlohren, auff churfürstlich gnädigsten Befelch loßgelassen worden". Die beiden gräflichen Brüder wiesen diese Anwürfe mit der Entgegnung zurück, daß zu Beginn des gegen sie angestrengten unnötigen Prozesses [wohl vor 1754] etliche von den Hauptaufwieglern nachts in das Rathaus eingestiegen seien, um sich Dokumente zu verschaffen, dabei hätten sie wohl auch die vorgeblich noch fehlenden Stücke mitgehen lassen. Was schließlich den Gerichtsschreiber Steffen Förster angehe, so habe ihn die Gemeinde selbst wegen „verschiedenen malversationes" [untreue Amtsführung] seines Dienstes entsetzt, und sei er deswegen zu einer Gefängnisstrafe verurteilt worden[31]. Die tatsächliche Beschaffenheit der Sachlage muß angesichts fehlender Nachrichten offen bleiben.

Sonstige grundherrliche, ortsherrliche bzw. leibherrliche Einkünfte, die der Lehnsbrief nennt, waren Bodenzinsen wie Martinszins und Martinsbeed, dann die Leibsbeed, Zinshühner, Rauchhühner, Kappen [Kapaune; kastrierte Hähne], Erntehahnen; schließlich das Besthaupt und endlich Einzugsgelder, Auszugsgelder, Nachsteuer.

Einen wichtigen Anteil an den Rechten nahm ferner der Zehnte ein: der Große Zehnte, der in Scheuer und Keller kam: Frucht- und Wein; der Kleine Zehnte, der in den Kochtopf gehörte: Kraut, Rüben, Äpfel, Birnen, Nüsse, aber auch Flachs, Hanf und Heu. Auch die so oft umstrittenen Büsche erscheinen hier.

Schließlich wird das Recht auf Inanspruchnahme von Frondiensten festgehalten.

An Feldgütern verlieh der Lehnsherr das Rottgut samt dem Stumpfenacker, an Waldungen den halben Teil des Hombuschs, den Hirschberg um die Ruine der Hirschburg, den Hasengarten, die Kleinen Stauden, die Großen Stauden, die Herzogsstauden und die Hohe Wart rings um die alte Burganlage des Schanzenköpfles.

Den Schluß der Rechte zu Leutershausen machte das Jagdrecht.

In Ursenbach standen der wiserschen Herrschaft die gleichen Rechte wie in Leutershausen zu; auch hier waren die Wiser Orts-, Grund- und Leibherren in einer Person. Es kam ihnen hier auch das Atzrecht zu: das Recht, von den Untertanen verpflegt zu werden, wenn sie etwa zur Ausübung der Jagd in dem abgelegenen Ort weilten oder wenn ihr Amtmann in herrschaftlichen Geschäften dort zu tun hatte. Von Interesse war schließlich in Ursenbach die Nutzung des „Forellenbächleins", auch „Dahlbach" [Talbach] genannt, lieferte dieses Gewässer doch nicht nur Forellen, sondern auch die begehrten Krebse für den Tisch der Herrschaft.

Zu Großsachsen und auf dem Muckensturm genoß die Herrschaft Anteile am Wein- und Fruchtzehnten, den Dreißigsten, einen Hühnerzins, das Jagdrecht und schließlich die Hegung des Gerichts am Tiefen Weg und ein Drittel der davon fallenden Strafen.

In Weinheim fielen verschiedene Zinsen von unterschiedlichen Gütern und vom Kloster.

Zu Heddesheim bestand der Anspruch auf den Hubhof samt Zubehör und das Hubgericht; ferner fielen hier weitere Getreide-, Gänse-. Hühner- und Kappenzinsen; schließlich gehörte auch die Jagd zu Heddesheim zum Lehen.

Zu Wallstatt fielen Zehntanteile unter das Lehen.

Zu Neuenheim gehörten Frucht- und Weinzehntanteile zum Lehen.

Rittenweier, Rippenweier und Assmannsweier [Heiligkreuz] steuerten Zehntanteile am Fruchtzehnten bei.

Den Schluß machte der „Wilde Gänsfang" von Hemsbach bis nach Lampertheim an den Rhein.

Der genaue Wortlaut des Lehnsbriefes findet sich unten im Anhang. Einige der hier genannten Ansprüche standen nur auf dem Pergament und waren nicht wieder zu verwirklichen; davon wird hier und dort noch die Rede sein. Zum Teil traten Änderungen ein, die anläßlich der Belehnung der Grafen Karl und Philipp von Wiser durch Kurfürst Karl Theodor im Jahre 1782 ebenso säuberlich aufgelistet wurden wie die damals oder schon seit längerer Zeit „ungiebigen" Lehnsbestandteile. Auch dieses Verzeichnis wird im Anhang in seinem wesentlichen Inhalt wiedergegeben.

4.3 Die ersten Berührungen zwischen Herrschaft und Untertanen

Von der Übernahme der Ortsherrschaft durch Franz Melchior von Wiser und seinen Sohn Ferdinand Andreas sowie der Huldigung der Untertanen berichten zwei Vermerke des Leutershausener Gerichtsschreibers: „Item, den 24. Novembris anno 1700 ist solches Lehen von Herrn Graffen von Hamilthon ihrer Excellenz Freyherrn von Wießer gegeben und wir dießen Tag ihme gehuldiget.“ Weiter heißt es: „Item, den 4. April hat daß Lehen Ferdinand Freyherrn von Wießer anno 1701 gehuldigt, und hat die Hultigung Herr von Violett eingenohmen“[32].

1702 sahen sich Herrschaft und Untertanen erstmals von Auge zu Auge. Am 26. Juni dieses Jahres kam die gnädige Herrschaft mit ansehnlichem Gefolge „erstmahlen anhero“; aus Anlaß dieser „ersten Ankunft ihrer hochgräflichen Excellenz“ zu Leutershausen warteten die Untertanen ihrem neuen Herrn den Tag über „mit ihrem Gewehr“ auf; sie erhielten dafür ein Gnadengeschenk von einem Ohm Wein, das Amtmann Kaltenbach auf herrschaftlichen Befehl zu liefern hatte. In Begleitung der graflichen Herrschaft befanden sich die Herren von Hundheim, von Perling, ein Obristleutnant Heppenstiel und der Pfarrer von Schriesheim, des weiteren ein ganzer Troß von Bedienten wie Herrschaftskoch, Kammerdiener, Diener, mehrere Jäger, Kutscher, Vorreiter, Reitknecht, ein kurpfälzischer Kammerreiter. Herren und Dienerschaft wurden während ihres Aufenthaltes mit Speis und Trank verpflegt, „wobey viel Wein aufgangen“, die 12 Pferde wurden mit Hafer versorgt[33].

Die Angehörigen des freiherrlichen, dann gräflichen Hauses Wiser hielten sich in jenen Jahren an wechselnden Orten auf: in ihrer Herrschaft Zwingenberg am Neckar, in Heidelberg, wo sie in des „Herrn Brückenhauptmanns Haus“ abstiegen, und wo schon Franz Melchior ein Haus [heute Hauptstraße 114] erwarb, das er mit dem Allianzwappen Wiser / Müller von Gnadenegg schmücken ließ; unter seinem Sohn Ferdinand Andreas kam noch das Allianzwappen Wiser / Leiningen-Westerburg hinzu. Ferner blieb Düsseldorf einer der Wohnsitze, solange dort der kurfürstliche Hof residierte[34]. Ihrem Leutershausener Amtmann oblag es immer wieder, „Küchenvictualien“ wie Kapaunen, Hühner oder Jagdbeute wie Hasen und Rehe an diese Orte zu liefern; wiederholt läßt sich die Lieferung von Zehnt- und Teilweinen in den Schloßkeller nach Heidelberg nachweisen, wo dieser Wein in solchen besserer Güte zum Genuß der Herrschaft umgetauscht wurde. 1701 erreichte den Amtmann die schriftliche Weisung seines Herrn aus Heidelberg, Lebensmittel auf der Frankfurter Herbstmesse anzukaufen und die Waren zu Wasser nach Düsseldorf schaffen zu lassen. 1704 hatte der Amtmann den Transport von Klafterholz, Wein, Möbeln und der Bibliothek von Zwingenberg nach Düsseldorf ebenso zu organisieren wie gegen Ende November des Jahres die „Abfuhr der gnädigen Herrschaft“, die mit dem Schiff von Heidelberg nach Düsseldorf reiste.

Dem ersten Besuch von 1702 folgten in den kommenden Jahren neue, zum Teil mehrwöchige Aufenthalte von Angehörigen der Herrschaft in Leutershausen. Zur Jagd kam die Herrschaft gelegentlich auch nur für einen Tag von Heidelberg aus hierher. Die dabei entstandenen Aufwendungen für Unterbringung und Verköstigung der Herrschaft, ihrer Diener und Gäste, auch für die Wäscherin sind in den Rechnungen des Amtmannes festgehalten. Naturalien wie Wein, Hühner oder Hafer für die „Herrschaftspferde“ konnten aus den herrschaftlichen Beständen selbst entnommen werden, Brot lieferte der Leutershausener Bäcker, feinere Waren wie Zucker oder Gewürze kamen vom „Italiener“ Brentano und dem

Zuckerbäcker zu Heidelberg. Bei solchen Gelegenheiten waren auch die Dienste des zunächst einen Gastwirtes gefragt, noch vor 1710 kam ein weiterer Gastwirt hinzu.

Anläßlich der Geburten von männlichen Nachkommen im Haus Wiser wurden Diener und Untertanen mit Gnadengeschenken bedacht. So erhielt der Leutershausener Amtmann 1704 die ansehnliche Summe von 20 Gulden als Verehrung zum Andenken an die Geburt des jungen Herrn Grafen. 1710 reichte die Herrschaft „zur erfreulichen Geburt" des jungen Herrn Grafen ihren Untertanen zu Leutershausen Wein und Brot, den Männern ein Maß Wein [ca. 2 Liter] und ein „Kreuzerbrot", den Frauen ebenfalls ein „Kreuzerbrot" und ein halbes Maß Wein.

4.4 Die Anfänge der wiserschen Herrschaft in Leutershausen

Sozusagen als Statthalter für die neuen Lehensinhaber des Hirschberger Lehens wirkte in Leutershausen der Amtmann Johann Hieromymus Kaltenbach, der im reformierten Kirchenbuch bereits seit 1689 als hochgräflich hamiltonscher Keller [Güter- und Gefällverwalter] oder „Praefectus" Erwähnung findet. Er kannte demnach die besonderen Umstände in Leutershausen aus eigener Anschauung, weshalb ihn die Wiser wohl gerne in ihre Dienste übernahmen. Dennoch stellte die Nutzung des Hirschberger Lehens die wisersche Herrschaft vor einige Probleme. Die kriegerischen Wirren des vorangegangenen Jahrhunderts hatten viele Rechtsverhältnisse in Unklarheit gebracht. Einige der im Lehnsbrief genannten Rechtstitel sollten sich gänzlich als „ungiebig" herausstellen; davon wird unten jeweils berichtet. Außerdem fehlte es in Leutershausen zunächst an Einrichtungen zu einer geordneten Verwaltung und Verwertung der Naturaleinkünfte. So wurde im Jahre 1700 der Weinertrag in die Fässer aus dem hamiltonschen Keller, vermutlich im Frankensteiner Hof, abgefüllt und über Ladenburg auf dem Neckar mit dem Schiff nach Zwingenberg verbracht. Da es auch an einem Speicher für den an Martini fälligen Kornzins gebrach, mußten die Abgabepflichtigen das Getreide nach Heidelberg an einen Herrn von Beyerick (?) liefern.

Die Großsachsener verweigerten die geforderte Abgabe von vier Viertel Zinswein. Sie behaupteten, diese Abgabe sei vordem „wegen des Kleinen Herzogs Zehenten" geleistet worden. Wenn sie diesen, „wie vor altem", einsammeln dürften, so wollten sie diese vier Viertel weiterhin geben. Der wisersche Amtmann hielt diesen Vorwand nicht für erwiesen; die Abgabe heiße Zinswein, nicht Kleiner Zehnten. Da er aber zur Klärung des Sachverhalts zur Zeit „wenig Hilff zu hoffen" habe, müsse dieser nunmehr besser untersucht werden. Tatsächlich gehörte zum Hirschberger Lehen in Großsachsen der Frucht- und Weinzehnte „im Herzog"; von einem Zinswein ist nicht die Rede.

Einkünfte aus dem Hubgericht zu Heddesheim waren nicht zu erlangen; da solches seit vielen Jahren nicht mehr abgehalten worden sei, wollten die Heddesheimer „nichts davon wissen".

Ähnlich verhielt es sich mit dem Gericht am Tiefen Weg, das seit langer Zeit außer Gebrauch gekommen war. In einer um 1685 errichteten Aufstellung der zum

Hirschberger Lehen gehörenden Gefälle findet sich die Bemerkung „ist noch niemahlen gehalten worden“[35]. Zwar heißt es für 1704, daß in diesem Jahr Kurpfalz das „Tiefen-Weg-Gericht“ erneuert habe; jedoch seien davon keine Strafen gefallen[36]. Der Gerichtsschreiber zu Leutershausen gab davon wie folgt Bericht: „Anno 1704 den 13. Augusti ist daß Gericht in deme dieffen Weg zu Großsahßen in der Cronen zum ersten Mahl wieder gehalten worden, darbey seind gesessen Herr Landtschreiber Adolph Franckh, nahmens deß Hürschberger Lehen Herr Hironimus Kaltenbach von Gelnhaußen, hochgräfflich wißerischer Ambtmann, sodan Schuldheißen und Gerichten zu Leutterßhaußen und Grossensahßen geschrenckh [in Gerichtsschranken sitzend], die andern drey Schuldheißen, Gerichten und sambtliche Gemeinden seind umb sie gestanden und daß Gericht ahngehört, wie dan darbey beschlossen worden, das solches alle folgende Jahr continuiren solle“[37]. Der Beschluß blieb ohne Folgen; das Gericht tagte in den kommenden Jahren nicht mehr, somit konnte der Amtmann der Grafen Wiser auch keine Strafgelder vereinnahmen.

Ebenso „ungiebig“ blieb die Forderung nach einer Abgabe von sieben Kappen [Kapaunen] und 14 Gänsen aus Heddesheim, darunter vier, welche die dortigen Feldschützen alljährlich zu liefern hätten. Die Heddesheimer erwiderten das Verlangen mit der Aufforderung, man solle ihnen erst einmal den Rechtsgrund dieser Abgabe nachweisen, „auch hätten sie in vielen Jahren keine Feldschützen gehabt“. Auch die Rückendeckung durch den Heidelberger Landschreiber nutzte dem Amtmann nichts, die Heddesheimer ließen sich nicht beeindrucken.

Der Schaffner der geistlichen Administration in Weinheim, der vier Gänse vom dortigen Klostergut zum Hirschbergischen Lehen geben sollte, war zunächst nicht gewillt, der Forderung nachzukommen, „weilen solche in langer Zeit nicht entrichtet worden“. Zwar erhielt er den Befehl von der kurpfälzischen Administrationskommission, die Gänse zu liefern. Da Amtmann Kaltenbach verständlicherweise aber die Entrichtung des Geldwertes anstelle der Gänse einforderte, verweigerte der Schaffner erneut die Abgabe mit der Begründung, die „Rechnung“ melde wohl Gänse, aber kein Geld!

Einzelnen Untertanen, die herrschaftliche Rechte oder Anordnungen mißachteten, trat Amtmann Kaltenbach wohl nach dem Grundsatz „wehret den Anfängen“ mit ziemlicher Härte entgegen. So diktierte er einem Sebastian Harbart 1702 die hohe Strafe von 10 Gulden zu, nachdem er den Übeltäter dabei erwischt hatte, wie dieser auf Großsachsener Gemarkung in dem zum Hirschberger Lehen gehörenden Jagdbezirk mit einem „Rohr“ [Flinte] einem Hasen auflauerte. Im gleichen Jahr mußten 19 Personen je drei Gulden Strafe erlegen; sie hatten das Gebot übertreten, daß kein Untertan in den Hof des Herrn von Violath - den Frankensteiner Hof - „zum verbottenen Weinschanck und Spielleuthen gehen solle“.

Bedenklicher als die gerade geschilderten Fälle waren Ansprüche, die Kurmainz 1705 auf Teile der wiserschen Lehnsstücke erhob[38]. Die dafür gegebene Begründung lautete, daß es sich hierbei um Stücke handele, die eigentlich zum Amt Starkenburg gehörten, das 1463 pfandweise an Kurpfalz gefallen war. 1650 aber war die sogenannte Bergsträßer Pfandschaft als Folge des Dreißigjährigen

Krieges wieder an das Erzstift Mainz restituiert worden. Zum Teil konnten die Kurmainzer Ansprüche als das Hirschberger Lehen nicht berührend zurückgewiesen werden. Bezüglich anderer Teile kamen aber selbst die kurpfälzischen Räte zu dem Schluß, daß die Kurmainzer Forderungen nicht unbegründet waren. Sie sprachen sich aber dafür aus, die fraglichen Lehnsstücke bei Kurpfalz zu halten; einerseits seien sie von „geringer Importantz", andererseits seien sie nahe der kurfürstlichen Residenz [Heidelberg] gelegen. Man könne Kurmainz „in alio" entschädigen. Gleichzeitig machten sich die Kurpfälzer Räte aber bereits Gedanken, wie widrigenfalls den Grafen Wiser ein Äquivalent für abzutretende Stücke gegeben werden könnte.

Die Grafen Wiser gingen sehr zügig daran, den ehemaligen Eigenbesitz der Junker Hirschberg in Leutershausen in ihre Hände zu bekommen. Mit Kaufbrief vom 1. Februar 1704 erwarben sie für die Summe von 6 700 Gulden den Frankensteiner Hof samt Zugehör wie Haus, Hof, Weingärten, Äcker, Wiesen, Gärten, Waldungen samt allen zugehörigen leibeigenen Leuten, Besthäuptern, Zinsgefällen, Nutzungen, der kleinen Jagd und sonstigen Gerechtigkeiten aus den Händen des Freiherrn von Violath[39]. Noch 1704 kam der bettendorfische Hof für die Summe von 4 000 Gulden hinzu. Verkäufer waren die Brüder Karl Ludwig und Philipp Ludwig von Bettendorf[40]. Damit waren auch die Grundlagen für den Aufbau einer geordneten Verwaltung ihrer Leutershausener Herrschaft gelegt. So lassen sich für 1704 Reparatur- oder Bauarbeiten an einem Kelterhaus und einer Scheune belegen. Der Amtmann bekam einen in Stahl gestochenen Stempel für das Amtssiegel. Im gleichen Jahr wurde auch Bauholz aus den Zwingenberger Waldungen nach Leutershausen geführt. 1705 brachte der Amtmann über 550 Gulden für den „neuen Bettendorffischen Bau" in Rechnung und verausgabte Geld für Inventar wie Fässer und ein neues „Firntzel" [Getreidehohlmaß; etwa 31 Liter]. Schmied Euler erhielt 1708 einen Gulden als Lohn für das Heraushauen des violathschen Wappens aus den „Ackersteinen" und das Anbringen des wiserschen Zeichens „mit Buchstaben".

5. Ferdinand Andreas von Wiser

5.1 Die Karriere des Ferdinand Andreas von Wiser

Auf Franz Melchior folgte im Besitz des Hirschberger Lehens sein ältester Sohn Ferdinand Andreas (* 28. Januar 1677 † 30. Januar 1751)[41]. Er war in der pfalz-neuburgischen Residenzstadt Neuburg an der Donau zur Welt gekommen, wo die Familie mit Haus- und Grundbesitz begütert war. Zum Wintersemester 1691 bezog er als „logicae studiosus" die Universität Ingolstadt[42]. Er wechselte dann über auf das von Jesuiten geführte Gymnasium „Trium Coronatum" – Dreikönigengymnasium – zu Köln, dem die Funktion einer Artistenfakultät der Universität Köln zukam, und wurde im November 1692 „extra tempus" an der Universität zu Köln immatrikuliert[43]. Im Dezember 1694 wurde er, der „illustris ac generosus dominus Ferdinandus Andreas Josephus liber baro de Wiser, serenissimi electoris Palatini Trucksessius", erneut an der Universität zu Ingolstadt immatrikuliert, nun als „iuris utriusque studiosus"[44]. Zur Vorbereitung einer Beamten- und Diplomatenlaufbahn verschafften ihm die Beziehungen seines

Abb. 3: Ferdinand Andreas von Wiser

Vaters eine Aufnahme in den Umkreis des aus Ladenburg stammenden, später geadelten und zum Reichsgrafen aufgestiegenen kaiserlichen Rates und österreichischen Hofkanzlers Johann Friedrich Adam Seilern. Bereits mit 26 Jahren war Ferdinand Andreas kurpfälzischer Hofvizekanzler. 1703 stellte ihm Kurfürst Johann Wilhelm die Stelle des Hofkanzlers in Aussicht. Bereits 1698 hatte ihn sein kurfürstlicher Herr als Sondergesandten nach Paris geschickt, als es galt, Erbschaftsansprüche, die im Namen der Elisabeth Charlotte – Liselotte von der Pfalz – vom französischen Königshof erhoben wurden, möglichst abzuwehren. Weiter vertrat er die Interessen des Kurfürsten als Gesandter zunächst am Wiener Hof; hier erwarb er sich u. a. besondere Verdienste um die Rückübertragung der Oberpfalz an das Haus Pfalz-Neuburg im Jahre 1708. 1716 war er Mitglied der jülisch-bergischen Interimsregierung[45]. Ab 1716 war er kurpfälzischer Interessenwahrer beim Reichstag zu Regensburg. In späteren Jahren trug er die Würden eines Pfalz-Neuburger Geheimen Hofrates und des Präsidenten des neuburgischen Landschafts-Kommissariats. Seit 1730 war Ferdinand Andreas als Hofrichter Vorsitzender des Kurpfälzer Hofgerichtes. 1748 wurde er zum kurpfälzischen Regierungspräsidenten ernannt; dieses hohe Amt bekleidete er bis zu seinem Tod 1751. Verheiratet war Ferdinand Andreas, wie erwähnt, mit Charlotte Amalia, geborene Gräfin Leiningen-Westerburg. Beider Allianzwappen krönt das Schloßportal in Leutershausen und erinnert damit an Bauherr und Bauherrin des 1710 begonnenen Schlosses. Dessen Baumeister Johann Jakob Rischer errichtete für die gräfliche Familie 1714 ein Stadthaus in der Heidelberger Märzgasse. Als Bauherr betätigte sich Ferdinand Andreas außerdem auf seinem Schloß Zwingenberg, wo er 1711, ebenfalls durch Rischer, den als „Wiserbau" bezeichneten Schloßflügel errichten ließ, kenntlich am Allianzwappen Wiser - Leiningen-Westerburg. 1712 gründete er außerdem den Doppelweiler Ober- und Unterferdinandsdorf zur Festigung seiner Zwingenberger Herrschaft, verlor indessen nach langem Rechtsstreit das Lehen Zwingenberg 1728, da die seinerzeitige Belehnung reichsrechtlichen Grundsätzen widersprochen hatte. Noch seine Söhne sollten sich 1753 vergeblich um eine Rückübertragung Zwingenbergs bemühen. Graf Ferdinand Andreas war der Stammvater der älteren Ferdinandinischen, Leutershausener oder Weiß-Wiserschen Stammlinie des Grafenhauses. Sein Bruder Franz Josef (* 3. April 1679 † 25. August 1755) begründete die jüngere Josefinische, Siegelsbacher oder Schwarz-Wisersche Linie zu Siegelsbach[46]. Trotz dieser Trennung wurden die Angehörigen beider Linien jeweils wechselseitig mit den entsprechenden Lehen begabt, was unvermeidbar zu Irrungen führte, die in einem Teilungsvertrag von 1817 ausgeräumt werden sollten. Die nachfolgenden beiden Generationen aus der Stammlinie Wiser-Leutershausen standen weiter ebenfalls in Diensten ihrer kurpfälzischen Lehnsherrn, den Kurfürsten Karl Philipp, Karl Theodor und Maximilian Josef, sie erlangten aber nicht mehr die einflußreichen Stellungen, wie sie Franz Melchior oder Ferdinand Andreas innegehabt hatten.

5.2 Arrondierung des Lehns- und Allodialbesitzes

Graf Ferdinand Andreas betrieb auch fernerhin die Arrondierung des Hirschberger Lehens durch den Zukauf von Rechten, Zinsen und Gefällen an der Bergstraße. 1712 kaufte er dem Freiherrn von Wolfskehl Gerechtsame in den Bergstraßenorten Laudenbach, Weinheim, den drei Sachsenorten, Heddesheim,

Neuenheim und Handschuhsheim für die Summe von 6 200 Gulden ab[47]. Unter den Gerechtsamen zu Lützelsachsen befand sich als kurpfälzisches Lehen der dritte Teil des Großen und Kleinen Zehnten; zum Erwerb dieser Lehnsstücke hatte Ferdinand Andreas zwar noch die Genehmigung des Lehnsherrn, des Kurfürsten Johann Wilhelm, erlangen können und auch um die förmliche Belehnung nachgesucht, jedoch war der Lehnsbrief wegen des Todes des Kurfürsten „zur Unterschrift nit gekommen". Die Belehnung durch den Kurfürsten Karl Philipp fand schließlich mit Urkunde vom 26. Januar 1719 statt; Ferdinand Andreas wird in dieser Urkunde als „Ihrer Kaiserl. Majestät würcklicher Reichshofrat, auch unser Geheimer Rat, Neuburgischer Geheimer Ratspräsident" tituliert[48].

1716 kaufte Ferdinand Andreas dem Freiherrn von Schmidberg dessen Gefälle, ehemals landschadisch, in Laudenbach für 400 Gulden ab[49].

Über den „Fruchtzehenten, so zum Dreißigsten diser Gemargken [Gemarkung Großsachsen] gevallen", heißt es im Hirschberger Lagerbuch[50], daß er je zur Hälfte den von Hirschberg und den Deutschen Herren zustehe. Zu einem nicht genauer feststellbaren Zeitpunkt wohl gegen Ende des 17. Jahrhunderts hatte die Kammerkommende Weinheim des Deutschen Ordens den Genuß der Hirschberger Hälfte an sich gebracht. Dies widersprach eindeutig den Bestimmungen des Lehnsbriefes für Melchior von Wiser, dem laut dieser Urkunde aus dem Jahr 1700 der Dreißigste zu Großsachsen „aber allein" zustehen sollte. Graf Ferdinand Andreas von Wiser klagte deshalb vor dem kurpfälzischen Hofgericht auf Einsetzung in die entzogene Hälfte. Der Meister des Deutschen Ordens, Pfalzgraf Clemens August, Erzbischof und Kurfürst zu Köln, stimmte angesichts der Rechtslage schließlich 1741 einem Vergleich zu, der den Grafen Wiser in die bisher vom Deutschen Orden beanspruchte „Halbscheid" des Dreißigsten zu Großsachsen einsetzte. Graf Wiser seinerseits verzichtete auf alle weiteren Ansprüche gegen den Deutschen Orden. Weiter verpflichteten sich beide Kontrahenten, gemeinsam gegen jene Zehntpflichtigen vorzugehen, „welche statt des Haubt- und ordentlichen Zehendens nur die 30. Garbe verabreichen und dardurch von den ersteren sich frey zu machen vorhaben". Schließlich sagten beide Teile dem vor dem Hofgericht anhängig gemachten Prozess ausdrücklich ab[51]. 1765 wird in einer Renovation der Umfang des den Grafen Wiser als Nachfolger der von Hirschberg zustehenden „Dreißigsten Zehnten" zu Großsachsen mit nahezu 295 Morgen festgestellt[52].

Das Domstift Worms hatte 1547 das ihm zustehende Drittel am Großen Zehnten zu Oberflockenbach den Herren von Hirschberg überlassen; über deren Allodialerben, die Gemmingen und Bettendorf, kam es in den Besitz des Ferdinand Andreas von Wiser[53]. Die restlichen 2/3 dieses Zehnten kamen 1772 aus pfalzgräflichem Besitz als Lehen an die Grafen Wiser; davon ist unten berichtet.

5.3 Das Schloß

5.3.1 Das Hauptgebäude

Am 22. Juli 1710 schloß Ferdinand Andreas Graf Wiser mit dem Baumeister Johann Jakob Rischer den Vertrag über die Erbauung eines Schlosses in Leutershausen[54]. Mit dem in kurpfälzischen Diensten stehenden, aus dem Bregenzer Wald gebürtigen Rischer gewann Graf Wiser einen Baumeister, dessen Wirken mit dem Zeitalter des Barock in der Kurpfalz überaus eng verbunden ist. Als Baugrund für Schloß und Schloßgarten diente offenbar Gelände, das zu dem alten Bettendorfer Hof gehörte und wohl um weitere zugekaufte Grundstücke vergrößert wurde. Insgesamt entstand eine dreigliedrige Abfolge von Schloßplatz mit katholischer Kirche und Seitenflügel, Schloß und Schloßgarten. Als auffällig empfunden wird hierbei, daß die Schloßfront nach Süden gekehrt ist, das Schloß sich somit hinter den Gebäuden an der Vordergasse geradezu versteckt. Dies wiederum hat zu der nicht belegbaren Vermutung geführt, daß die Süd-Nord-Ausrichtung der Anlage durch einen bereits zuvor von den Herren von Bettendorf geplanten Garten vorbestimmt gewesen sei. „Werkmeister“ Rischer selbst erschien 1710 in Leutershausen; samt den „bei sich gehabten Leuthen“ verzehrte er in den beiden Wirtshäusern fast acht Gulden auf Kosten der Herrschaft. Sein Kostenvoranschlag für den Schloßbau ist datiert Leutershausen, 23. Mai 1710; die Baukosten werden hierin auf eine Summe von 5 351 Gulden veranschlagt, kurz danach aber schon auf 5 472 Gulden erhöht, außerdem sollte Werkmeister Rischer mit einem Fuder „Leutrishaußer Wein von anno 1710“ bedacht werden. Der endgültige Vertrag zwischen Ferdinand Andreas Graf Wiser und Werkmeister Rischer wurde am 22. Juli 1710 abgeschlossen. Auf Grund dieses Kontraktes entstand in der folgenden Zeit ein Bau, der in einigen Details von der ursprünglichen Planung abwich, später auch Veränderungen erfuhr, in seiner Grundsubstanz aber bis heute erhalten ist.

Das Schloß besteht aus einem dreigeschossigen Baukörper zu 11 Achsen und einem abgewalmten Satteldach. Drei Achsen entfallen auf den zum Schloßplatz leicht vorspringenden Mittelrisaliten, der durch vier Pilaster mit jonischen Kapitellen gegliedert ist und in seiner Erdgeschoßzone das Hauptportal aufweist. Über dem Hauptportal befindet sich das Allianzwappen des Bauherrn Ferdinand Andreas Graf Wiser und seiner Gemahlin Charlotte Amalia Gräfin Leiningen-Westerburg. Zur Gartenseite hin springt der Mittelrisalit, der hier das Treppenhaus aufnimmmt, beträchtlich vor. Er ist wie an der Hauptfassade durch Pilaster mit jonischen Kapitellen gegliedert, zusätzlich kommen im ersten und zweiten Obergeschoß je zwei Figurennischen hinzu, die mit Rund- beziehungsweise Segmentbögen geschlossen sind. Im Inneren, zwischen Hauptportal und der bis zum Podest zweiläufigen Treppe, befindet sich ein dreischiffiges Vestibül [Eingangshalle] mit einem Kreuzgratgewölbe, das von je zwei Säulen und Pfeilern getragen wird. Unter dem Podest führt ein Gang zum Gartenportal, geräumig genug, um mit einer Kutsche vom Schloßplatz durch das Vestibül in den Garten passieren zu können. Im ersten Obergeschoß liegt über dem Vestibül der große Empfangssalon mit Teilen der Ahnengalerie des gräflichen Hauses Wiser. Daran anschließend befindet sich unter anderem die Bibliothek. Als Besonderheit im Schaffen Johann Jakob Rischers aber gilt der Kuppelsaal mit der ihn bekrönenden Kuppel, der den Mittelrisaliten in die Dachzone verlängerte. Die beiden äußeren Pilaster des Kuppelsaales trugen je eine Kolossalbüste, die Kuppel selbst als Abschluß einen Altan, auf dessen Balustrade „sechs steinerne Bilder [Skulpturen] von weiß hailbrunner stein“ aufgestellt waren. Leider ist dieses Konstruktionsmerkmal, das dem wiserschen Schloß seinen unverwechselbaren Charakter verlieh, nicht mehr erhalten. Entgegen dem Entwurf Rischers von 1710 wurde der dreiachsige, mit einem Chor geschlossene

Abb. 4: Schloß Leutershausen, Aufrißentwurf von J. J. Rischer 1710 mit nicht verwirklichtem Kirchenanbau

und mit einem Chortürmchen versehene Kirchenbau nicht verwirklicht. Er hätte sich im Osten unmittelbar an das Schloß angelehnt, von dem aus ein unmittelbarer Zugang zur Kirche für die Herrschaft vorgesehen war.

Im Sommer 1710 konnten somit die Bauarbeiten beginnen, die zunächst, wie es scheint, zügig vorangingen. Möglich, daß der Haupttrakt des Schlosses bereits zu Ende des Jahres im Rohbau stand. Die Leutershausener Untertanen leisteten Spann- und Handfronden, für die sie „je zuweilen waß an Geld, Wein und Brod" gereicht erhielten. Letztlich waren sie zu dieser Art Frondienst nicht verpflichtet, da er nicht mit dem Lehen zusammenhing, sondern zugunsten des gräflichen Familienbesitzes stattfand. Zu Anfang Mai 1711 lieferte der „Schiffmann" von Zwingenberg elf Malter Hafer für die „herrschafftlichen Pferdt, welche Stein führen"[55]. 1713 überschattete ein Unglücksfall das Baugeschehen. Nach Ausweis des reformierten Kirchenbuches kam am 27. März 1713 der achtjährige Johann Martin Bürgi ums Leben, „Söhnlein" des Jakob Bürgi, „welches von unvorhersehends eingefallener Erd am Schlossbau überschüttet und nach etwa 2 Stunden tot aus der Erde gegraben" wurde. Um diese Zeit war der Bau wohl bereits ins Stocken geraten. Als Rischer 1714 einige Nachforderungen stellte, reagierte deshalb Graf Ferdinand Andreas ziemlich ungnädig. Er warf Rischer vor, bereits bezahlte Arbeit liegen zu lassen, dafür aber neue in Angriff zu nehmen, um an Geld zu kommen. Über seinen Leutershausener Amtmann Diel ließ der Graf „den alten Maurer zu Leutershaußen", Josef Pfisterer (?), ein Gutachten darüber verfertigen, was es kosten würde, „die Bogen an der Einfahrt, sodan die Stiegen in perfectem Zustand zu setzen". Rischer rechtfertigte den schleppenden Baufortschritt mit dem Hinweis auf vielfältige sonstige Arbeiten im Dienste der Familie Wiser. Gegen Ende 1715 war der Bau weitgehend beendet. Über die Amts- und Kellereirechnung für 1715 lassen sich noch allerhand Handwerkerleistungen nachweisen, darunter die des Zimmermanns zu Hohensachsen, der drei Gulden als Abschlag für

„die Thor am Schloß" erhielt. Nach wie vor entstanden auch Ausgaben für die „Steinwagenpferde". In den Monaten September und Oktober weilte die gnädige Herrschaft wieder vorübergehend in Leutershausen. Die Kosten für den Schloßbau waren unterdessen auf rund 7 990 Gulden gestiegen. Dies nahm Graf Wiser im April 1716 zum Anlaß, allerlei Mängel und Abweichungen gegenüber dem ursprünglichen Plan feststellen zu lassen, um entsprechende Abzüge geltend zu machen. Die daraus entstehende Auseinandersetzung zog sich über Jahrzehnte hin. Noch 1751 strengte Rischer eine Klage vor dem kurpfälzischen Hofgericht an, um die Zahlung einer Restsumme von 2 500 Gulden zu erreichen.

Rischer hatte mit seiner Nachforderung nicht zuletzt auch deshalb einen schweren Stand, weil sich bedenkliche Bauschäden offenbarten: das Gebälk war auf die Dauer zu schwach, um das Gewicht der mächtigen Kuppel samt Skulpturen und Kolossalbüsten zu tragen, und so wurde der Mittelrisalit in Mitleidenschaft gezogen. 1764 schlossen die Grafen Karl und Philipp Wiser, die Söhne und Erben des Bauherrn, einen Vertrag mit dem Steinhauermeister Mathes Brößinger wegen Instandsetzung und Veränderung des Schloßaltans. 1801 erwiesen sich schließlich Kuppel und Kuppelsaal in ihrem Bauzustand als so ruinös, daß nur noch ein Abriß dieser Gebäudeteile in Frage kam. Hatte Werkmeister Steinhauser den Kuppelsaal erhalten und ihn mit einem Dach in leichter Schräge samt einem Uhrenturm mit barocker Haube krönen wollen, so bildete nun ein nüchterner, flacher klassizistischer Dreiecksgiebel den Abschluß des Mittelrisaliten. Diese Lösung hatte bis 1929 Bestand; dann trat die Attika an die Stelle des Giebels.

Das ganze 18. Jahrhundert hindurch hielten sich die Angehörigen der gräflichen Familie jeweils nur tage- oder wochenweise, wohl überwiegend in der wärmeren Jahrszeit, in ihrem Leutershausener Schloß auf. Noch 1795 wird es als „Lustschlößgen" bezeichnet[56]. Wenn die Herrschaft aus ihrem Heidelberger oder Mannheimer Stadtpalais zu Aufenthalten nach Leutershausen kam, wurde sie von Teilen ihrer Dienerschaft begleitet, so erscheinen 1730 beziehungsweise 1731 die „wohledle Jungfer Theresia Mor" als „wohlbestallte Kammerjungfer bei den beiden Gräfinnen und Gnaden, Gnaden Ludovica und Josepha von Wiser", sowie ein Matheis Oroffzgi als „wohlbestallter" Lakai bei ihrer hochgräflichen Exzellenz Graf von Wiser, zugleich „dero Weibsschneyder"[57]. Im Sommer 1756 entlohnte der gräfliche Amtmann Musikanten aus Mannheim, die im Schloß aufgespielt hatten[58]. Zum Daueraufenthalt diente das Leutershausener Schloß erst den Familien des Grafen Friedrich von Wiser und seines Sohnes, des Grafen Wilhelm von Wiser.

Auf Graf Ferdinand Andreas geht auch die großartige Bibliothek im Schloß zu Leutershausen zurück. Zahlreiche Bände mit vorwiegend juristischer, staatswissenschaftlicher, kameralistischer, historisch-politischer und theologischer Thematik tragen sein Exlibris mit dem wiserschen Wappen. Bereits seine Söhne Karl und Philipp betrachteten nachweislich diesen wertvollen Teil des wiserschen Erbes als fideikommissarischen Besitz der Familie. Damit war die Bibliothek der willkürlichen Verfügung durch ein einzelnes Familienmitglied entzogen und die Grundlage dafür gelegt, daß die Bestände wohl noch vermehrt, aber nicht zerstreut wurden. Auch in den für die Familie wirtschaftlich äußerst prekären Zeiten um die Wende vom 18. zum 19. Jahrhundert blieb die Bibliothek unangetastet. Es wäre denkbar, daß der Bücherbestand des Grafen Ferdinand Andreas von seinen Söhnen nach Leutershausen transferiert wurde; als Kurpfälzer Militärs hatten sie wohl keine vordringliche Verwendung für die rechts- und staatswissenschaftlichen Abhandlungen. Laut einer Bemerkung des Grafen Karl Theodor von Wiser vom 14. Juni 1789 fand die Bestimmung der „zu Leutershausen stehende[n] Bibliotheck" samt „allen appertinentiis" [Zubehör] zu einem Fideikommiß im Jahre 1757 statt; er selbst verfügte nun, daß auch die aus seinen eigenen Mitteln angeschafften Titel Teil dieses Fideikommisses sein sollten[59]. Für die Familie von Wiser war freilich kurz vor der Bestimmung von 1757 ein bibliophiler Schatz ersten Ranges verloren gegangen: auf ungeklärte Weise hatte Franz Melchior von Wiser die Weltchronik des Heidelberger Humanisten und pfalzgräflichen Kanzlers Matthias von Kemnat aus dem Jahre 1476 in seinen Besitz gebracht. Das Werk gehörte ursprünglich zum Bestand der Kurpfälzer Hofbibliothek, dann der Bibliotheca Palatina und war deren Übergabe durch den bayerischen Herzog Maximilian an den Papst im Jahre 1623 durch irgendeinen Zufall entgangen. Um 1750 trennten sich die Erben des Franz Melchior von Wiser von der Chronik, die erst 1960 wieder auftauchte und dann 1997 in den Besitz der Universitätsbibliothek Heidelberg gelangte[60].

5.3.2 Der Schloßgarten

Durch Aufschüttung einer künstlichen Terrasse, was wohl zahlreiche Fronfuhren erforderte, entstand im Norden an das Schloß anschließend eine vollkommen ebene Fläche. Pläne aus den Jahren 1774[61] und 1780[62] zeigen den auf dieser Fläche entstandenen, aufwendig und streng geometrisch gestalteten Park nach französischem

Abb. 5: Der Eingang zum Schloßbezirk um 1900. Links ein Teil der 1908 abgebrochenen katholischen Kirche von 1752.

Abb. 6: Exlibris Ferdinand Andreas von Wiser

Vorbild. An seiner östlichen, bergseitigen Langseite war er durch eine flach terrassierte Kastanienallee begrenzt. Vom Schloß zog der Mittelweg nach Norden durch Rasenparterres und beschnittenen Bosketts zum Gartenhaus, das ursprünglich die ganze Breite des Gartens einnahm. Das Gartenhaus diente auch als Orangerie; als solche wird es noch in der gerichtlichen Beschreibung des Jahres 1813 bezeichnet[63]. Bis zum Jahr 1755 wurde das „Ein- und Austragen der Orangerie" durch die Leutershausener Untertanen als Frondienst bewerkstelligt, die vor Wintereinbruch die frostempfindlichen Kübelpflanzen in das Orangeriegebäude verbrachten und zur wärmeren Jahreszeit wieder in den Schloßgarten zurück transportierten. 1755 verweigerten sie diesen Dienst. Das Orangeriegebäude wurde 1817 abgetragen[64]. Vor dem Gartenhaus lag ein Rondell mit einem Bassin im Mittelpunkt. Statuen antiker Gottheiten, Putten als Verkörperungen der vier Jahreszeiten und eine weibliche Gestalt mit einem Löwen zu ihren Füßen – Symbol der Kurpfalz

Abb. 7: Schloßgarten: Allegorie der Kurpfalz

– waren an den markanten Stellen des Parks aufgestellt; neun der ursprünglich zehn Figuren sind im Park noch erhalten, wurden aber längst von ihren ursprünglichen Standorten entfernt. Zusammen mit den Plastiken der Weikersheimer Schloßanlage zählen sie zu den wenigen übriggebliebenen Zeugnissen frühbarocker Gartenplastik[65]. Der Garten selbst dürfte um 1730 fertiggestellt worden sein. 1726 und 1727 arbeitete Maurermeister Pfisterer noch an der Gartenmauer, 1727 mauerte er auch das Gartenbassin aus und legte 1 000 Schuh Platten in das Bassin. Für 1730 sind nochmals Arbeiten an der Gartenmauer belegt. 1777 wird der Garten als „der große Lustgarten" bezeichnet[66]. Nach 1816 wurde an der Stelle des ursprünglichen Gartenhauses das heute noch bestehende Saalgebäude nach dem Plan des Leutershausener Zimmermeisters Georg Brand als klassizistischer dreiachsiger Bau mit großen Rundbogenöffnungen errichtet und wurden die Flügel des alten Saales abgerissen. In jüngster Zeit haben behutsame Eingriffe dem Garten seinen barocken Charakter wieder gegeben.

5.3.3 Baumgarten und Neuer Garten

Am westlichen Fuß der Terrasse lag vor dem vorderen Teil des Schloßgartens ein baumbestandener Rasenplatz. Er nahm zugleich einen Teich sowie die Fasanerie auf. Hierzu gibt es aus dem Jahr 1755 den Hinweis, daß die Untertanen in der

Fron 300 Latten in den Garten geführt hatten, die zur Umzäunung eines kleinen Geländestücks dienten, „worin wir [die Grafen Wiser] einige Vögel zu unserer Plaisir aufhalten"[67].

An den Baumgarten schloß sich in westlicher Richtung der 1770 entstandene Neue Garten an. Der Plan von 1774 zeigt ihn als ost-westlich gerichteten Garten mit Rondells an den Schnittpunkten des mittleren Hauptweges mit den Querwegen. In seiner Südwestecke wurde der Garten vom Großsachsener Tor begrenzt. Heute steht das neue Hirschberger Rathaus auf einem Teil des einstigen Neuen Gartens; erhalten sind noch Abschnitte seiner Umfassungsmauer.

5.3.4 Englischer Garten

Seit dem ausgehenden 18. Jahrhundert wird zudem ein „Englischer Garten" erwähnt, der westlich des Schloßplatzes angelegt worden war. 1816 trat die Herrschaft einen Teil dieses Gartens an die katholische Gemeinde ab, die den Platz zum geplanten Anbau eines Chores an die katholische Kirche benötigte[68].

5.3.5 Flügelbau

An der Ostseite des Schloßplatzes entstand 1714 der sogenannte Flügelbau, ein repräsentatives Gebäude zu 12 Achsen und zwei Stockwerken unter einem Mansarddach. 1975 / 1976 restauriert, dient es heute der gräflichen Verwaltung. In den Quellen wird der Bau stets als der „Flügelbau" bezeichnet und wurde

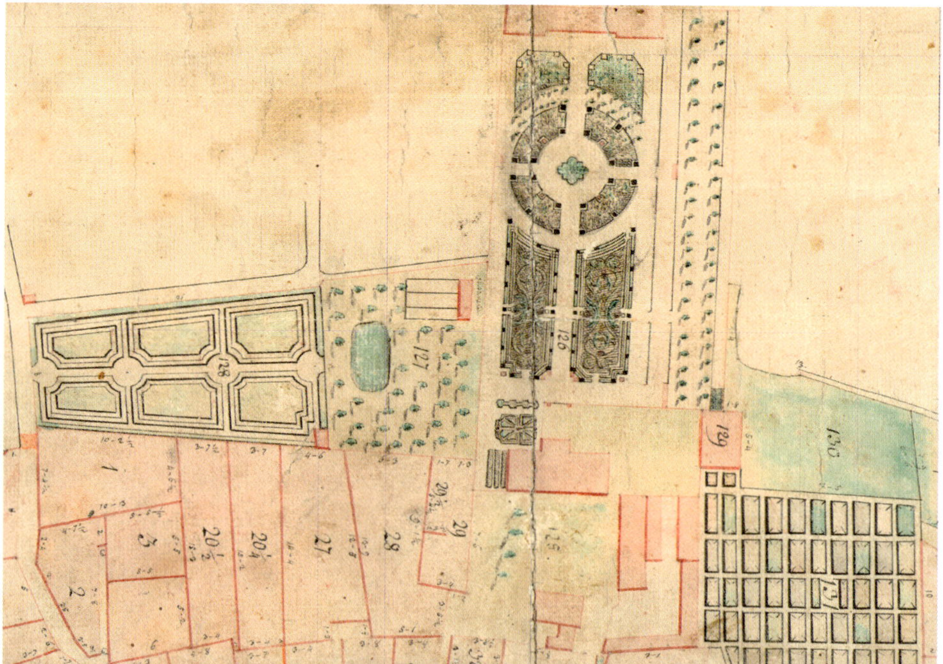

Abb. 8: Der Schloßbezirk im Ortsplan von 1774

Abb. 9: Schloß Leutershausen im Jahr 2000

offensichtlich von Angehörigen der gräflichen Familie auch zu Wohnzwecken benutzt. In beiden Stockwerken befand sich je eine Wohnung zu drei Wohnräumen. Daneben beherbergte der Bau Brauerei, Brennerei und Speicherräume. Wenn das Gebäude als Musterbeispiel eines barocken Amtshauses bezeichnet wurde, das „den Vergleich mit landesherrlichen Amtshäusern der Kurpfalz [...] nicht zu scheuen" brauche[69], so muß daran erinnert werden, daß als Sitz für die gräfliche orts- und grundherrschaftliche Verwaltung und den Amtmann bis zu Beginn des 19. Jahrhunderts der ehemalige Frankensteiner Hof diente, den Graf Ferdinand Andreas, wie erwähnt, 1704 aus dem Besitz des Freiherrn von Violath an sich gebracht hatte.

5.3.6 Wirtschaftsbetrieb und Dienerschaft

Mit dem Schloßbezirk verbanden sich einige wirtschaftliche Aktivitäten. So unterhielten die Grafen hier eine Brauerei. 1718 baute Johann Jakob Rischer zu diesem Zweck ein Nebengebäude, wohl den Flügelbau, im Schloßbezirk um. Vielleicht können wir darin eine Reminiszenz an die neuburgische Herkunft der Familie von Wiser erblicken: von Neuburg ist es nicht weit zur Hallertau mit ihren Hopfenpflanzungen; auch betrieben die Pfalzgrafen von Pfalz-Neuburg in Neuburg selbst ein herrschaftliches Hofbrauhaus. Zumindest zeitweilig wurde der zur Leutershausener Brauerei benötigte Hopfen im herrschaftlichen Hopfengarten selbst erzeugt. Gebraut wurde im Winterhalbjahr; 1749-1750 geschah dies in vier Sudterminen. Das Leutershausener Bier ging zum Teil an die Herrschaft und die herrschaftlichen Diener, zum Teil wurde es an die Wirte in Leutershausen und auch Großsachsen geliefert. Die Bierhefe wurde den Bäckern verkauft. Als Bierkeller diente das „Bergwerk". Das Schroten des Malzes geschah zumindest zeitweilig in der Großsachsener „Kaisermühle".

Ähnlich verhielt es sich mit der gräflichen Branntweinbrennerei, in der Korn, Weinhefe und Trester zu Schnaps gebrannt wurden. Das Produkt ging teils an die herrschaftliche Haushaltung, teils an die „Jagdleute“; der Rest wurde an Branntweinhändler und die Leutershausener Wirte abgesetzt. Das zu Kühlzwecken in Brauerei und Brennerei benötigte Eis lagerte in einer Eisgrube.

1728 heißt es, daß sämtliche herrschaftlichen Ackerflächen in Teilpacht vergeben seien, ausgenommen einige Stücke, welche „Ihro hochgräfl. Excellenz meiner (!) gnädigsten (!) Gräfin und Frau“ mit Erbsen, Linsen, Hanf, Flachs, Rüben, Ackerbohnen etc. bebauen lasse. 1756 wurden für die Herrschaft 4 ½ Morgen mit Welschkorn und 5 Morgen mit „Grundtbiehren“ bestellt.

Die „Hofbauerei“ diente wohl vor allem dem Decken des Eigenbedarfs an Fleisch sowie an Milch und Milchprodukten wie Butter und Käse. Sie wurde betrieben von einem „Hofmann“, dem drei bis vier Knechte und eine oder zwei Kuhmägde unterstanden.

In den herrschaftlichen Haushalt ging auch ein Teil des Zinsweines der in Bestand vergebenen Wingerte; gleiches gilt für die Zinshühner. Das benötigte Mehl wurde aus dem Getreide gemahlen, das aus den herrschaftlichen Scheunen zu diesem Zweck in eine der Mühlen in den Nachbarorten zu liefern war.

Der Dewaratsche Gemarkungsplan von 1777 zeigt im nordwestlichen Rott nahe der Gemarkungsgrenze zu Heddesheim ein „Taubenhaus“, das der Herrschaft zuzuschreiben sein dürfte[70].

Der herrschaftliche Jäger oder „Schloßjäger“ beaufsichtigte den Jagdbezirk und auch den herrschaftlichen Wald. Aus den „Schußbüchern“ in den Beilagen der Amtsrechnungen geht hervor, was ihm vor die Flinte kam, nämlich Wildtauben, Hasen, Schnepfen, Feldhühner, Enten und auch einmal ein Reh. Die Beute wurde zum Teil in die herrschaftliche Küche geliefert, zum Teil an Einwohner verkauft.

Weiter standen ein oder zwei Gärtner im Sold der Herrschaft; sie waren einmal für die Pflege des Schloßgartens zuständig, aber auch zum Bebauen des herrschaftlichen Gemüsegartens, der die Küche belieferte. Dieser Nutzgarten war auf dem Gelände des im 17. Jahrhundert abgegangenen Oberen oder Wasserhofs entstanden; die Ortspläne aus dem 18. Jahrhundert lassen deutlich die geänderte Nutzung erkennen.

Ein Brunnenaufseher hatte für den zuverlässigen Zufluß von Wasser aus dem oberen Brunnen zum Schloßareal zu sorgen; dies war im wasserarmen Leutershausen eine wichtige Aufgabe.

Ein Schloßschreiner kümmerte sich um das Ausführen von allerhand anfallenden Reparaturen an Gebäuden und Inventar.

Das Beaufsichtigen all dieser Diener gehörte zu den Aufgaben des Amtmannes, der auch für die Besoldung und Rechnungslegung der Diener verantwortlich war. Er führte auch die Rechnung über alle Einnahmen und Ausgaben, die mit dem Hirschberger Lehen und dem Leutershausener Eigenbesitz der Grafen in Verbindung standen. Als Schreiber stand ihm dabei der katholische Schulmeister zur Seite. Dieser versah auch wenigstens zeitweise das wichtige Amt des Teilwärters, der das Abführen der Naturalpachtanteile durch die Teilpächter zu überwachen hatte.

Die zum Lehns- und Allodialbesitz gehörenden landwirtschaftlichen Flächen waren zum überwiegenden Teil an Leutershausener und auch Großsachsener Bauern verpachtet. Eine hervorgehobene Rolle spielte hierbei das Rottgut. Es wurde, aufgeteilt in mehrere Lose, an Pächter übergeben, die nicht nur Pachtzins zahlten, sondern zu Spanndiensten, den „Rottpachtfuhren", zugunsten der Herrschaft verpflichtet waren. Darunter fielen beispielsweise das Zackern im Schloßgarten, das Herbeiführen von Erbsenreisig ebendorthin, das Herbeiführen von Most und Zinswein aus Lützelsachsen, das Eggen des Weihergartens und so fort. Ein eigener „Rottschultheiß" nahm die Interessen der Herrschaft gegenüber den Rottpächtern wahr.

Einnahmen zog die Herrschaft auch aus ihrer Kiesgrube im westlichen Gemarkungsteil von Leutershausen. So weist die Amts- und Kellereirechnung 1793 Einnahmen für Kies aus, der zum Chausseebau abgegeben worden war; die Gemeinde Leutershausen hatte daran einen Anteil von sechs Gulden zu tragen, die Ursenbacher Untertanen erlegten drei Gulden[71].

Auch die herrschaftlichen Waldungen lieferten Erträge in die Kasse des Kellers, indem beispielsweise der Eichelertrag zur Versteigerung kam. So ließ Ende September 1712 die Herrschaft die Eicheln aus dem Hombusch, den Großen und den Kleinen Stauden versteigern, wobei vermerkt wurde, daß die Eicheln vom Hirschberg und dem Hasengarten gesondert vergeben worden waren[72]. Verkauft wurde schließlich sogar das Schilf aus den Feuchtgebieten des Hombuschs.

6. Ausübung der Ortsherrschaft

„Auf das Rathaus darf weder Graf noch Beamter" heißt es kurz und bündig im Vergleich der Grafen Karl und Philipp mit der Gemeinde vom Jahr 1754[73]. Dahinter steht die Absicht, Eingriffe der Herrschaft in den Selbstverwaltungsbereich der Gemeinde abzuwehren. Leider ließ sich nicht ermitteln, ob dieses Verbot auch schon zu Zeiten der früheren Ortsherren, etwa der Junker Hirschberg, gegolten hat. Vielleicht war dieses Verbot aber auch eine Reaktion auf die deutlich feststellbare Tendenz der Herrschaft, zeitgemäße absolutistische Herrschaftspraktiken gegenüber ihren Leutershausener Untertanen in Anwendung zu bringen. Absolutistisch anmutendes Selbstverständnis der Grafen spricht immer wieder aus den Dokumenten. Im Neujahrsgerichtsprotokoll von 1741 kommen die Herrschaftsverhältnisse so zum Ausdruck: „Auf gnädigen herrschaftlichen Befehl ist von löblichem Gericht dahier beschlossen worden [...]"[74]. Auch erhob die Herrschaft einen mit Strafe bewehrten Anspruch darauf, daß das Neujahrsgericht, an dem die Gemeindeämter besetzt wurden und die Bürgeraufnahme erfolgte, nur in Gegenwart ihres Beamten stattfand.

Da „weder Graf noch Beamter" auf das Rathaus durften, die Grafen ohnehin meistens abwesend waren, spielte der Schriftverkehr zwischen den Grafen und ihrem Amtmann eine entscheidende Rolle. Anordnungen, Befehle und sonstige Schreiben der Grafen an Schultheiß, Gericht und Gemeinde waren im Frondienst in Mannheim abzuholen und dem Amtmann zu überbringen. Dieser ließ dann die Papiere in Kopie oder Original zum Beispiel durch den sogenannten Dorf- oder Gassenspieß zum Rathaus weiterleiten. Zur Sicherstellung der Verbindung zu ihrem Amtmann verfügten die Grafen Karl und Philipp um das Jahr 1760, daß alle Untertanen, die in Geschäften nach Mannheim abgingen, sich beim Amt zu melden hätten, um Berichte oder „sonstiges Geringes“ nach Mannheim mitzunehmen. Es leuchtet ein, daß die Untertanen davon nicht sehr beglückt waren, und so belegte der Amtmann 1766 beziehungsweise 1767 sechs Untertanen mit Herrschaftsstrafen von je 10 Kreuzern, weil sie ohne Angabe beim Amt nach Mannheim abgegangen waren.

6.1 Polizeiverordnungen

Die Grafen Wiser wirkten, zum Teil über ihren Amtmann, mit einer Reihe von Polizeiverordnungen und sonstigen polizeilichen Maßnahmen auf das dörfliche Leutershausener Leben ein. Es ist zu vermuten, daß dabei in einigen Fällen entsprechende kurpfälzische Verordnungen als Vorbild dienten. Unmittelbar belegen läßt sich ein derartiges Anlehnen für das Jahr 1748. Von Mannheim aus übersandte Graf Ferdinand Andreas seinem Leutershausener Amtmann Schweizer eine Verordnung der kurpfälzischen Regierung, in der im Namen des Kurfürsten Karl Theodor und im Interesse eines ertragreichen Wein- und Ackerbaues die örtlichen Instanzen

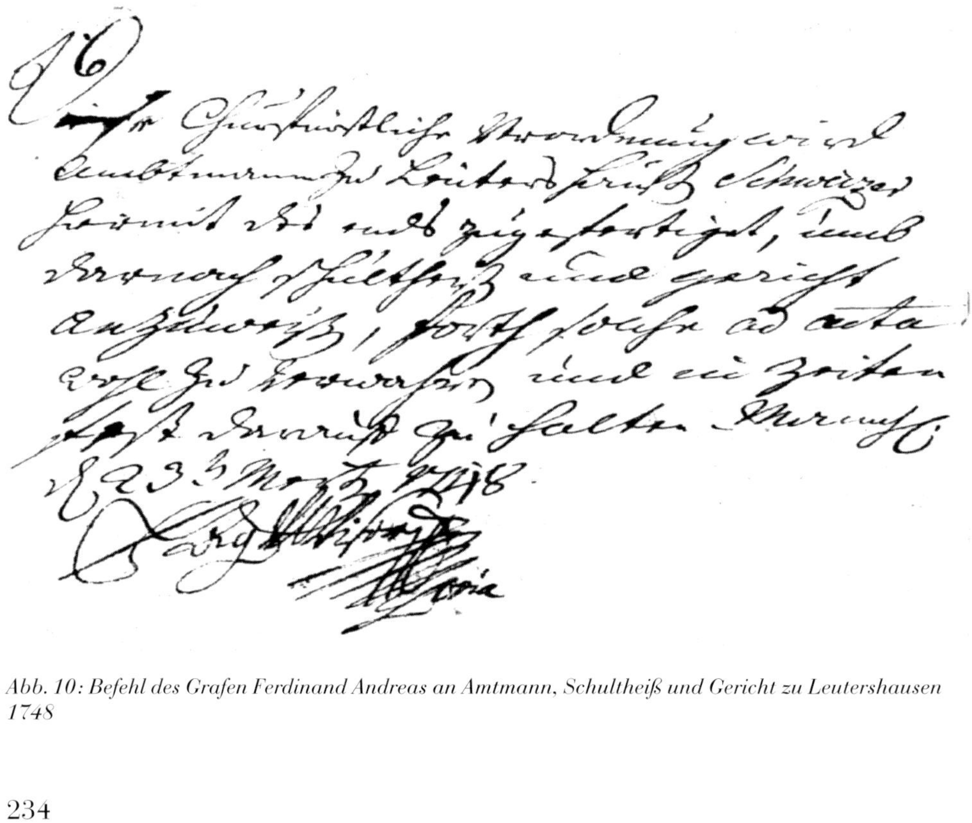

Abb. 10: Befehl des Grafen Ferdinand Andreas an Amtmann, Schultheiß und Gericht zu Leutershausen 1748

dazu aufgefordert wurden, den entsprechenden Gesetzen und Verordnungen zu genauer Beobachtung zu verhelfen. In seinem Begleitschreiben an den Amtmann verlangte Graf Wiser, den Schultheißen und das Gericht zu Leutershausen vom Inhalt der Verordnung zu unterrichten, „solche ad acta wohl zu verwahren und in Zeiten fest darauff zu halten“[75].

Auf Befehl des Herrn Amtmanns verhandelten am 22. Oktober 1712 Schultheiß und zwei Gerichtsmänner mit dem Schornsteinfeger von Mannheim, Johann Reinhart. Damit „dem Orth kein Unglückh möchte erwachsen“, wurde der Schornsteinfeger beauftragt, alle Schornsteine und Häuser zu putzen, „sie mögen Schornstein haben oder nicht“. Dafür zahlte ihm der Bürgermeister am 27. Oktober zwei Gulden 30 Kreuzer. Gleichzeitig wurde vereinbart, daß Reinhart im folgenden Jahr an zwei Terminen, zu Ostern und zu Martini, fegen und putzen sollte. Als Lohn sollten ihm dafür fünf Gulden gereicht werden, zuzüglich einem Maß Weinkauf und einem weiteren Maß Wein, „dan er hier weggehet“ [76].

1741 befaßte sich das Gericht mit einem Bürger, dem auf sein Ersuchen ein Eichbaum als Bauholz zugewiesen worden war. Er hatte aber das Holz zweckwidrig zu Wingertpfählen, „Stiefeln“, verarbeitet, was „von Ambtswegen“ verboten und mit fünf Gulden Herrschaftsstrafe bewehrt war. Das Gericht verurteilte ihn zu einer Strafe von zwei Gulden, wobei die zusätzliche Bestrafung durch die Herrschaft vorbehalten blieb[77].

1747 stellte Amtmann Schweizer fest, man müsse „bey Ambt gantz mißvergnüget“ wahrnehmen, daß sowohl vom Gericht selbst wie unter der Bürgerschaft grundlos schändliche Nachreden gegen den einen oder anderen Gerichtsverwandten ausgestoßen und „glamiret“ würden. Dies habe dem hiesigen Ort, dem ganzen Gericht und der Bürgerschaft zum größten Nachteil gereicht, weshalb dergleichen bei schwerster Bestrafung künftig zu unterbleiben habe.

Unter dem gleichen Datum schärfte eine Verordnung des Amtmannes jedem dahier angesessenen Bürger die „anbefohlene Polliceu“ ein, keine unbekannten Leute, auch Landstreicher, die hier einträfen und um Nachtherberge ansuchten, zu beherbergen, ohne zuvor, „wie bishero geschehen“, beim Amt einen schriftlichen Schein eingeholt zu haben. Insbesondere wurde sämtlichen Wirten auferlegt, gegen dieses Gebot nicht zu „excediren“.

Weiter ordnete Amtmann Schweizer an, den bisher geübten heimlichen Weinschank in den einen und anderen Häusern einzustellen. Schließlich wurden die bestellten Brotwieger dazu angewiesen, die Gewichte zu überprüfen[78].

Zur Herrschaftszeit der Grafen Karl und Philipp von Wiser erfolgte die Verfügung, daß die Untertanen ihre Erzeugnisse – „Feilschaften“ oder „Victualien“ – nicht nach auswärts, nach Mannheim, Heidelberg oder Ladenburg, ausführen sollten. Das hinter dieser Verordnung stehende Ziel war, sicherzustellen, daß die gnädige Herrschaft bei ihrer Anwesenheit dahier oder auch die herrschaftlichen Beamten „an dergleichen Feilschaften keinen Mangel haben möchten“; so erklärte der Amtmann nach heftigen Protesten aus der Gemeinde. Es nütze dem Untertanen letztlich doch, wenn er seine Erzeugnisse hier zum selben Preis wie in den genannten Städten anzubringen imstande sei. Es sei nicht einzusehen, daß die

Untertanen sich einer Verordnung widersetzten, die doch nur ihrem Besten dienen sollte. Die Untertanen sahen dies freilich anders!

Verstöße gegen die von der Herrschaft gesetzten Normen ahndeten die Grafen selbst. Im Regelfall dürfte hier der Amtmann ohne weitere Anweisung tätig geworden sein. In einzelnen Fällen übernahmen dies die Grafen in eigener Person. So findet sich beispielsweise in der Amts- und Kellereirechnung von 1735 unter der Rubrik „Strafen, von gnädiger Herrschaft selbst oder vom Amt andictirt" eine Einnahme von fünf Gulden, die der Velten Spitzer wegen „verübter Schlägerei" mit einem in Quartier liegenden kaiserlichen Dragoner zu entrichten hatte. 1762 büßte der Schwiegersohn des Heinrich Kling von Großsachsen einen Wirtshausstreit im „Hirsch" mit 1 ½ Gulden. 1767 zahlten Johannes Ulmer und Edelmann von Ursenbach einen Gulden Strafe wegen eines „Exzesses" anläßlich der Überführung der „jungen Herrschaft" nach Mannheim. Mehrere Untertanen wurden mit je 10 Kreuzern Strafe belegt, weil sie nach Mannheim gegangen waren, ohne zuvor, wie von der Herrschaft verlangt, beim Amtmann davon Anzeige zu erstatten. Schultheiß, Gericht und ganze Gemeinde wurden im gleichen Jahr mit

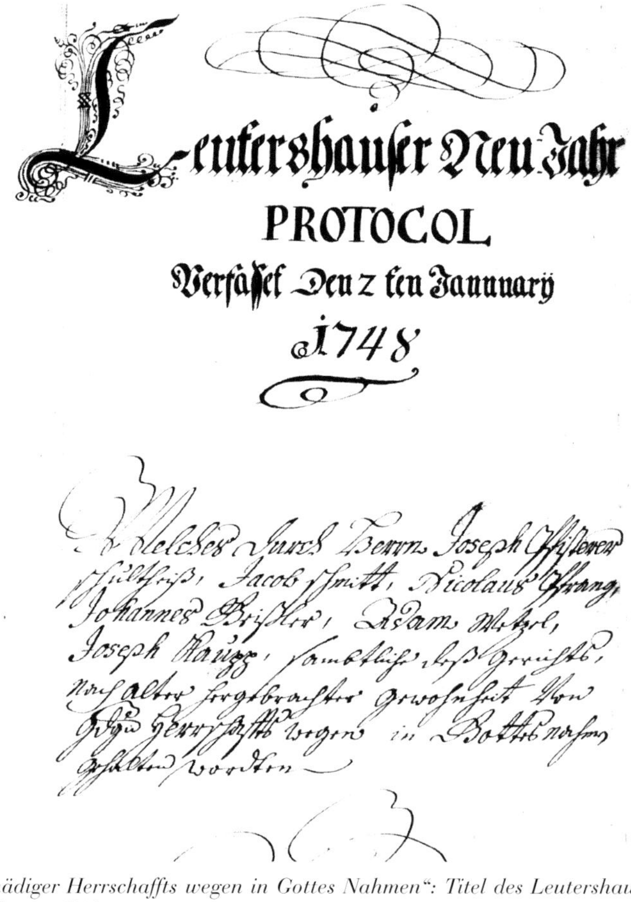
Leutershaußer Neu Jahr
PROTOCOL
Verfaßet den 2 ten January
1748

Welches durch Herrn Joseph Pfisterer Schultheiß, Jacob Schmitt, Nicolaus Strang, Johannes Büchler, Adam Metzel, Joseph Kräuß, sämtliche des Gerichts, nach alter hergebrachter Gewohnheit von gnädiger Herrschaffts wegen in Gottes Nahmen gehalten worden

Abb. 11: „von gnädiger Herrschaffts wegen in Gottes Nahmen": Titel des Leutershausener Neujahrsgerichtsprotokolls von 1748

19 Gulden Strafe belegt, weil sie das Neujahrsgericht zu einem von der Herrschaft nicht genehmigten Termin abgehalten hatten. Wegen „verbotenem Beischlaf" verhängte die Herrschaft 1804 Geldstrafen über zwei Frauen. Mit dieser Auswahl soll es hier sein Bewenden haben. Die im gräflichen Archiv vorhandenen Amts- und Kellereirechnungen sind voll von derartigen Beispielen.

Auch in die Ahndung der zahlreichen Feld- und Waldfrevel schaltete sich, wie unten gezeigt wird, die Herrschaft ein und zog vor allem nach dem Herrschaftsantritt der Grafen Karl und Philipp zum Mißvergnügen der Gemeinde die fälligen Strafgelder an sich.

6.2 Anteil an der Strafgerichtsbarkeit des Ortsgerichtes

Spannungen zwischen der Herrschaft und der Gemeinde ergaben sich auch aus der Ausübung der Gerichtsbarkeit, hier besonders aus der Frage, wem die Strafgelder zukommen sollten. In der Beschreibung der Gerechtsame von 1695 werden Gericht und Gemeinde als alleinige Begünstigte bezüglich der Strafen aus den „Tag- und Nachtrugen" genannt. Die Bußen für geringe Scheltworte und Lügen, die nicht über zwei Pfund Heller betrugen, sollten je hälftig der Gemeinde und dem Vogtsherren zufallen[79]. Schon der Lehnsbrief für den Grafen Hamilton von 1694 aber hatte alle Bußen, Strafen und Frevel, sofern sie nicht zur Zentgerichtsbarkeit gehörten, als Bestandteile des Hirschberger Lehens beschrieben. Im August 1731 nahm schließlich die Herrschaft die Strafgelder aus der „gemeinen Rug oder Einung" völlig an sich und forderte durch ihren Rentmeister wenig später beim Gerichtsschreiber das entsprechende Rugregister ein. Schultheiß, Gericht und Vertreter der Gemeinde protestierten gegen diesen Akt, da er dem Herkommen ganz zuwiderlaufe[80]. Die Herrschaft setzte sich indessen durch. So versammelte künftig der herrschaftliche Amtmann jeweils gegen Ende Dezember Gericht und ganze Gemeinde zum Ruggerichtstag auf dem Rathaus, um Bußen gegen Feld- und Waldfrevler zu verhängen, die etwa beim Zackern das Feld ihres Nachbarn in Mitleidenschaft gezogen hatten, deren Rindvieh auf einem fremden Feld Schäden hinterlassen hatte oder die gar ihre Ochsen in einem „abgehängten Schlag" Jungwald hatten weiden lassen. Anläßlich des Ruggerichtstages vom 28. Dezember 1750 wurden an die 150 Verstöße mit Strafgeldern in einer Höhe von etwa 95 Gulden geahndet, wobei die Grafen Karl und Philipp „aus besonderen Gnaden", jedoch ohne Konsequenz für die Zukunft den Schädigern die Hälfte der Buße nachließen[81].

Der Vergleich zwischen der Gemeinde und den Grafen Karl und Philipp von Wiser vom 4. Mai 1754 berücksichtigte den Wortlaut der Beschreibung von 1695, bezog sich aber auch auf den Lehnsbrief für die Grafen Wiser, laut dem Strafen, Bußen und Frevel den Lehnsinhabern gehörten. Schließlich wurde noch das vorgebliche Weistum von 1624 herangezogen. Strafen, die wegen Benutzung von falschem Gewicht und Maß, wegen Verwüstung von Grenzsteinen und Brunnen, wegen Beschädigung von Mark- oder Gütersteinen oder über den verhängt wurden, der mit dem Aussatz oder den „bösen Plattern über die Brunnen gienge", sollten diesem Dokument gemäß zu zwei Dritteln dem Gericht, zu einem Drittel aber der

Gemeinde zufallen. Was aber in diesen und anderen Strafen sonst verwirkt werde, sollte dem „Vogtsherrn verfallen, heimerkant und hingewiesen werden". Mit diesen „clärlich" vor Augen liegenden und dem alten Herkommen entsprechenden Bestimmungen sollte es bezüglich der Zuständigkeiten von Vogtsherrschaft einerseits, Schultheiß, Gericht und Gemeinde andernseits sein Bewenden haben; so wenigstens wollte es der Wortlaut des Vergleichs.

Schon ein Jahr später mußten sich die Grafen Karl und Philipp von Wiser aber gegen die Behauptung zur Wehr setzen, sie würden zu hohe Gerichtsgebühren erheben und Strafgelder an sich ziehen[82]. Sie führten aus, daß sie die Strafgelder in den oben genannten Fällen dem Gericht und der Gemeinde völlig überlassen hätten. Die Gemeinde aber mißbrauche dieses Recht „ohngemein starck", indem sie die Schuldigen nicht mit einer Geld-, sondern einer „Weinstraff" zu belegen pflege, welche alsdann „gemeinschafftlich durch die Gurgel hinuntergejaget" werde. Aus diesem Grund aber müsse das Geld zur Bezahlung des Gerichts aus den Gemeindemitteln genommen werden. Wie die Gerichtsprotokolle zeigen, verhielt sich der behauptete Sachverhalt tatsächlich so; freilich konnten die Grafen mit ihrer Rüge die Gewohnheiten aber auch nicht ändern. So wurde etwa noch 1783 ein Leutershausener, der zwei „Gutlichter" [Unschlittkerzen] entwendet hatte, mit einer Strafe von zwei Vierteln Wein [ca. 16 Liter] belegt; mit drei Vierteln Wein [ca. 24 Liter] büßte ein anderer Missetäter zum gleichen Termin die Entwendung von Heu auf der Waid.

6.3 Besetzung der Schultheißenstelle und des Gerichts

Die gräflich wisersche Ortsherrschaft entschied letztlich über die Besetzung von Gericht und Schultheißenstelle. Neu angenommene Schultheißen und Gerichtsverwandte wurden vom gräflichen Amtmann „der Gemeind gewöhnlich vorgestellet und ordentlich verpflichtet." Diese Praxis nahm die Gemeinde zum Anlaß, sich 1755 beim Kurfürsten über die Grafen Wiser zu beschweren[83]. Diese, so der Vorwurf, setzten Gerichtsleute nach „eigener Willkühr" ein und ab; ferner suchten sie sich zur Besetzung der Stellen Männer heraus, die mit der Herrschaft „in Verständnis lebten" oder in ihren Diensten stünden. So sei der derzeitige Schultheiß zugleich gräflicher Jäger, und auch der Gerichtsschreiber sei zuvor herrschaftlicher Bediensteter gewesen. Die Grafen wiesen diese Beschwerden zurück. Sie argumentierten, daß es zu den Befugnissen der vogteilichen Obrigkeit gehöre, Gericht und Schultheiß zu setzen und zu entsetzen. Sie könnten dabei nicht das Votum „eines jeden ohngeschliffenen Bauers" einholen; vielmehr müsse der jeweils Tüchtigste mit dem entsprechenden Amt betraut werden. Auch sei bislang niemals einer ohne hinlängliche Ursache seines Amtes enthoben worden.

Über das Prozedere bei der Besetzung vakant gewordener Stellen im Gericht und den hierbei unter Umständen auftretenden Schwierigkeiten handelt ein Bericht des gräflichen Amtmannes an die Herrschaft vom 1. Februar 1792[84]. Diesem Bericht zufolge ersuchten die Gerichtsverwandten im April 1790 um die Wiederbesetzung von zwei vakanten Stellen. Der Amtmann forderte daraufhin wiederholt einen entsprechenden Vorschlag seitens des Gerichts an. Am 18. August dieses Jahres konnte der Amtmann endlich den Vorschlag untertänigst „ad manus" einreichen, worauf der gnädige Befehl zur Verpflichtung des Martin Stöhr und des Heinrich Brandt erging. Bemerkenswerterweise weigerten sich die beiden, ihre Ämter anzunehmen. Die Herrschaft reagierte auf diese Unbotmäßigkeit mit einem Strafbefehl von 50 Reichstalern. Dies bewirkte, daß sich Martin Stöhr und Johann Geißler, dieser an Stelle des Heinrich Brandt, zu Protokoll vernehmen ließen, welches der Amtmann unter Beischluß des Vorschlages des Gerichts und zweier Zeugnisse Ende Oktober an die Herrschaft abgehen ließ. Auf dieser Grundlage konnte schließlich die Verpflichtung von Stöhr und Geißler durch den Amtmann erfolgen, der die beiden neuen Gerichtsverwandten beim darauffolgenden Neujahrsgericht ordnungsgemäß der Gemeinde vorstellte. Der Grund für die zögerliche Haltung der zu Gerichtsverwandten vorgeschlagenen Männer läßt sich wohl darin erblicken, daß angesichts der Spannungen innerhalb der Gemeinde selbst und in Anbetracht der nicht enden wollenden Konflikte mit der Herrschaft die Gerichtsverwandten sehr schnell zwischen allen Stühlen sitzen konnten!

6.4 Konfessionspolitik

Der Antritt der Regierung durch die katholischen Pfalz-Neuburger brachte eine Rekatholisierung der Kurpfalz mit sich. Hielt sich Kurfürst Philipp Wilhelm (1685-1690) in dieser Hinsicht noch einigermaßen zurück, so betrieben seine Nachfolger Johann Wilhelm (1690-1716) und Karl Philipp (1716-1742) die Sache um so eifriger. Die Grafen Wiser ihrerseits unterstützten in ihrem Herrschaftsbereich als treue Gefolgsleute ihrer Landes- und Lehnsherren deren Rekatholisierungspolitik nach Kräften[85].

Über den Erfolg dieser Bestrebungen der wiserschen Herrschaft in Leutershausen schrieb Karl Theodor von Wiser 1794 in einem in französischer Sprache gehaltenem Schreiben an den bayerischen bevollmächtigten Minister beim Heiligen Stuhl, den Grafen Antici, daß seine, Karl Theodors, Vorfahren unter dem mächtigen Schutz von Gott und der allerheiligsten Jungfrau die Katholiken in diesem Dorf erhalten [„conservé"] hätten, sei doch dermalig die Zahl der Katholiken gleich groß wie die der anderen Religionen [im Konzept ursprünglich „hérétiques" = „Ketzer"], während man ursprünglich kaum vier oder fünf arme [katholische] Familien gezählt habe[86].

Diese tiefgehende konfessionelle Umschichtung bewirkte die Herrschaft mit ihrem Recht der Aufnahme neuer Bürger und Beisassen. Sie sorgte dafür, daß der Zuzug nach Leutershausen vor allem aus katholischen Territorien geschah. So stammten die Neuankömmlinge aus den Hochstiften Speyer und Mainz, aus Pfalz-Neuburg und den habsburgischen Landen. War der Bewerber um eine Niederlassung in Leutershausen nur katholisch, so verzichtete die Herrschaft auch schon einmal auf den sonst streng geforderten Vermögensnachweis. Weiterhin wurde das katholische Element durch die herrschaftlichen Diener verstärkt, die von außen in den Ort kamen und zum Teil hier ansässig blieben; sie waren ausnahmslos katholisch[87].

Es versteht sich, daß der an der Spitze der Dorfgemeinde stehende Amtsträger, der Schultheiß, unter diesen Umständen nur ein Katholik sein konnte. Es gelang der Herrschaft, diese Stelle ab und zu mit einem ihrer Diener zu besetzen, der erst kurz zuvor in den Ort gekommen war. Dies galt beispielsweise für den herrschaftlichen Schäfer und Wingertsmann Jakob von der Fell, der 1755 auf das ausdrückliche Betreiben der Herrschaft zum Schultheißen berufen wurde. Der Schultheiß stand dem Gericht vor, das zugleich beschließendes, ausführendes und rechtsprechendes Organ war. Auch auf die Zusammensetzung dieses Organs nahm die Herrschaft, wie gezeigt, bestimmenden Einfluß und so kam es, daß 1787 der Schultheiß, sein Stellvertreter – der „Anwalt"– und zwei der restlichen drei Mitglieder des Gerichts Katholiken waren, vom Gerichtsschreiber ganz zu schweigen. Der einzige Nicht-Katholik in dem Gremium war außerdem ein Lutheraner, womit die im Ort vorherrschende reformierte Glaubensrichtung überhaupt nicht vertreten war.

Der Ausbreitung des katholischen Glaubens in Leutershausen diente auch die Einflußnahme der gräflichen Herrschaft auf die Konfessionswahl der Kinder aus den wenigen gemischt protestantisch-katholischen Ehen. So verheiratete sich 1741 der reformierte Georg Schulz mit der katholischen Eva Brand, Tochter des verstorbenen Gerichtsverwandten Peter Brand. Den Traueintrag versah der reformierte Pfarrer mit der Bemerkung: „diese ärgerliche Persohnen haben zwei uneheliche Kinder erzeuget, und hat Sponsus [Verlobter] nicht zu der Copulation [Trauung] gelangen können, biß er versprochen, alle Kinder in der catholischen Religion zu erziehen, welches dann zwahren nicht von der Braut, sondern von dem Herrn Grafen und catholischem Herrn Pfarrer zugemutet worden."

Katholische Frömmigkeit äußerte sich vor allem im barocken 18. Jahrhundert in öffentlichen Auftritten, den Wallfahrten und Prozessionen. Dank des Wirkens der gräflichen Herrschaft kam und kommt hier Leutershausen bis auf den heutigen Tag eine herausragende Rolle zu. Es war Graf Ferdinand Andreas, der in Leutershausen dem Marienkult eine besondere Stätte schuf. 1737 ließ er die „Lauretanische" Kapelle erbauen. Sie wurde 1742 geweiht. Das Gnadenbild der Schwarzen Madonna und verschiedene Ablässe, welche die Grafen für ihre Kapelle erwarben, ließen Leutershausen zum Wallfahrtsort werden. In der vom reformierten Glaubensbekenntnis geprägten Kurpfalz war und ist dies nach wie vor ein auffälliges Unikum. Leider ist es bislang nicht gelungen, die Herkunft des Gnadenbildes zu ermitteln. Sicher ist, daß die Muttergottesverehrung in der Familie von Wiser einen festen Platz hatte. Zeugnis hierfür ist unter anderem das Votivbild „Ex voto 1770", das die Rettung der Familie in Gewittersnöten auf das Wirken der Gottesmutter zurückführt. 1762 brachte Amtmann Groshenrich unter entsprechenden Vorsichtsmaßnahmen im Auftrag seiner Herrschaft ein „Muttergottesbild, auff Glaß gemahlen" von Neuburg nach Mannheim[88]. Wahrscheinlich stammte das Bild aus dem Neuburger Haus der Familie Wiser. Wo es abgeblieben ist, läßt sich nicht mehr sagen. Noch 1794 betrieb Carl Theodor von Wiser erfolgreich die päpstliche Verleihung verschiedener Ablässe für die Lorettokapelle mit der erklärten Zielsetzung „que la lutte pour la très Sainte Vièrge soit plus illustrée" [daß der Kampf für die Heilige Jungfrau umso mehr ausgezeichnet werde] [89]. An den fünf Marienfesten des Jahres 1762 beispielsweise versahen jeweils acht bis zehn Patres – Karmeliter aus Weinheim, Heidelberg und Hirschhorn, Franziskaner und Kapuziner vermutlich aus Mannheim – die liturgischen und seelsorgerischen

Handlungen an der Lauretanischen Kapelle. Dafür erhielten sie Brot, Fleisch, Fastenspeise, Fisch und Wein aus der Küche und dem Keller der Herrschaft. Aus dem Herrschaftsspeicher kam noch eine gewisse Menge Spelz hinzu[90].

In einem Fall diente die Kapelle auch als Grablege für eine Angehörige des Grafenhauses: Maria Franziska Josepha von Wiser (*1705) wurde hier 1768 beigesetzt. Ihr Epitaph ist in der Kapelle gut erhalten. Im letzten Jahrhundert fanden hier ihre letzte Ruhestätte Gräfin Antoinette, geb. Freiin Reinach (*1853 †1917) und ihr Gemahl Theodor Carl Graf Wiser (*1849 †1926), ältester Sohn des Grafen Wilhelm von Wiser; bis 1915 Kaiserlicher Geheimer Oberregierungsrat in Colmar im Elsaß.

Einem Visitationsbericht (?) vom Ende des 18. Jahrhunderts zufolge war die Kapelle mit einem Kapital von 2 000 Gulden „regalirt", so daß sie sich nicht nur selbst erhalten, sondern auch die Herren Geistlichen „in der Andacht" ernähren könne. „... wann zuweilen die Herrn Graffen in dem Eyfer zu weit gehen und sich der Herrschaft über die Kapelle übernehmen, so geschiehet vom Pfarrer sträcklicher Wiederspruch, und dieser war bisher immer von der besten Wirkung[91]." Diese Bemerkung läßt darauf schließen, daß die Grafen mit „ihrer" Lorettokapelle in Konkurrenz zum Ortsgeistlichen standen, die dieser nicht unbedingt schätzte.

Abb. 12: Ex Voto 1770: Rettung der gräflichen Familie in Gewittersnot. Der dargestellte Ort ist der heutige Bibliothekssaal im Schloß Leutershausen

Ein Licht auf dieses Konkurrenzverhältnis werfen auch zwei Inventarien aus dem Jahre 1795 über die „Ornaten und Paramenten“ sowohl der Lauretanischen Kapelle wie der katholischen Pfarrkirche. Dabei schneidet im Vergleich die Kapelle gegenüber der Pfarrkirche deutlich besser ab. Silber und Feuervergoldung hier, Kupfer, Zinn und häufig die Bemerkung „alt und schlecht“ dort[92].

Mit der Kapelle verbunden war das Amt des Lauretanischen Wachsverkäufers, der sich der Fronfreiheit erfreuen konnte.

Unter dem Krachen von Böllern oder Flintenschüssen zogen an Mariä Geburt und zu Fronleichnam Prozessionen durch den Ort; das dabei verschossene Pulver wurde aus der Gemeindekasse bezahlt, womit auch die Protestanten und Juden an der Finanzierung der katholischen Glaubensdemonstration beteiligt waren[93].

Eine eigene Kirche stand den Leutershausener Katholiken zunächst nicht zur Verfügung. Gemäß der Übung in der gesamten Kurpfalz wurde stattdessen eine Scheidewand zwischen Schiff und Chor der alten Kirche eingezogen und der Chor den Katholiken zugewiesen. Weil aber der Zugang zum Turm und damit zu den Glocken vom Chor aus erfolgte, war diese Teilung eine Quelle fortgesetzter Reibereien zwischen den Konfessionen. Gleich zu Beginn ihrer Herrschaft ließ die Familie von Wiser Reparaturen an Dach, Fach und Türen der Kirche vornehmen und sorgte für die Ausstattung der zum katholischen Gottesdienst notwendigen liturgischen Geräte und Gewänder. Das Öl für das ewige Licht lieferte einer der am Ort ansässigen Juden. Zur Versehung des Gottesdienstes holte die Herrschaft zunächst auf eigene Rechnung Ordensgeistliche, Karmeliter aus Weinheim und Franziskaner aus Heidelberg, herbei. Auch der ebenfalls früh erwähnte katholische Schulmeister wurde von der Herrschaft bezahlt. Mit der schließlich erfolgten ordentlichen Besetzung einer katholischen Pfarrstelle ging die Besoldung des Pfarrers auf die Geistliche Administration über, während die Grafen noch einen Beitrag hierzu leisteten.

Von Plänen für eine eigene katholische Kirche hören wir schon 1708; es ist die Rede von einem Grasgarten allhier, worauf die gnädige Herrschaft eine „catholische Kirch“ bauen wolle[94]. Aus diesen Plänen wurde jedoch zunächst nichts: Provisorien sind manchmal langlebig, und so diente der Chor der alten Kirche noch bis in das Jahr 1752 dem katholischen Gottesdienst. In diesem Jahre entstand dann auf herrschaftlichem Grund und Boden im rechten Winkel zu der Lorettokapelle eine katholische Kirche; der Tradition zufolge auf den Resten der alten Zehntscheuer des einstigen Bettendorfer Hofes. Einem Visitationsbericht (?) zufolge entstand die als „hübsch“ bezeichnete Kirche „ex collectis“; „sämtliche ornata, vasa sacra, Paramenten und Kirchengerätschaften müssen die [...] Herrn Graffen beischaffen, sind aber von der ehlenden Beschaffenheit, daß sie wohl alle mögten besser seyn. – Ebenso wird das ewige Lichte von dieser sonst andächtigen Hohen Familien vernachlässiget“ [95]. Die oben erwähnten Inventarien bestätigen die Berechtigung zu dieser Klage.

Die offenbare Bevorzugung der Katholiken dürfte das Verhältnis der Grafen zu ihren mehrheitlich reformierten und wenigen lutherischen Untertanen belastet

Abb. 13: Schloßbezirk und katholische Kirche im Luftbild um 1960

haben. Hinzu kam, daß es wegen der Baupflicht der wiserschen Herrschaft an Langhaus und Turm der Kirche, an Pfarrhaus und Schulhaus zu jahrzehntelangen Reibereien und gerichtlichen Auseinandersetzungen kam. Mitten hinein in diese Auseinandersetzungen führt eine zwar eher anekdotenhafte Begebenheit, die gleichwohl ein erhellendes Licht auf die Leutershausener Verhältnisse wirft: vermutlich im Jahr 1767 verweigerte der reformierte Schulmeister Hartmann das in seinen Aufgabenbereich fallende „mittägige Läuten" mit der Begründung, daß der Glockenstuhl vom Einsturz bedroht sei, er somit ohne Lebensgefahr die Glocke nicht mehr ziehen könne. Der Amtmann akzeptierte diese Begründung, mußte dann aber hören, daß anläßlich einer Hochzeit der Schulmeister das „gewöhnliche Glockenzeichen" gegeben habe, da der Brauch bestehe, daß bei der Hochzeit eines Bürgersohnes „zum Kirchengang gelitten würde". Dafür konnte der Schulmeister eine besondere Vergütung in Empfang nehmen. Der Amtmann sah sich durch dieses Verhalten herausgefordert und so befahl er Hartmann, das Mittagläuten wieder aufzunehmen, und zwar mit der gleichen Glocke, mit der er zur Hochzeit geläutet habe. Der Schulmeister weigerte sich und wurde deshalb von Amts wegen mit der kräftigen Herrschaftsstrafe von fünf Gulden belegt, die zu zahlen er sich weigerte. Obendrein mußte dann der katholische Schulmeister eines schönen Sonntags feststellen, daß die Glockenseile hinweggenommen worden waren; er meldete dies dem Amtmann und wußte auch gleich den vermutlichen Missetäter zu nennen: den reformierten Schulmeister!

1774 wurde die Baupflicht der Grafen durch Gerichtsurteil bestätigt. Nach dem darauf folgenden Abriß des alten, baufälligen Langhauses wurde von 1777 bis 1783 ein Neubau errichtet. Dabei griffen die Grafen auf die Frondienste der Untertanen zurück, die dies wiederum zum Anlaß nahmen, über die Quälerei zu klagen, der ihre Kuhgespanne beim Hinaufführen der Baumaterialien auf die steile Höhe des Bauplatzes ausgesetzt seien. Auch fand der Neubau in seiner Ausführung nicht die Billigung der Protestanten. Daraus entstand im März 1782 ein Tumult, den die Obrigkeit mit dem Einrücken von etwa 75 Dragonern und der Inhaftierung einiger „Aufrührer" im Schriesheimer Zentturm beantwortete. Der reformierte Pfarrer Züllich schrieb aus diesem Anlaß: „Unterstützt, Brüder in Christo, die bedrängteste unter den bedrängten kurpfälzischen Gemeinden, um Gotts willen unterstützt sie. Es brennt, helft in der Eile löschen."[96]

Bemerkenswert ist in diesem Zusammenhang, daß die Grafen im Wechsel mit der Landesherrschaft den reformierten Pfarrer präsentierten und somit auch hier ihren Einfluß ausüben konnten. Dabei konnte es zu Begebenheiten wie der folgenden kommen: 1728 verstarb zu Leutershausen „Herr" Johannes Eller, der, wie es im reformierten Kirchenbuch heißt, vor einigen Jahren von seiner Exzellenz, dem Grafen Wiser, hierher als Pfarrer berufen wurde, auch einige Zeit predigte, „nachgehends aber, der ihm zugestoßenen Blindheit wegen, solches unterlassen müssen und endlich in äußerster Armut gestorben." Ob sich hinter diesen Zeilen ein Vorwurf an die Herrschaft wegen mangelnder Fürsorge gegenüber einem Protestanten verbirgt?

6.5 Bevölkerungspolitik

Die letzte Entscheidung darüber, wer zum Bürger oder zum minderberechtigten Beisassen aufgenommen wurde, lag bei der Ortsherrschaft. Wie die mit dem Ende des 17. Jahrhunderts verstärkt einsetzenden Quellen zeigen, richtete der Bewerber um das Bürgerrecht zunächst ein Gesuch an die Herrschaft, die unter Umständen von Schultheiß und Gericht eine Stellungnahme über die Vermögensverhältnisse des Bewerbers anforderte. Die Entscheidung über die Aufnahme leiteten die Grafen Wiser für gewöhnlich schriftlich über ihren Amtmann, gelegentlich aber auch durch eigene Handschrift an Schultheiß und Gericht.

1702 baten die Leutershausener Untertanen ihren neuen Ortsherrn darum, daß sie, „wie fürohin bei Kurpfalz Zeiten", von allen Einzügen [Einzugsgeldern] möchten befreit bleiben, „damit ihre Gemeinde umbso ehender verstärcket würde". Diese Bitte wurde „gnädig" genehmigt[97]. Auch der Herrschaft mußte an einem möglichst raschen Auffüllen der Bevölkerungsverluste gelegen sein, ging es doch darum, viel brachliegendes Land wieder unter den Pflug zu bekommen und gleichzeitig die herrschaftlichen Kassen mit den von den Bürgern und Beisassen zu entrichtenden sonstigen Steuern und Abgaben zu füllen. Den Untertanen war daran gelegen, die zu leistenden Frondienste und sonstigen Lasten auf möglichst viele Schultern verteilen zu können. Allerdings wurde nachweisbar seit 1730 dann doch ein Einzugsgeld von 3 Gulden für den von außerhalb zuziehenden Mann, von 2 Gulden für die Frau erhoben[98].

Der Erfolg der Bevölkerungspolitik läßt sich an ein paar vergleichenden statistischen Angaben belegen zu den Einwohnerzahlen in den Jahren 1687 und 1804[99]:

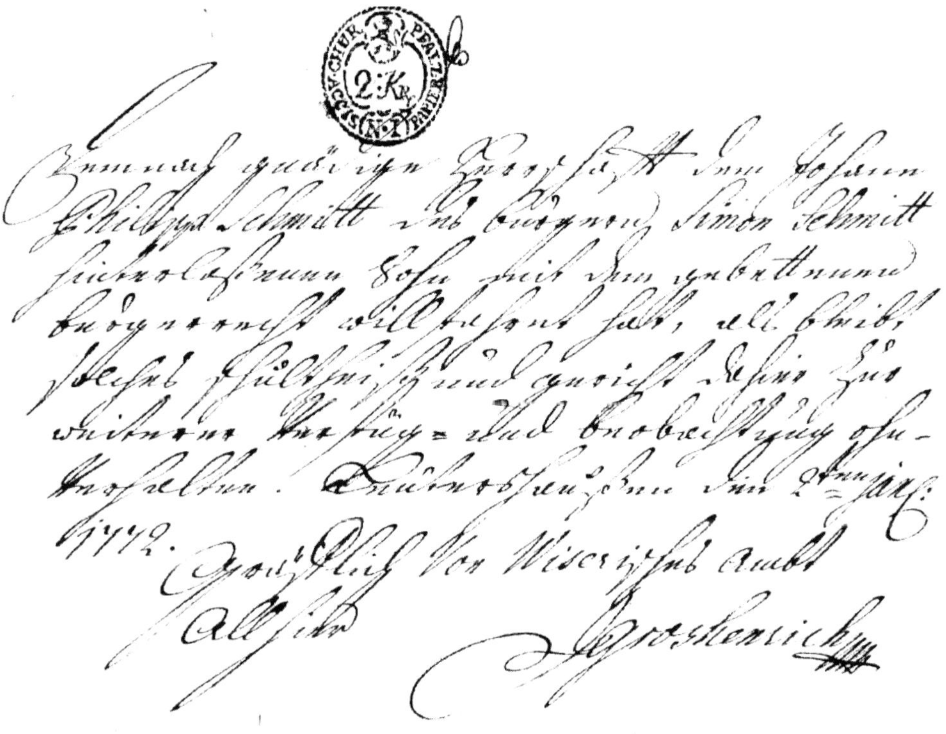

Abb. 14: Herrschaftlicher Befehl zur Bürgeraufnahme des Johann Philipp Schmitt 1772

	1687	1804	
Großsachsen	466	880	Zuwachs: 88%
Leutershausen	371	923	Zuwachs: 148%
Schriesheim	951	2 131	Zuwachs: 124%

Die hier gezeigte Bevölkerungsvermehrung verursachte ab einer gewissen Höhe jedoch ihre Probleme. Die landwirtschaftliche Nutzfläche ließ sich nicht vermehren; dies galt insbesondere auch für die Allmende: die Weide und den Wald, die „Büsche". Hier mußten schließlich auf herrschaftliche Anordnung Beschränkungen im Zugang zur Nutzung getroffen werden. Wer von den neuangenommenen Bürgern keine Landwirtschaft betrieb, konnte sich nur als Handwerker oder Tagelöhner betätigen. Jeder neu Hinzukommende vergrößerte schließlich die Konkurrenz zu den bereits Ansässigen. Diese Tatsachen schlugen sich 1767 in einer Beschwerde gegen die Grafen nieder: diese nähmen zu viele nicht mit dem nötigen Vermögen versehene Bürger und Beisassen auf, dadurch werde den Einwohnern der tägliche Verdienst und die Nahrung entzogen sowie der Bürgernutzen geschmälert. Auch würden die Beisassen ohne geeignete Attestate

Abb. 15: Liste der Beisassen 1772

aufgenommen, „sondern nur auff das Gesicht oder aus sonstig der Gemeind unbekannten Ursachen". Unlängst seien ein Johann Georg Lessle und ein Johann Zipff aufgenommen worden, die dem Vernehmen nach zuvor auf kurfürstliche Verordnung aus Neckarau ausgewiesen worden seien.

Tatsächlich zeigt die Leutershausener Seelenzahltabelle von 1788[100], daß die Beisassen, wie nicht anders zu erwarten, zum ärmeren Bevölkerungsteil zählten. Aufgrund des Zusammenhangs zwischen Bevölkerungspolitik und Konfessionspolitik gilt diese Aussage auch für die Katholiken im Ort. Ein Kommentar aus dem 19. Jahrhundert versah diese Politik mit der kritischen Anmerkung: „Leutershausen ist fast der einzige Ort an dieser Straße [badische Bergstraße], welcher viele Armen hat, indem der Grundherr, Graf von Wieser [!], viele Arme um ein geringes Schutzgeld aufnahm."[101]

6.6 Die Aufnahme von Schutzjuden

Im Unterschied zu Großsachsen, wo die kurpfälzische Landesherrschaft unmittelbar für die Aufnahme von Schutzjuden zuständig war und darauf sah, daß deren Anzahl beschränkt blieb, war in Leutershausen die Aufnahme von Schutzjuden Sache der von Kurpfalz zu Lehen gehenden wiserschen Ortsherrschaft. Wie viele ihrer grund- und standesherrlichen adeligen Standesgenossen sahen die Grafen Wiser in den Schutzgeldern eine willkommene Einnahmequelle, woraus sich die verhältnismäßig hohe Zahl von Juden in Leutershausen erklärt. 1742 schien es vorübergehend so, als ob diese Verhältnisse ein rasches Ende finden sollten. Der auf seine Hoheitsrechte haltende Kurfürst Karl Theodor verordnete kurz nach seinem Regierungsantritt, daß die in den Niedergerichtsherrschaften, wie Leutershausen, aufgenommenen Juden nicht mehr im Lande zu dulden seien und hier keinen weiteren Handel treiben dürften. Ferdinand Andreas Graf Wiser protestierte gegen diese Verordnung des Kurfürsten. Er konnte darauf verweisen, daß schon zu den Zeiten des Grafen Hamilton in Leutershausen Juden gewohnt hätten, die sein Vater beim Erwerb des Lehens vorgefunden habe. Er selbst genieße das Recht, Juden in Leutershausen aufzunehmen oder vielmehr zu dulden, als ein Recht, das ihm als kurpfälzischem Lehnsmann zukomme, weshalb er erwarte, daß ihn die kurpfälzische Regierung auch künftig im Besitz dieses Rechtes belasse. Ein vom Kurfürsten in dieser Angelegenheit angefordertes Rechtsgutachten wollte die Argumentation des Grafen Wiser nicht anerkennen und verwies zusätzlich auf den Schaden, der den kurpfälzischen Untertanen durch die Konkurrenz dieser „allem Vermuthen nach Bettel- und anderswo vertriebenen Juden" entstünde[102].

Die Sache verlief offensichtlich im Sande. Graf Ferdinand Andreas und seine beiden ihm in der Ortsherrschaft nachfolgenden Söhne Karl und Philipp nahmen weiterhin nach Gutdünken Schutzjuden in Leutershausen auf. 1765 legte die „Erläuterung" zur Konzession für die Landjudenschaft von 1744 die Zahl der zu duldenden Judenfamilien in Kurpfalz auf 300 Familien fest. Dies bedeutete, daß in Leutershausen überdurchschnittlich viele Juden ansässig waren. Denkbar wäre es also, daß die „Erläuterung" die Gemeinde Leutershausen 1767 zu ihrem Protest gegen die großzügige Aufnahme von Juden durch die Ortsherrschaft ermutigte. Sie warf den Grafen insbesondere vor, Juden in Leutershausen aufgenommen zu haben, die zu arm seien, das Judenschutzgeld aufzubringen, weshalb sie mit der Befreiung von der Schutzgeldzahlung „begnadigt" worden seien. Zur Untersuchung und möglichst gütlichen Beilegung dieses Vorwurfs und 13 weiterer Beschwerdepunkte verfügte sich am 5. Dezember 1767 eine Regierungskommission nach Leutershausen, wo alsbald die Gemeinde durch Glockenzeichen auf das Rathaus beschieden wurde[103]. Hier fanden sich auch die beiden Grafen ein, ließen sich aber in den Verhandlungen selbst durch ihren Leutershausener Amtmann, den Konsulenten Groshenrich, vertreten. Dieser wies die Beschwerden zurück, indem er zunächst feststellte, daß sich die Zahl der Juden in Leutershausen in den letzten acht oder zehn Jahren nicht weiter erhöht habe. Auch sei seitens der Gemeinde deswegen nicht die mindeste Beschwerdeführung vorgekommen. Was die gerügte Befreiung einzelner Juden von der Schutzgeldzahlung anging, so äußerte Groshenrich in der ihm eigenen deutlichen Sprache, daß die Gemeinde nicht befugt sein könne, den Herren Grafen „einige Schrancken zu setzen", inwieweit sie den einen oder anderen „mit besonderen Gnaden begünstigen" wollten. Dagegen ließ sich wenig einwenden. Bezüglich des behaupteten ständigen Anwachsens der jüdischen Bevölkerung legte als Bevollmächtigter der Gemeinde der Advokat Boerckes eine Aufstellung vor, die nachweisen sollte, daß die Zahl der jüdischen Haushaltungen von zwei im Jahre 1711 auf 18 im Jahre 1742 gestiegen war. Sein Antrag lautete deshalb, man solle künftig auf eine Minderung bedacht sein. Der Bescheid der Regierungskommission ließ auf sich warten. Die Publikation erfolgte erst unter dem 18. April 1769. Es hieß darin, daß die Zahl der jüdischen Familien in Leutershausen auf acht, höchstens aber zwölf zu kürzen sei, einschließlich der Witwen. Dieser Beschluß stand aber lediglich auf dem Papier. Von einer Verminderung der jüdischen Bevölkerung, wie die Leutershausener Christen und die kurpfälzische Regierung das verlangten, war keine Rede. Dabei ist auch zu bedenken,

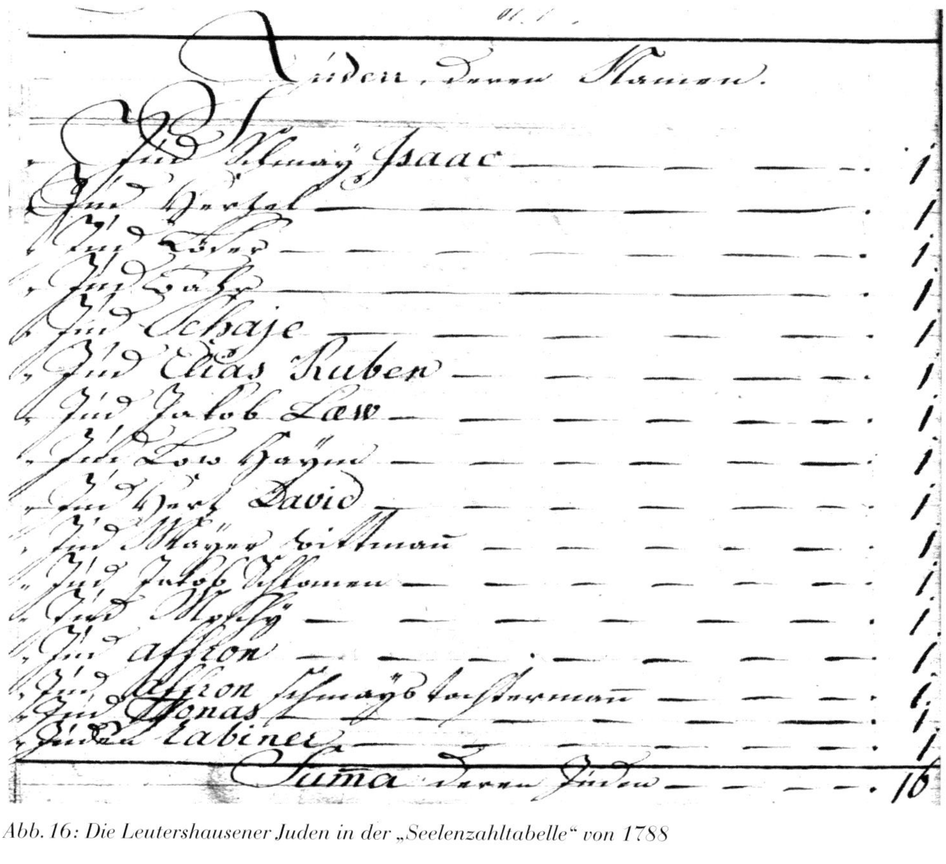
Juden, deren Namen.

Jud [illegible] Isaac — 1
Jud [illegible] — 1
Jud [illegible] — 1
Jud [illegible] — 1
Jud Schaje — 1
Jud Elias Ruben — 1
Jud Jakob Löw — 1
Jud [illegible] — 1
Jud [illegible] David — 1
Jud [illegible] Wittwe — 1
Jud [illegible] Wittwe — 1
Jud [illegible] — 1
Jud Aaron — 1
Jud Aaron [illegible] — 1
Jud Jonas — 1
Juden Rabiner — 1
Suma deren Juden — 16

Abb. 16: Die Leutershausener Juden in der „Seelenzahltabelle" von 1788

daß die Einnahmen aus dem Judenschutz der Herrschaft vor allem angesichts der unten beschriebenen finanziellen Probleme sehr willkommen sein mußten. In der Amts- und Kellereirechnung für das Rechnungsjahr 1766/67 wurden an Judenschutz- und Judenschulgeld 242 ½ Gulden vereinnahmt; hinzu kamen an Naturalien acht Zuckerhüte[104].

Zu Beginn der wiserschen Herrschaft über Leutershausen finden sich drei jüdische Haushaltungen: im Jahr 1700 zahlten die Juden Aron, Mortge und Joseph je 10 Gulden Schutzgeld. 1780 betrug die Anzahl der Juden in Leutershausen 74 Personen[105].

Verdeutlicht seien die Auswirkungen dieser Politik schließlich anhand der Statistik aus den 1840er Jahren: unter den Einwohnern im Großherzogtum Baden hatten die Juden einen Anteil von 1,7 %; in Leutershausen waren dies aber 11 %.

6.7 Weitere nutzbare Rechte

6.7.1 Schatzung

Die Schatzung stand ursprünglich der Landesherrschaft zu. Im Bericht des Zentschreibers vom Anfang der 1690er Jahre war sie von einem Schatzungskapital von 15 335 Gulden zu entrichten[106]. In der Beschreibung der Ortsrechte von 1695 heißt es, daß die Leutershausener, „gleich wie andere benachbarte churpfälzische Undertanen" bisher „von ihren habenden schatzbaren Gütern" der gnädigsten Herrschaft Schatzung entrichtet hätten ; es sei die Gemeinde auch dabei gelassen und ihr „ein mehrs nicht zugemuetet worden", als von 100 Gulden Kapital zwei Gulden Schatzung zu entrichten, wie die jüngste Schatzungsinstruktion besage[107]. Den wiserschen Lehnsträgern gelang es dann, die Schatzung zu Leutershausen, wie auch zu Ursenbach, zum Bestandteil des Lehens erheben zu lassen. So konnten sie im Jahre 1701 300 Gulden Schatzungsgelder für sich einnehmen[108]. 1738 erbrachte die Schatzung 600 Gulden[109]. 1755 wehrten sich die Grafen Karl und Philipp von Wiser gegen die aus Leutershausen an die Regierung gerichteten Beschwerden wegen der angeblich zu hohen Schatzungslast[110]. Sie führten aus, daß sich die Schatzung gegen früher zwar erhöht habe, was aber daran liege, daß viele nach der „französischen Verwüstung" öde gelegene Felder nun wieder bebaut würden. Von 1693 bis 1698 habe wegen der Kriegstroublen überhaupt keine Schatzung bezahlt werden können; 1709 habe die Gemeinde dann zum Ausgleich einer Verdoppelung der Schatzung zugestimmt, bis der Rückstand ausgeglichen wäre. Für 1762 ist ein „Gemeindeschatzungskapital" von 5 720 Gulden überliefert[111]. Der Vergleich mit der kurpfälzischen Landesherrschaft von 1772 teilte, wie erwähnt, das Leutershausener Schatzungsaufkommen hälftig unter die Grafen Wiser und die Landesherrschaft auf. Für die 13 Monate vom 1. Januar 1780 bis zum 31. Januar 1781 waren insgesamt 706 Gulden Schatzung aufzubringen[112]. Nach einer Schatzungsrenovation wurde das Schatzungskapital für 1790 auf 10390 Gulden festgelegt. Hiervon fielen 12 % oder 1 246 Gulden 48 Kreuzer als Schatzung an; den Grafen und der Landesherrschaft, letztere vertreten durch die Obereinnahme Heidelberg, fielen somit je 623 Gulden 24 Kreuzer zu[113].

6.7.2 Einzugsgeld

Zum Einzugsgeld heißt es in der Beschreibung von 1695, daß von den neu Einkommenden, „welche frembdt herbeykommen und nicht im Dorf gebohren seind“, gnädigster Herrschaft, Kurpfalz also, kein Einzugsgeld gezahlt werde; „vor alters“ seien in solchem Fall allerdings sechs Gulden zu erlegen gewesen[114]. 1702 baten die Leutershausener Untertanen dann ihren neuen Ortsherrn darum, daß sie, „wie fürohin bei Kurpfalz Zeiten“, von allen Einzügen möchten befreit bleiben, „damit ihre Gemeinde umbso ehender verstärcket würde“. Diese Bitte wurde „gnädig“ genehmigt[115]. Auch der Herrschaft mußte an einem möglichst raschen Auffüllen der Bevölkerungsverluste gelegen sein. Wie bereits ausgeführt, wurde nachweisbar seit 1730 ein Einzug von 3 Gulden für den Mann und 2 Gulden für die Frau erhoben; dieser Betrag blieb bis zum Verlust des entsprechenden Rechtes im 19. Jahrhundert unverändert[116].

6.7.3 Abzug / Nachsteuer

Im Falle des Wegzugs in ein außerpfälzisches Territorium hatte der Abziehende der Herrschaft den Abzug oder die Nachsteuer von 10 % des „weggezogenen Vermögens“ zu entrichten. 1762 zog Martin Bauers Schwester, Eva Elisabetha verheiratete Trautmännin, nach „Inselfannien“ [Pennsylvania]; sie entrichtete 300 Gulden von 3 000 Gulden Vermögen. Im gleichen Jahr zog ein Josef Wendel ab: „ist in Ungarn Schulmeister worden“; er erlegte 100 Gulden von 1 000 Gulden Vermögen[117]. Von größerer Bedeutung wurde diese Nachsteuer freilich erst im beginnenden 19. Jahrhundert mit der Auswanderung einer gewissen Anzahl von Familien nach Rußland, „russisch Polen“ und in die Vereinigten Staaten[118].

6.7.4 Akzis

Der Akzis war eine Verbrauchssteuer, die der gräflichen Herrschaft zukam. Er wurde erhoben als Fruchtakzis vom Getreide, das die Leutershausener Untertanen nach auswärts, nach Schriesheim, Ladenburg oder Großsachsen, zur Mühle führten. Von jedem Malter Getreide erhob die Herrschaft ursprünglich einen Batzen als Akzis. Ferdinand Andreas Graf Wiser verglich sich zu einem unbekannten Zeitpunkt mit der Gemeinde dahin, daß stattdessen von jeder Person, ausgenommen die Kinder, sieben Kreuzer jährlich zu entrichten waren, unabhängig davon, wieviel Frucht jede der „Gemeindspersohnen“ das Jahr hindurch mahlen lassen würde[119].

Der Fleischakzis wurde bei den Metzgern erhoben. Den Mehlakzis entrichteten die Bäcker. Weinakzis fiel bei den Untertanen und hier insbesondere bei den Wirten an. Den Branntweinakzis hatten die Brenner abzuführen[120].

Als „Receptor“ [Einnehmer] des herrschaftlichen Akzises erscheint 1750 der gräfliche Amtsschreiber Müssig; er hatte den Akzispflichtigen als Nachweis für ihre Zahlung papierene Akziszeichen mit aufgedruckten Gulden- oder Kreuzerbeträgen auszuhändigen. Da ihm selbst vom Amt eine festgelegte Anzahl dieser Scheine ausgegeben wurde, ließ sich anhand der bei ihm vorfindlichen Zeichen die gewissenhafte Ablieferung der eingenommenen Summen jederzeit nachprüfen[121].

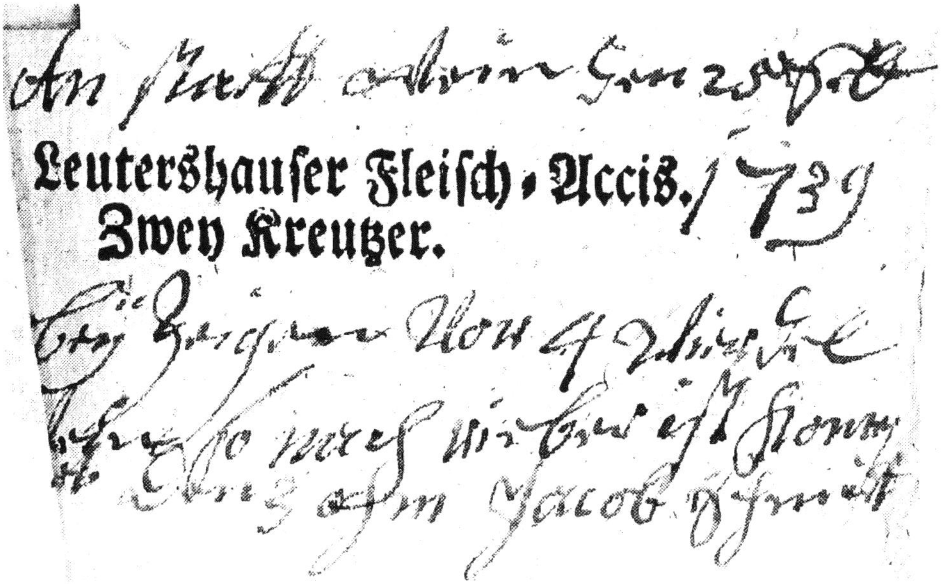

Abb. 17: Fleischakziszeichen, verwendet für den Weinakzis

6.7.5 Weinbede

Die Jahresrechnung für 1700 weist einen Ertrag der Weinbede von etwas über 31 Ohm aus, die, wie es heißt, von der Gemeinde jährlich zu reichen waren[122]. Laut Weinbederegister für 1748 hatte jeder „Bürger“ von jedem Morgen 5 Viertel Wein zu liefern. Damit fielen der Herrschaft ungefähr 41 Ohm Bedewein zu[123]. 1776 heißt es, daß von jedem der 102 bedepflichtigen Morgen 8 Maß zu liefern seien, was rechnerisch einem Ertrag von 17 Ohm gleichzusetzen ist; tatsächlich kamen 18 Ohm und 10 Viertel in Einnahme[124].

6.7.6 Martinsbede

Die „ständige“ Martinsbede erbrachte im Jahre 1700 der Herrschaft einen Ertrag von fast 18 Gulden[125]. 1776 heißt es, daß von jedem Morgen 4 Kreuzer an Ackerbede fällig waren; der gräfliche Amtmann brachte in diesem Jahr etwas über 21 Gulden aus dieser Abgabe in Einnahme[126].

6.7.7 Blut- und Kälberzehnt

Einer Bemerkung in der Amts- und Kellereirechnung von 1738 zufolge stand der Blut- oder Kälberzehnt zu einem Drittel der Pfarrei und zu zwei Dritteln der Herrschaft zu, die in diesem Jahr dafür eine Einnahme von knapp 18 Kreuzern verbuchen konnte.

6.7.8 Büsche / Buschgeld

Nach „altem Herkommen“, so der Wortlaut der Amts- und Kellereirechnung für 1700, zahlte die Gemeinde jährlich 4 Gulden als Gegenwert für die 2 „Büsche“, die zum Hirschberger Lehen gehörten. Später, davon wird unten berichtet, wurde auch dem Amtmann der Genuß eines „Busches“ Feuerungsholz aus den Gemeindewaldungen zugestanden.

6.7.9 Salzgeld

Zeitweilig zog die Herrschaft das Salzgeld als eine Abgabe aus dem konzessionierten freien Salzhandel an sich; 1705 wurde die nicht unbeträchtliche Summe von 150 Gulden vom „freyen Saltzhandel“ zu Leutershausen und Ursenbach vereinnahmt; 1738 waren es 130 Gulden[127].

6.7.10 Kaminfegergeld

Wie oben gezeigt, kümmerte sich die Herrschaft um eine regelmäßige Reinigung der Schornsteine. Der hierzu herangezogene Mannheimer Kaminfeger hatte dafür eine Konzessionsabgabe an die Herrschaft zu entrichten, die 1738 6 Gulden ausmachte[128].

6.7.11 Schildgerechtigkeit

Für die Verleihung der Schildgerechtigkeit erhob die Herrschaft eine Abgabe von den Wirten. Zu Anfang des 18. Jahrhunderts wurde die Schildgerechtigkeit auf dem Wege der Versteigerung vergeben. So zahlte 1702 der Wirt Henrich Reuschle „nach beschehener Versteigung“ 82 Gulden; im Jahr zuvor hatte der „Wirt zu Leutershausen“ nur 40 Gulden erlegt. 1705 gaben Henrich Reuschle und Hans Georg Trautmann „erstmals“ 100 Gulden. 1735 zahlten der Hirschwirt und der Löwenwirt je 1 Gulden 30 Kreuzer zur Schildgerechtigkeit[129]. Die Erklärung für diese großen Unterschiede steht bislang noch aus. Von den Wirten wurde auch das Geld „von den Spielleuten“ erhoben; ließen die Wirte Spielleute in ihren Gaststuben auftreten, so waren dafür jeweils 36 Kreuzer an die Herrschaft zu entrichten[130].

6.7.12 Bierschank / Branntweinschank

Das Recht, Bier zu verzapfen, wurde 1738 für neun Gulden auf zwei Jahre an einen Bürger verliehen. Den Küfern wurde im gleichen Jahr der Branntweinschank für acht Gulden auf ein Jahr verliehen[131].

6.7.13 Schützenrecht

Die Feldschützen zahlten von ihrem Amt jährlich wenige Kreuzer Schützengeld „zum Lehen“, wie es zum Jahr 1700 in der Amts- und Kellereirechnung heißt.

6.7.14 Hauptrecht / Besthaupt

Bezüglich Leutershausen heißt es in der Beschreibung von 1695, daß von alters her beim Tod einer bürgerlichen Person die Hinterbliebenen das Hauptrecht „nach deß Verstorbenen hinderlaßener Nahrung“ entrichtet hätten, welches von einer „Mannspersohn“ ein bis höchstens sieben Gulden, von einer „Weibspersohn“ aber nur 30 Kreuzer bis höchstens drei Gulden „nach Proportion des vorhanden geweßenen Vermögens“ betragen habe[132]. Die Grafen Wiser beanspruchten im 18. Jahrhundert von ihren Leutershausener Hintersassen als Hauptrecht zwei Prozent vom hinterlassenen Vermögen; waren „unerzogene", das heißt minderjährige Kinder vorhanden, so waren nur eineinhalb Prozent abzugeben[133]. Vom „lachenden Erbe" wurden drei Prozent gefordert[134].

6.7.15 Leibzins

Ein weiteres Merkmal der Leibeigenschaft war der sogenannte Leibzins, auch Leibsbede genannt, den jede leibeigene Person jährlich einmal zu entrichten hatte. Laut Zentbuch betrug die Höhe des Leibzinses bescheidene 3 ½ Kreuzer[135]; in dieser Höhe zogen auch die Grafen Wiser den Leibzins in Leutershausen ein[136]. Damit hatte diese Abgabe nur eine untergeordnete finanzielle Bedeutung, wohl aber stellte sie eine stetig wiederholte Anerkennung der Leibeigenschaft durch die leibeigenen Leute selbst dar.

6.7.16 Rauchhühner

In die Nähe des Leibzinses lassen sich weitere Abgaben stellen, die noch stärker die Herkunft aus der einstigen Grundherrschaftsverfassung erkennen lassen. In Großsachsen gehörten dazu die 60 Rauchhühner, von denen es im Zentbuch heißt, daß sie von der Gemeinde entweder in natura oder im Geldwert von je sechs Pfennigen der pfalzgräflichen Herrschaft zu leisten waren. Diese Rauchhühner waren wohl eigentlich Bestandteil des Hirschberger Lehens, das zum Zeitpunkt der Erstellung des Zentbuches von der pfalzgräflichen Herrschaft nicht ausgegeben war. Als Inhaber des Hirschberger Lehens ab dem Jahre 1700 hatten dann die Grafen Wiser zu Leutershausen Anspruch auf diese 60 Rauchhühner, von denen es heißt, daß von alters her jedes Huhn mit sechs Pfennigen in Geld bezahlt worden sei[137]. Die Rauchhuhnabgabe, anders auch „Herdrecht" genannt, war eine Steuer, die eigentlich nach Herden oder Rauchfängen, also nach Haushaltungen oder Häusern erhoben wurde.

In Leutershausen wurden die beiden Rauch- oder Fastnachtshühner, laut Beschreibung von 1695, nach Anzahl der Einwohner jährlich erhoben, wobei unter Einwohner das „Hausgesäß", die bürgerliche Familie, die jährlich die beiden Büsche bezog oder der „Gemeinsmann" zu verstehen sind. Die beiden alten Hühner waren mit einem Geldwert von je drei Batzen veranschlagt. Sie standen dem Inhaber des Hirschberger Lehens zu. Dabei galt, daß diejenige Frau, die bei der Einsammlung der Hühner, um Fastnacht und um Martini, im Kindbett lag, von dieser Abgabe befreit war. Befreit waren auch Schultheiß, die beiden Bürgermeister und der Büttel als Entschädigung für ihre Bemühungen beim Einsammeln der Hühner[138]. Wie aus den Amts- und Kellereirechnungen hervorgeht, hielt sich diese Gewohnheit auch unter der wiserschen Herrschaft. So heißt es zum Jahr 1701, daß Hans Weber nach altem Herkommen auf Martini ein Huhn zurückgehalten habe, „als seine Frau im Kindbett gelegen."[139]

6.7.17 Frondienste

Als Inhaber des Hirschberger Lehens standen den Grafen Wiser Frondienstleistungen ihrer Leutershausener Untertanen zu. Art und Umfang dieser Dienste waren in den Lehnsurkunden nicht näher gekennzeichnet. Sowohl im Lehnsbrief von 1694 für den Grafen Hamilton[140] wie noch im Lehnsbrief für die Grafen Wiser von 1772[141] heißt es lediglich, daß die Untertanen zu Leutershausen „die Frohndienste“ zu leisten hatten. Eine gewisse Eingrenzung geht immerhin aus der Beschreibung der Leutershausener Gerechtsamen von 1695 hervor. Die Gemeinde habe zwar, so der Wortlaut, „vor alters denen von Hirschberg ein und anders gefröhnet“, man sei aber niemals schuldig gewesen, die Eigengüter der Herrschaft wie Weingärten und Äcker zu bauen, zu zackern oder zu schneiden, zu dreschen, Heu zu machen, Dung und Brennholz zu führen, Wingertholz zu machen oder in die Wingerte zu führen „oder dergleichen“. Was die Zehntfrüchte anging, die der Ortsherrschaft zustanden, so seien diese entweder zur Erntezeit an Einwohner „verlehnet“ oder von der Herrschaft auf deren eigene Kosten eingebracht worden, „ohne denen Untertanen deßwegen einige Frohnden zuezuemuten“. Auch hätten die Leutershausener niemals Jagdfronen geleistet, abgesehen von den Wolfsjagden, zu denen sie mit ihrem Obergewehr von der kurpfälzischen Landesherrschaft gleich anderen Untertanen aufgeboten worden seien. Schließlich sei es althergebrachtes Recht, daß, so oft eine Frau „dies Orts“ ins Kindbett komme, ihr Mann allemal befugt sei, „eine herrschaftliche Frohn abzueschlagen [...], es komme selbige frühe oder spat“ [142].

Die Grafen Wiser freilich griffen auf die Frondienstpflicht ihrer Untertanen offenbar recht unbekümmert um die behaupteten alten Gewohnheiten zu. Sie beriefen sich dabei auf ein vorgebliches Weistum von 1629, demgemäß die Untertanen zu Leutershausen „churfürstlicher Pfaltz“, das heißt der Landesherrschaft, ungemessene Frondienste zu leisten hatten[143]. Über die geforderten Frondienste und die sich aus den Forderungen ergebenden Spannungen zwischen Herrschaft und Untertanen wird unten zu berichten sein.

6.7.18 Zehntrechte

Der Zehnte zu Leutershausen gehörte zu einem Drittel den jeweiligen Inhabern des Kirchensatzes, der Collatur. Zwei Drittel gehörten zum Lehen. 1360 waren sie im Besitz der von Erligheim. Später lassen sich, wie zu erwarten, die Ritter von Hirschberg als völlige Inhaber des Lehnsanteils finden, nachdem 1406 noch die Kreis von Lindenfels einen Teil dieses Lehens innehatten. Mit dem Erwerb des Kirchensatzes ging um 1550 das restliche Drittel des Zehnten aus dem Eigentum des Domstiftes Worms in das der Herren von Hirschberg über, laut Zentbuch für einen Kaufpreis von 700 Gulden[144]. Von einigen Äckern wurde anstelle des Zehnten nur der Dreißigste erhoben. Der Kleine Zehnte stand zu zwei Dritteln den Hirschberg zu, zu einem Drittel ging er an den Pfarrer.

Das Weistum über die Pfarrgerechtigkeit von 1610 spricht indessen davon, daß der Dreißigste von den Äckern zu Leutershausen zu zwei Teilen den Hirschbergern gehöre, dem Pfarrer aber der dritte Teil. Dabei wird angemerkt, daß im alten Kompetenzbuch „gemeldet“ sei, daß der Hirschberger daran nichts haben solle[145].

Das Aussterben der Junker von Hirschberg und die Kriegsereignisse des 17. Jahrhunderts führten zu zahlreichen Wechselfällen, was die Zehntberechtigten anging. Noch zu Lebzeiten des letzten Hirschbergers war die Hälfte des Eigentums an dem zuvor domstiftisch wormsischen Zehnten an die Herren von Gemmingen übergegangen. In das Erbe der Hirschberg traten die von Helmstadt und danach die von Bettendorf ein. Als weitere Teileigentümer erscheinen dann die Mönch von Rosenberg, die Landschad von Steinach und die von Wolfskehl. In den 1690er Jahren endeten die Zersplitterung und die mehrfachen Wechsel im Lehnsbesitz insoweit, als Kurpfalz den Lehnsanteil am Großen und Kleinen Zehnten dem Grafen Hamilton zu Lehen gab und ihm auch den sogenannten Rott- und Stumpfenäckerzehnt übertrug[146]. Im Jahre 1700 folgten als Lehnsinhaber die von Wiser. 1704, mit dem Erwerb des bettendorfischen, ursprünglich Hirschberger Familienbesitzes durch die Grafen Wiser gelangten diese auch in den Besitz des restlichen Drittels am Großen Zehnten. Die Grafen Wiser zogen ihre Zehntanteile in Leutershausen, Großsachsen und anderen Orten nicht selbst ein, sie ließen vielmehr den Ertrag jeweils meistbietend gegen Naturallieferung der jeweiligen Getreidearten versteigern; dem Steigerer oblag die Pflicht, das Steigerungsquantum in die Leutershausener Scheunen und Speicher der Grafen Wiser zu liefern. Von dort aus sorgte der wisersche Amtmann für einen Verkauf der Zehntfrüchte[147].

Bis zur Ablösung des Zehnten in Leutershausen nach 1838 und 1848 blieben seit Beginn des 18. Jahrhunderts die Zehntverhältnisse im Wesentlichen unverändert. 1776 ist die Rede von einem der gräflichen Herrschaft „dahier" zustehenden „Berg- und Novalzehnten"; möglich, daß sich dieser Zehnte auf ein Stück aus dem Wald gerodetes Ackerland bezog. Der Umfang der diesbezüglichen Ackerfläche kann nicht sehr groß gewesen sein, da der Ertrag dieses Zehnten für eine Naturallieferung von 6 Simri Korn und 6 Simri Hafer versteigert wurde[148]. In den Kleinen Zehnten schließlich gingen im 18. Jahrhundert die neu in Anbau kommenden Erzeugnisse Tabak und Kartoffeln ein; gegen Ende des 18. Jahrhunderts erscheint der Kleine Zehnte deshalb auch als „Kartoffelzehnter" in den Rechnungsunterlagen der gräflichen Herrschaft.

7. Ursenbach

7.1 Herrschaft und Untertanen

Während für Leutershausen die Überlieferung zur Orts- und Grundherrschaft der Grafen Wiser als sehr dicht bezeichnet werden kann, ist dies für Ursenbach eher weniger der Fall. Dies liegt natürlich zunächst daran, daß Ursenbach aufgrund seiner geringen Größe sozusagen immer nur eine Nebenrolle spielte. Verordnungen und sonstige Befehle der Herrschaft galten vielfach wohl stillschweigend auch für Ursenbach. Die herrschaftliche Kontrolle über den Ort geschah durch den Leutershausener Amtmann. Da Ursenbach kein eigenes Rathaus besaß, wurden wichtige Dokumente auf Anordnung der Herrschaft beim Gericht in Leutershausen in dessen Gerichtskiste verwahrt und müssen heute als verschollen gelten. In der Schatzungsrenovation von 1779 heißt es diesbezüglich: „Es ist weder Grundbuch noch Belagregister vorhanden" [149]. Somit kommt den Amts- und Kellereirechnungen im gräflichen Archiv ein beträchtlicher Quellenwert zu, auch wenn hier, der ursprünglichen Zweckbestimmung dieser Quellengruppe entsprechend, die Ursenbacher Untertanen einseitig vor allem in ihrer Eigenschaft als Erbringer von Leistungen zugunsten der Grafen erscheinen. Als exemplarisch für die umrissenen Zustände und Strukturen kann ein Schreiben gelten, das der Ursenbacher Schultheiß Nikolaus Ulmer im Januar 1759 an den Sekretär seiner Herrschaft nach Mannheim expedieren ließ: „Ahn hochgräffl. Wiess. hochgeehrten H. Secretarium Waltt. [Walter] Mit diesem Bothen überschicke ich ihm die drey Gulten Bürgergelt undt dann 8 Stick Rauchhiner. Waß der Fleißaccis [Fleischakzis] anbelangt, so ist er noch nicht eingetrieben, ich schreibe es alle Mahl auff, wann einer ein Schwein schlachten thut, ich hab nachgesehen und zusammengezogen und thut es anjetzo in allem 4 fl. 48 xr. Ich werde es, so balt möglich ist und es zusammenkommbt, mit nächter (!) Gelegenheit überschiecken und mit denen Rauchhiner seind schohn 8 Stick laut Quitung d. 10 t. Febr. 1758 dem H. Ambtmann Poh auf Leutershausen gelieffert worden, also können Sie nachsehen, dann die Bürger haben sich ettlich dagegen beschweret, sie misten zu viel geben; nach der Attestation seind in dem vorigen 1758 Jahr nur nach dem Abzug deren Kindbether 18 Stick [Befreiung von der Abgabepflicht, wenn zur Zeit der Erhebung die Frau des Bürgers im Kindsbett lag]. Ursenbach, d. 24 t. Jan. 1759. Verbleibe des H. sein untergebener bereitwilliger Diener Jo. Nicolaus Ulmer, Schultheiß“[150].

Die Ausübung der Strafgerichtsbarkeit, sofern die Fälle nicht vor das Gericht der Zent Schriesheim gehörten, überließen die Grafen, wie im Falle Leutershausens, dem Ursenbacher Ortsgericht, wobei sie besondere Fälle selbst aburteilten oder durch ihren Amtmann ahnden ließen. Zu den Strafen, „von gnädiger Herrschaft oder vom Amt andictirt“, so der Wortlaut in der Amts- und Kellereirechnung von 1735, gehörten die jeweils fünf Gulden, die der Amtmann 1782 auf Anzeige durch den Ursenbacher Schultheißen über zwei unehelich schwanger gewordene Ursenbacher Bürgerstöchter verhängte[151]. 1767 büßten zwei Ursenbacher – Ulmer und Edelmann – einen von ihnen bei der Überführung der „jungen Herrschaft“ nach Mannheim begangenen „Exzess“ mit je einem Gulden[152].

Wie unten zu schildern sein wird, war das Verhältnis zwischen der Herrschaft und den Untertanen zu Leutershausen in der zweiten Hälfte des 18. Jahrhunderts starken Belastungen ausgesetzt. Proteste der Leutershausener gegen die Herrschaft und ihren Amtmann gehörten sozusagen zur Tagesordnung. Die Ursenbacher vermochten es den Leutershausenern in dieser Beziehung nur schwer gleichzutun. Bei den Auseinandersetzungen der Leutershausener mit ihrem Ortsherren bezüglich der Frondienste, die ja auch die Ursenbacher betrafen, konnten die Ursenbacher sozusagen im Windschatten der Leutershausener den Ausgang der Auseinandersetzungen abwarten. Immerhin ist ein Fall überliefert, in dem die Ursenbacher sich gegen den vermuteten Willen ihrer Ortsherrschaft stellten. In einer Bittschrift an den Kurfürsten vom 1. September 1776 wandten sich die Ursenbacher gegen den Plan einer Vermessung der Gemarkung durch die Hofkammer[153]. Sie führten aus, daß der Kammerrenovator Debora [Dewarat] vor wenigen Tagen in Begleitung des gräflichen Beamten unvermutet im Ort erschienen sei und die Absicht kundgetan habe, in Bälde eine „Hauptmessung“ der Ortsgemarkung „von Stück zu Stück“ durchzuführen. Eine solche Hauptmessung sei aber erst 1722 vorgenommen worden, die letzte Renovation sei 1763 geschehen. Im Ort herrschte zudem keinerlei „Limitenstreit“, auch sei die Gemarkung so gering, daß

„kaum in circa 8 Bauren darin begüthert“, die übrigens kaum imstande seien, ihre herrschaftlichen Lasten zu entrichten. Es sei auch nicht zu vermuten, daß die höchste Landesherrschaft angesichts dieser Umstände ein solches ebenso unnötiges wie überflüssiges Geschäft „zur ohnerschwinglichen Last des ohnehin armen Unterthans“ werde durchführen wollen. Schließlich habe, „wie es heißen will“, der Renovator Debora „zu solchem anmaßlichen Geschäft von höchsten Orten eigentlich keinen Auftrag“, wogegen „die Lehenherrschaft [die Grafen Wiser] jedoch dessen Absicht zu begünstigen“ scheine. Kurfürst Karl Theodor billigte den angeführten Argumenten der Ursenbacher durchaus den Schein der Erheblichkeit zu und ordnete unter dem Datum Schwetzingen, den 16. September 1776 eine Untersuchung an, um zu gewährleisten, daß „denen Supplicanten kein weiterer Anlaß zu gegründeter Beschwehrde gegeben werden möge“. Tatsächlich hatte die Beschwerde der Ursenbacher aber nur aufschiebende Wirkung. Die Vermessung fand 1777 statt.

7.2 Herrschaftliche Rechte

Laut Beschreibung von 1779 entrichtete die Gemeinde bisher jährlich 125 Gulden an Schatzung, „und einem jeden ist seine quota von Amts wegen angesetzt worden“. – 1780 heißt es dazu, daß die gräfliche Herrschaft aus besonderen Beweggründen gestatten wolle, den Schatzungsanschlag bei der Gemeinde Ursenbach auf 1 600 Gulden, „jedoch anders nicht als stilo ferreo“, zu mindern.

Die Beisassen und Taglöhner entrichten jährlich zwei Gulden an die Ortsherrschaft und ebensoviel an die Gemeinde, „und sind übrigens außer der Schatzung geblieben“. Neben der Schatzung zahlt die Gemeinde an die Ortsherrschaft jährlich an Atzgeld 10 Gulden, an ordinärer Bede 10 Gulden 50 ½ Kreuzer, an Leibsbede jeder Bürger 3 ½ Kreuzer, ferner zwei Rauchhühner. Zum Atzgeld von 10 Gulden findet sich 1705 die Bemerkung, „so nunmehr ständig ist“ [154], also nicht von Fall zu Fall nach Bedarf festgesetzt wurde. Den Großen Zehnten beziehen die Herren Grafen von Wiser, den Kleinen Zehnten teilen sie sich mit der Kirche zu Leutershausen. Die Gemeinde leistet der Ortsherrschaft ungemessene und an Kurpfalz die außerordentlichen Fronen[155].

Es fehlt in dieser Beschreibung der Akzis; 1753 fielen der Herrschaft beispielsweise etwas über 12 Gulden an Fruchtakzis und zwei Gulden an Fleischakzis zu[156]. Es fehlen ferner Einzug und Abzug. Als Einzugsgelder wurden erhoben von einem Mann drei Gulden, von einer Frau zwei Gulden[157]. Abzugsfälle in außerpfälzische Territorien, die der Herrschaft im Grundsatz einen Betrag von 10 Prozent des mitgeführten Vermögens einbrachten, lassen sich für Ursenbach nicht feststellen[158].

Außerdem fehlt das Hauptrecht. So waren 1800 von der Verlassenschaft der Nikolaus Edelmännischen Ehefrau ein Betrag von drei Gulden 18 Kreuzern fällig[159]. Schließlich zahlte der Wirt den Weinschank oder das Ohmgeld. Im Jahre 1700 waren dies 1 ½ Gulden; es heißt dazu: „die Würthschafft dieses Orths ist sehr schlecht, weilen keine Straß darbey und der Orth nur in 6 Hauß oder Einwohner besteht.“ Später gab die Herrschaft das Zapfrecht zu Ursenbach, wo keine Schildgerechtigkeit bestand, an den Meistbietenden in Bestand[160].

7.3 Bevölkerung

Zum Jahre 1700 heißt es, wie bereits zitiert, daß der Ort nur aus sechs Häusern oder Einwohnern bestehe; Leibsbede wurde in diesem Jahr von fünf Gemeinsmännern erhoben. Auch Ursenbach hatte demzufolge im vorangegangenen Jahrhundert der Kriege Einbußen erlitten. 1739 waren es elf Gemeinsmänner, 1782 heißt es, daß die Bürgerschaft aus 15 Bürgern bestehe, von denen jeder 3 ½ Kreuzer an Leibsbede entrichtete. 1793 wurden 18 Bürger zur Leibsbede herangezogen.

An Beisassen wurden 1756 sechs gezählt, die jeder der Herrschaft zwei Gulden Beisassengeld entrichteten. Aus den Namen läßt sich erkennen, daß fünf dieser Beisassen nicht der ansässigen Bevölkerung entstammten, somit von außen zugewandert waren; mit einiger Vorsicht läßt sich vermuten, daß die Grafen, wie für Leutershausen belegt, den Zuzug von Beisassen förderten.

Die Statistik für 1804 nennt für Ursenbach 115 Einwohner, damit hatte sich die Bevölkerungszahl seit ihrem Tiefpunkt um das Jahr 1700 bemerkenswert vergrößert[161]. Für eine Bevölkerungspolitik in dem Umfang, wie sie die Grafen in Leutershausen betrieben, fehlten in Ursenbach allerdings die Grundlagen. Der Ort war verhältnismäßig abgelegen; der Boden gab weniger her. In der Schatzungsrenovation von 1779 lesen wir dazu: „Die Erträgnis des Feldts ist sehr unterschieden und die Gemarckungen in der Bergstraße in gar keinen Vergleich zu nehmen“. Das Feld müsse öfters gedüngt werden, „wo dann der Dung zwei Jahr anschlaget, wenn nicht durch Wassergüss, wie öffters beschiehet, derselbe fortgeflößet wird.“ Weiter heißt es: „Außer etwas Waldung und Gebüsch hat die Gemeind keine Allmenten. [...] Es ist keine gemeine Waidt vorhanden, sondern ein Jeder nähret sein Viehe auff und von seinem Eigentum“. An Häusern und Hausplätzen gab es 1779 insgesamt 16; 15 davon gehörten den 15 vorhandenen Bürgern; der 16. Platz in der 6. Klasse betraf die „Gemeind mit dem Hirtenhäusgen, welches herkömmlicher Masen unbeleget bleibet“. Beisassen und Taglöhner verfügten 1779 über keine schatzbaren Besitztümer[162].

Das „Special-Verzeichniß“ schließlich der zum 1. Januar 1807 zu Ursenbach befindlichen „Künstler, Handelsleute, Professionisten und Handwerker“ läßt einen Blick auf die Bevölkerungsteile zu, die ihren Lebensunterhalt nicht als Bauern oder Tagelöhner sicherten; es erscheinen hier drei Leinenweber, ein Müller, ein Schmied und ein Zimmermann[163].

8. Karl Joseph und Philipp Ernst von Wiser

8.1 Die Karrieren des Karl Joseph und des Philipp Ernst von Wiser als Kurpfälzer Offiziere

Am 5. Dezember 1767 äußerten die Grafen Karl (*10. Februar 1716, †12. April 1788) und Philipp (*7. Januar 1718, †27. Dezember 1805) von Wiser auf dem Rathaus zu Leutershausen vor der erwähnten kurpfälzischen Regierungskommission und den Deputierten der Gemeinde, daß sie, nämlich „Beyde anweßende Tit. Herrn Grafen [...] nichts mehr wünschten, alß einmahl mit ihren Unterthanen in

Abb. 18: Philipp Ernst von Wiser

Fried und Ruhe leben zu können"[164]. Dieser Wunsch, er war nicht mehr als ein frommer Wunsch, bezog sich auf die Auseinandersetzungen, die seit dem Herrschaftsantritt der beiden Grafen das gegenseitige Verhältnis zwischen Herrschaft und Untertanen prägten und die sich bis gegen Ende des Jahrhunderts hinzogen.

Der Tod des Grafen Ferdinand Andreas im Jahre 1751 bedeutete einen spürbaren Einschnitt für das Grafenhaus. Sein Tod war gleichbedeutend mit einer deutlichen Verminderung des wiserschen Einflusses am Hof des pfälzischen Kurfürsten. Mit dem Tod des Kurfürsten Karl Philipp war 1742 die pfalz-neuburgische Kurlinie ausgestorben, unter deren Förderung die Familie Wiser ihren oben beschriebenen Aufstieg erlebt hatte. Der neue Kurfürst Karl Theodor aus dem Hause Pfalz-Sulzbach suchte seine bevorzugten Hof- und Staatsdiener aus anderen Familien. Zu nennen wären hier die Oberndorff in Neckarhausen, Reichsgrafen ab 1790, die Stengel in Seckenheim, Reichsfreiherrn ab 1788 oder die Castell in Edingen, Reichsfreiherrn ab 1773.

Die Grafen Karl und Philipp unterbrachen zudem die Juristentradition in der Familie Wiser. Beide lassen sich zwar als Studenten in den Heidelberger Universitätsmatrikeln nachweisen, sie scheinen aber das Studium mehr kavaliersmäßig betrieben zu haben. Karl begann nach dem Grundstudium zwar noch ein juristisches Studium, beendete es aber offenbar nicht: „rarus" heißt es über ihn 1738, was bedeutet, daß er sich nicht allzu oft in den Hörsälen oder Collegien blicken ließ. Sein Bruder Philipp verließ die Universität Heidelberg 1736 mit dem Magistertitel. Beide ergriffen anschließend die kurpfälzische Offizierslaufbahn. 1777 bekleidete Philipp den Rang eines Obristwachtmeisters der Kurfürstlichen Leibgarde zu Pferd; sein Bruder Karl stand im gleichen Jahre zwei Dienstgrade höher als Obrist der Kurfürstlichen Schweizer Leibgarde im Dienst des Kurfürsten[165]. Er stieg schließlich bis zum kurpfalzbaierischen Generalleutnant auf, während Philipp seine Laufbahn als kurpfälzischer Generalmajor beendete. 1792 verlieh Kurfürst Karl Theodor den „ritterlichen Hausorden vom Pfälzischen Löwen an dero General-Major und Lieutenant bey der Leib-Garde der Hartschier" Philipp von Wiser, der daneben den Ehrentitel eines kurkölnischen Kämmerers trug[166]. Sein Bruder Karl konnte sich mit der Würde eines kurtrierischen Kämmerers schmücken. Er war verheiratet mit Friederike Caroline Louise, geb. Freiin von Helmstatt (*3. Oktober 1738, †14. Januar 1773).

Ihre Dienststellung brachte es mit sich, daß die beiden Grafen Wiser ihren Platz am kurfürstlichen Hof, sprich in Mannheim und auch in München, fanden, nachdem Karl Theodor die bayerische Kurwürde ererbt hatte. Dies war einerseits sicher ein wichtiger gesellschaftlicher Vorzug, verursachte aber auch nicht geringe Repräsentationskosten. Hier sei an das Stadtpalais erinnert, das die Grafen in Mannheim besaßen. Gleichzeitig erzielten Karl und Philipp von Wiser als Offiziere bei weitem nicht die Einkünfte, wie sie ihr Großvater als Hofkanzler oder ihr Vater als Hofrichter und schließlich als kurpfälzischer Regierungspräsident genossen hatten. Wir dürfen annehmen, daß die Erträge ihres Leutershausener und Ursenbacher Lehns- und Eigenbesitzes samt der übrigen Besitztitel mit der Finanzierung eines standesgemäßen Lebens im Umfeld einer barocken Hofhaltung auf die Dauer überfordert waren. Nur am Rande sei erwähnt, daß die gemeinsame

Nutzung des Besitzes erhöhte Kosten verursachte; so mußte der Leutershausener Amtmann für jeden der Brüder gesondert Rechnung führen.

In dieser Situation trennten sich die Grafen 1761 von einem Teil ihres Neuburger Immobilienbesitzes: so gingen auf dem Weg der Versteigerung der „Baron-Wisersche-Garten" samt zugehörigem Gartenhäusel, „auf dem Graben gelegen," für 725 Gulden in den Besitz eines Bierbrauers über. Die gleichzeitig zur Versteigerung ausgeschriebene „Baron-Wisersche-Behausung" samt Zugehör, „in der Stadt gelegen", konnte zu dem vorgestellten Preis nicht an den Mann gebracht werden. Sie wurde deshalb vermietet; schließlich aber ebenfalls abgestoßen[167].

8.2 Der Vergleich zwischen den Grafen Wiser und der Landesherrschaft vom 15. Januar 1772

Nach längeren Verhandlungen zwischen dem gräflichen Haus Wiser und der kurpfälzischen Landesherrschaft wurde am 15. Januar 1772 ein Vergleich geschlossen, durch den die Grafen Wiser zugunsten der Landesherrschaft endgültig auf alle Ansprüche auf die Herrschaft Zwingenberg verzichteten[168]. Gleichzeitig verzichteten sie auf sämtliche „An- und Auflagen" [Steuern] in den Lehnsorten Leutershausen und Siegelsbach sowie im ehemals Hirschhorner Lehnsanteil von Ober- und Untergimpern. Dafür erhielten sie die Anwartschaft auf Mannlehnsstücke zu Hamm im kurpfälzischen Oberamt Alzey. Der Ferdinandinischen oder Leutershausener Linie wurde der bislang von der Landesherrschaft bezogene Zweidrittel-Anteil am Großen Zehnten zu Oberflockenbach „ex nova gratia" [aus neuer Gnade] als rechtes Mannlehen eingeräumt ebenso wie die Mitbelehnung für das Schönfelder Hofgut zu Friedelsheim. Die Grafen Karl und Philipp Wiser aus der Ferdinandinischen Linie erhielten „ad dies vitae" [auf Lebenszeit] das Jagdrecht zu Groß- und Hohensachsen zugestanden. Schließlich überließ die Landesherrschaft den Grafen Wiser das halbe Aufkommen, die „Halbscheid", an der Schatzung zu Leutershausen, Siegelsbach und im Lehnsanteil zu Ober- und Untergimpern. Auf dieser Grundlage konnte Kurfürst Karl Theodor den Lehnsbrief über das Hirschberger Lehen vom 19. Juni 1772 für den Grafen Friedrich Joseph von Wiser aus der Siegelsbacher Linie und seine Vettern aus der Leutershausener Linie, den Grafen Karl und Philipp von Wiser ausstellen. Neben den Bestimmungen über Steuer und Schatzung unterscheidet sich dieser Lehnsbrief von der Urkunde von 1700 nur in wenigen unerheblichen Einzelheiten, die hier nicht näher aufgeführt werden sollen[169].

8.3 Die Belehnung mit dem Mannlehen zu Hamm

Der Lehnsbrief über das „von Mayische Mannlehen" zu Hamm für Friedrich Joseph von Wiser (-Siegelsbach) und seine Vettern Karl und Philipp von Wiser datiert vom 19. Juni 1772[170]. Der Umfang des Lehens wird beschrieben mit sechs Pfund von der Dorfsbede zu Hamm, 20 Malter Hafer, Erntehahnen und Fastnachtshühner nach Anzahl der Gemeinsmänner, fünf Pfund jährlichen Zins, 20 Kappen, das Fischwasser zu Hamm, Äcker im Umfang von 106 ½ Morgen mit einem Ertrag von 20 Malter Korn, 86 Mannsmahd Wiesen, die ein Fuder Heu lieferten.

8.4 Die Verteidigung von Hoheitsrechten gegenüber dem Oberamt Heidelberg 1772-1774

1772 „pfändete" der wisersche Jäger Graf mehrere „odenwäldische" Kühe, die von ihren Hirten zur Weide in den Ursenbacher Wald getrieben worden waren. Besitzer der Kühe waren Bauern aus Heiligkreuz und Rippenweier, damit unmittelbare pfälzische Untertanen. Sie behaupteten, ein Recht auf diese Waldweide zu besitzen und fanden dabei Unterstützung durch das Oberamt Heidelberg, das den Grafen einerseits Rechtshilfe zusagte, gleichzeitig aber auf Herausgabe des beschlagnahmten Viehs drängte, widrigenfalls man „gleiche Vorkehr" gegen gräfliche Untertanen treffen werde. Als der Leutershausener Amtmann der Grafen diese Aufforderung unbeantwortet ließ, beauftragte das Oberamt die Zent Schriesheim, Kühe der wiserschen Untertanen zu Ursenbach beschlagnahmen zu lassen, was dann tatsächlich durch den Schultheißen von Rippenweier Fath geschah[171].

Die Grafen Karl und Philipp von Wiser protestierten gegen diesen Eingriff in ihre Herrschaftsrechte in einer Eingabe an den Kurfürsten vom 9. Juli 1772. Ursenbach wie auch Leutershausen seien ihrer vogteilichen Obrigkeit und Macht unterworfen, was ihre Befugnis beinhalte, alle in diesen „lehenortschafftlichen Bezircken [...] sich ereignenden Frevel und Bußen zu bestraffen und anzulegen", abgesehen von den zur Zent gehörenden vier Zentartikeln. In dieser Qualität, so die Grafen weiter, seien sie „nicht allein als Richter deren Verbrechen, sondern auch als Eigenthümber deren davon geeigneten Geldstraffen zu betrachten". Somit dürften ihnen auch diejenigen Mittel nicht versagt sein, „welche dem Richter zu Vollstreckung deren Bestraffungen und Abwendung künfftigen Schadens, dem Eigenthümber hingegen zur Hülffe, um denen Straffen habhafft zu werden", nötig seien. In Ausübung dieser Gerechtsamen seien sie nur an die in Druck oder Schriften vorliegenden kurfürstlichen Verordnungen gebunden; sofern ihre Handlungen dem einen oder anderen Teil „beschwehrlich" erschienen, so seien diese Handlungen „ohnmittelbahr allein vor den Oberrichter zur Untersuchung geeignet, keinesweegs aber der Censur und Critique einer benachbahrten gleichförmigen niederen Gerichtsstelle überlaßen." Das Oberamt Heidelberg habe nicht das Recht, sich in dieser Angelegenheit die Qualität eines Oberrichters beizulegen; um so befremdlicher und widerrechtlicher seien die von dem Amt jüngsthin unternommenen „stöhrlichen" Eingriffe in die Rechte der Grafen. Die betreffenden Rippenweierer und Heiligkreuzer Insassen ihrerseits seien nichts anderes als „schädliche Waldfrevler", gegen die man nach bisheriger Observanz und Gewohnheit vorgegangen sei. Als besonders empörend empfanden es die protestierenden Grafen, daß der reformierte Schultheiß von Rippenweier, der um „seines führenden Gewerbs halben" bekannte „Liebling Fath", seine Exekution gegen die Ursenbacher Untertanen der Grafen ausgerechnet an einem Sonntag ins Werk gesetzt hatte, der doch dem hohen kurfürstlichen Generaledikt des vergangenen Jahres zufolge „dem Dienst Gottes allein" gewidmet sein sollte. Es sei diese Exekution somit „zur Ärgernus des benachbahrten Publici" geschehen.

Unter Beifügung der von ihrem Leutershausener Amtmann in dieser Angelegenheit verfertigten Protokolle erbaten die Grafen eine Intervention der kurpfälzischen Regierung. Diese sollte zum einen „mit allem Nachdruck" das Oberamt zur Rückerstattung der „wiederrechtlich abgepfändeten Kühe" ihrer Ursenbacher Untertanen auffordern und zum anderen dem Oberamt „alle dergleichen unzulässige Gerichtbahrkeitseingriffe gegen benachbahrte Vasallen für das Künfftige ernstlich untersagen."

Der vorgelegte Fall beschäftigte in der Folge die Instanzen von der untersten Ebene der betroffenen Ortsgerichte, über das gräfliche Amt Leutershausen, die Zent Schriesheim, das Oberamt Heidelberg bis hin zur kurpfälzischen Regierung, die ihr abschließendes Votum im März 1774 verkündete. Auf Grund der vorgelegten Akten kam die Regierung zu dem Schluß, daß einerseits die Rittenweierer ein Mitweiderecht in den Leutershausener Waldungen zu beanspruchen hätten, andererseits die Grafen gemäß der kurpfälzischen Forst- und Waldordnung das Recht hätten, „einige Schläg, entweder wegen Anbauung des Holzes oder wegen einer zur Wildfuhr nöthigen Salzlack" abzuhängen und nötigenfalls als Inhaber des Hirschberger Lehens befugt seien, dagegen gerichtete Verstöße mit Strafen und Bußen zu ahnden. Im vorliegenden Fall aber sei „die Arth und Weiß solcher Ausübung" zu rügen, denn die „allgemeine Ruh, Sicherheit und gute Ordnung verbieten einem jeden Staat eine willkührliche Jurisdiction über seines benachbarten Untertanen [die Untertanen des benachbarten Staates], besonders in Verbrechen von minderem Belang, auszuüben, noch weniger einige Arth von Bestraffung zu verhängen, ohne den Orths-Vorstand, unter wessen Bottmäsigkeit der Frevler sich befindet, dieserwegen ersucht zu haben." Die den Herren Grafen von Wiser „von denen durchlauchtigsten Chur-Vorfahren gestattete vogteyliche Obrigkeit, man beeiffere sich, ihr eine Auslegung zu geben, wie man immer will, erstrecket sich nur auf eigene Lehens- keineswegs aber auf churfürstliche Landes angesessene Unterthanen." So bestreite man nicht die Befugnis der Grafen, kurpfälzische Untertanen in die Waldrug zu schreiben und ihnen die in der Forstordnung vorgesehene Strafe „anzuerkennen", wenn sie in den Lehnswaldungen frevelten. Daraus folge aber nicht, daß sie im Weigerungsfall sich selbst Hilfe verschaffen dürften, „sondern sie ergreifen allsdann den Weeg Rechtens, ersuchen den benachbarten Beamten und falls selbiger wider Vermuthen die Justiz versagen sollte, so mögen sie sich an den Oberrichter behörend wenden."

Damit war der Fall grundsätzlich entschieden, die jeweiligen Zuständigkeiten geklärt. Nun ging es noch um die konkrete „Pfändung" der Rittenweierer Kuh – es ist nur noch von einer Kuh die Rede – und ihr ferneres Schicksal. Die Regierung kam hier zu der Ansicht, daß es den gräflichen Dienern nicht zu verargen gewesen sei, zur Pfändung zu schreiten, so lange ihnen der Eigentümer der Kuh nicht bekannt war; in dem Augenblick aber, als dieser sich gemeldet hatte, hätten sie die Kuh zurückgeben und wegen der Erkenntnis des Frevels in der vorbeschriebenen Art verfahren müssen. Daß dies nicht geschehen sei, hätten in erster Linie nicht die Grafen von Wiser selbst zu verantworten, vielmehr habe „ihr unruhiger Beamter [...] aus einem allzu stolzen Diensteifer für die Gerechtsame seiner Herren und aus einem irrigen Begriff zu gegenwärtiger Verdrüßlichkeit Anlaß gegeben." Amtmann Groshenrich, der die widerrechtlich gepfändete Kuh kurzerhand zur Versteigerung gebracht hatte, als die Entrichtung der von ihm verhängten Buße unterblieben war, mußte sich von der Regierung zudem den Vorwurf gefallen lassen, seine

Schriften „mit ohnanständigen, der Ehre und schuldigen Achtung für den Oberbeamten nachtheiligen Ausdrücken angefüllet“ zu haben.

Eine Rüge mußte aber auch das Oberamt Heidelberg einstecken; es hätte, so die Ansicht der Regierung, „ebenmäßig die an einem Bürger zu Ursenbach unternommene Pfändung einer Kuh unterlassen und den Vorgang hier anzeigen können.“ Die Berufung auf einen Präzedenzfall, in dem das Oberamt „zu Lebzeiten des verstorbenen Herren Präsidenten Grafen von Wieser“ diesem „eine ganze Heerde Vieh hinweggenommen“ habe, was von dem „höchsten Dicasterio approbiret“ worden sei, ziehe hier nicht. Damals habe es sich um den zwischen beiden Gemeinden strittigen Weidgang gehandelt, nicht aber, wie jetzt, um dessen „gesätz- und ordnungswidrigen Gebrauch“.

Die Entscheidung der Regierung bezüglich dieser Ebene des Streites ging dahin, daß die Grafen von Wiser den Versteigerungserlös der Kuh samt Zinsen dem betroffenen Rittenweierer Bürger zu erstatten hatten; im Gegenzug sollte dem Ursenbacher Bürger seine Kuh zurückerstattet werden, die seit ihrer Beschlagnahmung durch den Zentgrafen in einem Schriesheimer Stall stand. Die Grafen nahmen diese Entscheidung an, sahen sich aber im August 1774 veranlaßt, die Regierung zu ersuchen, dem Oberamt Heidelberg Beine zu machen, das bis dahin weder die Annahme der Entschädigungssumme, noch die Freigabe der in Schriesheim stehenden Kuh verfügt hatte.

8.5 1793: Kompetenzstreit bezüglich eines „Zentfalls“

Im Herbst 1793 wurde der ledige Leutershausener Barbier Metzger von dem aus Leutershausen stammenden Gemeinen im Kurpfälzer Regiment Belderbusch Friedrich Siegmund bei einem Streit tödlich verwundet. Der wisersche Amtmann erstattete über diesen Vorgang keine Meldung. Das Oberamt Heidelberg, das auf Umwegen davon erfuhr, stellte sich auf den nachvollziehbaren Standpunkt, daß der Totschlag ein Zentfall sei und somit nicht der ortsherrschaftlichen Gerichtsbarkeit unterliege. Es wies deshalb den Zentgrafen der Zent Schriesheim Lissignolo an, sich zur Festnahme des Täters nach Leutershausen zu verfügen und eine Sektion des Getöteten vornehmen zu lassen. Der Amtmann zu Leutershausen verweigerte indessen die Herausgabe des Täters und widersetzte sich auch der geforderten Sektion. Das Oberamt entschloß sich in dieser Situation, ein Kommando Dragoner des Leibregimentes, einen Offizier mit vier Mann, nach Leutershausen zu entsenden, das Siegmund festnehmen und nach Schriesheim verbringen sollte. Gleichzeitig forderte das Oberamt das Regiment Belderbusch auf, einen Vertreter zur Vornahme der Sektion abzuordnen. Eine Benachrichtigung der kurfürstlichen Regierung sollte zudem ähnliche Kompetenzüberschreitungen durch die wisersche Ortsherrschaft für die Zukunft verhindern helfen[172].

8.6 Auseinandersetzungen zwischen der Herrschaft und den Leutershausener Untertanen

Über die Auseinandersetzungen der Herrschaft mit ihren Untertanen bezüglich der Aufnahme von Beisassen und Juden ist bereits oben berichtet. Der Kern weiterer Streitigkeiten zwischen der Gemeinde und den Ortsherren, von denen hier weiter zu berichten ist, bezog sich auf den Konfliktbereich, der seit jeher Untertanen und Herren entzweite: den Frondienst. Frondienst, das hieß Zugriff auf Arbeitskraft und Zeitbudget des Untertanen. Die Leutershausener traf diese Verpflichtung schwerer als beispielsweise ihre Nachbarn in Großsachsen. Wie diese waren sie fronpflichtig gegenüber der kurpfälzischen Landesherrschaft und der eigenen Gemeinde. Darüber hinaus aber mußten sie noch ihren Ortsherren, den Inhabern des Hirschberger Lehens, Frondienste leisten.

Ein Verzeichnis von 1778 liefert einen Einblick in den Umfang der geforderten Leistungen[173]. Die 17 Spannfröner leisteten 85 Mannheimer [Botengänge nach Mannheim] und sonstige ganze Tagfronen, 272 verschiedene halbe Tagfronen, 68 Leutershausener Fruchtzehnt-Fuhren und 51 Muckensturmer Fruchtzehnt-Fuhren. 69 Handfröner leisteten ganztägig 350 Mannheimer Fronen, ganztägig 140 Gartenfronen, ganztägig 320 Jagdfronen, 840 verschiedene halbe Tagfronen, 340 Lerchenjagdfronen. 17 „Wittweiber" leisteten „halbscheid" an Handfronen: ganztägig 51 Mannheimer Fronen, ganztägig 17 Gartenfronen, ganztägig 51 Jagdfronen, 102 verschiedene halbe Tagfronen und 51 Lerchenjagdfronen. Ungefähr aus der gleichen Zeit stammt eine Auflistung all dessen, was in der Fron für die Herrschaft zu leisten war: Transport des herrschaftlichen Weins, der Früchte und des Brandholzes, des Fruchtzehnten und des Weinzehnten; Holzmachen; Arbeit in den herrschaftlichen Weinbergen; das Führen von Dung auf die herrschaftlichen Felder; der Feldbau: Schneiden, Binden und Heimführen des Getreides; das Mähen, Dörren und Transportieren von Heu und Ohmet; das Umzäunen der herrschaftlichen Wiesen; das Eisbrechen und das Einlagern des Eises in den herrschaftlichen Eiskeller; Säuberung der Gräben; Transport der herrschaftlichen Gelder und der Equipage; das Zurichten und Transportieren des Beamten-Besoldungsholzes; Jagdfron einschließlich des Transports des erlegten Wildes; Herbeiführung der Furage; „Lieferung und Tragung" von Fisch, Geflügel, Hasen usw.; die „Tragung" der herrschaftlichen Briefe, Befehle und dergleichen[174]. Weitere Beispiele finden sich in den folgenden Ausführungen.

Die aus den Fronlasten entstandenen Streitigkeiten in allen ihren Einzelheiten zu schildern, würde den uns hier gegebenen Rahmen bei weitem sprengen. Die „Irrungen und Misshelligkeiten" zwischen Untertanen und Herrschaft gelangten bereits in den Jahren vor 1754 bis vor das Kurpfälzer Hofgericht. Die Regierung suchte im Mai 1754 in zwei Vergleichen zwischen der Gemeinde und den Grafen Karl und Philipp von Wiser den Frieden wiederherzustellen[175]. Im Vergleich vom 4. Mai 1754 erkannte die Gemeinde ihre Pflicht zu ungemessenen Frondiensten an, worunter aber nicht die „Bauung, Schneidung und andere dergleichen zum Feldbau gehörigen Arbeiten" fallen sollten. Von den drei Adelshöfen, welche die Vorfahren der Herren Grafen käuflich erworben hatten, als von den bettendorfischen, frankensteinischen und wolfskehlischen Gütern, sollten die Leutershausener zu frönen nicht verbunden sein. Nachdem in diesem ersten Vergleich „alle Strittigkeiten" zwischen den Grafen und der Gemeinde für „auf einmal aufgehoben" erklärt wurden und „eine dauerhafte Grenzlinie gezogen" war, sollte ein zweiter Vergleich vom 13. Mai 1754 das alte Herkommen befestigen und weitere Grundlagen für ein künftiges friedliches Auskommen legen. Die Frondienste belangend, sollten diese „vor jetzt und immer abgemessen“ sein: weder Bauer noch Taglöhner sei schuldig, auf den „gekauften adelichen Gütern“ zu fronen, sondern nur „zum kurfürstlichen Lehen“, nicht aber „vom Lehen“. Für jede zu leistende „Mannheimer Fuhr“ versprachen die „Herrn Grafen“ Karl und Philipp Wiser dem Bauern ein Maß Wein und für vier Kreuzer Brot, dem Taglöhner jeweils die Hälfte: „so lange sie [die Grafen] solches ausrichten, so lange seynd wir schuldig zu frohnden“. Bezüglich der Jagd waren die Untertanen schuldig, „im Herbst in allhiesiger Gemarkung Lerchen helfen zu fangen“, nicht aber außerhalb. Auch sollten sie zwei- oder dreimal im Jahr bei der Schnepfen- und Hasenjagd auf Leutershausener Gemarkung mitwirken, nicht aber „in Heddesheimer Wald“ oder andernorts. Was schließlich die Orangerie oder den Lustgarten anlangte, so sei die Gemeinde zwar zum Frondienst nicht verpflichtet, „jedennoch ist es eine Bittfrohnde“. Hingegen versprachen die Grafen dem Bauern, „der da Bäum schleifet“ ein Maß Wein und für vier Kreuzer Brot, dem Bürger, „der dies Geschäft verrichtet“ dagegen die Hälfte. Auch dürfe nicht der Gemeindediener diese Fron „gebieten“, sondern der Viertelsmeister, „dieweilen es eine Bittfrohnd heiset, und heiset nicht muß, sondern freywillig“.

Mit diesen beiden Vergleichen kehrte aber keine Ruhe ein. Wie vergiftet die Beziehungen zwischen den Grafen und ihren Leutershausener Untertanen waren, sollte sich vielmehr bereits ein Jahr später erneut zeigen. In Zusammenhang mit anderen Beschwerden legten die Leutershausener 1755 einmal mehr Protest gegen vermeintlich zu hohe Frondienstlasten bei der Regierung ein und wandten sich sogar an den Kurfürsten selbst[176]. Dies wiederum erboste die Grafen. Aus ihrer Sicht lieferte das Betragen ihrer „ohnruhigen“ Untertanen den untrüglichen Beweis dafür, „wie weith der Baueren Stoltz und deren ohnbändiger Wollmuth steige, wann sie mit ihrem Queruliren nur das mindeste Gehör zu finden vermeinen und anbey durch interessirte Rathgeber auffgehetzet werden“. Sie warfen den Leutershausener Beschwerdeführern vor, den Eindruck zu erwecken, als ob die Grafen ihre Untertanen „mit allerhand ohnerhörten Betrückungen tirannisiren thäten, und was dergleichen ohngezäumbte Austruckungen mehr sind, welche, wan mann ihnen Gehör geben wolte, einen glaubend machen solten, daß wir [die Grafen] mit denenselben ärger als ehemals Pharao mit denen Israeliten verfahreten“. Besonders aufgebracht zeigten sich die Grafen über die „gantz ärgerlichen Nachreden“, sie hätten sich gegenüber einigen zu ihnen gekommenen Bauern verlauten lassen, daß sie „nach churfürstlicher hohen Regierung nichts fragen thäten“. Im gleichen Zug bestritten sie die angebliche Drohung ihres Amtmannes, der mit den Worten zitiert wurde, „er wolle es denen Baueren noch ärger machen, wann Ihro Churfürstliche Durchlaucht aus hiesigen Landen verreißet wären“. Die Grafen verwahrten sich gegen derartige Vorwürfe und verlangten eine „eclatante Satisfaction“ gegenüber den „ehrvergessenen“ Bauern.

Die Beschwerde, daß Frondienste im Übermaß gefordert würden, wiesen die Grafen zurück. Die Weigerung der Leutershausener, außerhalb keine ungemessenen Frondienste zu leisten, wollten sie nicht anerkennen und erst recht nicht auf die ihnen zustehenden Dienste verzichten. Die Untertanen seien vielmehr dazu verbunden, wenn sie für ihre Person und ihr Fuhrwesen abends wieder nach

Leutershausen zurückkehren könnten. Ihr seliger Herr Vater, Graf Ferdinand Andreas, habe bei der Erbauung des Schlosses zu Leutershausen den Pferd- und Handfrönern je zuweilen etwas an Geld, Wein und Brot reichen lassen, „solches geschahe aus jener Lieb und Mäßigung, wormit er jeder Zeit seine Unterthanen zu tractiren pflegte", zumal zu jener Zeit viele Frondienste vonnöten gewesen seien. Eine Verpflichtung, den Frönern „jedesmahlen ihre Mühe zu zahlen", sollte daraus aber nicht entstehen, „indeme ansonsten das ihme und seinen Nachfolgern mit zu Lehen aufgetragene Frohnd-Recht von keinem Nutzen seyn würde, wann man solche mit Geld bezahlen [...] sollte". Auch sie selbst hätten von ihrem Anspruch nur mit Bescheidenheit Gebrauch gemacht, was sich anhand des von der Gemeinde zu führenden Fronregisters belegen lasse; es gehe daraus hervor, daß ein Untertan in den Jahren 1753 bis 1755 insgesamt nur 10 bis 17 Fronen geleistet habe. Das Ein- und Austragen der Orangerie sei bislang geleistet worden, nun aber, nach dem Protest unruhiger Geister, verweigere die Gemeinde diesen Dienst. Dazu sei sie aber verbunden, wenngleich die Orangerie nicht zum Lehen gehöre. Was die 300 Stück Latten angehe, welche die Gemeinde in der Fron in den Garten geführt habe, so hätten sie nicht, wie fälschlich behauptet, zur Erbauung eines Hauses gedient, sondern zur Umzäunung eines kleinen Geländestücks, „worin wir einige Vögel zu unserer Plaisir aufhalten". Weiter wehre sich die Gemeinde gegen die Beförderung von Zehntfrüchten, wozu sie nach Meinung der Grafen wohl verpflichtet war.

Die Entscheidung der kurpfälzischen Regierung vom 14. Januar 1756 dürfte nicht auf den Beifall der Grafen gestoßen sein, wurden sie doch dazu aufgefordert, kein ungebührliches Übermaß in den „Exactionen" [hier: Forderungen], namentlich in den Frondiensten zu gebrauchen. Es gelte vielmehr, die Lehnsuntertanen „ziemlich" zu halten, „damit sie bey häußlichem Wesen und Nahrung [Erwerb] verbleiben" möchten. Insbesondere aber solle die Herrschaft die Frondienstleistung keinesfalls auf andere, zum Lehen nicht gehörige „Nebengüther und Gefälle" erweitern.

In den Jahren nach 1766 schlugen die Wogen wieder hoch[177]. Wieder ging es um Frondienste, den gemeinschaftlichen Weidegenuß und die berühmt-berüchtigten Büsche. Klagen erhoben sich auch gegen den herrschaftlichen Amtmann Groshenrich, der die Interessen seiner Herrschaft rücksichtslos durchzusetzen suchte und daneben von den Einwohnern Frondienste für seine privaten Zwecke verlangte. Wer nicht parierte, riskierte scharfe Strafen. Die Gerichtsverwandten, hieß es, würden „von einem löblichen Ambt dergestalten in die Enge getrieben, daß sie sich fast nicht mehr unterstehen, wegen beständig angesetzten und bedrohten Straffen nur die geringste Unternehmung mehr vorzunehmen." Umgekehrt forderten Gemeinde und Gerichtsverwandte die herrschaftlichen Beauftragten geradezu heraus. So erschienen 1767 (?) im Auftrage des Amtmannes drei Beisassen zum Mähen des beanspruchten herrschaftlichen Heugrasanteils auf der Weide. Hier wurden sie von den Gerichtsleuten Brand und Kaupp und dem Gemeinen Bürgermeister Fath empfangen „und mit dem Trotz bietenden Bescheid zurückgesendet, daß sie sich keine Mühe zu geben hätten, denn die Gemeindt gebete nichts heraus". Der Amtmann verhängte als Antwort 15 Gulden Strafe gegen die zwei Gerichtsleute und den Bürgermeister; diese wiederum verweigerten die Zahlung, worauf ihnen das Amt drei Reiter ins Haus legte und der Herrschaft Anzeige erstattete, die den Fall ihrerseits dem Oberamt Heidelberg übergab.

Als Beipiel für die schwierigen Rechtsbeziehungen und Reibungspunkte zwischen der Gemeinde und der Ortsherrschaft sei noch der Streit bezüglich des „Gassenspießes“ erwähnt. Der „Dorf- oder Gassenspieß“, ein Hilfsorgan des Schultheißen, hatte sich nach Ansicht des Amtmannes nicht nur dem Schultheißen „loci“ zur Verfügung zu stellen, sondern auch beim herrschaftlichen Beamten zu melden, was schon länger als 30 Jahre der Brauch sei; er, Groshenrich, habe in dieser Beziehung keine Änderung vorgenommen. Der von der Gemeinde beauftragte Advokat Boerkes hielt dem entgegen, daß die Gemeinde nicht schuldig sei, in das Amtshaus, den ehemaligen Frankensteiner Hof, zu frönen; das Amtshaus gehöre nicht zum Lehen, sondern sei auf Eigengut der Herrschaft erbaut. Der Dorfspieß als „Gemeindshuth“ dürfe nur in Geschäften der Gemeinde gebraucht werden, nicht aber zu Botengängen für den Amtmann, um etwa Medizin aus Ladenburg zu holen, Wäsche zur Bleiche nach Schriesheim oder Privatbriefe des Amtmannes nach Weinheim zur Post zu bringen, Holz in die Küche zu tragen und so fort.

Eine von einer Regierungskommission 1769 verkündete Entscheidung in all den strittigen Punkten wurde von der Gemeinde nicht akzeptiert, die vielmehr den Rechtsweg beschritt. Es würde hier zu weit führen, die somit fortdauernden Auseinandersetzungen detailliert zu beschreiben. Beide Seiten bemühten Advo-

Abb. 19: Herrschaftliches Amtshaus und katholisches Pfarrhaus auf dem Areal des Frankensteiner Hofes. Oben Mitte das Rathaus. Ortsplan von 1780

katen; die Leutershausener scheinen auch vor der Bestechung von kurfürstlichen Bediensteten nicht zurückgeschreckt zu sein, um einflußreiche Persönlichkeiten in der Umgebung des Kurfürsten für ihre Sache zu gewinnen, so zum Beispiel den Freiherrn von Zetwitz, Konferenzminister und Obristkämmerer, der 1770 wiederholt in Schwetzingen von den Beauftragten der Gemeinde aufgesucht wurde[178].

1770 übergab das kurpfälzische Hofgericht der kurfürstlichen Regierung die Abschrift der Vorstellungen der Gemeinde Leutershausen gegen ihre vogteiliche Herrschaft, die Grafen Wiser, „pto. juris compascui et diversorum gravaminum" [bezüglich des Mit-Weiderechts und verschiedener Beschwerden] und bat seinerseits um abschriftliche Mitteilung der bei der Regierung in diesen Angelegenheiten entstandenen Akten. Der Streit um das Weiderecht endete 1780 mit einem Spruch des Oberappellationsgerichtes, der im wesentlichen den Standpunkt der Gemeinde bestätigte. Demnach sollten die Grafen ihr Vieh auf dem gemeindlichen Weidedistrikt treiben dürfen; weitergehende Ansprüche auf das Gras vom Landgrabendamm blieben ihnen aber verwehrt.

Die Stimmung im Dorf blieb die ganze Zeit über angespannt, wie aus den folgenden beiden Beispielen hervorgeht. So liegt dem Neujahrsgerichtsprotokoll von 1777 eine undatierte Unterschriftenliste der „gesammelten gemeinen Stimmen in Betreff und Abstellung des Mannheimer Bottengangs, welchen zu verrichten sie sich nicht vor schuldig erkennen", bei[179]. Die Liste trägt 95 Unterschriften Leutershausener Gemeindebürger. 1781 schließlich schickte der Amtmann den Amtsdiener und drei Bürger los, um bei Adam Gutfleisch und Philipp Bitzel Pfändungen wegen verweigerter Frondienste vorzunehmen. Das Pfändungskommando mußte jedoch einstweilen unverrichteter Dinge umkehren, da sich Gutfleisch mit der Mistgabel, Bitzel aber mit einem Beil zur Wehr setzte.

In den Fronstreitigkeiten zwischen der gräflichen Herrschaft und ihren Leutershausener Untertanen erging endlich ein am 16. März 1784 verkündetes Hofgerichtsurteil; es gab in wesentlichen Punkten den Untertanen recht. Sie sollten nicht fronbar sein „bei aller Gattung Güther-Baues als Ackerfelds, Wiesen und Weinbergs". Die Jagdfron sollte sich auf Leutershausener Gemarkung beschränken und nur die kleine Jagd betreffen, sofern die Grafen keine besseren Gegenbeweise vorlegen könnten. Zwar sollten die Untertanen verbunden sein, auch nach Mannheim und anderen außerhalb des Lehnsbezirks liegenden Orten zu frönen, jeoch sollten die Grafen hierin „hinkünftig [...] mehrere Bescheidenheit" gebrauchen, wie auch die Anzahl dieser Fronen „von Richteramts wegen" eine Festsetzung erfahren solle. Die Gemeinde sei ferner von der Heimführung des Muckensturmer Zehnten zu verschonen. Zu leisten hatte dagegen die Gemeinde die Leutershausener Kirchenbaufron, die Grafen aber hatten dafür jedem ganz- oder halbtags Fronenden eine bestimmte Quantität an Brot und Wein zu reichen. Im übrigen habe man sich bei der Kirchenbaufron „pro futuro" nach den kurfürstlichen Verordnungen von 1756 und 1758 zu richten. Von der Abführung des Heidelberger Zehntweins zu Herbstzeiten war die Gemeinde „simpliciter" zu befreien. Verbunden war die Gemeinde hingegen zur Herbeiführung des Bau- und Brennholzes für die Herrschaft auch von außerhalb der Leutershausener Gemarkung; dabei war jedoch sicherzustellen, daß die Fröner für ihre Person und ihr Zugvieh abends wieder zu Hause sein konnten. Für die den Leutershausener Untertanen zu Unrecht „abgezwungen Frohnden" hatten die Grafen eine Entschädigung zu leisten[180]. Die Entschädigungssumme für die Gemeinde wurde auf 983 Gulden festgesetzt. Eine Zahlung erfolgte freilich zunächst nicht. Nach wiederholten Auseinandersetzungen kam es erst 1791 zu einem Vergleich, welcher der Gemeinde 600 Gulden zusprach[181]. 1794 wiesen Schultheiß und Gericht den Leutershausener Rentmeister an, das „Vergleichsquantum" wegen den „urtheilmäßigen" zu fordern habenden Prozeßkosten und sonstigen Forderungen mit 600 Gulden zu vereinnahmen[182].

1787 schlugen die fronbaren Bauern der Herrschaft vor, die Dienstleistungen künftig in eine Geldzahlung umzuwandeln. Sie boten je vier Gulden für die 13 „ganzen" Bauern, je zwei Gulden für die 15 Kühbauern oder „Quartbauern", je einen Gulden für die 69 Handfröner, die 18 Witwen sollten 30 Kreuzer reichen. Der Amtmann äußerte jedoch Bedenken gegen diesen Vorschlag. Im Falle eines Krieges benötige man Fluchtfuhren für die Registratur, das Archiv, für Wein, Früchte und Mobiliar. Ansonsten seien Fuhren nötig für Wein, Mehl und Furage, für Treber, Most, Bütten, Brenn- und Bauholz, für den Frucht- und Heuzehnten, so solcher in natura erhoben würde, für die Herbeischaffung von Materialien zum Unterhalt der herrschaftlichen Gebäude. Wenn die Untertanen keine Fronfuhren mehr zu leisten hätten, müsse man jeweils Boten versenden, um in den benachbarten Orten Pferde, Ochsen etc. zu bestellen, „denn die hiesigen Pferdsbauern können und werden keinen Accordt abschließen" [183]. Diese Bemerkung läßt sich als ein weiterer Hinweis auf die angespannten Beziehungen zwischen Herrschaft und Untertanen lesen.

Mit dem Hofgerichtsurteil von 1784 und dem Vergleich von 1791 waren die Konfliktursachen nicht völlig ausgeräumt. Dies zeigte sich im September 1793, als die Gemeinde die Stellung von einem Paar Zugpferden „vor die Chaise nacher Mannheim" verweigerte; Schultheiß und Fronschreiber erklärten gegenüber dem gräflichen Amtmann Steinhauser, man sei gemäß dem Urteil von 1784 dazu nicht verbunden. Auf Verlangen des Amtmannes wiederholte die Gemeinde ihre Weigerung auch gegenüber der Herrschaft selbst. Als die Herrschaft eine Abschrift des Urteils verlangte, erwiderte Schultheiß Kugel, sie besitze doch selbst eine solche. Daraufhin ließ der Amtmann die Registratur durchsuchen; aus dem Studium der dabei tatsächlich aufgefundenen Abschrift kam Amtmann Steinhauser zu der Ansicht, daß die Gemeinde die geforderte Leistung nicht verweigern dürfe. Die Gemeinde ließ sich davon aber nicht beeindrucken; ihre Vorsteher Johann Bitzel und Adam Gutfleisch brachten die Verweigerung erneut zum Ausdruck[184]. Den Hintergrund dieser Verweigerung liefert wohl auch der Koalitionskrieg, in dessen Zusammenhang die Gemeinde, wie geklagt wurde, täglich mit Durchmärschen und Einquartierungen „geplaget" wurde; ein Teil der Fronpflichtigen hatte bereits im Februar 1793 die Leistung von Kriegsfrondiensten verweigert und damit den Unwillen von Mitbürgern auf sich gezogen, die von der gräflichen Herrschaft ein entsprechendes Vorgehen gegen die Verweigerer verlangten[185]!

8.7 Die Auseinandersetzungen zwischen den Spannfrönern und den Handfrönern

Die Fronlasten entzweiten nicht nur Herrschaft und Untertanen, sie warfen, wie gerade angedeutet, vielmehr auch Gräben innerhalb der Gemeinde auf. Auf der einen Seite standen die zu Spannfrondiensten verpflichteten „Pferde- und Ochsenbauern", auf der anderen Seite die nur zu Handfrondiensten heranzuziehenden „Kühbauern". Ein erster diesbezüglicher Streitfall ist für 1763 überliefert[186]. Am 28. Juli dieses Jahres, so die Beschwerdeschrift der Kühbauern an die gräfliche Herrschaft vom 1. August, sei der ganzen Gemeinde ein gnädiger Befehl der Herrschaft publiziert worden, des Inhalts, daß die Kühbauern entweder ihre Zug- oder anderen Kühe unter dem Hirten zur Weide zu betreiben oder aber in den Ställen zu unterhalten und den Ochsenbauern den Weidgang allein zu belassen hätten. Die Kühe aber, ließen die Beschwerdeführer verlauten, habe man aus Not angeschafft, da keiner mehr imstande gewesen sei, einen Ochsenbauern um das bare Geld zu bekommen, um ein Stück Feld zu bauen oder sonstige Fuhren zu tun. Habe man doch mit „Bitten und Betteln" einen Bauern bekommen, so habe man zur Erntezeit mit größtem Leidwesen empfinden müssen, daß auf solchem Gut nur die Hälfte des Ertrags zu ernten war, den ein Bauer auf seinem benachbarten eigenen Gut erzielen konnte. Auch hätten sie, die Kühbauern, mit ihrem Vieh niemals die Waldung betrieben, vielmehr nur die Notdurft in den gemeinen und anderen „Vorbergen", in den Wegen, in dem Feld aber mehrenteils in anderen Gemarkungen gesucht. Damit sei den Ochsenbauern kein Schaden entstanden. Die Gemeinde wiederum sei nicht schuldig, die gemeinen Waldungen und andere Weidgänge, wie auch die Eigentumsgüter der Kühbauern zum alleinigen Nutzen und Weidgang der Bauern zu hegen; nutzungsberechtigt sei jeder Bürger. Sie baten deshalb um Weitergenuß des Weidganges; das Zugvieh könne man nicht unter dem Hirten betreiben. Eine Entscheidung der gräflichen Herrschaft auf diese Eingabe ließ sich nicht finden.

Die Zahl der Spannfröner wurde in diesem Jahr 1763 mit 22 angegeben, die über vier Pferde und 38 Ochsen verfügten. Handfröner waren es 72. Aus unterschiedlichen Gründen von den Frondiensten befreit waren 22 Bürger[187].

Eine neue Qualität gewann der Streit 1778, als die Pferde- und Ochsenbauern ihr bisher genossenes Quasimonopol auf den Bestand der herrschaftlichen Äcker verloren, da sie einmal 900 Malter Frucht weniger als bisher an Teilpacht boten und zudem bezüglich der Frondienste „gewisse Vorschriften und Einschränckungen" mit einzubedingen suchten. Die Herrschaft verlieh deshalb die Güter unter die „Singulos Communitatis [einzelnen Gemeindeglieder] durch öffentliche Ausbiethung um eine jährliche Geldpfachte", woraus neue Unruhen entstanden. „Die Kühebauerei gewann tägliches Wachßthum; verschiedene Ochßenbauren schafften aus Unwillen und zum Nachtheil deren Frohnden ihre Ochßen ab und zackerten mit Kühen; etliche übertrieben die Sache so weit, daß, weil sie mit 1 Paar Kühe ihre Feldarbeit nicht bestreiten konnten, 4 Zugkühe gehalten und damit gepflüget. Die übrige Bauren, welche wegen Mehrung ihrer Feldungen die Pferdte und Ochßen nicht abschaffen konnten, beschwehrten sich, daß sie die Frohndiensten ohnmöglich allein versehen könnten, die Kühebauren hingegen suchten zu behaupten, daß sie wie vor allemal zu denen Spannfrohnden nicht angezogen werden dörfften." Am 23. April 1779 konnte der Streit bei einer Zusammenkunft der Parteien vorläufig beigelegt werden. Auf der Grundlage entsprechender Verordnungen der kurpfälzischen Regierung von 1756, 1758 und 1775 einigte man sich auf ein auch von der gräflichen Herrschaft gebilligtes „Regulativ", demzufolge der Kuhbauer, der wenigstens sechs Morgen Acker zu eigen besaß, künftig der Spannfron unterworfen sein sollte.

Das „Regulativ" scheint jedoch nicht oder nur teilweise umgesetzt worden zu sein, womit auch der Friede nicht lange andauerte. Angelpunkt des neuen Streits war die Frage, ob auch Bestandsgüter unter die Vereinbarung fielen. So verlangten 1781 die Leutershausener Spannfröner in Anträgen an den Kurfürsten und an die Regierung, daß auch die Kühbauern, die mit wenigstens sechs Morgen Bestandsäcker ausgestattet seien, gemäß eines entsprechenden kurfürstlichen Edikts zur Spannfron herangezogen werden sollten. So seien in Leutershausen nur noch sieben mit Pferden und Ochsen versehenen Spannfröner übrig. Die Kühbauern aber besäßen über 500 Morgen an Bestandsgütern. In ihrer dagegen gerichteten Beschwerde wiesen die Betroffenen darauf hin, daß der Temporalbesitz nicht unter den „Vermögensstand" gerechnet werde könne, der Temporalbeständer nur „frembdes Gut" besitze und um das tägliche Brot zackere. Nach entrichteter Pacht bleibe dem Temporalbeständer nur der dritte oder gar vierte Teil des Ertrages übrig. Sollte mithin die „genaueste Proportion und exacteste Ähnlichkeit beobachtet werden", so müßte „der Temporalbeständer wenigstens 3 mal so viel Bestandsäcker als der Eigenthümer an eigenen Äckern besitzen [...], ehe derselbe zu gleicher Frohndleistung angestrenget werden könnte, wenn anderst die Austheilung deren Beschwehrden und Nutzungen in einem Gleichgewicht verbleiben sollten". Auch seien die herrschaftlichen Bestandsäcker ihrer Eigenschaft nach nicht fronbar, daher auch mit solcher Freiheit den Untertanen überlassen worden. Wenn schließlich dem Gesuch der Spannfröner stattgegeben würde, käme dies der fast völligen Aufhebung der Handfron gleich, „welche dennoch vor den Dienst des Herrn und der Gemeind aber so wie die Spannfrohndt unentbärlich" sei, wie die „Provocanten" sich selbst schmeicheln würden. Schließlich wiesen sie den Vorschlag der Spannfröner zurück, hin und wieder einen Temporalbeständer „zu ihrer Hülffe herauszufangen"; eine solche Willkür „wäre vor hiesiges Amt eine Handlung, die kurfürstliche hohe Regierung gewiß mißbilligen würde: warum soll Javolenus wegen seines Temporaläckerbesitzes Spannfrohnd thun, und Sempronius, der eben so viel besitzet, die Handfrohnd leisten?"

Vom 30. Januar 1782 datiert eine weitere Eingabe der Kühbauern an das Oberamt. Darin führten sie aus, es hätten „Eigennutz und Eigensinn deren Pferdt- und Ochßenbauren es nach und nach so weit gebracht", daß Leutershausen „nunmehr voll der Kühebauren" wimmle[188]. Die Pferde- und Ochsenbauern nämlich hätten die Tatsache ungebührlich ausgenutzt, daß die Tagelöhner zur Bebauung ihrer Felder auf die spannfähigen Bauern angewiesen waren; der arme Tagelöhner habe viel Glück gehabt, „wenn derselbe nach eingelangter höchlicher Bitte und zum Voraus dargestreckten Bezahlung eine Forche Acker hat gezackert bekommen können", was jedoch nicht eher geschehen sei, als bis der Bauer sein eigenes Feld zur Ernte „vollkommen zubereitet" gewußt hätte. Von solcher „Ungebühr ermüdet", habe schließlich der Tagelöhner mit etwa vier bis fünf Morgen Feldbesitz den Entschluß gefaßt, zu seiner „sonst gehaltenen" Kuh noch eine weitere anzuschaffen, um seine wenigen Äcker selbst zu pflügen und „seines armen Mitbruders geringes Feld ebenfalls darmit anzubauen"; damit sei schon eine merkliche Anzahl von Kühbauern „angepflanzet worden". Die derart um den „Zackerlohn" gebrachten spannfähigen Bauern hätten aus Rache den Antrag gestellt, daß die mit Zugkühen versehenen Kuhbauern ebenfalls Spannfrondienste leisten sollten, woraus ein langwieriger, letztlich aber ergebnisloser Streithandel entstanden sei.

Eine Entscheidung in diesem Streitfall konnte bislang nicht aufgefunden werden, wenn sie denn je erging. Zu berücksichtigen ist, daß die auch beispielsweise im benachbarten Großsachsen zur gleichen Zeit nachweisbaren Spannungen zwischen Spannbauern und Kuhbauern in Leutershausen einen besonders günstigen Nährboden besaßen, da hier freier bäuerlicher Besitz nur in ganz geringem Maße vorhanden war, der Großteil der Flur vielmehr in den Händen von „Gefreiten", vor allem letztlich der Grafen Wiser war[189].

8.8 Ein Protest gegen die Fronfreiheit der Gerichtsleute

Laut „Frontabelle" des Jahres 1763 waren in diesem Jahr von der Frondienstleistung befreit: die fünf Gerichtsverwandten, die beiden herrschaftlichen Wolfskreiser, der herrschaftliche Mitterer, der herrschaftliche Gärtner, der herrschaftliche Küfer und Salzfaktor, der herrschaftliche Schreiner, der Wachsverkäufer an der Lauretanischen Kapelle, der Gemeindebürgermeister, der Gemeindediener, der Brunnenmeister, der Nachtwächter, die beiden Feldschützen, der Schweinehirt, der Ehemann der reformierten Hebamme, der Ehemann der katholischen Hebamme, dieser zugleich als katholischer Kirchenvorsteher[190]. In einem gewissen Gegensatz zu der hier bezeugten Fronfreiheit der Gerichtsleute steht die Beschwerde von 24 Bürgern aus dem Jahre 1792; assistiert von den Untertanen zu Ursenbach stießen sie sich daran, daß der eine ihrer Ortsherren, der General Philipp von Wiser hochgräfliche Gnaden, kürzlich „entgegen dem Herkommen" den Gerichtsleuten die Fronfreiheit zugesagt habe. Dies stelle eine unbillige Belastung der Bürger dar, weshalb die Befreiung zurückgenommen werden solle; gegebenenfalls werde man die Hilfe der hohen Landesregierung erbitten. Ein von der Gemeinde eingeschalteter Advokat schlug vor, den Gerichtspersonen anstelle der Fronfreiheit eine angemessene Ergötzlichkeit in Geld aus Gemeindemitteln zukommen zu lassen. Zur Unterstützung ihrer Forderung verweigerte die Gemeinde die Leistung der Frondienste. Umgekehrt bestanden die Gerichtsleute auf der ihnen zugestandenen Fronfreiheit. Als die Herrschaft in dieser Situation einen Extrakt aus den Gemeinderechnungen verlangte, um die durchschnittliche Höhe der den Gerichtsleuten zukommenden Sporteln ermitteln zu können, verbot das Gericht dem Gerichtsschreiber die Aushändigung der Rechnungen.

Zur Lösung des Streits begab sich Mitte April 1792 der Neffe des Generals, der Kämmerer, Hofgerichtsrat und Hofkammerrat Karl Theodor von Wiser nach Leutershausen. Seit dem Tod seines Vaters Karl von Wiser im Jahre 1788 war Karl

Theodor von Wiser neben seinem Onkel Philipp von Wiser Mitinhaber der Ortsherrschaft. Gemeinsam mit dem in seiner Begleitung befindlichen gräflichen Konsulenten, dem kurpfälzischen Hofrat Reichard, untersuchte Graf Karl Theodor den Fall und verfügte, daß die Gerichtspersonen, die nicht zusätzlich ein fronfreies Amt innehätten, bis zur Ankunft des Herrn Generals Philipp von Wiser zur Leistung der Frondienste anzuhalten seien. Damit waren die Voraussetzungen zu einer Entschärfung des Streites gegeben; der schließliche Ausgang muß hier offen bleiben.

8.9 Eine Auseinandersetzung mit der Gemeinde Großsachsen

Ein Spruch des Oberamtes Heidelberg vom 14. April 1766 berichtet von einer Auseinandersetzung der Gemeinde Großsachsen mit den Grafen Karl und Philipp Wiser in Sachen verschiedener Gerechtsamen[191]. Die klagende Gemeinde, so der Spruch des Oberamtes, sei fernerhin zur jährlichen Abgabe vom 24 Eimern trüben Weines an die beklagten Grafen schuldig. Hingegen wurden die Grafen mit ihrer Forderung abgewiesen, die ihnen aus Großsachsen zustehenden Rauchhühner in natura geliefert zu bekommen; das Oberamt verpflichtete sie vielmehr zur Annahme von sechs Hellern pro Rauchhuhn. Eine Appellation der Grafen in dieser Sache wurde vom kurpfälzischen Hofgericht am 22. August 1767 kostenpflichtig abgewiesen.

8.10 Der Tod des Grafen Karl von Wiser

Graf Karl von Wiser erlebte einen Teil der oben geschilderten Auseinandersetzungen nicht mehr. Er starb am 12. April 1788 und wurde als kurpfälzischer Offizier auf dem Mannheimer Garnisonsfriedhof beigesetzt; von dem 1905 aufgelassenen Friedhof ist sein Grabmal nach Leutershausen gelangt, wo es schließlich seine Aufstellung im Schloßbezirk fand.

9. Karl Theodor von Wiser

9.1 Laufbahn und Familie

Graf Karl Theodor (*22 April 1760 † 2. Juni 1820) trat ein schweres Erbe an. Ihm oblag es, die zerrütteten Vermögensverhältnisse zu ordnen und das Schlimmste vom Haus Wiser abzuwenden[192]. Er hatte dabei das Unglück, daß die Zeitumstände, auf die er keinen Einfluß nehmen konnte, die vorhandenen Probleme zusätzlich vergrößerten. Graf Karl Theodor setzte zunächst die unterbrochene Familientradition insofern fort, als er sich der Juristerei zuwandte. Im Hofkalender von 1777 finden wir ihn noch in der Reihe der kurfürstlichen Edelknaben, die von einer Reihe von „Instructores" in Jura, Philosophie, Mathematik, Französisch, Italienisch, Englisch, Musik, Tanz und Fechtkunst unterwiesen wurden. 1780 erscheint er als „juris candidatus" in den Heidelberger Universitätsmatrikeln; im Jahr darauf bewilligte ihm der Kurfürst zur Vollendung seiner Studien ein Stipendium von jährlich 400 Gulden[193].

1783, nun schon „Hofgerichtsratsaccessist", erhält er zusätzlich Akzeß bei der Hofkammer, der zentralen Finanzbehörde der Kurpfalz; gleichzeitig wird ihm die Fortzahlung einer Pension von jährlich 400 Gulden zugesagt.

Abb. 20: Karl Theodor von Wiser

1784 erhält er die Würde eines kurfälzischen Kämmerers, die Ernennung zum wirklichen Hofkammerrat „cum voto et sessione“ auf der adeligen Bank und schließlich die Erlaubnis zur Verehelichung mit der Freiin Josepha von Erthal (* 27. Juli 1762). Damit verband er sich mit einer Angehörigen aus einer deutschen Uradels- und reichsritterschaftlichen Familie, zu welcher der zu dieser Zeit amtierende Erzbischof von Mainz und damit ein Kurfürst gehörte, Friedrich Karl Joseph von Erthal[194]. 1786 wird Karl Theodor von Wiser dann mit der Würde eines wirklichen kurpfälzischen Hofgerichtsrates mit Sitz und Stimme auf der adeligen Bank ausgestattet. 1791 erreicht er die Zuerkennung der „statusmäßigen“ Hofkammerratsbesoldung und kam somit auf eine Besoldung von 700 Gulden. Dies bedeutete, daß all die schönen Titel letztlich nur wenig einbrachten.

Vermutlich war es seine eheliche Verbindung mit Josepha von Erthal, die Karl Theodor von Wiser bewog, sich unter Berufung auf seine Abstammung aus einem altadeligen rittermäßigen Geschlecht um Aufnahme in die Reichsritterschaft zu bemühen. Mit Urkunde unter dem Datum Mainz, 18. Januar 1787 erreichte er tatsächlich eine freilich mit Vorbehalten und Fragezeichen versehene Aufnahme in die „unmittelbare freie Reichsritterschaft am Oberen Rheinstrome“; eines der Fragezeichen verband sich mit der Tatsache, daß sich eine vorgebliche Aufnahme seines Großvaters Ferdinand Andreas in die Reichsritterschaft nicht belegen ließ[195].

1789 fand Karl Theodor von Wiser seinen Bruder Christian Philipp (*15. Oktober 1765, † 16. August 1798) in einem Vergleich ab, vermöge dessen Christian Philipp u. a. das Wohnrecht im gesamten Oberstock des Amtshauses zu Leutershausen eingeräumt wurde[196]. Christian Philipp, kurmainzischer und kurpfalzbaierischer Kämmerer, Hof- und Forstkammerrat verstarb im Alter von nur 33 Jahren „an Auszehrung nach langem Krankenlager“ als „Forst- und Wildmeister zu Geisenfeld“, so der Wortlaut der Anzeige „Geisenfeld, 16. August 1798“, mit der seine Gemahlin Felicitas, geb. Reichsgräfin von Lösch seinen Tod bekannt gab[197].

Im übrigen wurde durch den Vergleich ein Fideikommiß errichtet, womit kein Mitglied der Familie künftig ohne Zustimmung der anderen Familienangehörigen etwas vom Besitz veräußern konnte.

1792 wurde Mannheim von den Wirren des Koalitionskrieges gegen Frankreich erfaßt. Die kurpfälzische Residenz wurde sozusagen zur Frontstadt, nachdem das revolutionäre Frankreich von den linksrheinischen Gebieten Besitz ergriffen hatte. Den Franzosen fiel 1794 das wisersche Schloß Friedelsheim zum Opfer; es wurde völlig zerstört: „Krieg den Palästen“! Graf Karl Theodor ließ sich spätestens 1793 beurlauben und wich in dieser Zeit mit seiner Familie nach München aus, wo er freilich keine Beschäftigung in landesherrlichen Diensten fand. Verschiedene Bittschriften sprechen von einer schwierigen Situation. Immerhin bewirkte 1795 der in der Kurpfalz als Statthalter des Kurfürsten amtierende Graf Oberndorff „die Befreiung des Leutershausener Lustschlößgens von einem Lazarethe“; zugleich willigte er in eine Verlängerung des Urlaubs bis zum Eintritt ruhigerer Zeiten „dahier“ ein. Letzteres geschah 1801; Graf Karl Theodor kehrte nach Mannheim zurück, um dort seine Tätigkeit am Hofgericht wieder aufzunehmen. Die der Familie durch den Krieg entstandenen Verluste bezifferte die Gräfin in diesem Jahre auf immerhin 25 723 Gulden; Einquartierung und Beschädigung des Mannheimer

Ich Felicitas Reichsgräfinn von Wiser, gebohrne Reichsgräfinn von Lösch, gebe anmit die gebührende Nachricht, daß nach göttlicher Fügung mein vielgeliebter Herr Gemahl, der Hochgebohrne Christian Philipp Reichsgraf von Wiser, Churfürstl. Mainzischer und Churpfalzbaierischer Kämmerer, dann Hof- und Forstkammerrath, auch Forst- und Wildmeister zu Geisenfeld, heute im drey und dreyßigsten Jahr seines Alters um ½ 3 Uhr Nachmittags, nach allen empfangenen heiligen Sterbsakramenten und einem lange andauernden Krankenlager, an einer Auszehrung das Zeitliche mit dem Ewigen verwechselt habe, und in der wahren Großmuth eines Christen, und vollkommener Ergebung in den Willen Gottes des Allerhöchsten in Gott seelig entschlafen sey.

Ich empfehle die abgeleibte Seele jedermann bestens in das heilige Gebeth, und mich in die fortdauernde Freundschaft.

Geißenfeld den 16. August 1798.

Abb. 21: Todesanzeige für Christian Philipp von Wiser 1798

Stadtpalais durch eines der Bombardements Mannheims hatten ein übriges getan. Hinzu kam, daß die Besoldung des Grafen seit 1798 rückständig war. Um ihrem Gemahl mit ihren Kindern nach Mannheim folgen und damit zugleich die zweite, kostspielige Haushaltung in München auflösen zu können, ersuchte die Gräfin den Kurfürsten um einen Vorschuß auf die Besoldungsrückstände, da die rhein-pfälzische Kasse zahlungsunfähig sei. Das Gesuch wurde zunächst abgewiesen; erst als Gräfin Wiser in einer zweiten Bittschrift ihre Lage als „so gränzenlos elend“ schilderte, bewilligte der Kurfürst einen eher bescheidenen Vorschuß. Noch im folgenden Jahr versuchte Karl Theodor von Wiser wiederum vergebens eine Auszahlung seiner Besoldungsrückstände zu erreichen. Der später als der Begründer des modernen Bayern in die Geschichtsbücher eingegangene Graf Montgelas vertröstete den Grafen Wiser auf eine zukünftige Regelung der Besoldungsangelegenheiten und berief sich dabei auf die immer noch „im Zustand der völligen Erschöpfung“ befindliche Kasse der Kurpfalz.

Die Nöte der Herrschaft bekam auch der katholische Schulmeister zu Leutershausen Adam Harbarth zu spüren; durch gnädigste Entschließung de dato München, 12. Dezember 1798 hatte ihm die Herrschaft eine Besoldungszulage von acht Maltern Getreide – Korn [Roggen], Gerste, Spelz – zugesagt, aber nicht geliefert; erst 1804 kam der Schulmeister in den Genuß auch der rückständigen Leistung[198].

9.2 Der Anfall an Baden

Indessen verschwand die Kurpfalz von der politischen Landkarte Deutschlands noch im selben Jahre 1802. Im Herbst dieses Jahres ergriff Markgraf Karl

Friedrich von Baden Besitz von dem ihm zugefallenen Teil der rechtsrheinischen Pfalz. Die Grafenlinien Wiser-Leutershausen und Wiser-Siegelsbach brachten nach der Statistik des Adam Ignaz Valentin Heunisch 1 946 Untertanen in 3 ⅛ Dörfern und einem Hof in das neue Staatsgebilde ein; den statistischen Wert der Besitzungen gab Heunisch mit 1 553 797 rheinischen Gulden an, der statistische Wert „eines Kopfes" machte somit 798 Gulden aus[199]. In der Umbruchzeit, noch vor dem Übergang an Baden, hatte Karl Theodor von Wiser versucht, eine Bestallung als Rat beim Generallandeskommissariat oder der Geistlichen Kommission zu erlangen; der Versuch scheiterte jedoch offenbar[200].

9.2.1 Huldigung

Die Huldigung der „badischen Pfalzgrafschaft" für den zum Kurfürsten erhobenen neuen Landes- und Lehnsherren fand am 7. Juni 1803 in Mannheim statt. Als Deputierte der wiserschen Lehnsorte Leutershausen und Ursenbach wurden der Leutershausener Gerichtsschreiber Adam Harbart und der Ursenbacher Gerichtsmann Adam Edelmann nach Mannheim entsandt. Zum „feierlichen Empfang Seiner Kurfürstlichen Durchlaucht zu Hockenheim", wo Karl Friedrich von Baden auf seinem Weg nach Mannheim den ehemals kurpfälzischen Boden betrat, hatte Graf Wiser seinen Leutershausener Amtmann Steinhauser beordert; der Amtmann war begleitet von dem herrschaftlichen Jäger Graf und einem weiteren Untertan aus Leutershausen, welche die „herrschaftlichen Stückgen", wohl Salutkanonen, mit sich führten[201]. Das wisersche Stadtpalais in Mannheim ließ Graf Karl Theodor aus Anlaß der Huldigung illuminieren. Die darüber geführte Rechnung weist die Bereitstellung von 568 Stück „gefüllte Lampen" auf[202].

9.2.2 Graf Wiser als Leidtragender des Umbruchs

Diese Akte der Courtoisie gegenüber dem neuen Lehnsherrn konnten nicht verhindern, daß Karl Theodor von Wiser zum persönlich Leidtragenden der territorialen Neuordnung wurde. Zunächst mußte er erleben, daß bei der 1803 vorgenommenen Um- und Neubesetzung der Behörden in der sogenannten badischen Pfalzgrafschaft seine Dienste im Hofgericht nicht mehr gefragt waren[203]. So führte er noch 1817 in seiner „ehrerbietigen Denkschrift" an die „Hohe Deutsche Bundes-Versammlung" an, daß man ihn „zu irgend einem", seinen „Standesverhältnissen angemessenen Staatsdienste" nicht „zu verwenden gesucht" habe. Der neuen Verwaltungsgliederung fielen zudem die alten kurpfälzischen Oberämter zum Opfer; damit verlor Karl Theodor von Wiser die Würde eines Oberamtmanns des Oberamtes Ladenburg und, schlimmer noch, die mit dieser Würde verbunden gewesenen Einkünfte. Zwar bescheinigte ihm eine kaiserliche Kommission die Rechtmäßigkeit seiner Ansprüche gegen den nunmehrigen badischen Kurfürsten und späteren Großherzog auf Fortbezug seiner Einkünfte. Die badische Regierung blieb jedoch hart; das angerufene Hofgericht konnte ihm ebenfalls nicht zu seinem Recht verhelfen. Der Großherzog selbst verweigerte ihm die Antwort auf „jede unterthänigste Vorstellung und Bitte"[204].

So verwundert es nicht, daß Karl Theodor von Wiser 1813 und 1814 den allmählichen Niedergang Napoleons mit großer Aufmerksamkeit verfolgte. Ohne dessen Wirken hätte es ja einen Großherzog von Baden nie gegeben! Die ersehnte nationale Wiedergeburt des gedemütigten Deutschland war somit für Karl Theodor von Wiser eine ganz persönliche Herzensangelegenheit; davon zeugt auch eine von ihm angelegte Sammlung von Drucken, Zeitungsberichten und Broschüren einschlägigen Inhalts im gräflichen Archiv. Als im Frühjahr 1814 im Großherzogtum ein Landsturm aufgestellt wurde, bot Graf Wiser in einem Schreiben an den Kreisdirektor von Hinckeldey als 54-jähriger Mann, als „teutscher Patriot", als Vasall und als im Großherzogtum Begüterter seine Dienste an[205]. Graf Wiser und seine Standesgenossen erhofften sich von dem Umschwung zugleich eine möglichst weitgehende Wiederherstellung ihrer alten Rechte, wenn nicht gar des alten Reiches samt der Kurpfalz. So nahm der Graf 1814 an der Leipzigfeier in Eichtersheim teil, wo sich eine Reihe des Kraichgauer Adels wohl auf Einladung der Familie von Venningen traf: erwähnt werden neben den Venningen Angehörige der freiherrlichen Familien von Degenfeld-Ehrstadt, Degenfeld-Schönburg, Gemmingen-Gemmingen, Gemmingen-Michelfeld und Göler-Sulzfeld. Gehuldigt wurde in den Festsprüchen dem unvergeßlichen „Kaiser und Vater Franz" und dem „guten König von Baiern". Der eigene Landes- und Lehnsherr, Großherzog Karl, der Schwiegersohn Napoleons, blieb unerwähnt[206]!

Mögliche Hoffnungen auf eine Wiederherstellung der alten Ordnung mußten jedoch begraben werden. An die Stelle des alten Reiches trat der vielgeschmähte Deutsche Bund. An dessen beschließendes Organ, die Bundesversammlung in Frankfurt, wendete sich Karl Theodor von Wiser 1817 mit seiner bereits zitierten „Denkschrift", um von hier Hilfe zu erlangen in seinem Kampf gegen die badische Landesherrschaft um die Oberamtmannsbesoldung, deren Rückstand er auf beträchtliche 19 251 Gulden bezifferte. Auch dieses Mittel fruchtete offenbar nicht. Karl Theodor von Wiser setzte in dieser Situation seine Hoffnungen auf den Herrschaftsantritt des Großherzogs Ludwig von Baden, dessen „glorreiche und gerechtvolle Regierung" eine „für alle Stände ohne Unterschied" aufblühende, glückliche Epoche verheiße. In Anlage zu einem Schreiben an den badischen Staatsminister von Berstett legte Karl Theodor von Wiser im März 1819 nochmals seine Sicht der Dinge dar mit der Bitte, diese Darlegung dem Großherzog zu unterbreiten. Er würde es sich „als ein Vergehen gegen den besten und gerechtesten Fürsten anrechnen", wenn er dessen „Gerechtigkeitsvorliebe und Gnade nicht eher als die Bundestagsversammlung um gnädigste gerechteste Erkentniß anrufen würde." Er bat den Freiherrn von Berstett darum, sein „gerechtes Begehren mit dero weisen, einsichtsvollen Berathung als Staatsminster [...] gerechtest zu unterstützen und einen baldig huldvollen Beschluß zu erwirken"[207]. Ob dieser Beschluß im Sinne Wisers erging, muß dahingestellt bleiben.

Wenden wir indessen nochmals den Blick zurück. Wie erwähnt, war 1802 die Lehnshoheit über das Hirschberger Lehen übergegangen auf den badischen Landesfürsten. Das einst kurpfälzische Lehen „Hammerau" war unter hessische Lehnshoheit gekommen; so wurde Graf Wiser nun zusätzlich Vasall des Landgrafen und späteren Großherzogs von Hessen-Darmstadt. Das Erasmussche Lehen, das pfalz-neuburgische Kammerlehen, vergab fortan der König von Bayern[208]. Er war als einstiger Kurfürst von Pfalz-Bayern der eigentliche althergebrachte Lehnsherr der Grafen Wiser. Ausgerechnet seine Beamten verlangten nun von

An

Eine Hohe Deutsche Bundes-Versammlung.

Ehrerbietige Denkschrift

des

Grafen Carl Theodor von Wiser,

Königlich-Baierischen Kämmerers, Grundherrn
zu Leutershausen.

Ansprüche gegen Seine Königliche Hoheit, den Großherzog von Baden, wegen nicht erhaltenen Besoldungsrückstands, als ehemaliger Oberamtmann zu Ladenburg, und zukünftiger Pension.

Mit Anlagen unter Ziffer 1 — 13.

Frankfurt am Main 1817,
gedruckt mit Andreäischen Schriften.

Abb. 22: Denkschrift des Karl Theodor von Wiser 1817

den Grafen Wiser den Nachweis standesgemäßer Abstammung. Hierzu wurden u. a. die Kirchenbücher von Düsseldorf und Neuburg herangezogen; die dabei entstandenen Kirchenbuchauszüge liefern wichtige Daten für die Genealogie der gräflichen Familie[209].

9.2.3 Kompetenzstreitigkeiten mit badischen Instanzen

Wie einst unter Kurpfälzer Hoheit, so ergaben sich auch unter den geänderten badischen Herrschaftsverhältnissen allerlei Kompetenzstreitigkeiten. So verkündete Graf Wiser am 2. Februar 1805 seinem Amtmann zu Leutershausen, daß das

Amt Unterheidelberg, der zeitweilige Nachfolger des einstigen Oberamtes, ohne Einwilligung des Grafen in „unseren Vogteiortschaften nichts zu ge-, noch zu verbiethen“ habe. Sollte der Ortsvorstand dem zuwider handeln, drohte eine Strafe von 10 Reichstalern. Das Amt Unterheidelberg mußte daraufhin erleben, daß der Leutershausener „Vorstand“ Weisungen des Amtes nicht befolgte. Es stellte fest, daß Leutershausen aber von jeher in „Kriegs-, Miliz-, Frohnd- und Concurrenzsachen“ zum Verband der Zent Schriesheim gehört habe, welche noch bestehe und deren Direktion aufgrund des Sechsten Organisationsediktes auf das Amt Unterheidelberg übertragen worden sei. Um seiner Rechtsauffassung Nachdruck zu verleihen und Gehorsam zu erzwingen, legte das Amt am 1. März 1805 dem Amtsvorstand zu Leutershausen zwei Dragoner ein, die jeder täglich 1 Gulden 20 Kreuzer nebst freiem Unterhalt für das Pferd zu fordern hatten. Diese Maßnahme rief Graf Wiser auf den Plan. Er legte Beschwerde bei der Landvogtei Strahlenburg ein, die seine Beschwerde dem Hofrat zu Mannheim weiterleitete und in ihrer Stellungnahme dem Amt Unterheidelberg Übereifer vorhielt: „Da Graf Wiser ein Mann ist, der die landesherrlichen Rechte keineswegs zu kränken sucht, vielmehr das, was mit Recht von ihm verlangt werden kann, jederzeit zu leisten bereit ist, so hätte das Amt Unterheidelberg seine Differenzien mit dem Grafen, wenn auch nicht der Landvogtei, so doch einem kurfürstlichen Hofrathskollegium gebührend anzeigen, nicht aber sogleich mit Einlegung der Exekution und sogar von 2 Mann vorgehen sollen“. Aus diesem Grund sei die Exekution wieder zurückzunehmen[210].

1806 ereignete sich eine Schlägerei in Leutershausen, die dem oben geschilderten Vorfall von 1793 stark ähnelt. So meldete der wisersche Amtmann Steinhauser am 1. Juli 1806 dem Regimentskommando des kurfürstlichen Dragonerregimentes, daß in der Nacht vom 29. auf den 30. Juni in Leutershausen auf freier Straße eine Schlägerei vorgefallen sei; es habe dabei der Bürger Philipp Baumann dem auf Urlaub im heimischen Leutershausen befindlichen Bürgersohn Nikolaus Schulz, Dragoner im Dragonerregiment, mit einer „Mistplatsche“ eine Kopfwunde zugefügt. Bei dem Verhör habe man Schulz das Seitengewehr abgenommen und ihn in ein sicheres Verwahr auf dem Rathaus gebracht. Das Amt Unterheidelberg stellte sich in diesem Zusammenhang auf den nachvollziehbaren Standpunkt, daß die Untersuchung des vorliegenden Falls allein in seine Zuständigkeit gehöre; die Schlägerei sei unter die vier Hauptfälle einzureihen, die laut Lehnsbrief der vogteilichen Gerichtsbarkeit des Grafen Wiser entzogen seien. Das Amt legte den Fall dem Kurbadischen Hofrat zu Mannheim vor, der in seiner Sitzung vom 14. Juli 1806 beschloß, dem vogtsherrlich von wiserschen Amt Leutershausen sein Mißfallen darüber kundzutun, daß dieses entgegen den Bestimmungen des Achten Organisationsediktes wie auch des Lehnsbriefes die Untersuchungen in einer Zentsache an sich gezogen habe. Das wisersche Amt habe auf der Stelle den Fall „in das geeignete Amt Unterheidelberg abzugeben“ und sich für die Zukunft solcher gesetzeswidrigen Eingriffe in die höchstlandesherrlichen Gerechtsamen zu enthalten[211].

9.2.4 Die Sanierung der Familienfinanzen

Angesichts der geschilderten schwierigen Situation der Familie entschloß sich Karl Theodor zum Verkauf von Immobilien in Leutershausen: 1803 trennte er sich von dem am Rathaus gelegenen, sogenannten katholischen Schulhaus; dieses ging samt Hof und Garten für 1 000 Gulden an den katholischen Schulmeister und Gerichtsschreiber Johann Adam Harbarth[212]. Im folgenden Jahr verkaufte er die beiden Torhäuser „auf" dem Ladenburger und dem Großsachsener Tor[213]. Ebenfalls 1804 ging das sogenannte Gärtnerhaus am oberen Brunnen an den Herrschaftsgärtner Johannes Beck[214]. Eine Versteigerung überschüssiger Ausstattungsstücke, darunter auch eine Kutsche, brachte wohl nicht allzuviel Ertrag, rundet aber das Bild ebenso ab wie die persönliche Sparsamkeit, derer sich Karl Theodor von Wiser befleißigte: die Konzepte seiner Korrespondenz und den Schriftverkehr mit seinem Leutershausener Amtmann pflegte er auf winzigen Zetteln oder den Rückseiten von Rechnungen anzufertigen!

1805 gestattete Karl Friedrich von Baden als Lehnsherr die Aufnahme von 50 000 Gulden auf das Lehen Leutershausen zur Abtragung von Verpflichtungen[215]. Ebenfalls 1805 verstarb in München Karl Theodor von Wisers Onkel, der General Philipp von Wiser. Damit konnte Graf Karl Theodor am 1. Januar 1806 in Gegenwart des Amtmannes Beithorn, dem Vorstand des Bezirksamtes Weinheim, Besitz ergreifen von allen bisher gemeinschaftlichen Lehnsstücken und Allodialbesitzungen[216]. Seinen ehemals kurpfälzischen Kämmerertitel führte er als königlich bayerischen fort, seit der letzte pfalz-bayerische Kurfürst, Max Josef, 1806 die Erhöhung des Kurfürstentums Bayern zum Königreich erlangt hatte. Noch im Jahre 1805 strebte Karl Theodor von Wiser „zur Befriedigung seiner sämtlichen Kreditorschaft" ein „Arrangement" an, wozu er vom Kurfürsten die Einsetzung einer „besondere(n) Kommission" erwirkt hatte. Diese setzte Tagfahrt auf den 18. Juni 1805 fest und forderte „sämmtliche be- und unbekannte Gläubiger des besagten Hrn. Grafen" auf, sich „zu diesem Ende persönlich oder durch Bevollmächtigte in Weinheim" bei dem beauftragten Amtmann Beithorn „unter dem Nachtheile einzufinden, daß sie ansonst von dem zu treffenden Arrangement gänzlich ausgeschlossen seyn" sollten[217]. 1807 trennte sich der Graf schließlich auch von seinem Mannheimer Hausbesitz, indem er das an den Planken gelegene Stadtpalais öffentlich versteigern ließ[218].

Trotz aller Anstrengungen, Sparmaßnahmen und Verkäufe konnte Karl Theodor von Wiser nicht verhindern, daß Eigentum und Einkünfte endlich unter Sequestration oder gerichtliche Zwangsverwaltung gestellt wurden. Ein Sequester übernahm für diese Zeit die Aufgaben des Rentamtmannes. 1811 brachte der Sequester Bäume aus der Leutershausener Orangerie zur Versteigerung. 1812 und 1813 ließ er weitere Allodialgüter auf Leutershausener, Heddesheimer und Heidelberger Gemarkung versteigern. 1813 und nochmals 1815 ließ das Hofgericht Mannheim den gräflichen Allodialbesitz in Leutershausen, wie unten in Anlage beschrieben, öffentlich zur Versteigerung ausschreiben; es fanden sich beide Male entweder keine Interessenten oder es wurden Wege gefunden, die Versteigerung abzuwenden. Ebenfalls 1813 wurden die wiserschen Zehntanteile am Zehnten in Neuenheim aufgrund einer hofgerichtlichen Anordnung zur Versteigerung gebracht. Im gleichen Jahre 1813 wurden mehrere Wiesenstücke auf Großsachsener Gemarkung, die dem Grafen Karl Theodor von Wiser bzw. der Intestaterbmasse der Erben des Philipp von Wiser zugehörten, versteigert. 1815 ging der halbe

Hombusch-Wald von etwas über 16 Morgen für 4 210 Gulden auf dem Weg der Versteigerung an einen Heddesheimer Bürger[219]. In dieser Zeit wurde außerdem die Hammerau veräußert. 1816 stieß die Familie von Wiser, nämlich die Erben des Philipp von Wiser und der für Karl Theodor von Wiser eingesetzte Kurator Lasten ab, die sie bisher zugunsten der katholischen Gemeinde zu Leutershausen getragen hatten: Kirchen- und Schulbaulasten sowie Besoldungen und weitere kirchliche Bedürfnisse. Dafür überließ die Familie von Wiser den Leutershausener Katholiken ein Stück Gelände des an die Kirche anstoßenden „englischen Gartens" zur Erweiterung der katholischen Kirche durch einen Chorbau. Abgetreten wurde zugleich die der Familie von Wiser zustehende „Frohndconcurrenz zum katholischen Kirchenbau" der Leutershausener „protestantischen Gemeindstheile" zugunsten der katholischen Gemeinde und ihrer Kirche. Zur Abwälzung der Mitbau- und Unterhaltungspflicht der Grafen Wiser am katholischen Pfarrhaus traten diese ferner dem katholischen Kirchenfiskus das vormalige sogenannte Amtshaus ab samt dem rückwärts anstoßenden Garten, den kleinen Hof und den vorliegenden Garten – das Hofareal des alten Frankensteiner Hofes also. Schließlich übergaben die Familien von Wiser einen weiteren Teil des Englischen Gartens zum Bau eines katholischen Schulhauses, dessen Eingang von der „gemeinen Straße", der Vordergasse, genommen werden mußte[220].

1817 kam die kritische Phase der Sanierung der Finanzen durch einen Vergleich des Grafen Karl Theodor mit seinen Gläubigern zu einem Ende. Auf Ansuchen des Grafen und seiner Familie gab das Hofgericht Mannheim unter dem Datum vom 1. April 1817 öffentlich bekannt, daß als Folge des Vergleichs „der auf die gräflichen Revenüen bisher richterlich bestandene Sequester heute aufgehoben worden" sei[221]. 1818 verwaltete der Sequester immer noch einen Betrag von 109 000 Gulden an Schulden[222].

9.2.5 Die Familienverträge von 1816 und 1817

Mit Datum vom 27. März 1816 beendete ein Vertrag zwischen Karl Theodor von Wiser, seiner Gemahlin und seinem Sohn Friedrich einerseits und den Intestaterben des Philipp von Wiser andererseits einen belastenden Erbstreit. Gegen Zahlung von 12 200 Gulden und unter Verzicht auf das ihr eigentlich zustehende Zehntel „Erbportion" aus der Hinterlassenschaft des Philipp von Wiser wurden der Leutershausener Familie zugesprochen der Schloß- und Grundbesitz in Leutershausen, die Zehntrechte in Leutershausen, Oberflockenbach, Rippenweier und Ursenbach sowie der Anteil an den Gerechtsamen in Fahrenbach im Hinteren Odenwald. Dafür verblieben den Leutershausener Grafen aber auch die herkömmlichen Kirchenbaulasten und die Pflicht zur Besoldung des protestantischen Pfarrers[223]. Ein Teilungsvertrag vom 17. September 1817 zwischen den wiserschen Linien Leutershausen und Siegelsbach regelte gegenseitige Ansprüche, die aus der Praxis der wechselseitigen Mitbelehnung entstanden und mit „nicht seltenen Störungen des freundschaftlichen Verhältnisses" einhergegangen waren. Der Vertrag bestimmte, daß jede Familie in den derzeit befindlichen Lehnsbesitzungen verbleiben sollte. Die Familie Wiser-Siegelsbach – Joseph von Wiser und Charlotte Albertine geb. von Scharpfenstein genannt Pfeil – überließ der

Familie Wiser-Leutershausen insbesondere das Erasmussche Lehens-Kapital samt Zinsen zum freien Gebrauch. Die Familie Wiser-Leutershausen – Karl Theodor von Wiser, Josepha geb. von Erthal und ihr Sohn Friedrich von Wiser – entrichtete dafür eine Ausgleichszahlung über 16 000 Gulden, darunter 300 Gulden aus dem Verkaufserlös der Hammerau. Die landesherrliche Bestätigung des Vertrags durch Großherzog Karl von Baden datiert vom 24. Februar 1818[224].

9.2.6 Das grundherrliche Amt Leutershausen 1807-1813

Auf der Grundlage des Vierten Konstitutionsediktes vom 22. Juli 1807 konnte Graf Wiser ein grundherrliches Amt Leutershausen mit Ursenbach errichten. Die Amtsgeschäfte führte ein Dr. Roeck. Seine Bekanntmachungen veröffentlichte das „Großherzogl. bad. grundherrlich gräflich von Wiser'sches Amt Leutershausen" im „Provinzialblatt der badischen Pfalzgrafschaft", dem späteren „Niederrheinischen Provinzialblatt". Zu Amtstagen, an denen „Klagsachen Gehör finden" sollten, wurden Ende 1808 Dienstag und Freitag bestimmt[225]. Wie schon zu kurpfälzischen Zeiten ergaben sich auch unter den neuen Verhältnissen Reibereien zwischen dem Grafen und der Landesherrschaft[226]. Noch 1807 versuchte Graf Wiser für sein grundherrliches Amt eine eigene „Papier-Taxe" einzuführen. Er begründete diesen Versuch mit den Kosten der grundherrlichen Organisation, „wo er ohnehin beträchtlichen Verlust erleide"; der Bedarf an Schreibmaterialien stelle angesichts seiner geschmälerten Einkünfte eine merkliche Belastung dar. Die Kreisregierung zu Mannheim erblickte in diesem Versuch eine unzulässige Eigenmächtigkeit des Grafen; von einem Anspruch auf Ersatz der Materialkosten könne keine Rede sein, „da ein jeder Standes- und Grundherr, wenn er die ihme von dem Souverain belassenen Attributen einer Standes- oder Grundherrlichkeit ausüben wolle, auch die damit verbundenen Lasten der Natur der Sache nach [...] zu übernehmen habe." Immerhin standen dem Grundherrn Taxen und Sporteln aus den ihm überlassenen Zuständigkeiten zu; genannt wurden Gebühren für Bürger- und Beisassenannahme, Heiratserlaubnis und Tanzkonzession. Sofern hierfür allerdings schriftliche Berichte nötig seien, dürfe dafür kein Stempelpapier verwendet werden, was nur für die eigentlichen „Definitivbeschlüsse" vorgesehen sei. Ein weiterer Streitpunkt ergab sich aus der Tatsache, daß der grundherrliche Amtmann zwei Herren verpflichtet war. In vogteiherrlichen Angelegenheiten, wie der niederen Strafgerichtsbarkeit, der bürgerlichen Gerichtsbarkeit, der Rechtspolizei, dem Patronatsrecht, der Fischerei und so fort war der Amtmann dem Grafen verpflichtet. In seinen Pflichten gegenüber dem Souverän, dem Großherzog, wurde er durch das Oberamt in Eid genommen. In diesem Zusammenhang beschwerte sich Graf Wiser über seinen Beamten bei der Regierung; seit seiner Verpflichtung auf den Landesherrn gebe der Beamte „seinen – des Grafen – grundherrlichen Verfügungen kein Gehör mehr". Darüber hinaus hätten sich die Untertanen über den Amtmann beschwert, der auch dann Stempelgebühren für einen ganzen Bogen fordere, wenn er nur einen halben Bogen benötige. Tatsächlich stellte sich die Regierung in beiden Beschwerdepunkten auf die Seite des Grafen; der Beamte schulde dem Grafen Gehorsam in den durch das Edikt dem Grundherrn zugewiesenen Zuständigkeiten; auch habe er das gerügte Übermaß bei der Stempelgebühr zu unterlassen. Ein weiterer Streit von grundsätzlicher Bedeutung beschäftigte den

Karlsruher Geheimen Rat ebenfalls bereits 1807. Konkreter Anlaß hierfür war der „Criminalfall" der Leutershausener Juden Herz und Liebmann sowie des dortigen Bürgers Georg Stör, denen die Verbreitung falscher Münzen zur Last gelegt wurde. In derartigen Kriminalfällen habe das Oberamt das Recht zur Durchführung von „Informativuntersuchungen" in den grundherrlichen Bezirken. Dies sei zwar auch Pflicht des grundherrlichen Beamten, der aber das Ergebnis seiner Untersuchungen in einem solchen Fall „dem landesfürstlichen Oberamt" schleunigst zu weiterer Fortsetzung einzusenden habe. Von daher leuchte das Recht des Oberamtes ein, diese Untersuchungen auch selbst vorzunehmen, z. B. wenn Gefahr im Verzuge sei. Das Amt kam freilich mit der großherzoglichen Verordnung vom 14. Mai 1813 zu einem Ende, welche den Grundherren die bislang eingeräumten „Gerichtsbarkeits und Polizeygerechtsame" entzog[227]. Damit fielen auch die „Amtsstrafen und Unzuchtsstrafen" ab 1814 an den „Souverän" – 1804 zum Beispiel hatten zwei Leutershausener Frauen wegen verbotenem Beischlaf Strafen von 5 bzw. 7 ½ Gulden an das Amt entrichten müssen. Mit der Auflösung konnte Graf Wiser auf die weiteren Dienste seines Amtmannes Dr. Roeck verzichten; neben dem bislang notwendigen Sachaufwand verschwand damit zugleich eine Besoldungslast. Allerdings wollte der überflüssig gewordene Amtmann nicht so ohne weiteres den Anspruch auf seine bisherigen Bezüge aufgeben, was einen langwierigen Streit vor den Gerichten nach sich zog[228]. War von 1807 bis 1813 das Oberamt Heidelberg als „Obergerichtsbarkeit" über die „Grundherrlichkeiten Leutershausen und Ursenbach" gesetzt, so übernahm nun der Amtmann des großherzoglichen Bezirksamtes Weinheim die Funktionen des bisherigen gräflichen Amtmannes. Aus dem „grundherrlichen Vogt", wie der einstige „hochgräflich wisersche Schultheiß" zwischen 1807 bis 1813 firmierte, wurde der großherzogliche Vogt, bevor er mit der badischen Gemeindeordnung der 1830er Jahre zum „Bürgermeister" umbenannt wurde. Die Akten des aufgelösten Amtes übernahm das Kreisdirektorium[229].

9.2.7 Der Verlust von Herrschaftsrechten

Auf dem Weg zum „modernen Verwaltungs- und Verfassungsstaat" setzte der badische Staat Stück für Stück seinen Herrschaftsanspruch gegenüber eigenberechtigten Gewalten wie dem Adel durch. Im Zuge der Herstellung einer Gesellschaft rechtsgleicher Staatsbürger verlor der Adel eine Vielzahl seiner Privilegien und Rechte wie Gerichtsbarkeit, Steuerhoheit und anderes mehr. Davon waren selbstverständlich auch die Grafen Wiser betroffen. So zog 1807 der „Souverän", sprich der badische Staat, die Schatzung, den Fleisch- und Weinakzis sowie den Bier- und Branntweinschank an sich[230]. Für den Verlust der früher vom Lehnsträger bezogenen Steuern zu Leutershausen und Ursenbach erhielt Graf Wiser aufgrund eines herrschaftlichen Reskripts von 1811 zwar eine jährliche Entschädigung von nahezu 748 Gulden aus der großherzoglichen Steuerkasse [231], wie es aber noch 1819 heißt, reklamierte der Graf die „vollkommene Hälfte" des jährlichen Schatzungsertrags. Verloren gingen die Schildgerechtigkeit, das Spielleute- und Musikantengeld und auch die Lumpensammlung, für die der Papierfabrikant Rauch zu Weinheim in den Jahren zuvor Gebühren entrichtet hatte. Auch hier verlangte Graf Wiser eine Entschädigung[232]. Eine weitere Einbuße brachte die Ohmgeldordnung vom

6. März 1812. So hatte bisher die Ortsherrschaft das Zapfrecht zu Ursenbach, wo keine Schildgerechtigkeit bestand, an den Meistbietenden in Bestand gegeben. In den Jahren vor 1812 erbrachte dies eine jährliche Einnahme von 13 Gulden. Auf Weisung des Kreisdirektoriums vom 19. März 1812 kündigte der wisersche Amtmann Dr. Roeck dem bisherigen Beständer, dem Ursenbacher Vogt Kling, das Bestandsverhältnis zum 1. April 1812 auf. Auch für diesen Verlust sollte der Grundherrschaft eine Entschädigung aus der Staatskasse zustehen[233].

Der rigorose Umgang der Landesherrschaft mit den adeligen Grund- und Ortsherren mußte deren Autorität gegenüber den Ortsansässigen beeinträchtigen. So mißachteten 1805 etwa 50 Untertanen zu Leutershausen die vogtsherrliche Verordnung zur Anpflanzung von Obstbäumen an den Rändern der Chaussee und der Fuhrwege; als die gräfliche Herrschaft deswegen Strafgelder gegen die Ungehorsamen verhängte, verweigerten diese die Zahlung. Graf Wiser rief deshalb die Landvogtei Strahlenburg um Hilfe an und zeigte sich insbesondere empört darüber, daß sich unter den renitenten Leutershausenern auch der reformierte Pfarrer Wagenknecht befinde, der eigentlich als geistlicher Vorstand ein Beispiel zu geben hätte. Der Fall gelangte bis zum Hofrat in Mannheim, der dem Vasallen Graf Wiser die Strafbefugnis in diesem Polizeifall ausdrücklich zuerkannte und die Landvogtei anwies, dem Grafen die nötige Assistenz zur Beitreibung der Strafgelder zu leisten[234].

1807 verweigerten die Rottpächter unter anderem das Herbeiführen von Brennholz, das bei der Ursenbacher Mühle lag und zur Heizung der herrschaftlichen Amtsstube bestimmt war. Graf Wiser rief in diesem Fall die badische Regierung erfolgreich um Hilfestellung an; er argumentierte, daß die Amtsgeschäfte des Amtes Leutershausen nicht verrichtet werden könnten, wenn die widerspenstigen Fronpflichtigen das Brennholz nicht zur Amtsstube lieferten. Ein Passus aus dem Hofgerichtsurteil von 1784, demzufolge die Untertanen zur Herbeiführung von Bau- und Brennholz zugunsten der Herrschaft verpflichtet seien, lieferte der Regierung das Argument, den Grafen in seiner Rechtsauffassung zu bestärken[235]. Tatsächlich leisteten die Beständer des Rottgutes weiterhin Fuhrdienste; der „Rottpachtbestandsbrief“ verpflichtete sie zur Leistung von 90 Fuhren im Jahr. Letztlich waren dies damit Leistungen, die nichts mit den ortsherrschaftlichen Rechten der Grafen zu tun hatten, sondern auf der freien Vereinbarung zwischen Grundbesitzer und Pächtern beruhten. 1805 war das Rott in 30 Pachtstücke aufgeteilt, in die sich wiederum 43 Pächter teilten. In Erfüllung ihrer Dienste führten sie z. B. Wasser in den Schloßgarten, Kies in das Feuchtgebiet des Hombuschs, Steine in den Englischen Garten, Most und Zinswein aus Lützelsachsen in den herrschaftlichen Keller; daneben „zackerten“ und eggten sie auf herrschaftlichen Grundstücken usf[236].

Der Herrschaft standen ursprünglich zwei „Büsche“ jährlich aus den Gemeindewaldungen zu. Einen dritten Busch hatte der gräfliche Amtmann für sich in Anspruch bringen können. Ein Vergleich mit der Herrschaft von 1767 hatte dies so geregelt[237]. Mit dem Ende der grundherrlichen Gerichtsbarkeit verweigerte die Gemeinde die Weitergewährung des dritten Busches. Daraus entstanden

Abb. 23: Friedrich Karl von Wiser mit Gemahlin Anna Maria und Sohn Wilhelm

Streitigkeiten, die bis in das Jahr 1851 andauerten. Ein in diesem Jahre zustandegekommener Vergleich sah vor, daß die Gemeinde drei Büsche lieferte, der Graf aber dafür 10 Maß und ein Glas Wein [ca. 15 ½ Liter], den „Buschwein" reichte. Ein erneuter Streit darüber endete 1869 mit dem gerichtlichen Erfolg des Grafen, dem seit dieser Zeit die drei Büsche gegen Verabfolgung von zwei Viertel Wein alten Maßes gereicht wurden[238].

1817 verweigerten die Ortsbeisassen, die „von jeher das Wisersche Allod befröhnet" hätten, den Frondienst mit den Worten, „sie seyen der hiesigen Grundherrschaft nicht mehr frohndpflichtig"; der Ortsvorstand bestärkte sie in dieser Haltung. Damit aber, so die Stellungnahme der Herrschaft, könnten notwendige Arbeiten in der Orangerie nicht mehr verrichtet werden[239].

10. Friedrich Karl von Wiser

10.1 Zur Person

Am 11. Juni 1819 verehelichte sich Karl Theodors Sohn Friedrich Karl von Wiser (*19. Juni 1790, †19. April 1831) mit der Freiin Anna Maria Koffler von Milend (*1789, †13. September 1840). Friedrich hatte trotz aller Schwierigkeiten eine standesgemäße Erziehung erfahren; so ist für 1804 der Hofmeister des Grafen „Fritz", ein Professor Baumgartner, erwähnt, der eine Besoldung von 286 Gulden empfing[240]. 1807 erscheint Friedrich Karl von Wiser als Student der Jurisprudenz in den Heidelberger Universitätsmatrikeln. Er ergriff dann aber die Offizierslaufbahn in der königlich bayerischen Armee, in der er es bis zum Hauptmann brachte. Unter dem Datum vom 30. Dezember 1817 erhob König Ludwig XVIII. von Frankreich ihn als „capitaine dans le 12e régiment d'infanterie de ligne bavarois" zum Ritter der Ehrenlegion[241]. Der Anlaß zu dieser Ordensverleihung ist leider nicht überliefert. 1818, anläßlich seiner Verlobung, reichte er seine Entlassung aus der Armee ein und wurde unter Ernennung zum Major à la Suite deaktiviert. Daneben bekleidete er die Würde eines königlich bayerischen Kämmerers. Gemäß einem Familienvertrag vom 6. Juni 1817 und dem Übergabevertrag vom 1. Januar 1818 überließ ihm sein Vater Karl Theodor mit dem Zeitpunkt der kirchlichen Eheschließung alle seine bisherigen in Baden gelegenen Lehns- und Allodialbesitzungen, vor allem die Rechte und Besitzungen zu Leutershausen. Gleichzeitig entließ Karl Theodor von Wiser zu diesem Zeitpunkt seine ganze Dienerschaft aus ihren bisherigen Pflichten[242].

Seinen Verzicht begründete Karl Theodor Graf Wiser mit der Feststellung, daß eine gemeinsame Administration und Regierung nur nachteilige Folgen nach sich ziehe – er hatte hier wohl seine eigenen Erfahrungen im Auge -; ferner heißt es im Übergabevertrag, daß die fortdauernde Krankheit seiner Ehefrau besondere Kosten verursache. Den „gräflichen Eltern", so der Vertrag, sollte auf Lebenszeit die freie Bewohnung des 3. Stocks des Leutershausener Schlosses zustehen sowie das Eigentum an der Bibliothek und den vorhandenen Bronce-Figuren sowie deren freie Benutzung; Bibliothek wie Figuren sollten aber im Stammbesitz verbleiben.

1818 kaufte Friedrich von Wiser für 3 300 Gulden die Anteile von je 1/12 des Wein- und Fruchtzehntens zu Großsachsen aus den Händen des Handelsmanns

Moritz Löwenthal zu Ladenburg zurück, die dieser zuvor von der Freifrau von Wrede, geborene von Streit, aus der Erbmasse des Philipp von Wiser erworben hatte[243].

Über seine Frau bekam Friedrich von Wiser Eigentumsrechte am Hohenhardter Hof bei Baiertal in seine Hände; noch 1822 wurden der Hof und sein Areal von der wiserschen Gefällverwaltung zur Bestandsvergabe an den Meistbietenden ausgeschrieben; später verkaufte der Graf den Hof an den Freiherrn von Gemmingen-Michelfeld.

1819 bewilligte Großherzog Ludwig die Allodifikation des zum Hirschberger Lehen gehörenden „Walddistrikts" Kleiner Staudenberg im Umfang von 12 Morgen zugunsten seines Vasallen Friedrich von Wiser[244].

10.2 Der Fronvergleich von 1818

Am 9. Juli 1818 schloß die Herrschaft mit der Gemeinde einen Vergleich bezüglich der Frondienstleistungen. Aus den bisherigen ungemessenen Frondiensten wurden gemessene Dienste, die zudem nicht mehr in natura, sondern durch eine Geldzahlung zu erstatten waren. Es wurde festgelegt, daß der Herrschaft jährlich zustehen sollten 200 halbe und 100 ganze Handfronen, verrechnet in Geld zu 15 Kreuzern pro ganzer Fron. Ein Drittel dieser Handfronen war zu leisten von den Gemeindebürgern und den in diese Eigenschaft aufgenommenen Juden. Zwei Drittel waren zu erbringen von den Schutzbürgern und den Schutzjuden. An „zweispännigen Tagesfuhren" waren fortan 50 zu leisten, verrechnet zu zwei Gulden pro Fuhre, mithin insgesamt zu 100 Gulden. Das Pferd wurde dabei angesehen wie zwei Ochsen oder sechs Kühe. Die Vertragsdauer war auf 10 Jahre festgelegt. Ausgenommen von diesem Vergleich blieben die Kirchen-, Schul- und Pfarrhausbaufronen; sie sollten wie bisher zu leisten sein[245].

10.3 Weitere Verluste von grund- und leibherrlichen Rechten

Nach dem Verlust der Steuerrechte ging es einige Jahre später an die grund- und leibherrschaftlichen Rechte. Mit Gesetz vom 5. Oktober 1820 wurden die in den nach 1802 zu Baden gekommenen Landesteilen noch fortbestehenden persönlichen Leibeigenschaftsabgaben für aufgehoben erklärt[246]. Für die damit aufgehobene Leibsbede sollte der Graf ebenso eine Entschädigung verlangen können wie für das ebenfalls in Wegfall gekommene Besthaupt, die alte Erbschaftssteuer zugunsten des Leibherren. Ein Minderjähriger hatte dem Grafen zuletzt 1 ½ Prozent vom ererbten Vermögen abzugeben, eine volljährige Person 2 Prozent, während der „lachende Erbe" 3 Prozent zu entrichten hatte[247].

1814 erhob die Herrschaft noch das jährliche Schutz- und Schulgeld von 15 Gulden von jedem ihrer Schutzjuden; hinzu kam noch ein Betrag von 4 Gulden 24 Kreuzer für zwei Zuckerhüte. 1815 entfiel im Gefolge der fortschreitenden Gleichstellung der Juden in Baden der Judenschutz, das heißt die jährliche Schutzgeldzahlung der Leutershausener Juden an die Grafen Wiser. Seit diesem Jahr verweigerten die Leutershausener Juden auch die Abgabe der herkömmlichen Zuckerhüte, beziehungsweise den dafür üblichen Geldbetrag. Sie argumentierten, daß diese Abgabe in Zusammenhang mit dem Judenschutz gestanden habe und mit dessen Wegfall ebenfalls hinfällig sei. Friedrich Graf Wiser sah dies anders und verklagte die Leutershausener „Judenschaft" auf Fortentrichtung der Zuckerhüte. Das Amt Weinheim gab 1820 dem Kläger recht und verurteilte die Beklagten zur Entrichtung von je 4 Gulden 24 Kreuzer anstatt zwei Zuckerhüten. Die vor dem Amt Weinheim unterlegenen Juden erreichten in dieser Sache indessen 1821 einen Spruch zu ihren Gunsten durch das Hofgericht Mannheim. Damit gab sich Graf Wiser nicht zufrieden, wurde aber 1822 in seiner Appellation vom Oberhofgericht wegen nicht fristgerechter Beibringung von Akten abgewiesen. Der Streit zog sich bis zu seiner endgültigen Erledigung noch ins Jahr 1825 hin[248]. Unter der Rubrik „alte Abgaben" heißt es in einem Bericht des Leutershausener Ortsvorstandes vom Dezember 1827, daß die hiesigen Juden keine Abgaben an die „Korporationen", wohl aber noch an die Grafen Wiser entrichteten. 1834 heißt es dann, daß die Leutershausener Juden keine sogenannten Schutzbürgergelder mehr entrichteten[249].

11. Wilhelm Karl Friedrich von Wiser

11.1 Zur Person

Friedrich Karl von Wiser verstarb bereits 1831 im Alter von gerade 41 Jahren. Seine Frau Anna Maria überlebte ihn um neun Jahre; sie verstarb 51-jährig im Jahre 1840. Beider Sohn, der in Leutershausen geborene Wilhelm Karl Friedrich (*21. Juni 1821, †24. Dezember 1891), war beim Tod des Vaters gerade 10 Jahre alt; als er seine Mutter verlor, war er nach damaligem Recht immer noch minderjährig. Dies bedeutete, daß Wilhelm von Wiser lange Jahre einen Vormund benötigte; als solcher wirkte der adelsbewußte Standesherr Karl Theodor August Graf Leiningen-Billigheim. Aus der Vormundschaftsbeziehung entstand schließlich eine Familienbeziehung. Am 22. Februar 1848 verheiratete sich Wilhelm von Wiser mit Eleonore Josefine Caroline Marie Gräfin Leiningen-Billigheim (*6. Juli 1827, †25. November 1893), Tochter seines Vormundes und Urenkelin des Kurfürsten Karl Theodor.

Wilhelm war möglicherweise zunächst dazu bestimmt, die Juristentradition der Familie fortzusetzen; jedenfalls studierte er Jura zunächst in Berlin und dann, 1843, in Heidelberg. Er war schließlich aber der erste in der Familie, der sich von Anfang an ganz auf die Verwaltung des Familienbesitzes beschränkte und keine Stellung im Dienst seines Lehns- oder Landesherren anstrebte, geschweige denn ausübte. Als Kind und Jugendlicher unter Vormundschaft und dann als junger Erwachsener erlebte er den Abbau der Reste seiner grundherrlichen Rechte.

11.2 Der Verlust der Zehntrechte

1840 kamen die wiserschen Grundrenten auf der Heppenheimer Gemarkung zur Ablösung; die hessische Staatsschuldentilgungskasse entschädigte die wisersche Grundherrschaft hierfür mit der Auszahlung eines Betrags von 159 Gulden[250].

Als nutzbare Rechte schlugen sich 1840 im „Manual über die gräflich von wiser'schen Revenuen" noch nieder: zu Leutershausen das Schützenrecht, die

Abb. 24: Wilhelm Karl Friedrich von Wiser

Ahndung von Feld- und Waldfreveln, das Bürgereinzugsgeld; zu Leutershausen, Großsachsen und Lützelsachsen Zinskappen, Erntehahnen, junge Hahnen und Zinshühner. All dies erbrachte Einnahmen von etwas über 60 Gulden. Hinzu kamen Erträge aus dem Zehnten von 699 Gulden. Diesen Zehnterträgen standen freilich immer noch die Verpflichtungen zur Unterhaltung der protestantischen Kirche und zur Besoldung des protestantischen Pfarrers und des protestantischen Schulmeisters gegenüber.

Zu dieser Zeit war aber längst das Ende der Zehntberechtigung eingeläutet. Wie gezeigt, war der Ertrag des Zehnten eine nicht unwesentliche Einnahmequelle des grundherrlichen Adels. Es verwundert daher nicht, daß die bisher Bezugsberechtigten gegen die Wegnahme dieses letzten wichtigen grundherrschaftlichen Rechtes protestierten. Zu denen, die am hartnäckigsten ihre althergebrachten Rechte zu verteidigen suchten, gehörte bemerkenswerter Weise Graf Leiningen-Billigheim, der Vormund des Wilhelm von Wiser[251]. Der Protest, den Graf Leiningen-Billigheim 1832 unter anderem in einer Beschwerde an den Deutschen Bund zum Ausdruck brachte, konnte freilich das badische Zehntablösungsgesetz von 1833 nicht verhindern. Das Gesetz sah u. a. vor, daß der Bezieher des Zehnten durch eine einmalige Ablösungszahlung in zwanzigfacher Höhe des durchschnittlichen Jahresertrags zu entschädigen war, wobei der Staat ein Fünftel des Ablösungskapitals zuschoß.

Trotz seiner Vorbehalte in Sachen Zehntablösung genehmigte Graf Leiningen-Billigheim „von Vormundschaftswegen" 1838 einen Zehntablösungsvertrag zwischen dem gräflich wiserschen Rentamtmann einerseits, dem Gemeinderat und Bürgerausschuß zu Großsachsen andererseits zur Ablösung der wiserschen Zehntrechte auf Großsachsener Gemarkung. Der Große und Kleine Zehnte betrafen ein Areal von knapp 694 Morgen, der Heuzehnte ein Areal von knapp 53 Morgen und der Weinzehnte ein Areal von knapp 109 Morgen. Der Vertrag vom 16. Mai 1838 setzte das dem Grafen zustehende Ablösungskapital auf eine Summe von 31 000 Gulden fest. Die betroffenen Zehntpflichtigen in Großsachsen lehnten diesen Vertrag wegen der Höhe der Ablösungssumme jedoch ab. Die gräfliche Verwaltung beschritt daraufhin den Rechtsweg – Bezirksamt, Hofgericht, Oberhofgericht –, um eine gerichtliche Inkraftsetzung des Vertrags zu erzwingen, unterlag jedoch in zweiter und letzter Instanz. Anschließend kam es zu weiteren Rechtsstreitigkeiten über den Umfang des dem Zehnten unterliegenden Areals. Der Naturalzehntbezug hatte 1838 geendet. Bis zu einer vertraglichen Ablösung waren deshalb Zinsen zu zahlen; auch darüber kam es zu einem Rechtsstreit zwischen der Gemeinde Großsachsen und dem Grafen Wiser. Im Juli 1846 waren schließlich beide Seiten bereit, eine gütliche Übereinkunft anzustreben, um weitere „unangenehme Prozesse" zu vermeiden[252].

Es gingen aber noch fast zwei Jahre vorüber, ohne daß eine Übereinkunft erzielt worden wäre. Bewegung in diese Angelegenheit brachte schließlich die Revolution von 1848. Graf Leiningen-Billigheim mußte es erleben, daß ihm Anfang März „mit bewaffneter Hand" der Verzicht auf seine Feudalrechte abgetrotzt wurde. Daraufhin „floh er mit den Seinen zu seinem Schwiegersohne, dem Grafen Wiser zu Leutershausen bei Weinheim, um so aus der ringsum bedrohten Gegend sich zu retten. Aber auch dort mußte er einige Tage nachher Zeuge ähnlicher Auftritte wie zu Hause werden"[253]. Angesichts der Ereignisse in verschiedenen badischen Landesteilen sahen die Großsachsener sich nämlich ermutigt, endlich die Ablösung des Zehnten in ihrem Sinne durchzusetzen[254]. Gegen den Rat ihres Bürgermeisters Kilthau entsandten sie am 23. März eine Delegation von 14 Bürgern nach Leutershausen, um dem Grafen Wiser „den geneigten Antrag hierüber zu stellen". Die Deputation langte gegen fünf Uhr abends vor dem Schloß an und wurde vom Grafen empfangen. Unterdessen verbreitete sich in Leutershausen das Gerücht, die Großsachsener hätten das Schloß gestürmt. Unter der Aufforderung „Bürger, wehrt euch!" zog nun eine Anzahl Leutershausener mit Gewehren, Heu- und Mistgabeln bewaffnet zum Schloß unter dem Ruf „Heraus mit den Großsachsenern, sterben müssen sie." Graf Wiser und Bürgermeister Bletzer hätten sich, so heißt es, viele Mühe gegeben, die Leute zu beruhigen, was aber erst gelungen sei, als man wahrgenommen habe, daß der Graf selbst den Großsachsenern geholfen hatte, sich durch den Schloßgarten „nach der hinteren Seite" zu entfernen.

Durch den Tumult alarmiert, erschien am nächsten Tag der sehr energische Vorstand des Bezirksamtes Weinheim, Oberamtmann von Teuffel, um sich als Vermittler anzubieten. Bis er eintraf, hatte sich der Graf indessen bereits mit einer vierköpfigen Delegation aus Großsachsen auf einen Zehntablösungsvertrag geeinigt. Aus der Sicht des Oberamtmanns hatte der Graf „fast mehr als billige Zugeständnisse" gemacht. Tatsächlich setzte der Vertrag die Ablösungssumme auf nur 20 000 Gulden fest, dies bei einem Ertrag von etwa 1 200 Gulden jährlich. Vermindert um den Staatszuschuß von 5 921 Gulden, war die Ablösungssumme, verzinst zu vier Prozent, in 10 Jahreszielen abzutragen. Hinzu kamen Zinsen für die Zeit des beendeten Naturalzehntbezugs seit 1838 in Höhe von 5 000 Gulden, die jedoch zum Teil bereits entrichtet waren[255].

Der Ablösungsvertrag für Leutershausen ließ noch bis zum 27. Dezember 1848 auf sich warten. Der jährliche Reinertrag des Zehnten wurde mit 2 000 Gulden ermittelt. Die auf dieser Grundlage festgesetzte Ablösungssumme betrug 40 000 Gulden; der Staatszuschuß in Höhe von 5 562 Gulden verminderte den Anteil der Zehntpflichtigen entsprechend. Verzinst zu fünf Prozent, war die Summe in fünf gleichen Terminen bis 1853 zu entrichten[256].

Damit hatten die Großsachsener tatsächlich einen vergleichsweise günstigeren Vertrag mit Graf Wiser schließen können. Diese Tatsache, samt einem Erklärungsversuch, kam in einem Beitrag in der radikal-demokratischen Heidelberger „Republik" vom 24. April 1849 zur Sprache. Im Ton der Zeit heißt es darin, daß es nun endlich auch in Leutershausen anfange Tag zu werden. Freilich halte der gnädige Herr Graf auf das Licht nicht viel, trage er doch gerne den Verstand seiner „Grundherrlichkeitsangehörigen" ebenso im Hosensack mit sich herum wie die Schlüssel seines Hauses. „Jetzt sollten unsere Nachbarn von Großsachsen unserem großen Gutsbesitzer Wilhelm einmal einen Besuch abstatten, da würden nicht so viele Leute mit Heugabeln etc. zu seinem Schutze, wo gar keiner nötig wäre, herbeieilen." Und weiter: „Dieser einzelne Mann ist Besitzer des größten Theils unserer Gemarkung, und wir sind eigentlich weiter nichts als seine Leibeigenen. – Wer nicht tanzt, wie das Gräfchen und sein Verwalter, welchen er ‚Amtmann' nennen läßt, pfeift, der bekommt keinen Acker in Pacht, oder das Pachtgeld wird auf russische Art eingetrieben. – Längst hätte sich bei uns ein Volksverein gebildet, aber, da viele Leute von der hochgräflichen Gnade abhängen, so müssen sie fürchten, durch den Beitritt in Ungnade zu fallen." Zeuge hierfür sei der Zehntablösungsvertrag, der den Leutershausenern nur vier Jahre Zeit lasse, ihre Schuld zu bezahlen, wo doch die Großsachsener dafür 10 Jahre Zeit hätten: „ein Beweis von der Menschenfreundlichkeit unseres gescheiden Grundherrn". Aber, so tröstete sich der anonyme Einsender, es könne die Zeit kommen, „wo den altadeligen Herren wieder Besuche abgestattet werden, und dann wird die Rechnung sammt dem Wirthe gemacht werden". Daß Wilhelm von Wiser nach dem Niederwerfen des badischen Volksaufstandes von 1849 als Abonnent der ‚Republik' selbst kurzzeitig in das Visier der Strafverfolgungsbehörden geriet, sei hier als Kuriosum vermerkt[257]. Begeisterung für die republikanische Sache darf Wilhelm von Wiser wohl nicht unterstellt werden; vermutlich hielt er das Blatt, das ihm, wie gezeigt, keineswegs gewogen war, aus Interesse an der Tagespolitik.

Mit dem Recht des Zehntbezugs endeten freilich auch Pflichten: die „subsidiarische Pflicht" zur Erbauung und Unterhaltung der evangelischen Kirche und des Turms, die Pflicht zur Erbauung und Unterhaltung des evangelischen Pfarrhauses und der dazu gehörenden Ökonomiegebäude; ebenso entfiel der Beitrag zur Besoldung des evangelischen Pfarrers.

Bereits am 7. September 1839 war bezüglich der Ablösung des Zehnten zu Ursenbach ein Vertrag geschlossen worden zwischen der wiserschen Grundherrschaft, vertreten durch einen Beauftragten des Grafen Leiningen-Billigheim als Vormund des noch minderjährigen Grafen Wilhelm von Wiser einerseits und den 14 zehntpflichtigen Einwohnern der Gemeinde Ursenbach andererseits. Der Vertrag setzte das Ablösungskapital auf 6 200 Gulden fest. Das Justizministerium in seiner Eigenschaft als Lehnshof erhob allerdings dagegen zunächst Einwände[258]. Schließlich konnte der Vertrag aber in dieser Form in Kraft gesetzt werden. Das Amtsrevisorat Weinheim wies mit Datum vom 26. Mai 1840 den Gemeinderat zu Ursenbach an, den Vertragstext in das Grundbuch aufzunehmen, was auch geschah[259]. Abgelöst wurde damit auf dem „Flächenraum" von 321 Morgen der ganze Große Zehnte von Korn [Roggen], Gerste, Spelz, Hafer und Weizen und zwei Drittel des Kleinen Zehnten von Kartoffeln, Dickrüben, Heu und Obst.

Der Vertrag über die Ablösung der wiserschen Zehntanteile zu Lützelsachsen datiert vom 27. März 1840[260]. Der Große, Kleine und Heuzehnte betrafen ein Areal von über 129 Morgen, der Weinzehnte ein Areal von fast 37 Morgen. Das Ablösungskapital wurde festgesetzt auf abgerundete 10 100 Gulden.

Vom 28. März 1840 datiert der Ablösungsvertrag über den Großen Zehnten zu Heiligkreuz mit 116 Morgen, Rippenweier mit 169 Morgen und Rittenweier mit 124 Morgen Zehntareal mit Korn, Gerste, Spelz und Hafer. Das Ablösungskapital belief sich auf 7 982 Gulden. Es war, verzinst zu 5 Prozent ab 1. Januar 1839 in fünf Jahreszielen, beginnend mit dem 1. Januar 1840, abzutragen[261].

Am 30. März 1840 folgte der Ablösungsvertrag des wiserschen Zehnten zu Oberflockenbach mit 200 Morgen, zu Steinklingen mit 100 Morgen, zu Wünschmichelbach mit 140 Morgen Areal, angebaut mit Gerste, Korn, Spelz, Hafer und Raps. Das Ablösungskapital wurde festgesetzt auf 13 340 Gulden 50 Kreuzer. Verzinst zu 5 Prozent ab dem 1. Januar 1839 war das Kapital, beginnend mit dem 1. Januar 1840, in fünf Jahresterminen abzutragen[262].

11.3 Verlust weiterer Rechte

Neben dem Zehntbezug verlor der Graf im Gefolge der badischen Gesetzgebung von 1848 die letzten noch übrig gebliebenen Feudalrechte, so die Ansprüche auf die Bürgereinkaufsgelder – 3 Gulden für den Mann, 2 Gulden für die Frau - und das Abzugsrecht – 10 Prozent vom mitnehmenden Vermögen – zu Leutershausen und Ursenbach und die Fischereirechte im Forellenbach zu Ursenbach. Das badische Justizministerium gestand ihm dafür mit Entscheidung vom 18. Dezember 1854 eine einmalige Entschädigung von nahezu 215 Gulden zu[263].

Somit hatte Graf Wiser seit 1848 endgültig den Übergang vom Orts- und Grundherrn zum „reichen Bauern“ vollzogen, wie das einer seiner adeligen Standesgenossen sarkastisch formulierte. Tatsächlich legte auch er, wie viele andere ehemalige Grund- und Standesherren, den Ertrag der Ablösungsgelder in Grundbesitz an. So erwarb er aus dem Besitz der Freiherrn von Sturmfeder den Cronberger Hof zu Ladenburg samt den dazugehörigen Liegenschaften[264]. 1854 faßte er seine Besitzungen in Leutershausen, Ladenburg, Heddesheim, Großsachsen, Schriesheim und Wallstatt zu einem Stammgut zusammen; da sich hierunter Lehnsstücke befanden, war hierfür die Genehmigung durch die badische Lehnsherrschaft vonnöten, die mit Urkunde vom 23. März 1854 erteilt wurde[265]. Im Einverständnis mit der badischen Lehnsherrschaft verkaufte Wilhelm von Wiser 1861 andererseits dem Freiherrn Christian von Berckheim zu Weinheim für eine Summe von 1 400 Gulden die Wald-Anteile seines Lehnsgutes: den Großen und den Kleinen Staudenberg, den Hirschberg mit der Ruine der Hirschburg, den Hasengarten, die Hohewarth (Schanzenköpfle) und die Jägerswiese[266]. Ein Motiv für diesen Verkauf ist nicht recht erkennbar.

Wilhelm von Wiser schloß auch seinen Frieden mit seinem Lehnsherrn, dem Großherzog Leopold von Baden, dessen Vorgänger seinen Großvater Karl Theodor von Wiser so ungnädig behandelt hatten. In Begleitung seines künftigen Schwiegervaters, des Grafen Leiningen-Billigheim, reiste Graf Wiser zum Jahreswechsel 1847/48 nach Karlsruhe, um seinem Lehns- und Landesherrn, dem Großherzog Leopold, Glückwünsche zum neuen Jahr auszusprechen[267]. Wie angebracht diese Wünsche waren, sollte sich bald erweisen, standen doch dem Monarchen und den adeligen Grundherren im Lande Baden mit der Ende Februar 1848 ausbrechenden Revolution schwierige Zeiten bevor. Als ein Zeichen der verbesserten Beziehungen zum Landes- und Lehnsherrn kann auch die Tatsache gelten, daß Wilhelm von Wiser 1851 auch mit der Würde eines großherzoglich badischen Kammerherrn ausgestattet wurde[268].

11.4 Die Aufhebung des Lehnsverbandes

Der letzte Lehnsrevers für das Hirschberger Lehen datiert vom 25. Juni 1861[269]. Nur wenig mehr als ein Jahr später wurde mit dem Gesetz vom 9. August 1862 für Baden die allgemeine Aufhebung des längst funktionslos gewordenen Lehnsverbandes verfügt. Nach Zahlung einer Abkaufssumme von 6 970 Gulden zugunsten der Badischen Generalstaatskasse erhielt Graf Wiser mit Urkunde des Badischen Justizministeriums vom 8. März 1864 die ihm noch verbliebenen Lehnsstücke des alten Hirschberger Lehens zu freiem Eigentum übertragen[270]. Wilhelm von Wiser war damit der letzte Lehnsträger des Hirschberger Lehens.

Was ihm und seinen männlichen Erben noch an Vorrechten blieb, war zunächst das Wahlrecht zur Ersten Badischen Kammer, in der acht Angehörige des grundherrlichen Adels Sitz und Stimme besaßen. Dieses Recht verschwand mit dem Ende der Monarchie im Jahre 1918. Ähnliches gilt für den Anspruch der Grafen Wiser auf Sitz und Stimme in der Kreisversammlung des aufgrund einer Verwaltungsreform um 1860 neugestalteten Kreises Mannheim. Den fünf höchstbegüterten Grundbesitzern stand hier je ein Sitz zu; die Grafen Wiser nahmen in dieser Rangfolge den vierten Platz ein. Noch etwas länger blieb der Familie das Recht zur Präsentation des katholischen Ortsgeistlichen – auch das ist inzwischen Vergangenheit.

12. Schlußbemerkung

Die ungefähr 150 Jahre währende Herrschaft der Grafen Wiser als Lehnsträger des Hirschberger Lehens und als Besitzer nennenswerter Allodialgüter hat vor allem den Lehnsort Leutershausen maßgeblich geprägt. Das gilt einmal für die als Zeuge dieser Herrschaft fortexistierende architektonische Hinterlassenschaft von Schloß, Schloßbezirk und Schloßgarten. Auch in der Feldflur haben sich deutliche Hinweise auf die Vergangenheit Leutershausens als Adelsdorf erhalten; genannt sei hier das Areal des Rottguts, das freilich gerade in diesen Tagen zugunsten einer Ausweitung der Hirschberger Gewerbefläche Einbußen erleiden mußte.

Wenn alljährlich zu Mariä Himmelfahrt zahlreiche katholische Gläubige sich vor dem Gnadenbild der Leutershausener Madonna einfinden, zeugt dies vom Fortbestehen einer Tradition, die ihre Wurzel in der von der gräflichen Herrschaft verfolgten Konfessionspolitik findet. Das von den Grafen nach Leutershausen gebrachte Gnadenbild steht heute in der katholischen Kirche, die zu Anfang des 20. Jahrhunderts auf dem Boden des den Grafen Wiser als Lehnsbestand zugefallenen „Wassergartens“ errichtet wurde, dem Gelände also, auf dem der zum Hirschberger Lehen gehörende Ober- oder Wasserhof bis ins 17. Jahrhundert stand. An den Katholizismus als kennzeichnendes Element Leutershausens seit dem 18. Jahrhundert erinnert auch das Wegkreuz an der heutigen B 3; es macht darauf aufmerksam, daß sich Leutershausen dank der Grafen Wiser sozusagen zu einer katholischen Insel inmitten des reformierten Kurpfälzer Territoriums entwickeln konnte.

Die einst vergleichsweise starke jüdische Gemeinde Leutershausens verdankte ihre Existenz dem Wirken der Grafen Wiser. Die NS-Dikatur löschte diesen Teil der Leutershausener Tradition grausam aus. Die vor kurzem renovierte Synagoge erinnert an beide historischen Fakten.

Aufgrund der politischen Entwicklung Deutschlands nach dem Zweiten Weltkrieg und infolge der Gemeindereform, die aus den Orten Leutershausen und Großsachsen 1975 die Gemeinde Hirschberg entstehen ließ, wurden weitere Ergebnisse der wiserschen Ortsherrschaft etwas in den Hintergrund gedrängt: bis 1933 sorgten einmal die Leutershausener Katholiken mit ihrem Stimmzettel für bemerkenswerte Stimmenanteile des Zentrums; zum anderen besaß auch die Sozialdemokratie ein starkes Standbein in Leutershausen, was wiederum auf die typische Leutershausener Sozialstruktur zurückzuführen war, deren Prägung viel mit der Aufnahme von Beisassen im 18. Jahrhundert zu tun hatte, die das nichtbäuerliche Element im Dorf stärkte[271].

Anhang I

Der Lehnsbrief für Franz Melchior von Wiser

[GfAL Akten Hirschberger Lehen, Abschrift]

Von Gottes Gnaden Wir, Johann Wilhelm, Pfaltzgraff bey Rhein, des Heyligen Römischen Reichs Ertzschazmeister undt Churfürst, in Bayern, zu Gülich, Cleve undt Berg Herzog, Graff zu Veldentz, Sponnheim, der Marckh, Ravenspurg und Mörs, Herr zu Ravenstein etc. bekennen undt thun kundt offenbahr mit diesem Brieff, daß Wir Unsern geheimbden Rhat undt Hoffcantzlern, Frantz Melchior Freyherrn von Wiser die Unserm Churhaus, der Pfaltzgraffschafft bey Rhein, eröffnete hirschbergische Mannlehen, welche in verschidenen Wein- undt Fruchtzehendten, auch andern Zinnsen undt Gefällen bestehen undt alle der Länge nach hirunter specificirt sich befindten, so hiebevor das Geschlecht von Hirschberg undt am letzten Jacob Graff von Hamilton zu Mannlehen getragen undt ermelter Freyherr von Wiser mit Unserm lehenherrlichen Consens von letztgedachtem Graffen von Hamilton an sich erkaufft, zu einem Leibsmannlehen gnädigst verliehen haben, leyhen ihme auch solche hiermit also undt dergestalt, daß er, Frantz Melchior Freyherr von Wiser, und seine männlichen Descendenten von seinem Leib gebohren sothane Lehenstücker als ein Leibsmannlehen recognoscire und empfange, im Fall er aber ohne Hinderlassung ehelicher männlicher Leibserben über kurtz oder lang versterben würde, selbige auf sein Freyherrns Töchter undt deren eheliche männliche Descendenten, so lang einige vorhandten, fallen und sie darinnen zu succediren fähig seyn sollen. Thun auch solches hiermit undt in Krafft dieses Brieffs mit Ausnehmung der churfürstlichen Pfaltz, dero Mann undt eines jeglichen Rechten daran, undt er, Frantz Melchior Freyherr von Wiser obgenannt, hatt solch Mannlehen jetzt von uns gemelter Maßen empfangen, darüber gelobt undt leiblich zu Gott geschwohren, Uns undt Unsern Erben davon mit guten trewen Gelübdten undt Aydten zu dienen, gewärtig, gehorsamb und verbundten, Uns allezeit getrew und holdt zu seyn, Unsern Schaden zu warnen, Frommen undt Bestes getreulich zu werben und alles das zu thuen, das man ihrem Herrn von solchem Mannlehen von Recht und Gewohnheit schuldig seyndt zu thun und billig thuen sollen.

Undt seynd diese die Lehen:

als erstlich zu Leuttershausen alle vogtheiliche Obrigkeit, Schultheiß und Gericht daselbst zu setzen, Gebott, Verbott, alle Straffen, Busen, Frevel, außer die enthaltene 4 Centh-Articuln als Mordt, Raub, Brandt undt Diebstahl, welche durch den Nachrichter gestrafft undt zur Malefitz gezogen werden;

Schatzung, Leibsbeet, Inventationes, Theyllungen, Besthaubtthaidigungen, Vormundtbestellung, Vormundsrechnung abzuhören, Einzuggeldt, Auszuggeldt, Nachstewer, Martinszins, Martinsbeet, Umbgeldt, Kreuzergeldt, Accis.

Item 2/3 an Oberfruchtzehendten, item 2/3 an Weinzehendten, den völligen Fruchtzehendten vom Rothguth, den Novalzehendten, Beetwein, Zinnswein, item 2/3 am Kleinen Zehendten, item jährlich 2 Busch Holtz von der Gemeindt mit 4 fl. zu bezahlen.

Item das sogenannte Rothgut sambt dem Stumpffenacker mit zugehörigen Wiesen und Gärten, item an Waldungen das halbe Theyl des Heimbuschwalds, den Hirschberg. den Haasengarten, die kleine Staudten, die große Staudten, die Herzogsstaudten, die Hohenart.

Item jährlich acht und zwantzig Stückh Cappen, acht Stückh Zinnshüner.

Item von jedtem Gemeinsmann daselbst jährlich zwey Rauchhüner, drey Erndthahnen.

Item von den Unterthanen die Frohndiensten, item die Jagdt.

Zu Ursenbach: alle vogtheyliche Obrigkeit, Schultheiß und Gericht zu setzen, Gebott und Verbott, alle Straffen, Buesen undt Frevel, Schatzung, Inventationes, Theyllungen, Besthaubtsthaidigung, Vormundsbestellung, Vormundsrechnungabhörung, Einzuggeldt, Auszuggeldt, Umbgeldt, Kreuzergeldt, Accis.

Item 2/3 an Fruchtzehendten, item den Novalzehendten allein, item 2/3 an Kleinen Zehendten, Atzgeldt.

Item von jedem Gemeinsmann oder Innwohner jährlich 2 Rauchhüner.

Item das kleine Forellenbächlein, die Dahlbach genannt, zu fischen.

Item alle Frohndienst daselbst. Item die Jagd.

Zu Großsachsen: das Diefenweggericht der vierthalb Dorff mitzuhalten und von dessen einfallenden Straffen 1/3. Item 2/3 an Fruchtzehenden, zwey Drittel an Weinzehendten, den 30. aber allein. Item den Frucht- und Weinzendten im Herzog daselbst allein. Item den Fruchtzehendten allein uf dem Muckensturm. Item 2/3 an Kleinen Zehendten. Item den Kleinen Zehendten auf dem Muckensturm allein. Item von jedem Gemeinsmann daselbst jährlich ein Huhn. Item die Jagd als Mitgerichts- und Zehendtherr.

Zu Weinheimb: Item 2/3 an gewisser Morgenzahl Weinberg. Item fünff Malter Korn. Item fünff Malter Haber. Item 4 Stückh Gänß vom Closter, welche die Schaffnerei daselbst entrichten soll. Item 3 Stück Cappen daselbst. Item 15 Albus 6 Pfennig von ettlichen Gütern daselbst jährlich fallendt.

Zu Heddesheimb: das Hubgericht zu halten und die dabey fallende Straffen. Item das hirschbergische Guet, der Hubhoff genannt, sambt aller Zugehör. Item 21 Malter ein Viernsel und ein Vierling Korn jährlich daselbst fallend. Item 3 Viernsel Haber. 14 Stückh Gäns. 6 Stückh Cappen. 4 Stückh Hüner. Item die Jagd daselbst.

Zu Wahlstatt: Item ein siebenten Theyll am Fruchtzehendten daselbst.

Zu Neuenheim: ein 2/3 an Wein- und Fruchtzehendten.

Item 2/3 an Fruchtzehendten zu Riedenweyher, zu Rippenweyer undt zu Aßmusweyer.

Item den Wildtengänsfang von Hemsbach bis nacher Lambertheimb am Rhein und alle andere Gerechtsamben, Aigenthumb und Nutzbarkeiten, gesucht undt ungesucht, gebaut undt ungebaut, ob in undt unter der Erdten, gegenwärtig undt zukünfftig, wie die Nahmen haben mögen, nichts ausbeschiedten als die hohe Landsfürstliche Obrigkeit undt deren davon dependirendte Gerechtsamb, als extraordinari Reichs- und Türckenstewer, Item das jus armorum als Reiß, Volckh, Musterung undt Gelaidt, ingleichen die malefitzische Obrigkeit in denen vier hochen Centfällen, als Mordt, Raub, Brandt undt Diebstahl, wie obgemeldt, in welchen Fällen die Delinquenten an Unser Oberambt Heydelberg ausgelieffert werden sollen.

Hiermit verlyhen undt wir haben auch bey dieser Leyhung gnädigst beliebet, daß so offt Wir Unsere Vasallen auffmahnen undt zu würcklicher Erscheinung beschreiben werden, alsdann er, Frantz Melchior Freyherr von Wiser und seine Lehenserben, sothanes Mannlehen mit zwey wohl mundirten Lehenreuttern vermahnen solle.

Zu Urkundt dessen haben Wir diesen Lehenbrieff als den ersten eygenhändig unterschrieben und mit Unserm Churfürstlichen Insigill bekräfftigen lassen, der geben ist Heidelberg, den 3. Monathstag Novembris im Jahr nach Christi Unsers lieben Herrn undt Seligmachers Geburt eintausendsiebenhundert.

Johann Wilhelm Churfürst (LS)

vt. Riesmann

Anhang II

„Verzeichniß jener in dem wörtlich geschriebenen Hirschberger Lehenbrief verliehenen Liegenschaften, Zehenden und Gefällen" mit Bezug auf die Belehnung des Grafen Karl von Wiser, seiner Brüder und Vettern, durch Kurfürst Karl Theodor, Mannheim, 15. März 1782

[GfAL Akten Hirschberger Lehen]

Zu Leutershausen:

Alle Strafen: ungiebig; Bußen: ungiebig; Frevel: giebig; Schatzung: ist eine Vergütung geschehen; Leibsbede: giebig; Inventationsteilungen: ungiebig; Besthaupttätigung: giebig; Einzugsgeld: ungiebig; Auszugsgeld: ungiebig; Nachsteuer:

ungiebig; Martinszins: ungiebig; Martinsbede: ungiebig; Umgeld: ungiebig; Kreuzergeld: ungiebig; Akzis: wurde eine Entschädigung geleistet; zwei Drittel am Oberfruchtzehnten: giebig; zwei Drittel am Weinzehnten: giebig; der völlige Fruchtzehnte vom Rottgut: giebig; der Novalzehnte: giebig; Bedewein: giebig; Zinswein: giebig; zwei Drittel am Kleinen Zehnten: giebig; jährlich zwei Büsche Holz von der Gemeinde: giebig; das sogenannte Rottgut samt den Stumpfenäckern: giebig; – NB. Wiesen und Gärten sind bei oben genanntem Gut dermalen keine vorhanden –; das halbe Teil des Hambuschwaldes: giebig; der Hirschberg: giebig; der Hasengarten: giebig; die kleinen Stauden: giebig; die großen Stauden: giebig; die Herzogsstauden: giebig; die Hohe Art: giebig; jährlich 28 Stück Kappen: wurden nur 26 1/8 Stück bezogen; jährlich 8 Stück Zinshühner: giebig; von jedem Gemeinsmann daselbst jährlich 2 Rauchhühner: giebig; 3 Erntehahnen: giebig; von den Untertanen die Frondienste: „diese verweigern sich gegenwärtig dieselbe zu leisten“; die Jagd: giebig.

Zu Ursenbach:

Alle Strafen: ungiebig; alle Bußen: ungiebig; alle Frevel: giebig; alle Schatzung: wurde eine Vergütung ausgemittelt; Besthaupt: giebig; Nachsteuer: ungiebig; Einzugsgeld: ungiebig; Auszugsgeld: ungiebig; Umgeld: ungiebig; Kreuzergeld: ungiebig; Akzis: wurde eine Entschädigung ausgemittelt; zwei Drittel am Fruchtzehnten: giebig; der Novalzehnte: giebig; zwei Drittel am kleinen Zehnten: giebig; von jedem Gemeinsmann oder Einwohner daselbst jährlich zwei Rauchhühner: giebig; das Forellenbächlein daselbst, die Talbach genannt, zu fischen: giebig; alle Frondienste daselbst: giebig; die Jagd: giebig.

Zu Großsachsen:

Das tiefe Weggericht der Vierthalb Dörfer mitzuhalten und von dessen einfallenden Strafen ein Drittel: ungiebig; zwei Drittel am Fruchtzehnten: giebig; zwei Drittel am Weinzehnten: giebig; der Dreißigste aber allein: giebig; die Frucht- und Weinzehnten im Herzog daselbst allein: giebig; zwei Drittel am Kleinen Zehnt: giebig.

Zu Muckensturm:

Der Fruchtzehnte allein: giebig; den Kleinen Zehnten allein: giebig; von jedem Gemeinsmann daselbst jährlich ein Huhn: ungiebig; die Jagd als Mitgerichts- und Zehntherr: giebig.

Zu Weinheim:

Zwei Drittel an gewisser Morgenzahl Weinberg: giebig; 5 Malter Korn: giebig; 5 Malter Hafer: giebig; 4 Stück Gänse vom Kloster, welche die Pfarrei daselbst entrichtet hat: ungiebig; 3 Stück Kappen daselbst: ungiebig; 15 Albus 6 Deniers, von etlichen Gütern daselbst jährlich fallend: ungiebig.

Zu Heddesheim:

Das Hubgericht zu halten und die dabei fallenden Strafen: ungiebig; das hirschbergische Gut, der Hubhof genannt, samt allem Zugehör: giebig; 21 Malter 1 Viernsel 1 Vierling Korn jährlich daselbst fallend: 15 Malter ½ Mäßel fallen nur jährlich; 3 Viernsel Hafer: giebig; 14 Stück Gänse: giebig; 6 Stück Kappen: ungiebig; 4 Hühner: giebig; die Jagd: ist nur zur Hälfte giebig.

Zu Wallstadt:
Ein Siebtel am Fruchtzehnten: giebig; ein Zehntel am Armenzehnten: ungiebig.

Zu Neuenheim:
Zwei Drittel am Wein- und Fruchtzehnten: wird nur ein Zwölftel bezogen.

Zu Rittenweier, Rippenweier und Asmannsweier:
Zwei Drittel am Fruchtzehnten: giebig.

Der wilde Gänsfang von Hemsbach nach Lampertheim am Rhein: ungiebig.

Anhang III

Handschreiben des Kurfürsten Johann Wilhelm von der Pfalz an Ferdinand Andreas von Wiser vom 3. November 1703 - Geheime Zusicherung der Anwartschaft auf die Hofkanzlerwürde -

[GfAL Akten Ferdinand Andreas von Wiser, Original]

Lieber Hoffvicecantzler Wieser, es ist gahr lang, das ich Euch unndt den Ewerigen mein danckhbahres Gemüth zue erzeigen verlangt wegen der vihlen und importanten Diensten, so Ewer Vatter sehlig, sowohl als Ihr, mir unndt meinem Churhaus so erspriеslichst geleistet, Ihr auch mein guettes und danckhbahres Gemüth wohl kennet, unnd ich dann, umb selbiges absonderlich umb Euch und die Ewerige verspühren zu machen unndt der gantzen ehrbahren Weldt dahrzuethuen, wie lieb mir Ihr und die Ewerige seyen,

also habe ich, ohnerachtet ich mir fästiglich fuhrgenohmen, keinem Menschen, wer der auch immer seye, einige schrifftlige Ahnwarttschafften zue geben, dannoch in Ahnsehung obahngezohgener Umbständt und umb selbige desto mehrers zue bekräfftigen, endtschlossen, Euch Hoffvicecantzlern, hiemit undt krafft dieses die würckligе Ahnwarttschafft auff meine Hoffcantzellariats Carica dergestallten in Gnaden mitzuetheillen, daß, fals über kurtz oder lang mein jeziger lieber Hoffcantzler, der Freyherr von Gyse, mit Todt soltte abgehen oder durch dessen weitterer Promotion oder sonsten diese Carica eröffenet und vacant werden soltte, Ihr Freyherr von Wieser, mein jetziger Hoffvicecantzler, alßdann ipso facto in selbige Carica succediern unndt alles dasjeniges thuen sollet, waß die Euch alsdann gnädigst specialiter gebende Instruction breitter mitbringen wirdt, wie dann bey Eröffnungsfall ich Euch durch einen leistenden Handtstreich ahnstatt newen Eidts in Meine Hande also gleich oder durch meinen Großhoffmeistern oder der dessen Stelle alsdann vertretten wirdt ohne weitteren Auffendthalt bey der geheimben Cantzeley, und waß darundter gehöret, werde als würckligen Hoffcantzlern vohrstellen und achtten lassen, dessen zur Urkundt habe ich gegenwärtige Ahnwarttschafft, und auff daß sie desto besser verschwiegen bleibe bis zue jenner Zeith, durchgehendts eigenhändig geschrieben und undterschrieben und mit meinem geheimben kleinen Cabinetssignet gezeignet,
geben Düsseldorff, den 3. Novembris 1703

Johann Wilhelm Churfürst mppria

LS

Anhang IV

Gerichtliche Beschreibung der gräflich wiserschen Allodialgüter und -gebäude zu Leutershausen aus dem Jahre 1813

[Großh. Bad. Anzeigeblatt für den Neckar-, Main- und Tauberkreis 1813 Nr. 24]

1) Das Edelhof-Gebäude mit einem großen Vorhofe bis an die Ortsstraße, neben dem Dorf gelegen, ist dreistöckigt, von Steinen erbauet, hat eine vordere und hintere Façade von 11 Fenstern in dem 2ten und dritten Stok, in dem untern von 10, und in der Mitte ein Thor mit durchgehender Einfahrt und Säulengängen; durch die 3 Stokwerke halb doppelte und halb einfache Stiegen von Stein, in dem untern Stok einen Saal von 4 Fenstern nebst Kabinet, drei Zimmer von 2, und eins von 1 Fenster, wovon 2 wie der Saal mit Oefen versehen sind, eine große Küche mit Speisekammer; in dem 2ten und 3ten Stok, in jedem einen Saal wie unten, 2 heizbare Zimmer von 3, und vier von 2 Fenstern, und ein Kabinet, ist mit doppelten Speichern und gewölbten Kellern versehen, und hat die schöne Aussicht von der Höhe der Bergstraße in die weite Ebene bis an das Rheingebirg.

2) Der sogenannte Flügelbau, ein abgesondertes, zweistöckigtes steinernes Gebäude neben dem Edelhofe, mit einer Façade von 12 Fenstern, hat in dem untern und zweiten Stocke in jedem 3 Zimmer, und eine Küche, der übrige Raum in dem untern Stok ist ehehin zur Bierbrauer- und Küferei, und in dem zweiten als Fruchtspeicher benutzet worden, hat gewölbten Keller, eine Stiege von Stein durch beide Stokwerke, und doppelte Speicher; an diesem Bau ist ein geschlossener großer Hof, worin die Pferds- und Rindviehstallungen sind.

3) Eine Remise mit 2 Thoren, worin Raum für 4 Chaisen ist.

4) Der Lustgarten hinter dem Edelhofe enthält 3 Morgen 16 Ruthen Nürnberger Maß, ist in regelmäßiger Eintheilung der Gartenbeete mit den beßten Obstbäumen in Spalier, Pyramiden und Hochstämmen bepflanzet, hat an der Bergseite der ganzen Länge nach eine Allee mit überwachsenen wilden Kastanien-Bäumen, und am Ende ein von Steinen erbauetes großes Orangerie-Haus.

5) Der mittlere Baumgarten enthält 3 Viertel 28 ½ Ruthen nämlichen Maßes, ist reihenweise mit hochstämmigen Obstbäumen bepflanzet, durch eine steinene Stiege mit dem Lustgarten verbunden, hat jedoch auch eine besondere Einfahrt.

6) Der untere Gemüßgarten enthält 1 Morgen 1 Viertel 8 Ruthen desselben Maßes, ist mit dem mittlern Baumgarten durch eine Stiege ebenfalls in Verbindung, hat aber auch eine besondere Einfahrt. Die 3 Gärten sind an 3 Seiten mit einer Deckelmauer, und Thoren, an der Bergseite aber mit einem Haag geschlossen.

7) Das Allodial-Gut auf Leutershäuser Gemarkung, welche durchgängig guten Boden hat, enthält 207 Morgen 1 Viertel 28 ½ Ruthen Aecker, 17 Morgen 1

Viertel 3 Ruthen Wiesen, und 13 Morgen 3 Viertel 13 ½ Ruthen in der Ebene gelegenen, und größtentheils mit Eichen bestellten Wald.

Ladenburg den 13ten März 1813.

Großherzogl. Amt

Anhang V

Die Freiherren und Grafen von Wiser in der Beschreibung bei Johann Heinrich Zedler: „Grosses Univeral-Lexicon aller Wissenschaften und Künste", Band 57, Leipzig u. Halle 1748

Wiser, Wieser, eine vornehme Freyherrliche und Gräfliche Familie in der Pfaltz, welche zwar vermöge der Geschlechts-Urkunden mit Anfang des 16. Jahrhunderts den Adelstand erhalten, aber schon gute Zeit vorher in Oesterreich begütert und in Ansehen gewesen, wie denn Graf Wurmprand in seinen Collectaneis Genealogicis bey Beschreibung des Freyherrlichen Geschlechts von Vellendorf anführet, daß Margarethe von Vellendorf, gebohrne von Frauendorf, 1450 ihrem Eydam, Eustachius Wiesern, einige Lehen-Güter unweit Melk verkaufet. Derselbe hat auch den Sitz zu Kellerhart mit seiner Zugehör und drey dabey gelegenen Hoffstäden inne gehabt. Christoph Wieser, welcher sich in dem Kriege wider die Türcken hervorgethan, ist 1500, den Freytag vor dem Heil. Pfingst-Tage zu Augspurg in des H. R. Reichs Adelstand erhoben worden. Nachgehends hat Wolff Wieser 1577 von dem Kayser Rudolphen II. die Confirmation seines Adels und Verbesserung seines Wapens erhalten. Derselbe war ein Großvater Lorentzens und Christophs, welche beyde um das Jahr 1598 gelebet. Der eigentliche Ahnherr aller heut zu Tage florirenden Freyherrn und Grafen von Wieser ist Johann George von Wieser; derselbe zeugte mit seiner Gemahlin, Barbarn von Mändel, Gottfrieden, der bey dem Hertzoge Philipp Wilhelmen zu Neuburg, nachmahlig ein Churfürst zu Pfaltz, Geheimder Rath, Hof- und Landschaffts-Cantzler gewesen und von dem Kayser Leopolden, in Ansehung seiner erlangten grossen Erfahrung Reichs-Sachen und funffzigjährigen dem Hause Pfaltz treu geleisteten Dienste 1690 in den Freyherrn-Stand erhoben worden. Mit seiner Gemahlin Ursel Hermannin von Nüendorf zeugte er fünff Söhne, die waren: 1) Frantz Melchior, erster Graf von Wiser, von dem hernach; 2) Gottfried Ignatz, Freyherr von Wiser, Kayserlicher Rath und Regent der Nieder-Oesterreichischen Lande, welcher 1704 das Unglück hatte, durch einen unvermuthet-losgegangenen Pistolen-Schuß sein Leben einzubüssen; 3) Heinrich Frantz Xaver, Chur-Pfältzischer Geheimder Rath, wie auch Abgesandter in Spanien und Holland, ingleichen 1713 mit dem Chur-Pfältzischen Premier-Minister, Baron von Hundheim, Gevollmächtigter auf dem Friedens-Congreß zu Rastadt; Als er nachgehends denselben beschuldigte, daß er seines Herrns Interesse nicht wohl beachtet, kam er bey seinem Churfürsten in große Ungnade und zu Jülich in Arrest; es wurde ihm das Urtheil im Kayserlichen Reichs-Hof-Rath 1719 gesprochen, daß er nebst Erlegung der Prozeß-Unkosten und Strafe 1000 Ducaten dem gedachten Baron von Hundheim eine Abbitte thun sollte; 4) Joseph Dominicus, Chur-Pfältzischer Geheimder Rath, Cammer-Herr, Landvoigt zu Neuburg und Directorial-Gesandter bey dem Ober-Rheinischen Kreise zu Franckfurt; solcher

1730, den 19. Mertz nach einer langwierigen Kranckheit verstorben und wegen seiner Gelehrsamkeit, Aufrichtigkeit, Frömmigkeit und Leutseligkeit, auch besondern Gutthätigkeit gegen die Armen sehr bedauert worden ist. Er hat seinen Stamm mit Söhnen und Töchtern fortgesetzet; und 5) Johann Marie, welcher sich in die Gesellschafft Jesu begeben. Vorhin gedachter Frantz Melchior, des Heil. Röm. Reichs Grafen von Wiser, welcher 1644 oder 1646 gebohren, ist Anfangs würcklicher Reichs-Hof-Rath, Chur-Pfältzischer Geheimder Staats-Rath, Hof-Cantzler und Ober-Amtmann zu Mosbach; 1702 aber des Römischen Königs Joseph, als er der Belagerung Landau beygewohnet, Hof-Cantzler und Kayserlicher Geheimder Rath worden und hat vor sich und seine Nachkommen den Reichs-Gräflichen-Character 1702 erhalten. Er starb noch dasselbige Jahr, nemlich den 23. November, Abends um 7 Uhr, am Schlagflusse zu Düsseldorf, nachdem er auf seiner Reise dorthin mit einem hefftigen Fieber befallen worden, im 57. Jahre seines Alters und wurde von seinem Churfürsten sehr bedauret. Er hinterließ 1) Ferdinand Andreasen, von dem bald unter A ein mehrers; 2) Frantz Josephen, von welchem hernach unter B weitere Nachricht; 3) Johann Antonen, Chur-Pfältzischen Cammer-Herrn, Brigadier und Obristen über ein Regiment Cüraßirer, welcher 1708 unvermählt gestorben; 4) Marie Annen, welche 168- gebohren, 1699 im Mertz an Johann Friderichen, Grafen von Sayn zu Valendar vermählet und 1718, den 29. April zur Wittbe worden; und 4) Anne Catharinen, die noch 1724 gelebet.

A) Ferdinand Andreas, des H.-R. Reichs Grafen von Wiser, Herr auf Alten-Bamberg, Friedelsheim, Hirschberg und Hohlenfels, Chur-Pfältzischer Geheimder Rat, welcher 1677, den 28. Jenner das Licht der Welt erblicket, wurde erstlich Chur-Pfältzischer Geheimder Kriegs- und Regierungs-Rath, Cammer-Herr, Hof-Vice-Cantzler und Pfaltz-Neuburgischer Geheimder Raths- Präsident; gieng 1698 als ausserordentlicher Gesandter wegen der Prätension der Hertzogin von Orleans nach Paris und kam noch in solchem Jahre wieder zurücke; wurde folglich den 26. April 1703 zum würckl. Reichs-Hof-Rathe ernennet und 1706 und 1714 bestätiget; machte sich durch seine langwierige Gesandtschafften an dem Kayserlichen Hofe und insonderheit durch das glücklich geendigte Ober-Pfältzische Restitutions-Geschäffte sattsam bekannt, wie er denn am 22. Julius 1708 als Chur-Pfältzischer Gesandter die Lehen über das Ertz-Truchseß-Amt des Heil. Römischen Reichs, die Obere Pfaltz und Graffschaft Cham von dem Kayser empfangen, ingleichen den 3. August über die in der Oberen Pfaltz gelegene Böhmische Lehen, welche er folglich den 2. October selbigen Jahres auch in Posseß genommen. Wie er im Jahr 1729 nach einem sehr langwierigen und schweren Proceß die vorgedachte wichtige Herrschafft Zwingenberg, womit sein Vatter 1698 war beliehen worden, an die Freyherren Göhler von Ravenspurg wieder abtreten müssen, davon siehe den Artickel: Zwingenberg. Er hat sich 1701, den 20. Jenner (1702) mit Marie Charlotte Amalien, einer Tochter Philipp Ludwigs Grafens von Leiningen-Westerburg vermählet, die ihm aber 1734, den 7. October zu Mannheim durch den Tod von der Seite gerissen worden, und war sie Stern-Creutz-Ordens-Dame. Die mit ihr erzeugten Kinder sind 1) Louise Polyxene Sidonie, gebohren 1703; 2) Leopold Joseph Johann Wilhelm, gebohren 1704, den 11. Februar, welche beyde noch 1724 am Leben waren und nach der Zeit gestorben zu seyn scheinen; 3) Marie Josephe

Elisabeth Franciske (Josephe Marie Franciske), gebohren 1706, den 16. Junius (den 16. May); 4) Marie Polyxene Elisabeth Friedericke, gebohren 1711, den 10. October; 5) Marie Caroline Ursul, gebohren 1712, den 21. October, welche 1739 mit Ferdinand Marie Georgen, Grafen von Artz zu Vasegg, Chur-Cöllnischen und auch Chur-Pfältzischen Cammer-Herrn, vermählet worden ist; 6) Marie Sophie Friedricke, gebohren 1714, den 19. Junius; 7) Carl Joseph Anton, gebohren 1716, den 10. Februar, dienet Chur-Pfaltz; und 8) Philipp Ernst, gebohren 1718, den 5. Jenner, dienet Chur-Pfaltz. Von diesen beyden letzteren ist merckwürdig, daß der erstere, Carl Joseph, Magister und der jüngste, Philipp Ernst, Baccalaureus der Philosophie den 19. Sep. 1735 auf der Universität Heidelberg worden sind.

B) Frantz Joseph, des Heil. Römis. Reichs Graf von Wiser, Herr auf Friedelsheim, Siegelsbach und Leutershausen, Chur-Pfältzischer Geheimder Rath (worzu er 1709 ernennet worden), wie auch Regierungs-Rath, Cammer-Herr, Ober-Burggraf zu Heidelberg, auch Ober-Amtmann erstlich zu Kayserslautern, sodann zu Neustadt, ingleichen Ritter des St. Stephans-Ordens, hat 1679, den 3. April durch seine Geburt die Zahl der Grossen vermehret und 1709 sein Beylager mit Anne Lucieen, Freyin von Althen zu Diehl, gehalten. Er hat 1741 sich auf neue wieder die Göhlerischen Interessenten wegen des Chur-Pfältzischen Reichs-Lehns Zwingenberg bey dem Vicariats-Gerichte zu Augspurg gemeldet, wovon der schon angezogene Artikel Zwingenberg mit mehrern handelt. Seine Gemahlin ist 1726 den 17. December erblasset, nachdem aus solcher Ehe entsprossen: 1) Marie Louise, gebohren 1710, den 10. April und vermählt 1738, den 12. October mit George Ernst Ludwigen, Grafen von Leiningen-Westerburg; 2) Marie Anne, gebohren 1711, den 21. Julius und vermählt 1740, den 24. Februar mit Bernhard Alexandern, Grafen von Limburg-Styrum; 3) Johann Wilhelm, gebohren 1712, den 11. November; 4) Johann Friedrich Joseph, Chur-Pfältzischer Hof-Gerichts-Rath, welcher 1714, den 4. December das Licht der Welt erblicket; 5) Wilhelmine, gebohren 1715, den 25. November und 6) Carl, gebohren 1723, den 17. August, dienet unter Chur-Pfaltz.

Abbildungsnachweis

Abb. 1: Vorlage Graf Wiser; GfAL Urkunden. Foto Erich Dallinger, Hirschberg.

Abb. 2: Vorlage Graf Wiser. Foto Claus Borgenheimer, Weinheim.

Abb. 3: Vorlage Graf Wiser. Foto Claus Borgenheimer, Weinheim.

Abb. 4: Vorlage Graf Wiser; GfAL Akten Fach Schloss Leutershausen.

Abb. 5: Verfasser.

Abb. 6: Vorlage Graf Wiser, Bibliothek. Foto: Erich Dallinger, Hirschberg.

Abb. 7: Vorlage Graf Wiser. Foto Claus Borgenheimer, Weinheim

Abb. 8: Vorlage Gemeinde Hirschberg; GAH/L ohne Signatur. Foto Verfasser.

Abb. 9: Vorlage Graf Wiser.

Abb. 10: Vorlage Gemeinde Hirschberg; GAH/L A 57. Foto Verfasser.

Abb. 11: Vorlage Gemeinde Hirschberg; GAH/L A 57. Foto: Verfasser.

Abb. 12: Vorlage Graf Wiser. Foto Claus Borgenheimer, Weinheim.

Abb. 13: Verfasser.

Abb. 14. Vorlage Gemeinde Hirschberg; GAH/L A 57. Foto Verfasser.

Abb. 15: Vorlage Gemeinde Hirschberg; GAH/L A 57. Foto Verfasser.

Abb. 16: Vorlage Graf Wiser; GfAL Akten Fach Gemeinde Leutershausen. Foto Erich Dallinger, Hirschberg.

Abb. 17: Vorlage Graf Wiser; GfAL Beilage zur Amts- und Kellereirechnung 1739. Foto Erich Dallinger, Hirschberg.

Abb. 18: Vorlage Graf Wiser. Foto Claus Borgenheimer, Weinheim.

Abb. 19: Vorlage und Aufnahme Generallandesarchiv Karlsruhe, 66/5064.

Abb. 20: Vorlage Graf Wiser. Foto Claus Borgenheimer, Weinheim.

Abb. 21: Vorlage Graf Wiser. GfAL Akten Christian Philipp von Wiser. Foto Erich Dallinger, Hirschberg.

Abb. 22: Vorlage Graf Wiser. GfAL Akten Karl Theodor von Wiser. Foto Erich Dallinger, Hirschberg.

Abb. 23: Vorlage Graf Wiser. Foto Claus Borgenheimer Weinheim.

Abb. 24: Vorlage Graf Wiser. Foto Claus Borgenheimer Weinheim.

Verzeichnis der Abkürzungen

BWD = Die Weistümer der Zent Schriesheim. Badische Weistümer und Dorfordnungen, 2. Band. Bearb. v. Karl Kollnig, Stuttgart 1968 (=Veröffentlichungen der Kommission für geschichtliche Landeskunde in Baden-Württemberg Reihe A Quellen 16. Band).

GAH/G = Gemeindearchiv Hirschberg Abteilung Großsachsen

GAH/L = Gemeindearchiv Hirschberg Abteilung Leutershausen

GfAL = Gräfliches Archiv Leutershausen

GLA = Generallandesarchiv Karlsruhe

HBL = Josef Fresin: Heimatbuch Leutershausen, Weinheim 1960.

Widder = Johann Goswin Widder: Geographische Beschreibung der Kurpfalz. Erster Teil, Frankfurt u. Leipzig 1786 (Nachdruck Neustadt a.d. Aisch 1995).

Anmerkungen

1. GfAL Vidimierte Abschrift aus der Registratur der Reichshofkanzlei.
2. GfAL Abschrift des Adels- und Wappenbriefes.
3. GfAL Vidimierte Abschrift aus der Registratur der Reichshofkanzlei.
4. GfAL Abschrift des Wappenbriefes.
5. Wesentliche genealogische Angaben zur wiserschen Familiengeschichte im 17. Jahrhundert bei **Michael Henker**: Zur Prosopographie der Pfalz-Neuburgischen Zentralbehörden im siebzehnten Jahrhundert. Diss. München 1984, S. 347-353. Ferner: **Stroeller**: Genealogisches Lexikon. Handschrift Historischer Verein Neuburg, Stadtarchiv Neuburg.
6. Zum Wirken Franz Melchiors vgl. auch: Franz J. Burghardt: Die Geheimen Räte der Herzogtümer Jülich und Berg 1692-1742. Ein Beitrag zur niederrheinischen Gesellschaftsstruktur im Zeitalter des Absolutismus. Meschede 1992, passim.
7. Die Matrikel der Ludwig-Maximilians-Universität Ingolstadt-Landshut-München, I, 3, 922.
8. GfAL Urkunden.
9. GfAL Urkunde vom 7. Oktober 1694.
10. Zu diesem Urteil kam auch K. Erdmann; bei ihm heißt es, Franz Melchior von Wiser sei „die rechte Hand Johann Wilhelms und der allmächtige Hofkanzler“ gewesen, bei dem „alle Fäden der Innen- und Außenpolitik“ zusammengelaufen seien. **K. Erdmann**: Der jülisch-bergische Hofrat bis zum Tode Johann Wilhelms (1716), in: Düsseldorfer Jahrbuch 41, 1939, S. 116.

11. GfAL Urkunden.

12. GfAL Akten Franz Melchior von Wiser.

13. **Julius Friedrich Kastner**: Hemsbach an der Bergstraße im Wandel der Zeit. Hemsbach 1980, S. 241. Hier auch Angaben zur weiteren Besitzgeschichte dieser Lehnsstücke bis zur Allodifizerung 1861. GLA 156/48.

14. Zum Lehen Friedelsheim vgl. **Friedrich August Pietzsch**: Die Reichsgrafen von Wiser als Grund- und Gerichtsherren von Friedelsheim, in: Pfälzer Heimat 5, 1954, S. 51 ff. u. 93 ff.; ferner die Festschrift: 1225 Jahre Friedelsheim, Friedelsheim o. J. (1995).

15. GfAL Akten Ferdinand Andreas von Wiser.

16. 1718: „Ich Muß als lachen wen Ich die wiessern Eine gräffin Nenen höre der Vatter ist Ein schulmeister geweßen aber Man sichts Ihm woll an, hatt weder greffliche noch adelliche minen.“ 1719: „die affairen wegen der Religion In der pfaltz seindt woll recht pfaffen werck, Man will sehr glauben machen daß man Eine große freyheit der Religion in der pfaltz lest [läßt] dass breytten die wießer auß undt der vicecantzler franc.“; zitiert nach **Wolfgang Menzel**: Briefe der Prinzessin Elisabeth Charlotte von Orleans an die Raugräfin Louise 1676-1722. Stuttgart, 1843, S. 349, 414.

17. Zu diesem Kapitel vgl. HBL, S. 74 f. und **Widder**, 1, S. 277 f.

18. GLA 44/3640; Lehnsrevers des Grafen Jakob Hamilton vom 1. Juli 1686.

19. GLA 44/3641; Lehnsrevers des Grafen James Hamilton vom 19. November 1694.

20. GfAL Fach Gemeinde Leutershausen. Diverse Akten. Abgedruckt bei BWD, Nr. 111.

21. **Albrecht Ernst**: Die reformierte Kirche der Kurpfalz nach dem Dreißigjährigen Krieg. Stuttgart 1996, S. 169 (=Veröffentlichungen der Kommission für geschichtliche Landeskunde in Baden-Württemberg, Reihe B, Bd. 133).

22. GAH/L A 506: Kriegsschadensverzeichnis.

23. Hierzu u. a. das Großsachsener Weinbedebuch von 1716: GAH/G B 125, S. 451 u. 453.

24. Die Lehnsreverse des Grafen Hamilton von 1686 und 1694 in GLA 44/3640 u. 3641. Eine Abschrift des Lehnsbriefs von 1694 in GAH/L B 126, S. 9 ff.

25. GfAL Frankensteinisches Zinsregister.

26. GfAL Amts- und Kellereirechnung für 1700.

27. GfAL Akten Franz Melchior von Wiser.

28. GfAL Akten Franz Melchior von Wiser.

29. GAH/L B 127, S. 23 f.

30. GfAL Fach Gemeinde Leutershausen. Diverse Akten. Verzeichnis der Originalen, die nach Heidelberg zu gnädiger Herrschaft kommen.

31. GfAL Akten Fach Gemeinde Leutershausen. Diverse Akten. Acta in Sachen der Gemeinde Leutershausen contra die Herrn Grafen von Wiser, Vol. I.

32. GAH/L B 126.

33. GfAL Amts- und Kellereirechnung 1700. Aus der Serie dieser Rechnungen samt Beilagen sind im Folgenden zahlreiche Details angeführt, die hier nicht immer im einzelnen belegt werden; die angegebene Jahreszahl verweist auf den entsprechenden Rechnungsband.

34. Franz Melchior von Wiser besaß in Düsseldorf 1696 das Haus Ritterstraße 18; dieses Haus wurde vor 1713 wieder veräußert; dazu: **Franz J. Burghardt**: Die Geheimen Räte der Herzogtümer Jülich und Berg 1692-1742. Ein Beitrag zur niederrheinischen Gesellschaftsstruktur im Zeitalter des Absolutismus, Meschede 1992, S. 141. Wiserscher Hausbesitz in Düsseldorf ist ferner nachzuweisen in einer „Spezifikation“ aus dem Jahre 1710; Stadtarchiv Düsseldorf I 164, fol. 61 v.

35. GfAL Akten Hischberger Lehen.

36. GfAL Amts- und Kellereirechnung für 1704.

37. GAH/L B 126.

38. GfAL Akten Hirschberger Lehen.

39. GfAL Akten Graf Hamilton.

40. GfAL Akten Bettendorffer und Frankensteiner Gut.

41. Zu seiner Karriere vgl. auch: **Franz J. Burghardt**, wie Anm. 34,passim.

42. Die Matrikel der Ludwig-Maximilians-Universität Ingolstadt-Landshut-München, I, 3, 1243.

43. Die Matrikel der Universität Köln, Bd. 5, Düsseldorf 1981, S. 143. Zum „Gymnasium „Trium Coronatum" vgl. **Josef Kuckhoff**: Die Geschichte des Gymnasium Tricoronatum, Köln 1931 (Mitteilung des Historischen Archivs der Stadt Köln vom 6. August 2002); ferner **Franz Burghardt**, wie Anm. 34, S. 69.

44. Die Matrikel der Ludwig-Maximilians-Universität Ingolstadt-Landshut-München, I, 3, 1285.

45. **Franz J. Burghardt**, wie Anm. 34, S. 125.

46. Zur Linie Wiser-Siegelsbach vgl. neuerdings: **Rudolf Petzold**: 300 Jahre Schloss Siegelsbach, Siegelsbach 2003 (Festschrift zum Jubiläum; Hrsg.: Evangelische Kirchengemeinde Siegelsbach).

47. GfAL Akten Wolfskehl.

48. Vidimierte Kopie, Mannheim 1805 Oktober 5 in GfAL Akten Lützelsachsenheimer Erblehen.

49. GfAL Akten Ferdinand Andreas von Wiser.

50. GfAL Akten Hirschberger Lehen.

51. GLA 43/45a 1741 Sept. 3 u. 7.

52. GAH/G B 115, S. 101.

53. Die Stadt- und Landkreise Heidelberg und Mannheim, Amtliche Kreisbeschreibung, Bd. III, Karlsruhe 1970, S. 730. Zum Umfang dieses Zehnten vgl. GfAL Beilagen zur Amts- und Kellereirechnung 1748: Versteigerung der Zehnteinkünfte.

54. **Gustaf Jacob**: Das Schloß zu Leutershausen. Geschichte eines kurpfälzischen Adelssitzes aus dem frühen 18. Jahrhundert; in: Mannheimer Geschichtsblätter XXXIII, 1932, Sp. 5-39. **Hans Huth**: Die Kunstdenkmäler des Landkreises Mannheim, München 1967, S. 265 ff.

55. GAH/L A 57 Neujahrsgerichtsprotokoll 1711.

56. GfAL Akten Karl Theodor von Wiser.

57. GAH/L B 127, S, 91 u. 93.

58. GfAL Amts- und Kellereirechnung 1756.

59. GfAL Akten Karl Theodor von Wiser.

60. **Christoph Becker**: unispiegel 6/1997. Die Angaben Beckers, soweit sie Franz Melchior von Wiser betreffen, sind allerdings korrekturbedürftig.

61. GAH/L ohne Signatur.

62. GLA 66/5064; abgebildet in: **Hans Huth**, wie Anm. 54, S. 265.

63. Vgl. Anhang IV.

64. GAH/L B 150 nach S. 97.

65. Denkmalstiftung Baden-Württemberg 3/2002, S. 12. Eine Restaurierung der als bemerkenswert qualitätsvoll eingeschätzen Figuren ist jüngst abgeschlossen.

66. GAH/L B 101, S. 277.

67. GfAL Gemeinde Leutershausen. Diverse Akten. Acta in Sachen der Gemeind Leutershausen contra die Herrn Grafen von Wiser, Vol. I.

68. GAH/L B 10, S. 235.

69. **Walter Grube**: Barocke Amtshäuser in Baden-Württemberg: Zur Geschichte südwestdeutscher Ämterverwaltung, Stuttgart 1981, S. 33.

70. GAH/L B 139a.

71. GfAL Beilagen zur Amts- und Kellereirechnung 1793.

72. GAH/L A 57.

73. BWD II, Nr. 112.

74. GAH/L A 57.

75. GAH/L A 328.

76. GAH/L A 57.

77. GAH/L A 57.

78. GAH/L A 57 Beilage zum Neujahrsgerichtsprotokoll 1747.

79. BWD, S. 203 f.

80. GAH/L A 57.

81. GfAL Beilage zur Amts- und Kellereirechnung 1750.

82. GfAL Fach Gemeinde Leutershausen. Diverse Akten. Acta in Sachen der Gemeind Leutershausen contra die Herren Grafen von Wiser.

83. GfAL Fach Gemeinde Leutershausen. Diverse Akten. Acta in Sachen der Gemeind Leutershausen contra die Herrn Grafen von Wiser, Vol. I.

84. GfAL Akten Karl Theodor von Wiser.

85. Die kirchliche Bindung insbesondere des Grafen Ferdinand Andreas und seines Bruders Franz Joseph von Wiser und ihrer Familienangehörigen geht eindrucksvoll aus der Chronik des Heidelberger Karmeliterkonventes hervor; **Markus A. Maesel** (Hrsg.): „Chronik des Barfüsser Karmelitenklosters zu Heidelberg. Ein Beytrag zur Pfälzischen Kirchengeschichte". Die deutsche Fassung des P. Gregor Hertwig, Ubstadt-Weiher 1998.

86. GfAL Akten Fach Katholische Kirche.

87. Vgl. hierzu die Serie der Neujahrsgerichtsprotokolle GAH/L A 57 sowie die Amts- und Kellereirechnungen im Gräflichen Archiv.

88. GfAL Noch zu ordnende Akten: Reisekostenrechnung des Amtmannes Groshenrich.

89. GfAL Akten Fach Katholische Kirche.

90. GfAL Amts- und Kellereirechnung 1762.

91. GfAL Akten Fach Katholische Kirche.

92. GfAL Akten Fach Katholische Kirche.

93. GAH/L Rechnungen.

94. GfAL Amts- und Kellereirechnung 1708.

95. GfAL Akten Fach Katholische Kirche.

96. HBL, S. 39.

97. GfAL Amts- und Kellereirechnung 1702.

98. GfAL Amts- und Kellereirechnung 1730.

99. Zahlen nach **Karl Kollnig**: Die Zent Schriesheim. Ein Beitrag zur Geschichte der Zentverfassung in Kurpfalz. Heidelberg 1933, S. 44 f. (=Heidelberger Abhandlungen zur mittleren und neueren Geschichte Bd. 62).

100. GfAL Akten Fach Gemeinde Leutershausen. Diverse Akten.

101. **Johann Poppel** und **Eugen Huhn**: Das Großherzogthum Baden in malerischen Originalansichten. Darmstadt 1850, S. 352.

102. **Leopold Löwenstein**: Geschichte der Juden in der Kurpfalz. Frankfurt/Main 1895, S. 206 ff.

103. GfAL Akten Fach Gemeinde Leutershausen. Diverse Akten.

104. GfAL Amts- und Kellereirechnung 1766/67.

105. Die Zahlen lassen sich ermitteln aus den Neujahrsgerichtsprotokollen (GAH/L A 57) und aus dem Amts- und Kellereirechnungen im gräflichen Archiv.

106. HBL, S. 53.

107. BWD, S. 205.

108. GfAL Amts- und Kellereirechnung 1701.

109. GfAL Amts- und Kellereirechnung 1738.

110. GfAL Leutershausen Fach Gemeinde Leutershausen. Diverse Akten. Acta in Sachen der Gemeind Leutershausen contra die Herrn Grafen von Wiser, Vol. I.

111. GAH/L A 57 Neujahrsgerichtsprotokoll 1762.

112. GAH/L R 63.

113. GAH/L R 73.

114. BWD, S. 204.

115. GfAL Leutershausen Amts- und Kellereirechnung 1702.

116. GfAL Fach Kriegsakten / Grundherren: Aufstellung der Einzugsgelder ab 1808.

117. GfAL Amts- und Kellereirechnung 1762.

118. GfAL Akten Fach Kriegsakten / Grundherren: Tabellarische Übersicht der ... Abzugsfälle resp. Nachsteuer.

119. BWD, S. 208 f. Auch: GfAL Fach Gemeinde Leutershausen. Diverse Akten. Acta in Sachen der Gemeind Leutershausen contra die Herrn Grafen von Wiser, Vol. I.

120. GfAL Beilagen zur Amts- und Kellereirechnung 1776.

121. GfAL Beilagen zur Amts- und Kellereirechnung 1750.

122. GfAL Amts- und Kellereirechnung 1700.

123. GfAL Beilagen zur Amts- und Kellereirechnung 1748.

124. GfAL Beilagen zur Amts- und Kellereirechnung 1776.

125. GfAL Amts- und Kellereirechnung 1700.

126. GfAL Amts- und Kellereirechnung 1776.

127. GfAL Amts- und Kellereirechnungen 1705 u. 1738.

128. GfAL Amts- und Kellereirechnung 1738.

129. GfAL Amts- und Kellereirechnungen 1701, 1702 u. 1735.

130. GfAL Amts- und Kellereirechnung 1803.

131. GfAL Amts- und Kellereirechnung 1738.

132. BWD, S. 204.

133. GfAL Beilage zur Amts- und Kellereirechnung 1782.

134. GfAL Akten Hirschberger Lehen, Gefällrenovation von 1821.

135. GLA 66/7761, S. 946 f.

136. GfAL Amts- und Kellereirechnung 1704.

137. GfAL Amts- und Kellereirechnung 1700.

138. BWD, S. 205. HBL, S. 53 (Zentbuch). GfAL Amts- und Kellereirechnung 1700. Lehnsbrief für Franz Melchior von Wiser.

139. GfAL Amts- und Kellereirechnung 1701.

140. GAH/L B 126, S. 9 f.

141. HBL, S. 85.

142. BWD, S. 206 f.

143. BWD, S. 202, Anm. 1, 210.

144. HBL, S. 52.

145. BWD, Nr. 109.

146. HBL, S. 55 f.

147. GfAL Amts- und Kellereirechnungen. Insbesondere die Beilage zur Amts- und Kellereirechnung 1748.

148. GfAL Beilage zur Amts- und Kellereirechnung 1776.

149. GLA 229/107.565.

150. GfAL Beilage zur Amts- und Kellereirechnung 1758.

151. GfAL Beilage zur Amts- und Kellereirechnung 1782.

152. GfAL Beilage zur Amts- und Kellereirechnung 1767.

153. GLA 229/107.565.

154. GfAL Amts- und Kellereirechnung 1705.

155. GLA 229/107.565.

156. GfAL Beilage zur Amts- und Kellereirechnung 1753.

157. GfAL so feststellbar in den Amts- und Kellereirechnungen ab 1730.

158. GfAL Akten Fach Kriegsakten / Grundherren: Tabellarische Übersicht ... der Abzugsfälle resp. Nachsteuer.

159. GfAL Beilage zur Amts- und Kellereirechnung 1800.

160. GLA 229/107.564.

161. Zahlen nach den Amts- und Kellereirechnungen und nach **Karl Kollnig**, wie Anm. 99, S. 45.

162. GLA 229/107.565.

163. GLA 229/107.570.

164. GfAL Akten Fach Gemeinde Leutershausen. Diverse Akten.

165. Kurpfälzischer Hof- und Staatskalender auf das Jahr 1777.

166. GfAL Akten Philipp von Wiser.

167. GfAL noch zu ordnende Akten.

168. GfAL Akten Hirschberger Lehen.

169. Der Lehnsbrief ist abgedruckt in HBL, S. 84 ff.

170. Vidimierte Kopie vom 28. April 1774 in GfAL Akten Hammer Wiesen.

171. GLA 229/107563.

172. GLA 229/60281.

173. GfAL Akten Frondienste Leutershausen.

174. GfAL Akten Frondienste Leutershausen.

175. BWD, S. 208 ff.

176. GfAL Fach Gemeinde Leutershausen. Diverse Akten. Acta in Sachen der Gemeind Leutershausen contra die Herrn Grafen von Wiser, Vol. I.

177. GfAL Akten Fach Gemeinde Leutershausen. Diverse Akten: Acta in Sachen der Gemeinde Leutershausen contra die Herren Grafen von Wiser. Vol. I.

178. GAH/L R 53, Beilage 43.

179. In GAH/L A 57.

180. GfAL Akten Frondienste Leutershausen Vol. VI.

181. GfAL Akten Frondienste Leutershausen.

182. GAH/L R 76 Beilage 30.

183. GfAL Akten Frondienste Leutershausen.

184. GfAL Akten Frondienste Leutershausen.

185. GfAL Akten Frondienste Leutershausen.

186. GfAL Akten Frondienste Leutershausen.

187. Frontabelle 1763 in GfAL Akten Frondienste Leutershausen.

188. GfAL Akten Frondienste Leutershausen Vol. II.

189. **Rainer Gutjahr**: Der Umbruch in der Landwirtschaft in der zweiten Hälfte des 18. Jahrhunderts – Das Beispiel Leutershausen an der Bergstraße; in: Der Odenwald, Heft 2, 2001, S. 66-79.

190. GfAL Akten Frondienste Leutershausen.

191. GAH/G B 101, S. 154 ff.

192. Zu den Finanzproblemen des Adels in der fraglichen Epoche vgl. neuerdings **Harald Stockert**: Adel im Übergang. Die Fürsten und Grafen von Löwenstein-Wertheim zwischen Landesherrschaft und Standesherrschaft 1780-1850, Stuttgart 2000 (=Veröffentlichungen der Kommission für Geschichtliche Landeskunde in Baden-Württemberg, Reihe B Forschungen, 144. Band).

193. Hierzu und zum Folgenden GfAL Akten Karl Theodor von Wiser.

194. GLA 44/11531 überliefert die Eheberedung vom 29. November 1784 zwischen Karl Theodor von Wiser und der Josefa Franziska Stilla von Erthal.

195. GfAL Urkunden.

196. GfAL Akten Karl Theodor von Wiser.

197. GFAL Akten Christian von Wiser.

198. GfAL Amts- und Kellereirechnung 1804.

199. **A.I.V. Heunisch**: Tabellarische Übersicht der Erwerbungen und Abtretungen des Grosherzoglichen Hauses Baden, Karlsruhe 1819 (Einblattdruck).

200. GLA 48/5754.

201. GAH/L R 87.

202. GfAL Beilage zur Amts- und Kellereirechnung 1803.

203. Vgl. hierzu die „Diensternennungen" vom 9. Mai 1803, in: Organisation der Badenschen Lande, Bd. 2, Mannheim ^{2} 1803, Anhang.

204. Mit handschriftlichen Bemerkungen des Grafen Karl Theodor versehenes Exemplar der „Denkschrift", Frankfurt/M. 1817. GfAL Akten Karl Theodor von Wiser.

205. GfAL Fach Kriegsakten / Grundherren; hierin auch die Sammlung der patriotischen Drucke, Broschüren etc.

206. **Bernhard Wien**: Politische Feste und Feiern in Baden 1814-1850. Frankfurt/M. 2001, S. 46.

207. GLA 48/478.

208. GfAL Urkunden: Belehnung durch König Maximilian unter dem 5. November 1805.

209. GfAL Akten Karl Theodor von Wiser.

210. GLA 229/60283.

211. GLA 229/60281; 60283.

212. GAH/L B 10, S. 63 ff.

213. GAH/L B 10, S. 71 u. 73, 74.

214. GAH/L B 10, S. 72.

215. GLA 44/11539.

216. GfAL Akten Karl Theodor von Wiser.

217. Provinzialblatt der badischen Pfalzgrafschaft Nr. 22, 1805, S. 163.

218. Provinzialblatt der badischen Pfalzgrafschaft Nr. 31, 1807, S. 279.

219. GfAL Sequesterrechnungen 1812 bis 1815. GAH/G B 7, S. 51 ff.

220. GAH/L B 10, S. 231 ff.

221. Großherzoglich badisches niederrheinisches Provinzialblatt Nr. 28, 1817, S. 142 f.

222. GfAL Akten Fach Verwaltung / Sequester.

223. GAH/L B 10, S. 235 f.

224. GAH/L B 11, S. 265 ff.

225. Großherzoglich badisches niederrheinisches Provinzialblatt Nr. 2, 1809.

226. GLA 356/4568.

227. **Christian Würtz**: Johann Niklas Friedrich Brauer (1754-1813); Diss. Jur. Heidelberg 2002 (Masch.), S. 354 charakterisiert die Verordnung von 1813 als den „tiefgreifendsten Eingriff in die Rechte des Adels" seit dem badischen Novemberedikt von 1809.

228. GfAL Fach Kriegsakten / Grundherren.

229. So eine Bemerkung in den Prozeßakten des Friedrich von Wiser gegen die Leutershausener Judenschaft wegen verweigerter Abgabe der Zuckerhüte; GfAL noch zu ordnende Akten.

230. GfAL Sequesterrechnung 1815.

231. GfAL Akten Hirschberger Lehen. Gerichtliche Renovation der zum Hirschberger Mannlehen gehörigen Gerechtsamen, Nutzbarkeiten, Güter und Gefälle vom Jahre 1821 durch Renovator Gérard aus Ladenburg. Ferner: Rezepturrechnung 1820.

232. GfAL Rezepturrechnung 1820.

233. GLA 229/107.564.

234. GLA 229/60282.

235. GfAL Akten Frondienste Leutershausen.

236. GfAL Akten Frondienste Leutershausen.

237. GfAL Fach Gemeinde Leutershausen. Diverse Akten: Acta in Sachen der Gemeinde Leutershausen contra die Herren Grafen von Wiser, Vol. I.

238. HBL, S. 89.

239. GfAL Akten Frondienste Leutershausen.

240. GfAL Amts- und Kellereirechnung 1804.

241. GfAL Urkunden.

242. GAH/L B 11, S. 115 f.

243. GAH/ G B 7, S. 533 ff.

244. GAH/L B 11, S. 180 f.

245. GfAL Akten Frondienste Leutershausen.

246. Großherzoglich badisches Staats- und Regierungsblatt 1820, S. 104.

247. GfAL Akten Hirschberger Lehen. Gerichtliche Renovation der zum Hirschberger Mannlehen gehörigen Gerechtsamen, Nutzbarkeiten, Güter und Gefälle vom Jahre 1821 durch Renovator Gérard aus Ladenburg.

248. GfAL noch zu ordnende Akten.

249. GAH/L A 283.

250. GfAL noch zu ordnende Akten.

251. **Martin Furtwängler**, Die Standesherren in Baden (1806-1848): politische und soziale Verhaltenweisen einer bedrängten Elite, Frankfurt/M. 1996 (=Europäische Hochschulschriften, Reihe 3, Bd. 693), S. 197 ff.

252. GAH/G A 58, 59, 61, 62, 63, 64, 65, 76.

253. **Friedrich Lautenschlager**: Die Agrarunruhen in den badischen Standes- und Grundherrschaften im Jahre 1848, Heidelberg 1915, S. 50 (= Heidelberger Abhandlungen zur mittleren und neueren Geschichte, Heft 46).

254. **Rainer Gutjahr**: Agrarunruhen an der badische Bergstraße im März 1848. Der Fall Großsachsen/Leutershausen. In: Badische Heimat, Heft 1 1994, S. 121-125.

255. GAH/G A 63.

256. HBL, S. 86 f.

257. GLA 236/8567, S. 11.

258. GfAL Akten Ursenbach.

259. StA Schriesheim Grundbuch Ursenbach 1840-1869, S. 18 ff.

260. StA Weinheim Ortsarchiv Lützelsachsen B 17, S. 365 ff.

261. StA Weinheim Ortsarchiv Rippenweier B 9, S. 1 ff.

262. StA Weinheim Ortsarchiv Oberflockenbach B 11, S. 132 ff.

263. GfAL Fach Kriegsakten / Grundherren.

264. Aufmessung des Hofes und der Liegenschaften im GfAL.

265. GLA 44/11546.

266. HBL, S. 88 f.

267. **Berton**: Auszug aus dem Hof-Tagebuch 1848, S. 2 (Badische Landesbibliothek Karlsruhe OZA 829, 1848).

268. Hof- und Staatshandbuch des Großherzogthums Baden 1853, S. 13.

269. GLA 44/11550.

270. HBL, S. 89.

271. Vgl. hierzu **Susanne Schumacher**: Die evangelische Kirche im Dritten Reich unter besonderer Berücksichtigung der Kirchengemeinde Leutershausen. Wissenschaftliche Hausarbeit, Pädagogische Hochschule Heidelberg, 2000.

Nach Redaktionsschluß erschienen: Caroline Falter, Das Schloß der Grafen von Wiser zu Leutershausen, Magisterarbeit 2005, vorgelegt beim Zentrum für Europäische Geschichts- und Kulturwissenschaft. Institut für Europäische Kunstgeschichte an der Ruprecht-Karls-Universität Heidelberg, Manuskript.

Tilman Mittelstraß

Turm und Macht – Der Rückbau des sog. Templerhauses in Amorbach von 1291 im Lichte eines Grabungsbefunds aus Eschelbronn im Kraichgau

Wenn ein neueres burgenkundliches Werk bereits im Titel feststellt, Burgen seien Symbole der Macht[1], so gilt das in erhöhtem Maße für deren Türme und hier ganz besonders für die Fälle, in denen Turm und Burg weitestgehend identisch sind. Während sich bei größeren Burganlagen die konstitutiven Funktionen einer mittelalterlichen Adelsburg – Wehrhaftigkeit, standesgemäßes Wohnen und Herrschaftszeichen – auf mehrere Bauwerke verteilten[2], mußte der Wohnturm als alleiniges Hauptgebäude einer solchen Turmburg sie allesamt in sich vereinen. Er kann demnach als Minimum und zugleich Essenz einer mittelalterlichen Adelsburg bezeichnet werden. Daß der Wohnturm allerdings geradezu den Beginn der Adelsburg markiere bzw. ein vor allem für ihre vorstaufische Frühzeit charakteristisches Merkmal sei[3], läßt sich heute wegen zahlreicher Gegenbeispiele nicht mehr aufrechterhalten. Auch der Versuch, diese in der Burgenforschung lange Zeit vertretene These durch die Rede von einer spätmittelalterlichen Renaissance des Wohnturms lediglich zu modifizieren[4], geht meines Erachtens in die Irre. Die Feststellung von Hans-Martin Maurer, der ursprünglich vorherrschende Wohnturm sei im südwestdeutschen Sprachraum während der Stauferzeit von der Dualität Bergfried/Palas abgelöst worden[5], besitzt zwar mit Blick auf die größeren stauferzeitlichen Burganlagen der angesprochenen Gegenden eine gewisse Gültigkeit. Angesichts zahlreicher anderer Gebiete wie etwa Altbayern[6], Tirol[7] oder dem Mittelrhein[8], in denen auch größere Burgen des 13./14. Jahrhunderts häufig von einem Wohnturm dominiert wurden, beschreibt sie jedoch keine durchwegs befolgte Regel. Für kleine Burganlagen gilt ohnehin flächendeckend, also auch in Südwestdeutschland, daß durchgängig bis ins Spätmittelalter hinein bevorzugt ein Wohnturm als Hauptgebäude errichtet wurde[9].

Die obertägig erhaltenen Wohntürme sind entweder als Ruine oder nur in vielfach umgebautem Zustand auf uns gekommen. Will man bei einem solchen mehr oder weniger erhaltenen bzw. nachträglich veränderten Bauwerk mittels Bauforschung die ursprüngliche Erscheinung herausschälen oder sich gar ein Bild von der mittelalterlichen Gestalt eines nur archäologisch erfaßten Wohnturms machen, darf man den hier angedeuteten historisch-soziologischen Bedeutungsgehalt dieses Bautyps nicht außer acht lassen. Welche Ergebnisse dann zu erzielen sind, möchte ich an zwei Beispielen zeigen.

Der derzeitige Forschungsstand zum sog. Templerhaus von Amorbach

Das sog. Templerhaus[10] von Amorbach besteht aus einem zweigeschossigen Steinsockel (7,55 x 6,70 m) und einem allseits überkragenden, ebenfalls zweigeschossigen Fachwerkaufsatz (8,40 x 7,65 m) (Abb. 1). Bis vor etwa 20 Jahren galt es zumindest in seinen hölzernen Bestandteilen als Bauwerk des 15. Jahrhunderts

Abb. 1: Amorbach, sog. Templerhaus. Wohnturm mit steinernem Unterbau (2. H. 12. Jh./fr. 13. Jh.) und Obergeschossen in Fachwerkbauweise (1291).

und fand keine überörtliche Beachtung. Als die interessierte Öffentlichkeit 1988 durch einen Bericht[11] über seine aufwendige Restaurierung erfuhr, daß Fachwerkaufsatz und Dachstuhl nach dendrochronologischem Befund einheitlich von 1291 stammen, war dies durchaus als Sensation zu werten, um so mehr, als sogar Reste zugehöriger originaler Fensteröffnungen identifiziert werden konnten und eine Rekonstruktionsskizze einen lebendigen Eindruck dieser Bauphase vermittelte (Abb. 2). Vorbildhaft schien zudem die breite Anlage der Untersuchungen im Vorfeld und während der Sanierung, an denen Archäologen, Bauforscher, Restauratoren, Kunstgeschichtler, Historiker und verschiedene Naturwissenschaftler beteiligt waren. Wenn dieses unvermutet aufgetauchte mittelalterliche Turmhaus dennoch bis heute in Baugeschichte, Burgenforschung, Mittelalterarchäologie, Orts- und Regionalgeschichte nicht die ihm angemessene Rolle spielt, so deswegen, weil das genannte Arbeitsheft nicht die Abschlußberichte der genannten Untersuchungen samt Synthese versammelt, sondern Vor- und Zwischenberichte in ganz unterschiedlichen Bearbeitungsstadien, wobei die einzelnen Bearbeiter von den Ergebnissen der anderen offenkundig nur unzureichend Kenntnis hatten.

Abb. 2: Amorbach, sog. Templerhaus. Erscheinungsbild des Wohnturms um 1300. M. ca. 1:300.

Gravierender noch: die Auswertung der erhobenen Daten blieb seither in diesen zumeist unbefriedigenden Stadien stecken und ihre Interpretation in manchen Punkten bis heute unklar und widersprüchlich. Darüber hinaus verwehrt die überblickhafte Art ihrer Publikation dem Leser eine fundierte Urteilsbildung zu den strittigen Punkten.

Diese betreffen immerhin so zentrale Fragen wie die nach der Erbauungszeit des Turmes und seinem ursprünglichen Aussehen. Ein in Resten erhaltener, großer Kamin in dem heute noch zweigeschossigen steinernen Sockel kann jedenfalls nicht von vornherein für den erhaltenen Fachwerkaufbau gedacht gewesen sein, weil der konstruktiv zugehörige, schräg durchs Mauerwerk verlaufende Rauchaubzug ehemals höher hinauf gereicht haben muß oder zumindest hätte hinaufreichen sollen. Rainer Brütting vermutet nämlich, daß beim sog. Templerhaus lediglich ein nach Planänderung erstmals 1291 fertiggestellter Bau vorliegt, der von Beginn an über eine später zugesetzte Türe im Erdgeschoß zu betreten war[12]. Heike Fastje hingegen favorisiert die Annahme einer deutlich vor 1291 zu datierenden älteren Bauperiode, die möglicherweise einen hochgelegenen Zugang hatte[13]. Der Bericht über die archäologische Grabung unmittelbar im und am Gebäude[14], der zu dieser Frage wichtige Anhaltspunkte hätte liefern können, vermeidet leider jede inhaltliche Aussage. Sehr viel aufschlußreicher ist der Bericht, den die Bearbeiter einer zweiten archäologischen Grabung im weiteren Umgriff vorlegten[15], auch wenn wegen des geringen Grabungsausschnitts vieles unklar bleiben mußte: Nach Ausweis der Keramikfunde und einiger spärlicher Fundamentreste bestand auf dem Gelände bereits im 12. Jahrhundert eine Anlage mit Holzschwellbauten auf Steinsockeln bzw. allenfalls mit einem Gebäude, das ein Erdgeschoß aus Stein besaß und sonst aus Holz bestand. Daß sie bereits Burgcharakter hatte, ist unwahrscheinlich. Zur ersten nachgewiesenen Befestigung gehört der Steinsockel des sog. Templerhauses und eine damit im Verband errichtete Wehrmauer von über 30 m Länge, die nach Aussage von Stratigraphie und Keramikfunden im späteren 12. oder auch (bzw. spätestens) im frühen 13. Jahrhundert errichtet worden ist. Die erhebliche Größe des befestigten Areals überstieg offenbar diejenige der heutigen Parzelle, ohne daß genauere Angaben zu ihrer Begrenzung zu machen sind. Bei aller Unsicherheit in Einzelfragen sprechen diese archäologischen Ergebnisse klar für eine deutliche Zweiphasigkeit des Turmes im Sinne von Fastje. In diesem Fall erhebt sich freilich die Frage, was denn wohl den Bauherrn von 1291 bewogen hat, seinen wehrhaften Steinturm um mindestens ein, wenn nicht gar zwei Geschosse zu kappen und stattdessen zwei wohnliche Fachwerkgeschosse aufzusetzen. Weiter unten werde ich versuchen, darauf eine Antwort zu finden. Bei der Frage nach dem ursprünglichen Zugang von außen haben möglicherweise beide Bearbeiter recht: Der Amorbacher Turm hatte in seiner ersten Gestalt vermutlich von Anfang an zwei Zugänge. Weil er Bestandteil einer größeren ummauerten Anlage war, kann er durchaus von Beginn an einen separaten ebenerdigen Eingang ins Erdgeschoß besessen haben, ohne daß damit die Wehrhaftigkeit der Burg berührt wurde. Allerdings kann das heute vermauerte, ca. 2 m hohe Rundbogenportal im Erdgeschoß, in dem Brütting den ursprünglichen Zugang zum Turm sieht, nicht auch der Eingang in den im ersten Obergeschoß gelegenen Raum mit Kamin gewesen sein, weil die dann zwingend zu postulierende Innentreppe einen Großteil dieses Raumes ausgefüllt hätte, was

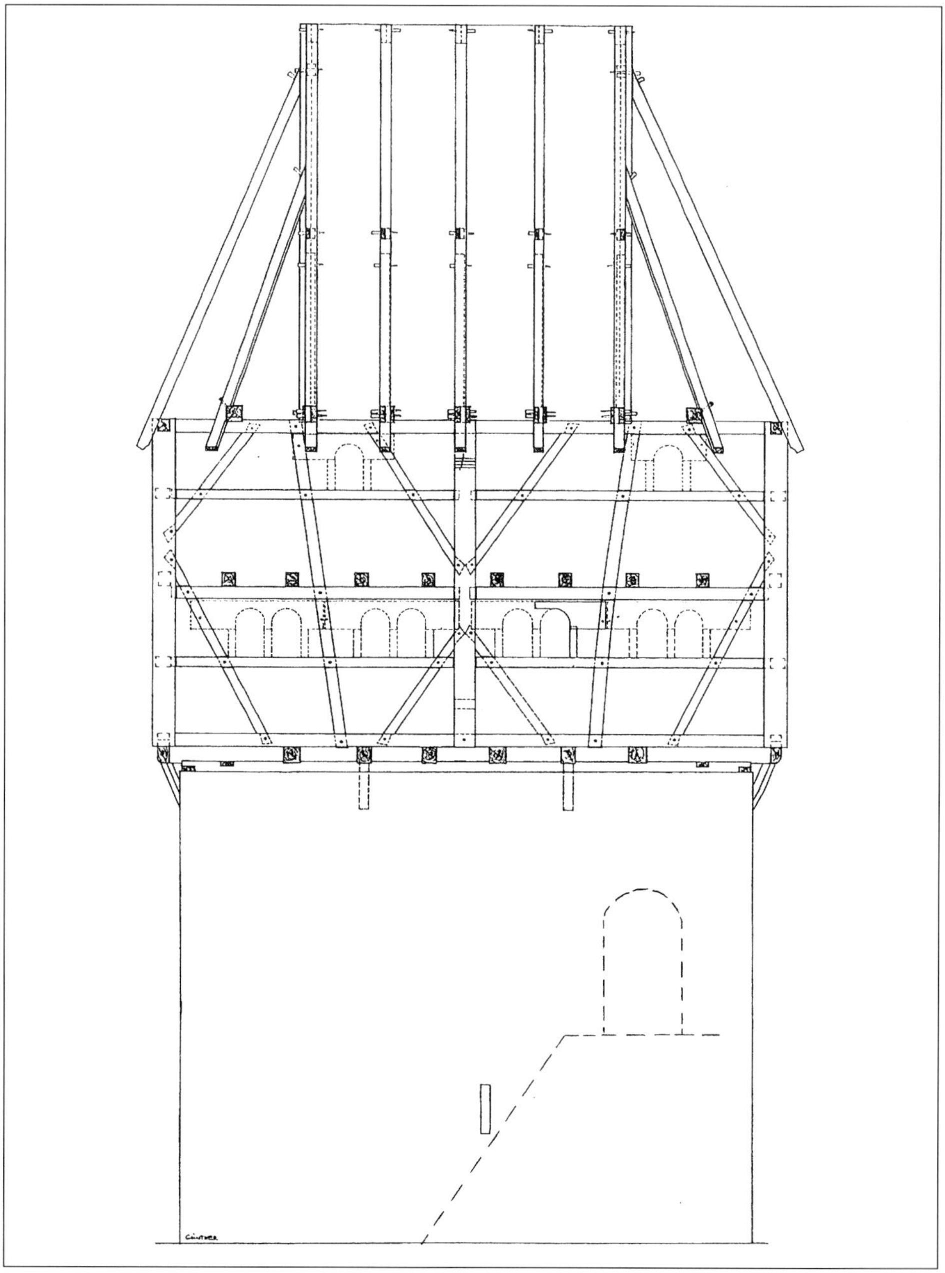

Abb. 3a: Amorbach, sog. Templerhaus. Ostansicht, Rekonstruktion des Zustandes von 1291 (ursprünglicher Hocheingang gestrichelt). M. 1:100.

wiederum mit dem Vorhandensein jenes Kamins und gar dessen repräsentativer Größe nicht zusammengeht (Abb. 3). Der zugehörige Saalraum im ersten Obergeschoß muß also im Sinne Fastjes von Anfang an einen hochgelegenen Zugang besessen haben, der vermutlich schon im Bereich der späteren Außentüre in der

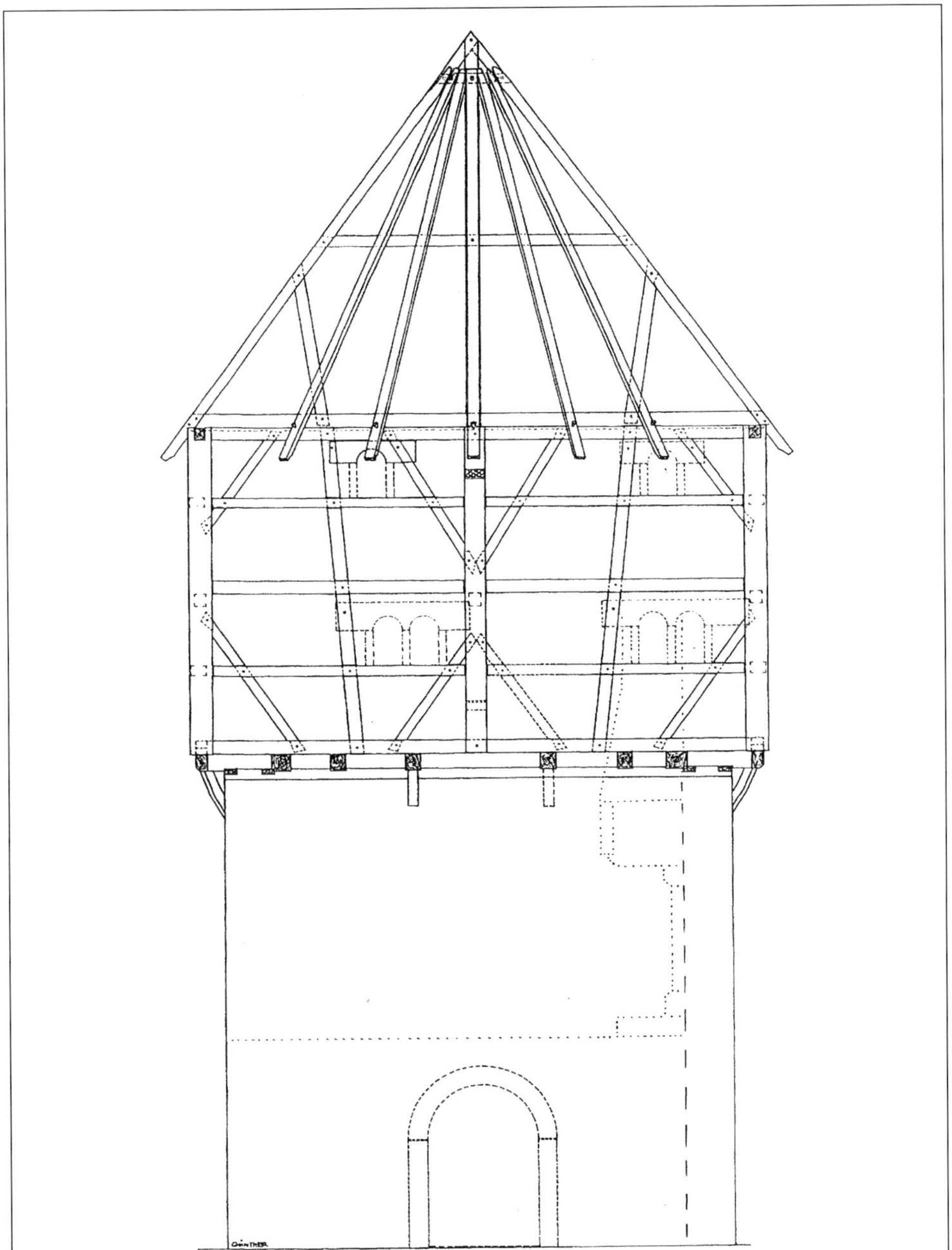

Abb. 3b: Amorbach, sog. Templerhaus. Nordansicht, Rekonstruktion des Zustandes von 1291 (Kamin der ältesten Bauphase gepunktet). M.1:100.

Ostwand gelegen hat und wie dieser über eine Außentreppe zu erreichen war. Der Vorteil eines separaten Erdgeschoßeingangs bestand also darin, daß der darüber liegende Kaminsaal von einer Falltüre oder dergleichen freigehalten wurde.

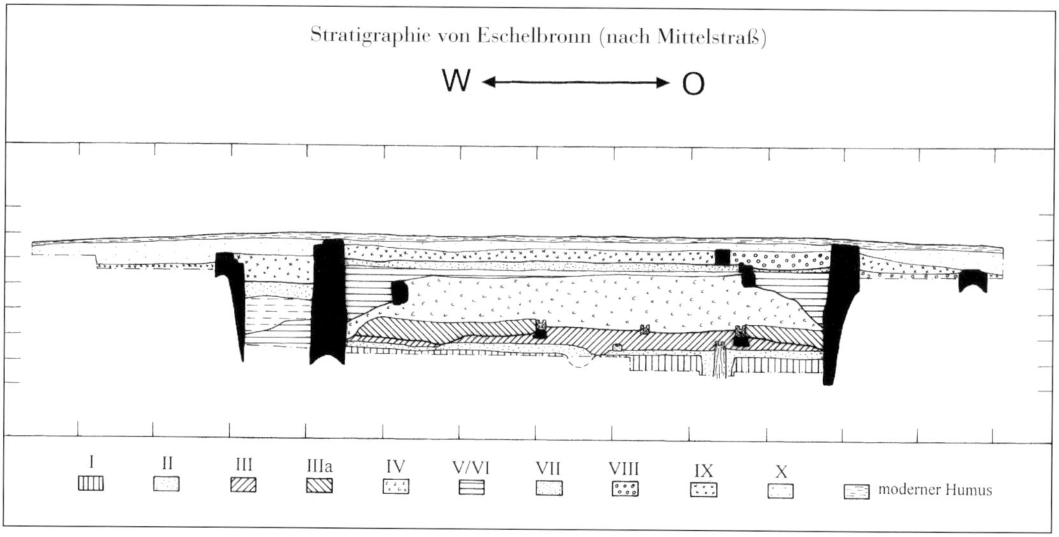

Abb. 4: Eschelbronn, Wasserburg. Idealisiertes Gesamtprofil durch die ergrabene Burgstelle. M. 1:300.

Der Beitrag von Friedrich Oswald zur historischen Überlieferung[16] steht unter dem Eindruck des ungeklärten Entstehungsdatums und neigt stillschweigend eher der Ansicht von Brütting zu, das Turmhaus sei wohl erst 1291 errichtet. So glückte Oswald zwar die Rekonstruktion einer mittelalterlichen Besitzerfolge, die lückenlos bis etwa in jenes Jahr zurückreicht. Allerdings ließ diese in den 1290-er Jahren beginnende Abfolge von Amorbacher Bürgern für die niederadlige Familie Rüdt keinen Raum, die doch nach Ausweis der vom 14. bis zum 19. Jahrhundert nachweisbaren Bezeichnung 'Rüdenhof' die ersten namentlich bekannten Besitzer des sog. Templerhauses gestellt haben muß. Nicht zuletzt blieb Oswald eine befriedigende Erklärung für die Existenz dieser kleinen Burganlage außerhalb des umfriedeten Stadtbezirks von Amorbach schuldig.

Die Auswertung einer Kraichgauer Burgengrabung, die etwa zur gleichen Zeit wie die Sanierung des Amorbacher Turmhauses, d.h. noch ohne Kenntnis von dessen Baudetails und Umdatierung stattfand, erbrachte nun Ergebnisse, die mithelfen können, auch dieses Bauwerk besser zu verstehen.

Der hölzerne Wohnturm von Eschelbronn und sein Rückbau – die historische Interpretation eines archäologischen Befunds

In den Jahren 1972-1975 führte das Landesdenkmalamt Baden-Württemberg unter Leitung von Dietrich Lutz Ausgrabungen in der Wasserburg Eschelbronn im Kraichgau durch, von der damals obertägig nur noch ein Wiesenquadrat zeugte. Erstmals in Baden-Württemberg wurde dabei der Kernbereich einer solchen Anlage vollständig erfaßt und nach modernen Gesichtspunkten archäologisch dokumentiert. Unter Hinzunahme von dendrochronologischen Daten und Schriftquellen konnte der Verfasser in den Jahren 1984-1988 aus dem archäologischen Befund heraus den schrittweisen Entstehungsprozeß dieses Niederadelssitzes im

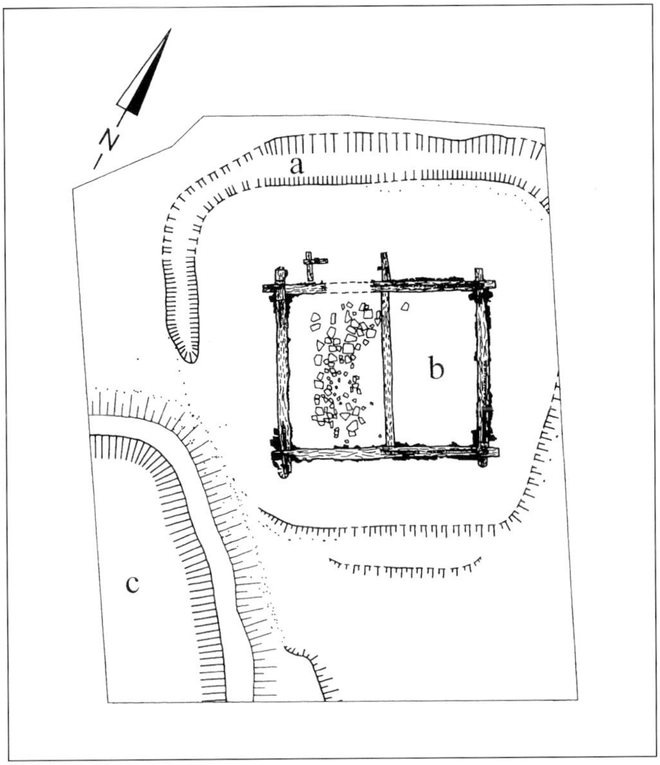

Abb. 5: Eschelbronn, Wasserburg. Übersichtsplan der Periode III (1271- um 1300). M. 1:300.

12./13. Jahrhundert und seine weitere Entwicklung über zehn Hauptbauperioden bis zu seinem Abbruch im 18. Jahrhundert herausarbeiten[17]. Zur Qualität der Ergebnisse trugen in nicht unerheblichem Maße die außergewöhnlichen Erhaltungsbedingungen bei, welche die Archäologen in Eschelbronn antrafen: Der im Spätmittelalter rasch ansteigende Talboden führte nämlich dazu, daß die ältesten Eschelbronner Bauperioden frühzeitig im Grundwasser „versanken" (Abb. 4) und ihre hölzernen Baureste in Feuchtbodenerhaltung vorliegen.

Bei der dritten Eschelbronner Bauperiode (Abb. 5), die uns hier besonders interessiert, kommt ein weiterer konservatorischer Glücksfall hinzu, wenn er auch für die damaligen Bewohner das genaue Gegenteil bedeutete: Das zugehörige, dendrochronologisch exakt auf 1271 datierbare Gebäude fiel im frühen 14. Jahrhundert einer Brandkatastrophe zum Opfer. Beim anschließenden, dendrochronologisch auf 1322/25 datierten Neubau (Periode IV) hat man den Brandschutt einfach liegen gelassen und noch einen Burghügel darüber aufgeschüttet (Abb. 4). Auf diese Weise blieben nicht nur der Schwellenkranz eines hölzernen Wohnturms erhalten, sondern auch Reste seiner Außentreppe, der Inneneinrichtung sowie zahlreiche weitere Spuren und Bauteile der obertägigen Konstruktion. Sie erlaubten erstmals, ein solches Gebäude aus dem Befund heraus bis in zimmermannstechnische

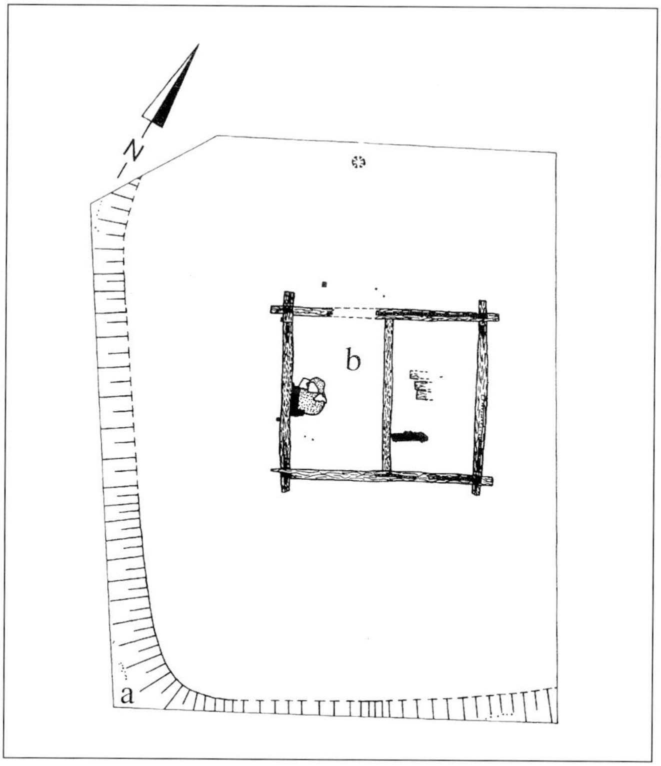

Abb. 6: Eschelbronn, Wasserburg. Übersichtsplan der Periode IIIa (um 1300- 1321/24). M. 1: 300.

Einzelheiten hinein zu rekonstruieren. Da die Details dieser Rekonstruktion und ihre Begründung an anderer Stelle nachzulesen sind[18], möchte ich mich hier auf diejenigen Aspekte beschränken, die auch bei der Interpretation der Baubefunde des sog. Templerhauses in Amorbach hilfreich sein können. Beim ursprünglichen Bau der Eschelbronner Periode III von 1271 handelt es sich um einen Turm von gedrungen rechteckigem Grundriß (8,40 x 7,20 m) aus Eichenholz in Stabbauweise, d.h. mit Wänden aus senkrecht nebeneinander gestellten Holzbohlen. Das zweiräumige Erdgeschoß ruhte zwar auf einem drei bis vier Steinlagen hohen, trocken gemauerten Steinsockel, bestand ansonsten aber ebenfalls aus Holz und war lediglich außen mit einem Lehmschlag und darüber einem gekalkten Mörtelputz bedeckt. Da die archäologisch nachgewiesenen Wohntürme in den süddeutschen Natursteinregionen in aller Regel einen steinernen Unterbau besaßen, liegt hier möglicherweise die vortäuschende Nachahmung eines solchen Massivsockels vor. Ein erstes Obergeschoß ist durch die Rest einer Außentreppe archäologisch nachgewiesen, weitere sind, wie wir gleich sehen werden, mit ziemlicher Sicherheit zu erschließen. Der Turm stand für sich allein auf einem ca. 14 x 14 m messenden, etwa einen halben Meter hoch aufgeschütteten Bauplateau, umgeben von einem Flechtwerkzaun und einem seichten Graben; im Südwesten grenzte offenbar ein Fischteich an.

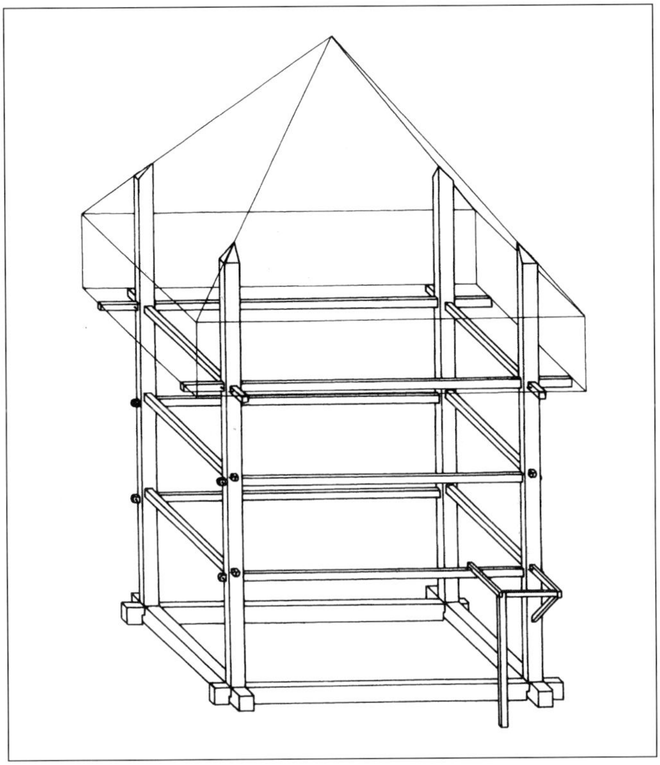

Abb. 7: Eschelbronn, Wasserburg. Rekonstruktion des tragenden Gerüsts des Wohnturms. M. 1: 200.

Dieses Bauwerk, ja das gesamte umgebende Gelände erfuhren um 1300 eine merkwürdige Umgestaltung (Periode IIIa) (Abb. 4 u. 6): Durch umfangreiche Aufschüttungen schuf man ein neues, größeres Plateau von ca. 20 m x 25 m, das zudem ein höheres Laufniveau besaß als das knapp geschnittene Inselchen, auf dem der Turm zuvor gestanden hatte. Die Außenkanten seiner Schwellbalken verschwanden unter dem neu aufgebrachten Erdreich, dessen Oberfläche zu den Plateaukanten noch ein wenig anstieg, so daß das Gebäude nun nicht mehr an der höchsten Stelle stand. Um den vergrößerten Burgplatz herum verlief ein seichter Graben, auf dessen Sohle eine dichte Pfahlreihe stand. Einige beim Umbau liegengebliebene Holzteile sowie Dachziegelbruch im abschließenden Brandschutt deuten auf Veränderungen am Dachgeschoß hin. Da im Laufhorizont der Periode III und selbst in den Umbauschichten der Periode IIIa kein einziges Dachziegelfragment gefunden wurde, dürfte der Bau zuvor eine Dachdeckung aus organischem Material, am ehesten eine Holzschindeldeckung besessen haben. Die archäologisch auffälligste Neuerung bestand im Einbau einer Wohneinheit im Erdgeschoß, das zuvor, wie bei Wohntürmen üblich, vor allem den einen Zweck hatte, Höhe zu gewinnen, und ansonsten allenfalls in untergeordneter Weise genutzt worden war. Im westlichen Raum wurde nun aber eine Herdstelle, im östlichen Raum ein Becherkachelofen eingebaut. Da in dessen Versturz die Reste eines abgestürzten weiteren

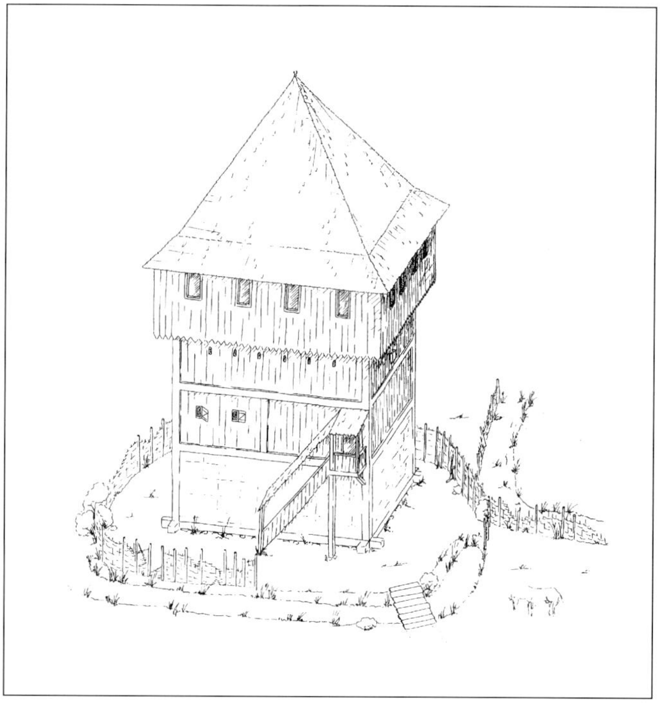

Abb. 8: Eschelbronn, Wasserburg. Rekonstruktion des Wohnturms in seiner ursprünglichen Gestalt (Periode III) (1271- um 1300). M. 1: 300.

Kachelofens enthalten waren, der offenbar an gleicher Stelle im darüberliegenden Geschoß gestanden hatte, dürfte die nachträglich im Erdgeschoß eingebaute Raumkombination Küche/Stube im ersten Obergeschoß von Beginn an vorhanden gewesen sein.

Versucht man sich an einer Gesamtrekonstruktion des ursprünglichen Baus der Eschelbronner Periode III, so liefert der archäologische Befund aus naheliegenden Gründen unmittelbare und mittelbare Beweise vor allem für die ersten beiden Geschosse: Gründung, Wandaufbau (Stabbohlen, z.T. mit Lehmputz), Gesamtkonstruktion (Geschoßbauweise) (Abb. 7), Zweiräumigkeit (aus statischen Gründen auch im Obergeschoß), Erdgeschoßhöhe von ca. 3,50 m (über die Neigung der ansatzweise erhaltenen Außentreppe in Kombination mit der Lage des Eingangsbalkons), Raumfunktion (über den erwähnten Kachelofenversturz). Für den weiteren Aufbau gibt es im Befund nur noch vage Anhaltspunkte: So besaßen die Eckständer mit 40 x 40 cm nachweislich den gleichen Querschnitt wie die mächtigen Schwellbalken, was angesichts der massiven Wandbohlen für einen lediglich zweigeschossigen Bau stark überdimensioniert wäre; überdies hätten sie erst in der Höhe eines weiteren Obergeschosses die Länge der Schwellbalken erreicht. Man könnte ferner die schiere Menge des Brandschutts anführen, die trotz des zum Schluß ziegelgedeckten Dachs für ein lediglich zweigeschossiges Gebäude zu groß erscheint[19]. Mit den Rekonstruktionsüberlegungen kommt man ab diesem

Abb. 9: Burg Mammertshofen, Kanton Thurgau (um 1240; hölzerner Obergaden des Wohnturms im Spätmittelalter erneuert).

Abb. 10: Johanniterkommende Hohenrain, Kanton Luzern (13./14. Jh.; oberstes Steingeschoß des Wohnturms samt hölzernem Obergaden des Wohnturms im Spätmittelalter erneuert).

Abb. 11: Burg Fracstein, Kanton Graubünden. Ritzzeichnungen im Wandputz (um 1300).

Punkt nur unter Bezug auf den sozialgeschichtlichen Stellenwert des Gebäudes weiter. Kontinuität des Bauplatzes zur späteren Wasserburg, Datierung, Gesamtanlage sowie Grundriß samt hochgelegenem Zugang zeigen, daß wir es mit einer Turmburg im eingangs erwähnten Sinn zu tun haben, einem Wohnturm, der nach außen durch Überhöhung und Wehrelemente das Selbstverständnis einer Kriegerkaste vor Augen führte und im Innern ein standesgemäßes Raumprogramm enthielt (Küche, heizbarer Gemeinschaftsraum [„Saal" bzw. repräsentative Stube], Schlafkammern)[20]. Schon wegen des zuletzt genannten Raumprogramms ist die Annahme eines zweiten Obergeschosses zwingend notwendig. An Wehrelementen, die nach damaligem Befestigungsrecht genehmigungspflichtig waren, ist unmittelbar nur der deutlich über kniehohe Eingang nachgewiesen[21]. Da der Eschelbronner Turm in seiner ersten Gestalt für sich allein stand, wäre es nur schwer zu begreifen, wenn er daneben nicht noch ein zweites befestigungsrechtlich relevantes Element der Wehrhaftigkeit besessen hätte (Abb. 8). Da man auf Steinbau, tiefen Graben, Wehrmauer oder wenigstens eine massive Palisade verzichtet hatte, bleibt dafür nur ein Wehrgeschoß übrig. Von dieser recht allgemeinen Überlegung einmal abgesehen, liefert der spezielle archäologische Befund einige Anhaltspunkte dafür, daß ein vorkragendes Wehrgeschoß gerade im vorliegenden Fall eine höchst sinnvolle Einrichtung war. Zum einen verwandelte der ergrabene, mutmaßlich über mannshohe[22] Zaun, der sich randlich um das Bauplateau herumzog, die an sich wenig beeindruckende innere Grabenböschung in ein veritables Annäherungshindernis.

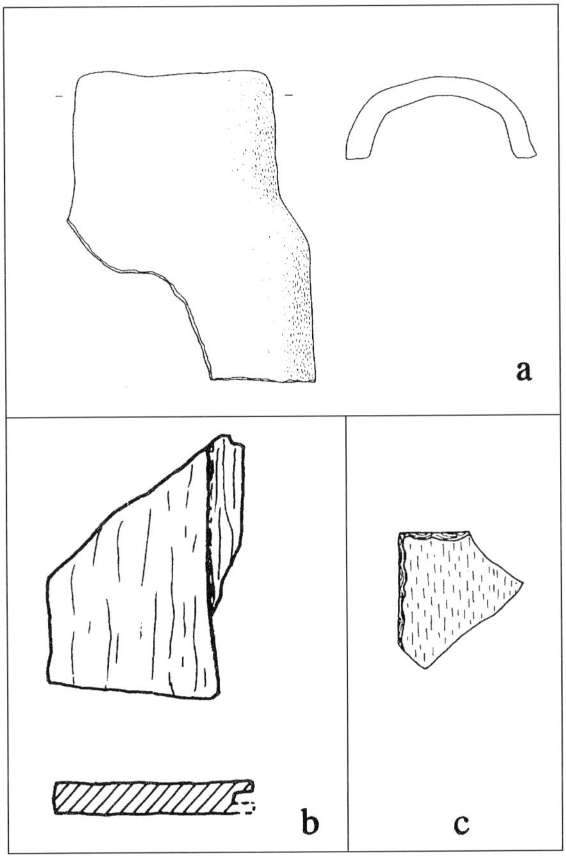

Abb. 12: Eschelbronn, Wasserburg, Periode IIIa (um 1300).
a: Hohlziegelfragment. M. 1: 5.
b: Giebelbrett. M. 1: 5.
c: Fensterscheibenfragment. M. 1: 5.

Das gilt allerdings nur dann, wenn ein etwa sich nähernder Feind von einem vorkragenden obersten Geschoß herab auch im Graben bzw. dicht hinter dem Zaun bekämpft werden konnte. Andernfalls hätte der Zaun ihm sogar die Möglichkeit zur Verschanzung geboten, d.h. einen geradezu kontraproduktiven Effekt gehabt. Ein weiterer, sicherlich nicht vorrangiger, aber gewiß gern gesehener Vorteil eines vorkragenden obersten Geschosses liegt im Witterungsschutz, den es den tiefer liegenden Wandflächen bieten konnte. Im Original haben sich solche vorkragenden Bekrönungen von Burgtürmen nur in wenigen Beispielen aus dem Spätmittelalter erhalten, so bei Burg Mammertshofen im Thurgau (Abb. 9)[23] und am Wohnturm der ehemaligen Johanniterkommende Hohenrain im Kanton Luzern (Abb. 10)[24]. Nach Ausweis zahlreicher Bildzeugnisse sind sie im Mittelalter jedoch eine gängige Erscheinung gewesen[25]. Besonders aussagekräftig sind für unseren Fall die zahlreichen Burgendarstellungen, die um 1300 in den Verputz einer Wand der Burg Fracstein im Kanton Graubünden geritzt worden sind (Abb. 11)[26]: Zum einen findet sich hier die einzige zeitgenössische Darstellung eines Stabbauturms vom Eschelbronner Typ (rechts oben), zum andern besitzt nicht nur dieser, vielmehr besitzen sämtliche Haupttürme aller dort abgebildeten Burgen ein vorkragendes Wehrgeschoß, wobei die Art der Darstellung jeweils auf eine Fachwerkkonstruktion hindeutet.

Nach dem bisher Gesagten muten die Umbauvorgänge der Eschelbronner Periode IIIa um so merkwürdiger an, weil sie wenigstens teilweise im Widerspruch zum standesgemäßen Zuschnitt eines niederadligen Wohnturms zu stehen scheinen. Die weiträumige Aufschüttung und die neue, leicht wannenartige Oberflächenmodellierung des Standorts ließen das Bauwerk faktisch und optisch ein wenig versinken, anstatt seine Höhe zu betonen. Der Zaun verschwand bzw. wurde durch eine Reihe von Pfählen auf der Sohle(!) des nun weiter vom Gebäude entfernten,

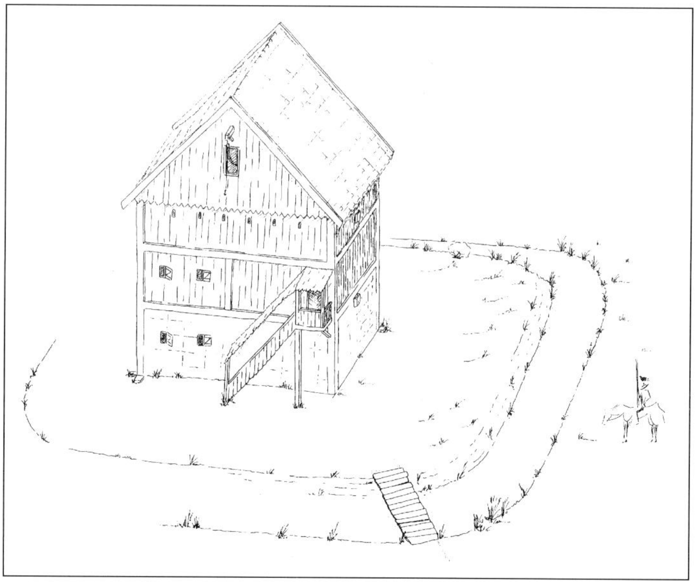

Abb. 13: Eschelbronn, Wasserburg. Rekonstruktion des Wohnturms nach dem Umbau (Periode IIIa) (um 1300-1321/24). M. 1:300.

aber immer noch seichten Grabens ersetzt. Sie können nur dann einen Wert als Annäherungshindernis gehabt haben, wenn sie als Reiterspieße gedacht waren, d.h. als Pfähle in einem Wassergraben, deren angespitzte obere Enden bis zur oder knapp über die Wasseroberfläche reichten[27]. Dadurch und durch den größeren Abstand zwischen Graben und Gebäude blieb eine gewisse faktische Wehrhaftigkeit auf niedrigem Niveau erhalten, wurde aber verschleiert. Den deutlichsten Bruch mit dem für einen mittelalterlichen Wohnturm üblichen Bauschema markiert der erwähnte nachträgliche Einbau einer Wohneinheit aus Küche und Stube ins Erdgeschoß. Es würde ins Bild passen (und wäre für den Küchenbetrieb im westlichen Raum auch höchst sinnvoll gewesen), wenn das Gebäude dabei zusätzlich zur beibehaltenen Außentreppe einen ebenerdigen Eingang erhalten hätte. Vom Befund her ist dies durchaus möglich, wegen der gelegentlichen Störung bzw. streckenweise schlechten Erhaltung der Schwellbalkenoberkanten und wegen Beobachtungsmängeln bei der Grabung jedoch nicht bewiesen. Ein Stück Flachglas aus dem untersten Brandschutt (Abb. 12,c) liefert immerhin einen deutlichen Hinweis auf Fensteröffnungen im Erdgeschoß, die einerseits gut zu der nachträglich eingebauten, ofenbeheizten Stube, andererseits ebensowenig zum Wehrcharakter des Turmes passen würden wie ein ebenerdiger Zugang.

Auch beim Dach scheint man sich damals nicht mit einer neuen Ziegeldeckung begnügt zu haben (Abb. 12,a). Ein Nut-und-Feder-Brettchen im Umbauschutt (Abb. 12,b), dessen schräg abgeschnittenes Ende vom Winkel her im Bereich der archäologisch und baugeschichtlich nachgewiesenen mittelalterlichen Dachneigungen liegt[28], läßt sich am ehesten als Teil einer Giebelverbretterung interpretieren. Ein Giebeldach jedoch würde eine vorkragende Wehrplattform ausschließen, für deren ursprüngliches Vorhandensein am Eschelbronner Wohnturm ich soeben die Argumente zusammengetragen habe. Auch wenn wir uns bei Rekonstruktionsüberlegungen in diesen luftigen Höhen nicht mehr im Bereich gesicherter Erkenntnisse, sondern in dem von Hypothesen bewegen, kann man die vorgestellten Indizien so verstehen, daß das Bauwerk nicht nur im Erdgeschoß, sondern auch am Dach und obersten Geschoß im Zuge des hier besprochenen Umbaus Veränderungen erfuhr, die zusammengenommen einem wehrtechnischen Rückbau gleichkamen (Abb. 13).

Die, wie es scheint, absichtliche Schwächung der Wehrhaftigkeit des Eschelbronner Wohnturms hat irgendwann zwischen dessen Errichtung 1271 und seiner Zerstörung 1321/24 stattgefunden und läßt sich über zugehörige Kleinfunde auch nicht näher als in die Zeit um 1300 datieren. Mehr oder weniger deutlich waren genau solche Details betroffen, deren Bau laut Sachsen- und Schwabenspiegel einer herrschaftlichen Genehmigung bedurfte[29]: Der mehr als kniehohe Eingang wurde vermutlich durch eine zusätzliche Türe im Erdgeschoß entschärft; eine obertägige Umwehrung, gar eine so hohe, daß ein Reiter nicht mehr darauf greifen konnte, war nicht mehr vorhanden; ein drittes, als Wehrplattform ausgebildetes Obergeschoß wurde, wie es scheint, abgetragen und durch ein Giebeldach ersetzt. Einzig der Graben war schon in seiner ersten Gestalt nicht tiefer, als er ohne Zwischenbühne ausgehoben werden konnte, und somit nicht genehmigungspflichtig. Hans-Martin Maurer hat in einem Aufsatz, der sich mit den rechtlichen Aspekten des Burgenbaus in Südwestdeutschland beschäftigt, einen etwa zeitgleichen Fall überliefert[30], dessen urkundlich überlieferte Bestimmungen wie eine Illustration für den archäologischen Befund der Eschelbronner Umbauperiode IIIa wirken: Der Ritter Hemmeling von Kuppingen hatte versucht, die oberherrschaftliche Zustimmungspflicht des Pfalzgrafen von Tübingen dadurch zu umgehen, daß er seine neue Burg auf die bereits vorhandene Kuppinger Kirchhofmauer aufsetzte. Graf Rudolf von Tübingen zwang ihn daraufhin 1306, sämtliche Bauteile aus Holz und Stein bis zur ursprünglichen Höhe der Kirchhofmauer hinab abzubrechen, und machte dem Ritter für ein außerhalb des Kirchhofs neu zu bauendes „Haus" folgende Auflagen: Es mußte einen ebenerdigen Eingang und durfte nur zwei jeweils ca. 3,30 m hohe Stockwerke besitzen, das untere aus Stein, das obere aus Holz. Schießscharten am Gebäude waren verboten, ebenso eine Umfassungsmauer. Der Graben durfte nur so tief und weit sein, wie man ihn mit einer Schaufel und ohne weitere Hilfsmittel ausheben konnte.

Zwar ist im Falle des Eschelbronner Turmumbaus ein derartiger schriftlicher Vertrag nicht überliefert, jedoch lassen sich in der schriftlichen Überlieferung herrschaftspolitische Veränderungen erkennen, die einen Rückbau des Eschelbronner Wohnturms zu einer Anlage plausibel machen, der man die Bezeichnung 'Burg' gar nicht mehr recht zubilligen mag[31]: Die Dynasten von Dürn, die als Gefolgsleute der Staufer in die Reichsaristokratie aufgestiegen waren und als Vögte des Klosters Amorbach ihren Stammsitz auf der prachtvollen Burg Wildenberg im Odenwald hatten, traten um 1220 durch Heirat das Erbe der Grafen von Laufen, indirekt das der hochmittelalterlichen Kraichgaugrafen an.

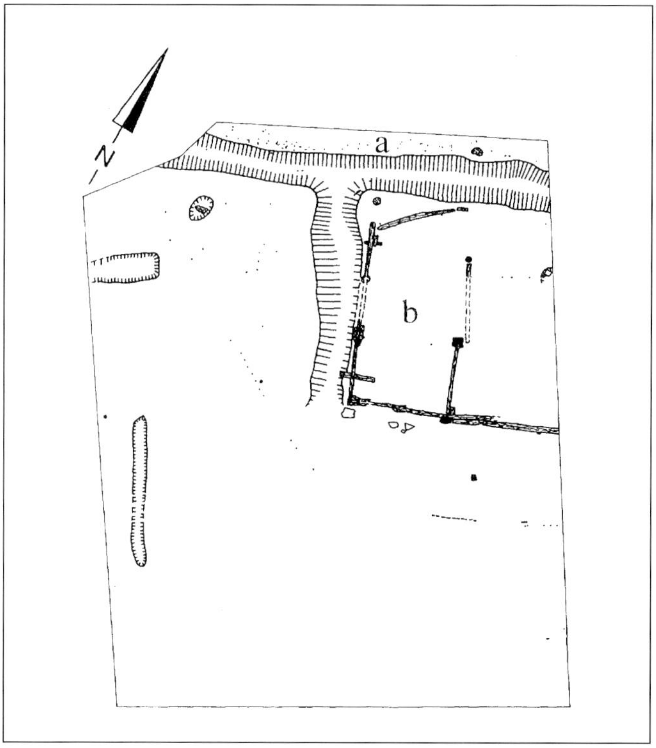

Abb. 14: Eschelbronn, Wasserburg. Übersichtsplan und Rekonstruktion des Ministerialenhauses (Periode II) (1220-1271). M. 1:300.

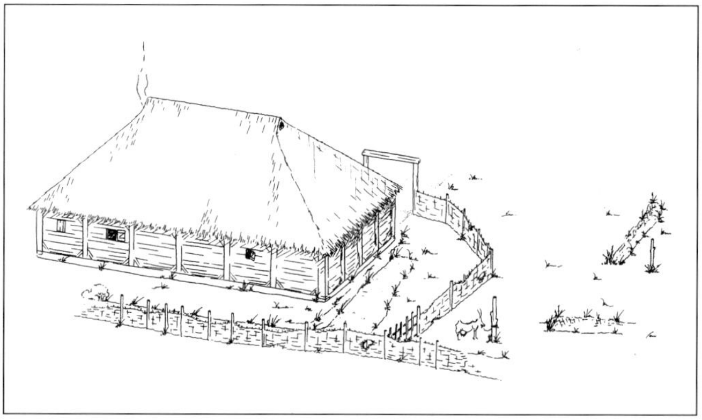

Auf diese Weise gelangten sie auch in den Besitz von Eschelbronn und installierten dort einen Ministerialen; um 1250 war dies ein gewisser Heinrich von Eschelbronn[32]. Er muß in dem laut dendrochronologischem Befund 1220 errichteten, eingeschossigen Vorgängerbau des Turms gewohnt haben (Periode II), der sich von den damals üblichen bäuerlichen Wohnstätten allenfalls durch seine erschließbare Massivholzbauweise (Ständerbohlenbau) sowie durch Mehrräumigkeit unterschied (Abb.14)[33]. Später sind dann Angehörige der Familie von Hettingen zu erschließen, die im Gefolge der Dürner in den Kraichgau gekommen waren und im 14. Jahrhundert ausdrücklich als Eschelbronner Burgherren bezeugt sind. Vermutlich war einer von ihnen, der 1276 bezeugte Reinhard von Hettingen[34], der Erbauer des Eschelbronner Wohnturms. Während des Interregnums in der zweiten Hälfte des 13. Jahrhunderts gehörten die Dynasten von Dürn zu den Verlierern der regionalen Machtkämpfe; auch der Kraichgauer Besitz kam ihnen um 1280/90 im wesentlichen abhanden. So erscheint 1294 der Bischof von Speyer als Ortsherr von Eschelbronn[35]. Aus den reichlich vorhandenen Schriftquellen der ersten Hälfte des 14. Jahrhunderts wird dann folgendes deutlich: Die Ortsherrschaft war in diesem Dorf von der Burgherrschaft abgetrennt worden, und beide Rechte wurden nun vom Hochstift Speyer gesondert als Lehen vergeben, die Burg, wie gesagt, an Nachkommen der ehemaligen Dürner Ministerialen von Hettingen. Der Wechsel der Oberherrschaft läßt sich mangels erhaltener Urkunden in diesem Fall nur konstatieren, man darf ihn sich aber ähnlich vorstellen wie 1272 den Verkauf von Stadt und Klostervogtei Amorbach durch Ulrich von Dürn an das Erzstift Mainz[36] oder 1294 den Verkauf von Burg und Stadt (Wall-)Dürn durch Rupert von Dürn und dessen gleichnamigen Sohn an den gleichen Empfänger[37]: Die grafengleichen Hochadligen nahmen von diesen Besitzübertragungen ihre dortigen Ministerialen ausdrücklich aus. Als um die gleiche Zeit ihr Neffe, Graf Boppo II. von Dürn-Dilsberg, Eschelbronn an den Speyrer Bischof veräußerte, hat er sich wohl gleichfalls die Zugehörigkeit und Loyalität seines dortigen Ministerialen vorbehalten, bzw. war diese nach damaligem Verständnis auch nicht so ohne weiteres per Federstrich in einem Pfand- oder Kaufvertrag zu ändern. Der im archäologischen Befund sich andeutende befestigungstechnische Rückbau des Eschelbronner Wohnturms könnte der Preis dafür gewesen sein, daß der Bischof von Speyer als neuer Herr den von seinem Vorgänger in Eschelbronn eingesetzten Niederadligen zwar die Vertretung der Ortsherrschaft entzog, ihnen aber Wohnung und Grundbesitz am Ort beließ. Vor diesem Hintergrund ist der vermehrte Einbau von Statusanzeigern während des mutmaßlich erzwungenen Umbaus geradezu als ausgleichende Maßnahme anzusehen; um 1300 gehörten dazu neben Kachelöfen auch Dachziegel und Fensterscheiben aus Flachglas[38]. Mit einer solch gehobenen Ausstattung konnten die Turmbewohner hoffen, ihren höheren sozialen Rang gegenüber den bäuerlichen Eschelbronner Dorfbewohnern doch noch deutlich zu machen.

Dafür, daß im frühen 14. Jahrhundert auf der Eschelbronner Burg tatsächlich einschränkende Auflagen des Landesherrn ruhten, gibt es im archäologischen Befund ein weiteres deutliches Anzeichen, von dem noch nicht die Rede war. Die nächste Burganlage (Periode IV), die 1322/25 nach der Brandzerstörung des Wohnturms errichtet wurde, fällt nämlich in viel stärkerem Maße als ihre Vorgängerin aus dem Rahmen des zeitgenössischen Burgenbaus (Abb. 15). Damit meine ich nicht den Burghügel. Der erscheint uns heute nur deshalb als ungewöhnlich verspätetes Element, weil ihn die deutsche mittelalterarchäologische Forschung nach dem Zweiten Weltkrieg durch eine sachlich nicht gerechtfertigte Übernahme der Bezeichnung „Motte“ als vermeintlichem Fachausdruck aus dem französischen und englischen Sprachraum fälschlich in einen hochmittelalterlichen Zusammenhang gerückt hat[39]. In Wirklichkeit war die Aufschüttung eines Burghügels auch im 14.

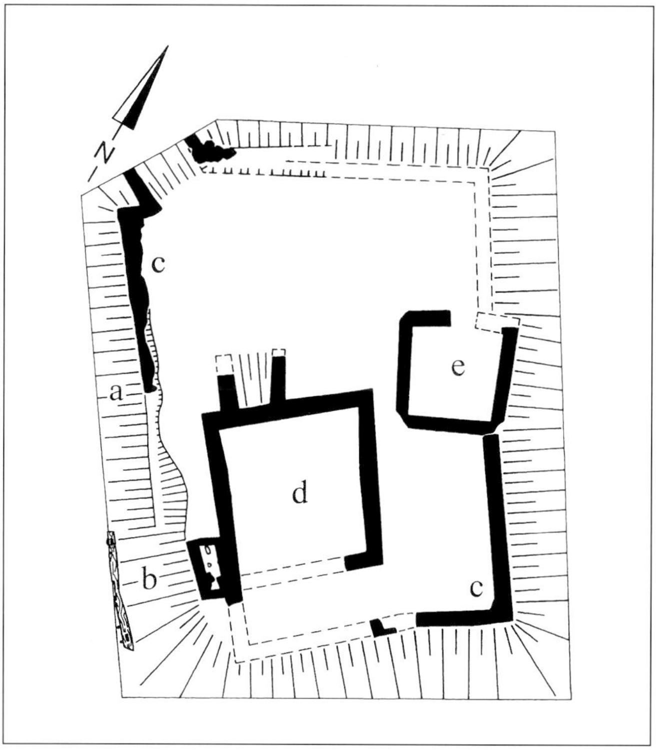

Abb. 15: Eschelbronn, Wasserburg. Übersichtsplan der Periode IV (1322/25 - um 1375). M. 1: 300.

Jahrhundert noch eine gängige Methode, um mit einfachen Mitteln eine augenfällige Überhöhung zu erzielen. Tatsächlich ungewöhnlich ist in jener Zeit vielmehr der vollkommene Verzicht auf Stein an den aufgehenden Bauteilen. Unterstrichen wird dieser Umstand noch dadurch, daß ein vollständiger Neubau der Eschelbronner Burganlage um 1375 (Periode V) das Grundrißschema jener anachronistischen Holzburg ein wenig vergrößert wieder aufnimmt (Abb. 16), nun jedoch in zeitgemäßer Steinbautechnik bei wesentlichen Bauteilen (Umfassungsmauer, Erdgeschosse der Innenbebauung). Dabei verzichteten die Bauleute der vierten Eschelbronner Bauperiode keineswegs aus Materialmangel oder Unvermögen auf Stein, denn zwei im Burghügel steckende Keller der Innenbebauung waren ebenso aus Bruchsteinen gemauert wie der Sockel der Umfassungsmauer. Bezeichnend ist vor allem die Tatsache, daß sogar die Umwehrung schon wegen ihrer geringen Stärke, Gründung und Trockenmauertechnik ab einem Niveau knapp unterhalb der Burghügeloberkante aus einer verputzten Holzkonstruktion bestand, die übrigens an einer Stelle auch durch den Abdruck eines Schwellbalkens unmittelbar nachgewiesen ist. Einzig die Torwangenfundamente waren gemörtelt, so daß die untere Partie des am Hügelfuß stehenden Tores möglicherweise auch im Aufgehenden aus Stein bestanden hat. Der Grund für die fast ausschließliche Holzverwendung in Periode IV muß erneut in einer dezidierten Auflage des Ortsherrn gesucht werden, ohne daß sich freilich ein entsprechendes Schriftstück erhalten

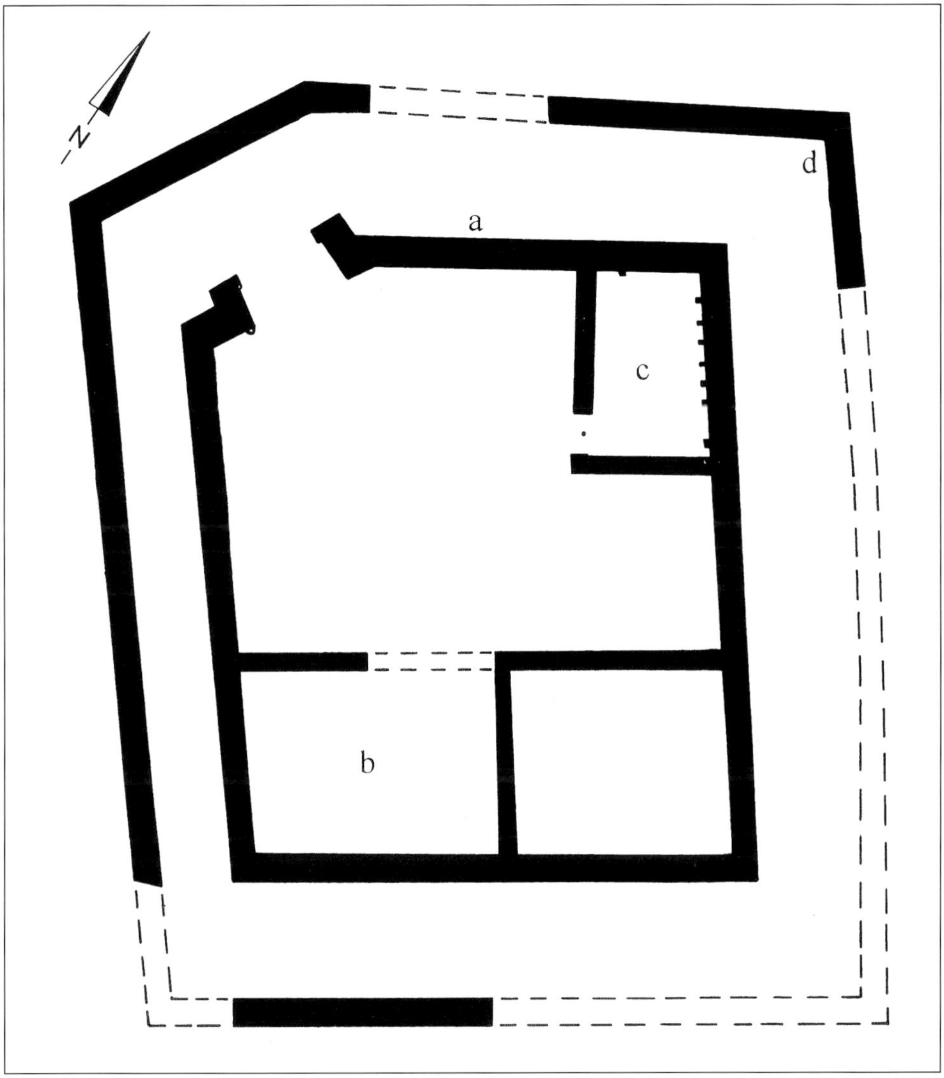

Abb. 16: Eschelbronn, Wasserburg. Übersichtsplan der Periode V (um 1375 - um 1420). M. 1: 300.

hat. Dafür gibt es – wie schon für den Rückbau IIIa des Turmes der Periode III – auch hier einen schriftlich überlieferten Vertrag von anderer Stelle[40], der wie eine Illustration der Eschelbronner Holzburg der Periode IV wirkt: Als die Herren von Heibstadt 1374 mit Duldung der Grafen von Henneberg eine Burg im thüringischen Heina erbauen wollten, mußten sie auf Druck des Würzburger Bischofs die Auflage hinnehmen, Stein nur bis zur Höhe der Burghügeloberfläche verwenden zu dürfen; Art und Umfang der Holzbebauung war ihnen dagegen freigestellt. Ähnlich wie in Eschelbronn gab es im Torbereich eine Ausnahme: Hier durfte eine Strecke der Umfassungsmauer so weit aus Stein gebaut werden, wie es nötig war, um den Riegelbalken hineinschieben zu können.

Abb. 17: Kanzach, Bachritterburg. Wohnturmrekonstruktion (2000/01).

Abb. 18: Kanzach, Bachritterburg. Wohnturmrekonstruktion (2000/01).

Abb. 19: Kanzach, Bachritterburg. Dachstuhl der Wohnturmrekonstruktion von 2000/01 (Modell).

Der Umbau des sog. Templerhauses in Amorbach von 1291 als Symptom einer Verschiebung im regionalen Machtgefüge

Die mitgeteilten Überlegungen über den Umbau des Eschelbronner Wohnturms kamen, wie gesagt, ohne Kenntnis der Untersuchungsergebnisse der Templerhaussanierung zustande. Ein Anlaß, sich eingehend mit dem Amorbacher Turm zu beschäftigen, ergab sich für den Verfasser erst wieder im Zusammenhang mit einem ungewöhnlichen burgenkundlichen Projekt: 1999 entschloß sich die Gemeinde Kanzach (Lkr. Biberach), mit EU-Mitteln auf der Grundlage des Eschelbronner Grabungsbefunds eine hölzerne Turmburg in voller Größe zu rekonstruieren (Abb. 17; 18)[41]. Anders als bei einer zeichnerischen Rekonstruktion kann man bei einem solchen Unterfangen nichts offen lassen, vielmehr mußten wir auch für solche Stellen des konstruktiven Gefüges, zu denen der Eschelbronner Grabungsbefund keine Details geliefert hatte, taugliche Lösungen erarbeiten, die sich im vorgegebenen kulturgeschichtlichen Zusammenhang nicht als Fremdkörper ausnehmen durften. Hier bot sich natürlich ein Blick auf das ähnlich dimensionierte Amorbacher Turmhaus ganz besonders an, das ebenfalls im Herrschaftsbereich der Dynasten von Dürn stand und dessen Holzaufbau nur 20 Jahre nach dem Eschelbronner Turm gezimmert wurde. Der Dachstuhl aus Amorbach erwies sich als Ideallösung für den Kerndachstuhl des Kanzacher Turms (Abb. 19), desgleichen die Einhälsung des obersten Rähmkranzes in die Köpfe der vier Eckständer. Auch zur Auskragung und zum Fachwerk des Kanzacher Wehrgeschosses sowie zu den Fenstern fanden wir wesentliche Anregungen.

Die an sich auf bautechnische Fragen gerichtete Durchforstung des Restaurierungsberichts zum sog. Templerhaus brachte nun beiläufig die überraschende

Parallele an den Tag, daß beiden hier besprochenen Türme in einer historisch eng verwandten Situation einen wehrtechnischen Rückbau erlebten, ohne daß im archäologischen oder baugeschichtlichen Befund, etwa durch eine Zerstörungsschicht, ein handfester Anlaß geschweige denn eine plausible Erklärung zu erkennen gewesen wäre. Stellt man die am Amorbacher Turmhaus unmittelbar ablesbare Bauentwicklung in einen historischen Erklärungszusammenhang, wie ich ihn für den Umbau des Eschelbronner Wohnturms entwickelt habe, finden manche bis dahin merkwürdigen Beobachtungen ihre Erklärung und das sog. Templerhaus seinen angemessenen Platz in der Amorbacher Geschichte.

Die Übertragung der Amorbacher Klostervogtei durch Kaiser Friedrich I. 1168 an Rupert von Dürn markiert den Aufstieg von dessen Familie in die regionale Führungselite. Spätestens zu jener Zeit wurde nach dem Zeugnis der Grabungsfunde am späteren Standort des sog. Templerhauses ein Hof angelegt. Ob bereits eine Vorläuferanlage bestand, bedarf allerdings weiterer archäologischer Untersuchungen. Für unser Thema entscheidend ist die Feststellung, daß der Steinsockel des Amorbacher Turms samt Befestigungsmauer im späteren 12. oder frühen 13. Jahrhundert und damit auf jeden Fall in der Ägide der Dynasten von Dürn errichtet wurde. Da sie selbst auf der nahegelegenen Wildenburg residierten, kann es sich bei der Amorbacher Tiefburg nur um den Ansitz ihrer örtlichen Ministerialen handeln, die bereits im 12. Jahrhundert bezeugt sind und im 13. Jahrhundert erkennbar zwei verschiedenen Familien angehörten. Hierzu paßt die Amorbacher Klostertradition, daß die Hoheit des Klosters über den seit dem 14. Jahrhundert lückenlos im Klosterbesitz nachweisbaren Rüdenhof (= Anwesen des sog. Templerhauses) auf einer Urkunde Ulrichs v. Dürn von 1263 gründet, in der er dem Kloster zwei(!) Höfe in Amorbach vermachte[42]. Es ist gut möglich, daß die Tiefburg, die den Kern dieses Besitzes bildete, damals einer Ganerbenburg ähnelte und in einem nicht ergrabenen Teil ihres weiträumigen Areals noch einen weiteren Wohnturm besaß, von dem heute, im Gegensatz zum sog. Templerhaus, keine obertägigen Reste mehr vorhanden sind[43]. Ihre Bewohner, die Amorbacher Ministerialen der Herren von Dürn, fungierten als Vertreter ihrer Herrschaft vor Ort. Ebenso wie ihre Standesgenossen an anderen Orten taten sie dies nicht als selbstlose Marionetten, sondern in der Art von Untervögten als Angehörige des Niederadels, einer sich im Laufe des 13. Jahrhunderts verfestigenden Gesellschaftsschicht mit ausgeprägtem Selbstbewußtsein, die sich am Ideal des christlichen Ritters und höfischer Lebensweise orientierte. Obwohl selbst von Bauern abstammend, mußten sie sich, um ihre Aufgabe glaubhaft zu erfüllen, aktiv eigene Spielräume schaffen und sich gleichzeitig gegenüber ihren Untergebenen nach unten hin möglichst abgrenzen, z.B. durch den Bau von Burgen, die dann Ansatzpunkte für eine eigene Herrschaftsbildung werden konnten[44]. In Amorbach allerdings mußten die ortsansässigen Ministerialen unter den Augen ihres auf der nahen Wildenburg residierenden Herrn und in unmittelbarem Kontakt mit Abt und Keller des Klosters agieren, was eine schleichende Umwandlung von Amtsgut in Eigenbesitz oder eine Anmaßung klösterlicher Rechte weitgehend verhindert haben dürfte. Gerade hier waren die Bedingungen für die Entwicklung einer dauerhaften eigenständigen Herrschaft also denkbar schlecht und wurden noch schlechter, als Konrad von Dürn 1253 die nördlich des Klosters gelegene Siedlung zur Stadt erhob und deren Bewohnern damit einen Zuwachs an eigenen Rechten bescherte[45]. Für die Amorbacher Ministerialen bedeutete dies zwangsläufig eine Einschränkung ihrer Befugnisse. Unter anderen Umständen hätte die Befestigung im Templerhofareal nun zur Stadtburg werden können, wie sie bei vielen mittelalterlichen Gründungsstädten als Kontroll- und Verwaltungsstützpunkt der Stadtherrschaft am Rand in die Stadtbefestigung mit einbezogen wurde. Allerdings war dies angesichts der großen Entfernung zwischen Burg und Siedlung offenbar schon bei der Stadtgründung kein Thema (Abb. 20)[46]. In Amorbach jedoch führte der nach dem Tode des Stadtgründers rasant einsetzende Niedergang[47] der Dürner Herrschaft zu einer Anbindung der noch jungen Zwergstadt an das Kloster. Den örtlichen Dürner Gefolgsleuten aber kam dabei die Rückendeckung abhanden. Ein Markstein dieses Prozesses war die bereits erwähnte Übertragung ihres Ansitzes 1263 durch Ulrich von Dürn an das Kloster, durch die sie Lehensleute der Abtei wurden. Wirklich einschneidend aber muß der Verkauf von Stadt, Klostervogtei und Zentgericht Amorbach 1272 durch Ulrich von Dürn an das Erzstift Mainz gewirkt haben[48], zumal der Verkäufer sich die ihm rechtlich zustehende Gefolgschaft seiner Vasallen vorbehielt (*reservato michi iure vasallorum meorum, qui michi omagium prestiterunt*). Dank guter Quellenlage kann man im Detail verfolgen, wie die Amorbacher Ministerialen auf die Tatsache reagierten, daß ihnen vor Ort nun in mehrerer Hinsicht der Boden für eine standesgemäße Existenz und zukunftsgerichtetes Handeln entzogen war. Die beiden Familienverbände schlossen sich mehr oder weniger eng an das Erzstift Mainz an, dienten also der neuen Macht, begrenzten zugleich aber ihre Loyalität durch die Annahme von Lehen anderer Herrschaften und versuchten mit Erfolg, an entlegeneren Orten ohne Konkurrenzdruck vom Wegfall der ehemaligen Dürner Oberherrschaft durch den Aufbau eigener Herrschaften zu profitieren[49]. Die Angehörigen der einen Familie gaben um 1300 ihren alten Namen 'von Amorbach' auf und nannten sich stattdessen nach ihren neuen Sitzen in Adelsheim und (Wall-)

Abb. 20: Amorbach. Ausschnitt aus der Haas'schen Karte von 1804 mit ungefährer Lage des sog. Templerhauses (Pfeil).

Dürn[50]. Die anderen gehörten zur heute noch blühenden Familie Rüdt[51], die mit Sicherheit in dem nach ihnen benannten 'Rüdenhof' gewohnt haben. Zum letzten Mal führte mit Wiprecht Rüdt d.J. im März 1291 ein Vertreter dieser Familie den Zusatz 'von Amorbach'[52], d.h. exakt im Baujahr des sekundären Fachwerkaufsatzes am sog. Templerhaus, während sein mutmaßlicher Vater[53] Wiprecht Rüdt d.Ä., Stammvater aller jüngeren Familienzweige, sich in derselben Urkunde erstmals nach seiner neu erbauten Burg in Bödigheim nannte, deren Baugrund er 1286 von Kloster Amorbach ertauscht hatte[54]. Ebenfalls 1291 wird mit dem Offiziaten Heinrich erstmals ein Mainzer Amtsträger auf der Wildenburg genannt[55]. Erster Besitzer des sog. Templerhauses nach dem Umbau war der 1290/99 erwähnte Amorbacher Schöffe Heinrich Gribe, gefolgt von dem 1337/48 belegten Amorbacher Schultheißen und Keller Konrad Engelhard, dessen unmittelbare Besitznachfolge zumindest auf Familienebene durch seine ausdrückliche Belehnung mit dem 'Gribenhof' trotz der zeitlichen Lücke gesichert ist[56]. Die Reihe der bürgerlichen Besitzer reißt danach nicht mehr ab.

Der Umbau bzw. wehrtechnische Rückbau des Amorbacher Turms von 1291 fällt also exakt mit dem Wegzug seines letzten niederadeligen Bewohners zusammen. Ganz ähnlich wie der etwa gleichzeitige Umbau des Eschelbronner Wohnturms ist er daher am besten als Reflex auf den eingetretenen Wechsel in der Oberherrschaft über den zugehörigen Ort zu erklären, mit dem Unterschied, daß die Eschelbronner Turmbewohner blieben und ihren Ansitz im 14. Jahrhundert wieder zu einer kleinen Burganlage weiterentwickeln konnten, während das Amorbacher Turmhaus in den repräsentativen Wohnsitz von Angehörigen der städtischen Oberschicht umgewandelt wurde. Daß dieser sich in nicht wenigen Details an gleichzeitigen niederadligen Wohntürmen orientierte, steht damit nicht im Widerspruch, sondern stellt ihn in eine Reihe mit den gerade in Franken nicht seltenen stadtbürgerlichen Wohntürmen und Weiherhäusern[57]. Turmform und Raumprogramm des Amorbacher Um- bzw. Neubaus von 1291 sind also kein Beleg für einen adligen Bauherrn, sondern verweisen auf die damals lebendige, gesamtgesellschaftliche Vorbildhaftigkeit ritterlich-höfischer Kultur, an der sich auch das nichtadlige städtische Patriziat orientierte.

Anmerkungen

1. **Joachim Zeune**, Burgen. Symbole der Macht. Ein neues Bild der mittelalterlichen Burg (Darmstadt ²1997).
2. **Hans-Martin Maurer**, Bauformen der hochmittelalterlichen Adelsburg in Südwestdeutschland. Zeitschr. f. Gesch. d. Oberrheins 115, 1967, 61ff.- **Thomas Biller**, Die Adelsburg in Deutschland. Entstehung, Form und Bedeutung (München 1993) 134ff.- **Uwe Albrecht**, Der Adelssitz im Mittelalter. Studien zum Verhältnis von Architektur und Lebensform in Nord- und Westeuropa (München/Berlin 1995) 22ff.
3. Stellvertretend für die ältere Forschung: **Herman Hinz**, Motte und Donjon. Zur Frühgeschichte der mittelalterlichen Adelsburg. Zeitschr. f. Archäologie d. Mittelalters, Beih. 1 (Köln/Bonn 1981) 74ff.; 119ff.- Zum derzeitigen Forschungsstand: **Horst-Wolfgang Böhme**, Der hochmittelalterliche Burgenbau. In: Burgen in Mitteleuropa I: Bauformen und Entwicklung (Stuttgart 1999) 54ff.
4. So z.B. Burgen in Mitteleuropa I: Bauformen und Entwicklung (Stuttgart 1999) 260ff. (**Christofer Herrmann u. J. Zeune**). Nach Manuskriptabschluß erschien ein anregender Sammelband zum Thema: Heinz Müller (Hrsg.), Wohntürme (Langenweißbach 2002).
5. **Maurer**, Bauformen (wie Anm. 2) 61ff.

6. **Tilman Mittelstraß**, Archäologie im Murnauer Schloß. Bericht über die Ausgrabungen der Jahre 1991 und 1992. In: Schloß Murnau. Ein Bauwerk der Stauferzeit und seine Geschichte. Forschungen z. Archäologie u. Baugesch. d. Mittelalters u. d. Neuzeit 1 (Murnau 1994) 7ff., hier: 22ff.
7. Zahlreiche Beispiele bei **Oswald Trapp**, Tiroler Burgenbuch. 8 Bde. (Bozen 1974-1989).
8. **Chistofer Herrmann**, Wohntürme des späten Mittelalters auf Burgen im Rhein-Mosel-Gebiet. Veröff. d. Deutschen Burgenvereinigung A,2 (Espelkamp 1995).
9. **Dietrich Lutz**, Turmburgen in Südwestdeutschland. In: La maison forte du moyen âge. Kongreßber. Nancy 1984, hrsg. v. **Michel Bur** (Paris 1986) 137ff.- **Tilman Mittelstraß**, Eschelbronn. Entstehung, Entwicklung und Ende eines Niederadelssitzes im Kraichgau (12. bis 18. Jahrhundert). Forsch. u. Ber. d. Archäologie d. Mittelalters in Baden-Württ. 17 (Stuttgart 1996) 69ff.- **Daniel Reicke**, „von starken und grossen flüejen". Eine Untersuchung zu Megalith- und Buckelquader-Mauerwerk an Burgtürmen im Gebiet zwischen Alpen und Rhein. Schweizer Beitr. z. Kulturgesch. u. Archäologie d. Mittelalters 22 (Basel 1995) 21ff.
10. Die Bezeichnung 'Templerhaus' ist eine im 19. Jh. entstandene, irreführend-romantisierende Bezeichnung ohne historische Grundlage (**Friedrich Oswald**, Die archivalischen Quellen. In: **Schmidt**, Templerhaus [wie Anm. 11] 114).
11. **Wolf Schmidt**, Das Templerhaus in Amorbach. Arbeitsh. d. Bayer. Landesamts f. Denkmalpflege 53 (München 1991).
12. **Rainer Brütting**, Das Erscheinungsbild des Templerhauses im Lauf der Jahrhunderte. In: **Schmidt**, Templerhaus (wie Anm. 11) 144ff.
13. **Heike Fastje**, Das Bauwerk aus Sicht der Bauforschung. In: **Schmidt**, Templerhaus (wie Anm. 11) 79ff.
14. **Günther Stanzl**, Archäologische Grabungskampagnen I und II. In: **Schmidt**, Templerhaus (wie Anm. 11) 55ff.
15. **Dieter Heyse** u. **Magnus Wintergerst**, Archäologische Grabungskampagnen III und IV. In: **Schmidt**, Templerhaus (wie Anm. 11) 63ff.
16. **Oswald**, Quellen (wie Anm. 10) 114ff.
17. **Mittelstraß**, Eschelbronn (wie Anm. 9), bes. 36ff. mit Beil.4; 5; 13,2.
18. **Mittelstraß**, Eschelbronn (wie Anm. 9) 40ff.
19. **Mittelstraß**, Eschelbronn (wie Anm. 9) 55f. Leider ist der dort unternommene Versuch, aus dem grundsätzlich berechenbaren Gesamtvolumen des Brandschutts auf die ursprüngliche Baumasse zu schließen, aus methodischen Gründen mit starken Unsicherheiten behaftet, da das eigentliche Baumaterial Holz nach einem Brand kaum zum Zerstörungsschutt beiträgt, dieser also hauptsächlich aus Zusätzen besteht, d.h. Resten des Lehmschlags im Erdgeschoß, den Lehmestrichen der Zwischenböden, den Resten von Öfen und sonstigen Feuerstellen sowie dem Dachziegelbruch.
20. Zum Nachweis derartiger Raumprogramme in Wohntürmen vgl. **Lutz**, Turmburgen (wie Anm. 9) 146ff., u. **Herrmann**, Wohntürme (wie Anm. 8) 57.
21. **Hans-Martin Maurer**, Rechtsverhältnisse der hochmittelalterlichen Adelsburg vornehmlich in Südwestdeutschland. In: Burgen im deutschen Sprachraum. Ihre rechts- und verfassungsgeschichtliche Bedeutung II. Hrsg. v. **Hans Patze**. Vorträge u. Forschungen 19[,2] (Sigmaringen 1976) 77ff., hier: 99.
22. Die Wasserburg von Altheim/Niederbayern (13. Jh.) besaß laut Grabungsbefund als Annäherungshindernis einen Zaun von 2,30 m Höhe (**Annemarie, Bernd Engelhardt** u. **Martin Schaich**, Ein hochmittelalterlicher Burgstall bei Altheim. Das archäologische Jahr in Bayern 1997, 171ff.).
23. **Otto Piper**, Burgenkunde. Bauwesen und Geschichte der Burgen zunächst innerhalb des deutschen Sprachgebietes ^{3}(München 1912) <erw. Nachdr. Frankfurt/M. 1967> 495 Fig. 524; **Reicke**, „flüejen" (wie Anm. 9) 61 ff. (mit Titelbild).
24. **Adolf Reinle**, Die Kunstdenkmäler des Kantons Luzern 6 (Basel 1963) 176ff.; **Reicke**, „flüejen" (wie Anm. 9) 148f.
25. z.B. **Piper**, Burgenkunde (wie Anm. 23) 365f. Fig. 360ff.; 375ff. Fig. 381ff.; 412 Fig. 403; 413 Fig. 417; 433 Fig. 422 495f. Fig. 523f.; 548 Abb. 562; **Mittelstraß**, Eschelbronn (wie Anm. 9) 80 Abb. 58-60; Burgen I (wie Anm. 4), 137 Abb. 78; 229 Abb. 130; 251 Abb. 140; Farbabb. 12; II, 27 Abb. 2f.; Farbabb. 3.
26. **Marie-Letizia Boscardin**, Die Grottenburg Fracstein und ihre Ritzzeichnungen. In: **Marie-Letizia Boscardin** u. **Werner Meyer**, Burgenforschung in Graubünden. Schweizer Beitr. z. Kulturgesch. u. Archäologie d. Mittelalters 4 (Olten 1977) 7ff., hier: 28 Fig. 6 (Auswahl).

27. Abbildung solcher Reiterspieße im 1405 illustrierten „Bellifortis" des Konrad Kyeser (**Piper**, Burgenkunde [wie Anm. 23] 546 Fig. 557; Mittelstraß, Eschelbronn [wie Anm. 9] 80 Abb. 58). Eine im Wassergraben stehende Pfahlreihe wurde auch in der rheinischen Niederungsburg Holtrop ergraben (**Wilhelm Piepers**, Ausgrabungen auf Burg Holtrop bei Bergheim/Erft. Bonner Jahrb. 60, 1960, 374ff., hier: 381f. mit Abb. 12-15; zur Deutung **Mittelstraß**, Eschelbronn [wie Anm. 9] 57). Reiterspieße sind des weiteren im Burggraben von Hallwil, Kt. Aargau, nachgewiesen (**Nils Lithberg**, Schloß Hallwil II. Die Ausgrabungen [Stockholm 1932] 18f.; 28ff.).

28. Auf dem niederrheinischen Husterknupp ist für Haus 3 eine Dachneigung von 51° nachgewiesen (**Adelhard Zippelius**, Die Rekonstruktion und baugeschichtliche Stellung der Holzbauten auf dem „Husterknupp". In: **Adolf Herrnbrodt**, Der Husterknupp. Eine niederrheinische Burganlage des frühen Mittelalters. Bonner Jahrb., Beih. 6 [Köln/Graz 1958] 141 Abb. 68f.). Auf der Stellerburg wiesen zwei Sparrenlager eine Neigung von 50° auf, ein drittes 45° (**Martin Viktor Rudolph**, Germanischer Holzbau der Wikingerzeit 1. Die baugeschichtlichen Ergebnisse der Ausgrabungen auf der Stellerburg in Dithmarschen. Vor- u. frühgesch. Untersuchungen a.d. Museum vorgesch. Altertümer in Kiel, N.F. 6 [Neumünster 1942] 93ff., bes. 94 Abb. 75). Dieser Wert stellt für Strohdächer die Untergrenze dar (**Hermann Phleps**, Der Blockbau [Karlsruhe 1942] 88). Der Neigungswinkel einiger Burgdächer des 12./13. Jhs. (zwischen 35° und 40°) ist zusammengestellt bei **Alexander Antonow**, Planung und Bau von Burgen im süddeutschen Raum (Frankfurt 1983) 306. Häufiger und deutlicher als beim Profanbau sind Befunde zur mittelalterlichen Dachneigung bei Kirchen zu beobachten, sowohl an originalen Dachstühlen wie auch als ältere Dachabdrücke unter nachträglich versteilten Giebeln. Der Wechsel von flacher romanischer zu steiler gotischer Neigung erfolgt so regelmäßig, daß hier ein Wechsel von eher warm-trockenem zu mehr kalt-feuchtem Klima als Ursache anzunehmen ist. Vielleicht spielt auch eine wachsende handwerkliche Erfahrung mit Ziegeldeckung eine Rolle.

29. **Maurer**, Rechtsverhältnisse (wie Anm. 21) 99; **Albrecht**, Adelssitz (wie Anm. 2) 36f.

30. **Maurer**, Rechtsverhältnisse (wie Anm. 21) 99f. nach Org. im HStA Stuttgart.- Weitere Beispiele des 14. Jhs. für landesherrlich verfügten wehrtechnischen Rückbau an Niederadelsburgen bei **Herrmann**, Wohntürme (wie Anm. 8) 82.

31. **Mittelstraß**, Eschelbronn (wie Anm. 9) 69; 170ff.; **Tilman Mittelstraß**, Die Ritter und Edelknechte von Hettingen, Hainstadt, Buchen und Dürn. Niederadlige Personengruppen im Bauland und Kraichgau. Zwischen Neckar und Main 26 (Buchen 1991) 28ff., bes. 58.

32. Wirtembergisches Urkundenbuch 4 (Stuttgart 1883) <Nachdr. Aalen 1974> 249ff. Nr. 1181 (zu 1251).

33. Inzwischen kann sich die dreiräumige Rekonstruktion des Gebäudes (**Mittelstraß**, Eschelbronn [wie Anm. 9] 25ff.) auf zwei zusätzliche süddeutsche Neufunde stützen (**Peter Donat**, Neue archäologische und bauhistorische Forschungsergebnisse zum ländlichen Hausbau des 11.-13. Jahrhunderts in Mittel- und Süddeutschland. Germania 73, 1995, 421ff., hier: 428ff. mit 430 Abb. 2,1.2). Bezeichnenderweise hat eines dieser Beispiele aus Hohenstein-Oberstetten einige Kleinfunde, darunter einen Reitersporn geliefert, die auf ein niederadliges Milieu der Bewohner deuten (**Christoph Bizer**, Das mittelalterliche Steinhaus in Oberstetten. Die Kleinfunde. In: **Christoph Bizer, Rolf Götz, Wilfried Pfefferkorn** u. **Erhard Schmidt**, Burgruine Hohenstein. Die Burgen der Gemeinde Hohenstein [Hohenstein 1987] 163ff.), wie das ja auch bei dem zum Vergleich bereits in der Grabungsauswertung herangezogenen mehrräumigen Haus aus Großrinderfeld-Schönfeld der Fall ist (**Mittelstraß**, Eschelbronn [wie Anm. 9] 32 mit 30 Abb.13).

34. **Adolf Koch** u. **Jakob Wille**, Regesten der Pfalzgrafen am Rhein 1214-1508, Bd. 1: 1214-1400 (Innsbruck 1894) 56 Nr. 967 (zur Datierung vgl. Mittelstraß, Eschelbronn [wie Anm. 9] 177 Anm. 667).- Bei der Abfassung meiner Dissertation war ich mir über die Berechtigung dieses historischen Rückschlusses von den überlieferten Verhältnissen des 14. auf diejenigen des 13. Jhs. noch nicht so sicher wie nach meiner vertieften Beschäftigung mit der Geschichte der Herren von Hettingen (**Mittelstraß**, Ritter [wie Anm. 31]), deren Ergebnisse ich dann nur noch in begrenztem Maß in meine Arbeit zur Eschelbronner Burg einarbeiten konnte. Im Grunde handelt es sich bei der Frage, ob der 1276 erwähnte Reinhard von Hettingen als Bauherr des Eschelbronner Wohnturms von 1271 anzusehen ist, um ein ähnliches Problem wie bei der Frage nach dem Vorhandensein eines Wehrgeschosses: Vieles spricht dafür, nichts dagegen, aber hundertprozentig beweisbar ist es nicht.

35. **Franz Xaver Remling**, Urkundenbuch zur Geschichte der Bischöfe von Speyer 1 (Mainz 1852) <Nachdr. Kaiserslautern 1970> 406 Nr. 439.

36. **Richard Schröder**, Oberrheinische Stadtrechte 1. Fränkische Rechte 3. Mergentheim; Lauda, Ballenberg und Krautheim; Amorbach, Walldürn, Buchen, Külsheim und Tauberbischofsheim (Heidelberg 1897) 214f. nach Org. im HStA München.

37. **Valentin Ferdinand v.Gudenus**, Codex diplomaticus exhibens Anectoda[!] ab anno 881 ad 1300 Moguntiaca... 1 (Frankfurt/Leipzig 1743) 876ff. Nr. 415 nach Org. im FLA Amorbach; Vogt, Regesten 1/1 (wie Anm. 49) 62 Nr. 352.

38. **Helmut Hundsbichler, Gerhard Jaritz** u. **Elisabeth Vavra**, Tradition? Stagnation? Innovation? – Die Bedeutung des Adels für die spätmittelalterliche Sachkultur. In: Adelige Sachkultur des Spätmittelalters. Kongreßber. Krems 1980. Veröff. d. Inst. f. mittelalterl. Realienkde. Österreichs 5 (= Österr. Akad. d. Wiss., Phil.-Hist. Kl. 400) (Wien 1982) 53ff.; **Mittelstraß**, Eschelbronn (wie Anm. 9) 48 Anm. 92; 52 Anm. 106; 58 Anm. 148.

39. **Mittelstraß**, Eschelbronn (wie Anm. 9) 69ff.

40. **Johann Adolph v.Schultes**, Diplomatische Geschichte des Gräflichen Hauses Henneberg 1 (Leipzig 1788) 311ff. Nr. 28. Dieselbe Stelle zieht Wolfgang Schwabenicky als Erklärung dafür heran, daß die Erbauer des Wohnturms in Beerwalde/Sachsen auf die Verwendung von Stein oberhalb der Aufschüttung verzichteten (**Wolfgang Schwabenicky**, Die hochmittelalterliche Wehranlage „Waal“ in Beerwalde, Kr. Hainichen. Arbeits- u. Forschungsber. z. sächs. Bodendenkmalpflege 24/25, 1982, 311ff., hier: 365).- Als König Andreas II. von Ungarn dem Deutschen Orden kurzzeitig das Burzenland überließ, erlaubte er den Rittern in der ersten Übertragungsurkunde von 1211 zunächst nur die Errichtung von hölzernen Burgen (**Harald Zimmermann**, Der Deutsche Orden im Burzenland. Eine diplomatische Untersuchung. Studia Transylvanica 26 [Köln/Weimar/Wien 2000] 73f.; 115f.; 163).

41. Die Einweihung des fertiggestellten Turms fand am 24.6.2001 statt. Die Idee zu diesem Projekt stammt von Karl Banghard M.A., Marburg, der auch an seiner organisatorischen Einfädelung maßgeblichen Anteil hatte. Planender und bauleitender Architekt war Dipl.Ing. (FH) Gottfried Schulze, Regensburg, die zimmermannstechnische Beratung lag bei Dipl.Ing. (FH) Andreas Schubert, Regensburg, die wissenschaftliche Betreuung von Planung und Ausführung beim Verfasser. Ein ausführlicher Bericht zum Projekt ist bislang unpubliziert (Kurzfassung: **Tilman Mittelstraß**, Die Rekonstruktion eines hölzernen Wohnturms des 13. Jahrhunderts in Stabbauweise in Kanzach, Lkr. Biberach. In: Holz in der Burgenarchitektur. Veröff. d. Deutschen Burgenvereinigung B, 9 [Braubach 2004] 117-124).

42. **Ignaz Gropp**, Historia Monasterii Amorbacensis, Aetas Mille Annorum antiquissimi et regalis Monasterii B.M.V. in Amorbach (Frankfurt/M. 1736) 195.- **Richard Krebs**, Das Kloster Amorbach im 14. und 15. Jahrhundert. Archiv f. hess. Landesgesch. u. Altertumskde., N.F. 7, 1910, 185ff., hier: 252.- **Oswald**, Quellen (wie Anm. 10) 185 Anm. 246. Da die ebd. 114ff. zitierten Amorbacher Abgabenverzeichnisse des 14./15. Jhs. die Abhängigkeit des Rüdenhofes vom Kloster bezeugen, sind Friedrich Oswalds Zweifel an der von der Klostertradition überlieferten Identität mit zumindest einem der beiden 1263 von Ulrich v.Dürn an das Kloster übertragenen Amorbacher Höfe unbegründet.

43. Eine weitere Möglichkeit wäre die Identifizierung des zweiten mittelalterlichen Niederadelssitzes in Amorbach mit einem Anwesen in der „Schenkengasse“, das 1395 neben dem Rüdenhof als einziges weiteres Amorbacher Anwesen von gewissen Angaben befreit war (**Richard Krebs**, Amorbach im Odenwald. Ein Heimatbuch [Amorbach 1923] 65ff.).

44. **Kurt Andermann**, Klösterliche Grundherrschaft und niederadelige Herrschaftsbildung: Das Beispiel Amorbach. In: Siedlungsentwicklung und Herrschaftsbildung im Hinteren Odenwald. Hrsg. v. **Hermann Ehmer**. Zwischen Neckar und Main 24 (Buchen 1988) 29ff., bes. 43ff.

45. **Schröder**, Stadtrechte (wie Anm. 36) 213f. nach Org. im FLA.

46. Die 1253 zur Stadt erhobene Siedlung nördlich des Klosters erhielt nach Zustimmung des Klosters erst im 14. Jh. eine Befestigung mit Wall und Graben, eine Mauer erst im 15. Jh. Die bis in die Nähe des sog. Templerhauses reichende Unterstadt war nie befestigt (**Schmidt**, Templerhaus [wie Anm. 11] 9).

47. Warum die Herren von Dürn die anarchischen Zeiten des Interregnums nicht für sich nutzen konnten, sondern deren Opfer wurden, ist bis heute nicht befriedigend geklärt (vgl. **Mittelstraß**, Eschelbronn [wie Anm. 9] 171 mit Anm. 622). Mit Sicherheit spielte die Aufteilung der Herrschaft 1253/54 unter Konrads drei Söhne eine wichtige Rolle, kann aber den geradezu einem Ausverkauf gleichkommenden Rückzug des Ulrich v.Dürn aus Kernbereichen der Dürner Herrschaft nicht ausreichend erklären.

48. **Schröder**, Stadtrechte (wie Anm. 36) 214f. nach Org. im HStA München. In engem Zusammenhang damit ist der bereits 1271 erfolgte Verkauf der Wildenburg an Mainz zu sehen (v.Gudenus, Codex 1 [wie Anm. 38] 732f.; **Johann Friedrich Böhmer**, Regesten zur Geschichte der Mainzer Erzbischöfe von Bonifatius bis Heinrich II. 742?-1288, Bd. 2, 379 Nr. 254). Die erzstiftische Verwaltung formte daraus das Amt Wildenberg (**Mittelstraß**, Ritter [wie Anm. 31] 178ff.).

49. Im Falle der Rüdt führte diese Uneindeutigkeit dazu, daß das Erzstift Mainz 1310 und 1340 sein Besitzrecht an der Familie per Kundschaft erforschen und beurkunden ließ (**Ernst Vogt**, Regesten der Erzbischöfe von Mainz von 1289-1396, Bd. 1/1: 1289-1328 [Leipzig 1913] <erg. Nachdr. Aalen 1970> 234 Nr. 1336; **Heinrich Otto**, Regesten der Erzbischöfe von Mainz von 1289-1396, Bd. 1/2: 1328-1353 [Leipzig/Darmstadt 1932/35] <erg. Nachdr. Aalen 1970> 343f. Nr. 4471).

50. Zur Familie vgl. **Mittelstraß**, Ritter (wie Anm. 31) 155ff.

51. Zur Familie **W. Moeller**, Stammtafeln westdeutscher Adelsgeschlechter 3 (Darmstadt 1936), 284ff. mit Taf. 135ff., mit korrekturbedürftigen Hypothesen namentlich zur Frühzeit (z.B. **Mittelstraß**, Ritter [wie Anm. 31] 147 Anm. 574 u.a. [vgl. ebd. 242]); außerdem, ebenfalls korrekturbedürftig **Gabriele Enders**, Die Abtei Amorbach und ihre Beziehungen zu der niederadligen Familie Rüdt von Collenberg. In: Die Abtei Amorbach im Odenwald. Neue Beiträge zur Geschichte und Kultur des Klosters und seines Herrschaftsgebietes. Hrsg. v. **Friedrich Oswald** u. **Wilhelm Störmer** (Sigmaringen 1984) 167ff.

52. **Krebs**, Amorbach (wie Anm. 42) 253; **Mittelstraß**, Ritter (wie Anm. 31) 110 mit Anm. 405; 242.

53. Die Beziehung der beiden Wiprechte zueinander wurde von **Walther Moeller** wegen der fehlerhaften Datierung des Rüdt'schen Teilungsvertrags von 1306 (vgl. **Enders**, Abtei [wie Anm. 51] 170) unnötig verkompliziert. Wahrscheinlich handelt es sich um Vater und Sohn. Der jüngere Wiprecht hat nach 1291 zeitweilig ganz auf die Beifügung eines Orts zu seinem Namen verzichtet, nannte sich 1302 vermutlich einmal nach Rüdenau und erbte schließlich zusammen mit seinem Bruder Eberhard 1306 die Burg Bödigheim, nach der er sich fortan nannte.

54. **Krebs**, Amorbach (wie Anm. 42) 252f. Ritter Wiprecht d.Ä. nannte sich noch bis 1290 Rüdt von Rüdenau (**Mittelstraß**, Ritter [wie Anm. 31] 98 Anm. 339). Für einen weiteren Familienzweig wurde die Burg Collenberg am Main namengebend, allerdings erst im 14. Jh., obwohl die Rüdt diese Burg angeblich in der zweiten Hälfte des 13. Jhs. schon vor dem Bau der Bödigheimer Burg erworben haben sollen (**Moeller**, Stammtafeln [wie Anm. 51], 284; **Enders**, Abtei [wie Anm. 51] 168f.). Die Ansicht eines derart frühen Besitzübergangs von Burg Collenberg an die Rüdt ist fragwürdig, denn sie beruht offenbar auf nicht quellenkompatiblen Vorstellungen zu der Frage, wie dieser zustande gekommen ist.

55. **Mittelstraß**, Ritter (wie Anm. 31) 178 nach **Vogt**, Regesten 1/1 (wie Anm. 49) 31 Nr. 193; 36f. Nr. 227.

56. **Oswald**, Quellen (wie Anm. 10) 114ff. Der ebd. unternommene Versuch, Konrad Engelhard dem Niederadel zuzurechnen, geht in die Irre. Die Quellenlage zum regionalen Niederadel des 14. Jhs. ist so dicht, daß das Fehlen von ihm oder weiteren Familienangehörigen in den einschlägigen Stammbäumen nicht mit deren Unvollständigkeit erklärt werden kann, sondern im Gegenteil beweist, daß er eben nicht zu diesen Kreisen gehörte. Hinzu kommen die für ihn überlieferten Ämter, die ihn als Angehörigen der städtischen Führungsschicht Amorbachs ausweisen. Zu Konrad Engelhards Wirken vgl. **Christoph Bachmann**, Die Amorbacher Kellereirechnung des Konrad Engilhard von 1340/41. In **Winfried Wackerfuß** (Hrsg.): Beitr. z. Erforsch. d. Odenwaldes u. s. Randlandschaften VI (Breuberg-Neustadt 1997) 83ff.

57. Diese Gebäudegruppe, dessen bekanntester Vertreter das Topplerschlößchen bei Rothenburg o.T. ist, wurde noch nicht im Zusammenhang erforscht (einige Bemerkungen dazu bei **Mittelstraß**, Eschelbronn [wie Anm. 9] 67f).

Abbildungsnachweise

Abb. 1: Foto Bayer. Landesamt f. Denkmalpflege München (1989). – Abb. 2: Brütting, Erscheinungsbild (wie Anm. 12) 112 Abb. 139 (mit Veränderungen im EG von Tilman Mittelstraß). – Abb. 3a u. 3b: Hermann Günther, Zur Konstruktion des Fachwerks. In: Schmidt, Templerhaus (wie Anm.11) 94ff.; hier: 98f. Abb. 103,b.c (mit Ergänzungen von Tilman Mittelstraß). – Abb. 4: Zeichnung Tilman Mittelstraß. – Abb. 5: Mittelstraß, Eschelbronn (wie Anm. 9) 36 Abb. 17. – Abb. 6: Mittelstraß, Eschelbronn (wie Anm. 9) 39 Abb. 20. – Abb. 7: Mittelstraß, Eschelbronn (wie Anm. 9) 47 Abb. 31. – Abb. 8: Mittelstraß, Eschelbronn (wie Anm. 9) 58 Abb. 45 (Zeichnung Martin Boss nach Vorgaben von Tilman Mittelstraß). – Abb. 9: Foto Tilman Mittelstraß (2000). – Abb. 10: Foto Tilman Mittelstraß (2000). – Abb. 11: Boscardin, Fracstein (wie Anm. 26) 28 Fig. 6. – Abb. 12: Mittelstraß, Eschelbronn (wie Anm. 9) 49 Abb. 34 u. 35; 47 Abb. 30. – Abb. 13: Mittelstraß, Eschelbronn (wie Anm. 9) 58 Abb. 46 (Zeichnung Martin Boss nach Vorgaben von Tilman Mittelstraß). – Abb. 14: Mittelstraß, Eschelbronn (wie Anm. 9) 24 Abb. 6 u. 36 Abb. 16 (Zeichnung Tilman Mittelstraß u. Martin Boss nach Vorgaben von Tilman Mittelstraß). – Abb. 15: Mittelstraß, Eschelbronn (wie Anm. 9) 60 Abb. 47. – Abb. 16: Mittelstraß, Eschelbronn (wie Anm. 9) 73 Abb. 52. –Abb. 17: Foto Tilman Mittelstraß (2001). – Abb. 18: Foto Tilman Mittelstraß (2001). – Abb. 19: Foto Tilman Mittelstraß (2001). – Abb. 20: Schmidt, Templerhaus (wie Anm. 11) 8 Abb. 1 (Ausschnitt; Pfeil ergänzt).

Roland Vetter

„Der Odenwälder ist im Allgemeinen ernst und zurückhaltend" –

Die Bezirksbereisung des Eberbacher Amtsarztes Dr. Frey im Jahre 1885

Über die Alltagswirklichkeit der Odenwälder Bevölkerung im 19. Jahrhundert wissen wir immer noch recht wenig, denn Bauern, Landarbeiter und Handwerker haben nur selten umfangreichere und aussagekräftige schriftliche Zeugnisse über ihr Leben und Arbeiten hinterlassen. Glücklicherweise finden sich jedoch immer wieder Berichte aus der Feder aufmerksamer Beobachter, die solche Informationslücken wenigstens teilweise schließen können.

Dazu zählen die für einzelne Gemeinden und Verwaltungsbezirke erhalten gebliebenen Medizinischen Topographien, Ortsbeschreibungen und Jahresberichte der Amtsärzte, in welchen sich nicht nur mehr oder weniger umfangreiche Darstellungen über „Land und Leute", sondern auch durchaus Lesenswertes über die Lebensumstände und die Arbeitswelt der Bevölkerung finden lassen. Obwohl diese Berichte in vielen Fällen eine wahre Fundgrube für Detailinformationen darstellen und eine wertvolle alltagsgeschichtliche Quelle für die lange Spanne zwischen der vorindustriellen und der hochindustriellen Zeit sein können, ist dieser Quellentyp im ehemaligen Baden bisher nur auf ein vergleichsweise geringes landes- und volkskundliches Interesse gestoßen.

Andererseits zeigt bereits eine nur oberflächliche bibliographische Bestandsaufnahme unter den Stichworten „Physikatsbericht" oder „Medizinische Topographie" in einer der gängigen Internet-Suchmaschinen den beachtlichen Umfang an, den inzwischen die Auswertung und Interpretation solcher amtsärztlicher Verwaltungsakten besonders in Bayern in der dortigen Volks- und geschichtlichen Landeskunde gewonnen hat.

Auf den unbezweifelbaren Quellenwert von amtsärztlichen Ortsbereisungsprotokollen und medizinischen Topographien war zwar schon seit Anfang des vorigen Jahrhunderts durch Medizinhistoriker und Geomediziner wiederholt hingewiesen worden, jedoch nur mit geringem Erfolg[1]. Wodurch könnte das beharrliche Desinteresse der Forschung an diesem speziellen Quellentyp zu erklären sein? Dieser Frage wollen wir uns zunächst einleitend zuwenden.

Die in der Medizin bis ins letzte Viertel des 19. Jahrhunderts vorherrschende Theorie von der örtlichen und zeitlichen Disposition krankmachender Kräfte, welche die Fachdiskussion um eine geeignete Prävention in der öffentlichen Hygiene prägte, führte damals zu einer so nie wieder erreichten Blüte des geomedizinischen Ansatzes in der Epidemologie, „als dessen Abglanz uns noch heute die Fülle der medizinischen Ortsbeschreibungen, ärztlichen Länderkunden und medizinischen Topographien erscheint."[2]

Der tragende Gedanke dieser amtsärztlichen Ortsbereisungen klingt einfach. Man wollte durch die Beschreibung eines räumlich klar eingegrenzten Verwaltungsbezirks und die sorgfältige Inventarisierung seines natur- und kulturräumlichen Potentials zu einer stichhaltigen Deutung der wiederholt auftretenden epidemischen Krankheitsbilder bei der dort lebenden Bevölkerung gelangen. Dadurch hoffte man einer planvollen Bekämpfung der immer wieder in Schüben auftretenden Seuchen und der endemischen Erkrankungen näherzukommen.

Medizinische Topographien sollten umfassende Milieubeschreibungen sein, „die eine möglichst geschlossene Darstellung der Gesundheits- und Krankheitsverhältnisse der Bevölkerung in Verbindung mit der geographischen Umwelt, d.h. der Ortslage, dem Klima, den geologischen und hydrologischen Verhältnissen sowie mit den sozialen, kulturellen und ethnischen Erscheinungen enthalten."[3] Der verantwortungsvollen Dienstauffassung und dem literarischen Fleiß vieler beamteter Ärzte verdanken wir eine große Zahl solcher Orts- und Bezirksbeschreibungen. Manche wurden sogar in den Druck gegeben[4]. Die meisten waren jedoch schon bald vergessen. Denn nicht nur in der medizinischen Fachwissenschaft war die Resonanz auf die inhaltlich meist recht heterogenen und für die Erforschung und Bewertung der öffentlichen Hygiene oft wenig brauchbaren Berichte von Anfang an recht schwach. Schon damals erschien die Gliederung vieler Ortsbeschreibungen den Kritikern „unbeholfen und wenig sinnvoll, weil es den Verfassern infolge der ihnen damals fehlenden Erkenntnis über die heute mit naturwissenschaftlichen Methoden erfaßbaren Zusammenhänge zwischen Krankheitsentstehung und örtlichen Bedingungen sowie über die Abhängigkeit von Krankheitserregern und der durch sie zeitlich und örtlich stark bedingten Seuchenentwicklung von den verschiedensten Geofaktoren nicht möglich war, die in den medizinischen Ortsbeschreibungen oft zwar sehr gewissenhaft niedergelegten Beobachtungen oder statistischen Ermittlungen im heutigen geomedizinischen Sinne zu deuten und zum Nutzen einer ärztlich-hygienischen Prophylaxe zu verwenden."[5] Kein Wunder also, daß jene Fleißarbeiten der Mediziner rasch in Vergessenheit gerieten, zumal das die wissenschaftlich Diskussion beherrschende miasmatische Dogma der präbakteriellen Hygieniker vor allem durch Robert Kochs Entdeckungen in den achtziger Jahren des 19. Jahrhunderts schließlich als Irrlehre widerlegt werden konnte[6]. Damit war „diese Epoche der frühen geographischen Medizin... in Deutschland beendet."[7]

Dennoch, trotz der Antiquiertheit ihres wissenschaftlichen Erklärungsansatzes zur Krankheits- und Seuchenentstehung sind die medizinischen Topographien des 19. Jahrhunderts für die historische Forschung aus heutiger Sicht nicht völlig wertlos. Die Fülle der darin geschilderten Beobachtungen über die öffentliche Hygiene, die Volkskrankheiten, die lokalen Sitten und Gebräuche, Lebensgewohnheiten und Mentalitäten könnten noch manchen Anstoß für medizingeschichtliche Untersuchungen geben, könnten aber auch mit Gewinn für sozialhistorische, volkskundliche, historisch-geographische und selbst ökologische Fragestellungen herangezogen werden. Wie eingangs erwähnt, hat man in der jüngeren Vergangenheit vor allem in Bayern erkannt, daß eine systematische Auswertung der Physikatsberichte und medizinischen Topographien nicht nur einen nostalgischen Blick zurück in längst versunkene Zeiten gestattet, sondern indirekt auch Einblicke in die Geschichte und Kultur der weitgehend sprachlosen „kleinen Leute" gewährt[8]. Vor allem bei einer analytischen Verknüpfung der in Zeitreihen vorliegenden Quellen könnten hier wirtschaftliche, soziale und ökologische Strukturen und Prozesse des Alltagslebens in der jeweils beschriebenen Region sichtbar gemacht und in ihrer Wechselwirkung mit Zeit und Raum untersucht werden. Eine solche chronologische und chorologische Synopse wäre geeignet, die oft künstliche Trennung von Regional- und Strukturgeschichte sowie von Alltags- und Politikgeschichte überbrücken zu helfen.

Nicht nur für Bayern, auch für das ehemalige Großherzogtum Baden ist ein solcher Forschungsansatz denkbar. Denn auch hier war es den Amts- und Bezirksärzten seit 1805 aufgetragen, ausführliche Bereisungsprotokolle zu erstellen. Jeder badische Physikus mußte etwa ein halbes Jahr nach dem Dienstantritt in seinem neuen Tätigkeitsbereich „die Fertigung der physikalischen Beschreibung der Physikatsorte unter weitgehender Berücksichtigung des einschlägigen statistischen Materials auf dem Gebiet der Landeskultur ‚zum Nutzen der Staatswirtschaft' vornehmen[9]. Ähnlich wie bei den Vorständen der Bezirksämter sollte den Bezirksstaatsärzten durch diese fürsorgliche ministerielle Dienstverpflichtung „Gelegenheit gegeben werden, sich genaue Kenntnisse über die öffentlichen Zustände ihrer Bezirke durch Selbstanschauung zu verschaffen..."[10]. Die Absicht der badischen Regierung, durch das Auge und die Feder der Amtsärzte eine „vollständige Kenntniß ihres Bezirks rücksichtlich der Lage, des Klimas, der Lebensmittel der Einwohner"[11] in die Hand zu bekommen, trug allerdings nicht überall die gewünschten Früchte. Doch da der Regierung sehr viel an der Erstellung der medizinischen Topographien lag, ermahnte sie die Bezirksärzte wiederholt dazu, solche Arbeiten auch wirklich sorgfältig anzufertigen[12].

Baden ist wohl vor allem wegen dieser administrativen Beharrlichkeit seiner Ministerialbehörden als „das klassische Land der ärztlichen Ortsbeschreibungen"[13] bezeichnet worden und weit weniger wegen der Fülle der bekannt gewordenen amtsärztlichen Bereisungsberichte, von denen eine erhebliche Zahl offenbar im Lauf der Jahrzehnte der Kassation zum Opfer gefallen ist. Wahrscheinlich konnte der Medizinhistoriker Alfons Fischer in den zwanziger Jahren des vorigen Jahrhunderts deshalb auch nur wenige badische Ortsbeschreibungen aufspüren, als er sich daranmachte, diese Quellen zu sammeln und zu sichten[14].

Heute wissen wir, daß weit mehr Berichte samt der dazugehörigen Korrespondenz in den Archivbeständen der Kreisregierungen, des Innenministeriums und in vereinzelten Gemeinden die Zeit überdauert haben, als Fischer damals nachweisen konnte.

In den vergangenen Jahren ist besonders aus dem Odenwald und seinen Randlandschaften eine Anzahl medizinischer Ortsbeschreibungen und Hauptjahresberichte vollständig oder in Auszügen veröffentlicht worden[15]. Doch mangelt es auch hier noch immer an einer verknüpfenden Zusammenschau und einer kritischen Bewertung der darin ausgebreiteten landeskundlichen Fakten. Die inhaltlich recht uneinheitlichen medizinischen Orts- und Amtsbeschreibungen würden sich durchaus für einen zusammenfassenden Analyseversuch eignen, mit dem z. B. die historische Dimension der „räumlichen Persistenz und Diffusion von Krankheiten" oder andere geomedizinische und humanökologische Fragestellungen in größerem regionalen Kontext bearbeitet werden könnten[16]. Zu denken wäre auch an thematisch enger gefaßte Untersuchungen über die Wohnverhältnisse der Bevölkerung, die Arbeitsbedingungen im Handwerk und der sich herausbildenden Industrie, Probleme der kommunalen Entsorgung und die Ernährungsgewohnheiten der Bevölkerung, um nur einmal das Naheliegende zu nennen. Bis es aber zu einem überregionalen Interpretationsansatz für solche Fragestellungen kommen kann, wird noch eine Vielzahl lokal- und regionalgeschichtlicher Studien auf der Basis der medizinischen Ortsbereisungen und der Hauptjahresberichte der Bezirksärzte erforderlich sein.

Für den ehemaligen Amtsbezirk Eberbach sind solche Quellen aus den Jahren 1874 – 1900 erhalten geblieben. Sie sind bis heute nur zum Teil ediert und ausgewertet worden. Eine Anzahl weiterer Berichte wartet noch immer auf eine Transkription und eine eingehende Interpretation.

Wer nun aber diese bezirksärztlichen Bereisungs- und Hauptjahresberichte aus dem 19. Jahrhundert zur Hand nimmt und sie auf ihre Auswertungsmöglichkeiten durchmustert, wird sehr bald ein gewisses Verständnis für das harte Urteil mancher Medizinhistoriker entwickeln, warum „der prosaische Charakter der präventiven Medizin" und ihr schriftlicher Niederschlag in den amtsärztlichen Akten sie „zu einem Stiefkind der Medizingeschichte und der öffentlichen Meinung gemacht" hat[17].

Mit gewissen Einschränkungen gilt dies auch für den hier vorgelegten „Reisebericht des Großherzoglichen Bezirksarztes in Eberbach Dr. Frey" aus den Jahren 1885/86.

Die Beweggründe für die Edition und Kommentierung gerade dieser Bezirksbereisung sind einerseits in der Person ihres Verfassers zu suchen, vor allem aber in der Tatsache, daß der Text dieses Berichts bisher nur in Auszügen bekannt war[18].

Zum Verfasser des Berichts

Nachdem die Eberbacher Bevölkerung im Juni 1885 ihren hervorragend qualifizierten, vielseitigen und umgänglichen Bezirksarzt Dr. Hermann Öffinger nur „ungern" an seinen neuen Dienstort Baden-Baden wegziehen sah, trat mit einmonatiger Verzögerung dessen Nachfolger Dr. Rudolf Frey den Dienst in der Neckarstadt und ihrem weitläufigen Amtsbezirk an[19].

Frey wurde am 30. März 1845 in Osterburken als Sohn des dortigen Volksschullehrers Damasius Frey geboren[20]. Nach dem Besuch der Gymnasien in Tauberbischofsheim und in Rastatt begann Frey 1866 in Freiburg das Studium der katholischen Theologie, das er jedoch nach zwei Semestern aufgab, um Medizin zu studieren. Die Vorprüfung bestand er 1870 in Karlsruhe nach Befreiung von der „Examinationstaxe" mit der Note „hinlänglich." Während des deutsch-französischen Krieges arbeitete er als Assistenzarzt im Lazarett von Schwetzingen. Im

August 1872 konnte er schließlich das medizinische Hauptexamen als „außerordentliche Prüfung für Kriegsteilnehmer“ mit „gut“ ablegen, machte danach einige Monate in Gaggenau ärztlichen Vertretungsdienst und ließ sich endlich im Dezember 1872 als praktischer Arzt in Neckarbischofsheim nieder, wo er auch gleichzeitig als Gemeinde- und Spitalarzt praktizierte. Zwölf Jahre später gelang ihm der Wechsel auf die Bezirksassistenzarztstelle in Sinsheim, von der er sich schon im darauf folgenden Jahr fort bewarb. Nach seiner erfolgreichen „Bitte um Übertragung der Bezirksarztstelle in Eberbach“ erhielt Frey am 14. Juli 1885 die Bestallung mit einem Jahresgehalt von 1200 Mark. Seine „wenig lohnende und ziemlich ausgedehnte Praxis“ trat er zum 1. August an und zog mit seiner Familie nach Eberbach.

Ab Sommer 1886 begannen im Amtsbezirk Gerüchte zu kursieren, daß sich Frey bei Hausbesuchen auf dem Winterhauch gegenüber Patientinnen unsittlich verhalten habe. Doch erst als das Eberbacher Schifferehepaar N. am 7. Februar 1887 den Arzt wegen „unsittlicher Belästigung der Ehefrau“ während mehrerer Visiten anzeigte, schritten die Aufsichtsbehörden ein und untersuchten in großer Eile diese Vorwürfe. Frey wurde auf dem Eberbacher Bezirksamt polizeilich vernommen. Trotz zahlreicher neutraler und zugunsten des Amtsarztes sprechender Zeugenaussagen leitete der Amtmann die Anzeige rasch an den Großherzoglichen Landeskommissär in Mannheim zur Bewertung des Sachverhalts auf höherer Instanz weiter. Als zuständiger Disziplinarvorgesetzter machte dieser sich unverzüglich in eigener Person auf den weiten Weg nach Eberbach, um dort „nähere Erhebungen“ zu den Anschuldigungen gegen Frey zu machen, „wobei die erhobenen Beschuldigungen sich leider nur als allzuwahr herausstellten,“ was „den unglücklichen Mann“ kurz darauf zu einer Verzweiflungstat trieb[21].

Einen Tag nach der Abfassung des für Frey so negativen und damit existenzvernichtenden Untersuchungsberichts durch den Landeskommissär vom 16. Februar 1887 nahm Frey „morgens von seiner Familie in auffallender Weise Abschied“ und erstach sich im Laufe des Tages in der Nähe von Schloß Zwingenberg[22]. Warum Frey ausgerechnet „vor der Haustür“ des regierenden Fürstengeschlechts demonstrativ Selbstmord beging, wird in den polizeilichen Untersuchungsprotokollen nicht thematisiert und ist wahrscheinlich auch nicht weiter untersucht worden. Das Studium der polizeilichen Vernehmungsprotokolle und der behördlichen Stellungnahmen in Freys Verfahren hinterläßt beim unvoreingenommenen Leser trotz mancher Merkwürdigkeiten einen schalen Beigeschmack, wenn es um die Stichhaltigkeit der Anschuldigungen geht. Ist die Verzweiflungstat des Amtsarztes wirklich als Schuldeingeständnis zu werten oder war sie ein letzter ostentativer Protest gegen eine tatsächliche oder vermeintliche Hexenjagd durch Bevölkerung und Behörden? War der Selbstmord Freys der verzweifelte Versuch, auf diese Weise seine „Ehre“ und die seiner Familie wieder herzustellen?[23] Eine kurze Pressenotiz vom 19. Februar 1887 und die Todesanzeige in der Eberbacher Zeitung geben über die besonderen Umstände von Freys Tod keinerlei Aufschluß. Die Redaktion beschränkte sich auf einen knappen, inhaltlich neutral gehaltenen Nachruf[24]. Auch die Danksagung für die „zahlreiche Leichenbegleitung“ spielt nicht einmal zwischen den Zeilen auf die besonderen Umstände von Freys Tod

Todes-Anzeige.

Theilnehmenden Freunden und Bekannten geben wir statt jeder besonderen Anzeige, die tieferschütternde Nachricht von dem plötzlichen Ableben unseres theuren und unvergesslichen Gatten, Vaters, Bruders, Schwiegersohns und Schwagers

Rudolf Frey

Grossh. Bezirksarzt

und bitten um stille Theilnahme

Eberbach, den 18. Februar 1887.

Im Namen der tieftrauernden Hinterbliebenen

Luise Frey, geb. Schieck

Die Beerdigung findet Morgen Nachmittag um 3 Uhr vom Marktplatze aus statt.

Danksagung.

Fur die innige Theilnahme bei dem mich so schwer betroffenen Unglücke und die zahlreiche Leichenbegleitung, sowie der reichen Blumenspende bei dem Begräbnisse meines theuren unvergeßlichen Gatten

Dr. Rudolf Frey

Großherzoglicher Bezirksarzt

sage ich hiermit meinen tiefgefühltesten Dank.

Eberbach, den 20. Februar 1887.

Die tieftrauernde Gattin

Luise Frey geb. Schieck.

Abb. 1: Eberbacher Zeitung Nr. 22 und 23 (1887).

an[25]. Während im Amtsbezirk über diesen Kriminalfall mancherlei Gerüchte die Runde gemacht haben dürften, unternahmen die aufgestörten Behörden alles, um vor Ort so rasch wie möglich wieder Normalität einkehren zu lassen. Freys Witwe verließ umgehend die Stadt und ein neuer Amtsarzt wurde mit geradezu unüblicher Eile ernannt.

Formale Merkmale des Bereisungsberichts

Unbeschadet seiner für einen Amtsarzt nicht gerade alltäglichen Biographie bleibt Freys relativ kurzer Bereisungsbericht eine wertvolle landeskundliche und historische Quelle. Wie vorgeschrieben besuchte er innerhalb der ersten sechs Monate nach seinem Dienstantritt alle Amtsgemeinden und brachte im Anschluß daran seine Beobachtungen zu Papier. Dies geschah jedoch nicht überall mit der gebotenen Sorgfalt, worauf eine Reihe inhaltlicher Fehler und Nachlässigkeiten, vor allem aber die auffallende Vielzahl sprachlicher Mängel hinweist.

Das Manuskript der nachstehend edierten Bezirksbereisung umfaßt einschließlich des Deckblatts und der als Anlagen beigefügten dienstlichen Korrespondenz 43 Folioseiten, der eigentliche Reisebericht nur 17 eng und beidseitig beschriebene Blätter. Weit von den sorgfältig formulierten und formal sauber abgefaßten Berichten seines Vorgängers Öffinger entfernt, fallen schon bei einer ersten Durchsicht des Textes dessen spezifische Eigenheiten ins Auge. Statt einer klaren Kapiteleinteilung finden sich unsystematische Doppel- und Einfachunterstreichungen im Text, eine Reihe von nachträglich eingefügten Randbemerkungen und Einschüben, eine Vielzahl orthographischer Nachlässigkeiten und Fehler, die man bei Licht besehen ebensowenig als bloße Unachtsamkeit durchgehen lassen kann wie Freys stellenweise eigenartige Grammatik. Auffallend oft irrt sich Frey auch bei der Schreibung von Orts- und Gemarkungsnamen, ein Hinweis darauf, daß ihm vor allem die kleineren und abgelegeneren Bezirksgemeinden weniger bekannt waren. Hinzu kommt, daß von den wenigen statistischen Angaben manche fehlerhaft sind oder bei der Schlußredaktion nicht mehr ergänzt wurden. Irrtümer häufen sich auch bei den im Text angeführten lateinischen Fachbezeichnungen aus der Biologie und Medizin. Die genannten formalen Eigenheiten des Quellentextes spiegeln damit nicht nur die großzügige Dienstauffassung des Berichterstatters wider, sondern offenbaren gleichzeitig auch dessen etwas ungefestigte Allgemeinbildung, wodurch er sich ganz deutlich von seinem Vorgänger Öffinger abhebt. Daneben gewährt der Text natürlich auch Einblicke in die persönlichen Interessen Freys, seine Mentalität, seine Vorurteile und sein Einfühlungsvermögen bei der Beurteilung der Lebensumstände der Amtsbevölkerung.

Zum Inhalt

Sieht man vom bereits erwähnten Mangel einer klar aufgebauten Gliederung des Reiseberichts ab, so läßt sich gleichwohl eine logische Inhaltsstruktur des Textes erkennen.

Nach den einleitenden und eher schematisch-trockenen „Pflichtkapiteln“ über die Verwaltungsgliederung des Amtsbezirks, die Geologie, das Klima und die Flora und Fauna zeigt Frey bei aller Subjektivität der Beobachtung einen scharfen Blick für die naturräumliche Bedingtheit von Armut und wirtschaftlicher Unterentwicklung in seinem Amtsbezirk. Den Schwerpunkt seiner Betrachtungen widmet er der Lebensweise und den Ernährungsgewohnheiten der Bevölkerung, der Armenpflege, der Krankenversorgung und schließlich den in seinem Amtsbezirk auftretenden Volkskrankheiten. Seine Darlegungen sind natürlich ein zeitgenössisches Abbild des damaligen medizinischen Forschungs- und Wissenstandes, die nicht überall den heutigen Erkenntnissen entsprechen.

Aus seinen Zeilen ersehen wir einerseits eine beträchtliche persönliche und geistige Distanz zur überwiegenden Mehrheit der Einwohnerschaft im Amtsbezirk. Doch schimmert auch immer wieder mitfühlendes Verständnis für deren bescheidene soziale und wirtschaftliche Lage auf, vor allem, wenn es dabei um die damals hochaktuelle Frage der gerade erst eingeführten Kranken- und Unfallversicherung geht. Natürlich kennt Frey den Gegenstand, über den er berichtet, er stellt Vergleiche an und reflektiert auch über seine Wahrnehmungen. Aber die im ganzen gesehen recht trockene Schilderung seiner Eindrücke über „Land und Leute" – stellenweise durchsetzt von völlig aus dem Rahmen fallenden lyrischen Passagen mit schwülstigen Landschaftsbeschreibungen – bleibt im Vergleich zur Bezirksbereisung seines Vorgängers Öffinger auf weiten Strecken farbloser und auch weniger informativ.

Dennoch, trotz der genannten formalen, inhaltlichen und stilistischen Mängel liegt uns mit Freys Antrittsbericht eine landeskundliche Quelle aus dem zu Ende gehenden 19. Jahrhundert vor, die ihren Quellenwert nun auf den folgenden Seiten unter Beweis stellen soll.

Hinweise zur Textedition

Der nachstehend abgedruckte Quellentext befindet sich im Generallandesarchiv Karlsruhe im Bestand 236 (Innenministerium)[26]. Orthographie und Syntax blieben unverändert, die Zeichensetzung wurde nur dort verändert, wo dies zum besseren Verständnis notwendig erschien. Die zahlreichen Wortunterstreichungen im Original blieben unberücksichtigt, die häufigen Abkürzungen wurden aufgelöst, sachliche und sprachliche Unstimmigkeiten mit [!] gekennzeichnet und zum besseren Textverständnis dienende Zusätze des Herausgebers in eckige Klammern gesetzt. Die Transkription folgt nicht dem Zeilenspiegel des Originals, die unpaginierten Manuskriptseiten wurden durchnumeriert und die jeweilige Seitenzahl in eckigen Klammern mit Stern [*1] vor den Textanfang des jeweiligen Blattes gesetzt. Die wenigen Kapitelüberschriften des Originals wurden übernommen, ergänzende Überschriften dann hinzugefügt, wenn sie sich aus dem Sinnzusammenhang ergaben. Der angefügte und recht umfangreiche Schriftwechsel über die Erstattung der Reisekosten – ein im behördlichen Schriftverkehr offenbar zeitloses Thema – wurde nicht in den Editionstext übernommen.

Dem edierten Bereisungsbericht wurden schließlich Anmerkungen beigegeben, welche ganze Textpassagen, einzelne Begriffe oder Anspielungen näher erläutern und auf weiterführende Literatur verweisen.

Textedition

[*1 Deckblatt]

Bezirksbereisung des Groß[herzoglichen] Bezirksarztes Dr. med. Rud[olf] Frey in Eberbach nach seinem Dienstantritte am 1. August 1885.

Abgeschlossen am 15. Januar 1886

[*2 vacat]

[*3] Reisebericht des Großh[erzoglichen] Bezirksarztes in Eberbach Dr. Frey abgeschlossen am 15. Januar 1886

Der Amtsbezirk Eberbach

[Geographische Verhältnisse und Verwaltungsgliederung]

Der geographisch zum schönsten Teile des Odenwaldes gehörige Amtsbezirk Eberbach gehört politisch zum Kreise Mosbach im Großherzogthum Baden.

Er wird umgrenzt im Nordwesten und Norden von der hessischen Provinz Starkenburg; im Nordosten und Westen vom bad[ischen] Amtsbezirk Buchen, im Südwesten und Süden vom Amtsbezirke Mosbach und bei Michelbach berührt unser Bezirk den Amtsbezirk Sinsheim durch die Gemarkung Reichartshausen; im Südwesten und Westen bildet der Amtsbezirk Heidelberg die Nachbarschaft.

Der Amtsbezirk ist aus den verschiedenartigsten Ortschaften zusammengesetzt, die mehr oder weniger wieder miteinander zu Gruppen verbunden sind, die durch Lebensweise, Erwerbsweise und Wohnungsverhältnisse sich erheblich oft unterscheiden.

Die Hauptbestandteile bilden

I. Die Orte des Neckarthales, welches in schönster Abwechslung die verschiedenartigsten Landschaftsbilder darbietend den Amtsbezirk von Südost nach Südwest in verschiedenen Schlängelungen durchzieht.

Hierher gehören außer der Amtsstadt Eberbach von oben (s.o.) [d.h.: flußaufwärts] beginnend: Neckargerach am Einfluß des Seebaches und unter der alten sagenhaften Ruine Minneburg andererseits; Zwingenberg am Fuße des gleichnamigen gut erhaltenen Schlosses; Lindach unweit der Ruine Stolzeneck; Rockenau am Fuße des Böseberges [Böser Berg]10 Minuten oberhalb Eberbach; unweit liegt [*4] Neckarwimmersbach in einem Thalgrunde Eberbach gerade gegenüber und Pleutersbach an der Einmündung des Allemühlenbaches in den Neckar. Die drei erstgenannten liegen auf dem rechten, die drei letzten auf dem linken Ufer des Neckars.

II. Das Itterbachthal mit den linkseinmündenten Nebenbächen: Höllengrundbach und Reisenbach; (die schönen rechtsseitigen Thäler sind hessisch). Hier finden wir einige Schneid- und Mahlmühlen, die Gaimühle im Sondernachtsgrund [!][27] und daneben die gleichnamige Gastwirthschaft und Station der hess[ischen] Ludwigsbahn; die Antonslust, leining[ensches] Forsthaus am Zusammenfluß des Reisenbaches und Höllenbaches; einige Mühlen an der Stelle des aufgehobenen Dorfes Ferdinandsdorf;[28] im Höllengrund die beiden Häuser- (meist Mühlen)complexe Unter- und Oberhöllgrund und im Itterbachthale hart an der hessischen Grenze gelegen das arme Holzhauerdorf Friedrichsdorf mit der noch entfernter gelegenen Filiale Schöllenbach (Theil des gleichnamigen hess[ischen] Dorfes).

III. Die Winterhauchorte auf einer Hochebene am Fuße des Katzenbuckels. Diese Hochebene ist durchzogen von der Straße Eberbach - Buchen.

Hier liegen die Orte: Unter- und Oberdielbach. Ersteres gehört zur Gemarkung Eberbach, bildet aber mit letzterem eine eigene Schulgemeinde. Dieser Ort wird

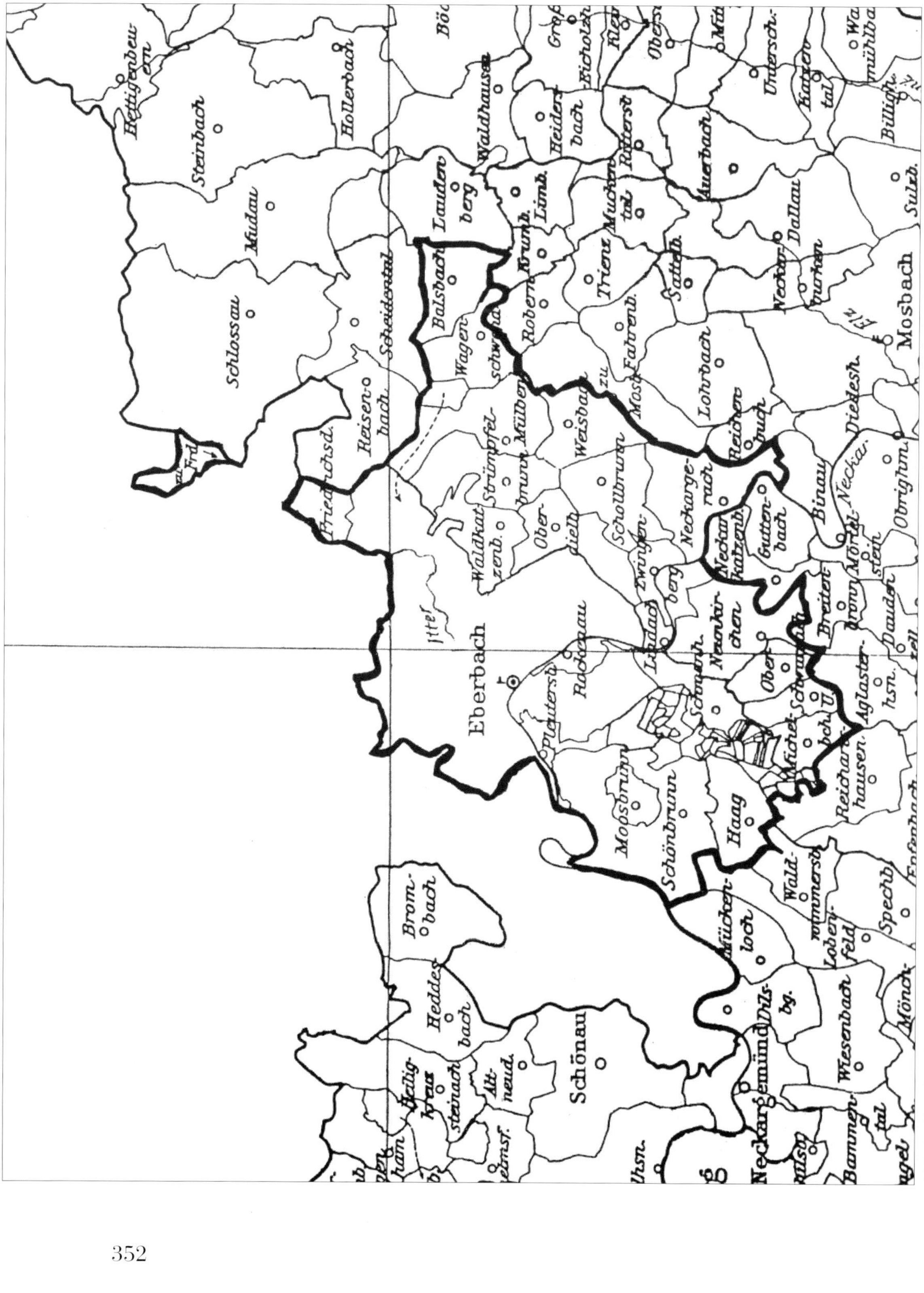

Abb. 2: Der Amtsbezirk Eberbach in den Grenzen von 1885.

gerade von genannter Straße durchschnitten; links der Straße sehen wir Waldkatzenbach hart am Fuße des Katzenbuckels; weiter Strümpfelbrunn und Mülben; rechts von der Straße haben wir Schollbrunn, Weißbach und die weiter entlegenen Orte: Wagenschwend und Balsbach.

IV. Die Orte des sogenannten kleinen Odenwaldes auf dem linken Neckarufer, 8 an der Zahl, welche wieder [*5] nach ihrer besonderen Lage in: a) die Orte des oberen Schwarzbachgebietes: Neunkirchen, Ober- und Unterschwarzach, Schwanheim, Michelbach, b) die auf einem besonderen Höhenzuge nahe beisammenliegenden Orte Unter- und Oberschönbrunn, Moosbrunn, Unter- und Oberhaag zerfallen. Das sogenannte „Allemühlen“[29], ein aus lauter Mühlen bestehender Zinken, gehört teils zu Schwanheim, teils zu Schönbrunn, hat aber eine gemeinsame Schule.

Sind die ersten drei Gruppen des Amtsbezirkes außer durch Amts- und Amtsgerichtsbezirk schon durch die natürliche Lage enge mit der Amtsstadt verbunden, so ist es nicht zu behaupten von den Orten des kleinen Odenwaldes mit Ausnahme von Allemühlen. Schon der breite Neckar und der Mangel der zur Entwicklung und Befestigung des Verkehrs nöthigen Brücke über denselben hat diese Orte früher schon von der Amtsstadt mehr oder minder ferngehalten und an einem engeren Anschluß gehindert. Jetzt neigen die Orte des Schwarzbachgebietes mehr nach Aglasterhausen und Neckarbischofsheim und die drei Orte Ober- und Unterschönbrunn, Moosbrunn (gehörten nach alten Urkunden in den frühesten Zeiten zu Hirschhorn)[30] mehr nach dem hessischen Städtchen Hirschhorn, welches jetzt auch eine Straße dahin anlegt; Haag steht in der Mitte zwischen Aglasterhausen und Hirschhorn. Dasselbe gilt auch genau von der ärztlichen Praxis.

Der ganze Amtsbezirk hat eine Flächenausdehnung von 204 Quadratkilometer, welche nach der Volkszählung vom 1. Dezember 1885 [14383] Seelen, welche in den oben erwähnten 24 Ortschaften und einigen Gehöften zusammenwohnen, bevölkert ist.

Die Ortschaften sind außer der Stadt mit nahezu 5000 Einwohnern meist klein, nur Neunkirchen hat etwas über 1000.[31]

[Siedlungen und Hausformen]

[*6] Die Anlage und Bauart der einzelnen Ortschaften richtet sich nach der Lage und ehemaligen politischen Einteilung und ist somit sehr verschieden.

Sehen wir auf dem Winterhauche fast ganz zerstreut angelegte, daher oft verhältnismäßig weit ausgedehnte Dörfer, wo jedes Haus noch sein eigenes umliegendes Gehöfte meist noch hat, was uns an das altdeutsche und zum Nachtheile des Wohlstandes der Gegend vielleicht mehr oder minder abgekommene Hubenrecht, Hufenrecht erinnert, so sehen wir im Neckarthale und auf den Höhen des linken Neckarufers nebst den Schwarzbachgebietorten meist mehr geschlossene Ortschaften.[32]

Abb. 3: Hausbau im Odenwald – Strohgedecktes Bauernhaus von Karl Brenneis in Unterscheidental, aufgenommen um 1906. (Foto: Bezirksmuseum Buchen, Fotoarchiv Karl Weiß)

Auf dem Winterhauche finden wir meist einstöckige Riegelwandhäuser mit Strohdächer [!]; doch nehmen allmälig die Riegelwände ab und machen Steinbauten Platz und werden auch die Strohdächer seit Bekanntwerden der Falzziegel seltener.[33]

Die Strohdächer haben sich nicht etwa wegen ihrer Billigkeit solange erhalten, sondern deshalb, weil sie gegenüber dem gewöhnlichen Ziegeldache manchen Vorzug haben. Das aus Roggenstrohbäuschen, in Lehmmörtel eingetauchte und so Strohschindeln genannte schön zusammengefügte und wie aus einem Gusse erscheinende Strohmörteldach (die reinen Strohdächer sind wegen Feuersgefahr verboten), hält warm, wird nicht vom Winde abgedeckt, wie [es] häufig bei gewöhnlichen Ziegeldächern der Fall ist und läßt im Winter bei den häufigen Schneewehen den Schnee nicht durch. Aus demselben Grunde sind die Häuser fast alle mit wenigen Ausnahmen (Pfarr-, Schul-, Rathäuser einstöckig und nieder. Die Bauart ist einfach; im untern Stock befindet sich meist nur eine größere Stube, Stubenkammer und Küche. Darüber ist [!] meist noch ein oder zwei Dachzimmer eingerichtet, theils als Vorrathskammer, theils als „Leibgedingstube“ dienend.

[*7] Im Neckarthale finden wir dagegen in den besser situirten Orten mehr zweistöckige Häuser; ebenso in den Orten auf der linken Seite des Neckars. Das Strohdach fehlt hier gänzlich. Die Bauart richtet sich natürlich auch nach den Vermögensverhältnissen der Leute und lassen aber auch z.B. in Neunkirchen die bessere Bauart und Größe der Häuser auf früheren besseren Wohlstand schließen.

Die Orte sind im Allgemeinen reinlich meist schon durch ihre natürliche Lage oder die Entfernung der einzelnen Häuser und Gehöfte voneinander; nur Eberbach läßt mit einem Teile seiner Altstadt Vieles zu wünschen übrig.

[Wasserversorgung]

In den meisten Orten sind die Trinkwasseranlagen vorzüglich, meist Quellwasserleitungen, welche früher meist in Holzdeicheln ausgefaßt wurden; doch seitdem die Nutzhölzer in die Höhe gegangen, der Arbeitslohn gestiegen ist, findet man ausschließlich in Eisenconstruction die neuen Anlagen und Reparaturen auserfahren [ausgeführt].

Orte, die mit genügenden oder geeigneten Quellwasserleitungen noch zurück sind, z. B. Neckargerach, Wimmersbach, warten bessere Finanzlage ab; auch Eberbach wird seine Quellwasserleitungen durch Hereinziehung neuer Quellgebieten [!] erweitern müssen; bei andern sind solche im Werden begriffen (einige in Winterhauchorten).

Das Wasser des rothen Sandsteins ist vorzüglich; überall läßt es sich krystallklar und fast chemisch rein erhalten und den einzelnen Ortschaften zuleiten; nur Dielbach, Schollbrunn, Balsbach haben Mangel an geeigneten Quellgebieten und müssen es oft schwer fühlen in den trockenen Sommer- und Herbstmonaten.

Die Brunnen sind meist sehr reinlich, nur in einzelnen Orten herrscht manche eingeschlichene üble Gewohnheit an Brunnentrögen. [*8] Daß das liebe vielgeplagte Vieh des Landmannes sich zur Genüge labe an der kühlen Quelle in den heißen Sommertagen wird wol[!] Niemand wehren wollen, trotz mancher Übelstände, die das Tränken an den Brunnen mit sich bringt; daß aber eine Reihe von den Brunnentrögen in den einzelnen Orten dazu dient, Wäsche zu reinigen, ist geradezu abscheulich zu nennen und widerspricht unsern heutigen hygienischen Grundsätzen im höchsten Grade. Diesem Übelstande ist leicht abzuhelfen, wenn man die Leute zwingt, der sonst überall üblichen Wäschezuber sich zu bedienen.

Es ist diese Unsitte hauptsächlich in Rockenau, Katzenbach, Weisbach beobachtet worden; ob es auch anderwärts noch geschieht, ist uns nicht bekannt, doch ist es wahrscheinlich. In andern Brunnen, welche im Ort selbst entspringen und cisternenartig angelegt sind, sieht man häufig Gemüse- und Salatschnitzel in Menge herumschwimmen, was darauf schließen läßt, daß man in der Quelle selbst das Waschen vornimmt. Anlagen, welche durch geeignetes Gefälle die Brunnen (seichtlaufende) zum Springbrunnen macht, helfen auch diesem Übelstande ab; wie schon mehrfach auch geschehen ist.

Die Großherzogl[liche] Regierung geht hierin durch namhafte Geldbeiträge und durch Bestellung der technischen Leiter sehr befördernd und ermunternd den armen Gemeinden zur Hand.

Von Mineralquellen bietet unser rother Sandstein nichts, doch sei erwähnt, daß gediegenes Quecksilber oberhalb Michelbach in einer Quelle gefunden worden ist. Ob es durch Zufall von außen dorthin gekommen ist (so glaubte man früher durch Quecksilber Brunnen oder Quellen verdammen zu können) oder ob es wirklich die Quelle mit sich führt, wird eine nähere Beobachtung unsrerseits ergeben.[34]

[Klima]

[*9] Das Klima, welches natürlich je nach der Höhe und der verschieden geschützten Lage ein entsprechend verschiedenenes und so oft nach der Vegetation,

Reifezeit der Aerndte zu schließen ein um 10 - 20 Tage differirentes ist, muß doch im Allgemeinen als ein mildes Gebirgsklima betrachtet werden, abgesehen von den sogenannten Winterhauchorten, welche insgesamt den scharfen Winten [!] ausgesetzt sind[35]; doch findet man auch hier geschützte Thaleinsenkungen, welche des Lenzes Freuden durch ihr saftiges Grün früher verkünden.

Die Neckarthalorte sind als tief im Thale gelegen milde, besonders gilt dies von Eberbach, Zwingenberg und zum Theil von Neckargerach, welche Orte durch hohe Berge gegen die scharfen Nord- und Ostwinde geschützt sind. Hier finden wir die feinsten Obstsorten: Pfirsische, Aprikosen, Mirabellen, Reineklauden; auch Rebstöcken [!] in Gärten und an Häusern; an den Abhängen am Schlosse Zwingenberg sah man zum Beispiel schon Mitte August reife Trauben. In Anlagen Eberbachs trifft [soll heißen: sieht] man in üppiger Form ohne Schutz im Winter gedeihen: Eleagnus angustif[olia] [d. i.: schmalblättrige Ölweide].[36]

Im Sommer wird die allzu große Hitze allabendlich gemildert durch Einströmen der Thalluft, was sehr angenehm empfunden wird. Dies gilt besonders für die Stadt Eberbach gerade am Eintritt des Itterbaches in das Neckarthal.[37] Es erfreut sich deshalb auch die Stadt Eberbach einer von Jahr zu Jahr zu Jahr sich steigernden Frequenz von Sommerfrischlern aus den verschiedensten Städten Deutschlands. Hat doch auch die Mutter Natur eine nicht geringe Menge von Schönheiten aus ihrem reichen Füllhorne dem Neckarthale und speziell Eberbachs nächster Umgebung gespendet; leider stehen nur Eberbachs - der Stadt hygienische Verhältnisse nicht im Einklange mit dem Zukunftsluftkurort.[38]

[*10] So ist es kein Wunder, wenn die mittlere Temperatur des Neckarthales die des um nahezu 400 Meter höher gelegenen Winterhauches um mehrere Grade übersteigt.

Oft ladet den Wanderer im Thale ein sonnig warmer Wintertag zum erquickenden Spaziergang ein; auf dem Winterhauche birgt sich diesen Tag noch vollauf das Vergnügen der Schlittenfahrt oder die Jugend umtanzt noch freudig den kohlenäugigen Schneemann.

Die Orte des sogenannten kleinen Odenwaldes theilen mehr oder minder das gleiche Schicksal der Winterhauchorte; doch sind sie etwas geschützter; dies gilt insbesondere von den beiden Schwarzach und von Michelbach. Hier sind im Gegensatz zu den Nachbarorten : Schwanheim - Moosbrunn - Schönbrunn - Neunkirchen feinere Obstsorten möglich. Nur liegt leider die rationelle Obstbaumkultur in den wenig begüterten Orten sehr darnieder.

[Geologie]

In Bezug auf die geologische Formation bietet der Amtsbezirk Eberbach des Interessanten und Schönen gar mancherlei. Das Neckarthal mit dem schönen Neckarflusse und mit den von Burgruinen besetzten Bergkuppen ist reizend; dort zeigt insbesondere das Itterbachthal mit seinen hohen Bergwänden nebst seinen tief, scharf und steil einschneidenden Querthälern ein an den Charakter des Hochgebirges streifendes Bild; aehnlich ist das Gammelsbachthal, welches fast ganz auf hessischem Territorium liegt und nur mit seinem Unterteile zur Gemarkung Eberbach gehört. Aehnliche Formationen, wenn auch nicht so reizend zeigen das Pleutersbacher Thal, das Seebach- mit dem Weißbachthal bei Neckargerach und das [*11] Allemühlenthal.

Alle aus diesen Thälern kommenden Bächlein zeigen ein klares nur den Gebirgsbächen eigenes Wasser, von Forellen noch ziemlich belebt, aber auch an vielen Stellen durch Raubsystem entvölkert.[39]

Weniger schön ist das Bild bei Neunkirchen, Schwanheim, wo der Abfall zum Schwarzbachthale beginnt, nur der oberste Theil des Michelbaches erinnert an die schöne Formation des Sandsteingebietes.

Die Winterhauchorte und auch die Gegend bei Moosbrunn, Schönbrunn, Haag bieten mehr das Bild eines Hochplateaus mit schwachen Thaleinsenkungen, die erst gegen den Neckar zu steiler abfallen.

Was die Gebirgsorte anbelangt, so sieht man fast ausschließlich den der sogenannten Triasformation angehörigen von sonstigen Mineralien und Petrefakten so armen rothen Sandstein; nur im Süden und Südwesten des Bezirks gegen das Schwarzbachgebiet tritt mit einigen kleineren Zügen hereinlaufend der Muschelkalk auf. Die hier ausnahmsweise so schön auftretende Gebirgsformation verdankt der bunte Sandstein der Auflagerung auf Granit, welcher auch gegen das Neckarthal in der Nähe von Heidelberg zu Tage tritt. Da und dort zeigen sich im ganzen Odenwalde Durchbrüche von vulkanischen Gesteinen. Den berühmtesten solcher Durchbrüche haben wir in unserm Bezirke in dem Katzenbuckel, dessen 428 [!] Meter = 2094 Fuß[40] über der Wasserfläche gelegene stumpf kegelförmige Kuppe aus Nephelindolorit besteht; aber es ist auch thalabwärts der rothe Sandstein durchbrochen; auch kleine Basaltdurchbrüche zeigen sich hin und wieder in der Nähe.[*12] Der Katzenbuckel liefert an verschiedenen Stellen das trefflichste Straßenmaterial.[41]

[Flora]

Die Flora ist im allgemeinen nicht viel verschieden von der des Muschelkalkes, nur daß vielleicht manche Gattungen durch andere von denen der Kalkformation verschiedenen Species vertreten sind; doch bieten die Vorländer des Neckars manches Eigenthümliche; auch die Wasserflora des Neckar ist bemerkenswerth; von Beerenobst sind Heidelbeeren und Brombeeren in Hülle und Fülle zu treffen. Die Bestände der Wälder sind meist Eichen und Buchen, Birken; die Nadelhölzer scheint man erst in der neuren Zeit wieder mehr untermischt mit andern zu cultiviren.[42] Hier treffen wir jüngere Lerchen [!], denen der Boden nicht zu behagen scheint, schöne Weißtannen und Fichten fast überall.

Am Besten charakterisirt sich der rothe Sandstein durch seine wundervolle Cryptogamenflora [Kryptogamen: Sporenpflanzen]. Abgesehen von den überall sich zeigenden Algen sehen wir die üppigste Pilzflora mit den zauberhaftesten Formen und von vollendeter Schönheit in den verschiedensten Lagen insbesondere in den unabsehbaren Waldungen, von denen der Botaniker und Pilzsuchende zu unserer Freude noch nicht durch den Pilzparagraphen abgehalten wird. Leider sind die Pilze und der Nährwerth der eßbaren Arten noch nicht dem Bewohner des Odenwaldes bekannt. Eine unabsehbare Menge von Albuminaten [wasserlösliche Proteine] und Nährsalzen (Kalisalze und Phosphate) als Ersatz für das den meisten Einwohnern in so geringem Verhältnisse zu Theil werdende Fleisch wäre hier zu sammeln und aufzubewahren.

Hier findet man von den Blätterpilzen: den ächten Champignon, Pfifferling, Brätling, Parasol etc. Von den Löcherpilzen: den Steinpilz oft in unabsehbarer Menge, den Capuzinerpilz, den Schmerling etc. [*13] Von den Stachelpilzen einige Hyrnumarten [?]. Keulenpilze in Menge.

Auch Morchelarten sollen im Frühjahr ziemlich reichlich gefunden werden; auch an Funden von „guten Trüffeln" [Weiße oder Deutsche Trüffel?, Choiromyces maeandriformis] soll es auf dem sogenannten Böseberg nicht fehlen.

Daß natürlich neben den meist eßbaren Pilze auch ihre giftigen Brüder zu treffen sind, ist selbstverständlich, doch lassen sich diese bei einiger Mühe leicht erkennen.

Auch die Lebermoose sind in ziemlich zahlreichen Arten vertreten und schmücken oft mit ihrem saftigen Grün die Umgebung der kühlen Waldquelle; ebenso die zahlreichen Laubmoose.

Von den Gefäßcryptogamen [Sporenpflanzen] bilden die überall zahlreichen und üppig vegetirenden Farnarten willkommene Stallstreu und schützende Decke für Stallungen und Keller meist in Verbindung mit dem Haidekraut.

Die Equiseteceen [Equisetum: Schachtelhalmgewächs] fehlen natürlich auch nicht.

[Fauna]

Auch die Fauna birgt manches Verschiedene, namentlich die der gefiederten Welt.

Hier treffen wir doch in den großen Wäldern den Edelhirsch, ganz selten den Dammbock[!], das Wildschwein, auch Rehe und Hasen sind seltener; leider auch Fischotter in Menge. Von den Vögeln viele Wildenten (meist als Zugvögel), den Fischadler, Fischreiher wegen des Neckars. Im Gebirge trifft man den Tannenheher [!], Birkhahn, Auerhahn etc.

Amphibien sehen wir dank der Wälder und der sich überall vorfindenden Gewässer noch ziemlich häufig. Ringelnatter konnte ich trotz mancherlei Suchens nicht finden.

Die Fischfauna ist ziemlich zahlreich in Arten, wenn auch [*14] nicht in ihren Beständen. In den Gebirgsbächen finden wir die Forelle ziemlich zahlreich; ebenso kommen in den Itterbach die schönsten Lachse bis zu 20 Pfund schwer zum Laichen, jetzt seltener, früher zu Hunderten. Einsetzen von Lachsbrut und das Abkommen mit den Holländern wird den alten Bestand bald wieder herstellen. Im

Neckar finden wir von den Stachelflossern : Flußbarsch, Kaulbarsch; von den Cyprinoiden [Karpfenartige]: Karpfen (selten), Schleihe in dem Hafen, Nase, Dickkopf (vulgo: Knülps), Barbe, Kreße, Schneider; ferner Hechte und Aale. Krebse sind fast überall ausgestorben [Grund: Krebspest?]. Von den Gebirgsbächen hat nur noch der Gammelsbach einige Krebse aufzuweisen.

[Die Bevölkerung]

Die Bewohner des Odenwaldes gehören wohl meist dem fränkischen Stamme an; nur sieht man in den tiefen Thälern hie und da eigenthümliche Breitnasen, mit etwas stark hervortretenden Lippen, die sicherlich jede, auch die entferntestens gedachte Cretinenbildung [Idiotie] ausschließen. Diese sind durchweg schwarzhaarig; während man bei den übrigen noch viele hellhaarige und blauäugige findet.[43]

Der Odenwälder ist im Allgemeinen ernst und zurückhaltend, seinem schweren Kampf ums Dasein entsprechend, dabei aber ist er biederen Sinnes und besitzt eine große Liebe zu seiner Heimat, die ihm doch meist in der Jugend nicht viel geboten hat und für das Mannesalter nur schlechtlohnende Mühe und Arbeit läßt. Vielleicht mag er bisweilen etwas derb erscheinen, was wohl seiner Waldeinsamkeit und dem Mangel in dem Verkehr mit andern zu suchen ist. War ja gerade der Amtsbezirk Eberbach und die übrige Umgebung fast vollständig abgeschlossen vom Weltverkehr und geht die Bahn erst seit 1879 respective 1882.[44] Die Wasserstraße konnte nur zum Transporte roher Producte thalabwärts dienen; zu Berg wurden hauptsächlich außer Kohlen die Colonialwaaren Mannheims und Heidelbergs gebracht. Seit der Kettendampfschiffahrt hat sich die Sache natürlich verändert.[45]

[Wirtschaftliche Grundlagen der Bevölkerung]

[*15] Die Beschäftigung der Bewohner unseres Amtsbezirkes ist eine sehr verschiedene und richtet sich nach dem Stückchen Erde, das sie bewohnen.

Einen großen Ertrag für die Eigenthümer und manchen, wenn auch geringen Verdienst für die vielen armen Arbeiter bieten die ausgedehnten Forsten, die leider auch zum Theil nach und nach durch den Abrundungssinn der Großgrundbesitzer aus den Händen der Kleinbauern zur Zeit der Noth gekommen sind.

Eine ungeheure Masse von Nutzhölzern, Brennholz, verarbeitetes Holz und Holzfabrikate wandern Neckarabwärts (Brennholz sogar aufwärts).

Zu den Eigenthümlichkeiten des Odenwaldes gehört die sehr ausgedehnte, meistens an Abhängen betriebene Schäleichencultur; ob sie für die Zukunft beibehalten werden kann, ohne die damit bestellten Abhänge vollständig steril zu machen, wird die Zeit lehren. Sicherlich ist sie eine landschaftliche Verunzierung. Die Rinden des Odenwaldes sind wegen ihres hohen Tanningehaltes sehr gesucht. Mit dieser Schäleichencultur wird speziell für den diesseitigen Amtsbezirk nochmals Zwischencultur, die sogenannte Reifsteckencultur betrieben durch hegen der Weichhölzer insbesondere Hasel, Birke etc. Die Hasselkultur[!] soll noch insbesondere durch ihr starkes Laubwerk den Boden verbessern.

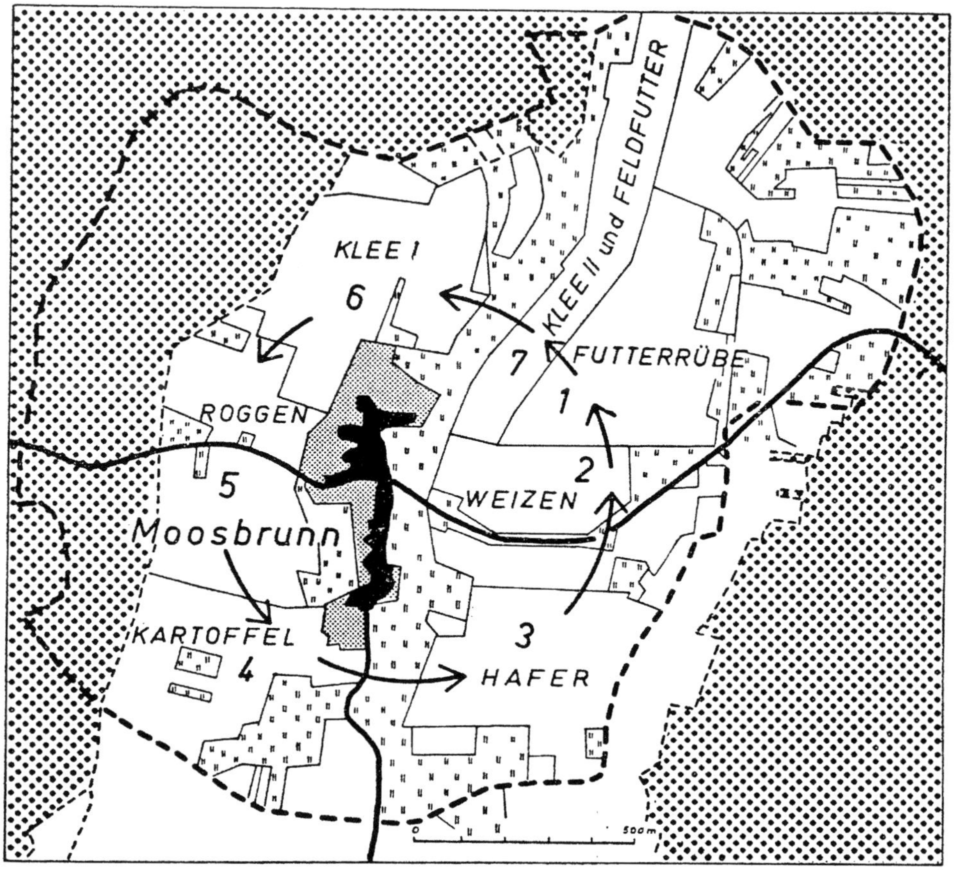

Abb. 4: Moosbrunn. Umlauf der Feldfrüchte auf sieben Zelgen. Flurbild 1954. Aus: Franz Tichy: Die Land- und Wirtschaftsformationen des kleinen Odenwaldes. Heidelberger Geogr. Arb. H 3, 1958, S. 34 (Abdruck mit freundlicher Genehmigung des Verlags).

Alle 14 - 20 Jahre wird kahlgehauen, die Eichen geschält, die gewonnenen Reifstecken an die Reifschneider Eberbachs verkauft. Diese Reifschneiderei wird in großer Ausdehnung betrieben. Viele hunderte ernähren sich und [ihre] Familie damit; einzelne haben es sogar zu einer gewißen Wohlhabenheit gebracht. Nach dem Kahlhiebe [*16] wird im Mai über Land gebrannt und Ende des Monats oder Anfangs Juni die ganze kahlgehauene Stelle mit Haidekorn (Polygonum vagopyr.) [richtig: Fagopyrum sagittatum] eingesät, welches meist üppiger gedeiht, als auf dem beackerten Felde; die Reifezeit ist im September. In den meisten Fällen wird nochmals der Bergabhang mit der Hacke umgebrochen und mit Roggen bestellt, was auch bisweilen noch einen mäßigen Ertrag liefert.[46]

Die armen Bewohner des Bezirks haben im Holzmachen, Ausführungen von Wald- und Wiesenculturen manchen, wenn auch geringen Verdienst (1 - 2 Mark pro Tag). An manchen Stellen, namentlich wo man früher die Leute zum Auswandern zwang, macht sich sogar Arbeitermangel geltend. So rächt sich manches mit der Zeit. Viel höhere Arbeitslöhne, welche wieder Leute herbeiziehen könnten, rentiren nicht mehr.

In andern Orten, wo der Wald mehr zurücktritt, treiben die Bewohner mehr Landwirthschaft (Ackerbau, Rindvieh-, Schweinezucht, wenig Pferde- und Schafzucht). Das Feld ist meist weniger ergiebig, kalt und braucht vielen Dünger, insbesondere auf dem Winterhauche, wo man nebst dem noch viel Saatgut bedarf, weil in Folge der ausgesetzten Lage die Wintersaaten stark auswintern.

Nur in Moosbrunn und Schönbrunn, insbesondere im ersten Orte sieht man bessere Flureinteilung (7 Flurbau)[+7], die, wenn auch meist noch mit Zwang doch der Dreifelderwirthschaft vorzuziehen ist.

Im Amtsbezirk wird hauptsächlich: Spelz, Hafer, Roggen, Gerste, Haidekorn, in einigen Orten auch sehr schöner Hanf gebaut, ebenso Kartoffeln und Tabak; der Spelz, Hafer, Haidekorn und Tabak des Odenwaldes sind sehr gesucht und bilden neben dem Vieh die Verkaufsobjekte der dasigen Landwirthe. Von Futtergewächsen sieht man meist nur Rothklee (Trifolium), Zahnmais, Rüben, hie und da sieht man auch Ackerspargel und weißen Senf angebaut; die Luzerne (Medicago) hält [*17] auf den meisten Plätzen nur 2 Jahre an und wird deshalb nur wenig gebaut.

Das Rindvieh ist meist gering und ausgeschunden, weil es noch abgesehen vom Ackerbau übermäßig stark benützt wird um Holz vom Winterhauche zu Thal zu bringen, dann auch um Dünger von der Stadt auf die Höhe zu schaffen. Dem Futterbau könnte man fast überall mehr Ausdehnung nach und nach und zwar sicherlich mit Nutzen geben. Der Klage über die starke Abnahme der Asche seit Eindringen der Steinkohle sogar in den holzreichen Odenwald kann nicht leicht abgeholfen werden, da den Leuten meist für Anschaffung von anderweitigen Kalidünger das Betriebscapital fehlt.[+8] Die viele Waldstreu, die überall zu haben ist, kann selbstverständlich das Stroh auch nicht ersetzten; dagegen könnte überall der Wiesencultur mehr Aufmerksamkeit durch rationelle Ent- und Bewässerung geschenkt werden. Hier finden wir oft durch die widersinnigste Art der Bewässerung in der willkürlichsten Weise ganze Thäler (z.B. Itterbachthal) zu Sümpfen umgewandelt mit elend saurem Grase, Binsen, Sumpfmoose und dergleichen. Einige Großgrundbesitzer: Großherzogl[iche] Domäne Zwingenberg, Leiningen haben die Einrichtungen rationeller Bewässerung begonnen. Sie läßt sich auch überall leicht ausführen.

Das Fabrikwesen, der Gewerbebetrieb und Handel ist ziemlich entwickelt; aber fast nur auf Eberbach beschränkt und meist enge mit den Rohprodukten des Odenwaldes – dem Holze – verbunden.[+9] So finden wir nebst dem ausgedehnten Holzhandel: Holzschneidereien (Bauhölzer, Bretter, Faßdauben), Holzwollfabrik, deren Producte als Verpackungsmaterial und zu Matratzen geeignet sind; andere gründen sich auf billige Arbeitskräfte wie Cigarrenfabriken (Eberbach – Neunkirchen), Peitschenfabrikation [*18] in Unterschwarzach; ferner sind hier 2 Roßhaarfabriken, Hammerwerke usw. Außerdem finden sich hier mehrere Lohgerbereien nebst einer Mineralgerberei, viele Brauereien, Drahtflechtereien und dergleichen; auch die Möbelfabrikation ist hier in großem Schwunge. Vom Kleingewerbe tritt hier namentlich die Zeugschmiederei hervor, deren Werkzeuge sehr geschätzt sind. Schleifmühle an Schleifmühle zum Schleifen des vielen Werkzeuges : Beile, Äxte, Hämmer, Hacken, Bickel [!] etc. reiht sich im sogenannten oberen Mühlengrund.

In einigen Orten des Neckarthales ist ein ausgedehnter Betrieb in gröberer Weidenflechterei, wozu das schönste Material an den Vorländern des Neckars gewonnen wird. Dieser Erwerbszweig ließe sich leicht durch eine Korbflechtereischule oder Beschickung einer solchen durch geeignete Schüler auf eine hohe Stufe bringen.

In Weisbach hat man in diesem Jahre eine Strohflechtschule errichtet und machen die Schüler und Schülerinnen sichtliche Fortschritte.
Der Neckarthäler ist eng verbunden mit seinem Thale, seinem Fluße. Viele sind beschäftigt, die Odenwälder Producte thalabwärts zu bringen; auch bringen die Schiffe vieles zu Berge, namentlich seit Einrichtung der Kettendampfschleppschiffahrt von Mannheim bis Heilbronn.

Manche besitzen eigene Schiffe, die bis Rotterdam gehen, andere sind Theilhaber, andere sind als Schiffsknechte von denselben in Dienst genommen. Eng damit zusammenhängend ist die ausgedehnte Schiffsbauerei, die wegen des Odenwaldes billigen Holzes concurrenzfähig ist. Der hiesige Schiffsbauer liefert außer den auf dem Neckar gebräuchlichen Schiffe [!] auch sehr große Transportschiffe für den Rhein im Werthe oft von 15 - 20 Tausend Mark.[50] Die steilanstrebenden und oft bis an den Neckar hereinragenden Uferfelsen bieten sich zum Ausbruch von rothen Bausteinen für die großen Städte des untern Neckars und Rheins.

[*19] Es finden deshalb viele ihre lohnende Beschäftigung als Steinbrecher, Steinhauer, Verlader auf Wagen und Schiffe u.s.w. Wir finden diese außer hier, wo sie einen großen Prozentsatz der Proletarier bilden aber auch manch tüchtigen soliden Arbeiter aufzuweisen haben, in Lindach, Rockenau, Wimmersbach, Pleutersbach. Für diese ist die Zwangskrankenversicherung eine große Wohlthat.

Die Fischerei, welche eigentlich meist nur an die Gerechtsame bekannter Familien gebunden ist, beschäftigt wenig Leute mehr. Die Fischer sind alle arme Leute. Die Fische haben sehr abgenommen an Zahl durch die Correctionen und das Raubsystem.[51] Zwang zum Aufstellen von Bruttrögen für Sommerlaicher allerwärts dürfte auch den Neckar wieder bevölkern. Vielfach werden jetzt die Fischernachen zum Bergen des ausgebaggerten Neckarkieses benützt, der ein gutes Straßenmaterial liefert; der feinere Kiessand dient zum Bindemittel des Baumörtels und wird auch in die Gegend des Odenwaldes und Baulandes, wo bei vorherrschendem Kalk und Keuper der Quarzsand fehlt, versendet.

Ganz auffallender Weise liegt im ganzen Bezirke ein schöner Erwerbszweig darnieder: die Bienenzucht, von der man erwarten sollte, daß sie gerade im Odenwald gedeihlich blühe, wo doch so treffliche Bienenweiden in den ausgedehnten großen Gebirgsthälern, dem [!] Haidekorn und Haidekrauth vorhanden sind. Wol sind einzelne Leute zu finden, welche sich mit der primitivsten Korbbienenzucht befaßen; von einem rationellen Betriebe sieht man wenig. In der Stadt Eberbach sind wohl einige, welche Wohnungen mit mobilem Wabenbau haben, auch finden sich wohl einige Bienenzüchter im Walde eben, welche mit gutem Beispiele hierin zu ihrem Nutzen voran gehen; im großen Ganzen jedoch wiederstrebt der am Althergebrachten hängende Odenwälder der modernen rationellen Bienenzucht. [*20] Der badische Bienenzuchtverein wird sich im Jahre 1886 der Sache etwas annehmen. In den dem Bezirke Buchen und Mosbach angehörenden Orte [!] des Odenwaldes ist es besser mit der Bienenzucht bestellt.

[Die Ernährung der Bevölkerung]

Die Lebensweise der Bewohner des Amtsbezirkes ist sehr verschieden und richtet sich nach seinem Erwerbszweige und seinem Wohlstande. Im Allgemeinen kann man wohl sagen, daß der Wohlstand mit dem Zurücktreten der Landwirthschaft abnimmt. Großer Wohlstand ist aber wol nirgends zu finden und ist auch an manchen Orten merklich zurückgegangen; doch ist er gegen die 40iger Jahre bedeutend besser. Nur Schönbrunn, Moosbrunn auf dem linken und Dielbach, Schollbrunn und ein Theil von Weisbach, Orte auf den Höhen des rechten Neckarufers zeigen noch einigen Wohlstand.

Im Allgemeinen lebt man dürftig;[52] Vegetabilien bilden die Hauptnahrung: Außer Brot, das meist mit Haidekorn vermengt, sehr kräftig schmeckt, sind vor Allem: die Kartoffeln, Kohlgemüse und Bohnen (Kern- und Schnitzelbohnen). Letztere werden in großer Ausdehnung gebaut, was wegen des hohen Planzencaseingehaltes [pflanzliches Eiweiß] nur zu empfehlen ist. Der übrige Gemüsebau liegt leider noch sehr darnieder, insbesondere auf dem Lande. Leguminosen [Hülsenfrüchte] treten auch zurück.

Abb. 5: Kartoffelernte auf dem Hohen Odenwald.

Groß ist der Verbrauch von Weißbrot, wie die zahlreichen Bäcker von Eberbach beweisen, von wo viel durch Händler nach Außen gebracht wird. Fleisch kommt an manche Bewohner fast das ganze Jahr nicht; doch werden von den Landwirthschaft betreibenden Familien Eier [verzehrt] und mehr Schweine geschlachtet.

Dagegen liefert die Milch auf dem Lande ein billiges Nahrungsmittel (10 - 12 Pfennige auf dem Lande, in der Stadt 18 - 20 Pfennige); die Armen haben ihre Ziegen, die durch Einführung von bessern Zuchtthieren [*21] auch als Fleischthiere besser zur Verwerthung kommen könnten; zur Sommerzeit bilden die Eier (gewöhnliche Landhühner) ein billiges Nahrungsmittel; doch muß der Erlös von dem Verkauf der Eier das Geld für manche andere nöthige Nahrungsmittel liefern.

Die Fette sind ebenfalls nur spärlich und werden diese von den armen Leuten fast nur in der Milch, oder als Oel (Raps, Hanf, Nußöl) mit Salat, gebackenen Mehlspeisen genommen; der [!] Butter wird meist als theureres Fett verkauft. Ein sehr billiges Fett kaufen die Leute in dem sogenannten Wurstfett der Eberbacher Metzger, was jedenfalls ein Mixtum compositum [Mischmasch] verschiedener Thierfette ist und weil unrein, im Sommer nicht lange haltbar ist. So sehen wir, daß die Albuminate [Eiweiße] und Fette in keinem Verhältnisse stehen zu den Kohlenhydraten.

Als Beispiel sei es erwähnt, daß das Mittagsmahl einer armen Familie 4 Tage nacheinander als aus Kartoffeln, Gurkensalat und einer Tasse grauer Brühe als Caffé [!?], bestehend von uns beobachtet wurde. Dieser Nahrung entsprechend ist auch das Aussehen dieser armen Leute. Ich erkläre mir auch aus dem Genusse übermäßiger vegetabilischer Kost die auffallende Thatsache, daß man fast nirgends unter dieser Bevölkerung eine Person findet, welche noch ein untadelhaftes Gebiß hat; dies trifft hauptsächlich beim weiblichen Geschlechte zu.[53]

Was den Alkoholgenuß anbelangt, so ist er fast überall ziemlich stark; doch trifft man eigentliche Branntweinsäufer nicht gerade häufig, wenn auch der Morgentrunk in Branntwein sehr oft geschieht. Einzelne Orte sind mehr berüchtigt im Schnapstrinken, z.B. Balsbach, Neckarwimmersbach. Auch auf dem Lande [*22] wird oft beim Dreschen, Holz machen etc. der gewöhnliche Kartoffelfusel (ordinärer) getrunken und partizipiren oft ganz junge Burschen an der Flasche. Daß die Steinhauer, Maurer und dergleichen Arbeiter ein großes Contingent der Branntweinconsumenten stellen, versteht sich von selbst.

In andern Orten sind aber auch die Branntweintrinker weniger geworden., z. B. in Zwingenberg, wo früher als Hauptverladeplatz und Niederlage der sogenannten Schiffsreiterei vor der Einführung der Kettenschleppschiffahrt eine große Menge Branntwein vertilgt wurde.

Der Bierconsum scheint ein ziemlich großer zu sein, wie auch die zahlreichen Bierbrauereien Eberbachs beweisen, die alle ziemlich stark besucht sind. Auch der Fremde, welcher mit Fuhrwerk vom Winterhauche, vom Itterbachthale oder anders woher Holz, Kartoffeln, Getraide zum Verladen bringt, stellt ein großes Contingent der Gäste. In der „Stadt“ wird von diesen Odenwaldbewohnern vieles

Geld gelassen, was er besser zum Nutzen und Frommen seiner Familie in Fleisch oder andern Nahrungsmitteln anlegen könnte.

Krankenpflege

Die Armenpflege - Krankenhäuser

Die Armenpflege liegt namentlich in den Dorfgemeinden noch sehr im Argen; dies gilt noch viel mehr von den Orten des Winterhauches und Friedrichsdorf, als von den Orten des Neckarthales. In den linksseitigen Orten Neunkirchen, Schwarzach, Michelbach ist es schon besser. Auf dem Winterhauch wird selten ein Arzt zu Armen gerufen, außer bei schwerer Verletzung, z.B. Beinbruch, große[n] stark blutende[n] Weichteilzerreißungen, geburtshilflichen Fällen. Wir sehen mehrere trübe Bilder, die man in unserm Zeitalter nicht mehr sehen sollte. [*23] Dieser Uebelstand ist außer in der schlecht angelegten Straße von Eberbach nach dem Winterhauche zumeist begründet in der meist dürftigen Lage der Gemeinden, denen ein größeres Gemeindevermögen fehlt.

Die Waldungen, anderswo größtenteils Gemeindeeigentum sind hier von den angrenzenden Grundherrschaften: Leiningen, Erbach, Grundherrschaft Zwingenberg und in der jüngsten Zeit auch von dem ev[angelischen] Stift Mosbach angekauft in Jahren, wo die Leute theils aus Noth verkaufen mußten, theils aber auch durch schlechte Bewirthschaftung, Leichtsinn etc. zurückgekommen sind. Jetzt kaufen die genannten Grundherrschaften auch noch Felder, Wiesen und ganze Hofgüter zusammen und drängen so die Bewohner zurück. Letztere müssen nun natürlich, um ihren nöthigen Viehstand erhalten zu können, das Erträgnis der Futterwiesen alljährlich um theures Geld pachten und müssen so die Wohlstandsverhältnisse einzelner Gemeinden zurückgehen.

Verunglücken aber solche Leute im Walde beim Holzfällen, so kümmert sich mit rühmlichster Ausnahme der Verwaltung der Großh[erzoglichen] Domäne Zwingenberg Niemand mehr um den armen Menschen. Beispiel: Eine Frau, deren Mann im Leiningen'schen beim Holzfällen das Leben einbüßt, muß alljährlich betteln um 10 Mark für ihre armen Kinderchen. Horribile dictu !!! [Gott sei's geklagt]. Von den manchfachen [!] anderweitigen Erkrankungen, denen der Holzhacker sich bei der oft schlechten ungesunden Witterung bei schlechter Nahrung aussetzen muß, ist gar nicht zu reden. Das Heranziehen der Forst- und Landwirthschaft zum Kranken- und Unfallgesetz wäre für die so armen Forstarbeiter nur von großem Vorteile.

[*24] Einen Armenarzt haben nur die Gemeinden: Eberbach in der Person des prakt[ischen] Arztes Malzacher, der zugleich Spitalarzt ist; Neunkirchen, Oberschwarzach, Michelbach in der Person des prakt[ischen] Arztes Gnirs [?] in Aglasterhausen. In allen übrigen Gemeinden fehlt jedweder Vertrag für Armenbehandlung. Ein Theil der Armen fällt seit Einführung des Arbeiterkrankenversicherungsgesetzes unter dieses und wird dasselbe überall von den betreffenden als Wohlthat empfunden. Kein Gesetz erfreut sich einer so großen Volksthümlichkeit, als gerade das der Arbeiterkrankenversicherung mit Ausnahme vielleicht der Gemeindebeamten, denen es manche Mühe macht.[54]

Von Krankenhäusern

ist sonst nirgends die Rede, außer einigen sogenannten Armenhäusern, die meist den armen Inwohnern nur freie Wohnung, nicht aber Kost und Pflege bietet [!]. Das schönste und größte dieser Art wurde durch die Mildthätigkeit des seligen Markgrafen Max von Baden in Zwingenberg erbaut; welches Gebäude aber nicht einmal dem hochherzigen Geber zum Dank in ordentlichem Zustand erhalten wird. Auch in einigen Orten sind neue Armenhäuser errichtet; ein Krankenzimmer mit Heizungsvorrichtung, Krankenbett etc. findet sich aber nirgends vor.

Nur in der Stadt Eberbach finden wir ein eigentliches Krankenhaus in dem zum ehemaligen leiningenschen Rentamte gehörigen Rentamtsdienergebäude. In demselben werden auch ältere Leute verpfründet und verpflegt. Leider entspricht auch dieses nicht im Entferntesten [*25] auch nur den bescheidensten Ansprüchen einer Krankenanstalt. Von zwei Seiten ist es von übelriechenden Winkeln umgeben, von vornen kommt auch fast nur von der Westseite Sonnenschein in den sogenannten Saal – eine größere Stube.

Das Gebäude ist in verwahrlostem Zustande und die Einrichtung eine äußerst mangelhafte. Es fehlen darin durchweg eine Badestube, Tobzelle, Absonderungsräume und dergleichen mehr. Auch die beste Pflege ist hier deshalb eine mangelhafte. Das Spital ist so vielen Berechtigten ein Schreckensgespenst und nicht mit Unrecht. Die Bemühungen für den Verkauf der alten Gebäulichkeiten, Zuziehung der Gemeinden des Bezirks mit etwa 10 000 Mark zu einem mit c[a] 80 000 Mark veranschlagten Neubau als Bezirksspital, scheiterte leider an dem Mangel an Einsicht und Sinn für Armenpflege der Landgemeinden.[55]

Doch hoffe ich, daß es doch in einigen Jahren gelingen wird, den armen Kranken ein menschenwürdigeres Heim zu gründen und auch einige sogenannte bessere Zimmer einzurichten für Leute besserer Stände und Fremde, die entweder in ihrer Privatwohnung der geeigneten Pflege entbehren oder zur Absonderung z.B. in Hotels, Schulen und dergleichen geeignet sind.

Leider fand ich bei meiner Hierherkunft, daß die Leitung des städtischen Krankenhauses nicht wie anderwärts der unmittelbaren Leitung des Bezirksarztes untersteht; weshalb man auch nicht mit dem Einflusse für die gute Sache arbeiten kann; es ist dies hier umso eigenthümlicher, als der Bezirksarzt der [*26] gegebenen Lokalverhältnisse wegen gezwungen ist, einen Theil der Armenpraxis mitzuübernehmen, was unsererseits ja auch gerne geschieht, gerade weil diese Praxis am besten uns die sozialen Schäden und die damit eng verknüpften hygienischen Verhältnisse vor Augen führt.

Endemische Krankheiten

Von den acuten Infectionskrankheiten ist es vor Allem

1. Typhus abdomin[alis] [Typhus des Verdauungskanals], der namentlich in der Stadt Eberbach einheimisch geworden zu sein scheint; vergeht doch kein Jahr, wo nicht wenigstens einige Fälle vorkommen. Es ist dies auch nach den ungünstigen hygienischen Verhältnissen Eberbachs nicht anders möglich; doch könnte mit

der Zeit manches zur Verbesserung derselben geschehen und ist unsererseits bereits ein kleiner Anfang gemacht worden.

Eine kleine Typhus - Epidemie in Dielbach und einige Fälle im Mühlengrunde sind gewiß als von hier hinaufgeschleppte Inficirungen zu betrachten.

2. Auffallend ist das häufige Vorkommen puerperalen Erkrankungen [Kindbettfieber] trotz der Vorsichtsmaßregeln, welche unserer Mahnung gemäß strenge von den Hebammen beobachtet werden. So wurde auch eine von uns in Schollbrunn unter den minutiösesten antisept[ischen] Cautelen [Vorsichtsmaßregeln] Entbundene gleich am 3. Tage an acuter Sepsis [Blutvergiftung] dahingerafft, nachdem ich die Frau gesund und wohl mit kräftigem normalen Pulse, fest contrahirtem Uterus fieberlos verlassen hatte. Und gerade in Schollbrunn kömmt häufig sporadisch Drüsendiphtherie vor; ebenso soll auf dem Winterhauche Erysibelas [richtig: Erysipelas: Wundrose] sehr häufig auftreten; doch ist die Zeit unsres [*27] Hierseins zu kurz und eine regelmäßige ärztliche Behandlung auf dem Winterhauche zu den Seltenheiten gehörend, als daß ein richtiges Urteil bis jetzt möglich wäre.

3. Erkrankungen, die auf Malariainfection zurückzuführen sind, kamen uns nur bei einigen männlichen Individuen zur Beobachtung; alle diese waren Schiffer und kommen nach Mannheim und weiter den Rhein hinunter. Einen [!] Fall, wo die Infection als sicher in loco stattgefunden zu betrachten gewesen wäre, ist nicht beobachtet worden.

4. Geschlechtskrankheiten sind hier seltener, doch trifft man hie und da ein Individuum mit inveterirter [?] Syphilis.

5. Höchstwahrscheinlich ist zu den Infectionskrankheiten der im Neckarthale endemische [örtlich begrenzt auftretende] Kropf und der meist mit ihm in aitiologischem [ursächlichen] Zusammenhang stehende Cretinismus[56] zu rechnen, wenn auch bislang ein spezifisches Agens [Verursacher] noch nicht gefunden wurde, doch spricht vieles dafür. Für mich, der ich strengstens objektiv an die Sache herantrat ist es zur festen Ueberzeugung geworden, daß wir es bei dem Neckarkropf mit einem spezifischen Agens sui generis [Verursacher eigener Art] zu thun haben; denn ich muß mir auch andererseits sagen, daß nicht allen Strumen [Kröpfe] ein und dieselbe Ursache zu Grunde liegt: Die Struma der Basedow'schen Krankheit hat jedenfalls eine andere Ursache so gut, als der acut auftretende Schulkropf, wie er mir vor 2 Jahren in Untergimpern, Amt Sinsheim zu Beobachtung kam, der so schnell als er [*28] kam mit und ohne Tod bald wieder ad retegram [?] verschwand.

Der in der Neckargegend und speziell in den umliegenden Territorien vorkommende Kropf und der mit ihm in aitiologischem Zusammenhange stehende Cretinismus (vielleicht dürfte auch eine gewisse Form von Rachitis hierher gerechnet werden) charakterisirt sich in folgendem:

Der Kropf ist entweder angeboren und dann lassen sich bei den Eltern oder doch nächsten Blutsverwandten strumen- oder cretinenhafte Entwickelung[en] nachweisen; ja er kann scheinbar eine Generation übergangen sein. Versetzt man solche Individuen in andere kropffreie Gegenden, so können auch sie, auch wenn sie in den günstigsten Verhältnissen leben, Kinder mit Struma behaftet, mit Anflügen an Cretinismus oder Kinder einer gewissen Form von Hydroceph[alus] chron.[Wasserkopf] behaftet, erzeugen; doch sind die Formen meist milder als in der ehemaligen Strumen- respective Cretinengegend.

Der Kropf respective Cretinismus zeigt sich meist bei Leuten, die in minder günstigen Verhältnissen leben, weniger animale Kost genießen. Alkoholgenuß begünstigt den Cretinismus.

Der Kropf kann auch erst später erworben werden. So sehen wir oft bei Leuten, die aus kropffreier Gegend kommen, so bald sie eine zeitlang in der Kropfgegend wohnen, Strumen auftreten und es kommen meistens in ganz auffallender Weise in ganz kurzen Zwischenräumen eine größere Anzahl zur Beobachtung, während wiederum längere Pausen eintreten.

Das weibliche Geschlecht neigt mehr zur Kropfbildung. [*29] In manchen Orten, z. B. Zwingenberg kamen früher viele Fälle von Strumen und Cretinenformen vor, während ich dort in der ganzen Volksschule (Kinderschule inclusive) nur einen einzigen Fall von Struma (partielle Anschwellung des linken Lappens) entdecken konnte - gerade in einem Orte, wo noch im Armenhaus eine reichliche Zahl älterer Cretinen und mit voluminösen Strumen behaftete zu finden sind. Nicht unbemerkt will ich hier lassen, daß die Abnahme hauptsächlich seit Aufhebung der Schiffsreiterei bemerkt worden sein soll; aber auch die Wasserleitungen sind bessere und seit einigen Jahren sogar mustergültig geworden.

Auch in Neckarwimmersbach schien der Kropf und Cretinismus seltener geworden zu sein; aber gerade in der letzten Zeit kamen mehrfache Todtgeburten vor, oder starben doch die Kinder in einigen Minuten, Stunden, Tagen nach der Geburt, so daß ich mich veranlaßt sah, eine Leichenschau selbst vorzunehmen und siehe da: Angeborene Strumen waren es, welche den Tod verursacht hatten; auch einzelne noch nicht schulpflichtige Kinder sind da zu finden mit Strumen behaftet und von cretinenhaftem Aussehen, während gerade unter den Schulkindern kein einziges zu finden war.

Dieser Umstand spricht sehr für ein spezifisches Agens, welches durch tellurische [die Erde betreffende] Verhältnisse zeitweise begünstigt, massenhafter auftritt und seine Schädlichkeit bemerkbar macht.

Außer den genannten Orten sind noch Rockenau, Pleutersbach als Sitz des Kropfes zu nennen und auch die Amtsstadt Eberbach darf nicht vergessen werden. [*30] Wir sehen aber auch überall in der Umgegend, nicht nur im Neckarthale, sondern auch auf der Höhen vereinzelte Formen; auf den linksseitigen Uferorten mehr als den rechtsseitigen.

Der Ansicht Hildebrands, daß Cretins außerhalb eines cretinismusfreien Gebietes niemals cretinsche Kinder erzeugen, kann ich durchaus nicht beipflichten, wenn auch zuge[ge]ben werden muß, daß es in abgeschwächter Form meistens der Fall ist; andererseits treten uns aber auch Formen von Cretinismus auf in sonst cretinismus- und strumenfreier Gegend von solchen Eltern, die sonst normal und frei von jeglicher Strumenbildung sind. Doch können solche als inficirt gedacht werden, ohne daß das Strumengift äußerlich seine Merkmale setzte. Das letzte Moment wurde unsrerseits deshalb so sehr betont, weil es dem Impfarzt die Frage nahelegt, ob nicht auch das Strumengift (?) durch Gebrauch humaner Lymphe überimpft werden kann. Experrmentelle [!] Arbeiten dieser Art konnte ich in der Literatur nicht finden.

All die unzähligen Theorien und Hypothesen über die Aitiologie des endemischen Kropfes passen samt und sonders nicht auf das Bild, wie man es im Neckarthale gewinnt.

Die wenigen Monate, die ich auf die Erforschung dieser Endemie verwenden konnte, sind natürlich noch ungenügend um zu einem entgültigen Urteil kommen zu können.

Unter andern Entwicklungsstörungen finden sich häufig die eigentliche Rachitis, abgesehen von rachitischen Formen aus andern verschiedenen Ursachen.[*31] Hier stellt Eberbach das größte Contingent mit seinem zahlreichen Proletariat. Werden doch die rachitischen Kinder hier förmlich gezüchtet. Hier sehen wir unter den zahlreichen Arbeiterfamilien die Kinder in den unpassendsten Ernährungsverhältnissen, schlechter Pflege, mangelhaften Wohnräumen, die überfüllt sind und wo Licht und Luft fehlt.

Vielleicht gelingt es mit der Zeit den Anfang mit einzelnen Arbeiterwohnungen zu machen, um den alten zusammenhängenden Theil Eberbachs mit den engen, schmutzigen, finsteren Gassen und Winkeln zu entvölkern.

Ebenso finden sich zahlreiche mit Skrofulose [tuberkulöse Haut- und Lymphknotenerkrankung] behaftete und den damit zusammenhängenden tuberkulösen Processen an Haut und Knochen (fungöse Gelenkentzündung, Eczeme, scroful[öse] conjunctivitis und dergleichen). Bei diesen Verhältnissen in den Jugendjahren ist es natürlich, daß es im mittleren Lebensalter an Tuberculösen der Lungen, des Darms etc. nicht fehlt; zumal gerade die Steinhauer, Cigarrenarbeiter ein großes Contingent hiezu stellen; aber auch auf dem Lande findet sich Tuberculose häufig; jedenfalls in Folge der schlechten Nahrungsverhältnisse und auch sonstiger Ursachen.

Auffallender Weise kommen uns verhältnismäßig ziemlich häufig Fälle von Osteomalakie [Osteomalazie: Skelettveränderung durch Calcium- und Vitamin D Mangel] vor. 2 Fälle in Eberbach, 1 in Waldkatzenbach, 1 in Wimmersbach. Nach Erkundigungen scheint auch früher diese Knochenerweichung häufiger in der Gegend vorgekommen zu sein.

Begräbnisplätze

[*32] Die Begräbnisplätze sind meistens in guter Ordnung; nur liegen einige nicht weit genug vom Ortsetter entfernt, z. B. Strümpfelbrunn, Neckargerach; dagegen finden sich oft Mißstände dadurch, daß mehrere Gemeinden einen gemeinsamen Begräbnisplatz angelegt haben, wobei oft die Entfernung eine zu große

ist oder wegen des Neckars bei Hochwasser die Verbringung der Leiche nach dem Begräbnisplatze eine sehr schwierige ist.

Die Zusammenlegung ist meistens nach den betreffenden Kirchspielgemeinden geschehen; nach Strümpfelbrunn kommen die Leichen außer dem eigenen Orte noch die von Mülben, Oberhöllgrund, Sommernachtsgrund [!] mit Gaimühle, Weisbach, von Katzenbach nur die Katholiken; wie wohl im Orte ein eigener Begräbnisplatz, wohin nur die Protestanten kommen, vorhanden ist. Friedrichsdorf legte schon vor mehreren Jahren wegen des schwierigen Leichentransportes nach Strümpfelbrunn einen eigenen Begräbnisplatz an gegen den Wald hin, woran sich eigensinniger Weise die Bewohner des so nahe gelegenen Sommernachtsgrundes nicht betheiligten und deshalb hier ausgeschlossen sind und lieber die Leichen nach dem nahezu 2 Stunden entfernten Strümpfelbrunn verbringen. Nach Eberbach werden die Leichen gebracht von Rockenau, Wimmersbach, Pleutersbach (Orte jenseits des Neckars); ferner von der Filiale Igelsbach, Grethenmühle, Unterdielbach von diesseits des Neckars.

Die Anlegung eines Begräbnisplatzes im Neckarthale ist wegen der Terrainschwierigkeiten oft eine ziemlich kostspielige und bisweilen eine geradezu unmögliche; doch könnten die jenseitigen Neckarthalorte: Rockenau, Wimmersbach, Pleutersbach vielleicht in dem [!] in der Mitte [*33] zwischen Rockenau und Pleutersbach gelegenen Wimmersbacher Gemarkung bequem einen kleineren Begräbnisplatz anlegen.

Wagenschwend und Balsbach haben auch ihren gemeinschaftlichen Begräbnisplatz.

Eine Leichenhalle findet man nirgendwo. Eine solche dürfte doch wenigstens in den Neckarthalorten angelegt sein und zwar ohne große Kosten insbesondere deshalb, weil von Jahr zu Jahr Leichen im Neckar geländet werden, die man fast nirgends unterbringen kann. Selbst der Hauptamtsort mit 5000 Einwohnern entbehrt einer solchen und wurde da der Unfug getrieben, aufgefundene Leichen dem Krankenhause zuzuführen, wogegen unsrerseits heftig protestirt wurde. In ein Krankenhaus werden Kranke und keine Leichen aufgenommen.

Die sogenannte Todtenkapelle auf dem Eberbacher Begräbnisplatz, die doch nur selten benutzt wird, könnte bequem in eine Leichenhalle umgewandelt werden.

Die Leichen der Juden kommen entweder nach Bödigheim, Amt Buchen, oder nach Hirschhorn, was sich nach Familien richtet, weil der Jude zu „seinen Vätern versammelt sein" will. Daß der Jude so hartnäckig an dieser alten Sitte hängt, ist umso auffallender, als er doch gerade meistens in politischer Beziehung auf dem linken Flügel mit der Brüstung des Fortschrittes und der Intelligenz einhermarschirt.

Es wurde dies erwähnt, weil denn doch einmal dem Transporte von Judenleichen Schwierigkeiten bei ansteckenden Krankheiten bereitet werden könnten; doch sind der Judengemeinden nur drei kleine: Eberbach, Zwingenberg, Strümpfelbrunn, so daß der Fälle nur wenige sein dürften.[57]

Ueber Vorurtheile und Mißbräuche

[*34] Ueber diesen letzten Punkt ist wol am allerwenigsten zu berichten. Ganz auffallender Weise begegnen wir hier viel weniger als sonst gewissen Vorurtheilen und Mißbräuchen, wie sie oft sonst in dem Mysticismus gewisser Sekten festgehalten werden und immer wieder zum Vorschein kommen.

Der Odenwälder ist sonst intelligent, was uns auch die Herren Lehrer berichten; auch ist er der Belehrung zugänglicher, als einer irgendwo, außer wenn es an seinen Geldbeutel, der natürlich nur schwach bestellt ist, geht.

Doch werden auch hier die Dummen nicht alle. Da und dort sieht man einen Patienten mit Talisman behangen; doch trifft man weniger den Hexenspucken [?]. Umso auffallender ist es, daß man von einer Gemeindebehörde einen Quellen- und Wasserfinder bestellte anstatt den Rat der hiezu bestellten Behörde (Culturinspection) zu befolgen.

Als starke ekelerregende Unsitte ist das Tabakkauen zu erwähnen; diese Unsitte ist sehr stark eingewurzelt und läßt sich wenig dagegen ankämpfen.

Dr. Frey
Bezirksarzt

[*35] Art und Weise der Bezirksbereisung

Die Bereisung wurde im Verlaufe des August, September, Oktober in der Art vollzogen, dass man den Bezirk Gruppenweise von Ort zu Ort besuchte; dann in Begleitung des Herrn Bürgermeisters oder Gemeinderates die Schulen, Armenhäuser, Brunnenanlagen, Begräbnisplätze etc. besuchte; die Hebammen, Leichenschauer, Todtengräber wurden auf das Rathaus bestellt

In den Gemeinden, wo ein oder mehrere Geistliche waren, wurden auch diese besucht und gebeten, mitzuwirken an den Bestrebungen für eine Verbesserung der Armenpflege.

Außer der Stadt Eberbach, die eingehender in mehreren Abschnitten und nach verschiedenen Einrichtungen, Etablissements etc. mit prüfendem Auge begangen wurde, wurde

1. zuerst das Itterbachthal mit Sondernachtsgrund, Höllgrund und Friedrichsdorf besucht. 20. August 1885.
2. dann Allemühlen, Schönbrunn, Moosbrunn und Haag. 24. August.
3. Schwanheim, Michelbach. 29. August.
4. Unter-, Oberdielbach, Katzenbach. 5. September.
5. Lindach, Zwingenberg, Neckargerach. 10. September.
6. Schollbrunn und Weisbach. 16. September.
7. Strümpfelbrunn und Mülben. 22. September.
8. Balsbach, Wagenschwend (18 Kilometer entfernt). 2. Oktober.
9. Unter-, Oberschwarzach, Neunkirchen. 8. Oktober.
10. Die Orte Rockenau, Neckarwimmersbach, Pleutersbach. 14. Oktober.

Dazu wurde jeweils ½ Tag dazu verwendet.

Da ich [es] mir auch sonst angelegen sein lasse, auch die restlichen insbesondere socialen Verhältnisse eingehender zu studiren, geht [*36] wohl zur Genüge aus dem Bericht selbst hervor.

Leider kömmt man nicht so oft in den Bezirk hinaus, als es wünschenswerth sein dürfte; und aus eigenen Mitteln kann man es sich nicht leicht erlauben, da ein Fuhrwerk wegen der hohen Steigungen überall hin (2-400 Meter hoch) zu theuer ist (7-8 Mk.) In die Thalorte zu kommen hat man wohl allwöchentlich mehrmals die Gelegenheit und per Bahn und zu Fuß meist billig und schnell.

Dr. Frey
Bezirksarzt

[folgt: Briefwechsel zwischen Dr. Frey und dem Ministerium des Innern bzw. dem Großherzoglichen Verwaltungshof zum Reisekostenverzeichnis]

Anmerkungen

1. Etwa durch **Alfons Fischer**: Geschichte des Deutschen Gesundheitswesens Bd. 2. Von den Anfängen der hygienischen Ortsbeschreibungen bis zur Gründung des Reichsgesundheitsamtes. Berlin 1933, S. 113 ff. und S. 427 ff. Ders.: Badische medizinische Topographien. In: Ärztliche Mitteilungen aus und für Baden 78. Nr. 14, (1924), S. 99-101. In jüngerer Vergangenheit vor allem **Helmut Jusatz**: Die Bedeutung der medizinischen Ortsbeschreibungen des 19. Jahrhundert für die Hygiene. In: Der Arzt und der Kranke in der Gesellschaft des 19. Jahrhunderts. Hg. **W. Artelt** u. **W. Rüegg**, Stuttgart 1967, S. 179-200. Zu H. Jusatz vgl.: **Werner Fricke**: Geographische Medizin, Geomedizin und Helmut Jusatz: aus der Sicht des Geographen. In: Krankheit und Raum. Helmut Jusatz zum Gedenken. Hg. **W. Fricke** u. **J Schweikart** (Erdkundliches Wissen Bd. 115). Stuttgart 1995, S. 1-34.
2. **H. Jusatz** (wie Anm. 1), S. 179.
3. **H. Jusatz** (wie Anm. 1), S. 180.
4. Siehe u. a. die Zusammenstellung bei **K. Brandlmaier**: Medizinische Ortsbeschreibungen des 19. Jahrhunderts im deutschen Sprachgebiet. Abh. z. Geschichte der Medizin und Naturwissenschaften, H. 38. Berlin 1942. Auch aus der näheren Umgebung Eberbachs liegt eine solche Druckfassung vor. Vgl. **F. Erggelet**: Die Gesundheitsverhältnisse der Bevölkerung des Amtsbezirks Sinsheim. Ein Beitrag zur Medicinal-Statistik. Heidelberg 1877.
5. **H. Jusatz** (wie Anm. 1), S. 181.
6. In den 1880er Jahren verdrängte die Bakteriologie in der medizinischen Hygienebewegung die vorherrschende Miasma-Theorie, welche bis dahin die gesundheitspolitische und medizinische Sicht der Seuchenpoblematik und der so genannten Elendskrankheiten innerhalb der hygienischen Prophylaxe beherrscht hatte. Oberstes Ziel der Hygienebewegung in den jungen Industrienationen war eine allgemeine Verbesserung der Lebensbedingungen vor allem in den neu entstehenden industriellen Ballungszentren, aber auch in ländlichen Endemiegebieten. Sie versuchte vor allem die wachsenden Probleme bei der Trinkwasserversorgung und der Abwasserbeseitigung zu erkennen und zu beseitigen sowie die prekäre Ernährungslage und die Wohnsituation in den Quartieren der Arbeiterklasse zu lindern. Während für die Miasmatiker die Seuchengefahr letztlich von den Umweltbedingungen und den unhygienischen Boden-, Wasser- und Luftverhältnissen abhing, stand in der bakteriologischen Seuchenlehre der infizierte Mensch als „Wirt" krankheitserregender Mikroorganismen im Mittelpunkt des Forschungsinteresses. Hauptverfechter der Miasma-Theorie war der Münchner Hygieniker Max von Pettenkofer. Er stellte u. a. die Grundwasser-Boden-Hypothese der Cholera-Entstehung auf, nach der im Boden vorhandene ungesunde Keime durch Anstieg des Grundwasserspiegels zur Vermehrung angeregt und dadurch verseuchte Dünste

(Miasmen) erzeugt würden, welche die Erkrankungen hervorriefen. Die Seuchenbekämpfung konzentrierte sich unter solchen wissenschaftlichen Vorzeichen daher vor allem auf die Sanierung der örtlichen ökologischen Bedingungen. Die Initiative der präbakteriellen Hygieniker konnte durch technisch-sanitäre Maßnahmen bei der Wasserversorgung, der Abfallbeseitigung und der Stadtplanung auch meßbare Erfolge vorweisen. Die Ära der Miasmatiker war jedoch vorüber, als schließlich Robert Koch und dessen Schüler das bis dahin von Pettenkofer beherrschte Arbeits- und Forschungsgebiet der öffentlichen Hygiene für ihre wissenschaftliche Schule vereinnahmen konnten. Die Abfassung medizinischer Topographien und ihre vergleichende Analyse stand nun nicht mehr im Mittelpunkt der hygienischen Forschung. Nach: **Adelheid Gräfin zu Castell Rüdenhausen**: „Die gewonnenen Jahre". Lebensverlängerung und soziale Hygiene. In: Jahrhundertwende. Der Aufbruch in die Moderne 1880-1930, Bd. 1. Hg. **A. Nitschke** et al., Reinbek 1990, S. 147-175.

7. **W. Fricke** (wie Anm. 1), S. 18.

8. Vgl. u. a. **Klaus Reder**. Die Bayerischen Physikatsberichte 1858-1861. Veröff. zur Volkskunde und Kulturgeschichte Bd. 57. Würzburg 1995.
Barbara Weber: Stadt und Landgericht Schweinfurt im Spiegel der Physikatsberichte von 1861. Kommentierte Edition der medizinischen Topographien und Ethnographien. (med. Diss. TU München). München 1988.
Gerhard Willi: Volks- und landeskundliche Beschreibungen aus dem Landkreis Dillingen. Die Physikatsberichte der Landgerichte Bissingen, Lauingen, Dillingen und Wertingen (1858-1861). Quellen zur historischen Volks- und Landeskunde, Bd. 3. o.O., 2002.

9. **Karl Stiefel**: Baden 1648-1952, Bd. 2. Karlsruhe 1977, S. 1284 und **J.F. Wehrer**: Repertorium der gesammten Gesetzgebung Badens. Heidelberg 1866, S. 48, Stichwort „Bezirksstaatsärzte."

10. **J.F. Wehrer** (wie Anm. 9), S. 348.

11. **J.F.Wehrer** (wie Anm. 9), S. 49.

12. **Alfons Fischer**: Medizinische Topographien, ihre Geschichte und ihre Bedeutung für die soziale Hygiene. In: Sozialhygienische Mitt. 8 (1924), S. 17-25; hier: S. 19.

13. **A. Fischer** 1924 (wie Anm. 1), S. 100.

14. **A. Fischer** 1933 (wie Anm. 1) S. 433.

15. Z. B. durch **Gerhard Schneider**: Kleinstädtisches Leben im frühen 19. Jahrhundert. Ein zeitgenössischer Bericht über Adelsheim im Bauland. In: Der Odenwald 28, H. 3 (1981), S. 75-91.
Adolf Frank: Wie sah es in Mosbach vor 180 Jahren aus? „Moralische Topographie in Rücksicht der medicinischen Polizey" des Physikus Dr. Gruber. In: Badische Heimat 61, H. 2, (1981), S. 283-301; Ders.: Der südöstliche Odenwald (Landkreis Mosbach) zu Anfang des 19. Jahrhunderts (aus der „Moralischen Topographie in Rücksicht der medicinischen Polizey" des Physikus Dr. Gruber aus den Jahres 1807 und 1808). In: Badische Heimat 67, H.3 (1987), S. 403-414.
Roland Vetter: Zwingenberg am Neckar – Aus einer medizinischen Topographie des späten 19. Jahrhunderts. In: Der Odenwald 35, H. 4 (1988), S. 144-148; Ders.: „Die ökonomische Lage der Einwohner ist eine sehr armselige." Strümpfelbrunn in einem Physikatsbericht des Jahres 1884. In: Der Odenwald 37, H. 3 (1990), S. 113-119. Ders.: „Im ganzen wenig erfreulich." – Eindrücke des Eberbacher Amtsarztes Dr. Öffinger bei der Erstbereisung seines Bezirks 1880/81. In: Der Odenwald 35, H. 1 (1988), S. 3-20. Ders.: Im tiefen Odenwald kann kein Chirurg bestehen. Über die medizinische Versorgung der Odenwälder Bevölkerung um 1800. In: Hierzuland Jg. 7, H. 14 (1992), S. 24-29. Ders.: „Die Syphilis ist unter der Bevölkerung ziemlich verbreitet." Ein Hauptjahresbericht des Neckargemünder Bezirksarztes von 1871 als lokalgeschichtliche und geomedizinische Quelle. In: Neckargemünder Jahrbuch, Jg. 4 (1992), S. 35-49.

16. Vgl. dazu: Räumliche Persistenz und Diffusion von Krankheiten. Vorträge des 5. Geomedizinischen Symposiums in Reisensburg 1984 und der Sitzung des Arbeitskreises Medizinische Geographie/ Geomedizin in Berlin 1985. Hg. **Werner Fricke u. Erhard Hinz**. Heidelberger Geographische Arb. 83, Heidelberg 1986,.

17. **Erwin Ackerknecht:** Geschichte der Medizin. Stuttgart 1987, S. 183.

18. Kleinere Passagen erschienen bereits in: **Andreas Cser, Roland Vetter, Helmut Joho**: Geschichte der Stadt Eberbach am Neckar. Bd.2. Sigmaringen 1992, besonders S. 87 ff. und S. 185 ff. Ebenso

bei **Roland Vetter**: Armut war der Küchenchef. Lebensbedingungen und Ernährungsgewohnheiten im Odenwald vor 100 Jahren im Spiegel alter Physikatsberichte des Amtsbezirks Eberbach. In: Eberbacher Geschichtsblatt 89 (1990), S.148-156.

19. Eberbacher Zeitung Nr. 64, 1885.

20. Die nachfolgenden Angaben zur Person und zur Dienstführung Freys sind seinen Personalakten entnommen. Vgl. GLA 76/9372.

21. GLA 236/10207, 1933, 15 II

22. Gefunden wurde er von der Erzieherin bei Forstmeister Roth, Fräulein Nüssle „im Wald auf dem Gesicht liegend und von einer großen Blutlache umgeben." GLA 76/9372.

23. Frey hatte bei seiner polizeilichen Vernehmung alle Beschuldigungen eloquent abgestritten und fand vor allem die Unterstellung merkwürdig, daß er sich an einer schwangeren und tuberkulösen Todkranken unsittlich vergangen haben sollte. „Ihr ganzer Habitus und ihr ganzes Aussehen, welches mehr das Bild einer Leiche bot, war nicht darnach angethan, irgend einen sinnlichen Reiz hervorzurufen," gab Frey zu Protokoll. Als möglichen Grund für die Anzeige der Frau gab Frey an, daß er dieser ein „Abortirmittel" verweigert habe. Die Anzeige sei vielmehr auf die „nervöse Unruhe", die „krankhafte Phantasie" und „hysterische Wahngebilde" der Patientin zurückzuführen. GLA 76/9372.

24. Eberbacher Zeitung 22 (1887) v. 19. Febr. Dort heißt es: "Gestern Nachmittag wurde im Walde bei Schloß Zwingenberg der entseelte Körper des Bezirksarztes Herrn Dr. R. Frey von hier gefunden. Die Theilnahme ist eine allgemeine und sehr große. Unermüdlich in seinem Berufe hatte er sich während seinem zweijährigen Aufenthalte dahier eine große Praxis und Anerkennung erworben."

25. Eberbacher Zeitung 23 (1887) v. 22. Febr.

26. GLA 236/15825.

27. Richtig: Sondernachsgrund. Der bewohnte Teil gehört seit 1900 zum Eberbacher Ortsteil Gaimühle.

28. Ferdinandsdorf war eine Spätgründung des 18. Jahrhunderts im Zuge der inneren Kolonisation. Seine beiden Ortsteile konnten sich wirtschaftlich nie richtig entwickeln. Wegen der großen Armut der Bevölkerung war Ferdinandsdorf zusammen mit dem nahegelegenen Rineck ein besonderer sozialer Brennpunkt und wurde schließlich durch Gesetz 1850 aufgelöst. Ein Großteil der Ferdinandsdorfer wanderte auf Staatskosten nach Amerika aus. Vgl. Dazu die dreiteilige, sehr ausführliche Darstellung durch **R. Bleienstein u. F. Sauerwein**: Die Wüstung Ferdinandsdorf – Ein Beitrag zur historischen Geographie des südöstlichen Odenwaldes. In: Der Odenwald Jg. 25 (1978), H. 1-3.

29. Richtig: Allemühl; Unterallemühl gehörte zu Schwanheim, Oberallemühl dagegen zu Schönbrunn.

30. Bei Schönbrunn ging die Zenthoheit um 1380 von den Hirschhornern auf die Pfalzgrafen über. Moosbrunn wurde 1325 durch Konrad v. Weinsberg an Albrecht v. Hirschhorn verpfändet, 1360 Erwerb der Zent durch Hirschhorn. Schließlich 1380 Oberhoheit der Pfalz nach Erwerb der Zent.

31. Die genauen Zahlen der VZ 1885 lauten: Eberbach 4857 E., Neunkirchen 1015 E. Im Vergleich zur VZ 1880 hatte der Amtsbezirk 507 Einwohner durch Abwanderung verloren. Vgl. Beiträge Statistik Großh. Baden NF. H. 1 (1888), S. 239 f.

32. Die Bemerkungen Freys illustriert sehr gut die entsprechende Übersichtskarte der „Siedlungsformen des Odenwaldes" im Anhang bei **Hans Jürgen Nitz**: Die ländlichen Siedlungsformen des Odenwaldes. Heidelberger Geographische Arbeiten H. 7. Heidelberg 1962. Nitz zählt die Dörfer des Winterhauchs zu den Waldhufenformen mit „nicht spezifischer Ortsform", die Gemeinden im Neckartal und auf den Höhen links des Neckars zu den geschlossenen Weilern und Dörfern mit Blockgewannflur bzw. kreuzlaufende Kurzgewannflur. Frey hat demnach ganz richtig beobachtet.

33. Historische Photos strohgedeckter Odenwälder Bauernhäuser finden sich z. B. in der Broschüre: Museumsstraße Odenwälder Bauernhaus, Walldürn 1986, S. 67 und in dem entsprechenden Abschnitt über die Odenwälder Bauernhäuser bei: **Peter Assion** u. **Rolf W. Brednich**: Bauernhäuser in Baden-Württemberg. Stuttgart 1984, S. 13 ff.

34. Da die einschlägigen geologischen Führer dazu nichts erwähnen, dürfte es sich – wenn die Beobachtung überhaupt zutraf – um eine anthropogene Verschmutzung gehandelt haben.

35. Zum Klima des Winterhauchs siehe auch die Bemerkungen von Freys Vorgänger Öffinger bei **R. Vetter** 1988: (wie Anm. 15), S. 20 Anmerkung, sowie bei **Ingo Kühne**: Der südöstliche Odenwald und das angrenzende Bauland. Heidelberger Geographische Arbeiten 13. Heidelberg 1964, S. 21 f.

36. Herrn Kollegen Hansjörg Werling danke ich sehr herzlich für die freundliche Unterstützung bei der Entzifferung und genauen Zuweisung der botanischen, zoologischen und humanmedizinischen Fachtermini.

37. Frey schildert hier ein kleinklimatisches Phänomen, das auch von anderen Beobachtern beschrieben, aber nicht immer als ebenso wohltuend empfunden wurde. Vgl. **Roland Vetter**: Die Untersuchung der Zustände der Stadt Eberbach aus dem Jahre 1855. Bezirksamtmann Guerillots Tagebuchbericht an die Kreisregierung. In: Eberbacher Geschichtsblatt 78 (1979), S. 22-44; hier: S. 26.

38. Siehe dazu auch das entsprechende Kapitel über „Öffentliche Hygiene und kommunale Entsorgung" bei **Cser/Vetter/Joho** (wie Anm. 18), S. 188 ff., in dem auch aus dem Hauptjahresbericht von Freys Vorgänger Öffinger zitiert wird.

40. Gemeint ist hier das systematische Ausfischen ganzer Bachabschnitte.

41. Ein offensichtlicher Schreibfehler Freys, wie die Höhenangabe in Fuß andeutet. Nach zeitgenössischen topographischen Angaben, z. B. in Andrees Allgemeinem Handatlas, Bielefeld 1899, war der Katzenbuckel 628 m hoch. Die jüngste Topographische Karte 1:50 000, Blatt Buchen reduziert seine Höhe über NN auf 626 m.

42. Eine eingängige Schilderung der Geologie des Katzenbuckels liefert noch immer **L. Rüger**: Geologischer Führer durch Heidelbergs Umgebung. Heidelberg 1928, S. 181 ff.

43. Siehe hierzu u. a. **Joachim Viebig**: Der Stadtwald Eberbach. In: Eberbacher Geschichtsblatt 82 (1983), S. 12-79.

43. Ergänzend dazu **Georg Volk** (Hg.): Der Odenwald und seine Nachbargebiete. Eine Landes- und Volkskunde. Stuttgart 1900, S. 150.

44. **Helmut Joho**: Die Geschichte des Eisenbahnbaus in Eberbach bis 1879/1882. In: Eberbacher Geschichtsblatt 78 (1979), S. 45-71.

45. Zur Neckarschiffahrt und zum Frachtaufkommen auf dem Neckar vgl. **Cser/Vetter/Joho** (wie Anm. 18), S. 196 ff und **H. Heiman**: Die Neckarschiffer II. Teil. Die Lage der Neckarschiffer seit Einführung der Schleppschiffahrt. Heidelberg 1907 sowie: Kettenschleppschiffahrt auf dem Neckar 1878-1935. Zum 100. Geburtstag. Heilbronner Museumshefte 6, Heilbronn 1978.

46. Zur Reifschneiderei und zur Hackwaldwirtschaft siehe **Cser/Vetter/Joho** (wie Anm. 18), S. 205 ff. und S. 209 f. Dort auch weitere Literatur. Einen vorzüglichen Einblick in die historische Entwicklung der Niederwaldwirtschaft, der Hackwälder und der Lohrindengewinnung im Odenwald gibt **Richard Wagner:** Geschichte und Bewirtschaftung des Niederwaldes im südlichen Odenwald unter besonderer Berücksichtigung Hirschhorns. In: Beitr. Z. Erforschung des Odenwaldes und seiner Randlandschaften V, Hg. **W. Wackerfuß**. Breuberg-Neustadt 1992, S. 311-374.

Den seit jeher eminenten Stellenwert der Waldwirtschaft für die Stadt Eberbach macht deutlich **Roland Vetter**: „Pauholtz, rysich, kendel, heselin reiff" und „weid" für das „ziehende fieh". Die Bedeutung städtischer Waldwirtschaft für Eberbach im Spätmittelalter. In: Wälder im Odenwald – Wald für die Odenwälder. Hg. Staatl. Forstamt Eberbach. Eberbach 1999, S. 256-281.

47. Zur Herausbildung der regionalspezifischen Siebenzelgenwirtschaft mit Flurzwang auf Grund der starken Besitzzersplitterung im Kleinen Odenwald vgl. **Franz Tichy**: Die Land- und Waldwirtschaftsformationen des Kleinen Odenwaldes. Heidelberger Geographische Arbeiten 3. Heidelberg 1958, S. 29 ff. und S. 106-110.

48. Holzasche diente auf den nährstoffarmen Buntsandsteinböden als Düngemittel. Für die einkommensschwächeren Bauern war sie jedoch gleichzeitig eine willkommene Geldquelle und wurde vor allem in die agrarisch begünstigteren Gebiete in der Rheinebene verkauft. Vgl. dazu auch **I. Kühne** (wie Anm. 35), S. 89.

49. Zu Schiffbau, Steinhauern und dem sich entwickelnden Fabrikwesen in jener Zeit siehe **Cser/ Vetter/Joho** (wie Anm. 18), S. 211 ff. Ferner die nicht fehlerfreie tabellarische Übersicht bei **Wolfram Förster**: Wirtschaft, Gesellschaft und Verkehr in Nordostbaden 1806-1914. Südwestdeutsche Schriften Bd. 9. Mannheim 1990, S. 263 und schließlich **P.F. Walli**: Die Dezentralisation der Industrie und der Arbeiterschaft im Großherzogthum Baden und die Verbreitung des Mehrfamilienhauses (Mietskaserne) auf dem Lande. Abh. Bad. Hochschulen VIII. Karlsruhe 1906, S. 117.

    Einen Einblick in die langwierige Herausbildung der Industrie in Eberbach gibt **Roland Vetter**: Eberbachs langer Weg ins Industriezeitalter. Die historischen Anfänge eines Industriestandortes am Unteren Neckar. In: Hierzuland Jg. 7, H. 34, 2 (2002), S 9-22.

50. Näheres hierzu bei **Friedrich Raab**: Die Flößerei und Schiffahrt auf dem Neckar in den neunziger Jahren des 19. Jahrhunderts. In: Eberbacher Geschichtsblatt 100 (2001), S. 33-51 und bei **Willi Zimmermann**: Der Holzschiffbau in Eberbach. In: Eberbacher Geschichtsblatt 81 (1982), S. 17-89.

51. Mit dem „Raubsystem" meint Frey wohl das sogenannte Kompaniefischen aller berechtigten Fischer am Neckar zwischen Neckargerach und Eberbach. Siehe dazu **F. Kappes**: Von der Berufsfischerei im alten Neckar und der Itter vor der Kanalisation [!]. In: Unser Land 1987 (1986), S. 195 ff.

52. Siehe auch die entsprechende Auswertung der Hauptjahresberichte der Eberbacher Amtsärzte zwischen 1880 und 1900 bei **R. Vetter** (wie Anm. 18), S. 148-156.

53. Ursache hierfür dürfte neben dem weichen Wasser des Buntsandsteinodenwaldes der Calciumverlust bei Schwangerschaften gewesen sein. Vgl. das alte Sprichwort: „Jedes Kind kostet einen Zahn."

54. Bismarcks Sozialgesetzgebung baute das Fundament für den modernen Sozialstaat. Die Kosten der 1883 eingeführten Krankenversicherung übernahmen Arbeitgeber und Arbeitnehmer im Verhältnis 2:1, die Unfallversicherung (1884) trug der Arbeitgeber allein. Eine Alters- und Invalidenversicherung (1889) war im Berichtszeitraum noch nicht eingeführt.

55. **Lutz Ritter**: Vom Nothospital zum Kreiskrankenhaus. 100 Jahre Eberbacher Krankenhaus. In: Eberbacher Geschichtsblatt 102 (2003), S. 12-43.

56. Vgl. dazu auch die übereinstimmende Darstellung bei **G. Volk** (wie Anm. 43), S. 153, in dessen Odenwaldbeschreibung von 1900 die Ursachen von Kropf und Kretinismus noch immer unbekannt waren.
    Kretinismus ist eine irreversible Unterentwicklung des menschlichen Gehirns, die mit Taubstummheit, Kleinwuchs, Hautveränderungen und Mißbildung von Knochen und Gelenken einhergeht. K. entsteht gewöhnlich beim Fötus durch schweren Jodmangel in der Ernährung und dem damit verbundenen Mangel an Schilddrüsenhormonen. K. war vor allem dort endemisch, wo auch der Jodmangelkropf (hypothyrote Struma durch Schilddrüsenunterfunktion) häufig auftrat. Bei der Basedow'schen Krankheit mit Kropfbildung besteht häufig eine Überfunktion der Schilddrüse. Der angeborene Kretinismus mit oder ohne Kropfbildung infolge einer Schilddrüsenunterfunktion des Säuglings (sporadischer Kretinismus) kommt heute in Mitteleuropa dank der prä- und postnatalen Diagnostik praktisch nicht mehr vor. Auf Freys Diskussion der Theorien und Hypothesen zu Kretinismus und Kropfbildung aus der Sicht des damaligen medizinischen Wissensstandes wird hier nicht näher eingegangen. Ein Verweis auf die zahlreichen medizinischen Hand- und Wörterbücher muß hier genügen.

57. Nach der VZ von 1885 waren in Strümpfelbrunn 58 Juden (9,8% d. Bev.), in Zwingenberg 20 (5,9%) und in Eberbach 79 (1,6%) ansässig. Vgl. Beitr. Stat. Großh. Baden NF H.1 (1888), S. 239 f.

Antonia Häfner

Weinheim in malerischen Darstellungen von Philibert de Graimberg

I. Der Vater Philiberts Graf Charles de Graimberg-Belleau (1774-1864)

„Charles de Graimberg hatte als französischer Emigrant nicht nur das Heidelberger Schloß gerettet, sondern auch das Bauwerk durch zahllose Stiche, Aquatinten und Lithographien überregional bekannt gemacht. Seine Zeichnungen setzte er mit Hilfe von Karl Haldenwang (1770-1832) in malerische Stahlstiche um. War die Tätigkeit von Charles de Graimberg fast ausschließlich auf die Wiedergabe des Heidelberger Schlosses in seinem landschaftlichen Umfeld begrenzt, reiste sein Sohn Philibert (1832-1895) ins Neckartal und an die Bergstraße, um hier die pittoresken Dörfchen in Aquarelltechnik aufzunehmen. Künstlerische Arbeiten von Vater und Sohn stellen ausschließlich Veduten dar, die heute vielfach von topographischer und stadthistorischer Bedeutung sind."[1]

Die Geschichte des Heidelberger Schlosses und der Pfalz wäre unvollständig und inhaltsarm ohne die Namen deren von Graimberg: Graf Louis Charles Francois de Graimberg-Belleau und sein Sohn Philibert de Graimberg. Wer waren die französischen Emigranten, welche die Heidelberger Stadtgeschichte teilweise geschrieben und die Pfalzgeschichte anhand ihres Schaffens mitbestimmt haben?

Charles v. Graimberg, der Retter der Heidelberger Schloßruine und Begründer der Graimberg-Sammlung, dem Grundstock des späteren Kurpfälzischen Museums, kurz vor seinem Tode.

Philibert v. Graimberg, Sohn von Charles, Ende der 1860er Jahre.

Beide Fotos: Stadtarchiv Heidelberg

Abb. 1: Gesamtansicht der Innenstadt mit der Windeck vom Kastanienwald (Weg zu den Weihern) aus gesehen. Viele Darsteller benutzen einen ähnlichen, westlich davon, etwas höher gelegenen Standort am Judenbuckel. Das älteste Beispiel dafür ist Matthäus Merian im Anfang des 17. Jahrhunderts. Das Gelände des heutigen Exotenwaldes diente damals zum Teil noch als Viehweide; sogar Weinberge gab es in dieser ungünstigen Lage. Erst zwei bis drei Jahre nach der Aufnahme des Bildes begann Freiherr Christian von Berckheim mit der Pflanzung exotischer Bäume. Der Schloßberg (Windeck) war noch nicht bewaldet, sondern mit Weinbergen angelegt. Die über das Stadtbild herausragenden Türme sind: v. l. n. r. Blauer Hut – Katholische Stadtkirche St. Laurentius (Turm 1850 von Heinrich Hübsch erbaut) – Roter Turm (nur Spitze) – Müllheimer Tor (1882 abgerissen) – Altes Rathaus – Evangelische Stadtkirche – Ulnersche Kapelle.

Abb. 2: Gesamtansicht Weinheims von Norden, Standort am Hubberg. Das heutige nördliche Stadtgebiet (Johannisgärten, Kapellenäcker usw.) war noch unbebaut und mit vielen Obstbäumen bestanden. Auf den sanft nach Westen abfallenden Hängen der heutigen Stadt (Gewann Schafhof, Sand, Prankel usw.) befanden sich sehr gute Weinberglagen. Die Besiedlung schob sich aber damals schon in einzelnen Spitzen nach Westen vor. Im Schafhofweg (Bahnhofstraße) standen u. a. die Häuser des Mannheimer Kunsthändlers Artaria (Gelbes Haus) und der Casinogesellschaft. Der „Goldene Bock" war 1845 entstanden. Nach Eröffnung des Bahnhofes 1846 gewann die Straße immer mehr an Bedeutung. Der 1840 eingeweihte „Pfälzer Hof" und die neue Posthalterei (Anwesen Hübsch) traten dadurch etwas in den Hintergrund. Sehr gut im Bild erkennbar ist die damals etwa 10 Jahre alte Lackierfabrik

Charles de Graimberg, der Sohn eines Grafen und Gutsbesitzers aus der Champagne wurde am 30. Juli 1774 auf Schloß Paar bei Chateau Thierry in Frankreich geboren. Er ergriff die Offizierslaufbahn in der königlichen französischen Armee. Während der Wirren der Französischen Revolution emigrierte seine Familie nach Deutschland.

Als Charles de Graimberg 1810 nach Heidelberg kam, hatte er keine Absicht, hierzubleiben. Aber schon an seinem Ankunftstag fertigte er die ersten Skizzen der Schloßruine an. „Ich hab' mein Herz in Heidelberg verloren" – die Wörter kann jeder Emigrant wiederholen, und sie bleiben immer aktuell, solange Heidelberg existiert. Graf de Graimberg war keine Ausnahme. „Überwältigt vom Zauber des Schlosses, hatte er sich dann doch hier niedergelassen und Heidelberg mit einem riesigen Bilderwerk beschenkt, – einem Werk, das sein herrliches Schloß in allen Ländern berühmt und das Neckarstädtchen zum beneideten Ziele des Fremdenverkehrs machte"[2].

Im Unterschied zu den damaligen Heidelbergern erkannte Graimberg sofort den historischen Wert der Ruine mit ihren prächtigen architektonischen Elementen und Skulpturen. 16 Jahre lang (bis zum Jahr 1826) kämpfte er mit der großherzoglichen Regierung, um den Schutz und Erhalt des Schlosses als eines einmaligen Bauwerks zu erreichen. „Ihm ist es letztlich zu verdanken, daß der Stadt Heidelberg diese in der ganzen Welt so einmalige Touristenattraktion erhalten blieb."[3]

Der Heirat (1823) Graimbergs mit Polyxenia von Perglas, der Tochter des Freiherrn Anton Leopold Perglas, folgte eine glückliche Ehe. Aus dieser Verbindung gingen fünf Kinder hervor: Amalia (1824), Philibert (1832), Theodor (1833), Josephine (1835) und Maria (1836). Die Familie wohnte zuerst in der Hauptstraße 107 und zog später in das Haus am Kornmarkt 5, das noch heute als *Palais Graimberg* bezeichnet wird. Dank der großen Räumlichkeiten konnte Charles de Graimberg seine umfangreiche Kunstsammlung dort besser ordnen und die große Anzahl von eigenen Zeichnungen, Kupferstichen und Steindrucken des Heidelberger Schlosses und der Umgebung überzeugender präsentieren.

Der Tod seiner Frau im Jahre 1844 war für Charles de Graimberg ein großer Verlust. Die älteste Tochter Amalia kümmerte sich um ihn und die vier noch minderjährigen Geschwister bis zu ihrer Heirat im Jahr 1849.

Anfang 1849 bot der Heidelberger Gewerbeverein Charles de Graimberg geeignete Ausstellungsräume im Schloß an. Im August 1849 kam der Vertrag zwischen der Domänenverwaltung und Charles de Graimberg zustande, den der Großherzog Leopold von Baden am 10. August 1849 unterzeichnete. Damit erhielt er die Zusage für eine zehnjährige unentgeltliche Nutzung der Räume über der Schloßkapelle im Friedrichsbau.

Hier konnte er seine umfangreiche Kunst- und Antikensammlung präsentieren, die später unter Mitwirkung seines Sohnes Philibert zum Grundstock des Kurpfälzischen Museums in Heidelberg wurde.

Die Umbaukosten mußte er allerdings alleine tragen. Außerdem wurde der freie Eintritt für Museumsbesucher vertraglich festgelegt. Diese Bestimmung

Abb. 3: Im Jahre 1829 gründeten die Brüder Carl und Heinrich Bender, Lehrer an der Lateinschule, ein privates Knabeninstitut. Aufgrund seiner fortschrittlichen und vorbildlichen Methoden erlangte das Institut eine über Deutschland hinausgehende Berühmtheit. Die Hauptfront des Schulkomplexes zeigte zur Hauptstraße. Eine große Tordurchfahrt führte zum Hof und den übrigen Gebäuden. Heute befindet sich das Modegeschäft Losert in dem traufseitig zur Hauptstraße stehenden Haus. In seinem oberen Teil blieb es bis heute unverändert. Die angrenzenden Häuser sind fast alle durch neuere ersetzt.

Abb. 4: Das Bild zeigt den Blick auf die Rückseite des in (3) dargestellten Hauses. Der Versammlungs- und Festsaal des Instituts befand sich im Gebäude rechts. Die „Delert-Passage" vom Parkplatz in der Institutstraße zur Hauptstraße geht in der Ecke zwischen dem Hauptgebäude und dem Gebäude rechts hindurch. Hier war früher auch die Tordurchfahrt. Das große zur Institutstraße zeigende Schulhaus (später Haus des Turnvereins, neuerdings abgerissen) schloß sich an das linke Gebäude an.

wurde jedoch im Jahr 1851 wieder aufgehoben. Graimberg ließ den Raum über der Schloßkapelle in sechs Säle unterteilen, wobei noch ein Zimmer für den Museumsaufseher abgetrennt wurde. Die sogenannte *Altertümerhalle* auf dem Schloß wurde am 15. Juli 1850 eröffnet. Der Graimbergsche Verlag gab die druckgraphischen Ansichten vom Heidelberger Schloß und Umgebung heraus, deren Verkauf ein wenig Geld brachte und so die Kosten deckte.

Am 10. November 1864 starb Graf Charles de Graimberg und wurde in der Familiengruft auf dem Heidelberger Bergfriedhof beigesetzt. Im Nachruf steht: „Als Muster einer Arbeitskraft konnte er am Ende seines Lebens auf eine reiche Tätigkeit zurückblicken ... zum Wohl seiner Mitbürger und seiner neuen Heimat seine ganze Kraft mit Erfolg eingesetzt zu haben.“[4]

Der Verlag des Vaters wurde noch einige Jahre von seinem Sohn Philibert geleitet, später jedoch aufgelöst. Die druckgraphischen Ansichten wurden mehr und mehr von der Photographie verdrängt, und der Verkauf kam, zumindest außerhalb von Heidelberg, praktisch zum Erliegen.

II. Der Sohn von Charles de Graimberg, Philibert (1832-1895)

Der Sohn von Charles de Graimberg, Philibert, wurde am 9. Juli 1832 im väterlichen Haus am Kornmarkt in Heidelberg geboren.

1841/42 besuchte er das Bendersche Institut in Weinheim. Seine weitere Ausbildung dürfte er in Heidelberg erfahren haben. Die künstlerische Begabung hatte er von seinem Vater geerbt und die Liebe zur Kunst durch seine Erziehung erlangt.

„Philibert war ein gläubiger Katholik und interessierte sich neben seinen künstlerischen Studien immer mehr für die kulturellen und karitativen Bestrebungen der Kirche. Während des badischen Kulturkampfes begann er, sich aktiv für die katholische Kirche einzusetzen, 1862 gründete er zusammen mit dem damaligen Katholikenführer in Baden, Jakob Lindau, und Leopold Fischer das erste *Katholische Casino* in Heidelberg. Diese Casinos waren gesellige Vereine für katholische Christen, die den ideellen Zusammenhalt fordern sollten.“[5]

Fünf Jahre später wandte er sich einer neuen – und sein künftiges Leben ausfüllenden – programmatischen Aufgabe zu. In der Nachfolge der Kolpingvereinsbewegung gründete er 1867 zusammen mit anderen Heidelberger Bürgern den ersten katholischen Gesellenverein der Stadt. Da der erste Vorsitzende eines katholischen Gesellenvereins immer ein Priester war, ernannte man Philibert de Graimberg zum zweiten Vorsitzenden des Vereins. Der sozialen Situation der Gesellen gehörte von nun an sein ganzes Engagement. Er unterstützte allerdings im Jahre 1872 noch die Gründung der katholischen Studentenverbindung *Palatia* in Heidelberg, deren Vereinswappen er gestaltete und der er dann 1873 auch beitrat.

Relativ spät – mit 46 Jahren – verheiratete Philibert sich mit der 28-jährigen Gräfin Maria von Otting-Fünfstätten aus Bensheim. Sogar während seiner Hochzeitsreise im Mai 1878 besuchte er katholische Gesellenvereine, berichtete

Abb. 5: Das sogenannte Gartenhaus der Benderschen Anstalt stand unmittelbar an der Institutstraße (gegenüber dem Anwesen Ohligmacher). Es diente, jedenfalls in späterer Zeit, als Lehrerwohnung. Erst vor etwa 40 Jahren wurde es als Verkehrshindernis entfernt. Bemerkenswert ist der Windrichtungsanzeiger auf dem Dache des Hauses. Die Schüler sollten mit allen Naturerscheinungen unmittelbar vertraut gemacht werden. Das berühmte Turngerüst des Instituts, eines der ältesten Süddeutschlands, befand sich links vom Bildrand (nicht mehr sichtbar).

Abb. 6: Zeitweise war das Bendersche Institut im sogenannten „Schlöß'l" (Hauptstraße 44) untergebracht. Das Anwesen, das der Freiherr von Ulnerschen Stiftung gehört, blieb bis heute völlig unverändert. Leider ist über die Geschichte des im Weinbrennerstil erbauten Hauses nichts bekannt. Die hohe Mauer am linken Bildrand ist nicht mehr vorhanden. Die Hauptstraße macht hier beim Anwesen von Direktor Paul Vogler einen Bogen. Anstelle der Scheune in der rechten Bildhälfte steht heute das Wohnhaus Ade (Hauptstraße 42), früher im Besitze von Dr. Adam Karrillon. Die Erbsengasse mündet zwischen der Scheune und dem „Schlöß'l" in die Hauptstraße.

Abb. 7: 1841 eröffnete Dr. Ludwig Bender (verwandt mit den Brüdern Bender) eine Kaltwasserheilanstalt, die nach Methoden des Naturheilkundigen Prießnitz arbeitete. Eine genaue Beschreibung der Badevorgänge in der Weinheimer Anstalt findet sich in dem Roman „die Saxoborussen" von Gregor Samarow. Die Einrichtung erfreute sich, im Gegensatz zum Stahlbad, eines lebhaften Besuches. Das Gelände hieß schon in früherer Zeit: „Wasseracker", ein Indiz für dort austretende Quellen. Etwas oberhalb der Kaltwasserheilanstalt wurde die Lackierfabrik errichtet. Später ging das Haus in den Besitz der Familie Freudenberg über. Es stand etwa an der Einmündung des Sandweges in den Fabrikweg, unterhalb des 93ger Baues. Die älteren Geschwister und Hans Freudenberg kamen in dem „Badhaus" zur Welt. Bald danach wurde es abgerissen, um der Fabrikerweiterung Platz zu machen.

später seine älteste Tochter Maria (geb. 1879) in einem Brief. 1881 übersiedelte Philibert mit seiner kleinen Familie – seine erste Tochter Maria war gerade zwei Jahre alt – auf Schloß Lautrach im Allgäu (1881-1888). Aus einem erhalten gebliebenen Tagebuch seiner Frau geht hervor, daß diese Jahre in Lautrach überschattet gewesen sein müssen. Die Gräfin beschrieb keine näheren Umstände. Mit Sicherheit wird der frühe Tod des kleinen Sohnes, der nur 6 Tage alt geworden war, auch ein Grund dafür gewesen sein, daß sich die Familie später nicht mehr gern an die Jahre in Lautrach erinnerte. Kurz nach der Geburt der zweiten Tochter Camilla (1888) übersiedelte Philibert mit seiner Familie nach Aschaffenburg. Von hier aus unternahm er wieder längere Studienreisen, bei denen er katholische Gesellenvereine besuchte. Auch in Aschaffenburg half er bei der Gründung des ersten Gesellenvereins mit. Ob Philibert de Graimberg noch eine umfangreiche Anzahl von Bildern gemalt hat, kann heute nicht mehr festgestellt werden. Überliefert ist lediglich, daß er die bedeutende Altertumssammlung seines Vaters 1879 zu einem großzügigen Preis an die Stadt Heidelberg verkauft hatte, die damit den Grundstock für das Kurpfälzische Museum bildete. Die Tochter Maria berichtet über ihren Vater Philibert, daß er im fortgeschrittenen Alter noch die italienische

Abb. 8: Die alte gotische Kirche wurde 1293 von Hedwig Swende zu bauen angefangen. Die Gründungsinschrift befindet sich noch in der Kirche. Sie war anfangs die einzige Kirche innerhalb der Stadtmauern (die Peterskirche lag außerhalb) und bildete einen Teil des angrenzenden Karmeliterklosters, von dem die Seelsorge in der Stadt ausgeübt wurde. Bis 1850 hatte die Kirche nur einen Dachreiter. Der heutige Turm wurde von dem großherzoglich badischen Baudirektor Heinrich Hübsch, einem gebürtigen Weinheimer, errichtet. Vermutlich dachte man zu jener Zeit schon an einen Kirchenneubau, denn der Turm war für die kleine gotische Kirche viel zu groß. 1910 riß man sie schließlich ab und baute die heutige Kirche, die man dem Stil des schon vorhandenen Turmes anpaßte. Die am Chor außen rechts stehende Figur des Propheten Elias ist heute am Eingang zum Pfarrhaus aufgestellt. An der Mauer vor der Kirche ist der sogenannte „Schnurrbartbrunnen" sichtbar. Dieser Brunnen ergoß sein Wasser aus dem Maul einer steinernen Fratze in einen viereckigen tiefen Sandsteintrog. Beim Bau der Wasserleitung 1890 wurde der Brunnen, wie viele andere, entfernt, der Kopf in der Grundelbachmauer bei der Leistemühle (Fuchs) eingelassen. Seit der Überbrückung des Grundelbaches befand sich der Sandsteinkopf im Museumsgarten und wird derzeit im Keller des Museums verwahrt. Im Vordergrund links ist das Eckhaus zur Mittelgasse (Lebensmittelgeschäft Gölz, Mittelgasse 16) mit der barocken, zu Beginn der 1960er Jahre restaurierten Madonnenfigur dargestellt.

Sprache erlernt hatte – sicherlich auch ein Indiz für seine Kunstsinnigkeit. Am 28. Oktober 1895 starb Philibert de Graimberg in Aschaffenburg. Sein karitatives Lebenswerk innerhalb der katholischen Gesellenbewegung hat das weitere Leben der zurückbleibenden Witwe und der zwei Töchter Maria und Camilla entscheidend beeinflußt."[5]

Abb. 9: Die im Bild sichtbaren, in die Wände der alten Kirche eingelassenen Grabplatten des 13. bis 18. Jahrhunderts wurden, wie die Barockaltäre, in die neue Kirche übernommen. Die Altäre sind zum Teil Stiftungen der Familie Ulner von Dieburg aus dem 18. Jahrhundert.

Philibert de Graimbergs Tochter Maria schreibt: Er „liebte die Häuslichkeit und Gemütlichkeit. Wir Kinder wußten es sehr zu schätzen, wenn er manchmal mit uns spielte, und zum Spazierengehen konnte man ihm auch sehr kleine Leute anvertrauen; er gab gut auf sie acht, und es verstand sich von selbst, daß man mit Papa artig war.“[6]

Abb. 10: Der Komplex des Weinheimer Stadtschlosses wurde im Laufe der Jahrhunderte mehrmals umgebaut und erweitert. Im Zustand, den das Bild zeigt, befinden sich heute noch das Obertor und der Bau des Schloßcafés. Das Türmchen rechts vom Obertor erhielt um 1890 seine rundliche Haube. Zur selben Zeit wurde vieles am Schloß umgebaut. Den heute das Bild beherrschenden Schloßturm errichtete Freiherr Christian von Berckheim im Jahre 1868. Auf dem Bild fehlt er noch. Er müßte sich links an das hohe Hauptgebäude anschließen. Elisabeth Auguste, die Gemahlin Carl Theodors, verbrachte ihren Lebensabend im Weinheimer Schloß und starb hier 1794. Um 1760 entstanden die prachtvollen Stuckaturen im Obertor.

Abb. 11: Das Bild zeigt den heute viel photographierten Blick aus dem Schloßpark auf den südlichen, 1725 errichteten Trakt des Schlosses. Der große Balkon über dem Eingang des Schloßcafés stammt aus der Zeit des Umbaus um 1780. Zuvor gab es nur den kleineren, im Bild sichtbaren.

Abb. 12: Der Rote Turm, ein wichtiger Teil der Stadtbefestigung, diente in früherer Zeit auch als Gefängnis. Als dieses um die Mitte des 19. Jahrhunderts den neuzeitlichen Anforderungen nicht mehr genügte, erbaute man neben dem Turm ein neues Gefängnis, „die Heck" (im Bild nicht zu sehen). Das Haus rechts vom Turm stammt aus dem Jahre 1849. Das Storchennest war damals noch nicht auf dem Turm. Als Motiv für Künstler war der Rote Turm im 19. Jahrhundert sehr beliebt

Abb. 13: Über dem Eingang zur Ulnerschen Kapelle befand sich schon immer ein Haus. Das auf dem Bild dargestellte wurde nach der Jahrhundertwende durch den heutigen größeren Bau ersetzt, der leider das Türmchen der Kapelle fast verdeckt. Die übrigen Häuser sind kaum verändert, doch wurden in unserem Jahrhundert die Fachwerke an der Löwenapotheke (rechts) und am Haus Janzer (ehemals Gasthaus „Zum Bären") freigelegt.

„Als die Vorbereitung zum Begräbnis getroffen wurde, meldete sich im Trauerhause eine Abordnung des Arbeitsvereins und erklärte den tiefergriffenen Angehörigen, daß die Mitglieder den Freund ihrer Sache mit eigenen Händen zur letzten Ruhe tragen wollten. – Und noch etwas war zur Stelle und hat ihn zum Grabe geleitet: die Fahne des geliebten Heidelberger Gesellenvereins, dessen Vorstandsmitglieder die Reise nicht gescheut hatten, um zu zeigen, daß sie seiner in Treue gedachten.

Treue um Treue! Er gehörte seinem Volke; so hat er gelebt und so ist er zur ewigen Heimat eingegangen."[7]

Philibert de Graimberg fand seine letzte Ruhe in der Familiengruft auf den Bergfriedhof in Heidelberg.

Die Witwe Gräfin Maria de Graimberg-Belleau (1863-1927) zog fünf Jahre später nach dem Tode Philiberts (1900) mit ihren Töchtern zurück nach Heidelberg in das Haus ihres Schwiegervaters am Kornmarkt. Sie übernahmen Philiberts Lebenswerk innerhalb der katholischen Gesellenbewegung.

Abb. 14: Das alte Rathaus hatte im 18. Jahrhundert seinen Staffelgiebel und den Balkon verloren. Der Turm bekam damals rundliche, barocke Formen. 1862, also wenige Jahre vor Aufnahme des Bildes, stellte man den früheren, bis heute erhaltenen Zustand wieder her. Das Untergeschoß diente bis in die 1890er Jahre der Aufbewahrung von Marktgeräten. Der Brunnen, der in ältester Zeit auf der Seite der Löwenapotheke stand, wurde 1890 beim Bau der Wasserleitung entfernt. Der heutige Brunnen wurde, in Anlehnung an die Form des alten, 1928 vom Gemeinnützigen Verein zu seinem 60-jährigen Jubiläum errichtet. Eine Justitiafigur soll ursprünglich auch den alten Brunnen geziert haben; sie ist jedoch auf dem Bilde nicht mehr zu sehen.

Abb. 15: Das Müllheimer Tor wurde 1608 erbaut und 1882 nach langen Auseinandersetzungen innerhalb der Bürgerschaft als Verkehrshindernis abgerissen. Den Ausschlag gab dazu schließlich eine zu einem Lokaltermin aus Karlsruhe angereiste Regierungskommission. Der gesamte Verkehr vom und zum „Müll" und Gorxheimer Tal mußte damals durch das Müllheimer Tor gehen, da die Grundelbachstraße noch nicht erbaut war. Als die Karlsruher Kommission zur Besichtigung eintraf, stauten sich unzählige Fuhrwerke, die Rinde für die Gerberei im „Müll" anlieferten. Dieses Verkehrschaos bewog die Kommission, dem Abbruch des Tores zuzustimmen. Im Tor wohnte noch eine Familie Kuhn, die der Volksmund als "Dorn-Kuhne" bezeichnete (Dorn – Thurn – Turm). Die Kuhns sollen in dem Tor auch Ziegen gehalten haben. Die Maschinenfabrik Badenia kaufte den Turm auf Abbruch und verwandte die Steine zu ihrem Fabrikneubau an der Eisenbahnlinie. In den Gebäuden sind noch Teile des Tores auffindbar. Der Haupttorbogen wurde vor Jahren in der Nähe seines alten Standortes wieder angebracht. Er dient als Zugang zum Schloßpark durch den Stadtgraben beim Blauen Hut. Die Häuser rechts im Bilde sind unverändert; zum Teil wurde das Fachwerk freigelegt. Links ist das Haus der Metzgerei Sattler zu sehen. Das Gasthaus „Zum Schwanen" war mit einem Nebengebäude an das Tor angebaut. Rechts vom Tor ist die hohe Stadtmauer erkennbar. Das Zifferblatt der Turmuhr, der Glockenschwengel und der Torschlüssel werden im Heimatmuseum aufbewahrt.

Abb. 16: Das Bild zeigt den Blick vom „Müll" her. Die beiderseits an das Tor anschließende Stadtmauer war sehr hoch. Sie verlief nach rechts zum Hexenturm, nach links zum Blauen Hut, wo sie noch teilweise vorhanden ist. Im Bild rechts vorn ist das unveränderte Haus Schlag, Hauptstraße 155, sichtbar.

Ab. 17: Hier ist Graimberg einem Irrtum erlegen. Das abgebildete Fachwerkhaus steht nicht am Diebsloch, sondern in der Münzgasse (Kerwehaus, Münzgasse 13). Es ist eines der ältesten Weinheimer Häuser und wurde im 16. Jahrhundert erbaut. Bis heute hat sich das Bild nicht verändert. Der große Torbogen mag Graimberg zur Verwechslung mit dem Diebsloch gebracht haben, denn dort stand noch in den achtziger Jahren ein ähnlich gearteter, das eigentliche „Diebsloch". Dieser führte durch die Stadtmauer zum Grundelbach.

Mit Philibert de Graimbergs ältester Tochter, der Gründerin und Leiterin der ersten katholischen *Sozialen Frauenschule* in Deutschland, starb am 14. Juli 1965 der deutsche Zweig der Familie de Graimbergs aus.

III. Das malerische Werk von Philibert de Graimberg

Philibert de Graimberg war ein für seine Zeit typischer Vedutenmaler, der noch ganz in der Tradition der l. Hälfte des 19. Jahrhunderts arbeitete.

Die Vedute verstand sich als ein Sonderfall der Landschaft, bei welcher der Nachdruck auf die porträthaft genaue Herausstellung des Topographischen gelegt wurde, ohne die künstlerisch gefällige bildhafte Wirkung zu vernachlässigen. Dabei ging es weniger um eine zwar geographisch genau bestimmbare, von

Abb. 18: Auch hier trifft die Bildunterschrift Graimbergs nicht zu. Es handelt sich nicht um einen Turm an dem Grundelbach, sondern um den sogenannten Büdinger Hof, Judengasse 17. Der Zustand des Anwesens ist äußerlich wenig verändert, nur wurde in neuerer Zeit das Fachwerk freigelegt. Der Turm dient als Treppenhaus und hat ein sehr schönes Türgewände und eine kunstvolle Wendeltreppe. Die Rückseite des Hauses lehnt sich an die Stadtmauer. Sein Erbauer war der Zunftmeister der Rotgerberzunft und Kaufherr Thomas Büdinger (1582). Sein Wappen mit dem Schabmesser und der Kaufmannsvier findet sich über dem großen Torbogen und über dem Eingang zum Treppenturm. Außerdem gibt es zahlreiche Steinmetzzeichen am ganzen Gebäude, die in gleicher Form auch am Alten Rathaus und an der Alten Post vorkommen.

menschlichen Wohnstätten freie Landschaft, als vielmehr um die Darstellung von Architekturlandschaften, um kleinere oder größere Städte, sowohl in der gesamten Erscheinung als auch in Ausschnitten, bis hin zur Wiedergabe einzelner Gebäude.

„Die Entwicklung der Vedute um die Jahrhundertwende wurde durch das bereits im Rokoko wieder erstarkende Interesse an der realen Landschaft bestimmt. Wanderlust ergriff Dichter und Maler, Nähe und Ferne werden gleichermaßen gesucht. Neben Italien, das nach wie vor Ziel aller Künstlersehnsucht blieb, und der Entdeckung der großartigen Schweizer Alpen tritt im ersten Jahrzehnt des 19. Jahrhunderts der heimatliche Bereich mit seiner landschaftlichen Vielschichtigkeit. Hinzu kam seit 1813 die *romantisch-patriotische* Bewegung, ausgelöst durch die Befreiung der deutschen Staaten von der napoleonischen Vorherrschaft. Die erwachte vaterländische Gesinnung führte dazu, daß die Künstler auf ihren *Malerreisen* die Herrlichkeit der Heimat neu entdeckten.

Abb. 19. Die Gegend um die Peterskirche war verschiedentlich Änderungen unterworfen. Die erste Brücke war dort 1614 erbaut worden; sie wurde aber mehrmals durch Hochwasser weggerissen. Die abgebildete Holzbrücke entstand 1747. 1874/75 wurde sie durch eine Eisenkonstruktion ersetzt. In den 1920er Jahren erhielt die Brücke ihre jetzige Form. Die alte Peterskirche stammte in ihren ältesten Teilen aus karolingischer Zeit. Bis 1811 besaß die Kirche einen Turm, der wegen Baufälligkeit abgerissen und durch einen Dachreiter ersetzt wurde. 1910 fiel die Kirche, nachdem das davorstehende Glöcknerhäuschen schon einige Jahre früher entfernt worden war. Der „Schwarze Adler“ (rechts) kam durch den Brückenbau (1874/75) unter das Straßenniveau zu liegen. Dieser Schönheitsfehler wurde durch einen Gasthausneubau um die Jahrhundertwende korrigiert. Das Haus „Zum Löwen“ (links) hat seine Form nicht verändert.

Jetzt erregten nicht nur die historisch bedeutsamen Bauten ihre Aufmerksamkeit, sondern auch die kleinen Städte zwischen waldigen Höhen, Burgen und Ruinen in ihrem poetischen Einklang mit der Landschaft. Nicht mehr Städte und Dörfer, als Schöpfung von Menschenhand allein, sondern Ortsbild und Landschaft als unzertrennliche Einheit wurden erfaßt.

Liebevoll, fast schwärmerisch, wird das Gesehene in einem Stimmungsbild festgehalten. Die Staffage in dieser Zeit will auch nicht mehr zeigen, wie der Mensch lebt, wie er sich kleidet, sondern sie ist ein Bestandteil der Bildkomposition; die Gestalt wird oft als betrachtende Rückenfigur, als Bewunderer der Schönheit der Landschaft dargestellt.“[8]

Es war auch oft für die schaffenden Künstler keine leichte Aufgabe, den Dualismus zwischen topographischer Genauigkeit einerseits und der Tendenz nach bildmäßiger Wirkung und malerischer Steigerung andererseits zu bewältigen.

Abb. 20: Im Zuge des Neuausbaues der Bergstraße in den dreißiger Jahren des 19. Jahrhunderts entstand die dargestellte Situation. Die Bergstraße war im 18. Jahrhundert schon angelegt worden und führte bei der Alten Post durch eine Furt. Später wurde die Straße vernachlässigt und der Verkehr lief wieder über den Marktplatz und den Steinweg (Hauptstraße). Nach langem Hin und Her bestimmte eine großherzogliche Entscheidung, daß die Bergstraße wieder hergerichtet werden solle. Die Weinheimer sträubten sich sehr dagegen, weil dadurch der Verkehr an der damaligen Stadt vorbeigeführt wurde. Die Schuld daran gaben viele Bürger dem Bürgermeister Albert Ludwig Grimm, der unter anderem aus diesem Grund seinen Abschied nehmen mußte. Bis im Sommer 1966 behielt die damals erbaute Brücke ihre harmonische Gestalt. Nur die vier Rammsteine wurden schon früher entfernt. Den Bedürfnissen der Zeit entsprechend errichtete man das Hotel „Pfälzer Hof", das damals außerhalb der Stadt an der Landstraße lag. 1975 wurde der „Pfälzer Hof" abgerissen. Das Anwesen Hübsch (links) wurde etwa gleichzeitig als Posthalterei und Gutshof erbaut. Nach Eröffnung der Eisenbahn (1846) verlor die Bergstraße an Bedeutung. Die Posthalterei war nicht mehr notwendig. Die Gebäude selbst sind heute noch in ähnlichem Zustand.

Abb. 21: Die Alte Post wurde im 17. Jahrhundert als Gasthof „Zum goldenen Bock" erbaut. Später war bis zur Erbauung des Hübsch'schen Hauses auch die Posthalterei hier untergebracht. Mit der Verlegung der Post auf die andere Weschnitzseite wurde auch der Gasthof aufgegeben. Das Wirtschaftsrecht mit dem Namen verkaufte man 1845 an den heutigen „Goldenen Bock".

Abb. 22

Abb. 22–25: Die Windeck zerfiel nach starken Beschädigungen im 17. Jahrhundert immer mehr. Vielfach wurde sie auch von den Bürgern als Steinbruch benutzt. In der Zeit der Romantik erwachte der Sinn für alte Baudenkmäler. Die Zerstörungen hörten auf. Man schuf in den fünfziger Jahren sogar Fußwege, Zierpflanzungen und Sitzbänke in der Umgebung der Ruine. Der Steintisch mit der Bank in Bild 24 geht auf diese Aktion zurück. Die Ruine befindet sich heute in weit besserem Zustand. Großherzog Friedrich von Baden verkaufte im Jahre 1900 seinem Gesandten in Berlin, dem Grafen Sigismund von Berckheim, die Burg. Dieser ließ nach der Jahrhundertwende viele Teile wieder herstellen und bewahrte die Burg vor weiterem Zerfall.

Abb. 23

Abb. 24

Abb. 25

Abb. 26: Rechts im Bild ist der Erker des heutigen Heimatmuseums sichtbar. Das Gebäude wurde 1710 für den Deutschritterorden errichtet, der hier seit dem Mittelalter eine Niederlassung hatte. Nach dem Übergang Weinheims an Baden wurde in dem Haus das großherzogliche Bezirksamt eingerichtet (daher Amtsgasse). Das Haus gegenüber (Amtsgasse 1) erbaute der Kaufmann Johann Friedrich Hecker im Jahre 1733. Wie lange die Wirtschaft „Zum Eichbaum“ darin betrieben wurde, ist nicht bekannt.

Schnell waren die Möglichkeiten des individuellen Ausdrucks erschöpft, und über die in der Hand des Malers liegende Wahl des Bildausschnittes, der Beleuchtung, der Staffage blieb für die eigene schöpferische Gestaltung nicht viel künstlerische Freiheit.

Philibert de Graimberg hatte keine akademische Malerausbildung erfahren. Übungen unter der Anleitung des Vaters und vorhandenes Talent waren die Basis. Er unternahm mehrere Studienreisen, die ihn ins Neckartal von Heidelberg bis Heilbronn, nach Bensheim an der Bergstraße und Weinheim führten. Nach den hier vor Ort ausgeführten Bleistiftstudien entstanden im selben Jahr oder auch einige Zeit später im Atelier ausgeführte Aquarelle. Das uns bisher bekannte Werk von Philibert de Graimberg zeigt sich ausschließlich in dieser Technik. Die gewählte Farbpalette beschränkte sich im Wesentlichen auf ein vielseitig nuanciertes Grün und Braun. Die von ihm geschaffenen Aquarelle waren in erster Linie für den Privatgebrauch gedacht. Ein Verkauf über den Heidelberger Kunstverein ließ sich nicht nachweisen.

Philibert de Graimberg hielt sich in den Jahren 1865, 1869 und 1871 nachweislich in Weinheim auf. Die Aufenthalte waren sicherlich eine Reminiszenz an die Zeit, als er hier 1841/1842 das Bendersche Institut besuchte. Von Weinheim entstanden Gesamtansichten, Stadtsinnenausschnitte und verschiedene künstlerische Aufnahmen der Burg Windeck.

Philibert de Graimbergs künstlerische Neigung bestand in der Darstellung malerischer Orts- und Straßenbilder mit alten Fachwerkbauten sowie in der Wiedergabe stiller Innenhöfe und traulicher Gebäudewinkel. Seine Arbeiten zeigen, daß er nicht nur den sicheren Blick für das *Malerische* der Ortschaft Weinheim besaß, sondern auch für die architektonischen Gegebenheiten, die er mit seinen Vorzeichnungen bzw. Aquarellen festhielt. Dabei handelt es sich keineswegs um nüchterne, unpersönliche Bauaufnahmen, wie sie häufig im Rahmen der Inventarisation entstanden, sondern um künstlerisch gesehene und gestaltete, menschlich ansprechende Dokumente voll malerischer Wirkung, die topographisch immer einwandfrei und in der Wiedergabe der baulichen Substanz unbedingt zuverlässig sind. In den Fällen, in denen die Gebäude abgerissen wurden oder bauliche Veränderungen erfuhren, gewinnen die Aquarelle für die bauhistorische Dokumentation ganz erheblich an Bedeutung und stellen nicht selten die einzige bildnerische Wiedergabe dar.

III. Literatur:

Bauer, Wilhelm: Das Kirchenbuch als Geschichtsbuch. In: Unser Land. Heimatkalender für Neckartal, Odenwald, Bauland und Kraichgau. Heidelberg 2002.

Gräfin Graimberg, Maria: Aus Heidelbergs Vergangenheit.

Infoblatt der Heilbronner Ausstellung: Aus dem Leben des Philibert Graf von Graimberg-Belleau. Landschaftszeichner und -maler sowie Kunstsammler.

Lehmann, Benno: Vortrag bei der 56. Neustädter Tagung des Breubergs Bundes am 25. September 2004 in Breuberg-Neustadt.

Lehmann, Benno: Die Stadt- und Landschaftsvedute im 19. Jahrhundert. In: Baden-Württemberg. Denkmalschutz und Denkmalpflege, 1/1982.

Lehmann, Benno: Karl Weysser (1833-1904). Badischer Architektur- und Landschaftsmaler. Monographie und Werkverzeichnis. Galeria Palatina. Heidelberg 1996.

Schröder, Bernd Philipp: Aus den Skizzenbüchern von Philibert Graf Graimberg-Belleau. In: Geschichtsblätter Kreis Bergstraße, 22/1989.

Zeller, Susanne: Philibert Graf von Graimberg-Belleau (1832-1895), Sohn des Retters des Heidelberger Schlosses. In: Eberbacher Geschichtsblatt 1988.

Anmerkungen:

Den Bildunterschriften zu den Abbildungen 1-26 wurden die Bildbeschreibungen von Dr. Heinz Schmitt zugrunde gelegt. Sie sind in Zusammenarbeit mit der Leiterin des Weinheimer Stadtmuseums, Frau Buggle, für diese Veröffentlichung überarbeitet und aktualisiert worden.

1. **Benno Lehmann**: Vortrag bei der 56. Neustädter Tagung des Breuberg Bundes am 25. September 2004 in Breuberg-Neustadt.
2. **Maria Gräfin Graimberg**: Aus Heidelbergs Vergangenheit.
3. **Wilhelm Bauer**: Das Kirchenbuch als Geschichtsbuch. In: Unser Land. Heimatkalender für Neckartal, Odenwald, Bauland und Kraichgau, Heidelberg 2002, S. 76.
4. **Bauer**, 2002, S/76.
5. **Susanne Zeller**: Philibert Graf von Graimberg-Belleau (1832-1895), Sohn des Retters des Heidelberger Schlosses. In: Eberbacher Geschichtsblatt 1988. S. 118-122, hier S. 119.
6. **Maria Gräfin Graimberg**: Aus Heidelbergs Vergangenheit.
7. Infoblatt der Heilbronner Ausstellung.
8. **Benno Lehmann**: Die Stadt- und Landschaftsvedute im 19. Jahrhundert. In: Baden-Württemberg. Denkmalschutz und Denkmalpflege. I/1982. S.7.

Brigitte Köhler

Feldschützen und ihre Aufgaben innerhalb der Dorfgemeinde – dargelegt am Beispiel des Vorderen Odenwaldes

Die Wurzeln der Dorfgemeinde reichen bis in das Hochmittelalter hinab, als die Bevölkerung nach Jahrhunderten der Stagnation stark anwuchs und Europa eine erstaunliche Periode der Expansion und Entfaltung von Wirtschaft, Gesellschaft und Kultur erlebte. Am sichtbarsten traten die Veränderungen im Landesausbau in Erscheinung; die über das Land verstreuten Siedlungen entwickelten sich zu Dörfern, deren Bewohner die landwirtschaftliche Nutzfläche durch Melioration und Rodung von Waldbeständen vergrößerten, ihre Anspruchszone gegenüber anderen Dörfern abgrenzten und sich zur Rationalisierung des Feldbaus zusammenschlossen. In weiten Teilen Europas geschah dies in Form der Dreifelderwirtschaft; sie bewirkte eine erhebliche Steigerung der Ernteerträge, ohne die Fruchtbarkeit des Bodens über Jahrhunderte hinweg zu mindern[1].

Kennzeichnend für die Dreifelderwirtschaft sind die sog. Zelgen, Großfelder, die sich aus den einzelnen Gewannen der Dorfgemarkung mit ihren zahlreichen, individuell genutzten Ackerparzellen zusammensetzten, aber einheitlich bewirtschaftet werden mußten (Flurzwang). Angebaut wurde fast ausschließlich Getreide, dessen Kalorienertrag pro Hektar landwirtschaftlicher Nutzfläche wesentlich höher liegt als bei Viehhaltung. Wechselweise wurde in einer Zelge (Flur) der Gemarkung nur Wintergetreide angebaut, in der zweiten nur Sommergetreide, während der übrige Teil für ein Jahr brach liegen blieb. Um Ackerflächen zu gewinnen, durchzogen nur wenige Fahrwege die Gemarkung, der Zugang zu den abseits liegenden Parzellen wurde durch komplizierte Überfahrtsrechte geregelt: Der „Hinterlieger“ mußte als erster mit der Aussaat beginnen, die anderen folgten der Reihe nach, bei der Ernte war es umgekehrt. So konnte nur in einer festgelegten Reihenfolge gepflügt, gesät, geerntet und gedüngt werden. Die Arbeit auf dem eigenen Acker zog den Besitz des Nachbarn in Mitleidenschaft. Jeder mußte auf eigene Ansprüche verzichten, um dem Nachbarn die Feldarbeit zu ermöglichen. Dies war nur durch strenge Koordination möglich.

Die einzelnen Ackerparzellen in der Gemarkung waren zwar in persönlichem Besitz der Dorfgenossen, nach der Ernte wurden sie jedoch gemeinschaftlich als Weide für das Vieh des Dorfes genutzt, das bis zur Einführung der Stallfütterung gegen Ende des 18. Jahrhunderts fast ganzjährig im Freien gehalten wurde. Äcker und Wiesen wurden zeitweise „geschlossen“, sie durften dann von niemandem betreten werden. Zum Schutz gegen die Außenwelt war das mittelalterliche Dorf einschließlich der Gärten von einem Bannzaun (Dorfetter) umgeben, der nur an wenigen Stellen durch sog. Falltore zu öffnen war; alle Ländereien außerhalb standen unter „Zwing und Bann“, d.h. unter Gebot und Verbot der Gemeinde.

Diese komplizierte Wirtschaftsordnung erforderte eine strenge Reglementierung; Normen für das Zusammenleben wurden erstellt (Dorfordnung), Organe zu ihrer Überwachung eingerichtet (u. a. Feldschützen) und eine Institution zur Ahndung von Verstößen geschaffen (Dorfgericht). Auf diese Weise entstand im Laufe der Zeit aus der dörflichen Gemeinschaft von miteinander Besitzenden und miteinander Wirtschaftenden die Dorfgemeinde. Es gilt heute als gesichert, daß das Dorf, wenn nicht seine Entstehung so doch seine Verfestigung und damit seine für Jahrhunderte verbindliche Ausprägung um 1300 erfahren hatte[2].

Bis weit in die Neuzeit hinein blieb die Dreifelderwirtschaft die zweckmäßigste dörfliche Organisationsform. Sie gestattete unter den gegebenen Verhältnissen – Güterzersplitterung und Gemengelage – die optimale Ausnützung der zur Verfügung stehenden Ackerfläche. Erst im 19. und 20. Jahrhundert wurden im Rahmen von Flurbereinigungen Felder zusammengelegt und an das Wegesystem angeschlossen.

Die Dorfgemeinde

Jedes mittelalterliche Dorf hatte eine Dorfordnung und ein Dorfgericht, das aus angesehenen Männern des eigenen Dorfes bestand, den Schöffen. In alter Zeit wurde *je und allwegen durch den hainberger des Dorfes ein solch gericht in der nachbarn namen gehegt und dasselbige in fried und bann gethan*, wie es 1552 in der Haingerichtsordnung für die Grafschaft Erbach heißt. Später tagten die Dorfgerichte meist unter dem Vorsitz des Schultheißen oder eines anderen herrschaftlichen Beamten, für die Rechtsfindung waren jedoch allein die Schöffen zuständig. Das Dorfgericht richtete über alle Vergehen, die nicht der Zentgerichtsbarkeit unterstanden, und dazu gehörten die in Feld und Wald begangenen Frevel.

Das zentrale Organ der bäuerlichen Selbstverwaltung aber war die Versammlung aller vollberechtigten Gemeindsleute, die Gemeindeversammlung, die man im Odenwald meist als Haingericht bezeichnete. Das Erscheinen aller Gemeindsleute war Pflicht: *Wann der Bürgermeister zu Weg läuten tut und zählet dann auf dem Rathaus oder unter der Linde, der nicht erscheinen tut, wird mit 2 Pfg. Strafe belegt. Wenn es im Laufe der Jahre mehrmals zu dieser Strafe kommt, erhöht sie sich beim drittenmal auf 5 Schillinge oder auch wohl auf 10 Schillinge*, heißt es in der Brandauer Dorfordnung von 1655[3]. Entsprechende Artikel finden sich in fast allen Dorfordnungen.

Die Gemeinde sorgte für Frieden im Dorf, regelte die Landbewirtschaftung und überwachte die Dorfordnung. Wer sich nicht fügen wollte, wurde ausgeschlossen. *Wan ein Gemeins Man oder ander Persohn in der Gemein sich befindet, der Schultheißen, Bürgermeister und Gericht nicht gehorsamb leisten und der Gemeinsordnung nicht nachleben will, selbigem hat man sein Fewer uf dem Härdt auzuschütten, Weyd und Waßer zu versagen und zu verbiethen Macht*[4]. Der Gemeinde oblag der Feuerschutz ebenso wie die Aufsicht über Gewässer, der Wege- und Brückenbau, der Wachtdienst, die Armenfürsorge u. a. mehr. Für alle Aufgaben wurden dörfliche „Beamte“ ernannt, besoldete, wie die Feldschützen,

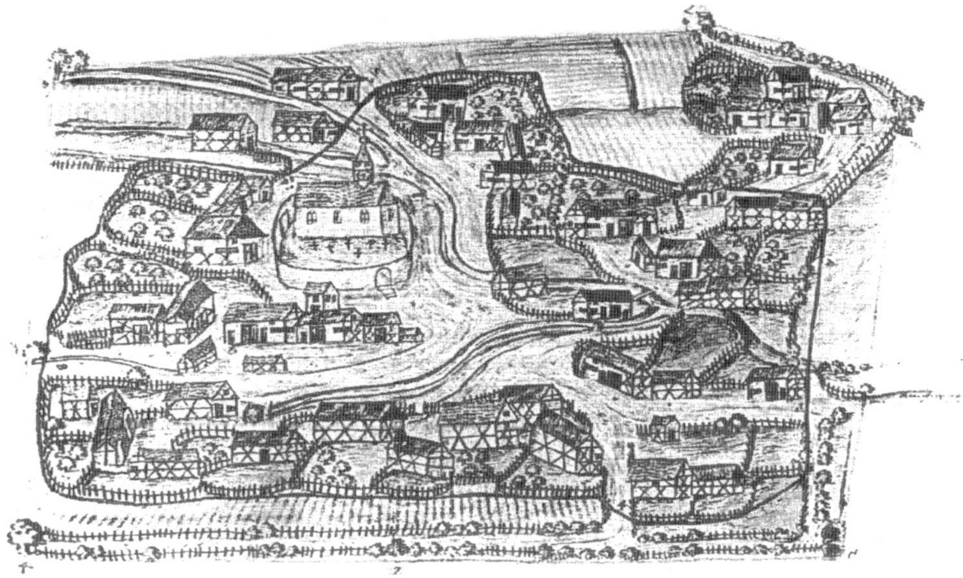

Abb. 1: Das Dorf Heudorf (Kr. Konstanz) im Jahre 1576. Der Wohnbereich des Dorfes mit Kirche, Hofstätten und Gärten ist von einem Dorfzaun (Etter) umgeben.

Hirten und Nachtwächter, und solche, die ehrenamtlich tätig waren und nur eine Aufwandsentschädigung bekamen, wie der Heimbürger, die Feldgeschworenen und die Bürgermeister, die damals – anders als heute – für das Rechnungswesen zuständig waren.

Mehrere Male im Jahr kamen die Gemeindsleute zum Haingericht zusammen. Der Schultheiß als Vertreter der Herrschaft eröffnete die Versammlung, hegte das Gericht in feierlicher Weise, gebot Frieden und Wohlverhalten und erinnerte alle an ihre Eide. Anschließend wurden neu aufgenommene Gemeindeglieder verpflichtet, kommunale Angelegenheiten beraten und *Rugen fürgebracht und auffgechrieben.* Jeder Gemeindsmann war verpflichtet, ihm bekannt gewordene Verstöße gegen die Dorfordnung vorzubringen. So heißt es z.B. in der 1766 renovierten Dorfordnung der Gemeinde Fürth: *Ein jeder in der Gemeinde ist schuldig, gefundene Mängel und Frevel dem Haingericht und dem Bürgermeister anzuzeigen, damit solche gebessert und bestraft werden mögen. Wer aber solche wissentlich verschweigt, und dessen überführt wird, soll gleich dem Täter gestraft werden*[5].

Nach der Dorfordnung von Jugenheim sollte sogar der Gemeindsmann, der ein Vergehen beobachtet, aber nicht gemeldet hatte, höher bestraft werden als der Täter selbst: *Und soll keiner hierinen ansehen freundtschaft, feindtschaft, gunst, neydt oder haß, sondern ohne scheuw vorbringen, was er also gesehen oder gehört, dan da einer was verschwige und hernach an tag kheme, der soll alsdan höher als der thäter selbst gestraft werden*[6].

Beim Haingericht kamen auch die von der Gemeinde bestellten Feldschützen zu Wort und brachten die von ihnen festgestellten Frevel öffentlich vor, anschließend setzten die Schöffen die Bußen fest. Einmal im Jahr, nach der „Rechnungsabhör“

der Dorfoberen, wurden neben anderen Angestellten der Gemeinde auch Feldschützen ernannt und feierlich verpflichtet.

Die Dorfordnung

Rechte und Pflichten der Gemeindsleute, Abgaben und Dienste, Frevel und Bußen u. a. m. waren in der Dorfordnung festgelegt. Jahrhundertelang wurde die Dorfordnung mündlich von Generation zu Generation weitergegeben, sie sollte für „ewige Zeiten" gelten und wurde einmal im Jahr auf der Gemeindeversammlung neu verkündet (gewiesen). Im 16. Jahrhundert, als viele Gemeinden im Odenwald Gerichtsbücher anlegten und ihre Einnahmen und Ausgaben schriftlich fixierten, entstand das Bedürfnis, die bisher nur mündlich überlieferte Dorfordnung neu zu formulieren und niederzuschreiben. Dies geschah entweder in Einzelbeschlüssen des Haingerichts oder als Weisung des Schöffengerichts[7]. So lange das „Weistum" nur mündlich weitergegeben wurde, mag es sich unmerklich gewandelt haben; einmal schriftlich festgelegt, blieb es oft lange Zeit unverändert, auch wenn die Regeln ihren Sinn verloren hatten; vielfach wurden zur Ergänzung neue Bestimmungen mit aufgenommen. Selbstverständliches blieb dagegen oft unerwähnt[8].

Während die Dorfordnungen des erbachischen Amtes Seeheim (1551), Bickenbach (1563) und Jugenheim (1557) ohne Mitwirkung der Herrschaft zustande kamen, schalteten sich in anderen Orten die Herrschaft und ihre juristisch geschulte Beamtenschaft ein[9]. So wurde auch die Groß-Bieberauer Dorfordnung bei ihrer Renovierung zugunsten der Herrschaft verändert[10]. Das war kein Einzelfall. Auch die Unabhängigkeit des einst souveränen Schöffengerichts in Nieder-Kainsbach wurde durch die Einflußnahme der Herrschaft stark eingeschränkt[11]. Mit dem Erstarken der Landesherrschaft trat das gesetzte Recht immer mehr in den Vordergrund und sorgte für eine Vereinheitlichung der Vorschriften innerhalb eines Territoriums. Nicht mehr die Weistümer, sondern die von der Herrschaft als Satzung herausgegebene Dorfordnung bestimmte das Dorfleben, mochte sie auch vielfach auf das alte Recht zurückgreifen. Studierte Beamte entzogen den dörflichen Schöffen zunehmend den Boden; nach und nach gingen die Akte der freiwilligen Gerichtsbarkeit und die Zivilsachen auf die Ämter über[12]. Die Haingerichte verloren immer mehr an Bedeutung, nur formell bestanden sie noch bis zum Inkrafttreten der Hessischen Gemeindeordnung 1821 weiter. Doch die Tradition blieb in vielen Dörfern des Odenwaldes noch lange erhalten. Bis zur Gebietsreform in den 70er Jahren des 20. Jahrhunderts trafen sich z.B. die Wembacher Bauern alljährlich am 27. Dezember zum „Gemeindetag" in einer Gastwirtschaft, um den Tätigkeitsbericht des Bürgermeisters anzuhören und darüber zu diskutieren. Dieser Tag galt auch als „Wandertag", weil an diesem Tag Mägde und Knechte häufig ihren Dienstherrn zu wechseln pflegten – eine ferne Erinnerung an die Vergabe von Dorfämtern in alter Zeit!

Der Feldschütze

Einer der wichtigsten Männer im Dorf mit seiner Vielfalt von Einungsvorschriften war der Feldschütz. Daß er in manchen Gegenden auch als Flurschütz, Bannwart, Flurhai oder Eschhai bezeichnet wurde, wertet Bader als ein Zeichen für das hohe

Alter dieser Institution, die schon lange vor der Gemeindebildung bestanden haben muß[13].

In früher Zeit wurde der Feldschutz häufig ehrenamtlich versehen, wie z.B. in Groß-Hausen, wo im Gerichtsbuch der Gemeinde für 1653 zu lesen ist: *Es sind Feldschützen angenommen worden und haben an Eides Stelle Gott Gelöbnis getan, daß ein jedweder, was er strafbar finden wird, bei seinem guten Gewissen soll rügen und anbringen und das Loß hat Wendel Sudheimer getroffen, das er künftig Jahr, als den 1. January Anfang machen biß zu End des Monats. Da soll dann alsdann sein Nachbar folgenden Monats ihn ablößen. Auch ist darbey befohlen worden, welcher es seinem Nachbarn nicht anzeigt, allemahl mit 2 Pfd. Heller Straff belegt werden soll*[14]. Für kleinere Gemeinden mag diese Lösung des Feldschutzes ausreichend gewesen sein, größere Gemeinden stellten schon früh besondere Feldschützen als Bedienstete der Gemeinde an.

Das Gelöbnis, das ein Feldschütz vor dem Dieburger Fauteigericht ablegen mußte, umreißt eindringlich die Tätigkeit, zu der er sich verpflichtete:

Ein Feldschütz soll geloben und zu Gott dem Allmächtigen schwören, dem Kurfürsten zu Mainz sowie der Stadt Dieburg treu, hold und gehorsam zu sein, deren Nutzen fördern, Schaden verhindern, die Dieburger Gemarkung sowie deren Grenze von morgens bis abends, auch nachts begehen und beaufsichtigen.

Sobald der Feldschütz jemand auf den Gütern von Dieburger oder benachbarter Bürger in der Gemarkung sieht oder ertappt, welcher auf den Äckern, Wiesen, Gärten oder Ländern Kraut, Gras, Zwiebeln, gelbe Rüben oder anderes Gemüse ausreißt oder gar Zäune beschädigt, Bäume schüttelt und das Obst aufliest sowie sonstigen Schaden verursacht, soll er denselben beim Hubengericht anzeigen. Der Feldschütz soll in keinem Fall solche Vergehen verschweigen oder gar sein Schweigen mit Geld erkaufen lassen.

Besondere Aufmerksamkeit soll der Feldschütz den Hirten und Schäfern widmen, damit die ausgesäte Frucht nicht abgeweidet wird oder sonstigen Schaden erleidet. Auch soll ein Feldschütz für sich selbst, für seine Frau oder seine Hausgenossen keinen Frevel begehen.

Schließlich soll er gutes Augenmerk auf das Feld haben, daß keine Fallen für Hasen, Schnepfen oder Feldhühner gelegt und gestellt werden. Bei dieser Tätigkeit, die in Treu und ohne Arglist vom Feldschütz auszuführen ist, soll dieser sich nicht durch Freundschaft, Feindschaft, Geld, Geschenke, Neid, Haß, Furcht oder was ihm sonstigen Nutzen bringen würde, beeinflussen lassen[15].

Ähnlich lauteten die Gelöbnisse, die Feldschützen über die Jahrhunderte hinweg vor der versammelten Gemeinde oder später vor Beamten ihres Landesherrn zu leisten hatten.

Das Dorf als hartes soziales Gefüge

Das Dorf war ein hartes, soziales Gefüge aus Interessen und Zwängen, geformt von der ständigen Gegenwart der Gemeinschaft, dem Ringen mit den Naturgewalten und der Angst vor Hunger und Not. Im Dorf kannte jeder jeden,

Abb. 2: Zwei Flurschützen mit Stecken in der Hand leisten den Eid. Hinter ihnen kniet eine Graserin mit gezahnter Sichel. (Aus: Karl-S. Kramer: Fränkisches Alltagsleben um 1500 - Eid, Markt und Zoll im Volkacher Salbuch, S. 42)

und jeder war in irgendeiner Form von seinem Nachbarn abhängig. Ein Nachbar, der seinen Nachbarn bei der Gemeinde anzeigte, machte sich bei ihm und seinen Freunden unbeliebt, er mußte damit rechnen, bei passender Gelegenheit ebenfalls von einem Nachbarn angezeigt zu werden – so unterließ er es oft, auch wenn er durch Eid dazu verpflichtet war. Die beiden Sprichwörter: *Eine Krähe hackt der anderen kein Auge aus* und *Wie Du mir, so ich Dir,* drücken uralte menschliche Erfahrungen aus. Auch der Feldschütz war ständig in Gefahr, sich durch Anzeigen unbeliebt zu machen.

Welch unangenehme Dienstführung ein Feldschütze in seinem Geburtsort hat, brauche ich Niemand zu sagen, heißt es in einem Bericht über den Feldschutz in Starkenburg 1861, *denn es ist eine bekannte Sache, daß er nie in Unabhängigkeit, sondern immer nur in Abhängigkeit dasteht und daß er nie seiner Dienstführung ganz gewissenhaft nachkommen kann. Er hat Verwandte, ja nicht selten stehen ihm sogar Gemeinderathsmitglieder im Wege; der eine schickt Kühe oder Geisen auf die Weide, ein Anderer hält viele Hühner und Gänse, des Dritten Leute gehen krauten auf fremdes Eigentum. Will der Feldschütz nun seinen Dienst behalten, so muß er manches übersehen und oft ein Auge zudrücken*[16].

Übertretungen der Dorfordnung

In fast allen Dorfordnungen wurden mehr oder weniger ausführlich Verbote und Gebote für die Feldarbeit aufgeführt.

Ein häufiger Frevel war die Nichtbeachtung der für die Dreifelderwirtschaft notwendigen Überfahrtsregelungen. So besagt die Nordheimer Dorfordnung von 1692: *Wann einer zu der erndzeit oder sonsten mit einem wagen, karch oder pflug über oder durch einen ackher fahret, der besämbt ist oder frucht hat, so soll derselbig, so oft er befunden wirdt, vom schultheißen und gericht umb 30 schilling gestraft werden, jedoch herrschaftliche frevel vorbehalten*[17]. Und die Zeller Haingerichtsordnung von 1730 fordert: *Wo über einen Acker ein Dungweeg gehet, so ist er nicht eher zu leiden* (das Fahren zu erlauben) *schuldig, dann bis zum Bartholomaitag* (24.August)[18].

Bei den manchmal nur wenige Meter breiten Ackerparzellen war die Beachtung der Grenzsteine besonders wichtig: *Wann einer einen stein auszackhert, so soll er es den feldmessern ansagen, oder so oft er befunden wirdt, daß er solches nicht gebührendt anzeigt, von schultheiß, gericht und feldmessern gestraft werden*[19].

Auch auf den Zustand der Zäune hatte der Feldschütz zu achten, weil das Vieh sonst Schaden an den Feldfrüchten anrichten konnte. *Ein bannzaun soll vier elder hoch gemacht sein und wohl beschlagen mit wellen, wo man das besichtiget und nicht also findet, so soll derselbig 2 schilling der gemein zur straf geben*[20].

Zum Schutz der Saat wurden zeitweise auch ganze Zelgen eingezäunt: *Wann sich nach Georgi* (23.April) *in ein oder der andern haag (Zaun) am feldt oder an der erden, welche besämbt ist, eine lückhen sich offen befindet oder ein hag nicht recht und wohl zugemachet wehre, so ist die Straf davon 15 kreuzer*[21].

Die Falltore im Dorfetter und in der Feldgemarkung mußte jeder, der sie benutzte, sorgfältig wieder schließen: *Wann jemand in denen fallthoren aus- oder einfahret, reitet oder gehet, es sey gleich am dorf oder an der erden, die besämbt seindt, und das fallthor nicht wieder zumacht, der oder dieselbe Persohn soll 15 kreuzer straf erlegen*[22].

Wege entlang der Gewanne (Gewannwege) durften nur zu bestimmten Zeiten benutzt werden: *Welcher oder welche einen unrechten weg gehet oder ferd, auch reyd, er sey jung oder alt, die dann die gemein verbeud, soll geben 5 schilling zu straf*[23].

Während der Mittagszeit und vom Abend bis zum Morgen durfte sich niemand in der Feldflur aufhalten – das war so selbstverständlich, daß dies in fast keiner Dorfordnung extra erwähnt wurde. Auch der Wald durfte nur an bestimmten Tagen betreten werden: *Wann einer und eins auf dem wehetag* (verbotener Tag) *vor offenem mark in wald gehet und der schütz denselbigen findet, so soll dasselbig 20 schilling geben der gemein zur straf*[24].

Allein um einen möglichst reibungslosen Ablauf der landwirtschaftlichen Arbeiten zu gewährleisten, hatte der Feldschütz eine Vielzahl von Geboten und Verboten zu überwachen; hinzu kamen Eigentumsdelikte, auf die er zu achten hatte. Sie wurden besonders in Notzeiten häufig begangen.

Am Montag nach Martini 1557 bestätigte das Haingericht in Jugenheim *wie von alters herkhomen und gebrauch, gehalten durch den hainmann und Peter*

Schwerern, unsers g. herrn schultheisen disser zeit, einmutiglich zu recht gesprochen worden, demnach zuvor ein gebot under der gemeinde beschehen, das alles im felde soll verbotten sein, dabey es nachmaln verpleiben und bewenden soll. Wan dan einer oder mehr, es were durch der gemein schützen oder einen gemeinsmann, betretten und befunden würde, der an trauben, bieren, öpffeln, nüssen, rüben, kraut und auch anderm getraidt schaden thette, wer das were, derselb soll allemal so oft das geschicht, der gemeinde fünf lb. heller unnachleßig verfallen sein[25].

Ähnliche Passagen finden sich in fast allen Dorfordnungen.

Strafen für Feldfrevel

In vielen Dorfordnungen waren die Strafen für die verschiedenen Arten von Freveltaten bereits festgelegt – wie weit sie dann vom Gericht auch tatsächlich verhängt wurden, läßt sich nur nachprüfen, wenn sie, wie bei der Gemeinde Bickenbach, auch in den Gemeinderechnungen notiert wurden[26]. Da arme Leute meist nie in der Lage waren, Geldbußen zu zahlen, benutzte man zur Abschreckung das „Halßeisen" oder den „Schnellkorb", Gefängnis oder Zwangsarbeit.

Besonders hart griff Hans IX. von Hirschhorn ein, dem Kaiser Karl V. am 4. 4.1554 das privilegium de non appellando erteilt hatte. Am 10.1.1558 erließ der Junker für die seiner Jurisdiktion unterstehenden Gebiete zu beiden Seiten des Neckars eine „Gemeyn Ordttnung", mit der er Anordnungen und Gesetze seiner Vorgänger veränderte und bedeutend verschärfte[27].

Im 6. der insgesamt 39 Artikel wurde festgeschrieben, *auf* welche *Weise die Felddiebe gestraft werden sollen.* Darin heißt es u.a.: *Mir ist häufig zu Ohren gekommen, daß sich die Jugend – gleichgültig ob Knaben oder Töchter – vielfältig durch Felddiebstahl die Hände schmutzig macht. Es wird Obst weggenommen, es werden auch Trauben und andere Früchte gestohlen. Über solche Handlungen gerät die Jugend auch in andere Bosheiten und üppige Laster. Dem zu begegnen ist mein strenger Befehl. Meine Amtleute, die Schultheißen und Bürgermeister, sollen durch ihre Schützen und auch auf andere geeignete Weise auf das junge Diebsgesindel tüchtig ihr Augenmerk richten. Wenn man eines dieser Stehlenden habhaft wird, dann soll er dadurch gestraft werden, daß man ihn in einen Korb oder einen Schneller setzt und ins Wasser fallen läßt oder man läßt ihn von seinem Vater auf einem Schragen liegend verprügeln. Gegebenenfalls bringt man sie auch ins Bürgergefängnis. Diese Strafen sollen je nach Lage des Falles und unter Berücksichtigung sowohl der Person als auch ihres Alters verhängt werden. Solche Bestrafung des Diebstahls soll anderen ein warnendes Beispiel sein, damit sie nicht ebenfalls Diebstähle begehen.*

Es waren offenbar die schlechten Ernten der 1770er Jahre, die auch Carl Philipp von Venningen zu einem strafverschärfenden Erlaß gegen die Wald- und Feldfrevel seiner Herrschaft nötigten. Sie hatten derart zugenommen, daß die Bürger ihrer Habe nicht mehr sicher waren. Daher wurde den Schultheißen auferlegt, den Diebstahl schon von einem einzigen Apfel, einer Birne, von Kraut und Rüben durch die „Schandgeige" bestrafen zu lassen[28].

Die Schandgeige war ein hölzernes Gerät, das um den Hals des Delinquenten gelegt wurde und seine Hände in Schulterhöhe festhielt, mit der „Schandgeige“ durch das Dorf zu gehen, war eine überaus schmachvolle Bestrafung, die im Mittelalter bis tief in die Neuzeit hinein häufig verordnet wurde, wenn ein Täter kein Geld besaß oder eine Geldstrafe nicht von Nutzen gewesen wäre. Auch in Zell an der Bergstraße geschah die Abgeltung von Feld- und Forststrafen durch eine Schandgeige[29], sie war 1753 von einem Schreiner- und einem Schlossermeister in Bensheim angefertigt worden. In Groß Zimmern wurde noch 1801 „verordnet und bestimmt“, daß Personen, die beim Felddiebstahl ertappt wurden, „mit öffentlicher Umtragung der Rosselkapp und Geigen“ bestraft werden sollten. Die Rosselkapp war eine Art Narrenkappe mit Rosseln (kleinen Schellen), und diente dazu, den Delinquenten öffentlich zu entwürdigen[30]. Im Archiv der Gemeinde Nieder-Klingen (heute Gemeinde Otzberg) befindet sich noch eine „Verordnung über die Obstbäume“, die am 6.September 1806 vom Fürstlich Löwensteinschen Amtmann Camesasca unterzeichnet wurde und in 9 Paragraphen drakonische Strafen für die Beschädigung von Obstbäumen und die Entwendung von Obst androhte; darin heißt es in § 3: *Müssen diejenigen, welche mehr als einen, höchsten zwei Äpfel oder Birn für sich zum Essen von dem heruntergefallenen Obst auflesen, ohnnachsichtlich und ohne Ansehung der Person die Geige mit Anhängung des Entwendeten tragen*[31].

Die Entlohnung der Feldschützen

In alter Zeit bekamen die Feldschützen wie die Hirten und andere Bedienstete der Gemeinden einen Teil ihres Lohnes in Brotgetreide ausbezahlt, oft kam noch ein Paar Schuhe hinzu. Fast in jedem Dorf durfte der Feldschütz zusätzlich einen Teil der Strafgelder für sich behalten, womit man die Schützen anspornen wollte, möglichst viele Feldfrevler zur Anzeige zu bringen.

In Einhausen bekam der Feldschütz in den Jahren 1763-1769 sechs Malter Frucht und die Hälfte der Schützenrug[32], in Brandau stand ihm nur der dritte Teil zu, außerdem bekam er von jedem Ackersmann in der Brandauer Gemarkung, *er sei gleich einheimisch oder ausländisch*, eine Garbe Hafer, die er selbst einsammeln und wohl auch dreschen mußte[33].

In Lengfeld wurde mit dem Feldschütz bei seiner Einstellung zu Martini 1735 ein festes Einkommen von 7 Gulden 18 Kreuzer und 1 Malter Korn (ca 85 kg Roggen) ausgemacht. Zusätzlich bekam er noch einen Anteil von den Strafen, die auf Grund seiner Anzeigen verhängt worden waren, den er gleich selber einbehielt. 1821 nahm die Gemeinde Lengfeld 138 Gulden 51 Kreuzer für Feldstrafen ein, davon wurden 69 Gulden 25 ½ Kreuzer – also die Hälfte – an die zwei Feldschützen ausgezahlt[34]. In Brensbach kamen 1763 59 Gulden 16 albus und 1 Pfennig aus Feldstrafen zusammen, bei Gemeindeeinnahmen von insgesamt 960 Gulden ein beträchtlicher Anteil.

Mit der Gemeindereform von 1821 änderte sich vielfach die Art der Bezahlung. In Roßdorf wurde beim Haingericht am 9. Jan. 1823 festgesetzt: *Von den Flurschützen erhält jeder 65 fl. 20 Xr. an Geld, dagegen aber keine Frucht und keine Schuhe, wie das früher der Fall war, und nur oft zu Irrungen Veranlassung gegeben hat*[35].

Bei den Ansprüchen, die an den Feldschützen gestellt wurden, war die Entlohnung nur kärglich, wollte er sich genau an seinen Eid halten, blieb ihm auch keine Zeit, sich nach Art von Tagelöhnern Geld hinzuzuverdienen. So lange sich Männer in der Gemeinde fanden, die bereit waren, sich mit einem kargen Lohn abzufinden, änderte sich daran wenig, erst die durch die hessische Gemeindeordnung eingesetzten Kreisverwaltungen nahmen sich des Problems an und sorgten – auch gegen den Willen der Gemeinden – für die Aufbesserung von Gehältern.

Die „heimblichen Schützen"

Im Ratsprotokoll von Groß-Umstadt heißt es am 31. Juli 1721, daß, *wegen der überhandnehmenden Felddiebstähle wieder heimbliche Schützen nach Gewohnheit und notdurft* bestellt worden seien. Zu den namentlich aufgeführten Männern aus der Bürgerschaft gehörte auch der Rat mit Oberbürgermeister Andreas Kern und Unterbürgermeister Peter Kern[36]. Diese „heimblichen Schützen" sind ganz offensichtlich synonym mit den „Ehrenfeldschützen" der späteren Zeit. So ernannte die Gemeinde Ueberau im September 1904 acht angesehene Bürger zu Ehrenfeldschützen, die „zur Beförderung der Obstzucht" ehrenamtlich den von der Gemeinde angestellten Feldschützen unterstützen sollten, um Obstdiebstähle zu verhindern. Nach vorgängiger Eidesbelehrung und Verwarnung vor Eidbruch wurden sie am 5. September vom Gr. Kreisamt in Dieburg feierlich verpflichtet. Sie mußten geloben, daß sie *diesem Allen, was uns soeben vorgelesen worden ist und wir wohl verstanden haben, auch mit gegebener Handtreue angelobt haben, stets fest und unverbrüchlich nachkommen* würden. Auch die Gemeinde Lengfeld hatte 1881 „zur Verbesserung der Feldpolizei" einige qualifizierte Männer auf den „Ehrenfeldschutz" verpflichtet. Sie wurden erst am 1.7.1897 wieder davon entbunden, nachdem man ihnen im Jahr zuvor auch noch die Funktion des Wegewärters übertragen hatte[37]. Noch 1931 rät das Kreisamt in Dieburg Gemeinden und Städten bei überhandnehmenden Feldfreveln „Ehrenfeldschützen" zu ernennen (s. u.).

Die moderne Zeit

Mit den politischen Veränderungen um 1800 ging die genossenschaftlich orientierte Dorfverfassung endgültig zu Ende. Aus der Körperschaft von einst, die aus eigenem Recht lebte, wurde die unterste Stufe der Staatsverwaltung. Das einzige, was die Dorfgemeinde des 18. Jahrhunderts noch mit der Landgemeinde des 19. Jahrhunderts gemeinsam hatte, war ihr räumlicher Zuständigkeitsbereich. Als gesetzlicher Vertreter der Gemeinde im Staat fungierte nun ein Ortsvorstand, bestehend aus Bürgermeister, Beigeordneten und Gemeinderäten. Beginnend mit den großherzoglichen Domaniallanden wurden die bisherigen Ämter aufgehoben und unter Trennung von Verwaltung und Justiz deckungsgleiche Landrats- und Landgerichtsbezirke geschaffen. Den Landrichtern oblag, neben der sog. Freiwilligen Gerichtsbarkeit, die gesamte Straf- und Zivilgerichtsbarkeit 1. Instanz, soweit nicht das Hofgericht in Darmstadt zuständig war. Die Bürgermeister waren gehalten, alle Verstöße gegen das geltende Recht dem Landgericht zu melden. Auch die Verpflichtung der Feldschützen erfolgte vor dem Landgericht.

Ein Beispiel aus dem Jahre 1829 veranschaulicht die Verfolgung eines Feldfrevels[38].

Am 3. Oktober 1829 berichtete Bürgermeister Lehr von Groß-Bieberau dem Landrichter, der von alters her seinen Sitz auf dem nur wenige Kilometer entfernten Schloß Lichtenberg hatte, über einen „Diebstahl im Felde von Conrad Franks Ehefrau".

Gestern Abend brachte mir D. Daab II. (der von der Gemeinde angestellte Feldschütz) *den beigeschlossenen Korb mit Kartoffeln und Kraut gefüllt mit der Anzeige, daß er am Ueberauer Steg* (an der Grenze zwischen Reinheim und Groß-Bieberau) *solche der Rubrikantin abgenommen habe und diese alsbald ihm entsprungen sey. Conrad Franks Ehefrau hierüber alsbald vernommen, erklärte, daß ihr die Kartoffeln geschenkt worden seyen, die 3 Krauthäupter aber in den Ueberauer Gärten beym Nachhausegehen vom Kartoffelausmachen, sie habe bei Math. Bernius dahier den Tag über im Taglohn Kartoffeln ausgemacht, entwendet habe, jedoch nicht wisse, wem der Acker sey.*

Ich zeige das hiermit zur geeigneten Untersuchung an.

Noch am gleichen Tag kam ein Schreiben vom Landgericht in Lichtenberg zurück: *Sie haben die Konrad Frank Ehefrau mittelst des Polizeidieners und eines vom Bürgermeister Kuhlmann* (vom benachbarten Reinheim) *zu requirierenden Schützen an die Stelle führen zu lassen, wo sie die 3 Kohlhäupter entwendet haben will. Wenn sich diese Angabe für richtig herausstellt, so haben Sie das Kraut nach vorheriger Anerkennung der Identität durch die Rubrikantin abschätzen zu lassen. Bezüglich der Kartoffeln haben Sie diejenige Person zu vernehmen, von der die Rubrikantin solche geschenkt haben will, gibt solche die Schenkung zu und erkennt sie die Kartoffeln als ihr früheres Eigenthum an, dann sind solche zu taxieren und an die Rubrikantin zu retardieren. Sollte aber die dritte Person die Kartoffeln nicht als ihr Eigenthum anerkennen, oder die Schenkung leugnen, dann sind die Kartoffeln aufzubewahren und mir alles Geschehen in 3 Tagen unter Anschluß der Taxation bezüglich der Kartoffeln zu berichten.*

Bürgermeister Lehr führte aus, was das Landgericht angeordnet hatte und berichtete am nächsten Tag: „*Erschien Conrad Franks Ehefrau und erklärte auf Vorhalt, die ihr angeblich geschenkten Kartoffeln habe sie von Math. Bernius dahier geschenkt erhalten, welcher seinen Taglöhnern erlaubt habe, wenn sie einen Korb Kartoffeln nötig hätten, solche mit nach Haus zu nehmen.* Anschließend wurde Math. Bernius vorgeladen und erklärte: „*Die Conrad Franks Ehefrau habe zwar gestern im Taglohn bei ihm Kartoffeln ausgemacht, er habe jedoch dieser sowie überhaupt seinen Taglöhnern nie erlaubt, Kartoffeln mit nach Haus zu nehmen. Die Kartoffeln seyen aller Wahrscheinlichkeit nach von den seinigen, was er jedoch, da es mehr solcher Kartoffeln gebe, nicht behaupten könne, auch der Korb gehöre ihm, welchen Conrad Franks Ehefrau mit vom Ausmachen am Abend nach Hause zu nehmen, sich erbeten habe.*

Nun wurde wieder Conrad Franks Ehefrau herbeizitiert, *zeigte die Stelle, wo sie die Krauthäupter mitgenommen hatte und erklärte weiter: Die Kartoffeln hätte sie beym Nachhause gehen im Beyseyn des Math. Bernius'schen Knechts von den seinigen genommen.*

Die den Gemeinderäten Kaffenberger und Reinheimer zur Taxation vorgelegten Krauthäupter und Kartoffeln hatten einen Wert von nur wenigen Kreuzern. Noch am gleichen Tag, dem 4. Oktober, berichtete Bürgermeister Lehr an das Landgericht:

Die 3 Krauthäupter wurden auf dem Acker des Gg. Reinheimer III. dahier, nach der mit der Rubrikantin vorgenommenen Lokal Besichtigung entwendet, zu 4 kr. Werth taxiert und dem Eigenthümer zugestellt. Nach Angaben der Rubrikantin habe sie die Kartoffeln von Math. Bernius dahier geschenkt bekommen, wie sie das nach meinem gestrigen Bericht angibt. Math. Bernius hierüber vernommen, hat erklärt, er habe nie derselben erlaubt Kartoffeln mit nach Hause zu nehmen, sie stimmen zwar mit den seinigen, die Conrad Franks Ehefrau am 2. d. M. habe ausmachen helfen, überein, da es jedoch mehr solcher Kartoffeln gebe, so könne er nicht behaupten, ob dieselben die Rubrikantin von den seinigen oder sonstwo entwendet habe. Die Rubrikantin hat daraufhin erklärt, sie habe am Feierabend im Beiseyn des Bernius'schen Knechtes solche von dessen Kartoffeln mitgenommen, ohne die Erlaubnis hierzu erhalten zu haben, auch der Korb gehöre Bernius. Ich habe hierauf auch die Kartoffeln taxieren lassen, schrieb der Bürgermeister weiter, *und der Werth wurde auf 4 Kreuzer bestimmt und solche alsdann mit dem Korb dem Math. Bernius, der denselbigen für den seinigen erkannt hatte, zustellen lassen.* Welch ein Aufwand wegen einer armen Frau, die den ganzen Tag auf dem Acker gearbeitet hatte und auf die zu Hause vermutlich eine hungrige Familie wartete!

Bereits **1832** kam es im Großherzogtum Hessen-Darmstadt zu einer Umbildung der Verwaltung; aus den Landräten wurden Kreisräte, die nun unter unmittelbarer Aufsicht und Leitung des Ministeriums des Innern und der Justiz in Darmstadt standen. Außerdem wurden Verwaltungsbezirke zusammengelegt, so zum Beispiel die Landratsbezirke Reinheim und Dieburg, aus denen wir Fallbeispiele bringen, zum Kreis Dieburg mit Amtssitz in der Stadt Dieburg. Die Zuständigkeit der Kreisräte wurde in einer ausführlichen Dienstinstruktion vom 20.9.1832 geregelt[39]. Der Kreisrat war gehalten, einen oder zwei Tage pro Woche als Besuchstage festzulegen, an denen er im Kreisamt anwesend war, um für die Kreisbevölkerung ansprechbar zu sein. Jeder Bürger hatte das Recht, sich mit Beschwerden direkt an das Kreisamt zu wenden – ohne vorher Bürgermeister oder Gemeinderat einschalten zu müssen. Er konnte persönlich einen Beschwerdebrief an das Kreisamt schicken oder auch, was häufig vorkam, sein Anliegen dort mündlich zu Protokoll geben. Der Kreisrat wandte sich dann umgehend an den zuständigen Bürgermeister und forderte ihn zu einer Stellungnahme auf; aus Sparsamkeit benutzte der Kreisrat häufig das Schreiben des Bürgermeisters, um seine Anweisungen meist innerhalb weniger Tage zurückzuschicken.

Das Feldstrafgesetz von 1841

Mit dem Feldstrafgesetz vom 21.9.1841 wurde das Feldstrafwesen für das gesamte Großherzogtum Hessen-Darmstadt einheitlich geregelt[40]. In den Provinzen

Starkenburg und Oberhessen hatte es zuvor überhaupt kein allgemeines Feldstrafgesetz gegeben. Für die Wirkung des neuen Feldstrafgesetzes spricht die Tatsache, daß die Feldwirtschaft unter seinem Schutz eine gedeihliche Entwicklung genommen hat und eigentliche Mißstände auf dem Gebiet der Feldpolizei zu keiner Zeit hervorgetreten sind[41]. Während aber Preußen das Feldpolizeirecht 1880, Bayern 1871 und Sachsen 1893 reformierte, wurde das Gesetz in Hessen erst im Jahr 1904 renoviert.

Im Feldstrafgesetz von 1841 wurde u. a. bestimmt: Der Wert des entwendeten oder beschädigten Gegenstandes wird durch Abschätzung des verpflichteten Feldschützen unter Kontrolle der Ortspolizeibehörde festgesetzt (§ 4). Für die festgesetzten Geldstrafen, Pfandgeld und Ersatz des Schadens haften die Eltern für ihre Kinder, die Herrschaft für ihr Gesinde und die Gemeinde für ihre Hirten (§ 11). Alle unzahlbaren Strafen, Pfandgebühren, Wert- und Schadensersatz werden, falls nicht das Gericht die Verbüßung im Gefängnis für zweckmäßiger erachtet, zunächst durch Arbeit verbüßt (§ 23).Wird ein uneinbringlicher Feldrügeposten in Arbeit oder Gefängnis verwandelt, so werden für einen Tag Arbeit dreißig Kreuzer, für einen Tag Gefängnis zwanzig Kreuzer gerechnet. Verrichtete ein Frevler nicht die ihm aufgetragene Arbeit, so mußte er einen Tag im Gefängnis „bei Wasser und Brot“ zubringen (§ 26). Alle festgestellten Feldfrevel wurden von den Stadt- und Landgerichten als Polizeigerichten erster Instanz abgeurteilt (§39). Die Strafgelder flossen in die Gemeindekasse. In drei Abschnitten listete das Gesetz alle strafwürdigen Vergehen auf – von Feldentwendungen, über Feldbeschädigungen, Weidefreveln bis zu feldpolizeilichen Vergehen, wie unbefugtes Ableiten von Wasser, Ablagern von Gegenständen, Nichtbeachtung der Erntezeit und des Feldschlusses, Verunreinigungen von Brunnen etc.

Nachdem durch das Feldstrafgesetz vom 21.9.1841 gleiche Vorschriften für den ganzen Umfang des Großherzogtums erlassen worden waren, folgte am 10.2.1842 eine „Instruktion für die Feldschützen“ als Leitfaden zur Besorgung der ihnen überlassenen Obliegenheiten[42]. Ähnlich wie in den Jahrhunderten zuvor wurden an den Feldschützen hohe Anforderungen gestellt: *Der Feldschütz soll einen sittlich guten Lebenswandel führen, seinen Dienst treu und gewissenhaft besorgen und ein anständiges Benehmen in und außer dem Dienst beachten. Insbesondere darf er nicht dem Trunke oder einem solchen Wirtshausbesuche oder irgend einer solchen Unterhaltung ergeben seyn, wodurch er von der Erfüllung seiner Dienstpflicht abgehalten oder sein dienstliches Ansehen geschmälert wird. Er darf kein Geschäft treiben oder sich in Unternehmungen einlassen, worunter seine Dienstverpflichtungen leiden könnten* (§ 1).

Der Feldschütz mußte alle Feldfrevel, die er entdeckte, sogleich in seinem Taschenbuch notieren *und längstens binnen 24 Stunden in das durch die Verordnung über Abhaltung der Feld-Rüge-Gerichte vorgeschriebene Verzeichniß übertragen* (§ 15). Zur Untersuchung und Aburteilung der Feldfrevel sollten jährlich 6 Feldrügegerichte vor dem Landgericht als Polizeigericht 1. Instanz stattfinden; im ehemaligen Amt Lichtenberg waren es zuvor nur drei gewesen. Nach der Gründung des Deutschen Reiches 1871 wurde die Gerichtsbarkeit neu organisiert. Nunmehr waren die Amtsgerichte die Gerichte erster Instanz, wie es auch heute noch üblich

Abb. 3: Eine Graserin wehrt sich gegen die Pfändung durch den Flurschützen. Eine solche Missetäterin mußte den Schandstein tragen. (Aus: Karl-S. Kramer: Fränkisches Alltagsleben um 1500 - Eid, Markt und Zoll im Volkacher Salbuch, S. 42)

ist. Am Verfahren änderte sich aber nichts Grundlegendes; nach wie vor mußten die Gemeinden Rügeregister führen und an das Amtsgericht weiterleiten, wo die Rügen verhandelt und entschieden wurden.

Die Feldfrevelbücher

Aufgrund der Verordnung, die Abhaltung der Feldrügegerichte betreffend[43], hatte jede Gemeinde ein eigenes, gebundenes Feldfrevelbuch anzulegen. Viele von ihnen sind noch in den Ortsarchiven vorhanden. Sie werfen ein Schlaglicht auf die Art der Vergehen, die damals als strafwürdig erachtet wurden, nach heutiger Auffassung aber nur Belanglosigkeiten waren, und belegen damit die unvorstellbare Not, die zu dieser Zeit auf dem Lande herrschte. Häufige Vergehen im Herbst, insbesondere von Kindern, war das Auflesen oder „Prügeln" (mit Hilfe eines Stockes) von Obst und Nüssen, dabei wurde dann auch Gras oder Getreide zertrampelt, was ebenfalls ein Vergehen war. Vor allem arme Frauen und Mädchen wurden aufgeschrieben, weil sie im Feld einen „Schoß voll" oder eine Tracht Futter gemacht hatten, für die Ziege im Stall, die Kuh des kleinen Mannes, die nicht mit dem Hirten gehen durfte; strafverschärfend wirkte dabei die Benutzung eines Werkzeuges (Sichel). Auch das Gehen oder gar Fahren durch geschlossene Wiesen oder die Benutzung eines verbotenen Pfades kamen häufig vor, selbst der Pfarrer von Niedernhausen war dabei ertappt und aufgeschrieben worden, als er am 14.11.1899 am Lichtenberger Pfad über einen gepflügten Acker ging[44], vermutlich hatte er es sehr eilig gehabt.

Denunziationen von seiten Betroffener waren selten. Mit Datum vom 11. 5. 1860 findet sich z.B. im Feldfrevelbuch der Gemeinde Niedernhausen der Eintrag: *Jacob S. dahier hat in seinem Hausgarten, welcher nicht vorschriftsmäßig zugemacht gewesen, auf gemachter Anzeige des Georg. K., einer Gans des letzteren, welche im Garten des ersteren gewesen, mit einem Stein auf der Ortsstraße den einen Flügel lahm geworfen. Schaden 6 fl.*[45], und im Feldfrevelbuch der Gemeinde

Rohrbach findet sich die Notiz: *Griot Peter sein Kind, ein Mädchen von 5 Jahren soll in einem Garten eine Blume abgerupft haben. Auf Angaben und Verlangen der Eigentümerin denunciert, welche Georg P.s Wittfrau ist.* (5.7.1876).

Aufgabe des Feldschützen war es auch, die „*Verordnung, die Sonntagsfeier betreffend*", zu überwachen. Der Gemeindehirte durfte zwar bis eine halbe Stunde vor dem Gottesdienst seine Herde aus- und nicht früher als eine halbe Stunde nach dem öffentlichen Gottesdienst eintreiben; sonstiges Hüten von Vieh aber war – sofern nicht feldpolizeiliche Anordnungen entgegenstanden – erst nach beendigtem Nachmittags-Gottesdienst erlaubt[46]. So notierte der Feldschütz dann auch am 14.8.1842: *Conrad Boßlers Witwe Sohn Lorenz hat am Sonntag auf Eigentum, bevor der Nachmittagsgottesdienst beendet war, in Niedernhäuser Gemarkung am Pflasteracker zwei Kühe geweidet.*

Auch über Mittag durfte von alters her die Feldgemarkung nicht betreten werden. Noch am 8. August 1896 notierte der Rohrbacher Feldschütz, daß *Balthasar Jaymes Frau unbefugt von 11-12 vormittags Futter gemacht hat, welches doch ortsüblicherweise verboten ist.*

Schulkinder, die Obst auflasen, Nüsse prügelten oder im Getreide herumliefen und dabei vom Feldschützen erwischt wurden, mußten zur Strafe ein oder zwei Tage in Arrest verbringen, das geht aus einem Schreiben des Landgerichts in Lichtenberg vom 26. März 1842 an den Bürgermeister von Rohrbach hervor, in dem 6 Kinder namentlich aufgeführt wurden, mit dem Zusatz: *Sie haben diese Strafe nach Rücksprache mit dem Schulvorstand durch Einsperren der Condemnanten an einen passenden Ort verbüßen zu lassen und wie geschehen in 8 Tagen zu berichten*[47].

Schriftverkehr zwischen Kreisrat und Bürgermeister

Der zum Teil noch in Gemeindearchiven vorhandene Schriftverkehr zwischen Kreisrat und Bürgermeistern gewährt Einblick in das harte soziale Gefüge des Dorfes und beleuchtet die Probleme, mit denen Feldschützen, aber auch Kreisrat und Bürgermeister konfrontiert wurden.

Betr.: Angebliche Untätigkeit eines Feldschützen

Am 31. Mai 1870 brachte ein Landwirt aus Ueberau beim Kreisamt in Dieburg vor: *Der Feldschutz wird in Ueberau in einer Weise vernachlässigt, daß ich nicht umhin kann, Großherzogliches Kreisamt darauf aufmerksam zu machen. Der eine Feldschütz, der zugleich Polizeidiener ist, arbeitet schon seit etwa drei Wochen an einem Weg, der hergestellt wird, und kommt deshalb nicht ins Feld. Der andere Feldschütz hat auch schon manchmal an diesem Wege arbeiten helfen. Dies erfahren natürlich die Feldfrevler und nehmen deshalb die Feldfrevel in der Gemarkung Ueberau, namentlich an der Grenze der Gemarkung Groß-Bieberau, in bedeutendem Maße zu. Mir sind jüngst mehrere Wagen voll Klee entwendet worden, was bei einer gehörigen Überwachung der Felder nicht hätte geschehen können. Hiernach halte ich mich zu der geziemendsten Bitte berechtigt, Großherzogliches Kreisamt wolle in der geeigneten Weise dafür sorgen, daß der Feldschutz in der Gemarkung Ueberau besser geübt werde.*

Der Gemeinderat, vom Kreisrat zur Stellungnahme aufgefordert, diskutierte ausführlich die Beschwerde und kam lt. Protokoll zu der Ansicht:

Was den Feldschutz in unserer Gemarkung betrifft, so sind wir seit dem der neu angestellte Feldschütz Wörtge die Gemarkung begeht, sehr zufrieden, welches auch die Zahl der Denunziationen während seiner Wirksamkeit beweisen. Beschwerdeführer bringt vor, daß der eine Feldschütz drei Wochen lang an einem Weg gearbeitet hat, beruht auf Unwahrheit, indem derselbe nur 13 Tage daran gearbeitet hat, welches mit Einwilligung des Ortsvorstandes geschah, weil der Weg im Tagelohn gemacht und der Feldschütz B. als Oberarbeiter und Controlleur höchst nöthig und auch zuverlässig war. Der zweite Feldschütz hatte nur morgens früh und abends einige mal geholfen, bis aber die Leute morgens in das Feld gingen, war er wieder auf seinem Posten. Über den Diebstahl, den Beschwerdeführer angibt, ist uns soviel bekannt, daß vielleicht statt einige Wagen voll Klee entwendet, dieses auf einige Lasten zu reduzieren sei und hätte in diesem Fall nach solcher Angabe dem Bürgermeister die Anzeige gemacht werden müssen, daß man sich hiervon überzeugt und auf die Wahrheit gekommen wäre. Das Feld, wo dieses verübt wurde, ist eine Stunde Wegs vom Ort entfernt und kann nicht immer ein Feldschütz dahin gestellt werden, weil die Gemarkung 2500 Morgen enthält. Der Bürgermeister selbst hat einige Ackerbreite davon Klee auf die Dürre gemacht, und ist eine Stunde später, als die Mäher den Acker verließen, eine Last davon entwendet worden, wie der Feldschütz Wörtge durch Nachforschung von anderen Leuten erfahren, und auf diese Angaben dem Gericht sogleich die Anzeige zur Untersuchung eingeschickt hatte. Es kommen bei dem besten Feldschütz Diebstähle vor, wie dieses auch hier der Fall ist. Schließlich müssen wir noch erinnern, daß Beschwerdeführer selbst die Feldpolizei durch Vertreibung öffentlicher Feldwege, wodurch er sich einen Vortheil und dem Nachbarn Schaden zu zufügen sucht, schuldig macht.

Der Ortsvorstand beantragt hierdurch, daß die Angaben und Mißstände in den bedeuteten Maße wie die Vorstellung sagte, so nicht statt gefunden haben, und mit dem Feldschutz eben ganz zufrieden ist. Großherzogl. Kreisamt wolle aus dem hier vorgebrachten den Beschwerdeführer solange die Frevel nicht genauer bewiesen, abweisen und die Überwachung dem Ortsvorstand anvertrauen. Die Vorstellung folgt anbei zurück.

Soweit das etwas holprige Protokoll der Gemeinderats-Sitzung vom 18. Juni 1870. Es genügte dem Kreisrat, die Beschwerde des Landwirts zurückzuweisen.

Eine andere Beschwerde wurde dagegen sehr viel ausführlicher behandelt – der Bürgermeister von Ueberau rief eine ganze Reihe von Bauern zusammen und fragte sie um ihre Meinung. Dabei gab Georg S. zu Protokoll: *Er habe gegen die Dienstführung des Feldschützen durchaus nichts zu erinnern und daß ihm von gar keinem Frevel in dieser Gemarkung nichts bekannt ist. Dagegen könne er sich erinnern. daß vor etwa 40 Jahren größere Diebstähle von Klee in den Hundertmorgen und sonstige Frevel vorgekommen seien, wogegen jetzt gar nichts zu beklagen ist.* Ein anderer Landwirt erklärte: *Bezüglich der Dienstführung des Feldschützen W. habe ich zu bedeuten, mir sind im vorigen Jahr im vordersten Krähengrund an einem Grundstück, durch das Fuhrwerk der ganze Gewannweg 1 ½ Fuß in das Grundstück getrieben, worüber ich den Rubrikant recommandiert habe, derselbe mir kurzer Hand erwiderte, er könne sich nicht bei mein Grundstück stellen, dieses natürlich halte ich für kein dienstliches Verhalten. Von allgemeinen verübten Frevel in der Gemarkung kann ich gegenwärtig nichts sagen.* Und ein weiterer Bauer erklärte: *Gegen die Dienstführung des Feldschützen W. habe ich besonders nichts zu erinnern. Wenn auch an Crescentien nächst des Orts manchmal geringer Schaden durch Gänse und Hühner geschieht, so ist mir aber doch überhaupt von irgend welchem Frevel in der Gemarkung bis heute nichts bekannt, worüber ich Rubrikant welches zur Last legen könnte.*

Zur Sprache kamen auch Gefälligkeiten, die der Feldschütz manchmal dem einen oder anderen Bauern geleistet habe, weil man fürchtete, daß sein Dienst oder auch die von ihm geforderte Unparteilichkeit darunter leiden könne. So sagte Leonhardt S. aus: *Der Feldschütz W. war mir verfloßenen Spätherbst und Vorfrühling bei einer neu zu machenden Anlage von Obstbäumen insofern behilflich, daß er mir über die technische Anlage einige Anleitung gab, das ganze Geschäft währte vielleicht ungefähr 2 Stunden. Eine Vergütung nahm derselbe hierbei nicht, auch ist zu bemerken, daß beides zu einer Zeit geschah, wo das Feld gar keinen Schaden erleiden konnte.* Und Balthasar D. erklärte: *Ich kann mit meinem Wissen nicht das geringste angeben, welches mir der Feldschütz auch je verrichtet hätte und kann mir nicht denken, woher Beschwerdeführer zu solcher Unwahrheit kommen kann.* Es folgte Philipp K., der sagte, *Feldschütz W. hat mir vor mehreren Jahren einige Wagen voll Mist gebreitet, ich bin jedoch nicht im Stande nachzuweisen, zu welchen Zeiten; und habe demselben dafür auch nicht das geringste belohnt.* Schließlich wurde auch der Feldschütz selbst um eine Erklärung gebeten und gab zu Protokoll: *Am 21. Juli 1878 habe ich den Knecht des Beschwerdeführers Georg B. denunciert, indem er ein Pferd beim Abpflügen eines Grundstücks durch den Weizen gehen ließ, er erhob bei Gr. Landgericht Einspruch, wurde jedoch abgewiesen und erklärte mir beim Weggehen, er werde mir solches entgelten, grüßte mich seit der Zeit nicht mehr und überwachte mit allem Eifer mein dienstliches Verhalten. Letztes Frühjahr erklärte ich ihm, daß er mir eine geringe Quantität Stroh schulde, die ich ihm zu Bindseil geliehen, er gab mir keins wieder, gab jedoch seinem Grolle dadurch Ausdruck, daß er mich bei vorgesetzter kreisamtlichen Behörde ungerechter Weise verklagte.*

Eine andere, beim Kreisrat in Dieburg im Juli 1897 vorgebrachte Beschwerde eines Landwirts über die Untätigkeit der Feldschützen betraf die Überfahrtsrechte; sie hätten trotz seiner Aufforderung nicht die Philipp K. Witwe angezeigt, als sie, wie er meinte unzulässig, zweimal mit Puhl (Jauche) über seinen Acker gefahren sei. Der Kreisrat schaltete daraufhin die Feldgeschworenen der Gemeinde ein, die berichteten: *Es ist hier wie in anderen Orten üblich, daß das Land flürlich gehalten wird, 2 Jahre mit Saatflur und das 3. Jahr Brachflur. Während des dritten Jahres Brachflur ist jeder seither verbunden gewesen, den, der den Weg in seinem Interesse mit Fuhrwerk benutzt, ungehindert passieren zu lassen; dies hebt sich aber während der Zeit der Saatflur von selbst auf.* Die Beschwerde wurde vom Kreisrat zurückgewiesen mit der Begründung, *weil damals die ganze Gemeinde noch nicht eingesät war und observanzmäßig von dem Hinterlieger über die vorderen Äcker gefahren werden darf, solang dies nicht der Fall ist.* Diese Regeln entsprachen der althergebrachten Dreifelderwirtschaft, die zu dieser Zeit in Ueberau also noch in Kraft waren.

Betr. Angebliche Parteilichkeit eines Feldschützen

Am 23. Juli 1902 erschien Philipp M. aus Ueberau bei Kreisrat Lochmann in Dieburg und erklärte: *Mit dem Feldschützen Friedrich B. lebe ich nicht ganz einig, da meine Frau ihn einmal beleidigt hat, wofür sie 30 Mark Geldstrafe bezahlen mußte. Seit dieser Zeit verfolgt mich der Feldschütz B. und wirft mir widerrechtliche Handlungen vor, die ich nicht begangen habe. So hat er am letzten Sonntag meiner Frau vorgeworfen, mein Sohn Ludwig sei im Weizen gewesen, was gar nicht wahr ist. Mein Sohn war allerdings in den Kirschen mit anderen Buben, Weizen hat er gar nicht betreten. Die anderen Buben hat der Feldschütz nicht gesehen, sondern nur meinen Sohn. Neulich hat er im Dorf erzählt, meine Frau habe im Garten des Friedrich Karl Seybold Salat entwendet, während dieses unwahr ist. Meine Frau hat nämlich den Salat im Garten der Ehefrau Friedrich geholt und behaupte ich, daß diese Behauptung wider besseres Wissen getan ist, da die beiden Gärten nicht neben einander liegen. Über den Steg des Weißbindermeisters Peter Bernius gehen stets Leute, ob zu Recht oder Unrecht, weiß ich nicht. Auf jeden Fall hat der Feldschütz noch niemand wegen Betretens des Steges angezeigt, nur meine Frau, und mußte diese 1 Mark 35 Pfg. Strafe zahlen. Als meine Frau damals den Steg passierte, ging über denselben auch das Gemeinderatsmitglied Adolf von der Schmitt und der Gemeindeeinnehmer mit seinen Taglöhnern und Mägden. Diese hat der Feldschütz natürlich nicht gesehen und angezeigt.*

Es ist doch nicht möglich, daß der Feldschütz mit zweierlei Maß mißt und bitte ich zu veranlassen, daß der Feldschütz zurecht gewiesen wird.

Wie üblich, wurde daraufhin Bürgermeister Knell von Ueberau zur Stellungnahme aufgefordert; er antwortete am 28. Juli 1902: *M. gibt schon Eingangs seiner Beschwerde zu erkennen, daß er mit dem Feldschützen B. nicht ganz einig sei, ob B. oder M. die Provokation dieser Uneinigkeit hervorgerufen, darüber hat er wohlweißlich geschwiegen. Wenn M. oder eines seiner Familienmitglieder von dem Feldschützen B. wegen Feldfrevel denunziert oder wegen Begehens eines Feldfrevels zurecht gewiesen wird, so glaubt sich M. dadurch beleidigt, und zwar deßhalb weil er nicht einig mit dem Feldschützen ist. M. arbeitet als Gasarbeiter bei der Kgl. Preuß. und Großh. Hess. Eisenbahn, und zwar 8 Tage am Tage und 8 des Nachts. Wenn M. bei Tage zu Hause ist, dann besucht er regelmäßig mehrere Wirtschaften, und bei dem Genuß des Branntweins schimpft er häufig über den Ortsvorstand, die Feldschützen, den Pfarrer und Schullehrer. So hat er neulich in einer Wirtschaft erzählt, daß im letzten Jahr 600 Mark Strafe für auf der Weide angetroffene Gänse aus dem Ort gegangen seien, und das sei himmelschreiend. Wir ließen ihn daraufhin auf unser Bureau kommen, wo wir ihm über diese Äußerung Vorhalt machten, wie er nur so etwas sagen könne, worauf er erwiderte, er habe es gehört. Auf unsere Belehrung, daß solches nur von Großh. Amtsanwaltschaft, von Großh. Amtsgericht oder von der Grh. Amtskasse festgestellt werden könne und seine Erzählung eine ganz infame Lüge sei, die wir nicht ohne angezeigt vorüber gehen lassen könnten, bat er weinend um Schonung. Um nicht langweilig zu werden, möchten wir noch hinzufügen, eines Mannes Rede ist keines Mannes Rede, man muß sie hören alle Beede. Wir bitten deshalb, den Feldschützen B. selbst darüber zu hören und ihm die Zurechtweisung, wenn er solche verdient, zu erteilen*[48].

Gehaltserhöhung für Feldschützen und Polizeidiener

Ende 1860er Jahre bemängelte eine vom Kreisrat in Dieburg eingesetzte Kommission den zu niedrigen Lohn für Feldschützen und Polizeidiener in Rohrbach und Wembach-Hahn, die Gehälter der Gemeindebediensteten ständen zu den an dieselben zu stellenden Anforderungen in keinem richtigen Verhältnis. *In Erwägung, daß diese Bediensteten, um ihrer Pflicht einigermaßen genügen zu können, wenigstens so gestellt sein müssen, daß sie nicht gezwungen sind, zu unerlaubten Vortheilen ihre Zuflucht zu nehmen; in Erwägung, daß bei entsprechender Bezahlung die Besetzung der Stellen durch hierzu geeignete Persönlichkeiten möglich ist, während anderenfalls nur unzuverläßliche Subjekte gewonnen werden können, wodurch der Polizeidienst und Feldschutz zum Nachtheil der Gemeinde vernachlässigt wird; in Erwägung endlich, daß die betreffenden Gemeinden sehr wohl in der Lage sind, Gehaltsaufbesserungen unbeschadet ihrer sonstigen Verpflichtungen und ohne besondere Bedrückung der Steuerpflichtigen eintreten zu lassen, wird der Gemeinde Wembach-Hahn befohlen mit Wirkung vom 1. 1. 1871 a) den Gehalt des Polizeidieners von Vierzig Gulden auf Sechzig Gulden, b) den Gehalt des Feldschützen von Sechzig Gulden auf Einhundert Gulden zu erhöhen.*

Der Gemeinderat von Wembach-Hahn vertrat dagegen eine andere Auffassung. Er protestierte beim Großherzoglichen Justiz-Hof in Darmstadt: *Die Gemeinde Wembach mit Hahn besitzt kein Gemeindevermögen und hat eine jährliche Umlage von 900 bis eintausend Gulden, welche alles durch Steueraufkommen gedeckt werden muß. Die Gemeinde besitzt kein eigenes Schulhaus, zu welchem wahrscheinlich in der Kürze zur Erbauung geschritten werden muß und dafür die Kosten durch Kapital Aufnahme gedeckt werden müssen. Wir glauben deshalb sagen zu dürfen, daß wir zu den ärmsten Gemeinden im Lande gehören. Was hat ein Polizeidiener in einer Gemeinde von 90 bis 100 Bürger zu versehen, in einer halben Stunde kann derselbe seine Geschäfte jeden Tag verrichten. Was den Feldschützen anlangt, so ist die Gemarkung nur 700 bis 800 Morgen groß, wo derselbe in einer viertel Stunde die ganze Grenze begehen kann, wo ein Feldschütz in größeren Gemeinden auch nur einhundert Gulden Gehalt bekommt, welcher eine Grenze von zwei bis dreitausend Morgen zu begehen hat. Und außerdem, Polizeidiener und Feldschütz haben gegen die bisherigen Bezahlungen noch keine Beschwerde geführt und sind damit vollkommen zufrieden. Wir bitten Großherzoglichen Administration Justiz Hof unseren Antrag genehmigen zu wollen, daß unsere Bediensteten bei diesem Gehalt wie bisher belassen werden mögen.* Der Antrag wurde jedoch abgelehnt, Kreisrat Küchler beharrte auf seiner Anordnung: *Eine Gehaltserhöhung von 40 fl. auf 60 fl. für den Polizeidiener und von 60 fl. auf 100 fl. für den Feldschützen erscheint hierbei nicht zu hart, wenn man erwägt, daß hierbei auf den ersteren etwa 10 kr. und auf den Letzteren etwa 15 kr. Taglohn kommen und daß die Gehaltserhöhung für dergleichen Bedienstete das einzige Mittel bildet, bessere und brauchbarere Leute zu erhalten, statt solche Stellen dem niedrigen Proletariat des Ortes anvertrauen zu müssen*[49]. Im gleichen Jahr erging auch an die Gemeinde Lichtenberg die Anordnung, sie habe ihrem Feldschützen, der zugleich das Amt des Polizeidieners ausübte, anstelle von 30 Gulden im Jahr 60 Gulden zu zahlen[50].

Das Feld- und Forststrafgesetz von 1904

Durch das am 13.7.1904 verkündete Feldstrafgesetz für Hessen[51] wurde das bis dahin gültige Gesetz von 1841 modernisiert. Während im alten Gesetz das Strafmaß vielfach unbestimmt blieb, wurde nun allen Tatbeständen des Feldfrevels ein fester Strafrahmen zugeordnet. Nicht mehr zeitgemäße Bestimmungen fielen fort, wie z.B. die Haftung der Gemeinde für ihre Hirten oder die Androhung von Gefängnis bei Wasser und Brot. Am Verfahren selbst änderte sich aber nichts Grundlegendes; die Gemeinden mußten nach wie vor Rügeregister führen, die Rügen wurden dann von den Amtsgerichten verhandelt und entschieden.

Am 20. 10. 1904 folgte eine „Anleitung für die Ortspolizeibehörden zur Ausführung der den Feld- und Forstschutz betreffenden Gesetzgebung“, die – mit diversen Beilagen – bis ins letzte Detail alles regelte, was mit dem Aufgabenbereich des betreffenden Personenkreises zusammenhing.

Sicherung des Feldschutzes um 1930

Trotz seiner oft schwierigen und manchmal auch gefährlichen Berufsausübung trug der Feldschütz im allgemeinen keine Waffe bei sich. Auf alten Stichen hat er lediglich, wie die Hirten, einen langen Stab in der Hand. In den Notjahren um 1930 nahmen die Feldfrevel im Kreis Dieburg aber derartig zu, daß der gewöhnlich übliche Feldschutz nicht mehr genügte. Aus einigen Gemarkungen wurden sogar Plünderungen von Feldern gemeldet. Das Kreisamt sah sich daher veranlaßt, *die Ortspolizeibehörden darauf aufmerksam zu machen, daß auf Antrag das Feldschutzpersonal mit Schußwaffen versehen werden kann, wenn hierfür ein Bedürfnis besteht. Das Bedürfnis wird für diesen Winter anerkannt werden können*, heißt es in einem Schreiben vom 29.9.1931 an die Ortspolizeibehörden und die Gendarmerie des Kreises. *Ebenso ist die Verstärkung des Feldschutzes durch Ehrenfeldschützen wünschenswert. Wir stellen Ihnen anheim, bei uns entsprechenden Antrag auf Erteilung von Waffenscheinen für das Feldschutzpersonal zu stellen. Wir behalten uns natürlich in jedem Falle die Entschließung vor. Bei den Anträgen ist in jedem Falle über die Persönlichkeit der betreffenden Feldschützen näher zu berichten, insbesondere ob sie den Anforderungen über den Gebrauch von Schußwaffen entsprechen. Unbedingte Zuverlässigkeit ist natürlich die Voraussetzung für die Bewilligung*[52].

In der kleinen Gemeinde Lichtenberg griff man dagegen zu einer anderen, an das Tragen der „Schandgeige“ erinnernde Maßnahme. Wie aus dem Protokoll über die Gemeinderatssitzung am 26. Juli 1933 hervorgeht, wurde beschlossen: *Wer sich eines Feldfrevels schuldig macht, muß dieses durch die Ortsschelle bekannt machen und wie folgt sagen: Ich habe dem so wieso auf dem und dem Grundstück dies oder jenes unberechtigt entwendet, ich bin daher ein Dieb und bereue meine Tat.*

In den 50er Jahren des 20. Jahrhunderts wurden die Eintragungen in die Feldrügeregister immer spärlicher. Sie erfolgten nur auf Antrag der Geschädigten. Der Schaden war meist nicht nennenswert groß, doch für den Betroffenen sicher oft ärgerlich. 1950 erstattete ein Landwirt in Niedernhausen Anzeige, weil am *26. Oktober 1950 um 14 Uhr 6 Hähne und 4 Hühner auf seinem mit Roggen bestelltem Acker gescharrt hatten.* Zwei andere Landwirte stellten am 7.6.1953 einen Strafantrag gegen NN. weil dieser mit einem Wagen voll Heu durch ihr Heugras gefahren war, das sie noch nicht gemäht hatten. Dem Landwirt, der sein Heu trokken nach Hause bringen wollte, blieb offensichtlich keine andere Möglichkeit – in Niedernhausen begann man erst 1956 im Rahmen der Flurbereinigung mit der Anbindung aller Parzellen an ein Wegenetz[53]. Ein anderer Landwirt ärgerte sich immer wieder über Kinder, die auf dem Weg zum Schwimmbad durch seine Wiese liefen, auch wenn der angegebene Schaden nur 50 Pfg. betrug. Unbeaufsichtigt herumlaufende Hühner und Gänse waren offensichtlich häufig Anlaß zu Klagen, das geht aus einem Schreiben hervor, das der Dieburger Landrat am 8.10.1951 an die Bürgermeister seines Kreises richtete: *Aus gegebenem Anlaß bringe ich Ihnen die Vorschriften des Hess. Feldstrafgesetzes erneut in Erinnerung und verweise hierzu auf mein Ausschreiben vom 12. 9. 1949. Wesentlich ist vor allem Art. 39 des Feldstrafgesetzes vom 13.7.1904 (Reg.bl. S. 282). Nach dieser Bestimmung wird mit Geldstrafe bis zu 30 Mark oder mit Haft bis zu einer Woche bestraft, wer Gänse, Hühner oder andere Haustiere außerhalb eingefriedigter Grundstücke ohne gehörige Aufsicht herumlaufen läßt, sofern nicht nach den Umständen anzunehmen ist, daß die Gefahr einer Beschädigung fremden Feldes nicht vorliegt. Aufgrund dieser Gesetzesvorschrift haben die Feldschützen die Pflicht, Zuwiderhandelnde zur Anzeige zu bringen. Die Anzeige ist auch dann zu erstatten, wenn die Geschädigten eine Weiterverfolgung der Angelegenheit nicht wünschen*[54]. Karl Schmidt und Georg Stühlinger, die beiden letzten Feldschützen der Stadt Reinheim, mußten mit ihrer Unterschrift bestätigen, daß man ihnen das Schreiben zur Kenntnisnahme vorgelegt hatte.

Mit Inkrafttreten des Hess. Feld- und Forststrafengesetzes vom 30.3 1954[55] wurde das Hessische Feldstrafengesetz vom 13.7.1904 und das Gesetz vom 8.8.1929 zur Regelung der Verfahren in Forst- und Feldrügesachen außer Kraft gesetzt. Damit entfiel für die Gemeinden die Pflicht, Feldrügeregister zu führen. Die üblichen Feldfrevel wurden nun als Ordnungswidrigkeit angesehen, die von der Gemeinde (Ordnungsamt) mit einem Bußgeldbescheid geahndet werden konnten. Nur bei Einspruch wurde die Angelegenheit vom Amtsgericht untersucht und entschieden. Das kam allerdings nur sehr selten vor.

Die letzten Feldschützen

Über 1000 Jahre – vom 8. bis zum 18. Jahrhundert – hatte sich die Art der Landbewirtschaftung kaum gewandelt. Die Dreifelderwirtschaft, deren Anfänge bis in die Zeit Karls des Großen zurückgehen, war auch im 19. Jahrhundert noch in vielen

Gebieten das Hauptwirtschaftssystem. Es bedingte, wie dargelegt wurde, gegenseitige Rücksichtnahme und die Einhaltung von Regeln. Die „Besömmerung" der Brachflur, insbesondere nach der Einführung des Kleeanbaus gegen Ende des 18. Jahrhunderts, war häufig Anlaß zu weiteren Konflikten[56]. Erst im 20. Jahrhundert wurden von den Gemeinden, früher oder später, Flurbereinigungen durchgeführt. Das dabei neu geschaffene Wegesystem erlaubte den Landwirten nun, die Feldarbeit unabhängig von einander zu planen und durchzuführen; damit entfielen die Reibungspunkte, die das alte Wirtschaftssystem mit sich gebracht hatte. In der zweiten Hälfte des 20. Jahrhundert setzte eine Umwälzung in der Landbewirtschaftung ein, die in der gesamten Geschichte einzigartig war. Mit dem Aufkommen der Traktoren in den 50er Jahren verschwanden Pferde, Ochsen und Kühe als Zugkraft von den Äckern, die Felder wurden immer größer, während die Zahl der Landwirte ständig abnahm. Die örtliche Landwirtschaft verlor ihre einstige Bedeutung, die Menschen vor Hunger und Not zu bewahren.

Fragt man heute jüngere Menschen nach der Rolle der Feldschützen innerhalb der Gemeinde, so weiß kaum einer eine Antwort darauf zu geben. Noch aber leben Ältere, die erzählen können von der Furcht, die sie als Buben gespürt haben, tauchte bei ihren Spielen in der Feldgemarkung der „Schütz" auf. Ulrich Colmar[57] berichtet aus den frühen 1940er Jahren, wie der Lichtenberger Feldschütz ihn und seinen Freund einmal vom Kirschbaum herunter holte und unter „Bewachung" seines Hundes mit nach Hause nahm, um sie „aufzuschreiben", was aber nicht viel mehr als eine symbolische Geste war. „Die Angst vor dem Förster hütet den Wald", pflegte man zu sagen; das galt auch für den Feldschutz, allein das Gefühl, eine Aufsichtsperson könnte erscheinen, verhinderte so manchen Frevel. Die wenigen, heute noch tätigen Landwirte bedauern das Fehlen von Feldschützen, besonders solche, die Äcker in unmittelbarer Nähe von Wohngebieten besitzen. Kinder laufen durchs hohe Gras und spielen Verstecken im Getreide und niemand ist da, der sie daran hindert. Ein Mittel, das durchschlagend hilft, so wird berichtet, wäre ein Schild mit der Aufschrift: „Vorsicht – gespritzt", versehen mit einem Totenkopf.

Anmerkungen

Für freundliche Unterstützung meiner Arbeit danke ich Heinz Bormuth, Peter Füßler, Walter Gronwald, Gertrud Großkopf, Georg Krell, Heinz Reitz und Ursula Richter, besonders aber Winfried Wackerfuß für zahlreiche, wertvolle Hinweise und Literaturangaben.

1. **Werner Rösener:** Bauern im Mittelalter, München 1985, S. 57 ff.
2. **Peter Blickle:** Deutsche Untertanen. Ein Widerspruch, München 1981, S. 24.
3. **Ulrich Kirschnick und Rudolf Kunz:** Die Brandauer Dorfordnung von 1655, AG Brandauer Chronik, o. D., S. 2 (1).
4. Festschrift 1200-Jahrfeier Einhausen 1968, Lorsch 1968, S. 45.
5. Chronik von Fürth im Odenwald, Fürth 1970, S. 239.
6. **Rudolf Kunz:** Dorfordnungen des erbachischen Amtes Seeheim aus dem 16. Jahrhundert, in: Archiv für Hessische Geschichte und Altertumskunde, Bd. 32, 1974, S. 248.
7. Ebda., S. 230.

8. **Günther Franz:** Geschichte des deutschen Bauernstandes vom frühen Mittelalter bis zum 19. Jahrhundert, Stuttgart 1976, S. 59.
9. **Rudolf Kunz** (wie Anm. 6) S. 230.
10. **Hans Ulrich Colmar:** Die Groß-Bieberauer Dorfordnung von 1668 im Vergleich zu anderen Odenwälder Haingerichtsordnungen, in: „Gelurt", Odenwälder Jahrbuch für Kultur und Geschichte 1996, S. 138-140.
11. **Ders.:** Huldigungsformen und Gerichtshegung zu Nieder-Kainsbach im 17. und 18. Jahrhundert, in: „Gelurt", 1998, S. 121-125.
12. **Heinz Bormuth:** Rechtsverhältnisse im erbachischen Amt Schönberg, in: „Gelurt", 1995, S. 79.
13. **Karl Siegfried Bader:** Das mittelalterliche Dorf als Friedens- und Rechtsbereich, Bd. 2, S. 317.
14. wie Anm. 4, S. 42.
15. **Heinz Emsländer:** Dieburger Fauteibuch, Dieburg, 1985, S. 207-208.
16. Zeitschrift für die landwirtschaftlichen Vereine im Großherzogtum Hessen-Darmstadt, Jahrg. 161, S. 152.
17. **Rudolf Kunz:** Die Nordheimer Dorfordnung von 1692, in: Geschichtsblätter f. d. Kreis Bergstraße, Bd. 11, 1978, S. 226.
18. **Rudolf Kunz:** Rechtsordnungen im erbachischen Amt Schönberg, in: Geschichtsblätter für den Kreis Bergstraße, Bd. 10, 1977, S. 114.
19. **Rudolf Kunz** (wie Anm. 17) S. 226 (10).
20. **Rudolf Kunz**.(wie Anm. 6), S. 237 (7).
21. **Rudolf Kunz** (wie Anm. 17), S. 227 (15).
22. ebda., S. 227 (16).
23. **Rudolf Kunz** (wie Anm. 6), S. 243 (11).
24. **ebda.**, S. 237.
25. **ebda.**, S. 247/248.
26. 1100 Jahre Bickenbach uffm Sand – Chronik der Gemeinde Bickenbach 874 -1974, Bickenbach 1973, S. 329.
27. **Hansulrich Schüppel:** Die Gemeyn Ordttnung der Herren von Hirschhorn aus dem Jahre 1558 im Dorfbuch von Rothenberg, Kreisarchiv Odenwaldkreis, Erbach 2002, S. 22-23.
28. **Meinhold Lurz:** Die Freiherren von Venningen, Sinsheim 1997, S. 268.
29. **Volker Feick:** Wenn ich am Hemsberg steh'. Zeller Geschichte 1139-1989, Bensheim 1989, S. 78.
30. **Karl Rupp**, „Rosselkapp und Geigen" – Wie einst in Groß-Zimmern Felddiebstahl geahndet wurde, in: Der Odenwald, 39.Jahrg., März 1992, S. 31-32.
31. **Gertrud Großkopf:** Zuchthausstrafe für Obstdiebstahl, in: Der Otzbergbote, Herbst 1981.
32. Festschrift Einhausen (wie Anm.4) S. 42.
33. **Ulrich Kirschnick und Rudolf Kunz**, (wie Anm. 3), S. 5 (16).
34. Das Alte Lengfeld – Beiträge zur Geschichte des Ortes und seiner Bewohner, Heft 3, Der Feldschütz, März 1999, S. 8.
35. Chronica von Roßdorf, angefangen von Bürgermeister Wagner 1822, S. 24, freundl. Mitteilung von Ursula Richter.
36. Freundl. Mitteilung von Peter Füßler, Groß Umstadt.
37. wie Anm. 32, S. 10.
38. Stadtarchiv (St. A.) Gr. Bieberau, XXI, 9a, 25.
39. Großherzoglich Hessisches Regierungsblatt 1832, Nr. 81 S. 609- 672.
40. Gr. Hess. Regierungsblatt, Nr. 33 vom 22.10.1841, S. 537-555.
41. Das in Hessen geltende Feld- und Forststrafengesetz, Praktisches Handbuch v. H. Reh, Mainz 1906.

42. Gr. Hess. Regierungsblatt, No.9, vom 28.2.1842, S. 117-130.

43. Gr. Hess. Regierungsblatt 1842, No. 8 vom. 23.2.1842, S. 94 - 103.

44. **Hans Ulrich Colmar:** Aus Niedernhausens Vergangenheit, Fischbachtal 1994, S. 49.

45. Ebda., S. 47.

46. Gr. Hess. Regierungsblatt 1841 Nr. 12, vom 10.4.1841, S. 157-159.

47. St. A. Ober-Ramstadt / Wembach, XXI, 9a, 14 / 138.

48. Alle Beispiele StAD, G 15 (Dieburg) T.

49. STAD, G 15 (Dieburg) T 417.

50. **Hans Ulrich Colmar:** Aus der Vergangenheit von Lichtenberg mit Obernhausen und Hütte Kernbach, Fischbachtal 1989, S. 19.

51. Gr. Hess. Regierungsblatt 1904, S. 282 ff.

52. St. A. Reinheim, XXI, 9a, 32/10.

53. G.A. Fischbachtal-Niedernhausen, XXI, 9a, 11/5.

54. St. A. Reinheim, XXI, 9a, 32/16.

55. Gesetz- und Verordnungsblatt für das Land Hessen, 1954, S. 39.

56. **Brigitte Köhler:** Über die Einführung des Kleeanbaus in Hessen-Darmstadt, dargestellt am Beispiel der Waldensergemeinden Rohrbach-Wembach-Hahn, in: Der Odenwald, 21. Jahrg., Heft 2, 1974, S. 59-63.

57. **Ulrich Colmar,** wie Anm. 48, S. 19.

Wolfgang Seidenspinner

BRAUCH UND BILD

Holzäpfeltanz und Bannweidgericht in Dossenheim an der badischen Bergstraße als Praxis und Darstellung

Kirchweihen boten immer eine willkommene Abwechslung im durch Arbeit geprägten Jahreslauf. Aber auch sie wiederholten sich. Da wurde es aufmerksam registriert, wenn einmal etwas anders war. Dies war in Dossenheim 1922 der Fall. Am 16. September dieses Jahres wurde – vermutlich erstmals – ein Schauspiel mit dem Titel „Das Bannweidgericht" aufgeführt. Und noch eine weitere Brauchvorstellung bot der Turnverein „Germania" an den Kirchweihtagen in diesem Jahr: Am 17. September brachte er den historischen „Holzäpfeltanz" zur Aufführung. Dieser war allerdings nicht neu, sondern bereits am 28. Mai 1922 in Mannheim gezeigt worden, wie sich durch eine Fotografie belegen läßt. Ob die Mannheimer Präsentation allerdings die erste Aufführung des Tanzbrauchs war, können wir nicht mehr feststellen. Jedenfalls werden Tanz und Gerichtssitzung bis heute jedes Jahr im Rahmen der „Dossemer Kerwe" aufgeführt.

Holzäpfeltanz und Bannweidgericht – worum handelte es sich bei diesen Bräuchen, oder besser, da es ja keine praktizierten Bräuche mehr waren: Auf welche Bräuche gingen diese Vorführungen zurück, mit denen in den 1920er Jahren eine abgebrochene Tradition wieder aufgenommen wurde? Das heißt aber auch und zunächst: Worauf konnten die Dossenheimer zurückgreifen, als sie die seit mehreren Generationen nicht mehr ausgeübten Bräuche reaktivierten?

Verhältnismäßig leicht dürften gedruckte Quellen verfügbar gewesen sein. Schnelle Informationen konnten daher sicherlich die historischen Bilder bieten, die den Holzäpfeltanz zeigen. An erster Stelle sei die auch im Zentrum meines Beitrags stehende Kupferätzung in Sepiamanier genannt, die der 1776 in Nürnberg geborene Kupferstecher und Miniaturmaler Christian Meichelt[1] nach einer Zeichnung von H. Volmar[2] gefertigt hat. Diese Darstellung wurde von dem badischen Hofhistoriographen Aloys Wilhelm Schreiber in seinem 1820 bis 1827 in der Herder'schen Kunst- und Buchhandlung in Freiburg erschienenen Werk mit dem Titel *Trachten, Volksfeste und Charakteristische Beschäftigungen im Grosherzogthum Baden in XII malerischen Darstellungen und mit historisch-topographischen Notizen begleitet* veröffentlicht[3]. Das Bild wurde von Schreiber durch eine genaue Beschreibung des Festbrauchs ergänzt.

Die Bilddarstellung und Schreibers Text lassen – für die folgende Darstellung ergänzt durch die archivalische Überlieferung[4] – den Ablauf des Dossenheimer Brauchtanzes um 1800 nachvollziehen[5]. Träger des Brauches waren demnach die zwölf Bannweidbuben, Söhne spannfähiger Bauern. Am Vorabend des Tanzes, der am Sonntag nach Mariä Himmelfahrt stattfand, legten sie den Mädchen, die sie sich als Partnerin für den Tanz wünschten, als Zeichen ihrer Einladung einige Holzäpfel vor das Fenster. Die Mädchen holten die Hüte der Burschen und schmückten sie mit bunten Bändern, Kunstblumen und Zitronen. Der Tanz fand am Sonntag Nachmittag nach dem Gottesdienst statt, meist in einem geschlossenen Hofraum in der Nähe des alten Rathauses. So zeigt es wohl auch Meichelts Stich. An einem Tisch in der Mitte des Hofes saßen die Musikanten. Die Zuschauer bildeten einen Kreis um diese und die Tänzer. Auf der umgebenden Mauer stand ein Junge, der eine Fichte in den Händen hielt. An dieser war der Preis befestigt, den die Paare austanzen wollten: ein mit Bändern geschmückter runder Hut für den Sieger und ein Paar Strümpfe für seine Tänzerin. An einen Baum in der Nähe des Jungen hing eine geladene Flinte, an deren Lunte bei Beginn des Tanzes Feuer gelegt wurde. Zuvor hatte ein Mann auf der Tanzfläche, an deren vier Seiten je ein Bauer mit Gewehr als Kampfrichter oder Kreiswärtel Aufstellung bezogen hatte, aus einem Sack Holzäpfel verteilt. Ein Kreiswärtel hielt einen Walnußzweig in der Hand.

Die mit Hirschlederhosen, rot gefütterten Kamisolen, weißen Strümpfen und Dreispitzen bekleideten Tänzer holten ihre außerhalb des Kreises stehenden Mädchen zum Tanz. Bei Beginn des Tanzes erhielt der Bursche, der neben dem Kreiswärtel mit dem Walnußzweig stand, von diesem den Zweig. Er behielt ihn, bis er am nächsten Kreiswärtel vorübertanzte, der den Zweig dem folgenden Tänzer reichte. Unter reger Anteilnahme der ausgelassenen Zuschauer tanzten die Paare über die auf dem Boden verstreuten Holzäpfel. Dabei konnte es geschehen, daß ein Pärchen ausrutschte oder ins Stolpern geriet und hinfiel, worauf manche Zuschauer zur Steigerung des allgemeinen Gaudiums sicherlich spekulierten. Darauf zielte wohl auch Schreiber, wenn er in seiner Schilderung formulierte: „Die gute Sitte wurde nicht immer dabey geschont, und es mochte auch der Holzäpfeltanz bisweilen nicht die ehrbarsten Auftritte herbey führen“[6]. Der Tanz endete in dem Moment, in dem der Schuß fiel. Das Paar, das jetzt den Zweig in Händen hielt, wurde zum Sieger erklärt und erhielt die ausgesetzten Preise. Teilnehmer und Zuschauer gingen nach dem Ende des Tanzes auf den Tanzboden im Wirtshaus, wo das allgemeine Fest begann, das bis spät in die Nacht dauerte. Der Sieger mußte die übrigen (vermutlich nur Tänzer) bewirten.

So wurde der Holzäpfeltanz noch Anfang des 19. Jahrhunderts geübt. Man könnte also vermuten, daß die bildliche Darstellung des Tanzes die historische Realität wiedergibt, das heißt, daß sie etwa bei einer Aufführung des Tanzes entstanden ist bzw. zumindest als Skizze fixiert wurde. Dies kann aber wohl nur mit Einschränkungen gelten. Es liegen nämlich keine Hinweise vor, daß das Bild vor 1820 gezeichnet bzw. gestochen worden wäre, während der Tanzbrauch selbst nach einem 1810 ausgesprochenen Verbot durch Entscheidung des Direktoriums des Neckarkreises 1814 definitiv abgestellt worden war. Zwar kann nicht ausgeschlossen werden, daß die Dorfjugend den Brauch trotz obrigkeitlichen Verbots weiterhin übte, belegbar ist das aber nicht. Andererseits behaupten spätere Autoren, der Brauch sei erst um die Mitte des 19. Jahrhunderts allmählich abgegangen, bzw. sie beschreiben ihn so, als werde er immer noch ausgeübt. Da dies aber nicht zu

Abb. 1: Darstellung des Holzäpfeltanzes, koloriert, von Ch. Meichelt / H. Volmar, aus: Aloys Schreiber, Trachten, Volksfeste und Charakteristische Beschäftigungen im Grosherzogthum Baden in XII malerischen Darstellungen und mit historisch-topographischen Notizen begleitet, Freiburg 1820-27, unveränderter Nachdruck unter dem Titel: Aloys Schreiber, Badisches Volksleben. Das Großherzogtum Baden in 12 malerischen Darstellungen von Meichelt, Nilson, Volmar und Volz. Mit einem Kommentar von Lutz Röhrich, Freiburg-Basel-Wien 1978. Repro: Klaus Claasen

verifizieren ist, kann vermutet werden, daß man die in der Gegenwartsform gehaltene Beschreibung Schreibers nicht kritisch hinterfragte, sondern als Schilderung eines lebendigen Brauches auffaßte.

Auch die bildliche Darstellung des Tanzes selbst wirft Fragen nach dem Realitätsgehalt auf. Sie will zwar den Festbrauch in der Ausübung, gewissermaßen als eine Momentaufnahme vorstellen, kann aber nicht verbergen, daß sie wohl längere Zeit vorbereitet war. Das Bild wirkt seltsam statisch, hat wenig Bewegung, obwohl es doch Bewegung darstellen will. Die starren Mienen der Tänzer und Zuschauer lassen kaum etwas von der bei einem Fest üblichen lustigen Atmosphäre erkennen. Auch daher scheint es wenig wahrscheinlich, daß die Kupferätzung Meichelts auf die tatsächliche Brauchpraxis zurückgeht. Es dürfte sich um eine nachgestellte Situation handeln.

Die Problematik der Bildquelle ist aber grundsätzlicher Art. Sie ergibt sich aus der Absicht, die Schreiber mit der Publikation der zwölf Darstellungen aus dem Volksleben verfolgte. Bei allen Bildern handelte es sich ausdrücklich um „malerische Darstellungen“, die z.B. selbst die Verrichtung alltäglicher Arbeiten in Festtagskleidung zeigen. Das heißt, die Bilder wurden aus zwei gegensätzlichen

Elementen komponiert. Sie sollten, wie Schreiber erläuternd mitteilt, in ihrer Anziehungskraft „merkwürdige" Volkstrachten mit bedeutsamen Handlungen verbinden, die den Betrachter in das Leben und Treiben der Menschen hineinstellen. Zwei Darstellungskomplexe, Kleidung, Bräuche und Volksfeste, also Folklore auf der einen sowie lokal oder regional spezifische Beschäftigungen bzw. Arbeit auf der anderen Seite, wurden in einer Darstellung zusammengefaßt, oder mit anderen Worten: Der malerische Reiz wurde mit dem historisch-topographischen und ökonomischen Interesse in einem Bild verbunden. Das gewünschte Ergebnis könnte durchaus eine ethnographische Aufnahme gewesen sein. Dabei dürfte die Darstellung der zwei Bildelemente als jeweils so wirklichkeitsnah einzustufen sein, daß Schreiber sich mit Fug und Recht für die Treue der Bilder verbürgen konnte; ihr Detailrealismus ist jedenfalls evident. Es war aber die gemeinsame Darstellung in einem Bild, aus der eine Verfälschung resultierte. Diese dürfte jedoch bei einer Brauch- oder Festdarstellung wie dem Holzäpfeltanz weniger gravierend sein, als bei Arbeitsdarstellungen wie den Goldwäschern am Rhein, der Hanfbereitung bei Lahr oder der Weinlese zu Müllheim, die kaum etwas von der Mühsal der Arbeit erahnen lassen, sondern die Tätigkeiten aus dem niederen Alltag, aus der Realität herauslösen. Aber auch beim Holzäpfeltanz sollte der Künstler eine „malerische" Darstellung bieten, für die er sicherlich seine künstlerische Freiheit zu nutzen verstand.

Wie steht es aber mit Schreibers Brauchschilderung, wie hoch ist ihr Realitätsgehalt? Ein Blick in die Biographie[7] des Dichters, der sich zu vielen Themen äußerte und als Reiseschriftsteller und Herausgeber eines Almanachs für Frauen sowie von Zeitschriften und Sagensammlungen bekannt war, läßt Rückschlüsse zu. Der 1761 oder 1763 in Bühl geborene Schreiber[8] studierte ab 1781 zunächst Theologie in Freiburg. 1784 wurde er Lehrer am Gymnasium in Baden-Baden. 1788 zog er nach Mainz und bei seiner Verheiratung 1793/94 nach Baden-Baden. Während des Rastatter Friedenskongresses nahm er dort Wohnung, 1799 nahm er sein Lehramt in Baden-Baden wieder auf. 1804 als Professor für Ästhetik an die Universität Heidelberg berufen, kam er in Kontakt mit den Romantikern, mit Achim von Arnim, Clemens Brentano und Joseph Görres, wandte sich von diesen aber ab und stärker Heinrich Voß zu. In den Arbeiten dieser Jahre, vor allem in seiner literarisch-volkskundlichen Wochenschrift, zeigt sich sein Interesse an Materien, die heute als volkskundlich klassifiziert werden. Jetzt erschien auch eine erste Beschreibung des Dossenheimer Holzäpfeltanzes aus Schreibers Feder, und zwar in einer 1811 publizierten Beschreibung Heidelbergs und seiner Umgebung[9]. 1813 erhielt er das mit dem Hofratstitel verbundene Amt des Hofhistoriographen und nahm in Karlsruhe Wohnung. Ab 1820 erschienen die malerischen Darstellungen. 1824 in den Ruhestand versetzt, siedelte er wieder nach Baden-Baden über, wo er 1841 verstarb.

So ist davon auszugehen, daß Schreiber in seiner Heidelberger Zeit den Holzäpfeltanz im nahen Dossenheim kennengelernt hat. Denn nicht nur Romantiker nahmen gern an ländlichen Festen in der Umgebung teil, und gerade der Dossenheimer Tanz war ein allseits beliebtes Ereignis. Schreibers Beschreibung dürfte also auf eigener Anschauung beruhen, wofür auch die Detailunterschiede zwischen

Abb. 2: Darstellung des Holzäpfeltanzes, Holzschnitt, von A. Jarosch, aus: Adam Ignaz Valentin Heunisch, Beschreibung des Grossherzogthums Baden, Stuttgart 1836, S. 64. Repro: Klaus Claasen

seiner Schilderung und der Bilddarstellung sprechen dürften. Schreibers Text war näher an der Realität. Er wußte auch von der seinerzeitigen Kritik an dem Brauch, wie entsprechende Bemerkungen belegen. Daß seine jüngere Beschreibung den Brauch so vorstellt, als würde er gegenwärtig immer noch regelmäßig geübt (im Gegensatz zur durchaus richtigen Angabe von 1811, der Tanz sei „erst kürzlich abgebracht"), kann im Hin und Her der Verbotsbestrebungen sowie darin seine Ursache haben, daß ihm durch die Übersiedlung nach Karlsruhe 1813 das im folgenden Jahr ausgesprochene endgültige Verbot entgangen ist. Genau genommen trifft damit zwar auch für Schreibers Brauchschilderung zu, was für Meichelts Bild vom Holzäpfeltanz gelten muß, daß sie nämlich letztlich nicht der historischen Realität zur Zeit der Publikation des Werkes entspricht. Trotzdem stand sie der historischen Wirklichkeit deutlich näher.

Die Kritik an Meichelts Stich gilt ähnlich auch für die anderen bekannten Bilddarstellungen des Holzäpfeltanzes. Sie waren teilweise von Meichelt abhängig, alle waren sie aber jünger und damit noch weiter von der tatsächlichen Brauchpraxis entfernt. Die Zeichnung Meichelts als Holzstich und in kleinerem Maßstab, signiert A. Jarosch sc., ist publiziert in der 1836 erschienenen *Beschreibung des Grossherzogthums Baden* von Adam Ignaz Valentin Heunisch[10]. Auch die zugehörige Beschreibung ist mit Kürzungen wörtlich von Schreiber übernommen. Dieser erscheint in einer späteren Auflage des Werkes, nun unter dem Titel *Baden geographisch und malerisch beschrieben*, 1838 wieder als Mitautor bzw.

-herausgeber neben Heunisch[11]. Eine einfachere Variante dieses Stiches fand auch in den Niederlanden in einer 1843 erschienen Beschreibung Deutschlands Verbreitung[12]. Auch Schreibers Text wurde dort übersetzt. Ebenfalls von Meichelts Kupferätzung abhängig ist ein erst 1951/55 entstandenes Ölgemälde vermutlich von A. Heckmann. Eine sich stark unterscheidende Variante dieser Darstellungen ist im Dossenheimer Heimatbuch von 1984 abgebildet[13]; es handelt sich um eine Originalzeichnung von Charles Lallemand, die in einer illustrierten Zeitschrift 1861 veröffentlicht worden war[14]. Auch hier gibt die Beschreibung die von Schreiber bereits bekannten Informationen. Eine andere Darstellung des Tanzes findet sich als nicht signierter Holzschnitt in Otto Freiherr von Reinsberg-Düringsfelds Publikation über Festbräuche[15]. Und erst kürzlich wurde eine um 1830 gefertigte Gouache auf Papier bekannt, die ebenfalls den Holzäpfeltanz zeigt. Christian Burkhart, dem wir die Entdeckung verdanken, stellt über den unbekannten Künstler und seine Gestaltungsprinzipien zu Recht fest: „Sein Bild hat er nicht nach der Natur gemalt. Vielmehr hat er einzelne Elemente der Landschaft, einzelne charakteristische Gebäude des Ortes herausgegriffen und wie in einer Collage zu einer neuen, idealen Landschaft zusammengefügt"[16].

Damit ergibt sich für diese Bilder nicht nur, aber allein schon auf Grund ihrer Entstehungszeit der gleiche Befund wie für Meichelts Stich: Die Darstellungen können nur bedingt auf die historische Realität bezogen werden, sie geben diese nicht getreu wieder. Ihr historischer Quellenwert ist zumindest fraglich. Sie sind auch problematisch, weil sie in Verbindung mit den Beschreibungen den Eindruck eines lebendigen Brauches erwecken. So wurde das Bild einer pittoresken Volkskultur des 19. Jahrhunderts generiert, das mit der Realität dieser Zeit nicht zur Deckung kommt. Es entstand, was mit Wolfgang Brückner als eine „sekundäre Kultur"[17] bezeichnet werden kann, keine tatsächlich und so ausgeübte Volkskultur, sondern eine Vorstellung, eine Konstruktion, eben ein Bild der Volkskultur.

Ist der Quellenwert der Bilddarstellungen fragwürdig, konnte für Schreibers Beschreibung eine größere Wirklichkeitsnähe festgestellt werden. Aber trifft dies auch für die anderen gedruckten Brauchschilderungen zu? Friedrich Peter Wundt, ein in Heidelberg ausgebildeter Theologe, seit 1790 Pfarrer in Wieblingen und Professor der Landesgeschichte an der Hochschule in Heidelberg[18], veröffentlichte 1794 seine *Beschreibung der pfälzischen Bergstraße*. Darin stellte er auch den Dossenheimer Brauch vor: „Der Holzäpfeltanz, den ich für ein altes Volksspiel halte, fällt jährlich auf den Sonntag nach Mariä Himmelfahrt. Der Gebrauch, dessen Ursprung sich in die ältesten Zeiten verliehret, ziehet viele Fremden nach sich, und der dabei eingeführte Markt wird stark von der Nachbarschaft besuchet. Die jungen Bursche tanzen mit ihren Mädchen auf einem freien Plaze an dem Rathhauße unter einer großen Linde, und ringen dabei durch das Tanzen nach einem dazu ausgesezten Preise. Einige Gemeindsglieder wollen es seit einigen Jahren abgestellt wissen, weil 3 Wochen darauf die Kirchweih einfällt, und für manche Familie der doppelte Kostenaufwand zu groß ist, andre aber eifern enthusiastisch für dessen Beibehaltung. Man könnte vielleicht beyde Parthien dadurch vereinigen, wenn man dieses Volksspiel, das doch immer den Charakter der Nation zu erkennen giebt, und wenn keine Gebräuche dabei eingeführet sind, welche die guten Sitten

Abb. 3: Darstellung des Holzäpfeltanzes, Holzschnitt, unbek. Künstler wohl nach Jarosch oder Meichelt / Volmar, aus: P. H. Witkamp, Beschrijving van Duitschland, Amsterdam. 1843, S. 452. Repro: Bernd Hausner

beleidigen, auch zu den Vergnügungen gehöret, die dem Landvolke bei dem sonst arbeitsvollen Leben wohl zu gönnen sind, auf das Kirchweihfest verlegte"[19].

Soweit Wundts Darstellung des Holzäpfeltanzes, die zunächst nicht kommentiert, sondern mit einer weiteren Schilderung des Dossenheimer Brauches kontrastiert sei, die zwölf Jahre später niedergeschrieben und durch ihre Publikation im Jahre 1920, also kurz vor der Reaktivierung der Dossenheimer Bräuche, auch in der Heidelberger Region bekannt geworden sein könnte. Sie stammt von Wilhelm Budde, einem Theologiestudenten aus Halle, der 1807/08 zwei Semester in Heidelberg studierte. Sein Tagebuch enthält auch einen Brief an seinen Freund Schmölder, dem er schrieb: „Darum kommen Sie lieber zu mir, und wir besuchen gemeinschaftlich das Holzapfelfest in Dossenheim, einem niedlichen Dörfchen eine Stunde von hier in den Gebirgen der Bergstrasse. Die Kirchweihe daselbst soll uns nicht kümmern, denn wir haben sie schon oft genug auf den unzähligen kleinen Dörfern an und zwischen den Bergen gesehen, und das pfälzische Tanzen nach der Trommel lieben wir beide nicht. Nur der uralte Holzapfeltanz soll uns beschäftigen. In einem Kreise stehen die Junggesellen unter den Bauern bereit zum Tanze. Der Tanzboden im Freien ist mit Holzäpfeln belegt, zwischen welchen soll getanzt werden. Es wird ein Zeichen gegeben, und nun werden die schüchternen Bauernmädchen mit Gunst oder Gewalt zum Tanz geholt. Man tanzt zwischen den Äpfeln. Während dem geht unter den Tänzern eine Rute herum, die einer dem andern reicht. Es fällt ein Schuß. Wer die Rute jetzt hat, der hat den vorher ausgesetzten Preis gewonnen. – Dieser uralte Tanz machte mir gestern unendlich viele Freude. Überhaupt habe ich hier oft wunderliche Sitten getroffen. So hat man hier zur Tanzmusik und zu den Tänzen, die hier mehr wie irgendwo getrieben werden, immer eine Trommel, die mit einem Hammer oder einer Rute geschlagen wird"[20].

Die beiden Beschreibungen sind recht unterschiedlich. Sie eröffnen zwei verschiedene, sich allerdings sehr gut ergänzende Perspektiven auf den Holzäpfeltanz. Wundt und Budde nahmen jeweils andere Facetten des Brauches wahr bzw. setzen andere Schwerpunkte. Wundt hatte einen statistisch-rationalen, Budde einen romantischen Blick auf den Holzäpfeltanz. Und mit der Statistik und der Romantik sind die beiden Betrachtungsweisen von Volkskultur namhaft gemacht, die meist als Wurzeln der wissenschaftlichen Volkskunde angesehen werden. Beide Perspektiven haben gemeinsam, daß sie den Holzäpfeltanz als uralt bzw. als ein altes Volksspiel betrachten, mit seinem Ursprung in den ältesten Zeiten. Offenbar wurde diese Feststellung als wichtigste Legitimation des Brauches angesehen. Da verwundert es auch nicht, daß Wundt dem Dossenheimer Brauch noch höhere Weihen verlieh. Er rechnete ihn gewissermaßen zum nationalen Grundbestand oder Substrat des Volkes, meinte er in dem Volksspiel „doch immer den Charakter der Nation zu erkennen". Und mit dem Nationalen ist ein wichtiger Aspekt der Wertschätzung von Volkskultur in der Zeit um 1800 angesprochen.

Daneben beschäftigten den Landeshistoriker und Statistiker Wundt die ökonomischen Aspekte des Brauches, genauer: die Ambivalenz von Kosten und Nutzen. Den Nutzen erkannte er in dem bei dem Fest abgehaltenen Markt, den Kostenfaktor betrachtete er bei den ärmeren Familien, für die der finanzielle Aufwand eines zweiten Volksfests neben der wenig später separat gefeierten Kirchweih zu groß sei. Daher wies er auch auf die von einigen Dossenheimern verfolgten Bestrebungen hin, den Holzäpfeltanz abzuschaffen, plädierte aber dafür, die beiden Feste auf einen Termin zusammenzulegen.

Wundts Perspektive auf den Holzäpfeltanz erweist ihn als einen Vertreter jenes Wissenschaftskomplexes, der mit Bezeichnungen wie ‚Landeskunde', ‚Topographie' und ‚Statistik' begegnet. Mit diesen Termini ist aber kein primär wissenschaftliches Interesse namhaft gemacht; vielmehr steckt dahinter das wirtschaftliche Interesse des spätfeudalen Staates. Der Gedanke war: Man muß über das Volk Bescheid wissen, um das Staatswohl fördern zu können. Werke wie Wundts Topographie der pfälzischen Bergstraße waren damit Grundlagenforschung für die so genannte Polizeiwissenschaft, für die Kameralistik, welche die Förderung der Wirtschaft, nicht zuletzt des landwirtschaftlichen Sektors zum Ziel hatte.

Ganz anders Budde, dessen Begeisterung für den Holzäpfeltanz groß war. Ökonomische Gesichtspunkte kommen in seiner Beschreibung nicht zum Tragen. Er erfreute sich an den äußeren Formen der Brauchveranstaltung. Ihn beschäftigte die musikalische Begleitung. „Wunderliche Sitten" hatten es ihm angetan. So notierte er Volkskulturdetails, die anderen nicht bemerkenswert waren. Sein Interesse an dem, was man nach zeitgenössischer Diktion als malerisch empfand, zeigt ihn der herrschenden Geisteshaltung oder -strömung verhaftet. Er war Romantiker, gehörte dem Kreis um Achim von Arnim und Clemens Brentano an und war besonders eng mit Joseph von Eichendorf befreundet. Seine Perspektive auf den Brauch war die der Heidelberger Romantik. ‚Ländlich, sittlich' war angesagt, und von der Stadt am Neckar aus besuchte man daher gerne Volksfeste in der Umgebung.

Abb. 4: Darstellung des Holzäpfeltanzes, Ölgemälde, von A. Heckmann (?), um 1850 (?), Bürgermeisteramt Dossenheim. *Repro: Klaus Claasen*

Als eine Kombination der zwei Perspektiven, als eine Verbindung der statistisch-landeskundlich-aufklärerischen Richtung mit dem romantischen Blick, können die Schilderungen Schreibers bewertet werden, mit dem übrigens auch Budde verkehrte. Wichtig ist bei Schreibers zweiter Schilderung, daß er den Holzäpfeltanz und das Bannweidrecht nicht nur allgemein in uralten Zeiten festmachen wollte, sondern ganz konkret auch nach dem Hintergrund fragte, den er im Lehnswesen erkannte. Damit historisierte er den Tanz, und das möchte ich jetzt auch tun. Das heißt, nachdem wir bisher bildliche und schriftliche Darstellungen der Zeit um und nach 1800 betrachtet haben, woraus auch eine historisch nicht gerechtfertigte Konzentration auf den Holzäpfeltanz resultierte, der jedoch nur ein Teil des Dossenheimer Brauchkomplexes war, sollen nun Kern und ältere Schichten von Holzäpfeltanz und Bannweidgericht freigelegt werden[21].

Kern des Brauchkomplexes war das Bannweidrecht der Dossenheimer Spannbauern, an das in Dossenheim bis heute die eingangs angesprochene Aufführung der Gerichtssitzung der Bannweidbuben erinnert. Von der Getreideernte bis zum Sonntag nach Mariä Himmelfahrt (15. August) durften die Spannbauern bzw. die Bannweidbuben, die als Hirten fungierten, einen bestimmten Bezirk abgrenzen, der so aus dem normalen Betrieb herausgenommen und der Aufsicht und

Gerichtsbarkeit der Burschen, als „Pollizey-Recht" bezeichnet, unterstellt war. Die Gerichtsbarkeit der Burschen begann, sobald im Bannweiddistrikt drei Morgen Korn geschnitten waren. Dann gingen sie auf die Weide und bestimmten die Grenzen der gebannten Fläche. Zur Markierung benutzten sie Pfähle, an deren oberen Enden aus Stroh geflochtene Kreuze befestigt waren. Diese Strohkreuze waren Zeichen des Rechts der spannfähigen Bauern, den besagten Distrikt mit ihrem Zugvieh zu beweiden; zum anderen galten sie als Symbol für die Gerichtsbarkeit der Bannweidbuben auf der Weide.

Die Burschen hüteten die Weide. Ihre Aufgabe war die Unterbindung unerlaubten Grasens und Ähren Lesens. Samstag Nacht trafen sie sich und hielten ihre Gerichtssitzung an einem Feuer ab. Sie rügten die in der Woche begangenen Frevel. Am Sonntag nach der Kirche sagten sie den Übeltätern die Strafen an, die in der Regel 10 bis 15 Kreuzer betrugen. Bemerkenswert ist, daß die Gerichtsbarkeit der Burschen auch Verbalinjurien umfaßte. Wer einen von ihnen beleidigte, mußte ebenfalls mit einem Strafbefehl rechnen. Die Ehre ihres Gerichts stand der des Ortsgerichts demnach nicht nach.

Die Weidgerechtigkeit endete am Sonntag nach Mariä Himmelfahrt, das heißt am Tag des Holzäpfeltanzes. Nach Ansicht der Dossenheimer war der Tanz ein Zeichen für das Ende des Weiderechts und der Gerichtsbarkeit der Bannweidbuben. Dem Holzäpfeltanz kam somit auch eine rechtliche Bedeutung zu. Von nun an konnte jeder Dossenheimer Einwohner auch wieder den Bannweiddistrikt beweiden.

Bei dem Bannweidrecht als wahrscheinlichem Kern des Brauchkomplexes in der Zeit um 1800 handelte es sich also um ein Vorrecht der Dossenheimer Spannbauern. Wofür aber besaßen sie diese Berechtigung, wieso durften nur sie diesen Distrikt beweiden?

Das Bannweidrecht ging auf die territorial-herrschaftliche Entwicklung des späten Mittelalters zurück. In Dossenheim war zunächst das Kloster Lorsch überragender Grundherr. Wahrscheinlich auf der Grundlage des Lorscher Besitzes entstand im 11. oder 12. Jahrhundert über Dossenheim die Schauenburg. Nach der Burg nannte sich ein seit 1130 urkundlich nachgewiesenes edelfreies Geschlecht. Als die Schauenburger nach 1281 in männlicher Linie ausstarben, kamen Burg und zugehörige Herrschaft an andere Adelsgeschlechter. Die in Heidelberg gesessenen Pfalzgrafen bei Rhein, die schon Mitte des 13. Jahrhunderts versucht hatten, die Herrschaft Schauenburg in die Hand zu bekommen, konnten Burg und Herrschaft 1303 erwerben. Sie mußten sie allerdings als Lehen an den Wormser Patrizier ausgeben, der ihnen das Geld für den Kauf vorgestreckt hatte. Von diesem erwarb 1319 der Mainzer Erzbischof Peter die Burg und die Vogtei über Handschuhsheim und Dossenheim, das Dorf Dossenheim und die Hälfte von Handschuhsheim einschließlich anderer Güter. Er richtete ein Amt Schauenburg ein, zu dem Dossenheim, Handschuhsheim und Neuenheim gehörten. Dieses Amt war künftig zwischen Pfalz und Mainz umstritten. Während das gegenüber Heidelberg auf der anderen Neckarseite gelegene Neuenheim immer mehr unter pfälzischen Einfluß geriet und spätestens 1388 zur Pfalz zählte, waren Dossenheim und Handschuhsheim noch fast ein Jahrhundert lang umkämpft, bis

Abb. 5: Darstellung des Holzäpfeltanzes, Holzschnitt, von Ch. Lallemand, aus: Über Land und Meer. Allgemeine illustrierte Zeitung, Jg. 3, Bd. 6, Heft 47 (1861), S. 736. *Repro: Klaus Claasen*

Friedrich der Siegreiche klare Verhältnisse schuf. 1458 begannen die kriegerischen Auseinandersetzungen. 1460 ging der Heidelberger Amtmann gegen das Amt Schauenburg vor, Handschuhsheim und Dossenheim wurden niedergebrannt, die Schauenburg geschleift. Der Mainzer Kurfürst mußte das Amt dem Pfalzgrafen als Pfand überlassen, Dossenheim kam zur pfälzischen Zent Schriesheim.

Gemeinsam mit anderen zu dieser Zeit und etwas später eroberten Orten erhielt Dossenheim vom Pfalzgrafen eine besondere Verpflichtung auferlegt. Die Frondienstordnung hält fest: „Die undertanen zue Dossenheim seind vermög centfrohnbuchs von alters her die herrschaftlichen früchten an korn und gersten mit denen von Schrießheim und Händtschuchsheim von Weinheim nacher Heydelberg zue führen schuldig, da ihnen dann vor alters einem jeden ein brod und ein becher mit wein geraicht worden"[22]. Diese Fron betraf nur die Spannbauern, nicht die Handfröner. Offenbar gestand der Kurfürst ihnen – ebenso wie den Spannbauern von Schriesheim und Handschuhsheim – als Entschädigung für den Herrendienst neben dem Brot und dem Becher Wein auch ein zusätzliches Weiderecht für ihr Spannvieh zu, das sie bei der Leistung einsetzen mußten. Dieser Vorgang dürfte um oder nicht lange nach 1470 stattgefunden haben. Als Kern des Dossenheimer Brauchkomplexes ist so ein rechtlicher Sachverhalt fest gemacht, der in das ausgehende Mittelalter zurückreicht. Die Entwicklung von diesem Recht zum oben skizzierten Brauchbestand der Zeit um 1800 vollzog sich im Laufe der Zeit durch

Anlagerung weiterer Brauchschichten und -elemente, Umfunktionalisierungen, Bedeutungsverlagerungen und -veränderungen.

Mit dem sich auf dieser Grundlage entwickelnden Bannweidgericht als Rechts- bzw. Rügebrauch verband sich der Holzäpfeltanz, ein Preis- und Geschicklichkeitstanz, der schon vom Termin her den Erntefesten zugerechnet werden kann. So sah man das auch in Dossenheim, denn um 1800 betonten die Bauern, daß man bei diesem Fest den üblichen Erntebraten verzehre. In der frühen Neuzeit erfüllte der Brauchkomplex offenbar eine ganze Reihe verschiedener Funktionen. Als Stichworte seien Initiation bzw. rites de passage, Brautwerbung oder auch Distinktion, das heißt die rituelle und symbolische Demonstration sozialer Exklusivität genannt, denen noch wirtschaftliche, rechtliche und herrschaftliche Aspekte anzufügen wären.

Aber übersehen wir daneben nicht den Fest- und Spielcharakter der Bräuche, ihr *fun*-Potential, wie man neudeutsch formulieren könnte, das auch die Bilddarstellungen trotz ihrer Statik erahnen lassen. Der Heimatforscher Gustav Christ, der um 1880 erste Nachforschungen in Dossenheim anstellte, schreibt: „Am Sonntag, acht Tage vor dem Holzäpfeltanz, zogen die Bannwartsbuben immer springend in dem Dorf herum, einer voran mit einer ‚Rolle', d.h. einem Stock, woran Bänder und Schellen, klopften an den Fenstern und sammelten ihre Gefälle ein"[23]. Das erinnert doch deutlich an Fastnacht oder Karneval.

Der Holzäpfeltanz dürfte also eine ausgelassene Angelegenheit gewesen sein. An diesem Aspekt konnte sich, zumal in einer von der disziplinierenden Aufklärung geprägten Zeit, Kritik entzünden. Die Auseinandersetzung um die Bräuche bzw. ihre Abschaffung zog sich von 1792 bis 1814 hin. Dabei bemühten Befürworter und Gegner verschiedene Argumente.

Zum einen wurde vor dem Hintergrund der Französischen Revolution unterstellt, der Brauch trage den Keim zum Freiheitssinn in sich. So wurden das Bannweidgericht kriminalisiert und die Bräuche als Hochverrat diffamiert.

Zum zweiten wurde der Vorwurf der Unsittlichkeit und Ausschweifungen erhoben. Dabei handelte es sich um Topoi, mit denen Obrigkeiten in der frühen Neuzeit immer wieder disziplinierend gegen die Kultur der Untertanen zu Felde zogen. Die von den landesherrlichen Behörden angestellten Untersuchungen ergaben allerdings keine entsprechenden Hinweise. Die Unterstellung bäuerlicher Lasterhaftigkeit gibt sich damit nicht als tatsächliche Praxis zu erkennen, sondern als Einsatz eines Stereotyps, das wohl der Tradition der literarischen und bildlichen Bauernschelte entstammte und der Diskussion ambivalenter und widersprüchlicher gesellschaftlicher Ordnungsvorstellungen diente.

Das dritte Argumentationsfeld war das der ländlichen Ökonomie, der Kostenaufwand für die ärmeren Bevölkerungsteile. Denn zum Holzäpfelfest gehörte ein Besuchsbrauch, den sich wohl nicht alle Einwohner leisten konnten, gleichwohl nicht darauf verzichten wollten. Sie lebten daher über ihre Verhältnisse. Andererseits sprachen gegen ein Verbot des Tanzes die ökonomischen Nachteile vor allem für Wirte, Metzger, Bäcker und Krämer.

Abb. 6: Darstellung des Holzäpfeltanzes, Holzschnitt, unbek. Künstler, aus: Otto Freiherr von Reinsberg-Düringsfeld, Das festliche Jahr. In Sitten, Gebräuchen, Aberglauben und Festen der Germanischen Völker, Leipzig ^{2}1898, S. 296. *Repro: Klaus Claasen*

Mit der ländlichen Ökonomie kommen wir zum vierten Punkt, dem Gegensatz der ärmsten und der bemittelten Klasse, wie es in der Quelle heißt. Damit ist die dörfliche Sozialproblematik angesprochen, die allem Anschein nach Dreh- und Angelpunkt der Auseinandersetzung war. In Dossenheim gab es im späten 18. Jahrhundert relativ wenige Spannbauern. Diese bzw. ihre Söhne waren Träger des Brauches. Am anderen, das heißt am unteren Ende der Sozialskala standen viele besitzarme und besitzlose Taglöhner, Kleinbauern usw., die ärmste Klasse, die vom Brauch ausgeschlossen war. Zwischen diesen beiden Sozialgruppen fand die Auseinandersetzung um den Tanz statt. Die Armen, vertreten durch die Deputierten, traten für ein Verbot ein, die Reichen, vertreten durch Schultheiß und Gericht, waren gegen das Verbot. In erster Linie ging es um die uneingeschränkte Teilhabe der Taglöhner am gemeinen Nutzen, an der Allmende. Nach der Ernte durften sie über Wochen die abgesteckte Bannweide nicht betreten. Sie konnten keine Ähren lesen, worin ja eine wichtige Nahrungsquelle dieser Schichten zu sehen ist. Und sie durften in der Brache keine Rüben säen, deren Anbau die Regierung zu dieser Zeit ja als besonders fortschrittlich förderte. Die Gegner des Brauches konnten somit handfeste wirtschaftliche Gründe anführen, die gegen die Beibehaltung des Brauches sprachen, und so die übliche aufklärerische Position der Obrigkeit stärken, die in alten Bräuchen sowieso meist nur überflüssige oder gar schädliche Überbleibsel aus alten Zeiten sah, nicht mehr zeitgemäß und daher abzustellen. Fazit: Gegen die Dossenheimer Bräuche konnten mit Maximen der Aufklärung und mit dem Fortschrittsgedanken durchaus gewichtige Argumente ins Feld geführt werden.

Was aber sprach für die Beibehaltung der alten Bräuche? Es war dasselbe, was auch gegen sie sprach: Bräuche waren Relikte, Überbleibsel, allerdings in einem positiven Gewand – sie waren Tradition. Als ‚altes Herkommen' geschätzt, wurde sie von den Verfechtern des Tanzes genutzt. Diese beriefen sich damit auf eine Kategorie, deren Relevanz wir heute leicht unterschätzen mögen. In der Zeit um 1800 war sie aber noch grundlegend, die Tradition war wesentlicher Ordnungsfaktor im Leben. Sie stiftete Kontinuität zwischen den Generationen, zwischen Vergangenheit, Gegenwart und Zukunft. Für die Dossenheimer Bauern, die den Ursprung des Holzäpfeltanzes nach der mündlichen Dorfüberlieferung im 16. Jahrhundert bzw. in noch früheren Zeiten suchten, war er explizit eine die Erinnerung bewahrende, Generationen verbindende und in diesen Funktionen den lokalen Rahmen stärkende bzw. das lokale System stabilisierende Feierlichkeit.

Solange Dossenheim zur Pfalzgrafschaft bei Rhein gehörte, überzeugten die gegen die Bräuche sprechenden Argumente nicht. Holzäpfeltanz und Bannweidgericht wurden von den Behörden nicht verboten. Die Bereinigung der Länderkarte Deutschlands brachte dann aber die Wende. Dossenheim kam mit den rechtsrheinischen Teilen der Kurpfalz 1803 an das zum Kurfürstentum erhobene Baden, das 1806 Großherzogtum wurde. Jetzt konnten sich die Brauchkritiker durchsetzen. Dies war möglich, weil das stark vergrößerte, neue Staatsgebilde zum bürokratischen Anstaltsstaat umgeformt wurde. Lokale Eigen- und Besonderheiten hatten nun schlechte Karten, das Hergebrachte, die Tradition wurde nicht mehr als Wert an sich betrachtet. Den mit Macht vorangetriebenen Bestrebungen zur Vereinheitlichung des Landes und der Untertanen standen lokale Sonderbräuche im Weg, die Teil der alten Wirtschafts- und Sozialordnung waren, deren Fesseln man abstreifen wollte. In diesem Kontext ist das Verbot von Holzäpfeltanz und Bannweidgericht 1814 durch das Direktorium des Neckarkreises zu sehen.

Resümieren wir kurz: Holzäpfeltanz und Bannweidgericht wurden, von den Heidelberger Romantikern eben erst entdeckt und schätzen gelernt, nach langem Streit 1814 abgestellt. Ist dieser Abschaffungsprozeß auch als Umverteilungsversuch in der dörflichen Ökonomie, als Antwort auf die Bevölkerungsentwicklung und ihre Folgen zu werten, so wurde die Auseinandersetzung, solange Dossenheim zur Kurpfalz gehörte, mit Argumentationsmustern der frühneuzeitlichen Sozialdisziplinierung geführt, verstärkt durch die aufklärerische Sicht auf das abergläubische und rückständige Landvolk. Besonders wirtschaftliche Überlegungen, darunter die Erholungsfunktion von Festen für den schwer arbeitenden Landmann, ließen sie zunächst bestehen. Der Übergang an Baden brachte ohne weitere Diskussionen das Ende. Vereinheitlichungstendenzen in dem neuen Staatsgebilde sprachen gegen lokale Partikularismen und Anachronismen. Man gestand ihnen keine positive Funktion mehr zu und sah sie der Etablierung eines regionalen badischen Staatsbewußtseins in den neuen Staatsgebieten abträglich. Die lokale Folklore sollte ausgeschaltet werden, um eine neue regionale Staats- bzw. Landesidentität möglich zu machen[24].

Abb. 7: Darstellung des Holzäpfeltanzes, Gouache, unbek. Künstler (Monogramm M. B.), um 1830. Privatsammlung.

Repro: Klaus Claasen

Die Bemühungen um die Generierung badischen Landesbewußtseins sollten aber erst später im 19. Jahrhundert Erfolg zeitigen. Dann sah man z.B. in staatlicherseits initiierten Trachtenfesten probate Mittel, ein badisches Staats- und Landesbewußtsein, eine neue badische Identität in einem Staatsgebilde zu fördern, das seit 1803 um das vierfache der ursprünglichen Fläche gewachsen war[25]. In diesen Zusammenhang gehören auch die Holzäpfeltanzbilder. Die Herausgabe der malerischen Darstellungen durch den Hofhistoriographen Schreiber kann wohl als ein früher Versuch zur Schaffung badischen Landesbewußtseins interpretiert werden. Die Zeit für die damit verbundene neue Wertschätzung des Provinziellen und Lokalen war aber offenbar noch nicht reif, vermutlich aus zwei Gründen. Zum einen muß auf die schon angesprochene Formung des neuen badischen Zentralstaats selbst verwiesen werden, der sich radikal von seiner bisherigen, ja von jeder sozialen Basis entfernte und der sich als Verwaltungs- und Herrschaftsapparat vollständig von der Gesellschaft trennte[26]. Zum anderen ist festzuhalten, daß um 1820 identitätsbildende Maßnahmen primär noch in eine andere Richtung gezielt haben dürften: Sie verfolgten die im frühen 19. Jahrhundert neu gefaßte Nationalidee, die nicht zuletzt im Konnex der Freiheitskriege und des Kampfes gegen die napoleonische Fremdherrschaft eine einige deutsche Nation konstituieren sollte. Erst im weiteren Verlauf des 19. Jahrhunderts, als im Biedermeier das Provinzielle und Regionale wieder gesellschaftliches Gewicht erlangte, dürfte eine Publikation wie die von Schreiber eine stärkere identitätsbildende Wirkung gehabt haben. Dies zeigt sich auch darin, daß die Stiche und Texte ab Mitte der 1830er Jahre in andere Publikationen übernommen wurden (siehe oben), die der Darstellung des Landes Baden, von Land und Leuten dienten und das Landesbewußtsein fördern sollten.

Das für das Verbot der Dossenheimer Bräuche möglicherweise den Ausschlag gebende Verhältnis von Lokalfolklore und Staatsidentität, das im Kontext der badischen Staatsformierung ja offenbar als Mißverhältnis betrachtet wurde, war jedoch unter anderen Voraussetzungen und mit neuen Zielen wieder neu definierbar bzw. umkehrbar. Dies erwies sich, und damit komme ich an den Ausgangspunkt meines Beitrags zurück, als Holzäpfeltanz und Bannweidgericht im frühen 20. Jahrhundert von Heimatforschern wieder entdeckt wurden. Zwar hatte man den Bräuchen bereits in den 1870er Jahren nachgespürt, aber erst jetzt schenkte man ihnen im Zusammenhang von Heimat-, Trachten- und Vereinsbewegung größere Aufmerksamkeit. In Dossenheim war es der junge Lehrer Peter Reinhard, der ihre Erforschung und Wiedereinführung im Rahmen der Kirchweih spätestens 1922 betrieb.

Der Versuch einer funktionalen Einordnung der Reaktivierung der Folklore läßt diese als eine kulturelle Antwort auf Probleme, Schieflagen und Desorientiertheit erkennen, die auf die grundlegenden Umstrukturierungsprozesse der in ihren negativen Auswirkungen kaum zu steuernden Modernisierung in der zweiten Hälfte des 19. Jahrhunderts zurückgingen. Sie kann als eine kulturelle, ästhetische und historisierende Kompensation von Verlust- und Defiziterfahrungen interpretiert werden, mit gesellschaftlich stabilisierender und aufbauender Wirkung. Konkret heißt das: In Dossenheim hatte vor allem der Steinbruchbetrieb den Wandel von einem Bauerndorf zu einer Gemeinde mit hohem Arbeiteranteil und stark fluktuierender Bevölkerung vorangetrieben. Diese neue dörfliche Gesellschaft war stark von den für die Steinbruchindustrie bekannten Folgeerscheinungen Tuberkulose, Kinderarbeit und Alkoholismus betroffen. Nicht zuletzt darauf scheint die Reaktivierung von Holzäpfeltanz und Bannweidgericht gezielt zu haben, die ja traditionelle Werte bejahten und vermittelten. Der Rückgriff auf eine historische lokale Folklore dürfte sich damit in die Praxis einer Geschichtskultur einordnen, die der Erarbeitung neuer Bindungen und Wertvorstellungen unter sich rasch wandelnden Voraussetzungen diente. Er half bei der Erstellung eines neuen Bezugsnetzes, bei der Etablierung und Strukturierung neuer Formen von Volksleben im lokalen Rahmen.

Dieser therapeutische Akt darf nicht als rückwärtsgewandte Verklärung betrachtet werden, er war gegenwartsadäquat und zukunftsweisend. Dies belegen die historischen Erläuterungen des jungen Lehrers Peter Reinhard über die Problemlagen im Dorf, mit denen er in die Vorstellung von Holzäpfeltanz und Bannweidgericht 1922 einführte. Verschuldung, Arbeitslosigkeit, Hunger, Wohnungsnot und Auswanderung sprach er an. Auch seine anderen historischen Heimatspiele, von denen *Das Bannweidgericht*, das heißt der bis heute gültige Text für die Aufführungen, nur eines war, lassen die aus der Erfahrung der Gegenwart gewonnene Sensibilität für die sozialgeschichtliche Dimension der genutzten Folklore erkennen. Diese Dimension stellte sich in der Folge als so wichtig heraus, daß die reaktivierten Bräuche bis heute selbstverständlicher Teil des Dossenheimer Jahreslaufs bzw. der „Dossemer Kerwe" sind.

Mit den Bräuchen, wie sie seit dem ausgehenden Mittelalter entstanden waren und während der frühen Neuzeit ausgeübt wurden, hat die reaktivierte Dossenheimer Folklore der Gegenwart allerdings letztlich nichts mehr zu tun. Es handelt sich um Traditionskultur, um mit Peter Assion zu sprechen[27]. Die soziale und ökonomische Basis ist ebenso eine andere wie ihre kulturelle Bedeutung und die funktionale Einbindung in die Lebenszusammenhänge. Auch die äußeren Formen, die auf einen ersten Blick als im wesentlichen gleich geblieben anmuten, müssen mit einem Fragezeichen versehen werden. Denn sie orientierten sich nicht zuletzt an den überlieferten Bilddarstellungen, und für diese konnte ja nur ein eingeschränkter historischer Quellenwert festgestellt werden. Aber das ändert nichts an der gegebenen Bedeutung dieser Folklore für das Volksleben auch der Gegenwart, die primär darin zu sehen ist, daß sie Gemeinschaft, Sinn und Identität stiftet bzw. festigt, daß sie – um eine lange nur mit Vorbehalten gebrauchte Vokabel zu verwenden – Heimat schafft.

Anmerkungen

1. Zu ihm zuletzt **Hans Joachim Bodenbach**, Christian Meichelt. Kupferstecher und Maler in Basel, Lehrer in Lörrach – tätig auch für den Koblenzer Verlag Karl Bädeker (Baedeker), in: Badische Heimat 80 (2000), S. 700-713.
2. **Gustav Christ**, Alte Bräuche in hiesiger Gegend. Der Holzäpfeltanz in Dossenheim und ähnliche Volkstänze, in: Mannheimer Geschichtsblätter 18 (1917), Sp. 64-69, hier Sp. 66.
3. Unveränderter Nachdruck unter dem Titel: **Aloys Schreiber**, Badisches Volksleben. Das Großherzogtum Baden in 12 malerischen Darstellungen von Meichelt, Nilson, Volmar und Volz. Mit einem Kommentar von Lutz Röhrich, Freiburg-Basel-Wien 1978.
4. Generallandesarchiv Karlsruhe (GLA) 229/19977.

5. Vgl. **Wolfgang Seidenspinner**, Gesellschaft und Volksbrauch. Zum Verhältnis von Tradition und Modernisierung an einem Kurpfälzer Beispiel um 1800 (= Veröffentlichungen zur Volkskunde und Kulturgeschichte 32), Würzburg 1989, bes. S. 32ff.
6. **Schreiber** (wie Anm. 3), ohne Seitenangabe.
7. Vgl. **Reiner Haehling von Lanzenauer**, Aloys Schreiber, der reiselustige Chronist, in: Geschichte der Stadt Bühl, Bd. 2, Bühl 1999, S. 495-498 und 575; Deutsches Literatur-Lexikon. Biographisch-bibliographisches Handbuch, Bd. 16, Bern 31996, Sp. 266–269; **Markus Leukam**, Aloys Schreiber. Die Frau im Almanach, in: Bühler Heimatgeschichte 10 (1996), S. 72-82; **Martin Jösel**, Zwischen Indienreise und Französischer Revolution: „Szenen aus Faust's Leben" von Aloys Schreiber, in: ebd. 9 (1995), S. 40-51; **Reiner Haehling von Lanzenauer**, Aloys Schreiber, ein Chronist aus Brühl, in: ebd. 6 (1992), S. 67-71; **Walther Killy** (Hg.), Literaturlexikon. Autoren und Werke deutscher Sprache, Bd. 10, Gütersloh 1991, S. 394–395; **Helmut Bender**, Zur badischen Literatur, Weil am Rhein 1989, S. 100ff.; **Friedrich von Weech**, Alois Wilhelm Schreiber, in: ders. (Hg.), Badische Biographien. Zweite Ausgabe. Zweiter Theil, Karlsruhe 1881, S. 279-280.
8. Die Angaben bezüglich Geburtsjahr und -ort differieren auffällig.
9. **Aloys Schreiber**, Heidelberg und seine Umgebungen, historisch und topographisch beschrieben, Heidelberg 1811, S. 237.
10. **Adam Ignaz Valentin Heunisch**, Beschreibung des Grossherzogthums Baden (= Der Erdball und seine Völker), Stuttgart 1836, S. 64; von dem Werk gibt es einen unveränderten Nachdruck, Freiburg 1978, sowie einen von **Helmut Bender** herausgegebenen Neudruck der Holzstiche und Texte in zwei Bänden, Konstanz 1978.
11. **Adam Ignaz Valentin Heunisch** und **Alois Schreiber**, Baden geographisch und malerisch beschrieben, Stuttgart 21838, S. 64.
12. **P. H. Witkamp**, Beschrijving van Duitschland, Amsterdam 1843, S. 452.
13. Dossenheim. Eine traditionsreiche Bergstraßengemeinde im Wandel ihrer Geschichte, Dossenheim 1984, S. 183.
14. Über Land und Meer. Allgemeine illustrierte Zeitung, Jg. 3, Bd. 6, Heft 47 (1861), S. 736.
15. **Otto Freiherr von Reinsberg-Düringsfeld**, Das festliche Jahr. In Sitten, Gebräuchen, Aberglauben und Festen der Germanischen Völker, Leipzig 21898, S. 296.
16. **Christian Burkhart**, Dossenheimer „Ausschweifungen" in bunten Farben. Ein bislang unbekanntes Gemälde bei Pfälzer Kunstauktion entdeckt – Lebensnahe und ungeschönte Darstellung – Obrigkeit war vom Treiben „nicht amüsiert", in: Blick in die Region. Wöchentliche Sonderbeilage der Rhein-Neckar-Zeitung Nr. 3 vom 18. 9. 2003, S. 31.
17. **Wolfgang Brückner**, Erzählen und Erzähler. Vermittlung und Pflege volkstümlich-traditionalen Wissens, in: **Wolfgang Lipp** (Hg.), Kulturtypen, Kulturcharaktere. Träger, Mittler und Stifter von Kultur (= Schriften zur Kultursoziologie 7), Berlin 1987, S. 97-106, hier S. 99.
18. Allgemeine Deutsche Biographie, Bd. 55, Leipzig 1910, S. 128f.; **Dagmar Drüll**, Heidelberger Gelehrtenlexikon 1803-1932, Berlin u.a. 1986, S. 306.
19. **Friedrich Peter Wundt**, Beschreibung der pfälzischen Bergstraße (gedruckt im Anschluß an: ders., Carl Theodor's Verdienste um die Berichtigung und Erweiterung der rheinpfälzischen Landesgeschichte), Mannheim 1794, S. 59-202, hier S. 144f.
20. **Karl Budde** (Hg.), Wilhelm Budde's Heidelberger Tagebuch aus den Jahren 1807 und 1808, in: Neue Heidelberger Jahrbücher 20/21 (1920), S. 75f., zur Person Buddes S. Vff.
21. Die folgenden Ausführungen nach **Seidenspinner** (wie Anm. 5).
22. **Karl Kollnig**, Die Weistümer der Zent Schriesheim. Badische Weistümer und Dorfordnungen 2. Band (= Veröffentlichungen der Kommission für geschichtliche Landeskunde in Baden-Württemberg, Reihe A: Quellen, Bd. 16), Stuttgart 1968, S. 87.
23. **Christ** (wie Anm. 2) Sp. 65.
24. Vgl. dazu und zum Folgenden **Wolfgang Seidenspinner**, Aggressive Folklore, in: Zeitschrift für Volkskunde 92 (1996), S. 208-225, bes. S. 218f.
25. Vgl. z.B. **Lothar Gall**, Gründung und politische Entwicklung des Großherzogtums bis 1848, in: Badische Geschichte. Vom Großherzogtum bis zur Gegenwart, Stuttgart 21987, S. 11-36; **Hans-Peter Ullmann**, Baden 1800 bis 1830, in: Handbuch der baden-württembergischen Geschichte, hg von **Hansmartin Schwarzmaier**, Bd. 3: Vom Ende des Alten Reiches bis zum Ende der Monarchien, Stuttgart 1992, S. 25-77; dens., Die Entstehung des modernen Baden an der Wende vom 18. zum 19. Jahrhundert, in: Zeitschrift für die Geschichte des Oberrheins 140 (1992), S. 287-301.
26. **Gall** (wie Anm. 25), S. 20f.
27. Beispielhaft **Peter Assion**, Volkskultur und Brauchtum, in: Der Neckar-Odenwald-Kreis, Bd. 1, Sigmaringen 1992, S. 202–213, hier S. 204.

Rosemarie Beck

Die Holzdreherei im Odenwald und ihr Beitrag zur Deutschen Spielzeuglandschaft

Zum Drechslerhandwerk im Odenwald (Teil 2)

Kinder bilden sich ihre Dingwelt, eine kleine in der großen, selbst.
Walter Benjamin

Die Voraussetzungen; Beginn der Spielwarenherstellung um etwa 1850

Im Odenwald – ebenso wie in anderen deutschen Landschaften – nahm nach den Napoleonischen Kriegen in der ersten Hälfte des 19. Jahrhunderts die Bevölkerung beträchtlich zu. Der Mangel an ausreichendem Bauernland und der Rückgang an traditionellen Gewerben führten zu einer Verarmung der Familien. Wer nicht auswandern wollte, mußte sich in seiner Odenwälder Heimat nach neuen Erwerbsmöglichkeiten umsehen. Begünstigt durch die aufkommende Gewerbefreiheit breitete sich die Hausindustrie aus. Mit vielen anderen Kleinhandwerken blühte auch das Drechslergewerbe auf. Am Beispiel der Familiengeschichte des Drechslers Ludwig Beilstein (Georg Ludwig Beilstein I.) und der Geschichte seiner Schüler kann über mehrere Generationen die Entwicklung der Odenwälder Spielwarendreherei durch 150 Jahre nachvollzogen werden. Ebenso zeichnet sich die Familiengeschichte seines mutmaßlichen Lehrers ab, des Horndrehers Adam Becker (Johann Adam Becker I.). (Familientafeln im Anhang)

Für das niedergelassene Handwerk war die Gewerbefreiheit nur „Gewerbechaos", ja „Gewerbeanarchie". Mit Heftigkeit und Polemik verteidigte man die althergebrachten Ordnungen. Das hielt den Holzdrehergesellen Ludwig Beilstein im Fischbachtal nicht von seinem Gründungseifer ab. Er wollte sich als Drehermeister selbständig machen, und er ließ sich auch durch viele bürokratische Hürden nicht davon abhalten. Horn- und Holzdreherei waren in Niedernhausen bis zu dieser Zeit ein Nebenerwerb gewesen, eine zunftfreie Heimarbeit ganz unterschiedlichen

Umfangs, je nach Möglichkeit und Bedarf. Heimarbeit und Handwerk sind in Niedernhausen aber kaum gegeneinander abzugrenzen. Wie sich zeigen wird, werden die Dreher durchweg als Heimarbeiter bezeichnet, obwohl es kein Verlagssystem gab und sie selbständig arbeiteten und verkauften, oft das ganze Jahr über im Vollerwerb. Ludwig Beilstein strebte jedenfalls zunftgemäßes Handwerk an, wie seine Bemühungen um das Meisterdekret (den Meisterbrief) beweisen.

Obwohl die Gewerbefreiheit überall mit großen Schritten vorankam und sich vielerorts längst durchgesetzt hatte, hielten sich doch im Odenwald zäh die alten Restriktionen. Das ansässige Gewerbe sah die „Pfuscherei" blühen, da jetzt jedermann meinte, ohne vorgeschriebene Ausbildung eine eigene Werkstatt betreiben zu können. Der Mainzer Domkapitular und spätere Reichstagsabgeordnete Christoph Moufang formulierte in seiner Rede vor der ersten Kammer der Stände zu Darmstadt zur „Handwerkerfrage": „Die Pfuscherei ist doch der eigentliche Wurm, der die Blüte des Handwerks zerfrißt" – eine These, die seither aktuell geblieben ist. Daß die überkommenen gewerblichen Ordnungen auch gewichtige Vorteile hatten, sahen damals eher deren Nutznießer und weniger die zahlreichen, durch Rückgang vieler Handwerkszweige wie Leinen- und Tuchmanufaktur, Eisen- und Montanindustrie arbeitslosen Handwerksgesellen. Moufang: „Aber das Handwerk braucht eine Ordnung, denn es braucht Schutz nach zwei Seiten: nach unten gegen die Pfuscherei, nach oben gegen den raubgierigen Adel des neunzehnten Jahrhunderts, das große Kapital". Denn die jetzt einsetzende kräftige industrielle Entwicklung überforderte die noch (nach Haupt) „fast im Mittelalter befindlichen" Handwerker.

Ferdinand Lassalle im Arbeiterlesebuch: „Das Handwerk verliert mehr und mehr den goldenen Boden. Je mehr die große Industrie sich entwickelt, desto mehr setzt sich die große Fabrikation an die Stelle des kleinen Handwerks. Immer weniger Leute gelangen zur Selbständigkeit und zur Arbeit auf eigene Rechnung". Ludwig Beilstein wollte auf eigene Rechnung arbeiten in seiner eigenen Werkstatt für gedrehte Spielwaren, und er schaffte das auch. Es folgten ihm zahlreiche Fischbachtaler.

Sie begründeten so die Odenwälder Spielzeug-Hausindustrie, die bis heute - mit noch einer Familie – produziert und inzwischen auf eine Tradition von etwa 150 Jahren zurückblicken kann. Sie ist, wenn man die Geschichte des Holzspielzeugs betrachtet, ein spätes Mitglied in einer reichen deutschen Spielzeuglandschaft, in der seit dem Mittelalter in Handwerk und in Hausindustrie vielgestaltige Fertigungen entstanden sind. Die Hausindustrie oder Heimarbeit – beide Bezeichnungen werden üblicherweise nebeneinander verwendet – entstand immer aus kleinen Anfängen. Sie lohnte nur, weil die Muster lange die gleichen blieben und mit wenig Aufwand auch von weniger geschickten Handwerkern und oft ohne Zunftauflagen ausgeführt werden konnten. Das Festhalten an bewährten Mustern ist dann auch für die Odenwälder typisch geworden, die sich mit Hilfe dieses Kleingewerbes einen Unterhalt erarbeiten konnten. Spielzeug war begehrt, und die schlichten Erzeugnisse, um die es hier geht, die „Odenwälder Pferdchen" oder „Gäulchen" und eine Vielzahl an Fuhrwerken, Leiterwägelchen und Karren müssen von vornherein weite Kreise angesprochen haben und auch für viele Abnehmer erschwinglich gewesen sein, sonst wären sie nicht so erfolgreich geworden[1].

Das Umfeld, in dem Beilstein arbeiten wollte, das Fischbachtal im Vorderen Odenwald, unterhalb des großherzoglichen Schlosses Lichtenberg gelegen, war nicht weit von der Residenzstadt Darmstadt entfernt und hatte Verbindung zur Stadt. Ein Einfluß von dort auf den Arbeitsmarkt im Fischbachtal ist denkbar. Schon 1836 war in Darmstadt der „Großherzoglich Hessische Gewerbverein" auf Initiative der Regierung gegründet worden, um den Zustand des Gewerbewesens im Großherzogtum zu erforschen. Viele Fortschritte waren schon erreicht, Handels- und Gewerbsprivilegien waren abgeschafft worden. In Rheinhessen herrschte seit der Napoleonischen Zeit bereits Gewerbefreiheit. Jetzt ging es vor allem um neue Arbeitsplätze, um bessere Ausbildung, Gründung von Handwerkerschulen, Gewerbeausstellungen, Prüfung technischer Hilfsmittel und neuer Erfindungen, später um Patentwesen und Urheberschutz, und es ging um Absatzförderung. Justus Liebig, Professor in Gießen mit Odenwälder Wurzeln, regte die Vergabe von Reisestipendien für begabte Handwerker an. Das war aber natürlich schon sehr fortschrittlich für die hiesigen Verhältnisse[2]. Noch verharrten die etwas abgelegenen Odenwald-Gemeinden in ihren alten Lebensformen.

1848 war Ludwig Beilstein 18 Jahre alt und vermutlich schon Geselle, als sich alle Blicke nach Frankfurt auf die Abgeordneten des ersten deutschen Parlaments richteten, voller Hoffnung auf die deutsche Staatsgründung. Die hessischen Lokalsektionen des Gewerbevereins hatten nicht untätig bleiben wollen und wandten sich mit einem gemeinsam verfaßten Schreiben an die ebenfalls in Frankfurt versammelten Vertreter der Gewerbe aus ganz Deutschland: „Gewerbsmänner! Groß ist die Not des Gewerbestandes in Deutschland." Die Frage ist, „ob unbedingte Gewerbefreiheit oder eine Reorganisation der Zünfte mit Hinwegräumung der Zopfbestimmungen ... dem Gewerbestand Heil bringen wird ..." und an die Parlamentarier in der Nationalversammlung gerichtet: „Abgeordnete! ... Wir vertrauen Euch, daß Ihr des Volkes Wohl unverrückt im Auge haltet ... Wir vertrauen Euch aber nicht, wenn es gilt, eine gewerbliche Verfassung für Deutschland zu beraten und einzuführen".[3] Es wurde gefordert, daß der Gewerbestand dem Parlament mit Rat und Tat zur Seite stehen und daß ein jeder seine speziellen Wünsche geltend machen könne. Der Gruppenegoismus aller Schattierungen artikulierte sich und erhitzte die Gemüter mehr, als die Frage nach freien Wahlen in der zu bildenden Verfassung. Auch die Gesellenvereine suchten sich nachdrücklich Gehör zu verschaffen. Es ging um Überlebensinteressen des ganzen Handwerks einschließlich des Kleingewerbes. Das deutsche Großgewerbe hingegen war längst zunftfrei und freizügig und entwickelte sich rasant, um den Vorsprung der viel weiter industrialisierten Nachbarländer England und Frankreich aufzuholen.

Die heiß diskutierten Fragen bezüglich der Ausbildungsmängel beim handwerklichen Nachwuchs und die Probleme, die mit der traditionellen Wanderung zusammenhingen, mußten gelöst werden. Die auf dem Land ausgebildeten Gesellen gingen nicht mehr auf die Wanderschaft, sondern strebten nach Niederlassung und Heirat. Das Wandern war in den meisten Handwerken aber aus vielen Gründen erwünscht, trotz mancher kritischen Meinung, der „Wanderbursche sei ein wunderlicher altfränkischer Geselle, der es noch ehrlich und ernsthaft meine wie Don Quichote". Der konkurrierende, sich ausbreitende Hausierhandel war, wenn auch amtlich abgesegnet, den Ansässigen ein besonderer Dorn im Auge, ebenso die Konkurrenz der qualitativ möglicherweise abfallenden Handwerksarbeiten in den Zuchthäusern. Ein Problem, damals wie heute, entstand durch Bestrebungen, staatlich geförderte Arbeitsprogramme zu organisieren. Solche Werkstätten, meinten die Vertreter des Handwerks, würden jeden belohnen, gleich, wie gut oder schlecht seine Arbeit wäre, und sie würden die Initiative der Tüchtigen erlahmen lassen. „Jedes Genie würde untergehen". Es dauerte dann nach dem Scheitern der Paulskirchenbewegung lange, bis eine allgemein verbindliche gewerbliche Verfassung verabschiedet werden konnte.

Ein Bauernsohn will Handwerksmeister werden

Ludwig Beilstein ließ sich seine Initiative nicht nehmen. Er wollte in Niedernhausen arbeiten, wenn es auch - 1855 - wieder Krisenzeiten waren und er eine Einberufung zum Militär gewärtigen mußte. Aus der benachbarten Billingser Mittelmühle wurde gerade von Georg Hartmann den ausgewanderten Verwandten nach Amerika berichtet, daß wegen der Kriegsgefahr Pferde durch den Großherzog zwangsweise aufgekauft wurden. „Alle Rüstungen sind bis jetzt gemacht. Bürger von 26-28 Jahren ... sind einberufen in Dienst. Es ist alles bereit. Die Stunde weiß man nicht, wann es abgehen soll, und wo es hingehen soll, nach Rußland oder Frankreich, oder soll der bevorstehende Krieg bei uns geendet werden. Der Himmel weiß, wie es enden wird."[4] Doch das Großherzogtum wurde dieses Mal von einer Kriegsteilnahme verschont, und es wurde nicht in einen fernen Krieg, hier den Krimkrieg, hineingezogen, der, wie aus dem Brief zu sehen, bis in ein kleines hessisches Dorf Ängste auslösen mußte[5]. Ludwig Beilstein konnte seine Niederlassung als Spielzeugdreher betreiben.

Wenn auch die Autorität der Zünfte um diese Zeit dahinschwand, so war doch für einen „Einsteiger" wie Beilstein der Meistertitel von Wichtigkeit. Beilstein wollte Meister werden, und er richtete im August 1856 ein Gesuch an die Bauzunft in Reinheim und bewarb sich um die Aufnahme als Drehermeister. In der Antwort aus dem Kreisamt Dieburg, das vorrangig zuständig war, wurde dem Niedernhausener Bürgermeister in Sachen Beilsteins Aufnahme aber mitgeteilt: „Ohne Ortsbürger zu sein, kann niemand ein Decret als Meister in einer Zunft erhalten... Es mangele dem Rubricaten, der nicht gewandert ist, aber auch an Dispensation von den gesetzlichen Wanderjahren". Deshalb könne „ihm ebenfalls kein Meisterdecret gegeben werden". Er müsse erklären, warum er nicht in die Fremde gegangen sei. Ludwig Beilstein, der noch in Obernhausen wohnte, wenige Schritte von Niedernhausen entfernt, konnte darauf nur antworten – als Randbemerkung zu lesen – er wolle allernächst Ortsbürger werden. Er sei ein Jahr beim Militär gewesen, und er habe dann ein Jahr seine Eltern gestützt. Dieser letztere Einwand sollte, laut Großherzoglichem Gewerbeblatt, allerdings nicht mehr anerkannt werden. Mindestens sollte ein Meisterstück vorgelegt werden, üblicherweise ein Spinnrad und eine Holzkugel, „auf welcher der obligatorische Kreuzstich nicht fehlen durfte".

Beilstein ließ sich dann im September desselben Jahres unter der Nummer 18 in das seit zwei Jahren eingerichtete Gewerbetagebuch Niedernhausens als Dreher, – das Wort Drechsler wurde so gut wie nie gebraucht – einschreiben. Er sei bereits

„als Dreher patentisiert", er besaß also das Großherzogliche Gewerbspatent und hatte damit, ohne Zunftzugehörigkeit, die schriftliche Arbeitserlaubnis, überall frei und selbständig zu arbeiten, wo sein Gewerbe nicht zünftig war. Er ist der erste unter den Drehern Niedernhausens, der im Gewerbetagebuch erscheint. Seinem Interesse, seine berufliche Stellung amtlich anerkannt zu sehen, war damit wohl nur fürs erste Genüge getan.

Im folgenden Monat stellte Beilstein den Antrag auf Ortsbürgeraufnahme in Niedernhausen, das ja sein eigentlicher Heimatort war. Bürgermeister Schanz ließ ihn erstaunlich unbürokratisch und ohne Umstände, nur nach Abstimmung mit dem Gemeinderat, eintragen, da Beilstein „hierorts in gutem Rufe stehe und das gesetzliche Alter habe", also das fünfundzwanzigste Lebensjahr vollendet hatte. Das Kreisamt aber ließ den entsprechenden Bericht von Schanz postwendend zurückgehen, da Beilstein kein Feuereimergeld bezahlt habe und also nicht Ortsbürger werden und kein Meisterdekret erhalten könne. Schanz hatte dagegen festgestellt, Beilstein sei noch ledig, partizipiere deshalb nicht an den Gemeindenutzungen und brauche nicht zu zahlen. Das Kreisamt kritisierte die Eigenmächtigkeit des Bürgermeisters und gab seine Einwilligung zur Ortsbürgeraufnahme Beilsteins vorerst nicht. Von Freizügigkeit konnte eben noch gar keine Rede sein, und jede Ortsveränderung war mit viel Bürokratie und Gebühren verbunden, auch, je nachdem, mit dem Einzugs- und Einkaufsgeld, einem Vermögensnachweis und eben dem Feuereimergeld. Ebenso war das Heiraten reglementiert und vor dem fünfundzwanzigsten Geburtstag nicht erlaubt (was auch zu der nicht kleinen Anzahl vorehelich geborener Kinder beitrug).

Kritisch merkte das Dieburger Kreisblatt (November 1860) zur „deutschen Freizügigkeit" an, daß der geschickte deutsche Arbeiter in Paris sowie in London und selbst in Petersburg sich ohne Schwierigkeiten niederlassen könne, „während er in Deutschland allein unter dem engherzigen und mißgünstigen Gesichtspunkte des zukünftigen Armenhaus-Kandidaten oder dem eines gefährlichen Konkurrenten betrachtet und behandelt werde".

Dreherei war seit Jahrzehnten Tradition in Niedernhausen

Wo Ludwig Beilstein gelernt hatte, ist nicht bekannt. Man kann aber annehmen, daß sein Lehrherr der Horndreher Adam Becker war, der, nach mündlicher Überlieferung und nach einer späteren Erzählung von Philipp Buxbaum, mit der Spielzeugdreherei im Fischbachtal begonnen haben soll. Mit Sicherheit hatte Beilstein die dreijährige Lehrzeit absolviert. Die war inzwischen üblich, wenn auch auf dem Land die Regeln nicht in allem denen in der Stadt entsprachen. „Jeder war hier immer auch ganz frei sein eigener Handwerker gewesen, wie er sein eigener Bauer war". Eine Gesellenprüfung hatte Beilstein zu dieser Zeit sehr wahrscheinlich auch noch nicht ablegen können.

In der Stadt dagegen bildeten die Gesellen einen eigenen Stand mit festen Statuten. Ihre Gesellenbruderschaften, zu denen sie sich zusammengeschlossen hatten zur Vertretung ihrer Interessen, hatten eine gewisse „Schlagkraft" erlangt, durch die sie ständig ins Visier der mißtrauischen Staatsorgane gerieten, auch in

Darmstadt. Natürlich machte sich unter diesen jungen Leuten, die ja die Mehrheit der Handwerker bildeten, viel Unmut breit. Sie waren sich ihres Könnens bewußt, hatten aber oft keine Arbeit und mußten sich eine Stellung aufbauen und Ansehen und Meisterbrief erst erwerben. Das wollte Ludwig Beilstein auch. Seine Bemühungen um Meisterbrief und Niederlassung sind Belege dafür. Es soll hier etwas genauer beschrieben werden, wie die Situation sich für Beilstein darstellte.

Ludwig Beilsteins Vater war laut Heiratsprotokoll Ackersmann, Ludwig war der dritte (oder vierte) Sohn, und er hatte sich unabhängig einen Broterwerb suchen müssen, da wohl das väterliche Land nicht weiter aufgeteilt werden konnte oder sollte. Da bot es sich an, das Drechslerhandwerk zu wählen. Er dachte aber nicht an das schon länger blühende Horndrehergewerbe, und die Drechselei sollte auch kein Notbehelf sein, wie es dieses Handwerk durch die Jahrhunderte immer wieder gewesen war. In der „Histoire des Jouets“ von Henri D`Allemagne meint Paul D`Estrée ganz bezeichnend, die Drehbank sei „vielleicht noch archaischer als das Messer“, und er spielt damit wohl nicht nur auf die außerordentliche Einfachheit der üblichen Drehbänke und die Schlichtheit der gedrehten Erzeugnisse an, sondern auch auf das hohe Alter dieser Handfertigkeit, die bis weit in die Antike zurückreicht und „primitive“ Wurzeln hat. Beilstein wollte das günstige Holzangebot nutzen für ein Vollerwerbs-Spielzeughandwerk. Horndreher Adam Becker hatte mit Spielwaren schon die ersten Erfahrungen gesammelt, und er war dabei offenbar von der Horndreherei zur Holzdreherei übergegangen. Holz war der Reichtum des Odenwaldes, und im besonderen Niedernhausens, der Heimatgemeinde der Dreher[6].

Der Heimatdichter Philipp Buxbaum beschreibt 1906 in „Werktagsgestalten“ in der Erzählung „Bei der Bosselarbeit“ den Horndreher Adam Becker, von dem er durch dessen Sohn gehört hatte: „Dieser Mann trieb zuerst das Geschäft eines Steinklopfers und beschäftigte sich nur im Winter mit der Horndreherei. Was er auf seiner Drehbank erzeugte, verkaufte er selbst auf den Märkten. Späterhin fertigte er nur Puppen, Ratschen, Nadelbüchsen und anderen Kleinkram an und setzte seine fertige Ware an die Landkrämer ab. Als er erkannt hatte, daß seine Kinderspielzeuge sich eines größeren Zuspruchs erfreuten, widmete er sich ganz der Roßmacherei und wurde im Odenwald der Begründer der Bosselkunst. Die Spielwarenmacher, die aus seiner Werkstätte hervorgegangen sind oder von seinen Söhnen Philipp, Georg und Adam herangebildet wurden, zählen nach Dutzenden“.

Es liegt nahe, Ludwig Beilstein dazuzurechnen. Das Wort „Bosseln“, sonst eher abwertend gemeint, ist hier nach Mulch, „Hessisches Wörterbuch“, das sich allerdings auf Buxbaum dabei bezieht, mit „Tüfteln“ gleichzusetzen, eine Arbeit geschickt, geduldig und durchdacht auszuführen. Auf Adam Becker traf offenbar gerade das auch zu, da seine künstlerische Gestaltungskraft von Buxbaum gerühmt wird. Auch Sohn Philipp Becker habe, erzählt die Enkelin Marie Arras, geborene Becker, noch anderes als nur die Pferdchen hergestellt, beispielsweise habe er Hampelmänner gefertigt, die kleine blecherne Becken schlagen konnten, und er baute Puppenbetten- und Wiegen, deren Pfosten von zierlichen Elfenbeinknöpfen gekrönt waren. Er habe auch später immer wieder einmal solche Sachen hergestellt. Leider sei nichts davon erhalten.

Die Spielzeugherstellung bot sich als neue Verdienstmöglichkeit an

Spielsachen waren, wie schon gesagt, begehrt, weil man den Kinderbeschäftigungen und dem Kinderspiel immer mehr Platz einräumte. In der Fachliteratur wird diese Entwicklung ausführlich beschrieben. Auch in ländlichen Gegenden erübrigte man mindestens zur Kirchweih und zu den anderen Festen ein wenig Extrageld für Kinderspielsachen. Es ist hier nicht von dem kostbaren Spielzeug familiärer Aufwandsentfaltung die Rede, wie es heute in den Museen steht, sondern von der gängigen „Massen-Spielware", welche die Kinder „verbrauchten", und die heute selten erhalten und fast die kostbarere ist.

Das Spielzeug hatte in seiner langen Geschichte von einer einst auch magischen, „Zauber abwehrenden" Kindergabe über das heilkräftige Pilgerreisemitbringsel und das bedeutungsvolle Patengeschenk bis zum aufklärerischen Kinderbuch und belehrenden Beschäftigungsspiel immer breiteres Interesse gefunden, vielgestaltig wie nie zuvor, zum Spielen und ebenso zum Lernen bestimmt. „Zur lehrreichen und angenehmen Unterhaltung der Jugend" übergab als ein erster Großhändler der vielzitierte Hieronimus Bestelmeier in Nürnberg dem Publikum seine ab 1801 mit Kupfertafeln bebilderten Warenkataloge. Unter lehrhaften Objekten teils auch eher pseudowissenschaftlicher Richtung präsentierte er ein reiches Angebot an Spielsachen. Eine große Zahl von Handwerkern wurde durch Bestelmeier in Arbeit und Brot gesetzt. Nürnberg war seit dem Mittelalter das traditionelle Spielwarenzentrum Deutschlands, an den großen Handelsstraßen gelegen. Auch die Odenwälder konnten dort eines Tages erfolgreich ihre soliden Wagen und Pferde verkaufen (Abb. 1)*.

Abb. 1: Das Bestelmeier Magazin bot 1801 unter der No. 890 einen Leiterwagen an: „Ein Nürnberger Bauer, mit Gemüs, Wagen und einem Pferd, so wie sie gewöhnlich zu Markte fahren". Die Materialien waren üblicherweise u. a. Holz, Karton und Papiermaché, das „Gemüs" war aus „Masse", Papiermaché oder auch Tragant und vielleicht „aus dem Korb herausnehmbar". Viele der im Katalog aufgeführten Spielsachen haben noch ein wenig den Charakter von Schaustücken und weniger den von praktikablem Spielzeug im heutigen Sinne. Die Odenwälder Leiterwägelchen waren nicht so zierlich und so hübsch ausgestattet, aber vielleicht „handfester". Kupferstich.

Durch den wachsenden Handel und Erfolg wurde im Odenwald die Spielzeugfertigung aus einer Nebenbeschäftigung zum Haupterwerb. Einem landarmen Bauernsohn wie Ludwig Beilstein mußte daran liegen, mit dem Handwerk das ganze Jahr über zu verdienen. Da die Herstellung von „Spinnrädern und Tabakspfeifen" nichts mehr einbrachte, hatte er sich, wohl dem Beispiel Beckers folgend, für die Waren entschieden, die jetzt einen Markt fanden: Pferdespielsachen für die Jungen. Pferd und Wagen gehörten zum täglichen Leben – auf dem Land zwar eher das seit alters übliche Kuhgespann – aber das Pferd war attraktiver. Wichtig war die Idee des für den Jungen besonders wünschenswerten Fuhrwerks, und wenn auch das gedrehte Odenwälder Pferd und der Leiterwagen in der auf das Nötigste reduzierten Ausführung zwar handlich und ausdrucksvoll, aber nicht sehr elegant waren, so veredelte doch die Phantasie den Kindern das Spielzeug, und nach Beilsteins Absatzgebieten zu urteilen: gleichermaßen in Stadt und Land (Abb. 2).

Abb. 2: Drei Leiterwagen-Gespanne. Von oben: Neuauflage eines alten Musters, des beliebten Leiterwägelchens, von Krämer/Boos, H: 16 cm, darunter ein etwa 50 Jahre altes Wägelchen von Philipp Loos, (Hess. Landesmuseum, Außenstelle Lorsch) H: 16,5 cm, beide Odenwald. Unten ein kunsthandwerklich stilisierter Wagen (Böhmen?), ursprünglich bis auf die Pferde wohl mit Pflanzensaft rotviolett gefärbt. 1. Hälfte 20. Jh., H: 22 cm; Höhen incl. Räderbrett.

Der Großherzogliche Gewerbeverein und die Spielzeugherstellung

Gab es vielleicht spezielle Anregung oder Beeinflussung vom Gewerbeverein in Darmstadt her? Mehrere Male hatte der interessierte Sekretär des Vereins, Hektor Rößler, im Gewerbeblatt auf Spielzeugfertigung durch Referate hingewiesen, die er aus anderen Veröffentlichungen übernahm, so im März 1849 „Über Sonneberger und Seiffener Spielwaren ...", eine amtliche Erhebung der sächsischen Regierung. Auch Berchtesgaden und Oberammergau wurden mit Schnitzerei und Dreherei vorgestellt, und besonders ausführlich ging man auf das Reifendrehen in Seiffen im Erzgebirge ein.

1853 war Rößler gemeinsam mit einem Interessenten aus Oberhessen auf Kosten des Vereins nach Thüringen gereist, um sich dort in der Spielwarenindustrie umzusehen und Anregungen zur Förderung des holzverarbeitenden Handwerks im Vogelsberg und im Odenwald mitzunehmen, speziell zur Herstellung von Spielwaren. Ein Bauaufseher Häusler in Michelstadt, der mit Schulung der Handwerker betraut war, hatte um Muster für eine geplante Herstellung von Holz- und Kinderspielwaren gebeten. Was dann eventuell durch Rößler an Mustern ausgegeben wurde, ist aus dem Gewerbeblatt nicht ersichtlich. Aber es verlautete: „man habe in erwünschtem Maße Gelegenheit gefunden, sich über die Art und Weise, wie die dort heimischen Fabrikationszweige betrieben werden, zu unterrichten". Diese „Industriespionage" war natürlich üblich und meist ungern gesehen. A. Stöckhardt hatte aber bereits 1849 im Gewerbeblatt berichtet, daß er u. a. von den Händlern Gebr. Lindner und Fleischmann/Vater und Sohn in Sonneberg mit aller Gefälligkeit jede Auskunft erhalten habe. 264 Schnitzer- und Drechslerfamilien und weitere spezialisierte Arbeiter seien um 1840 für die Holzspielzeugindustrie im Meininger Oberland tätig gewesen, davon 35 Schnitzer und Drechsler allein in Sonneberg, schreibt Gudrun Volk vom Deutschen Spielzeugmuseum (1997).

Die eher feinen Sonneberger Erzeugnisse aus Papiermaché, „...geschmackvoll, für jedes Boudoir geeignet", und auch die in Formen „gedrückten" Papiermaché-pferde kamen als Vorbilder für die Odenwälder nicht in Betracht. Aber die Holzpferde ganz spezieller Machart, mit gedrehten Leibern und mit Beinen aus von zylindrischen Profilblöcken abgespaltenen Segmenten, wie sie in der Umgebung von Eisfeld gearbeitet wurden und dort im Museum dokumentiert sind (Abb. 3), könnten den Darmstädtern ins Auge gefallen sein. Denn diese besondere Technik des Profilblockdrehens, anderswo außer in ihren Ursprungsgebieten Böhmen und Slowakei offenbar nicht verbreitet, wurde für die Odenwälder Spielzeugindustrie als Rationalisierungsverfahren typisch. Wenn man davon ausgeht, daß diese Technik auch damals schon in Thüringen genutzt wurde, könnte eine Übertragung in den Odenwald angenommen werden.

Im Odenwald gibt es zwei andere Versionen der Einführung der Pferdchendreherei und des Profilblockdrehens. Bei den Recherchen für die Heimarbeitausstellung 1908 hieß es aus Niedernhausen: „ein Horndreher habe auf einem auswärtigen Jahrmarkt zufällig ein Holzpferdchen für kleine Kinder gesehen, es erworben und die zweckmäßigste Art seiner Herstellung ausprobiert. Da er Dreher war, versuchte er, weitmöglichst durch Dreherei die Formen eines Pferdes nachzubilden", und

Abb. 3: Museum Eisfeld: Profilblöcke für Beine links hinten; Pferdeteile; halbfertige Pferde vor der Bossierung. Da man in Thüringen gewöhnt war, mit Bossierarbeiten umzugehen, konnte man die grobgearbeiteten Ansatzstellen der „bewegten" Beine und des Kopfes am Pferdeleib mit „Masse" überformen. 1. Hälfte 20. Jh.

Abb. 4: Gedrehte Profilblöcke für Kopf, Beine (Hinterbeine) und Schweif der Odenwälder Gäulchen; links die dreigeteilte Hälfte eines Blocks für die Hinterbeine, davor drei abgespaltene und schmalgeschnittene „Hinterbeinlängen" mit Zapfen, vorn ein noch geschlossener runder Drechselblock für die kurzen Stutzschweife, dahinter ein großer Block für die Köpfe, rechts einige abgespaltene Kopfsegmente, vor dem aufgestellten Kopfeisen liegend ein fertiger Kopf, neben den Kopfeisen vorn der „Schnitzer"/das Schnitzmesser, im Hintergrund ein entsprechend gearbeitetes typisches Gäulchen. Erlenholz, Leimfarbe und Schellack. H: 23 cm. Für Museum Schloß Lichtenberg im Odenwald gedreht, vermutlich von einem Drechsler der Familie Beilstein. Etwa 1950. MSL.

so etwa habe er die heute „Profilblockdreherei“ genannte Technik erfunden. Das bezieht sich auf Adam Becker. Daß Becker diese Herstellungstechnik selbst herausgefunden haben sollte, die einem fertigen Pferdchen ja gar nicht ohne weiteres anzusehen ist, scheint doch recht unwahrscheinlich (Abb. 4).

Die andere Spekulation über die Entstehung des ersten Odenwälder Pferdchens steht in Ludwig Hechlers Lebensbericht: ein durchreisender Handwerksbursche aus Nürnberg, – der mit dieser speziellen Technik vertraut gewesen sein müßte – habe sie den Niedernhausenern beigebracht. Falls es nicht der Einfluß des Gewerbevereins war, der zum Tragen kam, ist Hechlers Vermutung wohl die am ehesten einleuchtende Erklärung. Mit einem Wandergesellen könnte die besagte Technik im übrigen auch ohne den Umweg über Thüringen direkt aus Böhmen oder der Slowakei eingeführt worden sein, wo es die frühesten Nachweise für sie gibt. Leicht zu kopieren von Vorbildern war das typische Leiterwägelchen in der kombinierten Form mit Pferd und Wagen auf einem Grundbrett (Abb. 5).

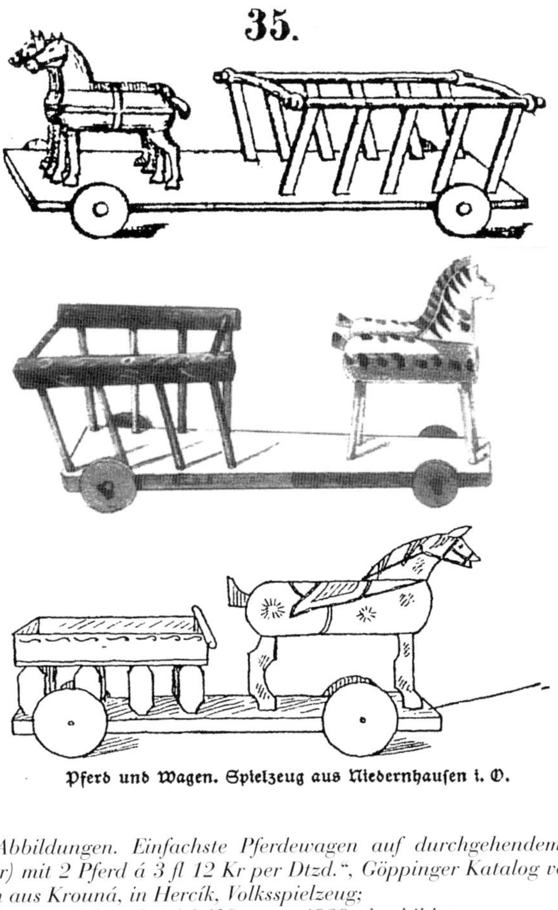

Abb. 5: Drei ältere Abbildungen. Einfachste Pferdewagen auf durchgehendem Bodenbrett. Von oben: „Wagen ord.(inär) mit 2 Pferd á 3 fl 12 Kr per Dtzd.“, Göppinger Katalog vor 1871; darunter: Böhmisches Wägelchen aus Krouná, in Hercík, Volksspielzeug; unten: Odenwälder Leiterwägelchen, bei Adolf Spamer 1939 abgebildet.

Im Erzgebirge und in Oberammergau war man dem Wandern der Gesellen abgeneigt, um nicht die Konkurrenz zu vermehren, denn die Handwerksburschen trugen natürlich ihr Wissen weiter. In Seiffen, wird berichtet, habe man einmal einem japanischen Interessenten aus Konkurrenzsorgen einen ihm schon verkauften profilgedrehten Reifen wieder „abgejagt“! Auch in einer Beilstein-Werkstatt wird später eine gewisse Geheimhaltung betrieben werden. Jedenfalls haben Adam Bekker wie auch Ludwig Beilstein die Profilblockdreherei für den Werkstattgebrauch übernommen.

Der eigentliche Beginn der Spielzeugherstellung ist nicht recht greifbar, und manches bleibt hier wie auch andernorts ein wenig „sagenhaft“. Emanuel Hercík beispielsweise, der tschechische Volkskundler, erwähnt die Überlieferung aus Skašov/Skaschow in Böhmen, wo es ein legendärer napoleonischer Invalide gewesen sein soll, der den Anfang der Spielwarenfertigung gemacht habe. Vielleicht zeigt gerade solch eine Legende, wie sehr es vom Auftauchen einer begabten Persönlichkeit abhing, daß eine Initiative entstehen konnte. Solche begabten Persönlichkeiten darf man in Niedernhausen wohl in Adam Becker und in Ludwig Beilstein sehen. Für Adam Becker gibt es keine direkten, aus seiner Anfangszeit stammenden schriftlichen Unterlagen, aber es gibt aus Ludwig Beilsteins Leben neben den Aktenhinweisen von 1856 als weiteres Zeugnis ein sorgfältig geführtes Geschäftsbuch, das weitere Aufschlüsse gibt, und das weiter unten besprochen werden soll.

Ludwig Beilstein und seine Niederlassung als Dreher in Niedernhausen

Ob Beilstein sich dafür interessierte, daß er sich gewissermaßen am Puls der Zeit befand, da das Handwerk sich jetzt zu emanzipieren begann, da aus den Gesellen- und Arbeitervereinen die Wurzeln der Arbeiterbewegung entstanden, mit dem Drechslergesellen August Bebel als einem der kommenden Leute an der Spitze? So abgelegen die Odenwaldtäler waren, so hatte es auch hier revolutionäre Bewegungen gegeben, die dann allerdings unglücklich eskalierten und am Ende die Hoffnung auf mehr Freiheit im Großherzogtum zunichte gemacht hatten[7].

Ludwig Beilstein ist sicher nicht bei diesen Tumulten dabei gewesen. Angesichts der Härte, mit der gegen auch nur auffällig gewordene Mitbürger von Seiten der Regierung vorgegangen werden konnte, hätte das mindestens seinem Ruf schaden können, doch heißt es ja von ihm, daß er „in gutem Rufe stehe“. Er war sicher typischerweise ausgesprochen konservativ und wollte und mußte ohne große Umstände arbeiten können. Allein der Entschluß für den eigentlich Berufsfremden, in ein für den Bauernsohn neues Handwerk einzusteigen und es dann von vornherein professionell zu betreiben, war schon innovativ in einer Zeit, da man eigentlich in eine Werkstattradition hineingeboren wurde.

Ob Beilstein ein Meisterstück ablieferte und welchen Bescheid er bezüglich des Meisterdekrets und der Ortsbürgeraufnahme schließlich bekam, ist nicht aktenkundig. Als er sich 1858, zwei Jahre nach seinem „Papierkrieg“ mit dem Kreisamt Dieburg, mit Maria Katharina Hilbert, Tochter des Nagelschmieds Joh. Philipp Jakob Hilbert, verheiratet, nennt ihn das Heiratsprotokoll im Kirchenbuch jedenfalls diplomatisch „angehenden Ortsbürger und Drehermeister in Niedernhausen“.

Die Meisterprüfung für die Dreher wurde erst später wieder allgemein üblich und nach 1900 dann überall Pflicht, wenn Lehrlinge, die nicht zur Familie gehörten, ausgebildet werden sollten. Ludwig Beilsteins Sohn und Nachfolger, Georg Beilstein IV., 1859 geboren, erhielt später aber nur die „Erlaubnis zum Anleiten von Lehrlingen", während von den Enkeln mehrere die Gesellen- und die Meisterprüfung zum „Spielwarendreher" ablegten. Bis dahin bürgerte sich die Bezeichnung „Kleinmeister" oder einfach „Meister" für die selbständig in ihren Werkstätten arbeitenden Gesellen ein. Eine gewisse „künstlerische Freiheit" wurde den Spielzeugmachern sowieso zugestanden. „Wer Holz kaufen ... und zu einer Schnarre oder Trompete veredeln kann, ist Meister, ohne alle Lehr- und Wanderjahre", trieb A. Stöckhardt es im Großherzoglichen Gewerbeblatt auf die Spitze! Aber Ludwig Beilsteins Sache war das nicht. Er wollte sich als ein voll in der Gewerbetradition stehender Handwerksmeister zeigen.

Im gleichen Jahr, in dem sein erster Sohn geboren wurde, begann er, das schon erwähnte Geschäftsbuch zu führen, welches auf einen um diese Zeit bereits voll laufenden Werkstatt- und Verkaufsbetrieb schließen läßt. Pferde und Wägelchen in größeren Mengen wurden ausgeliefert, und er hatte offensichtlich einen festen Kundenstamm, der mehrere Städte im Großherzogtum umfaßte, aber auch bis in den Schwarzwald, nach Würzburg und nach München reichte. Beilstein war also 1859 ein schon seit geraumer Zeit eingeführter Spielwarenhersteller, und er hatte sich einen Absatzmarkt erschlossen. Seine Verbindungen und sein Handel gingen über Horndreher Adam Beckers „Absatz an die Landkrämer", von dem bei Buxbaum berichtet wird, weit hinaus. Da Beilstein nach Niedernhausen umziehen wollte, erwarb er 1864 in Böllstein das Schulhaus auf Abbruch und ließ es in der Hauptstraße im damals noch weitläufigen Niedernhausen (64 weit auseinanderliegende Häuser wurden 1856 gezählt) wieder aufbauen, richtete sich hinter dem Haus in einem Anbau eine Werkstatt ein und arbeitete nun dort weiter (Abb. 6). Es ist ein typisches, recht geräumiges eingeschossiges Fachwerkhaus auf hohem Steinsockel, bis heute – baulich verändert – im Besitz der Familie: „es Drehersch". Auch der Werkstattanbau ist noch vorhanden. Auf dem Photo von etwa 1908/09 sind die Drehergenerationen Beilstein zwei und drei zu sehen.

Eine spezielle Drechseltechnik gelangt in den Odenwald

Daß im Gewerbeblatt das Reifendrehen in Seiffen beschrieben wurde, ist schon gesagt worden. Hier soll es der Profilblockdreherei gegenübergestellt werden. „Die Spielwarenfabrikation (in Seiffen) ist entschieden die interessanteste, und bei dieser besonders das sogenannte Reifendrehen, ... die erste Idee zu dieser Arbeit war wahrhaft groß, die Ausführung selbst sehr einfach". „Sehr einfach" sah es wohl aus, aber das Reifendrehen ist bis heute doch eine besondere Kunst. Das theoretische Wissen von dieser Kunst kann wohl um 1850 in vielen Spielzeugzentren im deutschsprachigen Raum, in Thüringen ebenso wie hier in der Region als vorhanden gelten, und auch in Württemberg, wo dieser hier zitierte Bericht in einem Gewerbeblatt zuerst erschienen war und dann von Darmstadt übernommen wurde. Die Technik ist heute überall bekannt: in einen Holzreifen wird ein Profil so eingedreht, daß der Querschnitt nach dem Aufschneiden des

Abb. 6: Vor „Drehersch" steht hier die zweite und die dritte Generation Beilstein, „der Dreher" Georg Beilstein IV. und „die Drehersbuben" mit Marie. Das Haus war 1864 von Böllstein nach Niedernhausen umgesetzt und durch einen Anbau für die Werkstatt erweitert worden. Etwa 1908/09.

Reifens die gewünschte Figur im Umriß ergibt. Sie wird dann abgeschnitten und noch beschnitzt und durch Zutaten ergänzt. Aus einem Reifen lassen sich auf diese Weise viele gleiche Figuren herstellen (Abb. 7). Die Profilblocktechnik macht im Unterschied zur Reifentechnik noch ein Abarbeiten der Überstände an den abgespaltenen Segmenten nötig. Da der Zylinderblock nur außen ein Profil hat und innen geschlossen ist, müssen noch Messer und Eisen die angestrebte Form ganz herausholen. Die Verwandtschaft der Profilblocktechnik mit der Reifentechnik ist trotz der Verschiedenheiten jedoch deutlich.

Die Entstehungsgeschichte von beiden Techniken ist bis heute nicht zu datieren. Emanuel Hercík schreibt, daß etwa um 1830 die Profilblocktechnik in der Slowakei verwendet wurde, aber wohl zurückgeht auf noch frühere Anwendung in der Elfenbeindrechselei. Karl Ewald Fritzsch konnte für Seiffen mit 1810 bereits ein erstes Datum für die Reifentechnik durch Archivalien belegen. Helmut Bilz stellt in der Schriftenreihe des Spielzeugmuseums Seiffen fest, bei der Reifentechnik handele es sich „um einen in Fertigkeit, Technik und Formenreichtum sich steigernden Entwicklungsprozeß, der schließlich, ab etwa 1830, seine Krönung mit der Herstellung reifengedrehter Tierformen fand". Es geht weniger um eine Erfindung, als um eine über einen längeren Zeitraum durch die Praxis beförderte Entwicklung.

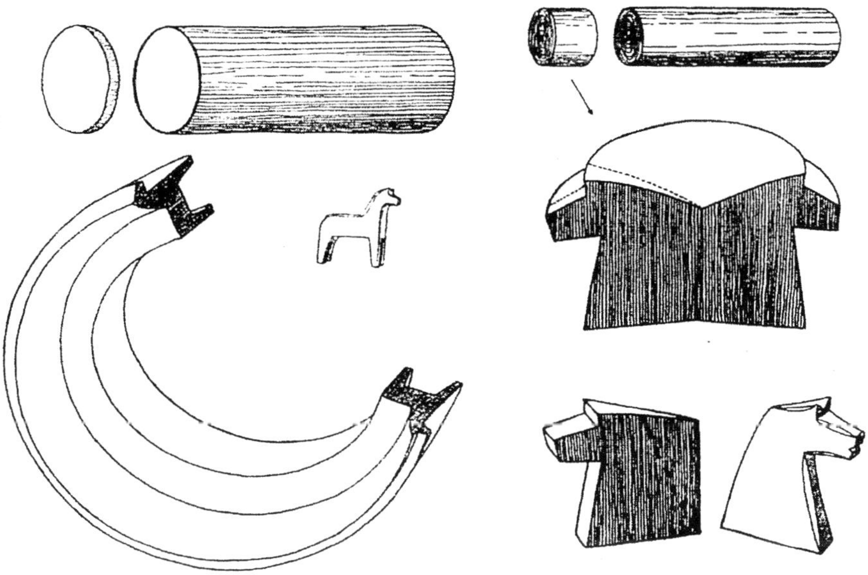

Abb. 7: Aus Hercík, Herstellung von Volksspielzeug. Schematische Darstellung. Links: Solche Reifen wurden und werden im sächsischen Erzgebirge für die Tierherstellung gedreht. Rechts: Diese runden Profilblöcke wurden in Böhmen für die „Erzeugung von Pferdeköpfen und Husarenbeinen" hergestellt.

Philipp Becker, Sohn von Adam, benutzte nach Buxbaums Beschreibung nur für die Pferdebeine diese Profilblocktechnik. Ludwig oder Georg Beilstein erweiterten ihre Anwendung offenbar für Kopf und Pferdeschweif. Für den Pferdekopf wurde ein größerer zylindrischer Block mit dem Pferdeprofil gedreht, davon wurden Segmente abgespalten oder -gesägt und dann am Hals nachbearbeitet. Der Pferdehals wurde mit Holzhammer und Kopfeisen vom dort überstehenden Holz befreit, (s. Abb. 4). Dafür hatte der Schmied die passenden Kopfeisen angefertigt, für jede Kopfgröße eines. Mit dem Schnitzmesser wurde dann noch verfeinert. Der Kopf war also typischerweise an der Profilseite breiter als am Halsrücken. Auch für den Schweif entstanden solche profilierten runden Werkstücke. Die Schweifkerben des Stutzschwanzes sind als Rillen in einer Art Holzteller zu erkennen, vorn in der Mitte auf Abb. 4. Vorder- und Hinterbeine hatten ihre jeweils eigenen Profilblökke. Der Pferdekörper wurde aus einem länglichen Holzklotz herausgedreht. Unter stetem Nachmessen mit dem Rundzirkel wurde er geformt und für das Ansetzen der Pferdebeine vorbereitet, die oben in den Leib und unten in ein Rollbrett eingezapft werden sollten. Aus 12 Teilen setzte sich ein Rollpferdchen zusammen. Der Frankfurter Redakteur Max Fleischer beschreibt, fasziniert von dieser Technik, den Ablauf der Arbeit etwas unbeholfen, aber so genau als ihm möglich ist, in einem Beitrag „Spielzeug" im „Kunstwart", Dezember 1908.

Beilsteins Werkstattgeheimnis

Der Niedernhausener Lehrer Heinrich Eidmann (1873-1936), der Georg Beilstein IV. in der Werkstatt besuchte, konnte die Technik nicht genau beschreiben, weil der Dreher ein Geheimnis daraus machte. Nach gern geübtem Brauch ließ Beilstein spüren, daß es ein Werkstattgeheimnis gäbe. „... gucken Sie nur, aber verraten dürfen Sie nichts von unserer besonderen Art und Arbeit"! Die hier dreifache Nutzung von Profilblöcken war vielleicht wirklich nur in seiner Familie üblich, und darauf war er stolz. Erst später, als die elektrischen Sägen angeschafft werden konnten, wurden mindestens die Pferdeköpfe ausgesägt oder gefräst. Aber für die Beinfertigung hat sich in seiner und in den Familien seiner Schüler Johannes Loos und Adam Krämer diese spezielle Technik bis in die vierte Generation erhalten, weil sie sich bewährt. Die Skizze eines Pferdekopfes im gedrechselten und halbierten Profilblock (Abb. 7) zeichnen die letzten Spielzeugdreher auch heute noch aus dem Handgelenk, und Adam Krämer nutzt die Technik für die Pferdebeine nach wie vor, in etwas abgewandelter Weise. Den letzten Schritt zum Reifen mit Innenprofil tat man hier jedoch nicht.

Die bereits erwähnten Drechsler in der Gegend von Eisfeld haben über das Drechseln und Beschnitzen hinaus ihre Pferde durch Bossieren, „Pussieren" genannt, geformt. Die Übergänge vom Kopf zum Körper und vom Körper zu den Beinen modellierte man mit einer plastischen Masse, die aus verschiedenen Zutaten sein konnte, aber meist Holzmehl enthielt (Abb. 8). Das hat man im Odenwald

Abb. 8: Bossierte, „elegant ausschreitende" Pferde aus Thüringen und Sachsen. Das gesattelte Pferd möglicherweise von Firma Bauer & Krause, Leipzig, der große Schimmel mit „Hüpfbein", wie man in Eisfeld das angehobene Vorderbein nennt, aus Thüringen. Holz, gedreht und geschnitzt, Hand- und Schablonenbemalung, Wachstuchstaffierung, Ohren, Mähnen und Schweife aus verschiedenen Materialien. Eisen- Holz- und Blechräder. H: 32 cm. Privatbesitz und MSL.

nur ausnahmsweise versucht, so „Schorsch“ Hermann Becker bei seinem Meisterstück (Abb. 9). Auf dem Becker-Werkstattbild (Abb. 25 S. 482) steht im Hintergrund vor dem Fenster ein großes bossiertes Thüringer Schaukel- und Rollpferd aus dem dort ja sehr reichen Formen-Repertoire. Sicher war es ein Traum der Dreher, ein solches Pferd herzustellen. Aber sie mußten bei ihrem „marktfähigen“ Typ bleiben. Das war das billigere Massenprodukt. Auch dieses Thüringer Pferd deutet wieder auf Verbindungen zur Eisfelder Region hin. Zwischen den Beinen des Pferdes halb versteckt sieht man die Hinterbeine eines ganz kleinen Holztieres mit „Stöckchenbeinen“, die auf ein Exemplar der billigsten Variante des schlichten Holzpferdchens schließen lassen, beide Stücke sicher Muster, wie man sie als mögliche Vorbilder sammelte.

Buxbaum beschreibt auch, daß bei Becker bessere Pferde eine Mähne aus Ziegenfell erhielten. Das entspräche dem Thüringer Brauch. Im Odenwald wurden aber sonst üblicherweise die Mähnen gemalt. Buxbaums Resümee: „Deutschland erzeugt unter allen Ländern der Welt die meisten Schaukel-, Roll- und Steckenpferde und deckt damit seinen eigenen und den größten Bedarf der überseeischen Völker. Außer Thüringen hat auch der Odenwald einen guten Ruf als Ausfuhrgebiet für Kinderpferde; obenan steht Niedernhausen, das alljährlich Tausende und Abertausende seiner gezäumten und ungezäumten Remonten in die traulichen Kinderstuben schickt. Dazu kommen noch die vielen Schubkarren, Kastenwagen, Roll- und Sprossenwagen.“

Abb. 9: Ein bossiertes Odenwälder Schaukelpferd, das Meisterstück von Georg Hermann Becker, 1939, mit Sohn Georg Wilhelm vor einem Weihnachtsbaum im „Gärtchen“, 1946.

Hier spricht Buxbaum nun von der zweiten Generation der Spielzeugmacher im Haus „Horndrehersch", von dem schon erwähnten Philipp Becker[8]. Der Vater Adam Becker hatte also nach Buxbaums Erzählung die Roßmacherei begonnen, offenbar vor Ludwig Beilstein. Da Beilsteins Produktion 1859 bereits nachweislich florierte, kann man feststellen, daß die Spielzeugherstellung in Niedernhausen mit Sicherheit seit den 1850er Jahren eingeführt und am Aufblühen war.

Die Fabrikationen schießen überall „wie Pilze aus der Erde"

Einige andere vergleichbare Werkstattgründungen seien noch genannt: Wenige Jahre zuvor hatte in Göppingen Drehermeister Schmohl begonnen, ähnliche schlichte Spielzeugpferde herzustellen, ebenso wie später „Gäules-Keller", 1864 vom Beindrechsler Vogel begründet (Abb. 10). Und auch in Seiffen wurde der gleiche Typ Spielzeugpferde gedreht, kleine hellfarbene Rollpferdchen und besonders lebhaft schwarz gekringelte Schimmel als Schaukelpferde, wie sie auf Bildern im

Abb. 10: Drei Göppinger Pferde und ganz links ein Odenwälder Gaul von Krämer, 1965. Die Odenwälder Pferde sind diesen Göppinger Typen nur auf den ersten Blick „zum Verwechseln ähnlich"! Aber natürlich wurde auch kopiert. Das kleine Pferd links ist von Schmohl, siehe Katalogausschnitt. Die beiden Keller-„Trojaner" rechts sind besonders schöne Exemplare; der kleinere ist aus dem Besitz von Georg Hermann Becker, Niedernhausen, mit Datum 1930. Schablonen- und Spritzpistolenmalerei. Ca. 1930 bis 1965. H: 32,5 cm. MSL.

Besitz der Seiffener Familie Walter Werner zu sehen sind. Julius Glöckner (geb. 1856), Werners Urgroßvater, Drechsler und Holzwarenfabrikant, nutzte die Nähe zu Böhmen, um die Halbfertigware aus Seiffen jenseits der Grenze (bei niedrigem Zoll) zu Billiglohn fertig arbeiten zu lassen und in Böhmen zu verkaufen, wogegen er dann dort billig Holz und Kohle einkaufen konnte. Er hielt sich fünf Pferde, welche die schwere Last über den Gebirgskamm nach Seiffen ziehen mußten, und er verband so die Spielzeugfertigung mit dem Fuhrmannsgeschäft. Firma Munz in Welzheim/Württemberg begann später, gegen 1890, mit der fabrikmäßigen Produktion. Es gibt ein interessantes Bild der Fabrikbelegschaft mit zehn Frauen unter den fast fünfzig Mitarbeitern, und es ist ein Musterbrett erhalten, auf dem ein allerdings in den Proportionen sehr mißglücktes, unschönes „Gäulchen" neben den realistischer modellierten Pferden figuriert (Abb. 11). Diese letzteren Hersteller haben sich alle, so sieht es aus, nicht der Profilblockdreherei bedient. Und das oben erwähnte Pferd mit Stockbeinchen, z. B. aus Böhmen bekannt, welches geradezu zum Stereotyp eines Pferdchens in Illustration und Karikatur wurde (Abb. 12), das brauchte keinen Aufwand für die Beinherstellung! (siehe auch Karte S. 470).

Das Gewerbeblatt warnt vor Giftfarben

Den oben beschriebenen Drechsel- und Schnitzarbeiten folgte das Zusammensetzen und Fassen der Pferde. Die beschnitzten Pferdebeine wurden mit Leim an den abgehobelten Partien der Unterseite des Pferdekörpers eingezapft, oben wurde der Kopf aufgeklebt und am Hinterteil der Schweif eingekeilt. Danach folgte die farbige Fassung, die hier immer im Hause vorgenommen und nicht an spezielle Faßmaler abgegeben wurde. Die zusammengeleimten und getrockneten Pferdewagen erhielten nur teilweise Farbe, die Leiterwagen oft nur farbige Sprossen und einige bunte Tupfen und Ranken auf dem im übrigen rohen („weißen") oder mit dünnem Lack überzogenen Holzwerk. Je nach Bestellung wurde aber auch Farbe aufgetragen. Die Pferde selbst wurden immer gefaßt mit Leimung, Grundierung,

Abb. 11: Musterbrett aus Welzheim/Württemberg von Firma Munz mit realistisch durchgeformten Pferden, dem klassischen Leiterwägelchen mit Pferd auf durchgehendem Brett und mit einem Gäulchen vom Odenwälder Typ. Dem Gäulchen fehlt der Charme seiner Odenwälder Kollegen. Material und Größe entsprechen denen aus dem Odenwald. Ca. 1900.

UNE SITUATION DIFFICILE
D'APRÈS « L'INCONVÉNIENT DE FAIRE SES VISITES A PIED »
CARICATURE EN COULEUR DU XIXe SIÈCLE

Abb. 12: Das typische Karikaturpferdchen! In seiner Phantasie ist der stolze Reiter hoch zu Roß unterwegs, aber der Hund spielt nicht mit! Der Text bezieht sich wohl auf ein damals bekanntes Stück oder Lied. Aus Histoire des Jouets.

Leimfarbenauftrag und Lackierung. Aufgemalt wurden Satteldecke, Sattel und Brustblattgeschirr, und nur ausnahmsweise, wie bei besseren Qualitäten üblich, wurde mit Leder oder Wachstuch und Nieten geschirrt. Den Stutzschwanz aus Holz erhielten die kleinen Pferde, größere und große bekamen einen Schweif aus Hanf, Roßhaar oder einer Kuhschwanzspitze, letztere heute an der Klebrigkeit zu erkennen bzw. zu erfühlen. Mit dem Fassen oder dem „Anstreichen" der Gäule, wie man hier sagte, wurden neben den Lehrlingen auch die Frauen betraut. Und das „Äpfeln" oder Auftupfen der „Rosen" mit dem Schwamm konnten die Kinder übernehmen. Das Aufsprühen von Kringeln mit der Spritzpistole, wie es später üblich wurde, verlangte kräftigere als Kinderhände.

Farben und Leim für die Fassung lieferte z. B. Georg Fleischer in Groß-Bieberau. „5 kg Cöln Leim I" steht auf einem Lieferzettel Fleischers für Ludwig Beilstein. Diesem Hautleim wurde etwas Alaun zugesetzt, damit er vorhärtete und sich beim Überstreichen nicht löste. Beilstein hielt den Leim im Wasserbad auf einem heißen Ziegelstein flüssig. „Ultramarin, Mennig, Chromgelb, Neugelb" stehen auf einem weiteren Zettel. Von dem Ultramarin wurden kleine Mengen der Lithopone- oder Kreidegrundierung zugemischt, damit darauf das Weiß dann recht strahlte. Es gab ja fast nur die hellen Apfelschimmel. Die bläuliche Grundierung kann man heute unter alten Fassungen deutlich durchschimmern sehen. Eine „Mode" scheint das zeitweilige Auftragen eines „Abzeichens" auf der weißen Pferdestirn gewesen zu sein: als Raute in schwarz, manchmal aber auch gelb und herzförmig.

Daß Farben wie Chromgelb und Mennige giftig waren, beschäftigte das Gewerbeblatt angelegentlich, denn die Handwerker wußten noch zu wenig von der Farbchemie. Es war nicht lange her, daß man das so schöne und beliebte, aber bald berüchtigte arsenhaltige Schweinfurter Grün sogar auf Konditorwaren verwendet hatte. Doch auch die „Farbenpolizei" des A. Stöckhardt bezeichnet im Gewerbeblatt die Verwendung einiger giftiger Pigmente einschließlich des Schweinfurter Grün für Spielwaren dann als erlaubt, wenn sie mit Leinölfirnis gebunden würden. Die Spielzeugdreher arbeiteten damals hier im Odenwald aber nur mit Leim als Bindemittel, und die Farbe wurde nur dünn mit Spirituslack überzogen. Das war keine ausreichende Sicherung vor dem Abreiben. Die Standbretter wurden hier allerdings eher gelb als grün bemalt. Es gab in Thüringen Versuche, blaue und grüne pflanzliche Farben zu erzeugen, die aber sehr unbefriedigend verliefen. „Die gesamten Kornfelder und Kohlgärten Meiningens würden nicht hinreichen, den Bedarf an Blau und Grün zu decken", hieß es. Außerdem färbten diese lasierenden Farbtöne das Holz nicht ausreichend, waren nicht wasserfest, und man mußte doch das giftige Bleiweiß dazumischen. Es war schließlich eine Frage des Verkaufserfolgs, daß die Waren schön farbig aussahen. Die Rotviolettfärbung der Wägelchen z. B. mit Heidelbeersaft, im Erzgebirge und in Böhmen verbreitet, war hier nicht üblich, und sie hätte wohl auch nicht den Ansprüchen an die Haltbarkeit genügt (s. Abb. 2).

Die Pinsel machte sich jeder selbst aus Kuhschwanzhaaren, die in Metallhülsen oder auch in Federkiele eingefaßt wurden, ebenso verfuhr man mit den winzigen Naturschwammstückchen zum „Punkten" der Geschirrverzierungen und zum Augenmalen. Größere Schwammstücke dienten, wie gesagt, zum „Äpfeln". Dieses schöne Beispiel einer sorgfältig gemalten alten Fassung eines unbekannten Herstellers (Abb. 13) war unter einer Übermalung erhalten. Unveränderte alte Fassungen sind selten zu sehen. Die Spielzeuge wurden immer wieder frisch bemalt, zumal die originalen Farben aus Sparsamkeit oft mit wenig Leim schlecht gebunden waren und schnell abblätterten.

Das Geschäftsbuch des Ludwig Beilstein

Ab 5. Februar 1859 schrieb Ludwig Beilstein seine Warenausgänge in sein Geschäftsbuch ein, einen Folioband in braunem Kleisterpapier mit heute gegilbten Blättern, dessen Seiten er sich selbst eingeteilt und liniert hatte. Die ersten Seiten ließ er frei, um dort jedes Jahr die Jahreseinkünfte einzutragen. Er schrieb Namen und Adressen der Kunden oben auf das Blatt und führte genau die Lieferungen mit Anzahl der Stücke im Dutzend, den Dutzendpreisen und dem Endpreis auf. Je nach Bezahlung wurde dann mit „bezahlt" abgezeichnet und die Rechnung als erledigt gekennzeichnet. Die Schrift im ganzen Buch stammt von ein und derselben Hand, die auch auf einem einliegenden Zettel mit der Unterschrift „Beilstein Dreher" zu lesen ist. Sein Name taucht noch auf weiteren Zetteln auf, wie Bestellzetteln, Frachtbriefschnipseln und einem Kundenbrief, die er teilweise als Kladde benutzt hatte. Dieses Buch hat den Umzug in das neue Haus 1864 und später,

Abb. 13: Manchmal ist unter einer Übermalung eine schöne originale Fassung erhalten, wie bei diesem Pferd eines unbekannten Herstellers, welches zu einem orangefarbenen „Popart"-Objekt umgestaltet worden war. H: 43 cm. 1. Hälfte 20. Jh. MSL.

nach Ende der Eintragungen um 1892, die hundert Jahre im ständig umgebauten und erweiterten Haus „Drehersch" überlebt, (zeitweilig vielleicht von Kindern als „Steckbuch" benutzt, da sich zwei Sammelbildchen, Lithographien um etwa 1900, zwischen den Seiten finden), aber doch sorgfältig von Familie Beilstein bewahrt, und es ist heute als das einzige Dokument seiner Art erhalten.

Beilstein ist offenbar, wie oben gesagt, ganz professionell vorgegangen, und er hat, anders als die Berufsgenossen, die Frankfurter Messen besucht. Während der Recherchen für die Heimarbeitausstellung 1908 war in Niedernhausen die Rede davon, daß einer der Spielzeugmacher über die Frankfurter Messe verkauft habe. Den Namen nannte man nicht. Das Geschäftsbuch weist jetzt Ludwig Beilstein als diesen, für seine Möglichkeiten sehr fortschrittlichen Verkäufer seiner Waren aus. Sein Kundenkreis reichte, über die dreiunddreißig Jahre der Buchführung gesehen, außer in Städte des Großherzogtums Hessen im Westen bis Trier und Saarbrücken, nach Süden und Osten bis Heidelberg, Mannheim, Stuttgart, Karlsruhe, Freiburg, Straßburg und Mühlhausen im Elsaß, nach München, Nürnberg, Fürth, Würzburg, Aschaffenburg, auch nach Karlsbad und Teplitz in Böhmen und schließlich, später, nach Norden in das gesamte Rhein- und Ruhrgebiet mit Düsseldorf und weiter nach Ostfriesland.

In Nürnberg, dem wichtigsten Umschlagplatz für Spielwaren, geht die erste Sendung an Joh. Martin Rau, dann stehen die Firmen Wahnschaffe – „Erstes und ältestes Spielwarenversandgeschäft" – sowie Munker, Schrögler & Jordan, später Schrögler & Scheckenbach jahrelang als Kunden verzeichnet, alles namhafte Großhandelsfirmen für Spielwaren. Ebenso liest man die Namen von Exporteur Insam & Prinoth und Senoner aus dem Grödner Tal, die hier ihre Niederlassungen hatten, sowie viele weitere Namen von Nürnberger und von Fürther Firmen. Unter mehreren Münchner Adressen fällt die von Josef Obletter auf dem Marienplatz auf, bis heute einer der guten Namen für Spielzeug. Obletter war damals noch ein

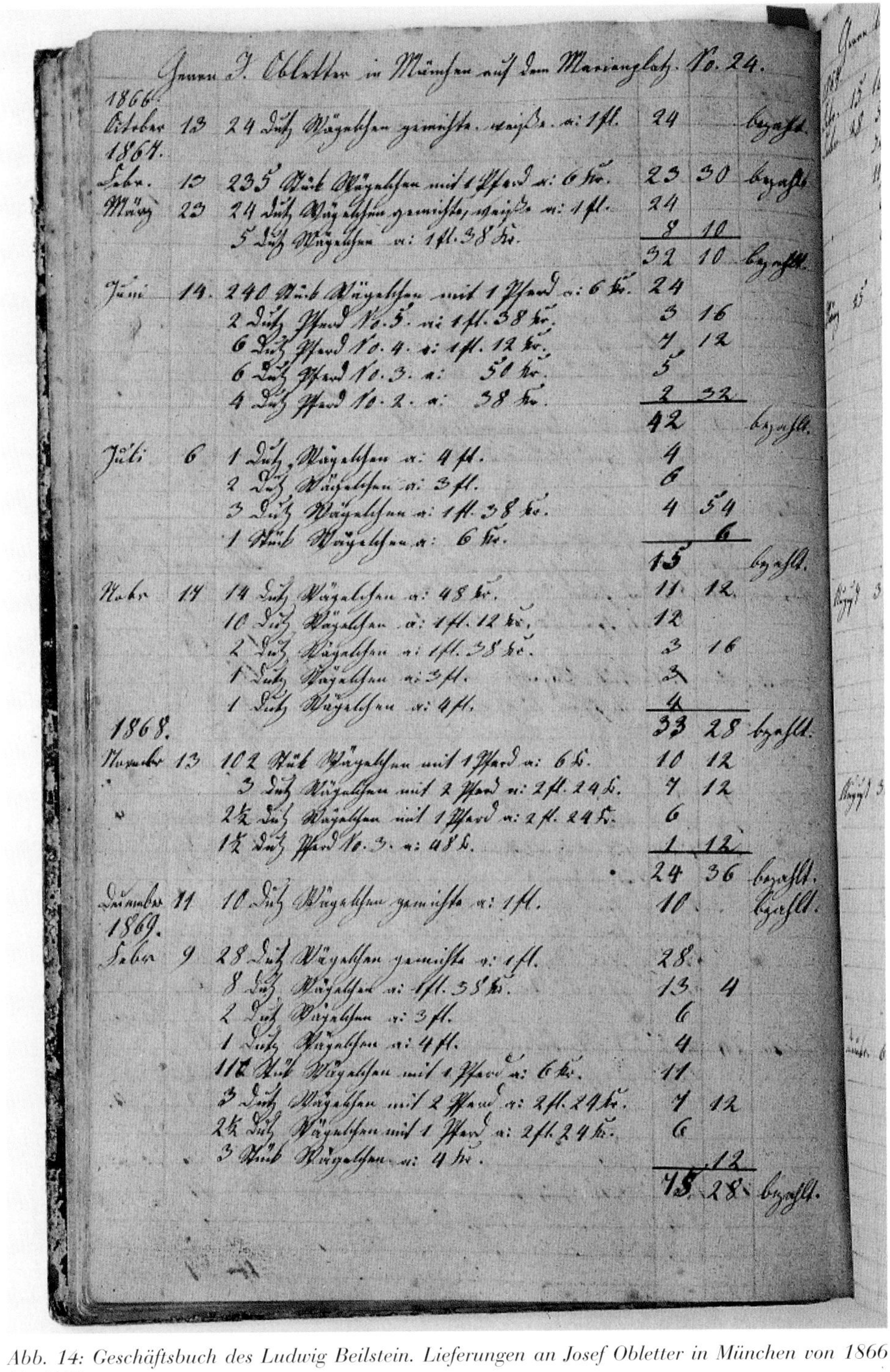

Abb. 14: Geschäftsbuch des Ludwig Beilstein. Lieferungen an Josef Obletter in München von 1866 bis 1869.

junges Unternehmen. Der Gründer hatte ebenso klein angefangen wie die Odenwälder Dreher: „mit einem Korb voll handgeschnitzter Figuren war er aus dem Tirolerischen nach München eingewandert". Die Wägelchen und Pferdchen aus Niedernhausen paßten sicher gut in sein Angebot. Er war ein besonders treuer langjähriger Abnehmer (Abb. 14).

Eine Lieferung ging 1868 nach Göppingen an Wilhelm Schönhut, Spielzeugmacher und Drehermeister. Er war ein Konkurrent der Odenwälder Dreher, wie der Göppinger Schmohl – der ein Schüler von Schönhut war – und wie „Gäules-Keller". In seinem Laden handelte Schönhut auch mit Waren anderer Hersteller. 1866, heißt es, habe er aufgrund wirtschaftlicher Schwierigkeiten schließen müssen. Offenbar lief sein Handel doch noch etwas länger, deshalb hatte er in Niedernhausen eingekauft. Sein Sohn Albert Schönhut wanderte im selben Jahr nach Amerika aus und baute schließlich in Philadelphia eine große Spielwarenfirma auf. Berühmt wurde er auch in Europa, als er 1903 den so erfolgreichen Humpty Dumpty Zirkus herausgebracht hatte. Antonia Fraser, Autorin eines Buches über Spielzeug (London 1966) meint dazu, die Geschichte von Schoenhut sei bemerkenswert, sie zeige den Siegeszug deutschen Unternehmergeistes in Verbindung mit amerikanischen Markt- und Entwicklungsmöglichkeiten. Und Fraser benennt die Schwächen des damaligen deutschen Spielzeughandels: Es fehlte vielen der Hersteller und Händler an Marktkenntnis und Organisation. Diese Schoenhut-Zirkusfiguren sind weitgehend gedreht. Sie sind ein schönes Beispiel für Erfindungsreichtum an der Drehbank (Abb. 15).

Regelmäßig ging Ware an Gasthäuser wie das Gasthaus „Zur Sonne" in Durlach, letzteres möglicherweise ein Depot zur weiteren Verteilung, und nach Langen

Abb. 15: Gegensätze: die gedrehten plastischen Einzelteile des originalen Schoenhut-Pferdchens werden durch Gummibänder beweglich gehalten, während das flache französische Brett-Pferdchen (Firma Clerc?) zwar steif, aber doch im Entwurf schwungvoll ist. H: 25 cm. 1. Hälfte 20. Jh. MSL.

in das Gasthaus „Zum Weinberg" für den „dort logierenden Herrn Lippert aus Schmalnau", mehrere Male, zwischen 1863 und 1869. Ein „Herr I. G. Hoffmann" wurde „zur Zeit der Messe in Frankfurt" beliefert, jeweils im März und August, von 1872 bis 1875. Der Kunde „Adolph Link aus Thalau, Landgericht Weihers bei Fulda", der 1861 am Tag der Lieferung bezahlte, was für den Treffpunkt Frankfurter Messe spricht, erscheint später, 1885 – und dies ist der schriftliche Hinweis auf Beilsteins Besuche der Frankfurter Messe – mit der Notiz im Geschäftsbuch: „abgerechnet die Frankfurter Herbstmesse, bleibt Rest 33 Mark 64" und wenig später:„10 Mark bezahlt die Messe zu Darmstadt". Da blieb allerdings noch ein Rest von 23 Mark 64 offen! Die Messen boten wohl nicht zuletzt eine Gelegenheit, fällige Rechnungen zu präsentieren. Dieser Herr Link war ein treuer Kunde, aber, wie hier nachzurechnen, er zahlte nur Abschläge, und Beilstein mußte seinem Geld ständig hinterherlaufen.

Das Geschäftsbuch spiegelt eine sich ändernde Verkaufspraxis

Seit den achtziger Jahren des 19. Jahrhunderts erweiterte sich der Kundenkreis durch neue Abnehmer aus dem Großraum um Düsseldorf. Der Düsseldorfer Händler Lautenschlager ließ sich nach seinen ersten Bestellungen eine große Ansichtssendung kommen, die Beilsteins wichtigstes Programm enthielt mit vierundzwanzig Pferden und Wagen und Pferdewagen in verschiedenen Größen. Lautenschlager warb damit offenbar neue Kunden und vermittelte von nun an deren Aufträge aus dem ganzen Niederrhein- und Ruhrgebiet und gab sie direkt an Beilstein weiter, der sie dann im Geschäftsbuch mit Namen und Adresse der Auftraggeber, mit der Kistennummer ohne einzelne Inhaltsangabe und mit dem Endpreis der Lieferung auflistete. Das vereinfachte die Buchführung außerordentlich. Lautenschlager erhielt weiter seine eigenen Bestellungen „ins Haus geschickt". Die Abrechnungen liefen offenbar über Lautenschlager. Wieweit er profitierte, ist nicht zu ersehen. Alle anderen Auftraggeber wurden weiter wie vorher beliefert.

Daß aus dem süddeutschen Raum um diese Zeit offensichtlich weniger Bestellungen als vorher eingingen, hängt vermutlich mit dem außerordentlichen Aufblühen der Göppinger Firmen wie Schmohl und „Gäules-Keller" zusammen, den Konkurrenten, die sich mächtig ausbreiteten, und auch mit dem Entstehen neuer Fabriken wie Munz in Welzheim. Die Märkte in Nord- und Ostdeutschland waren wohl in der Hand anderer Produzenten und tauchen jedenfalls bei Beilstein nicht auf. Daß Odenwälder Waren bis nach Übersee verschickt wurden, erzählte bei einem Interview Magdalene Heleine aus Rohrbach in der Waldensersiedlung. Die Holzpferde ihres Großvaters Friedrich Klenk gingen (das war vor dem Ersten Weltkrieg) direkt nach Hamburg und aufs Schiff. Wie das Zollproblem gelöst wurde, ist nicht mehr zu erfahren. Das Gewicht der ja schweren Gäule muß beim Zoll, der in verschiedenen Ländern nach Gewicht erhoben wurde, eine Rolle gespielt haben. Die Erzgebirgler produzierten wegen der Gewichts- und Zollersparnis viel kleinere und auch zerbrechlichere Pferde und Wagen. Daß Beilstein-Gäule bis Übersee gelangt sind, ist bisher nicht belegt.

Das Einkommen der Familie Beilstein

Von 1859 bis 1888 (außer 1860) addierte Beilstein die Jahreseinnahmen und trug sie vorn in sein Buch ein, z. B.: „Die Geldsumme von Arbeit vom Jahrgang

Der Odenwald und die mittel- und süddeutschen Holzspielzeugproduktionsgebiete.

1859: 752 Gulden". Jahr für Jahr steigerten sich seine Einnahmen, bis Jahrgang 1865 einen deutlichen Rückgang markiert. Möglicherweise hielt ihn da noch der Ausbau seines neuen Hauses in Niedernhausen von der Berufsarbeit ab. Das beste Jahr vor dem Krieg 1870/71 war 1869. Beilstein verkaufte 8107 Stück Pferdespielzeug und 4628 Stück Leiterwagen, Sandwagen und Schubkarren für die Summe von 1340 Gulden. Während der Kriegsjahre 1870/71 gingen die Einnahmen wieder deutlich zurück, um dann aber bald anzusteigen, und sie vermehrten sich in den folgenden Jahren auf 1582 Gulden 35 Kreuzer, oder 2713 Mark in der neuen Währung im Jahr 1876. Seit 1871 gehörte das Großherzogtum Hessen zum deutschen Kaiserreich. Die neue Reichswährung war nach und nach eingeführt worden und war 1876 im ganzen Reich in Kraft. Von 1876 bis 1881 schrieb Beilstein beide Währungen nebeneinander ein, die Endsumme in der neuen Mark, und daneben noch einmal die in den Guldenbetrag zurückgerechnete Summe, sicher um noch an den alten Zahlen „Maß nehmen" zu können. Bis 1888 stieg der Jahresverdienst auf 3324 Mark 37 Pfennige. Danach gibt es bis 1892 nur noch unregelmäßige Eintragungen (Abb. 16).

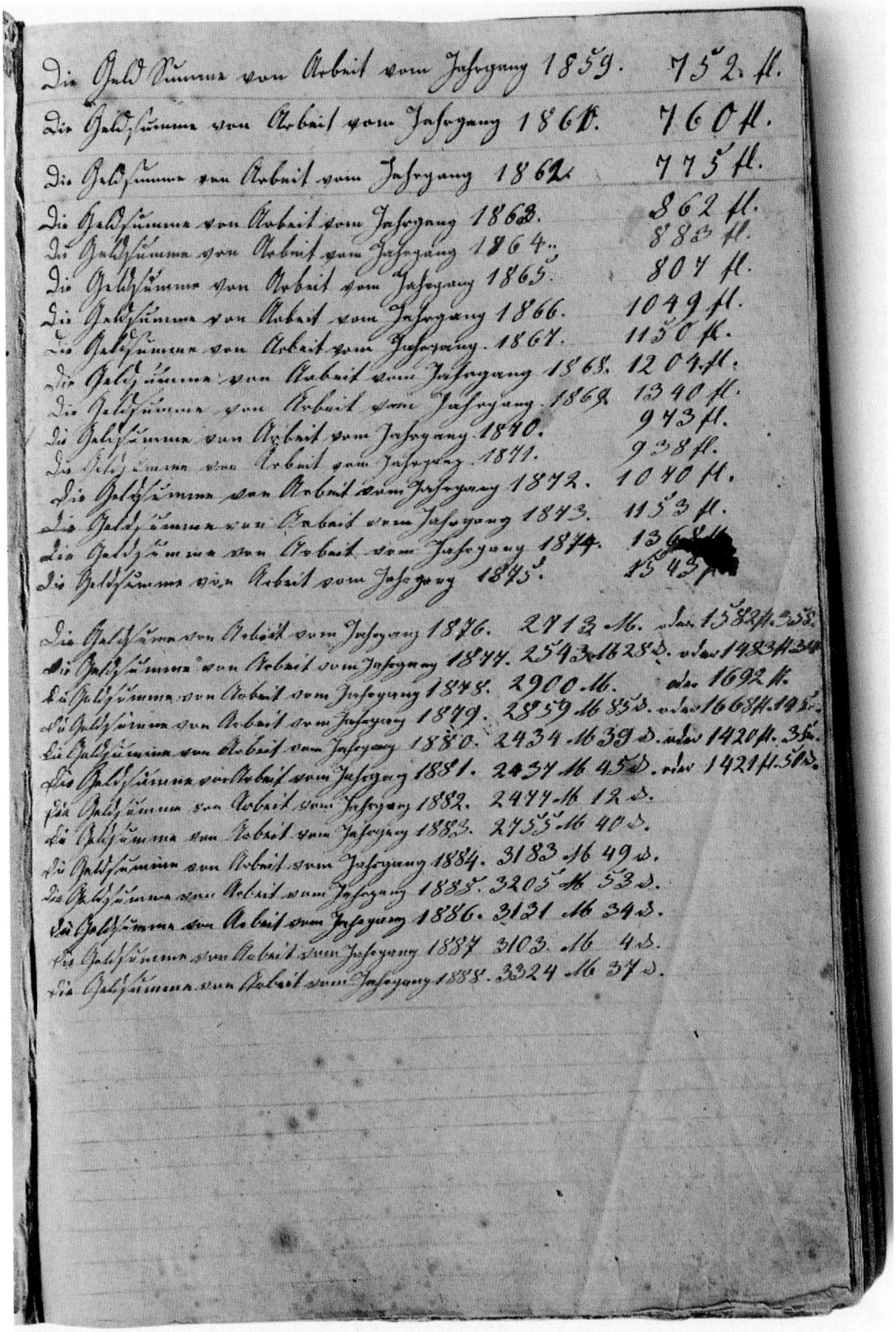

Abb. 16: Geschäftsbuch des Ludwig Beilstein, sein Einkommen von 1859 bis 1888.

Die Bewertung der Einkünfte ergibt ein für die Familie Beilstein recht günstiges Bild. Die Spielzeugdreherei lohnte sich für sie. Der Zeitaufwand war allerdings außerordentlich hoch. Die Siebzigstundenwoche mindestens war dazu nötig. Der Stundenlohn kam nur auf unglaublich niedrige 10 bis 13 Pfennige, wie später bei der Enquete für die Heimarbeitausstellung 1908 festgestellt wurde. Das Durchschnittseinkommen von 500 Mark netto im Jahr, welches man zu der Zeit für eine Werkstatt mit ein bis zwei Drehern mit Hilfskräften ausrechnete, hier wie ähnlich auch im Erzgebirge, wurde von den Beilsteins jedenfalls zur Zeit des Gründers weit übertroffen. Der Gründer Ludwig Beilstein muß ein überaus fleißiger und tüchtiger Mann gewesen sein, und vielleicht auch ein sehr strenger Lehrherr, der seine Lehrlinge und Hilfskräfte bei der Arbeit zu halten wußte, (wie es so später von seinem Enkel Philipp Wilhelm Loos berichtet wird).

Aus Beilsteins Warenliste

Ein Ausschnitt aus den ersten Aufzeichnungen. An Hochheimer in Mainz gingen:

1859	Hochheimer von Mainz		
5. Februar	Eine Kiste 16 Dtzd. Wägelchen mit 1 Pferd	19 fl	12 Kr
12. März	30 Dtzd. gemischte Wägelchen	30 fl	
	6 Dtzd. große Wägelchen	9 fl	36 Kr
		39 fl	36 Kr
		erhalten 26. März:	
		Abschlag 55 fl	
		Rest 3 fl	48 Kr
2. Juli	43 Dtzd. Fleckpferd á 18 Kr	12 fl	54 Kr
" "	39 Dtzd. Schnallepferd á 26 Kr	16 fl	54 Kr
		29 fl	48 Kr
16. Juli	7 Dtzd. Fleckpferd á 18 Kr	2 fl	6 Kr
" "	4 Dtzd. Schnallepferd á 26 Kr	1 fl	44 Kr
" "	43 Dtzd. No. 2 á 36 Kr	25 fl	48 Kr
" "	5 Dtzd. No. 3 á 48 Kr	4 fl	
		33 fl	38 Kr
		erhalten 31. Juli:	
		63 fl	26 Kr

etc. etc.

1 fl (Gulden) hat 60 Kr (Kreuzer)

Auf die 58 fl 48 Kr vom 5. Februar und 12. März erhielt Beilstein am 26. März einen Abschlag von 55 fl. Den Rest blieb Hochheimer schuldig. Die nächste Rechnung wurde dann auf Gulden und Kreuzer genau bezahlt. Mit Schnallepferd ist wohl das Zugpferd mit Bauchgurt und „gedachter“ Schnalle gemeint; vielleicht wurde damals die Schnalle auch aufgemalt. Das Fleckpferd wird ein gefleckter Schimmel sein. Diese Bezeichnung paßt besonders gut auf die schwarz getupften Schimmel des Beilstein-Schülers Philipp Loos (Abb. 22). Vielleicht hat sich da in der Loos'schen Tradition die ursprüngliche Bemalung, wie sie Beilsteins Fleckpferde zeigten, erhalten. Die Zeichnung der Schimmel variierte man später in den verschiedenen Werkstätten, und nur bei Loos malte man (möglicherweise durch fast achtzig Jahre) bis zuletzt die so abstrakt wirkenden schwarzen runden Flecke oder Tupfen auf die weißen Gäule(s. auch Abb. 44, Seite 518).

Beilsteins Angebot umfaßte „lackierte Scheßchen, Sandkarrn weiß, Sandkarrn lackiert, Wägelchen blau lackiert, Schubkärnchen, Speißkärnchen“ und weiter: Kastenwagen, Pferde von 1 bis 12, kleine Einspänner, große Einspänner, Zweispänner, (bei den drei letzteren Leiterwagen und Pferd jeweils auf einem gemeinsamen Brett wie Abb. 5), Leiterwagen mit Pferd bespannt (also das Pferd auf eigenem Brett), Steckenpferde, Ratschen und auch mehrere Male Mehllöffel 1 bis 3 und Spitzlöffel, Schüsseln 1 bis 6 und Stuhlsprossen. Schaukelpferde werden nicht erwähnt. Das Pferd Größe 12 dürfte ungefähr 60 cm hoch gewesen sein, wurde aber wohl nur als Räderpferd angeboten. Wie das Scheßchen aussah, war bisher nicht festzustellen. Es handelte sich wohl um eine einfache einachsige Kutsche. Das „Wägelchen“ ist vermutlich ein kleiner Wagen mit geschlossenen Seiten, ein Kastenwagen, und er wird von „klein“ für 4 Kr bis „groß“ für 4 fl angeboten. Angegeben sind die Preise für das Dutzend. Z. B. kosteten dreißig Dtzd. Wägelchen 30 Gulden, das Dutzend also 1 Gulden oder 60 Kreuzer, das Stück dann 5 Kreuzer. Ein Pferdchen No. 3 kostete 4 Kreuzer.

Für ein Fünfpfundbrot zahlte man je nach Ernte und nach Jahreszeit zwischen 11 und 22 Kreuzer (Angaben im Dieburger Wochenblatt). Da Beilstein mehrmals im Jahre 1859 vom Händler Heberling in Darmstadt Lebensmittel bezog, die er ins Buch eintrug, kann man auch weitere Preise direkt vergleichen: ein Pfund Zucker kostete 14 Kreuzer, ein Pfund Kaffeebohnen 32 Kreuzer, ein Pfund „Deutsche“, das ist Malzkaffee, 4 Kreuzer. Diese Beträge wurden wohl teils gegen Spielwaren verrechnet, teils bei Heberling bezahlt. Solche ins Private gehenden Eintragungen zwischen den beruflichen Abrechnungen, wie sie für andere Hausbücher wegen des üblichen Tauschhandels typisch sind, erscheinen in Beilsteins Buch nur dieses eine Jahr, und nur noch einmal 1890 mit der Verrechnung einer Weinlieferung von Firma Peter Braun aus Kreuznach. Das Verrechnen Ware gegen Ware bot sich mit Spielwaren sicher weniger an. Es mag auch sein, daß Ludwig Beilstein auf Geldzahlung bestand. Jedenfalls unterscheidet sich Beilsteins Buch von den hier üblichen Hausbüchern dadurch, daß die privaten Nachrichten fast ganz fehlen, und daß es als reines Geschäftsbuch geführt wurde.

Bei der Sorgfalt, mit der alle Warenausgänge verzeichnet sind, kann man annehmen, daß auch die Bezahlungseingänge jeweils entsprechend genau abgezeichnet sind. Da gibt es aber Lücken. Haben da Abnehmer wiederholt Ware bestellt, geliefert bekommen und nie bezahlt? Bei einigen langjährigen Kunden, das ergibt eine genaue Prüfung, wurde dann viel später, nach mehrmaligen Abschlagszahlungen, wie sie schon oben erwähnt wurden, doch noch abgerechnet, ohne die üblichen Vermerke „bezahlt“ neben früheren offenen Rechnungen nachzutragen. Aber man muß wohl davon ausgehen, daß die Werkstatt Beilstein etliche Stunden arbeitete, ohne den Lohn dafür zu erhalten. Einige Lieferungen sind als Ansichtssendungen zu erkennen, da die Produkte in nur je einem Stück angeboten werden und nicht dutzendweise. Da blieb die Bezahlung häufiger aus.

Ludwig Beilstein bemühte sich offenbar, schnell zu seinem Geld zu kommen. Den Datierungen einiger Zahlungen im April 1859 ist beispielsweise zu entnehmen, daß er mit mehreren Frankfurter Kunden, die in der Altstadt in den Gassen der „Kurze Waren Händler" saßen, am gleichen Tag abrechnete; einer war der „Galanterie- und Nürnberger Spielwarenhändler" Heinrich Martin im „Köppler Höfchen". Wahrscheinlich hat Beilstein das Geld dort persönlich eingenommen, oder ein Gewährsmann hat es für ihn eingetrieben, vielleicht der Fuhrmann, der die Spielwarenkisten befördert hatte.

Zweimal wurde von den Auftraggebern ein Vorschuß gezahlt, etwas ganz Besonderes für einen der Kleinmeister, denen es ja an Eigenkapital völlig mangelte. Der gängige Zahlungsweg war im übrigen die Postanweisung. Wie groß die Handelsspanne der Händler war und was die Käufer für die Spielwaren zahlten, ist nicht überliefert. Die Endpreise dürften etwa 30% bis 35% über Beilsteins Erlösen gelegen haben, wenn man einer Faustregel vom Kenner des Spielzeughandels Manfred Bachmann folgt.

Heinrich Eidmann zitiert Georg Beilstein IV.: „Ja, mit dem Lohn ist es so eine Sache. Der ist gering. Aber wir sind im Trocknen, wenn andere Dorfgenossen bei Sturm und Wetter im Steinbruch arbeiten. Wir sind zufrieden, und läßt uns unser Herrgott nur schön gesund, so kommen wir doch vorwärts. Vielleicht kommt zu den drei Drehbänken noch die vierte, eine Rundsäge und gar der elektrische Motor. Das möchte ich noch erleben!" Die größeren Firmen wie Obletter in München und die meisten Händler in Nürnberg zahlten recht regelmäßig. „An die Vedes in Nürnberg haben wir immer am liebsten geliefert", sagt Margarete Ritter geborene Beilstein noch heute, „die hat gut bezahlt!" Aber sie erinnert sich auch, daß der Vater Adam Beilstein bei einem Nürnberger Händler kein Geld bekam, sondern Naturalien, nämlich Spielzeug: eine wunderbar eingerichtete Puppenküche, und dazu ein Fahrrad für den Lehrling. Die Kinder, seine drei Töchter, waren glücklich und verstanden den Kummer der Eltern nicht.

Der Gewerbeverein hat später immer wieder den Handwerkern dringend empfohlen, die Rechnungen gleich zu stellen und nicht nur zum Halbjahr oder zum Jahresende, wie es immer noch üblich war, und wie es einige Werkstätten in ihrer Werbung ausdrücklich anboten, sondern auf der alsbaldigen Bezahlung zu bestehen. Noch der Enkel von Ludwig Beilstein, eben jener Adam, fuhr im Schubkarren ein Schaukelpferd nach Frankfurt und lieferte es ab, ohne den Lohn von etwa sechs Mark gleich mitnehmen zu können.

Ludwig Beilstein hat bis in die 1890er Jahre noch Eintragungen in sein Geschäftsbuch gemacht. Die letzten datieren vom April 1892. Ob sein Sohn und Nachfolger Georg Beilstein IV. dann weiter Buch geführt hat, ist nicht bekannt. Georg hatte seine Lehrzeit sicher in der väterlichen Werkstatt absolviert und seitdem dort gearbeitet. Es gibt in den Akten zwei verschiedene Daten, die den Beginn seiner Selbständigkeit angeben, einmal wird das Jahr 1886 genannt, dann 1893. Sicher war eine wirklich selbständige Arbeit für ihn gar nicht möglich, solange der Vater „Meißel und Röhre" noch fest in der Hand hielt. Daß Georg schon seit seinem zwanzigsten Lebensjahr einen eigenen Stempel mit dem Text „Gg. Beilstein IV.

Odenwälder Spielwarenfabrik, Niedernhausen i. Odw." besaß, den er auf einem Kundenbrief des Vaters ausprobierte, hatte wohl nichts zu bedeuten. 1892 aber gab es einen Einschnitt im Lebens- und Arbeitsablauf „in Drehersch", und Georg IV. rückte wohl in der Werkstattleitung nach, amtlich jedenfalls 1893.

Wie sahen die ersten „Odenwälder Gäulchen" aus?

Die ältesten unter den erhaltenen Pferden dürften um 70 bis 80 Jahre alt sein; die ältesten Schaukelpferde sind 80 Jahre alt, z. B der „Millionengaul" (Abb. 17)

Abb. 17: Der sogenannte „Millionengaul", während der Inflationszeit 1923 für einen Millionenbetrag von der Sandbacher Familie Kämmerer bei Adam Krämer (I.) gekauft. Alte Fassungsreste wurden unter einer Übermalung freigelegt. H: 61 cm. In der Familie erhalten.

und etwa ebenso alt oder älter der „Schockelgaul" der Familie Becker/Arras (Abb. 18). Auf Photos sind noch ältere Exemplare kleiner Gäule zu sehen; sie gehören alle zum heute bekannten Typ. Es gibt im Besitz des Hessischen Landesmuseums, Außenstelle Lorsch, einen Reiter zu Pferde, dessen Herkunft im dunkeln liegt, da seine Karteikarte oder sonstige Unterlagen im Krieg verschollen sind (Abb. 19). Dieses Pferd hat durchaus den Charakter eines Gäulchen-Vorgängers. Seine farbige Fassung ist allerdings verloren. Es wird aufgrund der Uniform des Reiters mit dem Zweispitz etwa in die 1830er/40er Jahre datiert. Nur der Pferdeleib ist wohl gedreht, der Kopf ist extra an den flachen, in den Leib eingesenkten Hals angesetzt. Die langen Beine und der Schweif sind geschnitzt, der Schweif ist gestutzt durch witzige kammartige Einkerbungen, wie sie dann für die Odenwälder Pferdchen auch charakteristisch wurden. (Üblich war das Stutzen allerdings eher bei den Militärpferden). Der Reitersmann scheint hier aber schon als Typ ein Unikat zu sein, da die Gäulchen, soweit bekannt, ohne Reiter geliefert wurden.

In einem Musterbuch um etwa 1850 bot Adolf Fleischmann in Sonneberg in Thüringen einen ganz ähnlichen Reiter an (Abb. 20); das schlanke hochbeinige Pferd trägt einen Soldaten, der – wie der oben genannte Zweispitzträger – wie eine Klammer auf den Pferderücken gesteckt ist. Zwei der Pferde auf dem gleichen Blatt zeigen den bekannten gestutzten Schweif. Auch mit einem weiteren Musterblatt läßt sich der Reiter vergleichen, der wahrscheinlich einmal ebenso farbig war wie die hier abgebildeten Exemplare, und der möglicherweise auch ein Rollbrett

Abb. 18: Das Schaukelpferd der Familie Becker / Arras aus „Horndrehersch", heute „Horndreherhof", wohl aus der Zeit vor dem Ersten Weltkrieg, ein früher Becker-Gaul. Die erste handgemalte Fassung, wenn auch beschädigt, erhalten. H: etwa 60 cm.

Abb. 19: Hölzerner Reiter, erste Hälfte 19. Jahrhundert, geschnitzt, Pferdeleib wohl gedreht, nur wenige Farbspuren einer einstigen Fassung erhalten.
H: 40 cm. Hessisches Landesmuseum Darmstadt, Außenstelle Lorsch.

Abb. 20: Musterblatt aus einem Sonneberger Katalog von Adolf Fleischmann. Außer „Masse"-Tieren auf Quietschbälgen und teils aufwendigen Holzspielsachen sind zwei schlichtere Pferde im „Stand" mit steifen Beinen zu sehen, eins davon mit uniformiertem Reiter: Vergleichsmöglichkeit mit dem Lorscher Reiter oben. 1840/50.

oder Kufen hatte (Abb. 21). Der Lorscher Reiter ist hier in der Region bisher ohne Gegenstück und in jedem Fall als frühes Spielzeug eine besondere Rarität. Die Frage, ob dieser Spielzeugtyp etwas mit den Odenwälder Pferden zu tun hat, bleibt vorerst offen.

Auf weiteren Musterblättern erscheinen einzelne dem Odenwälder Gäulchen recht ähnliche Pferde, Braune sowie Schimmel, aber die Abbildungen gehen ja meistens auf die Machart einer Tierfigur nicht ein. Man kann nicht erkennen, ob es sich um Drechsel- Schnitz- oder Drückarbeit handelt.

Der typische „Gäulchen-Stil" muß sich durch die spezielle Herstellungstechnik und durch das Weglassen alles „Entbehrlichen", vor allem an Schnitzarbeit, herausgebildet haben. Wahrscheinlich hat das Odenwälder Gäulchen charakteristischerweise schon früh so ausgesehen wie heute. Bei aller Ähnlichkeit der Pferde untereinander kann man allerdings die „Handschriften" verschiedener Werkstätten unterscheiden (Abb. 22).

Mit dem „Wägelchen mit 1 Pferd" oder dem „Einspänner" ist in Beilsteins Geschäftsbuch wohl immer das schlichte Gespann, dessen Zugpferd auf dem verlängerten Grundbrett des Wagens steht, gemeint. Es gibt viele weitere ähnliche Beispiele so vereinfachter Gespanne. Im Erzgebirge konnte aber mit Hilfe einer gekröpften Achse das Pferdchen mindestens mit dem Kopf nicken, wenn nicht auch noch mit dem Schweif wackeln, oder es tanzte ein „Faßgucker" in einem offenen Faß zwischen der Wagenladung auf und ab (Abb. 23). Diese „kinetische Phantasie", die für die Erzgebirgler im Bergbau einst notwendig war, belebte jetzt auch ihre einfachsten Spielzeuge. Die Odenwälder Pferde blieben immer gleich „statisch".

Zu den Musterbüchern mit ihren prächtig kolorierten Lithographien meinte der Volkskundler Karl Ewald Fritzsch in seiner Arbeit über Motive des Spielzeugs nach

Abb. 21: Musterblatt aus einem Katalog aus Seiffen, wohl Thüringer Herkunft. Auch hier wie in Abb. 20 mit dem Lorscher Reiter vergleichbare Einzelheiten auf wohl getreuen Abbildern thüringischer Reiterfiguren. Um 1850.

Abb. 22: „Odenwälder Gäulchen". Hersteller von links, 1 und 2: Friedrich Phil. Beilstein, etwa 1950, beide Pferde schabloniert und gespritzt. 3: Friedrich Beilstein jun.: das große Pferd ist sein handgefaßtes Gesellenstück, 1949, H: 40 cm. 4: Das kleine Pferd vorn: Werkstatt Krämer/Boos, Gegenwart, Farben nach Europa-Norm, neue Lacke, Schablonenmalerei und gespritzte Zeichnung. 5: Philipp Krämer, handgemalte und teils gespritzte Fassung, um 1950. 6: Philipp Loos, die ganze Fassung nur in Handarbeit, das Pferd mindestens 50 Jahre alt, kann aber auch älter sein, das gleiche gilt für 7: ein redlich abgespieltes Gäulchen wohl von Adam Beilstein. MSL.

Abb. 23: Vier Spielwägelchen: die beiden sparsam gefaßten Wagen aus dem Erzgebirge mit einfachen „Wackelmechanismen", wie Hoppelziege, Wackelarm des Kutschers, Faßtänzer (Ziegenwagen: Rudolf Ulbricht) und, unten links, Wackelkopf des Pferdchens. 1. Hälfte 20. Jh. Links oben eine polnische Kutsche, rechts unten ein alpenländisches Kastenwägelchen, letztere beide neuere Souvenirartikel im Traditionsstil mit aus dem Stück geschnitzten Pferden. 2. Hälfte 20. Jh.

erzgebirgischen Musterbüchern des 19. Jhs: „Ehemals hatten die Spielzeughändler Modelle ihrer Waren in einem Koffer mit sich führen müssen. Bildliche Darstellungen in Musterbüchern boten aber bald einen bequemeren Ersatz", und er folgerte: „eine gute Abbildung konnte sogar werbender sein als ein nicht einwandfreies Modell" und, mag man hier hinzufügen, als ein Modell in seiner ganzen Schlichtheit, geht es hier doch meist um Billigware. Und diese Billigware war es, die das deutsche Spielzeug so beliebt machte, und die schließlich zu den enormen Absatzzahlen führte, vom Ausland teilweise gering geschätzt und zugleich gefürchtet, aber in Massen gekauft. Sogar in Frankreich hergestelltes einfaches Holzspielzeug aus St. Claude im Jura ging als „joujoux d'Allemagne" in den Handel.

Abb. 24 zeigt das Billigspielzeug aus dem Pilgerort Notre-Dame de Liesse bei Laôn mit einem besonders witzigen gedrechselten Pfeifenpferdchen mit Reiter und auch einem Leiterwägelchen, und es hieß dazu, hier habe man sich endlich gegen die deutsche Konkurrenz behaupten und seine Ware erfolgreich exportieren können. (Der auffallend „manierierte" Kopf des Pferdchens mit der aufgeworfenen Oberlippe ähnelt sehr dem eines typischen Pferdes aus Masuren oder auch aus Rußland; möglicherweise ein Zufall, oder doch auch Kopie durch die eine oder die andere Seite.)

Ironisch schrieb Friedrich Engels über die deutschen Ausfuhrartikel: „Da ... drängt die Konkurrenz der (deutschen) Überproduktion selbst die soliden Engländer auf die abschüssige Bahn der Qualitätsverschlechterung und leistet so den Deutschen Vorschub, die auf diesem Feld unerreichbar sind. Und so sind wir denn endlich dahin gekommen, ... eine Rolle auf dem Weltmarkt zu spielen". Die Abwertung deutscher Waren in Engels Worten möchte man aber bezüglich unserer Holzspielsachen heute relativieren. Man sieht den Charme dieses volkstümlichen Spielzeugs und legt andere Maßstäbe an, als die damals gerade aufkommende perfektionssüchtige und technikverliebte Gründerzeit.

Seit den neunziger Jahren des 19. Jahrhunderts gibt es Photos der Pferdewägelchen. Etwa um 1894/95 entstand das früheste bisher bekannte Odenwälder Werkstattbild eines „Pferdchesdrehers" oder Gäulchenmachers. Es ist in der Werkstatt von „Kerche-Rechnersch" aufgenommen (Abb. 25). Georg August Becker, Enkel von Adam Becker, im Vordergrund, dürfte darauf vierzehn Jahre alt sein und gerade mit der Lehre angefangen haben. Er ist ebenso wie der Lehrjunge links mit dem Zusammensetzen von Leiterwägelchen beschäftigt. Die Pferde sind undeutlich zu sehen, aber doch in ihrer Charakteristik zu erkennen. Im Hintergrund neben dem Arbeitsplatz von Georg Becker sind vier Profilblöcke für die Beinherstellung aufgebaut. Schwager August Diehl in der Mitte arbeitet auf der Schnitzbank. Von nun an gibt es häufiger Bilder, und die Pferdchen und die Leiterwägelchen bleiben sich fast gleich.

Immer mehr Niedernhausener und weitere Odenwälder werden Spielzeugmacher

Neben Ludwig Beilstein, Adam Becker und ihren Söhnen und später Enkeln beteiligten sich bald die folgenden weiteren Dreher und ihre Familien an der Spielzeugfertigung: 1866, kurz nach der endgültigen amtlichen Einführung der Gewerbefreiheit durch „Aufhebung aller Beschränkungen des freien Gewerbebetriebes",

JOUETS A BON MARCHÉ

FABRIQUE A NOTRE-DAME-DE-LIESSE (AISNE)
(COMMUNICATION DE M. PAUL D'ESTRÉE)

Abb. 24: Als eine erfolgreiche französische Konkurrenz zum deutschen Billigholzspielzeug exportierten die „camelotiers“ genannten Heimarbeiter aus dem Pilgerort Notre-Dame de Liesse bei Laôn unter anderem auch Leiterwägelchen und Drechselwaren, darunter das oben abgebildete Pfeifenpferdchen mit Reiter. Die Drehbank sei vielleicht noch archaischer als das Messer, meinte Paul D`Estrée, der über die Pilgerandenken und die „Bimbeloterie“ von N.-D. de Liesse schrieb. (Histoire des Jouets, Henri D` Allemagne).

Abb. 25: Das früheste Werkstattbild aus Niedernhausen, etwa 1894/95. Von links: ein unbekannter Lehrling, August Diehl mit dem zweihändigen Schnitzmesser auf der Schnitzbank, Georg Becker, vorn Georg August Becker, wie der andere Lehrjunge mit Pferdchen und Leiterwagen beschäftigt. Vor Georg Becker sind vier Profilblöcke zu erkennen. Am Fenster rechts ein großes Pferd, das sicher nicht aus Niedernhausen, sondern wohl aus Thüringen stammt.

trug sich Georg Meisenbach II., wie Becker einer älteren Drechslerfamilie entstammend, als „Dreher in Holz ohne Laden" in das Gewerbetagebuch ein. 1870 war Jakob Kraft der erste, der sich als Spielwarenverfertiger bezeichnete. Um die Jahrhundertwende sollen es über zwanzig Werkstätten gewesen sein. Genaue Zahlen aufzuführen ist schwierig. Durch nur kurzzeitig mitarbeitende und bald wieder aufgebende Familien änderten sich die Zahlen ständig. Es meldeten sich auch nicht alle an. Ausdrücklich als Spielwarenmacher zeichneten (Anmeldung oder Abmeldung im Gewerbetagebuch): Jacob Kraft, Georg Beilstein III., Michael Hörr, Georg Pabst III., Friedrich Valentin Beilstein, Franz Diehl und Philipp Hechler; die Folgenden gaben nur „Dreher" an: Friedrich Walter, Georg Marquardt, Georg Meisenbach II., Philipp Späth, Fritz Späth, Fritz Schwebel, Karl Meisenbach, und weitere Beilsteins aus den Haupt- und Seitenlinien der Familie. Es gab natürlich auch die ungenannten Brüder, Vettern und Onkel, die mitarbeiteten, und die nicht im Gewerbetagebuch erscheinen, und es gab die Dorfbewohner mit Behinderungen, die in die Familienarbeit eingebunden wurden, wie der gehbehinderte August Diehl in Beckers Werkstatt und der taubstumme Heinz Herdel, der, wie es heute heißt, einfach alles konnte, und dessen Mithilfe „in Drehersch" unverzichtbar war.

In der Waldensergemeinde (Rohrbach-Wembach-Hahn) beschäftigten sich mit der Spielzeugdreherei: Friedrich Klenk, Adam Guyot II.[9] und Philipp Bert. Aus der weiteren Nachbarschaft im Gersprenztal kamen später dazu: Adam Krämer und Johannes Loos mit ihren Nachfahren. Auch die Orte Böllstein, Gadernheim, Brensbach, Groß-Bieberau und Winterkasten werden mit je einer Spielwarenfertigung genannt. Eidmann nennt um 1914 noch weitere Orte im Modau- und Mümlingtal.

Der Schuhmachersohn Adam Krämer I.(1876-1954) aus Kirch-Beerfurth und der Bauernsohn Johannes Loos (1863-1951) aus Fränkisch-Crumbach kamen aus dem Gersprenztal, um bei Ludwig Beilstein in die Lehre zu gehen. Beide gründeten dann in ihren Heimatorten eigene Werkstätten. Die Firma Krämer, 1899 begonnen, ist die schon erwähnte, bis heute bestehende letzte Werkstatt eines Gäulchenmachers oder, auf südhessisch (nach Mulch), „Gäulchens- oder Gailchesdrehers". Johannes Loos, aus einer nach dem Dreißigjährigen Krieg aus der Schweiz zugewanderten Familie stammend, heiratete eine Tochter des Hauses Beilstein, Katharine. Er baute der jungen Familie 1885 eine Hofreite in Fränkisch-Crumbach und richtete im Sockelgeschoß des Hauses seine erste Arbeitsstätte ein.

Die hier Genannten sind die prägenden Familien des Spielzeughandwerks. Die Baudreherei für Sprossen, Geländer, Pfosten etc. und für Haushaltsgegenstände lief neben dieser Spielwarendreherei in anderen Werkstätten weiter, wurde aber auch gelegentlich von Spielzeugdrehern betrieben.

Ab 1878 sind die Lehrzeiten einiger Holzdreher belegt. Fast alle traten direkt nach der Schule mit vierzehn Jahren in die Werkstatt (meistens die väterliche) ein und lernten drei Jahre lang. Bis zur Selbständigkeit dauerte es dann jeweils noch eine Reihe von Jahren. Von Wanderschaft ist in keinem Fall die Rede.

Fußbrett, Schwungrad und Göpelanlage sorgten für den Antrieb der Drehbänke, später ein Benzinmotor und ab 1920 die Elektrizität

Unter den Antriebsmöglichkeiten für die Drehbänke fehlte die Wasserkraft. Das Wasser des Fischbachs in Niedernhausen habe nicht genügend Gefälle gehabt, um Drehbänke und andere Geräte wie Schleifmaschinen anzutreiben, wird berichtet. Möglicherweise konnten die Dreher aber keine Wassergerechtsame bekommen, denn es gab ja Mühlen, die das Wasser nutzten. Als 1876 in Ernsthofen im Modautal das Magazin Faix aus Darmstadt – Werbeslogan „Ja, was hat Faix nicht?!" – eine Spielwarenfabrik gründete, wurde auf der Warenliste besonders als Reklame angemerkt: „gedreht mit Wasserkraft". Das war etwas Neues für die Spielwarenherstellung in der Region. Und man liest im Katalog der Landesgewerbeausstellung 1879, wo Faix ausstellte, daß die Firma auch „Schaukelpferde, Holzpferde und Räder, Wagen, Schiebkarren, Baukasten u. dgl." produzierte. Solche Konkurrenz direkt in der Nachbarschaft muß auf die Niedernhausener einen starken Druck ausgeübt haben.

Bei ihnen wurde mit Fuß- oder Handkraft gedreht, auch mit beiden zugleich, wenn nötig. Das anstrengende Drehen des großen hölzernen oder eisernen Schwungrads und auch das Treten des Fußbretts war die Arbeit von Lehrlingen und oft von Behinderten. Adam Krämer in Beerfurth betrieb einige Zeit einen Kuh-Göpel als Energielieferanten. Anfang des zwanzigsten Jahrhunderts stellte sich Peter Becker, Enkel von Adam Becker, eine Dampfmaschine auf, allerdings ohne sie erfolgreich anwenden zu können. Er hatte sich noch mit Holzbiegetechnik beschäftigt, gab aber dann doch die Spielwarendreherei auf und arbeitete unter anderem als Fuhrmann für die Steinhauer. Der Gewerbeverein in Darmstadt bot zwar Geld für Maschinenanschaffungen an, damit die Handwerker konkurrenzfähig blieben, aber für die Niedernhausener war das zu anspruchsvoll. Wenn sie nicht aufgaben, arbeiteten sie auf ihren alten Drehbänken weiter, und teilweise noch bis ins zwanzigste Jahrhundert hinein auf der „urtümlichen" Wippdrehbank. Die arbeitete mit wechselnder Drehrichtung, wobei durch die gespannte Wippe jeweils nach einer nutzbaren Drehung das Werkstück zurückgedreht wurde. Sie sei beliebt gewesen, weil man sich an ihr nicht so leicht verletzen konnte, heißt es. Georg August Becker kaufte für den Antrieb seiner Drehbänke einen Benzin- (oder Diesel-) Motor und hatte damit mehr Erfolg als sein Vetter mit der Dampfmaschine. Er baute im Hof ein Häuschen, in dem er den Motor aufstellen konnte. Den aufwendigen Betrieb des Motors machte er als Ursache für seinen Zeitmangel zur Ablegung der Meisterprüfung geltend. 1909 hatte er das Kreisamt Dieburg gebeten, ihm deshalb die „Befugnis zur Anleitung von Lehrlingen" ausnahmsweise auf Antrag und ohne Meisterprüfung zu erteilen. Die Handwerkskammer in Darmstadt, jetzt zuständig, verweigerte das aber, da die Meisterprüfung für Lehrlingsausbilder inzwischen obligatorisch war. Die Elektrifizierung des Ortes, welche die Dreher herbeisehnten, brachte erst 1920 – Niedernhausen bezahlte dafür durch Holzverkauf – den elektrischen Strom in alle Häuser.

Auf den Gewerbeausstellungen, das fällt auf, haben die Niedernhausener Spielzeugdreher offenbar vor 1908 niemals ausgestellt. Hatten sie kein Interesse daran? Oder ließ man sie nicht zu? Wahrscheinlicher ist, daß sie sich nicht darum bemühten. Im Darmstädter Gewerbeverein war man weiter engagiert, das Kleinhandwerk zu fördern, und wenn auch schriftliche Beweise bisher fehlen, so ist doch anzunehmen, daß die Niedernhausener davon Kenntnis hatten. 1869 wurde eine Ausstellung von „Arbeiten kleiner Meister, Gesellen und Fabrikarbeiter" angeregt. Das Gewerbeblatt meldete, ein Herr Pratt aus England wäre nach Darmstadt gekommen, um das Projekt vorzustellen, das den Wetteifer unter den Arbeitern anfeuern sollte. Er plane in London – dem Ort der Weltausstellung von 1851 – eine Spezialausstellung, welche die große Vielfalt an Können dieser bisher unterrepräsentierten Handwerker zeigen solle, und die zur gegenseitigen Anregung beitragen wolle. Nach vielen Überlegungen und anfänglichem Interesse lehnte man schließlich überall ab, nicht ohne daß Einzelne Sorge vor dem Ausspionieren deutscher Fertigkeiten geäußert hätten. Aber in Darmstadt fand diese Ausstellung dann 1870 statt, eine erste „Heimarbeitaustellung", leider diesmal noch ohne die Niedernhausener Holzdreher.

Die Spielwarenfabrikation von Faix bedrohte den Absatz der Spielzeugdreher nicht lange. Faix – der Name ist bis heute, 2005, in Darmstadt eine erste Adresse für Spielzeug – stellte die Produktion bald wieder ein, und die Geräte und Maschinen wurden laut Faix-Chronik an die Göppinger Konkurrenz, Firma Gebrüder Schmohl verkauft. Schmohl vergrößerte sich und stattete sich immer aufwendiger aus. Hier in Niedernhausen betrieb man das Gewerbe weiter wie bisher, in kleinerem Umfang und zu kleinen Preisen. Das heißt nicht, daß nicht auch hier mehrere

Werkstätten sich bald „Fabrik" nannten und, wie Ludwig Beilstein, nun durchgehend das ganze Jahr drehten und verkauften.

Versand in Kisten mit Fuhrmann, mit Kuhgespann zur Eisenbahn, aber auch per Rückentraglast

Solange es die Odenwaldbahn noch nicht gab, wurde die mit Heu oder Stroh und Papier in Kisten verpackte Ware vom Fuhrmann befördert. Wen Ludwig Beilstein beauftragte, ist nicht überliefert. Der Fernversand mußte wohl über Darmstadt abgewickelt werden, weil so am besten die großen Straßen und auch die ersten Bahnlinien zu erreichen waren. Fuhrmann Philipp Diehl aus Obernhausen z. B. fuhr regelmäßig jede Woche nach Darmstadt. Dort konnte man vor dem Maintor die Eisenbahn Frankfurt-Heidelberg erreichen, oder bei Spediteur Reh den passierenden Fuhrleuten die Ware zum Weitertransport übergeben. Reh ließ in ganz Europa und in alle Welt befördern. Diese für das Fischbachtal verhältnismäßig gute Verkehrsanbindung trug sicher zum erfolgreichen Handel der Niedernhausener Dreher bei. Ab der ersten Hälfte der 1870er Jahre wurden die Kisten mit dem Kuhgespann nach Reinheim zur nächsten Bahnstation der Odenwaldbahn gebracht. Beilstein machte sich später auch spezielle Angebote zunutze und ließ, wie er angibt, z. B. mit den „eisernen Rädern" und mit „Stangen Fracht" spedieren. Doch nach wie vor trugen einige Spielwarendreher die Ware auf dem Rücken auf die Kirchweihfeste und Jahrmärkte und verkauften Stück für Stück.

Ackersmänner, Handwerker oder Heimarbeiter?

„In der Tat drängt sowohl die wachsende Notlage der deutschen Parzellenbauern wie die allgemeine Lage der deutschen Industrie zu einer immer weiteren Ausdehnung der ländlichen Hausindustrie. Es ist dies eine Erscheinung, die Deutschland eigentümlich ist...", sagt Friedrich Engels in „Zur Wohnungsfrage", einem in den siebziger und achtziger Jahren des 19. Jahrhunderts erarbeiteten Text. Er konstatiert, daß die Hausindustrie mit Heimstatt, Garten- und Feldbau, und also mit gesicherter Wohnung, die Grundlage einer materiell erträglichen und stellenweise behaglichen Lage der arbeitenden Klasse war. Mit Einführung der Maschinen ändere sich nun alles. Der Besitz des Arbeiters (Heimarbeiters, Handwerkers) an seinen Produktionsmitteln werde zum Hemmnis, da der Arbeiter – bei Engels der Weber als Beispiel – sich nicht von seinem Häuschen, Gärtchen, Feldchen trennen könne, um in der Fabrik besser zu verdienen, und so die infam niedrigen Löhne akzeptieren müsse. „Man schlägt den ganzen Kapitalprofit heraus aus einem Abzug vom normalen Arbeitslohn und kann den ganzen Mehrwert dem Käufer schenken. Das ist das Geheimnis der erstaunlichen Wohlfeilheit der meisten deutschen Ausfuhrartikel".

Das trifft durchaus auch auf unsere Holzdreher mit ihrem wenig einträglichen Handel zu. Aber sie sahen ihr Eigentum an Wohnung und veralteten Produktionsmitteln durchaus nicht als Hemmnis an, und sie vertrauten dem eigenen Fleiß und versuchten, durch Mehrarbeit die Unterbezahlung wettzumachen. So blieben sie ganz bewußt ihrem Handwerk und ihrem Heimatort treu, die Wohnungsfrage stellte sich für sie nicht, und bei den Untersuchungen für die Heimarbeitausstellung 1908 betonten sie, daß ihnen ihre jeweilige Eigenständigkeit und Unabhängigkeit, ihre Freiheit, am wichtigsten sei. Das führte aber auch dazu, daß für eine Kooperation der Dreher untereinander, wie gemeinsamen verbilligten Einkauf von Material und Zubehör, wenig Neigung bestand. Heinrich Eidmann mußte lange werben, bis einige in solch eine Zusammenarbeit einwilligten.

Die Spielzeugmacher waren Kleinbauern, die ihre Feld- und Gartenerzeugnisse fast ausschließlich für den Eigenbedarf brauchten und nur wenige Stück Großvieh besaßen („Kühbauern"). Sie waren Handwerker, welche meistens die mögliche und übliche Schulung wie Lehrlingszeit und Gesellenzeit absolvierten, vorerst ohne Prüfungen, doch als Geselle und Meister/Kleinmeister angesehen und bezeichnet, aber auch als Heimarbeiter. Volkskundler differenzieren die Heimarbeiter heute genauer, und sie unterscheiden mehrere Kategorien, die auch hier anwendbar sind, wie Hausfleißdreher, Nebenerwerbsdreher, Vollerwerbsdreher, Industriedreher, unterteilt in Gelernte und Ungelernte (Reinhard Haller). Fast alle diese Kategorien sind hier vertreten. Der Begriff Heimarbeiter ist also eher summarisch und nicht eindeutig gegeben. Nach 1900 werden hier aber jedenfalls aus mehreren der Kleinmeister geprüfte Handwerksmeister.

Nicht eindeutig sind auch die Begriffe „Werkstatt" und „Fabrik". Das allgemeine preußische Landrecht machte für letztere nur die Größe geltend (Gewerbeblatt vom Juni 1852). Ein Landes-Handwerkertag 1850 hatte definiert, die Herstellung und Verfeinerung bis zur Vollendung der Ware mache eine Fabrik aus. Diejenigen Odenwälder Dreher, die nicht in der Stube arbeiteten, sondern einen besonderen Anbau außerhalb des Hauses besaßen, bezeichneten diese Werkstätten, wie schon erwähnt, gern als Fabrik. Und bis zur Vollendung der Ware arbeiteten sie sowieso. Wer praktisch das ganze Jahr, also im Vollerwerb, Spielwaren produzierte, konnte sich zu den Kleinfabrikanten zählen. Den typischen Verleger, der zwischen Erzeuger und Händler vermittelte, gab es nicht. Jedes Haus trieb seinen Handel selbständig. Wenn Max Fleischer bei den Recherchen für die Heimarbeitausstellung 1908 von Verlegern spricht, „welche die Spielwaren kaufmännisch verschleißen", so meint er damit wohl eher Händler und Großhändler.

In einigen Werkstätten hatte sich eine Art „Fabrikation am laufenden Band" etabliert, durch die man den Zeitaufwand für die Arbeit zu verringern suchte. Es wurde stark arbeitsteilig gearbeitet und vom Dreher jeweils nur ein Handgriff ausgeführt, bis eine Reihe Pferde „durch" war. „Wenn angestrichen wurde, mußten wir Kinder zureichen", sagt Margarete Ritter geborene Beilstein. Der Vater konnte dann, eben wie am laufenden Band, mit immer der gleichen Handbewegung nur eine Einzelheit malen. Ein Kind reichte ihm das Pferd zu, der Vater trug die Farbe auf, ein anderes Kind oder ein Lehrbub nahm das Pferd wieder ab und stellte es zum Trocknen. Im Nu waren zehn Dutzend Gäule fertig. Die Arbeitskraft der Lehrlinge und der eigenen Kinder kostete nichts, oder allenfalls ein Schmalzbrot! Oder auch Apfelwein: Katharine Ruppel, Margaretes Schwester, erinnert sich an die Runde der Freunde abends in der Stube, die um den Tisch saß und an Pferdebeinen- und Köpfen schnitzelte und dem guten Apfelwein zusprach, den Adam

Beilstein kelterte. Ludwig Hechler, im Rückblick auf die Arbeit vieler Dreher, bescheiden: „es war ein Familienhandwerk. Ob alt oder jung, alles mußte mithelfen". Als Arbeitsplatz „diente oft die Kammer, die Nebenstube oder oben im Haus. Manche hatten auch eine Werkstatt".

Hechler erzählt im übrigen die gleiche Kindheitserinnerung, die man aus vielen der Spielzeugmacherfamilien hört: er liebte die Dreherei von klein auf, er hatte „schon als Kind Freude am Zusehen, bei seinem Onkel, einem Spielzeugmacher"; die Faszination, die dieses Handwerk ausübte, ist immer wieder durchzuhören.

Ludwig Beilstein besorgte sich alles Material selbst und belieferte die Einzel- oder Großhändler je nach ihrer Bestellung. Er war dabei natürlich abhängig vom Warenbedarf seiner Abnehmer sowie auch von der Arbeitskraft seiner Gehilfen und sonstigen Zuarbeiter. Zu den eigenen Familienangehörigen wurden (später) Ziehkinder als Lehrlinge angenommen. Wenn Krankheit herrschte oder sonst nicht genug Hände zur Verfügung standen und die Arbeit drängte, mußten auch die jüngeren Kinder mitarbeiten. 1903 wurde die Kinderarbeit definitiv verboten, was sich aber nicht auf eigene Kinder bezog. Das Einkommen reichte bei den meisten nur selten, um Mitarbeiter einzustellen, für die außer dem Lohn die in den 1880er Jahren durch Bismarcks Sozialgesetze neu eingeführten Versorgungsgelder für Invaliden- und Krankenversicherung und (freiwillig) Unfallversicherung zu zahlen waren. Für Familienmitglieder mußte nicht gezahlt werden, allerdings für die Ziehkinder.

Lehrlinge, Kinder und Ziehkinder waren nötige Arbeitskräfte

Die Unterbringung von Ziehkindern war eine Einrichtung der Jugendämter und des Evangelischen Erziehungsvereins. Sie vermittelten gern ihre Schutzbefohlenen – gegen Entgelt – in die Heimarbeiterfamilien als Lehrlinge, damit sie das Handwerk lernen konnten, eine als segensreich gelobte Einrichtung, die sich aber in manchen Fällen doch als problematisch erwies. Nach dem Interesse des Jugendlichen wurde nicht gefragt, auch nicht nach seiner Eignung oder nach möglichen Behinderungen. Die Fürsorgerin kümmerte sich um die jungen Leute und reklamierte mangelhafte Schlafgelegenheiten und schlechte Ernährung. Ein Lehrling hatte sich auf „unkonventionelle" Art Geld für Essen beschafft: er forderte Eintrittsgeld an der Bastion von Schloß Lichtenberg. Die Ziehkinder sollten wie eigene Kinder gehalten werden, und sicher hatten sie es in den Familien besser als im Waisenhaus. Die Fürsorgerin war aber entsetzt über die langen Arbeitszeiten. Die waren auch in den 1930er Jahren, aus denen ein Bericht vorliegt, noch üblich. Es hieß, es werde von morgens sechs Uhr bis abends acht Uhr gearbeitet. Kurze Unterbrechungen gäbe es nur zu den Mahlzeiten. Sonntags müsse morgens die Werkstatt gekehrt werden. Der Urlaub von zwölf Tagen, der den Jugendlichen zustehe, sei nicht gewährt worden. Aus Niedernhausen sind auch mehrere glücklicher verlaufene Ziehkinder-Fälle überliefert: ein Ziehsohn der Familie Georg August Becker, Walter Brambach, zog es – möglicherweise eines jüdischen Elternteils wegen – in den dreißiger Jahren vor auszuwandern. Nach dem Krieg tauchte er im Ort als amerikanischer Offizier auf, und er schloß seine Zieheltern dankbar in die Arme. Die Beilsteinschen Ziehsöhne aus „Marquardts“ blieben der Familie zeitlebens freundschaftlich verbunden. Einer war Wilhelm Betz, er ging später zur Bahn; ein weiterer Ziehsohn ist im Zweiten Weltkrieg gefallen.

Ist das schon „Kinderarbeit“, wenn, wie es Heinrich Eidmann in „Unter der Dorflinde“ beschreibt, der etwa zwölfjährige Fritz beim „Äppeln“ der Schimmel hilft? Fritz Beilstein, Enkel des Werkstattgründers, hatte offensichtlich Spaß daran, schon mitmachen zu dürfen, und er liebte sein Handwerk und betrieb es dann noch über fünfzig Jahre lang. Die leichte Mitarbeit der Kinder wurde überall als ganz selbstverständlich angesehen. In seinem Bericht zur Heimarbeitausstellung beklagt Eidmann später die Erschöpfung der Kinder durch die viele Extra-Arbeit in der Vorweihnachtszeit. Bei den Waldensern galt, daß die Kinder immer beschäftigt sein sollten: „Es ist doch eine rechte Lust mit den Fabriken, bis auf die kleinsten Kinder ist alles beschäftigt. Kinder von sechs bis sieben Jahren dupplieren und nähen Strümpfe und verdienen sich Brot und Kleidung“[10].

Schon früher hatte der Darmstädter Gewerbeverein, der ständig neue Arbeitsangebote prüfte, eine Mitteilung aus dem „Volksfreund“ von Pfarrer Haupt aus Rimhorn gebracht: „In der Schweiz hatte ich gesehen, zu welchem Wohlstand sich der Landmann aufschwingt, ...wenn er ein Gewerbe treibt. An Regen- und Wintertagen waren Jung und Alt, Greise, Großmütter und kleine Enkel, Eltern und Kinder mit irgend einem Gewerbe beschäftigt. Der Wohlstand folgte diesem Tun. Ich traf fast kein Haus, wo nicht an einem Festtag wenigstens einige silberne Löffel wären aufgelegt worden, bei sonst großer Einfachheit und Ländlichkeit“. Pfarrer Haupt führte in Rimhorn das Strohflechten ein, erfolgreich, und berichtete „lieblich und rührend ist es zu sehen, wie Kinder schon von sechs bis acht Jahren neben ihren älteren Geschwistern sitzen und mit geschäftiger Emsigkeit es ihnen gleich zu tun suchen“. Es herrschte eine andere Auffassung von Kinderleben und Erziehung. Arbeit galt als Erziehungsmittel.

„Pestalozzi stelle ja geradezu die Arbeit in einem von Liebe und Treue durchsonnten Familienleben in den Mittelpunkt der Bildung“, zitiert Eidmann. Oft war im übrigen die Armut zu groß, als daß man auf die kleinen Hände verzichten wollte, vor allem bei Arbeiten, für welche die Kinderhände besonders geschickt waren, wie beispielsweise die Perlkranzherstellung. Erst das „Jahrhundert des Kindes“, wie man das zwanzigste Jahrhundert hoffnungsvoll ansprach, hat einen neuen Blick auf Kindheit und Jugend eröffnet. Heinrich Eidmann warnte schließlich vor Ausnutzung der zarten Kinderkräfte: *„Eine durch zu große Anstrengung verdüsterte Kindheit überschattet das ganze Leben“*.

Die Mitarbeit der Frauen der Dreher wurde nicht weiter erwähnt. Während Frauen in anderen Bereichen der Heimarbeit eine große Rolle spielten, kam die Holzdreherei für weibliche Hände hier offenbar nicht in Betracht. Frauen leisteten nur Zuarbeit, die sich durchaus wochenlang bis Mitternacht ausdehnen konnte, erinnert sich Gisela Beilstein, ausgebildete Schneiderin und auch in ihrem eigenen Beruf tätig. Selten sind die Frauen bei der Arbeit photographiert worden. Auf dem Werkstattbild von Adam Krämer in Kirch-Beerfurth 1926 sind aber Frau und

Tochter dabei: Katharina und „Käthche“ ordnen die Hanfbüschel für die Pferdeschweife (Abb. 26). Auch Anni Krämer hat später in der Werkstatt geholfen. Else Becker „in Kerche-Rechnersch“ hat seit ihrer Einheirat 1942 immer in der Firma mitgearbeitet. Margarete Beilstein und ihre Schwester Elise Marquardt helfen beim Grundieren der Holzgäule (Abb. 27). Annette Krämer beteiligt sich an sämtlichen Arbeitsschritten in der Werkstatt, von der Säge- bis zur Sattlerarbeit. Einige der Dreher-Frauen führten ihren Lebensmittelladen, wie Katharina Beilstein geborene Schwebel und ihre Töchter sowie Marie Beilstein geborene Scherbaum. Die Frauen hatten vor allem die Familien-, Haus- und Feldarbeit zu erledigen. Sie trugen viel Verantwortung und arbeiteten selbständig. In der Erntezeit halfen dann alle Männer mit.

Als typisch für Heimarbeit kann man die Neben- oder Zweitberufe bezeichnen, die einzelne Dreher angemeldet (oder unangemeldet) zur Aufbesserung der Einkommen betrieben. Zusätzlich zum „Spielwarenverfertiger“ ließ sich z. B. Jakob Kraft als Glaser und Weißbinder ins Gewerbetagebuch eintragen. Franz Diehl I. war Dreher und Feldschütze. Im Hause „Kerche-Rechnersch“ bedeutete für Georg Becker das Kirchenrechneramt eine Nebeneinnahme, dazu zeichnete sein Sohn Georg August außer als „Dreher ohne Laden“ auch als „Kleinhändler“. Friedrich Philipp Beilstein versuchte es mit einem Spezereiladen in der Stube. Aber der

Abb. 26: Familienbetrieb Adam Krämer 1926. Fünf der jungen Männer sind Lehrbuben oder Gesellen. Der zweite von links ist Sohn und Geselle Georg Adam, der kleine am Boden sitzende Helfer ist Sohn Philipp Krämer. Beide Söhne lernten das Spielzeughandwerk.
Rechts Frau Katharina und Tochter „Kätche“ Krämer.

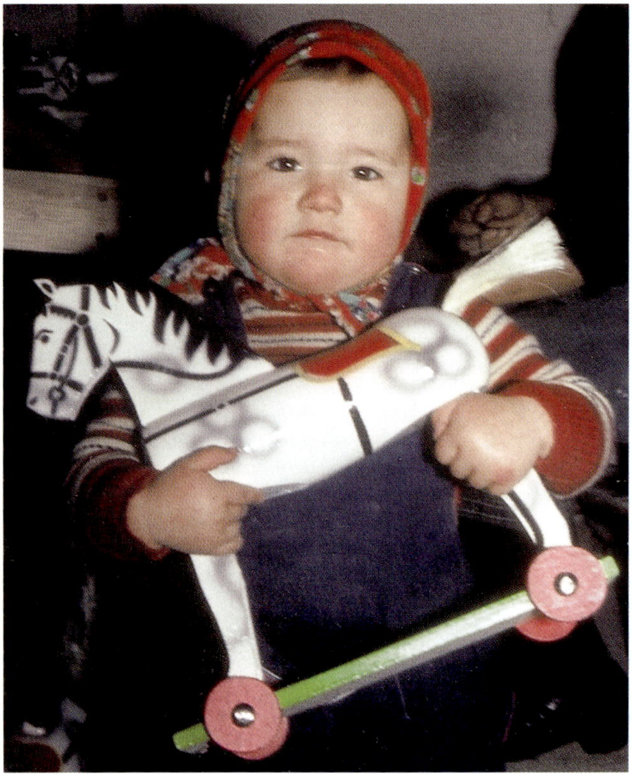

Abb. 27: Friedrich Phil./ Fritz Beilstein, seine Frau Margarete und Schwägerin Elise Marquardt in der Werkstatt von „Marquardts"/ "Koischbächers" beim Grundieren der Gäule. Enkelin Sonja mit Beilstein-Gäulchen. Etwa 1962.

brachte nichts ein. „Man vertat viel zu viel Zeit damit, etliche Pflaumenschnäpse zu kippen, und verkauft wurde nichts". Familie Krämer betrieb zeitweise eine Wirtschaft in ihrem Haus. Auf einem alten Photo sieht man neben dem Gasthaus „Zum schönsten Wiesengrunde" hinter dem mit Gästen vollbesetzten Tisch das Holz für die Herstellung der Gäule in sauberen Stapeln stehen. Michael Hörr, der künstlerisch besonders begabte, durch den Künstler Conrad Sutter geschulte Dreher, dessen Schaufenster mit der Auslage seiner prächtigen Gespanne lange ein beliebter Anziehungspunkt in Niedernhausen gewesen war, handelte später nebenher mit „Tabakwaren und Spezereien im Kleinen und Spirituosen in versiegelten Flaschen". Bis zu fünf Berufe in einer Hand wurden z. B. in der Rhön gezählt. Wenn die Aufzeichnungen im Niedernhausener Gewerbetagebuch auch nicht erschöpfend Auskunft geben, bekommt man doch einen Eindruck von erstaunlicher Vielfalt der Tätigkeiten. Angaben wie „mit Laden" oder „ohne Laden" waren für die Steuer wichtig. Die Heimarbeiter wurden in niedrige Steuergruppen von V bis VII bei acht möglichen Gruppen eingeordnet. Auch die Klassifizierung des Ortes trug zur Höhe der Steuerabgabe des Einzelnen bei, wobei Niedernhausen mit Klasse III niedrig lag.

Die berufliche Vielseitigkeit der Dreher nahm hier gegen die Jahrhundertwende hin zu, da bei mehreren Herstellern der Absatz an Holzspielzeug offenbar zeitweise abflaute. Man gab die Schuld daran regelmäßig dem so erfolgreich aufkommenden Blechspielzeug. Dabei war es nicht etwa das Blech als dankbares Material, welches den Markt eroberte, sondern es waren die Erfinderfreude und die große Angebotsvielfalt der Blechspielzeughersteller, auch auf dem Billigsektor, die den konservativen Odenwäldern die Kunden wegschnappten.

Neue Perspektiven für Dreher brachte die Schreibgeräteherstellung

1888 tat sich eine neue Verdienstmöglichkeit auf. Die Heidelberger Schreibgerätefabrik Kaweco (Koch, Weber und Co.) suchte Dreher für die Schreibgerätefertigung. Hier beginnt ein neues Kapitel für einige der Fischbachtaler Dreher, die nun zur Federhalterdreherei übergingen. Der Stundenlohn war etwas höher als in der Spielwarenfertigung. Federhalterdreher Georg Heldmann aus Fränkisch-Crumbach im Gersprenztal, Leiter bei Kaweco, brachte samstags mit der Kutsche Halbfertigware zu den Drehern, die dann die Feinarbeit leisteten. Bald ließen sich mehrere Niedernhausener in Heidelberg ausbilden, darunter auch Justus Krell, der später in Groß-Bieberau die Fabrik Merz und Krell begründete. Georg Meisenbach III. und Karl Meisenbach gründeten ihre Schreibgerätefabriken in Niedernhausen, von denen die von Karl Meisenbach, sich ständig erneuernd, bis heute dort erfolgreich arbeitet. Es ergab sich auch hier die Möglichkeit zu mehr Arbeitsteilung. Einfache Montage- und Schleifarbeiten konnten außer Haus gegeben werden und vielen Frauen leichte Arbeit, hier typische Heimarbeit, bringen. Hier trifft bei den Familien Meisenbach/Schütz und Krell zu, was Paul Arndt in seinem Schlußbericht zur Heimarbeitausstellung 1908 anmerkte: Es war durchaus möglich, vom Heimarbeiter zum Fabrikbesitzer zu werden. Aber diese Entwicklung ist ein anderes Thema und sollte hiermit nur kurz gestreift werden.

Arbeitsteilung und Kooperation bei der Spielzeugherstellung gibt es mit dem Müller von Billings

Heinrich Eidmann, der sich um die Probleme der Heimarbeiter kümmerte und versucht hatte, die verschiedenen Werkstätten zur Zusammenarbeit zu bringen, hatte damit wenig erreicht. Jeder der Dreher war doch der Meinung, allein am ehesten einen kleinen Vorteil für sich herauswirtschaften zu können. Philipp Becker allerdings, der älteste Sohn des Horndrehers Adam Becker, hatte eine Zusammenarbeit mit dem benachbarten Müller der Mittelmühle von Billings, Johannes Hartmann, begonnen. Als der eine Säge für seine am oberen Fischbach gelegene Wassermühle angeschafft hatte, ließ Becker sich bei ihm das Holz auf die benötigten Maße zuschneiden. Von 1884 an ließ er „Gails-" oder „Pferdebretter", „Schubkarrnholz", Brettchen, Rädchen und „Deisel"[11] schneiden. Die Stunde kostete 50 bis 60 Pfennig, wie in Hartmanns Hausbuch verzeichnet ist (Abb. 28). Ab 1899 ließ auch der jüngere Bruder, Georg Becker „aus Kerche-Rechnersch", Holz und Latten schneiden, außer wenn „das Wasser schwach" war. Die Zusammenarbeit dauerte viele Jahre.

Photographische Dokumente aus einigen Dreherfamilien

Wie oben gezeigt, entstanden bereits vor 1900 die ersten Bilder. Wahrscheinlich waren es zuerst Wanderphotographen, für welche die Familien vor dem Haus Aufstellung nahmen, oder von denen sie sich bei der Arbeit festhalten ließen. Es gab aber auch laut Gewerbetagebuch mehrere Jahre lang einen Photographen in Niedernhausen, Wilhelm Weimer, der für einige Bilder in Frage kommt.

Das Becker-Werkstattbild (Abb. 25) zeigt in der Mitte August Diehl, den Schwager Georg Beckers; August war seit einem Unfall in seiner Kindheit behindert. Es wird erzählt, daß er von einer durchgehenden Kuh umgerissen und mitgeschleift worden war. Er hatte seitdem ein lahmes Bein. An ausreichende ärztliche Behandlung der Verletzungen war offenbar nicht zu denken gewesen. Da noch mehrere Brüder vorhanden waren, schloß die Familie August von einer Verheiratung aus und diktierte ihm die Werkstattarbeit bei seinem Schwager zu, die er annehmen mußte. Alle seine Brüder wurden Lehrer, auch sein eigener Sohn, den er dann, auch ohne Heirat, mit Ludwig Beilsteins Tochter „Dreher-Marie" hatte. Marie Beilstein führte, ebenfalls unverheiratet, mit ihrer ledigen Schwester Margarete zusammen den beliebten Krämerladen im Ort. Georg August Becker, auf diesem Photo als Lehrling mit den typischen Leiterwägelchen beschäftigt, wurde seines Vaters Nachfolger, obwohl er, wie es heißt, lieber Unteroffizier geblieben wäre nach dem Kriegsdienst im Ersten Weltkrieg. Da sein einziger Bruder als Kind gestorben war, mußte er die Werkstatt-Tradition fortsetzen, ganz einem eingesessenen Handwerk gemäß.

Vor der Haustreppe im Hof von „Kerche-Rechnersch" (Abb. 29) ist der kleine Bruder Friedrich zu sehen, mit einem Haustier im Arm; mitten auf der Treppe der junge Georg August mit Vater und mit Mutter Elisabeth, geborene Diehl, unten die Brüder der Mutter, die Lehrer mit ihrem Dreher-Bruder August Diehl. Diese Aufnahme ist wohl nur ein oder zwei Jahre nach dem Werkstattbild entstanden.

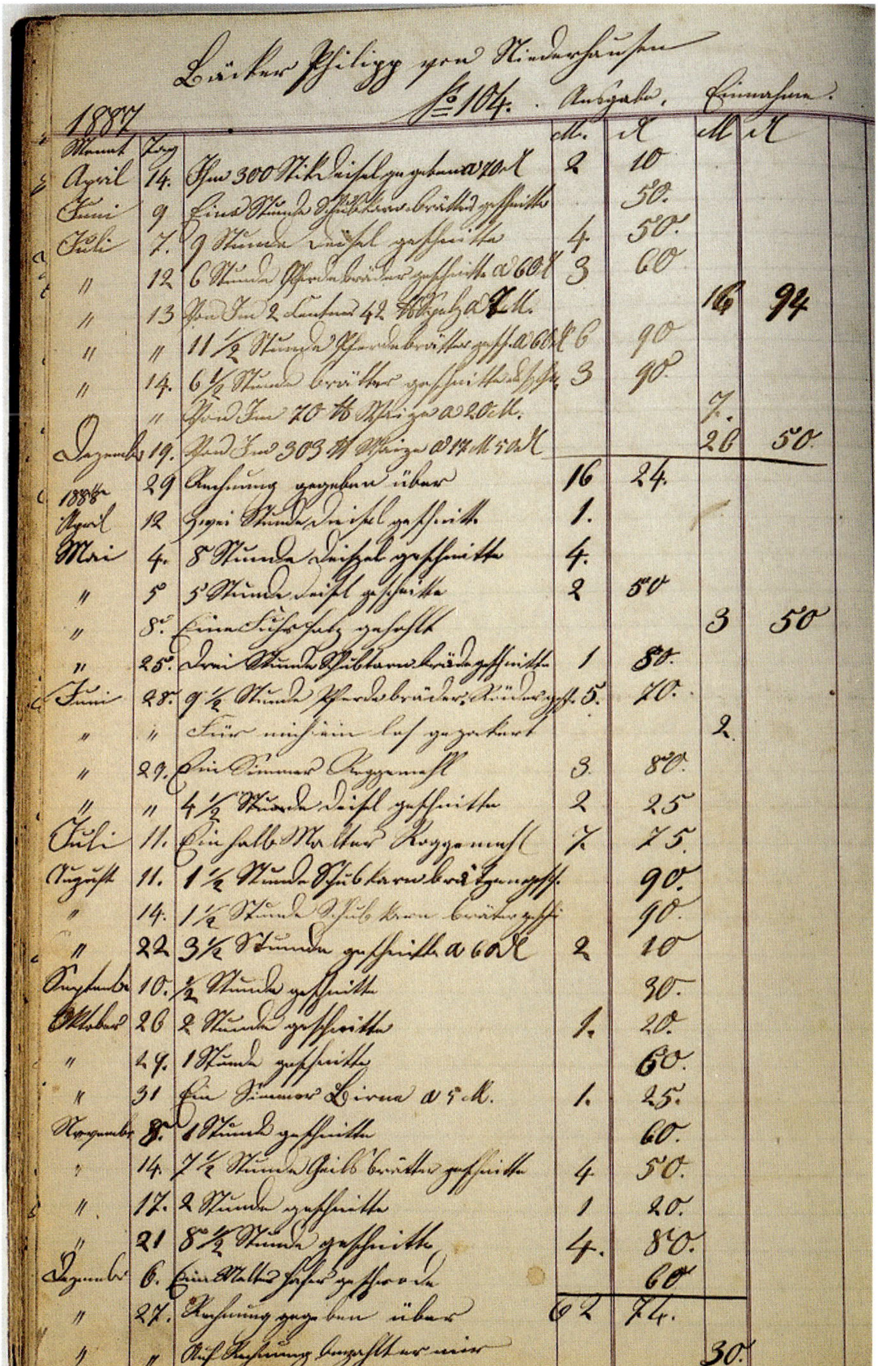

Abb. 28: Aus dem Hausbuch des Müllers von Billings, Johannes Hartmann. Ab 1884 schnitt er für Philipp Becker Schubkarrenbretter, Pferdebretter oder „Gailsbretter", Räder und „Deisel".

Abb. 29: „Kerche-Rechnersch", 1878 erbaut. Die Familien Becker und Diehl/Schnurrgasse, um etwa 1895/96. Auf der Treppe Georg Becker und Elisabeth geb. Diehl, daneben eine Angestellte, ganz oben eine Nichte Diehl, in der Mitte Sohn und Lehrbub Georg August, unten sein kleiner Bruder Fritz mit einem Tier im Arm und die vier Brüder Diehl. (Im Hintergrund links ist die Scheune von „Drehersch" gegenüber zu sehen).

Abb. 30: Georg Becker und Elisabeth geb. Diehl. Sohn Georg August als Soldat stolz in Uniform, vor 1905, und in Feldgrau als Vizewachtmeister der Kavallerie in Rußland, 1916.

Abb. 31: Magdalene und Georg Hermann Becker als Kinder mit dem Großvater Georg Becker im Kriegsjahr 1917.

Abb. 30 zeigt auf zwei Photos Georg August Becker als Soldat, in Friedensuniform mit seinen Eltern, aufgenommen vor 1905, dem Todesjahr der Mutter, und 1916, als Vizewachtmeister der Kavallerie in Rußland. Inzwischen hatte er Margarete Rothermel aus Rodau bei Bensheim geheiratet, und die nächste Generation war im Heranwachsen. Seine Kinder fallen auf mit aufwendigeren Spielzeugen, als es die Odenwälder Holzpferdchen waren (Abb. 31). Lenchen im feinen Kleid hat eine elegante Puppe im Arm, und auch Schorsch Hermann im Kleinkinderkleidchen hält eine Puppe. Davor stehen der Osterhase und der Sanitätshund. Es ist 1917. Der Vater der Kinder ist im Krieg.

Auf zwei weiteren Kinderbildern ist aber Pferdespielzeug als Jungen-Attribut zu sehen. Der später berühmt gewordene Photograph August Sander, der damals begonnen hatte, die bäuerliche Welt seiner Westerwälder Heimat festzuhalten, bestückte hier, wie früher im Atelier üblich, jetzt auf seiner Freilichtaufnahme (Abb. 32) die Kinder mit typischen Attributen: er wählte neben der kleinen Fuhrmannspeitsche ein Odenwälder Gäulchen als Jungenspielzeug, 1913. Ein Thüringer Pferdchen dagegen (Abb. 33) bekam der kleine Richard Fritz in Fulda 1903

Abb. 32: August Sander, der später berühmt gewordenen Photograph, stattete diese Westerwälder Bauernjungen für seine Aufnahme mit Peitsche und Odenwälder Gäulchen aus. Oder gehörte möglicherweise das Gäulchen den Kindern? Bezüglich der schönen neuen Kinder-Fuhrmannspeitsche mag man das kaum annehmen. 1913. August Sander-Archiv.

von einem unbekannten Photographen in die Hand gedrückt. Dekorativ steht das Leiterwägelchen zu seinen Füßen.

Bei Beilsteins führten die „Drehersbuben", alle vier Söhne von Georg Beilstein IV., dem „Dreher", die Familientradition fort. Abb. 34, Detail aus Abb. 6: In ihren Arbeitsschürzen stehen die drei Älteren und der Vater vor „Drehersch" mit dem kleinen Bruder und mit Schwester Marie zusammen. Die Hausfrau fehlt. Die Mutter war 1904 gestorben, die Stiefmutter war seit 1907 im Haus, ist aber nicht auf dem Bild, das man ungefähr auf 1908/09 datieren kann. 1893 hatte Georg Beilstein IV. wohl, wie oben gesagt, seinen Vater abgelöst. Der Vater, der „Gründer" Ludwig Beilstein, der bis 1892 das Geschäftsbuch weitergeschrieben hatte, zuletzt mit den Eintragungen die Lücken auf früher halbleer gebliebenen Seiten nutzend, da das Buch sonst voll war, hatte noch sein siebzigstes Jahr erreicht. 1900 war er gestorben, und der erste der Enkel hatte bereits mit der Lehre im Haus begonnen.

Abb. 33: Bei diesem Jungen im Kleinkinderkleidchen ist das Thüringer Pferdchen deutlich als „Attribut" zu erkennen, ebenso wie das Leiterwägelchen zu seinen Füßen. Fulda, 1903.

Zwischen 1907 und 1914 nahm Sanitätsrat Friedrich Maurer für seine Photosammlung die Werkstätten von Adam Guyot II. und dem Dreher Zehfuß auf. Maurer wollte die alten Handwerke festhalten und dokumentieren, bevor sie untergingen. Wohl aus der gleichen Zeit zeigt eine Postkartenserie unter dem Titel „Trachten aus dem Odenwald" diesen Gäulchenmacher (Abb. 35), der sich leider bis heute nicht zuordnen läßt. Interessanterweise sieht man auf diesem Bild unterschiedliche Pferdchentypen. Neben weiteren Werkstatt-Serien entstanden Aufnahmen mit den Häusern der Dreherfamilien „Diehls", „Marquardts", und – etwa 1911 – „Kerche-Rechnersch" (Abb. 36). 1926 ließen sich Krämers in Beerfurth inmitten ihrer „Schockelgäule" und Gäulchen aufnehmen. Diese Photographie (Abb. 26) kam erst nach dem Zweiten Weltkrieg über Verwandte aus Amerika zu Krämers zurück. Einer Reihe von Arbeitsbildern mit dem unermüdlichen Dreher Georg Beilstein IV. ist die Abb. 37 entnommen. Schließlich folgten immer neue Aufnahmen und Zeitungsberichte, denn die Pferdchendreher waren mittlerweile weithin bekannt geworden und gewissermaßen in die Literatur eingegangen, nicht

Abb. 34: Ausschnitt aus Abb.6. Georg Beilstein IV. ist hier Ende Vierzig, die Söhne Georg und Adam sind erwachsen, Philipp und Fritz und wohl auch die Tochter Marie sind im Schulalter. Um 1908/09.

Abb. 35: Ein unbekannter Gäulchenmacher mit unterschiedlichen Pferdetypen. Es gab kurzzeitige Versuche, die starren Beinstellungen der Gäule „lebhafter" zu gestalten. Aus einer Postkartenserie „Odenwälder Volkstrachten" von Kunstdruck Gerling & Erbes, Darmstadt, 1. H. 20. Jh.

Abb. 36: Oben links: „Diehls“, 1844 erbaut, der Dreher und Feldschütze Franz Diehl mit Familie. Oben rechts: „Marquardts“ / „Koischbächers“ mit Lehrling und einem Gehilfen, das Haus war 1887 von Groß-Bieberau nach Niedernhausen umgesetzt worden. Unten rechts: „Kerche-Rechnersch“, hier von der Straße aus gesehen, mit v. l. Georg Becker, zwei Helfern und der jungen Familie Georg August Becker, auf des Vaters Arm Tochter Lenchen. Um 1911.

Abb. 37: Georg Beilstein IV. bei der Arbeit. Aus einer Photo-Serie von Walter Jacobi mit einem Bericht von Edward Piehl. 1930er Jahre.

nur durch Philipp Buxbaums Erzählung und durch Friedrich Maurers Text- und Bildersammlung, sondern auch durch Heinrich Eidmanns und Max Fleischers engagierte Aufsätze. Noch liefen Anfang des 20. Jahrhunderts Produktion und Absatz bei vielen der Spielzeugmacher gut, und sie stellten sich mit Selbstbewußtsein dem Photographen. Max Fleischer, der Frankfurter Redakteur der Zeitschrift „Die Mainbrücke", der die Dreher fördern wollte, übte allerdings in seinem eigentlich wohlwollenden Beitrag über die Spielzeugdreherei im „Kunstwart" strenge Stilkritik an den Pferden und dachte an mehr naturalistische Ausführung, in völliger Verkennung der Absichten und der Möglichkeiten der Pferdchenmacher und mit ungeübtem Blick für den besonderen Reiz dieser so abstrakten, symmetrisch-griffigen volkstümlichen Spielpferde[12].

Es gab viele Handwerkerschulen in der näheren und weiteren Umgebung

Zum Schulbesuch und zur Fortbildung fehlten Interesse und Zeit. Das Gewerbeblatt berichtete regelmäßig über die Schulen, Sonntagszeichenschulen, Abendschulen und den Unterricht durch Bauaufseher und auch durch Maler und Bildhauer. Viele der Schulen waren allerdings eher Kurse und wurden von nur wenigen Schülern besucht; sie gingen bald wieder ein. In Reinheim gab es regelmäßig Schnitzerkurse. Es wurden auch Grundfächer gelehrt wie Lesen, Schreiben, Rechnen, da die jungen Handwerker nach dem Schulende mit dem vierzehnten Lebensjahr in ihrem Grundwissen oft große Lücken hatten. Betont wurde der Zeichenunterricht. Schon früh engagierten sich da gute Lehrer, wie mehrere

Mitglieder der Familie Kehrer in Erbach. Aber Erbach war für die Fischbachtaler noch nicht erreichbar. Erst viel später, nach dem Zweiten Weltkrieg, besuchten einige der jungen Dreher die Fachschule in Erbach. Der Künstler Conrad Sutter wußte, warum er 1906 in Schloß Lichtenberg in unmittelbarer Nähe der Handwerker und Spielzeugmacher solche Schulungskurse halten wollte. Das wäre die einzige Möglichkeit gewesen, die Schüler anzusprechen. Man bewilligte ihm aber in Darmstadt nicht die nötigen Mittel. Sutter war ein guter Graphiker, und er wandte sich gegen die üblichen akademisch-sterilen Lehrmethoden, die oft noch ausschließlich im Abzeichnen bestanden; er hatte auch durch besseren Unterricht die Handwerker interessieren wollen.

Conrad Sutter recherchierte zusammen mit einer Gruppe ausgesuchter Fachleute für die Heimarbeitausstellung in Frankfurt am Main 1908. Er war 1906 bereits mit einer Ausstellung des örtlichen Kunsthandwerks in Schloß Lichtenberg hervorgetreten. Sutter, von Herkunft Architekt, war Künstler und Lebensreformer, auch wenn er den zahlreichen umlaufenden Theorien fern stand und eigene Wege ging. Er hatte die gleichen Intentionen wie Eidmann und Fleischer und das Ziel, den Niedernhausenern zu einem besseren Einkommen zu verhelfen.

Heinrich Eidmann, acht Jahre lang Lehrer in Niedernhausen, selbst ein Bauernsohn aus der Umgebung, sah seine erzieherische Aufgabe nicht nur im Schuldienst. Er wollte identitätsstiftend wirken und den nun am Beginn des zwanzigsten Jahrhunderts auseinanderstrebenden Kräften im Dorf einen kulturellen Halt geben. Die bislang im Gemeindeleben fest eingebundenen Bewohner begannen, sich aus der Dorfenge und ihren Zwängen zu lösen, und die Beweglichsten suchten Arbeit außerhalb der Heimat. Eidmann führte den Niedernhausenern in seinem Museum, das er im Schulhaus einrichten konnte, durch gesammelte Funde, alten Hausrat und auch altes Spielzeug ihre Tradition vor Augen. Er wollte ihnen das Erhaltenswerte erhalten helfen und sie nicht leichtfertig Bewährtes aufgeben sehen, ohne daß sie neue Lebensziele zu formulieren lernten. Seine Vorstellungen zur Erziehung waren sicher auch zeittypischen Strömungen unterworfen, doch es trieb ihn ernstlich die Sorge um die Familien seiner Schüler und deren Lebensgrundlagen um; es ging ihm vor allem um die Heimarbeiter. Er regte beispielsweise, um helfen zu können, unter anderem an, die Konsumenten zur Mitverantwortung zu erziehen. 1890 habe man in New York die erste Consumers League gegründet, 1903 in Paris die Ligne sociale d'acheteurs. Angesichts der Not vieler Heimarbeiter müsse nicht nur das Gewissen der Gesetzgeber, sondern auch das der Konsumenten geschärft werden. Eidmann und Sutter gehörten beide zu den Mitarbeitern, die Max Fleischer für seinen Fachausschuß für die Recherchen zur Heimarbeit ausgesucht hatte.

Die Enquete zur Heimarbeitausstellung für das Rhein-Mainische Wirtschaftsgebiet in Frankfurt am Main 1908

Schon vor 1900 wurde auf die sozialen Probleme im Kleinhandwerk durch Förderung und durch Ausstellungen speziell für die Heimarbeit/Hausindustrie überall besonders aufmerksam gemacht. Nachdem die Heimarbeitausstellung in Berlin

1906 große Beachtung gefunden und beklagenswerte Zustände ans Licht gefördert hatte, engagierten sich verantwortungsbewußte Frankfurter Kreise, solch eine Ausstellung auch in der Rhein-Main-Region zu veranstalten. Der Fabrikant Jacob H. Epstein, zweiter Vorsitzender der Sektion für Volkswirtschaft des Freien Deutschen Hochstifts: „Es entstand der Wunsch nach einer ähnlichen Veranstaltung in Frankfurt am Main, dessen bürgerliche Kreise sich seit langeher durch die Pflege karitativer und sozialer Gesinnung ausgezeichnet hatten..." Epstein setzte sich unermüdlich ein[13]. Er war sich dessen bewußt, daß seine Familie selbst aus dem Kleinhandwerk/Kleinhandel hervorgegangen war, und er interessierte sich für wirtschaftliche und soziale Fragen und durchleuchtete in kritischen Vorträgen auch die Ideen der exotischen Erscheinungen unter den Sozialreformern und Menschenfreunden der Zeit, um nutzbare Gedanken festzuhalten[14].

„Die Berliner Ausstellung habe nur Fragen aufgeworfen"; man wollte auch Antworten erarbeiten. Anders als in Berlin gelang es, alle in Frage kommenden Seiten zur Mitarbeit zu gewinnen: Arbeitnehmer und Arbeitgeber, Gewerkschaften, die Stadtverordneten, Vertreter der Akademie für Handels- und Sozialwissenschaften, der Gewerbeinspektion und weiterer Gruppen. Unparteilichkeit herzustellen war ein Hauptanliegen. Die Statuten übernahm man von der Elektrizitätsausstellung von 1891. Ein Frankfurter Gewerkschaftssekretär engagierte sich besonders, obwohl für die Gewerkschaften „die Heimarbeiter eine lästige, schwer organisierbare Masse waren" und für die Fabrikarbeiter eine lästige Konkurrenz bedeuteten. Das ganze Jahr 1907 diente den Vorbereitungen.

Die Holzschnitzer/Holzdreher insgesamt, zu denen auch die Spielzeugmacher gehörten, die hier vor allem interessieren, bildeten eine an Zahl mittlere Gruppe unter den Heimarbeitern mit etwa tausend männlichen Arbeitskräften mit nur leichter weiblicher Zuarbeit. Während für die Drechsler im Dillkreis (für Drechslerwaren allgemein) recht gute Verhältnisse ermittelt und für die Rhön (für Drechsler und Spielwarenverfertiger) die schlechten Lebensumstände offengelegt wurden, erbrachten die Recherchen für den Odenwald ein zwischen diesen Extremen liegendes Bild eines einigermaßen befriedigenden Zustands. Alle Spielzeugmacher wurden als Heimarbeiter angesprochen. Zur Arbeitsgruppe von Max Fleischer gehörten außer den Genannten der Leiter der Fachschule in Erbach, Emil Klein, dazu als Vertreter der Arbeitgeber Kaufmann Jakob Lang III. aus Dieburg und drei der betroffenen Handwerker, die Dreher Georg Becker ledig (das ist vermutlich Georg August Becker), Georg Beilstein IV. und Georg Meisenbach.

Niedernhausen als Musterbeispiel einer Heimarbeitergemeinde

Im April 1908 wurde die Ausstellung eröffnet. Gleich vornan im Ausstellungsgebäude hatte ein Niedernhausener Gäulchendreher seine Drehbank aufgebaut. Er zog die Blicke der Besucher auf sich, und die Faszination der Drechselkunst übte wieder ihre Wirkung auf die Zuschauer aus. Es ist nicht überliefert, wer diese große Gelegenheit bekommen hatte, seine Kunst vorzuführen. Auch die vielen weiteren Heimarbeiter der ausgedehnten Region stellten sich mit ihrem Handwerkszeug und mit ihren Erzeugnissen dar. Auf Tafeln, unterstützt von Photographien, wurden die Ergebnisse der ausführlichen Untersuchungen vorgestellt. Leider scheinen alle diese Bildmaterialien, soweit sie archiviert wurden, im Zweiten Weltkrieg vernichtet worden zu sein.

Für die Vorarbeiten waren die Heimarbeiter im voraus mit Flugblättern auf die notwendigen Fragebogen vorbereitet worden, damit sie verstanden, daß man ihnen ihre Anonymität zusicherte und die Befragung nicht etwa für Polizei und Steuern nutzen wollte, was die verbreitete Befürchtung war. Das Mißtrauen war groß. Da war es wohl von Vorteil, daß Dreher unter den Mitarbeitern Fleischers waren. Die Zuverlässigkeit der gesammelten Angaben wurde dann von den Heimarbeitern bestätigt. Die Fragebogen befaßten sich in Niedernhausen, das noch andere Heimarbeit vorwies, speziell mit den Spielzeugmachern und den Schreibgeräteherstellern. Fleischer listete vierzehn Spielzeugmacherfamilien auf. Das waren 1907 ungefähr um vierzig bis fünfzig Arbeitskräfte, die Spielzeug fertigten, nicht mitgerechnet die Hilfskräfte. Die Federhalterdreher wurden gesondert beschrieben.

Die Ergebnisse der Befragungen

I. Bäuerlicher Besitz: Die soziale Differenzierung ist lediglich durch den verschieden großen Landbesitz der Familien gegeben, der zwischen drei und zehn Morgen beträgt. Im übrigen reichen der Ackerboden und der Garten gerade aus zur Ernährung seiner Besitzer, nicht (oder selten) zum Verkauf von Erzeugnissen. Ein Hauptprodukt ist die Kartoffel, die hier wie überall in ähnlichen Verhältnissen von früh bis spät gegessen wird. (In Versen und Liedern ist diese schlichte Speisekarte bis heute jedem geläufig.) Fleischer zitiert: „die Kost der Hausarbeiter ist reduziert auf Zichorienbrühe und Kartoffeln, Mittel, die geeigneter sind, den Magen zu betrügen, als ihm die Stoffe zur Ernährung des Körpers zuzuführen“. An Großvieh ist die Milchkuh das wichtigste Tier im Stall und auf dem Feld sowie auf der Straße. Das Kuhgespann leistet die nötige Feld- und Transportarbeit. Wer nur eine Kuh hat, spannt nötigenfalls mit einem Nachbarn zusammen.

II. Heimarbeiterverdienst: Bei einer durchschnittlichen Arbeitszeit von 12 und mehr Stunden täglich außer sonntags werden im Winter 10 bis 13 Pfennige pro Stunde verdient, im Sommer ohne Heizung etwas mehr, etwa 14 bis 18 Pfennige, und auch bei Mithilfe eines Lehrlings oder Gehilfen erhöht sich der Stundenverdienst um ein geringes. Lehrlinge erhalten nur Kost und Logis, die Gehilfen dazu einen Lohn von 2 bis 4 Mark in der Woche und bei Akkordarbeit auch eine Mark mehr. Durch den Saisonbetrieb kommt es im Winter immer wieder zu Engpässen und Nachtarbeit. Ein einzeln arbeitender Heimarbeiter, ob mit einem Gehilfen oder allein – da gibt es widersprüchliche Angaben – kommt im Jahr auf kaum viel mehr als 500 Mark rein netto.

III. Verhältnis Heimarbeiter zum Unternehmer: Soweit bekannt, sind die Heimarbeiter vom Unternehmer in jeder Hinsicht unabhängig. Die Herstellung geschieht sowohl auf Bestellung wie auch auf Vorrat. Neuerdings gibt es eine „Odenwälder Drechsler-Vereinigung“ zwecks Einkaufserleichterungen und Preisfestsetzungen und eine Spar- und Darlehenskasse.

IV. Wohnungsverhältnisse: Die Behausung der Leute ist durchgängig der eigene kleinbäuerliche Hof. Die Werkstatt befindet sich meist in einem kleinen Anbau.

Wenn sie sich im Wohn- oder Schlafzimmer befindet, sind die hygienischen Verhältnisse nicht die besten.

V. Hilfskräfte: Die Hilfskräfte sind fast ausnahmslos (herangewachsene) Kinder oder Verwandte und Ziehkinder als Lehrlinge und Gesellen oder Gehilfen.

VI. Sozialversicherung: Die Kranken- und Invalidenversicherung, in den achtziger Jahren des 19. Jahrhunderts eingeführt, muß nur für die nicht-verwandten Hilfskräfte gezahlt werden. Die Heimarbeiter gelten als Selbständige und sind nicht versicherungspflichtig.

VII. Kinderarbeit: Die Beschäftigung von Kindern und weiblichen Hilfskräften findet nur in geringem Umfang statt. Auch handelt es sich hier um leichte Verrichtungen.

VIII. Gesundheitsstand: Die gesundheitlichen Verhältnisse sind durchweg als gut zu bezeichnen.

Besserungsvorschläge und Kommentare

Bessere handwerkliche und dazu ökonomische Ausbildung seien unumgänglich. Für eine notwendige bessere künstlerische Qualität setzte Fleischer sich mit Conrad Sutters Engagement auseinander, das weiter unten besprochen wird.

Eine Verkürzung der Arbeitszeit wurde dringend gefordert, und zur Überwachung der Einhaltung der Verkürzung dann der ständige Zugang zu den Wohnungen der Betroffenen, vor allem auch für Nachtrevisionen. Paul Arndt, der Bearbeiter und Herausgeber der dreibändigen Schrift über die Ausstellung, hält das allerdings für ganz unzumutbar und meint, dieser Vorschlag „solle die Heimarbeit offenbar erdrosseln“.

Die Dreher sollten sich an festgelegte Preise halten und sich nicht gegenseitig unterbieten, wie sie es zu ihrer aller Schaden immer wieder täten.

Lebens- und Arbeitsbereich seien schon der verwendeten Chemikalien wegen unbedingt zu trennen.

Die Versicherungspflicht sollte ausgeweitet werden

Zum Problem der Invaliden- und Krankenversicherung meint Ludwig Hechler in seinem Lebensbericht: „Alle haben nach ihrem Maß gelebt. Diejenigen, die ihren Beruf aufgaben, es waren nur wenige, sind einer anderen Arbeit nachgegangen, wo sie jede Woche Geld bekamen und ordnungsgemäß versichert waren“. Und: „...die alten Drehermeister kommen jetzt ins Rentenalter und sie sehen, wie andere, die auch ihr ganzes Leben gearbeitet haben, am Ersten des Monats ihre Altersrente auf der Post holen. Jetzt sehen sie, was sie versäumt haben. Sie haben sich Äcker gekauft, haben gebaut, haben zum Teil mit Nichts angefangen und möchten jetzt noch Renten haben“. Die Renten, die der Sozialdemokrat Paul Singer 1894 im Parlament „Bettelgelder“ nannte, waren bei ihren Empfängern angesehen und begehrt. Neuere Forschungen ergeben das gleiche Bild, das hier

Ludwig Hechler zeigt – die Rente konnte im Gegenteil verhindern, daß die alten Leute betteln mußten. Sie trug entscheidend zum Ansehen ihrer Empfänger auch vor der Familie bei und leistete einen Unterhaltsbeitrag[15]. „Die Dreher haben sich Werte geschaffen", aber ebensogut hätten sie, das ist Hechlers Meinung, für die Invaliden- und Krankenversicherung einzahlen können.

Kinderarbeit war inzwischen für jüngere Kinder verboten und unterlag für ältere Kinder strengen Restriktionen. Die Lehrer warben aber, aus ihrer Erfahrung heraus, für pragmatische Anwendung der Gesetze. Es kam ja auf die Arbeit an. Leichte Botengänge waren erlaubt, aber nicht z. B. das Steineklopfen, was laut vorliegenden Akten vorkam und zur „Vermahnung" der betreffenden Familie führte. Es war Sache der Eltern, die Kräfte ihrer Kinder richtig einschätzen zu lernen.

Es gab schon früher Überlegungen, für alle Dreher eine Unfallversicherungspflicht vorzuschreiben, weil sie durch den Holzstaub besonders gesundheitsgefährdet seien. 1911 wurde diese Versicherungspflicht endlich eingeführt. Es wurde vorgeschlagen, den Selbstschutz als Lehrfach in die Ausbildung mit einzubeziehen.

War es um die Gesundheit, wie oben gesagt, wirklich gut bestellt? Im Jahr 1882 war im Gewerbeblatt eine Untersuchung abgedruckt worden, die Zahlen zur Lebenserwartung im Handwerk veröffentlichte. Erschreckend sind diese Zahlen für die Steinarbeiter: Keine vierzig Jahre betrug ihre durchschnittliche Lebenserwartung wegen der so ungesunden Arbeitsbedingungen. Für die Drechsler wurden fünfundvierzig Jahre ausgerechnet, wobei es eher die Knochen- und Horndrechsler waren, die unter den organischen Stäuben ihrer Materialien litten. Wenn man die Lebensdaten der Niedernhausener Spielzeugmacher heranzieht, so stellt man fest, daß ihre Lebenserwartung deutlich höher lag. Offenbar ist ihr Lebenszuschnitt mit der Werkstatt-, Feld- und Gartenarbeit gesünder gewesen als bei vergleichbaren anderen Handwerkern. Trotzdem wechselten einzelne Dreher immer wieder gerade ins am Dorfrand liegende Granitwerk, weil da mehr zu verdienen war. Der Granitstaub galt als weniger gefährlich als der Sandsteinstaub. Die Tuberkulose forderte allerdings hier wie überall ihre Opfer. Die Anforderungen an die Militärdiensttauglichkeit wurden häufig nicht erfüllt.

Conrad Sutter und die Kunsterziehungsbewegung

Ein Extrakapitel der Heimarbeit-Enquete betrifft die Zusammenarbeit Conrad Sutters mit den Drehern. Dieses hochherzig gemeinte Angebot an die Heimarbeiter ist an anderer Stelle ausführlich besprochen worden[16]. Sutter, der mit seinem Sohn malend und zeichnend durch den Odenwald zog, hatte die Drechsler kennen gelernt und sich ihrer anzunehmen begonnen. Er wollte versuchen, ihnen neue Pferdetypen beizubringen und weitere Spielzeuge für sie zu entwerfen, die mehr Geld einbringen sollten als das schlichte „Gäulchen-Urmodell". Sutter selbst kritisierte das Odenwälder Gäulchen nicht, wie Max Fleischer es getan hatte, er wollte nur darüber hinaus noch aufwendigere Spielzeuge erarbeiten und ein breiteres Angebot auf den Markt bringen lassen.

Sutter sah in der Abstraktion der Pferdeform des Odenwälder Pferdchens und in den vorhandenen Drechseltechniken die besten Voraussetzungen, neue, plastisch stimmige Spielzeuge zu schaffen und für eine Vielfalt zu sorgen, die dem

Blechspielzeug etwas entgegensetzen konnte. Die Kunsterziehungsbewegung beeinflußte seine Vorstellungen für die Spielzeuggestaltung, und der Künstler Sutter meinte, in den mit dem Werkstoff Holz vertrauten Handwerkern besondere künstlerische Fähigkeiten entwickeln zu können. Fleischer, ein Freund Sutters und aus eher sozialpolitischen Gründen an den Handwerkern interessiert, verfolgte diese Bemühungen skeptisch. Er sah die Dinge nüchterner und zitierte in seiner Untersuchung Beispiele, da schon Künstler wie van de Velde und Olbrich bei solcher Zusammenarbeit mit Handwerkern gescheitert waren, und er rief schließlich besser ausgebildete Dreher aus der Rhön in den Odenwald, die dann in Sutters Werkstatt eintraten. Nach kurzer Mitarbeit der Niedernhausener Georg und Philipp Becker und Jakob Diehl für Sutters Beitrag zur Landesausstellung 1908 auf der Künstlerkolonie in Darmstadt war Michael Hörr der einzige, der länger bei Sutter mithalten konnte. Auch Georg Schwebel arbeitete eine Zeitlang bei Sutter, inzwischen auf Burg Breuberg, mit einer weiteren Gruppe von verschiedenen Odenwälder Handwerkern, auch Frauen, und mit den Rhön-Schnitzern zusammen. Sutter stellte dann in der Folge sehr schöne Holzspielsachen her, konnte aber wirtschaftlich nicht durchhalten, und die Niedernhausener kehrten in ihren Heimatort zurück. Michael Hörr arbeitete in seinem Haus weiter nach Sutters Entwürfen. Er baute in den Steinsockel des Hauses mehrere Fenster ein, durch die man ihn bei der Arbeit beobachten und seine prächtigen Fuhrwerke bewundern konnte, die da ausgestellt waren, erzählte Magdalene Hottes geb. Becker. Abb. 38 zeigt ein Gespann aus der Sutter-Werkstatt.

Soll man die Heimarbeit verbieten?

In seiner Zusammenfassung der Ergebnisse der Heimarbeitausstellung setzte sich Paul Arndt mit der in Berlin aufgeworfenen Frage auseinander, ob man die Heimarbeit ganz abschaffen solle. Sein wichtigstes Gegenargument war, die Heimarbeit biete doch gerade den Schwächsten, die keine Fabrik mehr beschäftigen würde, noch eine Einkunftsmöglichkeit. Alte Leute, Behinderte und vor allem die Frauen könnten noch etwas zu ihrem Unterhalt beitragen. Es gab eine große Zahl unversorgter Frauen. Es wäre ein sozialer Fehler schlimmster Art, wenn man den Schwachen diese Stütze rauben sollte. Auch die Stärkung des Familienbandes gehöre zu den Aktiva der Hausindustrie. Die arbeitende Mutter könne sich um die Kinder und um schwache Familienmitglieder kümmern.

Die Erhöhung der Arbeitslöhne sei natürlich die Hauptsorge aller an den Heimarbeituntersuchungen beteiligten Mitarbeiter. Drei Mittel kämen dazu in Betracht: die Offenlegung der Löhne, die Organisation der Arbeiter, die Bildung von Lohnämtern zur Überwachung fester Tarife. Zu einer abschließenden Forderung konnte man besonders in diesem letzten Punkt nicht gelangen. Zu schwierig war eine Entscheidung für oder gegen feste Tarife in der Hausindustrie.

Diese Heimarbeitausstellung in Frankfurt am Main zeichnete nicht ganz ein so düsteres Bild von den Zuständen, wie es manche anderen entsprechenden Ausstellungen getan hatten, und sie wurde ein Erfolg. Der mehrbändige Schlußbericht erschien erst kurz vor dem Ersten Weltkrieg. Die vielen ehrenamtlichen

Abb. 38: Zugpferde vom „Trapperwagen" aus Conrad Sutters Programm, gedreht und geschnitzt, Lindenholz, Ölfarbe, Wachstuchstaffierung. H. 24 cm. Um 1912.

Mitarbeiter hatten die Ergebnisse ihrer Recherchen sorgfältig zusammengefaßt. Die gesammelten Angaben trafen im großen ganzen dank der anonym gemachten Erhebungen wohl weitgehend zu. Der Herausgeber Paul Arndt erhoffte von dieser inhaltreichen Veröffentlichung, daß die Publizität ihrer Arbeitsbedingungen den Hausindustriellen mehr Aufmerksamkeit sichern würde, daß die Aufklärung über die Gesundheitspflege ihnen nützen würde und daß die Umschulungen aus niedergehenden Beschäftigungen in andere Berufe durch die Ausstellung in Gang kommen würden.

Jahrelanger Stillstand durch den Ersten Weltkrieg

Alle die Bemühungen traten in den Hintergrund, als der Erste Weltkrieg begann. Die meisten jüngeren Dreher mußten zum Militär. In der Enquete zur Heimarbeitausstellung wurde von der mangelnden Diensttauglichkeit vieler Heimarbeitersöhne gesprochen. Als der Krieg fortschritt, wurden aber wohl trotzdem die meisten gebraucht. Ludwig Hechler durfte eine schwere Arbeitsverletzung halbwegs ausheilen lassen, bevor er für tauglich befunden wurde. Er gehört zu den wenigen, die ihre Erlebnisse, so gut die Überforderung an der Front es zuließ, aufgeschrieben haben und endet: „...So ist die Zeit in Angst und Schrecken bis zum Ende des Krieges in Flandern vergangen". Nach der Rückkehr hätte er gleich wieder in dem großen Betrieb in Offenbach arbeiten können, in dem er vor dem Krieg gewesen war. Aber es war ihm „von zu Hause so weit weg", darum beschloß er, sich in Niedernhausen als Federhalterdreher selbständig zu machen. Als später die Schreibgerätefabrik von Merz und Krell in Groß Bieberau gegründet wurde, gehörte er dann dort als der erste Drehergeselle mit drei Lehrlingen zum Gründungspersonal.

Die Beilstein-Söhne, die Drehersbuben, kamen alle aus dem Krieg zurück. Der älteste Sohn von Georg Beilstein IV., „Dreher-Schorsch" (Georg Ludwig), arbeitete „in Drehersch" weiter mit dem Vater, der zweite Sohn, Adam, heiratete die Tochter von Leineweber Schwebel „in Engels" und machte sich als Dreher selbständig. Philipp, der dritte Sohn, heiratete bei Dreher Marquardt „in Marquardts", auch „Koischbächers" genannt, ein. Der vierte Sohn, Fritz (Friedrich Philipp), der jüngste der Brüder, heiratete später die Witwe des früh verstorbenen Bruders Philipp und übernahm dessen Werkstatt. Die Schwester Marie, später nur die Goth genannt, blieb ledig und betrieb den von der Tante Dreher-Marie übernommenen Kurz- und Schreibwarenladen im Ort mit einer ledigen Cousine weiter. Alle Brüder fertigten wieder Spielwaren. Bald stellte sich die Frage nach weiterer Ausbildung. Ohne Meisterprüfung konnten keine Lehrlinge mehr beschäftigt werden.

Schon seit dem Ende der 70er Jahre des 19. Jahrhunderts war die Diskussion um die Wiedereinführung von Zünften oder Innungen überall in Gang gekommen, und sie wurde auch von Berlin aus befürwortet. Die sozialen, kulturellen und fachspezifischen Funktionen der Zünfte wurden wieder als notwendig angesehen. Der Handwerker „sehne sich nach der Zunftordnung zurück wie nach den Fleischtöpfen Ägyptens", war eine Meinung im Gewerbeblatt 1887 gewesen. Zuviel an Bildungsmöglichkeiten für den Handwerkernachwuchs war verloren gegangen. Allerdings hatten sich zahlreiche Vereinigungen, auch politische, konstituiert, um die jungen Leute an sich zu ziehen. Der Gewerbeverein bemühte sich, unter den für die Jugend schwer einzuschätzenden Angeboten eine gute Wahl zu treffen. Er empfahl den Landesverband des „Jungdeutschlandbundes", der sich an das Programm des Gesamtbundes im ganzen Reich anschloß, eine Gruppierung, die „durch Leibesübung die körperliche und sittliche Kräftigung der deutschen Jugend in vaterländischem Geiste anstrebte", und die man aus heutiger Sicht nicht zu den „völkischen" Bewegungen rechnet[17]. Aber natürlich eröffnete sich bald für ungeübte, unkritische Geister ein weites Spektrum weltanschaulicher Richtungen, das nach dem Ersten Weltkrieg zu größerer Unsicherheit unter den jungen Menschen führte.

Mehr „Kopfarbeit auch im Handwerk" wollte der Gewerbeverein erreichen. Ein Ziel war weiter die Hebung des Standesbewußtseins und des Ansehens des Meistertitels sowie die Wahrung der den Meistern gesetzlich zugebilligten Rechte. Es wurden freiwillige Meisterprüfungen und Gesellenprüfungen angeboten, und immer mehr Gesellen meldeten sich dazu an. Für ältere Gesellen sollten Fortbildungskurse dazu dienen, die Meisterprüfung noch abzulegen. Für einen älteren Handwerker wie den Dreher Georg Beilstein IV. war das schwierig. Er führte seit langem mit Erfolg eine Werkstatt, aber er konnte sich jetzt nicht hinsetzen und den neuen Lernstoff erarbeiten. Es gab für diese Fälle Übergangsbestimmungen, und so erhielt er 1927, im Alter von fast 68 Jahren, von der Handwerkskammer in Darmstadt die „Widerrufliche Befugnis zum Anleiten von Lehrlingen", während seine Söhne Gesellen- und Meisterbriefe besaßen. Das ehemalige großherzogliche Gewerbeblatt war inzwischen mit der Zeitschrift der 1900 gegründeten Handwerkskammer zusammengelegt worden.

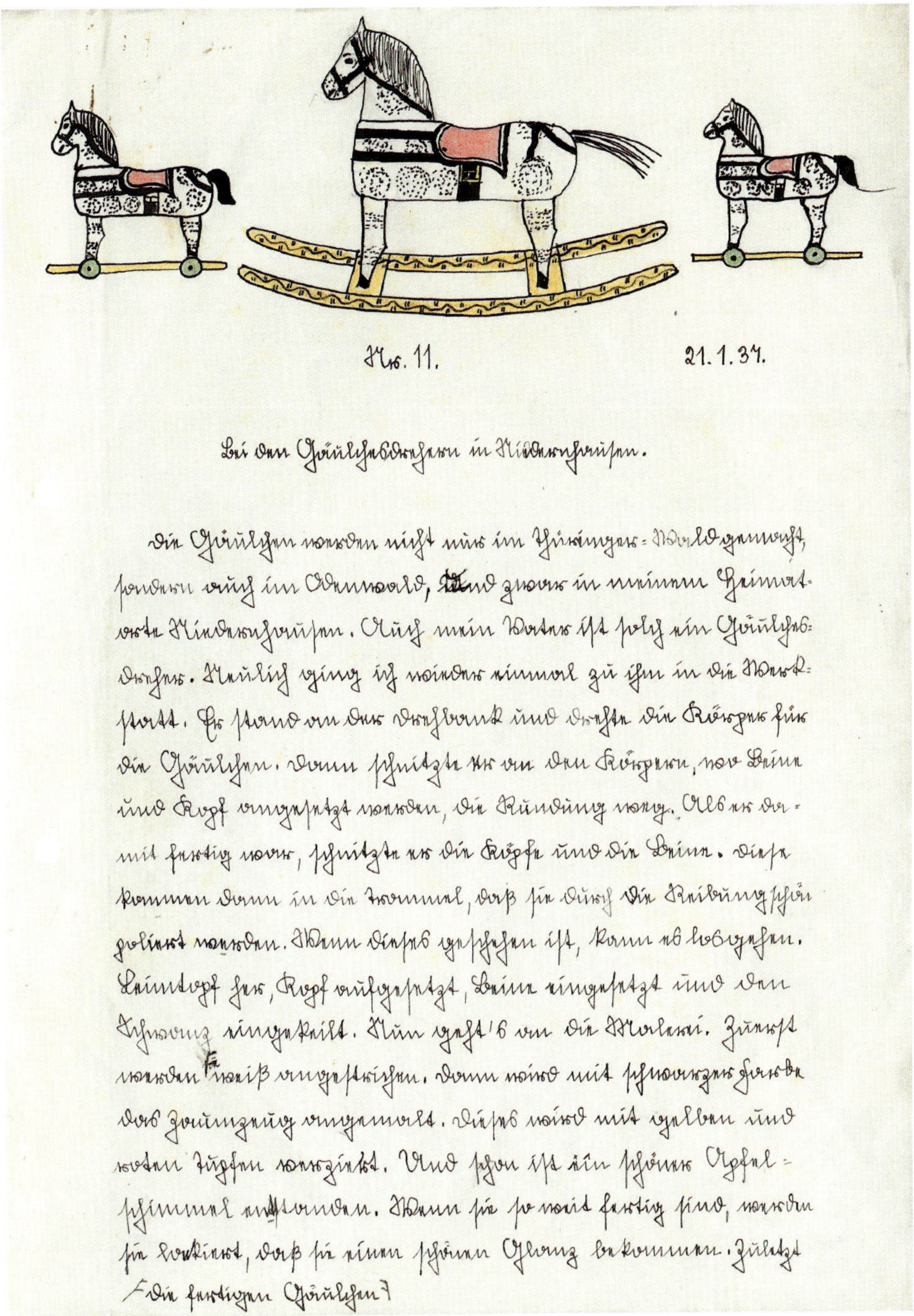

Nr. 11. 21. 1. 37.

Bei den Gäulchesdrehern in Niedernhausen.

Die Gäulchen werden nicht nur im Thüringer-Wald gemacht, sondern auch im Odenwald, und zwar in meinem Heimatorte Niedernhausen. Auch mein Vater ist solch ein Gäulchesdreher. Neulich ging ich wieder einmal zu ihm in die Werkstatt. Er stand an der Drehbank und drehte die Körper für die Gäulchen. Dann schnitzte er an den Körpern, wo Beine und Kopf eingesetzt werden, die Rundung weg. Als er damit fertig war, schnitzte er die Köpfe und die Beine. Diese kommen dann in die Trommel, daß sie durch die Reibung schön poliert werden. Wenn dieses geschehen ist, kann es losgehen. Leimtopf her, Kopf aufgesetzt, Beine eingesetzt und den Schwanz eingekeilt. Nun geht's an die Malerei. Zuerst werden sie weiß angestrichen. Dann wird mit schwarzer Farbe das Zaumzeug angemalt. Dieses wird mit gelben und roten Tupfen verziert. Und schon ist ein schöner Apfelschimmel entstanden. Wenn sie so weit fertig sind, werden sie lackiert, daß sie einen schönen Glanz bekommen. Zuletzt

Die fertigen Gäulchen

Abb. 39a: In einem Schulaufsatz aus dem Jahr 1937: die objektive Gäulchen-Zeichnung einer Drehertochter; nächste Seite: die Wiedergabe eines Pferdewägelchens durch eine Mitschülerin, die ganz der Phantasie folgt.

Abb. 39b: Diese Schülerin sieht in dem steifen Gäulchen ein lebendiges Pferdchen.

Das elektrische Stromnetz erreicht Fischbach- und Gersprenztal

Max Fleischer hatte die Dreher vor dem „Elektrizitätsfieber" gewarnt. Da hatte er sie aber unterschätzt. Sie reagierten umsichtig und machten sich die neue Energie zunutze. Als 1920 die Elektrifizierung den Ort erreichte, wurden, wo es möglich war, neue Motoren und Maschinen angeschafft. Philipp Beilstein „in Koischbächers", der dritte der Drehersbuben, kaufte 1920 und 1925 neue Holzdrehbänke, 1921 eine Kreissäge, 1922 eine gebrauchte Bandsäge, dazu einen 1PS- und einen 5PS-Elektromotor. Sein Nachfolger schaffte später eine dritte Drehbank an. Philipp Beilstein, lungenkrank, verunglückte an der Kreissäge und starb an einem Blutsturz 1927. Sein jüngster Bruder trat dann, wie schon gesagt, an seine Stelle, übernahm die Werkstatt und heiratete die Witwe Margarete, geborene Marquardt. Aus Nürnberg, wohl von der „Vedes", an die er Spielwaren lieferte, erhielt er für seine Arbeit ein Vorlageblatt für einen neuen, realistischer geformten Gaul. Man bemühte sich auch von dieser Seite, das Pferd zu „verbessern". Aber alles blieb, wie es war. Der „Klassiker Odenwälder Gäulchen" mit seiner symmetrisch/harmonischen Charakteristik war wohl nicht zu verändern.

Die Werkstatt in einem Anbau am typischen Fachwerkhaus steht, umgebaut, noch heute. Fritz Beilstein, Sohn aus der zweiten Ehe seiner Mutter, geboren 1932, der wie einer der beiden Stiefbrüder nun in der vierten Generation drehen lernte, erinnert sich aus seiner Kindheit, die er am liebsten in der Werkstatt bei den Drehern verbrachte, daß ein langer Draht mit einer Glocke von der Küche im Haus zur Werkstatt im Anbau führte. Wenn das Essen fertig war und die Glocke anschlug, wurde der Motor abgestellt, und alle ließen erleichtert ihre Arbeit liegen und „eilen zur Stube, denn vom vielen Schaffen bekommt man Hunger", heißt es in einem Schulaufsatz unter Lehrer Oldendorf von 1936, der vielleicht vom großen Bruder des kleinen Fritz stammt.

Einige weitere Schulaufsätze von 1937, ebenfalls aus Lehrer Oldendorfs Zeit, beschreiben und illustrieren besonders anschaulich das Thema Spielzeugmacher in Niedernhausen. Dabei fällt auf, daß die Drehertochter – der Name ist leider unbekannt – das Gäulchen entsprechend seiner Machart zeichnet, mit rundgedrehtem Körper, in dem Kopf und Beine stecken. Eine andere Schülerin aber zeichnet,

Abb. 40: In der Becker-Werkstatt im Anbau von „Kerche-Rechnersch" werden die Pferde und Schaukelstühlchen bemalt und getrocknet. Zwei der Gehilfen sind vermutlich Ziehkinder der Familie Becker. Zeitungsphoto für die „Neue Mannheimer Zeitung", 1935.

unbekümmert um das abstrakte Erscheinungsbild des Drechselgäulchens, ein bewegtes Pferdchen mit fließenden Linien und schwellenden Körperformen, so wie sie es in ihrer Phantasie sieht, dazu einen aufwendigen Leiterwagen mit vielen Sprossen (Abb. 39a und b).

Schorsch (Georg Hermann) Becker auf der Leipziger Mustermesse

Auch Georg August Becker war aus dem Krieg zurückgekehrt, ebenso wie Franz Diehl. Beide arbeiteten als Dreher weiter, und auch Michael Hörr, der aber 1925 seine Werkstatt an seine Schwiegertochter übergab. Becker „in Kerche-Rechnersch" schaffte moderne Maschinen an und erweiterte sein Fertigungsprogramm. Das Schaukelstühlchen mit Pferdekopf, Hahn- oder Schwanenkopf, das überall Erfolg hatte, wurde eines seiner Hauptprodukte (Abb. 40). Er versuchte sich auch mit einer eigenen Erfindung eines „laufenden lenkbaren Schaukelpferdes D.R.G.M.", das er 1933 auf der Leipziger Mustermesse ankündigte, mit weiteren Neuheiten, wie einem zerlegbaren „Zwergpuppenhaus" und einem Tivolispiel. Ungefähr aus dieser Zeit datiert wohl auch das Messephoto mit seinem Sohn Schorsch, der als Geschäftsmann mit Aktentasche vor seinem Messestand festgehalten ist (Abb. 41). Beckers Stand befand sich im Spezial-Spielwaren-Messehaus Wagner in der Abteilung der Thüringer Aussteller. Links im Bild sind ein Schaukelstühlchen und kleine Gäule sowie Leiterwägelchen im Regal zu sehen, und im Vordergrund jedenfalls nicht der „Patentgaul", sondern neben Becker ein gewöhnlicher Schockelgaul mit

Abb. 41: Georg Hermann Becker auf der Leipziger Messe vor seinem Stand in der Abteilung der Thüringer Aussteller. Seine Gäule, Leiterwägelchen und vor allem die Schaukelsitze sind zwischen Spielzeugen für kleinere Kinder vorteilhaft ausgestellt und werden von interessierten Einkäuferinnen besichtigt. Neben ihm ein typisches Becker-Schaukelpferd. Anfang der 30er Jahre. Messephoto.

der typisch Beckerschen „Hundeschnauze"(so die inoffizielle Charakterisierung der Becker-Gäule bei den Kollegen).

Beckers Handel hatte sich wie der der Beilsteins nach Norden ausgedehnt. Er verkaufte jetzt bis Belgien und Holland, Hamburg und Königsberg. Er war der einzige Niedernhausener, der sich auch in ein Messeadreßbuch eintragen ließ und gedruckte Prospekte und Photos seiner Spielwarenauswahl anbieten konnte (Abb. 42). 1938 stehen beispielsweise im Messeadreßbuch zur Leipziger Messe unter der Rubrik „Holz-Spielpferde" vierzehn Adressen für Deutschland verzeichnet. Es sind drei Göppinger Hersteller, ein sächsischer, neun aus Thüringen und eben Becker aus dem Odenwald. Adam Beilstein hatte auch ausgestellt, und als er nach Hause kam, berichtete er ärgerlich, daß Becker „wieder unterboten" habe.

Georg August Becker-Kirchenrechner

Das Amt des Kirchenrechners hatte Georg August Becker 1927 mit dem Einverständnis des Kirchenvorstands von seinem erblindenden Vater Georg übernommen. Er hatte die Arbeit aber der drückenden Zeitumstände wegen nicht mehr zu den alten Bedingungen leisten wollen, und er forderte vom Oberkonsistorium in Darmstadt eine Aufstockung des Lohnes von 250 Mark im Jahr auf 400 Mark und die Aufnahme in die allgemeine Kranken- und Fürsorgekasse. „Es ist jeder Arbeiter seines Lohnes wert" schrieb er herausfordernd in Sperrdruck auf seinen Brief. Das Landeskirchenamt ging nicht auf ihn ein, verwies nur auf Prozente der Hebegebühr, die er bekäme. Das Kirchenrechneramt hat ihm dann viel Ärger und Kummer gebracht, da er nicht für die nötige Buchführung ausgebildet war, die

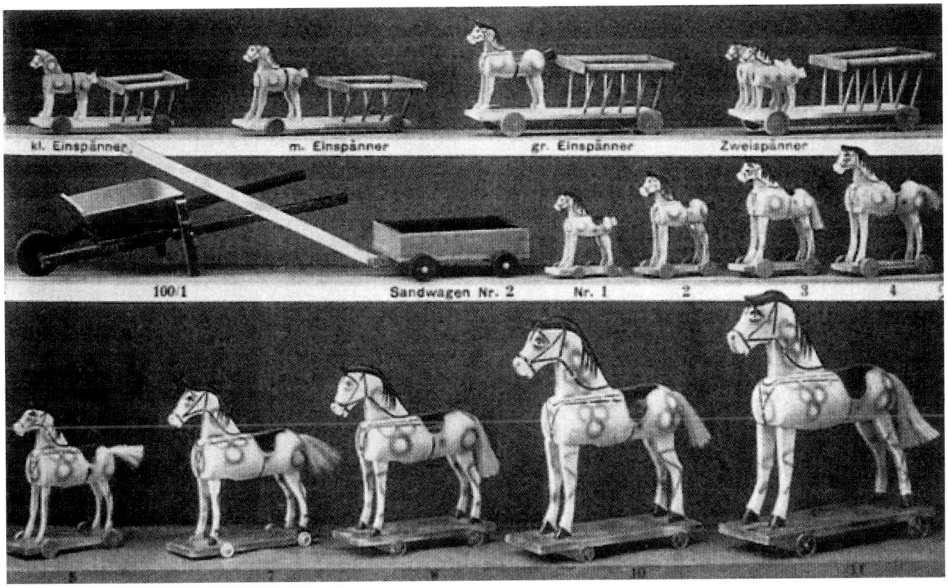

Abb. 42: Dieses Werbephoto von „Georg August Becker Holzspielwaren" zeigt ein typisches „Standard-Angebot" an Odenwälder Spielwaren. Photo und Druck von Knäbchen, Zöblitz.

Die Preise der Waren auf einer ungefähr zeitgleichen Preisliste für Händler:

Einspänner-	*Leiterwagen kosteten per*	*Dtzd. von 4,50 bis*	*9,60*	*Mark*
	Kastenwagen	*Dtzd. von 7,20 bis*	*16,80*	*Mark*
	Pferde von 17,5 cm Höhe	*Dtzd.*	*2,40*	*Mark*
	bis 47,0 cm Höhe	*Dtzd.*	*42,00*	*Mark*
	das kleinste Pferd kostete also		*20*	*Pfennige*
	der kleinste Einspänner-Leiterwagen		*37,5*	*Pfennige*

Es gibt auch ein entsprechendes Werbebild mit den Schaukelpferden.

jetzt in der größer gewordenen Gemeinde unumgänglich geworden war. Er mußte aus seiner Tasche Fehlbeträge ausgleichen, bis er 1937 von dem Amt zurücktrat. Er trug schwer an diesem Scheitern, obwohl an seiner Integrität niemand zweifelte.

Mit seinem schriftlichen Aufbegehren gegenüber der Kirchenverwaltung wegen der schlechten Bezahlung fällt Georg August Becker auf, neben einer sonst wohl an die Lebensumstände mehrheitlich unreflektierten Angepaßtheit der Berufsgenossen, wie vieler Dorfbewohner überhaupt. Vor allem in den Jahren nach 1933 war wohl Anpassung an die politischen Verhältnisse die Haltung vieler Dreher. Schließlich führte die „Blut und Boden"-Ideologie der Nationalsozialisten zu einer merklichen Aufwertung ihres bäuerlichen Lebens, was ihnen entgegenkommen mußte, da sie, von Existenzsorgen geplagt, auf Besserung hofften. Adolf Spamer schrieb zwar 1939, die Krise sei überwunden, und infolge des guten Absatzes ihrer Ware strebten die Dreher eine Vergrößerung ihrer Werkstätten an. Aber im selben Jahr begann der Zweite Weltkrieg, und die meisten Holzdreher mußten ihre Arbeitsstätten stillegen.

Beckers Spielzeugfabrikation ging noch einige Zeit im Krieg weiter, auch wenn er weniger absetzen konnte. Für 1938 sind seine sehr guten Absatzzahlen überliefert: im August und im September habe er 78 Stückgutsendungen Holzspielwaren verkaufen können. Doch 1939 erteilte die Reichsbahn schon vor Kriegsbeginn keine Genehmigungen zum Bahnversand mehr, und Becker hatte monatelang keine Einnahmen. Wenigstens Spielwaren-Faix in Darmstadt konnte er beliefern, was die Faix-Chronik besonders vermerkt. Später im Krieg, da außer für wenige Sonderlieferungen, z. B. aus dem Erzgebirge an Soldatenkinder, keine Spielwaren mehr hergestellt werden durften, mußten dann Holzsohlen für Schuhe gefertigt werden. Sohn Schorsch wurde nicht eingezogen, weil er nach einem schweren Motorradunfall wehruntauglich war. Er war viel mit dem Motorrad unterwegs gewesen, um Kunden zu besuchen. Er stellte die Becker-Produktion bald erfolgreich auf Klein- und Büromöbelherstellung um. Von ihm ist aus seiner Schulzeit in der Gewerbeschule in Groß-Bieberau, als er noch den Dreher-Beruf anstrebte, ein Entwurf zu seinem eigenen Drechslerwappen erhalten geblieben: in die Mitte unter die traditionellen Zeichen Kugel, Greifzirkel und die gekreuzten Eisen „Röhre und Meißel" hatte er für seinen Namen ein Herz gezeichnet.

Heinrich Eidmann stirbt 1936

Der Lehrer Heinrich Eidmann, seit langem in Darmstadt, verfolgte die Schicksale der Spielzeugdreher mit Interesse weiter. Mehrere Male berichtete er über sie in kleinen Veröffentlichungen. Im Hessischen Heimatfreund-Kalender 1937 erschien sein letzter Beitrag posthum nach seinem frühen Tod, ein kleiner bebilderter Text über die Heimarbeit, auch über einen Spielzeugdreher. Er lobt die NSV (Nationalsozialistische Volkswohlfahrt), die ja nun nach früheren schweren Zeiten für das Wohl der Heimarbeiter durch gutgelohnte Aufträge sorge. Daß es den Nationalsozialisten um politischen Nutzen ihres Engagements ging, sah Eidmann wohl nicht. Er sah nur, daß sich seine seit langem gehegte Hoffnung auf besseren Lohn für seine Niedernhausener Sorgenkinder zu erfüllen schien. Mit Eidmanns Tod endete für die Dreher eine lange Freundschaft.

Bei Beilsteins lebt nach dem Zweiten Weltkrieg die Spielzeugproduktion in Niedernhausen noch einmal auf

Drei Beilsteins – abgesehen von ihren Gersprenztaler Schülerfamilien – waren die einzigen, die ihre Arbeit als Spielzeugdreher nach 1945 wieder aufnahmen. „In Marquardts"/„Koischbächers" wurden nach Fritz (Friedrich Philipp) Beilsteins Heimkehr aus dem Krieg Haushaltswaren fabriziert wie Holzteller, Stopfpilze, Holzstampfer, Untersetzer, und es wurden auch Säulen, Füße und Rosetten gedreht.

Dann nahm man die Pferdewagenproduktion wieder auf und baute dafür eine neue Werkstatt in den Garten, sicher in der Hoffnung auf zukünftigen guten Absatz. Die ersten Spielzeuge wurden wie in früheren Tagen ganz und gar von Hand gefaßt. Sohn Fritz bewunderte die Sicherheit, mit der sein Vater freihändig die Linien zog und alle übrigen Einzelheiten der Bemalung ausführte. Dann lief die Serienfabrikation wieder an. Die Pferdekörper wurden jetzt nicht mehr aus Erlen-, sondern aus Kiefernholz gedreht und gegen das Reißen besonders behandelt[18].

Einzel- und Großhändler in der engeren und weiteren Umgebung nahmen die Ware ab, auch wieder eine Fürther Firma, Cuno & Otto Dressel. Ein ganz großer Auftrag Ende der fünfziger Jahre, der vielversprechend aussah, stürzte die Dreher aber fast ins Desaster. Ein Händler aus Hamburg bestellte bei Handwerkern verschiedener Branchen von Groß-Bieberau bis Michelstadt ihre jeweiligen Produkte, z. B. Kämme und Dosen aus Kunststoffen, und in Niedernhausen bei Schorsch Beilstein eine große Anzahl Schaukelpferde Nr. 10 auf Rädern mit extra Kufen. Es wurde Holz und weiteres Material eingekauft und die Arbeit auf alle drei Werkstätten Beilstein verteilt. „In Drehersch“, „Engels“ und „Koischbächers“ arbeitete man „Tag und Nacht“, um den Termin-Auftrag zu erfüllen. „Es wurde ein halber Güterwagen voll“! Die Schaukelpferde gingen nach Hamburg. Doch dann hörte man nichts, kein Geld kam. Schließlich wurde bekannt, daß der Händler bankrott gemacht hatte. Als Äquivalent wurde wertlose Schleuderware geschickt. Diese bittere Erfahrung ließ die Familien Beilstein nicht ruhen, und sie reflektierten das Ereignis noch lange. Die Einnahmen von den traditionellen Abnehmern kamen regelmäßig, waren aber rückläufig. Einige Händler drückten sehr auf die Preise. Abschläge von 20% bis schließlich 50% wurden verlangt. Eine Firma Behrends in Frankfurt verlangte von vornherein 50% Abschlag. Fritz Beilstein versuchte, mit kleinen bescheidenen 5% „Teuerungszuschlägen“ etwas „auszugleichen“.

Die Beilstein-Nachkriegsproduktion an kleinen Schimmeln erlebte noch einmal einige Verbreitung, und diese Gäule sind in vielen Familien in der Region erhalten. Auf Bestellung wurde auch nochmals eine Serie wunderschöner Schaukelpferde hergestellt. Sohn Fritz lernte beim Vater die Profilblockdreherei und handhabte den neuen Kompressor, um die schwarze Zeichnung mit der Zaponierpistole auf die Gäule zu sprühen. In der Berufsschule mußte er in die Schreinerklasse gehen, da es für Dreher keine andere Möglichkeit gab. Für die Gesellenprüfung arbeitete er einen schönen mittelgroßen Gaul (Abb. 21), legte die Prüfung ab und erhielt in Wersau im „Kühlen Grund“ bei der Abschlußfeier 1949 die Lossprechungsurkunde.

Die Meisterprüfung für Spielwarenmacher war nicht möglich, da kein einschlägiger Prüfungsausschuß existierte. Dieses nächste Ziel gab es also nicht mehr, und auch keine berufliche Altersversorgung. Fritz Beilstein d. J. arbeitete noch einige Zeit mit dem Vater weiter und photographierte ihn mit den Frauen und der kleinen Tochter in der Werkstatt (Abb. 27). 1962 lohnte sich die Arbeit nicht mehr. Fritz Beilstein d. Ä. ging zu Schorsch Becker in die Büromöbelfabrik.

Schorsch Beilstein „in Drehersch“ hatte noch 1947 die Meisterprüfung ablegen können. Sein Meisterstück, ein herrlicher großer Schockelgaul, gehört heute zu den schönsten Erbstücken aus der Zeit der Spielzeugproduktion (Abb. 43). Beilstein legte eine neue Pferdeserie auf und fertigte kleine braune Gäule mit Glasaugen, mit Tuchstaub belegt und schön geschirrt mit silbernen Nägeln und Wachstuchriemchen, nach Thüringer Vorbild. „Aber die Braunen kamen nicht an“. Hier wie „in Engels“ bei Bruder Adam halfen die als Kriegsflüchtlinge zugewanderten und eingeheirateten Ehehälften bei der Produktion mit. Marie Beilsteins Vater, Bernhard Scherbaum, der nicht mehr schwer arbeiten konnte, saß gern in der durch den Trockenofen immer warmen Werkstatt und leistete kleine Handgriffe. Das waren auch hier die letzten Jahre bis etwa 1962. „In Engels" hielt man sich bald an den Beruf des zugewanderten Ewald Ritter und eröffnete eine Metzgerei. Auch „in Drehersch" gab man auf und arbeitete in dem Lebensmittelgeschäft mit, das die „Goth", Marie Beilstein, schon etabliert hatte, und das die Frauen jetzt zusammen führten. Man baute dafür das steinerne Sockelgeschoß des Fachwerkhauses weiter aus. Schorsch Beilstein selbst nahm eine Tätigkeit in der Bürgermeisterei und später in einer Bank auf.

Auch der letzte gelernte Spielzeugdreher der Familie Beilstein, Fritz d. J., sattelte um und ging zur Fernseh-GmbH nach Darmstadt. „In Engels" wurde die Werkstatt aus Platzmangel abgerissen. Die anderen beiden Beilstein-Werkstätten sind unvollständig erhalten. Einige Maschinen stehen heute in der volkskundlichen Abteilung des Landesmuseums Darmstadt in Lorsch. Das große gußeiserne Schwungrad, noch lange ein Andenken an frühere Zeiten „in Koischbächers", wanderte zum Altmetallhändler.

Die Spielwarenfabrikation der Familie Loos in Fränkisch-Crumbach

Ein Rückblick auf die weiter oben beschriebenen Anfänge der Familie Loos in Fränkisch-Crumbach geht noch einmal zurück zu Johannes Loos, der bei Ludwig und Georg Beilstein in Niedernhausen gelernt hatte. Seine Pferde zeigten immer deutlich die Verwandtschaft mit den Beilsteinschen Gäulen, aber er entwickelte dann doch seinen ganz eigenen typischen Stil, der unverändert bis zuletzt durchgehalten wurde. Seine Gäule sind unverwechselbar (Abb. 44). Aber während die Kollegen für die Malarbeit überall nach und nach zur Schablonenbenutzung übergingen, blieb man bei Loos bei der reinen Handmalerei. Die jüngsten Mitarbeiter malten stundenlang die schönen schwarzen Haarspitzen der Mähnen der Schimmel immer linksgescheitelt auf die Pferdehälse. Auch sonst gab es fast nur Handarbeit: Löcher wurden von Hand gebohrt, und das Entgraten der gesägten Teile mußte von Hand in endloser Kleinarbeit an der rotierenden Glaspapierscheibe geschafft werden, obwohl das in der Trommel viel müheloser und schneller gegangen wäre. Dafür waren die „Loos-Gäule" eine besonders feine Sorte, sagt heute Philipp Adam Krämer.

Der 1885 geborene Sohn Philipp Wilhelm Loos hatte 1904 die Gesellenprüfung abgelegt und war 1910 dem Vater mit 25 Jahren in der Werkstattleitung nachgefolgt. Auch er erweiterte und erneuerte nach der Heimkehr aus dem Ersten Weltkrieg und nach der Inflation seine Arbeitsstätte. Offenbar war noch die uralte Wippdrehbank in Gebrauch gewesen. 1927 zog er mit mehreren Lehrlingen und Gesellen in die größeren Fabrikationsräume um, blieb allerdings bei der Handarbeit. Zeitweise hatte die Hausfrau zwölf Leute bei Tisch, der Handel und der Verkauf florierten. Loos verkaufte nicht dutzendweise, sondern tausendstückweise und nur an Großhändler, vorzugsweise nach Holland. „Die Holländer könnten das moderne Blechspielzeug nicht gebrauchen, es roste zu schnell in ihrem wasserreichen Land. Darum kauften sie gern die Odenwälder Holzsachen", hieß es. Hier hatte sich endlich einmal das Holz vor dem Blech durchgesetzt. Der 1912 geborene Sohn Philipp Loos, Spielwarendrehermeister, dritte Generation, ist im Zweiten Weltkrieg verschollen. Die vierte Generation war seit 1940 dabei, Philipp Loos (IV.).

Abb. 43: Das Meisterstück von Georg Ludwig Beilstein aus „Drehersch", 1947. Nur der alte Lacküberzug ist gegilbt und teilweise krepiert, im übrigen sind die originale Fassung und das stabile Holzwerk dieses prächtigen Schaukelpferdes vollständig erhalten. H: 92 cm. MSL

Noch saß er in der „Futtermanne" und schaute bei der Feldarbeit zu. Das änderte sich aber bald, und er fing früh an, in der Werkstatt mitzuarbeiten.

Bald nach dem Krieg mußte der kleine Philipp Loos den im Krieg gebliebenen Vater zu ersetzen suchen. Er lernte, dem Großvater zur Hand zu gehen. Wenn seine Altersgenossen zum Spielen gingen, malte er geduldig die Loos'schen Zackenmähnen auf die Pferdehälse und lernte das Drechseln. Der Verkauf ging immer noch gut. Großvater Loos liebte sein Geschäft und wollte es unter allen Umständen

Abb. 44: Holzspielwarenfabrik Loos. Philipp Wilh. Loos an der Schnitzbank. Im Hintergrund an der Wand Bein- und Kopfmuster in vielen Größen. Zwei Lehrjungen beim Bemalen der stets ganz und gar von Hand gefaßten Loos-Gäule. Zeitungsphoto von Heil. 1935.

erhalten wissen. Nach Philipps Schulabschluß sagte er: „Der Bub muß 'naus"! Und Philipp besuchte die Fachschule in Erbach. Dem Jungen tat sich die Welt auf. Als er danach weiterlernen wollte und ein Bauingenieurstudium in Darmstadt absolvierte, zweifelte der alte Loos noch, „der Bub geht auf den Bau, und wir haben das gute Geschäft"! Aber dann sah auch er, daß die junge Generation neue Wege suchte, und er beendete seine so erfolgreiche Lebensarbeit 1962. Der Enkel diente dann seinem Heimatort dreißig Jahre als Bürgermeister.

Der letzte „Gäulchesdreher" im Odenwald

Die Photographie von 1926, vor der Werkstatt des Beilstein-Schülers Adam Krämer I. (1876-1953) in Kirch-Beerfurth, mit ihm selbst und allen seinen Mitarbeitern aufgenommen, gibt einen Eindruck vom Blühen seiner 1899 gegründeten, 1909 ins Gewerbetagebuch eingetragenen Fertigung von Schaukelpferden und Gäulchen in vielen Größen (Abb. 26). Auch während der Inflationszeit hatte er verkauft, wie der erhaltene „Millionengaul" einer Sandbacher Familie mit seinem Namen bezeugt (Abb. 17). Jetzt, 1926, arbeiteten bei Adam Krämer seine beiden Söhne, Philipp (1918-1986) und Geselle Georg Adam (1904-1966), zwei weitere Gesellen, zwei Lehrlinge und auch die schon genannten Frauen.

Sohn Georg Adam hätte gern bei „Gäules-Keller" in Göppingen gelernt. Aber Keller hatte abgewehrt, das sei aus Konkurrenzgründen nicht möglich. So lernte Georg Adam zu Hause und legte 1923 die Gesellenprüfung und 1930 die Meisterprüfung ab. Die Verbindung zu Keller blieb aber bestehen. Der Adam Krämer der dritten Generation, Philipp Adam genannt, nach seines Vaters Bruder, seinem Paten, 1932 geboren, saß schon als kleiner Bub in der Werkstatt und wurde von Großvater und Vater liebevoll an kleine „Arbeiten" herangelassen: „Adamchen, du darfst die Nägel in die Räder stecken". Der Lehrling nagelte dann damit die Räder in die Bodenbretter der Rollpferde ein. Adam (III.) fühlt noch heute die Freude, die das Kind an dem Mitmachendürfen hatte. Er schaute beim Drehen zu, bis er ganz

Abb. 45: Philipp Krämer, hier beim Auftragen von Spirituslack auf einen fast fertiggestellten Gaul, mit Tochter Rosel. Aus einer Serie von mehreren Arbeitsphotos von Meier-Hirschberg, Traisa. Etwa 1950.

von Holzstaub bedeckt war. Es gab für ihn nichts Schöneres. So wuchs er in die Tradition hinein und erwarb sich später eine Handfertigkeit, die nur lange Übung und Liebe zur Sache mit sich bringen.

Großvater und Vater Krämer kauften ihr Holz im Forst des Barons von Gemmingen. Auch heute wird es aus dem umliegenden Forst geliefert. Kiefern- Pappel- und Buchenholz werden am meisten verarbeitet. Der Maschinenpark wurde immer auf verhältnismäßig modernem Stand gehalten. Viele Einzelarbeiten konnte man sich damit erleichtern. Für die Bemalung der Gäule wurden schon früh Schablonen und Spritzpistole verwendet. Krämers verkauften ihre Produktion an Darmstädter Großhändler wie Ullmann, ein alteingesessenes und bekanntes Unternehmen. Mit seiner großen Adler-Sechssitzer-Limousine fuhr Georg Adam Krämer damals die Ware im Anhänger aus. Als der Zweite Weltkrieg begann, mußten beide Brüder, Philipp und Georg Adam, zum Militär.

Nach dem Krieg und nach seiner Heimkehr setzte Philipp Krämer die Tradition vorerst allein fort (Abb.45) und arbeitete mit einigen Helfern, bis er schon länger gehegte Pläne verwirklichte und die Werkstatt zur Tankstelle umbaute und eine

Abb. 46: Adam Krämer (III.) mit Steckenpferden und weiteren Gäulen sowie einem Schaukelsitzchen. Die Leimfarben sind inzwischen von Kunstharz-Binderfarben abgelöst worden, die mit neuen Kunstharz-Lacken fixiert werden. Zeitungsphoto, 1985.

Fahrschule gründete. Heimkehr und Neuanfang von Georg Adam Krämer gestalteten sich schwierig. Sein Sohn Adam (III.) lernte bei Heldmann in Fränkisch-Crumbach Federhalterdreherei und arbeitete danach bei Opel in Rüsselsheim als Dreher im Werkzeugbau. Er habe sehr viel dazulernen können, denn Opel entwickelte damals noch alle nötigen Maschinen im Hause, sagt Adam Krämer heute. Nach elf Jahren packte ihn aber die Lust, wieder in der heimischen Werkstatt zu arbeiten, und 1961 übernahm er die väterliche Fabrikation.

Die Werkstatt wurde weiter modernisiert, auch wenn die neu angeschaffte Gattersäge ein „museales" Gerät von 1938 war. Sie arbeitet zuverlässig auch 2005. Adam Krämer konnte einige der benötigten Geräte nach der „Opel-Lehrzeit" auch selbst bauen. Konkurrenz gab es nun im Odenwald nicht mehr (Abb. 46). Dafür tauchten „aus dem Osten" prächtige bossierte Gäule mit Fellmähne auf, die Adam Krämer wegen ihrer Perfektion bewunderte, und die er aufkaufen und günstig weiterverkaufen konnte. Erst allmählich lüftete sich das Geheimnis um diese preiswerten Schimmel (ähnlich Abb.8) von jenseits des „Eisernen Vorhangs". Sie kamen aus dem VEB Ankerwerk in Sachsenbrunn in Thüringen und wurden über Coburg in den Westen geliefert. Einer der Hersteller der Holzpferde in Heimarbeit war Rudi Löffler in Waffenrod, der daran nur einen Hungerlohn verdiente. Die Bossierung und die Fassung (Autolack) sowie die Staffierung erhielten die Pferde im Werk. Rudi Löffler, 1987 krank und unter den politischen Verhältnissen leidend, klagte: „so wie vom real existierenden Sozialismus sind wir noch nie ausgebeutet worden". Nach der Wiedervereinigung Deutschlands, die Löffler noch

Abb. 47: Die vierte Generation bei Gäulchesmacher Krämer, Annette Krämer und Harald Boos in der Werkstatt. 2004.

erlebte, fertigte er eine Serie sehr gelungener kleiner bossierter Pferde für das Museum Otzberg im Odenwald an. Das Ankerwerk endete 1990[19].

Schmohl und Keller in Göppingen haben in den achtziger Jahren mit der Produktion aufgehört. Keller bot noch eingehende Aufträge für Pferdespielzeug den Krämers an, und seine Nachfolger orientierten sich neu. Heute gehört Keller zu der betont kunsthandwerklich ausgerichteten Firma Ostheimer. 1997 übergab Philipp Adam Krämer seine Werkstatt an die Tochter Annette Krämer und ihren Ehemann, Spielzeugmacher Harald Boos, die nun in der vierten Generation die Tradition fortsetzen (Abb. 47). Die Gäule in mehreren Größen, Wagen aller Art, die Schaukelpferde- und Stühlchen, Steckenpferde groß und klein und vor allem das legendäre Leiterwägelchen mit einem oder zwei Pferden werden weiter hergestellt; und auch Puppenwiegen und -Schränke. Europanorm, Naturfarben und neue Lacke wie z. B. Zitronenschalenlack haben das Traditionsbild nicht verändert. Es werden auch Pferde neu bemalt oder unter Erhaltung der alten Farben restauriert, und ab und zu kommt ein früher Krämer-Gaul dazu wieder in die Werkstatt.

Zahlreiche Bilder und Filme wurden inzwischen in der Krämer-Werkstatt aufgenommen. „Ich verkaufe mit den Gäulchen eine Geschichte“, sagt Harald Boos. Das Landschaftsmuseum Schloß Lichtenberg im Odenwald bewahrt in einer Dauerausstellung Zeugnisse dieser Geschichte auf. Die Popularität des Odenwälder Gäulchens mit seinem unverwüstlichen Charme lebt weiter. Die Schaukel- und Räderpferde machen wie früher Kinder glücklich (Abb. 48).

Die Odenwälder Spielzeugdreher - ein Resümee

Wenn Ute E. Ritter 1989 in ihrer Reportage-Zusammenfassung[20] zur langen Geschichte dieses Handwerks sagt, das sei doch „Selbstausbeutung“ gewesen, so wird dieses Wort dem Leben und Arbeiten der vielen fleißigen Menschen nicht gerecht. Es ist immer eine sehr harte Arbeitswelt gewesen, in der die Dreher zu Hause waren. Man muß sie in dieser Welt sehen, so wie sie war, und ihre Lebensleistung respektieren und würdigen. Das sprichwörtlich gewordene „Heimarbeiterelend“, welches mancherorts geherrscht hatte, gab es hier in den kleinbäuerlichen Handwerkerfamilien im großen und ganzen nicht. In der guten Zeit der ersten Generationen waren die „prägenden“ Familien mit dem Beruf zufrieden. Zu sagen, daß alle „behaglich“ lebten, um Friedrich Engels' Wort noch einmal aufzunehmen, wäre sicher übertrieben, vor allem, wenn man an die große Belastung der Lehrlinge denkt. Es waren die starken Persönlichkeiten unter den Spielzeugdrehern, die hervortraten und die ihr Handwerk besonders förderten, im Fischbachtal wie im Gersprenztal. Über die Dreher aus der Waldenser-Kolonie und über die vielen übrigen zum Teil kaum noch dem Namen nach bekannten Spielzeugmacher liegen leider nur wenige Nachrichten vor. Es herrschte immer Konkurrenz und Wettbewerb zwischen allen Beteiligten, auch innerhalb der Familien. Wer die Spielwarendreherei aufgab, reichte aber seine Werkzeuge und auch Muster großzügig an die Kollegen weiter.

Das Leben der Dreher war bestimmt durch eine ganz und gar individualistische Arbeitsweise und Lebensführung, die in jeder Familie auch spezifische Züge entwickelte und so alle Kräfte mobilisierte. Es war eben „Familienarbeit", wie Ludwig Hechler es ausdrückt, die letztlich durch den Zusammenhalt der Familien Erfolg hatte, was übrigens auch von altersher im Handwerk so gewesen ist. Wenn der Absatz einbrach, bedeutete das für die Betroffenen nicht nur Geldsorgen, sondern auch die Sorge um Ansehensverlust. Daraus folgte oft eine Geringschätzung der eigenen Arbeit, die man bei den Recherchen manchmal auch heute noch spüren kann. Das hat in einigen Familien leider auch dazu geführt, daß gar nichts bewahrt wurde von der langen Handwerksgeschichte der Vorfahren, und daß dann der Bulldozer die alten Werkstätten mit allem Inventar abgeräumt hat.

Die Odenwälder haben einen Platz in der deutschen Spielzeuglandschaft. Schließlich sind „150 Jahre Odenwälder Gäulchen" eine Erfolgsgeschichte. Die heutigen Erben dieser Tradition sehen die Vorteile des selbstbestimmten Lebenszuschnitts mit sinnvoller Handwerksarbeit in der eigenen Werkstatt, wo sie – wie die Berufskollegen in anderen Traditionsregionen – gerade durch die Beschränkung auf einen Familienbetrieb erfolgreich arbeiten können.

Abb. 48: Zwei Krämergäule für Winnetou und Old Shatterhand. 1994.

Dank

Ohne die freundliche und interessierte Mithilfe der angesprochenen Odenwälder Familien wäre diese Arbeit nicht möglich gewesen. Ich danke herzlich: Marie Arras geb. Becker, Linda Arras, Else Becker geb. Glock, Fritz Beilstein, Gisela Beilstein geb. Kerschl, Marie Beilstein geb. Scherbaum, Georg B. Beilstein der Gemeinde Fischbachtal mit ihrem Bürgermeister Ludwig Vierheller, Luise Keller geb. Gräber, Margarete Ritter geb. Beilstein, alle Niedernhausen; Gertrud Berg-Oldendorf, Dieburg; Magdalene Hottes geb. Becker, Rodau; Adam Krämer und Harald Boos sowie Ruth Rohr, Reichelsheim-Beerfurth; Just Krell, Groß-Bieberau; Philipp Loos, Fränkisch-Crumbach; Georg Lortz, Billings; Lina und Richard Muth, Lichtenberg. Besonders danke ich Winfried Wackerfuß für die kritische Durchsicht des Textes. Für technische Mithilfe danke ich Freder und Christoph Beck, Mühltal.

Weiter geht mein Dank für Informationen, Unterlagen und Photos an: Dr. Konrad Auerbach, Spielzeugmuseum Seiffen; Friederike Lindner und das Deutsche Spielzeugmuseum Sonneberg, Dr. Waltraut Fritzsch, Dresden; Reinhold Frölich, Dieburg; Gerd J. Grein, Museum Otzberg; Helga Hake, Museum Pfungstadt; Heiko Haine, Museum Otto Ludwig, Schloß Eisfeld; Karl Katz, Museum Welzheim; Dr. Karl-Heinz Rueß, Museum zum Storchen, Göppingen; Dr. Walter Stolle, Landesmuseum Darmstadt, Außenstelle Lorsch.

* ***Bildunterschriften, Maße:*** *es ist immer die Höhe des größten Pferdes vom Huf bis zur Ohrspitze angegeben. Die verwendeten Holzarten sind Erle, Kiefer, Fichte, Pappel, Buche und Weymouthskiefer und werden nicht gesondert beschrieben. Die Fassungen, grundsätzlich Kreidegrund und Leimfarben mit Lackierung, werden bei Abweichungen genannt.*

MSL bedeutet, in Museum Schloß Lichtenberg ausgestellt.

Literatur und Anmerkungen

Ungedruckte Quellen

Hessisches Staatsarchiv Darmstadt:

Abt. G42 A Lokalsektion Gewerbeverein Darmstadt 1848/49

Abt. G15 Repertorien Dieburg, Niedernhausen

Kirchenbücher Groß-Bieberau 1830 ff.

Gemeindearchiv Fischbachtal:

Abt. XI/2, Ortsbürgeraufnahmen Niedernhausen

Abt. XI/2 Bürgerregister von Niedernhausen, ab 1770

Abt. XXIII/3,17 Bauzunft, betreffend Ludwig Beilstein

Abt. XXIII/3,1 Gewerbetagebuch von 1854-1945

Privatbesitz:

Geschäftsbuch von Ludwig Beilstein von1859-1892, Niedernhausen

Warenausgangsbücher von Friedr. Philipp Beilstein 1945-1948 und 1954-1959, Niedernhausen

Hausbuch des Müllers Johannes Hartmann, Billings, 2.H.19. Jh. und

Briefe nach Amerika, 1855 und 1856

Ludwig Hechler, Chronik der Familie Hechler, 1989

Literatur

Henri René D'Allemagne, Histoire des Jouets. Paris, 1902

Helmut Anthes, Beim Odenwälder „Gailchesmacher". In: Puppen & Spielzeug, 4/1982

Paul Arndt, Die Heimarbeit im Rhein-Mainischen Wirtschaftsgebiet. Jena 1909-1914

Manfred Bachmann, Berchtesgadener Volkskunst. Leipzig, 1985

Walter Benjamin, Über Kinder, Jugend und Erziehung. Frankfurt am Main, 1969

Gertrud Berg-Oldendorf, Weihnachten in einem Odenwälder Dorf. Husum, 2003

Georg Hieronimus Bestelmeier, Magazin von verschiedenen Kunst- und anderen nützlichen Sachen. Nürnberg, 1801 und 1803. ULB Darmstadt

Helmut Bilz, Das Reifendreherhandwerk im Spielwarengebiet Seiffen. Seiffen, 1976

Wolfgang Brückner, Holzschnitzerei und Gewerbeförderung in der Rhön im 19. Jahrhundert. In: 150 Jahre Holzschnitzschule Bischofsheim, 2003

Ders. Gewerbeforschung und Volkskunsttheorie. In: Jahrbuch für Volkskunde, 1995

Philipp Buxbaum, Bilder aus dem Odenwälder Volksleben, Werktagsgestalten, 1906

Hans Ulrich Colmar, Aus Niedernhausens Vergangenheit. Fischbachtal, 1994

Deutsches Spielwaren-Adreßbuch. Leipzig, 1938

Heinrich Eidmann, Heimatmuseum, Schule und Volksbildung. Leipzig, 1909

Ders. Die Heimarbeit im Odenwalde. In: **Paul Arndt**, s. ders., 1914
Ders. Die Gailchesdreher. In: „Unter der Dorflinde“, 1914
Ders. Odenwälder Heimarbeit. In: Hessischer Heimatfreund-Kalender, 1937
Georg Emig, Die Berufserziehung bei den Handwerkerzünften in der Landgrafschaft Hessen-Darmstadt und im Großherzogtum... Frankfurt am Main, 1969
Friedrich Engels, „Zur Wohnungsfrage“. In: „Der Volksstaat“, Leipzig, 1872 und 1887
Karl Ewald Fritzsch und **Manfred Bachmann**, Deutsches Spielzeug. Hamburg, 1965
Karl Ewald Fritzsch, Motive des Spielzeugs... In: Sächsische Heimatblätter, Heft 6/1965
Hans Friedrich Geist und **Alfred Mahlau**, Spielzeugfibel. Leipzig, 1938
Großherzoglich Hessischer **Gewerbeverein**: „Verhandlungen...“(1836-1844), Monatsblatt des Gr. Hess. **Gewerbvereins** (1838-1848) und **Gewerbeblatt** (1849ff.). StAD u. ULB
Denkschrift 75 Jahre **Gewerbeverein**. Darmstadt, 1911. StAD
Gerd J. Grein, Spielzeug aus Hessen, Sammlung zur Volkskunde in Hessen. Otzberg, 1978
Karl Gröber, Kinderspielzeug aus alter Zeit. Berlin, 1928
Reinhard Haller, Volkstümliche Schnitzerei. München, 1981
Tanja Hartmann, Die Heimarbeit. In: Der Odenwald im Zeitalter der Industrialisierung, Hrsg. **Christof Dipper**, TU Darmstadt, 2000
Heinz-Gerhard Haupt, Das Ende der Zünfte. Göttingen, 2002
Ludwig Hechler, „Die Gäulchesmacher vom Fischbachtal“, in **Colmar**, s. ders., 1994
Emanuel Hercík, Volksspielzeug. Prag, 1952
Patricia Mullins, The Rocking Horse. New Cavendish Books. London, 1992
Christa Pieske, Schönes Spielzeug aus alten Nürnberger Musterbüchern. München, 1979
Adolf Spamer, Hessische Volkskunst. Jena, 1939
Rita Stäblein und **Robert Moroder**, La Vedla Chiena De Gherdëina, Altes Grödner Holzspielzeug. Bozen/St. Ulrich, 1994
Eva Stille, Spielzeugtiere. Nürnberg, 1990
Gudrun Volk, Auf dem Weg zum Erfolg, in: Thüringen, Spielzeug aus Sonneberg. Altonaer Museum, Hamburg, 1997
Gertraud Zull, Oberammergauer Schnitzereien. München, 1995

Photographien und Drucke: Henri D'Allemagne, Histoire des Jouets-2; Das Deutsche Spielzeugmuseum Sonneberg-1; Landesmuseum Darmstadt Außenstelle Lorsch-2; Else Becker-8; Fritz Beilstein-3; Marie Beilstein-2; Gertrud Berg-Oldendorf, 2; Luise Keller-1; Adam Krämer-2; Philipp Loos-2; Ruth Rohr-1; August Sander-Archiv, Die Photographische Sammlung/SK Stiftung Kultur, Köln-1; Bernd Scheider-2; Spielzeugmuseum Seiffen-1; Margret Setzer-1; alle übrigen von der Verfasserin. Restaurierungs/Freilegungsarbeiten auf Abb.13: Verfasserin. Mehrere der abgebildeten Spielzeuge sind in Museum Schloß Lichtenberg im Odenwald ausgestellt und mit MSL gekennzeichnet. Einige von Conrad Sutters „Hessischen Spielsachen“ (Anm. 15) sind im Germanischen Nationalmuseum in Nürnberg ausgestellt.

Anmerkungen:

1. **Wolfgang Brückner** in: Gewerbeforschung und Volkskunsttheorie, 1995: „1b) Die nichtbäuerliche und unterbäuerliche“ – (d. Verfasserin: und hier die sog. „kleinbäuerliche“) – „Bevölkerung der wald- und gewerbereichen Mittelgebirge sowie mancher Alpentäler suchte und fand vor der Möglichkeit der Massenauswanderung seit der Mitte des vorigen (19.) Jahrhunderts Arbeit und Brot in protoindustriellen Erwerbszweigen, nach deren Vorbild und parallel zu deren Handelswegen auch bestimmte Landhandwerke erfolgreich für ein breites Käuferpublikum produzierten“.
2. 1852 wurde im Gewerbeblatt berichtet, daß zur Förderung der Holzwarenfabrikation im Vogelsberg durch den Gewerbeverein der Versuch unternommen wurde, auf seine Kosten einen jungen Burschen in verschiedenen Fächern unterrichten und ausbilden zu lassen, damit er dann im Vogelsberg sein Können an Schüler weitergeben könne. Die Sache ließ sich aber nur langsam und nicht sehr zufriedenstellend an, da auch das Absatzproblem zu lösen war.
3. G42A, Fasz. 11, StAD. Siehe auch **Thomas Lange**, Geschichte im Archiv, Darmstädter Archivdokumente für den Unterricht 5. 1998
4. Der Brief aus der Billingser Mittelmühle vom 19. Mai 1855 meldet auch, daß seit Weihnachten 1854 „durch die zunehmende Armut“ alle Frucht und alles Getreide, Kartoffeln, Hülsenfrüchte, Reis u.s.w. auf dem Markt angeboten und verkauft werden müßten bei Strafe von 50 bis 100 Mark (für das Zurückhalten der Waren, d. Verf.). Wahrscheinlich hatten die Bauern aus Kriegsfurcht

angefangen, Lebensmittel zu horten, und Händler versuchten, sich noch einzudecken. Georg Hartmann:„...Bei uns darf nur Isaak und Simon Haas von Groß-Bieberau kaufen und verkaufen". Das waren die allein zugelassenen Händler, die das Vertrauen der Regierung besaßen.

5. Zum Hintergrund: Gr. Hess. Regierungsblatt No. 40, Darmstadt, 24. XI. 1854, Ergänzung der Feldtruppen: 1855 sind 1900 Mann auszuheben aus den Aufrufsfähigen des Jahres 1854. No.9, Darmstadt, 22.II.1855, Verordnung, die Aushebung der für den Kriegsgebrauch nötigen Pferde betreffend: „Die deutsche Bundesversammlung ersucht die Bundesstaaten, ihre Kriegskontingente bereit zu halten. Soweit die Pferde nicht gekauft werden können, sind sie auszuheben... (Es gibt Ausnahmen...)". Da Preußen die Parteinahme im Krimkrieg vermeiden konnte, wurde dem Großherzogtum die Kriegsteilnahme erspart.
6. Einzelheiten der Holzwahl und der Holzverarbeitung sind in diesem Zusammenhang natürlich ein wichtiges Thema, das hier aber nur am Rande behandelt werden konnte. Vorteilhaft war für die Niedernhausener, daß sie reiche Bestände an Erlen nutzen konnten. Erlenholz war ein besonders gut geeignetes Holz, das sich hervorragend verarbeiten ließ. Als es später knapp wurde, verwendete man mehr Pappel-, Buchen- Fichten- und Kiefernholz, auch Weymouthskiefer und selten Lindenholz. Die Holzarten wurden unterschiedlich eingesetzt, je nach dem Anspruch an die Eigenschaften des Holzes. Bis zu drei verschiedene Hölzer nebeneinander wurden und werden für ein Pferdchen verwendet. Siehe auch Anm.18. Die verschiedenen Werkzeuge und die Drehbank-Typen und ihre Möglichkeiten sind ein weiteres Thema, das in diesem Rahmen nicht weiter ausgeführt werden konnte.
7. StAD G 703/100. Es ist die Rede von den Vorgängen in Oberlaudenbach.
8. Spielwarendreher Georg Phil. Beckers Großvater, Johannes Becker aus Wersau, steht seit 1816 als Dreher im Bürgerregister, sein Vater Joh. Adam Becker seit 1836. Das Haus „Kerche-Rechnersch", benannt nach dem vom Schwiegervater Diehl übernommenen Kirchenrechneramt, hatte er in der Hauptstraße gegenüber von „Drehersch" im Jahre 1878 errichtet, die Dreherwerkstatt als Anbau 1890. Im Gewerbetagebuch steht er seit 1878 als „Dreher ohne Laden". Buxbaum läßt in der Erzählung „Werktagsgestalten" (1906) seinen ältesten Bruder Adam Philipp Becker auftreten, der „in Horndrehersch" die Werkstatt des Vaters Joh. Adam weitergeführt hatte und 1906 zur Zeit der Erzählung fast siebzig Jahre alt war.
9. **Brigitte Köhler**, Der Rohrbacher Gäulchesmacher Adam Guyot II., in: 300 Jahre Waldenserkolonie, 1999.
10. Dies. in: siehe Anm.9.
11. „Deisel" kann „Deichsel" heißen (Grimm), evtl. aber auch, nach frdl. Auskunft von Hans Ulrich Colmar, Deisel oder „Deiszel" in der Bedeutung dünne Holzlatten für Obsthorden zum Dörren des Obstes. Da Beilstein sehr große Mengen dieser Deisel schneiden ließ, könnte es sich um letztere handeln. Im „Südhessischen Wörterbuch" wird „Deise" mit Dasen in Verbindung gebracht, den Stangen am Ofen zum Trocknen der Kleider.
12. **Max Fleischer**, Spielzeug. Kunstwart, 2. Dezemberheft 1908.
13. **Andrea Hopp**, Jüdisches Bürgertum in Frankfurt am Main im 19. Jahrhundert. Stuttgart, 1997.
14. Berichte des Freien Deutschen Hochstifts, Frankfurt am Main, Abteilung für soziale Wissenschaften, 1884 bis 1894.
15. **Gerhard A. Ritter** und **Klaus Tenfelde**, Arbeiter im Deutschen Kaiserreich, 1992, und **Lars Kaschke**, Nichts als Bettelgelder? Wert und Wertschätzung der Alters- und Invalidenrenten im Kaiserreich. In: Historische Zeitschrift, 48. Jg., Heft 2, 2000.
16. **Rosemarie Beck**, Conrad Sutter, Architekt, Künstler und Spielzeuggestalter. Zum Drechslerhandwerk im Odenwald, Teil 1. In: Der Odenwald, Heft 4, Dezember 2001.
17. **Uwe Puschner**, Handbuch zur „Völkischen Bewegung", 1871-1918. Darmstadt, 1996.
18. Gegen das Reißen des Holzes wurde in mehreren Werkstätten, nicht in allen, der Pferdekörper etwas ausgehöhlt. Fritz Beilstein bohrte beispielsweise den Leib kleinerer Pferde mit einem 1/cm Bohrer ganz durch und verschloß ihn dann vorn und hinten mit zwei 2/cm langen Hartholzstücken. Vor allem bei Verwendung von Kiefern-Stangenholz war das Aushöhlen nötig, weil dieses Holz stark arbeitete. Bei Scheitholz war das nicht der Fall. Das früher viel verwendete Erlenholz arbeitete wenig. Als es knapp wurde und man zu Kiefernholz überging, mußte man sich mit dem Problem des Reißens beschäftigen.
19. Die Umstellung auf den freien Markt gelang nicht. Mehrere der Pferdchendreher- und Schnitzer arbeiteten selbständig weiter, noch 2004.
20. **Ute E. Ritter**, „Odenwälder Gäulchen, das Rennen ist gelaufen". In: Darmstädter Echo vom 16. 12. 1989.

- **Johannes Becker**
  aus Wersau
  1789 – 1843
  „Horndrehersch"
  Horndreher
  - **Joh. Adam Becker I.**
    1808 – 1880
    Horndreher
    Spielwarendreher
    - **A. Philipp Becker**
      1837 – 1919
      „Horndrehersch"
      Landwirt und
      Spielwarendreher
      - **Adam Peter Becker**
        1873 – 1947
        Landwirt
        Gibt Dreherei auf
        - **Marie Becker**
          1909 – 2004
          ⚭ Peter Arras
    - **Georg Phil. Becker**
      1854 - 1933
      „Kerche-Rechnersch"
      Spielwarendreher
      und Kirchenrechner
      Dreherwerkstatt 1890
      - **Georg August Becker**
        1880 – 1961
        Spielwarendreher
        und Kirchenrechner
        - **Georg Hermann Becker**
          1914 – 1979
          Spielwarendreher
          Möbelfabrikant
          ⚭ Else Glock
    - **Joh. Adam Becker II**
      1856 – 1944
      „Krelle-Hanjersch"
      Spielwarendreher
      Dreherwerkstatt 1880
      - **Katharina Becker**
        1885 – 1953
        ⚭ Karl Meisenbach sen.
        1875 – 1952
        Spielwarendreher
        Später Federhalterdreher
        Fabrikant
        - **Karl Meisenbach jun.**
          1910 – 1965
          Schreibgerätefabrikant
          ⚭ Maja Pra
          1914 – 1991
          - **Neffe K. H. Schütz**
            Schreibgerätefabrikant

Vier Generationen Spielwarendreher in der Familie Becker

Gg. Ludwig Beilstein I.
1830 - 1900
Ab 1864 in „Drehersch"
Erste Eintragung eines Drehers im Gewerbetagebuch 1856
Geschäftsbuch ab 1859
Spielwarendreher

Bei ihnen lernten:
Adam Krämer,
Beerfurth und
Johannes Loos,
Fränkisch-Crumbach

Joh. Georg Beilstein IV.
1859 – 1942
Spielwarendreher,
gen. „Der Dreher"
Seine Söhne sind die „Drehersbuben"

Georg Ludw. Beilstein
1885 - 1940
„Drehersch"
Spielwarendreher
gen. „Dreher-Schorsch"

- **Georg Ludw./Schorsch Beilstein**
1922 – 1977
Spielwarendreher
später in der Gemeinde, dann in einer Bank tätig
⚭ Maria Scherbaum

Adam Beilstein
1887 - 1976
„Engels"
Spielwarendreher

- **Margarete Beilstein**
1921 – 2005
⚭ Ewald Ritter
1919 – 1989
hat Spielwaren hergestellt, später Metzger

Philipp Beilstein VI.
1897 - 1927
„Marquardts/Koischbächers"
Spielwarendreher

- 1 Sohn
Dreher

Friedrich Phil./Fritz Beilstein
1900 - 1982
„Marquardts/Koischbächers"
Spielwarendreher
übernimmt Werkstatt von Philipp

- **Friedrich/Fritz Beilstein**
*1932
Spielwarendreher,
später in der Fernseh-GmbH Darmstadt tätig
⚭ Gisela Kerschl

Marie Beilstein, die Goth
1902 – 1976
„Drehersch"

Vier Generationen Spielwarendreher in der Familie Beilstein

Hans Slama

Die Strohflechterei im Hinteren Odenwald – Armenunterstützung und Schulungsmaßnahme

Allgemeines

In der ersten Hälfte des 19. Jahrhunderts verarmte die Bevölkerung im Odenwald immer mehr. Dies mündete dann in die Agrarunruhen von 1848. Schon während der ab 1845 beginnenden Agrarkrise machte es sich empfindlich bemerkbar, daß im Hinteren Odenwald, außer der im geringen Umfang betriebenen Weberei, keine Heimarbeit eingeführt war, welche der ärmeren Bevölkerung Verdienst hätte bieten können. Im Odenwald hatten die vielen Taglöhner – im Gegensatz zum Schwarzwald – vor allem im Winter nur selten ausreichende Arbeits- und Verdienstmöglichkeiten. Es wurde als eine der wichtigsten Aufgaben der 26 bis 32 Stunden entfernt liegenden Großherzoglichen Badischen Regierung in Karlsruhe und der sich bildenden Unterstützungskomitees angesehen, in diesem entlegenen Landesteil Heimarbeit anzusiedeln. Um in Zukunft weiteren Notständen vorzubeugen, wurde das Stroh- und Korbflechten, das Besenbinden, die Holzschnitzerei und das Sackweben in Erwägung gezogen[1]. Das Strohflechten schien am erfolgversprechendsten. Damit hatte man im Schwarzwald bereits gute Erfahrungen gesammelt. Dort allerdings befanden sich, aufgrund der geänderten Nachfrage, die Flechttechnik sowie die Strohaufbereitung bereits im Wandel[2] und somit war dieser Erwerbszweig von vornherein nur bedingt geeignet, den armen Bewohnern des Odenwaldes zu helfen. Da die direkte Förderung des badischen Staates in Notstandsgebieten nicht auf die Industrie, sondern auf das Klein- und Hausgewerbe zielte, war es auch kein Konzept zum Abbau ökonomischer Ungleichheiten[3]. Von allen Odenwälder Strohschulen, welche bis in die 80er Jahre entstanden, und ohne staatliche Unterstützung nicht lebensfähig waren, hatte nur die Mudauer zeitweiligen Erfolg und bestand fast 60 Jahre.

Aber Strohflechten ist kein lokales Phänomen, denn die Nutzung von Stroh begleitet den Menschen seit er den Boden bearbeitet. Im Irak z. B. wurde ein Korb gefunden, um ca. 5000 v. Chr. gefertigt, der aus Geflechten mit jeweils sieben Halmen besteht[4]. Die siebenhalmigen Geflechte haben sich bis heute erhalten[5]. In Ägypten fand man einen großen Kornbehälter, wahrscheinlich aus der Zeit um 4500 v. Chr. stammend, in Spiralbindungstechnik gefertigt[6]. Bei dieser Technik werden lange Bündel von Strohhalmen spiralförmig mit Wurzeln zusammengebunden. In Dänemark z. B. fertigte man mit dieser Technik Türen, Wasserbehälter, Wiegen, Kinderbetten, ja sogar Särge[7]. Auch in Deutschland hat sich diese Technik, u. a. bei Berlin, bis heute erhalten[8]. In Österreich hat man in den 50er Jahren in Weiden am Neusiedler See wieder mit dem Strohflechten als Zusatzverdienst für die Frauen begonnen; heute werden im Rahmen des Fremdenverkehrs Strohflechtkurse angeboten[9]. In Bad Ragaz/Schweiz gibt es Vorführungen und Verkauf[10]. In Heltau/Siebenbürgen soll altes Handwerk wieder auferstehen, und die drei Frauen, die sich noch auf das Strohflechten und Hutnähen verstehen, vermitteln diese

Kenntnisse aus wirtschaftlichen Gründen an junge Leute[11]. In Schweden wird im „Museet-Ütställningen[12] die Geschichte des Strohflechtens in Schweden dargestellt, und bis heute hat sich in der Region Ärtemark sogar das Flechten und die Hutfertigung im Herbst und Winter erhalten, mit Verkauf an Private und Händler sowie einem Flechtfest[13]. In Schweden wurde das Strohflechten ebenfalls als Notprogramm für arme Leute vom Staat unterstützt[14], und es wurden ab der Mitte des 19. Jahrhunderts in ganz Schweden Strohteppiche angefertigt[15]. Auch einem alten Odenwälder Bekannten begegnen wir hier – dem „Pelznickel" oder „Bensenickel"[16]. In Schweden kam nämlich früher an Weihnachten, ähnlich wie bei uns an Nikolaus, ein Bock mit Pelz und Hörnern. Aus der Sitte, an Weihnachten Figuren aus Stroh anzufertigen, entstand dort aus diesem alten Brauch der „Strohbock", den man noch heute unter den Tisch stellt[17]. In Mudau ist als Relikt der fast 60-jährigen Flechttradition in der Hauptstraße die Bezeichnung „Strohmarkt" erhalten geblieben. Dies ist wohl ein Hinweis auf den Verkauf der Strohwaren und Geflechte, möglicherweise auch von speziellem Geflechtstroh, wie es auch andernorts geschah, z. B. in Triberg[18] oder anderen Orten des Schwarzwaldes[19], aber auch in Florenz, wo sich der Begriff „Strohmarkt" für den ehemaligen Verkaufsplatz der berühmten „Florentiner Hüte"[20] ebenfalls bis heute erhalten hat[21]. Auch in Mannheim gibt es einen Strohmarkt. Sicher sind auch noch im Schwarzwald (Museum in Triberg) oder in anderen strohverarbeitenden Regionen, wie z. B. in Sachsen, Belgien, England, der Schweiz [22], in Schweden usw. Relikte erhalten. Hinzuweisen ist noch auf die sich bis in die Nachkriegszeit erhaltenen Gebrauchsgegenstände aus Stroh, wie Brotnäpfe, Bienenkörbe und Schuhe, ebenso auf den Futterersatz durch Stroh beim Vieh und Dreschabfälle als Nahrung in Notzeiten[23]. Im Schwarzwald gingen die Strohhüte in die Tracht ein und werden bis auf den heutigen Tag aus China bezogen.

Von der Strohzubereitung und der Flechttechnik

Über das Strohflechten in Mudau wird berichtet[24]: „Das Stroh wurde in kleinen Bündeln in einem Holzkasten durch brennenden Schwefel im Rathausgang gebleicht. Mit einem Strohspalter wurden die kurzen Halme gespalten, dann liefen sie durch Walzen und wurden platt gedrückt; hernach wurden sie mit Papier und Farben zu einem Bündel umwickelt. Dann zog man Halm um Halm aus dem Bündel und flocht den Riemen (Geflecht). 36 Ellen waren ein „Stückele" (Dies waren etwa 22 m, tatsächlich waren um 1870 die Geflechte 48 badische Ellen, also 28,8 m lang und zum Schwarzwald unterschiedlich, um 1884 waren sie 30 m lang, 1887 werden 25 bis 30 m genannt[25]).

Während des Flechtens am Abend wurde der Rosenkranz gebetet, „ähnlich den Spinnstunden aber mit ernsterem Charakter da es Broterwerb war"[26].

Die Strohflechterei im Schwarzwald und im Odenwald

Bericht aus dem Schwarzwald um 1905[27]:

„Es werden im allgemeinen nur einfache Geflechte aus gebleichtem oder ungebleichtem ganzhalmigem Roggenstroh hergestellt. Das siebenhalmige Geflecht ist das allgemein übliche. Stroh, das ungebleicht verarbeitet werden soll, wird nach der Fruchternte vom eigenen Bestand entnommen oder vom Landwirt gekauft. Halme, die gebleicht werden sollen, werden einige Tage nach Beendigung der Blütezeit abgeschnitten. Zunächst findet Bleichung durch die Sonne statt. Zu diesem Zweck wird jedes Büschel Halme an den Ähren zusammengebunden und auf dem Felde fächerförmig ausgebreitet. Bei hellem Wetter ist die Naturbleiche binnen vier bis fünf Tagen vollzogen, wobei der Morgentau förderlich ist. Bei ungünstiger Witterung muß das Stroh öfter unter das Dach gebracht werden, insbesondere nachts. Regen kann das Material völlig untauglich machen. Nach Beendigung der Naturbleiche wird das Stroh in Bündel, „Schaube" genannt, zusammengebunden, wobei besonders darauf geachtet wird, möglichst gleichmäßig starke Halme in den einzelnen Schauben zu haben.

Die Schauben werden bis zur weiteren Verarbeitung trocken gelagert. Die nächste Arbeit ist das Zerschneiden der Halme in die einzelnen, zwischen den Knoten, den „Gleichen", liegenden Halmstücke; die Halme haben eine Länge von etwa 1,5 bis 2,0 m und werden durch das Herausschneiden der Knoten in 6 bis 8 Stücke von verschiedener Stärke getrennt. Beim Sortieren der Halmstücke sitzt die Arbeiterin auf einem niederen Schemel vor einem langen schmalen Brett, auf welchem durch eingeschlagene Stifte oder Pflöckchen eine Anzahl nebeneinander liegender Fächer hergestellt ist; die abgeschnittenen Halmstücke werden je nach ihrer Stärke in die Fächer verteilt, wobei das Augenmaß entscheidet. Es gibt auch siebartige Vorrichtungen zur mechanischen Sortierung der Halme, doch werden diese in der Hausindustrie kaum mehr angewendet.

Nach dieser Zerlegung können die ungebleichten Halmbüschel geflochten werden, die vorgebleichten werden in den Schwefelkasten gesteckt. Dies ist eine im Nebenraum oder im Hausflur stehende Holzkiste, in welcher die auf einem Rost ausgebreiteten Bündel mit schwefliger Säure, die sich aus dem brennenden Schwefel entwickelt, gebleicht werden[28].

Die Technik des Flechtens ist unverändert, heißt es[29]. „Vor dem Flechten werden die Halme angefeuchtet; das fertige Geflecht wird in Wasser eingeweicht, ehe es auf die Schindel gezogen und dort glatt gestrichen wird. Die hervorstehenden Halmenden werden von dem wieder trocken gewordenen Geflechtstück durch Reiben entfernt. Auch schon die in alter Zeit verpönte Manipulation des Streckens wird nicht selten vorgenommen. Dadurch wird das Stück nicht nur länger, sondern auch schmäler und steigt dadurch in eine höhere Preisklasse auf. Das Strecken geschieht durch Hin- und Herziehen des noch feuchten Geflechtes über eine Tischkante vor dem Aufziehen auf die Schindel. Natürlich passen die Käufer scharf auf, damit sie durch Streckungen nicht Schaden leiden, denn das Geflecht zieht sich beim Anfeuchten, z. B. im Färbeprozeß, wieder auf seine ursprüngliche Länge und Breite zurück. Zum Glätten der Geflechte wird die „Geflechtswalze" verwendet. Das Anfeuchten der Halme, das eine gewisse Geschmeidigkeit des Materials herbeiführen soll, wurde und wird in einigen Gegenden unter dem Einfluß der Flechterinnen unterlassen, da es das Geflecht leicht unansehnlich macht; Scheckgeflecht kann durch Befeuchtung der Halme abfärben und minderwertig werden." Aus sieben Büscheln Halmen können z.B. neun Stücke siebenhalmiges Geflecht hergestellt werden.

„Von den siebenhalmigen glatten Geflechten, die hauptsächlich erzeugt werden, sind nur die ganz feinen 3 ½ bis 5 mm breiten und ganz groben 12 bis 16 mm breiten begehrt, während die Mittelnummern nur wenig oder gar nicht verlangt werden"[30].

Über die Geflechtstrohgewinnung lesen wir aus dem Jahre 1852[31]: „Das reife Stroh taugt nur für ordinäre Flechtarbeiten, weil es hart, brüchig, von schlechter Farbe und fleckig ist. Für die feinere Flechterei, welche allein einen noch lohnenden Verdienst abwirft, muß man deßhalb ein eigens behandeltes Stroh haben. Die Forderungen, welche man an dieses Stroh – d. h. an die ausgezogenen Halme – stellt, sind: eine ganz gleichmäßige, helle und glänzende Farbe, Fleckenlosigkeit, Biegsamkeit und bei aller Zartheit eine gewisse Zähigkeit (das Stroh darf nicht brüchig sein). Diese Eigenschaften erhält das Stroh nur, wenn sein Wachsthum um die Blüthezeit, oder bald nach dem Blühen, unterbrochen wird. Der Standort ist übrigens von großem Einfluß. Sonnige und trockene Lage ist vor Allem nöthig. Lockerer Kalkboden ist vorzüglich geeignet, thonige, stark eisenhaltige Böden erzeugen leicht Flecken und vorwiegend kieselhaltige liefern etwas raueres, brüchiges Stroh..., so darf man doch zwei Gattungen von Stroh unterscheiden.

Die eine Gattung soll Halme liefern, welche ganz verflochten noch feine Arbeit geben. Das Vorbild für diese Sorte ist an dem Florentiner Sommerwaizen zu nehmen, welcher durch sehr dichtes Säen auf sonnigen Anhöhen erzeugt wird. Diese feinen Halme erhält man bei uns von dem Roggen, der an wenig fruchtbaren Berghalden aufwächst... .Dagegen wäre sehr zu wünschen, daß man ein dem italienischen möglichst nahekommendes Waizenstroh erzeugte.

Die andere Gattung von Halmen wird gewöhnlich zerspalten (die Röhrchen in gleich breite Längenstreifen zerlegt) verwendet. Dazu muß man kräftiges Stroh mit langen Gleichen haben, wie es namentlich Winterroggen auf gutem Feld bei gewöhnlich weitem Säen abgibt. Man verwendet aber auch Waizenstroh dazu. Die Farbe des gebleichten Strohes verlangt man hellgelblich, glänzend, dem Weißen sich möglichst nähernd, so daß die Farbe der inneren Seite des Halmes keine besonders bemerkbare Verschiedenheit von jener der äußeren Seite zeigt.

Es ist vorzugsweise die letztere Gattung von Stroh, deren massenhafte Erzeugung im Lande man wünschen muß, weil von ihrem Vorhandensein das Gedeihen und Fortschreiten einer häuslichen Industrie abhängig ist, welche auf dem Schwarzwalde allein Tausende beschäftigt...".

Strohflechtschulen bestanden in:

Mudau:	1846-1848 und Juli 1852 bis 30. April 1904 Hutnähschule 1859 bis 1882
Schloßau:	Nov. 1853 bis 30. April 1904, anfangs verm. mit Unterbrechung
Strümpfelbrunn:	Nov. 1852 – 1856, Anfang 1861 bis Anfang 1863, Herbst 1865 bis Herbst 1870
Steinbach:	Versuch im Januar bis März 1856
Donebach:	ca. Nov. 1859 bis Herbst 1870, erste Versuche im Winter 1855/56

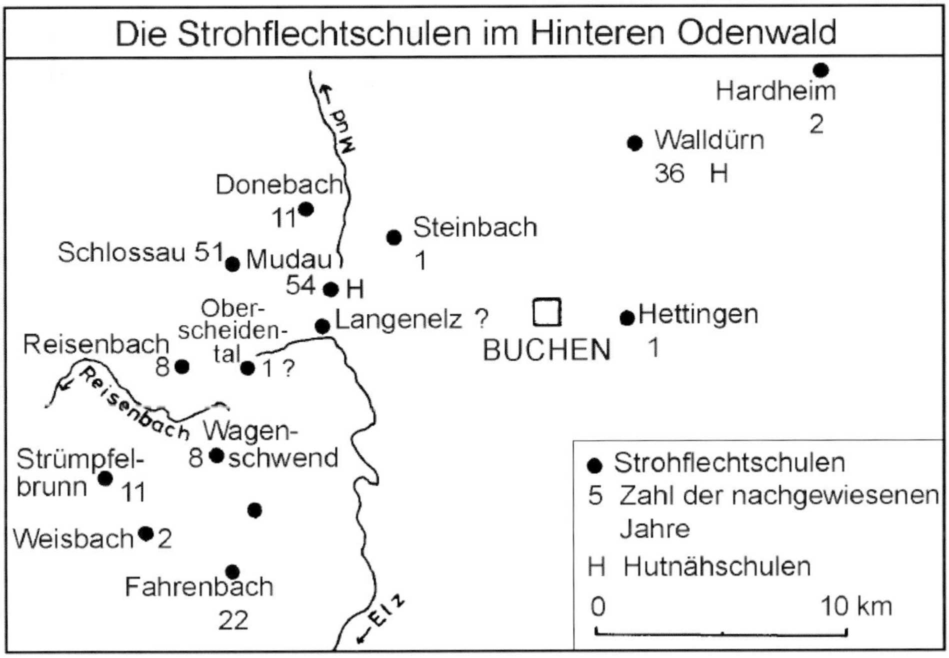

Reisenbach: mietet ab Nov. 1862 ein Lokal, evtl. wiedereröffnet ca. Winter 1863/64 bis Herbst 1870

Walldürn: Herbst 1863 bis 1.4.1899; Hutnähschule 1871 bis 1880

Oberscheidental: ca. Winter 1863/64, weiterer Fortbestand unsicher, evtl. mit Reisenbach bis 1868

Wagenschwend: Herbst 1865 bis Ende 1873

Fahrenbach: Jan. 1869, ab 1875 ohne Staatszuschuß und nur mit Kreishilfe bis 1879, Ende 1891

Robern: Jan. 1869, ab 1870 Selbstorganisation mit kleiner Kreishilfe bis Anfang 1875

Hardheim: 25. Okt. 1870 bis 5. Febr. 1872

Hettingen: 10. Januar 1871 bis Herbst 1872

Weisbach: 1885 bis 1. Mai 1887

Mörschenhardt: 1859/60 werden 10, 1861/62 sogar 20 Arbeiterinnen genannt[32], (siehe auch bei Anm. 210), eine Schule kann nicht festgestellt werden[33]

Langenelz: die genannte Schule[34] kann nicht nachvollzogen werden, Beschäftigte werden genannt, siehe Anm. 209

Balsbach und Mülben werden als vorübergehende Flechtorte genannt (Anm. 210).

Hettigenbeuern wird ebenfalls erwähnt (Anm. 162 und 240), vermutlich Verwechslung mit Hettingen.

Der Beginn der Strohflechterei im Odenwald – aus der Not entstanden

Nachdem die Hutnäherei in der Schweiz im 15. und 16. Jahrhundert mit modischen Filzhüten expandierte, brachten dann ab dem 17. Jahrhundert u. a. Stricken und Strohflechten Verdienst für Arme; teilweise waren hier im 18. Jahrhundert Strohflechten und Hutnähen schon bedeutende Heimindustrien. Die Waren wurden durch Händler verkauft, von den Familien selbst auf Märkten angeboten oder großräumig durch Hausierer feilgeboten[35]. Die Votivtafeln in der Wallfahrtskirche zu Triberg im Schwarzwald zeigen Anfang des 18. Jahrhunderts erstmals Strohhüte als Kopfbedeckung[36]. Im Jahre 1759 wurde die bis dahin auf die Umgebung von Triberg beschränkte Strohflechterei[37] in den fürstenbergischen Ländern per Anordnung und gegen großen Widerstand eingeführt[38]. Aber nicht das Machtgebot mit Rügen und Strafen, sondern der Glasträgerhandel, der die Strohwaren mit anbot, brachte den Aufschwung. Da das harte Roggenstroh des Schwarzwaldes nur für die immer unattraktiver werdenden groben Geflechte tauglich war, führte man in der Not im Jahre 1804 unter großem Aufwand die Schweizer Flechtart mit gespaltenen Halmen ein[39]. Für die feinen Geflechte war jedoch nur gebleichtes Stroh zu verwenden, und so mußte der Halm grün (kurz nach der Blüte) abgehauen werden. Aus ethischen Gründen wollten dies die Bauern nicht. Sie hielten es für Sünde und fürchteten Wetterschäden auf den Feldern. So sahen sie z. B. noch 1852 darin den Grund für die Mißernten[40]. Ungeachtet dessen wurde der Halmspalter und die Geflechtwalze sowie ein neues Bleichverfahren entwickelt. Der Verdienst einer Feinflechterin betrug im Durchschnitt 60 Gulden, der einer Grobflechterin nur 20 fl. Trotzdem gab es zähen Widerstand gegen die Einführung der Feinflechterei[41]. Ab dem Jahre 1818 wurde den Schwarzwäldern zu ihrem Schutz und aus Wettbewerbsgründen verboten, Strohgeflechte im Ausland, insbesondere im Elsaß, zu fertigen oder zu verkaufen[42].

Seit den 1780er Jahren bestand ein Handel mit der Schweiz, Frankreich und Italien mit italienischen Strohwaren (florentinische und venetianische Hüte). Auf dieser Basis führte Friedel Bertsche aus Lenzkirch ab 1823 die Flechterei nach italienischer Art ein[43]. Er ersetzte das aus Italien bezogene Weizenstroh durch vor der Reife geschnittenes Roggenstroh (siehe oben). Ab Mitte der 30er Jahre machte die Flechterei technisch keine Fortschritte, wurde aber intensiv von fast jeder armen Person – vom Kinde bis zum Greis – wie Schulkindern, Hirten, ledigen Frauen usw. betrieben, so daß im Jahre 1840 allein im Amtsbezirk Triberg ca. 220 000 Geflechte hergestellt wurden. So trug die Strohverarbeitung schon damals im Schwarzwald mehr zum Unterhalt bei als die Uhrmacherei[44].

Angesichts der Notlage der Bevölkerung im Odenwald[45,46] – wohl noch verschärft durch den starken Rückgang der Weberei[47] – veranlaßte diese positive Entwicklung im Schwarzwald die „Centralstelle des landwirtschaftlichen Vereins“, im Jahre 1846 den Strohflechter Albiez (auch Albiz oder Albitz geschrieben) aus Lenzkirch nach Mudau zu schicken. Sein Auftrag war es, hier Flechtunterricht gemäß Schwarzwälder Muster zu erteilen[48]. Das Ministerium des Innern bewilligte als ersten außerordentlichen Staatszuschuß einen Betrag von 400 fl.[49]. In der hauptsächlich von Mädchen (10 bis 16 Jahren) besuchten Schule stellte man feine Geflechte, Strohhüte, Kappen, Taschen, Schuhe, Cigarrenbüchsen und dergleichen her. Allerdings lehrte Albiez die falsche Geflechtart. Man lehrte nämlich, mit ganzen ungespaltenen Halmen ganz feine Geflechte herzustellen, wie man sie für italienische Strohhüte, Cigarrenbüchsen usw. benötigt[50]. Hierzu hätte man jedoch, wie oben gesehen, das Stroh spalten oder es nach der Blüte ernten müssen, wobei aber der Rohstoff teuer zu stehen kam und Anfänger sich schwertaten. Der Grund für obige Vorgehensweise war sicher, daß der Absatz groben Geflechtes 1847, 1848 und Anfang 1849 ins Stocken geraten war und die Nachfrage sich dann mehr auf feine Geflechte konzentrierte, wobei es aber an fähigen Personen fehlte[51]. Das Spalten, Bleichen und Färben hatten die Kinder daher nie richtig gelernt. Zudem hielt man sie an, die selten „mustergültigen Geflechte" zu der oben erwähnten Fertigware zu verarbeiten und selbst für den Absatz zu sorgen[52], vermutlich auch auf dem „Strohmarkt" in Mudau. Mit der Auswahl von Albiez hatte man zudem „den Bock zum Gärtner" gemacht wie es hieß („lüderliches Subjekt"). Ferner wissen wir aus anderen Berichten, daß damals niemand freiwillig in den Odenwald ging[53]. So ließ man im Jahre 1848 die Strohflechtschule in Mudau wieder eingehen; zudem hielten die politischen Unruhen die Gemeinde und den bisherigen Geschäftsführer und Klenganstaltinhaber Link in Mudau[54] davon ab, die Schule auf eigene Rechnung zu übernehmen[55]. Die hiesigen Agrarrevolutionäre forderten zwar, der Gegend mehr Verdienst zu bieten[56], verlangten aber, um Kosten zu sparen, die Aufhebung der Industrieschulen in kleinen Gemeinden[57], durch welche man seit Anfang des 19. Jahrhunderts arme Kinder mittels Ausbildung in textilen Techniken, wie Spinnen, Nähen, Flicken und Stricken vom Bettel abhalten wollte[58]. Die Antwort aus Karlsruhe lautete: „Die Anlegung größerer Fabriken im Odenwalde auf Staatskosten ist unthunlich"[59].

Gartenbaudirektor Metzger, der Förderer der Landwirtschaft im Odenwald, ließ sich Muster kommen und rief Bürgermeister Grimm 1849 zur Unterstützung der Strohflechterei auf[60], zumal ein Strohfabrikant Mayer das Strohflechten auf eigene Rechnung betreiben wollte[61]. Der Bericht der Armenunterstützungskommission stellte fest: „Das Gewerbe liegt im Odenwald noch völlig in ihrer Kindheit".[62] Zu allem Elend brach in Mudau in der Nacht vom 12. auf 13. Juli 1849 ein großer Brand aus, dem 109 Gebäude, etwa 2/3 von Mudau, zum Opfer fielen; ein Todesopfer war zu beklagen und 800 Obdachlose standen auf der Straße[63]. In Walldürn waren die Blattern ausgebrochen[64].

Auch im Vorderen Odenwald wird von einer Strohflechtschule gesprochen, welche im Herbst 1845 in Rimhorn von Pfarrer Haupt gegründet wurde[65]. Auch hier wird in den Anfangsjahren von Erfolgen gesprochen und der Chance sich auszubreiten.

Ein neuer Anfang wird gemacht

Ganz zum Stillstand war die Strohflechterei im Hinteren Odenwald jedoch nicht gekommen. Im Jahre 1850 wurden 80-90 Pfund Flechtstroh unentgeltlich verteilt[66], und die Familien des Taglöhners Schilling und des Messerschmiedes Franz Bingler in Modau beschäftigten sich weiterhin mit der Flechterei. Jede versah oft 20 bis 30 Kinder mit Arbeit, insbesondere fertigte man Kappen und Taschen. Diese waren jedoch zu teuer, zudem noch schlecht gearbeitet und deshalb gegen die Schwarzwälder Ware nicht konkurrenzfähig[67]. Bei der Amtsbereisung im November 1850 hieß es Mudau betreffend: 1350 Einwohner und diejenige Gemeinde des Odenwaldes, in welcher sich alle Mängel dieses Landstrichs leider in der ausgeprägtesten Form vorfinden[68]. Auf die Umfrage des Bezirksamtes, ob vielleicht durch die Einführung neuer Gewerbe, wie z. B. der Strohflechterei, Holzschnitzerei oder dergleichen die Erwerbsquellen vermehrt und verbessert werden könnten, antwortete nur Schloßau mit ja, während Donebach, Hettingen, Steinbach, Laudenberg, Einbach und Limbach darin keine Möglichkeit sahen. Im Jahre 1851 sollte nach dem anfänglich guten Erfolg, dann jedoch wegen zu geringer Entlohnung fehlgeschlagenen Versuch im Schnurflechten mit dem Fabrikanten Mayer neuer Schwung einkehren. So wurden dem weit über die Grenzen des badischen Odenwaldes hinaus bekannten Messerschmied F. Bingler 50 fl. und der Johanna Schilling 25 fl. mit der Hoffnung ausbezahlt[69], daß sich deren Geschäftsbetrieb erweitere, wobei insbesondere das Fehlen eines Händlers für diese Waren bedauert wurde[70].

Bürgermeister Bernauer aus Todtnauberg im Schwarzwald bereiste auf Anweisung des Innenministeriums den Raum Mudau und kam zu dem Schluß: „daß wegen des geringen Fleißes, der geringen Sorgfalt und der geringen Reinlichkeit, welche im Odenwald herrscht, die Strohflechterei daselbst nur mit großer Mühe in Aufschwung gebracht werden könne".[71] So schlug man vor, eine tüchtige Schwarzwälder Familie zuerst nach Mudau und dann nach Walldürn zu schicken, wobei man mit Hilfe belgischer Arbeiter das Strohbleichen und Strohflechten lehren und für Absatz sorgen wollte. Auf Grund der schlechten Erfahrungen mit Albiez, oder weil man keine Familie fand, obwohl die Gemeinde Mudau freie Wohnung, Stallung nebst Acker, Wiese und Gartenland zur Haltung einer Kuh zusicherte, schickte man auf Antrag der Uhrmacherschule Furtwangen im Winter 1851/52 die beiden ältesten Töchter der Familien Schilling und Bingler in den Schwarzwald. Man plante keine Fertigwarenherstellung, da „es genug sein wird die Kinder zum Fleiß und zur Reinlichkeit zu gewöhnen", wie das Innenministerium meinte[72].

Damals konnte man ab dem Jahre 1850 im Schwarzwald die Nachfrage nach Geflechten nicht mehr befriedigen[73] und hatte deshalb 1850 die erste Flechtschule in Furtwangen eröffnet. Es folgten weit mehr als zehn weitere[74]. So gewann im Laufe weniger Jahre die Strohflechterei mit besserer Qualität weiteren Boden. Insbesondere war es der geregelte Absatz an Fabriken und an kaufmännische Unternehmen, so daß der Jahresbericht der Furtwanger Uhrmacherschule, welche den staatlichen Auftrag „zur Emporbringung der Schwarzwälder Strohflechterei" hatte, diese „eine unversiegbare Quelle des Verdienstes" nannte[75]. Unter anderem wurden auch Anleitungen zur Aufbereitung von gutem Geflechtstroh ausgearbeitet und in den Jahren 1851-53 Prämien für die Herrichtung von „schön gebleichtem inländischen Geflechtstroh" ausgesetzt, so daß die erforderliche Menge vorhanden war[76]. Bereits 1850 berichtete der „Odenwälder Bote" über die Anforderungen an gutes Geflechtstroh und das Innenministerium setzte Prämien aus[77]. So war es auch der dritte Jahresbericht obiger Schule (für 1852/53), der auf Seite 29 meldete, daß nunmehr seit Juli 1852 die beiden Mädchen aus Mudau in ihrem Heimatorte als Lehrerinnen wirkten[78]. Die Einrichtung des „Flechtschullokales"

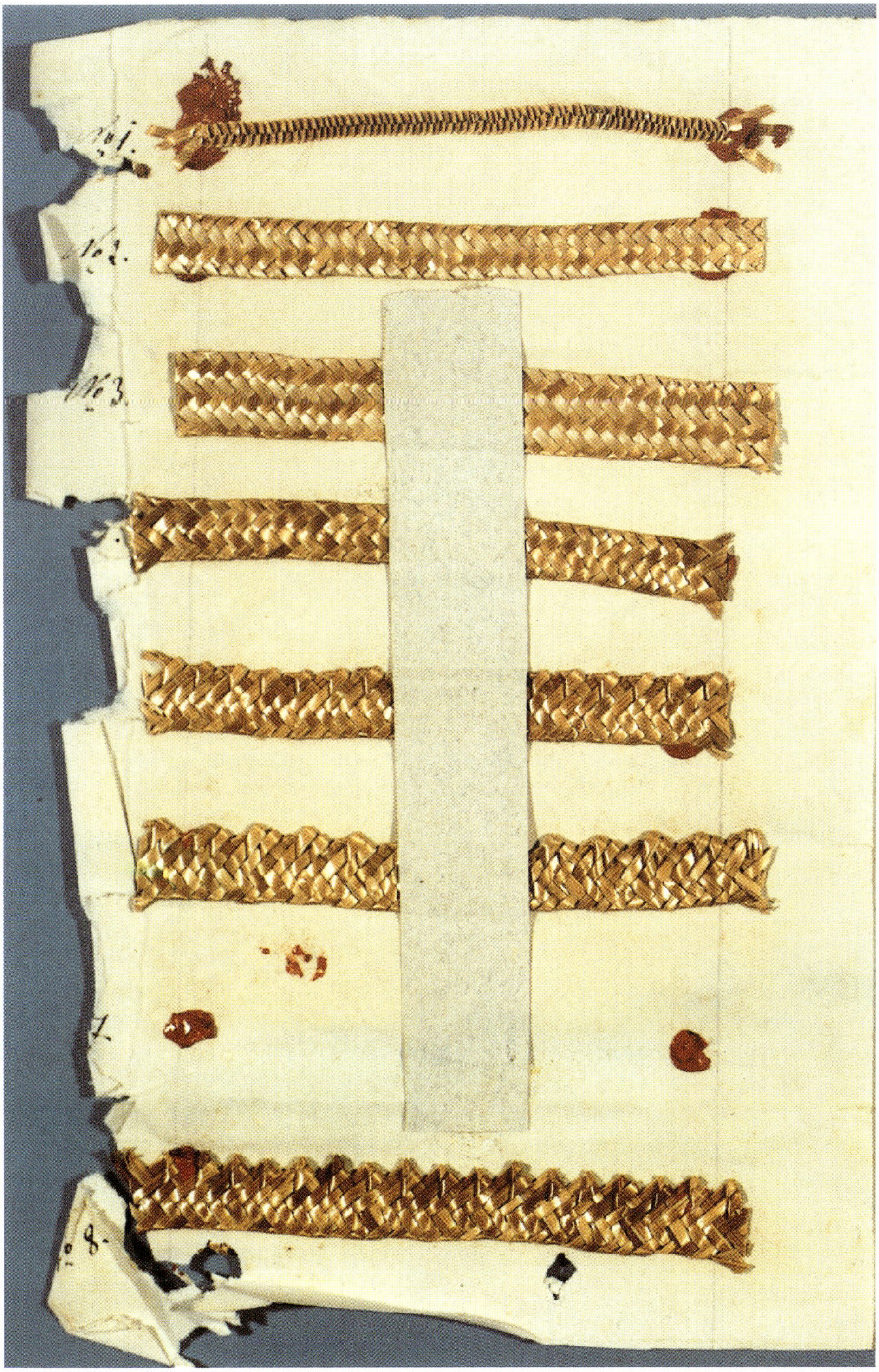

Strohflechtmuster. Generallandesarchiv Karlsruhe, 313/1029 (a).

erfolgte im Rathaus[79]. Von einer offiziellen Feier, wie sie heutzutage stattfinden, ist nichts zu lesen, denn die Menschen jener Tage plagten andere Sorgen, wie Hunger, Krankheit, Armut, Bettel, Diebstahl usw. Unvorstellbar für diese Zeit war, daß der Odenwald eines Tages Anschluß an bescheidenen Wohlstand finden würde.

Mudau, ehemals Sitz der Cent, hatte mittlerweile schon an Bedeutung verloren. In jenen Tagen war es noch Mittelpunktspfarrei und ein bedeutender zentraler Marktort[80]. Es war mit Hilfe großzügiger Unterstützungsaktionen wieder aufgebaut worden. Die Ortsbereisung nannte die Gewerbetreibenden mit mehr als dreimal überbesetzt, kein Industriezweig war vorhanden; Holzhauerei und Erdarbeiten waren die einzigen Verdienstmöglichkeiten der Taglöhner. Von den 35 Landwirten hatten gerade einmal 20 ausreichenden Landbesitz[81]. Als Hauptnahrungszweige wurden genannt: „Ackerbau, Viehzucht und Gewerbebetriebe".[82] Die Zahl der verarmten Familien war groß (120 Ortsarme mußten unterstützt werden)[83], die Schulden der Gemeinde wurden als schier untragbar bezeichnet. Somit blühte der Kinderbettel auf Geheiß der Eltern, die Bessergestellten verschlossen den Armen die Türen[84]. Ergänzt wird dies durch die Ortsbereisung von Mudau im Jahre 1854, in der es heißt[85]: „Die Schuldenlast war durch die Kriege des 18. Jh. und der Napoleonischen im Jahre 1806 auf 42 500 fl. gestiegen und betrug im Jahre 1854 noch 4 704 fl. 28 kr., die Umlage für die Bekämpfung der 49er Unruhen 418 fl., Ausschweifung, Lottospiel und Trunksucht hatten tiefe Wurzeln, eine strenge Feldpolizei war von Nöten, Aus- und Abwanderungen waren zugange." Das Bezirksamt bemühte sich vergebens, dem Bettelunwesen Herr zu werden und setzte Strafen aus[86]. Die wegen der Not ausgegebenen Saatfrüchte wurden im Herbst 1852 notfalls zwangsweise beigetrieben[87], und es wurde im Amtsbezirk eine allgemein gültige Felddienstordnung zur Bekämpfung der Feldfrevel eingeführt[88].

In Baden wurden damals – wie überall – Demagogen verfolgt, alle national gerichteten Bestrebungen unterdrückt und der Kriegszustand nach der Revolution aufrechterhalten, welcher am 1. 9. 1852 aufgehoben wurde[89]. Dies wurde auch von der breiten Öffentlichkeit als Schlußstrich unter die Revolution von 1848/49 gesehen. Die Aus- und Abwanderungen gingen zurück. Allerdings standen in ganz Deutschland Löhne und Preise im Mißverhältnis. Mäntel, Hosen und Kleider wurden seinerzeit vor der Eheschließung gekauft und mußten meist ein Leben lang halten. Die Tuberkulose und auch andere Krankheiten waren weit verbreitet, die Kindersterblichkeit war hoch. In Preußen schränkte man 1853 die Kinderarbeit per Gesetz ein, und in Baden kam es 1852/54 zum Kirchenstreit, in dessen Folge auch Truppen nach Mudau verlegt wurden[90]. Es war somit nicht nur eine Notzeit, sondern auch eine unruhige Zeit.

In Mudau organisierte Gerwig, der Vorsitzende der Flechtschule in Furtwangen, die Schule. Als Geschäftsführer stellte er vermutlich Lehrer Söhner an, setzte Belohnungen für gute Arbeit fest und versuchte, Strohhutfabrikanten als Abnehmer zu gewinnen. Mit 51 Mädchen im Alter von 8 bis 18 Jahren wurde die Schule eröffnet; zwei Zentner gebleichte Halme standen für den Anfang zur Verfügung[91]. Das Flechtlokal war ein geräumiges Zimmer im 2. Stock des Rathauses[92]. Das Bezirksamt lobte 1853 den erfreulichen Fortschritt der Mudauer Strohflechtschule und erwähnte, daß einige Abnehmer gefunden waren. Ein Kind konnte täglich 8 - 16 kr. verdienen, was, wie man meinte, verglichen mit einem Taglöhner gut war[93].

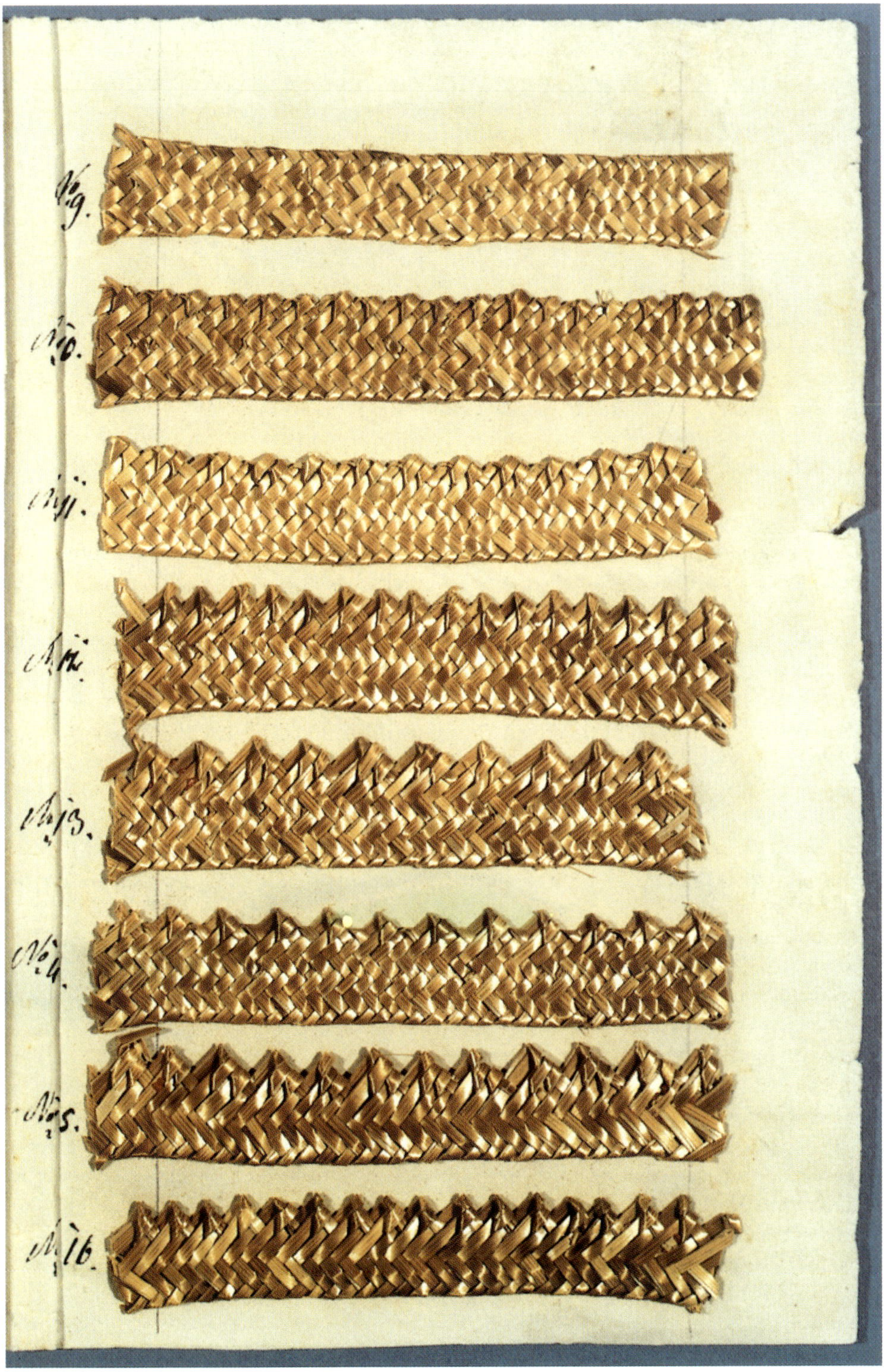

Strohflechtmuster. Generallandesarchiv Karlsruhe, 313/1029 (b).

Dies stimmt, denn in der Ortsbereisung von 1854 werden für eine Taglöhnerin im Sommer 18 kr., im Winter, in dem es fast gar keine Arbeit gab, 3 kr. angeführt[94], ein männlicher Taglöhner erhielt im Sommer 24 kr., im Winter war keine Arbeit. Andererseits sah man die Bevölkerung zu anstrengenden Arbeiten wenig geeignet; Müßiggang und genußsüchtige Lebensweise wurden erwähnt[95].

Während sich die Mudauer Mädchen im Schwarzwald schulten, wies die für die Odenwälder Region zuständige Kreisregierung des Unterrheinkreises im 16 Stunden entfernten Mannheim darauf hin, daß in Eberbach und anderen Orten die bisherigen Nahrungszweige nicht mehr ausreichten und deshalb Industriezweige eingeführt werden müßten: „In den Gemeinden auf der Höhe des Gebirges muß durch Beförderung der Auswanderung, wozu große Lust vorhanden zu seyn scheint, geholfen werden... . Wahrscheinlich wird es nicht schwer sein in Strümpfelbrunn die Strohflechterei einzuführen“[96]. Bei einer früher stattgefundenen Ortsbereisung hatte der Amtsvorstand angemerkt, daß Strümpfelbrunn ehemals die erste Gemeinde des Odenwaldes gewesen war, die nachlässige Gemeindeverwaltung und der Müßiggang jedoch Wohlstand und Sitten verdorben hatten[97]. Bei diesen Ortsbereisungen, am 11. Dez. 1849 vom Ministerium angeordnet, war ein besonderes Augenmerk auf die Verbesserung der Landwirtschaft und der gewerblichen Verhältnisse zu legen[98], da insbesondere das Gewerbe als Stütze des Armenwesens beobachtet und unterstützt werden sollte[99]. Die Bewohner des Winterhauchs richten im Jahre 1851 eine „Bitte“ an die Abgeordnetenkammer, darunter auch: sie möge für Arbeit sorgen, einen Industriezweig gründen und die Straße nach Mudau bauen...[100]. So wurde im November 1853 durch das „Comité zur Unterstützung armer Gemeinden im Odenwald“ die Strohflechtschule in Strümpfelbrunn eröffnet, ebenso eine in Schloßau. In Strümpfelbrunn, mit etwa 660 Einwohnern und auffallend hohem jüdischen Bevölkerungsanteil, war der Armenaufwand immer beträchtlich[101]. Wie es heißt, war durch eine „gewissenlose Gemeindeverwaltung“, die Gründung von Familien ohne Vermögen sowie mangelnde Aktivität der Bürger Verarmung, Arbeitslosigkeit und Verschuldung eingetreten – der Armenaufwand hatte sich von 1830 bis 1848 verzehnfacht[102]. Die Gemeinde Strümpfelbrunn hatte sich so zu einer der ärmsten des Amtsbezirkes Eberbach entwickelt. Nur die Juden, welche Viehhandel trieben, waren begütert. Als Geldverleiher übten sie eine große Macht im Ort aus[103]. In Schloßau, ohne das badische Schöllenbach, das bis 1858 zu Schloßau gehörte, bei ca. 180 Familien fast 600 Einwohner zählend[104], gab es durch die erfolgten Verkäufe zur Wildparkerweiterung an den Fürsten Leiningen viele güterlose Familien, welche der Gemeinde zur Last fielen; die Ablösung der Landbeetfrohnd war fremdfinanziert und drückend[105]. Noch 1880 war Schloßau eine der ärmsten Gemeinden des Amtsbezirkes Buchen[106].

In Strümpfelbrunn (Amtsbezirk Eberbach) richtete die Gemeinde die beiden oberen Zimmer in der Zehntscheuer ein; man startete mit 30 Mädchen, die auch aus Mülben und Waldkatzenbach kamen. Das Komitee bezahlte die Einrichtung und Lehrerin aus dem Schwarzwald, welche außer Wohnung und freier Kost täglich 18 kr. erhielt. Unterstellt war sie dem Gremium aus den beiden Pfarrern und dem Bürgermeister[107]. Die Unterrichtszeit war so gelegt, daß es mit der Volksschule keine Kollision gab, morgens und nachmittags je vier Stunden. Ein Mädchen von 10-14 Jahren verdiente am Tag 10 kr., ein älteres 12 kr.

Strohflechtmuster. Generallandesarchiv Karlsruhe, 313/1029 (c).

In Schloßau wurde ab 1. Oktober 1853 beim Löwenwirt Adam Mechler (heutiges Forsthaus) für 25 fl. per Jahr ein „Local" angemietet, ebenso ab 1. Oktober 1854 bis 1855[108]. Im Februar 1855 unterstand die Flechtschule mit Mudau einer Direktion[109] und war vermutlich von Anfang an eine Filiale von Mudau (Mudau und Schloßau gehörten zum Amtsbezirk Buchen). An Kosten werden für 1854/55 aufgeführt: 5 ¼ Klafter (ca. 20 Ster) Holz für 13 fl. 8 kr., fürs Zufahren 12 fl. 5 kr., 1 Klafter Gipfelholz für 3 fl. 15 kr., eine Schlinge mit zwei Kloben aus Metall für den Schwefelkasten mit 15. kr., gesamt den stolzen Betrag von 53 fl. 43 kr., aber weniger als ein Fünftel des Armenaufwandes. In den nächsten Jahren sind keine Ausgaben für die Schule feststellbar. Vermutlich schlief sie ein[110].

Im Winter 1853/54 traten in Mudau Probleme auf. Der Fabrikant Janssen aus Frankfurt hatte eine bedeutende Bestellung sog. Ringgeflechte in Auftrag gegeben. Aber nachdem eine große Zahl gefertigt war, trat er aus unbekannten Gründen zurück[111]. In diesem Zusammenhang wird von Beanstandungen der Mudauer Geflechte gesprochen und in der Folge von der Umstellung der reinen Geflechtherstellung auf Fertigprodukte[112]. Die Lehrerin Schilling berichtet von 300 Dutzend, welche lange vorrätig waren und erst über ein Jahr später von Vinzenz Kieser aus Buchen verkauft wurden[113]. Allerdings erhielten viele Kinder kein Geld, es kam großer Unmut auf. Auch 1854 entwickelten sich die Geschäfte nicht positiv, in Mudau waren etwa 300 Kinder und Jugendliche beschäftigt[114]. Man stieg jetzt auf die oben erwähnte Fertigung von Endprodukten um[115]. Am Anfang des Jahres 1854 berichtete das Bezirksamt vom guten Fortgang der Schule in Strümpfelbrunn, bemerkte jedoch: „es ist aber für Absatz zu sorgen – bislang hat das Amtsgericht den Kindern von Zeit zu Zeit einen Teil der Arbeiten abgekauft".[116]

Die im Archiv gefundenen Flechtproben stammen aus dieser Zeit und vermutlich aus Strümpfelbrunn[116] (s. Abb. S. 9, 11, 13 und 15, ca. M 1:1).

Die Münchener Industrieausstellung beschickte man von hier ohne viel Erfolg[117]; die Strohflechtschule Mudau allerdings erhielt eine „lobende Erwähnung" für ihre schönen Strohgeflechte[118]. Im Herbst bemerkte man: „Wir hoffen, daß die Strohflechtschule in Strümpfelbrunn wieder ins Leben getreten ist und keine Unterbrechung mehr erleiden wird"[119], was der Fall war, denn im November fing man auch hier an, nicht mehr Geflechte, sondern fertige Ware herzustellen. Diese ging an das Handelshaus Jäger in Mannheim, das mit New Orleans in Verbindung stand; aber auch nach Stuttgart und Frankfurt ging die Ware[120]. Sowohl in Mudau[121] als auch in Schloßau(?) und in Strümpfelbrunn[122] wurden jetzt Kinderstrohhüte aus siebenhälmigem, einfachem Geflecht, Frauengartenhüte aus achthälmigem, doppeltem, schwarz-weißem Geflecht, Männerstrohhüte aus vierhälmigem Spitzengeflecht sowie Serviettenringe, Cigarrenetuis und Tischdecken hergestellt.

Im Jahre 1855 zählte Mudau nur noch 1140 Einwohner, darunter nur drei Protestanten und drei Israeliten[123]. Es waren somit 268 (19%) weniger Einwohner als neun Jahre zuvor. Da der Rechnungsführer und Geschäftsführer Hauptlehrer Söhner in Mudau im Januar 1855 plötzlich an Schleimfieber verstarb, wurde die Schule wieder dem Vorsitzenden Gerwig unterstellt. Laut Bezirksamt war in Mudau beim besten Willen keine Person zu finden, welcher mit vollem Vertrauen die Geschäfte übertragen hätten werden können; Eigennutz spiele eine hervorragende

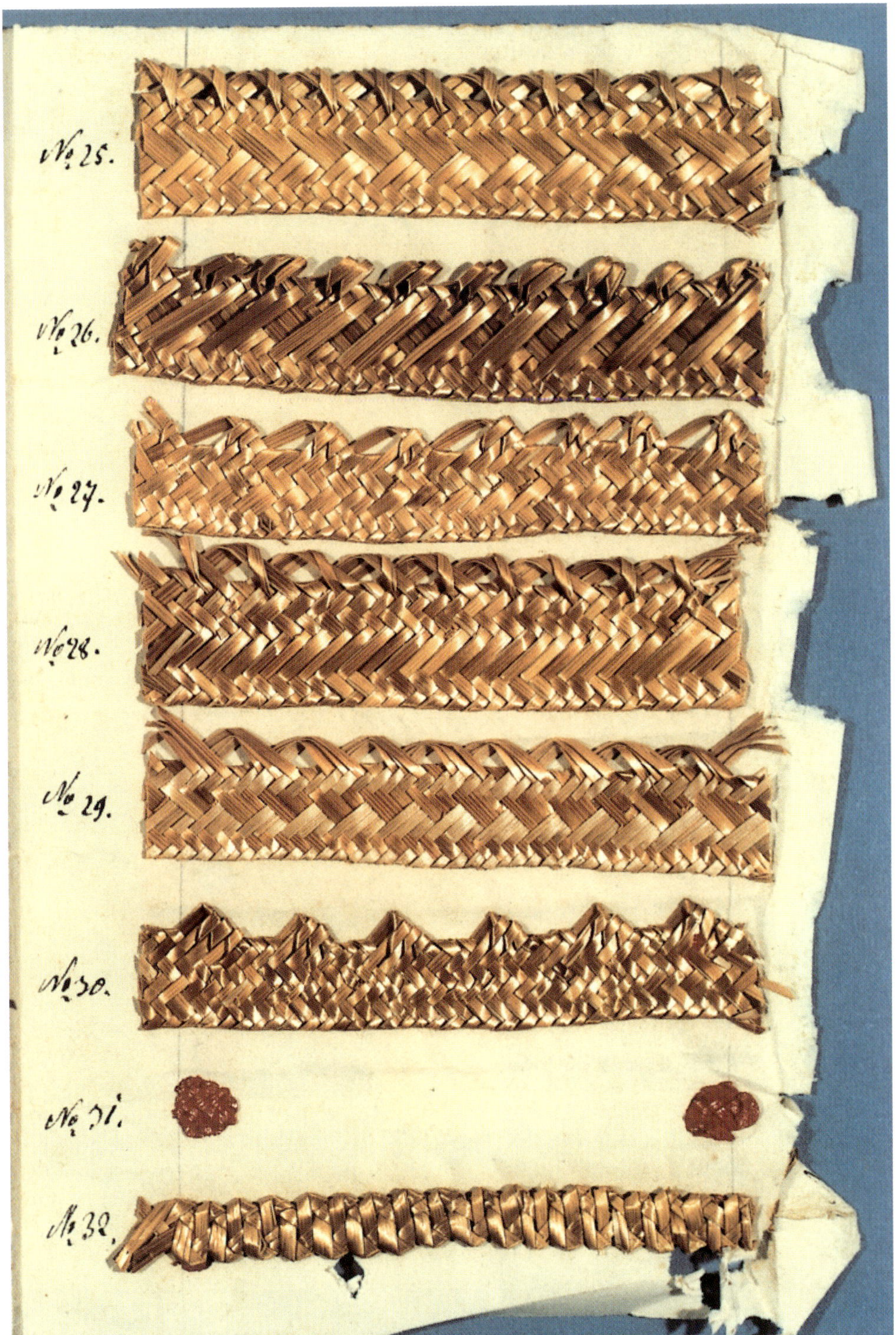

Strohflechtmuster. Generallandesarchiv Karlsruhe, 313/1029 (d).
Alle Aufnahmen Generallandesarchiv Karlsruhe.

Rolle, und es fehle beim besten Willen an Ordnung und Sauberkeit[124]. Grundlegende Veränderungen sollten jetzt vorgenommen werden; so, um u. a. den gegenseitigen Wettbewerb auszuschließen sollten alle Schulen der Kreisregierung unterstellt werden, was auch 1855 geschah. Bislang stand nur die „Mutterschule“ Mudau mit Schloßau unter einer Direktion. Da die Löhne oft erst nach 4-6 Monaten gezahlt werden konnten, wollte man auf schnelleren Absatz und Geldeinnahme achten. Um im Wettbewerb mit den großen Fabriken bestehen zu können, sollten die Verkaufspreise und in der Folge die Löhne festgelegt werden und die Strohflechtschule nicht nur auf das Kirchspiel Mudau beschränkt, sondern von Strümpfelbrunn aus über den ganzen Winterhauch auch in die Kirchspiele Limbach und Lohrbach ausgedehnt werden. Den bereits für 1852 gewährten Staatszuschuß von 400 fl. gab es auch für 1855 wieder. Bestellungen des Amerikaners Lützenberger lagen vor, ebenso aus Frankfurt und Stuttgart[124].

In dieser Zeit, nach dem Tod von Hauptlehrer Söhner[125], wurde, wie oben gesehen, Vinzenz Kieser aus Buchen, der auch die Bezirksunterstützungskasse führte, mit den Geschäften betraut. Da kein Unternehmer gefunden werden konnte, der für regelmäßigen Absatz hätte sorgen können, stockte dieser. Der Unmut der Mudauer entzündete sich nun an der Person von Kieser. Die Strohaufbereitung und wohl auch die Kontrolle der Fertigwaren[126] liefen über Kieser in Buchen, und er wollte die Schule nach Buchen verlegen[127]. Das Stroh, mit welchem man bisher gearbeitet hatte, war wohl qualitativ nicht in Ordnung und mit 8 kr. zu günstig ausgegeben worden. Da es tatsächlich auf 24 kr. zu stehen kam, wurde es vom Komitee so festgesetzt[128] und 1856 auf 16 kr. zurückgenommen[129]. Die Mudauer dokumentierten ihren Unmut mit ca. 50 Unterschriften an die Kreisregierung und hielten die Kinder vom Schulbesuch ab. Sie sahen eine Verschlechterung der Situation und betonten, daß unter dieser Geschäftsführung die Flechtschule nicht zum „Verdienst und Aufkommen“, sondern „zum Sinken und Sturze geworden sei“[130]. Der Amtmann dagegen bemerkte: „Die Mudauer verdienen diese Rücksicht nicht“. Auch in Strümpfelbrunn gab es diesbezügliche Probleme. Die Mädchen aus Mülben und Waldkatzenbach besuchten trotz aller Anstrengungen der Kommission die Schule nicht mehr[131], und da auch keine Aufträge vorlagen, wurde die Schule am 18.2.1856 zum ersten Mal aufgehoben[132]. In dieser Zeit startete man eine weitere Initiative zur Verbreitung der Flechterei im Odenwald, welche jedoch ohne größeren Erfolg blieb. So versuchte man vergebens, die Industrielehrerinnen von Donebach, Reisenbach und Limbach im Winter 1855 im Strohflechten auszubilden. Lediglich die Frau des Lehrers Kempf in Steinbach war geeignet[133], die Donebacherin Josefa Rögner z. B. hatte keine Lust dazu[134]. Die Ansätze des Bezirksamtes Buchen zur Einführung der Strohflechterei in Donebach scheiterten somit. 1855/56 unterrichtete die auf Staatskosten ausgebildete Industrielehrerin zwar, der Gemeinderat übernahm aber die Mehrkosten am Gehalt nicht[135], so daß die Schule wohl bis 1860 ruhte. In Steinbach, neben Rumpfen die wohlhabendste Gemeinde des Hinteren Odenwaldes, unterrichtete die erwähnte Frau des Lehrers Kempf in den Monaten Januar bis März 1856 im Strohflechten. Sie unterrichtete ebenfalls ohne Mehrgehalt und war gleichzeitig Industrielehrerin[136]. Auch hier übernahm die Gemeinde die Mehrkosten nicht, so daß die Schule wieder einschlief. In Reisenbach und Limbach sind keine Hinweise auf Unterricht festzustellen[137].

Paralell dazu ging man staatlicherseits weitere Projekte an. Das Ministerium des Innern führte 1849 eine Umfrage zur „Hebung des Wohlstandes im Odenwald" durch, insbesondere die „Emporbringung der Leinwandfabrikation". Hierbei wird auf die verschiedenen Versuche in den Jahren 1823 bis 1836 zur „Beförderung der Flachs- und Hanfspinnerei und Leinwandweberei" hingewiesen[138]. Wohl als Folge der Erhebungen rief man im „Odenwälder Boten" am 4. November 1854 zur Einführung der Sackweberei auf, wobei man aufgrund der Absatzschwierigkeiten beim Strohflechten besonders bemerkte, daß bei diesem Industriezweig der Absatz der fertigen Waren vollständig gesichert war[139]. Auch die Probleme mit der Bezahlung bei der Flechterei wollte man hier besser lösen. Diese sollte durch die Großherzogliche Staatsverrechnung erfolgen, sobald die Ware für mustergültig angenommen worden war; Abnehmer ist die Großherzogliche Salinenverwaltung in Rappenau. Auch das Bezirksamt Buchen forderte die Gemeinden auf. In Donebach wären für 200 fl. Hanf anzukaufen gewesen, um „der ärmeren Volksklasse im Winter Verdienst verschaffen" zu können[140], was nicht erfolgte, und so konnte man im Laufe des Winters 1854/55 nur in den Ortschaften Scheringen, Limbach, Laudenberg und Waldhausen Anfänge in der „Salzsackweberei" machen[141]. Es interessierten sich im Frühjahr 1855 auch die Gemeinden Balsbach, Wagenschwend, Mülben, Robern und Strümpfelbrunn dafür[142]. Bei diesem Erwerbsweig allerdings war der fehlende Hanf das Rohstoffproblem, und der entscheidende Durchbruch gelang somit nicht. Da auch die schulentlassenen Mädchen die Flechtarbeiten nicht fortsetzten, bemerkte der Amtmann 1856 resigniert: „Neue Erwerbszweige einzuführen ist bis jetzt nicht gelungen. Es fehlt dazu am notwendigen Unternehmungsgeist"[143]. Allerdings hatte sich die Qualität der Strohgeflechte gebessert[144].

Die Ausbreitung der Strohflechterei

Endlich kam es 1857, durch die Hartnäckigkeit der Kreisregierung und auf Antrag des Fabrikanten Klee aus Frankfurt um „Concession zum Betrieb der Stroh- Näh- und Geflechtschule in Mudau"[145], zu einem neuen Aufschwung[146]. Klee war Eigentümer der in Frankfurt etablierten Strohhutfabrik Ernst Janssen. Kaufmann Johann Michael Link beauftragte er als Geschäftsführer[147]. Man arbeitete bislang zwar auf Bestellung größerer Geschäftshäuser nach Muster, doch es fehlte an anständigen Absatzquellen[148], welche man nun erschloß. Klee erhielt die Lehrerinnengehälter erstattet, und er wollte auch eine Nähschule einrichten[149]. Schon im Winter 1857/58 betrug die Zahl der Flechterinnen und Näherinnen über 120, ein Jahr darauf ca. 200[150]. Etwa im November 1859 eröffnete Sophia Link, die Tochter des Ratsschreibers in Donebach, im Beratungszimmer des Gemeinderates im Donebacher Schulgebäude eine Flechtschule[151]. Vermutlich wurde diese in die Schule verlegt, denn in den Monaten November 1863 bis Januar 1864 ist in den Jahresrechnungen eine Vergütung für den Lehrer wegen Stellung eines Zimmers zur Abhaltung der Strohflechtschule feststellbar. Im Herbst 1864 wurde eine Strohwalze für 2 fl. angeschafft, für 1867 gibt es eine detaillierte Kostenaufstellung mit 4 fl. 27. kr.[152]. In Donebach herrschte 1847 abgeschwächte Armut[153], der Armenaufwand der Gemeinde war immer sehr hoch[154]. Metzger sah die Gemeinde damals kurz vor der Auflösung[155]; die Bevölkerung wuchs sehr stark, viele wanderten deshalb ab oder aus, um 1865 war jedes vierte Kind unehelich[156], ebenso in Schloßau. Hier war die Flechterei wohl in den schlechten Jahren eingeschlafen, da Justina Mechler, die Tochter des Ratsschreibers hier 1860 im Wohnzimmer der Eltern eine Schule eröffnete. Beschäftigt waren jetzt 409 Personen: Mudau 252, Schloßau 80, Donebach 51, Mörschenhardt 10, Langenelz 12 und Reisenbach 4[157]. Diese Entwicklung sah man für Mudau und Umgebung als sehr vorteilhaft an. Es waren jetzt vier Lehrerinnen beschäftigt. Während die beiden Mudauer Lehrerinnen je 180 fl. erhielten, bekamen diejenige von Donebach und eine weitere in Mudau nur 75 fl., evtl. war es diejenige von Schloßau. Eine Industrielehrerin erhielt seinerzeit pro Wintersemester in Hettingen 9 fl.[158]. Es wurde bemerkt, daß die Löhne für Flechten und Nähen zu hoch waren. Eine eingeübte Flechterin erhielt 16-18 kr., eine Näherin 24-30 kr. und Kinder 8-10 kr. am Tag[159].

Wohl im Sog dieser positiven Entwicklung wurde die Schule in Strümpfelbrunn 1861 von Kaufmann Johann Michael Link aus Mudau[160], der Geschäftsführer bei Klee war, auf eigene Rechnung wieder eröffnet. Die Zahl der Arbeiterinnen stieg auf 465 an, aber immer noch fehlte es an Flechterinnen. Klee mußte somit den Großteil der Geflechte aus Frankfurt nach Mudau kommen lassen[161]. Auch Schüler aus Hettigenbeuern werden genannt[162]. Hettigenbeuern zählte im Jahre 1861 immerhin 303 katholische Einwohner, lag 30 Stunden von der Residenz in Karlsruhe und 20 Stunden vom Kreissitz in Mannheim entfernt[163]. Hier gab es durch die Tallage mit kleinparzellierter Landwirtschaft im 19. Jahrhundert viele Ortsarme[164]. Der Armenaufwand betrug im Jahre 1861 die stolze Summe von 233 fl. 24 kr.[165]. Hettigenbeuern hat durch seine Tallage ein günstiges Klima. Dadurch wurde bereits im Mittelalter Weinbau betrieben[166] und bis in unsere Zeit der Anbau von Tabak.

Bei der 1861 abgehaltenen Industrieausstellung in Karlsruhe stellte die „Strohmanufaktur Mudau“ aus und erhielt eine silberne Medaille (ausgestellte Muster „in mittleren und ordinären Sorten“); auch der Messerschmied Franz Bingler aus Mudau stellte erfolgreich aus[167]. Mit Beschluß der Regierung des Unterrheinkreises wurde am 16. Sept. 1861 die Zuständigkeit in Sachen Strohflechtschulen jetzt ganz an Klee übertragen und dieser von der Gewerbesteuer befreit[168]. Damals war man der Ansicht, daß die größten Schwierigkeiten überwunden sind und dieser Industriezweig dem Odenwald erhalten bleibt[169]. In Strümpfelbrunn hingegen sank der Besuch an der Schule auf 2-6 Kinder; „die Eltern haben kein Interesse“, hieß es[170]. Allerdings arbeiteten wohl außerhalb der Schule viele weiter, denn an Beschäftigtenzahlen wurden 30 bis 45 genannt. Auch Hettingen wurde mit 10 Personen aufgeführt[171], gemeint war wohl Hettigenbeuern[172], allerdings wurden aus Hettigenbeuern keine Personen mehr aufgeführt, ebenso keine aus Steinbach[173]. Insgesamt ging man von 500 Beschäftigten aus. Die letzte Ausrüstung der Hüte erfolgte in der Fabrik von Klee in Frankfurt[174]. Dieser erhielt weiterhin den Staatszuschuß, wobei er laut seinen Angaben keinen Gewinn erzielte[175].

Im Jahre 1863 schrieb das Bezirksamt[176]: „In den Zeiten der Noth wurden zur Unterstützung der armen Landbevölkerung, von Seiten der Großherzoglichen Regierung mit vielen Opfern aus Staatsmitteln, zwei Industriezweige im Odenwald eingeführt, nämlich im Kirchspiele von Mudau die Strohflechterei und im Kirchspiele von Limbach die Salzsackweberei und Wergspinnerei“, ferner: „Fabriken besitzt unser Bezirk nicht". Die Strohflechterei wurde positiv gesehen; Klee klagte zudem über Mangel an Arbeiterinnen, da sich die Zahl gegenüber früher nicht erhöht, er aber einen guten Geschäftsgang hatte. Als Ursache für den Mangel wurde teils das Verschwinden der Not und teils das Fehlen der Unterweisung gesehen. Dabei ist die Rede davon, daß Schloßau ab November 1862 ein Lokal gemietet hatte und dadurch die Zahl der Schülerinnen von 25 auf 30 angestiegen war[176]. Ab November 1862 ist die Anmietung eines Lokales bei verschiedenen Vermietern bis 1868 nachzuvollziehen[177], bis dann die Gemeinde Schloßau Ende 1868 in einem Teil der ehemaligen Zehntscheune (heutiges Rathaus) auch ein Flechtlokal einrichtete[178]. Auch in Reisenbach hatte man ein Lokal gemietet, und die von Mudau abgegebene Lehrerin wurde selbst bezahlt. Justina Mechler von Schloßau war hier vom 3. November bis 26. Dezember 1862 unter Vertrag und erhielt dafür 11 fl.[179]. Die Schule ging jetzt wieder ein, das Flechten wurde wohl weiter betrieben. Reisenbach, das hochstgelegenste Dorf des Amtsbezirkes, etwa 400 Einwohner zählend[180], war 1847 schlecht gestellt[181] und gehörte ebenfalls jahrzehntelang zu den armen Gemeinden des Bezirkes Buchen[182]. Einen Zuschuß für Reisenbach lehnte der Unterrheinkreis mit der Begründung ab, daß in Walldürn erst kürzlich eine Strohflechtschule eröffnet worden war und somit keine Mittel für eine Lehrerin in Reisenbach und Oberscheidental zur Verfügung stünden[183]. In Oberscheidental kann nur für das Jahr 1863 der Unterricht in einem von der Gemeinde angemieteten Raum nachgewiesen werden[184]. Die Schule ging wohl bald wieder ein, geflochten aber wurde hier wie in Reisenbach weiterhin[185]. Auch in Oberscheidental herrschte mit ca. 250 Einwohnern Armut. Die Höfe waren hier, im Gegensatz zu Unterscheidental, klein[186].

In Walldürn, mit ca. 3200 Einwohnern[187] das größte Städtchen des Amtsbezirkes Buchen, hatten weder Gewerbe noch Handel eine mehr als regionale Bedeutung erlangt[188]. Bereits in der 1. Hälfte des 19 Jahrhunderts hatte der Walldürner Stadtrat, zum Ärger der jeweiligen Amtmänner, die Erlaubnisse zum Hausieren in sehr großzügiger Weise befürwortet. Staatliche Ansätze zur Förderung von Industrieansiedlungen blieben auch hier ohne Erfolg. So hatte die Strohflechtschule in Walldürn erhebliche Startschwierigkeiten. Die Stadtverwaltung mußte eingreifen und die ärmere Klasse zum Schulbesuch anhalten[189]. Die Schule war 1863 im Rathaus eingerichtet und 1865 ins Amtshaus verlegt worden[190]. Im Jahre 1862 wurde dem Antrag der Stadt Walldürn auf Übernahme des Gehaltes für eine anzustellende Flechtlehrerin nur unter der Bedingung von der Kreisversammlung stattgegeben, daß die in Walldürn zu errichtende Flechtschule unter Aufsicht und Leitung des Inhabers des Mudauer Strohwarengeschäftes gestellt werde und daß auch die Waren dorthin abgeliefert würden[191]. Die Leitung der Schulen in Mudau, Donebach, Schloßau und Walldürn war Klee mit der Bedingung übertragen worden, daß das vom Staat zu zahlende Gehalt an die Lehrerinnen 600 Gulden nicht übersteigt[192]. Die Ausbildung der Walldürner Lehrerin wurde von Klee abgerechnet. Link, der Geschäftsführer war, betrieb wohl Strümpfelbrunn eigenständig, wobei diese Flechtschule bereits Anfang 1863 „infolge Abneigung der Bevölkerung und Mangel an richtiger Einsicht der Ortsbehörde" wieder einging[193].

Für das Gewerbeleben brachte das Jahr 1862 mit der Einführung der Gewerbefreiheit einen wichtigen Einschnitt. Weil die zünftischen Schutzschranken fielen, verschlechterte sich auf dem Lande die Lage der Handwerker[194]. In der liberalen badischen Ära sollte sich die Wirtschaftskraft frei entfalten können. Dies ist auch bei der Schwarzwälder Strohflechtindustrie zu sehen. So sank von 1865 auf 1868 im Amte Neustadt die Anzahl der Flechterinnen von 422 auf 274 Personen[195], und der Preis für Geflechte sank von 14 kr. auf 4 kr., Geflechte, welche früher 26 kr. kosteten, sanken 1867 auf 9-10 kr., stiegen aber 1868 wieder auf 20-22 kr., wohl weil sich durch den Preisverfall zu viele vom Flechten abgewandt hatten. Die Mädchen gingen lieber in die Fabrik. Im Jahre 1867 reichte der Tagesverdienst für einen Laib Brot, 1868 beinahe schon wieder für drei[196].

Zu jener Zeit hatten sich im Schwarzwald Mißstände eingeschlichen[197]. Die Flechterinnen lieferten dort zu kurze Ware und nahmen „das Strecken" vor, das die Geflechte beachtlich ausdehnte und zudem feinere Qualität vortäuschte. Dies sollte bei Strafe verboten werden und Trocknung sowie Reinigung der Geflechte vor der Ablieferung an die Händler vorgeschrieben werden. 1861 verwarf dies jedoch das Handelsministerium, und so einigte man sich auf Normen[198], die Mißstände blieben aber.

Bei uns war mit der neuen Kreisorganisation ab 1864 (jetzt Kreis Mosbach) die Zuständigkeit in Sachen Strohflechten vom Kreis an das Innenministerium übergegangen. Die Zahl der mit dem Strohflechten Beschäftigten lag im ganzen bei etwa 500 Personen. Da nun die Strohflechterei einen guten Absatz hatte[199], errichtete das Bezirksamt Eberbach die Flechtschule in Strümpfelbrunn im Herbst 1865 zum dritten Mal[200], ebenso eine in Wagenschwend[201]. Letzteres hatte ca. 380 Einwohner[202] und war vor Abschiebung der Problemfamilien „eine verrufene Gegend"[203]. 1870 lebten hier 353 katholische und zwei evangelische Einwohner, der Aufwand zur Armenunterstützung betrug 149 fl. 36 kr.[204]. So waren nun im Jahre 1866 über 500 Personen in 13 Gemeinden, also in fünf weiteren außer den Schulstandorten, mit dem Strohflechten beschäftigt. 1865 blieben in Walldürn angeblich wegen zu geringem Lohn 20 Schüler fern[205]. Es waren vielfach Mädchen, aber auch Knaben sowie ab und zu Erwachsene, die unter Aufsicht der Lehrerinnen, teils in besonderen Lokalen, teils zu Hause, aus dem vom Fabrikanten gelieferten Stroh Geflechte herstellten und aus solchen Strohhüte, Körbchen, Sohlen oder Überschuhe anfertigten. Der Fabrikant bezahlte je nach Feinheit der Geflechte. Die Gemeinden stellten die Lokale, Heizung und teilweise Beleuchtung. Die Regierung und das Unterstützungskomitee bezahlten die Lehrerinnen, teilweise die Einrichtung und das Stroh zur Erlernung der Flechtkunst, das „Lehrstroh". In der Kreisversammlung Mosbach im Jahre 1866 stellte der Abgeordnete J. M. Link aus Mudau[206] den Antrag auf Unterstützung dieses neuen Industriezweiges[207]. In der Begründung wurde nicht nur die Erwerbssicherung herausgestellt, sondern auch ein gewisser Jugendschutz, denn die Jugend solle: „An Ordnung und Arbeitsamkeit gewöhnt werden, um so dem stark verbreiteten Hang zum Müßiggang und Bettel entgegenzuwirken". Die Kreisversammlung bewilligte den Betrag von 300 fl. zur Beschaffung von Lehrstroh für arme Anfänger. 1867 beantragte Link die Erhöhung des Kreiszuschusses von 300 fl. auf 850 fl., wenigstens jedoch 600 fl., was aber abgelehnt wurde[208]. Eine Bilanz des Kreisausschusses zeigt den Erfolg, den Aufschwung und die Ausdehnung der Strohflechterei. So waren die Bruttoausgaben für Arbeitslöhne, Strohankäufe und Färbereien von 1857 mit 2965 fl. 14 kr.

auf 9061 fl. 18 kr. für 1865/66 gestiegen[209]. An diesen Auszahlungen hatten Personen aus folgenden Gemeinden teilgenommen:

Mudau ca. 250,
Schloßau ca. 70,
Donebach ca. 60,
Mörschenhardt ca. 5,
Langenelz ca. 20,
Reisenbach seit 3 Jahren ca. 30,
Oberscheidental seit 3 Jahren ca. 10
Walldürn seit 4 Jahren 70,

zusammen ca. 515 Personen.

Schulen in Reisenbach, Oberscheidental, Mörschenhardt und Langenelz sind dadurch jedoch nicht begründet. Aus Wagenschwend, Balsbach, Robern beteiligten sich seit dem Winter 1866/67 genau 46 und in Strümpfelbrunn mit Mülben 42 „Arbeiter". Insgesamt waren es also über 600 Personen. Der Bericht fährt fort, daß die in Wagenschwend gegründete Schule schöne Resultate erzielt, in Wagenschwend, Balsbach und Robern die Bemühungen zur gemeinschaftlichen Einführung einer Strohflechtschule und Stellung eines Lokales andauern[209]. Man stellte fest, daß die Flechterei im Odenwald feste Wurzeln gefaßt hatte und die Förderung dieser Industrie wichtig sei, was nur durch tüchtige und mehr Lehrerinnen ermöglicht werde[210]. Daß eine Unterstützung notwendig sei, so argumentierte man, geht schon daraus hervor, daß Klee sonst das Geschäft ja alleine betreiben würde. Diese Situation hatte wohl Link zu seinem oben erwähnten Antrag zwecks Zuschußerhöhung bewogen. Im folgenden Jahr wurde der Kreisbeitrag auf 800 fl. erhöht, wovon 300 fl. zur Errichtung von Strohflechtschulen in Fahrenbach und Robern, die weiteren 500 fl. zur Anstellung tüchtiger geprüfter Lehrerinnen und evtl. auch für Lehrstroh bestimmt waren[211]. Man wollte durch bessere Kenntnisse der Flechtkunst den Verdienst steigern und die Flechtkunst durch junge Frauen und erwachsene Mädchen in den Familien weiter verwurzeln (Heimindustrie). So wurden ab Dezember 1868 zwei tüchtige Lehrerinnen aus Furtwangen in Fahrenbach (30 Schüler) und Robern (50 Schüler, darunter auch aus umliegenden Orten) tätig.

Auf dem Höhepunkt

In den 60er Jahren beschäftigte die Eisenbahnfrage die Gemüter im Odenwald, ebenso das sporadische Auftauchen von Wölfen. Die Auswanderungslust war hoch[212]. Die Güterteilung prangerte man damit an, daß der Gutsbesitzer dadurch zum Bauernbaron werde und seine Geschwister als Taglöhner um ihn herumlungerten. Das Gefühl, gesetzwidrig zu diesem Los gezwungen zu sein, lähme ihre Arbeitskraft und ihren Mut; zur Ehelosigkeit gezwungen, zeugten sie massenhaft uneheliche Kinder[213]. Während ein Besucher von Mudau über das Schwinden der Gemütlichkeit klagte und Spannungen in der Gesellschaft feststellte[214], war man in Walldürn froh, daß der See, in den man alle krepierten Tiere warf, und dieser deshalb entsetzlichen Gestank in der Stadt verbreitete, endlich ausgeputzt wurde[215].

Eine durchgeführte Inspektion der neuen Schulen in Fahrenbach und Robern im Jahre 1869 ergab sehr gute Leistungen[216]. Da im Odenwald nicht genug Flechtstroh zu beschaffen war, wurde solches mit weiterer Beihilfe des Kreises aus dem Schwarzwald bezogen, aber den Kindern auch gleichzeitig die Bereitung von Geflechtstroh gelehrt[216]. Zwischen dem Stroh aus dem Schwarzwald und dem von Link war ein Preisvorteil von 8-10 kr. zugunsten des aus dem Schwarzwald bezogenen. Deshalb legte man nun auch besonderen Wert darauf, an allen Schulen das Stroh mit Prämienzahlung selbst zu fertigen. Das Hauptproblem war weiterhin der Absatz. Da Link es ablehnte, dies für Fahrenbach und Robern zu übernehmen, fand man den Unternehmer Kaiser in Furtwangen. Einzelne Schülerinnen erhielten sogar Prämien „zur Aufmunterung", und die bei einer „Centralausstellung" gezeigten Geflechte wurden lobend erwähnt. Auch die sieben älteren Flechtschulen, in welchen ca. 250 jugendliche Arbeiter und 340 geübte Flechter beschäftigt waren, wurden einer Prüfung unterzogen, auch hier mit einem guten Ergebnis. Die Schülerzahlen waren:

Walldürn 130
Mudau 184
Schloßau 96
Donebach 60
Reisenbach 20
Wagenschwend 60
Strümpfelbrunn 40[216].

Diese Schulen standen unter der Leitung von Link, welcher diese auf Rechnung von Klee führte und beschäftigte. Zudem bestand in Mudau ab etwa 1869 eine Hutnähschule mit 34 erwachsenen Personen. Für die Lehrergehälter erhielt Link einen Zuschuß von 850 fl., über den er nach freiem Ermessen entscheiden konnte. Die Gehälter der Lehrerinnen, welche als zu gering betrachtet wurden, betrugen:

Walldürn, bei freier Kost und Logis 180 fl.
Mudau 180 fl., die Hutlehrerin erhielt hier 220 fl.
Schloßau 75 fl.
Donebach 67/30 fl. – monatlich 7 fl. und 30 kr.,
Reisenbach mtl. 7 fl.
Wagenschwend 125 fl.
Strümpfelbrunn 100 fl.,
gesamt also 996 fl. 30 kr.[216].

Der Kreisausschuß bewilligte deshalb den Lehrerinnen besondere Belohnungen (Prämien zwischen 15 und 40 fl.) zur „Aufmunterung" und stellte Lehrstroh für Anfänger.

In Donebach war die Schule im II. Stock des Rathauses untergebracht, sie war zu finster und auch zu klein. Das Bezirksamt schlug das untere Ratszimmer vor und für den laufenden Winter das Zimmer im II. Stock des Wirtes Link[217]. Die Lokale waren mit Ausnahme von Reisenbach und Donebach zweckmäßig, die Erweiterung in Wagenschwend wurde zugesichert[218]. 1870 erfolgte ein Umbau[219]. Für Donebach stand Abhilfe in Aussicht, und in Reisenbach war ein anderer Raum gesichert; in Oberscheidental war die Schule wieder eingegangen, falls hier überhaupt je ein kontinuierlicher Betrieb eingetreten war[220]. So erwähnte der Bericht aus dem Jahre 1869 auch, daß die Zeit nicht mehr fern sein könne, „wo die Strohindustrie des Odenwaldes auf eigenen Füßen stehen kann und wo die dankbaren Nachkommen das Andenken derjenigen segnen werden, die für die

Verbesserung der Lage einer zahlreichen Bevölkerung eingetreten sind"[221]. Damals gab man in Schweden an 270 Orten Unterricht, und man wollte damit unter anderem den Import aus dem Schwarzwald, der Schweiz, England, Italien und Japan einschränken[222]. Der Buchener Anzeiger berichtete in jenem Jahr[223], daß der Kreishauptmann in der Lage war, die Lebensfähigkeit der Strohflechtindustrie im Odenwald nachzuweisen, indem sich 500 bis 600 Personen mit der Strohflechterei beschäftigten und etwa 600 fl. an Arbeitslöhnen eingenommen wurden. Auch die Schulen wurden immer besser besucht. Die Hauptsache sei jetzt, die hiesige Bevölkerung in den Stand zu versetzen, sich das Geflechtstroh selbst bereiten zu können, um dadurch das Einkommen zu verbessern. Der Kreis genehmigte für 1869/70 insgesamt 1000 fl. an Zuschuß (hauptsächlich Lehrergehälter). Die Vorstellung verschiedener Gemeinden des Bezirks Buchen zur Unterstützung zwecks Anfertigung von Salzsäcken wurde an den zuständigen Ausschuß zur Überprüfung überwiesen. Die „Tauber" brachte 1869 einen äußerst kritischen Artikel gegen die Strohflechtindustrie im Odenwald[224]. Der „Buchener Anzeiger" meinte, daß dadurch die „Schattenseiten dieses so zweckmäßigen Unternehmens ins grellste Licht" gestellt würden, und die „Tauber" kommt schließlich zu dem Schluß, es sei eine Armenunterstützungs- und Bettelindustrie. Der „Buchener Anzeiger" hielt dagegen: „Wie man auf den Gedanken kommen könne, einem Institut, welches in verschiedenen Odenwald Gemeinden 12 bis 40 theils jüngere, theils ältere Leute beschäftigt, einen solchen Schimpfnamen zu geben, ist uns unbegreiflich; wir finden darin eine große Lieblosigkeit. Gerade die hier beschäftigten Kinder und älteren Personen gehören größtentheils der ärmeren Volksklasse an, waren theilweise dem Bettel und dem Müßiggang ergeben und nur durch diese Beschäftigung ist der Bettel getilgt und dem Müßiggang gesteuert. Es ist daher der Fortbestand genannter Schulen sehr zu wünschen...".

Im Jahre 1870 kündigte Klee, der wohl durch den Kriegsausbruch Probleme sah und das Risiko nicht mehr alleine tragen wollte, die bisherige Zusammenarbeit[225]. Es gelang, Link dazu zu bewegen, das kaufmännische Geschäft zu übernehmen. Er nahm den Schulen die Geflechte und der Nähschule in Mudau die Strohhüte zu bestimmten Preisen ab, während die Schüler ganz der Aufsicht des Kreisausschusses und Kreishauptmannes unterstellt waren. Die Lehrerinnengehälter wurden etwas angehoben und als Prämie erhielten sie 25 fl. In Walldürn übernahm der ortsansässige Kaufmann Rehm die Geschäftsführung[226], welcher mit Link kooperierte[227]. In Walldürn waren seinerzeit 112 Kinder und Jugendliche beschäftigt und gemäß den Statuten der Besuch ab dem 6. Lebensjahr erlaubt[228]. Die Schüler durften weder betteln noch während der Öffnungszeit der Schule vom 15. September bis 1. April im Wald arbeiten gehen. Die Gehälter der Lehrerinnen, Prämien für Geflechtstrohzubereitung und die Kosten für Inspektionen der Schulen wurden zur Hälfte mit je 900 fl. von der Kreis- und Staatskasse übernommen. Die kleinen Schulen in Strümpfelbrunn, Donebach und Reisenbach wurden aufgehoben, eine neue Schule in Hardheim gegründet. In Hardheim hatte sich während des 19. Jahrhunderts das Handwerk zurückentwickelt, und solange es keine neuen Arbeitsplätze gab, lebte ein Teil der Einwohner in Armut. So wird von der Jahrhundertmitte bis um 1870 von Hardheimer Kindern berichtet, die in den Nachbardörfern bettelten[229]. Wie weit das „Hinterland" Badens von den Zentren entfernt lag, ist am Beispiel Hardheim (1869 – 2387 Einwohner) gut zu sehen. Die Entfernung zum von Mannheim nach Mosbach schon in die Nähe gerückten Kreissitz betrug immerhin noch 12 Stunden (Reisegeschwindigkeit 4 km per Stunde). Nach Karlsruhe wurden immerhin 32 Stunden benötigt[230].

In Mudau sind jetzt Investitionen feststellbar, wie zwei Strohwalzen, ein Tisch, zwei Bänke, zwei Lampen, Lattengestelle usw., was alles bei Link bezogen wurde. Bereits 1869 wurde der Raum hergerichtet[231]. Reparaturen fielen jetzt jährlich an[232]. Das Hauptgewicht wurde nun auf die Selbstbereitung des Geflechtstrohs durch die Schüler und Einwohner gelegt, worauf Prämien ausgesetzt wurden. Ein neuer Aufschwung für diesen Erwerbszweig wurde erhofft[233].

Von Klee war man zu abhängig und somit über dessen Kündigung nicht böse[233]. Unterricht und Überwachung wurden vom kaufmännischen Teil getrennt. Die Lehrerinnen wurden dem Kreisausschuß unterstellt, und der Absatz sollte an mehrere Unternehmen verteilt werden. Damit sah man die Haupthemmnisse beseitigt. Gemäß Erlaß des Handelsministeriums wurden die Lehrerinnen aus öffentlichen Mitteln bezahlt. Die öffentlichen Gelder – je zur Hälfte von Kreis und Staat – sollte es jedoch nur für die Gemeinden geben, welche ihren Verpflichtungen zur Raumstellung und Inventarübernahme nachkämen, und die Schüler sollten das Stroh selbst spalten[234]. Wegen den Kosten wollte man sich auch auf weniger Schulen konzentrieren, so auf Hardheim, erst 1870 gegründet, Walldürn, Mudau, Schloßau, Wagenschwend und Fahrenbach, wobei Mitte Juli alle, auch die älteren, vorübergehend geschlossen wurden, was mit der Kündigung von Klee und dem Kriegsausbruch zu tun hatte[235]. Dies bedeutete das oben erwähnte Aus zum Ende des Jahres 1870 für Robern, Strümpfelbrunn, Donebach und Reisenbach, wobei Robern sich weiterhin selbst organisierte. In Mudau wurden zwei Lehrerinnen bezahlt, in Walldürn eine, und in Fahrenbach, Wagenschwend und Schloßau gab es nur für die Wintermonate Geld[235]. In Schloßau zahlte man für das Kleinmachen des Holzes im Jahre 1870 4 fl. 12 kr., im Jahre 1871 für die Fertigung und das Anschlagen von 8 Nägeln 48 kr., für den „Wellbaum“ der Strohwalze 1 fl. 30 kr.[236], welcher 1872 bereits wieder defekt war, und man erstand deshalb zwei neue Strohwalzen bei Link für 18 fl., ebenso einen Tisch mit Kiste für 3 fl.; für 3 ½ Klafter Holz (ca. 13,6 Ster) bezahlte man 10 fl. 42 kr., insgesamt also 31 fl. 42 kr., eine erkleckliche Summe. 1873 mußten zwei Strohwalzen für 2 fl. renoviert werden und für 12 Ster Brennholz zahlte man 11 fl. 4 kr.[237].

Noch im Jahre 1850 besagte die Ortsbereisung für Hettingen, daß es bis zum letzten Jahrzehnt recht wohlhabend war, jetzt sei der Großteil allerdings verarmt – es trat Holzfrevel auf, unterhaltspflichtige Ortsarme gab es aber nicht[238]. Dies änderte sich, denn in Folge waren die Ortsarmen in Hettingen besonders zahlreich[239]. Die Armut war sogar so groß, daß in den umliegenden Dörfern immer wieder über bettelnde Kinder geklagt wurde. Die Nennung der Strohflechterei um 1862 geht vermutlich auf eine Verwechslung mit Hettigenbeuern zurück[240]. Auf jeden Fall forderte das Bezirksamt schon 1869 den Gemeinderat in Hettingen auf, zur Beseitigung des Bettelns eine Strohflechtschule einzurichten[241]. Damals zählte Hettingen 1219 katholische, einen evangelischen Einwohner sowie einen Mennoniten[242]. Der Armenaufwand betrug 1871 1007,37 Mark[243], weniger als in Mudau (1272 Einwohner und 1153 fl. 9 kr. – ca. 1960 Mark)[244]. Obwohl sich der

Gemeinderat bereit erklärte, die Voraussetzungen zu schaffen, dauerte es – auch durch den Krieg bedingt – bis zum 10. Januar 1871, bis die Schule mit Mudauer Unterstützung eröffnet werden konnte[245]. Der Besuch war, wie derjenige von Schloßau, gering: 1871 nur 30-40 Kinder, im Mai 1872 waren es 30 Schüler[246]. Am 25.1.1874 berichtete der Gemeinderat, daß die Strohflechtschule aufgehört habe zu bestehen[247]. Dies war ab Herbst 1872 der Fall, da 1873 nichts mehr gefertigt wurde. Bezüglich Hardheim können diese detaillierten Angaben ebenfalls gemacht werden. Die Strohflechtlehrerin Josephina Zähringer aus Furtwangen, zuvor in Fahrenbach tätig[248], war vom 21. Juni bis 3. Juli 1870 zu Logis in Hardheim[249], wohl zur Vorbereitung. Dann war sie wieder vom 25. Oktober 1870 bis 5. Februar 1871 in Hardheim, ebenfalls zur Miete, welche die Gemeinde trug[250]. Die Schule wurde 1870 eingerichtet[251], wahrscheinlich in einem Gemeindegebäude. Kornstroh, vermutlich Lehrstroh, wurde von Bauern angekauft[252]. Die Strohflechtschule ging aber bald wieder ein[253].

Der Kreis unterstützte Hardheim besonders stark mit 365 fl. für eine Lehrerin, Walldürn für eine mit nur 300 fl. und Mudau für zwei mit 400 fl.[254].

Aus den Jahresberichten des Kreises ist zu ersehen, daß der Gemeinderat 1871 den Fortbestand wünscht[255]; im Jahresbericht des Kreisausschusses vom November 1873[256] heißt es, daß die Schulen zu Hardheim und Hettingen im Herbst 1872 nicht mehr geöffnet worden sind. So bestanden somit noch die Schulen in Mudau, Schloßau, Walldürn, Wagenschwend, Fahrenbach und Robern, wobei in Robern insbesondere der Gemeinderat „alles aufgeboten hat“, um die Schule zu retten[257].

In Fahrenbach war die Schule im Gasthaus „Zum grünen Baum“ eingerichtet worden[258], und man bezahlte monatlich 8 fl. 40 kr. Miete[259]. Deshalb wurde sie recht bald ins Rathaus verlegt. Hier wie in Robern waren für den Anfang ja Furtwanger Lehrerinnen, dann übernahm dies in Fahrenbach die ortsansässige Frau Noe, kurz „Flechtern“ genannt[260]. Frau Zähringer war dann in Hardheim[261]. In Fahrenbach setzte sich insbesondere Pfarrer Lang selbstlos ein. Er baute Korn auf seinem Acker an und bleichte es für die Schule[262]. Wie erwähnt, lieferte man direkt in den Schwarzwald, jedoch keine Fertigware, sondern nur Geflechte, mit welchen der Abnehmer zufrieden war[263].

So war das Jahr 1871 nochmals sehr schwierig gewesen. Man spürte die Auswirkungen des Krieges auch noch im Sommer, worunter insbesondere, wie oben erwähnt, Hardheim und Hettingen litten[264]. Man stellte dort die Tätigkeit vorübergehend ein. Fahrenbach arbeitete auf eigene Rechnung, und Link ließ auf Vorrat arbeiten. In Walldürn eröffnete man eine Hutnähschule, und in Robern arbeiteten drei Mädchen mit Unterstützung der Gemeinde weiter, vom Kreis erhielt jede 10 fl. Das unentgeltliche Lehrstroh auf öffentliche Kosten wollte man auf jeden Fall beseitigen, und die Schüler mußten das Stroh selbst spalten, wobei sie anfänglich Widerstand leisteten[264]. Sie konnten das Stroh nun selbst stellen – oder mußten es bezahlen. Aus diesem Grund gab es auch keine Prämien mehr[265]. Da sich die Geflechtstroherzeugung zu einem regelmäßigen Betriebszweig entwickeln sollte, erhielten statt dessen die Landwirte im Jahre 1871 Prämien[266]. Durch die Auswirkungen des Krieges auf die ganze Wirtschaft gestalteten sich die Verhältnisse für die Strohflechtschulen ebenfalls ungünstig[267]. Wie stark sich der Kreis in dieser Krisenzeit engagierte, ist aus folgendem zu sehen. In der Kreisversammlung 1870 hatte man 820 fl. vom Kreis und dieselbe Summe vom Staat genehmigt[268]. In der Kreissitzung 1871 wurden sogar vom Kreis 1600 fl. genehmigt, wobei sich der Abgeordnete und Flechtgeschäft-Betreiber Link aus Mudau dafür einsetzte[269]. Der Kreisabgeordnete Dietz sprach die unterschiedlichen Lehrerinnengehälter in Hardheim und Walldürn an. Seiner Meinung, daß das Strohflechten von nachteiligem Einfluß auf die Gesundheit der Kinder sei, trat der Abgeordnete Senger entgegen. Er verwies auf seine diesbezüglichen Erfahrungen im Schwarzwald[270].

Der Niedergang

Nach dem Deutsch-Französischen Krieg kam es in Deutschland zu einem allgemeinen Gründungsfieber, und Deutschland überflügelte Frankreich als Industriemacht. 1872 wurde Berlin deutsche Hauptstadt und die Mark alleinige Rechnungs- und Münzeinheit. Bei uns litten die Geschäftsleute unter dem mörderischen Konkurrenzkampf der Hausierer[271]. Da es an Bestellungen für die Flechterei fehlte, war der Verdienst gering und es gaben deshalb viele diese Tätigkeit auf[272]. In Mudau bestand ja schon lange eine Strohflechtschule, und so wurden vom Kreis zwei Lehrerinnen als zuviel angesehen, „besser hielt man es dafür in Walldürn angebracht“[273]. Die Kinder stellten ihr Stroh jetzt teilweise selbst, teilweise kam es gegen Bezahlung von Link, unentgeltlich wurde jetzt kein Stroh mehr abgegeben[274].

Der Bericht für das Jahr 1873 führte bei einer etwa konstanten Schülerzahl von 345 für 1872/73 einen Geflechtstückanstieg von 6293 auf 8545 Stück an, bei einer Einnahmensteigerung von 3198 fl. 8 kr. auf 4096 fl. 4 kr., somit einen besseren Geschäftsgang[275]. In Robern besorgte Caroline Conrad den Unterricht freiwillig und der Zuspruch betrug: Robern 40 - 50 Kinder, Fahrenbach 30 – 36, Wagenschwend 19, Schloßau 40, Walldürn zwischen 40 und 112 im Winter, im Sommer nur wenige kleine Kinder, am Anfang des Winters auch 12 Schulentlassene, in der Hutnähschule sieben[276], Mudau 90 und im Winter 30 Erwachsene, in der Hutnähschule 18-20.

In Fahrenbach machte die neu errichtete Cigarrenfabrik mit 28 Arbeiterinnen Wettbewerb. Die Bereitwilligkeit der Leute, diese fremde Tätigkeit aufzunehmen, rechnete man der vorbereitenden Übung in der Geflechtschule zu[277]. Der Kreis unterstützte die Lehrerin in Fahrenbach mit 60 fl., Wagenschwend z. B. mit 150 fl., Mudau mit 200 fl. Der Kreisausschuß sah jetzt einen zwar langsamen aber stetigen Aufschwung[278]. Diese Erwartungen wurden enttäuscht. Da Wagenschwend ab November 1873 keine Unterstützung mehr bekam, ging diese Schule ein[279] und es bestanden nur noch fünf Schulen. Die Schülerzahl nahm um 40-50 ab, die Gesamteinnahmen gingen um mehr als 2400 fl. zurück. Der Kreisausschuß bedauerte diese Entwicklung. Man führte dies auch auf die Abneigung des Odenwälders gegen eine regelmäßige Beschäftigung in geschlossenen Räumen zurück[279]. Abnehmer war in Mudau, Schloßau und Wagenschwend die Fa. J. M. Link Sohn Mudau; in Walldürn, Fahrenbach und Robern war es J. Kaiser in Furtwangen[280]. Zudem war 1874 ein unerklärlicher Rückgang in Schloßau zu verzeichnen, so daß der Zuschuß für das Jahr 1875 nur noch für 6 Monate gewährt wurde[281]. In Walldürn wurde der Geometer Sauter aus Hardheim „neuer engagierter Geschäftsunternehmer“; der Kreis sah auf Dauer nur Mudau/Schloßau und Walldürn als lebensfähig an[282]. In Walldürn dachte man jetzt an die „Einführung der Weißküblerei und sonstiger Holzwaarenindustrie“[283].

Als sich somit die Verhältnisse nicht wesentlich besserten, wurde 1874 der Antrag des Kreisausschusses auf Bewilligung von 1300 Mark nur mit einer Stimme Mehrheit gebilligt[284]. Ausschlaggebend hierfür waren lediglich die Erfolge in sittlicher Hinsicht, „indem sich die früher dem müßigen Umherziehen zugeneigte Bevölkerung bereits in weitem Umfang an Seßhaftigkeit und Arbeitsamkeit gewöhnt habe und zugleich auch die materiellen Vortheile, die trotz des geringen Verdienstes das Strohflechten für viele arme Familien noch bringe."[285] Für Robern und Fahrenbach wurde der Staatszuschuß gestrichen, deshalb waren diese nicht lebensfähig. Der Kreis unterstützte sie noch den Winter 1874/75 hindurch[286], Robern ging ein. Nachdem der Zuspruch in Fahrenbach so groß war, unterstützte der Kreis die Schule alleine weiter, wobei der Staat spätestens ab 1879 sich wieder daran beteiligte[287]. Im Jahre 1876 wurde in Mudau nur noch eine Lehrerin unterstützt, in Walldürn zwei sowie ein „Faconeur" für die neu eingerichtete Hutfertigung. Von einer Belebung konnte also nur in Walldürn die Rede sein, was dem Engagement von Sauter zuzuschreiben war. Die Hüte wurden nämlich in Walldürn selbst verarbeitet, in Mudau gingen sie nach Frankfurt[288]. In den Strohhutnähschulen wurden beschäftigt:

	schulentlassene Arbeiter	Tagesverdienst	Gesamtverdienst
Mudau	32	0,7-0,8	4654,22 Mark
Walldürn	7	0,8-1,0	480,00 Mark

Der Verdienst war beim Flechten niedriger und betrug per Tag 30-40 Pfg. bei den Kindern, bei den Schulentlassenen 50-60 Pfg., in Walldürn 70-80 Pfg.

Die Schüler arbeiteten nur in den Wintermonaten ständig, in Schloßau und Fahrenbach in den Sommermonaten gar nicht[288].

Allgemein blieb in der zweiten Hälfte der 70er Jahre die Nachfrage nach besseren Geflechten aus, der Verdienst wurde geringer und die Zahl der Flechterinnen ging zurück[289]. Infolge der Zollerhöhung nahm der Geflechthandel erheblich zu, und große Mengen wurden auswärts bezogen. Dieser Trend war auch in den Odenwälder Hutnähschulen zu beobachten. Hier hieß es, daß auch von auswärts bezogene Geflechte verarbeitet wurden (Schweiz, England, Sachsen)[290]. Im Jahre 1876 wurde eine Geschäftskrise verzeichnet. Die Verhältnisse waren in der Folgezeit bald besser, bald schlechter; von einer weiteren Ausbreitung der Strohflechtindustrie konnte jetzt jedoch keine Rede mehr sein. Dieser Geschäftszweig war nur durch die Unterstützung des Staates und des Kreises am Leben zu erhalten. Die Kreisversammlung bewilligte den Zuschuß nur noch deshalb weiter, weil sie in den Strohflechtschulen immer noch ein Erziehungsmittel für die Jugend sah und – trotz des geringen Verdienstes – eine wohltätige Erwerbsquelle für die armen Gemeinden[291].

Im Jahr 1880 erhielten die Lehrerin Münkel aus Schloßau sowie die Schule Mudau Preise für „ausgeschnittene und sortierte Halme", was man als Beweis dafür ansah, daß der Odenwald zur Herstellung eines schönen Geflechtstrohes „ganz günstig" war[292]. Wohl im Jahre 1880 ließ der Unternehmer Sauter die Hutnähschule in Walldürn wegen mangelnder Räumlichkeiten eingehen (feucht und kalt)[293]. Auch der auf dem Speicher des Rathauses in Mudau gelegene Raum war unbrauchbar, und das Weiterbestehen wurde von einem neuen Raum abhängig gemacht. In

Fahrenbach und Schloßau waren die Schullokale gut. Durch die Zollerhebung auf ausländische Waren stiegen die Preise[293]. Somit bestand Hoffnung auf eine bessere Zukunft, die Löhne waren aber immer noch schlecht. Der Verdienst einer schulentlassenen Näherin betrug 127 Mark p. a. Das Gehalt der Lehrerinnen war sehr unterschiedlich und wurde erstmals auf die tatsächlichen Unterrichtsmonate beschränkt: Fahrenbach und Schloßau sechs, mit 20.- bzw. 25.- Mark je Monat, Mudau acht und Walldürn neun Monate a 40.- Mark.

In Weisbach z. B. verdiente vergleichsweise die Arbeitslehrerin 30.- Mark für das Wintersemester mit maximal 45 Tagen am Nachmittag[294].

In Mudau wurde 1882 die Strohhutnäherei eingestellt, da zwei Frankfurter Firmen diese Tätigkeit nunmehr mit Maschinen vornahmen, die Geflechte wurden nach Frankfurt und in den Schwarzwald geliefert[295].

Für den Monat Dezember 1883 wurde das Gehalt für die Lehrerin in Schloßau nicht bezahlt, da die Schule bei der Inspektion am 15. November von keinen Schülern besucht worden war[296]. Auch hatte ihr der Gemeinderat die Räumlichkeiten im „Rathaus der Schule" entzogen und diese in die zu kleine und ungeeignete Wohnstube der Lehrerin Münkel verlegt. Der weitere Zuschuß wurde von der Stellung eines geeigneten Lokales und einem tatsächlichen Schulbesuch abhängig gemacht. Der Gemeinderat suchte daraufhin ausdrücklich um den Erhalt der Schule nach. In Walldürn und Mudau war „reger Eifer zu verzeichnen". Das Bezirksamt Eberbach wollte jetzt die Gemeinde Weisbach zur Einführung der Strohflechterei veranlassen. Immer noch tröstete man sich mit folgendem: „Die flechtenden Kinder werden von Müsiggang und Gassenuntugenden abgehalten und frühzeitig der Sinn für Ordnung, Geschick, Thätigkeit und Ersparniß bei Ihnen gepflegt"[296]. Im Jahre 1883/84 wurde der Gewerbelehrer Erdin in Walldürn Unternehmer der Strohflechtschule, und er engagierte sich „eifrig".

In Walldürn waren 100 schulpflichtige Kinder und 30 Erwachsene beschäftigt, in Mudau 70 Kinder und 10 Erwachsene, in Fahrenbach 30 Kinder und 10 Erwachsene, für Schloßau sind die Zahlen unbekannt[297].

Das Gemeindearchiv[298] nennt im Gegensatz dazu für Mudau 40 Knaben, 70 Mädchen und 20 Schulentlassene, die Ware ging nach Frankfurt und Furtwangen. Die vier besten Schülerinnen in Mudau erhielten vom Badischen Frauenverein Preise[299].

In Weisbach lebten 430 Einwohner, als im Jahre 1885 eine Schule eröffnet wurde, welche aber nur bis 1887 bestand[300]. Hier herrschte durch die Jahrhunderte hindurch ein solider, insgesamt befriedigender Wohlstand[301]. So hatte sich Weisbach auch relativ schnell von der Agrarkrise erholt[302]. Im Jahre 1887 betrug der Armenaufwand 28 fl. 23 kr.[303]. Die Voraussetzungen für die Strohflechterei waren aber jetzt nicht günstig. Selbst der hohe Eingangszoll vermochte die Schwarzwälder Flechterei nicht vor der erdrückenden chinesischen Konkurrenz zu bewahren[304]. 1885/86 fielen die Preise auf etwa 1/3. Dies hielt auch 1887 an, und da der Absatz fehlte, wurde die Schule in Weisbach am 1. Mai 1887 eingestellt[305], die Löhne fielen. Verdiente ein Erwachsener 1876 etwa 50-70 Pfg. am Tag[306], so waren es 1886 nur 22 Pfg. in Walldürn, in Fahrenbach bei eigener Strohherstellung sogar 42 Pfg.[307], was zwischen 6 bis 10 Mark pro Monat ausmachte. Die Flechtlehrerinnen verdienten 1884 in Schloßau und Fahrenbach 25.- Mark je Monat (sechs Monate), in Mudau für 8 Monate à 30.- Mark, in Walldürn für 9 Monate je 40.- Mark[308]. Die Industrielehrerin verdiente in Mudau ebenfalls je Monat 30 Mark, für fünf Monate[309].

In immer mehr „Häusern und Hütten" des Schwarzwaldes reifte nunmehr die Überzeugung, daß die Strohflechterei dem Untergang geweiht sei. Trotzdem gab die Regierung die Bemühungen nicht auf, denn immer noch stellte die Strohflechterei für die heranwachsende Jugend und das nicht mehr arbeitsfähige Alter eine nicht zu unterschätzende Erwerbsquelle dar[310]. Auch bei uns war man derselben Überzeugung[311]: „Die viele Jahre lang gehegte Hoffnung, daß sich die Strohflechterei zu einer einträglichen Hausindustrie des Odenwaldes emporarbeiten werde, hat nach diesen Erfahrungen keine Aussicht mehr...und daß der Rückgang in äußeren, unabwendbaren Verhältnissen begründet sein wird". Der Bericht des Kreisausschusses für Mosbach im Jahre 1890 belegt den Sinneswandel: „Wenn nun auch der materielle Erfolg, den die Strohflechtindustrie bisher geliefert hat, hinter den Erwartungen zurückgeblieben ist, so müssen wir doch mit einem früheren Berichterstatter darin übereinstimmen, daß der bleibende Verdienst derselben darin beruht, daß schon in früher Jugend bei der Bevölkerung das Verständnis für die Bedeutung einer geordneten Arbeit und ein richtiger Erwerbssinn angeregt und geübt und zugleich dem Hang zu einem müssig herumziehenden Leben und Bettel mit der Tat entgegengearbeitet und dort diese allmählige Hinweisung der Bevölkerung an ständig pünktliche Arbeit Boden für eine dem Odenwalde so sehr wünschenswerte Privatindustrie gewonnen werden."[312]

Ursprünglich als Erwerbsquelle und gleichzeitig als Maßnahme zur Einschränkung des Armenwesens gedacht, sah man jetzt auch in Zusammenhang mit der beständig fortschreitenden Industrialisierung die Hauptaufgabe der Strohflechterei darin, eine industrietaugliche Arbeiterschaft, in der Hoffnung noch kommender Industrieansiedlung, heranzubilden[313]. Um sich in der neuen Schweizer Flechtart zu schulen, besuchte im Jahre 1889 die Mudauer Lehrerin einen Flechtkurs in Furtwangen[314], die bisherige Flechtweise war überholt und der Absatz brachte Verlust[315]. Im Schwarzwald machte man den vergeblichen Versuch zur Einführung von Phantasiegeflechten mit staatlicher Unterstützung[316]. In Mudau ist von 1884 zu 1889 eine Halbierung der Beschäftigten festzustellen, nämlich auf 73 : 20 Knaben, 39 Mädchen und 14 Schulentlassene[317]. Während in Mudau Link das Stroh stellte, wurde dies in Walldürn von den Landwirten bezogen[318]. Laut Link war immer Absatz vorhanden. Jetzt, im Jahre 1891, ging die Schule in Fahrenbach ein, der Verdienst war zu gering. Hier stellten die Kinder das Stroh selbst. Die Eltern hielten es für besser, ihre Kinder, insbesondere die Mädchen, mit häuslichen Arbeiten oder auf dem Felde zu beschäftigen[319]. Die drei restlichen Schulen beschäftigten jetzt noch je eine Lehrerin und 150 Volksschulpflichtige sowie 20 Erwachsene als Schüler: Schloßau 30, Walldürn 65, Mudau 75[320].

Im Jahre 1891 gab der Obmann vom Verband der Strohflechtinteressenten bekannt, daß sowohl in Walldürn als auch in Mudau alte gebrauchte Muster ausgestellt wurden – „Es fehlt Neues", bemerkte er[321]. Der Kreisausschuß verlangte daraufhin vom Gemeinderat Mudau erhebliche Anstrengungen zur Verbesserung der Leistungen, da er sonst den Zuschuß streiche[322]. Noch drei Jahre zuvor, im Jahre 1888, hatten alle drei Schulen Preise in Furtwangen erhalten.

1898/99 war in Walldürn ein rapider Rückgang zu verzeichnen. Die Kinder fanden in den Kunstblumenfabriken besseren Verdienst[323]. Nur noch 25 Schulkinder und eine schulentlassene Person hatten Interesse, 28 weniger als im Jahre 1897. Der Durchschnittsverdienst der Kinder lag bei etwa 20-30 Pfg., der einer erwachsenen Person bei 80 Pfg., für Walldürn wurden nur 30 Pfg. angegeben. In Walldürn konnten durch den schlechten Besuch die Bestellungen nicht bedient werden, und so bat der Geschäftsführer Keim aus Walldürn, eine andere Person einzusetzen. Daraufhin wurde die Schule mit dem 1. April 1899 geschlossen[323]. In Mudau waren 40 Schulpflichtige und 10 Schulentlassene, in Schloßau 14 und 10 beschäftigt (Im Schwarzwald gab es damals noch 700 Strohflechterinnen[324]). So war es für Mudau und Schloßau nur noch eine Frage der Zeit, bis auch hier das Ende kommen würde. In der Folge teilte der Kreisausschuß am 25. April 1904 mit, daß die bisherige Unterstützung aufgehoben werden soll[325]. Damit war das Ende der Strohflechterei im Odenwald gekommen. Gegen die billigen ostasiatischen Geflechte „war kein Kraut gewachsen“[326].

Die Zeit war auch im Mudauer Odenwald vorangeschritten. Mudau zahlte 1903 bei 1207 Einwohnern nur noch 2402,24 Mark an Armen- und Krankenunterstützung[327]. Im Jahre 1888 hatte man sogar neue Turngeräte angeschafft[328], und es bestand auch eine „Strickschule“[329], ebenso seit 1890 ein Kleinkindergarten[330].

Im Schwarzwald bestanden seinerzeit noch fünf Hutfabriken. Der Tagesverdienst einer Hutmacherin betrug bei einem 12 Stundentag ca. 1 Mark[331]. Die Arbeit an den Hutnähmaschinen wurde als anstrengend und gesundheitsschädlich geschildert[332], auch wurde Arbeit mit nach Hause genommen. Nicht immer erhielten die Flechterinnen im Schwarzwald ihren kümmerlichen Lohn in barem Geld[333]. Die Zahlung in Waren war sehr verbreitet, das Fordern von Geld wurde im Wiederholungsfalle mit Nichtabnahme der Geflechte „abgestraft“[334]. Die Flechterinnen erhielten nicht immer volle Preise, kleine Schönheitsfehler, grüne Stellen oder gelbe Flecken und dergleichen minderten den normalen Kaufpreis[335].

Bildbeschreibung[336]: →

Das von H. Vollmar gezeichnete und von Nilson geätzte Bild stellt eine im ersten Viertel des 19. Jahrhunderts strohflechtende und Strohhüte nähende Familie im Tribergischen dar. Die sog. „Verschwisterung“ des Flechtens und Hutnähens der damaligen Zeit wird uns vor Augen geführt. Durch fremde Strohhüte, die von Schwarzwälder Händlern nach Hause gebracht wurden, lernte man Flechtweise und Machart der Strohhüte kennen. In der Umsetzung der Flechtkunst in Gebrauchsgegenstände lag, neben dem Zusatzeinkommen, der praktische Wert dieser Heimarbeit. Das Bild erläutert nicht nur die trockenen Aktenangaben realitätsnah, sondern zeigt auch die außerordentlich rege Betriebsamkeit, die in den strohverarbeitenden Familien des Schwarzwaldes herrschte“.

„Am Tisch vor dem Fenster sitzt die Mutter, auf dem Schooß einen Strohhut, den sie eben fertig zu nähen im Begriff ist; vor ihr steht mit einem Bündel Halme unter dem rechten Arm die älteste Tochter, mit Flechten beschäftigt; ein halbwüchsiges Mädchen, das bei der Mutter am Fenster sitzt, nimmt das Putzen eines Geflechtstückes durch Entfernung der Halmenenden vor; ein kleines Brüderchen gegenüber ist mit dem Flechten einer Strohtasche beschäftigt; um die mehr spielerische Beschäftigung des Knaben anzudeuten, zeigt der Künstler den kleinen Fleißigen in der Unterhaltung mit einem jüngeren Schwesterchen, das ihn bei der Arbeit aufhält; in charakteristischer Bewegung treibt auf der Ofenbank ein etwa zwölfjähriger Knabe ein Geflechtstück durch die hölzernen Glättwalzen; eine junge Schwester ist im Begriff, einige fertige Hüte in die Küche zu tragen, wo das siebente Hauskind, ein junges Mädchen, mit dem Appretieren von Strohhüten beschäftigt ist. Auf dem Trockengestell überm Kachelofen nimmt ein Geflechtstück seinen traditionellen Platz ein.“

Anmerkungen:

Verwendete Abkürzungen: GLA = Generallandesarchiv Karlsruhe
GAM = Gemeindearchiv Mudau
NOK = Der Neckar-Odenwald-Kreis, Sigmaringen, 1992
OB = Odenwälder Bote (Universitätsbibliothek Heidelberg R 805)
BA = Buchener Anzeiger (Universitätsbibliothek Heidelberg R 152)

1. **Ingo Kühne**: Der südöstliche Odenwald und das angrenzende Bauland, 1964, Selbstverlag, S. 144/145.
2. **Karl Bittmann**: Hausindustrie und Heimarbeit im Großherzogtum Baden zu Anfang des XX. Jahrhunderts, Karlsruhe 1907, S. 580.
3. **Wolfram Förster**: Wirtschaft, Gesellschaft und Verkehr in Nordostbaden 1806-1914, Mannheim 1990, S. 266.
4. www.halmenshus.com/tmus.htm (Pfad: Geschichte des Strohs -asp?nr=1).
5. Gemeindearchiv Mudau: Strohflechterei und Spinnerei in der Gemeinde. Abt A No 234, Schreiben vom 15. Jan 1906. – Die Badische Fabrikinspektion erkundigt sich nach siebenhalmigem gebleichtem Ganzgeflecht, auch bei Bittmann, Anm. 2, S. 601 nachzulesen.
6. halmenshus, wie Anm. 4.
7. halmenshus, wie Anm. 4 (Pfad: asp?nr=3).
8. Düppel – 14163 Berlin, www.dueppel.de/lexikon/strohflechten.htm.
9. www.tiscover.at/weiden-see (Pfad: Aktivitäten/Saison/Strohflechten).
10. www.badragaz-tourismus.ch (Pfad:Angebote).
11. www.hermannstaedter.ro (Pfad: Archiv-Strohflechten).
12. halmenshus, wie Anm. 4.
13. halmenshus, wie Anm. 4 (Pfad: asp?nr=11-13).
14. halmenshus, wie Anm. 4 (Pfad: asp?nr=6 bis 14).
15. halmenshus, wie Anm. 4 (Pfad: asp?nr=19).
16. **Heinrich Winter**: Der Odenwälder Bensenickel, in: Bayrische Hefte für Volkskunde, 11. Jahrgang, 2. Heft.
17. halmenshus, wie Anm. 4 (Pfad: asp?nr=15).
18. **Bittmann**, wie Anm. 2.
19. **Bittmann**, wie Anm. 2, S. 590.
20. Der Florentiner ist in der Damenmode seit etwa 1775 ein Strohhut mit flachem Kopf und sehr breiter Krempe.
21. Persönliches Erleben im Sommer 2002.
22. **Bittmann**, wie Anm. 2, S. 590.
23. **Hans Slama**: Langenelz und der Mudauer Odenwald, 1989, S. 70.
24. **Humpert**, wie Anm. 63, S. 232.
25. GLA 338/ 170, wie Anm. 78 , Bericht vom 21. August 1869, auch Anm. 308 – Bericht vom Febr. 1884; ferner Anm. 300, Bericht vom Jan. 1887.
26. GLA 338/170 Bericht des Kreisausschusses vom Febr. 1884.
27. **Bittmann**, wie Anm. 2, S. 594.
28. Ebda., S. 595.
29. Ebda., S. 595/596.
30. Ebda., S. 601.
31. GLA 313/ 1029, wie Anm. 50, „Über die Bereitung von Geflechtstroh, im April 1852" – gedruckte Anweisung der Großh. Direktion der Uhrmacherschule, gez. Gerwig.

    Die im „Odenwälder Bote" 1850 veröffentlichte Beschreibung (s. Anm. 77) führt aus, daß die „feinere" Strohflechterei im Schwarzwald darunter leidet, daß das erzeugte Geflechtstroh „daselbst in der Schönheit und Gleichförmigkeit der Farbe jenem des Auslandes nicht ganz gleich kommt", was durch das Bleichen der grünen Halme an der Sonne verbessert werden soll. Gerwig führt aus, daß die berühmten Florentiner Strohwaren aus Weizenstroh gefertigt werden. Um die Halme so dünn wie möglich zu erhalten, wird im Toskanischen der Sommerweizen sehr dicht auf gut gedüngten, sonnigen Anhöhen gesät. „Sobald sich die Pflanzen der Reife nähern und die Körner zwar schon ausgewachsen sind, sich aber noch in milchigem Zustande befinden, zieht man sie vorsichtig, ohne sie zu knicken, mit den Wurzeln aus und breitet sie 3-4 Tage auf dem Felde aus, um sie zu trocknen. Weder die Wurzeln, noch die Ähren sollen dabei beschädigt werden, damit die inneren Gefäße der Halme luftdicht geschlossen bleiben und die Austrocknung langsam vonstatten geht; bindet man sie sodann in Bunde und stellt sie bis zur völligen Trocknis zusammen. Nachdem die Bunde etwa 4 Wochen auf dem Felde gstanden, bringt man sie auf eine Wiese, öffnet sie hier und breitet das Stroh gleichförmig aus, um es der Einwirkung des Taues, des Sonnenscheins und der Luft darzubieten und dadurch zu bleichen". In Belgien, Frankreich und im Schwarzwald wird Roggenstroh verwendet. Man zieht die Halme aber nicht mit den Wurzeln aus, sondern schneidet es bei trockener Witterung während der Blüte oder auch etwas später... Für die feinen Geflechte benötigt man dünne Halme, für die gröberen Geflechte sind kräftigere Halme brauchbar. Die Halme sind während des Bleichens (mindestens 10 bis 14 Tage) vor dem Knicken, vor Regen und Feuchtigkeit zu schützen, weil sich sonst Flecken bilden, die nicht mehr wegzubringen sind. In Belgien dagegen begießt man die Halme.

32. **Peter Müller**: Heimatfest Mörschenhardt und Weihe des Ehrenmals 1968, ohne Seiten, Kapitel V: Unter dem Großherzogtum Baden – letzte Seite.

33. **Kühne**, wie Anm. 1, S. 144, eine Schule kann jedoch nicht gefunden werden.

34. Ebda., laut GLA ist die Akte Langenelz verschwunden, im Gemeindearchiv finden sich auch keine Hinweise.

35. www.snl.ch (Pfad: Historisches Lexikon/Bekleidungsindustrie).

36. **Bittmann**, wie Anm. 2, S. 571.

37. **Theodor Humpert**: Das Wiesental, Bühl 1920, S. 90.

38. **Bittmann**, wie Anm. 2, S. 574.

39. Ebda., S. 575, s. Beschreibung bei Anm. 31.

40. Ebda., S. 576.

41. Ebda., S. 577.

42. halmenshus, wie Anm. 4 (Pfad: asp?nr=14).

43. **Bittmann**, wie Anm. 2, S. 578, s. Beschreibung bei Anm. 31.

44. Ebda., S. 579.

45. **Hans Slama**: 900 Jahre Mudauer Odenwald, 2002, S. 139 und 264, ferner GAM – Jahresrechnung 1846, R 128, Seite 110 nennt 422 fl. 22 kr. für die Armenunterstützung;1847, R 130, sind es 531 fl. 33 kr., Mudau zählte im Jahre 1846 immerhin 1408 Einwohner, davon 7 evangelische.

46. **Hans Slama**: Woran die Franzosen schultig sind, in: Der Odenwald, 1985, S. 132 bis 135. Bereits in den Berichten von Leiningen 1803 und 1805 wird von Verarmungen durch die Franzosenkriege gesprochen. In der Folgezeit kamen Mißernten und erhebliche Strukturveränderungen hinzu, so daß sich die Situation verschlechterte. S. hierzu auch den Bericht der Armenunterstützungskommission, Anm. 62 und Bericht von Gartendirektor Metzger, Anm. 105.

47. **Slama**, wie Anm. 45, S. 634 und 635, 656; die Weberei war im Hinteren Odenwald das wichtigste Handwerk und bedeutender Nebenerwerb. Um 1800 waren in der heutigen Gemeinde Mudau von 250 Handwerkern über 50 (22%) Weber. Es war das Handwerk der kleinen oder armen Leute. Sogar mancher Bauer saß im Winter am Webstuhl. Es galt der alte Spruch: „Selbst gesponnen, selbst gemacht, ist die beste Bauerntracht". Für den Absatz wurde im Jahre 1813 in Mudau ein extra „Leinwandmarkt" eingerichtet (durch die Kontinentalsperre wurde der inländische Absatz gefördert). Die Zahl der Weber, welche in einer eigenen Zunft organisiert waren, stieg bis zur Jahrhundertmitte weiter an. Während der Agrarkrise und des Strukturwandels gingen der Absatz und die Bedeutung zurück. So wurde der „Leinwandmarkt" 1845 durch einen „Krämermarkt" ersetzt. Dadurch kam ein weiterer Einschnitt für die Verdienstmöglichkeit der armen Leute. Sicher war das Strohflechten als eine Alternative zur Weberei gedacht (s. auch Anm. 138 zur Wiedereinführung).

48. **Bittmann**, wie Anm. 2, S. 603 und GAM, Jahresrechnung 1847, R 130, S. 195, Beleg 117 ½: Albiz wohnte vom 8. Juli 1846 bis März 1847 auf Gemeindekosten beim Lammwirt Bucher.

49. **Bittmann**, wie Anm. 2, S. 603.

50. Generallandesarchiv Karlsruhe (GLA 313/1029 Einführung und Hebung der Strohflechterei im Odenwald – Bericht des Bezirksamtes vom 6. April 1852.

51. **Bittmann**, wie Anm. 2.

52. GLA 313/1029, wie Anm. 50.

53. **Slama**, wie Anm. 45, S. 599.

54. Hierbei handelt es sich um Johann Michael Link, geb. 1. 3. 1820, gest. 23. 3. 1881 (siehe hierzu auch: **Theodor Humpert**: Kleines Kapitel Mudauer Familiengeschichte; in: Der Wartturm, Aug. 1934, Seite 43). Sein Vater kam 1825 in den Besitz der ältesten privilegierten Gaststätte in Mudau, der „Krone". Die gutgehende Gastwirtschaft, mitbedingt durch den guten Wirtshausbesuch jener Zeit (Markttage und Kirchenbesuche, s. Anm. 45, Seite 325 und 665), brachte der Familie ein gutes Einkommen. Der Buchener Anzeiger Nr. 20, 16. März 1861 stellt fest: „Der auf den 21 d. M. festgesetzte Viehmarkt läßt zu Nutz und Frommen der Land- und Gastwirthe eine noch größere Beteiligung erwarten". In den Gewährsbüchern ist der Erwerb umfangreicher Liegenschaften feststellbar. Nach dem Tod des Vaters im Jahre 1840 war sein Bruder Josef Amor, der kinderlos blieb, in den Besitz der „Krone" gekommen und er in den Besitz von Liegenschaften (GAM – B 29 a). 1842 gründete Link die einzige badische Klenganstalt (Forst-Samengewinnung) (s. Anm. 45, S. 665). Dieser einzige industriemäßig arbeitende Betrieb war dann mit einer Samenhandlung und einem Sägewerk verbunden. Die Klenganstalt war wohl mit der Belieferung der badischen Forstämter eine Marktlücke. Das Zapfenbrechen verschaffte der armen Bevölkerung im Winter Verdienst. Von Anfang an waren Link und dann seine Söhne im Strohgeschäft tätig. Julius war beim Bau der Bahnlinie Mosbach-Mudau sehr engagiert (Anm. 45, S. 442). Der Erbgroßherzog übernachtete bei der Einweihung der Nebenbahn im Jahre 1905 in der „Krone", welche nunmehr im Besitz des Sohnes Heinrich war. Heute besteht nur noch das Sägewerk. Zudem betrieb er eine umfangreiche Handlung und versorgte den Odenwald. Es ist anzunehmen, daß er dadurch auch mit der Strohflechterei im Schwarzwald in Kontakt kam. Ebenso wird 1848 eine Essigfabrikation auf dem Briefkopf aufgeführt (GAM, Jahresrechnung 1848, R 133, Beleg Nr. 84). In den Gemeinderechnungen jener Zeit, z.B. Donebach, Reisenbach, Mudau und Schloßau, sind die verschiedensten Wareneneinkäufe der Gemeinden bei J. M. Link festzustellen, z. B. 1847 Pulver, Blei, Öl, Lichter, Kehrbesen, usw. (GAM, Jahresrechnung 1847, R 130, S. 202). Sein Vater taucht noch 15 Jahre nach seinem Tod als Geldgeber (Altkronenwirt) für Schloßau auf (z. B. Rechnung 1855, R 48, S. 117). Link war auch politisch tätig, s. Anm. 206. Bereits 1869 taucht die Firma unter dem heutigen Namen J. M. Link Sohn auf (BA, Nr. 129, S. 3, 9. Nov. 1869). Damals inserierte Link Handdreschmaschinen, die er für die Fa. J. P. Lanz ausstellte und vertrieb.

    Ab Spätherbst 1866 bis 1867 erschien die aufregende Artikelserie eines Mudauer „Anonymus" gegen die Unvernunft fortdauernder Preußenherrschaft (Anm. 147, Eckert, S. 1). In Mudau war der Haß auf die Preußen als Ursache allen Übels groß (Anm. 63, S. 47.). Der „Anonymus" war ein weitsichtiger, in die Zukunft blickender Mudauer Bürger mit Geist und Sachkenntnis (Anm. 147, S. 3 und 5), politisch sehr interessiert, belesen und Liberaler (Anm. 147, S. 31 und 33). Johann Michael Link war der Vorstand des 1864 in Mudau gegründeten Casinos und mit allergrößter Wahrscheinlichkeit auch ihr Initiator und wohl auch der „Anonymus" (Anm. 147, S. 33). Die Söhne Julius und Robert erbten das Sägewerk und die Handlung, Sohn Heinrich die „Krone" und Sohn Emil war in Mudau als Kaufmann tätig. (GAM, B 35, S. 611). Das ehemalige Geschäft Otto Link in der Hauptstraße zeugt noch heute davon. Bgm. Link stammt aus dieser Linie.

55. **Bittmann**, wie Anm. 2, S. 603.

56. **Slama**, wie Anm. 45, S. 149, Forderung 20.

57. Ebda., S. 150, Forderung 33.

58. Ebda., S. 351.

    In Weisbach z. B. wurde 1835 eine Industrieschule eingerichtet. Die Gemeinde hielt die Frau des evangelischen Lehrers geeignet, Mädchen vom 8. Lebensjahr an, ohne Unterschied der Religion, bis zu hinlänglich erlangter Fertigkeit, zu unterrichten. Dies von Anfang November bis Ende März, jeweils am Mittwoch und Sonntag in den Nachmittagstunden. Der Unterricht war in der eigenen Wohnung zu erteilen und Heizung sowie Beleuchtung zu stellen. Die Vergütung betrug sieben Gulden und 30 Kreuzer (Gemeindearchiv Weisbach, wie Anm. 294, Vertrag vom 13. Nov. 1835). Hier finden wir Parallelen zur Strohflechterei. Auch da wurde des öfteren Unterricht in Privaträumen erteilt – mangels Gemeinderäumlichkeiten. Bei den Lehrern war es auch kostengünstig, da ja die Wohnung und das Holz sowieso durch die Gemeinde gestellt wurden. In

Steinbach war die Frau des Lehrers ebenfalls Industrielehrerin und wurde im Strohflechten ausgebildet (s. Anm. 136 und Anm. 303).

Dazu auch: **Margarete Eschle-Olbert**: Großherzogin Luise – Protektorin des Badischen Frauenvereins und der Mädchenschulbildung (1833-1923), in: Mosbacher Jahresheft 2002, S. 129 und 130.

In der 2. Hälfte des 18. Jahrhunderts waren in der Markgrafschaft Baden, wie in anderen Teilen Deutschlands auch, sog. „ökonomische Schulen" oder „Industrieschulen" gegründet worden. Sie sollten arme Landeskinder (Knaben und Mädchen) durch Handarbeit zu „industriösen", d. h. fleißigen Menschen erziehen. 1836 wurde dieser Schulzweig den Volkschulen angegliedert und ihr Besuch für Mädchen (von 11 bis 13 Jahren) aus dem Mittelstand und den „ärmeren Klassen" verpflichtend vorgeschrieben. Der Badische Frauenverein wurde 1859 gegründet und durch die Großherzogin geleitet. Er war in Kreis-, Amts- und Ortsabteilungen untergliedert (OB, Nr. 91, S. 365, 2. Aug. 1859). 1866 war ein Frauenverein in Buchen seit „längerer Zeit" aktiv (BA, Nr. 3, S. 1, 10. Jan. 1866). Ursprünglich zur Unterstützung von Kriegsopfern gegründet, wurde der Zweck zur Linderung von Notständen umgewandelt (**Eschle-Olbert**, S. 124). 1869 änderte auch der Buchener Frauenverein seine Statuten, welche nunmehr auch die Ausbildung des weiblichen Geschlechtes beinhalteten (BA, Nr. 129, S. 1, vom 28. 10. 1869). Im Jahre 1860 übersandte die Großherzogin bei ihrem Besuch in Heidelberg dem Waisenhaus und dem Kleinkindergarten ein Geschenk von je 50 fl. (OB, Nr. 69, S. 270, 12. Juni 1860).

Die Mängel im weiblichen Bildungssystem waren die große Sorge der Großherzogin. So gründete ihr Verein „Zur Ausbildung und Hebung der Erwerbsfähigkeit des weiblichen Geschlechts" eine Reihe schulischer Einrichtungen, welche die beruflichen und häuslichen Lebensverhältnisse von Mädchen und Frauen verbessern sollten. Diese Schulen in der Landeshauptstadt Karlsruhe spielten eine ausgeprägte Vorreiterrolle für sämtliche Schulgründungen im Lande (**Eschle-Olbert**, S. 125). Außerdem erfüllte der Verein eine wichtige Funktion in der Ausbildung der Haushaltungslehrerinnen und der Lehrerinnen an Industrieschulen (**Eschle-Olbert**, S. 126). In bezug auf das Strohflechten finden wir mehrfach Belobigungen und Preisverleihungen (s. Anm. 299). Unter der Leitung des Lehrers in Reisenbach sammelten die Kinder im Kriegsjahr 1871 Stoff und fertigten daraus Schuhe (BA, Nr. 10, S. 1, vom 24. 1. 1871). Der Badische Frauenverein bedankte sich dafür (BA, Nr. 15, S. 1, vom 4. Febr. 1871).

Ab Mitte der 1860er Jahre stellte die Großhzgl. Regierung fest, daß die sog. Industrieschulen ihre Aufgabe nicht erfüllten. Da es eine staatliche Lehrerinnenausbildung nicht gab, waren die Industrielehrerinnen nicht ausgebildet. Sie wurden oft, ohne auf Charakter, Kenntnisse und Eignung zu achten, von der Gemeinde angestellt, teilweise um die Armenunterstützung zu umgehen. Ihr Einfluß war oft schädlich (Anm. 207, S. 39). 1870 wurde in Karlsruhe vom Badischen Frauenverein eine Zentralstelle zur Ausbildung von Industrielehrerinnen errichtet und die künftigen Arbeitslehrerinnen dort ausgebildet (Anm. 207, S. 39 und 40). Die Verbesserung des Unterrichts an den Industrieschulen wurde bei uns ab 1872 unterstützt und zur Kreissache erklärt, 1880 waren nur noch vereinzelt nicht ausgebildete Lehrerinnen eingesetzt (Anm. 207, S. 40 und 41). Der Kreis unterstützte auf die Dauer von zwei Jahren mit jährlich 500 fl. (BA, Nr. 131, S. 1, 11. Nov. 1871). Der Lehrer von Reisenbach besuchte eine Ausbildung zwecks Fortbildungsschule (BA, Nr. 104, S. 1, 7. Sept. 1871).

Manchen Gemeinden gingen die Neuerungen mit einem am Lehrplan orientierten Unterricht zu weit. Auch scheuten sie die Mehrkosten für das Lehrerinnengehalt. Der Frauenverein appellierte damals an die Gemeinden, die minimalen Lehrerinnengehälter zu erhöhen und das eigens dafür entwickelte Anschauungsmaterial anzuschaffen (**Eschle- Olbert**, S. 133).

Die Vergütung der Industrielehrerinnen läßt sich am Beispiel Mudau gut zeigen:

1854 – 11 fl., 1860 – 15 fl., pro Winterhalbjahr (GAM, R 183, S. 142). 1876 wohl ganzjährig 120 Mark, was 70 fl. 3 ½ kr. entspricht (GAM, R 189, S. 119). 1877 – 150 Mark, (GAM, R 191, S. 111), s. hierzu auch Anm. 136, 294, 309).

59. GAM, A 280.

60. GAM, wie Anm. 5, diverse Schreiben der Centralstelle des Großherzoglich Badisch landwirthschaftlichen Vereins in Heidelberg vom 6. 12. 1849 und 6. 1. 1850.

61. Ebda., Schreiben von Mayer vom 2. März 1850.

62. GLA 236/6116, Ziff. 6, Bericht: Die Armenunterstützung im Odenwald, vom 4. Dezember 1847, unter 2. Die gewerblichen Verhältnisse.

63. **Theodor Humpert**: Mudau im Odenwald, 1954, S. 45-47.

64. Gemeindearchiv Langenelz: Circularienbuch, B 4; Mitteilung des Bezirksamtes vom 8. Februar 1849.

65. Gewerbeblatt für das Großherzogtum Hessen, Nr. 17 (1849). Ueber den Erfolg der Strohflechte= Industrie in Rimhorn im Odenwald.

66. GAM, wie Anm. 5, Anfrage vom 4. September 1850 durch den landwirtschaftlichen Verein bei Bürgermeister Grimm, Mudau.

67. GLA 313/1029, wie Anm. 50.

68. GLA 345 G145-156, Bezirksamt Buchen, Ortsbereisungen 1850-1967, hier G 150, Schreiben vom 25. November 1850.

69. Der Messerschmied Franz Bingler war ein sehr aktiver Mann. Bei der Industrieausstellung 1861 in Karlsruhe stellten er und die Strohflechtschule aus, s. Anm. 3, S. 91. Sein zweiter Sohn, ebenfalls mit Namen Franz, wurde durch seine Erfindungen und Patente in der Orthopädie bekannt, s. Anm. 45, S. 77.

70. GLA 313/1029, wie Anm. 50, Bericht der landwirtschaftlichen Kreisstelle in Heidelberg vom 10. Jan. 1851.

71. Ebda., Schreiben des Ministeriums des Innern vom 17. März 1852.

72. Ebda.

73. **Bittmann**, wie Anm. 2.

74. Ebda., S. 581/582.

75. Ebda., S. 582/583.

76. **Rudolph Dietz**: Die Gewerbe im Großherzogthum Baden, Karlsruhe 1863, S. 345, s. auch Anm. 31.

77. OB, Nr. 119, S. 503 und 504, 2. Nov. 1850, Beschreibung s. unter Anm. 31.

78. GLA 338/170: Die Strohflechtindustrie im Odenwald betr. 1869/1899 – Kreistagsberichte und Bericht des Großh. Gewerbeschulhauptlehrers Fräßle aus Müllheim vom 31. Juli 1869 und 21. August 1869, hier Bericht vom 31. Juli 1869.

79. Die Einrichtung ist gut nachzuvollziehen. GAM – Jahresrechnung 1852, R 141, S. 129 – Tüncheln der Strohflechtschule. Jahresrechnung 1853, R 143, Seite 118/119, - Bänke, Tisch, Kehrbesen und eine Verkündigungstafel wurden angeschafft.

80. **Slama**, wie Anm. 45, S. 129 ff., 1803 wurde das Gebiet leiningisch, das Vogteiamt 1805 nach Buchen verlegt, und 1806 war der Übergang an Baden. Für 19 Orte gab es nur drei Kirchlein und zwar in Mudau, Limbach und Steinbach (S. 324 ff.).

81. NOK, Bd. 2, S. 226/227.

82. GAM, Jahresrechnung 1861, R 157, Eingangsbericht.

83. NOK, wie Anm. 81 und GAM – Jahresrechnung 1852, R 141, S. 178, Armenpolizei mit 561/12 fl.; die Rechnung für 1853, R 143, S. 168, nennt sogar 771/11 fl., ebenso wird eine Suppenanstalt erwähnt (S. 118), s. auch Anm. 45.

84. **Humpert**, wie Anm. 63, S. 111. Die Eltern schickten ihre Kinder beim Betteln vor (mehr Mitleid, Selbstschutz etc.) (OB, Nr. 29, 6. 4. 1850, S. 149 f.).

85. Ebda., S. 112.

86. Gemeindearchiv Langenelz: Circularien Buch, B 4; Amtsbeschluß vom 13. Nov. 1851: Die Armen einer Gemeinde haben in dieser ihre Unterstützung zu suchen, Auswärtige sind zur Strafe zu ziehen, nur arbeitsunfähige sind zu unterstützen. Bettler, welche den Bettel zum Handwerk machen, sind festzunehmen, wer innerhalb 3 Jahren zwei mal wegen Betteln oder Landstreicherei angetroffen wird, erhält im Wiederholungsfalle 36 Monate Kreisarrest.

87. Gemeindearchiv Langenelz: Circularienbuch, B 4, Amtsbeschluß vom 28. August 1852.

88. Ebda., Amtsbeschluß vom 20. April 1852.

89. Ebda., vermerkt am 25. August 1852: „Es werden die Bürgermeister zur strengeren Handhabung der Ortspolizei wegen Aufhören des Kriegszustandes hingewiesen".

90. **Slama**, wie Anm. 45, S. 157.

91. **Bittmann**, wie Anm. 2, S. 603.

92. GLA 313/1029, wie Anm. 50.

93. GLA 345/ G145-G156, wie Anm. 68, hier G 151, Bericht vom 7. März 1853.

94. **Humpert**, wie Anm. 63.

95. GLA 345/G145-G156, wie Anm. 68, hier G 151, Bericht des Amtmannes Orff in Buchen an die Regierung des Unterrheinkreises 1852, s. auch Anm. 143.

96. GLA 349/1519, Ortsbereisungen des Bezirksamtes Eberbach, Schreiben vom 6. Nov. 1851. – Nach der teilweise zwangsweisen politischen 1848er Auswanderung mußten 1851 allein in Mudau aus Not 27 Familien / 154 Personen auswandern. Staatlich geförderte Massenauswanderungen gab es 1850/51 in Ferdinandsdorf und 1849/50 in Rineck. Von beiden letzteren Auswanderungen kamen gute Nachrichten aus Amerika. S. **Slama**, wie Anm. 45, S. 153, 587, 593 und 595.

97. GLA 349/2045, Ortsbereisungen des Bezirksamtes Eberbach im Jahre 1850.

98. GLA 349/1515, Schreiben des Unterrheinkreises vom 6. Nov. 1850.

99. GLA 349/1519, wie Anm. 96, Schreiben vom 30. Nov. 1855.

100. **Ludwig Braun**: Chronik des Kirchspiels Strümpfelbrunn, Karlsruhe 1897, S. 137/138, hier S. 137.

101. Gemeindearchiv Strümpfelbrunn: An Jahresrechnungen sind nur die Jahrgänge 1848, 1860 und 1864 vorhanden. In diesen finden sich keine Hinweise auf die Strohflechtschule. Die Jahresrechnung von 1848 gibt an, daß die Kreisstadt Mannheim 12 Stunden und die Residenz Karlsruhe 19 Stunden entfernt liegen, die Apotheke in Mosbach 4 ½ Stunden. An Einwohnern werden 661 erwähnt, 340 ev., 239 kath., 82 Israeliten. An Armenunterstützung wurden 199 fl. 21 kr. aufgewendet (S. 214). 1854 gab es hier 604 Einwohner, darunter 61 Israeliten, und es wurden 158 fl. 47 kr. an Armenaufwand ausgewiesen (Jahresrechnung 1854, S. 114). Im Jahre 1860 lebten in Strümpfelbrunn noch 586 Menschen, darunter 73 Juden, der Armenaufwand betrug 90 fl. 36 kr. (Jahresrechnung 1860, S. 123).

102. Der NOK, Band 2, S. 677 und 709, ferner die Jahresrechnung von Strümpfelbrunn 1830/31. Diese nennt auf Seite 42 bei 100 Familien 577 Seelen und nur 20 fl. 38 kr. für die Armen- und Waisenunterstützung. Vgl. Anm. 101.

103. Der NOK, Band 2, S. 677.

104. Gemeindearchiv Schloßau: Gemeinderechnung für 1855, R 48, Eingangsbericht.

105. Der NOK, Bd. 2, S. 227, ferner Gemeindearchiv Schloßau: Gemeinderechnung 1853, R 43, S. 102, führt aus, daß beim Kredit der Landbeetfrohnden in dieser Periode unmöglich etwas abgetragen werden konnte, viele neue Kosten hinzukamen und die laufenden Ausgaben kaum bestritten werden konnten. Die Rechnung für das gleiche Jahr, R 43, S. 79, nennt 285 fl. 34 kr. an Armenaufwand, diejenige für das Jahr 1854, R 46, S. 73, sogar 453 fl. 42 kr. S. auch GLA 236/6108, Gehorsamster Bericht des Gartendirektors Metzger in Heidelberg vom 10. Oktober 1847 – die Verarmung des Odenwaldes betreffend, s. auch Anm. 45 und 46.

106. **Slama**, wie Anm. 45, S. 162.

107. **Braun**, wie Anm. 97, S. 137 und 138.

108. Gemeindearchiv Schloßau, Jahresrechnung 1854, R 46, S. 73 und 85; ferner die Jahresrechnung 1855, R 48, S. 104.

109. GLA 313/1029, wie Anm. 50, Schreiben des Bezirksamtes Buchen vom 9. Febr. 1855 – Von einer gemeinsamen Leitung kann bis 1855 nur von Mudau und Schloßau gesprochen werden.

110. Gemeindearchiv Schloßau, Jahresrechnung 1855, R 48, S. 104, 5 ¼ Klafter à 2.30 fl. S. Anm. 152, Mudau 1859 mit ca. 7 Klafter und 7 fl., Schloßau 1873 für 12 Ster 11 fl. 4 kr. S. Anm. 237.

111. GLA 313/ 1029, wie Anm. 50, Schreiben der Johanna Schilling vom 19. Jan. 1856 – **Humpert**, wie Anm. 63, S. 201/202, spricht von Lieferungen nach New Orleans und Ablehnung der Ware, weil keine Fertigware geliefert wurde. Dies konnte in den Originalen nicht festgestellt werden.

112. **Humpert**, wie Anm. 63, S. 201/202, s. auch Anm. 111.

113. GLA 313/1029, wie Anm. 109.

114. **Humpert**, wie Anm. 63, S. 201/202.

115. GLA 313/1029, wie Anm. 50, Bericht des Bezirksamtes Buchen vom 23. Febr. 1855.

116. Ebda., Schreiben des Bezirksamtes Eberbach v. 14. April 1854.

117. **Braun**, wie Anm. 100, Seite 138.

118. **Dietz**, wie Anm. 76, S. 423.

119. GLA 349/1519, wie Anm. 96, Schreiben der Kreisregierung vom 4. Nov. 1854.

120. **Braun**, wie Anm. 100, S. 138.

121. **Humpert**, wie Anm. 63, S. 201/202.

122. **Braun**, wie Anm. 100, S. 138.

123. GAM – Jahresrechnung 1846, R 128, nennt 1408 Einwohner, ferner 1855, R 147, nennt 1140 Einwohner.

124. GLA 313/1029, wie Anm. 109.

125. Hauptlehrer Söhner ist ein Verwandter zu den Lehrern Söhner in Hollerbach, Steinbach und Mudau, welche sich aktiv an der 48er Revolution beteiligten und auswandern mußten. (Verwandtschaftsgrad muß geprüft werden, Vorname nicht festgehalten, wurde ab 23. Mai 1849 in Mudau eingesetzt – GAM – Jahresrechnung 1849, R 134, S. 251). Lehrer Söhner nahm 1850 an der landwirtschaftlichen Besprechung mit Gartenbaudirektor Metzger in Strümpfelbrunn teil (OB, Nr. 94, 7. Sept. 1850, S. 407). Auch in Mittelschefflenz gab es einen Lehrer Söhner (OB, Nr. 96, 12. Sept. 1850, S. 416).

126. **Braun**, wie Anm. 100, S. 138.

127. GLA 313/1029, wie Anm. 50, Schreiben der Mudauer vom 21.12.1855 und des Amtmannes vom 26.12. und 28.12. 1855.

128. **Bittmann**, wie Anm. 2, S. 605.

129. GAM, wie Anm. 5, Schreiben des Bezirksamtes Buchen vom 13. Jan. 1856.

130. GLA 313/1029, wie Anm. 50, Schreiben vom 18. Febr. 1856.

131. **Braun**, wie Anm. 100, S. 138.

132. GLA 313/1029, wie Anm. 50, Schreiben des Bezirksamtes Buchen v. 15. April 1861 und **Kühne**, wie Anm. 1, S. 144.

133. GLA 313/1029, wie Anm. 50, Schreiben vom 28. Dez. 1855.

134. Gemeindearchiv Donebach: Rubrik XII Gemeinnützige Anstalten. Die Einführung der Strohflechterei in Dumbach, A 119, hier Schreiben des Bezirksamtes vom 22. Sept. 1855, 1. Okt. 1855 und 27. Dez. 1855.

135. Gemeindearchiv Donebach, wie Anm. 134, Schreiben des Bezirksamtes vom 7. Febr. und 26. Febr. 1856. Die Jahresrechnung von 1856, R 215, S. 112 gibt an, daß der Lehrer Link für das Einheizen der Stroh- und Industrieschule für 1855, R 212 und 1856, R 215, S. 112, je 2 fl. erhielt. Die Einrichtung war somit in der Schule untergebracht.

136. Gemeindearchiv Steinbach: Jahresrechnung für 1856, R 105, S. 125, Beleg Nr. 125 führt als Vergütung „0 0“ Gulden an, für die Industrieschule vom 27. Oktober 1855 bis 23. April 1856 immerhin 8 fl. 6 kr. In Donebach z. B. zahlte man 1865 nur 5l fl., Jahresrechnung 1865, R 238, siehe auch Anm. 58. Der Lehrer erhielt nur für die Stellung des Zimmers und der Heizung für die Monate Dez. bis Jan. 1864 ebenfalls 5 fl. (Jahresrechnung 1864, R 235, S. 120). **Müller**, Anm. 207, S. 39, nennt die Bezahlung so gering, daß bessere Kräfte unmöglich gewonnen werden konnten. Er nennt 5 fl. Vergütung, wobei sogar noch Raum und Heizung zu stellen waren, s. hierzu auch Anm. 58, 294, 309.

137. Gemeindearchiv Reisenbach: die Jahresrechnungen 1855 bis 1857 ergeben keine Hinweise, in Limbach fehlen diese Jahrgänge.

138. Gemeindearchiv Langenelz: Circularienbuch, B 4, 29. Jan. 1849, siehe zur Weberei bei Anm. 47.

139. GLA 347/21, Einführung der Sackweberei im Odenwald – „Odenwälder Bote“ v. 4. Nov. 1854 und 29. April 1855.

140. Gemeindearchiv Donebach, wie unter Anm. 134, A 119, Schreiben des Bezirksamtes vom 19. Nov. 1855, ferner Slama, wie Anm. 23, S. 117.

141. GLA 347/21, wie Anm. 139.

142. GLA 349/22, Die Einführung der Sackweberei, Schreiben des Bezirksamtes Eberbach v. 17. März 1855.

143. GLA 345/G 145-156, wie Anm. 68, hier G 152, Schreiben vom 27.11.1856. Der Buchener Anzeiger, Nr. 39, S. 1, 12. Aug 1865 berichtet: „Nach den bisherigen Ausführungen bedürfen wohl die aufgeführten Capitel über Odenwälder Faulheit, Scheu und Mißtrauen gegen Neuerungen keinerlei weiteren Widerlegung“. Der Buchener Anzeiger Nr. 32, S. 1 und 2, 19 Juli 1865: Der Verfasser rügt, daß auf dem Odenwalde von solcher Rührigkeit, solch einem Fleiß wie im Rheintal blutwenig zu finden ist, ...fahrt hin und ich wette zwei Odenwälder gegen einen Bauländer, es wird ein Gesumme drinnen sein (ein Dorf im Ried, Hanauerländchen, im Breisgau,

oder in der edlen Rheinpfalz), wie in einem Bienenkorb oder in einem Mudauer Wirthshaus kurz vor dem Gottesdienst...". Buchener Anzeiger, Nr. 14, S. 2, 17. Mai 1865: „Wie sehr auf dem Odenwalde Intelligenz und tiefere Einsicht in das, was wahrhaft Noth thut, mangeln, oder wenigstens nur als Ausnahme sich zeigen, haben wir neulich wieder in Buchen gesehen...". Oder der Buchener Anzeiger Nr. 100, S. 1, 29. Aug. 1871 macht zum Thema, daß Hand-Dreschmaschinen nach und nach Eingang finden, nachdem einige Landwirte deren Zweckmäßigkeit erprobten: „Hier bewährt sich das alte Sprichwort: „Der Unternehmungsgeist der Odenwälder wird erst zur Thatkraft, wenn er von den Vortheilen richtig überzeugt ist, wie dies bei Einführung des Brabanter Pfluges, bei Einführung fremder Gewächse usw. stets der Fall war".

144. GLA 313/1029, wie Anm. 50, Schreiben des Bezirksamtes v. 31. März 1856.

145. GLA 313/1029 wie Anm. 50, Schreiben vom 11. Sept. 1857.

146. **Dietz**, wie Anm. 62, S. 514/515.

147. **Heinrich Eckert**: Der Anonymus aus Mudau, Trier im November 1999, S. 35. Unter der Anm. 50 nimmt er Bezug auf BA, Nr. 143, S. 2 und 3, vom 3. Dez. 1867. Hier steht dies aber nicht so definitiv. Zu dieser Zeit war er es aber sicher.

148. BA, Nr. 143, S. 2 und 3, 3. Dez. 1867.

149. GLA 313/1029, wie Anm. 145.

150. **Bittmann**, wie Anm. 2, S. 604/605.

151. GLA 313/1029, wie Anm. 50, Schreiben des Bezirksamtes Buchen vom 3. August 1860, in den Jahresrechnungen ist hierzu nichts feststellbar, erst ab 1864, siehe Anm. 152.

152. Gemeindearchiv Donebach, Jahresrechnung 1864, R 235, S. 120 und 1865, R 238, S. 112; Jahresrechnung 1867, R 243, S. 90: Dreimaliges Ausputzen des Ofens - 26 kr., Kleinmachen des Holzes - 40 kr., Beifuhr des Holzes - 27 kr., Kleinmachen - 45 kr., Kalk zum Ausweiseln der Flechtschule - 6 kr., fürs Ausweiseln - 36 kr. Direkte Holzkosten tauchen nicht auf, wären aber noch hinzuzurechnen.

    In Mudau werden ca. 7 Klafter (etwa 25 Ster) mit 7 fl. als Beheizungskosten angeführt – Jahresrechnung 1859, R 155, S. 325. Vergleiche hierzu Schloßau, Anm. 110, mit 5 ¼ Klafter zu à 2.30 fl., ferner Schloßau im Jahre 1873, R 98, für 12 Ster 11 fl. 4 kr., s. Anm. 237.

153. **Slama**, wie Anm. 45, S. 131.

154. Die Gemeinde Dumbach, heute Donebach, kaufte 1856 ein Armenhaus, Jahresrechnung 1856, R 215 und zahlte 1857 sogar 245 fl. 45 kr. an Armenunterstützung, R 218, S. 152, ferner **Slama**, wie Anm. 45, S. 267.

155. GLA 236/6108, wie Anm. 105.

156. **Slama**, wie Anm. 45, S. 159, s. auch Anm. 213.

157. GLA 313/1029, wie Anm. 50, Schreiben vom 3. Aug.1860, in den Jahresrechnungen der Gemeinde ist hierzu nichts feststellbar.

158. Gemeindearchiv Hettingen, Jahresrechnung 1862, R 195, S. 131.

159. GLA 313/1029, wie Anm. 50, Schreiben des Bezirksamtes vom 3. Aug. 1860.

160. Ebda., Schreiben des Bez. Amtes Buchen vom 15. April 1861.

161. **Bittmann**, wie Anm. 150, ferner ist in Mudau eine Bevölkerungszunahme seit 1855 um ca. 130 Personen festzustellen, der Armenaufwand stieg auf eine Rekordsumme von 1153 fl. 9 kr. an (GAM – Jahresrechnung 1869, R 175, S. 170).

162. GLA 313/1029, wie Anm. 50, Schreiben des Bezirksamtes Buchen vom 4. Mai 1861. **Bittmann**, Anm. 2, S. 604, nennt Hettingen, was wohl ein Übertragungsfehler ist, da er auch Reichenbach anstelle Reisenbach nennt. Im Gemeindearchiv von Hettigenbeuern und den Jahresrechnungen sind keine Hinweise auf das Strohflechten zu finden, auch nicht in Hettingen, s. auch Anm. 240.

163. Gemeindearchiv Hettigenbeuern, Jahresrechnung 1861, Eingangsbericht.

164. Der NOK, Band 1, S. 634.

165. Gemeindearchiv Hettigenbeuern, Jahresrechnung 1869, S. 99.

166. Der NOK, Band 1, S. 697.

167. **Förster**, wie Anm. 3, S. 91.

168. GLA 313/1029, wie Anm. 50, Schreiben des Finanzministeriums vom 19. Okt. 1861.

169. Ebda., Schreiben vom 23. Juli 1861.

170. Ebda., Schreiben vom 20. Sept. 1862.
171. **Bittmann**, wie Anm. 2, S. 604.
172. GLA 313/1029, wie Anm. 162.
173. GLA 313/1029, wie Anm. 50, Schreiben aus dem Jahre 1862.
174. **Dietz**, wie Anm. 76, S. 515.
175. GLA 313/1029, wie Anm. 50, Schreiben der Reg. des Unterrheinkreises vom 16. September 1861.
176. GLA 345/ G145-156, wie Anm. 68, hier G 151, Bericht des Amtsbezirkes Buchen vom 30. 1. 1863.
177. Gemeindearchiv Schloßau: 1. Nov. 1862 - 1. Mai 1863 bei Franz und Karl Klok für 13 fl. 30 kr., Jahresrechnung 1863, R 69, S. 151; von Dezember 1863 bis 1. Mai 1864 bei Adam Hemberger für 5 fl., Jahresrechnung 1864, R 72, S. 137; vom 1. Jan. 1865/66 bei Karl Mechler für 14 fl. 30 kr., Jahresrechnung 1865, R 75, S. 155; vom 1. Jan. 1866/67 bei Adam Hemberger für 14 fl., Jahresrechnung 1866, R 78, S. 152; vom 1. Jan. 1867/68 ebenfalls, Jahresrechnung 1867, R 81, S. 141; vom 1. Jan. 1864 bis 1. Juni 1868 bei Alois Müller einschließlich Heizung für 20 fl., der Umzug ist jetzt wohl bereits erfolgt, Jahresrechnung 1868, R 84, S. 146.
178. Tafel am Rathaus Schloßau, 2002 angebracht, das Flechtlokal wurde wohl bereits zum Herbst 1868 bezogen.
179. GLA 345/ G148-G158, wie Anm. 68, hier G 151, Bericht des Amtsbezirkes Buchen vom 30. Jan. 1863, ferner Gemeindearchiv Reisenbach, Jahresrechnung von 1862, R 31, S. 119. Am 8. Jan. und 16. Febr. 1863 ging der Bürgermeister (wohl erfolglos) in Sachen Strohflechten zum Bezirksamt Buchen, laut Urkundenbuch zur Jahresrechnung 1863, Beleg Nr. 85, geflochten wurde aber, s. Anm. 209.
180. Der NOK, Tabellenanhang A2.
181. **Slama**, wie Anm. 45, S. 264.
182. Der NOK, Band 2, S. 229.
183. GLA 313/1029, wie Anm. 50, Schreiben des Unterrheinkreises vom 31. Jan. 1863.
184. **Bittmann**, wie Anm. 2, S. 605, ferner Gemeindearchiv Oberscheidental: die Jahresrechnung für 1863, R 20, S. 120, Belege 147 bis 149, weisen die Existenz einer Strohflechtschule im Jahre 1863 in Oberscheidental nach, und zwar bei Karl Hofmann angemietet. Die Jahresrechnungen 1864 und 1865 fehlen, in denjenigen von 1866 und 1867 gibt es keine Hinweise, s. aber unter Anm. 209.
185. **Förster**, wie Anm. 3, S. 267, nennt 1868. Im Bericht von 1869 (s. Anm. 216) wird Oberscheidental nicht erwähnt. Allerdings wurde weitergeflochten, s. Anm. 209.
186. **Slama**, wie Anm. 45, S. 581 und 1021, ferner Gemeindearchiv Oberscheidental, Jahresrechnung 1863, R 20, führt 171 fl. 13 kr. für die Armenunterstützung auf.
187. Der NOK, wie Anm. 102, Tabellenanhang A2.
188. Der NOK, wie Anm. 73, S. 742, s. auch **Wick**, Anm. 189, S. 289/290.
189. **Theodor Wick**: Teil III: Handwerk und anderes Gewerbe im Wandel der Zeiten, S. 288 und 289; in: Walldürner Heimatgeschichte 795 – 1950/ Walldürn 1988.
190. **Peter Assion**: Glanz und Elend der Gründerzeit, S. 340, in: 1200 Jahre Walldürn, 1995.
191. BA, wie Anm. 148.
192. **Bittmann**, wie Anm. 2, S. 604.
193. **Kühne**, wie Anm. 1, S. 144.
194. **Assion**, wie Anm. 190.
195. **Bittmann**, wie Anm. 2, S. 585.
196. Ebda.
197. **Bittmann**, wie Anm. 2, S. 584.
198. Ebda., S. 586.
199. Ebda., S. 584/585.
200. **Kühne**, wie Anm. 1, S. 144.
201. **Bittmann**, wie Anm. 2, S. 605 und **Förster**, wie Anm. 3, S. 267.
202. Der NOK, Tabellenanhang A2.
203. Ebda., Band 2, S. 40/41.

204. Gemeindearchiv Wagenschwend, Jahresrechnung 1870, R 14 a, S. 57; sonstige Hinweise auf das Strohflechten sind nicht festzustellen.

205. BA, wie Anm 148.

206. Es handelt sich um Johann Michael Link selbst (Anm. 147, **Eckert**, S. 37). Bei der Kreismännerwahl wurde Bezirksrat und Kaufmann M. Link als Kreisabgeordneter vorgeschlagen (BA, Nr. 50, S. 1, 23. 9. 1865) und auch gewählt (OB, Nr. 123, S. 506, 13. Okt. 1865), wiedergewählt am 26. Sept. 1871 (BA, Nr. 112, S. 1, 28. Sept. 1871). Ob weitere Legislaturperioden folgten, konnte nicht geprüft werden. Im Sept. 1867 wurde er als Abgeordneter in den Gauausschuß gewählt (Anm. 147, **Eckert** S. 36). Er war auch Sekretär in der Kreisversammlung (Anm. 147, Eckert S. 37). Bei der Wahl zum Zollparlament war er Mitglied im Wahlkomitee und Stellvertreter im Wahlvorstand (BA, Nr. 4, 9. Jan. 1868, und Nr. 11, 25. Jan. 1868). Bei der im Sept. 1867 abgehaltenen Wahl zur 2. Kammer in Karlsruhe konnte sich Link nicht durchsetzen (Anm. 147, **Eckert**, S. 36). Durch den Tod eines Abgeordneten in der Ständekammer brachte man Link ins Gespräch und lobte seinen Einsatz für die Straßenverbindung Amorbach – Mudau und fährt fort: „Link ist ein Mann von reichlicher Erfahrung, scharfem Verstand, überlegtem Urteil, guter Beredsamkeit und großem Rechtsgefühl, überhaupt ein Mann durch und durch." (BA, Nr. 30, S. 1, 11. März 1869, s. auch Anm. 54)

207. **Ernst Müller**: Die Kreisverwaltung des Kreises Mosbach von 1865-1895, Tauberbischofsheim 1896, S. 47 und 48.

208. BA, Nr. 145, S. 1, 7. Dez. 1867.

209. BA, Nr. 143, S. 3, 3. Dez. 1867.

210. BA, Nr. 144, S. 1 und 2, 5. Dez. 1867.

211. **Müller**, wie Anm. 207.

212. BA, Nr. 44, S. 1, 15. April 1869, s. auch Anm. 209.

213. BA, Nr. 19, S. 1, 3. Juni 1865, s. auch Anm. 156.

214. BA, Nr. 144, S. 2, 14. Dez. 1869.

215. BA, Nr. 37, S. 1, 5. Aug. 1865.

216. **Müller**, wie Anm. 207 und GLA 338/170, wie Anm. 78, Bericht des Kreisauschusses Mosbach, ohne Datum, verm. Nov. 1869. Oberscheidental wird nicht erwähnt, Unterlagen im Gemeindearchiv sind nicht zu finden, auch keine Jahresrechnungen aus dieser Zeit.

217. Gemeindearchiv Donebach, wie Anm. 134, Schreiben des Bezirksamtes vom 2. Dez. 1869. Der Raum reicht für 18 bis 20 Kinder, während mehr als 60 Schüler und auch noch schulentlassene vorhanden sind. Ab 4 Uhr am Nachmittag oder schon früher kann nicht mehr gearbeitet werden, und die Augen der Kinder leiden Schaden. Beim Wirt kann der Ofen ohne große Kosten gesetzt werden, ein Jahr später wurde die Schule geschlossen.

218. GLA 338/170, wie Anm. 216.

219. Gemeindearchiv Wagenschwend: die Jahresrechnung von 1870, R 14 a, läßt dies vermuten.

220. GLA 338/170, wie Anm. 216.

221. GLA 338/170, wie Anm. 216 sowie Bericht von Fräßle, wie Anm. 78.

222. halmenshus, wie Anm. 4 (Pfad: asp?nr=14).

223. BA, Nr. 134, S. 1, 20. Nov. 1869.

224. BA, Nr. 140, S. 1, 4. Dez. 1869.

225. GLA 338/170, wie Anm. 78, Bericht des Kreisausschusses im Nov. 1870.

226. **Wick**, wie Anm. 189, S. 289.

227. GAM, wie Anm. 5, Schreiben des Großherz. Bezirksamtes Buchen vom 20. Juno 1871.

228. **Wick**, wie Anm. 189, S. 289.

229. Der NOK, Band 1, S. 802, ferner Gemeindearchiv Hardheim, die Jahresrechnung von 1869, R 345, S. 184, nennt 1163 fl. 33 kr. zur Armenunterstützung.

230. Gemeindearchiv Hardheim: Jahresrechnung 1869, R 345, Eingangsbericht.

231. GAM – Jahresrechnung 1870, R 177, S. 136; 1869, R 175, S. 100.

232. GAM – Jahresrechnung 1873, R 183, S. 146; Jahresrechnung 1875, R 187, Beleg 212, Metallteile, „Wellbaum", „Leieres" und Reparatur an mehreren Walzen; Jahresrechnung 1876, R 189, S. 124, Reparatur an Bänken; Jahresrechnung 1877, R 191, S. 124/125 führt auf: „Weedelbaum"

(wohl Antriebswelle, siehe auch Anm. 236) und Kurbel an der Walze, Reparaturen an Tischen und Bänken sowie am Schwefelkasten; Jahresrechnung 1878, R 193, S. 128, immer wieder sind Schrauben an den Walzen defekt; Jahresrechnung 1880, R 197, S. 141, ferner 1881, R 199, S. 117, ferner 1882, R 201, S. 129, jetzt arbeitet der Schmied an den Walzen, ebenso 1883, R 203, Beleg 303 – auch werden zwei neue Walzen angeschafft, „Wettelbäume“ und „Leieres“, auch 1884, R 205, Beleg 235 – nunmehr hören die Reparaturbelege auf.

233. **Müller**, wie Anm. 207, S. 49 und GLA 338/170, wie Anm. 225.
234. GLA 338/170, wie Anm. 225, Schreiben des Handelsministeriums vom 29. Okt. 1870.
235. GLA 338/170, wie Anm. 225.
236. Der „Wellenbaum“, auch „Weedelbaum“ oder „Wettelbaum“ genannt, wohl die Antriebsachse, s. auch Anm. 232.
237. Gemeindearchiv Schloßau, Jahresrechnung 1870, R 89, S. 110; Jahresrechnung 1871, R 92, S. 156, S. 173 und 112; Jahresrechnung 1872, R 95, S. 107 und 108; Jahresrechnung 1873, R 98, S. 103, zu Brennholz s. auch Anm. 110 und 152 und 232.
238. GLA 345 G145-G156, wie Anm. 68, hier G 150, Amtsbereisung Bericht vom 26. Okt. 1850.
239. Der NOK, Band 1, S. 634.
240. **Bittmann**, wie Anm. 2, S. 604, s. hierzu unter Anm. 162.
241. Gemeindearchiv Hettingen Sign. A 124, Einrichtung einer Strohflechtschule 1870/73, Schreiben des Bezirksamtes v. 9. Nov. 1869.
242. Gemeindearchiv Hettingen, Jahresrechnung 1870, R 211, Eingangsbericht.
243. Ebda., Jahresrechnung 1871, R 213, S. 219.
244. GAM – Jahresrechnung 1869, R 175, Eingangsbericht und S. 170.
245. Gemeindearchiv Hettingen, wie Anm. 241, Schreiben des Bez. Amtes Mosbach an das in Buchen, 17. Nov. 1871, ferner unterstützt der Kreis die Einrichtung 1871 mit 75 fl., s. Anm. 255.
246. Gemeindearchiv Hettingen, wie Anm. 241, Meldung der Gemeinde Hettingen vom 8. Mai 1872.
247. Ebda., Jahresbericht 1873, Anschreiben vom 28.12. 1873, s. Anm. 256.
248. Gemeindearchiv Hardheim, s. Anm. 261, ferner Anm. 78, Bericht vom 31. Juli 1869, ferner Anm. 225: die Lehrerin von Fahrenbach ist nicht abgereist, heißt es, s. auch Anm. 250 und 261.
249. Gemeindearchiv Hardheim: Jahresrechnung 1870, R 348, S. 145, Pos. 341.
250. Gemeindearchiv Hardheim: Jahresrechnung 1871, R 351, S. 147, Pos. 387, sie war in einem vom Lehrer angemieteten Zimmer untergebracht, Jahresmiete von 10 fl. Ein Bett war vom 25. Okt. 1870 bis 31. Dez. 1871 für 3 kr. am Tag angemietet, gesamt 21 fl. 39 kr. (S. 147, Pos. 388), ferner Anm. 248 und 261.
251. Gemeindearchiv Hardheim: Jahresrechnung 1870, R 348, S. 150 bis 153; Schulbänke, Tische und Stühle werden angeschafft, ebenso ein Schrank für die Geflechtlehrerin. Hinzu kommen 24 Strohspalter mit Verpackung sowie eine „Strohmange“ für die Strohflechtlehrerin.
252. Ebda.: Jahresrechnung 1870, R 348, S. 150/151, ferner 1871, R 351, S. 149 und S. 150, ebenso ist ein „Waghalter“ aufgeführt.
253. Ebda.: Jahresrechnung 1872, R 354, S. 158, Pos. 320. Dieser Vermerk steht mit roter Tinte hinter dem letzten Eintrag zur Zimmerüberlassung bis 5. Febr. 1872.
254. GLA 338/170, wie Anm. 225, s. auch Anm. 270.
255. GLA 338/170, Anm. 78, Bericht des Kreisausschusses vom Oktober 1871, siehe auch Anm. 253.
256. Ebda., Bericht des Kreisausschusses vom November 1873.
257. GLA 338/170, wie Anm. 255.
258. **Adolf Weber, Erna Münch**: Fahrenbacher Heimatbuch 1995, S. 31.
259. GLA 338/170, wie Anm. 216.
260. Wie Anm. 258.
261. Gemeindearchiv Hardheim: Jahresrechnung 1870, R 348, S. 148, Pos. 356 und Jahresrechnung 1871, R 351, S. 146, Pos. 387, ferner S. 147, Pos. 388. Es ist jeweils von Josepha oder Josephina Zähringer die Rede. Der Bericht von Fräßle vom 21. Aug. 1869 über Fahrenbach, GLA 338/170, wie Anm. 216, nennt Josepha Zähringer von Furtwangen, s. auch Anm. 248 und 250.
262. GLA 338/170, wie Anm. 255.
263. Ebda., wie Anm. 216.

264. Ebda., wie Anm. 256, ferner unter Anm. 255 nennt: „Anfang Juno eingestellt".
265. Ebda.
266. GAM, wie Anm. 5, Schreiben des Kreisausschusses Mosbach vom 27. Mai 1871.
267. **Müller**, wie Anm. 207, S. 49.
268. BA, Nr. 130, S. 1, vom 9. Nov. 1871.
269. Ebda., s. auch OB, Nr. 131, S. 2, 7. Nov. 1871.
270. OB, Nr. 131, S. 2, 7. Nov. 1871.
271. **Förster**, wie Anm. 3, S. 266 und **Assion**, Anm. 190, S. 342 ff. sowie **Wick**, Anm. 189, S. 289/290.
272. **Müller**, wie Anm. 207, S. 49.
273. GAM, wie Anm. 5, Schreiben des Kreishauptmannes an das Bezirksamt Buchen am 11. Sept. 1874.
274. Ebda., Aufstellung des Bürgermeisteramtes Mudau zum Schreiben des Bezirksamtes Mosbach an jenes in Buchen vom 12. Sept. 1872.
275. GLA 338/170, wie Anm. 256.
276. **Förster**, wie Anm. 3, S. 266 und 267.
277. GLA 338/170, wie Anm. 256.
278. Ebda.
279. GLA 338/170, wie Anm. 78, Bericht des Kreisausschusses vom Nov. 1874.
280. GLA 338/170, wie Anm. 189.
281. GLA 338/170, wie Anm. 78, Bericht des Kreisausschusses vom Nov. 1876.
282. Wie Anm. 279.
283. **Assion**, wie Anm. 190, S. 354 – Ziffer 157.
284. **Müller**, wie Anm. 207, S. 49.
285. Ebda., S. 50.
286. GLA 338/170, wie Anm. 279.
287. GLA 338/170, wie Anm. 78, Bericht des Kreisausschusses vom Jan. 1881.
288. GLA 338/170, wie Anm. 281.
289. **Bittmann**, wie Anm. 2, S. 587.
290. GLA 338/170, wie Anm. 281.
291. **Müller**, wie Anm. 207, S. 50.
292. GAM, wie Anm. 5, Schreiben des Handelsministeriums vom 5. Nov. 1880.
293. GLA 338/170, wie Anm. 287.
294. Gemeindearchiv Weisbach, Lehranstalten – Industrieschule, Arbeitsschule, N134. Schreiben des Bezirksamtes Eberbach vom 6. 10. 1880, die Arbeitslehrerin mußte eine Prüfung ablegen und das Gehalt wurde auf 40 Mark erhöht. In Strümpfelbrunn betrug es bei 4 Std. wöchentlich für die Saison 40 Mark, laut Gemeindearchiv Strümpfelbrunn, VI, N 197 – Kirche, Unterricht und Erziehung, Schreiben vom 3. Juli 1893, A 142. Die Arbeitslehrerinnen wurden auf Kosten des Kreises ausgebildet (neue Unterrichtsmethode). Teilweise wurde dies von den Gemeinden gut angenommen, im Amtsbezirk Eberbach eher schlechter. Neben einer Vergütung für die Arbeitsgeräte wurde auch eine solche für das Unterrichtslokal, Heizung und Beleuchtung in Höhe von 86 Pfg. per Tag und Kopf gewährt, höchstens für 45 Tage. (Gemeindearchiv Weisbach, N134, wie oben, Schreiben des Bezirksamtes vom 10. Mai 1880), s. auch Anm. 58, 136, 309.
295. GAM, wie Anm. 5, Vermerke des Bürgermeisteramtes Mudau auf dem Schreiben des Bezirksamtes Buchen vom 13. Januar 1883.
296. GLA 338/170, wie Anm. 78, Bericht des Kreisausschusses vom Februar 1884.
297. Ebda.
298. GAM, wie Anm. 5, Anmerkung des Bürgermeisteramtes auf Schreiben des Bezirksamtes vom 7. Februar 1884.
299. Ebda., Schreiben des Bezirksamtes Buchen vom 12. März 1884, zur Bedeutung des Frauenvereins s. unter Anm. 58.

300. GLA 338/170, wie Anm. 78, Bericht des Kreisausschusses vom Januar 1887, ferner Gemeindearchiv Weisbach: die Jahresrechnung von 1885 nennt wegen der Strohflechtschule auf S. 75, Beleg 240: „Sporteln": 20 Pfg. (Verwaltungsgebühr). Die Jahresrechnungen der Gemeinde sind für diesen Zeitraum nicht vollständig.

301. Der NOK, Band 2, S. 678 und 713.

302. Ebda., S. 677.

303. Gemeindearchiv Weisbach: Jahresrechnung 1887, S. 78.

304. **Bittmann**, wie Anm. 2, S. 540.

305. GLA 338/170, wie Anm. 78, Bericht des Kreisausschusses vom Januar 1888.

306. GLA 338/170, wie Anm. 281.

307. GLA 338/170, wie Anm. 300.

308. GLA 338/170, wie Anm. 78, Bericht des Kreisausschusses vom Februar 1884.

309. GAM, Jahresrechnung 1884, R 205, S. 99, zu Industrieschulen s. auch Anm. 58, 136, 294.

310. **Bittmann**, wie Anm. 2, S. 591.

311. GLA 338/170, wie Anm. 305.

312. **Förster**, wie Anm. 3, S. 268, er verweist auf Anm. 2, S. 607.

313. **Förster**, wie Anm. 3, S. 268.

314. GAM, wie Anm. 5, Schreiben des Bezirksamtes Buchen vom 11. Februar 1889.

315. Ebda., Schreiben des Ministeriums des Innern vom 1. Februar 1889.

316. **Bittmann**, wie Anm. 2, S. 591.

317. GAM, wie Anm. 5, Vermerke des Bürgermeisteramtes Mudau auf dem Schreiben des Kreisausschußmitgliedes Bohrmann vom 28. Januar 1890.

318. GLA 338/170, wie Anm. 78, Bericht des Kreisausschusses vom Februar 1899.

319. **Müller**, wie Anm. 207, S. 51.

320. **Müller**, ebda.

321. GAM, wie Anm. 5, Schreiben des Kreisausschusses Mosbach vom 13. Juni 1891.

322. GAM, ebda.

323. GLA 338/170, wie Anm. 318.

324. **Bittmann**, wie Anm. 2, S. 593.

325. GAM, wie Anm. 5, Schreiben des Kreisausschusses vom 25. April 1904.

326. **Bittmann**, wie Anm. 2, S. 557.

327. GAM – Jahresrechnung 1903, R 246, Kapitel Armen- und Krankenunterstützung.

328. GAM – Jahresrechnung 1888, R 213, Kapitel Schule – Sonstige Ausgaben.

329. GAM – Jahresrechnung 1887, R 211, S. 125.

330. GAM – Jahresrechnung 1890, R 217, S. 158.

331. **Bittmann**, wie Anm. 2, S. 558.

332. Ebda., S. 565.

333. Ebda., S. 597.

334. Ebda., S. 598.

335. Ebda., S. 597.

336. Ebda., S. 554 – eines der zwölf Bilder in dem von Aloys Schreiber im Jahre 1827 herausgegebenen Kunsthefte „Teutschlands National Trachten."

Friedrich Karl Azzola und Heinz Bormuth

Zeichen und Denkmale der Fischer und Schiffer im Flußgebiet des Mains

Der Fund römischer Schiffe in Mainz und deren Restaurierung veranlaßte die Gründung des antiken Schiffahrtsmuseums[1] in einer passend restaurierten ehemaligen Markthalle der Stadt. Die Mainschiffahrt wird im Schiffahrts- und Schiffbaumuseum der Stadt Wörth am Main in der zuvor aufgegebenen katholischen Pfarrkirche St. Wolfgang[2] und die Flößerei des Frankenwaldes im Flößermuseum zu Unterrodach[3], einem Ortsteil von Marktrodach, dargestellt. Die drei genannten Museen in Mainz, Wörth am Main und Unterrodach sowie die Bereiche „Mainfischerei" in den Stadtmuseen von Miltenberg und Wertheim bieten dem interessierten Besucher eine Fülle interessanter und vielfältiger Eindrücke und Einblicke in vergangene Jahrhunderte sowie in die Epoche des Imperium Romanum.

Die zahlreichen Publikationen zur Geschichte der Fischerei[4] und der Schiffahrt[5] seit dem Spätmittelalter stützen sich weithin auf schriftliche Überlieferungen, historische Fotos und mündliche Berichte der Erlebnisgeneration. Darin werden auch vor Ort erhaltene Zunftgegenstände abgebildet, doch die uns überkommenen, vornehmlich in Stein gehauenen Zeichen und Denkmale der Fischer und Schiffer bleiben in der Regel unberücksichtigt. Eine Ausnahme stellt die Monographie über den Friedhof der Stadt Freudenberg[6] dar. Durch unsere Zusammenarbeit auf dem Gebiet historischer Handwerkszeichen im Odenwald und seinen Randgebieten während der vergangenen drei Jahrzehnte kam eine überraschend reichhaltige Sammlung entsprechender Aufnahmen zustande, die wir während der letzten Jahre vervollständigten. Danach haben wir uns bemüht, die Vielfalt der uns überkommenen Zeichen und Denkmale der Fischer und Schiffer zu ordnen; verbliebene Lücken schlossen wir durch anderwärts überlieferte Objekte. Uns entgangene Zeichen und Denkmale werden künftige Bearbeiter in unsere hier dargebotene Materialsammlung mühelos einfügen können; für ergänzende Hinweise sind wir dankbar. Mit der vorliegenden, an Abbildungen reichen Materialsammlung hoffen wir, für die unscheinbaren Zeichen und meist schlichten Denkmale der Fischer und Schiffer im Flußgebiet des Mains Interesse zu wecken.

Der Fisch als Zeichen

Der Fischerei-Grenzstein an der Nidda bei Frankfurt-Nied ist leider seit Jahren verschollen, so daß wir hier lediglich auf die Literatur mit einer dortigen Abbildung verweisen können; unentdeckt blieb bisher auch der Fischerei-Grenzstein an der Mud unterhalb von Breitendiel[7]. Ein spätmittelalterliches Kleindenkmal mit einem Fisch als Zeichen ist im Untersuchungsgebiet nicht überliefert. Anderwärts ist uns nur das Steinkreuz in Dutenhofen an der Lahn bei Wetzlar mit einem Fisch als Zeichen bekannt[8]. Dieses Steinkreuz wurde vor Jahren nach Wetzlar(?) verbracht und ist seither leider nicht mehr auffindbar.

1. Der Hausstein von 1528 in Stadtprozelten am Haus Hauptstraße 95 (Abbildung 1)

   Den ältesten datierten Hausstein fanden wir in Stadtprozelten am Haus Hauptstraße 95 mit einem Hecht als Wappenzeichen und darüber die Namensinitialen des Bauherrn NKS. Das aus einem feinkörnigen Buntsandstein gefertigte Objekt ist 37 cm hoch und 28 cm breit, der Hecht als Wappenzeichen 13 cm lang.

2. Der Fischstein außen in der Nordwand der Kirche von Urphar am Main, jetzt ein Stadtteil von Wertheim (Abbildung 2).

   Außen im nördlichen, aufgehenden Mauerwerk der Kirche von Urphar steckt ein 27,5 cm hoher und 42,5 cm breiter, aus Buntsandstein gefertigter, inschriftloser Stein, der als einzige Auszier einen Hecht von 28 cm Länge zeigt. Der Stein unbekannter einstiger Funktion kann spätmittelalterlichen Ursprungs sein, aber auch noch dem beginnenden 16. Jahrhundert zugehören.

3. Ein Karpfen als Zeichen am Haus der Fischerzunft in Würzburg (Abbildung 3).

   Abbildung 3 zeigt einen Karpfen als Zeichen am Haus der Fischerzunft in Würzburg, Saalgasse 6. Die Saalgasse verläuft unterhalb der Marienfeste am Main entlang.

4. Das Siegel der Fischerzunft zu Höchst am Main von 1699 (Abbildung 4).

   Das Siegel der Fischerzunft zu Höchst am Main weist einen Durchmesser von 37 mm auf; es ist demnach erheblich kleiner als die hier beigegebene, vergrößernde Abbildung 4. Die Umschrift des Siegels beginnt oben rechts und lautet:

   FISCHER ZUNFT SIGEL ZU HOEGST AM MAYN

   Die Kartusche des Siegels ist geteilt; ihre untere Hälfte zeigt einen Fisch als Handwerkszeichen der Fischerzunft und darunter die Jahreszahl 1699.

Der Fisch als Wappenzeichen

Der Fisch diente nicht nur den Fischern als Handwerkszeichen, sondern er war, losgelöst vom Handwerk der Fischer, auch Wappenzeichen. So zeigt beispielsweise das Epitaph der Familie von Bibesheim innen an der Südseite des Westchores der Katharinenkirche zu Oppenheim als Familienwappen zwei sich diagonal kreuzende Fische. Dieses Epitaph ist in der Literatur auch abgebildet[9].

Drei miteinander konzentrisch kombinierte Fische – auch Fisch-Triquetrum genannt – sind das Wappenzeichen auf dem Epitaph des Lorenz Erstenberger († 1588) und seiner Ehefrau Margarete († 1574) außen an der katholischen Stadtpfarrkirche zu Miltenberg[10].

5. Das verlorene Fischerzeichen am ehemaligen Haus Mainzer Gasse 51 in Frankfurt am Main (Abbildung 81).

Die Reiffenstein-Sammlung in den Graphischen Sammlungen des Historischen Museums der Stadt Frankfurt birgt u.a. das Zeichen am einstigen Haus Mainzer Gasse 51 in Frankfurt am Main (Abbildung 81). Es sind drei konzentrisch einander zugeordnete Fische, ein Fisch-Triquetrum. Die Skizze verfertigte Carl Theodor Reiffenstein[11].

6. Das Fisch-Triquetrum als Zeichen am Haus der Fischerzunft in Würzburg, Saalgasse 6 (Abbildung 5).

   Über der Türe zum Haus der Fischerzunft in Würzburg sieht man als Zeichen ebenfalls drei miteinander konzentrisch kombinierte Fische – ein weiteres Fisch-Triquetrum (Abbildung 5). Dieses offensichtlich junge Zeichen stimmt mit dem Zeichen auf dem zuvor genannten Miltenberger Epitaph von 1574/1588 überein, d.h. diese Dreierkombination erweist sich als ein über Jahrhunderte hin gebräuchliches Motiv.

Der Landehaken, das Gaff, als Fischerzeichen.

Das Gaff ist der Landehaken des Fischers, womit schwere Fische aus dem Wasser gezogen wurden. Gelegentlich benutzen noch heute Fischer ein Gaff, denn man kann es in entsprechenden Fachgeschäften käuflich erwerben. Abbildung 6 zeigt drei Gaffs etwas älterer Ausführung, Abbildung 7 ein Gaff wie es im Fachhandel angeboten wird.

7. Das Gaff als Zeichen eines der spätmittelalterlichen Reicholzheimer Steinkreuze (Abbildung 8).

   Eines der fünfzehn zusammengetragenen und bei Reicholzheim an der Tauber aufgestellten spätmittelalterlichen Steinkreuze zeigt ein 55 cm langes Gaff als Zeichen[12]. Das Steinkreuz erinnert demnach an einen Fischer, der einst gewaltsam umkam. Es ist das einzige, uns bekannte Steinkreuz nur mit einem Gaff als Zeichen. Das aus Buntsandstein gefertigte Steinkreuz ist 1,13 m hoch, 63,5 cm breit und 15 cm dick. Wie man sieht, besteht kein nennenswerter Unterschied zwischen einem Gaff, wie es einst vor 500 Jahren von einem Tauberfischer benutzt wurde und den drei Gaffs der jüngsten Vergangenheit auf der Abbildung 6.

8. Das Gaff des spätmittelalterlichen Steinkreuzes von Dillstein an der Nagold (Abbildung 9).

   Im Gegensatz zum Reicholzheimer Gaff-Zeichen der Abbildung 8 muß im Spätmittelalter auch ein Gaff in spitzwinkliger Ausführung bekannt und gebräuchlich gewesen sein. Ein entsprechendes Beispiel mit einem solchen 56 cm langen Zeichen überliefert das 97 cm hohe und 80 cm breite, aus Buntsandstein gefertigte Steinkreuz bei der Kirche von Dillstein an der Nagold nahe Pforzheim (Abbildung 9). Der 24,5 cm lange Fisch als zweites Zeichen des Dillsteiner Steinkreuzes belegt, daß das auf dem Längsbalken dieses Steinkreuzes wiedergegebene Zeichen nur ein Gaff sein kann, obgleich uns bisher in keinem Museum ein Gaff dieser Art begegnete. Ein Hauszeichen mit vier solchen spitzwinklig ausgeführten Gaffs ist in Hirschhorn am Neckar am Haus Hirschgasse 7 aus dem Jahr 1571 erhalten[13].

Der Fahrbaum/Staken/Stocher/Stachel (Abbildungen 10-12).

Früher waren die Flußläufe breiter und deshalb seichter als heute. Der Wasser- und Dammbau der vergangenen Jahrhunderte engte die Flußläufe ein und vertiefte sie zugleich zur besseren wirtschaftlichen Nutzung. So konnten einst die Fischer, Schiffer und Fährleute ihre Kähne weithin mit einem Fahrbaum/Staken fortbewegen, wie man dies noch heute vom Spreewald her kennt. Der Fahrbaum/Staken wurde in Tübingen Stocher[14], in Schaffhausen Stachel genannt. Er ist eine lange, vorn eisenbeschlagene Stange (Abbildungen 10 und 11). Das Eisenteil setzt sich aus einer Tülle und einer V-förmigen Gabel zusammen (Abbildung 12). In der Tülle steckt die hölzerne Stange; mit der V-förmigen Gabel kann sich der Fischer/Schiffer/Fährmann vom Boden abstoßen bzw. seinen Nachen vom Ufer fernhalten.

9. Der spätmittelalterliche Kreuzstein eines Regnitz-Fischers bei Schlammersdorf, Gemeinde Hallerndorf[15] (Abbildung 13).

Der spätmittelalterliche Kreuzstein bei Schlammersdorf ist einschließlich seines im Boden steckenden Fußes ca. 1,80 m lang; er ist über dem Boden 1,37 m hoch, 90 cm breit und bis zu 36 cm dick. Das Kreuz ist 1,08 m hoch und 78 cm breit. Der vom Betrachter aus gesehen linke Arm des Kreuzes ist mit 28 cm etwas kürzer als der rechte mit 39 cm. Der Fisch links unten ist 50 cm und der Fahrbaum/Stachel rechts unten 66 cm lang. Der spätmittelalterliche Kreuzstein steht bei Schlammersdorf, Gemeinde Hallerndorf, links der Staatsstraße 264 in Richtung Adelsdorf an der Waldspitze, Flur „am steinernen Kreuzschlag“ bzw. „Steinkreuzschlag“. Seine recht schmalen Kreuzbalken sprechen für ein jüngeres Objekt des 16. Jahrhunderts, ebenso die beiden schräg endenden Arme des Querbalkens. Diese schrägen Armenden müßte man als nachgotisch bezeichnen. Auch der unbeholfen wirkende, asymmetrische, gespreizte Fuß des Kreuzes zeigt den Verlust gotisch-spätmittelalterlicher Vorbilder an. Desgleichen sind die beiden voneinander sehr verschiedenen Attribute unterhalb des Querbalkens Merkmale eines späteren Ursprungs des Schlammersdorfer Kreuzsteins. Das Zeichen rechts unten ist ein Fahrbaum/Staken entsprechend den Objekten der Abbildungen 10 bis 12. Demgegenüber ist das Zeichen links unten ein Fisch: oben der spitz endende Kopf, gefolgt von einem schlanken, langgezogenen, gekrümmten Leib mit seinen Schwanzflossen unten. Die schlichte, durch Rillen konturierte Darstellung darf man vornehmlich als Hecht interpretieren.

Links oben ist ein kleines griechisches Kreuz eingerillt, rechts oben könnte man die Zahl 94 erkennen. Sollte es sich dabei um zwei originäre Ziffern handeln, so wären sie zur Jahreszahl 1594 zu ergänzen. Die recht schmalen Kreuzbalken mit ihren schräg endenden beiden Armen sowie die reiche Ausstattung mit einem geistlichen und zwei weltlichen Attributen (griechisches Kreuz, Hecht und Fahrbaum/Staken) sprechen für einen späten Ursprung des Schlammersdorfer Kreuzsteins, der im Jahr 1594 errichtet worden wäre. Sollte dies nicht zutreffen, so würden wir ihn vornehmlich der Mitte des 16. Jahrhunderts zuordnen.

Der Kreuzstein erinnert an einen möglicherweise im Jahr 1594 beim Fischen(?) unversehen, also ohne Ausstattung mit dem Sterbesakrament umgekommenen (ertrunkenen?) Regnitz-Fischer. Nach dem Glauben seiner Zeit befand sich deshalb seine Seele in einer besonderen Notsituation, sie war eine „arme Seele“. Den Lebenden war die Sorge um diese „arme Seele“ aufgetragen. Dazu errichteten wohl die Familienangehörigen des Umgekommenen den Kreuzstein. Er forderte die Vorübergehenden auf, für die „arme Seele“ des unversehen Umgekommenen am Kreuzstein Fürbitte zu halten, auf daß die Notsituation der Seele dadurch gemildert würde.

Der spätmittelalterliche Kreuzstein bei Schlammersdorf, Gemeinde Hallerndorf, den man der Mitte bzw. der zweiten Hälfte des 16. Jahrhunderts, möglicherweise dem Jahr 1594 zuordnen darf, ist das erste und bisher einzige uns bekannt gewordene Denkmal mit einem Fisch und einem Fahrbaum/Staken als historische Handwerkszeichen. Er ist das Denkmal eines Fischers der nahen Regnitz.

Der Bootshaken (Abbildungen 17-20)

Holz muß man im Wasser bewegen können. Dazu dient der aus Stahl geschmiedete Bootshaken, der mit zwei unterschiedlich ausgerichteten Spitzen ausgestattet ist. Die gerade Spitze dient zum Abstoßen, die Krümme zum Beiziehen. Mittels einer Tülle wird das geschmiedete Arbeitsteil an eine entsprechend lange Stange befestigt. Der Bootshaken ist ein altüberkommenes Werkzeug der Schiffer und Flößer; Abbildung 17 zeigt einen Schlußstein im Kreuzgang des ehemaligen Regensburger Dominikanerklosters St. Blasius. Der in Stein gehauene Bootshaken belegt entsprechende Stiftungen und Beiträge der Regensburger Schiffer zum Bau des Kreuzgangs. Abbildung 18 ist ein Schifferhaken aus römischer Zeit, der 1896 mit weiterem Eisengerät im Bereich der römischen Villa am Lehneberg in Groß-Bieberau gefunden worden war[16], und Abbildung 19 zeigt einen neuzeitlichen Bootshaken im Museum der Stadt Miltenberg. Zwei komplette Bootshaken im Museum der Stadt Wertheim zeigt die Abbildung 20.

10. Der spätmittelalterliche Kreuzstein in Lichtenfels mit einem Bootshaken als Zeichen (Abbildung 14).

Der spätmittelalterliche Kreuzstein steht in Lichtenfels im Garten des Finanzamts an der Kronacher Straße[17]. Die aus einem hellen Sandstein gefertigte Stele ist 1,15 m hoch, 65 cm breit und bis zu 24 cm dick. Die Länge des Bootshakens als Zeichen beträgt 72 cm. Unter den Kreuzstein-Flurdenkmalen Oberfrankens vermittelt er einen altertümlichen Eindruck, denn seitlich enden die beiden Arme des Querbalkens und oben der Kreuzkopf in der Kontur der Stele. Es wäre demnach dieser Kreuzstein vornehmlich der ersten Hälfte des 15. Jahrhunderts zuzuordnen.

Ebenfalls für einen entwicklungsgeschichtlich frühen Ursprung des Lichtenfelser Kreuzsteins der Abbildung 14 spricht die Ausstattung mit nur einem Attribut rechts unten: einem Bootshaken. Aus der starken Verkleinerung des Zeichens kann man nicht schließen, ob ein leichterer Bootshaken eines

Schiffers oder ein schwerer Bootshaken eines Flößers gemeint ist. Demnach dürfte der Kreuzstein wohl in der ersten Hälfte des 15. Jahrhunderts für einen umgekommenen (ertrunkenen?) Mainschiffer oder –flößer errichtet worden sein.

11. Die Grabplatte eines unbekannten Oppenheimer Bürgers von 1365 mit einem Bootshaken als Wappenzeichen[18] (Skizze und Abbildung 15).

Das in Oppenheim außen an der Sakristei der Katharinenkirche aufgestellte, nur noch 1,41 m hohe, 96,5 cm breite und 15 cm dicke, aus Buntsandstein gefertigte Bruchstück einer spätmittelalterlichen Grabplatte von 1365 zeigt als Wappenzeichen einen 54 cm langen Bootshaken, der leider arg verwittert ist. Insbesondere die nach links gewendete Krümme ist kaum noch erkennbar, weshalb zum besseren Verständnis hier eine stark verkleinerte Skizze beigegeben ist.

Offensichtlich war der Oppenheimer Bürger, der im Jahr 1365 verstarb, doch dessen Name auf dem erhaltenen Rest der Grabplatte leider nicht überliefert ist, Schiffer von Beruf. Seine Familie konnte sich eine Grabplatte für ihn leisten, wobei man den ihn kennzeichnenden Bootshaken als Wappenzeichen gestaltete. Nach unserer Kenntnis stellt das Wappenzeichen der Oppenheimer Grabplatte (Abbildung 15) den bisher ältesten, uns vorliegenden, in Stein gehauenen ikonographischen Beleg zum Bootshaken dar.

12. Der Grenzstein mit einem Bootshaken und einer Zange als Zeichen im Heimatmuseum von Ginsheim, heute ein Teil von Ginsheim-Gustavsburg (Abbildung 16).

Ginsheim liegt nahe der Mündung des Mains in den Rhein. Sein Heimatmuseum verwahrt einen Grenzstein, der auf seiner einen Seite einen Bootshaken, das Ortszeichen von Ginsheim (Abbildung 16) und auf seiner anderen Seite eine Zange, das Ortszeichen von Kostheim, zeigt. Der Stein ist 48 cm hoch,

37,5 cm breit und 34 cm dick; der Bootshaken auf der im Bild beigegebenen Seite ist 21 cm, die Zange auf der anderen Seite 22 cm lang. Der Grenzstein ist aus einem dunkelroten, sehr grobkörnigen Sandstein gefertigt. Die außerordentliche Dicke des Steins spricht für ein hohes Alter, möglicherweise wurde er noch im 16. Jahrhundert gefertigt. Zum genauen Standort dieses Grenzsteins liegen uns keine Informationen vor, doch stand er sicherlich einst an der alten Ginsheimer Gemarkungsgrenze nach Kostheim hin.

13. Der Rest einer spätmittelalterlichen Stele bei Morlesau mit einem Bootshaken und einem Fisch als Zeichen[19] (Abbildung 21).

Bei Morlesau steht an der Straße nach Ochsenthal nahe der Saalebrücke und hinter dem dortigen Pieta-Bildstock der Rest einer spätmittelalterlichen, aus Buntsandstein gefertigten Stele mit einem Bootshaken und einem Fisch als Zeichen. Reste einer Kreuzverzierung dieser Seite sind nicht erkennbar. Die Resthöhe der Stele beträgt 50 cm, die Restbreite 46 cm und die Dicke 12 cm. Der Bootshaken ist noch 44 cm, der Fisch noch 35 cm lang. Vermutlich wurde die Stele einst um 1500 von einem Saaleschiffer und –fischer gestiftet.

Seitenruder und Paddel (Abbildungen 22 bis 24)

Römische[20] und mittelalterliche Schiffer steuerten ihre Schiffe meist nicht mit dem heute bekannten und vertrauten Heckruder sondern mittels Seitenruder. Dies belegen die beiden hier beigegebenen Abbildungen 22 und 23. Insbesondere die Darstellung der hl. Drei Könige auf der Heimreise in dem um 1197 entstandenen Evangeliar des Speyerer Domes[21] zeigt den im Heck seines Segelschiffs sitzenden Steuermann mit seinem Seitenruder (Abbildung 23). Um seiner zufriedenstellenden Funktion willen ist das Blatt eines Seitenruders recht breit und verhältnismäßig kurz, ein Paddel hingegen lang und schlank (Abbildungen 22 und 24). Seitenruder und Paddel sind Werkzeuge der Schiffer und somit zugleich historische Schifferzeichen. Selbstverständlich konnte ein Seitenruder auch als Paddel dienen und umgekehrt; die ikonographischen Grenzen zwischen den beiden Objekten sind fließend.

14. Der spätmittelalterliche Kreuzstein von Hajen bei Kirchohsen an der Weser mit einer Paddel als Zeichen (Abbildung 25).

Der spätmittelalterliche Kreuzstein steht außen an der Südseite der Kirche von Hajen bei Kirchohsen an der Weser[22]. Er wird hier abgebildet und besprochen, weil wir im Untersuchungsgebiet kein spätmittelalterliches Denkmal mit einem Seitenruder oder einem Paddel angetroffen haben. Das Zeichen des Kreuzsteins links unten kommt dem der Paddel aus dem Gernsheimer Museum (Abbildung 24) nahe. Wir neigen dazu, den Kreuzstein von Hajen (Abbildung 25) der zweiten Hälfte des 15. Jahrhunderts zuzuordnen. Er erinnert an einen umgekommenen (ertrunkenen?) Weserschiffer.

Die Kombination eines Bootshakens mit einem Seitenruder/einem Paddel.

Kennzeichen jeder Entwicklung, auch der Entwicklung der historischen Handwerkszeichen über die Jahrhunderte hin, ist die zunehmende Ausgestaltung der

Zeichen insbesondere durch Kombination verschiedener Werkzeuge ein und desselben Handwerks. Hier sei zunächst mit der Kombination des Bootshakens mit einem Seitenruder/einem Paddel begonnen.

15. Das Schifferzeichen vom Sockelstein der Sandsteinskulptur eines hl. Nepomuk am unteren Ende der Ochsengasse zu Miltenberg, 1752 (Abbildung 26).

Die Skulptur des hl. Nepomuk am unteren Ende der Ochsengasse in Miltenberg ist in der Literatur abgebildet[23]. Der aus Buntsandstein gefertigte Sockel unterhalb der Skulptur trägt die Jahreszahl 1752 und darüber die Initialen

A = Z = B =

als Inschrift. Darunter sieht man einen Vierpaß mit einem Bootshaken und einem Seitenruder als Zeichen. Der Vierpaß ist 17,5 cm hoch, der Bootshaken 18,5 cm und das Seitenruder 16 cm lang. Sofern der Sockelstein und die Skulptur des hl. Nepomuk zusammengehören, war ein Miltenberger Schiffer deren Stifter.

16. Das spätgotische Steinkreuz eines Mainschiffers in Haßfurt vor der Kapelle „Göttliche Hilfe“ (Abbildungen 27 und 28).

In Haßfurt steht vor der Kapelle „Göttliche Hilfe“ ein 1,40 m hohes, 97 cm breites und bis 31 cm dickes, aus einem grauen Sandstein gefertigtes spätgotisches Steinkreuz des 15. Jahrhunderts (Abbildung 27), das aufgrund seiner Ausstattung mit einem inzwischen leider arg verwitterten Corpus Christi zu den aufwendigen spätmittelalterlichen Denkmalen Frankens zählt[24]. Dieses Denkmal verlor schon vor langer Zeit seinen Fuß und saß deshalb vor 30 Jahren wesentlich tiefer im Boden, wodurch der untere Teil seines Längsbalkens unzugänglich war. Anläßlich einer Neuaufstellung wurde das Steinkreuz auf einen Sockelstein gesetzt, wodurch nunmehr unten sein historisches Handwerkszeichen nicht nur zutage trat sondern auch zugänglich blieb (Abbildung 28). Dieses Zeichen ist teils durch Verwitterung, teils durch den Verlust des abgebrochenen Kreuzfußes nur unvollständig erhalten. Eindeutig ist ein Bootshaken, der von rechts oben nach links unten verläuft. Hingegen ist von links oben nach rechts unten wohl ein Seitenruder angeordnet, dessen Blatt mit dem Fuß des Steinkreuzes abbrach und verloren ist.

Das Haßfurter Steinkreuz der Abbildung 27 erinnert demnach an einen umgekommenen (ertrunkenen?) Haßfurter Schiffer, für dessen arme Seele das Steinkreuz einst errichtet wurde.

17. Das Schifferzeichen vom Haus rechte Tauberstraße 13 in Wertheim, 1708 (Abbildungen 29 und 30).

Der Bauherr des Hauses rechte Tauberstraße 13 war im Jahr 1708 ein Wertheimer Schiffer. Die Abbildung 30 zeigt die Haustüre dieses Hauses mit ihrem in Buntsandstein gehauenen, reich profilierten Gewände. Der Türsturz nennt das Jahr 1708 und in seiner Mitte (Abbildung 29) wappenartig gefaßt die Namensinitialen des Bauherrn

I P V.

Über dem großen V erkennt man zwei Striche, womit vermutlich ein altertümliches großes Ü gemeint ist. Der Bauherr war Schiffer, denn sein Hauszeichen zeigt die Kombination eines Bootshakens mit einem Seitenruder[25]. Das Wappen ist 17 cm hoch und 19,5 cm breit.

Die Kombination eines Fahrbaums mit einem Seitenruder

Es gibt nicht nur – wie zuvor aufgezeigt – die Kombination eines Seitenruders mit einem Bootshaken, sondern auch mit einem Fahrbaum. Dies ist kein Schiffer-, sondern ein historisches Fischerzeichen, wie man dem folgenden Beispiel entnehmen kann.

18. Der Bildstock am „Wehrbusch" in Grafenrheinfeld bei Schweinfurt mit einem Fahrbaum und einem Seitenruder als Zeichen[26], 1628 (Abbildungen 31 und 32)

Der aus Buntsandstein gefertigte, hohe Bildstock am Ortsrand von Grafenrheinfeld am Main bei der Flur „Wehrbusch" wurde im Jahr 1628 als Stiftung der Grafenrheinfelder Fischer errichtet, wie seine Inschrift (Abbildung 31) besagt; sie lautet:

GOTT ZV LOB / VND EHR HABEN /

DIE FISCHER ALHIER / DIESEN BILDTSTOCK /

MACHEN LASSEN /

Es folgen die Namensinitialen der Stifter (Abbildung 31):

. H M . K W . G W . N E . G K . /

. H W . H K . G K . M W . N W . /

. H W . H K . H M . /

Der Dreipaß über dem Schriftfeld trägt das historische Handwerkszeichen der Fischer von Grafenrheinfeld am Main: einen Fahrbaum und ein Seitenruder (Abbildung 32). Aus der Inschrift und dem Zeichen darf man schließen, daß der Fahrbaum vornehmlich den Fischern, der Bootshaken hingegen den Schiffern als Zeichen diente. Der Querbalken des aufgesetzten kleinen Kreuzes trägt die Jahreszahl 1628. Die Punkte zwischen den Namensinitialen sitzen auf halber Höhe.

19. Der Bildstock in Mühlbach am Main bei Karlstadt, 1616 (Abbildung 34).

In Mühlbach am Main steht in Richtung Marktheidenfeld, am Anfang der Johann-Schönmann-Straße, ein hoher Bildstock. Die linke Schmalseite seines Bildhäuschens ist mit den Zeichen dreier Stifter versehen[27] (Abbildung 34) und zwar von oben

HANS HVD

mit einem Hut als Namenszeichen, darunter

HANNS RODER

mit einer Kelle und einem Hammer als historisches Maurerzeichen und schließlich

HANNS VOLCK

mit einem Fahrbaum und einem Seitenruder. Hans Volck war demnach ein Mühlbacher Mainfischer.

20. Ein kleiner Sockelstein eines Grabmals für einen Regnitz-Fischer jetzt im Pfarrgarten von Pautzfeld an der Regnitz, 1693 (Abbildungen 35 und 36).

Der kleine Sockelstein ist 33,5 cm hoch, 40,5 cm breit und 39 cm dick. Seine hier im Bild nicht wiedergegebene Oberseite weist einen breiten Schlitz zur Aufnahme eines schmiedeeisernen oder gußeisernen Kreuzes auf. Seine hier abgebildete Vorderseite (Abbildung 35) nennt in einer ovalen, eingetieften Kartusche die Namensinitialen des Verstorbenen:

H D

und dazwischen ein leider stark zerstörtes, historisches Handwerkszeichen, bestehend aus zwei sich diagonal kreuzenden Objekten. Die Abbildung 36 erleichtert als Zeichnung das Verständnis für die zerstörte Vorderseite. Von rechts oben nach links unten ist ein Ruder angeordnet, von links oben nach rechts unten ein Fahrbaum/Staken. Darunter steht die Jahreszahl 1693. Aus den bisherigen Befunden darf man schließen, daß der im Jahr 1693 verstorbene Unbekannte ein Regnitz-Fischer war. Der kleine Sockelstein wurde bei Renovierungsarbeiten im Boden der Pautzfelder Kirche gefunden und wird jetzt im Pfarrgarten verwahrt.

21. Das Zeichen am Haus Am Maintor 4 in Steinheim am Main, 1618 (Abbildung 33).

Am Haus am Maintor 4 sind in Steinheim die Initialen A.H., die Jahreszahl 1618 und ein mißverstandenes Fischerzeichen durch dunkles Nachziehen angebracht, denn auf einem alten Photo endet der Stab rechts unten noch V-förmig als Fahrbaum/Staken[28].

Der Anker.

Der Anker ist für jedes Schiff bedeutsam. Verständlicherweise diente er aus diesem Grund auch als Zeichen der Schiffer[29].

22. Ein spätmittelalterlicher Schlußstein von 1473 mit einem Anker als Zeichen im Museum der Stadt Bingen auf Burg Klopp (Abbildung 37).

Das Museum der Stadt Bingen verwahrt auf Burg Klopp einen 22 cm hohen und 21 cm breiten, aus Buntsandstein gefertigten Schlußstein aus dem Jahr 1473 mit einem Anker als Zeichen. Es ist der älteste, uns bekannte datierte ikonographische Beleg zum Anker als Schifferzeichen. In jenem Bau, aus dessen Abriß er stammt, zeigte er eine Stiftung der Bingener Schiffer an.

23. Der Anker als Schifferzeichen am Haus Hämmelsgasse 26 in Wertheim am Main, 1750 (Abbildung 38).

Das Haus Hämmelsgasse 26 in Wertheim zeigt ein in Buntsandstein gehauenes, reich profiliertes Gewände und darin ein Hauszeichen, bestehend aus den Namensinitialen des Bauherrn P F K, aus der Jahreszahl 1750 und aus einem gestürzten Anker. Demnach war der Bauherr des Jahres 1750 ein Wertheimer Schiffer.

24. Der Anker als Schifferzeichen am Haus Fischergasse 15 in Lohr am Main, 1757 (Abbildungen 39 und 40).

Abbildung 39 zeigt den Eingang des Hauses Fischergasse 15 in Lohr mit seinem in Buntsandstein gehauenen Gewände. Der untere Sturz ist durch ein Hauszeichen verziert. In der stark verwitterten Kartusche kann man einen 14 cm hohen, gestürzten Anker und die Jahreszahl 1757 erkennen. Die Initialen F S scheinen eine spätere Ergänzung zu sein. Der Bauherr des Jahres 1757 war demnach ein Lohrer Schiffer.

25. Der Anker als Schifferzeichen am Haus Obertorstraße 30 in Gemünden am Main, 1805 (Abbildung 41).

Abbildung 41 zeigt das Mittelstück des aus Buntsandstein gefertigten Türsturzes am Haus Obertorstraße 30 in Gemünden mit einem 24,5 cm hohen Zeichen. Im gestockten Feld dieses Zeichens kann man oben einen gestürzten Anker mit den ihn begleitenden Initialen M F sowie darunter die Jahreszahl 1805 erkennen. Der Bauherr des Hauses im Jahr 1805 war demnach ein Gemündener Mainschiffer.

26. Der Anker als Schifferzeichen am Haus Hauptstraße 43 in Hafenlohr am Main, 1830 (Abbildung 42).

Abbildung 42 zeigt den Torbogen-Schlußstein am Anwesen Hauptstraße 43 in Hafenlohr mit einem gestürzten Anker als Schifferzeichen, der allerdings auch noch durch ein gleicharmiges Kreuz verziert ist, begleitet von den Initialen G S des Bauherrn und darunter der Jahreszahl 1830. Der Bauherr war demnach ein Hafenlohrer Mainschiffer[30].

27. Ein Schiffsanker von einem Sockelstein im Depot des Miltenberger Stadtmuseums, 1870 (Abbildung 43).

Abbildung 43 zeigt den Schiffsanker von einem Sockelstein, der zu einem Miltenberger Grabmal von 1870 gehört. Der Sockelstein wird im Depot des Miltenberger Stadtmuseums verwahrt. Der aus einem Buntsandstein gefertigte Sockelstein ist 60 cm hoch, bis zu 74 cm breit und 35,5 cm dick; der Anker ist als Schifferzeichen 33 cm lang.

28. Der Grabstein von 1840 im Chorumgang von St. Petri in Wolgast (Vorpommern) mit einem Anker als Zeichen (Abbildung 44).

Abbildung 44 zeigt den aus einem Kalkstein gefertigten Grabstein mit einem Anker als Zeichen im Chorumgang von St. Petri in Wolgast (Vorpommern).

Der Grabstein ist 1,49 m hoch, bis zu 41 cm breit und 14 cm dick. Sein Ankerzeichen ist 13,5 cm lang. Mit der Abbildung dieses Grabsteins wollen wir in der vorliegenden Arbeit lediglich darauf hinweisen, wie weit verbreitet der Anker als Schifferzeichen einst war.

Anker und Bootshaken als historisches Schifferzeichen am Main.

Da sowohl der Anker als auch der Bootshaken einzeln als Schifferzeichen dienten, wird verständlich, daß auch die Kombination der beiden Zeichen nur als Schifferzeichen zu interpretieren ist.

29. Anker und Bootshaken als Zeichen eines Grab-Steinkreuzes von 1634 im Depot des Miltenberger Stadtmuseums (Abbildung 45).

Abbildung 45 zeigt das obere Bruchstück eines aus Buntsandstein gefertigten Grab-Steinkreuzes von 1634 im Depot des Miltenberger Stadtmuseums. Das Bruchstück ist nur noch 46 cm lang, 47,5 cm breit und 8 cm dick. Seine bereits publizierte Inschrift[31] bedarf einiger Korrekturen; sie lautet:

ANNO / 1634 IAR / DEN 10. / BRACHM /
ON(D) . IST . IN . GOT . /
SELIG ENTSCH(LA) / FEN . DES . EHR /
SAME(N) . HANS . RVTIGER . VO= /
N MILT(E)NBERG / SEIN SOHNLE(I) /
N P(H)ILIBVS RV /

An dieser Stelle ist das Grab-Steinkreuz abgebrochen. Die Punkte muß man sich im Text mittig vorstellen. Mit Brachmond ist der Monat Juni gemeint. Der Schiffer Hans Rüdiger ließ das Grab-Steinkreuz für seinen Sohn Philippus anfertigen und deshalb mit seinem wappenartig gefaßten Schifferzeichen, bestehend aus einem Anker und einem Bootshaken sowie mit seinen Initialen H R, verzieren.

30. Der Hausstein von 1733 am Haus rechte Tauberstraße 9 in Wertheim am Main mit einem Schifferzeichen (Abbildung 46).

Abbildung 46 zeigt den 29,5 cm hohen und in der Mitte 20 cm breiten, aus Buntsandstein gefertigten Hausstein am Haus rechte Tauberstraße 9 mit einem gestürzten Anker und zwei Bootshaken als Schifferzeichen. Der Stein stammt von einem Hausbau im Jahr 1733, die Namensinitialen des Bauherrn lauteten C W.

31. Das historische Schifferzeichen am Haus Hauptstraße 140 in Freudenberg, späteres 18. Jahrhundert (Abbildung 47).

Abbildung 47 zeigt das historische Schifferzeichen, bestehend aus einem 10 cm langen, gestürzten Anker und zwei je 10 cm langen Bootshaken vom Türsturz des Hauses Hauptstraße 140 in Freudenberg am Main[32]. Der Türsturz ist aus einem leider schon arg verwitterten Buntsandstein gefertigt; er ist nicht datiert. Die Namensinitialen des Bauherrn lauten A H K. Die spätbarocke Gestaltung des Hauszeichens läßt vornehmlich auf das dritte Viertel des 18. Jahrhunderts schließen.

32 Das barocke Grab-Steinkreuz mit zwei Schiffer- und Fischerzeichen vom alten Freudenberger Friedhof, spätes 18. Jahrhundert (Abbildungen 48-50).

Abbildung 48 zeigt ein nur noch 1,17 m hohes Bruchstück eines aus Buntsandstein gefertigten barocken Grab-Steinkreuzes, dessen Breite 82,5 cm beträgt. Es steckt innen in der Friedhofsmauer von Freudenberg am Main[33]. Die abgebildete Vorderseite ist inschriftlos; sie zeigt – wie in der zweiten Hälfte des 18. Jahrhunderts in spätbarocker Art üblich – ein Kruzifix und darunter eine kniende zwölfköpfige Familie, und zwar links die Männer, sie sind alle nach rechts, und rechts die Frauen, sie sind alle nach links gewandt. Würde man das Bruchstück der Mauer entnehmen, so würde seine Inschrift auf der Rückseite zugänglich werden.

Zwei der Männer sind durch Zeichen hervorgehoben (Abbildungen 49 und 50), und zwar die leider vollständig verwitterte Figur ganz links und die vierte Figur von links. Beide Zeichen setzen sich aus einem Anker, unterlegt von zwei sich kreuzenden Fahrbäumen, zusammen. Da man den Anker als Zeichen der Schiffer und den Fahrbaum/Staken als Zeichen der Fischer interpretieren darf, waren die beiden durch die Zeichen hervorgehobenen Männer Freudenberger Fischer und Schiffer. Das linke Zeichen (Abbildung 49) nennt darüber hinaus die Initialen B S, das rechte die Initialen A S. Man darf deshalb von übereinstimmenden Familiennamen ausgehen, in den kniend dargestellten beiden Männern Vater und Sohn vermuten.

33. Der Türsturz vom Haus rechte Tauberstraße 7 von 1708 in Wertheim am Main (Abbildung 51).

Abbildung 51 zeigt vom Haus rechte Tauberstraße 7 in Wertheim den aus Buntsandstein gefertigten Sturz der Haustüre mit der Jahreszahl 1708, den Initialen G M sowie in der Mitte ein 21 cm hohes und 20 cm breites Wappen als Hauszeichen; es setzt sich aus einem gestürzten Anker, einem Fahrbaum/Staken und einem weiteren Zeichen zusammen, das ein mißlungener Fahrbaum sein kann. Aus dem Anker und den beiden Fahrbäumen darf man auf einen Wertheimer Fischer und Schiffer als Bauherrn des Jahres 1708 schließen.

Anker, Bootshaken und Fahrbaum als Zeichenkombination.

Wird bei einem Zeichen, das sich aus einem Anker und zwei Fahrbäumen/Staken zusammensetzt, einer der Fahrbäume durch einen Bootshaken ersetzt, so erhält man eine größere kompositorische Vielfalt.

34. Das verlorene spätmittelalterliche Steinkreuz von Gernsheim am Rhein an der Bundesstraße 42 (Abbildung 52).

Die Abbildung 52 zeigt das ehemalige Steinkreuz in Gernsheim am Rhein[34] an der Bundesstraße 42. Es geriet bei der Verbreiterung der Straße in deren Unterbau und ist leider seither als verloren zu betrachten. Das gestürzte Wappen seiner Vorderseite zeigt einen gestürzten Anker, links begleitet von einem

Fahrbaum/Staken, rechts von einem Bootshaken. Das Denkmal wurde demnach im beginnenden 16. Jahrhundert für einen umgekommenen (ertrunkenen?) Gernsheimer Fischer und Schiffer gesetzt. Es ist das einzige spätmittelalterliche Steinkreuz mit dieser Zeichenkombination, das wir in Deutschland kennen. Die hier vorliegende Abbildung 52 ist eine Reproduktion einer alten Aufnahme Friedrich Mößingers. Die Rückseite zeigte eingerillt oben im Kreuzkopf einen gestürzten Anker, darunter das Heckruder eines Schiffs diagonal geschnitten von einem Fahrbaum/Staken.

35. Das Epitaph außen an der Nordseite des Querhauses der katholischen Pfarrkirche St. Vitus in Dorfprozelten von 1632 (Abbildung 53).

Außen an das Querhaus der katholischen Pfarrkirche St. Vitus in Dorfprozelten ist ein aus Buntsandstein gefertigtes, repräsentatives Epitaph aus dem Jahr 1632 angebracht; es ist 1,28 m hoch und 82 cm breit. Seine Inschrift wird von zwei mächtigen, kannelierten Pilastern flankiert; sie lautet:

ANNO . 1 . 6 . 3 . 2 . DEN /
IST . IN . GOTT . SELIG /
ENTSCHLAFFEN . DER /
ERBARE . HANNS . BECHT= /
ALT . SCHIFFMAN . ALHEIR /
ANNO . 1 . 6 . DEN /
IST . IN GOTT /
SELIG . ENTSCHLAFFEN /
SEIN . EHELICHE HAVSF /
RAVE . (BAR)BARA . DEREN /
SEELEN . GOTT . GENADE /
AMEN /

Der Giebel zeigt ein herzförmig gefaßtes Zeichen, bestehend aus einem gestürzten Anker, von links oben nach rechts unten einen Bootshaken und von rechts oben nach links unten einen Fahrbaum. Hans Bechtold war laut Inschrift Schiffer in Dorfprozelten. Die Punkte sitzen mittig im Text.

36. Die beiden Zeichen am Haus Hämmelsgasse 30 in Wertheim am Main von 1761 und 1812 (Abbildungen 54 und 55).

Das Haus Hämmelsgasse 30 in Wertheim ist durch zwei verschiedene Zeichen verziert. Beide sind aus Buntsandstein gefertigt. Das ältere Zeichen von 1761 steht noch ganz in der Tradition der im Barock überlieferten Fischer- und Schifferzeichen, bestehend aus einem gestürzten Anker, einem Bootshaken und einem Fahrbaum, kombiniert mit den Initialen I P K. Nach aller Erfahrung endet diese Überlieferung in einem Zeitraum um 1800. Dementsprechend zeigt das zweite Zeichen aus dem Jahr 1812 nur noch einen stilisierten Anker mit den Initialen I H B.

Die Kombination eines Ankers mit einem Ruder

Selbstverständlich kam es im Lauf der Entwicklung der historischen Fischer- und Schifferzeichen auch zur Kombination des Ankers mit einem Ruder/Paddel, oder aber es wird bei Dreierkombinationen ein Bootshaken bzw. ein Fahrbaum durch ein Ruder/Paddel ersetzt. Eine solche Dreierkombination, bestehend aus einem Anker, einem Ruder und einem Bootshaken zeigt ein Siegelring im Ochsenfurter Heimatmuseum[35].

37. Das Wappen am Haus Hämmelsgasse 14 in Wertheim am Main mit einem Anker und einem Ruder, 1737 (Abbildung 56).

 Abbildung 56 zeigt den Wappenstein am Haus Hämmelsgasse 14 von 1737 in Wertheim. Er ist aus Buntsandstein gefertigt. Ein Mann hält mit seinen beiden Händen das 28 cm hohe, gespaltene Wappen. Es zeigt heraldisch rechts einen gestürzten Anker und links ein Ruder, beides kombiniert mit den Initialen I S B des Bauherrn des Jahres 1737. Er war in Wertheim am Main Schiffer von Beruf.

38. Die beiden Zeichensteine am Haus der Fischerzunft in Würzburg, Saalgasse 6 (Abbildung 57).

 Im Haus der Würzburger Fischerzunft[36], Saalgasse 6, stecken straßenseitig zwei Zeichensteine (Abbildung 57). Der linke Stein zeigt einen Anker, der rechte ein Ruder kombiniert mit einem Fahrbaum/Staken. Nach unserer Einschätzung sind es junge Steinmetzarbeiten.

39. Das an einer Truhe aufgemalte Schiffer- und Fischerzeichen im Spessartmuseums zu Lohr am Main (Abbildung 58).

 Das an einer Truhe im Lohrer Spessartmuseum aufgemalte Fischer- und Schifferzeichen ist nur 19,7 cm hoch. Es setzt sich aus einem gestürzten Anker, einem Ruder (oder Paddel?) und einem Fahrbaum zusammen.

40. Ein Giebel als Rest eines Epitaphs innen in der Mauer des alten Friedhofs von Freudenberg am Main (Abbildungen 59 und 60).

 Innen in der südlichen Mauer des alten Friedhofs von Freudenberg steckt auch der teils verwitterte Giebel als Rest eines einst repräsentativen Epitaphs (Abbildung 59); er ist aus Buntsandstein gefertigt und bis zu 1,14 m breit. Das Zentrum des Giebels wird von einer durch Ranken verzierten Kartusche eingenommen. Ihr ovales, 11 cm hohes und 9 cm breites Feld birgt als historisches Schifferzeichen eine Kombination, bestehend aus einem gestürzten Anker, einem Seitenruder und einem Bootshaken. Demnach sollte das Epitaph an einen Freudenberger Schiffer erinnern.

41. Das spätbarocke Bruchstück eines Grab-Steinkreuzes mit einem Schifferzeichen innen in der Mauer des alten Friedhofs in Freudenberg am Main (Abbildungen 61 und 62).

 Das aus Buntsandstein gefertigte spätbarocke Bruchstück eines Grab-Steinkreuzes innen in der Mauer des alten Friedhofs in Freudenberg[37] dürfte der

Zeit um 1780 zugehören. Es ist nur noch 79 cm hoch und 52 cm breit. Würde man den barocken Grabstein der Mauer entnehmen, so würde seine Inschrift auf der Rückseite zugänglich werden. Die hier abgebildete Vorderseite (Abbildung 61) ist nämlich inschriftlos. Der Längsbalken des Kreuzes trägt unten ein von Rankenwerk umschlossenes, 14,5 cm hohes und 11,5 cm breites Schifferzeichen (Abbildung 62), bestehend aus einem gestürzten Anker, einem Bootshaken und einem Ruder, kombiniert mit den Initialen N K. Der volle Name des Verstorbenen ist auf der unzugänglichen Rückseite verzeichnet. Er war in Freudenberg Schiffer.

42. Das Schifferzeichen am steinernen Torpfosten des Anwesens Maingasse 1 in Laudenbach von 1764 (Abbildung 63).

Die Abbildung 63 zeigt das 17,5 cm hohe, aus Buntsandstein gefertigte Schifferzeichen am Torpfosten des Anwesens Maingasse 1 in Laudenbach am Main, bestehend aus einem gestürzten Anker, einem Seitenruder und einem Bootshaken, darunter die Initialen G N. Eigner des Anwesens war demnach im Jahr 1764 ein Laudenbacher Mainschiffer.

43. Das Schifferzeichen über einem Gartentor hinter dem Anwesen Maingasse 5 in Laudenbach von 1814 (Abbildung 64).

Die Abbildung 64 zeigt das 24,5 cm hohe, aus Buntsandstein gefertigte Schifferzeichen über einem Gartentor hinter dem Anwesen Maingasse 5 in Laudenbach, bestehend aus einem gestürzten Anker, einem Paddel (oder Seitenruder) und einem Bootshaken, flankiert von den Initialen N U und darunter die Jahreszahl 1814. Das große N ist seitenverkehrt ausgeführt. Eigner des Anwesens war damals ein Laudenbacher Mainschiffer.

44. Ein außen am Haus Schafgasse 11 in Seligenstadt am Main eingemauerter Ofenfußstein (Abbildungen 65 und 66).

Außen am Haus Schafgasse 11 ist in Seligenstadt ein 38,5 cm hoher und 55,5 cm breiter Ofenfußstein eingemauert (Abbildung 65). Er diente einst als vordere Stütze eines aus gußeisernen Platten zusammengesetzten Ofens im Wohnzimmer eines Seligenstädter Schifferhauses, wohl im Anwesen Schafgasse 11. Der aus einem Buntsandstein gefertigte und hervorragend erhaltene Ofenfußstein zeigt in seiner Mitte ein 19,5 cm hohes und 15 cm breites historisches Schifferzeichen (Abbildung 66), bestehend aus einem 11 cm hohen, gestürzten Anker, einem 9,5 cm langen Seitenruder und einem ebenfalls 9,5 cm langen Bootshaken. Der Ofenfußstein dürfte um 1750/60 gefertigt worden sein.

45. Das in Holz geschnitzte Schifferzeichen am Haus Maingasse 2 in Laudenbach am Main, 1711 (Abbildung 67).

In das Mauerwerk des Hauses Maingasse 2 ist der Rest eines Balkens eingelassen, der wohl von dem zuvor abgerissenen Fachwerkhaus stammt (Abbildung 67). Sein Schifferzeichen setzt sich aus einem gestürzten Anker, einem Seitenruder sowie einem Stab zusammen, möglicherweise ein unvollständig nachgezogener Bootshaken oder Fahrbaum/Staken. Die Mitte des Zeichens nimmt ein herzförmiges Gebilde ein.

46. Das Schifferzeichen an einem Bett im Spessartmuseum zu Lohr am Main, 1798 (Abbildung 68).

Abbildung 68 zeigt das 24 cm hohe Schifferzeichen an einem Bett im Spessartmuseum zu Lohr, bestehend aus einem gestürzten Anker, einem Paddel und einem weiteren, leider unklaren Zeichen; vermutlich ist ein Bootshaken gemeint. Das Bett stand demnach einst im Haus eines Lohrer Schiffers. Die flankierenden Initialen lauten L B.

47. Der Torbogenstein vom Anwesen Hauptstraße 49/49a in Hafenlohr am Main, 1825 (Abbildung 70).

Abbildung 70 zeigt den aus einem Buntsandstein gefertigten Torbogen-Schlußstein vom Anwesen Hauptstraße 49/49a in Hafenlohr[30], bestehend aus einem gestürzten Anker, einem Seitenruder und einem Bootshaken. Der Bauherr F M des Jahres 1825 war in Hafenlohr Mainschiffer.

Die Kombination aus einem Anker und einem Fisch als Zeichen am Main.

Geht man davon aus, daß der Anker das Zeichen eines Schiffers und der Fisch das Kennzeichen eines Fischers ist, so darf man bei Zeichen, bestehend aus einem Anker und einem Fisch, auf einen Schiffer und Fischer schließen.

48 Das als Skizze überlieferte Zeichen am ehemaligen Haus kleine Fischergasse 3 in Frankfurt am Main (Abbildung 69).

Das einstige Zeichen am ehemaligen Haus kleine Fischergasse 3 in Frankfurt am Main, bestehend aus einem gestürzten Anker und zwei sich diagonal kreuzenden Fischen ist lediglich in der Reiffenstein-Sammlung der Graphischen Sammlungen des Historischen Museums der Stadt Frankfurt überliefert. Das Zeichen zierte einst einen Kragstein des 1. Stocks am ehemaligen Haus kleine Fischergasse 3 in Frankfurt. Es ist nicht datiert und lediglich von den Initialen A L flankiert. Die Skizze entstand am 27. Juni 1863.

49. Ein kleines Zunftschild aus Zinn als Abzeichen im Stadtmuseum von Miltenberg am Main, um 1900 (Abbildung 71).

Abbildung 71 zeigt eines der beiden, im Stadtmuseum von Miltenberg erhaltenen Zunftschilde aus der Zeit um 1900. Das kleine, aus Zinn gefertigte Schild[38] ist 15 cm hoch und 12,7 cm breit, sein gestürzter Anker ist 9,5 cm und jeder der beiden Fische 6,5 cm lang. Das Abzeichen eines Schiffers und Fischers wurde bei Prozessionen und Umzügen von den Fahnenträgern an der Jacke getragen.

50. Der mächtige Hausstein im Zunfthaus der Fischer, jetzt im Treppenhaus des Anwesens Am Fischerrain 54 in Schweinfurt von 1724 (Abbildung 72).

Eine große Tafel außen am Haus Am Fischerrain 54 in Schweinfurt besagt, daß das jetzige Zunfthaus der ehrsamen Fischer- und Schiffer-Innung im Jahr 1815 erbaut wurde. Da der in das Treppenhaus innen eingelassene mächtige Hausstein die Jahreszahl 1724 trägt, stammt er ganz offensichtlich vom Vorgängerbau. Der Stein ist bereits in der Literatur publiziert[39], doch die dort wiedergegebene Inschrift bedarf der Korrektur. Die Umschrift beginnt links oben und lautet:

Zunfft Hauß / Vor das Erbahre Fischer / handwerck

Die Inschrift setzt sich innerhalb des Feldes wie folgt fort:

Johan(n) Georg Fisser ober / Meister /
Johan(n) Sebastian Dietmer /
Johann Casper Dietmer /
Johann Michael Stein /

Unten trägt der Rahmen die Inschrift:

Anno 1724

Das historische Fischerzeichen des mächtigen, 78 cm hohen und 71,5 cm breiten, aus einem hellen Sandstein gefertigten Haussteins wird beherrscht von einem 51 cm langen Fisch, wohl ein Karpfen, unterlegt von einem 42 cm langen Paddel und zwei sich diagonal kreuzenden, 48 cm langen Fahrbäumen/Staken. Dieser Schweinfurter Hausstein ist das künstlerisch qualitätsvollste aller entsprechenden, uns bekannten Objekte.

51. Das Fischerzeichen am Haus Am Fischerrain 32/34 in Schweinfurt (Abbildung 73).

Der Türsturz des Hauses Am Fischerrain 32/34 in Schweinfurt trägt ein historisches Fischerzeichen (Abbildung 73), bestehend aus einem Fisch, einem Anker, einem Paddel und einem Fahrbaum/Staken[40]. Oben erkennt man die Großbuchstaben G W D, die Namensinitialen des einstigen Bauherrn des Hauses, eines Schweinfurter Schiffers und Fischers.

52. Das Fischerzeichen im Chorgestühl der Kirche von Urphar am Main, jetzt ein Stadtteil von Wertheim (Abbildung 74).

Im Chorgestühl der Kirche von Urphar sind etliche Sitze mit historischen Zeichen versehen, eines davon ist ein 17,5 cm hohes und 19,5 cm breites Fischerzeichen (Abbildung 74), bestehend aus einem 11,5 cm langen Fahrbaum/Staken, einem 12 cm langen Seitenruder und zwei 2,5 cm langen Fischen, kombiniert mit den Initialen E S des Fischers. Das Zeichen dürfte dem 17. Jahrhundert zugehören. Der Platz im Gestühl stand demnach einst einem bestimmten Mainfischer aus Urphar zu. Die Initialen P D L sind deutlich jünger.

53. Die Zunftlade der Miltenberger Fischer- und Schifferzunft von 1725 im Stadtmuseum (Abbildungen 75 und 76).

Das Museum der Stadt Miltenberg verwahrt die 33 cm hohe, 59,5 cm breite und 38 cm tiefe Zunftlade der Miltenberger Fischer- und Schifferzunft[41] (Abbildung 75). Der Deckel dieser Lade ist auf seiner Innenseite durch ein reich zusammengesetztes Zeichen verziert (Abbildung 76), bestehend aus einem 18 cm hohen, gestürzten Anker, unterlegt von zwei sich diagonal kreuzenden,

10,5 cm langen Bootshaken. Links erkennt man zwei sich diagonal kreuzende, 7,5 cm lange Fische und rechts einen 6,5 cm langen Hammer, offensichtlich der Hammer eines damaligen Bootsbauers. Das mit dem Hammer kombinierte, ebenfalls 6,5 cm lange Objekt ist wohl das Biegeeisen zum Eintreiben der Senteleisen beim Schiffsbau[42].

Das Schiff als Zeichen

Das Schiff ist als Zeichen im Bereich der deutschen Küsten weit verbreitet[43]. Als Beispiel zeigt Abbildung 77 einen 1,34 m hohen Grabstein von 1808/1813 im Chorumgang von St. Petri in Wolgast. In unserem Untersuchungsgebiet fanden wir nur einen einzigen Grabstein mit einem Schiff als Zeichen.

54. Der Grabstein des Schiffers Nikolaus Delger, 1822, in Obernau, heute ein Stadtteil von Aschaffenburg (Abbildung 78).

Auf dem Friedhof von Obernau bei Aschaffenburg fanden wir den einzigen aus einem hellen Sandstein gefertigten Grabstein mit einem Schiff als Zeichen im Flußgebiet des Mains (Abbildung 78). Leider ist das 31,8 cm lange Schiff als Zeichen im Giebel des Grabsteins weithin verwittert und zerstört. Im Zwickel links vom Schiff sieht man einen 5,2 cm langen Anker. Darunter umschließt kreisförmig eine Schlange das Schriftfeld; die Inschrift darin lautet:

HIER RUHT / DER EHRSAME HER(R) /
UND MITNACHBAR NI / COLAUS DELGER SCHIF /
FER UNd HANDELSMAN(N) /
IST GEBOHREN De(n) 19t(en) OC(TOBER) /
1744 UNd STARB De(n) 12 /
JULI 1822 WAR ALT / 77 IAHR 9 MONAT /
GOTT GEBE IHM / DIE EWIGE RUH / AMEN /

Sonstige Zeichen und Denkmale

An Zeichen und Denkmalen, die sich auf den Main, doch nicht auf Fischer und Schiffer beziehen, gibt es im Untersuchungsgebiet nach unserer Kenntnis nur das mächtige Epitaph in der Turmkammer der Kirche von Großheubach, das einst auf dem Kirchhof stand.

55. Das Epitaph in der Turmkammer der Kirche von Großheubach, 1600 (Abbildungen 79, 80 und 82).

Das 2,28 m hohe und bis zu 1,02 m breite Epitaph in der Turmkammer der katholischen Pfarrkirche von Großheubach (Abbildung 79) wird mehrfach in der Literatur erwähnt bzw. ausführlich beschrieben[44]. Deshalb bedarf es hier keiner Wiederholung. Die acht Adoranten des Epitaphs sind am 11. Mai des Jahres 1600 durch ein Fährunglück im Main ertrunken. Leider sind die Namenstafeln über ihren Köpfen teils stark verwittert und deren Inschriften nur noch stückweise entzifferbar (Abbildung 80). Unten zeigen kleine Schilde die

Hauszeichen der Adoranten. Sie beginnen links mit einem steigenden Wolf, wohl in Anlehnung an den Namen Wolfart des Umgekommenen. Es folgen drei Hausmarken. Rechts sieht man zunächst zwei sich diagonal kreuzende Wolfsangeln, unterlegt von einem Küferschlegel. Der ertrunkene Johan Jungk war demnach Küfer. Es folgt eine aufrechte Pflugschar als bäuerliches Zeichen, danach ein Faßzirkel, d.h. der vierundzwanzigjährige Philipp Hoffma(nn) war ebenfalls Küfer von Beruf und schließlich eine Blume. Unten beschreibt der Text des Schriftfeldes das Unglück (Abbildung 82). Die Inschrift lautet:

ANNO 1600 den 11 May an vnsers herenn /
vffartstag seint zv Bürgstatt dvrch far= /
laßigkheit vnd vnfleis der feher in waß= /
ers nott Christlich verschieden obgemelte /
personen denen Gott gnadt AMEN /

Schluß

Als wir vor Jahren die hier vorliegende Arbeit dem Herausgeber dieser Reihe anboten, rechneten wir mit 30 Abbildungen. Zu unserer Überraschung sind daraus 82 Bilder geworden, und sicherlich ließe sich diese Zahl weiter steigern[45], hätten wir auch im Bereich der Nebenflüsse des Mains intensiver gesucht. Wir haben dies abgebrochen, um den Rahmen der Publikation nicht zu sprengen. Im Flußgebiet des Mains, insbesondere an seinem Unterlauf, konnte sich schon früh eine qualitätvolle Steinmetzkunst auf der Basis des feinkörnigen und deshalb gut bearbeitbaren wie auch recht witterungsbeständigen Buntsandsteins über die Jahrhunderte hin entwickeln und halten. Dies zeigt sich in der Architektur der Region, aber auch im Reichtum an den in Stein gehauenen Zeichen und Denkmalen ihrer Fischer und Schiffer.

Anmerkungen:

1. **Barbara Pferdehirt**: Das Museum für antike Schiffahrt. Mainz 1995.
2. **Klaus** und **Verena Trojan**: Schiffahrts- und Schiffbaumuseum der Stadt Wörth am Main in der St. Wolfgangskirche. Schrift zur Eröffnung des Museums am 27. Juni 1991.
3. **Birgit Jauernig-Hofmann**: Flößereimuseum Unterrodach. München und Zürich 1990. – Siehe auch bei **Robert Matzek**: Unterwegs zu Wald-, Holzknecht- und Flößermuseen. Ein Museumsführer. Leinfelden-Echterdingen 1997.
4. **Dietrich Sahrhage**: Fischfang und Fischkult im alten Ägypten. Mainz 1998. – **Eva Bayer**: Fischereibilder in der hellenistischen Plastik. Bonn 1983. – **Martin Eckoldt**: Schiffahrt auf kleinen Flüssen Mitteleuropas in Römerzeit und Mittelalter. Oldenburg, Hamburg und München 1980. **Ders.** Schiffahrt im Umkreis des Odenwaldes, in: Der Odenwald, Jg. 36 (1989), S. 3 ff. – **Richard C. Hoffmann**: Fishers` Craft and Lettered Art. Tracts on Fishing from the End of the Middle Ages. Toronto, Buffalo und London 1997. Darin u. a. "wie man fisch und vögel fahen soll" S. 73-110 und das Tegernseer Angel- und Fischbüchlein, S. 137-190. – **Leopold Schmidt**: Volkskunst im Zeichen der Fische. Wien 1976, ein Ausstellungskatalog. – **Hans-Dieter Scholz** (Hrsg.): Wasser- und Windmühlen in Kurhessen und Waldeck-Pyrmont, Band 1, Kaufungen 1991. Darin die Seiten 181-190: Fischerei in Nordhessen sowie Auswirkungen der Stauanlagen auf die Fischbestände von **Dietmar Schultze**. – **Walter Henckel**: Werkzeuge und Geräte alter Berufe im Oberwesertal. Hannoversch Münden 1988, darin die S. 19-25: Von der Fischerei. – **Robert Klupp** mit zahlreichen Mitarbeitern: Fischerei in Oberfranken. Darstellung der gesamten oberfränkischen Fischerei. Bayreuth 1985. – **Hans-Rüdiger Fluck**: Arbeit und Gerät im Wortschatz der Fischer des badischen Hanauerlandes. Untersuchungen zur Fachsprache am Oberrhein. Freiburg und München 1974. – **Ulrich Löber** (Hrsg.): 2000 Jahre Rheinschiffahrt. Begleitpublikation zur Ausstellung des

Landesmuseums Koblenz und des Rhein-Museums e.V., Koblenz 1991. – **Werner Böcking**: So fischte man am Niederrhein. Die einstigen Fangmethoden von Emmerich bis Neuss. Bilder eines alten Handwerks. Kleve 1988. – **Heinrich Brodesser**: Die Fischerei-Bruderschaft zu Bergheim an der Sieg. Troisdorf-Bergheim 1987. – **Wolfgang Lechthaler** und **Arno Kappler**: Der Main von den Quellen bis zur Mündung. Frankfurt 1993.

5. **Detlev Ellmers**: Binnenschiffahrt im Mittelalter. In: **Uta Lindgren** (Hrsg.): Europäische Technik im Mittelalter 800 bis 1400. Tradition und Innovation. 2. Auflage Berlin 1997, S. 337-344 mit zahlreichen Literaturangaben. Der Autor erwähnt zwar die Fortbewegung von Nachen durch das Staken, bildet jedoch keinen Fahrbaum/Staken ab, so daß dem interessierten Leser unklar bleibt, woran man einen Fahrbaum/Staken erkennt.
6. **Susanne Eules** und **Johannes Eules**: Der alte Freudenberger Friedhof. Miltenberg am Main 1991.
7. **Heinrich Riebeling**: Fischwasser-Grenzsteine, in: Hessische Heimat 35. Jg., Heft 1 (Frühjahr 1985), S. 19-22 mit einer Abbildung des verschollenen Fischwasser-Grenzsteins von Frankfurt-Nied an der Nidda auf der S. 20. – **Friedrich Oswald**: Die Mudfischerei zwischen Amorbach und Miltenberg als Zankapfel der Berechtigten, in: **Winfried Wackerfuß, Peter Assion** u. **Rolf Reutter** (Hrsg), Zu Kultur und Geschichte des Odenwaldes, Breuberg-Neustadt, 2. Aufl. 1982, S. 54.
8. **Heinrich Riebeling**: Steinkreuze und Kreuzsteine in Hessen. Dossenheim/Heidelberg 1977, S. 129 unter der Nr. 5417.2.
9. Die Deutschen Inschriften 23. Band. Mainzer Reihe 1. Band: Die Inschriften der Stadt Oppenheim, gesammelt und bearbeitet von **Siegrid Düll**. Wiesbaden 1984, S. 75-76, Inschrift Nr. 171 mit der Abbildung 55 auf der Tafel XXXI.
10. Die Deutschen Inschriften. 8. Band. Heidelberger Reihe 3. Band: Die Inschriften der Landkreise Mosbach, Buchen und Miltenberg, auf Grund der Vorarbeiten von **Ernst Cucuel** gesammelt und bearbeitet von **Heinrich Köllenberger**. Stuttgart 1964, S. 121-122, Inschrift Nr. 309 mit einer Abbildung.
11. Siehe auch die Publikation von **Jürgen Engelhardt** (Hrsg.): Die Geschichte der Frankfurter Fischer-Schiffer-Zunft 945-1977. Frankfurt am Main 1985.
12. **Friedrich Karl Azzola**: Das Steinkreuznest bei Reicholzheim an der Tauber, in: Wertheimer Jahrbuch 1996, S. 25-48, darin die S. 28-30 und 32.
13. **Friedrich Karl Azzola**: Das spätmittelalterliche Steinkreuz in Dillstein (Pforzheim). Der Landehaken, das Gaff, als Fischerzeichen, in: Steinkreuzforschung Sammelband 21 (1994) S. 19-21. – Ders.: Das historische Handwerkszeichen eines Fischers und Schiffers in Hirschhorn am Haus Hirschgasse 7 (1571), in: Geschichtsblätter für den Kreis Bergstraße Band 30 (1997), S. 71-74.
14. **Stefan Karl Hug**: Stochern und Stocherkahnrennen in Tübingen auf dem Neckar, in: Schwäbische Heimat Jg. 54, Heft 2 (April-Juni 2003), S. 170-172.
15. **Werner Rühl**: Steinkreuze und Kreuzsteine im Landkreis Forchheim. Forchheim 1999, S. 74-75. – **Friedrich Karl Azzola** und **Werner Rühl**: Der spätmittelalterliche Kreuzstein eines Regnitz-Fischers bei Schlammersdorf (Gemeinde Hallerndorf), in: 139. Bericht des Historischen Vereins Bamberg 2003, S. 137-141.
16. **Manfred Gläser** (Hrsg.): Archäologie des Mittelalters und Bauforschung im Hanseraum. Festschrift für Günter P. Fehring. Rostock 1993. Darin auf den S. 311-330: **Heiko Steuer**: Werkzeug der Schiffbauer vom Rheinufer in Köln, mit zahlreichen Abbildungen und Zeichnungen.
17. **Ulrich Streng**: Wanderführer zu den Kreuzsteinen im Landkreis Lichtenfels. Lichtenfels 1987, S. 37.
18. **Friedrich Karl Azzola**: Die Grabplatte eines unbekannten Oppenheimer Bürgers von 1365 mit einem Bootshaken als Wappenzeichen, in: Oppenheimer Hefte Nr. 9 (1994), S. 25-30.
19. **Elisabeth Keller**: Die Flurdenkmale im Landkreis Bad Kissingen. Band 3: Ehemaliger Landkreis Hammelburg (ohne Greßthal und Wasserlosen, mit Gauaschach). Bad Kissingen 1979, S. 203.
20. **Paul Brandt**: Schaffende Arbeit und bildende Kunst im Altertum und Mittelalter. Leipzig 1927, S. 108.
21. Ein Autorenkollegium: Die goldene Palette – Tausend Jahre Malerei in Deutschland, Österreich und der Schweiz. Zürich 1968, die Abbildung S. 29.
22. **Werner Müller**: Hajen. Ein Kreuzstein mit einem Ruder, in: Heimatland (Hannover) Jg. 1985, Heft 5, S. 155.

23. **Wilhelm Otto Keller** unter Mitarbeit von **Walter Michael Brod**: Fischer und Schiffer in Miltenberg. Beiträge zur Geschichte ihrer Zunft vom 14. bis zum 20. Jahrhundert. Mainfränkische Hefte Nr. 101 (Würzburg 1999) mit der oberen Abbildung auf der S. 165.

24. **Werner Hoppe**: Flurdenkmäler im Landkreis Haßfurt am Main. Haßfurt 1968, S. 75 unter der Nr. 13. – **Friedrich Karl Azzola**: Das spätgotische Steinkreuz eines Mainschiffers in Haßfurt vor der Kapelle „Göttliche Hilfe", in: Frankenland, 56. Jg., Heft 3 (Juni 2004), S 206-208.

25. **Heinz Bormuth** und **Hugo Friedel**: Odenwälder Handwerkszeichen (11) – Fischer und Schiffer, in: Unter der Dorflinde im Odenwald Jg. 77, Nr. 3 (Mai/Juni 1995), S. 74-75.

26. **Reinhard Worschech**: Bildstöcke – Wahrzeichen der Landschaft. Rosenheim 1981, S. 54.

27. **Heinz Bormuth** und **Hugo Friedel**: Hausmarken. Ein Beitrag zur Personen-, Standes- und Eigentumskennzeichnung, in: „geluurt". Odenwälder Jahrbuch für Kultur und Geschichte 1999, S. 35-47, darin die Abbildung 8 mit Text auf der S. 40.

28. ADAC Landesverband Hessen e. V., Kraftfahrt-touristischer Heimatwettbewerb 1971: Justitia in Hessen, S. 74, Abbildung C. – Hier sei noch auf das Haus der Fischerzunft in Steinheim am Main hingewiesen. Dazu: **Heinrich Winter**: Das Haus der Fischerzunft in Steinheim am Main, in: Studien und Forschungen. Beihefte zum Atlas für Siedlungskunde, Verkehr, Verwaltung, Wirtschaft und Kultur Heft 6 (Frankfurt 1960), S. 137-143.

29. **Günther Schmidt**: Der Schiffsanker im Wandel der Zeiten. Rostock 1983.

30. Hafenlohr gehörte zum Mainzischen Amt Rothenfels. Zu den Fischern im Amt Rothenfels siehe bei **Walter Michael Brod**: Aus der Geschichte der Fischerzunft Rothenfels am Main. Mainfränkische Hefte Nr. 76 (Würzburg 1982).

31. **Rudolf Vierengel**(†) und **Helmut Hartmann**: Ergänzungen zu dem Inschriftenband Mosbach, Buchen und Miltenberg, in: Aschaffenburger Jahrbuch Band 6 (1979), S. 37-125, darin die Inschrift Nr. 423a auf der S. 102.

32. **Helmuth Lauf**: Der Schiffer- und Fischerverein e. V. Freudenberg und seine Geschichte. Entwicklung des Fischer- und Schifferhandwerks im Maintal. Freudenberg 1981. Darin ist zwar die Zunfttruhe von 1762, doch nicht das Schifferzeichen am Haus Hauptstraße 140 abgebildet.

33. Siehe Anmerkung 6 die S. 68-69.

34. **Friedrich Mößinger**: Steinkreuze zwischen Rhein, Main und Neckar, in: Archiv für hessische Geschichte und Altertumskunde, Band XIX (1935), S. 49-98, insbes. S. 58-59 unter der Nr. 16. – **Heinrich Riebeling**: Steinkreuze und Kreuzsteine in Hessen. Dossenheim/Heidelberg 1977, S. 182-183 unter der Nr. 6216.1.

35. **Margit Kaluza**: Die Ochsenfurter Fischerzunft. Ein Beitrag zur Geschichte des Zunftwesens in der Stadt Ochsenfurt. Ochsenfurt 1985, die Abbildung auf der S. 38.

36. **Walter Michael Brod**: Altertümer und Bräuche der Fischerzunft zu Würzburg. Würzburg 1954. – **Walter Michael Brod**, **Alexander Lehrmann** und **Karl-Heinz Wirsing**: Aus Würzburgs Fischereigeschichte. Mainfränkische Hefte Nr. 55 (Würzburg 1971). – **Walter Michael Brod, Helmut Lehrmann** und **Johannes Röll**: Der Saal und die Sammlungen der Fischerzunft zu Würzburg. Festgabe zum 25-jährigen Bestehen des neuen Zunftsaales. Mainfränkische Hefte Nr. 82 (Würzburg 1984).

37. Siehe Anmerkung 6, S. 60-61.

38. Siehe Anmerkung 23 die beiden Abbildungen auf der S. 161.

39. **Anton Oeller**: Das Schweinfurter Fischer- und Schiffer-Handwerk. Mainfränkische Hefte Nr. 28 (Würzburg 1957) die Zeichnung auf der S. 53.

40. Wie Anmerkung 39 die Skizze auf der S. 54.

41. **Walter Michael Brod** und **Otto Meyer**: Weistümer, Ordnungen und Satzungen der Fischer- und Schifferzunft zu Miltenberg 1379-1919. Mainfränkische Hefte Nr. 85 (Würzburg 1988), darin die Abbildungen 7 und 8.

42. Ein solches Biegeeisen verwahrt in seinen Sammlungen das Schiffahrts- und Schiffbaumuseum zu Wörth am Main.

43. **Wolfgang Rudolph**: Das Schiff als Zeichen. Bürgerliche Selbstdarstellung in Hafenorten. Leipzig 1987 mit zahlreichen weiteren Literaturangaben. – **Theodor Möller**: Der Kirchhof in Nebel auf Amrum und seine alten Grabsteine. Neumünster in Holstein 1928. – **Pieter Dekker** und **Ingwer E. Momsen**: „Durch viel Beschwerden zu großen Ehren". Was der alte Grabstein des Amrumer

Kapitäns Nickels Nahmens erzählt, in: Nordfriesisches Jahrbuch Band 11 (1975), S. 39-43. – **Georg Quedens**: Die alten Grabsteine auf dem Amrumer Friedhof. Insel Amrum 1984. – **Walter Lüden**: „Redende Steine". Grabsteine auf der Insel Föhr. Hamburg 1984. – **Elisabeth Schreiber** und **Dieter Hanke**: Friedvoller Hafen. Dokumentation aller alten Grabsteine auf dem Kirchhof von St. Johannis in Nieblum auf Föhr. Nieblum auf Föhr 1985. – **Hugo Krohn**: Sømandsgravsten på Sild (Insel Sylt), in: Handels- og Søfartsmuseet på Kronborg Årbog 1971, S. 64-90. – **Walter Lüden**: Föhrer Seefahrer und ihre Schiffe. Walfang und Kauffahrteischiffahrt. Heide in Holstein 1989. – **Jochen von Fircks**: ...und setzten zum Andenken Steine. Rostock 1991.

44. Siehe Anmerkung 10, S. 131, Inschrift Nr. 329.

45. Die mit historischen Schifferzeichen verzierten Grabsteine vom Laurentius-Friedhof in Miltenberg waren zu ihrer Restaurierung abtransportiert worden, so daß wir sie vor Ort nicht photographieren und denkmalkundlich bearbeiten konnten. Für Hinweise auf in Stein gehauene Zeichen und Denkmale von Fischern und Schiffern im Flußgebiet des Mains sind wir stets dankbar.

46. **Carl Pfaff**: Die Welt der Schweizer Bilderchroniken. Schwyz 1991. Daraus die Reproduktion eines Details der Abbildung auf der S. 233.

47. Große Landesausstellung Baden-Württemberg: Spätmittelalter am Oberrhein. Alltag, Handwerk und Handel 1350-1525. Katalogband Stuttgart 2000, Seite 35, Nr. 41. Daraus die vergrößerte Reproduktion eines Teils der untersten Abbildung.

Abb. 1: Der Hausstein von 1528 am Haus Hauptstraße 95 in Stadtprozelten am Main. Foto: Azzola

Abb. 2: Der spätmittelalterliche Fisch-Stein außen im Mauerwerk der Kirche von Urphar.
Foto: Azzola

Abb. 3: Der Fisch außen im Mauerwerk des Hauses der Fischerzunft zu Würzburg, Saalgasse 6.
Foto: Azzola

Abb. 4: Das vergrößerte Siegel der Fischerzunft von Höchst am Main im Hessischen Hauptstaatsarchiv Wiesbaden. *Foto: Azzola*

Abb. 5: Haustüre und Fisch-Triquetrum am Haus der Fischerzunft in Würzburg, Saalgasse 6.
Foto: Azzola

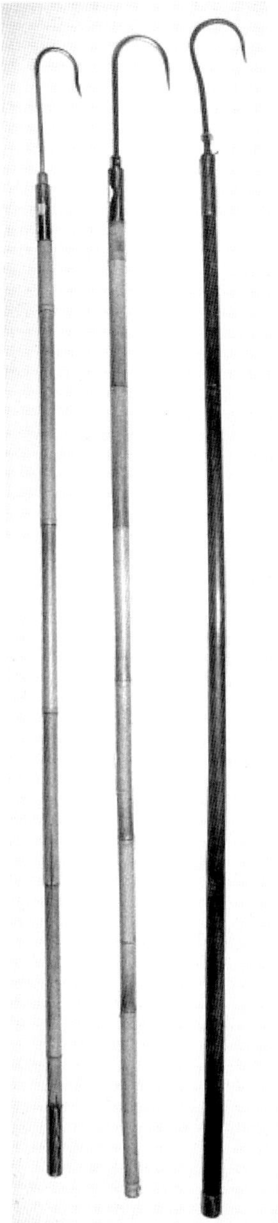

Abb. 6: Drei altertümliche Gaffs. Ihre Längen betragen von links 1,362 m, 1,397 m und 1,44 m.
Foto: Azzola

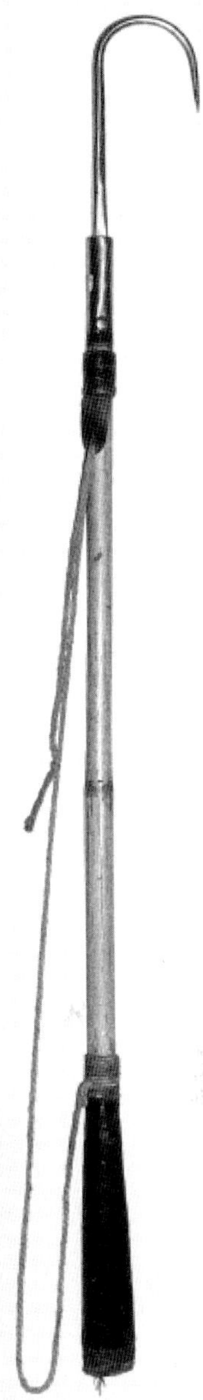

Abb. 7: Ein modernes Gaff von 95,5 cm Länge.
Foto: Azzola

Abb. 8: Das spätmittelalterliche Steinkreuz mit einem Gaff als Zeichen bei Reicholzheim an der Tauber.
Foto: Azzola

Abb. 9: Das spätmittelalterliche Steinkreuz in Dillstein an der Nagold mit einem Fisch und einem Gaff als Zeichen. *Foto: Azzola*

Abb. 10: Der Schiffbruch von Dettingen bei Bern, 1311, in Diebold Schillings Spiezer Bildchronik. Reproduktion[46]

Abb. 11: Ein Schiffer um 1600 mit einem Fahrbaum/Staken. *Reproduktion*[47]

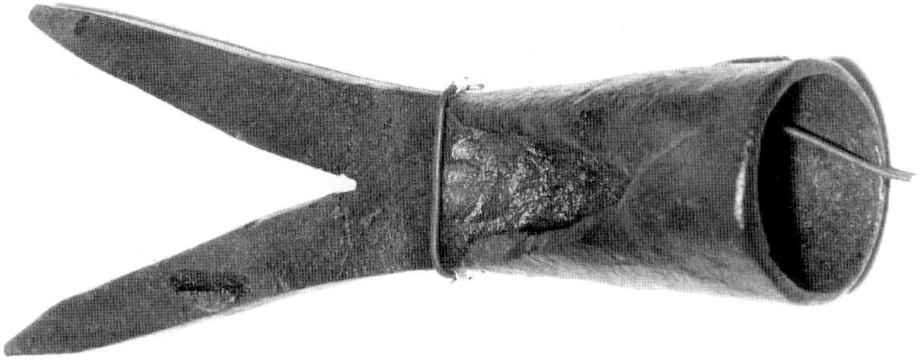

Abb. 12: Ein Schooreisen um 1880/1920 im Miltenberger Stadtmuseum. *Foto: Azzola*

Abb. 13: Der spätmittelalterliche Kreuzstein bei Schlammersdorf (Oberfranken) mit einem Fisch und einem Fahrbaum als Zeichen. *Foto: Azzola*

Abb. 14: Der spätmittelalterliche Kreuzstein in Lichtenfels (Oberfranken) mit einem Bootshaken als Zeichen. *Foto: Azzola*

Abb. 15: Das Bruchstück einer Grabplatte von 1365 außen an der Katharinenkirche in Oppenheim am Rhein mit einem Bootshaken als Wappenzeichen. *Foto: Azzola*

Abb. 16: Ein Grenzstein mit einem Bootshaken als Ortszeichen im Heimatmuseum von Ginsheim im Kreis Groß-Gerau. *Foto: Azzola*

Abb. 17: Ein Schlußstein mit einem Bootshaken als Zeichen, um 1424, im Kreuzgang beim ehemaligen Dominikanerkloster zu Regensburg. *Foto: Azzola*

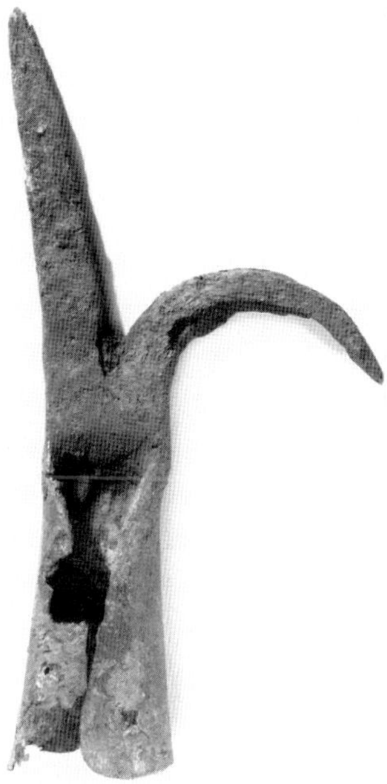

Abb. 18: Ein Bootshaken als römerzeitlicher Bodenfund in Groß-Bieberau.
Foto: Landesamt für Bodendenkmalpflege, Wiesbaden

Abb. 19: Ein neuzeitlicher Bootshaken im Stadtmuseum von Miltenberg. *Foto: Azzola*

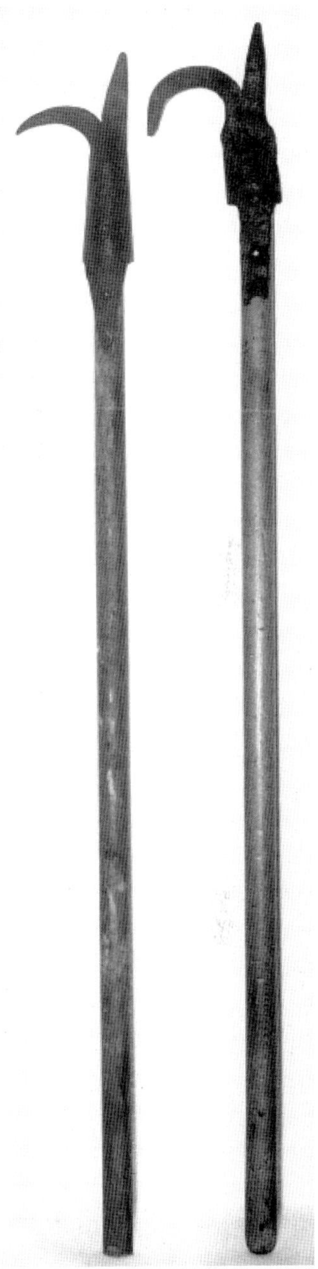

Abb. 20: Zwei Bootshaken im Stadtmuseum von Wertheim am Main. *Foto: Azzola*

Abb. 21: Der Rest einer spätmittelalterlichen Stele bei Morlesau nahe der Saalebrücke. Foto: Azzola

Abb. 22: Ein Detail vom Grabstein des Schiffers Blussus im Mittelrheinischen Landesmuseum Mainz.
Foto: Mittelrheinisches Landesmuseum Mainz

Abb. 23: Ein Boot mit einem Seitenruder, um 1197, aus dem Evangeliar des Speyerer Domes in der Badischen Landesbibliothek Karlsruhe. *Reproduktion*[21]

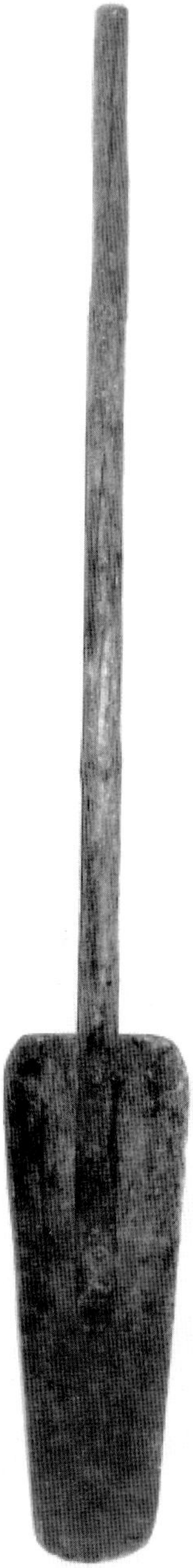

Abb. 24: Ein Paddel aus dem Stadtmuseum im Schöfferhaus in Gernsheim am Rhein.
Foto: Azzola

Abb. 25: Der aus Buntsandstein gefertigte Kreuzstein von Hajen an der Weser mit einem Paddel als Zeichen. Der Kreuzstein ist 1,15 m hoch und 56 cm breit, das Paddel 38 cm lang.
Foto: Azzola

Abb. 26: Der Sockelstein vom hl. Nepomuk vom unteren Ende der Ochsengasse in Miltenberg mit einem Schifferzeichen. *Foto: Azzola*

Abb. 27: Das spätmittelalterliche Steinkreuz vor der Kapelle „Göttliche Hilfe" in Haßfurt in Oberfranken.
Foto: Azzola

Abb. 28: Das Schifferzeichen als Detail der Abbildung 27. *Foto: Azzola*

Abb. 29: Das Schifferzeichen als Detail der Abbildung 30. *Foto: Azzola*

Abb. 30: Das Gewände der Haustüre am Haus rechte Tauberstraße 13 in Wertheim am Main, 1708.
Foto: Azzola

Abb. 31: Der obere Teil eines Bildstocks von 1628 am Ortsrand von Grafenrheinfeld am Main, Flur „Wehrbusch“. *Foto: Azzola*

Abb. 32: Datierung mit dem Fischer- und Schifferzeichen als Detail der Abbildung 31. *Foto: Azzola*

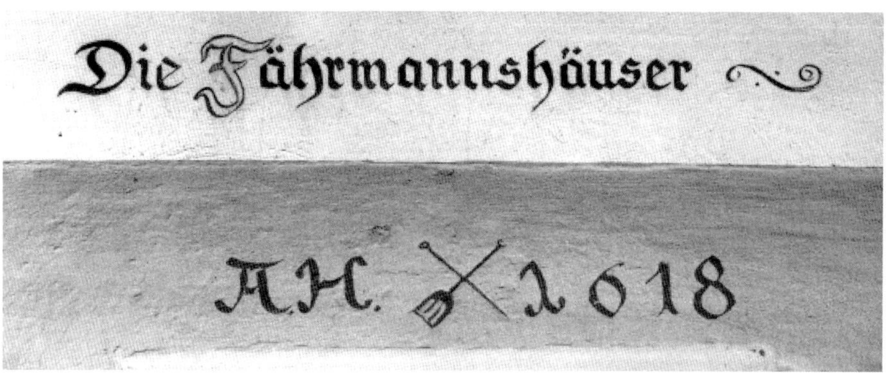

Abb. 33: Das mißglückte Fischer- und Schifferzeichen am Haus Maintor 4 in Steinheim am Main.
Foto: Azzola

Abb. 34: Das Fischer- und Schifferzeichen an einem Bildstock von 1616 in Mühlbach am Main bei Karlstadt. *Foto: Azzola*

Abb. 35: Der Sockelstein eines eisernen Grabkreuzes von 1693 im Pfarrgarten von Pautzfeld (Oberfranken). *Foto: Azzola*

Abb. 36: Wie Abbildung 35 in zeichnerischer Ergänzung. *Zeichnung: J. Azzola*

Abb. 37: Der Schlußstein von 1473 mit einem Anker als Schifferzeichen im Museum der Stadt Bingen auf Burg Klopp. *Foto: Azzola*

Abb. 38: Der Anker als Schifferzeichen von 1750 am Haus Hämmelsgasse 30 in Wertheim am Main. *Foto: Azzola*

Abb. 39: Das Gewände der Haustüre am Haus Fischergasse 15 in Lohr am Main, 1757. Foto: Azzola

Abb. 40: Der Anker als Detail aus der Abbildung 39. *Foto: Azzola*

Abb. 41: Der Anker vom Sturz über der Haustüre am Haus Obertorstraße 30 in Gemünden am Main, 1805. *Foto: Azzola*

Abb. 42: Der Torbogen-Schlußstein vom Anwesen Hauptstraße 43 in Hafenlohr am Main, 1830.
Foto: Azzola

Abb. 43: Der Anker von einem Sockel zu einem Grabmal von 1870 im Depot des Miltenberger Stadtmuseums. *Foto: Azzola*

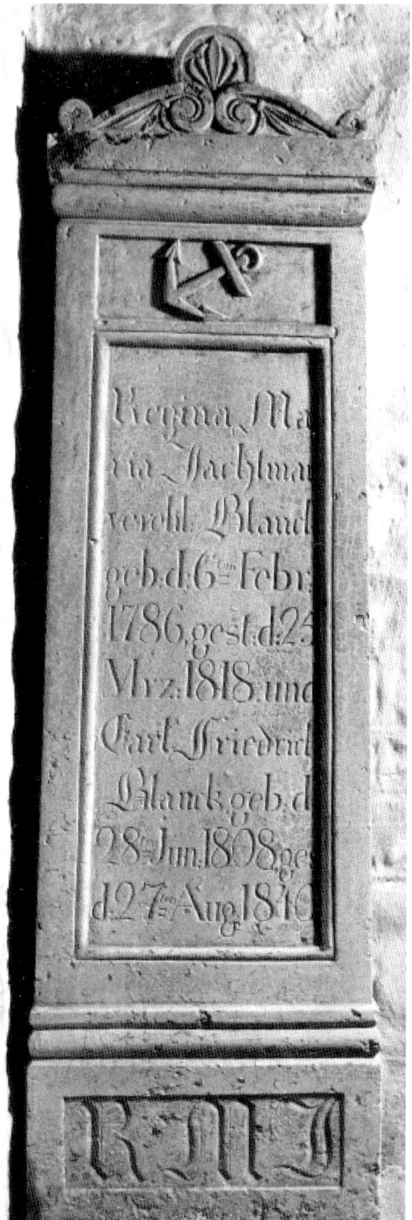

Abb. 44: Ein Grabstein im Chorumgang von St. Petri in Wolgast mit einem Anker als Zeichen, 1840. *Foto: Azzola*

Abb. 45: Das Bruchstück eines Grab-Steinkreuzes von 1634 im Depot des Miltenberger Stadtmuseums.
Foto: Azzola

Abb. 46: Das Schifferzeichen von 1733 am Haus rechte Tauberstraße 9 in Wertheim am Main.
Foto: Azzola

Abb. 47: Das Schifferzeichen über der Türe des Hauses Hauptstraße 140 in Freudenberg am Main.
Foto: Azzola

Abb. 48: Ein spätbarockes Grab-Steinkreuz vom alten Friedhof bei Freudenberg am Main.
Foto: Azzola

Abb. 49: Das linke Schifferzeichen als Detail aus der Abbildung 48. *Foto: Azzola*

Abb. 50: Das rechte Schifferzeichen als Detail aus der Abbildung 48. *Foto: Azzola*

Abb. 51: Das Schifferzeichen von 1708 am Haus rechte Tauberstraße 7 in Wertheim am Main, 1708. *Foto: Azzola*

Abb. 52: Die Vorderseite vom verlorenen, spätmittelalterlichen Steinkreuz eines Schiffers in Gernsheim am Rhein. *Foto: Mößinger*

Abb. 53: Das Epitaph von 1632 außen an der Pfarrkirche St. Vitus in Dorfprozelten am Main.
Foto: Azzola

Abb. 54: Das Schifferzeichen von 1761 am Haus Hämmelsgasse 30 in Wertheim am Main.
Foto: Azzola

Abb. 55: Das Schifferzeichen von 1812 am Haus Hämmelsgasse 30 in Wertheim am Main.
Foto: Azzola

Abb. 56: Das Schifferzeichen von 1737 am Haus Hämmelsgasse 14 in Wertheim am Main.
Foto: Azzola

Abb. 57: Die beiden neuzeitlichen Zeichensteine am Haus der Fischerzunft in Würzburg, Saalgasse 6.
Foto: Azzola

Abb. 58: Das Schifferzeichen an einer Truhe im Spessartmuseum zu Lohr am Main. *Foto: Azzola*

Abb. 59: Der Giebel als Rest eines Epitaphs vom alten Friedhof bei Freudenberg. *Foto: Azzola*

Abb. 60: Das Schifferzeichen als Detail der Abbildung 59. *Foto: Azzola*

Abb. 61: Ein spätbarockes Grab-Steinkreuz vom alten Freudenberger Friedhof. *Foto: Azzola*

Abb. 62: Das Schifferzeichen als Detail der Abbildung 61. *Foto: Azzola*

Abb. 63: Das Schifferzeichen von 1764 eines Torpfostens vom Anwesen Maingasse 1 in Laudenbach bei Miltenberg. *Foto: Azzola*

Abb. 64: Das Schifferzeichen über einem Gartentor von 1814 hinter dem Haus Maingasse 5 in Laudenbach. *Foto: Azzola*

Abb. 65: Ein barocker Ofenfußstein außen in der Wand des Hauses Schafgasse 11 in Seligenstadt am Main. *Foto: Azzola*

Abb. 66: Das Schifferzeichen als Detail der Abbildung 65. *Foto: Azzola*

Abb. 67: Das in Holz geschnitzte Schifferzeichen von 1711 am Haus Maingasse 2 in Laudenbach. *Foto: Azzola*

Abb. 68: Das Schifferzeichen an einem Bett von 1798 im Spessartmuseum zu Lohr am Main.
Foto: Azzola

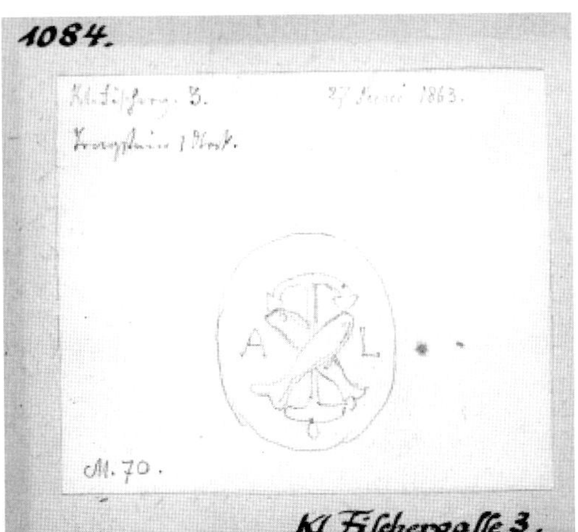

Abb. 69: Das am 27. 6. 1863 von Carl Theodor Reiffenstein gezeichnete Fischer- und Schifferzeichen eines Kragsteins am Haus kleine Fischergasse 3 in Frankfurt am Main.
Reproduktion: Historisches Museum der Stadt Frankfurt

Abb. 70: Der Torbogen-Schlußstein mit einem Schifferzeichen von 1825 vom Anwesen Hauptstraße 49/49a in Hafenlohr. *Foto: Azzola*

Abb. 71: Ein aus Zinn gefertigtes Zunftabzeichen, um 1900, im Museum der Stadt Miltenberg. *Foto: Azzola*

Abb. 72: Das Fischerzeichen von 1724 im Treppenhaus des Hauses Am Fischerrain 54 in Schweinfurt. *Foto: Azzola*

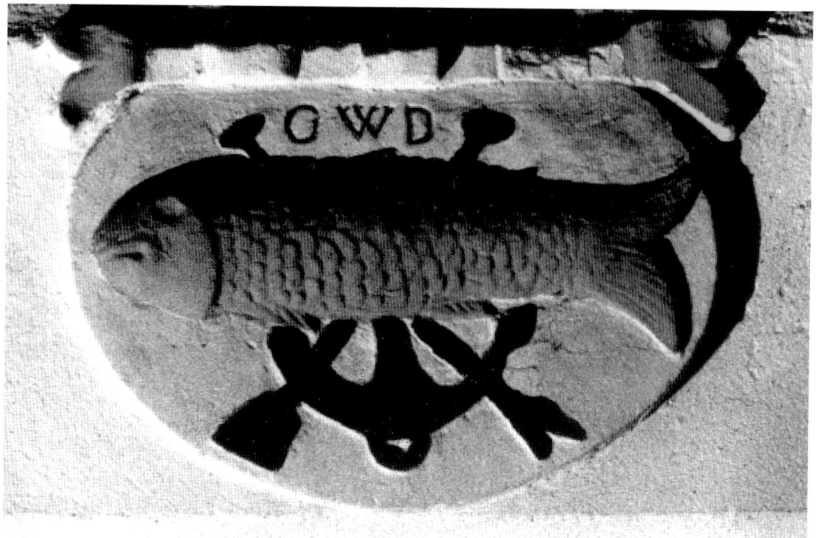

Abb. 73: Das Fischerzeichen außen am Haus Am Fischerrain 32/34 in Schweinfurt. *Foto: Azzola*

Abb. 74: Das Fischerzeichen im bäuerlichen Chorgestühl der Kirche von Urphar. *Foto: Azzola*

Abb. 75: Die geöffnete Zunftlade der Fischer und Schiffer von 1723 im Miltenberger Stadtmuseum.
Foto: Azzola

Abb. 76: Das Fischer-, Schiffer- und Bootsbauerzeichen im Innendeckel der Zunftlade als Detail aus der Abbildung 75.
Foto: Azzola

Abb. 77: Ein Grabstein mit einem Schiff als Zeichen im Chorumgang von St. Petri in Wolgast.
Foto: Azzola

Abb. 78: Der Grabstein von 1822 mit einem Schiff als Zeichen auf dem Friedhof von Obernau bei Aschaffenburg. *Foto: Azzola*

Abb. 79: Das Epitaph der 8 ertrunkenen Pilger von 1600 in der Kirche von Großheubach am Main.
Foto: Azzola

Abb. 80: Die 8 ertrunkenen Pilger mit ihren Marken bzw. Handwerkszeichen als Detail der Abbildung 79. *Foto: Azzola*

Abb. 81: Das von Carl Theodor Reiffenstein um 1860/65 gezeichnete Fischerzeichen am Haus Mainzergasse 51 in Frankfurt. *Reproduktion: Historisches Museum der Stadt Frankfurt*

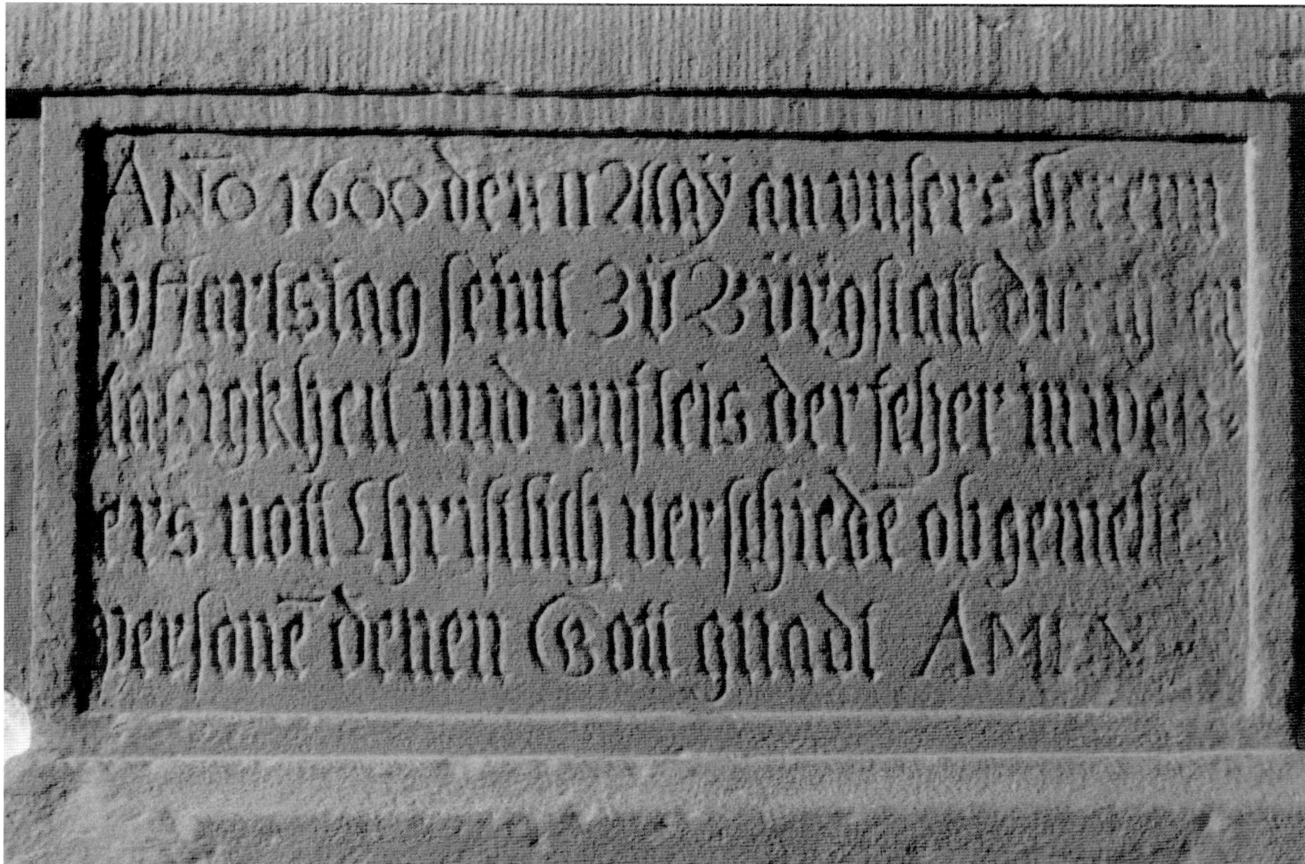

Abb. 82: Die das Fährunglück beschreibende Inschrift als Detail der Abbildung 79. *Foto: Azzola*

Ortsregister

Das Register verzeichnet die in den Aufsätzen behandelten Orte in der Regel so, wie sie ebenda bezeichnet sind, trägt also ebenfalls historischen Gegebenheiten Rechnung, während durch die Verwaltungsreform z. T. Änderungen erfolgten, die hier nicht berücksichtigt werden konnten. Ein vorangestelltes + bedeutet, daß es sich dabei um eine Wüstung handelt.

Verzeichnis der Autoren

Azzola, Friedrich Karl, Prof. Dr., Fichtenstraße 2, 65468 Trebur

Beck, Rosemarie, Restauratorin, Waldstraße 24, 64367 Mühltal

Bormuth, Heinz, Amtsrat i. R., Eberstädter Straße 30, 64367 Mühltal

Ehmer, Hermann, Dr., Archivdirektor, Reinsburgstraße 103, 70184 Stuttgart

Gutjahr, Rainer, Oberstudienrat, Kösliner Straße 41, 76139 Karlsruhe

Häfner, Antonia, cand. phil., Kaiserstraße 9, 69115 Heidelberg

Köhler, Brigitte, Landwirtschaftsassessorin a. D., Pragelatostraße 20, 64372 Ober-Ramstadt–Wembach

Lenz, Rüdiger, Dr., Leiter des Stadtarchivs Eberbach, Schulstraße 14, 74869 Schwarzach

Mittelstraß, Tilman, Dr., Archäologe, Lederergasse 6, 93047 Regensburg

Seidenspinner, Wolfgang, Dr., Wissenschaftlicher Mitarbeiter, Rheinstraße 3 A, 76344 Eggenstein-Leopoldshafen

Slama, Hans, Wirtschaftsingenieur, Elztalstraße 5, 69427 Mudau-Langenelz

Steiger, Uli, M.A., Schwetzinger Straße 66, 68723 Plankstadt

Steinmetz, Thomas, Dipl.-Kaufmann, Ltd. Angestellter, Freudenbergstraße 156 A, 65201 Wiesbaden

Vetter, Roland, Dr., Oberstudienrat, Am Linkbrunnen 32, 69412 Eberbach

Wagner, Heinrich, Dr., Oberstudienrat, Wiesenmühlweg 3, 97618 Heustreu